9판 프로젝트 경제성 분석 및 관리를 위한

Blank 경제성 공학

Engineering Economy, 9th Edition

1 2 3 4 5 6 7 8 9 10 GMP 20 25

Original: Engineering Economy, 9th Edition © 2024
By Leland T. Blank, Anthony Tarquin
ISBN 978-1-26-415809-6

This authorized Korean translation edition is jointly published by McGraw-Hill Education Korea, Ltd. and GYOMOON Publisher. This edition is authorized for sale in the Republic of Korea.

This book is exclusively distributed by GYOMOON Publisher.

When ordering this title, please use ISBN 978-89-363-2586-2

Printed in Korea

Relations for Discrete Cash Flows with End-of-Period Compounding

Type	Find/Given	Factor Notation and Formula	Relation	Sample Cash Flow Diagram
Single Amount	F/P Compound amount	$(F/P,i,n) = (1+i)^n$	$F = P(F/P,i,n)$	
	P/F Present worth	$(P/F,i,n) = \dfrac{1}{(1+i)^n}$	$P = F(P/F,i,n)$ (Sec. 2.1)	
Uniform Series	P/A Present worth	$(P/A,i,n) = \dfrac{(1+i)^n - 1}{i(1+i)^n}$	$P = A(P/A,i,n)$	
	A/P Capital recovery	$(A/P,i,n) = \dfrac{i(1+i)^n}{(1+i)^n - 1}$	$A = P(A/P,i,n)$ (Sec. 2.2)	
	F/A Future worth	$(F/A,i,n) = \dfrac{(1+i)^n - 1}{i}$	$F = A(F/A,i,n)$	
	A/F Sinking fund	$(A/F,i,n) = \dfrac{i}{(1+i)^n - 1}$	$A = F(A/F,i,n)$ (Sec. 2.3)	
Arithmetic Gradient	P_G/G Present worth	$(P/G,i,n) = \dfrac{(1+i)^n - in - 1}{i^2(1+i)^n}$	$P_G = G(P/G,i,n)$	
	A_G/G Uniform series	$(A/G,i,n) = \dfrac{1}{i} - \dfrac{n}{(1+i)^n - 1}$ (Gradient only)	$A_G = G(A/G,i,n)$ (Sec. 2.5)	
Geometric Gradient	P_g/A_1 and g Present worth	$P_g = \begin{cases} \dfrac{A_1\left[1 - \left(\dfrac{1+g}{1+i}\right)^n\right]}{i-g} \\ A_1 \dfrac{n}{1+i} \end{cases}$ (Gradient and base A_1)	$g \neq i$ $g = i$ (Sec. 2.6)	

Spreadsheet Function to Display a Factor's Numerical Value

Factor Notation	Spreadsheet Function
$(P/F,i,n)$	$= -\text{PV}(i,n,,1)$
$(F/P,i,n)$	$= -\text{FV}(i,n,,1)$
$(A/F,i,n)$	$= -\text{PMT}(i,n,,1)$
$(F/A,i,n)$	$= -\text{FV}(i,n,1)$
$(P/A,i,n)$	$= -\text{PV}(i,n,1)$
$(A/P,i,n)$	$= -\text{PMT}(i,n,1)$

Format for Spreadsheet Functions on Excel®

	Contents of ( )
Present worth:	
= PV(*i%*,*n*,*A*,*F*)	for constant *A* series; single *F* value
= NPV(*i%*,second_cell:last_cell) + first_cell	for varying cash flow series; spreadsheet entered
Future worth:	
= FV(*i%*,*n*,*A*,*P*)	for constant *A* series; single *P* value
Annual worth:	
= PMT(*i%*,*n*,*P*,*F*)	for single amounts with no *A* series
= PMT(*i%*, *n*,NPV)	to find AW from NPV; embedded NPV function
Number of periods (years):	
= NPER(*i%*,*A*,*P*,*F*)	for constant *A* series; single *P* and *F*

(Note: The PV, FV, and PMT functions change the sense of the sign. Place a minus in front of the function name to retain the same sign.)

Rate of return:	
= RATE(*n*,*A*,*P*,*F*)	for constant *A* series; single *P* and *F*
= IRR(first_cell:last_cell)	for varying cash flow series; spreadsheet entered
Interest rate:	
= EFFECT(*r%*,*m*)	for nominal *r*, compounded *m* times per *period*
= NOMINAL(*i%*,*m*)	for effective annual *i*, compounded *m* times per *year*
Depreciation:	
= SLN(*P*,*S*,*n*)	straight line depreciation for each year
= DDB(*P*,*S*,*n*,*t*,*d*)	double declining balance depreciation for year *t* at rate *d* (optional)
= DB(*P*,*S*,*n*,*t*)	declining balance, rate determined by the function
= VBD(*P*,0,*n*,MAX(0,*t*−1.5), MIN(*n*,*t*−0.5),*d*)	MACRS depreciation for year *t* at rate *d* for DDB or DB method
Logical IF function:	
= IF(logical_test,value_if_true,value_if_false)	for logical two-branch operations
Risk and random numbers:	
= RAND()	generates a number in range 0 to 1
= RAND()*100	generates a number in range 0 to 100
= RANDBETWEEN(*a*,*b*)	generates a number in range *a* to *b*
= NORMINV(RAND(),μ,σ)	generates a number from a normal distribution; mean μ and standard deviation σ
= AVERAGE(first_cell:last_cell)	sample average; spreadsheet entered
= STDEV(first_cell:last_cell)	sample standard deviation; spreadsheet entered

9판 프로젝트 경제성 분석 및 관리를 위한

Blank 경제성 공학

Leland Blank · Anthony Tarquin 지음

김진욱 · 김태구 · 류도현 · 서용윤 · 오동현 옮김

이덕주 감수

옮긴이

김진욱 창원대학교 산업시스템공학과
김태구 국립한밭대학교 산업경영공학과
류도현 인천대학교 산업경영공학과
서용윤 동국대학교 산업시스템공학과
오동현 인하대학교 산업경영공학과

감수

이덕주 서울대학교 산업공학과

9판 **Blank 경제성 공학**

초판 발행 2025년 2월 28일

지은이 Leland Blank, Anthony Tarquin
옮긴이 김진욱, 김태구, 류도현, 서용윤, 오동현
감　수 이덕주
펴낸이 류원식
펴낸곳 교문사

편집팀장 성혜진 | **책임진행** 김성남 | **디자인** 신나리 | **본문편집** 박미라

주소 10881, 경기도 파주시 문발로 116
대표전화 031-955-6111 | **팩스** 031-955-0955
홈페이지 www.gyomoon.com | **이메일** genie@gyomoon.com
등록번호 1968.10.28. 제406-2006-000035호

ISBN 978-89-363-2586-2 (93320)
정가 42,000원

잘못된 책은 바꿔 드립니다.

머리말

경제성 공학(Engineering Economy)은 다양한 공학적 문제 해결을 위한 프로젝트의 경제적 타당성을 분석하기 위한 방법과 그 응용에 관한 학문이다. 엔지니어들은 경제성 공학의 분석 도구들을 이용하여 공학 설계 및 프로젝트 수행에 요구되는 투자 비용과 수행 결과로 기대되는 경제적 편익을 적절하게 평가할 수 있고, 그 결과를 기반으로 공학적 문제의 해결을 위한 최적의 의사결정을 내릴 수 있다.

경제시스템하에서 엔지니어가 기술적으로 아무리 훌륭한 해결책을 만들어내더라도 경제적으로 실행 가능하지 않다면 실질적인 가치를 창출하기 어렵다는 것은 엄연한 현실이다. 영국과 프랑스가 대규모 공동 프로젝트로 기술개발에 성공했던 초음속 여객기 콩코드와 같이 기술적으로 뛰어난 공학적 결과물임에도 불구하고 경제성이 없다는 이유로 시장에서 외면당한 사례들은 쉽게 찾아볼 수 있다. 이러한 실패 사례를 통하여 공학도들이 경제성에 대한 개념을 이해하고 경제성 평가기법을 익히는 것이 얼마나 중요한 것인가를 알 수 있으며, 따라서 공학도들에게 경제성 공학을 가르치는 것은 필수적이다.

이와 같은 필요성에 의해 현재 많은 대학에서는 산업공학 전공자들을 대상으로 경제성 공학을 필수 또는 선택 과목으로 개설하여 경제성 분석 전문가를 양성하고 있으며, 산업공학이 아닌 여타 모든 공학분야 전공자들에게도 공과대학 공통기초과목 형태로 '공학과 경제'나 그와 유사한 과목명으로 경제성 공학의 기본개념을 교육하고 있다.

이번에 국내 최초로 번역본이 출간되는 Blank와 Tarquin 교수의 《Engineering Economy》는 최신 사례와 엑셀을 이용한 실용적인 접근법을 반영하여 이론과 실무를 효과적으로 연결할 수 있도록 구성된 점이 특징으로, 출판국인 미국뿐만 아니라 여러 국가에서 오랜 기간 신뢰받아 온 교재로 알려져 있다. 따라서 이 책을 한국어로 번역하는 작업은 전 세계적으로 검증받은 교재의 내용을 한국의 공학도들이 언어의 장벽 없이 학습할 수 있도록 함으로써 국내 경제성 공학 교육의 질적 향상과 저변 확대를 위한 디딤돌을 제공한다는 데 의미를 부여할 수 있을 것이다.

번역 및 감수 작업은 다음과 같이 이루어졌다. 번역을 위한 원본은 McGraw Hill 출판사에서 2024년 출간한 Leland Blank와 Anthony Tarquin이 저술한《Engineering Economy》(Ninth Edition)이다. 번역자와 감수자는 현재 대학에서 경제성 공학을 강의하고 있는 교수들로 구성하였다. 번역은 다섯 분의 교수님들이 챕터를 분담해서 해당

챕터를 책임지고 번역하였고, 감수자는 번역에는 참여하지 않고 감수만을 독립적으로 담당하였다. 다만 챕터 간 독립적인 번역과정에서 발생할 수 있는 용어 통일성과 내용 구성의 일관성 결여 문제를 방지하기 위하여, 사전에 감수자가 원서의 색인(index)을 초벌 번역하고 번역자들과의 검토과정을 거쳐서 색인의 용어 번역을 우선적으로 확정하여 공유하고 번역에 사용하였다. 최종적으로 챕터별 번역 결과물에 대한 감수는 번역자의 의도를 손상하지 않기 위해 심각한 오역이나 내용 누락에 대한 것으로만 수정을 최소화하였다.

오로지 경제성 공학에 대한 애정과 열정으로 크게 주목받기 어려운 교재의 번역작업을 연구와 교육에 바쁘신 시간을 쪼개어 훌륭하게 끝마쳐 주신 다섯 분의 번역자 교수님들께 감수자로서 깊은 경의를 표한다. 또한 어려운 출판시장 상황에도 불구하고 우리나라 경제성 공학 학문분야 발전을 위하여 기꺼이 번역출판 결정을 해주신 ㈜교문사 담당자분들께도 심심한 감사의 마음을 전하고 싶다.

이 교재가 국내에서 경제성 공학을 배우고자 하는 공학도들에게 쉽고 유용한 지침서가 되기를 바라며, 이 교재를 통해서 경제성 공학을 공부하는 독자 여러분이 경제성 개념을 갖춘 성공적인 엔지니어로 성장하기를 기대한다.

감수자 이덕주
서울대학교 산업공학과 교수

차례

동봉된 북티켓을 활용하시면 Web Chapter W1~W4장, 추가 연습문제와 기초공학시험 복습문제를 전자책으로 보실 수 있습니다.

학 습 단 계 1

개념

학습단계 1
개념

1장
경제성 공학의 기초

2장
계수 : 시간과 이자가 화폐에 미치는 영향

3장
계수와 스프레드시트 함수의 결합

4장
명목이자율과 실효이자율

본 학습 단계에서는 경제성 공학의 기초 개념을 소개한다. 이를 통해 **화폐의 시간적 가치(time value of money)**, 다양한 시간과 화폐의 크기에 따른 **현금흐름(cash flow)**, 다양한 이자율에 따른 **등가성(equivalence)**을 고려한 문제를 이해하고 해결할 수 있을 것이다. 본 학습 단계에서 다루는 기법은 엔지니어가 프로젝트 수행 시 **경제적 가치(economic value)**를 고려하기 위한 방법으로 활용될 수 있다.

또한 경제성 공학 분야에서 통용적으로 사용되는 공식을 소개하고 문제에 적용해 본다. 이러한 공식을 통합하여 화폐의 가치를 현시점 이전 또는 이후로 이동시킬 수 있다. 이에 더해 공식을 편리하게 활용하기 위해 스프레드시트 함수 사용법도 익힐 것이다.

마지막으로, 경제적 의사결정에서 흔히 사용되는 용어를 소개하며, 해당 용어는 이후 장에서 지속적으로 사용될 것이다. 이후 본문 양쪽 여백에 보이는 체크 마크는 새로운 **개념 또는 가이드라인(concept or guideline)**을 의미한다.

CHAPTER 1

경제성 공학의 기초

revers/Shutterstock

&

StanOd/Shutterstock

학습 성과

목적 : 경제성 공학의 기초적인 개념을 이해 및 적용하고, 경제성 공학에서 사용되는 용어를 살펴본다.

절	주제	학습 성과
1.1	경제성 공학 설명 및 역할	• 경제성 공학과 화폐의 시간적 가치를 정의한다. 응용 영역을 확인한다.
1.2	경제성 공학 연구 접근법	• 경제성 공학 연구의 단계를 살펴본다.
1.3	윤리와 경제	• 경제적 의사결정 시 윤리적 문제가 발생할 수 있는 상황을 살펴본다.
1.4	이자율	• 이자율과 수익률을 계산해 본다.
1.5	용어와 기호	• 경제성 공학 관련 용어와 기호를 살펴본다.
1.6	현금흐름	• 현금흐름의 개념을 이해하고 그래프로 표현하는 방법을 살펴본다.
1.7	경제적 등가	• 경제적 등가의 개념을 이해하고 계산해 본다.
1.8	단리와 복리	• 다양한 기간에 따른 단리와 복리를 계산해 본다.
1.9	최소요구수익률과 기회비용	• 최소요구수익률(MARR), 자본비용가중평균(WACC), 기회비용의 의미와 역할을 살펴본다.
1.10	스프레드시트 함수	• 경제성 공학 문제 해결 시 사용되는 Excel® 함수를 살펴본다.
1.11	지출과 투자	• 경제성 공학에서 사용되는 수식과 도구를 통해 얻을 수 있는 정보를 살펴보고, '상승' 및 '하락' 주식 시장 상태를 이해한다.

경제성 공학은 엔지니어가 프로젝트에 대한 분석을 수행하고, 분석의 결과를 종합하고, 결론에 도달하는 작업을 성공적으로 수행하기 위해 주로 사용된다. 다시 말해, 경제성 공학은 경제적인 관점에서 엔지니어의 **의사결정(making decisions)**을 지원한다. 경제적 의사결정을 위해서는 **화폐의 현금흐름(cash flows of money)**, **시간(time)**, **이자율(interest rates)**이 기본 요소로서 고려되어야 한다. 본 장에서는 세 가지 기본 요소에 대한 개념을 살펴보고, 해당 요소들을 통합적으로 고려하기 위해 사용되는 관련 용어를 살펴본다. 또한 세 가지 기본 요소를 활용한 경제적 분석을 통해 더 나은 경제적 의사결정을 이끌어낼 수 있음을 확인한다.

본 장에서는 경제적 의사결정을 내리는 상황에서 윤리의 역할과 경제성 공학 도구가 개인적인 지출과 투자 결정을 돕는 데 어떻게 사용될 수 있는지도 함께 살펴본다. 마지막으로 '황소'와 '곰' 주식 시장 상황에 대해 설명하면서 장을 마무리한다.

연습문제 이후에는 두 가지 사례와 연구 문제가 이어진다.

1.1 경제성 공학과 화폐의 시간적 가치의 중요성

프로젝트를 수행하는 엔지니어, 직원을 관리하는 관리자, 사업을 운영하는 사장, 그리고 공공의 이익을 위해 일하는 정부 관료까지 모두 의사결정을 내리기 위해 여러 대안 가운데 하나의 대안을 선택하게 된다. 대부분의 결정 과정에서는 **자본**(capital or capital funds)을 고려하며, 이는 보통 한정되어 있다. 선택한 대안이 실현됐을 때 **가치가 더해질**(adding value) 수 있는지 여부는 제한된 자본을 어디에, 어떻게 투자하는지에 따라 달라질 수 있다. 엔지니어는 설계, 분석, 그리고 종합적 사고 능력과 경험을 바탕으로 자본 투자 결정에 핵심적인 역할을 수행한다. 의사결정에 필요한 요소는 일반적으로 경제적인 요소와 비경제적인 요소를 모두 포함한다. 경제성 공학에서는 경제적인 요소에 초점을 맞춘다.

> 경제성 공학은 주어진 목적을 달성하기 위해 설계된 여러 대안의 예상되는 경제적 성과를 산정, 추정, 평가하는 과정을 포함한다. 수학적 기법을 활용하면 대안들의 경제적 성과를 더욱 쉽게 평가할 수 있다.

경제성 공학에서 사용되는 공식과 기법은 돈과 관련된 다양한 문제에 적용할 수 있으며, 이는 기업과 정부뿐만 아니라 개인에게도 유용하다. 이 책은 자동차 구매 또는 리스, 신용카드를 사용한 구매(예 : 전자제품, 드론, 휴가 등), 그리고 투자 결정(예 : 저축 계획 및 은퇴 전략, 주택 또는 콘도 구매 등)과 같이 개인적인 의사결정을 내릴 때 필요한 경제적 분석 도구를 제공한다.

엔지니어로서 혹은 개인적으로 경제적 소양을 갖추는 것은 매우 중요하다. 안타깝게도 많은 사람이 재무 위험, 분산 투자, 인플레이션, 계산 방법, 복리 등과 같은 기본적인 개념을 이해하지 못하고 있다. 경제성 공학을 공부함으로써 이러한 기본 개념을 배우고 적용해 볼 수 있다. 2015년에 보고된 Standard & Poor's의 연구에서는 전 세계 사람들의 경제적 소양을 평가하기 위해 148개국에서 15만 명 이상의 사람들을 대상으로 설문조사를 진행했다. 연구 결과에 따르면 전 세계 성인 3명 중 1명만이 인플레이션, 복리, 위험, 분산투자와 관련된 간단한 질문 4개 중 3개를 정확히 답할 수 있었다. 스칸디나비아 국가(예 : 덴마크, 노르웨이, 스웨덴)와 독일, 캐나다, 영국은 상당히 우수한 점수(67~71%의 사람이 경제적 소양을 갖추고 있음)를 받았고, 미국은 57%(세계 14위)로 보통인 반면, 캄보디아, 아르메니아, 아이티와 같은 국가는 낮은 수준(15~18%)에 머물렀다.

2020년, 경제협력개발기구 금융교육 국제네트워크(OECD/INFE)는 아시아, 유럽, 라틴 아메리카에 속하는 26개국의 약 125,000명을 대상으로 경제적 소양에 대한 설문조사를 실시했다. 이 조사는 2015년 Standard & Poor's의 연구와 유사한 결과를 보여준다. OECD/INFE가 수행한 설문조사 역시 경제적 지식, 활동, 태도 영역을 포함한다. 홍콩(71%), 슬로베니아(70%), 오스트리아(69%)는 높은 점수를 기록했으며, 이탈리아, 루마니아, 콜롬비아는 각각 53%로 상대적으로 낮은 점수를 기록했다. 또한 러시아는 60%, 한국은 62%, 독일은 66%의 점수를 기록했다. 해당 연구는 여러 의미를 내포하고 있지만, 가장 중요한 것은 "많은 시민이 효과적인 재무 관리를 위해 필요한 경제적 소양과 능력이 부족하다."는 점이다.

이러한 설문조사는 공학을 전공한 대학생이라면 전문적 또는 개인적인 재무 활동을 책임감 있고 성공적으로 수행하기 위해 반드시 경제적 소양을 갖추어야 한다는 것을 분명하게 말해 준다.

경제성 공학과 동일한 의미를 가지는 용어로는 공학 경제 분석, 자본 배분 연구, 경제성 분석, 공학 프로젝트의 경제성 분석 등이 있다.

컴퓨터, 수학, 개념, 지침은 의사결정 과정을 도울 수 있다. 대부분의 결정은 앞으로 무엇을 할 것인지에 영향을 미치기 때문에 경제성 공학에서의 시간은 주로 **미래**에 관해 다룬다. 따라서 경제성 공학에서 사용되는 수치 또는 값은 **향후 일어날 것에 대한 최적의 추정치**라고 할 수 있다. 추정치와 의사결정은 아래의 네 가지 필수 요소를 기반으로 한다.

현금흐름(cash flows)
현금흐름 발생 시점(times of occurrence of cash flows)
화폐의 시간적 가치 산정에 적용되는 이자율(interest rates for time value of money)
선택한 대안의 가치 척도(measure of worth for selecting an alternative)

현금흐름의 양과 발생 시점은 미래에 발생할 경제적 사건에 대한 추정치이다. 따라서 시간이 흐름에 따라 예기치 못한 상황이나 변화가 발생함으로써 실제로 관찰되는 값과는 차이가 있을 수 있다. 다시 말해, 경제적인 사건이 확률적으로(무작위로) 발생할 수 있기 때문에 현시점에서 추정된 현금흐름의 양과 발생 시점은 미래에 실제로 발생할 현금흐름의 양과 발생 시점과 일치하지 않을 수 있다는 것이다. 추정치 값의 범위가 넓을 경우, **민감도 분석과 위험 분석**(sensitivity and risk analyses)을 통해 추정치가 변화함에 따라 의사결정이 어떻게 달라지는지를 살펴볼 수 있다.

경제성 공학에서 대안을 선택하기 위해 사용하는 추정치 척도를 **가치 척도**(measure of worth)라 부른다. 이 책에서 사용하는 가치 척도는 아래와 같다.

현재가치(PW)	미래가치(FW)	연간등가(AW)
수익률(ROR)	비용편익(B/C)	자본화 비용(CC)
투자회수기간	수익성 지수	경제적 부가가치(EVA)

모든 가치 척도는 시간이 지남에 따라 돈이 돈을 번다는 사실을 설명한다. 이러한 개념이 바로 **화폐의 시간적 가치**(time value of money)이다.

돈이 돈을 **벌어** 온다는 것은 잘 알려진 사실이다. 화폐의 시간적 가치는 소유하거나(투자된) 빚진(차용된) 자금액의 **시간에 따른 변화**를 설명한다. 이는 **경제성 공학에서 가장 중요한 개념**이다.

화폐의 시간적 가치

화폐의 시간적 가치는 경제학에서 빼놓을 수 없는 개념이다. 오늘 우리가 한 프로젝트에 자본(돈)을 투자하기로 결정했다면, 미래에 우리는 당연히 투자한 것보다 더 많은 돈을 가지게 될 것이라 기대한다. 유사하게, 오늘 우리가 어떠한 형태로든 돈을 빌렸다면, 미래에 우리는 원금에 약간의 돈을 더하여 돌려준다. 경제성 공학 분석을 통해 수익률과 같은 특정 가치 척도가 달성되었는지를 판단하는 데 필요한 미래 시점의 추정치 또는 과거의 현금흐름 정보를 확인할 수 있다.

경제성 공학은 아래 예시와 같이 기업, 사업, 정부의 다양한 경제적 상황에 적용된다.

- 장비의 구매 및 리스
- 화학 공정
- 사이버 보안
- 건설 프로젝트
- 공항 설계 및 운영
- 판매 및 마케팅 프로젝트
- 교통 시스템
- 무선 및 원격 통신과 제어
- 제조 공정
- 안전 시스템
- 병원 및 헬스케어 운영
- 품질 보증
- 거주자와 사업자를 위한 정부 서비스
- 제품 디자인

돈과 관련된 모든 활동은 경제성 공학 연구를 위한 주제가 될 수 있다.

예제 1.1

신용카드와 직불카드를 사용하는 소매업자와 고객을 대상으로 사업을 하는 경우, 사이버 보안에 큰 비용이 든다. 최근 미국의 Home Depot에서 5,600만 명의 카드 소지자 데이터가 유출되었다. 해당 사건의 조사와 보상을 위한 직접적인 비용은 $62백만으로 추정되며, 이 중 $27백만은 보험 회사로부터 보상받았다. 추정된 비용에는 미래 사업의 손실, 은행에 갚아야 할 비용, 카드 교체 비용과 같은 간접적인 비용은 포함되어 있지 않다. 만약 사이버 보안 업체가 해당 사건 발생 8년 전 Home Depot에 데이터 유출 방지를 위해 $10백만짜리 악성 소프트웨어 감지 시스템 설치를 제안했다면, 연 4%의 인플레이션율을 고려할 때 감지 시스템을 설치하는 비용과 데이터 유출에 따른 손실은 비슷하겠는가?

풀이

Home Depot는 보험 회사의 보상금을 제외하고 $35백만의 비용을 부담해야 한다. 이 장과 2장에서는 특정 이자율에서 화폐의 미래 가치를 어떻게 결정하는지 배운다. 해당 사례에서 $10백만의 악성 소프트웨어 감지 시스템 설치 비용은 연 4%의 인플레이션율을 고려했을 때 8년 후에는 $13.686백만과 동일하게 된다.

$13.686백만은 데이터 유출로 인해 발생한 비용 $35백만보다 훨씬 적은 금액이다. 따라서 Home Depot는 $10백만을 투자하여 감지 시스템을 설치했어야 한다는 결론을 내릴 수 있다. 게다가 감지 시스템을 설치했다면 해당 사건 외에도 다른 잠재적인 데이터 유출 사건을 예방할 수 있었을 것이다.

위 분석은 단순하지만, 특정 시점에서의 지출이 미래 시점에 경제적인 가치가 있는지를 결정할 수 있음을 보여준다. 해당 예시를 통해 예상치 못한 지출(데이터 유출에 의한 비용)을 극복하기 위해 이전에 지출(악성 소프트웨어 감지 시스템 설치 비용)이 필요했음을 확인했다.

1.2 경제성 공학 연구 수행 ●●●

경제성 공학 연구는 문제 파악, 목표 정의, 현금흐름 추정, 재무 분석, 의사결정 같은 여러 요소를 포함한다. 문제에 대한 최적의 해결책을 선택하는 가장 좋은 방법은 구조화된 절차를 따르는 것이다.

경제성 공학 연구는 아래의 단계를 따른다.

1. 문제를 파악하고 이해하며, 프로젝트 목표를 정의한다.
2. 사용 가능한 관련 데이터를 수집하고, 실행 가능한 해결책 대안을 정의한다.
3. 현실적인 현금흐름을 추정한다.

4. 의사결정을 위한 경제적 가치 척도를 파악한다.
5. 각 대안을 평가하고, 비경제적 요인을 고려하며, 필요시 민감도 분석과 위험 분석을 수행한다.
6. 최적의 대안을 선택한다.
7. 선택된 해결책을 실행하고 결과를 관찰한다.

엄밀히 따지면 마지막 단계는 경제성 연구의 일부가 아니지만, 프로젝트 목표를 달성하기 위해 필요한 단계이다. 최적의 대안이 가용할 수 있는 자본보다 더 많은 자본을 필요로 하거나 의사결정 시 비경제적 요인에 의해 최적의 대안이 배제될 수 있다. 이러한 경우, 단계 5와 6에서 경제적으로 최적인 대안과는 다른 대안을 선택하게 될 수 있다. 또한 때로는 둘 이상의 프로젝트를 선택할 수도 있다. 이러한 상황은 프로젝트가 서로 독립적인 경우 발생할 수 있다. 이러한 경우, 위에서 소개된 단계 5~7은 달라진다. 그림 1-1은 하나의 대안을 위해 단계가 진행되는 모습을 보여준다. 각 단계에서 소개하는 요소들을 이해하는 것이 중요하다.

문제 설명 및 목표 서술 문제와 주요 목표에 대한 간결한 서술은 해결책 대안을 마련하는 데 매우 중요하다. 예를 들어, 과도한 이산화황 배출 때문에 2025년까지 석탄 연료 발전소를 폐쇄해야 하는 문제를 가정해 보자. 해당 문제에서는 2025년 이후 예측된 전기 수요를 충족하면서 동시에 배출 허용량을 넘지 않는 것이 목표가 될 수 있다.

대안 대안이란 목표를 달성하기 위해 실행 가능한 각각의 해결책에 대한 설명을 의미한다. 각 대안은 단어, 그림, 그래프, 장비 및 서비스의 설명, 시뮬레이션 등을 통해 정의될 수 있다. 파라미터에 대한 최적의 추정치 역시 대안의 일부가 될 수 있다. 파라미터에는 장비의 초기비용, 기대수명, 잔존가치(추정된 거래가치, 재판매 가치, 시장가치), 연간운영비용(AOC)이 포함되며 이는 운영 및 유지보수(M&O, maintenance and operation) 비용 또는 특정 서비스에 대한 하도급 비용으로도 알려져 있다. 수입(수익)에 변화가 발생한다면 이 또한 파라미터로서 반드시 추정되어야 한다.

해당 단계에서는 실행 가능한 대안을 구체화하는 것이 중요하다. 예를 들어, 2개의 대안을 설명하고 분석한다면, 그중 하나의 대안이 선택되어 실행에 옮겨질 것이다. 그러나 나중에 더 나은 세 번째 대안이 있었다는 것을 알게 된다면 잘못된 결정이 이루어진 것이다.

현금흐름 대안별로 현금흐름이 추정된다. 추정된 현금흐름은 미래의 지출과 수익을 반영하기 때문에 대안이 실제로 실행 및 운영될 때 단계 3의 결과는 보통 부정확하다. 현

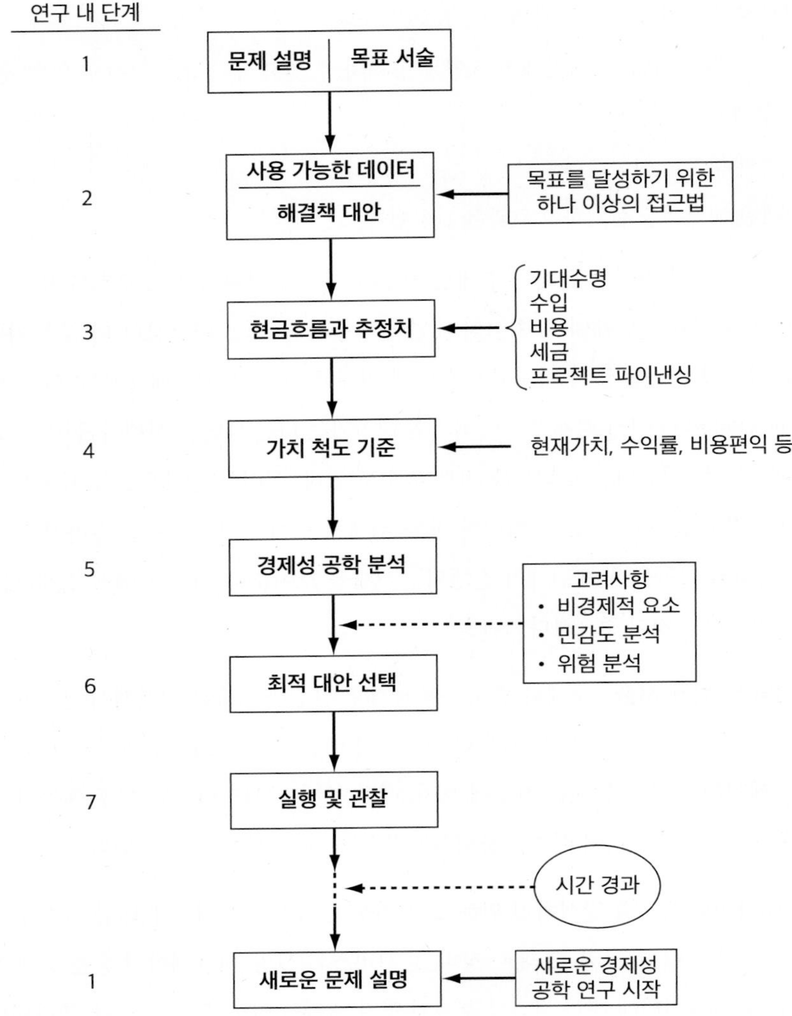

그림 1-1
경제성 공학 연구 단계

금흐름 추정치가 특정 시점에서의 추정치와 매우 다를 것이라 예상되는 경우에는 최적의 대안을 선택할 가능성을 높이기 위해 민감도 분석과 위험 분석(단계 5)이 필요하다. 일반적으로 수익, 연간운영비용, 잔존가치, 하도급 비용은 예상된 추정치와 상당히 다른 경우가 많다. 비용 추정에 대해서는 13장에서 다루며, 변동(위험) 요소와 민감도 분석은 책 전반에서 설명할 것이다.

경제성 공학 분석 이 책에서는 현금흐름 추정치, 화폐의 시간적 가치, 가치 척도를 활용한 기법과 계산법을 배우고 사용한다. 분석의 결과는 하나 이상의 수치적 값으로 표현될 것이며, 그 값은 돈, 이자율, 연수, 확률 등과 같은 여러 형태 중 하나에 해당될 것이다. 결국 앞에서 설명된 가치 척도를 사용하여 최적의 대안을 선택할 것이다.

경제성 분석 기법을 현금흐름에 적용하기에 앞서, 분석에 어떤 것을 포함할지 결정해야 한다. 두 가지 중요한 고려사항은 세금과 인플레이션이다. 국가나 도시마다 다르게 책정된 세금은 모든 대안의 비용에 영향을 미칠 수 있다. 세후 분석은 세전 분석에 비해 추가적인 추정치와 분석 방법을 필요로 한다. 세금과 인플레이션이 모든 대안에 동일하게 영향을 미칠 것이라 예상되는 경우라면, 분석 시 이를 무시할 수 있다. 그러나 예상되는 비용의 크기가 중요하다면 세금과 인플레이션은 반드시 고려되어야 한다. 또한 시간에 따른 인플레이션의 영향이 의사결정에 큰 영향을 미친다면, 이 또한 계산 시 반드시 함께 고려되어야 한다. 이러한 내용은 12장에서 더 상세히 다룰 것이다.

최적 대안 선택 가치 척도는 최적의 경제적 대안을 선택하는 데 주요한 기준이다. 예를 들어, 대안 A의 수익률(ROR)이 연 15.2%이고 대안 B의 수익률은 연 16.9%라면, 대안 B가 더 경제적이다. 그러나 **비경제적인**(noneconomic) 또는 **무형적인 요인**(intangible factors)이 항상 존재하며, 이러한 요인에 의해 결정이 바뀔 수도 있다. 다양한 비경제적 요인이 존재할 수 있으며, 대표적인 비경제적 요인은 아래와 같다.

- 공급망 또는 국제적 영향력 향상의 필요성과 같은 시장 압박
- 숙련된 노동력, 자동화, 물, 전력, 세금 혜택 등과 같은 특정 자원의 활용 가능성
- 안전, 환경, 법률과 관련된 정부의 법
- 특정 대안에 대한 기업 경영진 또는 이사회의 관심
- 직원, 노조 등의 단체가 대안을 대하는 긍정적인 태도

그림 1-1에서처럼, 단계 6에서는 모든 경제적, 비경제적 요인과 위험 요인을 평가하고, 최적 대안을 최종적으로 결정한다.

때로는 오직 하나의 대안만이 도출될 수 있다. 이 경우 **아무것도 하지 않는 대안**(do-nothing (DN) alternative)도 반드시 평가 대상에 포함되어야 하며, 가치 척도와 다른 요인을 통해 하나뿐인 대안이 좋지 않은 선택이라고 판단될 경우 아무것도 하지 않는 대안을 선택할 수 있다. 아무것도 하지 않는 대안이란 현 상태를 유지하는 것이다.

우리는 매일 여러 대안 중에서 하나를 선택하기 위해 기준을 사용한다. 예를 들어, 캠퍼스나 직장에 가기 위한 '최적의' 경로를 선택할 때, 최적(best)이란 어떻게 정의될 수 있는가? 가장 안전한 경로, 가장 짧은 경로, 가장 빠른 경로, 비용이 가장 적게 드는 경로, 경치가 가장 좋은 경로 등 다양한 기준이 있을 수 있다. 분명한 것은, 어떤 기준 또는 기준의 조합을 사용하는지에 따라 선택되는 경로가 매번 달라질 수 있다는 것이다. 경제적 분석에서는 평가를 위한 유형적인 기준으로서 **금융 단위(달러 또는 기타 통화)**가 사용된다. 따라서 목표를 달성하기 위한 여러 가지 방법이 있을 때 전체 비용이 가장 낮거나 전체 순이익이 가장 높은 대안을 선택한다.

1.3 직업 윤리와 경제적 의사결정

공학 윤리의 기본 원칙은 경제적 의사결정 과정에서 윤리적인 판단을 내리는 데 많은 관여를 한다. 이 절과 이 장 마지막에 제시되는 사례연구를 통해 이러한 연결고리를 논의할 것이다. 또한 이후 장에서 윤리학과 경제학의 여러 측면에 대해 논의할 것이다. 예로, 9장 비용편익 분석과 공공 부문 경제성에서는 공공 프로젝트 계약과 정책에 관해 다룬다. 다룰 수 있는 내용이 한정적이지만, 경제성 공학 관점에서 윤리의 중요한 역할을 소개함으로써 경제성 공학과 윤리에 대한 독자들의 관심을 이끌어낼 수 있을 것이다.

도덕(morals)과 **윤리**(ethics)는 혼용되고 있지만 해석이 조금씩 다르다. 도덕은 옳고 그름을 판단할 때 판단하는 사람의 인격과 행동을 형성하고 있는 신조와 관련이 있다. 윤리적 관행은 전기, 화학, 기계, 산업, 도시 공학과 같이 전문적인 작업을 수행할 때 개인과 조직의 결정 및 행동의 지침이 되는 도덕적 또는 **윤리적 규범**(code of ethics)에 따라 평가될 수 있다. 도덕과 윤리에 대해서는 다양한 수준과 유형이 존재한다.

> **보편적 또는 관습적 도덕**(Universal or common morals) 사실상 모든 사람이 가지고 있는 기본적인 도덕적 신념이다. 대부분의 사람은 훔치고, 살해하고, 거짓말하고, 물리적인 해를 가하는 것은 옳지 않다는 것에 동의한다.

관습적 도덕에 관하여 **행동**(actions)과 **의도**(intentions)가 충돌할 수 있다. 뉴욕시에 있는 세계무역센터 사례를 생각해 보자. 해당 건물이 9·11 테러로 붕괴된 후에 세계무역센터의 디자인이 항공기 충격으로 발생한 화염의 열을 견디기에 충분하지 않았다는 것이 밝혀졌다. 해당 건물을 설계한 구조공학자는 건물 이용객에게 해를 가하거나 살인할 의도는 전혀 없었을 것이다. 그러나 공학자는 건물의 문제점을 예측하지 못했다. 공학자가 해를 가하거나 살인하지 말아야 한다는 관습적 도덕을 어겼다고 할 수 있는가?

> **개개의 또는 개인적 도덕**(Individual or personal morals) 개인이 가지고 있거나 살면서 지켜나가는 도덕적 신념이다. 절도, 거짓말, 살해 등이 부도덕한 행위라고 여기는 점에서 관습적 도덕과 유사하다.

개개인이 관습적 도덕을 지키기 위해 애쓰고 훌륭한 개인적 도덕을 갖추고 있겠지만, 이는 의사결정이 필요할 때마다 충돌할 수 있다. 부정행위는 옳지 않다고 믿는 공대생을 생각해 보자. 해당 학생이 졸업하려면 기말고사에서 특정 기준 이상의 성적을 받아야 하지만 시험 문제 중 일부를 풀 수 없는 상황에 부닥쳤다면, 부정행위를 할지 말지 결정하는 것은 개인적 도덕을 지킬 것이냐 어길 것이냐와 같은 문제이다.

> **직업 또는 공학 윤리**(Professional or engineering ethics) 특정 분야의 전문가는 의사결정이나 작업 수행 시 공식적인 지침이나 규정을 따른다. 규정에는 개개인이 받아들일 수 있는 범위 내에서 정직과 성실에 대한 지침이 명시되어 있다. 의사, 변호사, 공학자를 위한 윤리적 규정이 있다.

각 공학 분야마다 자체적인 윤리 강령이 있지만, 미국기술사회(NSPE, National Society of Professional Engineers)에서 발행한 **공학자 윤리 강령**(Code of Ethics for Engineers)이 매우 흔하게 사용되고 인용된다. 해당 강령은 부록 C에서 살펴볼 수 있으며, 공학자가 전문적인 작업을 수행하면서 내리는 설계, 행동, 결정에 직간접적인 경제적 및 재정적 영향을 미친다. 아래에 세 가지 강령 예시가 나와 있다.

"공학자는 공공의 안전, 건강, 복지를 가장 중요하게 생각한다." (I.1 조항)

"공학자는 제조하고 있는 생산품의 특정 자재 또는 장비를 공급하는 사람으로부터 무상으로 설계해 주는 것을 포함하여 금전적 또는 기타 대가를 받지 않는다." (III.5.a 조항)

"공학자는 모든 사람에 대해 존엄, 존경, 공정을 갖추어 대하고 차별 없이 대우해야 한다." (III.1.f 조항)

관습적 도덕과 개인적 도덕이 충돌할 수 있는 것처럼, 공학자 윤리와 기업 윤리 사이에도 충돌이 발생할 수 있다. 인간에게 나쁜 결과를 초래하는 전쟁에 대해 도덕적으로 강하게 반대하는 제조공학자를 생각해 보자. 해당 엔지니어는 방산업체에서 수년간 일해 왔으며 전투기 생산에 대한 비용 추정과 경제적 평가를 담당하고 있다고 가정하자. 공학자 윤리 강령은 전쟁 물자를 생산하고 사용하는 것에 대해서는 언급하지 않는다. 고용주와 제조공학자는 윤리 강령을 위반하고 있지는 않지만, 제조공학자 스스로는 자신의 업무에 대해 스트레스를 받을 수 있다. 제조공학자와 그 가족은 일자리를 잃지 않는 것 또한 중요할 것이다. 이와 같은 갈등은 결국 만족스러운 대안이 없는 딜레마에 빠지게 한다.

경제성 공학에서의 활동은 개인, 회사, 또는 정부 공무원에게 윤리적인 문제를 안겨줄 수 있다. 아래와 같이 돈과 관련한 상황에서 윤리적 문제는 발생할 수 있다.

디자인 단계

- 입찰가를 가능한 한 낮추기 위해 안전 요소와 타협하는 경우
- 회사 내 가족 또는 친분이 있는 사람에게 프로젝트 비용을 전략적으로 절감할 수 있도록 내부 정보를 제공하는 경우
- 회사가 특별히 요구한 장비 사양을 공급자로부터 받았으나, 디자인 엔지니어가 시간이 부족하여 장비에 대한 설계와 비용을 제대로 확인할 수 없는 경우

구성 또는 실행 단계

- 고품질의 신뢰할 수 있는 공급업체로부터 견적을 받았으나, 실제 구매는 질 낮고 저렴한 가격을 제시하는 공급업체로부터 구매하는 경우
- 알아채기 어려운 부분은 표준 이하 또는 규정 미달인 재료로 제품을 구성하는 경우 (예 : 구조용 콘크리트를 만들 때 소금기가 없는 담수화를 사용하라는 규정을 지키지 않아 향후 콘크리트에 내장된 철이 부식되는 경우)

시스템 운영 단계

- 프로젝트의 여러 부분에서 비용이 초과할 때 비용 절약을 위해 시스템의 유지보수를 연기하거나 표준 이하의 유지보수를 수행하는 경우
- 정찰가로 계약한 점을 악용하여 하청업체가 정찰가보다 더 저렴한 부품을 구매하여 납품하는 경우
- 비용, 작업자 개인의 불편함, 빡빡한 스케줄, 유지보수 규정 사항에 대한 의견 차이 등으로 안전을 완벽히 확보하지 않고 절충하는 경우

안전 절충의 예시로는 1984년 인도 보팔(Bhopal)에서 발생한 사건을 들 수 있다(Martin and Schinzinger 2005, pp. 245–8). 독성이 강한 살충제인 이소시안산메틸(MIC, methyl isocyanate)을 제조하는 Union Carbide 공장에서 고압 탱크 내 가스가 누출되는 사건이 발생했다. 누출된 가스는 신체 내 수분이 존재하는 부위를 태우는 가스로서, 약 50만 명이 이 치명적인 가스를 흡입했다. 며칠 내 2,500~3,000명이 사망했고, 이후 10년 동안 약 12,000건의 사망과 87만 건의 부상 사례가 접수되었다. 해당 공장은 Union Carbide가 소유하고 있었지만, 인도 정부는 인도인 근로자만을 고용했다. 비용 절감, 수리 부품 부족, 급여 절감을 위한 인력 감축으로 인해 안전 조치가 제대로 이루어지지 않았다. 가장 놀라운 점은 MIC가 저장된 탱크 근처에서 근무하는 근로자가 마스크, 장갑 등과 같은 보호장비를 착용하지 않았다는 것이다. 또한 미국과 다른 나라의 공장과 달리 인도 공장에는 에어컨이 설치되어 있지 않았으며, 이로 인해 공장 내부의 온도가 매우 높았다.

많은 윤리적 문제는 회사 방침, 작업자 보상, 문화적 관습, 비용에서 자국과 타국 간 차이가 존재할 때 발생한다. 이러한 윤리적 딜레마는 대개 저렴한 노동력, 적은 원자재 비용, 소홀한 정부 감독, 그 외 비용을 절감할 수 있는 다른 여러 요인으로부터 발생한다. 경제성 공학 연구를 수행할 때 공학자는 프로젝트나 시스템 운영 시 수반되는 비용과 수익 추정치와 관련하여 발생할 수 있는 모든 윤리적인 사항을 고려해야 한다.

보편적 도덕부터 개인적 도덕 등 여러 도덕에 대한 해석과 직업 윤리는 문화와 국가

마다 다르다는 것을 명심해야 한다. 정부나 개인 사업 수행 시 계약에 대한 기회와 금전적인 협의는 공평하고 투명하게 이루어져야 한다는 일반적인 믿음(보편적 도덕)에 대해 생각해 보자. 어떤 사회나 문화에서는 계약 체결 과정에서 부패가 흔하며, 이는 해당 사건에 관련된 지방 당국에 의해 '묵인'된다. 이는 비도덕적이며 비윤리적인가? 대부분은 "네, 이러한 행위는 허용되어서는 안 되며, 관련된 사람을 찾아 처벌해야 합니다."라고 답할 것이다. 그러나 이러한 악행은 끊이질 않고 있으며, 관습적 도덕에 대한 관점과 해석이 개인, 전문가, 그리고 정부 관료에 따라 차이가 있음을 알 수 있다.

예제 1.2

제이미는 미국에 본사를 둔 Burris라는 회사에서 근무하는 엔지니어로서 미국과 캐나다의 중소도시를 위한 지하철과 지상 교통 시스템을 개발한다. 그는 지난 15년 동안 전문 엔지니어(PE, Professonal Engineer)로 활동해 왔다. 작년에 대학 시절 친구이자 개인 컨설턴트로 일하는 캐럴이 지하철 프로젝트 비용 추정과 관련해 도움을 요청해 왔다. 캐럴은 제이미가 도와주는 것에 대한 대가를 지불하겠다고 제안했지만, 제이미는 평소 Burris에서 사용하는 데이터로 도움을 주는 것이라 대가를 받을 필요가 없다고 생각했다. 주말 동안 비용 추정은 끝났고, 제이미는 캐럴에게 결과를 전달했다. 이후 그는 캐럴로부터 어떠한 연락도 받지 못했고, 캐럴이 비용 추정을 요청했던 회사에 대해서도 알 길이 없었다.

어제 제이미는 상사로부터 샤프스타운(Sharpstown)의 지하철 시스템 설치 계약 수주에 실패했다는 소식을 들었다. 해당 프로젝트에 대한 추정치는 제이미와 동료들이 지난 몇 달 동안 준비해 온 것이었다. 이번 계약은 경제 침체가 지속되는 상황에서 Burris가 꼭 수주해야 하는 건이었으며, 수주에 실패할 경우 엔지니어의 무급 휴직까지 고려해야 하는 상황이었다. 제이미는 즉시 해고되었는데, 해고 이유는 계약 수주의 실패 때문이 아닌 Burris 주요 경쟁업체의 중요한 자문을 경영진의 승인 없이 비밀리에 수행했다는 이유에서였다. 제이미는 놀랍고 화가 났다. 그는 스스로 해고당할 만한 일을 한 적이 없다고 생각했지만, 실제로는 그렇지 않았다. 샤프스타운 수주에서 경쟁업체의 추정치는 제이미가 계약 입찰을 위해 사용한 추정치와 같았으며, 그가 캐럴에게 제공한 추정치와 매우 유사했다.

다행히도 Burris의 회장은 제이미의 비윤리적 행동에 대해 법적 기소를 하지 않기로 했으며 전문 엔지니어 면허 취소도 요구하지 않았다. 제이미는 1시간 내로 그의 사무실과 건물에서 나갈 것을 요청받았으며, 향후 구직 활동 시 Burris의 누구에게도 추천서를 요청하지 말 것을 지시받았다.

위 사례에서 제이미, 캐럴, 그리고 Burris 경영진의 윤리적 관점에 대해 논하시오. 특정 사항에 대해서는 미국기술사회의 공학자 윤리 강령(부록 C)을 참고하시오.

풀이

위 사례에서 제이미, 캐럴, 그리고 Burris 경영진의 행동에는 분명히 실수와 누락이 존재한다. 이러한 실수,

간과, 그리고 규정 위반 사항을 정리해 보자.

제이미

- 제이미는 캐럴이 일하는 회사가 어디인지, 해당 회사가 샤프스타운 프로젝트 입찰에 참여하는지 여부를 확인하지 않았다.
- 제이미는 고용주의 승인 없이 자신의 도움이 문제가 될 것이라 의심하지 않고 친구를 도와주었다.
- 제이미는 자신도 모르게 고용주의 승인 없이 경쟁업체를 도와주었다.
- 제이미는 공학자 윤리 강령 II.1.c 조항을 위반했을 가능성이 크다. 해당 조항은 "공학자는 법률이나 해당 강령에 따라 허가되지 않는 한 고객 또는 고용주의 사전 동의 없이 회사의 현황, 데이터, 정보를 공개해서는 안 된다."라고 명시하고 있다.

캐럴

- 제이미의 도움이 어떤 용도로 사용될지에 대해 공유하지 않았다.
- 제이미의 고용주가 같은 프로젝트에 입찰할 계획이 있는지에 대해 구태여 확인하지 않았다.
- 제이미가 넘겨준 정보와 그의 도움을 사용하는 것에 대한 승인을 구하지 않았으며 이에 대해 호도했다.
- 자신의 작업 일부가 입찰 경쟁업체로부터 제공되었다는 사실을 고객에게 알리지 않았다.
- 캐럴은 공학자 윤리 강령 III.9.a 조항을 위반했을 가능성이 크다. 해당 조항은 "공학자는 설계, 발명, 저술, 또는 기타 업적에 대한 책임이 있는 사람을 가능한 한 명시해야 한다."라고 규정하고 있다.

Burris 경영진

- 제이미의 입장을 충분히 듣고 조사를 진행했어야 했다.
- 해당 사건을 검토하는 동안 제이미를 휴직 상태로 두지 않았다.
- 제이미의 과거 우수한 업무 성과에 대해 고려하지 않았을 수 있다.

위 사항은 모두 윤리적 고려사항은 아니다. 일부는 사업을 하는 데 있어 일반적인 관행에 해당한다.

1.4 이자율과 수익률 ●●●

이자(interest)란 화폐의 시간적 가치를 의미한다. 또한 계산상으로는 최종 금액과 초기 금액의 차이다. 만약 금액의 차이가 0이거나 음수일 경우 이자가 없음을 의미한다. 이자에는 이자 지급과 이자 획득이라는 두 가지 관점이 존재한다. 이는 그림 1-2에 나타나 있다. 이자는 개인이나 조직이 빌린 돈(대출받은 것)을 시간이 지나 더 큰 금액으로 상환할 때 **지급**(paid)된다. 이자는 개인이나 조직이 저축, 투자, 또는 대여해 준 돈을 시간이

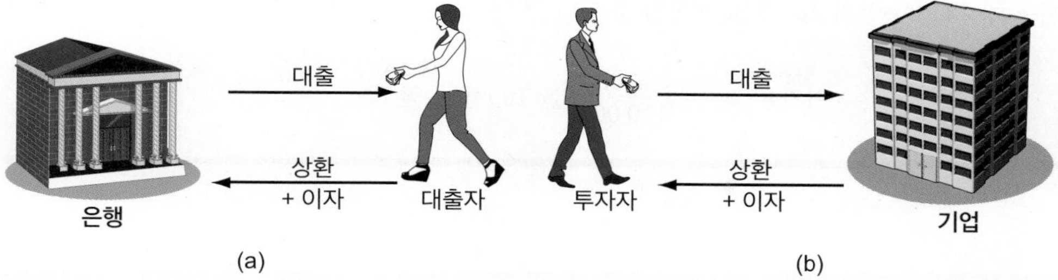

그림 1-2
(a) 시간이 지남에 따라 대여자에게 지급되는 이자. (b) 시간이 지남에 따라 투자자가 획득하는 이자

지나 더 큰 금액으로 반환받을 때 **획득**(earned)된다. 두 관점에서 계산하기 위해 사용되는 수치적 값과 공식은 동일하나 해석에는 차이가 있다.

빌린 자금(대출액)에 대해 **지급되는 이자**(interest paid)는 원래 금액, 즉 **원금**(principal)을 사용하여 결정된다.

$$\text{지급된 이자} = \text{현재 빚진 금액} - \text{원금} \qquad [1.1]$$

특정 시간 단위 동안 지급된 이자를 백분율로 표현한 것을 **이자율**(interest rate)이라 부른다.

$$\text{이자율}(\%) = \frac{\text{시간 단위당 누적된 이자}}{\text{원금}} \times 100\% \qquad [1.2]$$

이자율의 시간 단위를 **이자 기간**(interest period)이라 부른다. 가장 흔하게 사용되는 이자 기간은 1년이다. 월 1%와 같이 더 짧은 시간 단위도 사용될 수 있다. 이처럼 이자율에는 이자 기간이 항상 포함되어 있다. 이자 기간에 대한 정보 없이 이자율만 명시되어 있다면 이때의 이자 기간은 1년이라 가정된다.

예제 1.3

LaserKinetics.com의 직원이 5월 1일에 $10,000를 빌리고 정확히 1년 후에 총 $10,700를 상환한다. 지급된 이자와 이자율은 얼마인가?

풀이

위 문제는 $10,700의 대출을 상환하는 대출자 관점의 문제이다. 지급할 이자를 계산하기 위해 식 [1.1]을 적용한다.

$$\text{지급된 이자} = \$10{,}700 - 10{,}000 = \$700$$

식 [1.2]를 사용하여 1년 동안의 이자율을 계산할 수 있다.

$$\text{이자율}(\%) = \frac{\$700}{\$10{,}000} \times 100\% = \text{연 } 7\%$$

예제 1.4

음악 작사가 리즈는 자신이 가지고 있는 녹음 장비를 업그레이드하기 위해 은행에서 1년 동안 9%의 이자율로 $20,000를 빌리고자 한다. (a) 1년 후의 이자와 총상환액을 계산하시오. (2) 연 9%의 이자율을 계산하기 위해 사용할 원래 대출금과 1년 후 총상환액을 세로형 막대그래프로 표현하시오.

풀이

(a) 식 [1.2]를 사용하여 누적된 총이자를 계산한다.

$$\text{이자} = \$20{,}000(0.09) = \$1{,}800$$

총상환액은 원금과 이자의 합이다.

$$\text{총상환액} = \$20{,}000 + 1{,}800 = \$21{,}800$$

(b) 그림 1-3은 식 [1.2]에 적용된 값을 보여준다. 이자 $1,800, 원래 대출금 $20,000, 그리고 1년의 이자 기간이 포함되어 있다.

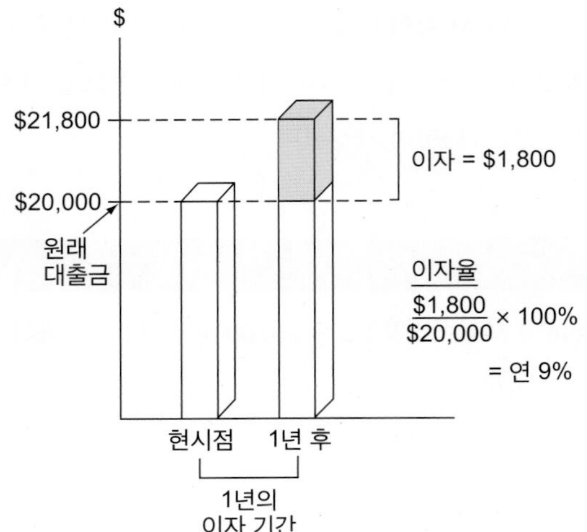

그림 1-3
예제 1.4에서 연 9%의 이자율을 계산하기 위해 사용된 값

참고사항

(a)에서 주목할 부분은 총상환액이 아래와 같이 계산될 수 있다는 것이다.

$$총상환액 = 원금(1 + 이자율) = \$20{,}000(1.09) = \$21{,}800$$

이후 위 방법을 사용하여 더 긴 이자 기간에 대한 미래 금액을 계산해 볼 것이다.

은행에 돈을 예금한 사람, 돈을 대여해 준 사람, 또는 투자자 관점에서 **획득된 이자**(interest earned)는 최종 금액에서 초기 금액 또는 원금을 뺀 것이다(그림 1-2(b)).

$$획득된\ 이자 = 현재총액 - 원금 \quad [1.3]$$

특정 기간 동안 획득된 이자는 원래 금액의 백분율로 표현되며 이를 **수익률**(ROR, Rate of Return)이라 부른다.

$$수익률(\%) = \frac{시간\ 단위당\ 누적된\ 이자}{원금} \times 100\% \quad [1.4]$$

수익률의 시간 단위는 **이자 기간**(interest period)이라고 하며 이는 대출자 관점에서의 이자 기간과 동일하다. 수익률의 시간 단위에서도 가장 일반적인 기간은 1년이다.

다른 산업과 환경에서 공학 프로그램에 큰 자본금이 투입될 때에 **투자수익률**(ROI, Return on Investment)은 수익률과 동일한 개념으로 사용된다.

식 [1.2]와 식 [1.4]에서 사용되는 수치적인 값은 같지만, 지급된 이자율(interest rate paid)이라는 용어는 대출자 관점에서 더 적절하며, 획득된 수익률(rate of return earned)이라는 표현은 투자자 관점에 적용될 수 있다.

예제 1.5

(a) 연 5%의 이자율이 적용된다고 할 때 현시점에 $1,000가 됐다면, 1년 전 예금액을 계산하시오.

(b) 1년 동안 획득된 이자를 계산하시오.

풀이

(a) 총누적액($1,000)은 예금액과 획득된 이자의 합이다. X가 예금액이라면,

$$총누적액 = 예금액 + 예금액(이자율)$$

$$\$1{,}000 = X + X(0.05) = X(1 + 0.05) = 1.05X$$

따라서 1년 전 예금액은

$$X = \frac{1{,}000}{1.05} = \$952.38$$

(b) 식 [1.3]을 적용하여 획득된 이자를 구할 수 있다.

$$\text{이자} = \$1{,}000 - 952.38 = \$47.62$$

예제 1.3~1.5에서 이자 기간은 1년이었으며, 한 번의 기간이 지난 시점에서의 이자를 계산했다. 3년 후의 이자와 같이 이자 기간이 한 번 이상 발생하는 경우, 기간마다 이자가 단리(simple) 또는 복리(compound)로 누적되는지 명시해야 한다. 해당 주제에 대해서는 이 장 뒷부분에서 다룬다.

인플레이션(inflation)이 이자율을 증가시킬 수 있으므로 인플레이션의 기본 원리에 대한 이해가 필요하다. 인플레이션은 주어진 통화의 가치 감소를 나타낸다. 즉, 현재 $100로는 10년 전에 $100로 구매할 수 있었던 상품과 서비스만큼을 구매할 수 없다. 통화 가치의 변화는 시장이자율에 영향을 미친다.

인플레이션

이자율은 실질수익률과 예상되는 인플레이션율을 함께 나타낸다. 실질수익률은 투자자가 투자 전에 구매할 수 있었던 것보다 더 많은 것을 구매할 수 있게 해주는 반면, 인플레이션은 실질수익률을 일상생활에서 사용하는 시장이자율로 상승시킨다.

인플레이션과 동반되는 것은 돈의 **구매력**(purchasing power)이다. 인플레이션이 상승함에 따라 통화의 구매력은 감소하게 되는데, 이는 동일한 양과 품질의 상품 및 서비스를 구매하는 데 더 많은 돈이 필요하다는 것을 의미한다. 예를 들어, 오늘 햄버거, 감자튀김, 음료수로 구성된 $10 런치세트가 내년에는 $12로 오르거나(인플레이션 효과) 내년에는 동일한 $10로 햄버거와 감자튀김만 구매 가능(구매력 감소)할 수 있다.

가장 안전한 투자(예 : 정부 채권)는 보통 전체 이자율에 3~4% 정도의 실질수익률을 포함한다. 따라서 연 8%의 시장이자율을 가지는 채권이 있다면, 이는 투자자들이 연간 4~5%의 인플레이션율을 예상한다는 것을 의미한다. 인플레이션은 이자율 상승을 야기한다는 것을 명심해야 한다.

대출자 관점에서 인플레이션율은 실질이자율에 추가되는 또 다른 이자율이다. 그리고 고정 이자 계좌에 저축한 사람 또는 투자자의 관점에서 인플레이션은 투자에 대한 실질수익률을 감소시킨다. 인플레이션은 비용과 수익의 현금흐름 추정치가 시간이 지남에 따라 증가하는 것을 의미한다. 이러한 증가는 인플레이션에 의해 화폐의 가치가 변하기 때문이며, 화폐(예 : 달러)의 단위당 가치가 이전에 비해 상대적으로 낮아진다. 동일한 돈으로 이전보다 더 적게 구매할 수 있을 때 이것이 인플레이션의 영향 때문임을 알 수 있다. 인플레이션이 영향을 미치는 부분은 다음과 같다.

- 돈의 구매력 감소
- 소비자물가지수(CPI, Consumer Price Index) 상승
- 장비 및 유지보수 비용 증가
- 월급과 시간당 급여를 받는 전문가 및 직원의 비용 증가
- 개인 저축과 기업 투자에 대한 실질수익률 감소

인플레이션은 기업과 개인의 경제 분석 시 발생할 수 있는 변화에 실질적으로 영향을 미친다.

경제성 공학 연구에서는 일반적으로 인플레이션이 모든 추정치에 동일하게 영향을 미친다고 가정한다. 이에 따라 추가적인 인플레이션율을 고려하지 않고 연 8%와 같은 이자율 또는 수익률을 분석 전체에 적용한다. 그러나 인플레이션이 연 4%와 같이 분명히 명시되어 있고 인플레이션으로 인해 화폐 가치가 감소하는 경우에는 반드시 인플레이션율을 반영한 이자율을 분석에 사용해야 한다. 12장에서 예제, 연습문제, 그리고 개인 재정에 관한 사례연구를 통해 인플레이션과 구매력에 대해 자세히 살펴볼 것이다.

1.5 용어와 기호 ●●●

경제성 공학에서 공식과 절차는 아래의 용어와 기호를 사용한다.

P = 현재 또는 시간 0으로 지정된 시점에서의 돈의 가치 또는 금액. 또한 P는 현재가치(PW, Present Worth; PV, Present Value), 순현재가치(NPV, Net Present Value), 현금흐름할인(DCF, Discounted Cash Flow), 자본화 비용(CC, Capitalized Cost)으로도 불린다. 단위로는 달러 등이 사용될 수 있다.

F = 어떤 미래 시점에서의 돈의 가치 또는 금액. 또한 F는 미래가치(FW, Future Worth; FV, Future Value)로도 불리며, 단위로는 달러 등이 사용될 수 있다.

A = 연속적이고 동일하게 기간 말에 발생하는 일련의 금액. 또한 A는 연간등가(AW, Annual Worth; EUAW, Equivalent Uniform Annual Worth)로도 불리며, 단위로는 연간 달러, 월간 유로 등이 사용될 수 있다.

n = 이자 기간 횟수. 단위로는 연, 월, 일 등이 사용될 수 있다.

i = 기간당 이자율. 단위로는 연간 이자율, 월간 이자율 등이 사용될 수 있다.

t = 기간을 이루는 시간. 단위로는 연, 월, 일 등이 사용될 수 있다.

P와 F는 일회성 사건을 나타낸다. A는 특정 기간 동안 이자 기간에 동일한 값으로 발

생한다. 현재가치 P는 미래가치 F를 이전 어느 시점 또는 등가 금액 A가 처음 발생하기 이전 어느 시점의 단일 가치로 표현한 것임을 이해해야 한다.

A는 항상 균일한 값(각 기간마다 동일한 값)으로 나타나며, 이자 기간 동안 연속해서 발생한다는 점이 중요하다. 자금열이 A로 표현되려면 두 조건 모두 충족되어야 한다.

이자율 i는 이자 기간당 퍼센트로 표현된다. 예를 들어, 연 12%와 같이 표현될 수 있다. 특별한 명시가 없는 한 해당 이자율이 전체 n년 동안 적용된다고 가정한다. 경제성 공학 계산에 사용되는 공식에서 i의 소숫값은 버리지 않고 항상 사용된다.

모든 경제성 공학 문제는 n으로 표현된 시간 요소와 i로 표현된 이자율을 포함한다. 일반적으로, 모든 문제는 P, F, A, n, i 중 최소한 4개를 포함하며, 이 중 적어도 3개는 추정되거나 이미 알고 있어야 한다.

경제성 공학에서 추가적으로 사용되는 기호는 부록 D에서 정의된다.

예제 1.6

줄리와 라몬은 새로운 콘도에 들어갈 가구를 구매하기 위해 오늘 $15,000를 대출받았다. 해당 대출은 아래 설명되는 두 가지 방법 중 하나를 선택하여 상환할 수 있다. 각 방법을 설명하기 위해 필요한 경제성 공학 기호와 그 값을 결정하시오.

(a) 연 5%의 이자율로 5년간 매년 동일한 금액을 납부하는 방법
(b) 연 7%의 이자율로 3년 후 일시불로 납부하는 방법

풀이

(a) 상환 정보 중 연간등가 A는 알려져 있지 않다.

$$P = \$15{,}000 \qquad i = \text{연 } 5\% \qquad n = 5\text{년} \qquad A = ?$$

(b) 상환 정보 중 미래가치 F는 알려져 있지 않다.

$$P = \$15{,}000 \qquad i = \text{연 } 7\% \qquad n = 3\text{년} \qquad F = ?$$

예제 1.7

연 6%의 이자를 지급하는 투자 계좌에 $5,000의 일시금을 예치할 계획이며, 내년부터 5년간 매년 연말에 $1,000의 금액을 인출하고자 한다. 여섯 번째 해 말에 계좌에 남은 돈을 모두 인출하고 계좌를 중지할 예정이다. 이와 관련된 경제성 공학 기호를 정의하시오.

풀이

5개 기호에 대한 정보가 존재하며, 6년 차의 미래가치는 알려져 있지 않다.

P = \$5,000

A = 5년간 연 \$1,000

F = 6년 말의 미래가치?

i = 연 6%

n = 연간등가 자금열 A에 대한 5년과 미래가치 F에 대한 6년

예제 1.8

작년에 모하메드의 할머니는 손자의 대학 경비를 지원하기 위해 올해 \$5,000의 이자를 만들 수 있는 만큼의 돈을 저축계좌에 넣어줬다. (a) 기호를 식별하고, (b) 만약 연이율이 6%라면 정확히 1년 전에 얼마를 입금해야 지금 \$5,000의 이자를 받을 수 있는지 계산하시오.

풀이

(a) 작년(−1)을 나타내는 기호 P와 올해를 나타내는 기호 F가 필요하다.

P = ?

i = 연 6%

n = 1년

$F = P +$ 이자 = ? + \$5,000

(b) F를 현재총액, P를 원금이라고 하자. 이자는 $F - P$ = \$5,000라는 것을 알고 있다. 이를 통해 P를 결정할 수 있다. 식 [1.1]부터 [1.4]까지를 참조하시오.

$$F = P + Pi$$

이자 \$5,000는 아래와 같이 구할 수 있다.

$$\text{이자} = F - P = (P + Pi) - P = Pi$$

$$\$5{,}000 = P(0.06)$$

$$P = \frac{\$5{,}000}{0.06} = \$83{,}333.33$$

1.6 현금흐름 : 추정과 흐름도 ●●●

앞서 언급된 바와 같이, 현금흐름은 미래 프로젝트를 위해 추정되거나 이미 일어난 프로젝트에 대한 돈의 액수를 말한다. 모든 현금흐름은 1개월, 6개월, 또는 1년 등 특정 기간 동안 발생한다. 연간(annual)이 가장 보편적으로 사용되는 기간이다. 예를 들어, 5년 동안 매년 12월에 한 번 $10,000를 지불하는 것은 5개의 연속된 현금흐름으로 표현될 수 있다. 다른 예시로, 2년 동안 매월 $500의 수입이 예상되는 경우에는 24개의 연속된 현금흐름으로 표현될 수 있다. 경제성 공학은 현금흐름의 시기, 크기, 방향에 따라 계산된 값을 기반으로 한다.

현금흐름

현금유입(cash inflows)은 판매, 수익, 소득, 대출금을 대출자로부터 돌려받았을 때의 돈, 프로젝트 및 사업 활동으로 발생하는 절약 등 모든 종류의 수입을 포함한다. 현금유입은 **더하기 기호**(plus sign)로 표시된다.

현금유출(cash outflows)은 지출, 비용, 은퇴자금이나 저축계좌로의 입금, 대출 상환, 프로젝트 및 사업 활동으로 인한 세금 등 모든 종류의 비용을 포함한다. 현금유출은 **음수 또는 빼기 기호**(negative or minus sign)로 표시된다. 프로젝트가 오직 비용만 포함하는 경우, 비용편익분석과 같은 일부 기법에서는 빼기 기호가 생략될 수 있다.

그림 1-1에서 설명된 경제성 공학 연구 단계 중에서 현금흐름을 추정(단계 3)하는 것은 주로 미래를 예측하는 시도이기에 가장 어렵다. 현금흐름 추정에 해당하는 몇 가지 예시를 살펴보자. 이들을 살펴보면서 현금유입 또는 유출이 가장 정확하게 추정될 수 있는 방법을 고민해 보자.

현금유입 추정

수입 : 태양 전지 시계 판매로 인한 연간 수입 +$150,000

절약 : 장비 잔존가치의 자본손실로 인한 세금 절약 +$24,500

수령액 : 사업 대출금 및 누적 이자 수령 +$750,000

절약 : 에너지 효율이 좋은 에어컨 설치로 인한 절약 +$150,000

수익 : 배터리 수명이 향상된 아이폰 판매로 인한 월간 수익 +$50,000에서 +$75,000

현금유출 추정

운영비용 : 소프트웨어 서비스의 연간운영비용 −$230,000

초기비용 : 이듬해 굴착기 대체품 구매를 위한 비용 −$800,000

비용 : 연간 은행 대출 이자 지불로 인한 비용 −$20,000

초기비용 : 물 재활용 시설에 대한 자본지출 −$1 백만에서 −$1.2 백만

위 추정 중 현금유입과 유출의 마지막 추정을 제외한 나머지는 현금흐름의 단일가치 추정(single-value estimates), 즉 **점추정**(point estimates)에 해당한다. 2개의 마지막 추정은 **범위추정**(range estimate)에 해당하며, 이는 수익과 비용 추정 시 시스템에 대한 충분한 지식이나 경험이 없어 정확하게 예측할 수 없는 경우에 이루어진다. 이 책 앞부분에서는 점추정을 사용한다. 범위추정을 위한 위험과 민감도 분석은 18장과 19장에서 다룬다.

모든 현금유입과 유출이 추정된 이후(또는 종료된 프로젝트에 의해 결정된 이후), 각 기간에 대한 **순현금흐름**(net cash flow)이 계산된다.

$$\text{순현금흐름} = \text{현금유입} - \text{현금유출} \qquad [1.5]$$

$$\text{NCF} = R - D \qquad [1.6]$$

NCF는 순현금흐름, R은 수입(recipts), D는 지출(disbursements)을 의미한다.

이 절의 시작 부분에서 현금흐름의 시기, 크기, 방향이 중요하다고 언급했었다. 현금흐름은 이자 기간 동안 언제든지 발생할 수 있기 때문에 관례적으로 모든 현금흐름은 이자 기간 말에 발생한다고 가정한다.

기간 말의 관례는 모든 현금유입과 유출이 실제로 발생하는 **이자 기간의 말**(end of the interest period)에 발생한다고 가정하는 것을 의미한다. 같은 기간 내 여러 유입과 유출이 발생할 때 순현금흐름은 기간의 말(end)에 발생한다고 가정한다.

기간 말의 관례

기간 말 현금흐름을 가정할 때, 미래(F)와 연간등가(A) 금액이 이자 기간의 말에 위치한다는 것을 이해하는 것이 중요하다. 예를 들어, 예제 1.7에서 일시금 예치가 2023년 7월 1일에 이루어졌다면, 인출은 그 후 6년 동안 매년 7월 1일에 이루어진다. 이자 기간의 말이란 달력상으로 연말이 아닌 이자 기간의 끝을 의미한다는 점을 기억해야 한다.

현금흐름도(cash flow diagram)는 경제적 분석에서 매우 중요한 도구이며, 특히 자금열이 복잡할 때 유용하게 사용될 수 있다. 현금흐름도는 x축에 시간 척도를, y축에 현금흐름을 시각적으로 표현한다. 현금흐름도는 이미 알려진 것, 추정된 것, 필요로 하는 것을 모두 포함한다. 즉, 현금흐름도가 완성되면 다른 사람이 그 현금흐름도를 보고 문제를 해결할 수 있어야 한다.

현금흐름도에서 시간 $t = 0$은 현재를 나타내며, $t = 1$은 기간 1의 끝을 나타낸다. 기간이 연도로 설정되어 있다고 가정한다면, 그림 1-4의 시간 척도는 5년으로 설정되어 있

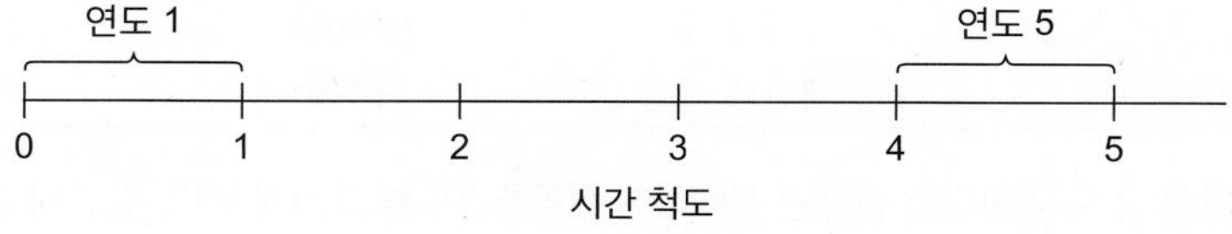

그림 1-4
5년 동안의 일반적인 현금흐름의 시간 척도

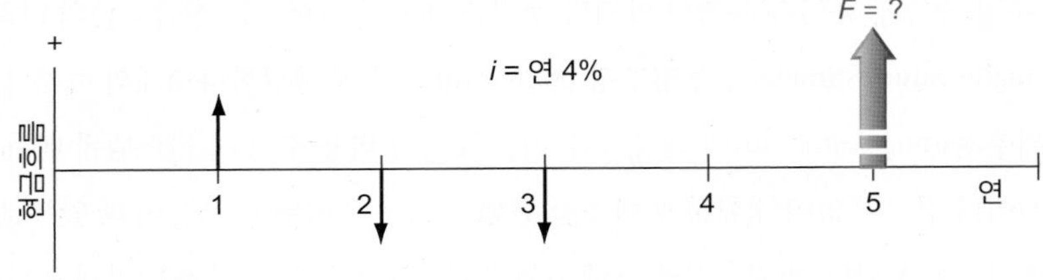

그림 1-5
양(+)의 현금흐름과 음(-)의 현금흐름의 예시

음을 알 수 있다. 기간 말 관례는 현금흐름을 연말에 배치하기 때문에 '1'은 1년 차의 말을 의미한다.

현금흐름도에서 정확한 척도를 사용하는 것이 필수는 아니지만, 시간과 상대적인 현금흐름의 크기를 척도에 맞춰 현금흐름도로 표현하면 오류를 피할 수 있다.

현금흐름도의 화살표 방향은 수입과 지출을 구별하기 위한 중요한 정보이다. 수직 화살표가 위를 가리키면 양(+)의 현금흐름을 나타낸다. 반대로, 아래를 가리키는 화살표는 음(−)의 현금흐름을 나타낸다. **우리가 모르거나 결정되어야 하는 현금흐름을 나타내기 위해 파란색의 굵은 화살표를 사용한다.** 예를 들어, 5년 차에 결정될 미래가치 F가 있다면, 5년 차에 F = ?라는 표시와 함께 파란색의 굵은 화살표가 사용된다. 이자율도 현금흐름도에 표시된다. 그림 1-5는 1년 차 말의 현금유입, 2년 차와 3년 차 말에 동일한 현금유출, 연 4%의 이자율, 우리가 모르는 5년 후 미래가치 F를 보여준다. 우리가 모르거나 결정되어야 하는 가치를 위한 화살표는 다른 현금흐름과 반대 방향으로 그리는 것이 일반적이나, 경제성 공학 계산을 통해 F 값의 실제 부호를 결정할 수도 있다.

현금흐름을 그림으로 표현하기 전에 + 또는 − 부호를 할당하고 정확한 경제적 분석이 이루어질 수 있는 관점 또는 유리한 방향을 결정해야 한다. 오늘 은행에서 $8,500를 빌려 다음 주에 $8,000짜리 중고차를 구입하고, 2주 후에 남은 $500로 구입한 차에 페인트칠을 한다고 가정해 보자. 현금흐름도를 그릴 때 돈을 빌리는 사람(즉, 당신), 은행원, 차 딜러, 또는 페인트 가게 주인 등 여러 관점을 고려해 볼 수 있다. 이러한 관점에서 현금흐름 부호와 금액은 아래와 같다.

관점	활동	부호로 표시된 현금흐름, $	시간, 주
당신	대출	+8,500	0
	차 구입	−8,000	1
	페인트 작업	−500	2
은행원	대부	−8,500	0
차 딜러	차 판매	+8,000	1
페인트 가게 주인	페인트 작업	+500	2

여러 관점 중 오직 하나의 관점만 선택하여 현금흐름도를 그리게 된다. 당신의 관점에서

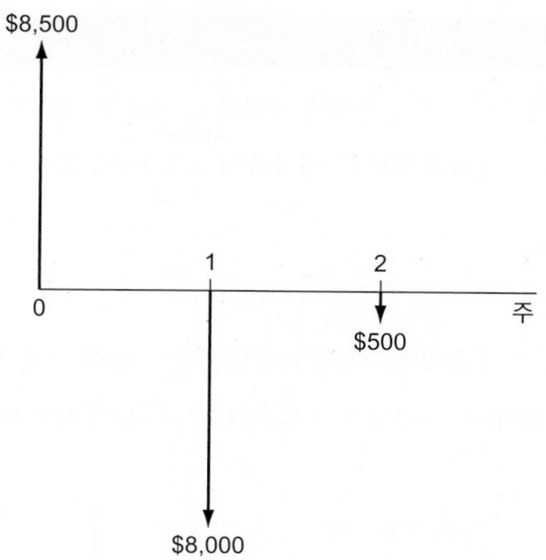

그림 1-6
대출자 관점에서 대출과 구매를 표현한 현금흐름도

는 세 가지 현금흐름이 관련되어 있으며, 주 단위의 시간 척도를 가진 현금흐름도가 그림 1-6과 같이 그려지게 된다. 기간 말 관례를 적용하면, 현재(시간 0) +$8,500의 수입이 있고, 1주 차 말에 −$8,000, 2주 차 말에 −$500의 현금유출이 발생한다.

예제 1.9

Exxon-Mobil은 전 세계에 퍼져 있는 자신들의 회사를 운영하기 위해 기계 안전장치에 많은 자금을 지출한다. 멕시코와 중앙아메리카 지점의 운영을 맡고 있는 선임 엔지니어 칼라 라모스는 현장에 설치된 압력 해제 밸브를 개선하기 위해 지금부터 향후 4년간 매년 $1백만의 지출을 계획하고 있다. 안전 관련 자금에 대한 자본비용 추정치가 연 12%라고 할 때, 해당 지출의 4년 말 등가를 찾기 위한 현금흐름도를 작성하시오.

풀이

그림 1-7은 다섯 기간에 걸친 균일한 음(−)의 자금열(지출)과 정확히 다섯 번째 지출과 동시에 발생하는 미지의 F 값(양(+)의 현금흐름 등가)을 나타낸다. 지출은 즉시 시작되기 때문에 첫 번째 $1백만은 시간 1이 아닌 시간 0에 표시된다. 따라서 마지막 음(−)의 현금흐름은 네 번째 연도의 말에 발생하며, 이때 F도 발생한다. 전체 5년을 시간 척도에 포함시키기 위해 −1년을 추가하여 현금흐름도를 완성할 수 있다. −1년을 추가하는 것의 의미는 0년이 −1년의 기간 말 지점임을 설명하기 위해서다.

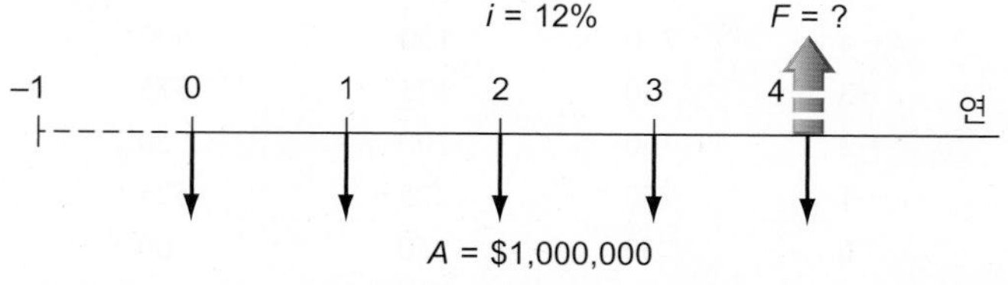

그림 1-7
예제 1.9의 현금흐름도

예제 1.10

전기공학자가 현재 P를 예치하여 1년 후부터 첫 5년간 매년 동일한 금액 $A_1 = \$2{,}000$를 인출하고, 그다음 3년간 매년 다른 금액 $A_2 = \$3{,}000$를 인출하기를 원한다. 이자율이 연 8.5%일 경우, 현금흐름도는 어떻게 나타날 수 있는가?

풀이

현금흐름은 그림 1-8에 표시되어 있다. 현재 음의 현금유출 P가 발생한다. A_1에 대한 자금열(긍정적 현금유입)은 1년부터 5년까지 매해 말에 발생하며, A_2에 대한 자금열은 6년부터 8년까지 발생한다.

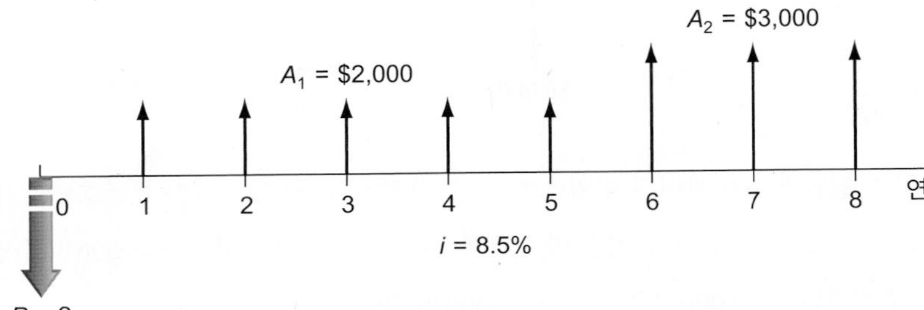

그림 1-8
예제 1.10의 다른 2개의 등가자금열에 대한 현금흐름도

예제 1.11

렌털 업체는 7년 전에 새 공기압축기에 \$2,500를 지출했다. 압축기의 연간 임대 수입은 \$750였다. 첫해에 유지보수를 위해 지출된 \$100는 매년 \$25씩 증가했다. 회사는 내년 말에 압축기를 \$150에 판매할 예정이다. 회사의 관점에서 현금흐름도를 구성하고, 현재가치가 어디에 위치하는지 표시하시오.

풀이

현재를 시간 $t = 0$으로 설정하자. −7년부터 1년까지(내년)의 수입과 비용을 아래와 같이 정리하고, 식 [1.5]를 사용하여 순현금흐름을 계산한다. 순현금흐름(1개의 부정적, 8개의 긍정적)은 그림 1-9처럼 현금흐름도로 나타낼 수 있다. 현재가치 P는 0년에 위치한다.

연말	수입	비용	순현금흐름
−7	\$ 0	\$2,500	−\$2,500
−6	750	100	650
−5	750	125	625
−4	750	150	600
−3	750	175	575
−2	750	200	550
−1	750	225	525
0	750	250	500
1	750 + 150	275	625

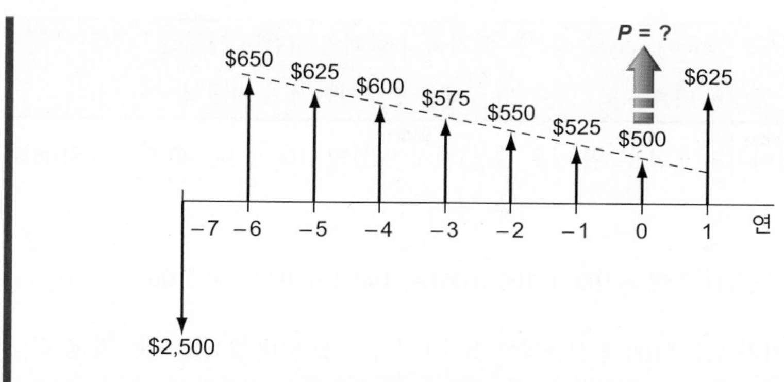

그림 1-9
예제 1.11의 현금흐름도

1.7 경제적 등가

경제적 등가는 경제성 공학 계산의 기반이 되는 기본 개념이다. 경제적 측면으로 들어가기에 앞서, 일상 중 한 척도에서 다른 척도로 변환함으로써 사용할 수 있는 다양한 유형의 등가에 대해 생각해 보자. 척도 간 전환의 예는 다음과 같다.

길이

12인치 = 1피트 3피트 = 1야드 39.370인치 = 1미터

100센티미터 = 1미터 1,000미터 = 1킬로미터 1킬로미터 = 0.621마일

압력

1기압 = 1뉴턴/미터^2 = 10^3파스칼 = 1킬로파스칼

종종 등가는 2개 이상의 척도를 포함하기도 한다. 거리와 시간 척도 간 변환을 사용하여 시속 110킬로미터(kph)의 속도를 마일당 분으로 환산하는 등가를 소수점 세 자리로 정확하게 표현하는 것을 생각해 보자.

속도

1마일 = 1.609킬로미터 1시간 = 60분

110 kph = 68.365마일/시간(mph) 68.365 mph = 1.139마일/분

시간을 나타내는 분, 시와 길이를 나타내는 마일과 킬로미터, 이렇게 네 가지 척도가 속도에 대한 동등한 상태를 표현하기 위해 결합될 수 있다. 이러한 상태를 표현하기 위해 1마일 = 1.609킬로미터와 1시간 = 60분의 변환 관계가 적용된다는 점을 기억하자. 만약 이러한 변환 관계에 변동이 생기면 전체 등가에 오류가 발생할 수 있다.

이제 경제적 등가를 고려한다.

경제적 등가

경제적 등가(economic equivalence)는 **이자율**과 **화폐의 시간적 가치**를 결합하여 경제적 가치가 동일한 다른 시점의 다양한 금액을 결정하는 것을 말한다.

예를 들어, 이자율이 연 6%일 경우, 오늘(현재 시간)의 $100는 1년 후 오늘의 $106와 동일하다.

$$\text{누적된 금액} = 100 + 100(0.06) = 100(1 + 0.06) = \$106$$

만약 누군가가 오늘 $100를 선물받는 것과 1년 후 오늘 $106를 선물받는 것 중 하나를 제안했다면, 경제적 관점에서 어느 제안을 받아들이든 차이가 없다. 어떠한 경우든 1년 후 오늘 $106를 갖게 되기 때문이다. 그러나 두 금액은 이자율이 연 6%일 때에만 서로 동일하다. 더 높거나 낮은 이자율에서는 오늘의 $100가 1년 후 오늘의 $106와 동일하지 않다.

미래등가뿐만 아니라 이전 연도에 대해서도 등가를 결정하기 위해 위와 같은 논리를 적용할 수 있다. 연 6%의 이자율에서 현재 $100는 1년 전의 $100/1.06 = $94.34와 등가이다. 이러한 예시로부터 지난해의 $94.34, 지금의 $100, 1년 후의 $106는 연 6%의 이자율에서 등가라고 말할 수 있다. 이러한 금액이 동일하다는 사실은 1년 이자 기간에 대한 두 이자율을 계산하여 검증해 볼 수 있다.

$$\frac{\$6}{\$100} \times 100\% = \text{연 } 6\%$$

그리고 이자는 100.00 − 94.34 = $5.66이다.

$$\frac{\$5.66}{\$94.34} \times 100\% = \text{연 } 6\%$$

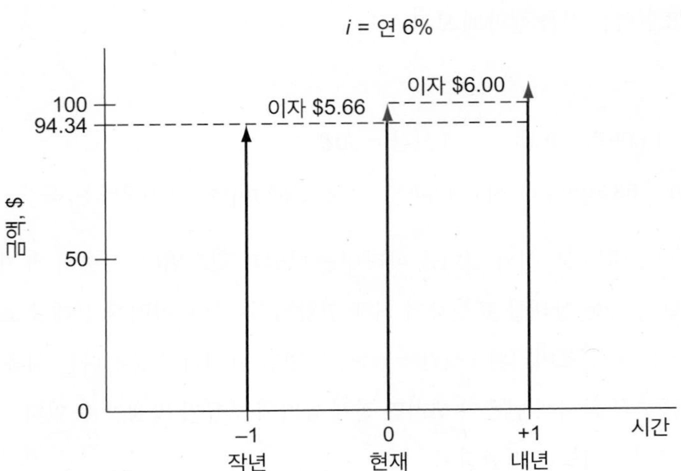

그림 1-10
연 6% 이자율에서의 등가

그림 1-10의 현금흐름도는 연 6%의 이자율에서 위 세 가지 다른 금액을 등가로 만들기 위해 매년 필요한 이자를 나타낸다.

예제 1.12

제조업자들은 컴퓨터 시스템용 백업 배터리를 개인 소유의 유통업체를 통해 Batteries+Bulbs 딜러에게 제공한다. 보통 배터리는 연중 저장되며, 배터리의 재고 보관 비용이 매년 5%씩 증가할 것으로 예상된다. City Center Batteries+Bulbs 아웃렛을 소유하고 있다면, 배터리 비용에 대해 다음의 설명 중 참과 거짓을 구분하기 위해 필요한 계산을 수행하시오.

(a) 현재 $98는 1년 후 $105.60의 비용과 동일하다.
(b) 1년 전 트럭 배터리 비용 $200는 현재 $205와 동일하다.
(c) 현재 $38의 비용은 1년 후 $39.90와 동일하다.
(d) 현재 $3,000의 비용은 1년 전 $2,887.14와 동일하다.
(e) $20,000 상당의 배터리에 대한 투자로 1년간 쌓인 운반비용은 $1,000이다.

풀이

(a) 누적 총액 = 98(1.05) = $102.90 ≠ $105.60이므로 거짓이다. 이 문제를 해결하는 다른 방법은 다음과 같다. 필요한 원가 : 105.60/1.05 = $100.57 ≠ $98
(b) 1년 전의 동일한 비용은 205.00/1.05 = $195.24 ≠ $200이므로 거짓이다.
(c) 1년 후의 비용은 $38(1.05) = $39.90이므로 참이다.
(d) 현재 비용은 2,887.14(1.05) = $3,031.50 ≠ $3,000이므로 거짓이다.
(e) 비용은 연 5%의 이자, 즉 $20,000(0.05) = $1,000이므로 참이다.

대안 자금열의 비교는 자금열이 경제적으로 동일한지, 또는 하나가 다른 것보다 경제적으로 선호되는지를 결정하기 위해 등가라는 개념을 필요로 한다. 분석의 핵심은 이자율과 현금흐름의 시기이다. 예제 1.13은 현금흐름의 크기와 시기에 따라 분석이 어떻게 달라지는지를 보여준다.

예제 1.13

하워드는 소규모 전자제품 수리점을 소유하고 있다. 그는 지금 $10,000를 빌리고, 다음 1년 또는 2년 동안 상환하길 원한다. 그는 새로운 진단 장비를 통해 더 다양한 전자제품을 수리하여 연간 수입이 증가할 것이라 믿는다. 하워드는 은행 A와 은행 B로부터 2년 상환 옵션을 제안받았다.

연	연간 상환액, $	
	은행 A	은행 B
1	−5,378.05	−5,000.00
2	−5,378.05	−5,775.00
총상환액	−10,756.10	−10,775.00

이러한 계획을 모두 검토한 후 하워드는 증가할 수입을 고려하여 1년 후에만 $10,000를 상환할 것이라 결정했다. 가족과 대화하는 도중에 하워드의 처남은 하워드에게 지금 $10,000를 빌려주고 정확히 1년 후에 $10,600를 돌려줄 것을 제안했다. 이제 하워드에게는 세 가지 옵션이 있으며, 어떤 옵션을 선택해야 할지 고민하고 있다. 경제적으로 가장 좋은 선택은 무엇인가?

풀이

두 은행에 대한 상환 계획은 연 5% 이자율에서 경제적으로 동일하다. (이는 2장에서 배우게 될 계산을 사용하여 확인할 수 있다.) 따라서 은행 B의 계획이 2년 동안 약간 더 많은 금액을 요구하더라도 하워드는 두 계획 중 어느 것을 선택해도 상관없다.

처남이 제시한 옵션에 대한 상환 계획은 1년 후에 총 $600의 이자와 원금 $10,000를 요구하여 이자율이 연 6%에 달한다. 두 은행에서 제공하는 연 5%의 옵션보다 처남이 제시한 옵션이 경제적으로 더 좋지 않기 때문에 선택해서는 안 된다. 상환하는 금액의 합이 더 적더라도 현금흐름의 시점과 이자율이 처남의 제안을 바람직하지 않게 만든다. 여기서 중요한 점은 현금흐름 자체나 그 합을 경제적 의사결정을 위한 주요 기준으로 사용해서는 안 된다는 것이다. 이자율, 시점, 그리고 경제적 등가를 반드시 고려해야 한다.

1.8 단리와 복리 ●●●

(1.4절에서 소개한) 이자, 이자 기간, 이자율이라는 용어는 과거의 한 이자 기간과 미래의 한 이자 기간에 대한 등가를 계산하는 데 유용하게 사용될 수 있다. 그러나 하나 이상의 이자 기간에 대해서는 단리와 복리라는 용어가 중요하다.

단리(simple interest)는 원금만 사용하여 계산되며, 이전 이자 기간에 누적된 이자는 무시한다. 여러 기간에 걸친 총단리는 다음과 같이 계산된다.

$$\text{단리} = (\text{원금})(\text{이자 기간 횟수})(\text{이자율}) \qquad [1.7]$$

$$I = Pni$$

I는 획득되거나 지불한 이자액을 말하며, 이자율 i는 소수 형태로 표현된다.

예제 1.14

한 구조공학 회사가 현재 화재 안전 규정에 맞지 않는 사무실 건물을 개조하는 데 필요한 돈 $100,000를 GreenTree Financing에서 대출받았다. 해당 대출은 3년 동안 연 10%의 단리를 조건으로 한다. 3년 후에 회사는 얼마를 상환해야 하는가?

풀이

3년 동안 매년 발생하는 이자는 다음과 같다.

$$\text{연간 이자} = \$100{,}000(0.10) = \$10{,}000$$

식 [1.7]을 통해 계산되는 3년 동안의 총이자는

$$\text{총이자} = \$100{,}000(3)(0.10) = \$30{,}000$$

3년 후에 지불해야 할 총액은

$$\text{총지불액} = \$100{,}000 + 30{,}000 = \$130{,}000$$

첫 번째 해와 두 번째 해에 누적된 이자는 이자를 발생시키지 않는다. 매년 지불해야 하는 이자는 $100,000 대출 원금에 대해서만 계산된 $10,000이다.

대부분의 재무 및 경제 분석에서는 **복리**(compound interest) 계산을 사용한다.

복리의 경우, 각 이자 기간에 발생한 이자는 **원금과 모든 이전 기간에 누적된 총이자액을 합하여** 계산된다. 따라서 복리는 이자가 합쳐진 금액에 대한 이자를 의미한다.

복리는 이자에 대해서도 화폐의 시간적 가치 효과를 반영한다. 복리 관점에서 한 기간의 이자는 다음과 같이 계산된다.

$$\text{복리} = (\text{원금} + \text{누적된 이자})(\text{이자율}) \qquad [1.8]$$

수학적 용어로, 시간 기간 t에 대한 이자 I_t는 다음의 관계를 바탕으로 계산될 수 있다.

$$I_t = \left(P + \sum_{j=1}^{j=t-1} I_j\right)(i) \qquad [1.9]$$

예제 1.15

제약 회사가 연 10%의 복리로 $100,000를 대출받아 3년 후 원금과 모든 이자를 갚는다고 가정하자. 3년 후의 연간 이자와 총지불액을 계산하시오. 또한 각 연도에 대한 이자와 총부채를 현금흐름도로 나타내고 단리를 사용한 이전 예제와 비교해 보시오.

풀이

복리를 포함하기 위해 매년 연간 이자와 총부채는 식 [1.8]에 의해 계산된다.

1년 차 이자 : 100,000(0.10) = $10,000

1년 차 총부채 : 100,000 + 10,000 = $110,000

2년 차 이자 : 110,000(0.10) = $11,000

2년 차 총부채 : 110,000 + 11,000 = $121,000

3년 차 이자 : 121,000(0.10) = $12,100

3년 차 총부채 : 121,000 + 12,100 = $133,100

3년 차에 이자와 원금을 합친 $133,100가 지불될 때까지 아무런 지불이 이루어지지 않는다. 그림 1-11은 현금흐름도를 사용하여 연말 (a) 단리와 (b) 복리 및 총부채를 비교한다. 복리로 인한 차이가 분명하게 나타난다. 복리 대출 시 추가로 $133,100 − 130,000 = $3,100의 이자가 지불되어야 한다.

단리는 매년 일정하게 발생하는 반면 복리는 기하급수적으로 증가한다는 점에 유의해야 한다. 복리의 기하급수적 증가로 인해 단리와 복리의 누적 차이는 시간이 지남에 따라 빠르게 커진다. 예를 들어, 대출 기간이 3년이 아닌 10년인 경우, 복리로 인해 추가로 지불되어야 하는 금액은 $59,374임을 계산을 통해 알 수 있다.

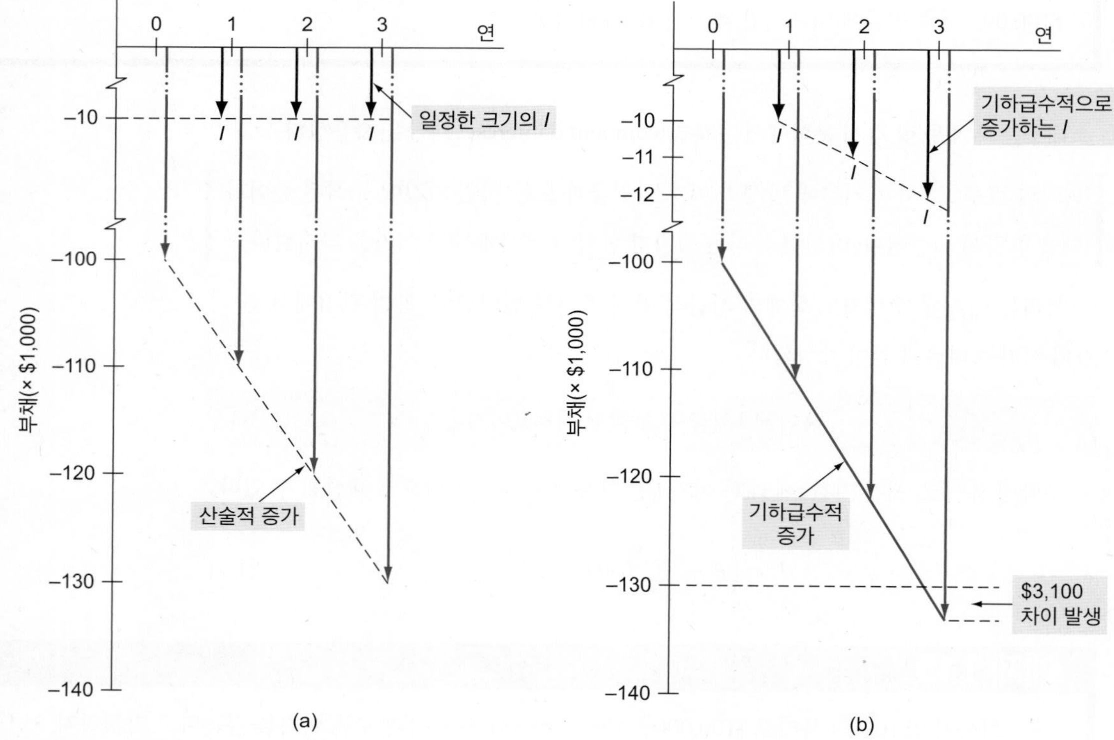

그림 1-11
(a) 단리(예제 1.14)와 (b) 복리(예제 1.15)에 대한 이자 I와 총부채

예제 1.15에서 여러 해 후에 지불해야 할 총액을 계산하는 효율적인 방법은 복리가 기하급수적으로 증가하는 사실을 활용하는 것이다. 이를 통해 매년 이자를 계산하는 과정을 생략할 수 있다. 이 경우, **각 연말에 지불해야 할 총액**은 아래와 같다.

1년 차 : $\$100{,}000(1.10)^1 = \$110{,}000$

2년 차 : $\$100{,}000(1.10)^2 = \$121{,}000$

3년 차 : $\$100{,}000(1.10)^3 = \$133{,}100$

이를 통해 중간 단계 없이 미래에 지불해야 할 총액을 바로 계산할 수 있다. 식의 일반적인 형태는 아래와 같다.

$$n\text{년 후 총지불액} = \text{원금}(1 + \text{이자율})^{n\text{년}} \qquad [1.10]$$
$$= P(1 + i)^n$$

i는 소수 형태로 표현된다. n년 후에 지불해야 할 총액은 1.5절에서 정의된 미래가치 F와 동일하다. 식 [1.10]은 위 예제에서 3년 후에 지불해야 할 $133,100를 구하기 위해 적용되었다. 이는 이후 장에서 빈번하게 사용될 것이다.

이자율, 복리, 등가의 개념을 합하여 서로 다른 대출 상환 계획이 등가임을 설명할 수 있지만, 여러 해 동안 지불하는 금액과 총상환액은 크게 차이가 날 수 있다. 이는 화폐의 시간적 가치를 고려하는 데 여러 방법이 있음을 보여준다.

예제 1.16

표 1-1은 아래 설명된 네 가지 다른 대출 상환 계획의 세부 사항을 담고 있다. 각 계획은 연 8% 복리로 5년간 $5,000 대출을 상환한다.

- **계획 1 : 기간의 마지막에 모두 상환.** 5년 말까지 이자나 원금을 지불하지 않는다. 매년 원금과 모든 누적 이자에 대해 이자가 계산된다.
- **계획 2 : 이자를 매년 지불하고, 원금은 기간의 마지막에 상환.** 누적된 이자를 매년 지불하며, 전체 원금은 5년 말에 상환한다.
- **계획 3 : 이자와 원금의 일부를 매년 상환.** 누적된 이자와 원금의 1/5(또는 $1,000)을 매년 상환한다. 대출 잔액이 매년 감소하므로, 각 해의 이자(2열)도 감소한다.
- **계획 4 : 이자와 원금을 동일한 금액으로 상환.** 매년 동일한 지불이 이루어지며, 일부는 원금 상환에, 나머지는 누적된 이자를 갚는 데 사용한다. 계획 3에 비해 대출 잔액이 더 느리게 감소하기 때문에 이자가 감소하긴 하나 더 느린 속도로 감소한다.

(a) 8% 복리에 대한 각 계획의 등가에 관해 설명하시오.

(b) 계획 2의 방식을 사용하여 해당 대출에 대한 연 8% 단리 상환 계획을 수립하시오. 두 계획에 대해 상환된 총금액도 함께 언급하시오.

풀이

(a) 각 상환 일정에 따른 연간 지불액이 다르고, 상환된 총금액도 다르다. 각 상환 계획이 5년이지만, 상환된 총금액의 차이는 화폐의 시간적 가치와 5년 전에 이루어지는 원금의 부분 상환에 의해 설명될 수 있다. 시간 0에서 연 8% 복리로 빌린 $5,000는 아래와 같이 설명될 수 있다.

계획 1 5년 말 $7,346.64 상환

계획 2 4년 동안 매년 $400와 5년 말 $5,400 상환

계획 3 1년 차($1,400)부터 5년 차($1,080)까지 감소하는 이자와 일부 원금 지불

표 1-1 연 8% 복리로 5년간 $5,000를 상환하는 계획

(1) 연말	(2) 연간 이자	(3) 연말 총부채	(4) 연말 상환액	(5) 상환 후 총부채
계획 1 : 기간의 마지막에 모두 상환				
0				$5,000.00
1	$400.00	$5,400.00	—	5,400.00
2	432.00	5,832.00	—	5,832.00
3	466.56	6,298.56	—	6,298.56
4	503.88	6,802.44	—	6,802.44
5	544.20	7,346.64	$7,346.64	
총액			$7,346.64	
계획 2 : 이자를 매년 지불하고, 원금은 기간의 마지막에 상환				
0				$5,000.00
1	$400.00	$5,400.00	$ 400.00	5,000.00
2	400.00	5,400.00	400.00	5,000.00
3	400.00	5,400.00	400.00	5,000.00
4	400.00	5,400.00	400.00	5,000.00
5	400.00	5,400.00	5,400.00	
총액			$7,000.00	
계획 3 : 이자와 원금의 일부를 매년 상환				
0				$5,000.00
1	$400.00	$5,400.00	$1,400.00	4,000.00
2	320.00	4,320.00	1,320.00	3,000.00
3	240.00	3,240.00	1,240.00	2,000.00
4	160.00	2,160.00	1,160.00	1,000.00
5	80.00	1,080.00	1,080.00	
총액			$6,200.00	
계획 4 : 이자와 원금을 동일한 금액으로 상환				
0				$5,000.00
1	$400.00	$5,400.00	$1,252.28	4,147.72
2	331.82	4,479.54	1,252.28	3,227.25
3	258.18	3,485.43	1,252.28	2,233.15
4	178.65	2,411.80	1,252.28	1,159.52
5	92.76	1,252.28	1,252.28	
총액			$6,261.40	

계획 4 5년 동안 매년 $1,252.28 상환

경제성 공학 연구에서는 일반적으로 계획 4를 사용한다. 이자는 복리로 계산되며, 기간마다 일정한 금액을 상환한다. 해당 금액은 누적된 이자와 일부 원금의 상환을 의미한다.

(b) 연 8% 단리에 대한 상환 일정은 표 1-2에 자세히 설명되어 있다. 매년 $400의 이자를 지불하고, $5,000의 원금을 5년 차에 상환하므로, 일정은 계획 2의 연 8% 복리와 정확히 같고, 총 상환 금액도 $7,000로 동일하다. 이처럼 특별한 경우에 단리와 복리는 총상환액이 동일한 결과를 낳는다. 하지만 이러한 일정과 다르게 진행될 경우 둘의 금액이 달라질 것이다.

표 1-2 연 8% 단리로 5년간 $5,000를 상환하는 계획

연말	연간 이자	연말 총부채	연말 상환액	상환 후 총부채
0				$5,000
1	$400	$5,400	$ 400	5,000
2	400	5,400	400	5,000
3	400	5,400	400	5,000
4	400	5,400	400	5,000
5	400	5,400	5,400	0
총액			$7,000	

1.9 최소요구수익률과 자본비용가중평균 ●●●

수익성 있는 투자라면, 투자자(기업이나 개인)는 자신이 투자한 자본보다 더 많은 돈을 받게 될 것이라 기대하게 된다. 즉, 수익률(rate of return) 또는 투자수익률(return on investment)이 실현 가능해야 한다. 식 [1.4]를 통해 ROR을 정의할 수 있으며, 즉 벌어들인 금액을 원금으로 나누는 것을 말한다.

공학적 대안은 합리적인 ROR이 예상된다는 전망을 기반으로 평가된다. 따라서 경제성 공학 연구(그림 1-1)의 선택 기준(단계 4)을 위한 합리적인 비율이 설정되어야 한다.

최소요구수익률(MARR, Minimum Attractive Rate of Return)은 대안의 평가와 선택을 위해 설정된 합리적인 수익률을 말한다. 프로젝트가 **최소한 MARR을 반환할 것이라 예상**되지 않는다면, 해당 프로젝트는 경제적으로 실행 불가능하다고 판단한다. 또한 MARR은 의사결정기준 수익률(hurdle rate), 거부율(cutoff rate), 기준율(benchmark rate), 최소기대수익률(minimum acceptable rate of return)이라고도 불린다.

최소요구수익률(MARR)

그림 1-12는 다양한 수익률 값 간의 관계를 나타낸다. 현재 미국에서는 미국 재무부 채권의 수익률이 안전 기준율로 종종 사용된다. MARR은 항상 이러한 안전 기준율보다

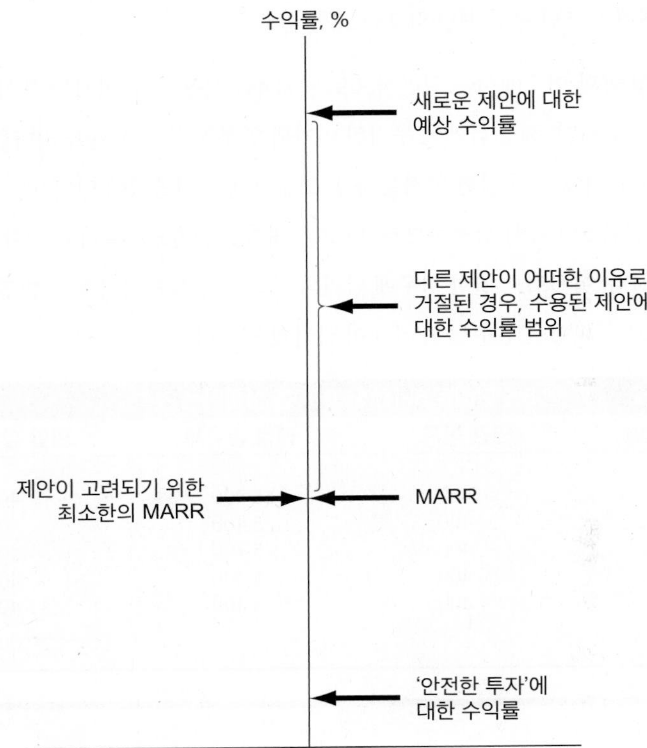

그림 1-12
다른 수익률 값에 대한 MARR의 크기

높거나 비슷할 것이다. MARR은 ROR로 계산되는 비율이 아니다. MARR은 (재무)관리자에 의해 설정되며, 측정된 대안의 ROR에 반하여 투자 결정의 수락/거절을 결정할 때 사용된다.

MARR 값이 어떻게 설정되며 투자 결정 시 어떻게 사용되는지에 대한 기초적인 이해를 위해 1.1절에서 소개된 **자본**(capital)이라는 용어를 다시 살펴보자. MARR은 프로젝트 투자를 결정하는 기준으로 사용되지만, MARR의 크기는 근본적으로 필요한 자본을 얻는 데 드는 비용과 연결되어 있다. 자본을 조달하는 데는 항상 이자 형태의 비용이 발생한다. 이자는 연간 비율로 표현되며, **자본비용**(cost of capital)이라고 불린다.

개인의 구매 예시로, TV를 구매하고 싶으나 충분한 자본이 없어 연간 9%의 자본비용으로 대출을 받는 상황을 가정해 보자. 대안으로, 신용카드를 사용하여 잔액을 매월 상환할 수도 있다. 신용카드를 사용하는 방법은 최소 연간 15%의 비용을 유발할 것이다. 다른 방법으로는 연간 5%를 벌어들이는 투자 계좌로부터 자금을 출금하여 지불할 수도 있을 것이다. 해당 방법은 투자 계좌로부터 발생할 미래 수익을 포기하는 것을 의미한다. 9%, 15%, 5%의 비율은 자본을 조달하는 다른 방법을 사용함에 따라 추정되는 자본비용을 말한다. 유사한 방법으로, 기업은 공학 프로젝트와 다른 유형의 프로젝트를 위한 자금을 조달하기 위해 다양한 출처로부터 **자본비용**을 추정한다.

자본비용

일반적으로, 자본은 두 가지 방법, 자기자본 조달과 부채 조달을 통해 조성된다. 대부분의 프로젝트에서 두 유형의 조달을 조합한다. 10장에서는 자금조달, 자본비용, MARR에 대해 더 자세히 다루며, 간략히 설명하면 아래와 같다.

자기자본 조달(Equity financing) 기업이 현금, 주식 판매, 또는 유보 이익에서 나오는 자금을 사용하는 것을 말한다. 개인은 자신의 현금, 저축, 또는 투자로부터 자금을 마련할 수 있다. 위 예시에서 5% 투자 계좌에서 자금을 출금하는 것은 자기자본 조달에 해당한다.

부채 조달(Debt financing) 기업이 외부에서 돈을 빌리고 원금과 이자를 일정에 따라 상환하는 것을 말하며, 이는 표 1-1의 계획과 매우 유사하다. 타인자본의 출처는 채권, 대출, 모기지, 벤처 캐피탈 풀 등 다양할 수 있다. 개인도 위에서 설명한 신용카드(15% 이자율)와 은행 옵션(9% 이자율)과 같은 외부 출처를 이용할 수 있다.

부채와 자기자본 조달이 모두 필요한 프로젝트의 경우 다음 공식을 사용하여 **자본비용가중평균**(WACC, Weighted Average Cost of Capital)을 구한다.

$$\text{자본비용가중평균} = (\text{타인자본의 비율}) \times (\text{타인자본의 비용}) + (\text{자기자본의 비율}) \times (\text{자기자본의 비용}) \quad [1.11]$$

자본비용가중평균
(WACC)

예를 들어, 스마트 TV의 전체 금액 중 40%를 연 15% 이자율의 신용카드로, 나머지 60%를 연 5% 이자율의 저축계좌 자금으로 구입하는 경우, 자본비용가중평균은 0.4(15%) + 0.6(5%) = 연 9%이다.

기업의 경우, 투자 대안을 수락 또는 거절하기 위한 기준으로 사용되는 MARR은 기업이 필요한 자본금을 얻기 위해 부담해야 하는 WACC보다 더 높을 것이다.

$$\text{ROR} \geq \text{MARR} > \text{WACC} \quad [1.12]$$

수용된 프로젝트에 대해 위와 같은 부등 관계는 명확해야 한다. 특정 프로젝트에 대한 WACC에 기업이 요구하는 수익률을 더함으로써 MARR을 구하는 것이 일반적이다. 예외적으로는 정부 규제 요구사항(안전, 보안, 환경, 법률 등), 경제적으로 수익성이 높은 사업이 다른 기회로 이어질 것으로 예상되는 경우 등이 있을 수 있다. 예제 1.17은 프로젝트의 경제적 평가를 위해 MARR을 결정하는 데 있어서 기업 수익률의 역할을 보여준다.

예제 1.17

Grandview Systems의 IoT 기반 품질 검사 시스템에 대한 WACC는 40%의 자기자본과 60%의 부채 조달로 이루어져 있으며, 약 10.6%로 추정된다. 새로운 기술 프로젝트에 대한 ROR은 추정된 WACC보다 연 8%를 초과할 것으로 예상된다. 해당 프로젝트는 기업의 성장에 중요하므로, 비용 추정 및 분석 담당자가 프로젝트의 경제적 분석을 수행할 책임이 있다. 담당자는 사장에게 경쟁, 인플레이션, 국제 시장 기회, 그리고 IoT 및 IIoT(Industrial Internet of Things) 기술의 진보로 인한 프로젝트의 위험 등 여러 차원을 고려했을 때 8%에 대해 변경 가능한 범위를 알려달라고 요청했다. 조정 가능한 ROR에 대한 사장의 응답은 아래와 같다.

- **경쟁** : 이미 일반 기업의 ROR 요구사항인 8%에 포함되어 있음
- **인플레이션** : 경제가 개선됨에 따라 명확해지고 있으며, 2%의 수익 요구사항을 추가해야 함
- **국제 시장** : 본 기업 제품의 우수성은 Grandview Systems의 ROR 요구사항을 1%에서 3% 사이로 줄일 수 있을 것임
- **기술 진보로 인한 위험** : 신흥 품질 관리 분야에서 새로운 진보를 예측하기는 매우 어려움. 따라서 ROR을 2%에서 4% 범위로 증가시킬 수 있을 것임

담당자가 프로젝트의 경제적 분석에서 고려해야 할 MARR의 하한값과 상한값을 추정하시오.

풀이

기본 MARR은 연간 18.6%로, WACC와 8%의 ROR을 더한 값이다. 표 1-3은 기본 MARR 18.6%에 각 차원에 대한 하한 및 상한을 더하거나 빼면서 가능한 ROR 조정 범위를 보여준다. MARR은 19.6%에서 23.6%까지 다양하게 존재할 수 있다. 변동은 주로 국제 시장 기회와 기술 진보로 인한 위험(또는 불확실성) 차원으로 인해 발생한다.

표 1-3 예제 1.17의 다양한 차원에 대해 추정된 MARR 범위(모든 값은 연간 %로 표시)

시나리오	1	2	3	4
기본 MARR	18.6	18.6	18.6	18.6
각 차원에 대한 ROR 예측 효과				
경쟁	0	0	0	0
인플레이션	+2	+2	+2	+2
국제 시장	−1	−3	−1	−3
기술진보로 인한 위험	+2	+2	+4	+4
추정된 MARR	21.6	19.6	23.6	21.6

그림 1-12에 나타나듯이, MARR을 초과하는 ROR이 발생할 것이라 예상되는 대안들이 있지만, 모든 프로젝트에 대해 충분한 자본이 존재하지 않거나 투자를 진행하기에 프로젝트의 위험성이 너무 큰 경우가 존재할 수 있다. 따라서 새롭게 시작할 프로젝트의 수익률은 자금이 지원되지 않는 대안의 수익률보다는 최소한 더 클 것이라 예상된다. 자금이 지원되지 않는 프로젝트에 대한 예상 수익률을 **기회비용**(opportunity cost)이라 한다.

기회비용은 프로젝트를 추진할 수 없기 때문에 포기하게 된 기회에 대한 수익률이다. 기회비용은 **자본금이나 다른 자원의 부족으로 인해 수용되지 않은(포기하게 된) 모든 프로젝트의 수익률 중 가장 큰 수익률**이다. 구체적인 MARR이 설정되지 않은 경우, 사실상 MARR은 기회비용, 즉 자본금의 부족으로 인해 진행되지 않은 첫 번째 프로젝트의 ROR이다.

기회비용

기회비용의 예시로 그림 1-12를 참조하고, 연간 MARR을 12%로 가정해 보자. 또한 자본 부족으로 인해 자금 조달이 불가능한 제안을 A라 하고, 예상 ROR = 13%라고 가정하자. 한편, 제안 B는 ROR = 14.5%이며, 사용할 수 있는 자본이 있어 제안에 필요한 자금을 조달받을 수 있다. 자본금 부족으로 인해 제안 A가 수행될 수 없기 때문에 예상 ROR 13%는 기회비용이 된다. 즉, 13%의 추가 수익을 얻을 기회를 놓친 것이다.

기회비용은 금전적인 용어로 표현될 수도 있다. 예를 들어, 친구에게 돈을 빌려주었는데 이를 친구가 갚지 않았다면, 빌려준 돈을 다른 목적으로 사용할 수 있는 기회를 잃은 것이다.

1.10 스프레드시트의 사용

컴퓨터 스프레드시트의 함수를 사용하면 복리와 P, F, A, i, n과 같은 등가 계산에 필요한 수작업을 상당수 줄일 수 있다. 프로그래밍 가능한 계산기를 사용하는 것은 공학 기초 시험을 준비하는 학생과 교수가 대부분의 간단한 문제를 해결하는 방법이다. 그러나 자금열이 더욱 복잡해짐에 따라 스프레드시트는 계산기보다 더 나은 대안일 수 있다. 이 책에서는 널리 사용되고 있고 사용 방법이 쉬운 Microsoft Excel®을 사용한다. 부록 A는 스프레드시트와 Excel 사용에 대한 기본 지침을 제공한다. 경제성 공학에서 사용되는 모든 매개변수와 함수에 대해 자세히 설명되어 있다. 부록 A에는 동료, 상사, 또는 교수와 같이 다른 사람에게 경제적 분석 결과를 제시할 때 유용한 스프레드시트 레이아웃에 대한 설명도 포함되어 있다.

다음 예제는 스프레드시트를 사용하여 이자와 현금흐름을 계산하기 위해 필요한 정보를 도출하는 방법을 보여준다. 스프레드시트가 완성되면, 변경될 수도 있는 추정치에 대해 민감도 분석을 수행하는 데 사용될 수 있다. 여러 절에서 스프레드시트의 사용에 대해 다룰 것이다. 대부분 장의 마지막 부분에 스프레드시트 풀이를 위해 특별히 작성된 "스프레드시트 활용 연습문제"가 주어질 것이다. (참고 : 풀이 과정에서 스프레드시트를 사용하지 않는 경우 스프레드시트 예제는 생략될 수 있다. 대부분의 예제에는 수기로 풀 수 있는 풀이가 포함되어 있다.)

예제 1.18

일본에 본사를 둔 건축 회사가 미국에 본사를 둔 소프트웨어 엔지니어링 그룹에 기존의 수평 이동보다 더 큰 수평 이동을 감지할 수 있도록 고층 건물 모니터링 소프트웨어에 위성을 통한 GPS 감지 기능을 결합할 것을 요청했다. 해당 소프트웨어는 지진이 잦은 일본과 미국 지역에서 심각한 지진에 대한 사전 경고에 매우 유용할 것이다. 정확한 GPS 데이터를 사용하는 것은 현재 소프트웨어 시스템에 비해 매년 더 큰 수익을 가져다줄 것으로 예상되는데, 그 수익은 다음 2년 동안 $200,000, 3년 차와 4년 차에 각각 $300,000씩 증가할 것으로 예상된다. 건물 모니터링 소프트웨어는 국제적으로 빠르게 발전하고 있기 때문에 이에 대한 계획 기간은 4년이다. 아래 질문에 답하기 위해 스프레스시트를 개발하시오.

(a) 4년 후 총이자 및 수익을 연 복리 8%를 적용하여 결정하시오.
(b) 3년 차와 4년 차의 예상 수익이 $300,000에서 $600,000로 증가하는 경우의 (a)를 구하시오.
(c) 인플레이션이 연간 4%로 추정되는 경우의 (a)를 구하시오. 이로 인해 실질수익률(real rate of return)이 8%에서 3.85%로 감소한다. (감소하는 이유에 대해서는 14장에서 설명한다.)

스프레드시트 풀이

그림 1-13(a)부터 (d)까지를 살펴보자. 모든 스프레드시트는 동일한 정보를 담고 있지만, 질문에 필요한 일부 셀의 값은 변경되어 있다. (모든 질문은 하나의 스프레드시트에서 숫자만 변경함으로써 답할 수 있다. 설명을 위해 별도의 스프레드시트를 보여준다.)

스프레드시트 함수는 값 자체가 아닌 셀에 대한 참조로 구성되어 있기 때문에 함수를 변경하지 않고도 민감도 분석을 수행할 수 있다. 이러한 접근법은 스프레드시트의 전역변수(global variable)로서 셀 안의 값을 처리한다. 예를 들어, B2 셀의 8%는 모든 함수에서 8%가 아닌 B2로 참조된다. 따라서 비율을 변경한다면 B2 셀에서 한 번만 변경하면 되며, 8%가 사용된 모든 셀에 대해 적용할 필요가 없다. 셀 참조 사용 및 스프레드시트 구축에 대한 추가 정보는 부록 A를 참조하라.

(a) 그림 1-13(a)는 결과를, 그림 1-13(b)는 예상 이자와 수익에 대한 스프레드시트를 보여준다. (연간 정

	A	B	C	D	E	F
1	(a) 부분 - 4년 차의 총액					
2	i =	8.0%				
3						
4	연말	연말 수익, $	연간 이자, $	누적 이자, $	이자를 포함한 연간 수익, $	이자를 포함한 누적 수익, $
5	0					
6	1	200,000	0	0	200,000	200,000
7	2	200,000	16,000	16,000	216,000	416,000
8	3	300,000	33,280	49,280	333,280	749,280
9	4	300,000	59,942	109,222	359,942	1,109,222
10			109,222		1,109,222	

(a) 4년 후 총이자와 수익

	A	B	C	D	E	F
1	(a) 부분 - 4년 차의 총액					
2	i =	0.08				
3						
4	연말	연말 수익, $	연간 이자, $	누적 이자, $	이자를 포함한 연간 수익, $	이자를 포함한 누적 수익, $
5	0					
6	1	200000	0	=C6	=B6 + C6	=E6
7	2	200000	=F6*$B$2	=C7 + D6	=B7 + C7	=E7 + F6
8	3	300000	=F7*$B$2	=C8 + D7	=B8 + C8	=E8 + F7
9	4	300000	=F8*$B$2	=C9 + D8	=B9 + C9	=E9 + F8
10			=SUM(C6:C9)		=SUM(E6:E9)	

(b) 기본 문제에 대한 스프레드시트

	A	B	C	D	E	F
1	(b) 부분 - 증가된 수익을 포함한 4년 차의 총액					
2	i =	8.0%				
3						
4	연말	연말 수익, $	연간 이자, $	누적 이자, $	이자를 포함한 연간 수익, $	이자를 포함한 누적 수익, $
5	0					
6	1	200,000	0	0	200,000	200,000
7	2	200,000	16,000	16,000	216,000	416,000
8	3	600,000	33,280	49,280	633,280	1,049,280
9	4	600,000	83,942	133,222	683,942	1,733,222
10			133,222		1,733,222	
11						
12						
13						

변경된 수익

(c) 3년 차와 4년 차에 증가된 수익을 포함한 총액

	A	B	C	D	E	F
1	(c) 부분 - 4% 인플레이션을 고려한 4년 차의 총액					
2	i =	3.85%				
3						
4	연말	연말 수익, $	연간 이자, $	누적 이자, $	이자를 포함한 연간 수익, $	이자를 포함한 누적 수익, $
5	0					
6	1	200,000	0	0	200,000	200,000
7	2	200,000	7,700	7,700	207,700	407,700
8	3	300,000	15,696	23,396	315,696	723,396
9	4	300,000	27,851	51,247	327,851	1,051,247
10			51,247		1,051,247	

변경된 수익률

(d) 연간 4% 인플레이션을 고려한 총액

그림 1-13

예제 1.18(a)~(c)에 대한 민감도 분석을 보여주는 스프레드시트 풀이

보는 C와 E 열에, 누적된 정보는 D와 F 열에 작성된다.) 3년 차를 예로 들면, 이자 I_3와 이자가 더해진 수익 R_3는 다음과 같다.

$$I_3 = (\text{2년 동안의 누적 수익})(\text{수익률})$$
$$= \$416{,}000(0.08)$$
$$= \$33{,}280$$
$$R_3 = \text{3년 차 수익} + I_3$$
$$= \$300{,}000 + 33{,}280$$
$$= \$333{,}280$$

위 값은 그림 1-13(b)의 C8과 E8 셀에서 계산된다.

I_3에 대한 셀 C8 : F7*B2

R_3에 대한 셀 E8 : B8 + C8

4년 후의 등가는 $1,109,022로, 이는 총수익 $1,000,000와 연 8% 복리로 계산된 이자 $109,022로 이루어져 있다. 그림 1-13(a)와 (b)에서 음영 처리된 셀은 연간 값들의 합과 누적 열의 마지막 입력값이 같아야 함을 나타낸다.

(b) 3년 차와 4년 차의 예상 수익이 $600,000로 증가했을 때의 효과를 알아보기 위해, 그림 1-13(c)에 나타낸 것처럼 동일한 스프레스시트에서 B8과 B9 셀의 입력값을 변경한다. 총이자는 $109,222에서 $133,222로 22%, 즉 $24,000 증가한다.

(c) 그림 1-13(d)는 첫 번째 스프레드시트에서의 i 값 8%를 인플레이션 조정 비율 3.85%로 변경했을 때의 효과를 보여준다. B2 셀에서 변경된 값을 확인할 수 있다. [(b) 부분을 확인한 후 3년 차와 4년 차의 수익 추정치를 $300,000로 다시 되돌려야 함을 기억하라.] 인플레이션은 총이자를 C10 셀에 나타난 대로 $109,222에서 $51,247로 53% 감소시킨다.

참고사항

Excel 스프레스시트 작업 시 Ctrl 키와 키보드 좌측 상단의 ` 키를 동시에 누르면 그림 1-13(b)처럼 화면상에 모든 입력값과 함수를 표시할 수 있다.

기본적인 경제성 공학 계산을 수행하기 위한 스프레드시트 함수는 7개가 존재한다. 해당 함수는 훌륭한 보조 도구이지만 경제성 공학 관점에서의 관계, 가정, 기법에 대한 이해를 대체할 수는 없다. 이전 절에서 정의된 기호 P, F, A, i, n을 사용하여 경제성 공학 분석에서 가장 많이 사용되는 함수를 공식화하면 다음과 같다.

현재가치 P를 찾기 위한 함수: **=PV(*i*%,*n*,*A*,*F*)**

미래가치 F를 찾기 위한 함수: =**FV**(i%,n,A,P)
등가이면서 주기적인 가치 A를 찾기 위한 함수: =**PMT**(i%,n,P,F)
기간의 횟수 n을 찾기 위한 함수: =**NPER**(i%,A,P,F)
복리 이자율 i를 찾기 위한 함수: =**RATE**(n,A,P,F)
자금열의 복리 이자율 i를 찾기 위한 함수: =**IRR**(첫 번째 셀 주소:마지막 셀 주소)
자금열의 현재가치 P를 찾기 위한 함수: =**NPV**(i%,두 번째 셀 주소:마지막 셀 주소)
+첫 번째 셀 주소

만약 특정 문제에서 일부 매개변수가 존재하지 않는다면, 해당 매개변수를 생략하고 0으로 가정할 수 있다. 가독성을 위해 괄호 내 매개변수 사이에 공백을 삽입할 수 있다. 생략된 매개변수가 괄호 내에 있는 경우 쉼표를 입력해야 한다. 마지막 두 함수는 연속된 셀의 숫자열이 필요하지만, 처음 5개 함수는 필요로 하지 않는다. 함수는 답을 표시할 셀에서 항상 등호(=)로 시작해야 한다.

Excel 스프레드시트의 특징 중 하나는 위 함수 중 첫 3개 함수(PV, FV, PMT)는 항상 괄호 안에 입력된 A, F, P 값의 부호와 반대되는 부호로 표시된다는 것이다. 이는 결과에 해당하는 현금흐름과 입력된 현금흐름이 서로 반대 방향임을 나타낸다. 같은 부호로 나타내고 싶다면 함수 이름 앞에 마이너스 부호를 입력해 주면 된다.

스프레드시트 함수가 어떻게 작동하는지 이해하기 위해 예제 1.6(a)로 돌아가 보자. 해당 예제에서 연간등가액 A는 알 수 없으며, A = ?로 나와 있다. (2장에서 P, i, n이 주어졌을 때 A를 계산하는 방법을 배운다.) A를 찾기 위해 스프레드시트 함수를 사용한다면, PMT 함수 = PMT(5%,5,15000)을 입력하면 된다. 그림 1-14에서 PMT 함수가 B4 셀에 입력되어 있으며, 결괏값 ($3464.62)를 보여주고 있다. 결괏값은 계좌 잔액의 감소를 나타내는 음의 금액을 빨간색으로 표현하며 괄호를 사용하거나 마이너스 부호를 사용하여 나타낼 수 있다. 그림 1-14의 우측은 예제 1.6(b)의 풀이를 제공한다. 미래가치 F는 FV 함수를 사용하여 구할 수 있다. FV 함수는 그림의 수식 막대에 작성되어 있다. 이처럼 중요한 항목의 형식을 나타내기 위해 셀 태그를 포함한 많은 예시가 제공될 것이다.

그림 1-14
예제 1.6의 PMT와 FV 함수의 사용

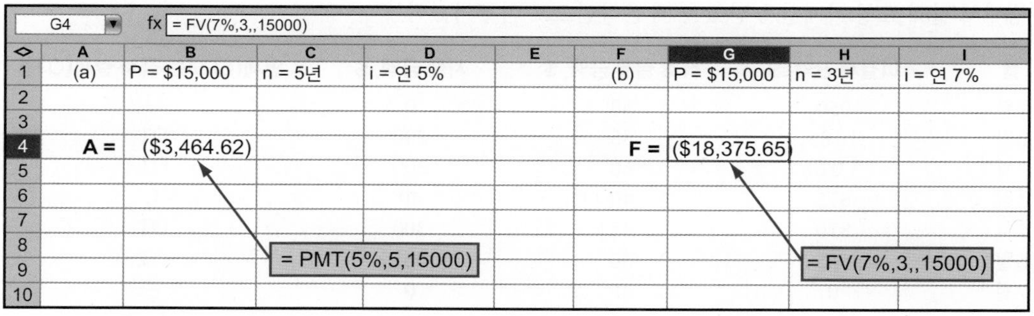

G4 fx = FV(7%,3,,15000)

	A	B	C	D	E	F	G	H	I
1	(a)	P = $15,000	n = 5년	i = 연 5%		(b)	P = $15,000	n = 3년	i = 연 7%
2									
3									
4	A =	($3,464.62)				F =	($18,375.65)		
5									
6									
7									
8									
9			= PMT(5%,5,15000)					= FV(7%,3,,15000)	
10									

1.11 지출과 투자 의사결정을 위한 경제성 공학 도구 활용 ●●●

경제성 공학에서 배우게 될 공식, 스프레드시트 함수, 기법은 전문적 의사결정과 개인적 의사결정에 유용하게 사용될 수 있다. 이 절에서는 지출과 투자 영역에서 개인 재무 문제와 관련된 정보의 형태에 관해 설명한다.

- 상품과 서비스를 구매, 임대, 또는 리스하기 위한 지출(spending)
- 향후 구매, 휴가, 은퇴 계획 등을 위한 저축 및 투자(saving and investing)

개인 또는 가족의 지출 패턴과 저축/투자 계획에 대한 경제적 타당성에 대한 평가는 비용, 이자율, 수익의 추정값을 사용하여 의사결정이 이루어지기 전 혹은 지출이나 투자가 완료되어 실제 현금흐름을 알게 된 후에 이루어질 수 있다.

특별한 장기 목적과 은퇴 계획을 위한 저축은 주로 뮤추얼 펀드(mutual fund)의 주식이나 채권을 통한 주식 시장에서의 투자 또는 여러 기업이나 정부 단위의 주식이나 채권 구매를 포함한다. 주식 시장에 대해서는 배울 것이 많지만, 그중에서 시장의 상승과 하락을 이해하는 것이 필수적이다. 이 절의 마지막 주제로 주식 및 채권 투자에 대한 이해를 향상해 줄 필수사항에 대해 논의한다.

지출 결정(spending decisions)에 대한 좋은 예시는 신용카드 사용이다. 신용카드 사용은 우리가 카드를 사용하여 구매하는 것에 대해 은행이 대출을 제공하는 것에 지나지 않는다. 다른 예시로는 자동차 및 개인 대출, 콘도나 주택 구매를 위한 주택담보대출이 있다. 예제 1.19는 신용카드 이율과 수수료에 대해 논의한다.

예제 1.19

현재 사용 중인 신용카드보다 낮은 이자율을 제공하는 새 신용카드를 신청하기로 결정했다. 숫자에 능숙한 공학자는 아래와 같이 지난 7개월 동안의 월 최소 결제액과 실제 결제액(가장 근소한 액수), 그리고 적시에 결제했는지에 대한 정보를 준비했다. '자동 결제'를 사용한 적이 없으며, 각 결제는 공학자가 기억나거나 은행에서 결제 요청 이메일을 받았을 때 온라인으로 이루어졌다.

월	미결제 잔액, $	최소 결제 금액, $	지불 금액, $	연체(L) 또는 적시 결제(OT)
1월	950	50	0	–
2월	1,185	85	200	OT
3월	1,010	60	500	OT
4월	575	40	40	L
5월	810	45	300	OT
6월	565	40	565	OT
7월	0	0	0	–

새로운 카드를 찾을 때는 각 카드의 이자율, 수수료, 조항 및 기타 조건을 담고 있는 요약문을 면밀히 검토해야 한다. 아래는 한 예시를 보여준다. [APR은 연간 명목이자율(Annual Percentage Rate)을 의미한다.]

> 귀하의 신용도를 고려하여 계좌를 개설하면, APR이 12.99%에서 22.99% 사이로 설정됩니다. 해당 APR은 우대 금리를 기반으로 하는 시장 상황에 따라 변동할 수 있습니다. 우리는 달의 마지막 영업일에 온라인 월스트리트저널(www.wsj.com)에서 제시하는 미국 최고 우대 금리를 사용합니다. 구매 APR의 경우, 귀하의 신용도에 기반하여 우대 금리에 8.74%에서 19.74%를 더합니다. APR은 연중 365일 매일 평가됩니다.
>
> 만약 총 최소 결제 금액이 결제 마감일 자정까지 지급되지 못할 경우, 첫 번째로 발생한 연체에 대해 $29의 수수료가 부과되며, 이후 6개월 동안은 $40가 부과됩니다.
>
> 이 카드는 연회비가 없습니다.

신용카드와 관련된 과거 기록과 경제성 공학의 기본 도구와 기법을 사용하여 얻을 수 있는 정보를 준비하자.

풀이

위에서 요약한 데이터와 각 구매와 연체 수수료에 대한 추가 데이터를 사용하여 단순 산술을 통해 아래의 사실을 확인할 수 있다.

- 구매 총비용
- 지불한 총이자
- 지불한 총 연체 수수료

또한 경제성 공학 도구에 대한 지식과 빠른 계산을 위한 스프레드시트를 갖추고 있다면, 아래와 같은 정보 또는 더 많은 정보를 획득할 수 있다.

- APR과 연 365일을 적용한 일일 이자율
- 월간 및 연간 지불한 실효이자율
- 이자 및 연체 수수료로 인해 증가한 이자율
- 지출, 이자, 수수료 및 지불금에 대한 현재가치(P)와 미래가치(F)의 등가
- 현시점의 평균 인플레이션율을 사용했을 때 구매력에 대한 인플레이션의 영향

주식이나 채권 형태의 증권, 저축계좌, 예금증서, 부동산(예 : 임대주택), 동전, 귀금속(금, 은, 백금 등), 골동품, 카펫, 그림, 다이아몬드 등은 개인이 할 수 있는 **투자**(investments) 유형이다. 각각의 유형은 초기비용이 들고, 시간이 지남에 따라 잔존가치가 변동하며, 안전한 보증이 확인되고 실제로 팔렸을 때 수익률을 가진다. 수익률은

-100%(전체 손실)에서 양(+)의 값(예 : 0.01%에 연간 150%와 같은 큰 수익까지)까지 다양할 수 있다. 다시 말하지만, 여기서 배우는 도구와 스프레드시트 기술은 의사결정하기 전, 투자가 활발히 진행되는 동안의 수익 모니터링, 그리고 투자가 종료된 후에 투자 기회를 평가하는 데 도움이 될 수 있다.

기업 주식과 채권(기업 또는 정부)은 개인이 가장 흔히 접하는 투자 방법 중 하나이다. 이론적으로 주식 소유자가 기업의 일부 소유주임을 의미하기 때문에 주식은 자본 투자로 간주한다. 주식의 가치는 회사의 경제력, 시장 내 경쟁, 일반 경제 상황 등 몇 가지 요소에 따라 변동한다. 따라서 주식 구매는 자본 투자로 간주한다.

반면에 채권을 구입하는 것은 사실 기업이나 정부 기관에 자금을 대여하는 것이다. 이는 프로젝트와 경제 상황 개선을 위한 자본을 구하는 방법의 하나로, 1.1절에서 소개되었다. 기업이나 정부 기관은 연 6% 반기별 지급과 같이 채권증서에 명시된 이자율(배당률)과 $10,000와 같은 원래 채권의 전액을 상환해야 한다. 따라서 채권은 고정수입 투자로 분류된다.

예시로, 은퇴 포트폴리오를 위해 기업 주식에 투자하고 아래와 같은 재정적 상황이 존재한다고 가정해 보자.

> 뉴욕증권거래소(NYSE, New York Stock Exchange)에서 거래되는 Quibric, Inc. 주식 1,000주를 주당 $100에 구매한다. Quibric은 주식 시장 가치에 따라 매년 2%의 배당금을 분기별로 3개월마다 0.5%씩 배분한다. 8년 후 주당 $128.50에 500주를 매도했다. 8년 동안 인플레이션이 '기승'을 부렸으며, 첫 4년 동안은 연평균 3%였던 인플레이션이 마지막 4년 동안은 평균 6.2%에 달했다. 나머지 500주는 여전히 은퇴 포트폴리오의 주식 투자 부문을 차지하고 있다.

위 과정과 내용을 바탕으로 공식과 스프레드시트 함수를 사용하여 8년 후 500주를 매도한 것을 포함하여 Quibric 주식 투자에 대한 실제 및 인플레이션이 반영된 수익률을 결정할 수 있다.

이제 주식 투자와 주식 시장 용어에서 기본적으로 다뤄지는 몇 가지 사항에 대해 논의해 보자. 그림 1-15는 한 예술가가 주식 시장에서 여러 주식 증서를 배경으로 하여 '황소(bull)'와 '곰(bear)' 시장 사이의 지속적인 경쟁을 묘사한 것이다. 황소 시장(bull market)은 경제 상황이 좋고 전반적으로 전망이 우수하며, 인플레이션이 적당히 존재하고, 실업률이 낮으며, 기업 주식 가격과 배당금이 증가하는 경우에 나타난다. 황소 시장에서 투자자들은 이러한 상황이 계속될 것으로 기대하고 주식을 구입하는 경향이 나타나며, 이는 주식보다 전반적으로 수익률이 낮은 채권과는 대비되는 모습이다.

곰 시장(bear market)에서는 경제가 후퇴하고 전반적으로 주식 가격이 하락한다. 그

그림 1-15
황소와 곰 주식 시장 사이의 다툼을 묘사한 그림
출처: Armstrong, Will. 2018. *Volatile Market Bull vs. Bear.* 48 × 36 inches. Used with permission of artist.
William Armstrong

러나 어떤 곰 시장 기간에는 주식 시장의 일부는 좋은 성과를 보이고, 다른 일부는 하락할 수도 있다. 예를 들어, 정보 기술(IT, Information Technology) 및 일상 소비재와 관련된 주식의 가격은 상승 추세를 보일 수 있으며, 원자재(예 : 석탄, 철강, 에너지) 및 금융 주식(은행)은 하락할 수 있다. 곰 시장 동안 투자자들은 경기 둔화, 실업률 상승, 모든 대출(신용카드, 자동차 대출, 주택담보대출)에 대한 이자율 증가와 새로운 프로젝트 및 인프라 향상(예 : 자동화, 품질, 직원 교육)을 위한 기업의 자본금 부족 상황이 지속되어 경제적 하강세가 유지될 것이라 예상한다. 곰 시장에서 선호되는 투자 수단은 채권이다. 채권은 배당금이 채권 액면가에 따라 고정되어 있기 때문에 '안전한 피난처'로 간주하지만, 주식은 가치와 배당금이 경제가 축소됨에 따라 크게 변동할 수 있다.

요약

경제성 공학은 경제적 요인과 기준을 적용하여 대안을 평가하는 것으로, 화폐의 시간적 가치를 고려한다. 경제성 공학은 특정 기간 동안 추정된 현금흐름에 대해 경제적 가치 척도를 계산하는 것을 포함한다.

등가(equivalence)의 개념은 경제적 용어로 다른 시간에 있는 다른 금액들이 어떻게 동일한지를 이해하는 데 도움이 된다. (원금만을 기준으로 하는) 단리와 (원금과 이자의 이자를 기준으로 한) 복리의 차이는 식, 표, 그림을 통해 설명했다. 특히 복리의 장점은 큰 금액에 대해 장기간 적용할 경우 매우 눈에 띄게 나타난다.

MARR은 대안이 경제적으로 실행 가능한지 결정하기 위해 설정된 합리적 수익률로서, 의사결정 기준 수익률로 사용된다. MARR은 안전한 투자로부터의 수익과 필요한 자본을 획득하기 위한 자본의 가중평균 비용보다 항상 높다.

또한 아래와 같이 현금흐름에 대해 많은 것을 배웠다.

현금흐름의 기간 말 관례

순현금흐름 계산

현금흐름 부호를 결정하는 다양한 관점

현금흐름도 구성

미래의 현금흐름을 추정하는 것에 대한 어려움

이 장 초반부에서는 모든 경제 상황에서 윤리의 역할에 대해 소개했다. 마지막으로, 이 장에서 배운 내용과 도구를 개인의 재무 의사결정에 적용해 보았으며, 국가의 경제가 상승하고 후퇴함으로써 달라지는 주식 시장 조건에 대해 설명했다.

연습문제

기본 개념

1.1 다양한 대안에 직면했을 때 최선의 선택을 위해 사용 가능한 많은 기준이 존재한다. 경제성 공학에서 일반적으로 사용되는 구체적인 기준은 무엇인가?

1.2 의사결정 과정에서 평가 기준으로 사용될 수 있는 비경제적 특성을 세 가지 이상 제시하시오.

1.3 가치의 척도를 정의하시오. 흔히 적용되는 세 가지 다른 척도를 식별하시오.

1.4 자동차 구매를 위한 최선의 선택 시 경제적 기준 외에 세 가지 평가 기준을 나열하시오.

1.5 다음 요소를 유형적 요소 또는 무형적 요소로 식별하시오: 지속 가능성, 설치 비용, 운송 비용, 단순성, 세금, 재판매 가치, 사기, 수익률, 신뢰성, 인플레이션, 타인의 수용, 윤리.

1.6 경제성 공학 분석을 적용할 수 있는 개인적 재무 영역을 다섯 가지 이상 제시하시오.

윤리

1.7 주문제작형 주택의 벽과 지붕을 완공한 후, 주요 계약업체 FD는 비용 산정 시 고려하지 못한 집의 독특한 구조로 인해 예상했던 큰 이익을 얻지 못하게 될 것을 깨달았다. 계약은 고정 비용으로 체결되었으며 총비용의 10%를 초과할 수 없다. 시간이 지나 FD는 소유주가 요청한 가전제품, 바닥과 벽의 마감재, 많은 다른 요구사항에 대해 품질이 의심되는 제조업체와 공급업체로부터 유사품을 구매했다.

집에 거주한 지 단 3년 만에 소유주는 공사 품질에 실망하였고, 계약 위반으로 FD를 상대로 소송을 제기하기로 결정했다. 하지만 소유주는 FD를 상대로 제기한 문제에 대한 법적 근거를 마련해야 했다. 소유주 중 한 명이 엔지니어였으며, 그는 공사 기간 동안 발생한 중대 위반 사항에 대한 통찰력을 얻기 위해 공학자 윤리 강령을 참조하기로 했다.

(a) 소유주를 돕기 위해 윤리 강령 위반 사항을 제안하고, 제안한 사항이 법적으로 타당한 근거

가 될 수 있는 이유를 간략히 설명하시오.

(b) 위 상황에 대한 공학자 윤리 강령의 적용 가능성을 논하시오.

(c) 소유주가 법적 조치를 고려할 때 유용할 만한 다른 자원을 제안하시오.

1.8 스테파니는 일리노이주에 있는 국제 철도기관차 제조 회사에서 디자인 엔지니어로 근무하고 있다. 경영진은 지난 10여 년간 주요 디자인 작업이 이루어진 인도로 디자인 작업을 수출하는 대신, 다시 일부 작업을 미국에서 수행하고자 한다. 이러한 작업 이전은 현지 사람을 더 많이 고용하고, 일리노이주와 주변 지역 거주민의 경제적 상황을 향상할 수 있다.

스테파니와 설계 팀은 연료 측면에서 더욱 효율적인 디젤 기관차에 대한 디자인 작업의 품질과 속도를 결정하기 위한 시험 사례로 선발되었다. 설계 팀은 인도의 하청 엔지니어들과 인터페이스와 관련된 작업만 수행해 왔기 때문에 그녀나 팀원 누구도 이러한 중요 설계 작업을 직접 수행해 본 적이 없었다. 팀원 중 한 명이 연료 효율을 약 15% 향상할 수 있는 핵심 요소에 대해 훌륭한 아이디어를 가지고 있었다. 아이디어를 제공한 팀원이 해당 아이디어는 인도 작업자가 제작한 문서 중 하나에서 발췌한 것임을 알렸으나, 스테파니는 미국 경영진이 외국인과의 계약을 취소할 것이 분명했기 때문에 아이디어의 출처에 대해서는 침묵해도 괜찮을 것이라 판단했다. 처음에는 주저했지만 결국 스테파니는 효율성 향상을 포함한 디자인으로 작업을 진행했고, 구두 발표나 문서 전달 시점에 아이디어 출처에 대한 언급은 전혀 하지 않았다. 결과적으로, 인도와의 계약은 취소되었고 전체 설계 책임이 스테파니 팀으로 이전되었다.

NSPE 공학자 윤리 강령(부록 C)을 참조하여 스테파니의 결정과 행동에 대해 우려되는 조항을 식별하시오.

1.9 절도는 잘못된 것이라는 관습적 도덕을 고려해 보자. 헥터는 친구들과 동네 슈퍼마켓에 있다. 한 친구가 선반 위의 에너지 음료 6개 팩에서 하나를 꺼내 마시고, 빈 캔을 다시 팩에 집어넣었다. 그 친구는 에너지 음료를 구매할 의도가 전혀 없었다. 친구는 "단지 한 캔일 뿐이야. 다른 사람들도 모두 이렇게 해."라고 말하며, 다른 친구들도 똑같이 해보라며 부추겼다. 헥터를 제외한 나머지 친구들은 부추긴 친구를 따라 음료를 마셨다. 헥터는 이러한 행동이 절도의 한 형태라고 생각한다. 헥터가 취할 수 있는 세 가지 행동과 그 행동을 개인적 도덕 관점에서 평가하시오.

1.10 클로드는 4학년 공대생으로, 교수로부터 올해 스페인어 기말고사에서 매우 낮은 성적을 받았다고 전달받았다. 기말고사 전까지는 졸업 요건을 충족하였으나, 이번 기말고사 성적이 너무 낮아 올해 전체 낙제를 하게 되었으며 졸업을 한 학기 또는 두 학기 연기해야 할 가능성이 높다.

클로드는 1년 내내 해당 과목과 교수를 싫어했으며, 숙제를 베끼고 시험 때 부정행위를 하는 등 해당 과목에 진지하게 임한 적이 없었다. 클로드는 자신이 도덕적, 윤리적으로 잘못된 행동을 하고 있음을 알고 있었다. 또한 기말고사에서 저조한 성적을 받으리라는 것도 알고 있었다. 기말고사 전에 교실 책상이 재배치되어 학우들로부터 문제에 대한 답을 얻을 수 없었고, 시험 전에 휴대전화를 제출했기 때문에 문자나 WhatsApp을 통해 외부 친구들로부터 도움을 받을 수도 없었다. 클로드는 이제 교수의 사무실에서 교수와 단 둘이 마주하고 있다. 클로드에게 "올해 내내 계속 졸업 요건을 충족하는 점수를 받아왔는데, 어떻게 기말고사 시험은 이렇게 낮은 점수를 받을 수가 있지?"라는 질문이 던져졌다.

윤리적 관점에서 이 질문에 대해 클로드에게 주어지는 선택지는 무엇인가? 또한 이러한 경험이 클로드의 미래 행동과 도덕적 딜레마에 미칠 수 있는 영향에 대해 논의하시오.

이자율과 수익률

1.11 에비는 1년 전 주당 $25.80에 아버지가 가장 좋아하는 주식 100주를 수수료 없이 구매했다. 그녀는 오늘 구매한 모든 주식을 총 $2,865에 판매했다. 그녀는 주식을 판매해 얻은 돈 전부를 다른 회사의 주식에 투자할 계획이지만, 이제 $50의 수수료를 지불해야 한다. 그녀가 새로 구매하는 주식을 1년 후에 판매하여 이전 주식 투자를 통해 얻은 수익과 동일한 수익을 내려면 내년에 받아야 할 총금액이 얼마여야 하는가? 수수료를 구매 가격의 일부로 포함하되 세금에 따른 효과는 고려하지 않는다.

1.12 Valco Multi-position Valves사의 지역 유통업체는 새 창고 시설을 구축하기 위해 연 10% 이자율로 $1.6백만을 대출받았다. 만약 회사가 2년 후 일시금으로 대출을 상환했다면, (a) 지불액과 (b) 이자액은 얼마인가?

1.13 RKI사는 이산화탄소 모니터용 제조 시설을 확장하기 위해 사모펀드로부터 $4.8백만을 대출받았다. 1년 후 $5.184백만을 일시불로 상환했다. 해당 대출의 이자율은 얼마인가?

1.14 Callahan Construction사는 스마트 공동체 개발 프로젝트의 엔터테인먼트 복합 단지 건설을 위해 $2.6백만을 대출받았다. 3년 동안 '이자만' $312,000를 지불한 후, 원금 $2.6백만을 일시금으로 상환했다. 대출 이자율은 얼마였는가?

1.15 다음 중 1년 투자 시 어느 투자가 가장 높은 수익률을 보이는가? $12,500를 투자하여 $1,125의 이자 창출, $56,000를 투자하여 $6,160의 이자 창출, $95,000를 투자하여 $7,600의 이자 창출.

1.16 컨설팅 사업을 시작하는 공대 졸업생은 사무실을 마련하기 위해 1년간 돈을 빌렸다. 대출 금액은 $45,800였고 연이율은 10%였다. 그러나 그는 갓 졸업했기 때문에 신용 기록이 없었으며, 은행은 $900짜리 대출 채무 불이행에 대한 보험을 구입하도록 했다. 또한 은행은 대출 원금의 1%에 해당하는 대출 승인 수수료를 부과했다. 이 공학자가 대출에 대해 지불한 실효 이자율은 얼마였는가?

용어와 기호

문제 1.17부터 1.21까지의 문제 풀이 시 네 가지 경제성 공학 기호와 그 값을 찾으시오. 결정해야 할 기호의 값에는 기호와 함께 물음표를 사용하시오.

1.17 FrostBank가 장애 가족을 수용하기 위한 주택을 개발하는 업자에게 대출해 줄 수 있는 금액을 결정하시오. 개발업자는 2년 후에 개당 $240,000인 전망 좋은 8개 대지를 판매함으로써 대출금을 상환할 것이다. 은행의 이자율은 연 10%라고 가정한다.

1.18 Bodine Electric은 미국 아이오와주 디모인에 기반을 둔 회사로, 세 단계 영구적 윤활 경화 기어링을 갖춘 기어 모터를 제작한다. 만약 이 회사가 유럽에 새로운 유통 시설을 위해 $20백만을 대출받는다면, 연 10%로 6년 동안 동일한 지불금으로 대출 상환을 할 경우 매년 얼마를 지불해야 하는가?

1.19 DubaiWorks는 가혹한 환경에서도 작동하는 펌프용 각접촉 볼베어링을 제조한다. 이 회사는 5년 연속 매년 순이익 $760,000를 가져다준 공정에 $2.4백만을 투자했다. 이 회사가 공정에 투자함으로써 얻은 수익률은 얼마인가?

1.20 2년 전에 자본 투자 회사가 혁신적인 칩을 제조하는 한 회사의 지분 일부를 인수하기 위해 $1.5백만을 지불했다. 이 회사가 연간 20%의 수익률을 실현하고 있다면, 투자 시작일로부터 그들의 지분이 $3백만의 가치가 되기까지 얼마나 걸리는가?

1.21 Southwestern Moving and Storage는 3년 후에 새로운 트랙터 트레일러를 구매하는 데 충분한 돈을 마련하고 싶어 한다. 구매 비용이 $250,000라면 연간 9%의 수익을 내는 계좌에 매년 얼마를 적립해야 하는가?

현금흐름

1.22 민간 수도 회사에 대한 다음 항목이 현금유입인지 유출인지 식별하시오: 우물 시추, 유지보수, 수도

판매, 회계, 정부 보조금, 채권 발행, 에너지 비용, 연금 계획 기여, 중장비 구입, 중고 장비 판매, 우수 수수료, 배출 허가 수익.

1.23 Browning Brothers Glass Works의 연간 현금흐름(단위 : $1,000)이 요약되어 있다.

(a) 5년 동안의 총 순현금흐름을 알아내시오.

(b) 연도별로 지출이 수입에서 차지하는 비율을 계산하시오.

연	1	2	3	4	5
수입, $	521	685	650	804	929
지출, $	610	623	599	815	789

1.24 Bucknell, Inc.는 회계연도로 달력 연도를 사용한다. 회계연도 말에 기록된 총 순현금흐름을 알아내시오.

월	수입, $1,000	지출, $1,000
1월	300	500
2월	950	500
3월	200	400
4월	120	400
5월	600	500
6월	900	600
7월	800	300
8월	900	300
9월	900	200
10월	500	400
11월	400	400
12월	1,800	700

1.25 새로운 고객을 유치하기 위해 EP Employees Credit Union은 모든 저축계좌에 분기마다 3%의 이자를 지급하겠다고 광고했다. (경쟁사는 6개월마다 이자를 지급한다.) 3월 31일, 6월 30일, 9월 30일, 12월 31일을 분기 이자 기간으로 사용한다. (a) 계좌의 기간 말 총액과 (b) 매 분기 총액에 대해 지급된 이자를 알아내시오. 출금은 하지 않고 분기별 이자가 재예치되지 않는다고 가정한다.

월	예금, $
1월	50
2월	70
3월	0
4월	120
5월	20
6월	0
7월	150
8월	90
9월	0
10월	40
11월	110
12월	0

1.26 현재 $20,000를 투자하고 7년 동안 매년 $3,500를 투자한다면, 연이율 8%일 때 7년 후 누적된 금액을 현금흐름도로 나타내시오.

1.27 연이율 15%로 3년 차에 $400의 지출, 4년 차에 $900의 수입, 그리고 5년 차와 6년 차에 각각 $100의 지출이 있을 때, 0년 차의 현재가치를 구하기 위한 현금흐름도를 작성하시오.

등가

1.28 경제적 등가를 사용하여 다음 문장을 완성하기 위한 돈의 크기 또는 i를 알아내시오.

(a) 오늘의 $5,000는 연이율 i = ___%로 정확히 1년 전 $4,275와 동일하다.

(b) 연이율 4%일 때, 오늘 $28,000인 차량의 가격은 1년 후 $____이다.

(c) 연이율 4%일 때, 현재 $28,000인 차량을 구매하기 위해 1년 전 $___의 비용이 들었을 것이다.

(d) 작년에 잭슨은 중고 보트를 사기 위해 $20,000를 빌렸다. 그는 대출 원금과 $2,750의 이자를 단 1년 만에 상환했다. 올해 그의 형제 앙리는 차를 구매하기 위해 $15,000를 빌렸고, 1년 후 $2,295의 이자와 함께 상환할 예정이다. 두 형제의 대출에 대한 이자율은 잭슨이 ___%이고, 앙리가 ___%이다.

(e) 작년에 셰일라는 연봉 $75,000인 일자리를 거절했다. 올해 그녀는 연봉 $81,000인 일자리를 수락했다. 두 연봉은 연이율 $i =$ ____%에서 동일하다.

1.29 Vebco Water & Gas는 해수 담수화 플랜트에 대한 계약을 수주했으며, 회사는 해당 투자에 대해 28%의 수익률을 기대했다. (a) 만약 Vebco가 첫해에 $8백만을 투자했다면, 그해에 얻은 이익의 금액은 얼마인가? (b) 연이율이 15%로 감소한 경우 동일한 금액의 수익을 실현하기 위해 얼마를 투자해야 하는가?

1.30 한 건설 회사가 1년 전에 받은 대출을 상환했다고 보고했다. 회사가 지불한 총금액이 $1.6백만이고 대출 이자율이 연 10%였다면, 이 회사가 1년 전에 빌린 돈은 얼마였는가?

1.31 경기 침체 동안은 낮은 수요로 인해 상품과 서비스의 가격이 하락한다. 이더넷 어댑터를 제조하는 회사는 1년 후에 $1백만을 투자하여 생산 시설을 확장할 계획이다. 그러나 일감이 필요했던 건설업자가 1년을 기다리지 않고 지금 확장 공사를 한다면 $790,000에 작업을 해주겠다고 제안했다. 연이율이 10%라면 회사는 얼마를 할인받는 셈인가?

1.32 항상 연말 보너스로 각 엔지니어에게 $4,000를 지급해 오던 Bull Built 설계/건설 공학 회사는 현금흐름 문제를 겪고 있다. 회장은 올해 보너스를 줄 수 없지만, 내년의 보너스는 올해 미지급된 것을 만회할 만큼 많이 지급할 것이라고 말했다. 연이율이 10%일 때 엔지니어가 내년에 얼마를 받아야 등가성이 충족되는가?

1.33 주립대의 등록금과 수수료는 두 가지 방법 중 하나를 선택하여 지불할 수 있다.

조기 결제 : 총비용을 1년 전에 지불하고 10% 할인을 받는 방법

정시 결제 : 수업이 시작될 때 총비용을 지불하는 방법

등록금과 수수료가 연간 $20,000인 경우, (a) 조기 결제를 선택했을 때 지불하게 되는 금액은 얼마이며, (b) 연이율 6%에서 정시 결제에 비해 조기 결제를 선택하는 경우 절약할 수 있는 금액의 1년 후 등가는 얼마인가?

단리와 복리

1.34 Durco Automotive는 3년 후 비상금 $1백만이 필요하다. CFO(재무책임자)는 Durco의 고수익 투자 계좌에 지금 얼마를 입금해야 하는지 알고 싶다. 연이율이 20%라면, (a) 단리와 (b) 복리일 경우 필요한 입금액을 알아내시오.

1.35 TMI Systems는 건설 비용 추정을 위한 소프트웨어를 맞춤 제작하는 회사이며, 3년 전에 받은 대출을 연 7%의 단리로 상환했다. TMI가 상환한 금액이 $120,000일 때 대출 원금을 계산하시오.

1.36 니코 가족은 3년 후에 새집을 구매할 계획이다. 현재 $240,000를 가지고 있다면 3년 후에 사용할 수 있는 돈은 얼마이겠는가? 해당 자금은 연복리 12%를 적용한다.

1.37 (a) 연간 단리 이자율이 12%일 때 $5,000가 2배가 되기까지 걸리는 시간을 알아내시오. (b) 연간 단리 이자율이 20%일 때 2배가 되기까지 걸리는 시간과 비교하시오.

1.38 Valley Rendering, Inc.는 지방을 걷어내기 위한 새로운 부유 시스템 구매를 고려 중이다. 회사는 연 5%의 복리 또는 연 5.5%의 단리로 $150,000를 조달할 수 있다. 3년 말에 총상환액을 한 번에 지불한다면, (a) 회사는 어떤 이자율을 선택해야 하며, (b) 두 계획 간 이자 차이는 얼마인가?

1.39 Iselt Welding은 미래 자본 확장을 위해 투자할 여분의 자금이 있다. 선택한 투자가 단리를 적용한다면, 5년 동안 금액이 $60,000에서 $90,000로 증가하기 위해 필요한 연간 이자율은 얼마인가?

1.40 정기예금을 더 매력적인 투자처로 보이게 하려는 일부 은행은 경쟁 은행들의 이율보다 높은 이율을 광고하지만, 세부 사항에서 이율이 단리 기준임을 밝힌다. 만약 연 10%의 단리로 정기예금에 $10,000

를 예치한다면, 3년 후에 동일한 금액을 얻기 위해 필요한 복리 이율은 얼마인가? 공식을 사용하여 해결하고, i 값이 표시되는 스프레드시트 함수를 작성하시오.

1.41 연 10%의 복리로 계산할 때, $10,000 대출에 대해 누락된 값(A부터 D까지)을 채우시오.

연말	연간 이자	이자 적용 후 잔액	연말 지불액	지불 후 잔액
0	—	—	—	10,000
1	1,000	11,000	2,000	9,000
2	900	9,900	2,000	**A**
3	**B**	**C**	2,000	**D**

1.42 일반용 변환기를 제조하는 회사가 4년 전에 고수익 채권에 $2백만을 투자했다. 해당 채권이 현재 $2.8백만의 가치가 있다면, 회사는 (a) 단리와 (b) 복리를 기준으로 연간 얼마만큼의 수익률을 얻었는가? (c) 복리에 대한 답을 찾기 위해 필요한 스프레드시트 함수는 무엇인가?

최소요구수익률과 자본비용가중평균

1.43 다음 항목을 자기자본 조달 또는 부채 조달로 식별하시오 : 채권, 주식 판매, 유보 이익, 벤처 캐피탈, 단기 대출, 친구로부터의 자본금 선급, 현금 보유, 신용카드, 주택 자본 대출.

1.44 하나의 확장 프로젝트를 위해 40% 유보 이익과 60% 벤처 캐피탈을 사용하여 자금을 조달하는 기업의 자본비용가중평균은 얼마인가? 자기자본 조달에 대한 이자율은 10%이고, 부채 조달에 대한 이자율은 16%라고 가정한다.

1.45 Bensen Systems의 여러 부서 관리자들이 본사가 검토해 볼 만한 7개 프로젝트를 제안했다. 최고재무책임자를 위해 일하는 직원이 주요 단어를 사용하여 프로젝트를 식별한 후, 예상 수익률 순서대로 나열했다. 회사는 높은 레버리지를 통해 빠르게 성장하고자 하며 비용이 10%인 자기자본 조달과 19%인 부채 조달을 각각 5%와 95% 비율로 사용한다면, 회사는 어떤 프로젝트를 수행해야 하는가?

프로젝트명	예상 수익률, 연 %
재고	30.0
기술	28.4
창고	21.9
유지보수	19.5
제품	13.1
에너지	9.6
배송	8.2

1.46 재무계획에 대한 배경지식을 가지고 있는 상사가 회사의 높은 자본비용가중평균 21%에 대해 우려하고 있다. 회사의 자본비용가중평균을 13%로 낮출 수 있는 부채-자기자본 조달 조합을 알아볼 것을 요청했다. 회사의 자기자본 조달 비용이 6%이고 부채 조달 비용이 28%라면 어떤 부채-자기자본 조달 조합을 추천하겠는가?

1.47 프로젝트 매니저이자 유망한 음악가인 에일라토니아는 새 기타와 케이스를 $3,000에 구매하길 원한다. 이를 알게 된 조부모님은 $1,000를 선물했다. 에일라토니아는 구매를 위해 다음 두 가지 옵션이 있다고 생각했다. 더 낮은 WACC를 가진 옵션을 알아내시오.

1. 평균 연 8%의 수익을 내는 투자 포트폴리오에 $1,000를 추가하고(최초 구매 후 1년 뒤에 첫 번째 배당금 수령), 연 5.5% 이자율로 필요한 총액을 대출받는다.
2. $1,000의 선물을 사용하고, 나머지 금액을 연 5.2% 이자율로 대출받는다.

1.48 지난달 만기된 어음을 처리하려는 직장 동료에게 $5,000를 빌려주었다. 그는 1개월 후에 2%의 이자를 붙여 $5,100를 갚기로 합의했다. 상환일인 오늘, 그는 상환 기한을 한 달 더 연장해 달라고 요청했고, 그때 $5,100를 지불하기로 했다. 한편, 연 25%의 수익을 기대할 수 있는 유정(oil-well) 사업과 첫해에 30%의 수익이 예상되는 새로운 IT 주식에 원하는 만큼 투자할 수 있는 기회를 가지게 되었다. 만약 동료의 상환 기한을 한 달 더 연장해 준다면, 이에 따른 기회비용은 무엇인가? (참고 : 달러와 %로 답하시오.)

개인 금융

1.49 주식은 왜 자본 투자라 불리는가?

1.50 채권은 왜 고정수입 투자로 알려져 있는가?

1.51 2022년 평균 신용카드 이자율은 신용 등급에 따라 다음과 같은 연간 명목이자율(APR)로 설정되었다 : 우수 신용(13.13%), 좋은 신용(19.41%), 보통 신용(22.58%). 신용카드의 경우 APR이 매일 평가되므로 일일 이자율은 APR을 365일로 나눈 값이다. 좋은 신용 등급을 가진 사람이 예상치 못하게 연말 보너스로 $4,000를 받고, 이 기회를 이용해 신용카드 잔액 전체를 지불하기로 결정했다. (a) 일일 이자율은 얼마인가? (b) 4일 전 잔액이 $1,720였다면, 총미납금은 얼마인가?

1.52 한 현명한 투자자는 특정 산업과 관련된 주식을 추적하는 거래소 거래 펀드(ETF, Exchange Traded Fund)의 주식 500주를 구매했다. 해당 ETF는 장거리 해상 운송 장비에 투자한다. 투자자는 3년 전에 주당 $12.40에 구매했다. (a) 해당 ETF가 현재 주당 $29.75에 판매되고 있다면 투자자가 얻은 총이익은 얼마인가? (b) 3년 동안의 총수익률은 얼마인가?

1.53 한 도시에서 새로운 농촌 도로를 위한 자금을 마련하기 위해 시립 채권을 판매하고 있다. 해당 채권은 만기가 30년이며 액면가는 $1,000이고 연간 6%의 배당금을 지급한다. $900로 할인된 가격에 채권 하나를 구매한 후, 연간 배당을 받은 직후인 1년 뒤에 채권을 $935에 팔았다고 가정하자. 채권 투자를 통해 얻은 수익률은 얼마인가?

1.54 한 엔지니어가 5년 후 은퇴 시점에 맞춰 새로운 전기 자동차를 구매하기 위해 액면가 $50,000에 달하는 제로 쿠폰 채권을 구매하고자 한다. 제로 쿠폰 채권은 만기까지 이자를 지급하지 않으므로, 액면가보다 많이 할인된 가격으로 판매된다. 엔지니어는 채권이 연간 최소 6%의 수익률을 내는 경우에만 구매하기로 결정했다. (a) 그녀가 채권에 대해 지불해야 하는 최대 금액을 알아내시오. (b) 해당 금액이 액면가 $50,000 대비 얼마만큼 할인된 것인지에 대한 할인율을 계산하시오.

1.55 스톡옵션은 투자자에게 가장 위험하면서도 잠재적으로 가장 높은 수익성을 제공하는 금융 투자 중 하나이다. 스톡옵션은 투자자에게 지정된 기간 내에 정해진 가격으로 특정 주식을 매수하거나 매도할 권리를 제공한다. 예를 들어, 12월 20일에 Apple Computer, Inc.의 주식이 $171.14로 저평가되었다고 믿는 투자자는 12월 31일까지 언제든지 주당 $175.00에 Apple 주식 100주를 매수할 수 있는 옵션을 구매할 수 있다. 해당 옵션의 가격은 주당 $3.15였다. 투자자가 $315에 옵션을 구매하고, Apple 주식이 12월 23일에 $179.45로 상승했다고 가정해 보자. 나아가, 투자자가 스톡옵션을 행사하여 12월 23일에 주당 $175.00에 주식을 매수하고 즉시 주당 $179.45에 매도했다고 가정하자. (a) 투자자가 이 거래를 통해 얻은 이익은 얼마인가? (b) 12월 20일부터 12월 23일까지 3일 동안 투자자가 얻은 수익률은 얼마인가?

스프레드시트 활용 연습문제

1.56 다음 스프레드시트 함수에 해당하는 경제성 공학 기호를 작성하시오.

(a) PV (b) PMT

(c) NPER (d) IRR

(e) FV (f) RATE

1.57 다음 여섯 가지 내장 스프레드시트 함수의 목적을 설명하시오.

(a) PV(i%,n,A,F)

(b) FV(i%,n,A,P)

(c) RATE(n,A,P,F)

(d) IRR(first_cell:last_cell)

(e) PMT(i%,n,P,F)

(f) NPER(i%,A,P,F)

1.58 다음 다섯 가지 스프레드시트 함수에 대해 (a) 경제성 공학 기호 P, F, A, i, n의 값을 작성하되 결정해야 하는 기호에는 ?를 사용하고, (b) 구해진 답이 양수 부호 또는 음수 부호를 가질지, 혹은 결정할 수 없을지를 알아내시오.

(1) = FV(8%,10,3000,8000)

(2) = PMT(12%,20, − 16000)

(3) = PV(9%,15,1000,600)

(4) = NPER(10%, − 290,,12000)

(5) = FV(5%,5,500, − 2000)

1.59 에밀리와 매디슨이 4년 동안 연 10% 이자율에 $1,000를 투자한다. 에밀리는 단리가 적용되고, 매디슨은 복리가 적용된다. 스프레드시트 셀 참조 형식을 사용하여 4년 뒤 매디슨이 $64 더 많은 이자를 받게 되는 관계를 설명하는 공식을 세우시오. 4년 동안 추가 입금이나 인출은 없다고 가정한다.

사례연구

풍력 발전을 포함한 전기 비용

배경

Pedernales Electric Cooperative(PEC)는 미국에서 가장 큰 회원 소유의 전기협동조합으로, 중부 텍사스의 24개 자치주에 36만 개 이상의 미터기를 가지고 있다. PEC는 약 1,300 MW(메가와트)의 전력을 생산할 수 있는 능력을 갖추고 있으며, 이 중 약 21%인 277 MW가 재생 가능한 에너지원으로부터 나온다. 최근 추가 생산하는 100 MW 전력은 텍사스 북서부 풍력 발전소로부터 생산된다. PEC의 발전 용량 중 얼마나 많은 부분이 재생 가능한 에너지원으로부터 나와야 하는지가 항상 논의되고 있으며, 특히 석탄 발전에 대한 환경 관련 문제와 탄화수소 연료의 비용이 상승하는 경우 더욱 중요하게 논의된다.

텍사스가 원자력을 통한 전력 생산을 늘리고 있고 해당 주가 풍력 발전을 통한 전기 생산 분야에서 국가적 리더 역할을 하고 있다는 점을 고려할 때 PEC 지도부는 풍력 및 핵 에너지원을 고려하고 있다.

경제성 공학에서 A를 받은 엔지니어로서 PEC 이사회의 신임 대표 이사로 선출되어 3년 동안 일하게 되었다고 하자. 신임 이사이기 때문에 다른 이사와 달리 전체 8,100제곱 마일의 서비스 지역 내 특정 구역을 대표해서 맡지는 않는다. PEC의 운영에 대해 많은 의문을 가지고 있으며, 더 많은 재생 가능 에너지원의 발전 능력을 향상함으로써 발생하는 경제적 및 사회적 이점에도 관심이 있다.

정보

여기 몇 가지 데이터가 있다. 현시점에서 해당 정보는 개략적이며, 숫자 역시 대략 작성되었다. 전기 발전 비용 추정치는 PEC에 특화된 것이 아닌 전국 범위의 추정치며, 킬로와트시당 센트(₵/kWh)로 제공된다.

	발전 비용, ¢/kWh	
연료원	**비용 가능 범위**	**합리적 평균 비용**
석탄	10.0~10.4	10.0
천연가스	4.6~10.5	7.0
풍력	4.9~9.1	8.3
태양광	4.6~15.5	8.3

2021년 주거 고객용 전국 평균 전기 비용 : 13.3 ₵/kWh

PEC 주거 고객용 평균 비용 : 11.68 ₵/kWh

발전 시설의 기대 수명 : 20~40년(20년일 가능성이 더 높음)

시설을 건설하는 데 소요되는 시간 : 2~5년

발전 시설을 건설하는 데 필요한 추정 자본비용 : 전통적인 오일/가스 발전소의 경우 $700~1,000, 석탄 발전소의 경우 kW당 $3,500에서 $3,800, 풍력 발전소의 경우 kW당 $1,600(육상)에서 $6,500(해상)

PEC 직원이 손익분기점에 도달하기 위해 고객에게 부과해야 하는 전기 가격을 결정하는 데 보편적으로 사용되는 평준화된 에너지 비용(LEC, Levelized Energy Cost) 방법을 사용한다는 것을 알게 되었다. 해당 공식은 발전 시설의 자본비용, 빌린 자금의 자본비용, 연간 운영 및 유지보수비(M&O, Maintenance and Operation), 그리고 시설의 기대 수명을 고려한다. 평준화된 전기 비용(LCOE, Levelized Cost of Electricity) 공식은 kWh당 달러로 표현되며, (t = 1, 2, ..., n년)에 대한 공식은 다음과 같다.

$$\text{LCOE} = \frac{\sum_{t=1}^{t=n} \frac{I_t + M_t + F_t}{(1+i)^t}}{\sum_{t=1}^{t=n} \frac{E_t}{(1+i)^t}}$$

여기서 $I_t = t$년에 이루어진 자본 투자

$M_t = t$년의 연간 운영 및 유지보수비(M&O)

$F_t = t$년의 연료 비용

$E_t = t$년에 생산된 전기량

n = 시설의 예상 수명

i = 할인율(자본비용)

사례연구 문제

1. 텍사스 북서부의 풍력 발전소와 새로운 협약을 통해 100 MW의 전력을 매년 얻고자 한다면, 첫 회의에서 직원에게 어떤 질문을 할 것인가?
2. 현재 PEC 시설의 대부분은 석탄이나 천연가스를 주 연료로 사용한다. 대기를 오염시키고, 시민의 건강 문제를 유발하며, 기후 변화에 악영향을 미치는 이러한 시설을 허용하는 정부의 윤리적 관점에 대해 어떻게 생각하는가? PEC(그리고 다른 발전소)가 앞으로 지켜야 할 규정에는 어떤 것이 있을 수 있는가?
3. 올해 PEC의 전기 비용 평균 11.68 ¢/kWh에 관심이 생겼다. 내년 풍력 발전을 통해 생산된 100 MW 전력이 추가된다면 LCOE 값이 어떻게 달라질지 궁금하다. 알고 있는 사항은 다음과 같다.

LCOE를 계산하기 위한 $t = 11$

$n = 25$년

i = 연 5%

$E_{11} = 5.052$십억 kWh

지난해 LCOE는 11.05 ¢/kWh(작년 손익분기 비용)

위와 같은 대략적인 데이터로 올해 LCOE 관계에서 알려지지 않은 값의 가치를 결정할 수 있는가? 풍력 발전으로부터 생산되는 100 MW 전력이 추가됨으로써 고객에게 부과되는 전기 요금이 어떻게 달라지는지 알 수 있는가? 그렇지 않다면 풍력 기반의 전력을 고려한 LCOE를 결정하기 위해 필요한 추가 정보는 무엇인가?

사례연구

나쁜 윤리적 습관의 연속은 끔찍한 은퇴로 이어질 수 있다

배경

2021년 가을, Bradken사에서 35년 동안 근무한 직원이 30년 넘게 미국 해군 잠수함 선체를 건조하는 데 사용된 강철의 강도와 견고성 기록을 조작한 혐의로 유죄를 선고받았다. 이 조작은 장기 근속자의 은퇴를 앞두고 미래 실험 결과를 인증하기 위해 새로 고용된 금속학자가 발견했다. 미국 법무부는 2020년 봄에 기록을 조작한 토머스가 최대 10년의 징역형과 $1백만의 벌금에 처할 수 있음을 알렸다. 또한 그녀는 은퇴를 앞두고 Bradken으로부터 해고되었다. 법정 절차에서 그녀의 변호사는 이러한 상황은 토머스가 은퇴 상태로 지낼 수 있는 상황이 아니라고 말했다.

정보

새로 고용된 금속학자 히메네즈(가명)는 오랜 기간과 제조 과정에 걸쳐 잠재적인 조작 가능성을 발견했을 때, Bradken의 경영진에게 이를 알리기로 결심했다. 처음 몇 차례 대화 후, Bradken 사장은 Bradken의 계약을 담당하는 해군 관계자에게 조작으로 인한 차이를 보고해야 된다고 판단했다. 사장은 사기를 칠 의도가 없었으며, 현재는 실직한 이전 금속학자로 인해 오랜 시간 동안 발생하게 된 오류라고 주장했다. 토머스는 조작으로 인한 차이가 밝혀지고 그녀 스스로 잘못을 인정한 후, 추가 조사 없이 해고되었다. Bradken 또는 직원이 조작으로 인해 어떠한 금전적 이득도 얻지 않았다는 것이 명백하게 밝혀졌다.

토머스는 시험이 −100℉(−73.3℃)의 온도에서 수행되어야 한다는 해군의 시험 규격에서 강도와 견고성을 충족하지 않음에도 '합격' 결과를 매겨 금속을 납품했다. 그녀는 잠수함이나 다른 배가 경험하지 않을 낮은 온도에서 시험하는 것은 '어리석은' 짓이라고 말했다.

사기가 입증된 후, 사기가 아닌 오류라며 사장이 공개한 원본에도 조작이 포함되어 있었으므로 Bradken 역시 이 사건에 실질적으로 관련되게 되었다. 또한 토머스가 거짓으로 합격시킨 강철은 Bradken이 해군에 제공한 강철의 상당 부분을 차지하고 있었으며, 이는 군사 등급의 잠수함을 건조하는 두 조선소에서 사용되었다. (실제로 조작된 보고서는 1985년부터 2017년까지 240개 이상의 배치 생산에 연관되어 있었다.) 결과적으로, Bradken은 해군에 조작된 시험 결과를 제공한 것에 대한 법적 책임에 관해 기소유예를 위한 $10.9백만 합의금에 동의했다.

사례연구 문제

1. 거짓말에 관한 보편적 도덕 규범과 시험 지침이 "어리석다"고 말한 토머스의 개인적 윤리 사이의 차이에 대해 자신의 견해를 제시하시오.
2. 인증 작업 초기에 토머스가 취할 수 있었던 다른 선택지는 어떤 다른 결과를 불러왔겠는가?
3. 다음 행동에 대해 윤리적 관점에서 Bradken사의 리더십을 어떻게 평가하겠는가?
   (a) 조작이 드러나고 은퇴에 가까워진 시점에 토머스를 추가 조사 없이 해고한 것
   (b) Bradken이 해군에게 사기가 아닌 오류라고 보고한 것
   (c) 기소유예를 위한 합의금으로 $10.9백만을 지불한 것
4. 직원인 토머스와 Bradken사가 위반한 NSPE 윤리 강령은 각각 무엇인가?

CHAPTER 2

계수 : 시간과 이자가 화폐에 미치는 영향

VERSUSstudio/Shutterstock

학 습 성 과

목적 : 화폐의 시간적 가치를 고려하여 경제성 공학 계수를 도출하고 이를 사용해 본다.

절	주제	학습 성과
2.1	*F*/*P* 계수와 *P*/*F* 계수	• 단일자금에 대한 미래가 계수(*F*/*P*)와 현재가 계수(*P*/*F*)를 도출하고 이를 사용해 본다.
2.2	*P*/*A* 계수와 *A*/*P* 계수	• 균등자금열에 대한 현재가 계수(*P*/*A*)와 자본회수 계수(*A*/*P*)를 도출하고 이를 사용해 본다.
2.3	*F*/*A* 계수와 *A*/*F* 계수	• 균등자금열에 대한 미래가 계수(*F*/*A*)와 감채기금 계수(*A*/*F*)를 도출하고 이를 사용해 본다.
2.4	계수 값	• 계수 값을 알아내기 위해 계수표 또는 스프레드시트 함수에서 선형 보간법을 사용해 본다.
2.5	등차 현금흐름	• 등차자금열에 대한 현재가 계수(*P*/*G*)와 균등자금열화 계수(*A*/*G*)를 사용해 본다.
2.6	등비 현금흐름	• 현재가치를 찾기 위해 등비자금열에 대한 현재가 계수(*P*/*A*,*g*)를 사용해 본다.
2.7	*i* 또는 *n* 찾기	• *i*(이자율 또는 수익률) 또는 현금흐름 자금열에 대한 *n*을 알아내기 위해 경제적 등가 관계를 사용해 본다.

현금흐름은 모든 경제 연구의 기초이다. 현금흐름은 단일 가치, 균등자금열, 일정한 크기나 비율로 증가하거나 감소하는 자금열 등과 같이 다양한 금액과 구성으로 발생한다. 이 장에서는 화폐의 시간적 가치를 고려하는 **경제성 공학 계수(engineering economy factors)**에 관한 공식을 개발한다.

계수를 적용하는 것은 수학적 형태와 표준 표기법 형식을 사용하여 설명된다. 스프레드시트 함수는 현금흐름 자금열을 빠르게 처리하고 민감도 분석을 수행하기 위해 사용된다.

이 장에서 특정 계수의 도출 및 사용이 다뤄지지 않는 경우, 부록 A가 일반적인 Microsoft Excel 스프레드시트 함수를 요약하고 있으니 참고할 수 있다. 각 함수에 대한 예시도 제공된다.

PE

제철 공장 사례 : 이탈리아에 본사를 둔 국제 컨소시엄 Beleez Group의 자회사인 Hardee Steel은 미국에서 최첨단 강철 및 맞춤형 제품 제조 플랜트를 개발할 것이라 발표했다. 선택된 위치에는 큰 철광석 매장지가 있기 때문에 개발 지역으로서 안성맞춤이었다. 새 회사의 이름은 Hardee Beleez, NA, Inc. 또는 HBNA로 결정될 것이다.

플랜트 투자 비용은 $200백만으로 예상되며 2027년에 완공된다. 플랜트가 완공되어 완전히 가동될 경우, 미터톤당 비용을 고려했을 때 연간 $50백만의 수익을 창출할 수 있을 것이라 기대된다. 모든 분석은 플랜트가 운영을 시작할 때부터 5년간의 분석기간을 사용할 것이다.

이 사례는 이 장의 다음 주제(그리고 절)에서 다룰 것이다.

단일자금 계수(2.1절)
균등자금열 계수(2.2절, 2.3절)
등차자금열 계수(2.5절)
등비자금열 계수(2.6절)
알려지지 않은 *n* 값 알아내기(2.7절)

2.1 단일자금 계수(*F*/*P*와 *P*/*F*) ●●●

경제성 공학에서 가장 기본적인 요소는 단일 현재가치 P로부터 연간(또는 기간) 1회 복리로 이자를 적용하여 n년(또는 기간) 후에 누적된 돈 F의 크기를 결정하는 것이다. 복리는 이자에 대한 이자가 지급된다는 것을 기억하자. 따라서 시간 $t = 0$에서 P만큼의 돈이 투자되면, 1년 후에 i퍼센트의 연이율로 누적된 금액 F_1은 아래와 같다.

$$F_1 = P + Pi$$
$$= P(1 + i)$$

여기서 이자율은 소수 형태로 표현된다. 2년 차 말에 누적된 금액 F_2는 1년 후의 금액과 1년 말부터 2년 말까지 발생한 F_1에 대한 이자를 합한 금액이다.

$$F_2 = F_1 + F_1 i$$
$$= P(1 + i) + P(1 + i)i \quad [2.1]$$

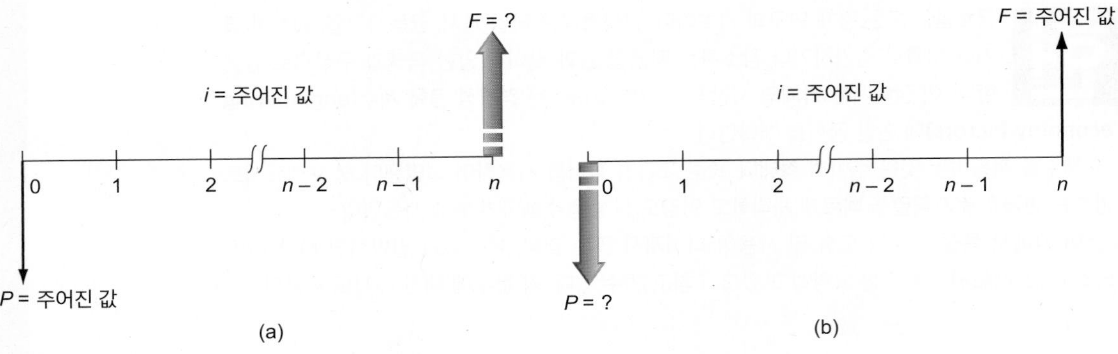

그림 2-1
단일자금 계수에 대한 현금흐름도 : (a) *P*가 주어졌을 때 *F*를 찾는 것, (b) *F*가 주어졌을 때 *P*를 찾는 것

F_2는 다음과 같이 표현될 수 있다.

$$\begin{aligned} F_2 &= P(1 + i + i + i^2) \\ &= P(1 + 2i + i^2) \\ &= P(1 + i)^2 \end{aligned}$$

유사하게, 3년 차 말 누적된 금액은 식 [2.1]을 사용하면 다음과 같다.

$$F_3 = F_2 + F_2 i$$

F_2에 $P(1+i)^2$를 대입하고 식을 간단히 하면 아래와 같은 식을 얻을 수 있다.

$$F_3 = P(1 + i)^3$$

앞선 값들로부터 수학적 귀납법을 통해 식이 n년에 대해 일반화될 수 있음을 알 수 있다. P가 주어졌을 때 F를 찾으려면,

$$F = P(1 + i)^n \qquad [2.2]$$

계수 $(1 + i)^n$은 단일자금의 미래가 계수(SPCAF, Single-Payment Compound Amount Factor)라 불리지만, 보통 간단히 ***F*/*P* 계수**(*F*/*P* factor)로 표현된다. 이것은 P를 곱함으로써 이자율 i에서 n년 후 초기 금액 P에 대한 미래가치 F를 산출하는 변환 계수이다. 이에 대한 현금흐름도는 그림 2-1(a)에서 확인할 수 있다.

n 기간 후 미래에 발생하는 **금액 *F*에 대한 *P* 값을 결정**하기 위해서는 상황을 반전시키면 된다. 단순하게 식 [2.2]를 P에 대해 풀어내면 다음과 같다.

$$P = F\left[\frac{1}{(1 + i)^n}\right] = F(1 + i)^{-n} \qquad [2.3]$$

계수 $(1 + i)^{-n}$은 단일자금의 현재가 계수(SPPWF, Single-Payment Present Worth Factor), 또는 ***P*/*F* 계수**(*P*/*F* factor)로 표현된다. 이것은 이자율 i에서 n년 후 주어진 미

래 금액 F에 대한 현재가치 P를 결정한다. 이에 대한 현금흐름도는 그림 2-1(b)에서 확인할 수 있다.

여기서 유도된 두 계수는 단일자금에 대한 것임을 주목하자. 즉, 단 하나의 지급이나 수령과 관련한 현재 또는 미래 금액을 찾는 데 사용된다.

> 모든 계수는 표준 표기법을 따른다. 이 표기법은 2개의 현금흐름 기호, 이자율, 그리고 기간의 수를 포함한다. 일반적인 형태는 $(X/Y,i,n)$이다. X는 찾고자 하는 값을 나타내며, Y는 주어진 값을 나타낸다. 예를 들어, F/P는 P가 주어졌을 때 F를 찾으라는 의미이다. i는 퍼센트 단위의 이자율이며, n은 기간의 수를 나타낸다.

이 표기법을 사용하면, $(F/P,6\%,20)$은 이자율이 기간당 6%일 때 20 기간 동안 누적된 미래 금액 F를 계산하는 데 사용되는 계수를 나타낸다. P는 주어진다. 표준 표기법은 공식과 계수 명칭보다 사용하기 더 간단하며, 앞으로 이 책에서 사용될 것이다.

표 2-1은 F/P와 P/F 계수에 대한 표준 표기법과 식을 요약한 것이다.

경제성 공학 계산을 단순하게 하기 위해 0.25%에서 50%까지의 이자율과 이자율에 따른 시간의 기간 1부터 n까지의 계수 값을 담고 있는 표가 마련되어 있다. 해당 표는 책 뒷부분에 수록되어 있으며, 페이지 가장자리에 색을 입혀 쉽게 식별할 수 있도록 하였다. 표 상단에는 계수가, 왼쪽에는 기간 n이 나열되어 있다. 각 표의 제목에 적혀 있는 이산적(discrete)이라는 단어는 표가 기간 말 관례를 따르고 있으며 이자가 이자 기간마다 한 번씩 복리로 계산됨을 의미한다. 계수, 이자율, 시간이 주어질 때 계수의 값은 계수 이름과 n이 교차하는 지점에서 찾을 수 있다. 예를 들어, 계수 $(P/F,5\%,10)$의 값은 표 10의 10 기간과 P/F열이 교차하는 지점으로부터 0.6139임을 알 수 있다. 해당 값은 식 [2.3]을 사용하여 확인할 수도 있다.

$$(P/F,5\%,10) = \frac{1}{(1+i)^n} = \frac{1}{(1.05)^{10}}$$

$$= \frac{1}{1.6289} = 0.6139$$

표 2-1 *F/P* 계수와 *P/F* 계수 : 표기법과 식

계수		찾고자 하는 값	표준 표기법으로	계수 공식으로	스프레드시트 함수
표기법	명칭	/주어진 값	표현한 식	표현한 식	
$(F/P,i,n)$	단일자금의 미래가 계수	F/P	$F = P(F/P,i,n)$	$F = P(1+i)^n$	$= FV(i\%,n,,P)$
$(P/F,i,n)$	단일자금의 현재가 계수	P/F	$P = F(P/F,i,n)$	$P = F(1+i)^{-n}$	$= PV(i\%,n,,F)$

스프레드시트에서 미래가치 F는 아래 공식을 사용하여 FV 함수로 계산할 수 있다.

$$= FV(i\%,n,,P) \quad [2.4]$$

현재 금액 P는 아래 공식을 사용하여 PV 함수로 계산할 수 있다.

$$= PV(i\%,n,,F) \quad [2.5]$$

이러한 함수는 표 2-1에 포함되어 있다. FV 및 PV 함수 사용에 대한 자세한 정보는 부록 A 또는 Excel 온라인 도움말을 통해 확인할 수 있다.

예제 2.1

제조업 엔지니어인 샌디는 방금 연말 보너스로 \$10,000를 받았으며 이를 당장 투자할 예정이다. 샌디는 연 8% 수익률을 기대하며, 큰딸이 대학을 졸업할 때 가족 휴가 비용을 지불하기 위해 정확히 20년 후에 전액 인출하길 원한다. (a) 계수 공식과 표에 있는 값을 활용한 수기 해결법과 (b) 스프레드시트 함수를 사용하여 20년 후에 사용 가능한 자금이 얼마인지 구하시오.

풀이

현금흐름도는 그림 2-1(a)와 동일하다. 기호와 값은 다음과 같다.

$$P = \$10{,}000 \qquad F = ? \qquad i = \text{연 } 8\% \qquad n = 20\text{년}$$

(a) 계수 공식 : 미래가치 F를 찾기 위해 식 [2.2]를 적용한다. 계수 공식 값을 소수점 넷째자리까지 반올림하여 표시하면 다음과 같다.

$$F = P(1 + i)^n = 10{,}000(1.08)^{20} = 10{,}000(4.6610)$$
$$= \$46{,}610$$

표준 표기법과 표에 있는 값 : F/P 계수에 대한 표기법은 $(F/P,i\%,n)$이다.

$$F = P(F/P,8\%,20) = 10{,}000(4.6610)$$
$$= \$46{,}610$$

표 13은 표로 정리된 값을 제공한다. 반올림하는 과정에서 종종 위 두 방법의 값이 조금 다를 수 있다.

(b) 스프레드시트 : 20년 후의 금액을 찾기 위해 FV 함수를 사용한다. 형식은 식 [2.4]와 같으며, 숫자 입력은 = FV(8%,20,,10000)이다. 스프레드시트는 그림 1-14의 오른쪽 부분과 유사한 결과를 보여줄 것이며, (\$46,609.57)이라는 답이 표시될 것이다. (지금 컴퓨터를 사용하여 계산해 보자.) FV 함수는 (a) 부분의 계산을 수행하고 결과를 출력하는 역할을 한다.

등가적 관점에서 다음과 같이 서술될 수 있다. 샌디가 지금 $10,000를 투자하고 20년 동안 매년 8%의 수익을 얻는다면, 가족 휴가를 위해 $46,610를 사용할 수 있을 것이다.

예제 2.2 제철 공장 사례

이 장 서론에서 논의된 바와 같이, HBNA 공장은 $200백만의 투자가 필요할 것이다. 예상 건설 기한인 2027년보다 공사가 길어질 경우 추가 자금이 필요할 것이다. 연 10% 복리가 적용된다고 가정할 때, 공장 개발을 계획 중인 이탈리아 회사의 이사회가 아래 사항을 결정하기 위해 **표로 제공되는 계수 값**과 **스프레드시트 함수** 모두를 사용하시오.

(a) 공사(건설)가 3년 지연될 경우, 2030년에 필요한 등가 투자액

(b) 미국의 소득세법에서 유리할 수 있도록 일정을 변경하여 훨씬 더 빨리 공장이 건설되는 경우, 2023년에 필요한 등가 투자액

풀이

그림 2-2는 2027년에 투자하는 $200백만의 현금흐름도로서, 해당 시점을 시간 $t = 0$으로 지정한다. 투자액에 대한 3년 후 미래 금액과 4년 전 과거 금액은 각각 $F_3 = ?$과 $P_{-4} = ?$로 표시된다.

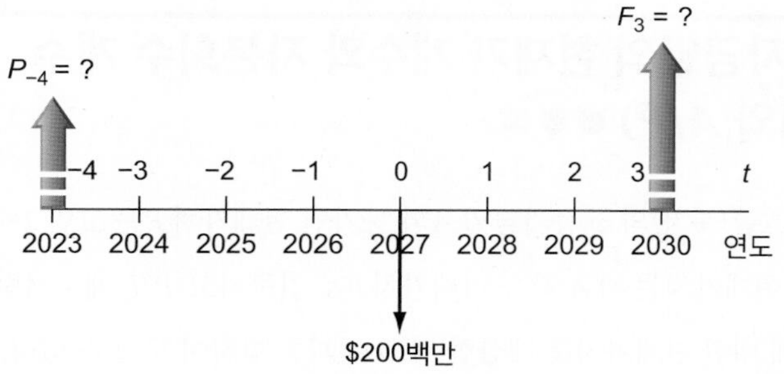

그림 2-2
예제 2.2(a)와 (b)에 대한 현금흐름도

(a) 3년 후의 등가를 찾기 위해 F/P 계수를 적용하자. 백만 달러 단위를 사용하고, 표에서 10% 이자율에 명시된 값을 사용한다(표 15).

$$F_3 = P(F/P,i,n) = 200(F/P,10\%,3) = 200(1.3310)$$
$$= \$266.2\ (\$266,200,000)$$

그림 2-3에서 왼쪽 부분은 스프레드시트에서 FV 함수의 세부 정보를 보여주며, $F_3 = \$266.20$백만으로 위와 같은 값이 도출됨을 알 수 있다.

(b) 2023년은 계획된 완공 날짜인 2027년보다 4년 앞서 있다. 4년 전의 등가를 알아내기 위해 2027년($t = 0$)의 $200백만을 미래가치 F로 간주하고, $n = 4$에 대한 P/F 계수를 적용하여 P_{-4}(그림 2-2)를 찾는다. 표 15

◇	A	B	C	D	E	F	G	H	I	J	K
1											
2	P = $200		i = 10%		n = 3		F = $200		i = 10%		n = 4
3											
4											
5		F_3 = ($266.20)	= FV(10%,3,,200)				P_{-4} = ($136.60)		= PV(10%,4,,200)		
6											
7											

그림 2-3
예제 2.2에 대한 스프레드시트 함수

에서 값을 제공한다.

$$P_{-4} = F(P/F,i,n) = \$200(P/F,10\%,4) = \$200(0.6830)$$
$$= \$136.6 \quad (\$136{,}600{,}000)$$

그림 2-3의 오른쪽과 같이 PV 함수 = PV(10%,4,,200)는 위에서 구한 값과 동일함을 알 수 있다.

이러한 등가 분석은 2023년에 비용이 $136.6백만으로 2027년 대비 약 68% 정도 될 것이며, 2030년까지 기다릴 경우 비용이 33% 증가하여 $266백만이 되는 것을 보여준다.

2.2 균등자금열의 현재가 계수와 자본회수 계수 (*P*/*A*와 *A*/*P*)

기간 말 현금흐름(투자)의 균등자금열 A와 등가인 현재가치 P는 그림 2-4(a)에 나타나 있다. 이러한 현재가치는 각 A 값을 미래가치 F로 간주하고, P/F 계수처럼 식 [2.3]을 사용하여 A 값에 대한 현재가치를 계산한 뒤 그 결과를 합하여 구할 수 있다.

$$P = A\left[\frac{1}{(1+i)^1}\right] + A\left[\frac{1}{(1+i)^2}\right] + A\left[\frac{1}{(1+i)^3}\right] + \cdots$$
$$+ A\left[\frac{1}{(1+i)^{n-1}}\right] + A\left[\frac{1}{(1+i)^n}\right]$$

대괄호 안의 항목은 각각 1년부터 n년까지의 P/F 계수이다. 위 식에서 A를 분리하자.

$$P = A\left[\frac{1}{(1+i)^1} + \frac{1}{(1+i)^2} + \frac{1}{(1+i)^3} + \cdots \frac{1}{(1+i)^{n-1}} + \frac{1}{(1+i)^n}\right] \qquad [2.6]$$

식 [2.6]을 단순화하고 P/A 계수를 얻기 위해 대괄호 안의 n항 등비수열에 (P/F, i%,1) 계수인 $1/(1+i)$를 곱한다. 이는 식 [2.7]과 같은 결과를 낳는다. 이제 식 [2.7]에서

[2.6]을 빼고, 단순화하여 $i \neq 0$일 때 P에 대한 표현식을 얻는다(식 [2.8]).

$$\frac{P}{1+i} = A\left[\frac{1}{(1+i)^2} + \frac{1}{(1+i)^3} + \frac{1}{(1+i)^4} + \cdots \frac{1}{(1+i)^n} + \frac{1}{(1+i)^{n+1}}\right] \qquad [2.7]$$

$$\frac{1}{1+i}P = A\left[\frac{1}{(1+i)^2} + \frac{1}{(1+i)^3} + \cdots \frac{1}{(1+i)^n} + \frac{1}{(1+i)^{n+1}}\right]$$

$$- \qquad P = A\left[\frac{1}{(1+i)^1} + \frac{1}{(1+i)^2} + \cdots \frac{1}{(1+i)^{n-1}} + \frac{1}{(1+i)^n}\right]$$

$$\frac{-i}{1+i}P = A\left[\frac{1}{(1+i)^{n+1}} - \frac{1}{(1+i)^1}\right]$$

$$P = \frac{A}{-i}\left[\frac{1}{(1+i)^n} - 1\right]$$

$$\mathbf{P = A\left[\frac{(1+i)^n - 1}{i(1+i)^n}\right] \qquad i \neq 0} \qquad [2.8]$$

식 [2.8]에서 대괄호 안의 항목은 균등자금열의 현재가 계수(USPWF, Uniform Series Present Worth Factor)로 불리는 변환 계수이다. 해당 계수는 기간 1의 말부터 시작하여 n 기간 동안 이어지는 기간 말 균등자금열 A 값에 대한 **0년 차의 등가 *P* 값**을 계산하는 데 사용되는 ***P/A* 계수**(*P*/*A* factor)이다. 이에 대한 현금흐름도는 그림 2-4(a)에 나타나 있다.

상황을 바꿔 현재가치 P가 알려져 있고 동일한 균등자금열의 금액 A를 구하는 상황을 생각해 보자(그림 2-4(b)). 첫 번째 A 값은 기간 1의 말, 즉, P가 발생한 후 한 번의 기간이 지난 후에 발생한다. 식 [2.8]을 A에 대해 풀어 아래의 식을 얻을 수 있다.

$$\mathbf{A = P\left[\frac{i(1+i)^n}{(1+i)^n - 1}\right]} \qquad [2.9]$$

괄호 안의 부분은 자본회수 계수(CRF, Capital Recovery Factor) 또는 ***A/P* 계수**(*A*/*P* factor)라고 불린다. 이는 이자율이 i일 때, 0년에 주어진 P에 대해 n년 동안의 연간등가 A를 계산한다.

그림 2-4
(a) 균등자금열 A가 주어졌을 때 P, (b) 현재가치 P가 주어졌을 때 A를 찾기 위해 사용되는 현금흐름도

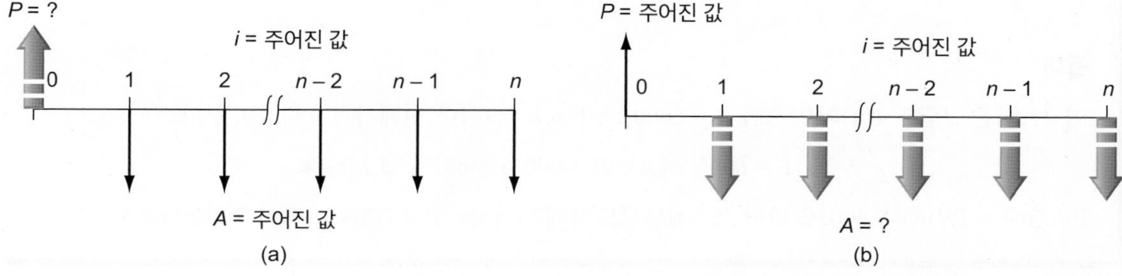

표 2-2 *P/A* 계수와 *A/P* 계수 : 표기법과 식

계수		찾고자 하는 값 /주어진 값	계수 공식	표준 표기법으로 표현한 식	스프레드시트 함수
표기법	명칭				
$(P/A,i,n)$	균등자금열의 현재가치	P/A	$\frac{(1+i)^n-1}{i(1+i)^n}$	$P = A(P/A,i,n)$	= PV(i%,n,A)
$(A/P,i,n)$	자본회수	A/P	$\frac{i(1+i)^n}{(1+i)^n-1}$	$A = P(A/P,i,n)$	= PMT(i%,n,P)

*P*의 배치

*P/A*와 *A/P* 계수는 현재가치 *P*와 첫 번째 동일한 연간등가 *A*가 **1년 (기간) 간격**으로 반복되는 것으로부터 유래한다. 즉, 현재가치 *P*는 반드시 **첫 번째 *A*보다 한 기간 전**에 위치해야 한다.

계수 그리고 *P*와 *A*를 찾기 위한 계수의 사용법은 표 2-2에 요약되어 있다. 두 계수에 대한 표준 표기법은 $(P/A,i\%,n)$과 $(A/P,i\%,n)$이다. 이 책 마지막에 제공하는 계수표에 계수 값이 나와 있다. 예를 들어, $i = 15\%$이고 $n = 25$년인 경우, 표 19에서 *P/A* 계수 값은 $(P/A,15\%,25) = 6.4641$이다. 이는 1년부터 25년까지 균일하게 발생하는 금액 *A*에 대해 연간 15%의 이자율로 환산된 현재가치를 찾는 것이다.

*P/A*와 *A/P* 계수를 사용하는 대신 **스프레드시트 함수**를 사용하여 *P*와 *A*를 모두 구할 수 있다. PV 함수는 주어진 *n*년 동안의 *A*와 만약 별도로 *n*년의 *F* 값이 주어졌을 때 *P* 값을 계산한다. 공식은 다음과 같다.

= PV(*i*%,*n*,*A*,*F*) [2.10]

마찬가지로, 0년도의 *P* 값과 만약 별도의 *F* 값이 주어졌을 때, *A* 값은 PMT 함수를 이용하여 구할 수 있다. 공식은 다음과 같다.

= PMT(*i*%,*n*,*P*,*F*) [2.11]

표 2-2는 PV와 PMT 함수를 포함하고 있다.

예제 2.3

내년부터 9년 동안 매년 $600를 받기 위해서는 지금 얼마를 지불해야 하는가? 연이율은 8%이다.

풀이

현금흐름은 그림 2-4(a)와 같으며, $A = \$600$, $i = 8\%$, $n = 9$이다. 현재가치는 다음과 같다.

$$P = 600(P/A,8\%,9) = 600(6.2469) = \$3,748.14$$

PV 함수 = PV(8%,9,600)을 단일 스프레드시트 셀에 입력하면 *P* = ($3748.13)이 표시된다.

예제 2.4 제철 공장 사례

PE

이 장 도입부에서 언급되었듯이, HBNA 공장은 연간 $50백만 수익의 기반을 마련할 수 있다. 계획한 5년의 기간 동안 예상 수익은 총 $250백만으로, 초기 투자금보다 $50백만 더 많기 때문에 이탈리아 모회사인 Baleez의 회장은 이러한 수익에 대해 만족스러울 것이다. 연간 10%의 화폐 가치를 고려하여 다음과 같은 회장의 질문에 답하시오. 화폐의 시간적 가치를 고려할 때 5년의 기간 동안 초기 투자금이 회수될 것인가? 만약 회수된다면, 현재가치 기금이 얼마나 더 늘어났는가? 만약 회수되지 않는다면, 회수금과 연간 10%의 수익을 위해 필요한 연간등가 수익은 얼마인가? 계수표가 제공하는 계수 값과 스프레드시트 함수를 사용하여 풀어보시오.

풀이

계수표 : P/A 계수를 사용하여 공장 완공 후 1년($t = 0$)부터 연 $i = 10\%$일 때 5년 동안 매년 $A = \$50$백만이 $200백만보다 더 작거나 큰지를 알아본다. 현금흐름도는 그림 2-4(a)와 같으며, 첫 번째 A 값은 P 이후 1년 차에 발생한다. 단위는 백만 달러를 적용하며 표 15의 값을 사용하여 아래와 같이 구할 수 있다.

$$P = 50(P/A,10\%,5) = 50(3.7908)$$
$$= \$189.54 \quad (\$189{,}540{,}000)$$

현재가치가 투자금에 연 10%의 수익을 합친 것보다 적기 때문에 회장은 예상되는 연간 수익에 만족해서는 안 된다. 연간 10%의 수익률을 달성하기 위해 필요한 최소 금액을 결정하기 위해서는 A/P 계수를 사용해야 한다. 현금흐름도는 그림 2-4(b)와 같으며, 여기서 A는 $t = 0$에서 P 이후 1년부터 시작하고, $n = 5$이다.

$$A = 200(A/P,10\%,5) = 200(0.26380)$$
$$= \text{연 } \$52.76$$

공장은 5년 동안 연 10%의 수익률을 달성하기 위해 매년 $52,760,000의 수익을 올려야 한다.

스프레드시트 : 회장의 질문에 답하기 위해 PV와 PMT 함수를 적용한다. 그림 2-5는 왼쪽에 = PV(i%,n,A,F)를 사용하여 현재가치를 찾고, 오른쪽에 = PMT(i%,n,P,F)를 사용하여 연간 최소 $52,760,000인 A를 구하는

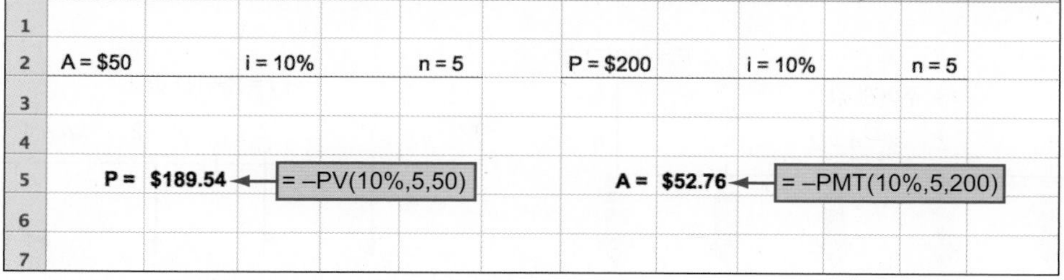

	A	B	C	D	E	F	G	H	I	J	K	L
1												
2	A = $50		i = 10%		n = 5		P = $200		i = 10%		n = 5	
3												
4												
5	P =	$189.54	= –PV(10%,5,50)				A =	$52.76	= –PMT(10%,5,200)			
6												
7												

그림 2-5
예제 2.4의 제철 공장 사례에서 P와 A를 구하기 위한 스프레드시트 함수

방법을 보여준다. F 값은 없으므로 함수에서 생략한다. 두 함수는 항상 입력된 반대 기호로 답을 표시하기 때문에 각 함수의 이름 앞에 마이너스 기호를 붙여 답을 양수로 만들어 준다.

2.3 감채기금 계수와 균등자금열의 미래가 계수 (A/F와 F/A)

A/F 계수를 유도하는 가장 간단한 방법은 이미 설명된 계수에 대입하여 유도하는 것이다. 식 [2.3]의 P를 식 [2.9]에 대입하면 아래와 같은 공식이 도출된다.

$$A = F\left[\frac{1}{(1+i)^n}\right]\left[\frac{i(1+i)^n}{(1+i)^n - 1}\right]$$

$$A = F\left[\frac{i}{(1+i)^n - 1}\right] \qquad [2.12]$$

식 [2.12]에서 괄호 안에 표현된 것은 **A/F 또는 감채기금 계수**(sinking fund factor)이다. 이는 주어진 미래 금액 F와 동일한 **연간균등자금열 A**(uniform annual series A)를 결정한다. 이는 그림 2-6(a)에 나타나 있으며, 여기서 A는 연간 균일 투자액이다.

F의 배치

균등자금열 A는 **1년**(기간) **말**에 시작하여 **주어진 F의 연도까지** 계속된다. 마지막 A 값과 F는 동시에 발생한다.

식 [2.12]는 기간 1부터 n까지 명시된 A 자금열에 대한 F를 찾기 위해 재정렬될 수 있다(그림 2-6(b)).

$$F = A\left[\frac{(1+i)^n - 1}{i}\right] \qquad [2.13]$$

위 식의 괄호 안에 존재하는 것은 균등자금열의 미래가 계수(USCAF, Uniform Series

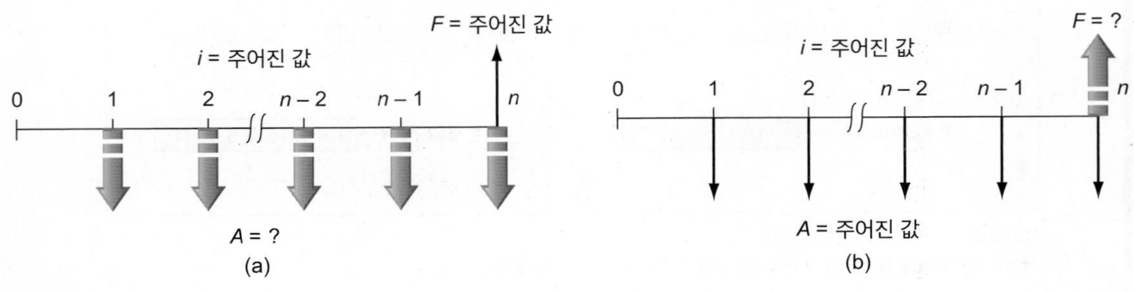

그림 2-6
(a) F가 주어졌을 때 A를, (b) A가 주어졌을 때 F를 찾기 위해 사용되는 현금 흐름도

표 2-3 *F/A* 계수와 *A/F* 계수 : 표기법과 식

계수		찾고자 하는 값	계수 공식	표준 표기법으로	스프레드시트 함수
표기법	명칭	/주어진 값		표현한 식	
$(F/A,i,n)$	균등자금열의 미래가 계수	F/A	$\frac{(1+i)^n-1}{i}$	$F = A(F/A,i,n)$	$= \text{FV}(i\%,n,A)$
$(A/F,i,n)$	감채기금 계수	A/F	$\frac{i}{(1+i)^n-1}$	$A = F(A/F,i,n)$	$= \text{PMT}(i\%,n,F)$

Compound Amount Factor) 또는 ***F/A* 계수**(*F/A* factor)라고 불린다. 균등자금열 *A*에 미래가 계수가 곱해졌을 때, **균등자금열에 대한 미래가치**(future worth of the uniform series)를 구할 수 있다. 마지막 *A*와 같은 기간에 미래 금액 *F*가 발생한다는 것을 기억하자.

표준 표기법은 다른 계수와 같은 형태를 따른다. 두 계수는 $(F/A,i,n)$과 $(A/F,i,n)$으로 표기한다. 표 2-3에 표기법과 식이 요약되어 있다. 이것은 이 책의 첫 페이지에도 나와 있다.

사실 균등자금열 계수는 축약된 계수 형식을 사용하여 표현될 수 있다. 예를 들어, $F/A = (F/P)(P/A)$처럼 *P*를 없애는 것이다. 계수 공식을 사용하면 아래와 같은 공식을 얻을 수 있다.

$$(F/A,i,n) = [(1+i)^n]\left[\frac{(1+i)^n-1}{i(1+i)^n}\right] = \frac{(1+i)^n-1}{i}$$

스프레드시트를 통한 해결 방안으로, FV 함수는 *n*년 동안 발생하는 *A* 자금열에 대한 *F*를 계산한다. 형식은 다음과 같다.

$$= \text{FV}(i\%,n,A,P) \qquad [2.14]$$

현재가치가 별도로 주어지지 않을 때는 *P*가 생략될 수 있다. PMT 함수는 *n*년에 *F*가 주어지고 0년도의 *P* 값이 별도로 주어질 때, *n*년 동안의 *A* 값을 결정한다. 형식은 다음과 같다.

$$= \text{PMT}(i\%,n,P,F) \qquad [2.15]$$

*P*가 생략될 때는 함수의 마지막 항목이 *F* 값임을 알 수 있도록 쉼표를 입력해 주어야 한다.

예제 2.5

미국의 전기차(EV, Electric Vehicle) 및 청정에너지 회사 Tesla의 부사장은 1년 후부터 8년 동안 매년 $1 백만의 자본 투자에 대한 등가 미래가치를 알고 싶어 한다. Tesla 자본의 수익률은 연 14%이다.

풀이

현금흐름도(그림 2-7)는 연간 투자가 1년 말부터 시작하여 원하는 해의 말에 미래가치가 생성되는 것을 보여준다. 8년 차에 발생하는 F 값 $13,232,800는 F/A 계수를 사용하여 구할 수 있다. 천 달러 단위를 사용하면 아래와 같다.

$$F = 1{,}000(F/A,14\%,8) = 1{,}000(13.2328) = \$13{,}232.80$$

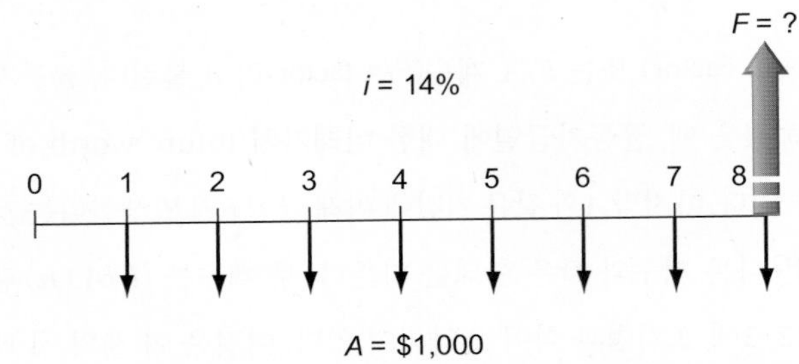

그림 2-7
예제 2.5의 균등자금열에 대한 F 값을 찾기 위한 현금흐름도

예제 2.6 제철 공장 사례

PE

다시 HBNA 사례를 고려해 보자. 이 사례에서는 1년 후부터 5년간 매년 $50백만의 수익을 올리기 위해 $200백만을 투자한다. 화폐의 시간적 가치를 고려하여 P, F, A 값을 구하기 위해 연 10%를 적용하였다. 이제 회장은 예상하는 연간 수익과 관련하여 몇 가지 새로운 질문에 대한 답을 원한다.

(a) 5년 후, 연 10%로 추정된 수익의 등가 미래가치는 얼마인가?

(b) 경기 침체로 인해 회장은 연 10%가 아닌 4.5%로 수익이 줄어들 것이라 예측한다. (a)에서 계산된 금액과 경제적 등가가 되기 위한 5년 동안의 연간 수익 자금열은 얼마인가?

풀이

(a) 그림 2-6(b)는 A=$50백만인 현금흐름도를 나타낸다. 마지막 A 값과 F=? 모두 5년 차 말(n=5)에 발생한다는 것에 주목하자. 5년 차에 발생하는 F를 찾기 위해 계수표에 정리된 값과 스프레드시트 함수를 사용한다.

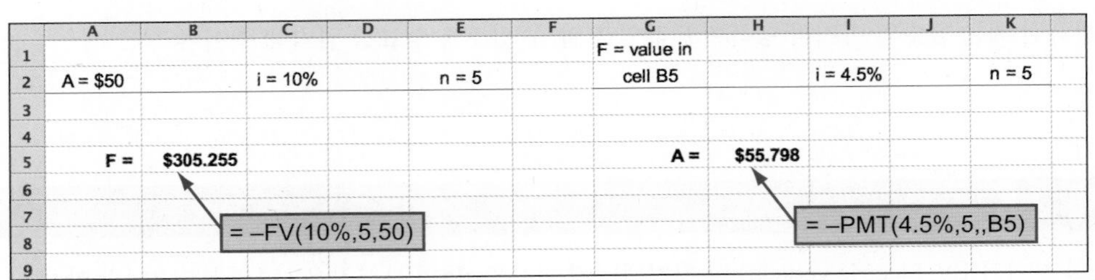

	A	B	C	D	E	F	G	H	I	J	K
1							F = value in				
2	A = $50		i = 10%		n = 5		cell B5		i = 4.5%		n = 5
3											
4											
5	F =	$305.255					A =	$55.798			
6											
7											
8											
9											

그림 2-8
예제 2.6의 제철 공장 사례에서 i=4.5%일 때 F와 A를 찾기 위한 스프레드시트 함수

계수표 : F/A 계수 그리고 이자율 10%에 해당하는 계수표를 사용한다. 백만 달러 단위로 수익 자금열의 미래가치를 표현하면 다음과 같다.

$$F = 50(F/A,10\%,5) = 50(6.1051)$$
$$= \$305.255 \quad (\$305,255,000)$$

연간 수익률이 0%일 경우, 5년 후 총액은 $250백만이 된다. 연 10%의 수익률은 해당 가치를 22% 증가시킬 것으로 예상된다.

스프레드시트 : F=$305.255백만임을 알아내기 위해 =−FV(10%,5,50)으로 FV 계수를 적용한다. 이 계산에서 현재 금액은 존재하지 않기 때문에 계수에서 P는 생략된다. 그림 2-8의 왼쪽 부분을 보자. (이전과 마찬가지로, 마이너스 부호를 사용하여 FV 함수가 양수의 결괏값을 내도록 한다.)

(b) 이탈리아 회사의 회장은 제철 공장 개발 계획과 관련하여 국제 경제 상황에 대해 걱정하고 있다. 회장은 연 10%의 수익률과 같은, 즉 $305.255백만과 동일한 수익을 얻길 원하지만 연 4.5%의 수익률만 달성할 수 있을 것이라 생각한다.

계수 공식 : A/F 계수는 5년 동안 필요한 A를 결정한다. 계수표에 4.5%가 포함되어 있지 않기 때문에 질문에 답하기 위해 공식을 사용한다. 백만 달러 단위로 구하면 다음과 같다.

$$A = 305.255(A/F,4.5\%,5) = 305.255\left[\frac{0.045}{(1.045)^5 - 1}\right] = 305.255(0.18279) = \$55.798$$

연간 수익 요구액은 $50백만에서 약 $55.8백만으로 증가한다. 이는 매년 11.6%로 상당한 증가이다.

스프레드시트 : 해당 질문은 =PMT(i%,n,,F) 함수에 (a)에서 찾은 i=4.5%와 F=$305.255를 적용하여 쉽게 답할 수 있다. 미래 금액 F에 대해 셀 참조 방법(부록 A)을 사용할 수 있다. 그림 2-8의 오른쪽 부분은 필요한 A가 연 $55.798(백만 달러 단위)임을 보여준다.

2.4 계수표에 존재하지 않는 *i* 또는 *n*에 대한 계수 값 ●●●

책 뒷부분의 복리 이자율 표에는 없는 i나 n 값의 정확한 수치 값을 알아야 할 때가 종종 있다. 특정 i와 n 값이 주어진 경우, 계수 값을 얻기 위한 몇 가지 방법이 존재한다.

- 이 장에 나와 있는 공식을 사용하거나 책의 첫 페이지를 참고한다.
- P, F, A 값을 1로 설정하여 Excel 함수를 사용한다.
- 이자율 표에서 선형보간법을 사용한다.

공식(formula)을 적용할 때, 특정 i와 n 값을 입력하기 때문에 계수의 값은 정확하다.

그러나 공식들이 서로 비슷하고, 특히 균등자금열이 관련될 때 실수가 발생할 수 있다. 또한 다음 절에서 다룰 기울기가 존재하는 현금흐름의 경우 공식은 더 복잡해진다.

스프레드시트 함수(spreadsheet function)는 해당 함수의 P, A, 또는 F 값이 1로 설정되고 다른 매개변수가 생략되거나 0으로 설정될 경우, 즉 PV(i%,n,,1) 또는 PV(i%,n,0,1)일 때 계수 값을 결정한다. 함수 앞에 마이너스 부호를 붙이면 계수가 양의 값을 가지게 된다. 6개의 계수를 구하기 위한 함수는 다음과 같다.

계수	목적	스프레드시트 함수
P/F	F가 주어졌을 때 P를 찾는다	= −PV(i%,n,,1)
F/P	P가 주어졌을 때 F를 찾는다	= −FV(i%,n,,1)
P/A	A가 주어졌을 때 P를 찾는다	= −PV(i%,n,1)
A/P	P가 주어졌을 때 A를 찾는다	= −PMT(i%,n,1)
F/A	A가 주어졌을 때 F를 찾는다	= −FV(i%,n,1)
A/F	F가 주어졌을 때 A를 찾는다	= −PMT(i%,n,,1)

그림 2-9는 이러한 계수 값을 결정하기 위해 개발된 스프레드시트를 보여준다. 이것이 Excel에서 실행되면 i와 n의 어떠한 조합을 입력하든 여섯 가지 계수의 정확한 값을 모두 표시한다. 그림에서는 $i = 4.75\%$와 $n = 9$에 대한 값이 표시된다. 이미 알고 있듯이, 이러한 함수는 실제 또는 추정된 현금흐름의 크기가 입력될 때 최종적인 P, A, 또는 F 값을 결정한다.

표에 나오지 않은 이자율 i 또는 연수 n을 위한 **선형보간법**(linear interpolation)은 공식이나 스프레드시트 함수를 사용하는 것보다 더 많은 시간이 소요된다. 또한 공식 자체는 비선형 함수이기 때문에 보간법을 사용할 경우 i 또는 n의 두 경계 값 사이의 거리에 대해 일정 수준의 부정확성이 발생할 수 있다. 보간법을 사용하여 문제를 풀고 싶은 사람을 위해 보간법도 포함되어 있다. 이후 설명에 대한 시각적 자료로는 그림 2-10을 참고하자. 첫째, 구하고자 하는 계수에 대한 매개변수 i 또는 n의 값 2개(x_1과 x_2)를 계수 값을 찾고자 하는 대상 x로부터 멀리 떨어지지 않는 선에서 선택한다. 둘째, 선택한 2개의

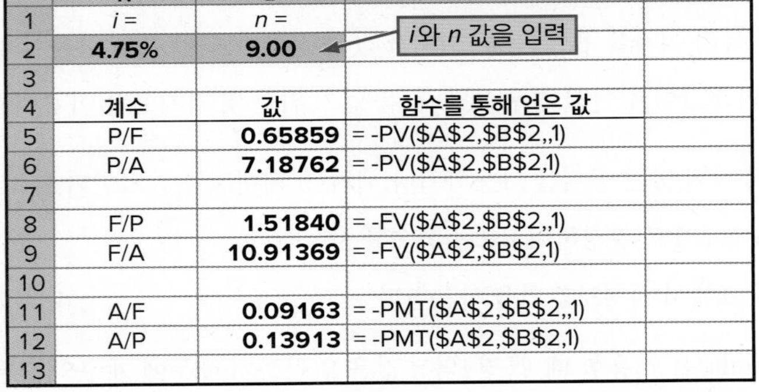

	A	B	C	D
1	i =	n =		
2	**4.75%**	**9.00**	i와 n 값을 입력	
3				
4	**계수**	**값**	**함수를 통해 얻은 값**	
5	P/F	**0.65859**	= -PV($A$2,$B$2,,1)	
6	P/A	**7.18762**	= -PV($A$2,$B$2,1)	
7				
8	F/P	**1.51840**	= -FV($A$2,$B$2,,1)	
9	F/A	**10.91369**	= -FV($A$2,$B$2,1)	
10				
11	A/F	**0.09163**	= -PMT($A$2,$B$2,,1)	
12	A/P	**0.13913**	= -PMT($A$2,$B$2,1)	
13				

그림 2-9
i와 n 값에 관한 계수 값을 출력하기 위한 스프레드시트 함수 사용

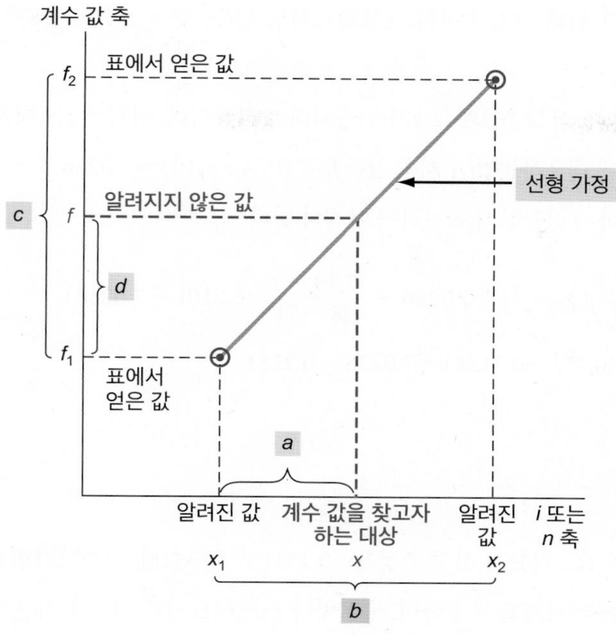

그림 2-10
계수표를 활용한 선형보간법

값에 대응하는 계수표 내 값(f_1과f_2)을 찾는다. 셋째, 아래 공식을 사용하여 알 수 없었던 값에 대해 선형보간된 값f를 찾는다. 이때, 설명 시 언급된 괄호 안의 값 간 차이는 그림 2-10(a)부터 (c)까지로 표시된다.

$$f = f_1 + \frac{(x - x_1)}{(x_2 - x_1)}(f_2 - f_1) \qquad [2.16]$$

$$f = f_1 + \frac{a}{b}c = f_1 + d \qquad [2.17]$$

d의 값은 계수 값이 x_1과 x_2 사이에서 증가할 경우 양수, 감소할 경우 음수가 된다.

예제 2.7

앞서 설명한 세 가지 방법을 사용하여 $i = 7.75\%$, $n = 10$에 대한 P/A 계수 값을 구하시오.

풀이

계수 공식 : 식 [2.8]이나 이 책 앞부분에 설명된 P/A 계수 관계를 적용한다. 결과를 소수점 다섯째자리까지 정확하게 표현하면 아래와 같다.

$$(P/A, 7.75\%, 10) = \frac{(1+i)^n - 1}{i(1+i)^n} = \frac{(1.0775)^{10} - 1}{0.0775(1.0775)^{10}} = \frac{1.10947}{0.16348} = 6.78641$$

스프레드시트 : 6.78641을 구하기 위해 그림 2-9의 스프레드시트 함수, 즉 = −PV(7.75%,10,1)을 사용한다.

선형보간법 : 그림 2-10을 참조하자. 식 [2.16]과 [2.17]을 순서대로 적용하며, 여기서 x는 이자율 i, 경계 이자율은 $i_1 = 7\%$, $i_2 = 8\%$이며, 이에 대응하는 P/A 계수 값은 $f_1 = (P/A, 7\%, 10) = 7.0236$, $f_2 = (P/A, 8\%, 10) = 6.7101$이다. 소수점 넷째자리까지 정확하게 표현하면 아래와 같다.

$$f = f_1 + \frac{(i - i_1)}{(i_2 - i_1)}(f_2 - f_1) = 7.0236 + \frac{(7.75 - 7)}{(8 - 7)}(6.7101 - 7.0236)$$

$$= 7.0236 + (0.75)(-0.3135) = 7.0236 - 0.2351$$

$$= 6.7885$$

참고사항

i가 증가함에 따라 P/A 계수 값이 감소하므로 선형 조정은 −0.2351로 음수이다. 선형보간법은 7.75%와 10년에 대한 정확한 계수 값에 대한 근사치를 제공하며, 수식이나 스프레드시트 기능을 사용하는 것보다는 더 많은 계산을 필요로 한다. 표에 나타나지 않은 i와 n 값에 대해 양방향 선형보간법을 수행할 수 있지만, 스프레드시트나 계수 공식을 사용하는 것을 권한다.

2.5 직선기울기 계수(P/G와 A/G) ●●●

제조공학자는 로봇의 수명이 다할 때까지 유지보수비용이 매년 $5,000씩 증가할 것으로 예측한다. 유지보수비용의 현금흐름 자금열은 매년 $5,000인 일정한 기울기를 가지게 된다.

등차(arithmetic gradient)자금열은 각 기간마다 **일정한 금액**으로 증가하거나 감소하는 현금흐름 자금열을 말한다. 변하는 금액을 **기울기**(gradient)라고 한다.

이전에 다뤘던 자금열 A에 대한 공식은 연말 금액이 동일한 값을 가진다. 기울기가 존재하는 경우, 각 연말의 현금흐름이 다르기 때문에 새로운 공식이 필요하다. 우선 1년 차 말의 현금흐름을 현금흐름 자금열의 **초기액**(base amount)으로 두고, 해당 초깃값은 기울기가 있는 자금열의 일부가 아니라고 가정한다. 이러한 가정은 초깃값이 기울기에 비해 그 크기가 상당히 다르기 때문에 실제 응용 시 편리하게 한다. 예를 들어, 만약 1년 보증이 있는 중고차를 구입할 경우, 운영 첫해 동안은 연료비와 보험비를 지불하게 될 것이다. 해당 비용이 $2,500라고 가정하면, 이 비용이 초깃값이다. 첫해 이후, 수리 비

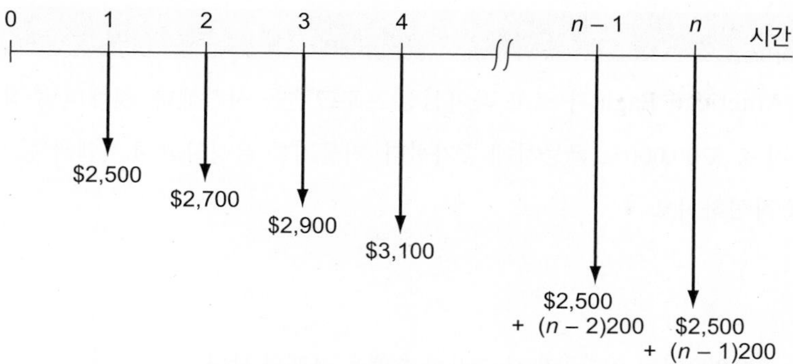

그림 2-11
등차자금열의 현금흐름도

용을 부담해야 하며 이는 매년 증가할 것이라 예상할 수 있다. 만약 총비용이 매년 $200씩 증가할 것으로 예상된다면, 두 번째 해에는 $2,700, 세 번째 해에는 $2,900가 되고, 이렇게 n년의 총비용은 2,500 + $(n-1)$200이 된다. 현금흐름도는 그림 2-11에 나타나 있다. 기울기($200)는 1년 차와 2년 차 사이에 처음 나타나며, 초기액(1년 차의 $2,500)은 기울기와 같지 않다.

기울기를 나타내는 기호 G와 n년 차의 현금흐름을 나타내는 CF_n을 정의하면 다음과 같다.

> G = 현금흐름에서 한 시점에서 다음 시점으로 이동 시 발생하는 일정한 산술적 변화, G는 양수 또는 음수일 수 있다.

$$CF_n = \text{초기액} + (n-1)G \qquad [2.18]$$

초기액이 기간마다 발생하는 균등한 현금흐름 자금열의 크기 A를 정의한다는 것을 인지하는 것이 중요하다. 이 사실을 직선기울기를 포함하는 등가액을 계산하는 데 사용한다. 초기액을 고려하지 않을 경우, 전형적 등차자금열에 대한 현금흐름도는 그림 2-12와 같이 나타난다. 기울기는 1년과 2년 사이에 시작되며, 1.6절에서 논의된 기간 말의 관례를 적용하여 2년 차 말에 발생한 것으로 기록된다. 이를 **전형적 기울기**(conventional gradient)라 부른다.

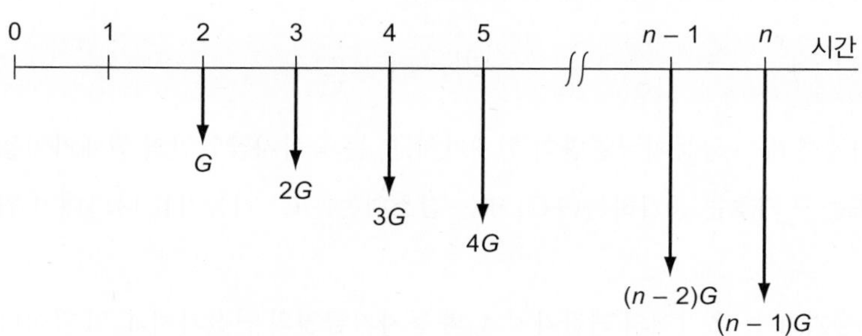

그림 2-12
초기액이 없는 전형적 등차자금열

예제 2.8

한 지역 대학이 의류업체 American Eagle과 로고 라이선싱 프로그램을 시작했다. 첫해의 추정 수익은 $80,000이며, 9년 차 말까지 총 $200,000로 균등하게 증가한다. 기울기를 결정하고 초기액과 등차자금열을 나타내는 현금흐름도를 작성하시오.

풀이

1차 연도의 초기액은 CF_1=$80,000이며, 9년 차까지 증가한 총액은 아래와 같다.

$$CF_9 - CF_1 = 200{,}000 - 80{,}000 = \$120{,}000$$

G를 알아내기 위한 식 [2.18]을 통해 직선기울기를 구한다.

$$G = \frac{(CF_9 - CF_1)}{n-1} = \frac{120{,}000}{9-1} = \text{연 } \$15{,}000$$

현금흐름도(그림 2-13)는 1년 차부터 9년 차까지의 초기액 $80,000와 2년 차부터 9년 차까지 계속해서 증가하는 $15,000에 대한 기울기를 보여준다.

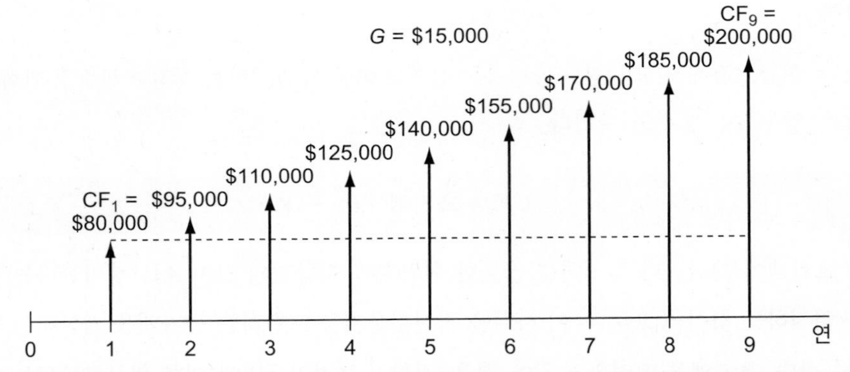

그림 2-13
예제 2.8의 등차자금열에 대한 현금흐름도

초기액 A와 전형적 등차액을 포함하는 자금열에 대한 **총현재가치**(total present worth) P_T는 A에 의해 정의되는 균등자금열과 등차자금열에 대한 현재가치를 모두 고려해야만 한다. 두 현재가치의 합이 P_T가 된다.

$$P_T = P_A \pm P_G \qquad [2.19]$$

위 식에서 P_A는 균등자금열만의 현재가치, P_G는 등차자금열만의 현재가치를 나타내며, + 또는 − 기호는 증가하는($+G$) 또는 감소하는($-G$) 기울기를 나타내기 위해 사용된다.

연간등가 A_T는 초기액의 연간가치 A_A와 등차자금열의 연간가치 A_G의 합이다. 즉,

$$A_T = A_A \pm A_G \qquad [2.20]$$

직선기울기와 관련한 세 가지 계수는 현재가치를 위한 P/G 계수, 연간자금열을 위한 A/G 계수, 그리고 미래가치를 위한 F/G 계수이다. 해당 계수를 유도하는 몇 가지 방법이 있다. 단일자금의 현재가 계수 $(P/F,i,n)$을 사용하지만, F/P, F/A, 또는 P/A 계수를 사용해도 동일한 결과를 얻을 수 있다.

그림 2-12에서 기울기에 대한 0년 차의 현재가치는 각각의 현금흐름에 대한 현재가치의 합과 같으며, 여기서 각각의 가치는 미래 금액으로 간주된다.

$$P = G(P/F,i,2) + 2G(P/F,i,3) + 3G(P/F,i,4) + \cdots$$
$$+ [(n-2)G](P/F,i,n-1) + [(n-1)G](P/F,i,n)$$

G를 인수로 분리하고 P/F 공식을 사용한다.

$$P = G\left[\frac{1}{(1+i)^2} + \frac{2}{(1+i)^3} + \frac{3}{(1+i)^4} + \cdots + \frac{n-2}{(1+i)^{n-1}} + \frac{n-1}{(1+i)^n}\right] \qquad [2.21]$$

식 [2.21]의 양변에 $(1+i)^1$을 곱하면 다음과 같다.

$$P(1+i)^1 = G\left[\frac{1}{(1+i)^1} + \frac{2}{(1+i)^2} + \frac{3}{(1+i)^3} + \cdots + \frac{n-2}{(1+i)^{n-2}} + \frac{n-1}{(1+i)^{n-1}}\right] \qquad [2.22]$$

식 [2.22]에서 식 [2.21]을 빼고 간단히 정리한다.

$$iP = G\left[\frac{1}{(1+i)^1} + \frac{1}{(1+i)^2} + \cdots + \frac{1}{(1+i)^{n-1}} + \frac{1}{(1+i)^n}\right] - G\left[\frac{n}{(1+i)^n}\right] \qquad [2.23]$$

우변에서 왼쪽 괄호 안의 표현은 식 [2.6]에 포함된 것과 같으며, 여기서 P/A 계수가 유도되었다. P/A 계수를 식 [2.8]로 대체하여 식 [2.23]에 대입하고 간단하게 정리하여 등차자금열만의 현재가치 P_G를 구한다.

$$P_G = \frac{G}{i}\left[\frac{(1+i)^n - 1}{i(1+i)^n} - \frac{n}{(1+i)^n}\right] \qquad [2.24]$$

식 [2.24]는 **(초기액을 포함하지 않는) n년 동안의 직선기울기 G를 0년 차의 현재가치로 변환**하는 관계를 나타낸다. 그림 2-14(a)는 그림 2-14(b)의 등가 현금흐름으로 변환된다. 등차의 현재가 계수 또는 ***P/G* 계수**(*P/G* factor)는 두 가지 형태로 표현될 수 있다.

$$(P/G,i,n) = \frac{1}{i}\left[\frac{(1+i)^n - 1}{i(1+i)^n} - \frac{n}{(1+i)^n}\right]$$

또는

$$(P/G,i,n) = \frac{(1+i)^n - in - 1}{i^2(1+i)^n} \qquad [2.25]$$

전형적 등차는 2년 차에 시작하며, P는 0년 차에 위치하는 것을 기억하자.

기울기 P_G의 배치

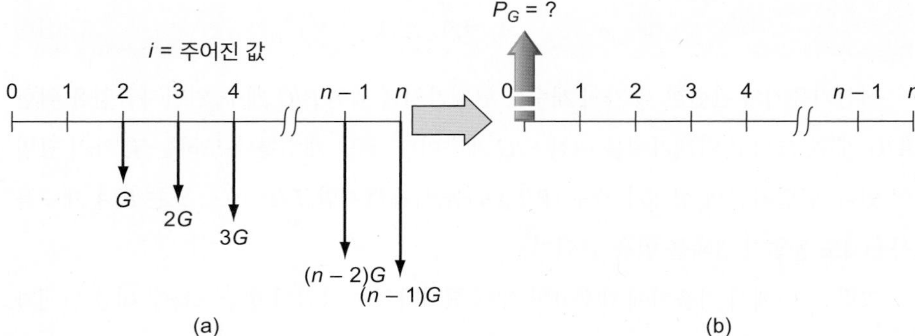

그림 2-14
등차자금열을 현재가치로 변환한 현금흐름도

경제성 공학 관점에서 식 [2.24]를 표현하면 다음과 같다.

$$P_G = G(P/G,i,n) \qquad [2.26]$$

위 식은 총현재가치를 계산하기 위한 식 [2.19]의 가장 오른쪽 항과 같다. G는 감소하는 기울기에 대해 마이너스 부호를 가진다.

등차 G와 동일한 균등 연간자금열 A_G는 식 [2.26]의 현재가치에 $(A/P,i,n)$ 공식을 곱하여 찾을 수 있다. 표준 표기법에서는 아래와 같이 P에 대해 대수적 처리가 이루어진 것을 사용할 수 있다.

$$A_G = G(P/G,i,n)(A/P,i,n) = G(A/G,i,n)$$

수식으로 표현하면 다음과 같다.

$$A_G = \frac{G}{i}\left[\frac{(1+i)^n - 1}{i(1+i)^n} - \frac{n}{(1+i)^n}\right]\left[\frac{i(1+i)^n}{(1+i)^n - 1}\right]$$

$$A_G = G\left[\frac{1}{i} - \frac{n}{(1+i)^n - 1}\right] \qquad [2.27]$$

위 식은 식 [2.20]의 가장 오른쪽 항과 같다. 식 [2.27]의 대괄호 안의 식은 등차자금열의 균등자금열화 계수(arithmetic gradient uniform series factor)라 불리며 $(A/G,i,n)$으로 나타내진다. 해당 계수는 그림 2-15(a)를 그림 2-15(b)로 변환한다.

P/G와 A/G 계수와 관계는 이 책 첫 페이지에 요약되어 있다. 계수 값은 이 책 뒷부분에 수록되어 있는 계수표의 가장 오른쪽 두 열에 나열되어 있다.

직선기울기에 대한 P_G 또는 A_G를 바로 계산하기 위한 스프레드시트 함수는 존재하지 않는다. 모든 현금흐름(초기액과 기울기액)을 연속된 셀에 입력한 후, NPV 함수를 사용하여 P_G를 나타내고 PMT 함수를 사용하여 A_G를 나타낸다. 해당 함수들의 일반적인 형식은 다음과 같다.

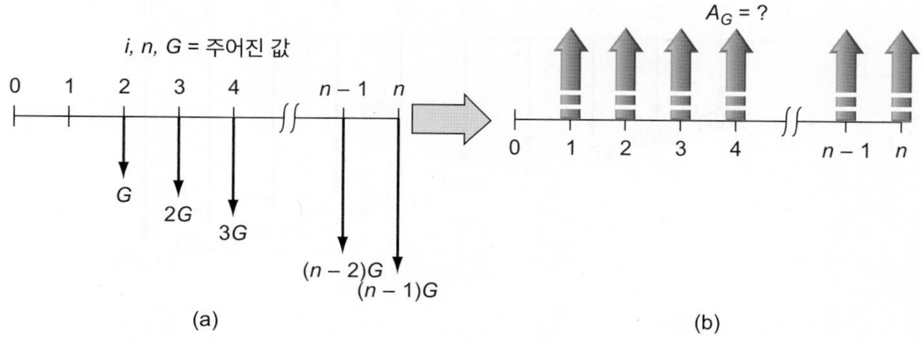

그림 2-15
등차자금열을 균등자금열로 변환한 현금흐름도

= NPV(*i%*, 두 번째 셀 주소 : 마지막 셀 주소) + 첫 번째 셀 주소 [2.28]

= PMT(*i%,n,cell_with_P_G*) [2.29]

이탤릭체로 된 항목은 실제 숫자 값이 아닌 셀 참조를 뜻한다(셀 참조 형식에 대한 설명은 부록 A의 A.2절 참조). 이러한 함수는 예제 2.10에서 사용된다.

등차자금열만의 미래가치 F_G를 계산하기 위한 ***F*/*G* 계수**(등차자금열의 미래가 계수)는 P/G와 F/P 계수를 곱하여 유도할 수 있다. 결과적으로 계수 $(F/G,i,n)$과 괄호 안의 표현을 경제성 공학에서의 관계로 풀어내면 다음과 같다.

$$F_G = G\left[\left(\frac{1}{i}\right)\left(\frac{(1+i)^n - 1}{i}\right) - \left(\frac{1}{i}\right)n\right]$$
$$= G(F/G,i,n)$$

예제 2.9

루이지애나의 인접한 두 교구가 교량 개선을 위한 도로 세금 자원을 통합하기로 합의했다. 최근 회의에서 교구의 엔지니어들은 5년 후에 예정된 구조 검사를 통과하지 못할지도 모르는 역사적으로 오래된 교량의 수리를 위한 계좌에 내년 말 총 \$500,000를 지불할 수 있을 것이라 추정했다. 또한 이들은 그 후 9년 동안 매년 \$100,000씩 입금액이 증가하다가 그 이후에는 중단될 것으로 예상한다. 공공 자금의 수익률이 연 5%일 때 동일한 (a) 현재가치와 (b) 연간자금열을 구하시오. (c) 스프레드시트를 사용하여 등가라 구한 현재가치와 연간자금열을 확인하시오.

풀이

(a) 교구 관점에서의 전형적 등차자금열에 대한 현금흐름도는 그림 2-16에 나와 있다. 식 [2.19]에 따르면, 초기액에 대한 현재가치 P_A와 등차자금열에 대한 현재가치 P_G, 두 값을 구한 뒤 더해야 한다. 총현재가치 P_T는 0년 차에 발생한다. 이는 그림 2-17의 분할된 현금흐름도에 의해 설명된다. 천 달러 단위로 구해진 총현재가치는 다음과 같다.

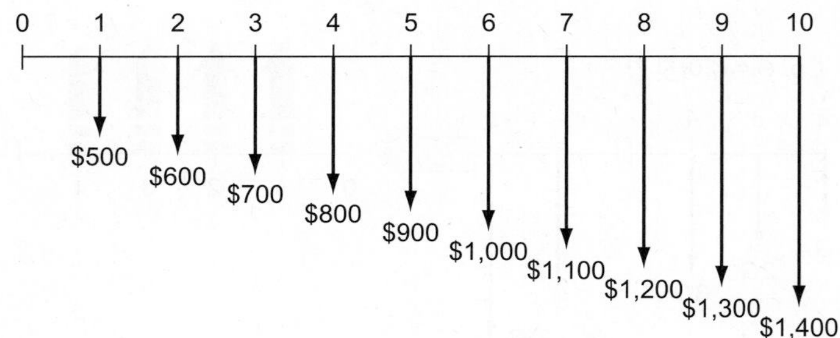

그림 2-16
예제 2.9의 전형적 등차자금열에 대한 현금흐름도(단위 : $1,000)

$$
\begin{aligned}
P_T &= 500(P/A,5\%,10) + 100(P/G,5\%,10) \\
&= 500(7.7217) + 100(31.6520) \\
&= \$7{,}026.05 \quad (\$7{,}026{,}050)
\end{aligned}
$$

(b) 여기에서도 등차자금열과 초기액을 별도로 고려해야 한다. 총연간자금열 A_T는 식 [2.20]에 의해 구해지며, 1년 차부터 10년 차까지 발생한다.

$$
\begin{aligned}
A_T &= 500 + 100(A/G,5\%,10) = 500 + 100(4.0991) \\
&= \text{연 } \$909.91 \quad (\$909{,}910)
\end{aligned}
$$

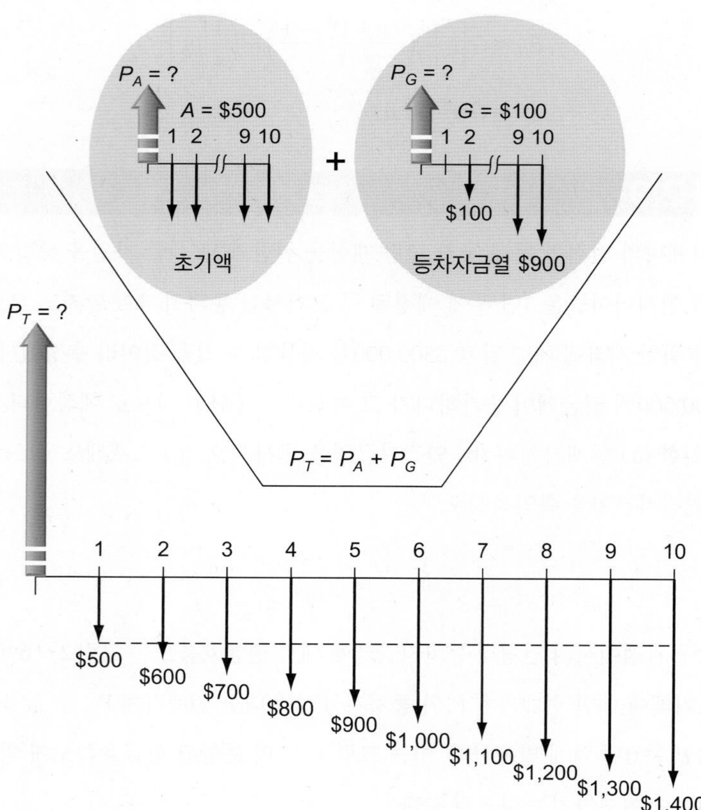

그림 2-17
예제 2.9의 분할된 현금흐름도(단위 : $1,000)

(c) 예를 들어, 그림 2-17의 현금흐름액(0, 500, 600, ..., 1,400)을 스프레드시트 B1부터 B11까지의 셀에 입력하고 B12와 B13 셀에 함수 = NPV(5%,B2:B11)+B1과 = −PMT(5%,10,B12)를 입력한다. P_T=$7,026.072와 A_T=$909.909가 표시된다. $1,000을 곱하여(반올림 오류를 고려) 기울기 계수를 사용하여 구한 현재가치와 연간가치의 등가성을 검증한다.

참고사항

P/G와 A/G 계수는 기울기에 대한 현재가치와 연간자금열만 나타낸다는 것을 기억하자. 다른 현금흐름은 별도로 고려해야 한다.

만약 현재가치가 이미 계산되었다면[(a)에서와 같이], P_T에 A/P 계수를 곱하여 A_T를 얻을 수 있다. 이 경우 반올림 오류를 고려하면 다음과 같다.

$$A_T = P_T(A/P,5\%,10) = 7{,}026.05(0.12950)$$
$$= \$909.873 \quad (\$909{,}873)$$

예제 2.10 제철 공장 사례 PE

HBNA 제철 공장은 2027년에 $200백만 투자를 계획하고 있다고 발표했다. 대부분의 대규모 투자는 실제 공장이 건설되고 생산이 시작됨에 따라 여러 해에 걸쳐 이루어진다. 예를 들어, $200백만 투자는 이후 4년 동안(2028년부터 2031년까지) 예상되는 투자에 대한 2027년의 현재가치라고 할 수 있다. 2028년에 계획된 투자액이 $100백만이며, 이후 매년 $25백만씩 감소한다고 가정하자. 이전 예제와 동일하게 투자 자본의 시간적 가치는 연 10%라고 가정하고 아래 질문에 답하시오.

(a) 감소하는 투자 자금열은 현재가치인 2027년의 $200백만과 동일한 가치를 가지는가? 계수표와 스프레드시트 함수를 사용하여 확인하시오.

(b) 계획된 투자 자금열을 고려할 때, 2028년부터 2031년까지 투자될 연간등가액은 얼마인가? 계수표와 스프레드시트 함수를 사용하여 확인하시오.

(c) (이 선택적 질문은 **Excel의 목적값 탐색 도구**를 소개한다.) 2028년에 $100백만이 지출될 경우 2027년의 현재가치가 정확히 $200백만이 되기 위해 2031년까지 매년 얼마의 금액이 일정하게 감소해야 하는가? 스프레드시트를 사용하시오.

풀이

(a) 투자 자금열은 1년 차(2028년)에 초기액이 $100백만이고, 4년 차(2031년)까지 G=$−25백만으로 감소하는 등차 현금흐름 형태를 가진다. 그림 2-18은 매년 지속적으로 감소하는 투자를 음영 처리한 현금

흐름도를 보여준다. 0 시점에서의 P_T 값은 연 10%에서 표와 스프레드시트를 사용하여 결정된다.

계수표 : 음의 기울기를 위한 마이너스 기호를 포함하고 있는 식 [2.19]를 사용하여 총현재가치 P_T를 구한다. 백만 달러 단위로 표현한다.

$$P_T = P_A - P_G = 100(P/A,10\%,4) - 25(P/G,10\%,4) \qquad [2.30]$$
$$= 100(3.1699) - 25(4.3781)$$
$$= \$207.537 \qquad (\$207,537,000)$$

현재가치로 볼 때, 계획된 자금열은 2027년에 $200백만보다 약 $7.5백만 초과할 것이다.

스프레드시트 : 등차자금열의 현재가치를 바로 구해 주는 스프레드시트 함수는 없기 때문에 현금흐름을 연속적인 셀(행이나 열)에 입력하고 NPV 함수를 사용하여 현재가치를 찾는다. 그림 2-19는 입력값과 함수 NPV(i%, 두 번째 셀 주소 : 마지막 셀 주소)를 보여준다. 0년도에 이루어지는 투자는 없기 때문에 첫 번째 셀 주소는 입력하지 않는다. C9 셀에 표시된 결과 $207.534는 계획된 자금열의 총 P_T이다. (계수표를 사용할 때 필요했던 2개의 현금흐름이 NPV 함수를 사용할 때는 고려하지 않아도 된다는 점을 기억하자.)

해석은 (a)와 동일하며, 계획된 투자 자금열은 현재가치로 볼 때 $200백만보다 약 $7.5백만 초과한다.

(b) 계수표 : A_T를 찾는 데에는 두 가지 방법이 있다. 첫 번째 방법은 A/G 계수를 활용하는 식 [2.20]을 적용하는 것이고, 두 번째 방법은 위에서 얻은 P_T 값과 A/P 계수를 사용하는 것이다. 백만 달러 단위로 두 관계를 설명하면 다음과 같다.

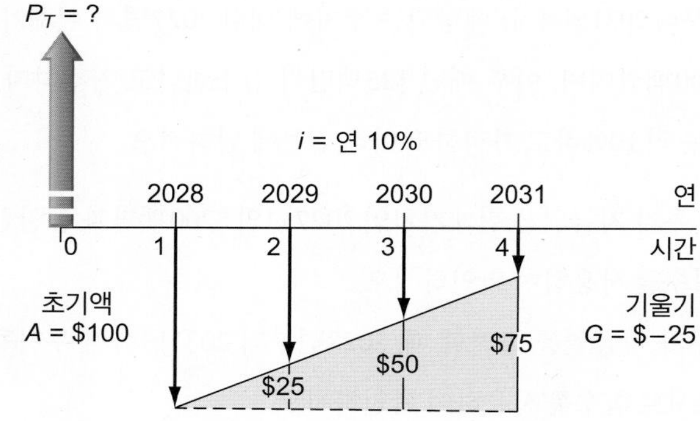

그림 2-18
예제 2.10의 감소하는 기울기에 대한 현금흐름도(단위 : $1,000,000)

	A	B	C	D	E	F	G
1	백만 달러 단위	G =	**-25.000**				
2							
3	연	시간, t	투자액(백만 달러)				
4	2027	0					
5	2028	1	100.000				
6	2029	2	75.000				
7	2030	3	50.000				
8	2031	4	25.000				
9	**P_T @ 10%**		**207.534**				
10							
11	**A_T @ 10%**		**65.471**				
12							
13							

투자액의 현재가치 **= NPV(10%,C5:C8)**

투자액의 연간등가 **= –PMT(10%,4,C9)**

그림 2-19
예제 2.10(a)와 (b)에 대한 스프레드시트 풀이

식 [2.20]을 사용하는 방법

$$A_T = 100 - 25(A/G,10\%,4) = 100 - 25(1.3812)$$
$$= \text{연 } \$65.471 \qquad (\$65,471,000)$$

P_T 값을 사용하는 방법

$$A_T = 207.537(A/P,10\%,4) = 207.537(0.31547) = \text{연 } \$65.471$$

스프레드시트 : 식 [2.29]에서 PMT 함수를 적용하여 동일한 A_T = 연 $65.471를 얻는다(그림 2-19).

(c) (선택적) **목적값 탐색 도구**는 부록 A에 설명되어 있다. 하나의 셀 항목이 특정 값과 반드시 같으면서 다른 하나의 셀만 변경할 수 있는 경우 적용하기에 훌륭한 도구이다. 해당 사례도 이러한 경우에 속한다. NPV 함수(그림 2-19의 셀 C9)는 $200여야 하고, 기울기 G(셀 C1)는 모르는 경우이다. 이는 식 [2.30]에서 P_T=200으로 설정하고 G를 구하는 것과 같다. 다른 모든 매개변수는 현재 값을 유지한다.

그림 2-20(상단)은 이전에 사용된 스프레드시트에 목적값 탐색 템플릿이 추가로 띄어진 모습을 보여준다. 확인을 클릭하면, $G = \$-26.721$로 답이 표시된다. 다시 그림 2-20을 살펴보자. 이는 투자가 매년 일정한 금액 $26.721백만으로 감소하면, 4년 동안 투자된 금액과 동일한 가치를 가지는 총현재가치가 정확히 $200백만이 된다는 것을 의미한다.

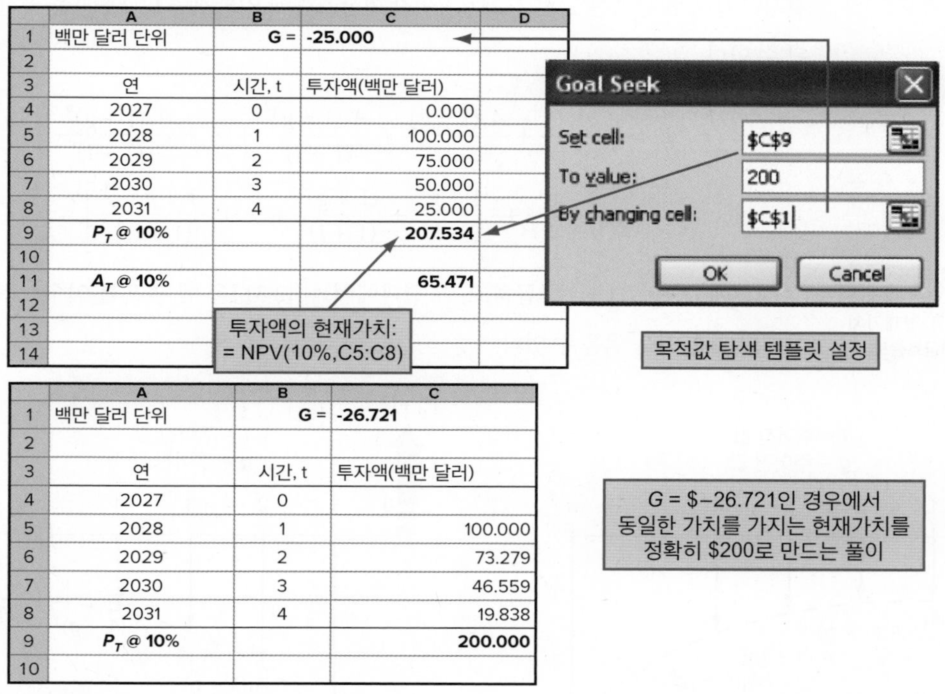

	A	B	C	D
1	백만 달러 단위	G =	-25.000	
2				
3	연	시간, t	투자액(백만 달러)	
4	2027	0	0.000	
5	2028	1	100.000	
6	2029	2	75.000	
7	2030	3	50.000	
8	2031	4	25.000	
9	P_T @ 10%		207.534	
10				
11	A_T @ 10%		65.471	
12				
13				
14				

	A	B	C
1	백만 달러 단위	G =	-26.721
2			
3	연	시간, t	투자액(백만 달러)
4	2027	0	
5	2028	1	100.000
6	2029	2	73.279
7	2030	3	46.559
8	2031	4	19.838
9	P_T @ 10%		200.000
10			

그림 2-20
예제 2.10(c)의 목적값 탐색을 사용한 등차자금열에 대한 풀이

2.6 등비자금열 계수

연간 수입과 유지보수비용, 운영비, 인건비와 같은 연간비용이 연 +5% 또는 −3%와 같이 매년 일정한 비율로 증가하거나 감소하는 것은 흔한 일이다. 이러한 변화는 프로젝트 첫해의 시작 금액에 더불어 매년 발생한다. 이에 대한 새로운 용어와 정의를 설명한다.

> **등비**(geometric gradient)자금열은 각 기간마다 **일정한 비율**로 증가하거나 감소하는 현금흐름 자금열을 말한다. 이러한 일정한 변화를 **변화율**(rate of change)이라고 한다.
>
> g = 한 기간에서 다음 기간으로 넘어갈 때 현금흐름의 값이 증가하거나 감소하는 **일정한 변화율**로서 소수 형태로 표현된다. 기울기 g는 + 또는 −가 될 수 있다.
>
> A_1 = 등비자금열의 **기간 1에 발생한 초기 현금흐름**
>
> P_g = 초기 금액 A_1을 포함한 전체 등비자금열의 **현재가치**

곡선기울기와 관련해서는 초기 현금흐름 **A_1은 별도로 고려되지 않는다**는 것에 주의하자.

그림 2-21은 현재가치 P_g가 시간 0에 위치하며, 시간 1에서 금액 A_1부터 시작하는 증가 및 감소하는 등비자금열을 보여준다. **전체 현금흐름 자금열에 대한 총현재가치 P_g**를 결정하기 위한 관계는 그림 2-21(a)의 각 현금흐름에 P/F 계수 $1/(1+i)^n$을 곱하여 유도될 수 있다.

$$P_g = \frac{A_1}{(1+i)^1} + \frac{A_1(1+g)}{(1+i)^2} + \frac{A_1(1+g)^2}{(1+i)^3} + \cdots + \frac{A_1(1+g)^{n-1}}{(1+i)^n}$$

$$= A_1\left[\frac{1}{1+i} + \frac{1+g}{(1+i)^2} + \frac{(1+g)^2}{(1+i)^3} + \cdots + \frac{(1+g)^{n-1}}{(1+i)^n}\right] \qquad [2.31]$$

양변에 $(1+g)/(1+i)$를 곱하고, 그 결과에서 식 [2.31]을 뺀 후 P_g를 인수로 분리하면 아래와 같은 식을 얻을 수 있다.

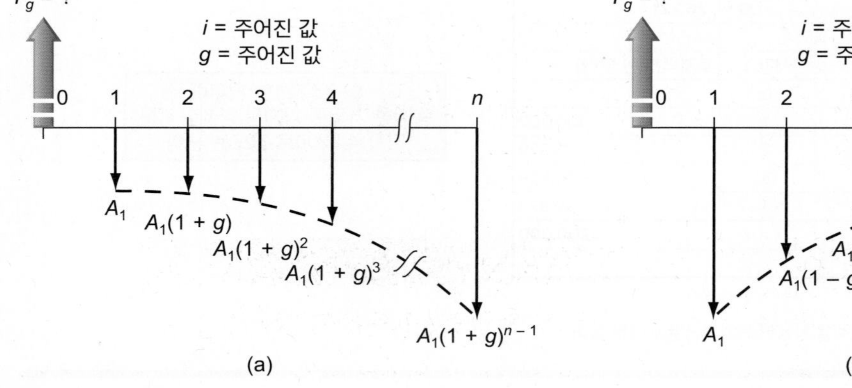

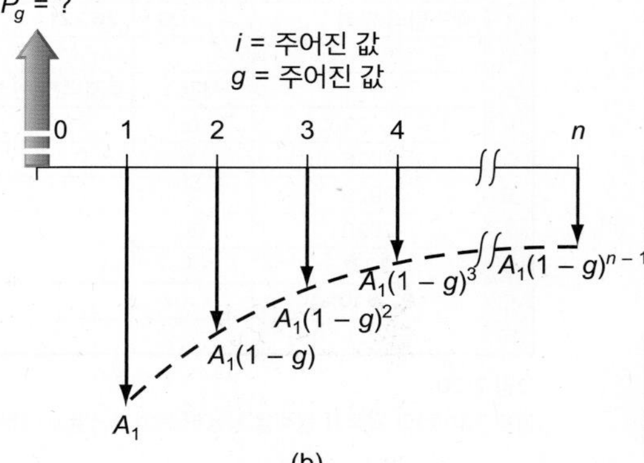

그림 2-21
(a) 증가하는 등비자금열과 (b) 감소하는 등비자금열, 그리고 현재가치 P_g에 대한 현금흐름도

$$P_g\left(\frac{1+g}{1+i}-1\right)=A_1\left[\frac{(1+g)^n}{(1+i)^{n+1}}-\frac{1}{1+i}\right]$$

P_g에 대해 풀고, 식을 단순화하면 다음과 같다.

$$P_g=A_1\left[\frac{1-\left(\frac{1+g}{1+i}\right)^n}{i-g}\right] \quad g\neq i \qquad [2.32]$$

식 [2.32]의 대괄호 안의 항은 g가 이자율 i와 같지 않을 때의 **(*P*/*A*,*g*,*i*,*n*)** 또는 등비자금열의 현재가 계수(geometric gradient series present worth factor)이다. $g=i$일 때, 식 [2.31]에서 g 대신 i를 대입하고 항 $1/(1+i)$가 n번 나타나는 것을 살펴보자.

$$P_g=A_1\left(\frac{1}{(1+i)}+\frac{1}{(1+i)}+\frac{1}{(1+i)}+\cdots+\frac{1}{(1+i)}\right)$$

$$P_g=\frac{nA_1}{(1+i)} \qquad [2.33]$$

(*P*/*A*,*g*,*i*,*n*) 계수는 **기간 1에서** 금액 A_1로 **시작하고** 각 기간마다 일정한 비율 g로 증가하는 등비자금열에 대해 기간 $t=0$에서의 P_g를 계산한다.

P_g에 대한 식과 (*P*/*A*,*g*,*i*,*n*) 계수 공식은 다음과 같다.

$$P_g=A_1(P/A,g,i,n) \qquad [2.34]$$

$$(P/A,g,i,n)=\begin{cases}\dfrac{1-\left(\frac{1+g}{1+i}\right)^n}{i-g} & g\neq i\\[2ex] \dfrac{n}{1+i} & g=i\end{cases} \qquad [2.35]$$

A와 F의 등가를 위한 계수를 유도할 수도 있지만, 계수를 유도하는 것보다 P_g 금액을 구한 다음 A/P 또는 F/P 계수를 곱하는 것이 더 쉽다.

등차자금열과 마찬가지로 등비자금열을 바로 구할 수 있는 스프레드시트 함수는 존재하지 않는다. 현금흐름이 입력되면 P와 A는 NPV와 PMT 함수를 사용하여 결정한다.

예제 2.11

화력 발전소가 배출 제어 밸브를 개선했다. 개조 비용은 단 \$8,000이며, 6년 동안 사용 가능하고 잔존가치는 \$200로 예상된다. 유지보수비용은 첫해에 \$1,700로 높게 시작하여 이후 매년 11%씩 증가할 것으로 예상된다. 연 8%에서 개조 및 유지보수비용의 등가인 현재가치를 수기와 스프레드시트를 사용하여 계산하시오.

수기 풀이

현금흐름도(그림 2-22)는 잔존가치를 양의 현금흐름으로, 모든 비용을 음의 현금흐름으로 나타낸다. $g \neq i$일 때 P_g를 계산하기 위해 식 [2.35]를 사용한다. 총 P_T는 세 가지 현재가치 요소의 합이다.

$$
\begin{aligned}
P_T &= -8{,}000 - P_g + 200(P/F,8\%,6) \\
&= -8{,}000 - 1{,}700\left[\frac{1-(1.11/1.08)^6}{0.08-0.11}\right] + 200(P/F,8\%,6) \\
&= -8{,}000 - 1{,}700(5.9559) + 126 \\
&= \$-17{,}999
\end{aligned}
$$

스프레드시트 풀이

그림 2-23은 등비자금열의 현재가치 P_g와 총현재가치 P_T를 찾기 위한 스프레드시트 사용에 대해 자세히 설명한다. P_T=\$−17,999를 얻기 위해 초기비용, 6년 차의 예상 잔존가치에 대한 현재가치, 그리고 P_g, 이렇게 세 가지 구성요소가 합해진다. 셀에 태그된 내용은 두 번째와 세 번째 구성요소에 대해 상세히 설명하고 있으며, 첫 번째 비용은 시간 0에서 발생한다.

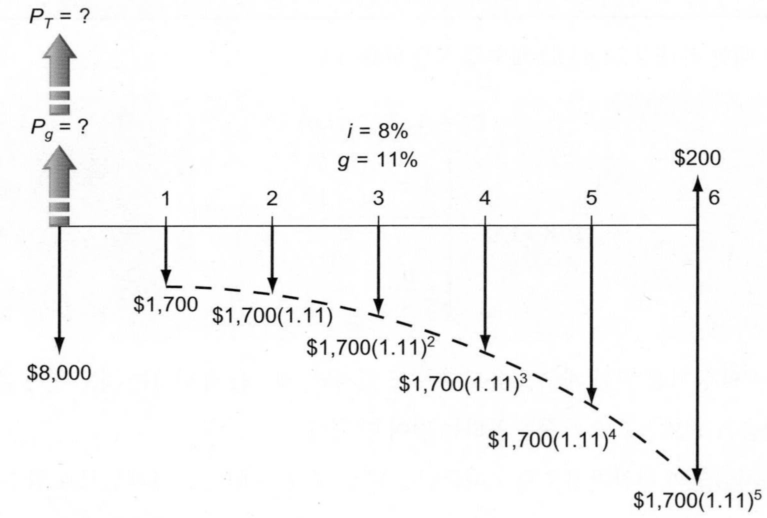

그림 2-22
예제 2.11의 곡선기울기에 대한 현금흐름도

C9 = -1700 * ((1- ((1.11)/(1.08))^6)/(0.08-0.11))

	A	B	C
1			
2	제공되는 정보	추정치	현재가치($)
3	이자율, i%	8%	
4	초기비용($)	-8000	-8000
5			
6	수명, n(연수)	6	
7	잔존가치($)	200	126
8			
9	1년 차의 유지보수비용($)	-1,700	-10,125
10	비용의 기울기, g%	11%	
11	총액($)		**-17,999**
12			

잔존가치의 현재가치
= –PV(8%,6,,200)

유지보수비용의 현재가치, 식 [2.35]
= –1700* ((1-((1.11)/(1.08))^6)/(0.08-0.11))

그림 2-23
예제 2.11의 곡선기울기와 총현재가치를 계산하는 스프레드시트

참고사항

$(P/A\,g,i\%,n)$ 계수를 계산하는 식은 셀 C9의 태그와 수식란에 보이듯이 다소 복잡하다. 해당 계수가 반복적으로 사용된다면 A_1, i, g, n 값이 변경되어 항상 답을 얻을 수 있도록 셀 참조 형식을 사용하는 것이 좋다. C9 셀의 식을 참조 형식으로 작성해 보자.

예제 2.12 제철 공장 사례

PE

HBNA 제철 공장 사례로 돌아가 보자. 같은 지역에 다른 제철 제조업체들이 존재하는 것을 고려했을 때 연 \$50백만이라는 수익 자금열의 추정치는 매우 낙관적이다. 따라서 공장의 마케팅, 품질, 명성으로부터의 장기적인 성공 여부에 따라 수익 자금열이 감소하거나 증가할 가능성에 대해 세밀하게 분석하는 것이 중요하다. 첫해 말에 수익이 \$50백만에서 시작하지만 이후 5년 동안 매년 12%씩 기하급수적으로 감소한다고 가정하자. 이전에 사용했던 이자율 $i = 10\%$로 5년 동안의 모든 수익과 등가인 **현재가치**와 **미래가치**를 구하시오.

풀이

현금흐름도는 그림 2-21(b)와 매우 유사하지만, 수익에 대한 화살표가 위로 올라가도록 나타내질 것이다. 1년 차에 $A_1 = 50$백만이며, 5년 차에 수익은 감소하여 아래와 같다.

$$A_1(1-g)^{n-1} = 50\text{백만}(1-0.12)^{5-1} = 50\text{백만}(0.88)^4 = 29.98\text{백만}$$

먼저 $i = 0.10$과 $g = -0.12$를 식 [2.35]에 대입하여 0년 차에서의 P_g를 구한 다음, 5년 차에서의 F를 계산한다. 백만 달러 단위로 이를 계산하면 아래와 같다.

$$P_g = 50\left[\frac{1-\left(\frac{0.88}{1.10}\right)^5}{0.10-(-0.12)}\right] = 50[3.0560] = \$152.80$$

$$\begin{aligned} F &= 152.80(F/P,10\%,5) \\ &= 152.80(1.6105) \\ &= \$246.08 \end{aligned}$$

이는 감소하는 수익 자금열이 5년 후 미래가치 \$246.080백만과 등가라는 것을 의미한다. 예제 2.6으로 돌아가 보면, 연 \$50백만의 균등 수익 자금열에 대해 5년 차의 미래가치(F)가 \$305.255백만임을 확인했다. 결론적으로, 12% 감소하는 곡선기울기를 가지는 수익의 미래가치는 \$59.175백만만큼 낮아졌으며, 이는 소유자 관점에서는 상당히 큰 금액이다.

2.7 알려진 현금흐름 값에 대한 *i* 또는 *n* 결정

현금흐름 값이 모두 알려져 있거나 혹은 추정되어 있을 때 i 값(이자율) 또는 n 값(연수)은 종종 알지 못할 수 있다. i를 찾기 위한 예는 다음과 같을 수 있다. 한 회사가 새로운 제품 개발을 위해 돈을 투자했다. 시장에서 몇 년 동안 벌어들인 연간 수익 자금열을 알게 된 뒤에 투자에 대한 수익률이 얼마인지 결정한다. 알려지지 않은 i 또는 n 값을 찾는 방법은 현금흐름 자금열의 특성과 이를 찾기 위해 선택된 방법에 따라 여러 가지가 있을 수 있다. 가장 간단한 경우는 단일자금(P와 F)만 포함하고 스프레드시트 함수를 사용하여 해를 찾는 방법이다. 가장 어렵고 복잡한 경우는 규칙적이지 않은 현금흐름과 균등하면서 등차자금열을 가지는 현금흐름이 섞여 있으며, 수기 또는 계산기를 사용하여 i 또는 n에 대한 값을 찾아야 하는 경우이다. 해를 찾기 위한 접근법은 아래에 요약되어 있으며, 예시를 통해 설명된다.

단일자금 – *P*와 *F*

수기 또는 계산기 풀이 등가 관계를 설정하고 (1) 계수 공식이나 계산기 기능을 사용하여 변수에 대한 해를 찾거나 (2) 계수 값을 찾고 표의 값을 통해 보간한다.

스프레드시트 풀이 i를 찾기 위해 IRR 또는 RATE 함수를 사용하거나, n을 찾기 위해 NPER 함수를 사용한다. (자세한 내용은 아래와 부록 A 참조)

균등자금열 – *A* 자금열

수기 또는 계산기 풀이 계산기의 기능이나 적절한 계수($P/A, A/P, F/A, A/F$)를 사용하여 등가 관계를 설정하고, 위에 언급된 두 번째 방법인 보간법을 적용한다. (공학용 계산기를 사용한 예시는 예제 2.16 참조)

스프레드시트 풀이 스프레드시트에서 IRR이나 RATE 함수를 사용하여 i 또는 NPER 함수를 사용하여 n을 찾는다.

A 자금열, 기울기, 단일 값의 혼합

수기 또는 계산기 풀이 등가 관계를 설정하고 (1) 시행착오 또는 (2) 계산기 기능을 사용한다. (이러한 유형의 현금흐름을 다룰 때는 스프레드시트 기능을 사용하는 것이 더 좋다.)

스프레드시트 풀이 IRR이나 RATE 함수를 사용하여 i 또는 NPER 함수를 사용하여 n을 찾는다. (이 방법이 권장된다.)

PV, FV, NPV 함수 외에도 i를 결정하는 데 유용한 스프레드시트 함수에는 IRR(내부수익률)과 RATE가 있으며, n을 찾기 위한 NPER(기간 수)이 있다. 이 함수들에 대한 형식은 이 책 첫 페이지에 수록되어 있으며, 부록 A에 자세히 설명되어 있다. 이 세 함수로부터 답을 찾기 위해서는 최소한 하나의 현금흐름 입력값이 다른 것들과는 반대의 부호를 가지고 있어야 한다.

= IRR(첫 번째 셀 주소 : 마지막 셀 주소) [2.36]

i를 찾기 위해 IRR을 사용하기 위해 값이 0인 경우를 포함한 모든 현금흐름을 연속되는 셀에 입력한다.

= RATE(n,A,P,F) [2.37]

RATE 함수는 A 자금열과 단일 P 그리고/또는 F 값이 주어졌을 때 i를 찾는다.

= NPER(i%,A,P,F) [2.38]

NPER 함수는 단일 P 그리고 F 값 또는 A 자금열에 대한 n을 찾는다.

예제 2.13

로럴이 친구의 사업에 $30,000를 투자하고 5년 후에 $50,000를 받은 경우, 수익률을 구하시오. 스프레드시트 함수, 계수 공식, 그리고 표를 활용한 보간법을 사용하여 문제를 해결하시오.

풀이

RATE 함수를 사용하는 것이 i를 구할 수 있는 가장 빠르고 쉬운 방법이다. 함수 =RATE(5,,−30000,50000)는 연 10.76%의 수익률을 보여준다. 2개의 쉼표가 연속으로 사용된 것은 RATE 함수 사용 시 A 자금열이 아닌 오직 단일 금액만 포함되었다는 것을 의미한다.

단일자금만 관련되어 있기 때문에, i는 P/F 계수를 통해 바로 구해질 수 있다.

$$P = F(P/F,i,n) = F\frac{1}{(1+i)^n}$$

$$30{,}000 = 50{,}000\frac{1}{(1+i)^5}$$

$$0.600 = \frac{1}{(1+i)^5}$$

$$i = \left(\frac{1}{0.6}\right)^{0.2} - 1 = 0.1076 \qquad (10.76\%)$$

다른 방법으로는 표준 P/F 관계를 설정하고 계수 값을 해결한 뒤 표에서 보간함으로써 이자율을 찾을 수도 있다.

$$P = F(P/F,i,n)$$
$$30{,}000 = 50{,}000(P/F,i,5)$$
$$(P/F,i,5) = 0.60$$

이자율 표에서 $n = 5$일 때 P/F 계수 0.6000은 10%와 11% 사이에 존재한다. 이 두 값 사이에서 보간하여 $i = 10.76\%$를 얻을 수 있다.

예제 2.14

Pyramid Energy는 해상 풍력 발전기의 예상치 못한 수리를 위해 각 발전기마다 연 $5,000의 자본을 준비하고자 한다. 한 사례를 살펴보면, 15년 동안 $5,000씩 적립되었고, 15년 차에 수리 비용 $100,000를 메꿀 수 있었다. 매년 저축한 금액에 대한 수익률은 얼마인가? 수기 및 스프레드시트를 사용하여 구하시오. 현금흐름 자금열의 민감도 분석에 가장 적합한 스프레드시트 함수는 무엇인가?

수기 풀이

현금흐름도는 그림 2-24에 나타나 있다. A/F 또는 F/A 계수 중 하나를 사용할 수 있다. A/F를 사용한 결과는 다음과 같다.

$$A = F(A/F,i,n)$$
$$5{,}000 = 100{,}000(A/F,i,15)$$
$$(A/F,i,15) = 0.0500$$

15년에 대한 A/F 이자율 표에서 0.0500은 3%와 4% 사이에 존재한다. 보간법을 통해 $i = 3.98\%$임을 알 수 있다.

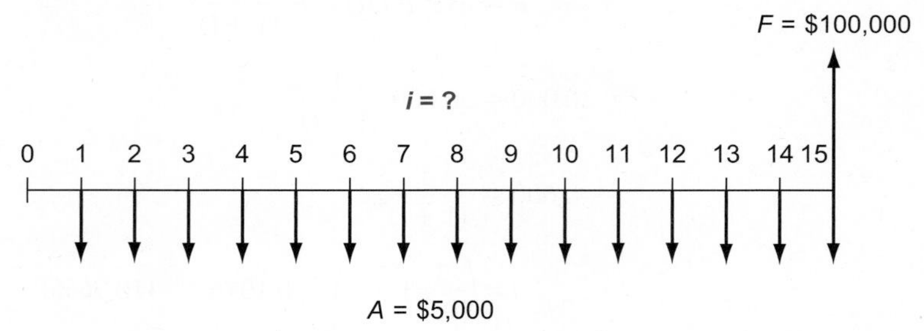

그림 2-24
예제 2.14의 수익률을 구하기 위한 현금흐름도

스프레드시트 풀이

현금흐름도(그림 2-24)를 참조하여 스프레드시트(그림 2-25)를 완성한다. $A = \$-5{,}000$가 매년 발생하고 자금열의 마지막 해에 $F = \$100{,}000$가 발생하기 때문에, RATE 함수를 사용한 단일 셀 해결 방식을 적용할 수 있다. 함수 =RATE(15,−5000,,100000)은 $i = 3.98\%$임을 보여준다. 이 함수는 빠르지만, 모든 A 값이 같은 금액으로 변경되어야 하므로 제한된 민감도 분석만을 수행할 수 있다. "만약 다른 상황일 경우에"라는 질문에 대답하기에는 IRR 함수가 더 좋을 수 있다.

IRR 함수를 적용하려면 셀에 0 값을 입력하고(0년 차), 14년 동안 매년 −5,000을, 그리고 15년 차에는 +95,000을 입력한다(그림 2-25). 어떤 셀에든 IRR 함수를 입력하면, 답 $i = 3.98\%$가 표시되는 것을 알 수 있다. 현금흐름을 쉽고 정확하게 입력하기 위해 입력한 현금흐름의 바로 왼쪽 열에 0부터 n까지의 연도 번호(해당 예시에서는 15)를 입력하는 것이 좋다. IRR 함수가 해당 번호를 필요로 하지는 않지만, 현금흐름을 입력하는 데 있어 더 쉽고 정확하게 할 수 있다. 이제 어떤 현금흐름이든 변경할 수 있으며, IRR을 통해 즉시 새로운 수익률이 표시된다.

	A	B	C	D	E
1				연	현금흐름, $
2	RATE 함수 사용			0	0
3	3.98%			1	-5000
4				2	-5000
5	RATE 함수를 사용하여 구한 i			3	-5000
6	= RATE(15,-5000,,100000)			4	-5000
7				5	-5000
8				6	-5000
9	IRR 함수 사용			7	-5000
10	3.98%			8	-5000
11				9	-5000
12	IRR 함수를 사용하여 구한 i			10	-5000
13	= IRR(E2:E17)			11	-5000
14				12	-5000
15				13	-5000
16				14	-5000
17				15	95000
18					

그림 2-25
예제 2.14의 균등자금열에서 i 값을 구하기 위한 RATE와 IRR 함수 사용

예제 2.15 제철 공장 사례

PE

HBNA 공장 사례에서 연간 수익이 $50백만으로 추정되었다. 지금까지 모든 분석은 연 10%를 기준으로 이루어졌지만, 모회사는 다른 국제 공장들이 초기 투자에 대해 연 20%의 수익을 보여줄 수 있을 것이라 확신했다. 새로운 곳에서 $200백만 투자에 대해 연 10%, 15%, 20%의 수익을 달성하기 위해 필요한 연수를 구하시오.

풀이

수기 방법을 사용한다면, 현재가치를 구하기 위한 식을 수립하고 세 가지 수익률에 대한 n 값을 표를 통해

보간할 수 있다. 백만 달러 단위로 결과를 나타내면 아래와 같다.

$$P = -200 + 50(P/A,i\%,\text{n}) \quad (i = 10\%, 15\%, 20\%)$$

$$(P/A,i\%,n) = 4.00$$

여러 i 값이 관련되어 있기 때문에 스프레드시트와 식 [2.38]로부터 반복된 NPER 함수를 사용하는 것이 좋다. 그림 2-26은 각 수익률에 대한 NPER(i%,50,−200) 함수를 보여준다. 최소한으로 요구되는 수익률을 만들어내기 위한 연수(올림)는 다음과 같다.

수익률, *i*%	연수
10	6
15	7
20	9

◇	A	B	C	D
1				
2	i 값	10%	15%	20%
3				
4	NPER 함수	`= NPER(10%,50,-200)	`= NPER(15%,50,-200)	`= NPER(20%,50,-200)
5				
6	결과(연수)	5.36	6.56	8.83
7				

그림 2-26
예제 2.15의 다양한 수익률에 대한 n 값을 찾기 위한 NPER 함수 사용

예제 2.16

람야와 그레이스는 건설공학을 전공하고 산업 및 시스템 공학을 부전공하고 있다. 4학년 1학기를 맞이한 학부생인 그들은 마지막 봄 학기에 기초공학 시험을 치를 예정이다. 준비 과정 중에 시험에서 사용할 계산기를 고르기 위해 미국 엔지니어 및 측량사 시험 위원회 웹사이트(https://ncees.org/exams/calculator/)를 살펴보았다. Casio, Hewlett Packard, Texas Instruments 계산기 등 몇 가지 계산기가 허용되는 것을 확인했다. 그들은 허용되는 계산기 중 하나인 HP 33s를 가지고 있었다. 사용자 매뉴얼을 다운로드하고 화폐의 시간적 가치를 계산하기 위해 계산기를 사용하는 지침을 찾았다(www.hp.com/ctg/Manual/c00059731.pdf). 기초공학 시험 중 다음 문제를 해결하라는 요청을 받았을 때 사용자 매뉴얼이 그들에게 어떤 도움을 줄 수 있을지 설명하시오. 연 5% 수익을 보장하는 저축 프로그램에 내년부터 매년 $1,000를 예치하는 경우, 1년치 예금의 10배를 모으는 데 필요한 개월 수를 구하시오.

풀이

식 [2.39]의 왼쪽 부분은 5개의 매개변수(P, A, F, i, n) 중 4개의 값이 정해졌을 때 값이 0이 되며, 이를 통해 다섯 번째 매개변수 값을 제공해 준다.

$$\frac{A[1-(1+i/100)^{-n}]}{[i/100]}+F[1+(i/100)]^{-n}+P=0 \qquad [2.39]$$

이것은 P/A와 P/F 계수를 사용하여 현재가치를 구하고, 이를 0이 되도록 설정하는 것과 동일하다. 즉,

$$A(P/A,i,n)+F(P/F,i,n)+P=0$$

일부 계산기, 특히 HP 같은 경우, 이 책에서 사용되는 것과 다소 다른 기호를 사용한다는 점을 알아야 한다. 초기 투자는 P가 아닌 B로 불리며, 균등 금액은 A가 아닌 P로 불린다. 계산기에 입력된 식 [2.39]는 A 자금열이 없거나 하나가 있고, P와 F 값 중 하나 또는 2개 모두 있는 경우 완벽하게 적용될 수 있다. 현금흐름 자금열이 더 복잡한 경우, 스프레드시트의 내장 함수를 사용하면 훨씬 더 나은 결과를 얻을 수 있다.

사용자 매뉴얼의 상세 지침을 통해 관계식이 입력 및 저장되고 나면, n을 구하는 것은 다소 간단하다. 요청이 있을 때마다, 연간 예금 $A=-1{,}000$, 이자율 $i=5$, 미래가치 $F=10{,}000$, 0년 차 예금 $P=0$을 입력한다. 이를 통해 연수 $n=8.31$이 구해진다. 이후 12를 곱하여 99.72라는 결과를 얻고, 이를 반올림하여 100개월이라는 답을 얻을 수 있다.

참고사항

다른 계산기들은 동일한 계산을 위해 다른 절차를 따라야 할 것이다. 기초공학 시험 또는 다른 목적으로 사용 시 해당 계산기의 사용자 가이드를 참조해야 한다. 해당 예제는 n 값을 구하는 것이지만, 일단 계산기에 다른 4개의 매개변수가 입력되면 5개의 매개변수 중 어느 것이라도 구할 수 있다.

요약

이 장에서 파생되거나 적용된 공식과 계수는 현재, 미래, 연간, 그리고 기울기가 있는 현금흐름에 관해 등가를 계산한다. 공식과 표준 표기법을 수기와 스프레드시트로 능숙하게 사용하는 능력은 경제성 공학 연구를 수행하는 데 필수적이다. 이러한 공식과 스프레드시트 기능을 사용하면 단일 현금흐름을 균등 현금흐름으로 변환하고 기울기를 현재가치로 변환하는 등 더 많은 작업을 수행할 수 있다. 또한 수익률 i 또는 시간 n을 구하는 것도 가능하다.

연습문제

이자율표 사용

2.1 복리 이자율 표에서 다음 계수 값을 찾으시오.

1. $(F/P,10\%,7)$
2. $(A/P,12\%,10)$
3. $(P/G,15\%,20)$
4. $(F/A,2\%,50)$
5. $(P/G,35\%,15)$

F, P, A 계산

2.2 한 도시의 교통안전 부서가 가장 혼잡한 거리의 교통을 공중에서 감시하기 위해 새 드론을 구입하려 한다. 4년 전 비슷한 구매 상황에서 $1,200,000의 비용이 발생했다. 이자율이 연 7%일 때, 이전에 지출한 $1,200,000의 오늘날 등가는 얼마인가?

2.3 Pressure Systems사는 고정밀 액체 수위 변환기를 제조한다. 설치되어 있는 장비를 지금 개선해야 할지 아니면 나중에 개선해야 할지를 조사하고 있다. 현재 비용이 $200,000일 때 이자율이 연 10%라면 3년 후의 등가는 얼마인가?

2.4 2년 후에 하나당 $120,000인 7개의 호수에 위치한 대지를 판매하여 대출을 상환하고자 하는 부동산 개발업자에게 은행은 얼마를 대출해 주어야 하는가? 은행의 이자율은 연 10%라고 가정한다.

2.5 회전 엔진은 Moller Skycar M400으로 알려진 수직이착륙(VTOL, Vertical Takeoff and Landing) 개인용 항공기의 핵심이다. 이것은 개인용 항공 차량(PAV, Personal Air Vehicle)으로 알려진 플라잉카이다. M400은 2021년에 첫 무인 비행을 마쳤다. PAV는 30년 동안 총 $100백만의 비용을 들여 개발되어 왔다. 총 $100백만이 매년 동일한 금액으로 나눠서 지출되었다고 가정한다면, 이자율이 연 10%일 때 30년 말의 미래가치를 구하시오.

2.6 8년 차에 $25,000를 지출할 경우, 이자율이 연 10%라면 해당 지출의 현재가치는 얼마인가?

2.7 1년 후부터 시작되는 10번의 균등한 지불액 $8,000에 대하여 이자율이 연 10%일 때의 현재가치를 구하시오.

2.8 Atlas Long-Haul Transportation이 운송 중 온도를 모니터링하기 위해 모든 냉장 트럭에 Valutemp 온도 기록 장치를 설치하려 한다. 만약 해당 시스템이 다음 2년까지 매년 보험 청구비를 $100,000씩 줄일 수 있다면, 이자율이 연 12%일 때 회사는 지금 얼마까지 지출할 의사가 있겠는가?

2.9 1년 후부터 시작해 매년 $12,000를 예치하고 해당 계좌로부터 연 10%의 이자율로 이자를 얻는다면, 30년 후(은퇴를 계획하는 시점)에 투자 계좌에 얼마가 있을지를 구하시오.

2.10 Solar Farm Coop이 3년 후에 $50백만의 수익을 기대한다면, 앞으로 3년 동안 매년 새로운 장비에 얼마를 지출할 수 있는가? 회사의 MARR은 연 20%라고 가정한다.

2.11 Thompson Mechanical Products는 대형 동기 정제기 모터의 교체를 위해 지금 $150,000를 적립할 계획이다. 만약 5년 동안 교체가 필요하지 않다면, 회사는 적립 투자 계좌에 얼마를 가지고 있겠는가? 연간 수익률은 18%라고 가정한다.

2.12 전기차 생산업체 Gentech가 조립공정 시스템의 주요 부문을 자동화하기 위해 Power Systems사와 $75,000,000짜리 계약을 체결했다. Power Systems가 시스템이 준비되는 시점인 2년 후에 계약금을 지급받게 된다면, 연이자가 18%인 경우에서 계약의 현재가치를 구하시오.

2.13 Labco Scientific은 대학, 연구실, 제약 회사에 고순도 화학물질을 판매한다. 회사는 완성된 제품의 크기와 운송 컨테이너의 크기를 더 잘 맞춤으로써 운송비용을 절감시켜 줄 새로운 장비에 투자하고자 한다. 새 장비의 구매 및 설치비용은 $450,000로 추정된다. 해당 투자가 정당화되려면 연이율이 10%일 때 Labco는 3년 동안 매년 얼마를 저축해야 하는가?

2.14 Loadstar Sensors는 전기 용량 감지 기술을 기반으로 하는 하중/힘 센서를 제조하는 회사이다. 대규모 공장 확장 프로젝트를 위해 회사는 5년 후에 $30백만을 갖길 원한다. 만약 회사가 이미 확장을 위한 투자 계좌에 $15백만이 있다면, 5년 후에 $30백만을 갖기 위해 지금 계좌에 얼마를 더 넣어야 하는가? 자금은 연 10%의 이자율로 수익을 얻는다.

2.15 Meggitt Systems는 극고온 가속도계에 전문성을 갖춘 회사로서 특정 장비를 지금 개선해야 할지 아니면 나중에 해야 할지 조사하고 있다. 현재는 해당

비용이 $280,000라면, 연 12% 이자율을 고려했을 때 2년 후 등가는 얼마인가?

2.16 Henry Mueller Supply사는 가혹한 환경에 노출되는 풍력 터빈을 위한 진동 제어 장비를 판매한다. 8년 동안 연간 현금흐름이 표에 나타나 있다. 연이율이 10%일 때, 현금흐름의 미래가치를 구하시오.

연	1	2	3	4	5	6	7	8
수입, $1,000	200	200	200	200	200	200	200	200
지출, $1,000	90	90	90	90	90	90	90	90

2.17 Stanley사는 스테인리스스틸 적용을 위한 자체 체결 패스너를 제작한다. 이 회사는 4년 후에 시간을 절약할 수 있는 새로운 펀칭 장비를 구매할 예정이다. 회사가 매년 $125,000를 적립한다면, 연간 수익률이 10%일 때 4년 후에 사용할 수 있는 금액을 구하시오.

2.18 중국은 하늘을 요오드화은으로 채우기 위해 대공포와 로켓 발사기를 사용하는 등의 구름 살포 활동에 연 $100,000를 소비하고 있다. 미국에서 가장 활발히 활동하는 구름 살포 주체 중 하나인 수력댐을 운영하는 공공서비스 회사들은 이러한 방법이 제약적인 물 공급을 10% 이상 증가시킬 수 있는 비용 효과적인 방법이라 믿고 있다. 구름이 살포되는 동안 댐 뒤에 모인 추가 관개수 덕분에 환금 작물의 수익이 향후 3년 동안 매년 4%씩 증가한다면, 환금 작물의 추가 가치에 대한 (3년 후의) 미래가치는 얼마인가? 이자율은 연 10%이고, 추가 관개수가 없는 경우에 환금 작물의 가치는 연 $600,000라고 가정하자.

2.19 American Gas Products는 오래된 에어로졸 캔의 내용물을 2~3초 이내에 비워주는 Can-Emitor라는 장치를 만든다. 이를 통해 캔을 위험 폐기물로 처분하지 않아도 된다. 페인트 제조 회사가 폐기비용을 매년 $90,000 절약할 수 있다면, 연이율 20%에서 3년 이내에 투자를 회수하길 원한다면 Can-Emitor에 지금 얼마를 지불할 수 있는가?

2.20 Durban Moving and Storage는 5년 후에 새로운 트랙터 트레일러를 구매하기 위해 충분한 자금을 확보하고 싶다. 예상 비용이 $250,000일 때, 자금의 연 수익률이 9%라면 회사는 매년 얼마를 적립해야 하는가?

2.21 Public Service Board(PSB)는 2년 전 홍수로 심각하게 훼손된 저류지의 깊이를 늘리고 배수로를 재건축하기 위해 총 $3.07백만 상당의 두 계약을 체결했다. PSB 회장은 놀랍게도 계약 입찰가가 PSB 엔지니어들이 예상한 것보다 $1.15백만 낮았다고 말했다. 프로젝트의 수명을 20년이라 가정할 때, 연이자율 5%에서 절약된 비용의 연간등가는 얼마인가?

2.22 주사기 펌프는 종종 시약이 세라믹 피스톤에 달라붙어 밀폐시켜 주는 부위를 손상시키기 때문에 고장 난다. Trident Chemical은 가장자리에 더 높은 밀폐력을 가진 통합 폴리머 다이내믹 밀폐 부품을 개발하여 밀폐 수명을 연장하고자 한다. Trident의 한 고객사는 새로운 밀폐 부품의 디자인 덕분에 정지시간이 30% 줄어들 것이라 예상한다. 향후 4년간 매년 $110,000의 생산 손실이 발생할 경우, 지금 회사는 새로운 밀폐 부품에 얼마를 지불할 수 있는가? MARR은 연 12%이다.

2.23 국립야생동물보호구역에 침입하는 밀렵꾼을 감지할 수 있는 울타리 비용이 마일당 $3백만이다. 울타리의 유효수명이 10년일 경우, 연이율이 8%일 때 10마일에 해당하는 울타리 비용의 연간등가비용을 구하시오.

2.24 한 소규모 석유 회사가 Micro Motion Coriolis 유량계를 Emerson F-Series의 니켈 기반 강철 합금 유량계로 교체하려 한다. 교체 과정은 지금으로부터 3년 후에 $50,000의 비용을 야기할 것이다. 3년 차에 발생하는 총비용을 마련하기 위해 회사는 1년 후부터 3년 동안 매년 얼마를 적립해야 하는가? 회사가 투자 자금에 대해 연 20%의 수익을 얻는다고 가정한다.

계수 값

2.25 다음 계수 값을 (a) 선형보간법, (b) 적절한 공식, (c) 스프레드시트 함수를 사용하여 구하시오.

1. (P/F,8.4%,15)
2. (A/F,17%,10)

2.26 다음 계수 값을 (a) 선형보간법, (b) 적절한 공식, (c) 스프레드시트 함수를 사용하여 구하시오.

1. (F/A,19%,20)
2. (P/A,26%,15)

2.27 다음 계수 값을 (a) 선형보간법과 (b) 적절한 공식을 사용하여 구하시오.

1. (F/P,18%,33)
2. (A/G,12%,54)

2.28 (F/P,10%,43) 계수에 대해 공식을 사용하여 계산한 값이 맞다고 가정할 때, 보간된 값과 공식을 사용하여 계산된 값 사이의 차이를 백분율로 나타내시오.

직선기울기(등차자금열)

2.29 어떤 현금흐름은 1년 차에 $4,000로 시작하여 9년 차까지 매년 $300씩 감소한다. (a) 기울기 G, (b) 5년 차의 현금흐름액, (c) (P/G,i%,n) 계수에서 n의 값을 구하시오.

2.30 등차자금열의 현금흐름은 1년 차에 $500, 2년 차에 $600이며, 이후 9년 차까지 매년 $100씩 증가한다. 연이율이 10%일 때, 0년 차의 현금흐름 자금열의 현재가치를 구하시오.

2.31 NMTeX Oil은 뉴멕시코 칼즈배드에 몇 개의 가스정을 소유하고 있다. 지난 5년 동안 가스정으로부터 발생한 수익이 직선기울기로 증가하고 있다. 1년 차에 24번 가스정에서 얻은 수익은 $390,000였고, 이후 매년 $15,000씩 증가했다. (a) 3년 차의 수익과 (b) 5년 동안 발생한 수익의 연간등가를 구하시오. 연이율은 10%라고 가정한다.

2.32 Solar Hydro는 거친 기포와 미세 기포 환기 부품을 결합한 혁신적인 환기 시스템을 제조한다. 올해(1년 차), 체크 밸브 부품의 비용은 $9,000이다. 중국의 새로운 공급업체와 새로운 계약을 체결하고 대량 할인을 받음으로써 회사는 밸브 부품의 비용이 감소할 것이라 예상한다. 만약 2년 차부터 매년 비용이 $560씩 감소한다면, 연이율 10%에서 5년 동안의 연간등가비용은 얼마인가?

2.33 아래 현금흐름의 수익에 대해 1년부터 7년까지의 연간등가가 $500가 되도록 하는 G 값을 찾으시오. 이자율은 연 10%이다.

연	현금흐름, $	연	현금흐름, $
0		4	$200 + 3G$
1	200	5	$200 + 4G$
2	$200 + G$	6	$200 + 5G$
3	$200 + 2G$	7	$200 + 6G$

2.34 저비용 비접촉 온도 측정 도구는 구조적 결함으로 인한 비용이 발생하기 전에 수리가 필요한 차량의 바퀴를 식별할 수 있다. BNF 철도가 1년 차에 $100,000, 2년 차에 $110,000를 절약하고, 이후 5년 동안 매년 $10,000씩 절약 금액이 증가한다면, 연이율이 10%일 때 절약한 금액에 대한 5년 차의 미래가치는 얼마인가?

2.35 아래의 현금흐름에서 만약 1년부터 9년까지의 연간등가가 $3,500라면, 연이율이 10%일 때 1년 차의 금액을 구하시오.

연	1	2	3	4	5	6	7	8	9
비용 ($1,000)	A	A+40	A+80	A+120	A+160	A+200	A+240	A+280	A+320

2.36 Apple Computer는 5년 후에 온도 조절 장치, 커피포트, TV, 스프링클러 시스템 등 집 안 대부분의 전자기기를 IoT(Internet of Things) 기술을 사용하여 모니터링하고 제어하는 기기의 초기 생산을 위해 $2.1십억 자금을 확보하고자 한다. 회사는 이를 위해 매년 균등하게 증가하는 금액을 별도로 확보할 계획이다. 1년 차 말에 별도로 마련해 둔 금액이 $1억이라면, 매년 균등하게 증가하는 금액, G는 얼마여야 하는가? 투자 자금은 매년 18% 성장한다고

가정한다.

2.37 Tacozza Electric은 직류 브러시 서보모터를 제조하는 회사로, 특정 부품에 대해 향후 5년 동안 발생할 연간 $95,000 지출에 대한 예산을 수립했다. 만약 회사가 1년 차에 $55,000의 지출을 예상한다면, 회사는 이 부품에 대해 매년 균등하게 증가할 비용이 얼마라고 예상할 수 있는가? 회사가 연 10%의 이자율을 사용한다고 가정한다.

2.38 1년부터 10년까지의 등차자금열에 대한 10년 차의 미래가치는 $500,000이다. 만약 매년 증가하는 금액 G가 $3,000라면, 연이율 10%에서 1년 차의 현금흐름을 구하시오.

곡선기울기(등비자금열)

2.39 등비자금열의 현재가치를 계산하기 위해 이 책 뒷부분에 있는 것과 같은 복리 이자 계수표를 준비하라고 요청받았다. 변화율 g는 연 5%이고 이자율은 연 10%일 때, $n = 1$과 2에 대한 두 가치를 구하시오.

2.40 황화수소 모니터를 제조하는 한 회사는 해마다 예금을 마련하는 데 항상 이전의 예금보다 다음 해의 예금이 7% 크도록 만들 예정이다. 이러한 예금 마련은 10년 동안 이루어질 예정이며 네 번째 예금이 $5,550라면 1년 말의 첫 번째 예금은 얼마여야 하는가? 연 10%의 이자율을 사용한다.

2.41 1년 차의 현금흐름이 $35,000이고 6년 차까지 매년 5%씩 증가하는 등비자금열에 대한 현재가치를 구하시오. 연 이자율은 10%이다.

2.42 공군은 군용 항공기의 균열 탐지 성능을 개선하기 위해 초음파 검사 절차와 레이저 가열법을 결합하여 피로균열을 식별했다. 균열을 조기에 발견함으로써 수리 비용을 연 $200,000까지 줄일 수 있다. 절약한 수리 비용이 1년 차 말부터 시작하여 연간 3%씩 증가하여 5년 차까지 지속된다고 할 때 연이율 10%에서 절약액의 현재가치를 계산하시오.

2.43 토목 엔지니어인 라리나는 은퇴를 준비하며 매년 연봉의 10%를 첨단기술 주식 펀드에 투자하고 있다. 만약 그녀의 연봉이 올해(1년 차 말) $160,000이고 매년 3%씩 증가할 것으로 예상된다면, 연수익률이 7%일 때 15년 후 은퇴 기금의 미래가치는 얼마인가?

2.44 El Paso Water(EPW)는 관개 시즌 동안 County Water Improvement District로부터 EPW 고객에게 처리 및 배급할 지표수를 구매한다. 두 기관 간에 새로운 계약이 성사되면서 향후 20년 동안 연간 수자원 비용의 인상률이 8%에서 4%로 감소했다. 내년(새 계약의 1년 차)에 물을 구매하기 위한 비용은 에이커-푸트(acre-ft)당 $260일 것이다. 연이율이 6%일 때 다음을 구하시오.

(a) 이전 계약과 새로운 계약 간 인상률이 감소함으로써 발생하는 절약액($/acre-ft)의 현재가치

(b) EPW가 매년 51,000에이커-푸트를 사용할 경우, 계약 기간 동안의 절약액에 대한 현재가치

2.45 Toselli Animation은 수익 분배를 포함하는 급여 증진 패키지를 직원에게 제공할 예정이다. 구체적으로, 회사는 연말 보너스를 위해 총 매출 수입의 1%를 따로 분리해 놓을 예정이다. 매출은 첫해에 $5백만, 두 번째 해에 $5.5백만으로 예상되며, 향후 5년 동안 매년 10%씩 증가할 것으로 예상된다. 연이율이 8%일 때, 1년 차부터 5년 차까지 해당 패키지와 등일한 연간등가는 얼마인가?

2.46 캘리포니아 컨설팅 회사 Zakarian and Associates는 네트워크 서버를 교체하기 위해 돈을 저축하고자 한다. 만약 회사가 1년 차 말에 $5,000를 투자하고 그 후 매년 투자 금액을 5%씩 감소시킨다면, 연수익률이 8%일 때 5년 후에 투자금액은 얼마인가?

이자율과 수익률

2.47 CIM(computer integrated manufacturing) 시스템을 위한 로봇 하드웨어를 제조하는 한 스타트업 회사는 포장 및 배송 시설을 확장하기 위해 $1백만을 빌렸다. 계약에 따라 회사는 '가짜 배당금(faux dividends)'이라는 혁신적인 메커니즘을 통해 고정된 기간 동안 연간균등자금열 형태로 대출기관에 대출금을 상환해야 했다. 회사가 5년 동안 매년 $290,000를 지불했다면 해당 대출의 이자율은 얼마였는가?

2.48 할머니가 손자의 대학 등록금 마련을 도와주기 위해 태어난 날에 투자 계좌에 $10,000를 입금했다. 이후 17년이 지난 시점에 계좌의 가치가 $50,000였다면, 이 계좌의 수익률은 얼마였는가?

2.49 미래에 사업확장을 계획 중인 A&E 회사는 수익률이 알려지지 않은 감채(투자)기금에 5년 동안 매년 $40,000씩 저축했다. 다섯 번째 입금 직후 계좌의 총액이 $451,000였다면, 이 회사가 저축을 통해 얻은 수익률은 얼마인가?

2.50 엔지니어링 컨설팅 회사 Parkhill, Smith, and Cooper는 매 연말에 그해의 회사 이익에 따라 각 엔지니어에게 보너스를 지급한다. 회사가 초기에 투자한 금액이 $1.2백만이었다면, 각 엔지니어에게 10년 동안 연간 $3,000의 보너스를 지급해 왔을 때 초기 투자 금액의 수익률은 얼마였는가? 회사에는 6명의 엔지니어가 존재하며 보너스는 회사 이익의 5%라고 가정한다.

2.51 5년 동안 연간 단리로 15%와 등가인 연간 복리 이자율을 구하시오.

2.52 한 사람의 신용점수는 주택담보대출의 이자율을 결정하는 데 중요하다. Consumer Credit Counseling Service에 따르면, 신용점수가 580점이며 $100,000 대출이 있는 주택 소유자는 30년 대출 기간 동안 동일한 대출을 가진 신용점수 720점인 주택 소유자보다 $90,325 더 많은 이자 비용을 지불한다. $100,000 대출금이 30년 말에 일시불로 상환된다면, $90,325 차이를 설명하기 위한 연간 이자율은 얼마여야 하는가?

2.53 스타트업 회사 KnowIt, LLC의 휴대용 다중 가스 감지기 제조 사업 계획은 처음 5년 동안 연간 현금흐름 $400,000와 동등한 크기임을 보여줬다. 1년차의 현금흐름이 $320,000였고 이후 매년 $50,000씩 일정하게 증가한다면, 계산에 사용된 이자율은 얼마였는가? (계수 또는 스프레드시트를 사용하시오.)

연수

2.54 RKE & Associates는 현재 연 $30,000의 임대료를 지불하고 있는데, 해당 건물을 구매하는 것에 대해 고려하고 있다. 건물의 소유자는 판매액을 $170,000로 책정했지만, 회사가 좋은 임차인임을 감안하여 현금가로 $160,000에 판매하겠다고 제안했다. 지금 건물을 구매한다면, 연이율이 15%일 때 회사가 투자금을 회수하기까지 얼마나 걸리겠는가? 스프레드시트 또는 계수를 사용하시오.

2.55 현명한 투자를 해온 한 시스템 엔지니어는 그녀가 직접 관리하는 은퇴 계좌에 $2,000,000가 있기 때문에 이제 은퇴할 수 있다. 계좌가 연 5%의 수익을 낸다면, 1년 후부터 (a) 매년 $100,000 또는 (b) 매년 $150,000를 인출한다면 몇 년 동안 인출이 가능한지 구하시오. (c) 연간 인출액이 $100,000에서 $150,000로 증가하는 것이 중요한 이유에 대해서 설명하시오.

2.56 단일 입금액 A의 10배와 동일한 금액을 만들기 위해 연 수익률 10%에서 연간 똑같은 금액 A를 저축한다면, 몇 년 동안 저축해야 하는가?

2.57 스테인리스스틸 제어 밸브를 제조하는 회사 Demco Products는 장비 교체를 위한 기금으로 $500,000를 보유하고 있다. 회사는 새 장비에 매년 $85,000를 지출할 계획이다. (a) 연이율이 10%일 때 기금이 $85,000 이하로 줄어드는 데 걸리는 연수를 추정하시오. (b) NPER 함수를 사용하여 정확한 연수를 구하시오.

2.58 초음파 풍속 센서를 제조하는 한 회사는 2년 전에 혁신적인 칩 제조사의 일부 소유권을 획득하기 위해 $1.5백만을 투자했다. 해당 회사가 연간 25% 성장한다면, 초기 투자일로부터 칩 제조사에 들어간

지분이 $6백만이 되기까지 얼마나 걸리겠는가?

2.59 친구는 1년 차에 $3,000로 시작하여 매년 $2,000씩 증가하는 현금흐름은 연 수익률이 10%일 때 12년이 지나면 $15,000가 될 것이라 말한다. 이 말은 사실인가?

2.60 국제 기업에서 일하면서 고액연봉을 받는 엔지니어가 있다. 은퇴 계획을 세우면서 낙관적인 엔지니어는 1년 차에 $10,000를 투자하면 이 돈이 매년 10%씩 증가할 것이라 예상한다. 계좌의 수익률이 연 7%라면 미래가치가 $2,000,000가 되기까지 얼마나 걸리겠는가?

스프레드시트활용연습문제

다음은 Excel 함수를 사용하여 단일 계수 문제를 해결하는 데 익숙해지기 위한 입문자용 스프레드시트 문제다. 올바른 함수를 사용하는 것이 문제의 주요 목표다. 내용과 질문은 이전 문제들과 유사하거나 확장되었을 수 있다.

2.61 태양광을 이용하며 수직 이착륙 기능을 갖춘 개인 항공기가 엔지니어와 물리학자의 도움으로 지난 30년 동안 개발되었다. SPPAV라고 불릴 이 비행기는 정확히 3년 후에 최종 테스트 비행을 할 것으로 예상된다. 지난 30년 동안 총개발비로 $100백만이 들었다. 총개발비 $100백만이 분할되어 매년 동일한 금액으로 사용되었다고 가정하고, 이자율이 연 10%일 때 다음을 구하시오.

(a) 30년이 지난 현재 개발비의 가치

(b) 매년 사용된 동일한 금액이 3년 후 예상되는 최종 테스트 비행 시점까지 계속 투자된다고 가정할 때, 3년 후 총개발비의 가치

(c) 3년 후 예상되는 최종 테스트 비행 시점까지 이전 30년 동안 투자한 금액의 2배가 들어간다고 할 때, 최종 테스트 비행 시점에서의 총개발비의 가치

2.62 아직 저축할 금액을 결정하진 않았지만 은퇴를 위해 투자 기금에 향후 30년 동안 저축할 것이라 예상한다. 매년 저축을 한 후, 저축이 끝나는 시점에는 $2백만이 모여 있을 것이라 가정한다. 해당 기금은 연 10%의 수익률을 낼 수 있다고 가정한다.

(a) 다음의 두 가지 저축 시나리오 중에서 어떤 것이 목표를 달성할 수 있을지 알아보시오. (1) 매년 $12,000를 저축, (2) 내년 말부터 15년 동안 매년 $8,000, 그다음 16년 차부터 30년 차까지 매년 $15,000 저축

(b) 매년 $12,000를 저축할 경우, 목표 달성액인 $2백만을 모으기까지 정확히 몇 년이 걸릴지 구하시오.

(c) 나아가, FV 함수만 사용하여 두 번째 저축 시나리오(2)에 대해 $2백만 목표를 달성하기까지 걸리는 연수를 구하시오. 이때 목표를 달성할 때까지 매년 $15,000를 저축한다고 가정한다.

2.63 (문제 2.36에서 본 바와 같이) Apple Computer는 5년 후에 IoT 기술을 적용한 가정용 기기의 초기 생산 자금을 위해 $2.1십억을 확보하고자 한다. 회사는 목표액을 위해 매년 균등하게 증가하는 금액을 따로 모아둘 생각이며, 이는 1년 차 말에 $100백만으로 시작한다. 연 수익률이 18%일 때, 매년 균등하게 증가하는 금액, G는 얼마가 되어야 하는가? 목적값 탐색 도구를 사용하여 기울기를 찾아보시오. G=$50백만부터 시작해 본다.

2.64 문제 2.60의 데이터를 바탕으로, 은퇴 계좌가 처음으로 (a) $2백만과 (b) $3백만을 초과하는 연도를 찾으시오. 스프레드시트를 설정할 때, 매년 입금해야 하는 금액이 반드시 필요하다. 적절한 스프레드시트 함수를 선택하여 사용하시오.

2.65 SEWA(Southwestern Electricity and Water Authority)는 제염 공장의 효율성과 폐기 화학물질의 염도 감소 기술을 개선하기 위해 $1.07백만의

건설 프로젝트를 승인했다. 세 공급업체로부터 각각 $1.06백만, $1.053백만, $1.045백만의 입찰액이 접수되었다. 각 입찰이 수락될 경우, 절약되는 건설 프로젝트 비용은 즉시 실현될 것이라 가정한다. 기대수명이 10년이고 이자율이 연 6%일 때, 승인 비용보다 낮은 입찰액으로부터 예상되는 절약액을 통해 다음을 구하시오.

(a) 절약액과 등가인 현재가치를 구하시오.

(b) 절약액과 등가인 연간등가를 구하시오.

(c) 입찰별 절약액과 등가인 연간등가를 막대차트로 표현하시오.

사례연구

복리의 놀라운 영향

다섯 가지 상황에 대한 배경

1. 첫 대량 생산 자동차는 Ford Model T였으며, 1909년에 처음 제조되어 $825에 판매되었다. 1909년부터 2022년까지 미국의 평균 인플레이션율은 연간 3.07%였다. 방금 $38,000에 새 차를 구매했다. 50년 후 아들이 대학에 들어간 손녀(아들의 딸)에게 비슷한 차를 구매해 주려 할 때 방금 구매한 차와 똑같은 차의 가격이 얼마일지 궁금하다. 또한 Model T의 가치가 50년 후인 2072년에는 얼마가 될지 궁금하다.
2. 뉴욕시 대부분이 집중되어 있는 맨해튼섬의 구입 가격은 1626년에 $24였다. 이 땅의 가치가 매년 6%씩 상승한다고 가정할 때, 400년 후인 2026년에 이 땅의 가치는 얼마일지 궁금하다.
3. 지난주 친구 제레미는 모든 돈이 떨어져서 전당포 주인으로부터 $200를 빌렸다. 그는 1주일 후에 $230로 갚기로 했지만, 지불 시기를 놓쳤다. 처음에는 별일 아니라고 생각했지만, 첫 주에만 이자가 $30였고 총부채가 상환될 때까지 같은 이자율이 복리로 적용된다는 것을 깨닫기 시작했다. 제레미가 (전당포 주인이 자신을 찾아오지 않을 경우) 1년 안에 대출금을 갚겠다고 말할 때, 이러한 분석 결과를 제레미에게 전달했다. 그는 충격을 받고 즉시 부채를 상환했다.
4. 1939년에 두 사람이 팀을 이뤄 전자 테스트 장비를 제조하여 시장에 출시했다. 1939년에 자신과 몇몇 친구들로부터 얻은 초기자본투자액 $80,805.12는 1965년까지 $1백만으로 그 가치가 상승했다. 이후 회사는 전자 장비, 컴퓨터, 그리고 다양한 제품에서 세계적인 선두주자로 급격히 성장했다. 만약 일정한 이자율에서 1965년부터 2025년까지(60년간) 평균 순현금흐름이 $150,000라면, 두 사람은 상당히 부유해질 것이다.
5. 증조할머니가 25세 때 약혼자에게서 반지를 받았다고 가정하자. 약혼자는 다이아몬드 반지를 $50에 구매했다. 증조할머니가 90세에 세상을 떠났을 때 그 반지는 할머니에게 전달되었고, 할머니는 그 반지를 60년 동안 보관하다 어머니에게 전달했다. 어머니는 반지를 30년 동안 안전한 곳에 보관한 후, 나의 24번째 생일에 선물로 주셨다. 48번째 생일을 맞이한 오늘, 잊혀졌던 그 반지를 책상 서랍에서 발견했다. 다이아몬드 반지가 고급 수집품으로 평가되었고 연평균 4%씩 가치가 상승했다면, 현재 그 반지의 가치가 얼마일지 궁금하다.

사례연구 문제

1. 각 상황에 대해 5명이 한 팀이 되어 아래 문제를 해결하시오.
   (a) 연간 복리 이자율 또는 인플레이션율을 구하고, 한 상황씩 구해진 비율의 차이에 대해 토의하시오.
   (b) 각 팀원은 먼저 각 상황에 대해 시작 금액과 종료 금액의 추정치(추측)를 구한다. 이후 각 팀원은 선택된 한 상황에 대해 두 금액을 계산한다. 팀원과 함께 첫 번째 추정치와 실제 계산된 금액을 비교하여 토의하시오.
2. 팀을 짤 수 없는 경우 위 (a)와 (b)에 대해 5가지 모든 상황에 대해 답하고, 추정(추측)된 값과 계산된 답을 비교해 보시오.

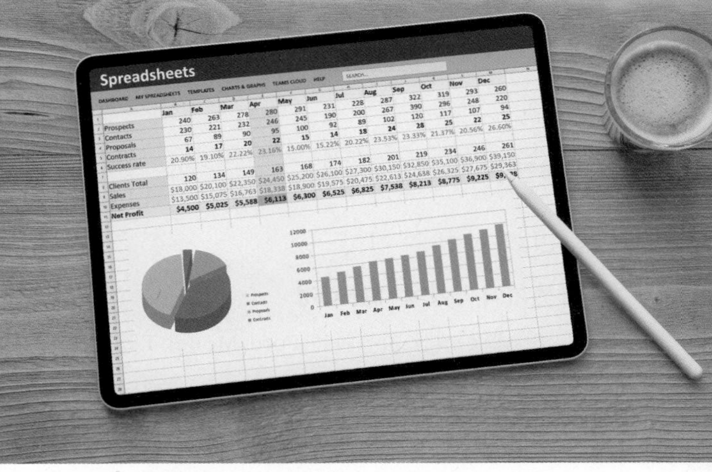

Kaspars Grinvalds/Shutterstock

CHAPTER 3 계수와 스프레드시트 함수의 결합

학 습 성 과

목적 : 다양한 계수와 스프레드시트 함수를 사용하여 일반적이지 않은 현금흐름에 대한 등가액을 찾는다.

절	주제	학습 성과
3.1	이동된 자금열	• 기간 1이 아닌 시점에서 시작하는 자금열의 *P*, *F*, 또는 *A* 값을 구한다.
3.2	이동된 자금열과 단일 현금흐름	• 이동된 자금열과 무작위로 발생한 단일 현금흐름의 *P*, *F*, 또는 *A* 값을 구한다.
3.3	이동된 기울기	• 크기가 증가하거나 감소하는 현금흐름을 가진 이동된 등차 또는 등비자금열에 대한 등가계산을 한다.

대부분의 현금흐름은 2장에서 소개한 계수, 공식, 스프레드시트 함수와 정확하게 일치하지 않는다. 여러 현금흐름이 순차적으로 주어졌을 때 이와 동일한 현재가치 P, 미래가치 F, 또는 연간등가 A를 결정하는 몇 가지 방법이 존재한다. 이 장에서는 이동된 균등자금열, 등차자금열, 단일 현금흐름을 포함하는 더 복잡한 상황을 해결하기 위해 경제성 공학 계수와 스프레드시트 함수를 결합하는 방법을 설명한다.

3.1 이동된 균등자금열에 대한 계산 ●●●

균등자금열이 기간 1이 아닌 다른 시점에서 시작될 때 이를 **이동된 균등자금열**(shifted series)이라 부른다. 이러한 경우, 현재가치 P의 등가를 찾기 위해 여러 방법이 사용될 수 있다. 예를 들어, 그림 3-1에 보이는 균등자금열의 현재가치 P는 다음 방법 중 하나를 사용하여 구할 수 있다.

- P/F 계수를 사용하여 각 지출에 대한 0년도에서의 현재가치를 찾아서 모두 더한다.
- F/P 계수를 사용하여 각 지출에 대한 13년도에서의 미래가치를 찾아서 모두 더한 다음, 총액의 현재가치를 찾기 위해 $P = F(P/F,i,13)$을 사용한다.
- F/A 계수를 사용하여 미래 금액 $F = A(F/A,i,10)$을 찾고, $P = F(P/F,i,13)$을 사용하여 현재가치를 계산한다.
- P/A 계수를 사용하여 '현재가치' $P_3 = A(P/A,i,10)$을 계산(해당 값은 0년이 아닌 3년에 위치할 것이다)하고, $(P/F,i,3)$ 계수를 사용하여 0년도에서의 현재가치를 구한다.

일반적으로 마지막 방법이 기간 1의 끝이 아닌 시점에서 시작하는 균등자금열에 대한 현재가치를 계산하는 데 사용된다. 그림 3-1의 경우, P/A 계수를 사용하여 얻은 '현재가치'는 3년도에 위치한다. 이는 그림 3-2에서 P_3로 표시된다. P 값은 항상 첫 번째 자금열이 시작하기 1년 전 또는 이전 기간에 위치한다는 점에 주목하자. 이는 P/A 계수는 P가 시간 기간 0에 존재하고, A가 기간 1의 끝에서 시작하는 것으로부터 파생되었기 때문이다. 위와 같은 유형의 문제를 해결할 때 가장 흔히 발생하는 실수는 P를 잘못 배치하는 것이다. 따라서 다음을 기억하는 것이 중요하다.

> P/A 계수를 사용할 때 현재가치는 항상 첫 번째 균등자금열 금액보다 **한 기간 이전**에 위치한다.

P의 배치

미래가치 또는 F 값을 구하기 위해 2.3절에서 다뤘던 F/A 계수는 균등자금열의 마지막 금액과 같은 기간에 F가 위치했음을 기억하자. 그림 3-3은 그림 3-1의 현금흐름에

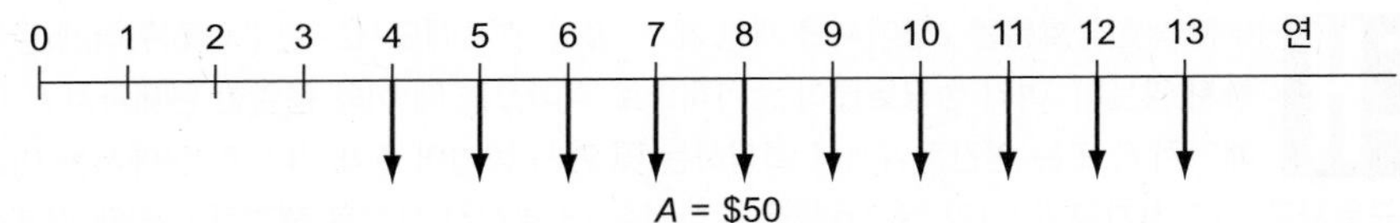

그림 3-1
이동된 균등자금열

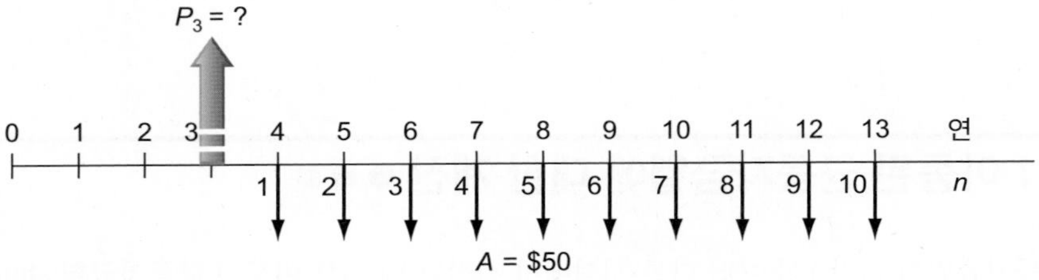

그림 3-2
그림 3-1의 이동된 균등자금열에 대한 n 재표기 및 현재가치의 위치

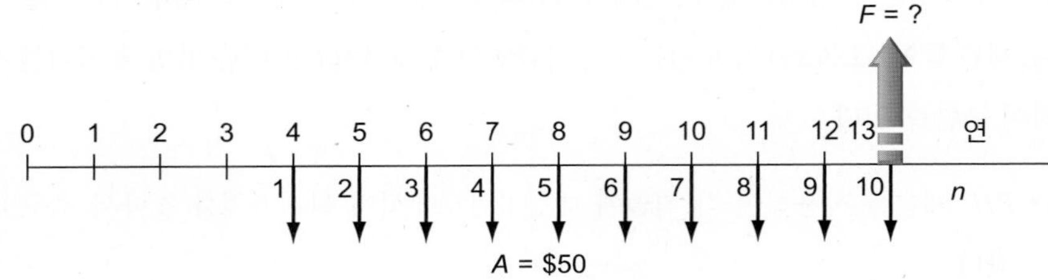

그림 3-3
그림 3-1의 이동된 균등자금열에 대한 n 재표기 및 F의 위치

F/A가 사용될 때의 미래가치 위치를 보여준다.

F의 배치

F/A 계수를 사용할 때 미래가치는 항상 균등자금열의 **마지막 금액과 같은 기간**에 위치한다.

P/A 또는 F/A 계수에서 기간의 수 n이 균등자금열 값의 수와 동일하다는 것을 기억하는 것도 중요하다. 현금흐름도에 다시 번호를 매기는 것은 계산 오류를 피하는 데 도움이 될 수 있다. 그림 3-2와 그림 3-3은 n=10을 구하기 위해 그림 3-1의 번호를 다시 매긴 것이다.

위에서 설명된 바와 같이, 이동된 균등자금열에 대한 문제를 해결하기 위해 여러 방법이 사용될 수 있다. 그러나 일반적으로 단일자금 계수보다 균등자금열 계수를 사용하는 것이 더 편리하다. 오류를 피하기 위해 특정 단계를 따라야 한다.

1. 양의 현금흐름과 음의 현금흐름에 대한 현금흐름도를 그린다.
2. 현금흐름도에서 각 자금열의 현재가치 또는 미래가치를 찾는다.
3. 현금흐름도 내 번호를 다시 매겨 각 자금열의 n을 구한다.
4. 찾고자 하는 등가 현금흐름을 나타내는 현금흐름도를 그린다.
5. 식을 세우고 푼다.

이러한 단계는 아래에 설명되어 있다.

예제 3.1

개인 사업을 운영 중인 구조공학자가 지금 $5,000에 새 워크스테이션과 CAD 소프트웨어를 업그레이드하고, 3년 후부터 매년 업그레이드를 위해 6년 동안 매년 $500를 지불하기 시작했다. 연이율이 8%라면, 0년도에서의 현재가치는 얼마인가?

풀이

그림 3-4는 현금흐름도를 보여준다. 이 장에서 P_A 기호를 사용하여 연간등가 자금열 A의 현재가치를 나타내고, P'_A를 사용하여 기간 0 외 다른 시간에서의 현재가치를 나타낸다. 마찬가지로, P_T는 시간 0에서의 총현재가치를 나타낸다. P'_A의 올바른 배치와 n을 얻기 위해 화살표를 다시 표기한 현금흐름도가 나와 있다. P'_A가 3년 차가 아닌 2년 차에 위치하고 있음에 주목하자. 또한 P/A 계수에서 n은 8이 아닌 6이다. 먼저, 이동된 자금열의 P'_A 값을 찾는다.

$$P'_A = \$500(P/A,8\%,6)$$

P'_A가 2년 차에 위치하고 있기 때문에, 이제 0년 차에서의 P_A를 찾는다.

$$P_A = P'_A(P/F,8\%,2)$$

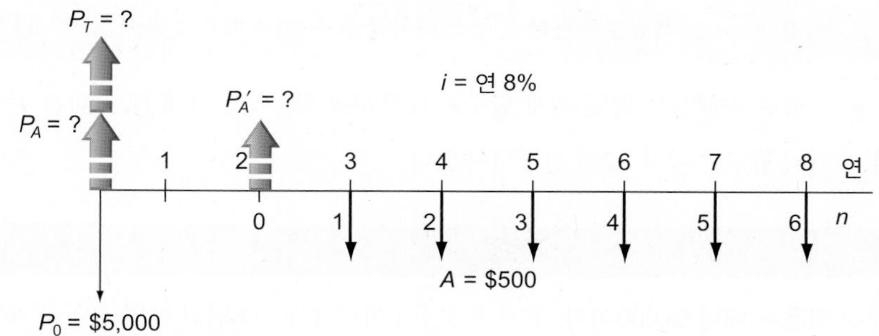

그림 3-4
예제 3.1의 P 값의 배치에 따른 현금흐름도

총현재가치는 P_A와 0년 차의 초기 지불 P_0을 더해서 구할 수 있다.

$$\begin{aligned} P_T &= P_0 + P_A \\ &= 5{,}000 + 500(P/A,8\%,6)(P/F,8\%,2) \\ &= 5{,}000 + 500(4.6229)(0.8573) \\ &= \$6{,}981.60 \end{aligned}$$

현금흐름이 더 복잡할수록 스프레드시트 함수는 더 유용하다. 균등자금열 A가 이동했을 때, P를 구하기 위해 NPV 함수를 사용하고 등가인 A 값을 찾기 위해 PMT 함수를 사용한다. PV 함수처럼 NPV 함수도 P 값을 결정하지만, NPV는 여러 셀의 현금흐름에 대한 어떠한 조합도 처리할 수 있다. 2장에서 배웠듯이 연속적인 셀(열 또는 행)에 순현금흐름을 입력하고, 현금흐름이 0인 곳에는 "0"을 입력해 준다. 아래의 형식을 사용하자.

NPV(*i*%,두 번째 셀 주소:마지막 셀 주소) + 첫 번째 셀 주소

첫 번째 셀 주소에는 0년 차의 현금흐름이 포함되어 있으며, 화폐의 시간적 가치를 올바르게 계산하기 위해 NPV에서 별도로 나열되어야 한다. 0년 차의 현금흐름은 0일 수 있다.

이동된 자금열에 대해 n년 동안의 등가 A를 찾는 가장 쉬운 방법은 PMT 함수를 사용하는 것이며, 여기서 P 값은 위의 NPV 함수로부터 구해진다. 형식은 우리가 이전에 배운 것과 같으며, P에 대한 입력은 숫자가 아닌 셀 참조이다.

PMT(*i*%,*n*,cell_with_*P*,*F*)

또한 FV 함수를 사용하여 F 값을 얻었을 때 동일한 기법을 사용할 수 있다. 그때는 PMT의 마지막 항목은 "cell_with_*F*"이다.

스프레드시트 함수의 모든 매개변수가 그 자체로 함수일 수 있다는 것은 매우 다행이다. 따라서 NPV 함수(그리고 필요한 경우 FV 함수)를 포함하여 PMT 함수를 단일 셀에 작성하는 것이 가능하다. 형식은 아래와 같다.

PMT(*i*%,*n*,NPV(*i*%,두 번째 셀 주소:마지막 셀 주소) + 첫번째 셀주소,*F*) [3.1]

물론 두 셀로 수행하든 단일 셀에 함수를 내장하여 사용하든 A에 대한 답은 동일하다. 이 세 가지 함수는 예제 3.2에 설명되어 있다.

예제 3.2

민감한 측정 장비의 재교정 비용은 매년 $8,000이다. 구매 후 3년이 지난 후부터 6년간 매년 장치를 재교정할 경우, 연이율 16%에서 8년 동안의 등가 균등자금열을 계산하시오. 수기 및 스프레드시트를 사용한 풀이를 보이시오.

수기 풀이

그림 3-5(a)와 (b)는 원래의 현금흐름과 구하고자 하는 등가 현금흐름을 현금흐름도로 표현한 것이다. $8,000의 이동된 자금열을 모든 기간 동안의 균등자금열로 변환하기 위해서는 먼저 균등자금열을 현재가치 또는 미래가치 금액으로 변환한다. 그다음 A/P 계수 또는 A/F 계수를 사용할 수 있다. 두 방법 모두 여기서 설명한다.

현재가치를 사용하는 방법 (그림 3-5(a)를 참고한다.) 2년 차에 이동된 자금열의 P'_A를 계산한 후에 0년 차의 P_T를 계산한다. A 자금열은 6년 동안 존재한다.

$$P'_A = 8{,}000(P/A{,}16\%{,}6)$$

$$P_T = P'_A(P/F{,}16\%{,}2)$$

$$= 8{,}000(P/A{,}16\%{,}6)(P/F{,}16\%{,}2)$$

$$= 8{,}000(3.6847)(0.7432)$$

$$= \$21{,}907.75$$

이제 A/P 계수를 사용하여 8년 동안의 등가 자금열 A'를 구할 수 있다.

$$A' = P_T(A/P{,}16\%{,}8) = \$5{,}043.60$$

미래가치를 사용하는 방법 (그림 3-5(a)를 참고한다.) 먼저 8년 차의 미래가치 F를 계산한다.

$$F = 8{,}000(F/A{,}16\%{,}6) = \$71{,}820$$

이제 8년 동안의 A'를 얻기 위해 A/F 계수를 사용한다.

$$A' = F(A/F{,}16\%{,}8) = \$5{,}043.20$$

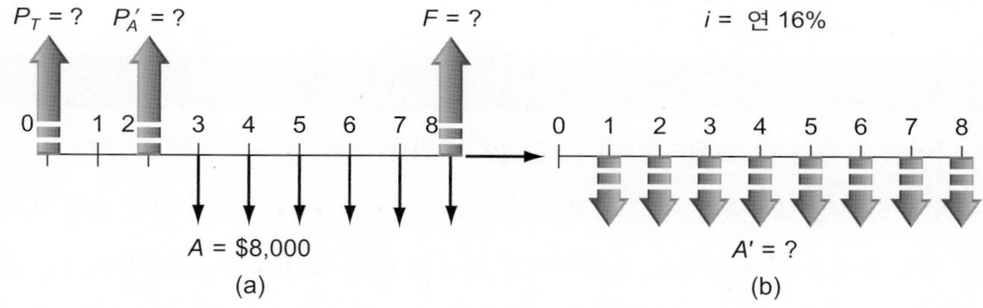

	A	B	C	D	E	F	G
1							
2	연	현금흐름($)					
3	0	0					
4	1	0		(1) PMT와 *P* 값을 사용하여 구한 *A′*			
5	2	0		**-$5,043.49**			
6	3	-8,000					
7	4	-8,000		(2) NPV를 포함하여 구한 *A′*			
8	5	-8,000		**-$5,043.49**			
9	6	-8,000					
10	7	-8,000					
11	8	-8,000					
12	값 *P*	**-21,906.87**					
13							
14							
15							
16							

= –PMT(16%,8,B12)

= –PMT(16%,8,NPV(16%,B4:B11) + B3)

= NPV(16%,B4:B11) + B3

(c)

그림 3-5
예제 3.2의 (a) 원래의 현금흐름도, (b) 등가 현금흐름도, (c) *P*와 *A*를 구하기 위한 스프레드시트 함수

스프레드시트 풀이

(그림 3-5(c)를 참고한다.) B3부터 B11까지의 셀에 현금흐름을 입력하되 처음 3개의 셀에는 "0"을 입력한다. NPV 함수를 사용하여 $P = \$21{,}906.87$을 표시한다.

8년 동안의 연간등가 A, 즉 A'를 구하는 두 가지 방법이 있다. 물론 이 PMT 함수 중 하나만 입력하면 된다. (1) P 값을 참조로 하여 PMT 함수를 입력하거나(셀 D/E5 참조), (2) PMT 함수에 NPV 함수를 포함시켜 식 [3.1]을 사용한다(셀 D/E8 참조).

3.2 균등자금열과 무작위로 배치된 단일자금을 포함한 계산 ●●●

현금흐름에 균등자금열과 무작위로 배치된 단일자금이 모두 포함되어 있는 경우, 3.1절의 절차는 균등자금열에 적용되고 단일자금 공식은 일회성 현금흐름에 적용된다. 예제 3.3과 3.4에 설명된 이러한 접근법은 단지 이전 접근법들의 조합일 뿐이다. 스프레드시트를 사용한 풀이를 위해서는 NPV와 기타 함수를 사용하기 전에 순현금흐름을 반드시 입력해야 한다.

예제 3.3

와이오밍에 있는 엔지니어링 회사는 약 50헥타르(대략 124에이커)의 귀중한 땅을 소유하고 있으며, 한 광산 회사에 광물 권리를 임대하기로 결정했다. 주요 목표는 현재로부터 6년과 16년 후에 진행 중인 프로젝트의 자금 확보를 위한 장기 수익을 얻는 것이다. 엔지니어링 회사는 광산 회사에 지금으로부터 1년 후부터 20년간 매년 $20,000를 지불하고, 6년 후에는 $10,000, 16년 후에는 $15,000를 추가로 지불할 것을 제안했다. 광산 회사가 자신의 임대를 즉시 상환하고자 한다면, 연이율 16%로 투자가 이루어질 경우 얼마를 지불해야 하는가? 수기 및 스프레드시트를 사용하여 해결하시오.

수기 풀이

소유주 관점에서의 현금흐름도는 그림 3-6(a)에 나타나 있다. 20년 균등자금열에 대한 현재가치를 찾아 두 번의 일시금에 대한 현재가치를 더하여 P_T를 구한다.

$$P_T = 20{,}000(P/A,16\%,20) + 10{,}000(P/F,16\%,6) + 15{,}000(P/F,16\%,16)$$
$$= \$124{,}075$$

$20,000 균등자금열은 1년 차 말에 시작되므로, P/A 계수는 0년도의 현재가치를 결정한다.

스프레드시트 풀이

스프레드시트 셀에 모든 현금흐름을 입력하고 NPV 함수를 사용하여 연 16% 이자율일 때의 현재가치를

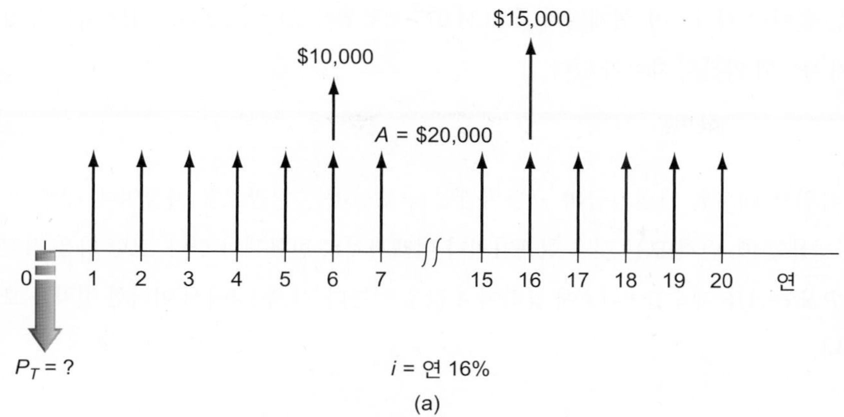

(a)

	A	B	C	D
1		현금흐름($)		
2	연	균등 자금열	단일자금	총액
3	0	0		0
4	1	20,000		20,000
5	2	20,000		20,000
6	3	20,000		20,000
7	4	20,000		20,000
8	5	20,000		20,000
9	6	20,000	10,000	30,000
10	7	20,000		20,000
11	8	20,000		20,000
12	9	20,000		20,000
13	10	20,000		20,000
14	11	20,000		20,000
15	12	20,000		20,000
16	13	20,000		20,000
17	14	20,000		20,000
18	15	20,000		20,000
19	16	20,000	15,000	35,000
20	17	20,000		20,000
21	18	20,000		20,000
22	19	20,000		20,000
23	20	20,000		20,000
24	**연이율 16% 에서의 현재가치**			**$124,077**
25				
26				
27				
28				

= NPV(16%,D4:D23) + D3

(b)

그림 3-6
예제 3.3의 (a) 현금흐름도와 (b) 균등자금열과 단일자금에 대한 스프레드시트 풀이

구한다. 그림 3-6(b)는 풀이를 제시하며, 현재가치 값 \$124,077(반올림된 값)은 스프레드시트 계산의 정확도가 높기 때문에 수기 풀이와 약간의 차이가 있다.

무작위로 배치된 단일자금과 균등자금열을 포함하는 현금흐름 자금열에 대한 A 값을 계산할 때, 먼저 모든 것을 **현재가치나 미래가치로 변환**해야 한다. 그런 다음 적절한 A/P 또는 A/F 계수를 P나 F에 곱하여 A 값을 얻는다. 예제 3.4에서 이러한 절차를 보여준다.

예제 3.4

상당한 양의 땅을 소유하고 있는 텍사스의 설계-건축-운영 엔지니어링 회사는 광산 및 탐사 회사에 굴착 권리(오일과 가스만 해당)를 임대할 계획이다. 계약에 따라 광산 회사는 3년 후부터 20년간 매년 \$20,000를 지불(즉, 3년 차 말부터 22년 동안 계속)하고, 6년 후에 \$10,000와 16년 후에 \$15,000를 지불하기로 했다. 수기 및 스프레드시트를 사용하여 연이율 16%에서 아래에 나열된 다섯 가지 항목에 대한 등가를 구하시오.

1. 0년 차의 총현재가치 P_T
2. 22년 차의 미래가치 F
3. 22년 동안의 연간자금열
4. 처음 10년 동안의 연간자금열
5. 마지막 12년 동안의 연간자금열

수기 풀이

그림 3-7은 $P/A, P/F, F/A$ 계수에 대해 올바른 연도에 표시된 등가 P와 F 값과 함께 현금흐름을 보여준다.

1. 0년 차의 P_T : 먼저, 2년 차에서의 자금열인 P'_A를 구한다. P_T는 세 가지 P 값의 합이다. 이는 P/F 계수를 사용해 $t = 0$으로 이동한 자금열의 현재가치, 그리고 6년 차와 16년 차에 있는 2개의 단일자금에 대한 $t = 0$에서의 두 P 값이다.

$$P'_A = 20{,}000(P/A,16\%,20)$$
$$P_T = P'_A(P/F,16\%,2) + 10{,}000(P/F,16\%,6) + 15{,}000(P/F,16\%,16)$$
$$= 20{,}000(P/A,16\%,20)(P/F,16\%,2) + 10{,}000(P/F,16\%,6) + 15{,}000(P/F,16\%,16)$$
$$= \$93{,}625 \qquad [3.2]$$

2. 22년 차의 미래가치 F : 원래의 현금흐름(그림 3-7)에서 22년 차의 F를 구하려면, 20년 차에서의 자금열에 대한 F를 찾고 2개의 단일자금에 대한 두 F 값을 더한다. 단일자금에 대한 n 값을 주의 깊게 결정해야

한다. \$10,000 금액에 대해 $n = 22 - 6 = 16$이고, \$15,000 금액에 대해 $n = 22 - 16 = 6$이다.

$$F = 20{,}000(F/A,16\%,20) + 10{,}000(F/P,16\%,16) + 15{,}000(F/P,16\%,6)$$
$$= \$2{,}451{,}626 \qquad [3.3]$$

3. 22년 동안의 연간자금열 A : 1번에서 계산한 $P_T = \$93{,}625$를 A/P 계수에 곱하여 22년 동안의 A 자금열을 구한다. 여기서는 A_{1-22}로 칭한다.

$$A_{1-22} = P_T(A/P,16\%,22) = 93{,}625(0.16635) = \$15{,}575 \qquad [3.4]$$

하나의 대안으로 2번에서 언급된 F 값을 사용하여 22년 동안의 자금열을 구할 수 있다. 이 경우 계산은 $A_{1-22} = F(A/F,16\%,22) = \$15{,}575$이다.

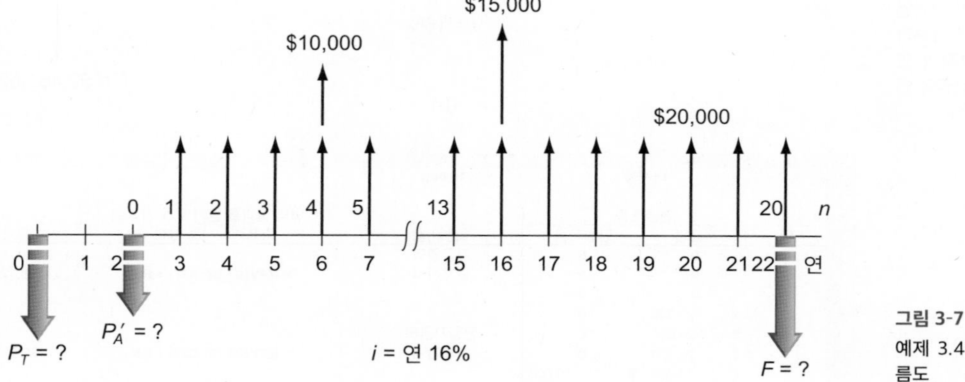

그림 3-7
예제 3.4에 대한 현금흐름도

4. 1년 차부터 10년 차까지의 A : 4번과 5번은 경제성 공학 연구에서 자주 발생하는 특별한 경우이다. 연간등가 자금열은 원래 현금흐름이 다루는 것과 다른 연수로 계산된다. 이는 분석을 위해 분석기간이 사전에 설정될 때 발생한다. (분석기간에 대해서는 추후 더 설명된다.) 오직 1년 차부터 10년 차까지의 연간등가 자금열(이를 A_{1-10}이라 한다)을 구하기 위해 P_T 값은 $n = 10$에 대한 A/P 계수와 반드시 함께 사용되어야 한다. 이 계산은 그림 3-7을 그림 3-8(a)의 연간등가 자금열 A_{1-10}로 변환한다.

$$A_{1-10} = P_T(A/P,16\%,10) = 93{,}625(0.20690) = \$19{,}371 \qquad [3.5]$$

5. 11년 차부터 22년 차까지의 A : 11년 차부터 22년 차까지의 12년 연간등가 자금열(이를 A_{11-22}이라 한다)을 구하기 위해서는 12년에 대한 A/F 계수와 함께 F 값을 사용해야 한다. 이 계산은 그림 3-7을 그림 3-8(b)의 12년 연간등가 자금열 A_{11-22}로 변환한다.

$$A_{11-22} = F(A/F,16\%,12) = 2{,}451{,}626(0.03241) = \$79{,}457 \qquad [3.6]$$

현재가치 \$93,625가 첫 10년 동안 연 16%로 복리계산될 때 발생하는 연간등가 금액에서 \$60,000 이상 발생하는 큰 차이에 주목하자. 이는 화폐의 시간적 가치를 잘 보여주는 또 다른 예시이다.

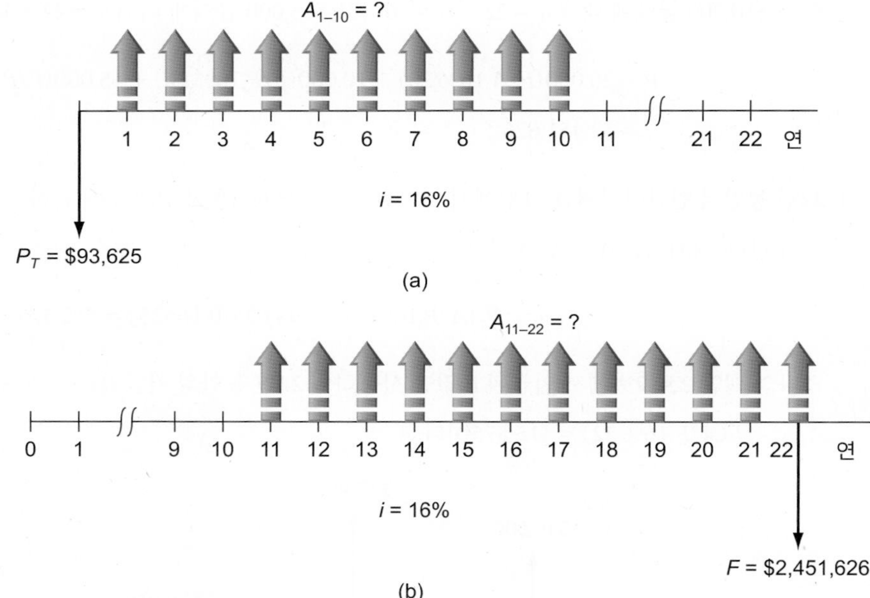

그림 3-8
그림 3-7을 (a) 1년 차부터 10년 차까지의 연간등가 자금열과 (b) 11년 차부터 22년 차까지의 연간등가 자금열로 변환한 현금흐름

◇	A	B	C	D	E	F
1		이자율		**16.00%**		
2						
3		현금흐름			F 열의 결과를 얻기 위해 사용된	
4	연	자금열	단일자금	계산된 값	스프레드시트 함수	결과
5	0	0	0	자금열의		
6	1	0	0	현재가치	**`= NPV(D1,B6:B27) + B5**	$88,122
7	2	0	0			
8	3	$ 20,000	0			
9	4	$ 20,000	0	단일자금의		
10	5	$ 20,000	0	현재가치	**`= NPV(D1,C6:C27) + C5**	$5,500
11	6	$ 20,000	$ 10,000			
12	7	$ 20,000	0			
13	8	$ 20,000	0			
14	9	$ 20,000	0	1. 총현재가치	**`= F6 + F10** or	$93,622
15	10	$ 20,000	0		**`= NPV(D1,B6:B27) + NPV(D1,C6:C27)**	$93,622
16	11	$ 20,000	0			
17	12	$ 20,000	0	2. 총미래가치		
18	13	$ 20,000	0		**`= FV(D1,22,0,-F14)**	$2,451,621
19	14	$ 20,000	0			
20	15	$ 20,000	0	3. 22년 동안의		
21	16	$ 20,000	$ 15,000	연간자금열	**`= PMT(D1,22,-F14)**	$15,574
22	17	$ 20,000	0			
23	18	$ 20,000	0	4. 처음 10년 동안의		
24	19	$ 20,000	0	연간자금열	**`= PMT(D1,10,-F14)**	$19,370
25	20	$ 20,000	0			
26	21	$ 20,000	0	5. 마지막 12년 동안의		
27	22	$ 20,000	0	연간자금열	**`= PMT(D1,12,0,-F18)**	$79,469

그림 3-9
예제 3.4의 참조 형식을 사용한 스프레드시트

스프레드시트 풀이

그림 3-9는 모든 다섯 가지 질문에 대한 답이 포함된 스프레드시트 이미지이다. $20,000 자금열과 2개의 단일자금이 B와 C 열에 별도로 입력되어 있다. 함수가 올바르게 작동하도록 나머지 현금흐름에는 0 값이 입력되었다. 이는 NPV, FV, PMT 함수의 다양성을 보여주는 훌륭한 예이다. 민감도 분석을 준비하기 위해 함수는 *E* 열에 나타난 것처럼 셀 참조 형식 또는 전역 변수를 사용하여 작성될 수 있다. 이는 이자율, 자금열이나 단일자금 내의 어떤 현금흐름 추정치, 그리고 22년 시간 내의 시점 등 사실상 어떤 숫자로도 변경될 수 있고 새로운 답이 즉시 표시될 수 있음을 의미한다.

1. NPV 함수를 사용하여 균등자금열과 단일자금의 현재가치는 각각 F6과 F10 셀에서 결정된다. 이것의 합인 F14에서 $P_T = \$93{,}622$로, 식 [3.2]의 값과 일치한다. 대안으로, P_T는 두 NPV 함수의 합으로 E15 셀에서 바로 구해질 수 있다.

2. 18번 행의 FV 함수는 F14 셀의 P 값(마이너스 부호가 앞에 붙는다)을 사용하여 22년 후의 F 값을 결정한다. 이는 식 [3.3]보다 훨씬 쉽다.

3. 1년 차부터 시작하는 22년 동안의 A 자금열을 찾기 위해 21번 행의 PMT 함수는 F14 셀의 P 값을 참조한다. 이는 A_{1-22}를 얻기 위해 식 [3.4]에서 사용된 절차와 실질적으로 같다. 스프레드시트 애호가라면, 내장된 NPV 함수를 포함하는 PMT 함수로 직접 22년 동안의 A 자금열 값을 찾을 수 있다. 셀 참조 형식은 = PMT(D1,22,−(NPV(D1,B6:B27) + B5 + NPV(D1,C6:C27) + C5))이다.

4와 5. 스프레드시트를 사용하면 P 값이 위치한 후 한 기간이 시작되거나 F 값이 위치한 곳과 같은 기간에 끝나는 경우, 어떤 기간에 대해서도 균등자금열을 결정하는 것은 매우 간단하다. 이는 여기서 요청된 자금열 모두에 해당한다. F24와 F27의 결과는 각각 식 [3.5]와 [3.6]의 A_{1-10}과 A_{11-22}와 동일하다.

참고사항

수기 결과와 스프레드시트 결과를 비교할 때는 항상 **반올림 오류**(round-off error)가 존재할 수 있음을 기억하자. 스프레드시트 함수는 계산 과정에서 표에서 제공하는 것보다 더 많은 소수점 자리를 고려한다. 또한 스프레드시트 함수를 구성할 때는 매우 주의해야 한다. PMT와 FV 함수에서 P나 F 값, 또는 항목 사이의 마이너스 부호와 같은 값을 놓치기 쉽다. [Enter↵]를 누르기 전에 항상 함수 입력을 신중하게 확인해야 한다.

3.3 이동된 기울기에 대한 계산 ●●●

2.5절에서 **등차자금열**(arithmetic gradient series)의 현재가치를 구하기 위해 $P = G(P/G, i,n)$ 관계를 도출했다. 식 [2.25]인 P/G 계수는 처음 기울기가 2년 차에 나타나는 상황에서 0년 차의 현재가치를 구하기 위해 도출되었다.

등차자금열의 현재가치는 항상 **기울기가 시작되기 두 기간 전**에 위치한다.

기울기 P의 배치

현금흐름도를 다시 떠올리기 위해 그림 2-14를 참조한다.

$A = G(A/G,i,n)$ 관계 역시 2.5절에서 유도되었다. 식 [2.27]의 A/G 계수는 **단지 기울기만**을 1년 차부터 n년 차까지의 A 자금열로 변환한 등가를 구한다(그림 2-15). 초기액은 별도로 처리해야 한다는 것을 기억하자. 그런 다음, 등가 P 또는 A 값을 합산하여

총현재가치 P_T와 총연간자금열 A_T를 구할 수 있다.

전형적 등차자금열은 현금흐름상 기간 1과 2 사이에서 시작된다. 다른 시점에서 시작되는 기울기는 **이동된 기울기**라고 부른다. 이동된 기울기에 대한 P/G와 A/G 계수의 n 값은 시간 척도를 재표기함으로써 구할 수 있다. 기울기가 처음 나타나는 기간을 기간 2로 표시한다. 기울기 계수의 n 값은 마지막으로 기울기가 증가하는 곳에서 다시 매겨진 기간에 의해 결정된다.

현금흐름 자금열을 등차자금열과 나머지 현금흐름으로 분할하면 기울기의 n 값을 매우 명확하게 결정할 수 있다. 예제 3.5는 이러한 분할을 보여준다.

예제 3.5

Intelligent Chip사는 8년 동안 맞춤형 칩 제조 라인에서 발생하는 평균 검사 비용을 추적했다. 처음 4년 동안의 평균 비용은 단위당 \$100로 안정적이었으나, 마지막 4년 동안은 단위당 \$50씩 지속적으로 증가했다. P/G 계수를 사용하여 기울기의 증가를 분석하시오. 기울기의 현재가치는 어디에 위치해 있는가? 0년 차의 총현재가치를 계산하기 위해 사용되는 일반적인 공식은 무엇인가?

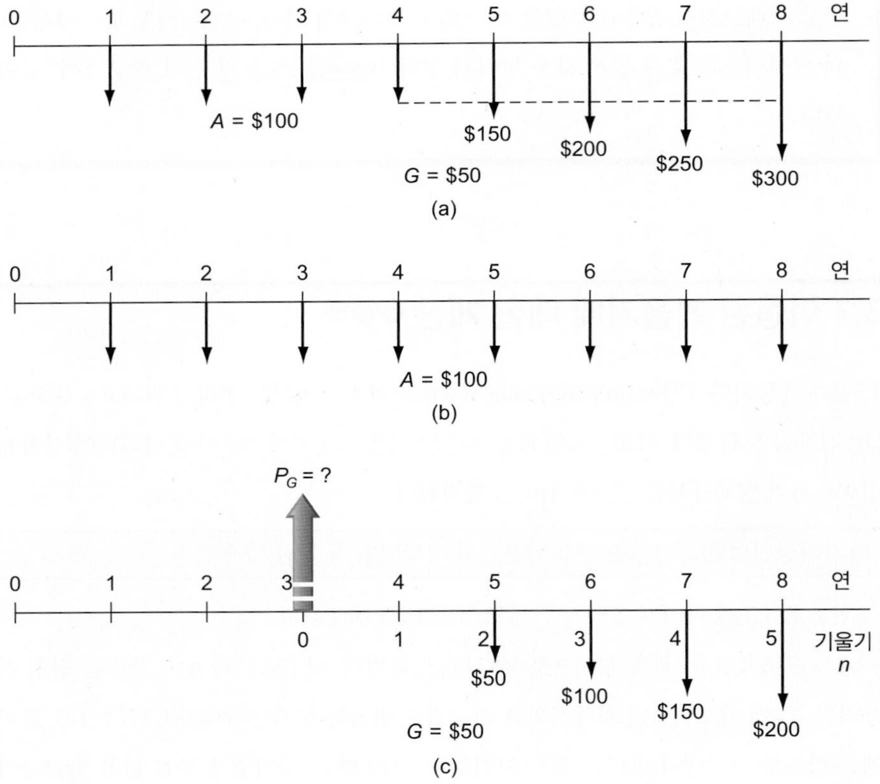

그림 3-10
예제 3.5의 분할된 현금흐름, (a)=(b)+(c)

풀이

그림 3-10(a)의 현금흐름도는 기간 4와 5 사이에서 시작하는 초기액 $A = \$100$와 직선기울기 $G=\$50$를 보여준다. 그림 3-10(b)와 (c)는 이 두 자금열을 분할한다. 기울기의 2년 차는 그림 3-10(c)의 전체 순서에서 실제로 5년 차에 배치된다. P/G 계수에서 $n = 5$임이 분명하다. P_G=? 화살표는 기울기의 0년 차, 즉 현금흐름 자금열의 3년 차에 배치되어 있다.

P_T에 대한 공식은 식 [2.19]로부터 가져온다. 균등자금열 $A=\$100$는 8년 동안 매년 발생하고 $G=\$50$ 기울기의 현재가치 P_G는 3년 차에 나타난다.

$$P_T = P_A + P_G = 100(P/A,i,8) + 50(P/G,i,5)(P/F,i,3)$$

이동된 기울기를 포함하는 현금흐름에 대해 A/G 계수를 사용하여 1년 차부터 n년 차까지의 등가 A 값을 찾을 수 없다는 것에 주목하자. 그림 3-11의 현금흐름도를 고려해 보자. 1년 차부터 10년 차까지의 등차자금열만을 위한 연간등가 자금열을 찾으려면, 먼저 실제 5년 차의 기울기에 대한 현재가치 P_G를 찾고, 이 현재가치를 0년도로 가져간 다음, A/P 계수로 10년 동안의 현재가치를 연간화한다. 등차자금열의 균등자금열화 계수 $(A/G,i,5)$를 직접 적용하면, 1년부터 10년까지가 아닌 오직 6년부터 10년까지만 기울기가 연간등가 자금열로 변환된다.

모든 n 기간 동안 이동된 기울기에 대한 등가 A 자금열을 찾기 위해서 먼저 실제 시간 0에서 기울기의 현재가치를 찾은 다음 $(A/P,i,n)$ 계수를 적용한다.

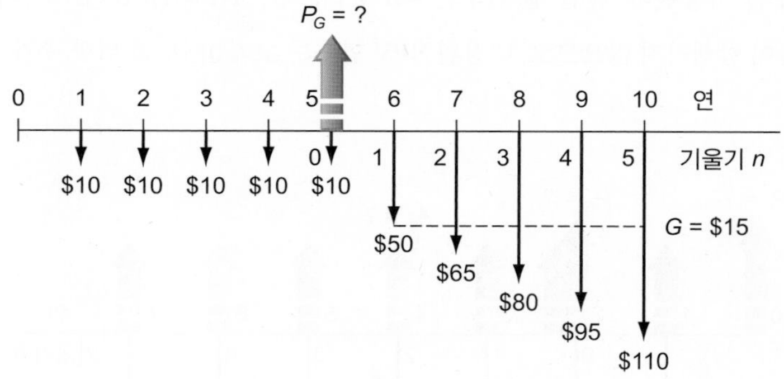

그림 3-11
이동된 기울기를 위한 계수에서 사용되는 G와 n 값의 결정

예제 3.6

그림 3-12의 현금흐름 추정치에 대해 1년부터 7년까지의 연간등가 자금열을 계산하기 위해 경제성 공학적 관계를 설정한다.

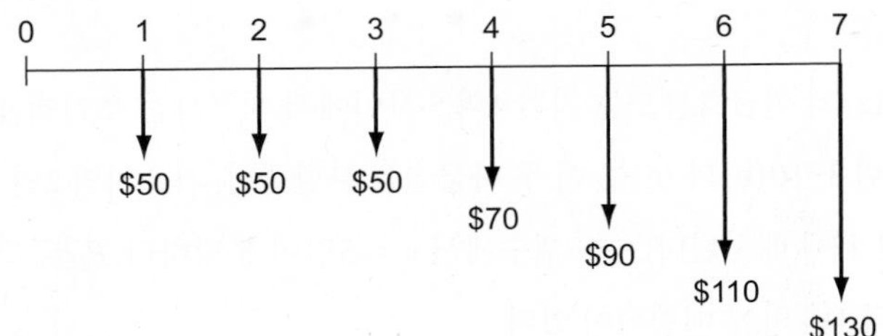

그림 3-12
예제 3.6의 이동된 기울기에 대한 현금흐름도

풀이

초기 연간자금열은 7년 동안 매년 $A_B = \$50$이다(그림 3-13). 실제로 4년 차에 시작하는 $20 기울기의 실제 2년 차 현재가치 P_G를 찾으시오. 기울기 n은 5이다.

$$P_G = 20(P/G,i,5)$$

기울기의 현재가치를 실제 0년도로 가져온다.

$$P_0 = P_G(P/F,i,2) = 20(P/G,i,5)(P/F,i,2)$$

1년 차부터 7년 차까지 기울기의 현재가치를 연간화하여 A_G를 얻는다.

$$A_G = P_0(A/P,i,7)$$

마지막으로 초기액을 기울기에 대한 연간자금열에 더한다.

$$A_T = 20(P/G,i,5)(P/F,i,2)(A/P,i,7) + 50$$

스프레드시트를 사용하여 답을 찾기 위해 원래의 현금흐름을 B3부터 B10처럼 인접한 셀에 입력하고 PMT 함수 내에 내장된 NPV 함수를 사용한다. 단일 셀 함수는 = PMT(*i*%,7,−NPV(*i*%,B3:B10))이다. 그림 3-12에서 0년 차에 현금흐름이 발생하지 않으므로, 내장된 NPV 함수는 초기 0년도를 위한 추가 현금흐름을 포함할 필요가 없다.

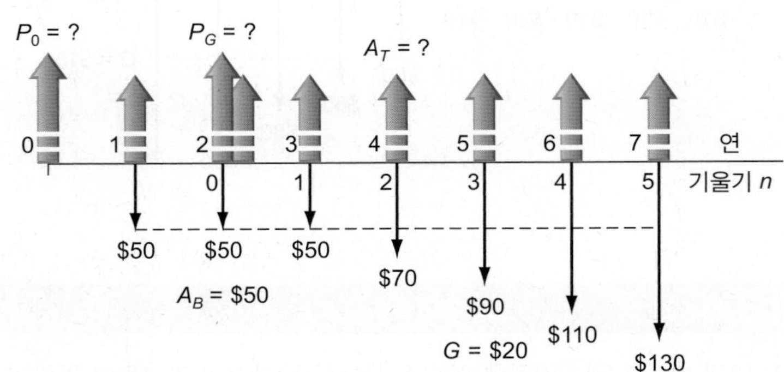

그림 3-13
예제 3.6의 이동된 기울기에 대한 연간 등가 A를 결정하기 위해 사용된 현금흐름도

2.6절에서 초기액 A_1을 포함한 **등비자금열**(geometric gradient series)의 현재가치를 구하기 위해 $P_g = A_1(P/A\,g,i,n)$ 관계를 도출했다. 이 계수는 0년 차의 현재가치를 찾기 위해 도출되었으며, A_1은 1년 차에 있고, 첫 번째 기울기는 2년 차에 나타난다.

등비자금열에 대한 현재가치는 항상 **기울기가 시작되기 두 기간 전**에 위치하며, **초기액**은 결과로 나온 현재가치에 **포함**된다. 현금흐름을 다시 떠올리기 위해 그림 2-21을 참조하자.

기울기 P의 배치

식 [2.35]는 해당 계수에 사용되는 공식이다. 이는 계수표에는 나와 있지 않다.

예제 3.7

Coleman Industries 중서부 공장의 화공학자는 새로운 화학 첨가제를 소량 사용함으로써 Coleman의 텐트 원단 방수성을 20% 증가시킬 수 있다고 판단했다. 공장 감독관이자 공학자인 리스는 1년 후부터 시작하는 5년 계약을 통해 연 $7,000에 첨가제를 구매하기로 했다. 리스는 그 이후 8년 동안 연간 가격이 12%씩 증가할 것으로 예상한다. 추가로, 첨가제를 배송할 수 있는 적절한 배송지를 준비하기 위해 지금 $35,000의 초기 투자가 이루어졌다. 연이율 15%를 사용하여 이 모든 현금흐름과 동일한 총현재가치를 구하시오.

풀이

그림 3-14는 현금흐름을 보여준다. 총현재가치 P_T는 $g = 0.12$와 $i = 0.15$를 사용하여 찾을 수 있다. 식 [2.34]와 [2.35]는 실제 4년 차에서의 전체 등비자금열의 현재가치 P_g를 결정하는 데 사용되며, 이는 $(P/F,15\%,4)$를 사용하여 0년도로 이동된다.

$$\begin{aligned} P_T &= 35{,}000 + A(P/A,15\%,4) + A_1(P/A,12\%,15\%,9)(P/F,15\%,4) \\ &= 35{,}000 + 7{,}000(2.8550) + \left[7{,}000\,\frac{1-(1.12/1.15)^9}{0.15-0.12}\right](0.5718) \\ &= 35{,}000 + 19{,}985 + 28{,}247 \\ &= \$83{,}232 \end{aligned}$$

$(P/A,15\%,4)$ 계수에서 $n = 4$인 이유는 5년 차의 $7,000이 기울기 A_1의 초기 현금흐름이기 때문이다.

스프레드시트로 해결하기 위해 그림 3-14의 현금흐름을 입력한다. B1부터 B14까지의 셀을 사용하면 현재가치 $P_T = \$83{,}230$를 찾기 위한 함수는 아래와 같다.

NPV(15%,B2:B14) + B1

스프레드시트에서 등비자금열을 가장 빠르게 입력하는 방법은 5년 차에 $7,000를 (셀 B6에) 입력하고, 이후 각 셀을 12% 증가분인 1.12로 곱하여 설정하는 것이다.

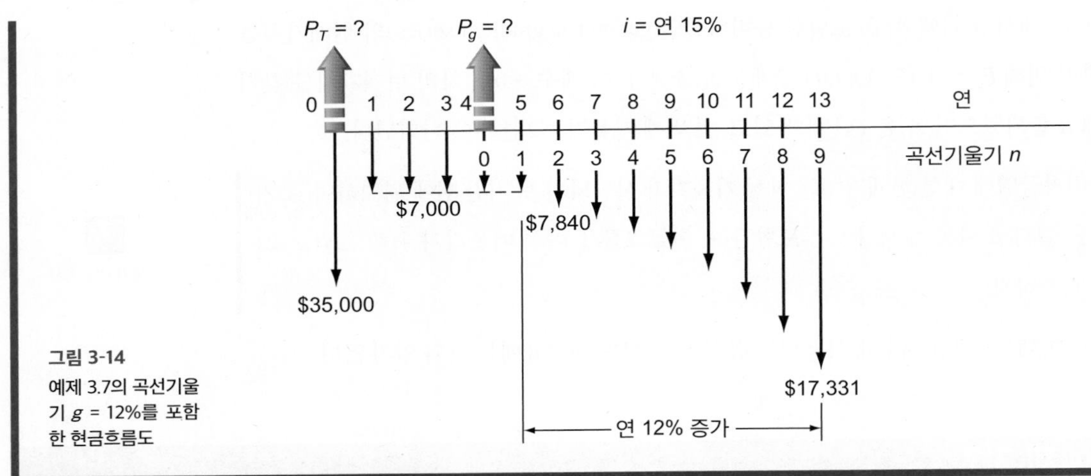

그림 3-14
예제 3.7의 곡선기울기 g = 12%를 포함한 현금흐름도

감소하는 직선기울기와 곡선기울기는 일반적이며, 이는 종종 **이동된 기울기의 자금열**이다. 즉, 일정한 기울기는 $-G$이거나 한 기간에서 다음 기간으로의 백분율 변화가 $-g$이며, 기울기가 처음 나타나는 시점은 자금열에서의 2년 차가 아닌 어떤 기간(연)에 있

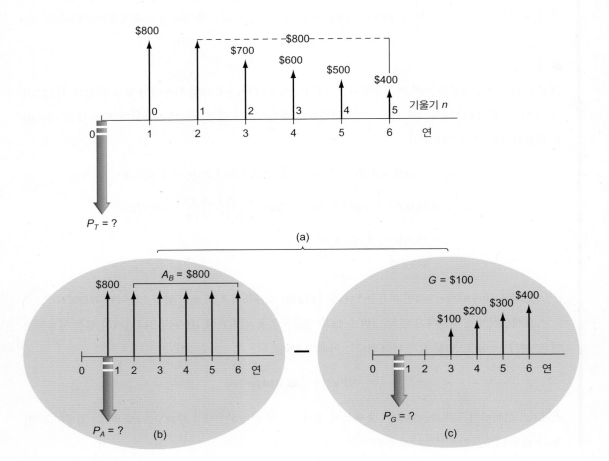

그림 3-15
이동된 직선기울기에 대한 분할된 현금흐름, (a) = (b) - (c)

다. 현재가치 P와 연간등가 A에 대한 등가계산은 다음 사항을 제외하고는 2장에서 논의된 것과 기본적으로 동일하다.

이동된 감소하는 기울기에 대해서는 다음과 같이 처리한다.

- 초기액 A(직선) 또는 처음 금액 A_1(곡선)은 자금열의 첫해가 가장 큰 금액이다.
- 기울기 금액은 이전 해의 금액에 더하는 것이 아니라 뺀다.
- 계수에 사용되는 금액은 등차자금열에서는 $-G$이고, 등비자금열에서는 $-g$이다.
- 현재가치 P_G 또는 P_g는 첫 기울기가 나타나기 2년 전에 위치한다. 그러나 0년 차의 현재가치를 찾기 위해서는 P/F 계수가 필요하다.

그림 3-15는 시간이 1년 앞으로 이동된 $G = \$-100$의 감소하는 등차자금열을 분할한다. P_G는 실제로 1년 차에 발생하며, P_T는 세 부분의 합이다.

$$P_T = \$800(P/F,i,1) + 800(P/A,i,5)(P/F,i,1) - 100(P/G,i,5)(P/F,i,1)$$

예제 3.8

Morris Glass Company는 미래에 '스마트' 유리 개발을 지원하기 위해 향후 5년간 자금을 투자하기로 했다. 새로운 기술이 적용된 유리는 전기 크롬 코팅을 통해 건물에 비치는 태양과 어둠에 대해 신속하게 조정할 수 있게 하며, 내부 난방 및 냉방 비용 절감에도 도움을 준다. 재무 계획은 투자를 통해 가치 상승을 일으킨 후, 미래에 사용 가능한 자금을 활용하는 것이다. 모든 현금흐름의 추정치는 천 달러 단위이며, 예상되는 이자율은 연 8%이다.

1년부터 5년까지 : 1년 차에 \$7,000를 투자하고, 5년 차까지 매년 \$1,000씩 감소
6년부터 10년까지 : 새로운 투자와 인출이 없음
11년부터 15년까지 : 11년 차에 \$20,000를 인출하고, 15년 차까지 매년 20%씩 감소

투자와 계획하고 있는 가치 상승으로 인해 예상하는 인출이 충당될 수 있을지 결정하시오. 인출 자금열이 과하게 또는 부족하게 자금이 조달되었다면, 다른 추정치가 동일하게 유지된다고 가정할 때 인출 자금열이 시작되는 11년 차에 정확히 얼마의 금액이 사용 가능한가? 수기 및 스프레드시트를 사용하여 해결하시오.

수기 풀이

그림 3-16은 현금흐름도와 풀이에 사용된 등가 P 값의 배치를 보여준다. 실제로 0년 차에서 두 자금열의 현재가치를 계산하고 이를 더하여 투자 자금열이 예상 인출을 충당하기에 충분한지 결정한다.

투자 자금열 : 2년 차부터 시작하는 감소 등차자금열로 $A = \$-7{,}000$, $G = \$-1{,}000$, 기울기 $n = 5$이다. 0년

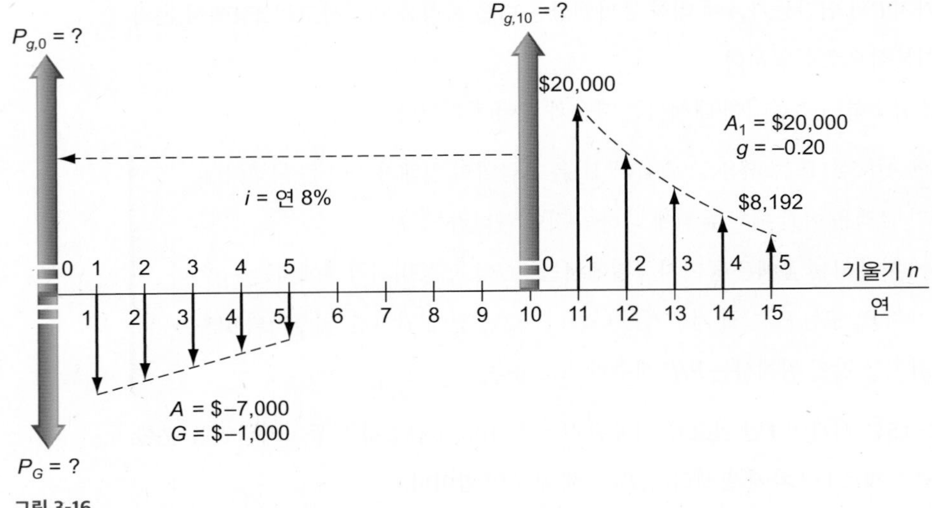

그림 3-16
예제 3.8의 투자와 인출 자금열

차의 직선기울기의 현재가치는 아래와 같다.

$$\begin{aligned} P_G &= -[7{,}000(P/A{,}8\%{,}5) - 1{,}000(P/G{,}8\%{,}5)] \\ &= \$-20{,}577 \end{aligned}$$

인출 자금열 : 12년 차에 시작하는 감소, 이동된 등비자금열로 $A_1 = \$20{,}000, g = -0.20$, 기울기 n=5이다. 만약 10년 차의 현재가치가 $P_{g,10}$으로 식별된다면, 0년 차의 현재가치는 $P_{g,0}$이다. $(P/A,-20\%,8\%,5)$ 계수에 대해 식 [2.35]를 사용한다.

$$\begin{aligned} P_{g,0} &= P_{g,10}(P/F,i,n) = A_1(P/A\,g,i,n)(P/F,i,n) \qquad [3.7] \\ &= 20{,}000\left\{\frac{1-\left[\frac{1+(-0.20)}{1+0.08}\right]^5}{0.08-(-0.20)}\right\}(0.4632) \\ &= 20{,}000(2.7750)(0.4632) \\ &= \$25{,}707 \end{aligned}$$

순현재가치의 총액은 다음과 같다.

$$P_T = -20{,}577 + 25{,}707 = \$+5{,}130$$

이는 투자 자금열이 벌어들이는 것보다 더 많은 돈이 인출된다는 것을 의미한다. 두 자금열이 서로 등가가 되기 위해서는 추가 자금을 투자하거나 더 적은 돈을 인출해야 한다.

$P_T = 0$이 되도록 하는 초기 인출 자금열의 정확한 금액을 찾기 위해, A_1을 식 [3.7]에서 알 수 없는 값으로 두고 $P_{g,0} = -P_G = 20{,}577$로 설정한다.

$$20{,}577 = A_1(2.7750)(0.4632)$$

$$A_1 = 11\text{년 차에서 } \$16{,}009$$

다시 계산된 A_1이 초기 인출 금액인 \$20,000의 80%에 불과하기 때문에 등비자금열은 11년 차에 20% 적은 금액에서 시작할 것이다.

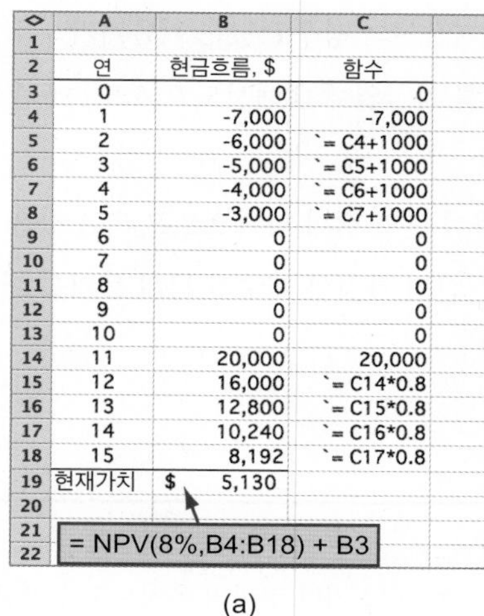

	A	B	C
1			
2	연	현금흐름, $	함수
3	0	0	0
4	1	-7,000	-7,000
5	2	-6,000	`= C4+1000
6	3	-5,000	`= C5+1000
7	4	-4,000	`= C6+1000
8	5	-3,000	`= C7+1000
9	6	0	0
10	7	0	0
11	8	0	0
12	9	0	0
13	10	0	0
14	11	20,000	20,000
15	12	16,000	`= C14*0.8
16	13	12,800	`= C15*0.8
17	14	10,240	`= C16*0.8
18	15	8,192	`= C17*0.8
19	현재가치	$ 5,130	
20			
21			
22			

(a)

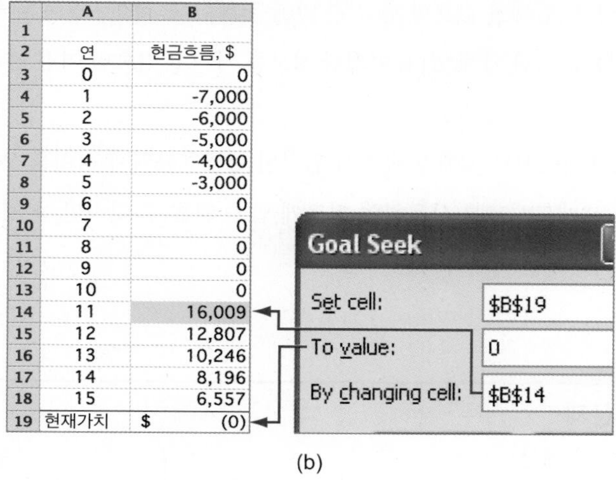

	A	B
1		
2	연	현금흐름, $
3	0	0
4	1	-7,000
5	2	-6,000
6	3	-5,000
7	4	-4,000
8	5	-3,000
9	6	0
10	7	0
11	8	0
12	9	0
13	10	0
14	11	16,009
15	12	12,807
16	13	10,246
17	14	8,196
18	15	6,557
19	현재가치	$ (0)

(b)

그림 3-17
예제 3.8의 스프레드시트 풀이. (a) 현금흐름과 NPV 함수, (b) 11년 차의 초기 인출 금액을 구하기 위한 목적값 탐색

스프레드시트 풀이

그림 3-17(a)를 참조하자. 투자 자금열이 인출 자금열을 커버할 수 있을지를 알아내기 위해 (B열과 C열에 표시된 함수를 사용하여) 현금흐름을 입력하고 셀 참조에 표시된 NPV 함수를 적용하면 $P_T = \$+5{,}130$가 출력됨을 알 수 있다. 위와 같이 + 기호는 화폐의 시간적 가치 관점에서 투자하고 벌어들인 것보다 더 많이 인출됨을 나타낸다.

목적값 탐색 도구는 $P_T = 0$이 되는 초기 인출 금액을 결정하는 데 매우 유용하다(B19 셀). 그림 3-17(b)는 11년 차에 $A_1 = \$16{,}009$가 되는 틀과 결과를 보여준다. (a)와 (b)에서 인출이 이전의 80%일 때 성공적인 인출이 가능하다.

참고사항

인출 자금열이 처음에 예상대로 고정되어 있고 투자 자금열의 초기액 A를 증가시킬 수 있다면, 목적값 탐색 도구를 다시 사용하여 $P_T = 0$(B19 셀)을 설정할 수 있다. 다만, 이제는 B4에 있는 항목을 변경하는 셀로 설정한다. 이에 대한 결과는 $A = \$-8{,}285$이며, 이전과 마찬가지로 이후의 투자는 \$1,000 더 적다.

요약

2장에서 특정 현금흐름 자금열의 현재가치, 미래가치, 또는 연간등가를 계산하기 위한 식을 유도했다. 이 장에서는 시간적으로 이동된 현금흐름 자금열에 여러 식을 적용하는 방법을 배웠다. 예를 들어, 균등자금열이 기간 1에서 시작하지 않는 경우에도 여전히 P/A 계수를 사용하여 자금열의 '현재가치'를 구하지만, P 값은 시간 0이 아니라 첫 번째 A 값보다 한 기간 앞에 위치한다. 직선기울기와 곡선기울기의 경우 P 값은 기울기가 시작되는 곳보다 두 기간 앞에 있다. 이러한 정보를 가지고 있으면 어떤 현금흐름 자금열에 대해서도 P, A 또는 F를 구할 수 있다.

스프레드시트 셀에 연속해서 입력된 현금흐름의 추정치를 사용하여 단일 셀의 입력으로 P, F, A 값을 구했다. 스프레드시트를 사용하여 빠르게 답을 얻을 수 있지만, 화폐의 시간적 가치와 계수가 돈의 등가를 어떻게 변환하는지를 이해하기는 어렵다.

연습문제

현재가치 계산

3.1 상업용 부동산 개발업자는 도시 내 부촌에 고급 쇼핑몰을 건설하기 위해 자금을 대출받을 계획이다. 개발업자는 2년 차부터 15년 차까지 매년 $400,000를 상환금으로 갚으며 대출을 받을 계획이다. 은행은 연이율 10%로 얼마나 대출해 줄 수 있는가?

3.2 마이크로메커니컬 시스템 제조업체는 새로운 포장 장비를 설치함으로써 제품 리콜을 10% 줄일 수 있다. 새 장비의 비용이 4년 후에 $40,000가 될 것으로 예상된다면, 최소요구수익률이 12%일 때 회사가 (4년 후가 아닌) 현재 지출할 수 있는 금액은 얼마인가?

3.3 눈 수술 중에 중요한 망막 조직의 위치를 알려줌으로써 수술 위험을 줄일 수 있는 근접 센서가 내시경 끝에 부착되어 있다고 가정해 보자. 만약 한 안과 의사가 이 기술을 사용함으로써 2년 후와 5년 후에 각각 $0.6백만, $1.35백만의 소송을 피할 수 있을 것이라 예상된다면, 각 소송의 10%가 자기부담금일 때 의사는 현재 이 기술에 얼마를 지출할 수 있는가? 연이율 10%를 사용한다.

3.4 Industrial Electric Services는 멕시코의 한 대사관과 스캐너 및 기타 장비의 유지보수를 제공하는 것에 대한 계약을 맺었다. 만약 회사가 2년 차부터 10년 차까지 매년 $12,000를 총 9회 지급받게 되고 연이율이 10%라면, 해당 계약의 현재가치(0년 차 기준)는 얼마인가?

3.5 외곽 지역에 서비스를 제공하는 토목 엔지니어링 컨설팅 회사는 채권 발행, 부동산 개발 등과 같이 지역사회의 재정적 상황에 영향을 미치는 요인에 취약하다. 작은 컨설팅 회사가 주택 건설업자와 고정 가격 계약을 체결하여 1년부터 4년까지 매년 $320,000라는 안정적인 수입을 얻었다. 계약이 끝날 무렵, 경미한 경기 침체로 개발이 둔화되자 양측은 또 다른 계약을 체결하여 추가로 2년간 매년 $150,000를 받기로 했다. 연이율이 10%일 때 두 계약의 현재가치를 구하시오.

3.6 주의가 산만한 운전자의 의도치 않은 차선 변경은 고속도로 사망 사고의 43%를 차지한다. 자동차 회사 Ford와 Volvo는 졸음 또는 주의 산만한 운전자에 의한 사고를 방지하기 위해 공동 기술 개발 프로그램을 시작했다. 차선 표시를 추적하고 차선 변경 시 경보를 울리는 장치는 $260의 비용이 든다. 해당

장치가 3년 후부터 매년 100,000대의 차량에 포함된다면, 이자율이 연 10%일 때 10년 동안의 비용에 대한 현재가치를 구하시오.

3.7 Pittsburgh Custom Products(PCP)는 대형 I 빔을 위한 램 캠버링 기계를 새로 구입했다. PCP는 처음 3년 동안은 매년 80개의 빔을 굽히면서 빔당 $2,000의 비용이 발생할 것으로 예상되며, 이후 8년 차까지는 매년 100개의 빔을 굽히면서 빔당 $2,500의 비용이 발생할 것으로 예상된다. 회사의 최소요구수익률이 연 18%인 경우, 예상 수익에 대한 현재가치는 얼마인가?

3.8 Centrum Water & Gas는 디젤 발전기를 사용하여 펌핑 스테이션에 대기 전력을 제공한다. 다른 대안으로 발전기를 가스로 구동하는 방법이 있지만 멀리 떨어진 지역에서 가스를 사용할 수 있게 되기까지는 몇 년의 시간이 걸릴 것이다. Centrum은 가스로 전환함으로써 현시점을 기준으로 3년 후부터 20년 말까지 매년 $15,000를 절약할 수 있을 것으로 추정한다. 연이율이 8%일 때 예상 절약액에 대한 현재가치를 구하시오.

3.9 큰 수도 회사가 우물 펌프, 부스터 펌프, 그리고 소독 장비의 중앙 모니터링 및 제어를 위해 SCADA 시스템을 개선할 계획이다. 단계 1은 노동 및 이동 비용을 연간 $28,000 절약해 주며, 단계 2는 추가로 연간 $20,000, 즉 $48,000의 비용을 절약해 준다. 만약 단계 1의 비용 절약이 0, 1, 2, 3년에 발생하고 단계 2의 비용 절약이 4년부터 10년까지 발생한다면, 연이율이 8%일 때 1년 차부터 10년 차까지 개선된 시스템의 현재가치는 얼마인가?

3.10 작은 크기의 고감도 압력 변환기를 제조하는 비용은 연간 $73,000이다. 한 산업공학자는 생산 라인을 재구성하고 로봇 팔 2개를 다시 프로그래밍하는 비용으로 지금 $16,000를 지출함으로써 내년에 발생할 비용이 $58,000로 감소하고 2년부터 5년까지는 $52,000로 감소할 것이라는 것을 알게 됐다. 연이율 10%를 사용하여 생산 라인을 개선함으로써 얻게 되는 절약액에 대한 현재가치를 구하시오. (힌트 : 개선 비용을 포함한다.)

연간등가 계산

3.11 3년 차부터 10년 차까지 매년 $20,000의 일정한 지급 자금열에 대해 1년 차부터 10년 차까지의 연간등가를 구하시오. 연이율은 10%를 적용한다. 또한 A를 찾기 위한 단일 셀 스프레드시트 함수를 작성하시오.

3.12 6인치 TFT 컬러 터치 스크린 HMI 패널을 제작하는 AutomationDirect는 다음 5년간의 현금흐름을 검토하고 있다. 회사는 5년 동안 다양한 시기에 사무용 기계와 컴퓨터 장비를 교체할 것으로 예상한다. 구체적으로는, 2년 후에 $7,000, 4년 후에 $9,000, 5년 후에 $15,000를 지출할 예정이다. 연이율이 10%일 때 계획된 지출에 대한 1년 차부터 5년 차까지의 연간등가는 얼마인가? 또한 A를 찾기 위한 단일 셀 스프레드시트 함수를 작성하시오.

3.13 0년 차에 초기비용이 $70,000이고 3년 차부터 7년 차까지 매년 $15,000의 연간 비용이 발생하는 계약에 대해 1년 차부터 7년 차까지의 연간등가비용은 얼마인가? 연이율 10%를 적용한다.

3.14 새로운 제품의 개발 및 판매와 관련된 순현금흐름이 제시되어 있다. 연이율이 12%일 때 연초의 연간등가(예 : 0년 차부터 5년 차까지)를 구하시오. 현금흐름의 단위는 천 달러이다.

연	1	2	3	4	5	6
현금흐름, $1,000	−120	−50	+90	+90	+90	+90

3.15 사제폭발물(IED, Improvised Explosive Device)은 전쟁 시 많은 인명 살상을 가져온다. 무인지상차량(로봇)은 IED를 해체하거나 다른 임무를 수행하는 데 사용될 수 있다. 만약 로봇이 한 대당 $140,000이고 군사무기를 담당하는 부대가 현재 4,000대를 구매하고 1년 후에 추가로 6,000대를 구매하는 계약을 체결한다면, 연이율이 10%일 때 4년의 계약 기간 동안의 연간등가비용은 얼마인가?

3.16 Kingston Technologies가 2년 후부터 시작하여 8회에 걸쳐 동일한 금액을 지불함으로써 $900,000의 대출을 상환하려 한다면 매년 얼마를 지불해야 하는가? 연이율은 8%이다.

3.17 분쇄석탄 사이클론 화로의 운영비용은 매년 $80,000로 예상된다. 운영은 현재부터 6년 동안만(즉, 0년 차부터 5년 차까지) 필요할 것이다. 연이율이 10%일 때 1년 차부터 5년 차까지의 운영비용과 동일한 연간등가는 얼마인가?

3.18 기업가 정신이 풍부한 전기공학자는 대형 전력회사에 특허받은 서지 보호기를 설치함으로써 향후 5년간 연간 전력 요금을 최소 15% 절감할 수 있을 것이라 제안했다. 제안서에 따르면, 공학자는 지금 $20,000를 받고, 장치를 설치함으로써 절감된 전력 절약액의 75%에 해당하는 연간 지급금을 받게 된다. 절감액이 매년 15%로 동일하고 전력회사의 요금이 매년 $1백만이라 가정할 때, 연이율이 6%인 경우 1년 차부터 5년 차까지 공학자에게 지급되는 지급금과 동일한 연간등가액은 얼마인가?

3.19 제시된 현금흐름에 대해 1년부터 7년까지의 연간 등가가 $300가 되도록 하는 x를 구하시오. 연이율은 10%이다.

연	현금흐름, $	연	현금흐름, $
0	x	4	300
1	300	5	300
2	300	6	300
3	300	7	x

3.20 K-More Imaging은 $700,000 대출 상환 일정에 대해 두 가지 계획 중 선택하려 한다. 계획 1은 회사가 연이율 10%로 4년간 동일한 금액을 4회 상환하는 것이다. 계획 2는 회사가 매해의 상환금을 이전 상환금의 2배가 되도록 하여 3년간 대출을 상환하는 것이다. 계획 2의 마지막 상환금은 계획 1의 마지막 상환금보다 얼마나 더 크겠는가?

미래가치 계산

3.21 평생저축계좌(LSA, Lifetime Saving Account)는 세금 공제를 받은 금액을 투자하고 얻은 이익에 대해 세금을 내지 않아도 된다. 한 엔지니어가 지금 $10,000를 투자하고 이후 20년간 매년 $10,000씩 투자한다면, 연간 10%의 계좌 성장률을 가정할 때 마지막 입금 직후 계좌에는 얼마가 있겠는가?

3.22 아래의 지출에 대한 등가액으로 연이율이 10%일 때의 10년 차에 대한 미래가치를 계산하시오. 또한 미래가치를 구하기 위한 단일 셀 스프레드시트 함수를 작성하시오.

연	지출, $	연	지출, $
0		5	4,000
1	4,000	6	5,000
2	4,000	7	5,000
3	4,000	8	5,000
4	4,000	9	5,000

3.23 3년 후부터 5년 연속으로 매년 $15,000를 입금할 경우, 만약 이자율이 연 8%라면 18년 후에 얼마의 금액이 적립되겠는가?

3.24 산업용 풍력 발전기 제조업체가 10년 후에 장비 교체를 위한 비상금으로 $500,000를 보유하고자 한다. 만약 회사가 지금부터 10년 동안(총 11회 입금) 매년 동일한 금액을 입금할 계획이라면, 입금액은 얼마여야 하는가? 계좌는 연간 10%로 성장한다고 가정한다.

3.25 제시된 현금흐름에 대해 (a) 5년 차와 (b) 4년 차의 미래가치를 구하시오. 연간 이자율은 10%로 가정한다.

연	0	1	2	3	4	5
현금흐름, $	0	0	3,000	3,000	3,000	3,000

3.26 제시된 현금흐름에 대해 연간 이자율 10%를 적용하여 9년 차의 미래가치를 계산하시오.

연	0	1	2	3	4	5	6
현금흐름, $	200	200	200	200	300	300	300

3.27 제시된 현금흐름에 대해 연간 이자율 10%를 적용

하여 8년 차의 미래가치를 계산하시오.

연	0	1	2	3	4	5	6	7
현금흐름, $	500	500	500	0	800	800	800	800

3.28 도표에 나타난 현금흐름에 대해 8년 차의 미래가치가 $100,000가 되도록 하는 x와 $2x$의 값을 구하시오.

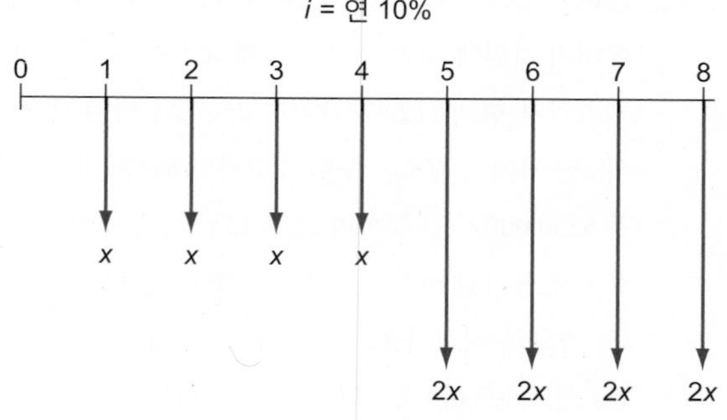

무작위의 단일자금과 균등자금열

3.29 제시된 현금흐름 자금열에 대한 현재가치를 구하시오(단위 : $1,000).

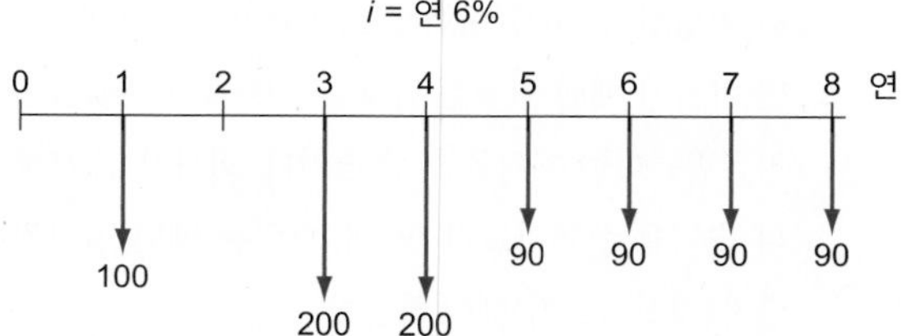

3.30 공기구동식 배수 밸브 조립체를 제조하는 회사는 현재 5년 동안 플라스틱 부품에 $85,000를 지출할 수 있다. 만약 회사가 1년 차에 $42,000만 지출했다면, 나머지 예산을 모두 소진하기 위해 다음 4년 동안 매년 얼마의 동일한 금액을 지출할 수 있는가? 연이율은 10%이다.

3.31 마샤가 직장 회계보고서에서 다음과 같은 현금흐름 자금열(단위 : $1,000)을 보게 됐다. 1년 차와 4년 차의 실제 금액은 누락되었지만, 보고서에 따르면 0년 차의 현재가치가 연이율 10%일 때 $300,000였다. x의 값을 계산하시오.

연	0	1	2	3	4	5	6
현금흐름, $1,000	40	x	40	40	x	40	40

3.32 EI Paso Water는 내륙 해수담수화 시설에서 역삼투압 농축액의 증발을 증진시키기 위해 풍력 터빈을 설치할 계획이다. 회사는 1년 차에 $1.5백만, 2년 차에 $2백만을 지출할 예정이다. 연간 유지보수비용은 10년 동안 매년 $65,000가 예상된다. 연이율이 6%일 때 1년 차부터 10년 차까지의 연간등가비용을 구하시오. 또한 총 A 값을 나타내는 단일 셀 스프레드시트 함수를 작성하시오.

3.33 공립학교의 자금을 마련하기 위한 5년짜리 계획은 '농축세'를 포함하는데 이는 첫해에 학생당 $56가 증가하며, 이후 매년 학생당 $1씩 증가한다. 1년 차에는 지역 내 학생 수가 50,000명, 2년 차에는 51,000명이며, 이후 매년 1,000씩 증가한다. 연이율 8%일 때 5년 계획에 대한 5년 차의 미래가치를 계산하시오. 이 문제를 (a) 계수표와 (b) 스프레드시트를 사용하여 해결하시오.

3.34 최근에 고용된 최고경영자(CEO)는 회사의 주식가치를 높이기 위해 미래의 생산비용을 줄이고 회사의 수익을 개선하고자 한다. 계획은 생산성을 향상하기 위해 지금 $70,000를 투자하고, 다음 2년간 매년 $50,000를 투자하는 것이다. 3년부터 10년까지 매년 비용이 얼마나 줄어들어야 투자금과 연 15%의 수익을 회수할 수 있는가?

3.35 건설관리 회사가 향후 7년간의 현금흐름을 검토하고 있다. 회사는 7년 동안 다양한 시기에 소프트웨어와 현장 컴퓨팅 장비를 교체할 예정이다. 구체적으로, 1년 후에 $6,000, 3년 후에 $9,000를 지출할 예정이며, 6년 차부터 10년 차까지 매년 $10,000를 지출할 예정이다. 연이율이 12%일 때, 계획된 지출에 대한 10년 차의 미래가치는 얼마인가?

3.36 모바일 전화 사업에서 기록한 수입 및 비용 자금열이 있다(단위 : $1,000). 연간 10%의 수익률로 (a) 10년 차의 순미래가치를 구하시오. (b) 소유주들이 기대한 10%의 수익을 얻었는가? 어떻게 확인할 수 있는가?

연	수입, $	비용, $
0	0	−2,500
1~4	700	−200
5~10	2,000	−300

이동된 기울기

3.37 제시된 현금흐름에 대해 0년 차의 현재가치를 구하시오. 연이율은 10%이다.

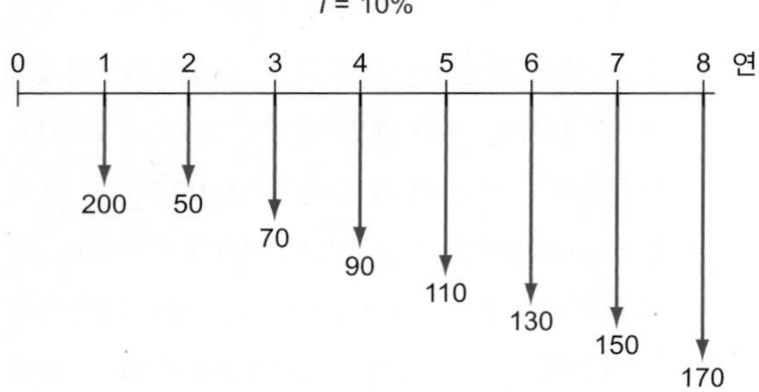

3.38 Silastic-LC-50은 우수한 투명성, 기계적 특성 및 고속 제작을 위한 짧은 주기 시간을 제공하기 위해 설계된 액체 실리콘 고무이다. 한 제조업체는 이를 사용하여 몰드에서 부드럽게 분리할 수 있었다. 이 회사는 1년 차와 2년 차에 실리콘 비용이 $26,000이며, 3년 차부터 5년 차까지 매년 $2,000씩 증가할 것으로 예상한다. 연이율이 10%라면 이 비용의 현재가치는 얼마인가?

3.39 제시된 현금흐름에 대해 연이율 10%를 적용하여 1년 차부터 4년 차까지의 연간등가를 계산하시오.

연	0	1	2	3	4
현금흐름, $	250,000	275,000	300,000	325,000	375,000

3.40 한 건설-운영(BTO, Build-To-Operate) 회사가 앨라모사 카운티 산업 폐수 처리 시설을 20년 동안 운영한다는 계약을 체결했다. 계약에 따라 회사는 지금 $2.5백만을 받고 20년까지 매년 $200,000씩 증가하는 금액을 지급받게 됐다. 연이율이 10%라면 회사가 받는 금액에 대한 현재가치는 얼마인가? (a) 계수표와 (b) 스프레드시트를 사용하여 구하시오.

3.41 Nippon Steel의 대규모 제조시설을 냉난방하는 데 드는 비용은 2년 차부터 직선기울기로 증가할 것으로 예상된다. 만약 올해(0년 차) 비용이 $550,000이고 1년 차에도 $550,000이지만 그 후 12년 차까지 매년 $40,000씩 증가할 것으로 추정된다면, 연이율 10%에서 해당 비용의 1년 차부터 12년 차까지의 연간등가는 얼마인가?

3.42 Pedernales Electric Cooperative는 재생가능한 에너지 자원에 대한 투자를 통해 증가한 수익의 현재가치가 현재 $12,475,000라고 추정한다. 1년 차와 2년 차에는 새로운 수익이 없지만 3년 차의 수익은 $250,000가 될 것이며 그 후 15년 차까지 직선기울기로 증가할 것이다. 예상 수익률이 연 15%인 경우, 필요한 직선기울기는 얼마인가? (a) 계수표와 (b) 스프레드시트를 사용하여 구하시오.

3.43 RFID 기술 기반의 재고 관리 시스템을 설치하는 소프트웨어 회사는 지난 3년간 최신 제품 개발에 매년 $600,000를 지출했다. 회사는 즉시 시작(0년 차)하는 단일 계약으로 5년 내에 투자금을 회수하길 희망한다. 회사는 현재 $250,000를 지급받고 5년 차까지 매년 일정한 금액만큼 증가된 지급금을 지급받는다는 계약을 협상 중이다. 회사가 연 15%의 수익을 실현하고자 할 때, 수입은 매년 얼마씩 증가(직선기울기)해야 하는가?

3.44 제시된 현금흐름에 대한 8년 차의 미래가치는 $20,000이다. 이자율이 연 10%라면, 현금흐름 4년 차의 x 값은 얼마인가?

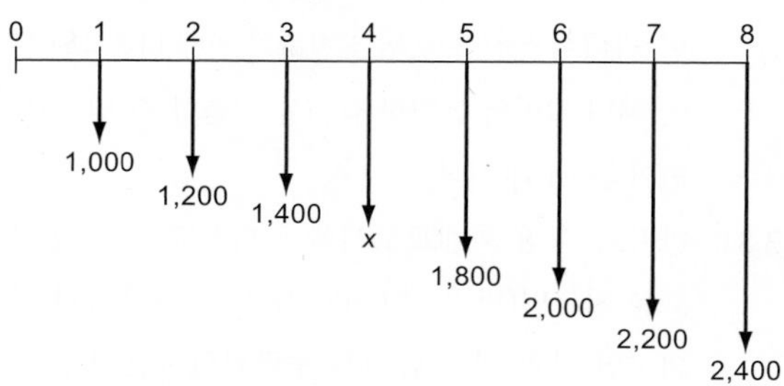

3.45 제시된 현금흐름에 대한 1년 차에서 8년 차까지의 연간등가는 $30,000이다. 연이율이 10%라면, 현금흐름 3년 차의 x 값은 얼마인가? (a) 계수표와 (b) 스프레드시트를 사용하여 구하시오.

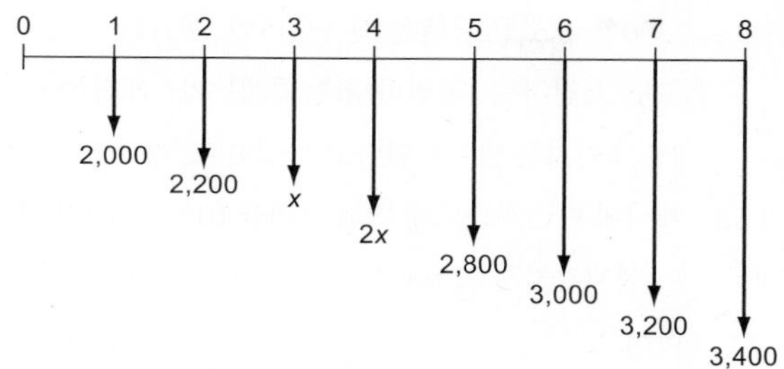

3.46 슈퍼마켓 체인점인 United Fruits는 지금 과수원에서 직접 배송된 유기농 제철 과일을 10킬로(10-kilo) 단위 수량에 따라 할인된 가격에 판매하고 있다. 지난 8년 동안 푸드마켓 체인점인 CoopForAll은 United Fruits가 캘리포니아산 씨 없는 복숭아를 들여올 때마다 아래의 수량만큼 구매해 오고 있다.

10킬로 팩 구매 수량	0~100	101~250	251~1,000	1,001~10,000	10,001~50,000	50,001~100,000	>100,000
할인율, %	–	10% 할인	10% 추가 할인	10% 추가 할인	20% 추가 할인	20% 추가 할인	20% 추가 할인

구매 가격은 특별히 할인된 가격으로 한 팩당 $15.00이다. United Fruits는 아래 할인표와 같이 CoopForAll에 수량에 따른 구매 혜택을 제공할 예정이다. 올해 할인되지 않은 가격은 10킬로 팩당 $19.95이다.

지난 8년	8	7	6	5	4	3	2	1
10킬로 팩	100	150	500	800	1,100	1,400	1,700	2,000

구매 수량에 따라 10%씩 추가 할인을 해주는 혜택에 따라 만약 CoopForAll이 작년과 동일한 수량만큼 구매한다면 할인된 총비용은 2,000팩× $19.95[1−(3×0.10)]=2,000×13.97=$27,940일 것이다. 이는 예전에 제공받은 고정액 $15.00로 2,000팩을 구매했을 때 발생하는 비용 $30,000보다 더 저렴한 금액이다.

(a) $15.00로 고정된 금액으로 구매했을 때와 (b) 할인표에 따라 구매했을 때의 비용에 대해 지난 8년 동안의 연간 비용에 대한 현재가치를 계산하시오. 연이율은 8%이다. (힌트 : 이는 1년 차 말에서의 미래가치이다.)

3.47 초기비용이 $29,000이고, 거래가치가 없으며, 수명이 10년이고, 처음 4년간의 운영비용은 $13,000, 그 후로 매년 10%씩 증가하는 기계의 비용에 대한 현재가치를 계산하시오. 연이율은 10%이다.

3.48 Dakota Hi-C Steel이 현재 $210,000, 1년 차에 $226,800, 그리고 5년 차까지 매년 8%씩 증가하는 수익을 창출하겠다는 계약을 체결했다. 연이율이 8%일 때 해당 계약의 미래가치를 계산하시오. 또한 B2 셀부터 B7 셀까지 배치된 수익에 대해 F를 구하기 위한 FV 함수를 구하시오.

3.49 Wrangler Western은 계약자인 Almos Garment사와 계약을 맺고 청바지를 스톤워싱처리한다. 만약 Almos의 운영비용이 1년 차와 2년 차에는 연간 $22,000이고, 그 후로는 10년 차까지 매년 8%씩 증가한다면, 연이율이 10%일 때 0년 차에서의 기계 운영비용의 현재가치는 얼마인가?

3.50 McCarthy Construction은 직원 은퇴 기금에서 회사가 차지하는 부분을 HB-301과 일치시키기 위해 노력하고 있다. 회사는 이미 지난 5년 동안 매년 $500,000를 예치했다. 만약 회사가 6년 차부터 20년 차까지 매년 15%씩 예치금을 증가시킨다면, 기금이 연간 12%로 성장한다고 가정할 때 마지막 예치 후 기금에는 얼마가 있겠는가? (a) 계수표와 (b) 스프레드시트를 사용하여 구하시오.

이동된 감소하는 기울기

3.51 현금흐름도에 표시된 크롬 도금 비용에 대해 시간 0에서의 현재가치를 구하시오. 연이율은 10%라 가정한다.

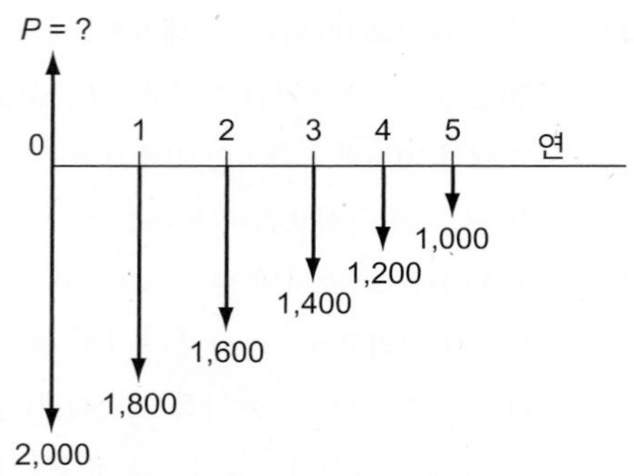

3.52 현금흐름도에 표시된 현금흐름에 대해 연이율이 10%일 때 1년 차부터 5년 차까지의 연간등가를 구하시오.

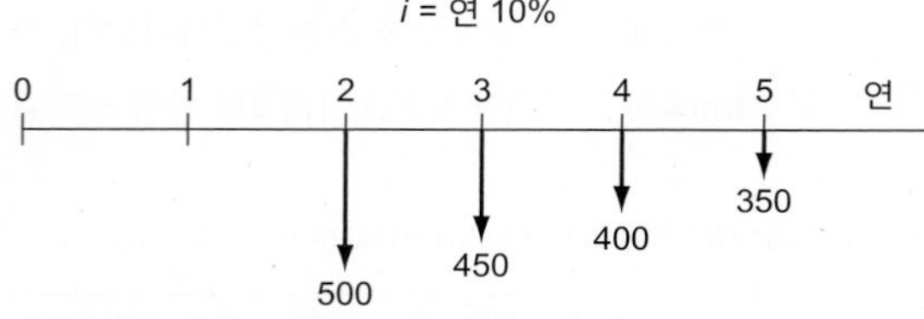

3.53 Wheeling Steel의 뜨거운 압연 강철을 냉각시키기 위해 오하이오강에서 물을 끌어오는 데 드는 비용은 처음 4년 동안 $1.8백만이었다. 에너지 절약 프로그램을 통해 5년 차에는 비용이 $1.77백만, 6년 차에는 $1.74백만으로 줄었고 10년 차까지 매년 $30,000씩 감소했다. 연이율이 12%일 때 해당 비용에 대한 0년 차에서의 현재가치는 얼마인가?

3.54 Prudential Realty가 관리하는 고객 중 한 명의 에스크로 계좌에 $20,000가 있다. 고객이 지금 $5,000를 인출하고, 1년 후 $4,500를 인출하며, 그 후 매년 $500씩 감소한 금액을 인출한다면, 계좌의 금액을 모두 소진하는 데 얼마나 걸리겠는가? 계좌는 연 8%의 이자를 벌어들인다고 가정한다.

3.55 제시된 현금흐름도에 대해 연이율 10%에서 0년 차의 현재가치가 $2,500가 되도록 하는 *G*의 값을 구하시오.

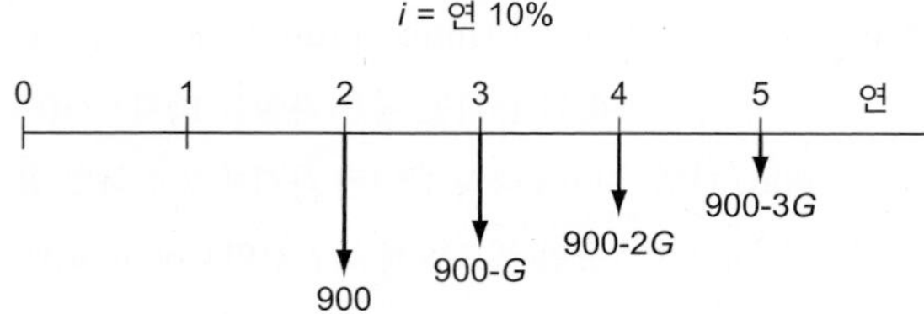

3.56 산 안토니오시는 50년 계획에 해수담수화를 포함한 다양한 수자원 공급 선택지를 고려하고 있다. 염분이 섞인 대수층은 처음 4년 동안 매년 $4.1백만의 수익을 창출할 것으로 예상되며, 이후 생산량 감소로 인해 매년 수익이 10%씩 감소할 것이다. 만약 대수층이 20년 후에 완전히 고갈된다면, 연이율 6%에서 해수담수와 옵션을 통해 얻는 수익의 현재가치는 얼마인가?

3.57 적어도 5년 이상 추출한 가스 우물에서 발생하는 수익은 감소하는 곡선기울기를 보인다. 소유자는 1년 차부터 6년 차까지 매년 $4,000의 로열티를 받았으나, 7년 차부터 14년 차까지 매년 15%씩 수입이 감소했다. 모든 수입이 연 10%로 투자되었다고 가정할 때, 우물로부터 발생한 로열티 수입에 대하여 14년 차의 미래가치를 구하시오.

스프레드시트활용연습문제

3.58 큰 수도 회사가 우물 펌프, 부스터 펌프, 그리고 소독 장비의 중앙 모니터링 및 제어를 위해 SCADA 시스템을 개선할 계획이다. 단계 1은 노동 및 이동 비용을 연간 $28,000 절약해 주며, 단계 2는 추가로 연간 $20,000, 즉 $48,000의 비용을 절약해 준다. 단계 1의 비용 절약이 0, 1, 2, 3년에 발생하고 단계 2의 비용 절약이 4년부터 10년까지 발생한다. 연이율은 8%이다.

(a) 1년 차부터 10년 차까지 개선된 시스템의 현재가치를 구하시오.

(b) 수도 회사의 관리자는 적어도 $400,000의 현재가치를 기대했다. 이를 위해서는 어떤 이자율이 적용되어야 하는지 구하시오.

3.59 분쇄석탄 사이클론 화로의 운영비용은 매년

$80,000로 예상된다. 운영은 현재부터 6년 동안만, 0년 차부터 5년 차까지 필요할 것이다. 연이율이 10%일 때 1년 차부터 5년 차까지의 운영비용과 동일한 연간등가 A를 구하시오.

3.60 Hansus Enterprises는 과학과 수학 분야에서 고등학생을 대상으로 한 개인교습 소프트웨어 시스템을 전문으로 취급하는 스타트업이다. 소유주인 셰릴 한수스는 현재(0년 차)와 3년 차, 6년 차에 각각 $50,000를 대출받기로 했다. 아래와 같이 두 가지 상환 옵션이 제공된다.

옵션 A : 3년 차부터 12년 차까지 매년 일정한 금액 $19,500를 지불한다.

옵션 B : 1년 차부터 6년 차까지 매년 일정한 금액 $20,000를 지불하고, 2년 차에는 추가로 $20,000를 '일괄지불'하고, 7년 차에 마지막으로 $40,000를 지불한다.

어떤 옵션을 선택할지 결정하기 위해 다음을 구하시오.

(a) 옵션별 상환된 총금액. 어느 옵션의 총금액이 더 적은가?

(b) 연이율이 5%일 때, 12년의 평가 기간 동안 대출금과 상환액의 동일한 연간등가. 어느 옵션의 연간 손실이 더 적은가? 그 이유는 무엇인가?

3.61 (이 문제는 스프레드시트 풀이를 위해 문제 3.19를 다시 살펴본다.) 제시된 현금흐름에 대해 연이율이 10%일 때 1년 차부터 7년 차까지의 연간등가가 연간 $300가 되도록 하는 x 값을 찾으시오. 분석 시 x=$300부터 시작하고, 목적값 탐색을 사용하여 해결하시오.

연	현금흐름, $	연	현금흐름, $
0	x	4	300
1	300	5	300
2	300	6	300
3	300	7	x

3.62 제시된 현금흐름에 대해 연이율이 10%일 때 (a) 5년 차와 (b) 4년 차의 미래가치를 구하시오. (이는 문제 3.25와 동일하다.)

연	0	1	2	3	4	5
현금흐름, $	0	0	3,000	3,000	3,000	3,000

3.63 제시된 현금흐름(단위 : $1,000)에 대해 연이율이 10%일 때 0년 차의 현재가치가 $300,000가 되도록 하는 x 값을 계산하시오.

연	0	1	2	3	4	5	6
현금흐름, $1,000	40	x	40	40	x	40	40

3.64 10년 전 조웰 스미더스와 손다 리처드는 모든 재정적 자원을 합치고 로스앤젤레스의 고급 Domain Mall에 휴대전화 판매 및 수리 사업을 시작했으며, 초기 투자금으로 $2.5백만을 투입했다. 처음 4년 동안 수익이 크게 증가함에 따라 두 사람을 위해 매년 $500,000의 급여를 지급했다. 더 크게 성공함에 따라 5년 차부터 10년 차까지 매년 총 $1.7백만을 자신들에게 지급하기로 결정했다. 공동 사업을 시작할 당시 그들은 투자에 대해 연 수익의 10%를 급여로 받기를 희망했다.

(a) 10년 후 급여에 대해 동일한 미래가치를 구하시오.

(b) 만약 그들이 $5백만의 미래가치에 만족했다면 그들이 자금을 가지고 있었다고 가정할 때 초기 투자금이 $2.5백만이 아니라 얼마였어야 하는지 계산하시오.

3.65 문제 3.44의 음의 등차자금열에는 4년 차의 값이 누락되어 있다. 스프레드시트를 사용하여 이 값을 구하시오. 이를 수행하면서 누락된 지급액의 전체 금액과 예상금액 $-1,600를 초과하는 금액을 모두 표시하시오.

사례연구

공공용도로 땅 보존하기

배경과 정보

공공용지신탁(TPL, Trust for Public Land)은 전국적인 조직으로 정부 기관을 위해 대규모 토지를 구매하고 개선한다. TPL의 사명은 자연을 보존하는 동시에 공공의 여가 활동을 위해 필요한 최소한의 개발을 제공하는 것이다. 모든 TPL 프로젝트는 연간 7%로 평가되며, TPL 예비 자금은 연간 7%를 벌어들인다.

오랫동안 지하수 문제를 겪고 있는 미국 남부의 한 주가 TPL에 10,000에이커의 대수층 재충전용 토지 구매와 그 땅에 세 가지 다른 용도의 공원 개발을 관리해 줄 것을 요청했다. 10,000에이커는 다음 5년 동안 단계적으로 취득될 것이며, 지금 당장은 $4백만이 지출될 예정이다. 총 연간 구매액은 5년 차까지 매년 25%씩 감소한 후 중단될 것이라 예상된다.

이 면적의 남동쪽에 위치한 인구 150만 명의 도시는 대수층 물에 크게 의존하고 있다. 시민들은 지난해 채권 발행을 통과시켰고, 도시 정부는 이제 토지 구매를 위한 돈 $3백만을 가지고 있다. 채권의 이자율은 연 7%이다.

공원 계획에 참여하는 엔지니어는 4년 차에 시작하여 3년 동안 모든 개발을 완료할 예정이다. 예산은 $550,000이다. 6년 차까지 매년 건설 비용이 $100,000씩 증가할 것으로 예상된다.

최근 회의에서 다음과 같은 합의가 이루어졌다.

- 현재 초기 토지 증분을 구입한다. 이를 위해 채권 발행 자금을 사용한다. 나머지 금액은 TPL 예비 자금에서 충당한다.
- 남은 프로젝트 자금을 다음 2년 동안 동일한 금액으로 조달한다.
- (한 개인이 비공식적으로 제안한)금융 대안을 평가한다. 이 대안에서 TPL은 4년 차에 공원 개발이 시작될 때까지 현재 사용 가능한 $3백만을 제외한 모든 자금을 제공한다.

사례연구 문제

1. 남은 프로젝트 자금을 조달하기 위해 필요한 연간 등가액은 2년 동안 각각 얼마인가?
2. 현재 사용 가능한 $3백만 채권 수익을 제외하고 TPL이 모든 비용을 지원하기로 했다면, 4년 차부터 6년 차까지 남은 프로젝트 자금을 모두 조달하기 위해 모금해야 하는 연간등가액을 구하시오. TPL이 주나 도시에 대출해 준 자금에 대해 7% 이상의 이자를 부과하지 않는다고 가정한다.
3. TPL 웹사이트(www.tpl.org)를 검토하자. 부동산 개발로부터 토지를 보호하기 위해 TPL이 토지 구매를 결정할 때 고려해야 할 일부 경제적 및 비경제적 요인을 식별하시오.

MEMO

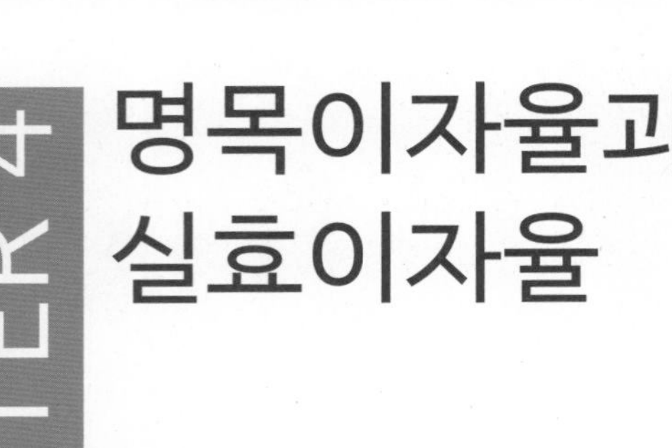

CHAPTER 4

명목이자율과 실효이자율

AndreyPopov/iStock/Getty Images

학 습 성 과

목적 : 시간 기준이 1년이 아닌 이자율과 현금흐름을 계산한다.

절	주제	학습 성과
4.1	서론	• 명목이자율과 실효이자율을 포함하는 이자율 개념을 이해한다.
4.2	연간 실효이자율	• 연간 실효이자율 공식을 도출하고 적용한다.
4.3	실효이자율	• 명시된 기간에 맞는 실효이자율을 결정한다.
4.4	지급 기간과 복리 기간	• 등가계산을 위한 지급 기간(PP)과 복리 기간(CP)을 결정한다.
4.5	PP ≥ CP인 단일자금	• PP ≥ CP인 단일자금의 등가계산을 한다.
4.6	PP ≥ CP인 자금열	• PP ≥ CP인 자금열의 등가계산을 한다.
4.7	PP < CP인 단일자금 및 자금열	• PP < CP인 현금흐름의 등가계산을 한다.
4.8	연속복리	• 연속복리에 대한 실효이자율 공식을 도출하고 적용한다.
4.9	다양한 이자율	• 기간마다 달라지는 이자율에 대한 등가계산을 한다.

지금까지 개발된 모든 경제성 공학 관계에서 이자율은 연간 값으로 고정적이었다. 실무적으로는 전문 엔지니어가 평가하는 프로젝트의 상당수에서 이자율은 1년에 한 번 이상 복리로 적용되며, 반기별, 분기별, 월별 등의 빈도가 일반적이다. 사실 매주, 매일, 심지어 일부 프로젝트 평가에서는 연속복리를 경험하기도 한다. 또한 개인 생활에서도 모든 유형의 대출(주택담보대출, 신용카드, 자동차, 보트 등), 당좌 예금 및 저축 예금, 투자, 스톡옵션 플랜 등 많은 재정적 고려 사항이 1년보다 짧은 기간 동안 이자율이 복리로 적용된다. 이를 위해서는 **명목이자율(nominal interest rate)**과 **실효이자율(effective interest rate)**이라는 두 가지 새로운 용어가 도입되어야 한다.

이 장은 엔지니어링 실무와 일상 생활에서 명목이자율과 실효이자율을 이해하고 사용하도록 도와준다. 모든 복리 빈도와 현금흐름 빈도를 조합한 등가계산이 제시된다.

PE

신용카드 제안 사례 : 트레이시는 Southwest Airlines와 연계된 Chase Bank로부터 새로운 VISA 신용카드를 특별 제안받았다. 지금부터 약 60일 후에 특정 날짜까지 가입할 수 있는 푸짐한 보너스 꾸러미를 제공한다. 보너스 꾸러미에는 추가 항공사 포인트($3,000 구매 시), 공항 우선 체크인 서비스(1년간), 무료 위탁 수하물 허용 한도(최대 10회 체크인), 항공사 상용고객 포인트 추가 적립, 항공사 라운지 연 2회 이용, 기타 여러 리워드(렌터카 할인, 크루즈 여행 편의시설, 꽃 주문 할인) 등이 포함되어 있다. 회원 가입 시 연간 $149의 수수료는 2년 차부터 징수되며, 다른 신용카드로부터의 잔액 이체는 최초 가입 시점에 이루어질 경우 저렴한 이체 수수료가 적용된다.

새로운 카드를 가져가면 트레이시는 현재 카드를 취소하고 $1,000의 잔액을 새로운 Chase Bank 카드로 이체할 것이다. 트레이시는 과거의 누락과 연체로 인해 신용도(낮은 신용 점수)가 상대적으로 낮다.

제안서 첨부 문서에는 '가격 정보'가 포함되어 있다. 여기에는 이자율, 이자액, 수수료가 포함된다. 이 중 몇 가지 이자율과 수수료를 요약하면 다음과 같다.

구매 및 잔액 이체에 대한 연간 명목이자율(APR, Annual Percentage Rate)*	**연간 18.99%**(현재 미국 정부의 프라임 금리 3.25%와 15.74%를 합한 것으로, 15.74%는 신용점수가 낮은 사람에게 적용되는 추가금리이다.)
현금 및 당좌대월금에 대한 APR*	**연간 24.99%**
최소 결제 연체, 신용 한도 초과, 또는 미지급 반환에 대한 위약금 APR*+	**연간 29.99%(최대 위약금 APR)**

수수료 안내

연회비	$149, 첫해 무료
잔고 이체 수수료	$5 또는 각 이체 금액의 5% 중 더 큰 금액
현금 서비스	$10 또는 금액의 5% 중 더 큰 금액
연체료	잔액이 $250를 초과하는 경우 발생 시마다 $39
신용 한도 초과	건당 $39
반환된 수표 또는 결제	건당 $39

* 모든 APR 금리는 변동 가능하며, 현재 3.25%의 프라임 금리에 15.74%가 추가되어 구매/잔액 이체 APR이 결정되고, 21.74%가 추가되어 현금/당좌대월 APR이 결정되며, 26.74%가 추가되어 위약금 APR이 결정된다.

*+ 위약금 APR은 향후 거래에 무기한 적용될 수 있다. 60일 이내에 최소결제금액이 처리되지 않으면, 위약금 APR은 모든 미결제 잔액과 향후 모든 거래 계정에 적용된다.

이 사례는 이 장의 다음 절에서도 사용된다.
명목이자율과 실효이자율 해설(4.1절)
연간 실효이자율(4.2절)
등가 관계 : PP ≥ CP인 자금열(4.6절)

4.1 명목이자율과 실효이자율 ●●●

1장에서 단리와 복리의 주요 차이점으로서 복리에는 이전 기간에 발생한 이자에 대한 이자가 포함되지만 단순이자는 그렇지 않다는 점을 배웠다. 여기서는 기본적인 관계가 동일한 명목이자율과 실효이자율에 대해 알아본다. 여기서 차이점은 이자가 매년 두 번 이상 복리로 계산되는 경우 명목이자율과 실효이자율의 개념을 사용해야 한다는 것이다. 예를 들어 이자율이 월 1%로 표시되는 경우 명목 및 실효 이자율이라는 용어를 이해해야 한다.

실효이자율을 이해하고 올바르게 처리하는 것은 개인 재정뿐만 아니라 엔지니어링 실무에서도 중요하다. 대출, 담보대출, 채권, 주식의 이자 금액은 일반적으로 연간보다 더 자주 복리화되는 이자율을 기준으로 한다. 경제성 공학은 이러한 효과를 고려해야 한다. 개인 재정의 경우, 대부분의 현금 지출과 수입을 연 단위가 아닌 비연간(nonannual) 단위로 관리한다. 다시 말하지만, 1년에 한 번보다 더 자주 복리 효과가 발생한다. 먼저 **명목이자율**(nominal interest rate)을 살펴보자.

명목이자율 r

명목이자율 r은 복리를 **고려하지 않은** 이자율이다. 정의에 따르면,

$$r = \text{기간당 이자율} \times \text{기간 수} \qquad [4.1]$$

명목이자율은 식 [4.1]을 사용하여 명시된 기간보다 긴 기간에 대해 계산할 수 있다. 예를 들어, 월 1.5%의 이자율은 다음 각 명목이자율과 동일하다.

기간 수	식 [4.1]에 따른 명목이자율	의미
24개월	1.5 × 24 = 36%	2년 명목이자율
12개월	1.5 × 12 = 18%	1년 명목이자율
6개월	1.5 × 6 = 9%	6개월 명목이자율
3개월	1.5 × 3 = 4.5%	3개월 명목이자율

이런 이자율에는 이자의 복합화에 대한 언급이 없으며 모두 '기간당 r%' 형식이라는 점에 유의하자. 이런 명목이자율은 이자율 곱하기 기간 수라는 식 [1.7]을 사용하여 단순이자율을 계산하는 것과 동일한 방식으로 계산된다.

명목이자율을 계산한 후에는 이자율 설명에 **복리 기간**(CP, Compounding Period)을 포함해야 한다. 예를 들어, 월 1.5%의 명목이자율을 다시 보자. CP를 1개월로 정의하면 명목이자율 설명은 연 18%이며 월 복리계산 또는 분기당 4.5%이며 월 복리계산이 된다. 이제 **실효이자율**(effective interest rate)을 고려할 수 있다.

> 실효이자율 i는 **이자를 복합화한** 이자율이다. 실효이자율은 일반적으로 연간 기준을 적용하여 연간 실효이자율로 표시되지만, 모든 시간 기준이 사용될 수 있다.

실효이자율 i

1년보다 짧은 기간 동안 복리가 적용되는 경우 가장 일반적인 이자율 설명 형식은, 예를 들어 연 10%에 월별 복리계산 또는 연 12%에 주별 복리계산과 같이 '기간당 %이며 CP별 복리계산'으로 한다. 실효이자율의 설명에 복리 기간이 항상 붙어다니는 것은 아니다. CP가 언급되지 않은 경우, CP는 이자율과 함께 언급된 기간과 동일한 것으로 이해된다. 예를 들어, "월 1.5%"는 이자를 매달 복리로 계산한다는 것을 의미한다. 따라서 이와 동일한 실효이자율 설명은 1개월당 1.5%이며 월별 복리계산이다.

다음의 모든 이자율은 **실효이자율이라고 명시**되어 있거나 **복리 기간이 언급되어 있지 않으므로** 모두 실효이자율이다. 후자의 경우 CP는 이자율과 함께 명시된 기간과 동일하다.

표시	CP	의미
i = 연 10%	CP 명시 안 함, CP = 연	연 실효이자율
i = 연 10% 실효율이며 월별 복리	CP 명시함, CP = 월	연 실효이자율
i = 월 $1\frac{1}{2}$%	CP 명시 안 함, CP = 월	월 실효이자율
i = 월 $1\frac{1}{2}$% 실효율이며 월별 복리	CP 명시함, CP = 월	월 실효이자율. 실효와 월별 복리 용어가 중복됨
i = 분기 3% 실효율이며 일별 복리	CP 명시함, CP = 일	분기 실효이자율

모든 명목이자율은 실효이자율로 변환할 수 있다. 이를 위한 공식은 다음 절에서 설명한다.

> 모든 이자 공식, 인수, 표의 값, 스프레드시트 함수는 화폐의 시간적 가치를 제대로 고려하는 실효이자율을 사용해야 한다.

APR(Annual Percentage Rate, 연간 명목이자율)이라는 용어는 종종 신용카드, 대출 및 주택담보대출에서 연간 이자율로 명시된다. 이는 **명목이자율**(nominal rate)과 동일하다. APR 15%는 연 명목이자율 15% 또는 월 명목이자율 1.25%와 동일하다. 또한 **APY**(Annual Percentage Yield, 연간 백분율 수익률)라는 용어는 투자(주식, 뮤추얼 펀드 등), 예금 증서 및 저축 계좌에 대해 일반적으로 명시되는 연간 수익률이다. 이는 **실효율**

(effective rate)과 동일하다. 명칭은 다르지만 의미는 같다. 다음 절에서 배우겠지만 실효이자율은 항상 명목이자율보다 크거나 같으며, APY ≥ APR도 마찬가지이다.

이러한 설명에 따라 이자율 해설에는 항상 세 가지 시간 기반 단위가 있다.

이자 기간(t) — 이자가 적용되는 기간. 예를 들어, 1개월당 1%와 같이 t기간당 r%라는 표현에서 t는 이자 기간을 나타낸다. 시간 단위는 1년이 가장 일반적이다. 특별히 명시되지 않는 한 1년으로 가정한다.

복리 기간(CP) — 이자가 부과되거나 적립되는 최소 기간 단위. 예를 들어, 연 8%이며 월 복리계산과 같이 이자율 설명의 복리 기간에 의해 그 기간이 정의된다. CP가 명시되지 않은 경우 이자 기간과 동일한 것으로 간주한다.

복리 빈도(m) — 이자 기간 t 내에서 복리가 발생하는 횟수. 예를 들어, 월 1% 월별 복리와 같이 복리 기간 CP와 이자 기간 t가 동일한 경우 복리 빈도는 1이다.

연 (명목이자율) 8%이며 월별 복리계산을 가정하자. 이자 기간 t는 1년, 복리 기간 CP는 1개월, 복리 빈도 m은 1년당 12회이다. 연 6%이며 주별 복리계산은, 1년을 52주 기준으로 보면 $t = 1$년, CP = 1주, $m = 52$이다.

이전 장들에서는 모든 이자율이 t 값과 CP 값이 1년이므로 복리 빈도는 항상 $m = 1$이었다. 이에 따라 이자 기간과 복리 기간이 동일하기 때문에 모두 실효이자율이다. 이제 복리 기간을 동일한 기간으로 하여 명목이자율을 실효이자율로 표시하는 것이 필요하다.

다음 관계를 사용하여 명목이자율로부터 실효이자율을 계산할 수 있다.

$$\text{CP당 실효이자율(\%)} = \frac{t\text{기간당 } r\%}{t\text{기간당 } m\text{복리 횟수}} = \frac{r}{m} \qquad [4.2]$$

예를 들어, $r =$ 연 9%이며 월별 복리계산, $m = 12$라고 가정하자. 식 [4.2]를 사용하여 9%/12 = 0.75%의 월 복리를 계산한다. 이 예에서는 이자 기간 t를 변경해도 복리 기간이 변경되지 않는다. 따라서 $r =$ 연간 9%이며 월별 복리계산은 $r =$ 6개월당 4.5%이며 월별 복리계산과 이자율이 동일하다.

예제 4.1

아래는 발전 설비에 대한 은행의 세 가지 대출 금리 목록이다. 각 금리의 복리 기간에 기초하여 실효이자율을 결정하시오. 1년은 52주로 가정한다.

(a) 연 9%이며 분기별 복리계산, (b) 연 9%이며 월별 복리계산, (c) 6개월당 4.5%이며 주별 복리계산

풀이

식 [4.2]를 적용하여 다양한 복리 기간에 대한 CP당 실효이자율을 결정한다. 그림 4-1은 CP당 실효이자율과 이자율이 시간에 따라 어떻게 분포하는지를 보여준다.

*t*기간당 명목 *r*%	복리 기간 (CP)	복리 빈도 (*m*)	CP당 실효 이자율(*r*/*m*)	*t*기간 동안의 분포
(a) 연 9%	분기	4	2.25%	2.25% 2.25% 2.25% 2.25% / 1 2 3 4 분기
(b) 연 9%	월	12	0.75%	0.75% × 12 / 1 2 3 4 5 6 7 8 9 10 11 12 월
(c) 6개월당 4.5%	주	26	0.173%	0.173% / 1 12 14 16 26 주

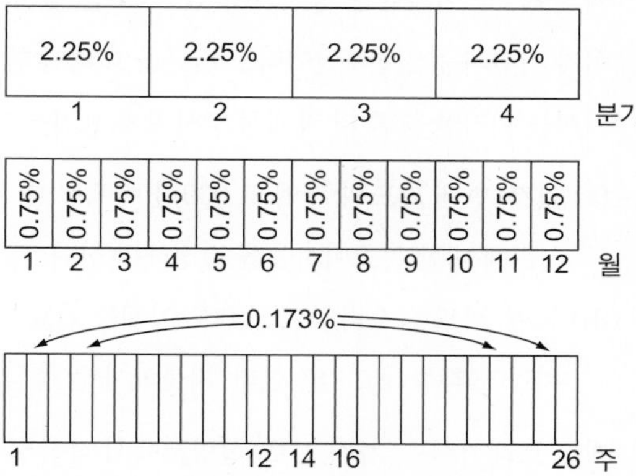

그림 4-1
이자 기간 *t*, 복리 기간 CP, CP당 실효이자율 간의 관계

명시된 이자율이 명목이자율인지 실효이자율인지 분명하지 않을 수도 있다. 기본적으로 이자율을 표현하는 방법은 표 4-1에 자세히 나와 있다. 오른쪽 열에는 실효이자율에 대한 설명이 포함되어 있다. 첫 번째 형식의 경우, 명목이자율이 주어지고 복리 기간도 명시된다. 이때 실효이자율은 계산되어야 한다(다음 절에서 논의). 두 번째 형식의 경우, 명시된 이자율이 실효인 것이 확인되므로(또는 APY도 사용될 수 있음), 이 이자율은 계산에 직접 사용된다.

세 번째 형식에서는, 예를 들어 연 8%와 같이 복리 기간이 식별되지 않는다. 이 이자율은 이 경우 명시된 이자 기간인 1년과 동일한 복리 기간 동안 적용된다. 이와 다른 기간에 대해서는 실효이자율을 계산해야 한다.

표 4-1 명목이자율과 실효이자율의 다양한 표현 방법

이자율 명시 형식	명시 예	실효이자율은?
명목이자율 명시, 복리 기간 명시	연 8%이며 분기별 복리계산	임의 기간마다 실효이자율 계산 필요(다음 두 절)
실효이자율 명시	연 실효이자율 8.243%이며 분기별 복리계산	연 단위의 현금흐름에 연 8.243%의 실효이자율 바로 사용
이자율 명시, 복리 기간 명시 안 함	연 8%	명시된 이자 기간 1년이 CP이며 이 자율도 실효이자율. 다른 기간에 대해서는 실효이자율 계산 필요

예제 4.2 신용카드 제안 사례

이 장 도입부 사례에서 트레이시는 거절하기 힘든 신용카드 거래를 제안받았다. 적어도 Southwest Airlines/Chase Bank의 제안서에는 그런 의미가 담겨 있다. 그 카드와 함께 제공되는 모든 혜택 외에도 18.99%의 잔액 이체 APR 이자율은 연 이자율이며 복리 기간에 대한 언급이 없다. 따라서 표 4-1의 세 번째 항목, 즉 이자율은 명시되어 있고 CP는 명시되어 있지 않은 형식을 따른다. 따라서 CP는 APR의 연간 이자 기간과 동일한 1년이라고 결론을 내려야 한다. 그러나 신용카드 결제는 매월 이루어져야 하므로 트레이시는 이자율을 좀 더 자세히 조사할 필요가 있다.

(a) 먼저, 현재 카드의 잔액 $1,000가 이체될 때 트레이시가 실효이자율을 알 수 있도록 1년과 1개월의 복리 기간에 대한 실효이자율을 결정해야 한다.

(b) 둘째, 카드를 수락하고 $1,000 이체를 완료한 직후 트레이시에게 1개월 후 납부 기한이 도래하는 청구서가 도착한다고 가정한다. 지불해야 할 총금액은 얼마인가?

방금 트레이시는 '가격 정보' 설명서에서 작은 글씨로 기술된 부분을 자세히 살펴보다가 Chase Bank가 납부 시점에 납부해야 할 이자를 계산하는 데 사용되는 잔액을 결정하기 위해 일일 잔액 방식(신규 거래 포함)을 사용한다는 작은 글씨로 된 설명문을 발견하였다.

(c) 우리는 이 새로운 발견의 의미를 나중까지 유보할 것이지만, 일단 CP가 1일인 경우 1개월 말에 지급해야 할 이자를 계산하는 데 사용할 수 있는 일일 실효이자율을 결정하여 트레이시에게 도움을 줄 수 있다.

풀이

(a) 이자 기간은 1년. CP 값 1년(m = 연간 1회 복리계산)과 1개월(m = 연간 12회 복리계산) 모두 식 [4.2]를 적용한다.

$$\text{연 CP : 연 실효이자율} = 18.99/1 = 18.99\%$$

$$\text{월 CP : 월 실효이자율} = 18.99/12 = 1.5825\%$$

(b) 이자는 월 실효이자율에 잔액 이체 수수료 5%를 더한 금액이다.

$$\begin{aligned}\text{1개월 후 상환 금액} &= 1{,}000 + 1{,}000(0.015825) + 0.05(1{,}000)\\ &= 1{,}000 + 15.83 + 50\\ &= \$1{,}065.83\end{aligned}$$

$50 수수료를 포함하면 1개월 동안만 (65.83/1,000)(100%) = 6.583%의 이자율이다.

(c) 이제 연간 365회 복리 빈도를 식 [4.4]에 적용한다.

$$\text{일 CP : 일 실효이자율} = \left((1.1899)^{\frac{1}{365}} - 1\right) \times 100\% = 0.0476\%$$

4.2 연간 실효이자율 ●●●

이 절에서는 **연간 실효이자율**(annual interest rates)을 계산한다. 따라서 연도를 이자 기간 t로 사용하고 복리 기간 CP는 1년 미만의 시간 단위가 될 수 있다. 예를 들어, 분기별로 연 명목이자율 18%이며 분기별 복리계산은 연 19.252%의 실효이자율과 동일하다는 것을 배울 것이다.

> 명목이자율과 실효이자율에 사용되는 기호는 다음과 같다.
>
> r = 연간 명목이자율
>
> CP = 복리계산 기간
>
> m = 연간 복리 빈도
>
> i = 복리 기간당 실효이자율 = r/m
>
> i_a = 연간 실효이자율
>
> 관계 $i = r/m$은 식 [4.2]와 정확히 같다.

앞에서 언급했듯이 명목이자율과 실효이자율에 대한 처리는 단순이자와 복합이자의 처리와 유사하다. 복리와 마찬가지로 연도 중 모든 시점의 실효이자율에는 연도 중 이전 모든 복리 기간의 이자율이 포함(복리계산)된다. 따라서 실효이자율 공식을 도출하는 것은 미래가치 관계식 $F = P(1 + i)^n$을 개발하는 데 사용되는 논리와 직접적으로 유사하다. 단순화를 위해 $P = \$1$로 설정한다.

1년 말에서 미래가치 F는 원금 P에 1년 동안 이자 $P(i)$를 더한 값이다. 이자는 1년 동안 여러 번 복리로 계산될 수 있으므로 연 실효이자율 기호 i_a를 사용하여 P=\$1에 대한 F의 관계식을 작성한다.

$$F = P + Pi_a = 1(1 + i_a)$$

이제 그림 4-2를 살펴보자. CP당 실효이자율 i는 모든 기간에 걸쳐 복리계산되어야만 연말까지 총 복리 효과를 얻을 수 있다. 즉, F는 다음과 같이 쓸 수 있다.

$$F = 1(1 + i)^m$$

F에 대한 두 식을 같게 두고 i_a를 구한다. i_a의 **연간 실효이자율 공식**은 다음과 같다.

$$i_a = (1 + i)^m - 1 \qquad [4.3]$$

식 [4.3]은 i가 1개 복리 기간의 이자율일 때 임의의 연간 복리 기간 수에 따른 연 실효이자율 i_a를 계산한다.

연 실효이자율 i_a와 복리 빈도 m을 알면, 식 [4.3]을 i에 대해 풀어서 복리 기간당 실효이자율을 결정할 수 있다.

표 4-2 식 [4.3]을 적용한 연 실효이자율

r = 연 18%이며 CP별 복리계산

복리 기간, CP	연간 복리 빈도, m	복리 기간당 이자율, i%	1년 동안 i 복리 기간의 분포	연 실효이자율, $i_a = (1 + i)^m - 1$
연	1	18	18% (1)	$(1.18)^1 - 1 = 18\%$
6개월	2	9	9% 9% (1 2)	$(1.09)^2 - 1 = 18.81\%$
분기	4	4.5	4.5% 4.5% 4.5% 4.5% (1 2 3 4)	$(1.045)^4 - 1 = 19.252\%$
월	12	1.5	기간당 1.5% (1 2 3 4 5 6 7 8 9 10 11 12)	$(1.015)^{12} - 1 = 19.562\%$
주	52	0.34615	기간당 0.34615% (1 2 3 … 24 26 28 … 50 52)	$(1.0034615)^{52} - 1 = 19.684\%$

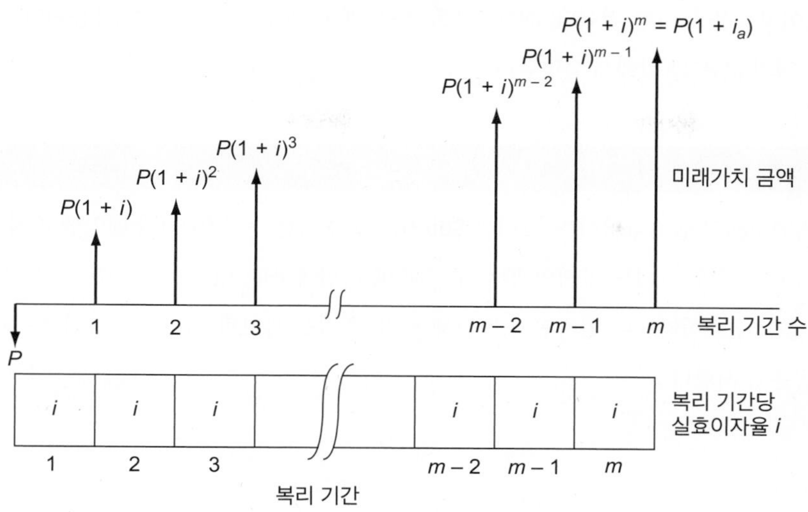

그림 4-2
1년 동안 이자율 i로 복리 m회 한 미래가치 계산

$$i = (1 + i_a)^{\frac{1}{m}} - 1 \qquad [4.4]$$

예를 들어, 표 4-2는 연 실효이자율을 결정하기 위해 서로 다른 복리 기간(연간에서 주간으로)에 대해 연 18%의 명목이자율을 활용한다. 각 경우 CP당 실효이자율 i는 1년 동안 m회 적용된다. 표 4-3은 식 [4.3]을 사용하여 자주 인용되는 명목이자율에 대한 연

표 4-3 명목이자율 r 대비 연 실효이자율

명목이자율, r%	반기별 (m=2)	분기별 (m=4)	월별 (m=12)	주별 (m=52)	일별 (m=365)	연속 (m=∞, e^r-1)
0.25	0.250	0.250	0.250	0.250	0.250	0.250
0.50	0.501	0.501	0.501	0.501	0.501	0.501
1.00	1.003	1.004	1.005	1.005	1.005	1.005
1.50	1.506	1.508	1.510	1.511	1.511	1.511
2	2.010	2.015	2.018	2.020	2.020	2.020
3	3.023	3.034	3.042	3.044	3.045	3.046
4	4.040	4.060	4.074	4.079	4.081	4.081
5	5.063	5.095	5.116	5.124	5.126	5.127
6	6.090	6.136	6.168	6.180	6.180	6.184
7	7.123	7.186	7.229	7.246	7.247	7.251
8	8.160	8.243	8.300	8.322	8.328	8.329
9	9.203	9.308	9.381	9.409	9.417	9.417
10	10.250	10.381	10.471	10.506	10.516	10.517
12	12.360	12.551	12.683	12.734	12.745	12.750
15	15.563	15.865	16.076	16.158	16.177	16.183
18	18.810	19.252	19.562	19.684	19.714	19.722
20	21.000	21.551	21.939	22.093	22.132	22.140
25	26.563	27.443	28.073	28.325	28.390	28.403
30	32.250	33.547	34.489	34.869	34.968	34.986
40	44.000	46.410	48.213	48.954	49.150	49.182
50	56.250	60.181	63.209	64.479	64.816	64.872

실효이자율을 요약한 것이다. 전체적으로 52주와 365일이라는 표준이 사용된다. 연속 복리 열의 값은 4.8절에서 설명한다.

예제 4.3 신용카드 제안 사례

제니스는 Southwest Airlines의 엔지니어이다. 그녀는 Southwest 주식을 주당 \$6.90에 매입했고 정확히 1년 후에 주당 \$13.14에 매각했다. 그녀는 자신의 투자 수익에 매우 만족한다. (a) 연간 실효이자율과 (b) 분기별 실효이자율 및 월별 실효이자율이 얼마인지 계산해 보자. 주식을 사고팔 때의 수수료와 주주에게 지급되는 분기별 배당금은 무시한다.

풀이

(a) 연간 실효수익률은 주식 매수일과 매도일이 정확히 1년 차이가 나기 때문에 복리 기간이 1년이다. 주당 매수 가격 \$6.90를 기준으로 식 [1.2]의 이자율 정의를 사용하면,

$$i_a = \frac{\text{1년간 매도차익}}{\text{매수 가격}} \times 100\% = \frac{6.24}{6.90} \times 100\% = \text{연 } 90.43\%$$

(b) 연 실효이자율 90.43%의 분기별 복리 및 월별 복리계산은 식 [4.4]를 적용하여 각 복리 기간 해당 기준의 실효이자율을 구한다.

분기 : $m = $ 1년 4회 $\quad i = (1.9043)^{1/4} - 1 = 1.17472 - 1 = 0.17472$

이것은 분기당 17.472%이며 분기별 복리계산한다.

월 : $m = $ 1년 12회 $\quad i = (1.9043)^{1/12} - 1 = 1.05514 - 1 = 0.05514$

이것은 월당 5.514%이며 월별 복리계산한다.

참고사항

이러한 분기 및 월별 이자율은 연간 실효이자율을 분기 개수 또는 월 개수로 나눈 값보다 작다. 월의 경우, 이것은 월 90.43%/12 = 7.54%이다. 이 계산은 잘못된 것이며, 1년 동안 12번 월 5.514%를 복리로 계산하면 연간 실효이자율 90.43%가 된다는 사실을 무시한 것이다.

식 [4.3]의 결과를 나타내는 스프레드시트 함수, 즉 **연간 실효이자율** i_a는 EFFECT 함수이다. 그 형식은

= EFFECT(연 명목이자율, 복리 빈도)

= EFFECT(*r*%,*m*) [4.5]

EFFECT 함수에 입력된 이자율은 **연 명목이자율 r%**이며, 복리 기간당 실효이자율 i%가 아니다. 그 함수는 자동으로 식 [4.3]에서 사용할 i를 찾는다. 예를 들어, 연간 명목 이자율이 $r = 5.25\%$이며 분기별 복리계산을 가정하고, 연간 실효이자율 i_a를 구하려고 한다. = EFFECT(5.25%,4)를 정확하게 입력하면, i_a = 연 5.354%를 계산해 준다. 스프레드시트의 이 값은 식 [4.3]에 복리 빈도 $m = 4$와 분기당 $i = 5.25/4 = 1.3125\%$를 입력한 결과와 같다.

$$i_a = (1 + 0.013125)^4 - 1 = 0.05354\ (5.354\%)$$

EFFECT 함수를 사용할 때 주의해야 할 점은 입력된 명목이자율이 변환하려는 실효이자율과 동일한 기간(여기서는 1년)이 표시되어야 한다는 것이다.

스프레드시트 함수 NOMINAL은 **연 명목이자율 r**을 찾는다. 그 형식은

= NOMINAL(실효이자율, 연간 복리 빈도)

= NOMINAL(i_a%,m) [4.6]

이 함수는 오직 연 명목이자율을 표시하도록 설계되었다. 따라서 입력된 m은 연간 복리계산할 횟수여야 한다. 예를 들어, 연 실효이자율이 10.381%이며 분기별 복리계산에서 연 명목이자율을 찾으려면, 함수 = NOMINAL(10.381%,4)은 r = 분기별 복리계산한 연 10%를 표시한다. 1년보다 짧은 기간에 대한 명목이자율은 식 [4.1]을 사용하여 결정된다. 예를 들어, 분기별 이자율은 10%/4 = 2.5%이다.

NOMINAL 함수를 사용할 때 주의해야 할 점은 함수의 결과 값은 항상 연 명목이자율이고, 입력하는 이자율은 연 실효이자율이어야 하며, m은 연간 복리 횟수여야 한다는 것이다.

예제 4.4 신용카드 제안 사례

PE

앞의 사례에 이어서 트레이시는 연 18.99%, 혹은 월 1.5825%의 APR(명목이자율)이 포함된 Southwest Airlines/Chase Bank 신용카드 제안을 수락할 계획이다. 트레이시는 잔액 $1,000를 이체할 것이며, 첫 달 말에 이체 수수료 $50를 지불할 것이다. 트레이시가 새 카드로 이체하고, 며칠 후 서아프리카 카메룬 국가에 1년간 파견 임무를 수락한다고 가정하자. 신이 나서 서둘러 출발한 트레이시는 신용카드 회사에 주소 변경서를 보내는 것을 잊어버린다. 이 예제에서는 우편 서비스가 없고 신용카드 발행자와 인터넷 연결이 되지 않는다고 가정한다. 따라서 (예제 4.2에서 계산된) $1,065.83의 잔액이 미지급 상태가 된다.

(a) 만약 이 상황이 총 12개월 동안 지속된다면, 12개월 후에 갚아야 할 총금액과 트레이시가 누적시킨 연간 실효이자율을 결정하시오. 카드의 이자와 수수료 정보에는 최소 결제 금액을 한 번 연체한 후 연

29.99%의 위약금 APR과 발생 건당 $39의 연체료가 기재되어 있음을 기억해야 한다.

(b) 만약 위약금 APR이 없고 연체료가 없다면, 올해 연 실효이자율은 얼마인가? 이 이자율을 (a)의 답과 비교해 보시오.

풀이

(a) 트레이시가 첫 달의 금액을 지불하지 않았기 때문에 새로운 잔액 $1,065.83와 향후 모든 월 잔액은 더 높은 월 이자율 2.499%로 이자가 누적된다.

$$29.99\%/12 = \text{월당 } 2.499\%$$

또한 두 번째 달부터는 $39의 연체료가 추가되고, 그 이후부터는 매달 이 수수료에 대한 이자가 부과된다. 첫 3개월과 마지막 2개월은 아래에 자세히 나와 있다. 그림 4-3은 12개월 모두의 이자와 수수료를 자세히 보여준다.

1월 : $1{,}000 + 1{,}000(0.015825) + 50 = \$1{,}065.83$

2월 : $1{,}065.83 + 1{,}065.83(0.02499) + 39 = \$1{,}131.46$

3월 : $1{,}131.46 + 1{,}131.46(0.02499) + 39 = \$1{,}198.74$

⋮

11월 : $1{,}719.19 + 1{,}719.19(0.02499) + 39 = \$1{,}801.15$

12월 : $1{,}801.15 + 1{,}801.15(0.02499) + 39 = 1{,}885.16$

월 실효이자율은 F/P 이자율 공식 또는 RATE 함수를 사용하여 현재 $1,000와 12기간 후의 $1,885.16를 같게 만드는 i 값을 구한다. 함수 = RATE(12,,−1000,1885.16)는 월 실효이자율 i가 5.426%라고 찾

	A	B	C	D	E	F	G	H	I	J	K
1					미지급금,						
2	월	외상금액,$	월 이자,$	수수료, $	$					이자율	
3	0	1000.00		0	1000.00					정규	위약규정
4	1	1000.00	15.83	50	1065.83				연간	0.1899	0.2999
5	2	1065.83	26.64	39	1131.46				월별	0.01583	0.02499
6	3	1131.46	28.28	39	1198.74						
7	4	1198.74	29.96	39	1267.70						
8	5	1267.70	31.68	39	1338.38					= J4/12	= K4/12
9	6	1338.38	33.45	39	1410.83						
10	7	1410.83	35.26	39	1485.09						
11	8	1485.09	37.11	39	1561.20						
12	9	1561.20	39.02	39	1639.22						
13	10	1639.22	40.97	39	1719.19	= SUM(B13:D13)					
14	11	1719.19	42.97	39	1801.15						
15	12	1801.15	45.01	39	1885.16						
16											
17											
18											
19											
20											

월별 이자율
1월: 1.583%
2~12월: 위약 규정 2.499%

1월: 이체수수료
2~12월: 연체 수수료

그림 4-3
예제 4.4의 신용카드의 월별 부담 금액

아준다.

복리 기간은 1개월이므로, 식 [4.3]을 사용하여 월별 복리계산하며 연 실효이자율이 88.53%임을 계산할 수도 있다.

$$i_a = (1 + \mathrm{i})^m - 1 = (1.05426)^{12} - 1 = 0.8853 \quad (88.53\%)$$

또한 함수 = EFFECT(5.426%*12,12)*100은 88.526%로 계산한다.

비록 이것은 트레이시가 12개월 동안 청구서를 지불하지 않고 이자율과 수수료로 재정적인 불이익을 받는 다소 극단적인 예이지만, 신용카드 빚이 얼마나 심각해질 수 있는지를 보여준다. 트레이시는 연 18.99%의 이자율에서 88.53%의 실효이자율로 옮겨간다. Chase Bank는 아마도 우편과 인터넷이 가능할 때마다 트레이시에게 생일 축하 카드를 보낼 것이다!

(b) 연체에 대한 위약금이 없고 12개월 동안 연 명목이자율 18.99%(또는 월 1.5825%)를 적용했다면, 함수 = EFFECT(18.99%,12)*100 또는 식 [4.3]을 이용하여 월별 복리계산되는 연 실효이자율은 20.73%이다.

$$i_a = (1 + i)^m - 1 = (1.015825)^{12} - 1 = 0.2073 \quad (20.73\%)$$

첫째, 명시된 이자율 18.99%는 APR(명목이자율)이기 때문에 트레이시는 APY(실효이자율) 20.73%로 지불해야 한다. 둘째, 그리고 훨씬 더 중요한 것은 (1) APR 29.99%로 이자율이 인상되고, (2) 연체로 인해 월 $39 수수료까지 부과되므로 큰 차이가 발생한다. 이 큰 수수료는 신용 잔고의 일부가 되어 연 29.99%의 위약 이자율로 이자 부담이 급증한다. 그 결과 연 실효이자율이 20.73%에서 (월 복리계산하는) 88.53%로 폭증한다.

참고사항

이 사례는 빚을 진 개인에게 할 수 있는 가장 좋은 조언은 그 빚을 갚는 것이라는 것을 보여준다. 신용카드, 대출 및 담보대출 기관이 명시하는 APR은 상당히 기만적일 수 있으며, 게다가 위약금 비율과 수수료를 더하면 매우 빠른 속도로 실효이자율이 증가한다.

식 [4.3]을 적용하여 i_a를 구하면, 결과 값이 일반적으로 정수로 나오지 않는다. 따라서 이자율 공식의 표에서 모든 이자율 공식을 구할 수는 없다. 이자율 공식을 구하는 다른 방법이 있다.

- 이자율 계산 공식에서 이자율 i를 i_a로 대체하여 구한다.
- 스프레드시트 함수에서 i_a를 입력한다(스프레드시트 함수는 2.4절 참고).
- 이자율 공식표의 두 값으로부터 보간법으로 구한다(2.4절 참조).

4.3 임의 기간들에 대한 실효이자율 ●●●

4.2절의 식 [4.3]은 1년보다 짧은 기간의 실효이자율로부터 연 실효이자율을 계산한다. 이 공식을 일반화하여 (1년보다 짧거나 긴) **임의의 기간에 대한 실효이자율**을 결정할 수 있다.

$$\text{기간당 실효이자율 } i = \left(1 + \frac{r}{m}\right)^m - 1 \qquad [4.7]$$

여기서 i = 특정 기간(예 : 반기)의 실효이자율

r = 동일한 특정 기간(반기)의 명목이자율

m = 특정 기간당 복리 빈도(6개월당 횟수)

복리 기간 CP 동안 r/m은 항상 실효이자율이고, m은 항상 식 [4.7]의 등호 왼쪽에 있는 기간 동안 복리계산하는 횟수이다. 이 일반적인 표현은 i_a 대신 실효이자율을 나타내는 기호로 i를 사용하는데, 이는 이 책의 나머지 부분에서 i의 사용과 일치한다. 예제 4.5와 4.6은 이 공식의 사용을 보여준다.

예제 4.5

Tesla Motors는 고성능 완전 전기 자동차를 제조한다. 한 엔지니어가 고정밀 자동차 부품의 자동화된 제조와 직접 연결될 차세대 좌표 측정 기계에 대한 입찰을 평가하기 위해 Tesla 위원회에 참석했다. 세 가지 입찰은 판매업체가 미지급 잔액에 대해 부과할 이자율을 포함한다. 금융 비용을 명확하게 이해하기 위해 Tesla 경영진은 엔지니어에게 각 입찰에 대해 연 실효이자율과 반기 실효이자율을 결정하도록 요청했다. 최소 실효이자율이 선택될 것이다. 입찰은 다음과 같다.

입찰 1 : 연 9%이며 분기별 복리계산

입찰 2 : 분기 3%이며 분기별 복리계산

입찰 3 : 연 8.8%이며 월별 복리계산

(a) 반기를 기준으로 각 입찰의 실효이자율을 결정하시오.

(b) 연 실효이자율은 얼마인가? 이들은 최종 입찰 결정 요소로서 포함될 것이다.

(c) 어느 입찰의 연간 실효이자율이 가장 낮은가?

풀이

(a) 명목이자율을 반기별로 바꾸고, m을 구한 다음 식 [4.7]을 사용하여 반기별 실효이자율을 계산한다. 입찰 1의 경우,

$$r = \text{연 } 9\% = 6\text{개월당 } 4.5\%$$

$$m = 2(6\text{개월당 } 2\text{개 분기})$$

$$6\text{개월당 실효이자율 } i\% = \left(1 + \frac{0.045}{2}\right)^2 - 1 = 1.0455 - 1 = 0.0455 \quad (4.55\%)$$

표 4-4(왼쪽 부분)는 세 번의 입찰 모두에 대한 반기 실효이자율을 요약한 것이다. 추가적인 예로, 입찰 3에 스프레드시트를 사용하면, 함수 = EFFECT(4.4%,6)*100은 표 4-4에서 보는 바와 같이 4.48%의 반기 실효율을 찾아준다.

표 4-4 예제 4.5의 세 가지 입찰 이자율에 대한 반기 및 연 실효이자율

	반기 이자율			연간 이자율		
입찰	6개월당 명목이자율 r, %	6개월당 CP, m	식 [4.7], 실효이자율 i, %	연 명목이자율 r, %	연간 CP, m	식 [4.7], 실효이자율 i, %
1	4.5	2	4.55	9	4	9.31
2	6.0	2	6.09	12	4	12.55
3	4.4	6	4.48	8.8	12	9.16

(b) 연간 실효이자율의 경우, 식 [4.7]의 시간 기준은 1년이다. 입찰 1의 경우,

$$r = \text{연 } 9\% \qquad m = \text{연간 } 4\text{개 분기}$$

$$\text{연 실효이자율 } i\% = \left(1 + \frac{0.09}{4}\right)^4 - 1 = 1.0931 - 1 = 0.0931 \qquad (9.31\%)$$

스프레드시트를 이용하여 연간 실효이자율을 결정하는 추가적인 예로서 함수 = EFFECT(8.8%,12)*100은 연간 실효이자율 9.16%를 표시하고 있다. 표 4-4의 오른쪽 부분은 연간 실효이자율에 대한 요약이다.

(c) 입찰 3은 최저 연 실효이자율 9.16%를 제안한다. 이 입찰이 채택된다.

예제 4.6

한 닷컴 회사는 현재 일별 복리계산하며 연 18%의 수익을 내는 새로운 벤처 캐피털 펀드에 돈을 넣을 계획이다. 이것의 (a) 연간 및 (b) 반기 실효이자율은 얼마인가? (c) 일일 복리계산은 연간 및 반기별 실효이자율에 어떤 영향을 주는가?

풀이

(a) 식 [4.7]에 $r = 0.18$ 및 $m = 365$를 입력한다.

$$\text{연 실효이자율 } i\% = \left(1 + \frac{0.18}{365}\right)^{365} - 1 = 0.19716 \quad (19.716\%)$$

(b) 여기서 $r = 6$개월당 0.09, $m = 182$일이다.

$$6\text{개월당 실효이자율 } i\% = \left(1 + \frac{0.09}{182}\right)^{182} - 1 = 0.09415 \quad (9.415\%)$$

(c) 일별 복리계산은 실효이자율을 크게 증가시키지는 않는다. 연 명목이자율은 연 18%에서 19.716%로 1.716% 증가하고, 반기 9%에서 9.415%로 0.415% 증가에 그친다.

4.4 등가 관계 : 지급 기간과 복리 기간 ●●●

복리 기간을 고려하여 실효이자율을 결정하는 절차와 공식을 개발하였으므로, 이제는 **지급 기간**(payment period)을 고려할 필요가 있다.

> 지급 기간(PP)은 현금흐름 사이의 시간 길이(유입 또는 유출)이다. 지급 기간과 복리 기간(CP)의 길이는 일치하지 않는 것이 일반적이다. PP = CP, PP > CP, PP < CP 중 어느 경우인지를 결정하는 것이 중요하다.

반기별 복리계산하는 명목이자율 연 8%의 계좌에 기업이 매월 돈을 입금한다면, 현금 저축의 PP는 1개월, 명목이자율은 CP 6개월이다. 이 기간을 그림 4-4에서 보여준다. 이 기간은 그림 4-4와 같다. 마찬가지로 분기별 복리계산하는 계좌에 보너스 수표를 연 1회 입금하는 경우 PP = 1년, CP = 3개월이다.

앞서 배운 바와 같이, 등가계산을 올바르게 수행하기 위해서는 이자 공식과 스프레드시트 함수에서 실효이자율이 필요하다. 따라서 이자율의 기간과 지급 기간이 동일한 시간 기준이 되는 것이 필수적이다. 다음 세 절(4.5~4.7)에서는 경제성 공학 이자 공식 및 스프레드시트 함수에 대한 올바른 i와 n 값을 결정하는 절차를 설명한다. 먼저 PP와 CP의 길이를 비교한 다음, 현금흐름을 단일자금(P 및 F)으로만 구분하거나 자금열(A, G 또는 g)로 구분한다. 표 4-5는 참조할 절을 알려준다. PP = CP와 PP > CP인 경우, 설명하

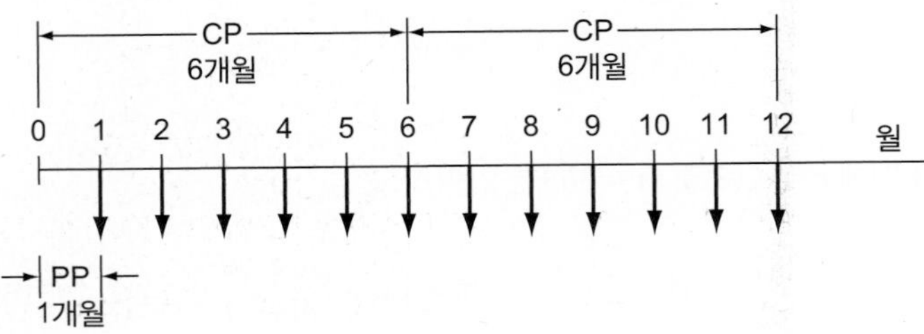

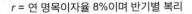

그림 4-4
월 지급 기간(PP)과 반기 복리 기간(CP)의 1년 현금흐름도

표 4-5 지급 기간 및 복리 기간 비교에 따른 등가계산 관련 절

기간 차이	단일자금 수록 (P 및 F 한정)	균등자금열 또는 증감자금열 수록 (A, G, 또는 g)
PP = CP	4.5절	4.6절
PP > CP	4.5절	4.6절
PP < CP	4.7절	4.7절

는 절이 동일한데, 이는 i와 n을 결정하는 절차가 다음 4.5절과 4.6절에서 논의되는 바와 동일하기 때문이다.

이러한 등가계산을 통해 기억해야 할 일반적인 원칙은 실제로 현금의 유출 또는 유입 시 화폐의 시간적 가치를 고려해야 한다는 것이다. 예를 들어, 현금흐름은 매 6개월마다 발생하고 그 이자는 분기별로 복리가 이루어진다고 가정하자. 3개월 후에는 현금흐름이 없으므로 분기별 복리 효과를 파악할 필요가 없다. 그러나 6개월 후에는 이전 두 분기 동안 발생한 이자를 고려할 필요가 있다.

4.5 등가 관계 : PP ≥ CP 상태의 단일자금

단일자금의 현금흐름만 관련된 경우, P 또는 F를 계산하는 데 사용할 수 있는 i와 n의 올바른 조합이 많이 존재하는데, 그 이유는 다음 두 가지 요건 때문이다. (1) i는 실효이자율로 표시되어야 하며, (2) n의 시간 주기는 i의 시간 주기와 정확히 같아야 한다. 이 두 가지 요구사항은 P/F와 F/P 계수에 대하여 i와 n을 결정하는 올바른 두 가지 방법에서 똑같이 충족된다. 방법 1은 책 뒤쪽에 있는 이자율표가 통상적인 이자 계수를 제공할 수 있기 때문에 더 쉽게 적용할 수 있다. 방법 2는 변환된 실효이자율이 정수가 아니기 때문에 이자 공식의 계산이 필요할 수 있다. 스프레드시트의 경우 PV 또는 FV 함수를 사용한다. 그러나 방법 1이 일반적으로 더 쉽다.

방법 1 : 복리 기간 CP에 대한 실효이자율을 결정하고, n을 P와 F 사이의 복리계산 횟수가 되도록 설정한다. P와 F를 계산하는 관계식은

$$P = F(P/F, \text{CP당 실효이자율 } i\%, \text{총 기간 수 } n) \qquad [4.8]$$

$$F = P(F/P, \text{CP당 실효이자율 } i\%, \text{총 기간 수 } n) \qquad [4.9]$$

예를 들어, 명시된 이자율이 월별 복리계산하는 연 명목이자율 15%라고 가정하자. 여기서 CP는 1개월이다. 2년 구간에서 P 또는 F를 찾으려면, 월별 실효이자율 15%/12

= 1.25%와 총 개월 수 2(12) = 24개월을 계산해야 한다. 1.25%와 24는 P/F 및 F/P 이자계수에 사용된다. 이자율 1.25%와 n 값 24를 PV 함수에 입력하여 현재가치를 찾을 수 있다.

실효이자율을 결정하는 데는 (아래 방법 2에서 보는 바와 같이) 임의의 기간을 사용할 수 있지만, CP와 관련된 이자율은 일반적으로 정수로 나타나기 때문에 그 기간을 선택하는 것이 바람직하다. 따라서 이 책 뒤쪽에 있는 계수표를 쉽게 사용할 수 있다.

> **방법 2** : 먼저 **임의 기간 t에 대한 실효이자율을 결정한 다음 동일한 기간 동안** P와 F 사이의 기간의 총수와 동일하게 n을 설정한다.

P와 F의 관계는 식 [4.8]과 [4.9]와 같으며, 이자율은 t당 실효이자율 i%로 대체한다. 월별 복리계산하며 연 15%, 즉 월 15%/12 = 1.25%의 이자율과 P와 F 사이의 2년의 기간에 대해 1년의 기간 t를 사용하면 연 실효이자율과 n 값은 다음과 같다.

$$\text{연 실효이자율 } i = \left(1 + \frac{0.15}{12}\right)^{12} - 1 = 0.16076 \qquad (16.076\%)$$

$$n = 2\text{년}$$

두 가지 방법의 결과로 도출되는 P/F 계수는 동일하다. 이 책 뒤에 있는 표 5를 사용하여 찾은 $(P/F,1.25\%,24) = 0.7422$와 P/F 계수 공식에서 구한 $(P/F,16.076\%,2) = 0.7422$. 이 계산을 통해 스프레드시트를 사용하지 않을 때에는 방법 1이 권장되는 이유를 알 수 있다. 예제 4.7에서 보는 바와 같이 모든 스프레드시트 함수는 어느 방법에나 사용할 수 있다.

예제 4.7

지난 10년 동안 Gentrack은 다양한 금액을 특별 자본 축적 기금에 적립해 왔다. 이 회사는 미국과 베트남의 쓰레기 퇴비화 공장에서 생산한 퇴비를 판매하고 있다. 그림 4-5는 천 달러 단위의 현금흐름도이다. (10년 지난) 현재 반기별 복리계산하며 연 12%의 이자율을 적용하는 계좌의 금액을 구하시오. 수기 풀이와 스프레드시트를 사용한 풀이를 모두 제시하시오.

수기 풀이

오직 P 값과 F 값만 관련이 있다. 두 가지 손 계산법을 사용하여 10년 후의 F 값을 구한다.

방법 1 : 실효이자율 6%에 맞는 반기 CP를 적용한다. 각 현금흐름에 대해 n = (2)(연수)개의 반기가 존재한다. 이자계수표에서 값을 찾아 식 [4.9]에 입력하여 구한 미래가치는

$$F = 1{,}000(F/P{,}6\%{,}20) + 3{,}000(F/P{,}6\%{,}12) + 1{,}500(F/P{,}6\%{,}8)$$
$$= 1{,}000(3.2071) + 3{,}000(2.0122) + 1{,}500(1.5938)$$
$$= \$11{,}634 \quad (\$11.634\text{백만})$$

방법 2 : 반기별 복리계산에 기초하여 연 실효이자율을 정한다.

$$\text{연 실효이자율 } i\% = \left(1 + \frac{0.12}{2}\right)^2 - 1 = 0.1236 \qquad (12.36\%)$$

n 값은 실제 연도 수이다. 위와 같은 답을 얻기 위해서는 계산식 $(F/P,i,n) = (1.1236)^n$과 식 [4.9]를 사용한다.

$$F = 1{,}000(F/P{,}12.36\%{,}10) + 3{,}000(F/P{,}12.36\%{,}6) + 1{,}500(F/P{,}12.36\%{,}4)$$
$$= 1{,}000(3.2071) + 3{,}000(2.0122) + 1{,}500(1.5938)$$
$$= \$11{,}634 \quad (\$11.634\text{백만})$$

스프레드시트 풀이

먼저 방법 1을 사용한다. 각 예치금마다 하나씩 3개의 FV 함수를 추가한다. 함수 = FV(6%,20,,-1000) + FV(6%,12,,−3000) + FV(6%,8,,−1500)는 이자계수를 사용한 결과와 동일한 $11,634.50의 미래가치를 찾아준다.

방법 2에서는 두 가지 함수가 필요하다. 10년 동안의 현금흐름을 셀에 연속되도록 입력하고(지급이 없는 연도에는 0), 실효이자율 12.36%를 적용하여 NPV와 FV 함수를 사용하여 미래가치를 구한다. 예를 들어, 셀 B1부터 B11까지 금액이 입력되었다면, 먼저 셀 B12에 함수 = NPV(12.36%,B2:B11) − 1000을 입력하면, 현재등가 $3627.69가 표시된다. 그다음에 함수 = FV(12.36%,10,,B12)는 $11,634.50를 찾아준다. 손 계산법의 방법 2와 결과가 일치한다.

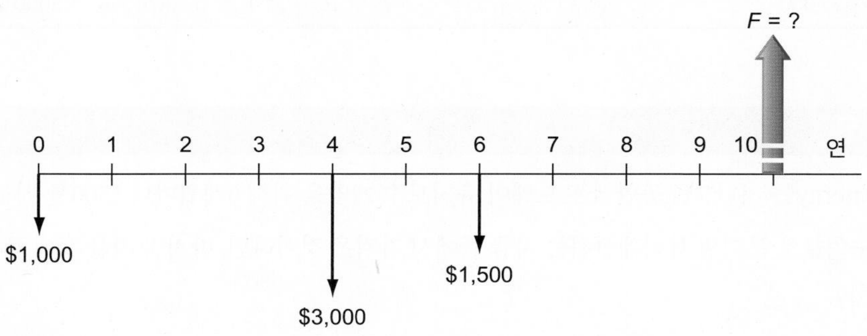

그림 4-5
예제 4.7의 현금흐름도(단위 : $1,000)

4.6 등가 관계 : PP ≥ CP 상태의 자금열 ●●●

연속적인 현금흐름이 균등자금열이나 증감자금열로서 구성되고 지급 기간이 복리 기간과 같거나 초과하는 경우, PP는 현금흐름 간의 시간 길이로 정의된다. 실효이자율의 시간 단위도 이와 같이 설정된다. 예를 들어, 현금흐름이 분기별로 발생하는 경우 PP는 1개 분기이며 분기 실효이자율이 필요하다. n 값은 총 분기의 수이다. PP가 분기인 경우 5년은 n 값으로 계산하면 20분기이다. 이는 다음과 같은 일반 지침을 직접 적용한 것이다.

> 현금흐름이 자금열(즉, A, G, g)을 이루고 지급 기간이 복리 기간과 같거나 그 기간을 초과하는 경우
>
> - 지급 기간에 맞는 실효이자율 i를 찾는다.
> - n을 총 지급 기간의 수로 정한다.

자금열의 등가를 계산할 때, 이자계수표, 이자계수식, 스프레드시트 함수에서 i와 n의 값만 사용한다. 즉, 단일자금 현금흐름의 경우와 같이 다른 조합으로는 올바른 해답을 얻을 수 없다.

표 4-6은 여러 자금열 및 이자율에 대한 올바른 공식화를 보여준다. n은 항상 총 지급 기간 수와 같고 i는 n과 동일한 기간 동안 적용되는 실효이자율이다.

표 4-6 PP = CP 또는 PP > CP인 경우 n 및 i 값의 예

자금열 유형	이자율	찾는 값, 아는 값	표준 표기법
5년간 매 반기 $500	연 16%, 반기별 복리	A 알고 P 찾기	$P = 500(P/A,8\%,10)$
3년간 매월 $75	연 24%, 월별 복리	A 알고 F 찾기	$F = 75(F/A,2\%,36)$
15년간 매 분기 $180	분기당 5%	A 알고 F 찾기	$F = 180(F/A,5\%,60)$
4년간 매월 $25 증가	월당 1%	G 알고 P 찾기	$P = 25(P/G,1\%,48)$
6년간 매 분기 $5,000	월당 1%	F 알고 월당 A 찾기	$A = 5000(A/F,1\%,3)$

예제 4.8

Excelon Energy는 지난 7년 동안 소프트웨어 유지보수 계약을 위해 6개월마다 $500를 지불했다. 이 자금이 연 8% 수익률로 분기별 복리계산하는 자금 풀에서 가져온 것이라면, 마지막 지불 후에 해당하는 총금액은 얼마인가?

풀이

현금흐름도는 그림 4-6에 나타나 있다. 지급 기간(6개월)이 복리 기간(분기)보다 더 길다. 즉, PP > CP이다.

지침을 적용하여 **반기 실효이자율**을 결정해야 한다. 식 [4.7]을 이용하여 6개월 주기마다 $r = 4\%$, $m =$ 반기당 2개 분기를 사용한다.

$$6\text{개월 실효이자율 } i\% = \left(1 + \frac{0.04}{2}\right)^2 - 1 = 0.0404 \qquad (4.04\%)$$

반기 실효이자율은 표 4-3에서 $r = 4\%$와 $m = 2$를 이용하여 $i = 4.04\%$를 구한다.

실효이자율이 6개월 명목이자율 4%보다 약간 높을 것으로 예상하기 때문에 $i = 4.04\%$는 합리적인 것으로 보인다. 총 지급 기간은 $n = 2(7) = 14$ 반기이다. F를 구하는 관계식은

$$\begin{aligned} F &= A(F/A,4.04\%,14) \\ &= 500(18.3422) \\ &= \$9,171.09 \end{aligned}$$

스프레드시트를 이용하여 18.3422라는 F/A 계수를 결정하려면, 그림 2-9의 FV 함수, 즉 = −FV(4.04%,14,1)를 입력한다. 또는 좀 더 간단히 최종 정답인 $9,171.09를 함수 = −FV(4.04%,14,500)를 이용하여 직접 구할 수도 있다.

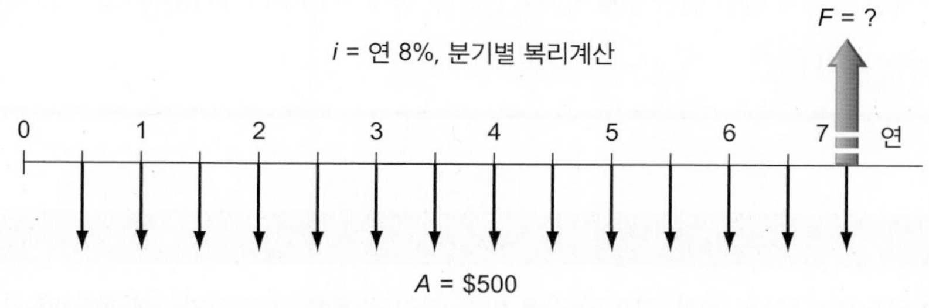

그림 4-6
예제 4.8의 F를 결정하는 데 사용되는 반기 현금흐름도

예제 4.9 신용카드 제안 사례

PE

트레이시의 계속된 신용카드 모험담과 아프리카로의 이직에 관한 이야기에서, 트레이시가 잔액 이체 수수료 $50를 포함하여 총잔액이 $1,050라는 사실을 기억하고 2년 안에 전액을 갚기 위해 매월 자동 당좌예금 계좌이체를 설정하려고 한다고 가정해 보자. 월 최소 결제 금액이 $25라는 사실을 알게 된 트레이시는 60일 이내에 월별 이체를 시작하고, 이 금액을 초과하여 더 이상의 위약금과 연 29.99%의 최대 위약금 APR을 피하기로 결정했다. 매월 마감일까지 얼마를 이체해야 하는가? 이 계획을 정확히 따르고 Chase Bank가 2년 동안 기본 APR인 18.99%를 변경하지 않는다면 APY는 얼마인가? 트레이시가 신용카드를 집에 두고 와서 더 이상의 청구는 없다고 가정한다.

풀이

총 $n = 2(12) = 24$회 납입의 월 A 자금열이 적용된다. 이 경우 PP = CP = 1개월, 월 실효이자율은 $i =$

$18.99\%/12 = 1.5825\%$이다.

수기 풀이 : 계산기 또는 이자계수표 보간법을 사용하여 A/P 계수를 결정한다.

$$A = P(A/P,i,n) = 1{,}050(A/P,1.5825\%,24) = 1{,}050(0.05040)$$
$$= 24개월\ 동안\ 월\ \$52.92$$

스프레드시트 풀이 : 함수 = −PMT(1.5825%,24,1)를 사용하여 등가계수 0.05040을 결정하여 $n = 24$회 지불에 대한 A를 결정한다. 또는 함수 = −PMT(1.5825%,24,1050)를 사용하여 필요한 월 지불액 $A =$ \$52.92를 직접 찾는다.

연간 실효이자율 또는 APY는 연 $r = 18.99\%$이며, 1년에 $m = 12$회 월별 복리계산하므로 식 [4.7]을 사용한다.

$$연\ 실효이자율\ i\% = \left(1 + \frac{0.1899}{12}\right)^{12} - 1 = 1.2073 - 1$$
$$= 0.2073 \qquad (20.73\%)$$

이것은 예제 4.4b에서 결정된 것과 동일한 연간 실효이자율 i_a이다. 함수 = EFFECT(18.99%,12)를 적용하여 $i =$ 연 20.73%를 구할 수도 있다.

예제 4.10

BSWHealth(BSWH)는 당뇨병, 갑상선 질환, 고혈압 같은 만성 건강 문제를 가진 환자들에게 알약 형태의 약을 안정적으로 더 빠르고 정확하게 전달하기 위해 로봇화된 처방전 처리 시스템을 구입했다. 이 대용량 시스템을 설치하는 데 \$3백만의 비용이 들고 모든 재료, 운영, 인력 및 유지 비용으로 연간 약 \$200,000가 든다고 가정하자. 예상 수명은 10년이다. BSWH의 생의학 엔지니어는 투자, 이자 및 연간 비용을 회수하는 데 필요한 매 6개월마다 총 수익 요구량을 추정하려고 한다. 두 가지 다른 복리 기간을 사용하여 자금이 연 8%로 평가되는 경우, 이 반기 A 값을 수기 풀이와 스프레드시트 활용법 모두에서 구하시오.

이자율 1. 연 8%이며 반기별 복리계산

이자율 2. 연 8%이며 월별 복리계산

수기 풀이

그림 4-7은 현금흐름도를 보여준다. 20개의 반기에 걸쳐서 매년 비용이 발생하며, 6개월 주기로 자본회수 자금열을 구하려고 한다. 이런 유형에서 P와 A 값을 찾기 위해 P/A와 A/P 등가계수를 사용하려면, 수기 풀이가 상당히 복잡하다. 이런 경우에는 스프레드시트 풀이(아래 참고)를 권한다.

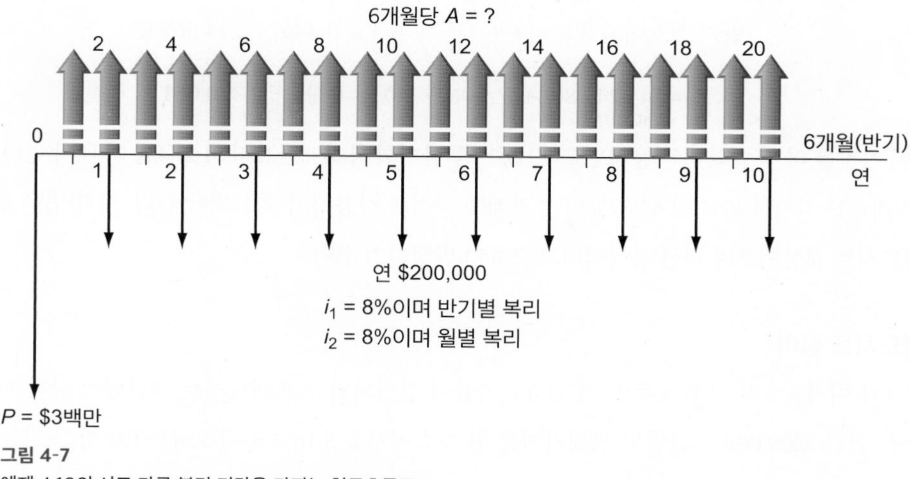

그림 4-7
예제 4.10의 서로 다른 복리 기간을 가지는 현금흐름도

수기 풀이 – 이자율 1 : 반년마다 A 값을 구하는 단계는 다음과 같다. 우선 연 실효이자율을 이용하여 n = 10년으로 시점 0에서 현재가치 P를 계산한다.

$$\text{연 실효이자율 } i = \left(1 + \frac{0.08}{2}\right)^2 - 1 = 0.0816 \qquad (8.16\%)$$

$$P = 3{,}000{,}000 + 200{,}000(P/A{,}8.16\%{,}10)$$
$$= 3{,}000{,}000 + 200{,}000(6.6619) = \$4{,}332{,}380$$

이제 6개월마다 A를 구한다.

PP = CP는 6개월, 반기별 실효이자율 찾기

반기 실효이자율 i = 8%/2 = 반기별 4% 복리계산

반기 기간의 수 $n = 2(10) = 20$

$$A = \$4{,}332{,}380(A/P{,}4\%{,}20) = 6\text{개월당 } \$318{,}777$$

결론 : 모든 비용과 이자를 연 8%이며 반기별 복리계산하는 수익으로 충당하기 위해서는 매 6개월마다 $318,777의 수익이 필요하다.

수기 풀이 – 이자율 2 : 앞에서처럼 시간 0에서 P를 계산하기 위하여 n = 10년과 월별 복리계산하는 연 실효이자율을 사용한다.

$$\text{연 실효이자율 } i = \left(1 + \frac{0.08}{12}\right)^{12} - 1 = 8.30\%$$

$$P = 3{,}000{,}000 + 200{,}000(P/A{,}8.30\%{,}10)$$
$$= 3{,}000{,}000 + 200{,}000(6.6202) = \$4{,}324{,}040$$

이제 반기별 A를 구한다. PP는 6개월이지만 CP는 월간이므로 PP > CP이다. 반기 실효이자율을 구하기 위해 실효이자율 식 [4.7]에 반기별 r = 4%와 m = 6개월을 적용한다. A를 결정하는 n 값은 20개 반기이다.

$$\text{반기 실효이자율 } i = \left(1 + \frac{0.04}{6}\right)^6 - 1 = 0.4067 \qquad (4.067\%)$$

$$A = \$4{,}324{,}080(A/P,4.067\%,20) = 6\text{개월당 } \$320{,}061$$

연 8%의 이자를 더 자주 복리 적용하면 $320,061, 즉 반기별 복리계산보다 $1,284를 더 내야 한다. 모든 P/A 및 A/P 계수는 각각 8.30% 및 4.067%의 등가계수 공식을 사용하여 계산해야 한다. 이 방법은 일반적으로 스프레드시트 계산법보다 계산 집약적이고 오류가 발생하기 쉽다.

스프레드시트 풀이

아자율 1과 이자율 2의 경우 모두 반기 실효이자율이 결정되면 스프레드시트 계산법이 간단하다. 이자율 1의 경우, 연간 $200,000 자금열의 현재가치를 연 실효이자율 8.16%로 결정하는 PV 함수(기울임체)가 포함된 단일 셀 PMT 함수의 경우 6개월당 A = $318,784를 표시한다. 함수는 다음과 같다.

$$= \text{PMT}(4\%,20,\mathit{PV(8.16\%,10,200000)} - 3000000)$$

마찬가지로, 이자율 2의 경우, 단일 셀 스프레드시트 함수 = PMT(4.067%,20,PV(8.30%,10,200000) − 3000000)는 6개월당 A = $320,061를 표시한다. 정확한 반기별 A 값을 결정하는 데 필요한 실효이자율을 계산하기 위해 EFFECT 함수를 별도로 사용하거나 이러한 단일 셀 PMT 함수에 통합할 수 있다.

연간 $200,000를 단일자금으로 간주하는 경우 스프레드시트를 사용할 수도 있지만 스프레드시트는 다음과 같이 더 복잡하다. 그림 4-8은 두 가지 이자율에 대한 일반적인 해결책을 제시한다. (스프레드시트의 여러 행은 인쇄되지 않았다. 생략된 것은 셀 B32를 지나 6개월마다 $200,000 현금흐름 유형이다.) C8 및 E8의 함수는 PP당 실효이자율을 월 단위로 표현한 일반적인 표현식이다. 이를 통해 다양한 PP 및 CP 값에 대해 일부 민감도 분석을 수행할 수 있다. 실효이자율 관계에 대한 m을 결정하려면 C7 및 E7의 함수에 유의하자. 이 기법은 PP와 CP를 CP의 시간 단위로 입력하면 스프레드시트에서 잘 작동한다.

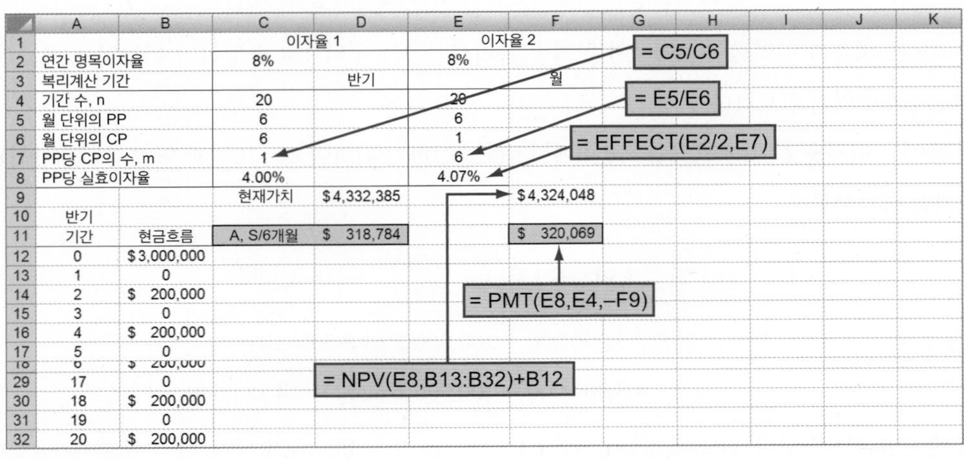

	A	B	C	D	E	F
1			이자율 1		이자율 2	
2	연간 명목이자율		8%		8%	
3	복리계산 기간			반기		월
4	기간 수, n		20		20	
5	월 단위의 PP		6		6	
6	월 단위의 CP		6		1	
7	PP당 CP의 수, m		1		6	
8	PP당 실효이자율		4.00%		4.07%	
9			현재가치	$4,332,385		$4,324,048
10	반기					
11	기간	현금흐름	A, S/6개월	$ 318,784		$ 320,069
12	0	$3,000,000				
13	1	0				
14	2	$ 200,000				
15	3	0				
16	4	$ 200,000				
17	5	0				
18	6	$ 200,000				
29	17	0				
30	18	$ 200,000				
31	19	0				
32	20	$ 200,000				

그림 4-8
예제 4.10의 다양한 복리 기간에 대한 반기 자금열 A의 스프레드시트 풀이

각 6개월 기간은 $0 항목을 포함한 현금흐름에 포함되므로 NPV 및 PMT 함수가 올바르게 작동한다. 스프레드시트 함수에 적용되는 유효 자릿수로 인해 D11($318,784) 및 F11($320,069)의 최종 A 값은 수기 풀이의 값과 약간 다르다.

EFFECT 함수는 셀 C8과 셀 E8에 적용되어 반기 실효이자율 i를 찾는다. 1년이 아닌 다른 지급기에 EFFECT를 사용하는 경우 "nominal_rate"의 첫 번째 항목은 식 [4.5]에 표시된 연간이 아닌 지급 기간당 이자율이다. 이자율 2의 경우 6개월당 6개의 복리 기간(셀 E7)이 존재하며 명목이자율은 6개월당 4%이다. 따라서 셀 E8의 함수=EFFECT(E2/2,E7)는 4.07%의 반기 실효이자율을 올바르게 표시한다.

4.7 등가 관계 : PP<CP 상태의 단일자금과 자금열

분기별로 이자가 복리계산되는 저축 계좌에 매월 돈을 입금하면 모든 월 예금이 다음 분기 복리계산 시점 이전에 이자를 얻을까? 만약 어떤 사람의 신용카드 대금이 매월 15일에 이자와 함께 지급되어야 하고, 1일에 전액 결제한 경우, 금융기관에서 조기 결제에 따라 지급해야 할 이자를 감면해 주는가? 일반적인 대답은 '아니요'이다. 그러나 분기별 복리계산하는 은행 대출금 $10백만에 대해 매월 지불하는 경우, 대기업에서 은행 대출금을 조기 상환했다면, 기업 재무담당자는 조기 지급을 근거로 은행이 이자액을 줄여야 한다고 주장할 가능성이 높다. PP < CP의 예는 다음과 같다. 복리계산 시점 사이의 현금 거래 시기는 **기간 간 복리**(interperiod compounding)가 어떻게 처리되는지에 대한 의문을 불러온다. 기본적으로 기간 간 현금흐름에는 이자가 발생하지 않거나 복합이자가 발생하는 두 가지 처리방법이 있는데, 이 중 하나를 적용해야 한다.

기간 간-무이자 처리의 경우, 음수 현금흐름(현금흐름의 관점에 따라 입금 또는 지급)은 모두 복리 기간 종료 시점에 이루어진 것으로 간주하고, 양수 현금흐름(수령 또는 인출)은 모두 시작 시점에 이루어진 것으로 간주한다.

예를 들어, 이자가 분기별로 복리계산되는 경우 모든 월별 예금은 해당 분기 말로 이동하고(기간 간 이자가 발생하지 않음) 모든 인출은 해당 분기 초로 이동한다(분기 전체에 대해 이자가 지급되지 않음). 이 절차는 4.5절과 4.6절에서 설명한 대로 분기별 실효이자율을 적용하여 P, F, A를 구하기 전에 현금흐름 분포를 크게 변경할 수 있으며, 이로 인해 현금흐름이 PP = CP 상태로 강제 전환된다. 예제 4.11은 이 절차와 하나의 복리 기간 내에서는 조기 지급에 따른 이자 혜택이 없다는 경제적 사실을 보여준다. 물론 비경제적인 요인이 존재할 수 있다.

예제 4.11

지난해 AllStar Venture Capital은 네바다대학교 라스베이거스 캠퍼스 기계공학과에서 수행한 연구 산물인 라스베이거스의 스타트업 기업 Clean Air Now(CAN)에 자금을 투자하기로 합의했다. 이 제품은 석탄 화력 발전소의 탄소 포집 및 격리(CCS) 공정에 사용되는 새로운 여과 시스템이다. 벤처 펀드 매니저는 AllStar의 관점에서 그림 4-9(a)의 현금흐름도를 천 달러 단위로 작성했다. 여기에는 첫해 동안 CAN에 대한 지불(유출)과 CAN에서 AllStar로 들어오는 수입(유입)이 포함되어 있다. 첫해에는 수입이 예상되지 않았지만, 이 제품은 큰 가능성을 가지고 있으며 무공해 석탄 연료 발전소가 되기를 희망하는 미국 동부 발전소에서 사전 주문이 들어왔다. 이자율은 연 12%이며 분기별 복리계산하는 AllStar는 기간 간 무이자 처리를 사용한다. AllStar는 연말에 얼마나 많은 '적자'를 기록했는가?

풀이

기간 간 무이자 처리의 그림 4-9(b)는 이동된 현금흐름을 반영한다. 모든 음수 현금흐름(CAN에 대한 지불)은 해당 분기 말로 이동하고, 모든 양수 현금흐름(수령)은 해당 분기 초로 이동한다. 0월에 CAN에 지급한 \$150는 이미 분기 말, 즉 −3에서 0까지의 3개월 기간에 위치하므로 3월로 이동하지 않는다. 분기당 12%/4 = 3%로 F 값을 계산한다.

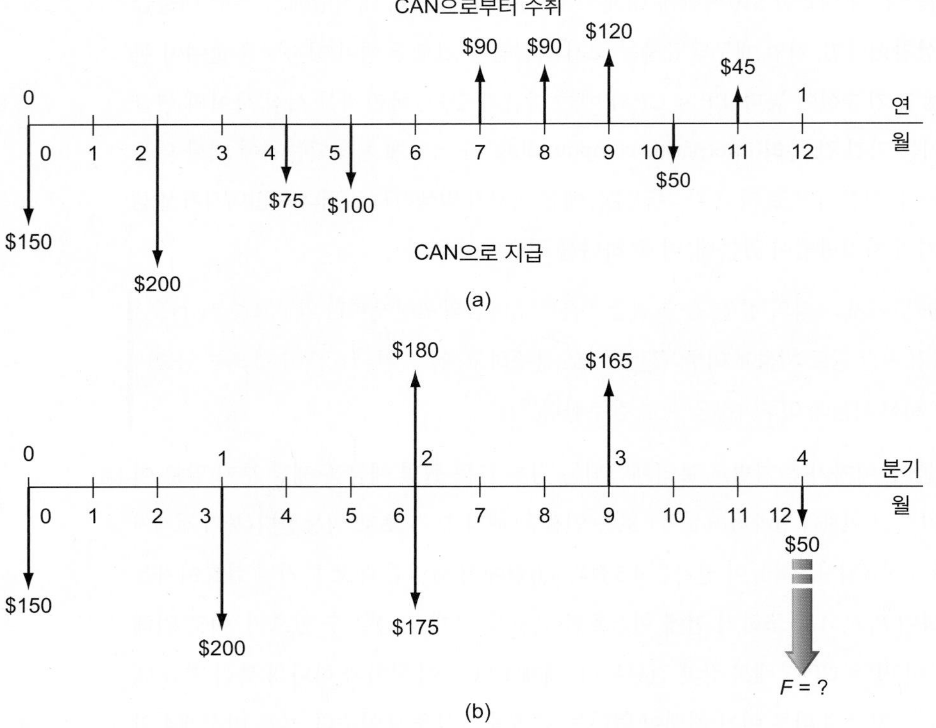

그림 4-9
예제 4.11의 분기별 복리계산에서 기간 간 무이자 처리하는 현금흐름(단위 : \$1,000)의 (a) 실제 및 (b) 이동된 현금흐름도

$$F = 1{,}000[-150(F/P,3\%,4) - 200(F/P,3\%,3) + (-175 + 180)(F/P,3\%,2) + 165(F/P,3\%,1) - 50] = \$-262{,}111$$

AllStar는 연말에 CAN에 $262,111를 순투자했다.

PP < CP이고 기간 간 복리 수익 처리의 경우, 현금흐름은 이동하지 않고 지급 기간당 실효이자율을 이용하여 P, F, A 등가가 결정된다. 경제성 공학의 관계는 PP $\geq$ CP의 상태에서 설명한 앞의 두 절과 동일한 방식으로 결정된다. 실효이자율 공식은 하나의 PP 내에 CP의 일부만 존재하므로 m 값이 1보다 작을 것이다. 예를 들어, 주간 현금흐름과 분기별 복리계산은 1개 분기에 $m = 1/13$로 한다. 연 명목이자율 12%의 분기별 복리계산(분기당 3%이며 분기별 복리계산)에서 PP당 실효이자율은

$$\text{주 실효이자율 } i = (1.03)^{\frac{1}{13}} - 1 = 0.00228 \qquad (\text{주당 } 0.228\%)$$

4.8 연속복리계산의 실효이자율 ●●●

복리계산이 점점 더 자주 일어나도록 허용하면 복리 기간은 점점 짧아지고 지급 기간당 복리 빈도인 m은 점점 증가한다.

연속복리계산은 복리 기간인 CP의 기간이 무한히 작아지고 기간당 복리계산 횟수인 m은 무한히 클 때 발생한다. 매일 수많은 현금흐름이 발생하는 사업은 모든 거래에 대해 이자가 연속적으로 복리계산되는 것으로 간주한다.

m이 무한대에 접근함에 따라 실효이자율 식 [4.7]을 새로운 형태로 써야 한다. 먼저 자연 로그함수 기저(밑수, base)의 정의를 떠올리자.

$$\lim_{h \to \infty} \left(1 + \frac{1}{h}\right)^h = e = 2.71828+ \qquad [4.10]$$

m이 무한대에 접근할 때 식 [4.7]의 극한은 $r/m = 1/h$, 즉 $m = hr$이 된다.

$$\begin{aligned}\lim_{m \to \infty} i &= \lim_{m \to \infty} \left(1 + \frac{r}{m}\right)^m - 1 \\ &= \lim_{h \to \infty} \left(1 + \frac{1}{h}\right)^{hr} - 1 \\ &= \lim_{h \to \infty} \left[\left(1 + \frac{1}{h}\right)^h\right]^r - 1\end{aligned}$$

$$i = e^r - 1 \qquad [4.11]$$

식 [4.11]은 i와 r의 적용 기간이 동일한 경우 **연간 연속 실효이자율**(effective continuous interest rate)을 계산하는 데 사용된다. 예를 들어, 명목이자율 r=연 15%인 경우, 연속 실효이자율은 다음과 같다.

$$i\% = e^{0.15} - 1 = 0.16183 \qquad (16.183\%)$$

편의상 표 4-3에는 나열된 명목이자율에 대한 연속 실효이자율이 포함되어 있다.

스프레드시트 함수 **EFFECT** 또는 **NORMINAL**을 사용하여 연속복리의 유효이자율 또는 명목이자율을 찾으려면 각각 식 [4.5] 또는 [4.6]에 복리 빈도 m에 대해 매우 큰 값을 입력한다. 10,000 이상의 값은 충분한 정확도를 제공한다. 두 함수 모두 예제 4.12에 예시된다.

예제 4.12

(a) 연속복리계산하는 연 18%의 이자율에 대해 월 및 연 실효이자율을 계산하시오.

(b) 투자자는 최소 15%의 실효수익률을 요구한다. 연속복리로 허용되는 최소 연간 명목이자율은 얼마인가?

수기 풀이

(a) 월 명목이자율은 $r = 18\%/12 =$ 월 1.5% 또는 0.015이다. 식 [4.11]에 의해 월 실효이자율은

$$\text{월 실효이자율 } i = e^r - 1 = e^{0.015} - 1 = 0.01511 \qquad (1.511\%)$$

마찬가지로, 연 $r = 0.18$을 사용한 연 실효이자율은

$$\text{연 실효이자율 } i = e^r - 1 = e^{0.18} - 1 = 0.19722 \qquad (19.722\%)$$

(b) r에 대한 식 [4.11]에 자연로그함수를 적용하여 푼다.

$$e^r - 1 = 0.15$$
$$e^r = 1.15$$
$$\ln e^r = \ln 1.15$$
$$r = 0.13976$$

따라서 연 13.976%의 연속복리는 연 15%의 실효수익률을 발생시킨다. 연속 실효이자율 i가 주어졌을 때 명목이자율을 구하는 일반적인 공식은 $r = \ln(1 + i)$이다.

스프레드시트 풀이

(a) 실효이자율 i 값을 표시하려면 월 $r = 1.5\%$ 및 연 $r = 18\%$의 명목이자율과 큰 m 값을 EFFECT 함수에 사용한다. 스프레드시트에 입력할 함수와 그 결과는 다음과 같다.

월별 : = EFFECT(1.5%,10000)　　월 실효이자율 $i = 1.511\%$

연간 : = EFFECT(18%,10000)　　연 실효이자율 $i = 19.722\%$

(b) 연속복리계산하는 연 명목이자율 13.976%를 구하기 위해 식 [4.6]의 함수를 = NOMINAL(15%,10000)의 형식으로 표시한다.

예제 4.13

공학자인 마르치와 평 두 사람은 10년 동안 연 10%씩 $5,000를 투자한다. 마르치가 매년 복리계산을 받고 평은 연속복리계산을 받을 경우, 두 사람의 미래가치를 계산해 보시오.

풀이

마르치 : 연 복리계산의 경우, 미래가치는

$$F = P(F/P,10\%,10) = 5{,}000(2.5937) = \$12{,}969$$

평 : 먼저, 식 [4.11]에 의해 F/P 계수에서 사용할 연 실효이자율을 구한다.

$$\text{실효이자율 } i = e^{0.10} - 1 = 10.517\%$$

$$F = P(F/P,10.517\%,10) = 5{,}000(2.7183) = \$13{,}591$$

연속복리계산은 수익을 $622 증가시킨다. 비교하자면, 매일 복리계산의 실효수익률은 10.516%(F = $13,590)로 연속복리계산의 10.517%보다 약간 낮다.

일부 사업 실무에서는 하루 종일 현금흐름이 발생한다. 비용의 예로는 에너지 및 수도 비용, 재고 비용, 주식시장에서의 매매가 있다. 이러한 활동에 대한 현실적인 모형은 현금흐름의 연속성 빈도를 높이는 것이다. 이러한 경우, 위에서 논의한 **연속현금흐름**(continuous cash flow, 연속자금흐름이라고도 함)과 이자의 연속복리계산에 대해 경제적 분석을 수행할 수 있다. 이러한 경우의 등가계수에 대해 다른 표현을 도출해야 한다. 실제로, 이산 현금흐름 및 이산 복리계산의 가정에 비해 연속현금흐름에 대한 금전적 차이는 보통 크지 않다. 이에 따라 대부분의 경제성 공학 연구에서 분석가가 엄격한 경제적 의사결정을 할 수 있도록 이러한 수학적 형태를 활용할 것을 별로 요구하지 않는다.

4.9 시간에 걸쳐 변동하는 이자율 ●●●

기업의 현실 이자율은 기업의 재무 건전성, 시장 부문, 국내 및 국제 경제, 인플레이션 요인 및 기타 많은 요소에 따라 매년 다르다. 개인의 경우 대출 이자율이 연도별로 증가할 수 있다. ARM(조정 금리 담보대출) 이자를 사용하여 자금을 조달하는 주택담보대출이 좋은 예이다. 담보대출 이자율은 대출 연령, 대출의 현행 비용 등을 반영하여 매년 약간씩 조정된다.

프로젝트 기간 동안 상수 이자율 또는 평균 이자율을 사용하여 P, F, A 값을 계산할 때 i의 상승과 하락은 무시된다. i의 변동이 크면 상수 이자율을 사용하여 계산한 값과 등가 값이 상당히 달라진다. 경제성 공학에서는 수학적으로 다양한 i 값을 수용할 수 있지만, 그렇게 하려면 계산적으로 더 많은 작업이 필요하다.

각 연도 t에 대해 서로 다른 i 값(i_t)에서 미래 현금흐름 값(F_t)에 대한 P 값을 결정하기 위해 연간 복리계산을 가정한다. 다음과 같이 i_t를 정의한다.

$$i_t = t\text{년도의 연 실효이자율} \qquad (t = 1 \sim n\text{년})$$

현재가치를 결정하려면 해당 i_t 값을 사용하여 각 F_t 값의 P를 계산하고, 그 결과를 합산한다. 표준 표기법과 P/F 계수를 사용하면,

$$\begin{aligned} P = {} & F_1(P/F,i_1,1) + F_2(P/F,i_1,1)(P/F,i_2,1) + \cdots \\ & + F_n(P/F,i_1,1)(P/F,i_2,1) \cdots (P/F,i_n,1) \end{aligned} \qquad [4.12]$$

미래가치 F도 비슷한 방식으로 결정된다. 적절한 i_t를 사용하여 각 P_t 값에 대한 F를 계산하고, 그 결과를 합산하여 n년도의 총 F를 구한다.

단일자금, 즉 현재 하나의 P와 최종 연도 n에 하나의 F만 관련된 경우, 미래 현금흐름의 현재가치에 대한 식은 식 [4.12]의 마지막 항으로 표시된다.

$$P = F_n(P/F,i_1,1)(P/F,i_2,1) \cdots (P/F,i_n,1) \qquad [4.13]$$

n년 동안의 균등자금열 A를 구하려면, 먼저 마지막 두 방정식 중 하나를 사용하여 P를 구한 다음 각 F_t 기호에 기호 A를 대입한다. 등가 P는 다양한 이자율을 사용하여 수치적으로 결정되었으므로 이 새 방정식에는 미지수가 단 하나, 즉 A만 남게 된다. 예제 4.14는 이 절차를 보여준다.

예제 4.14

CE사는 대형 땅굴 장비를 임대하고 있다. 지난 4년간 장비의 순이익은 아래와 같이 감소하고 있다. 또한 투자 자본에 대한 연간 수익률도 표시되어 있다. 수익률은 증가하고 있다. 순이익 자금열의 현재가치 P와 균등자금열 A를 구하시오. 수익률의 연간 변동을 고려하자.

연	1	2	3	4
순이익	$70,000	$70,000	$35,000	$25,000
연 이자율	7%	7%	9%	10%

풀이

그림 4-10은 각 연도의 현금흐름, 이자율 및 이에 해당하는 P와 A를 보여준다. 식 [4.12]를 이용하여 P를 계산한다. 1년 차와 2년 차 모두 순이익은 $70,000이고 연 이자율은 $7%이므로 이 2개 연도에만 P/A 등가계수를 사용할 수 있다.

$$\begin{aligned} P &= [70(P/A,7\%,2) + 35(P/F,7\%,2)(P/F,9\%,1) \\ &\quad + 25(P/F,7\%,2)(P/F,9\%,1)(P/F,10\%,1)](1{,}000) \\ &= [70(1.8080) + 35(0.8013) + 25(0.7284)](1{,}000) \\ &= \$172{,}816 \end{aligned} \tag{4.14}$$

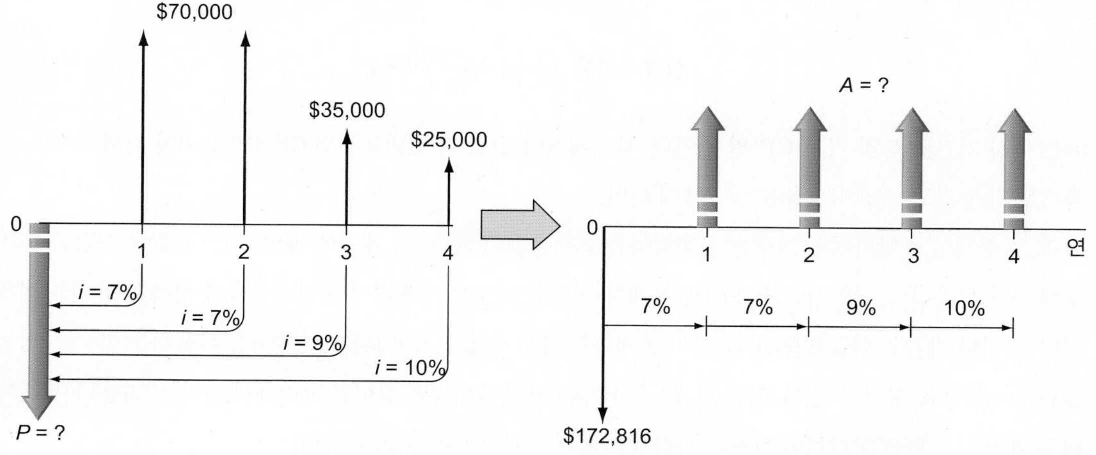

그림 4-10
예제 4.14의 변동 이자율에 대한 P와 A의 등가계산

연 등가 자금열을 결정하려면 식 [4.14]의 좌변에 있는 모든 순이익 값에 기호 A를 대입하고, 이를 $P =$ $172,816로 설정한 다음 A를 구한다. 이 식은 매년 변동하는 i 값을 고려하고 있다. 현금흐름도의 변환은 그림 4-10을 참조한다.

$$\$172{,}816 = A[(1.8080) + (0.8013) + (0.7284)] = A[3.3377]$$

$$A = \text{연간 } \$51{,}777$$

참고사항

네 가지 연이자율의 평균, 즉 8.25%를 사용하면 $A = \$52{,}467$가 된다. 이는 해당 연 등가 순이익을 연간 \$690씩 과대평가한 것이다.

0년 차에 현금흐름이 있고 이자율이 매년 달라지는 경우, 이 현금흐름을 포함해야 P를 결정할 수 있다. 0년 차를 포함한 모든 연도에 걸쳐 균등자금열 A를 계산할 때, $t = 0$에서 이 초기 현금흐름을 포함하는 것이 중요하다. 이는 $(P/F,i_0,0)$의 계수를 A를 구하는 관계식에 대입하여 수행되며, 이 계수는 항상 1.00이다. n년 차 F를 구하는 미래가치 관계식을 사용하여 A 값을 구하는 것도 똑같이 올바른 방법이다. 이 경우 A 값은 F/P 계수를 사용하여 결정되며, n년 차의 현금흐름은 계수 $(F/P,i_n,0) = 1.00$을 포함하여 계산한다.

요약

현실에서는 1년 이외의 현금흐름 빈도와 복리 기간이 수반되는 경우가 많기 때문에 명목이자율 및 실효이자율을 사용할 필요가 있다. 명목이자율 r이 표시되면, 실효이자율 방정식을 이용하여 지급 기간당 실효이자율 i를 결정한다.

$$\text{실효이자율 } i = \left(1 + \frac{r}{m}\right)^m - 1$$

m은 이자 기간당 복리 기간(CP)의 수이다. 복리계산이 점점 더 빈번해지면 CP 길이는 0에 가까워지고, 연속 복리로 가게 되고, 실효이자율 i는 $e^r - 1$이 된다.

모든 경제성 공학의 등가계수는 실효이자율을 사용해야 한다. 그 계수에 배치된 i와 n 값은 현금흐름의 유형에 따라 달라진다. 단일자금(P와 F)만 존재하는 경우, 계수를 사용하여 등가계산을 수행하는 몇 가지 방법이 있다. 그러나 자금열 현금흐름(A, G, g)이 존재하는 경우, 실효이자율 i와 기간 수 n을 사용하는 한 가지 방법으로만 등가계수를 구할 수 있다. 이를 위해서는 PP와 CP의 상대적인 길이를 고려해야 한다. 이자율과 지불 기간이 동일한 시간 단위를 가져야 화폐의 시간적 가치를 정확하게 설명할 수 있다.

1년(또는 이자 기간)에서 다음 해로 넘어갈 때마다 이자율은 달라질 수 있다. 이자율이 크게 달라지는 경우 P와 A의 등가계산을 정확하게 수행하려면 평균 또는 상수 이자율이 아닌 해당 이자율을 사용해야 한다.

연습문제

명목이자율과 실효이자율

4.1 다음 이자율에 대해 복리 기간을 정하시오 : (a) 매주 1%, (b) 분기별 2.5%, (c) 연 8.5%이며 반기별 복리계산.

4.2 APR과 APY의 차이점은 무엇인가? 이자계수 공식, 이자율표, 스프레드시트 함수에 사용되는 것은 무엇인가?

4.3 다음 이자 표시에 대해 복리 기간을 결정하시오 : (a) 연 명목이자율 7%이며 월 복리계산, (b) 연 실효이자율 6.8%이며 월 복리계산, (c) 분기당 실효이자율 3.4%이며 주별 복리계산.

4.4 다음 이자 표시에 대해 1년에 이자가 복리계산되는 횟수를 결정하시오 : (a) 분기당 1%, (b) 월 2%, (c) 연 8%이며 2개월마다 복리계산.

4.5 연 10%의 이자율이며 분기별 복리계산하는 경우, (a) 분기당, (b) 6개월당, (c) 연간, (d) 3년당 복리계산 횟수를 결정하시오.

4.6 분기당 1% 이자율의 경우, (a) 반기, (b) 연간, (c) 2년당 명목이자율을 결정하시오.

4.7 First Corp Bank는 6개월마다 2%의 이자를 지급한다고 광고한다. APR은 얼마인가?

4.8 연 9%이며 4개월마다 복리계산되는 경우, (a) 8개월당, (b) 12개월당, (c) 2년당 명목이자율은 얼마인가?

4.9 연 10%의 APR이며 분기별 복리계산의 경우, (a) 6개월당, (b) 2년당 명목이자율을 결정하시오.

4.10 다음 이자율이 명목이자율인지 실효이자율인지 구별하시오 : (a) 월 1.3%, (b) 주 1%이며 주별 복리계산, (c) 연 명목이자율 15%이며 월별 복리계산, (d) 월 실효이자율 1.5%이며 일별 복리계산, (e) 연 15%이며 반기별 복리계산.

4.11 연 6%이며 분기별로 복리계산하는 펀드에 주당 $100를 저축할 계획이다. 이자 기간, 복리 기간, 이자 기간당 복리 횟수를 확인하시오.

4.12 Western Energy는 2년 후 신규 장비 구입을 위한 적립금 계좌에 분기마다 예금을 한다. 예금에 대한 이자는 연 12%이며 매월 복리계산해 준다. (a) 이자 기간, 복리 기간, 이자 기간의 복리 빈도를 파악하시오. (b) 연 실효이자율, 즉 APY를 계산하시오.

4.13 토론토의 Citizens Bank는 담보대출에 대해 APR이 12%이며 월별 복리계산한다고 광고하고 있다. APY는 얼마인가? 또한 APY를 찾는 스프레드시트 함수를 쓰시오.

4.14 지게차 최적화를 위해 엄격한 스윙 비율을 갖게 하는 모듈형 베벨 기어 드라이브를 만드는 한 회사는 대출 이자율이 분기당 실효이자율 3.5%이며 월 복리계산한다는 말을 들었다. 용어에 혼란을 느낀 소유주가 도움을 요청했다. (a) APR과 (b) APY는 무엇인가? (c) EFFECT 함수와 NOMINAL 함수가 APR 및 APY를 찾는 데 어떻게 사용될 수 있는지 또는 사용될 수 없는지 설명하시오.

4.15 Premier Car Title Loan Company는 대출 금액의 4%를 수수료로 받고 1개월 동안 최대 $500까지 긴급 대출을 해준다. $500를 빌리는 경우, (a) 연 명목이자율과 (b) 연 실효이자율은 얼마인가?

4.16 GECU 신용조합에서 발행하는 신용카드의 APR은 16%이고 APY는 16.64%이다. (a) 복리 기간은 얼마인가? (b) EFFECT 함수를 사용하여 복리 기간을 구하시오.

4.17 Eckelberger Products는 고속 스캐닝이 가능한 고속 레코더를 만든다. 이 작은 회사는 지난 4년 동안 연평균 75%의 성장률을 기록하고 있다. CEO는 연례 보고서에서 과거의 성장률을 월 단위의 성장률로 환산할 것을 요청했다. 과거의 성장률이 실효성장률이었다면, 월 단위의 실효성장률은 얼마인가?

PP ≥ CP일 때의 등가성

4.18 이자율이 연 12%이며 분기별 복리계산하는 경우, 현재 금액 P의 5년 후 미래가치를 구하려고 한다. n이 (a) 5, (b) 10, (c) 20일 때 F/P 계수($F/P,i\%,n$)에서 각각 어떤 이자율을 사용해야 하는가?

4.19 제니퍼와 렉스는 모두 6개월마다 401(k) 은퇴 계좌에서 배당금을 받는다. 제니퍼의 올해 수익률은 연 5%이며 분기별 복리계산하고, 렉스의 수익률은 연 4.85%이며 월별 복리계산한다. 렉스는 월별 복리계산하는 자신의 계좌 APY가 제니퍼의 APY보

다 높을 것이라 믿기 때문에 기분이 좋다.

(a) 렉스가 옳은가? 답을 설명하시오.

(b) 지급 기간 기준으로 각 계좌의 실효이자율을 계산하시오.

4.20 Videotech는 온라인 보안 소프트웨어 개발을 전문으로 한다. 3년 안에 주식 배당금을 지급할 수 있는 $65백만을 확보하고자 한다. 이자율은 연 12%이며 분기별 복리계산하는 계좌에 얼마나 많은 돈을 적립해야 하는가? (a) 이자계수표와 (b) 단일 셀 스프레드시트 함수를 이용하여 푸시오.

4.21 VF Corporation이 이익잉여금 중 $20백만을 공격적 주식 투자 펀드에 1년 동안만 예치할 경우, 연 18%이며 월별 복리계산할 때와 연 18% 단순이자로 계산할 때 누적된 총액(즉, F)의 차이는 얼마인가?

4.22 한 친구가 7년 동안 저축을 했고 현재 $10,000가 있으며 연 8%이며 분기별 복리계산하는 수익을 얻었다고 말한다. (a) 7년 전에 그녀가 시작했던 동등한 금액을 결정하시오. (b) EFFECT 함수로 연간 실효수익률을 구하시오.

4.23 현재 Oshkosh Truck 회사가 생산하고 있는 TerraMax 트럭은 군사용 무인 트럭이다. 이 트럭은 대원들이 지도를 읽거나, 도로변 폭발물을 검색하거나, 적을 정찰하는 것과 같은 비운전 업무를 더 효과적으로 수행할 수 있도록 해준다. 만일 이 트럭이 3년 후에 $15백만에 달하는 군인들의 부상을 줄일 수 있다면, 연 10%이며 반기 복리계산할 때 이러한 혜택의 현재가치를 결정하시오.

4.24 1992년 국제적으로 핵폭탄 실험이 중단된 이후, 에너지부는 엔지니어들이 열핵반응을 실험실에서 시뮬레이션하는 레이저 시스템을 개발했다. 의회 위원회가 조사한 결과, 비용 초과가 급증하여 프로젝트의 예상 개발 비용이 5년 동안 매달 평균 2%씩 증가한 것으로 나타났다. 5년 전에 원래 비용이 $2.3십억으로 추정되었다면, 오늘 예상 비용은 얼마인가?

4.25 Lockheed Martin이 개발한 패트리엇 미사일은 항공기와 다른 미사일을 탐지, 식별, 격추할 수 있도록 설계되었다. 고성능 패트리엇-3는 당초 $3.9십억이 들 것으로 계획되었지만 컴퓨터 코드 개발에 필요한 추가 시간과 White Sands 미사일 기지의 (강풍으로 인한) 시험 취소로 인해 실제 비용은 훨씬 더 높아졌다. 총 프로젝트 개발 기간이 10년이고 비용이 매월 0.5%씩 증가한다면 프로젝트의 최종 비용은 얼마인가?

4.26 미분탄 사이클론 용광로의 오염 제어 장비는 2년 후에는 $190,000, 4년 후에는 $120,000가 추가로 소요될 것으로 추정된다. Monongahela Power가 지금 이러한 미래 비용을 충당할 수 있는 충분한 돈을 확보하려면 연 8%이며 반기별 복리계산하는 곳에 얼마를 투자해야 하는가?

4.27 기계 공학을 전공한 한 졸업생이 최고 수준의 오프로드 레이싱에 대한 열정을 위한 자금을 마련하기 위해 자신의 '장난감'을 팔기로 결정했다. $t = 0$이 되었을 때, 그는 자신의 헬리콥터 오토바이를 $18,000에 팔았다. 6개월 후 그는 자신의 Baja 프리러너 SUV를 $26,000에 팔았다. 1년 차가 끝날 무렵, 그는 자신의 소형 경주용 트럭으로 $42,000를 받았다. 이 돈을 모두 연 24%이며 반기 복리계산으로 수익을 내는 고위험 원자재 헤지펀드에 투자했다면 2년 후 계좌에 얼마가 남았을까?

4.28 Head & Shoulders 샴푸는 유명 미식축구선수의 긴 머리카락을 런던의 Lloyd's에서 $1백만 보험에 가입했다. 경기 중 머리카락이 60% 이상 빠지면 보험금이 지급되는 조건이다. 보험사는 5년 내에 보험금 지급 확률을 1%로 책정했다. Lloyd's가 분기별 복리로 연 20%의 수익률을 원하는 경우 Head & Shoulders가 보험 계약에 대해 일시불로 지불해야 하는 금액을 결정하시오.

4.29 RFID(무선 주파수 식별)는 톨게이트에서 '하이패스'를 사용하는 운전자나 '농장에서 식탁까지' 가축을 추적하는 목장주들이 사용하는 기술이다. Thrift-Mart는 매장 내에서 제품을 추적하기 위해

이 기술을 구현하고 있다. RFID 태그가 부착된 제품을 통해 재고관리가 개선되고 3개월 후부터 매월 $1.3백만을 절약할 수 있을 것으로 예상된다. 만일 회사가 2년 반 안에 투자금을 회수하기를 원한다면, 그 기술을 시행하기 위해 지금 얼마를 지출할 수 있을까? 연 12%이며 월별 복리계산한다. 또한 답을 찾는 스프레드시트 함수를 작성하시오.

4.30 Panasonic의 광학 제품 사업부는 강력한 Lumix DMC 디지털 줌 카메라를 제조하기 위해 $3.5백만 규모의 건물 확장을 계획하고 있다. 회사가 모든 신규 투자에 대해 연 16%이며 분기별 복리계산한다면 3년 후 투자금을 회수하기 위해 분기별로 균등금으로 지불해야 하는 금액은 얼마인가?

4.31 Hemisphere 회사는 51명 규모의 정보 기술(IT) 부서를 Dyonyx에 아웃소싱할 계획이다. Hemisphere의 사장은 이번 조치가 자체적으로 얻기에는 막대한 비용이 드는 최첨단 기술과 기술에 대한 접근을 가능하게 할 것이라고 믿고 있다. IT 직원 한 명의 인건비가 연간 $100,000이고 Hemisphere가 아웃소싱을 통해 이 비용의 25%를 절감할 수 있다고 가정할 때, 5년 계약에 연 6%이며 매월 복리계산으로 총 절감액의 현재가치를 계산해 보시오.

4.32 환경 복구 회사인 RexChem Partners는 4년의 정화 기간이 필요한 부지 매립 프로젝트에 자금을 조달할 계획이다. 이 회사가 지금 $4.1백만을 빌린다면, 이 투자금에 대해 연 15%이며 분기별 복리계산으로 매년 말 얼마씩 받아야 할까? 또한 스프레드시트 함수는 무엇인가?

4.33 Northwest Iron and Steel은 전자 상거래에 참여할 것을 고려하고 있다. 적당한 규모의 전자 상거래 패키지를 $30,000에 구입할 수 있다. 이 회사는 2년 안에 비용을 회수하고자 한다. (a) 등가계수 공식과 (b) EFFECT 함수가 포함된 단일 셀 스프레드시트 함수를 사용하여 분기당 3%의 이자율로 6개월마다 실현해야 하는 신규 수익의 등가액을 각각 구하시오.

4.34 Metropolitan Water Utilities는 2월부터 9월까지 매달 $100,000의 비용으로 Elephant Butte 관개 지구에서 지표수를 구매한다. 이 사업소는 사용한 물값을 매월 지불하는 대신, 매년 연말에 $800,000를 한 번에 지불한다. 이 연체 지급은 기본적으로 Elephant Butte 관개 지구가 상수도에 지급하는 보조금에 해당한다. 월 0.25%의 이자율을 적용하면 보조금은 얼마인가?

4.35 표시된 현금흐름들을 연 18%이며 매월 복리계산하여 1년 차부터 5년 차까지의 균등한 자금열로 바꾸시오.

연	1	2	3	4	5
현금흐름, $	0	0	350,000	350,000	350,000

4.36 Lotus Development는 World Wide Web에서 이용할 수 있는 SmartSuite라는 소프트웨어 임대 요금제를 가지고 있다. 48시간 동안 $2.99에 많은 프로그램을 이용할 수 있다. 한 건설 회사가 매주 평균 48시간 동안 서비스를 이용한다면, 월 1% 이자율에 월별 복리계산하는 경우 1년 동안 임차 비용의 미래가치는 얼마인가? (1달은 4주로 가정)

4.37 모든 전자 서비스를 한 회사로 통합하는 것을 고려하고 있다. AT&T 무선회사에서 디지털 전화를 구입하면 월 $6.99에 무선 이메일 및 팩스 서비스를 이용할 수 있다. 월 $14.99에는 웹 액세스 및 개인 정리 기능을 무제한으로 이용할 수 있다. 2년 계약 기간 동안 연 12%이며 매월 복리계산하면, 두 서비스 간 차액의 미래가치는 얼마인가?

4.38 폐수처리장 악취관리 전문업체 Thermal Systems는 현재 $100,000, 2년 동안 6개월마다 $25,000를 예치했다. 연 $i = 16\%$이며 분기별 복리계산으로 예치금들의 2년 후 미래가치를 결정하시오.

4.39 McMillan Company는 볼-앤-튜브 회전계의 대안으로 설계된 전자 유량 센서들을 제조한다. 이 회사는 최근 기존 생산 라인의 용량을 늘리기 위해 $3백만을 지출했다. 확장으로 인해 발생하는 추가 수익이 월 $200,000에 이른다면, 이 회사가 연 12%이

며 매월 복리계산하는 이자율로 투자를 회수하는 데 얼마나 걸릴까? (a) 계수표, (b) 스프레드시트 또는 계산기를 사용하여 푸시오.

4.40 Metalfab Pump and Filter사는 압력 밸브용 강철 몸체의 비용이 3개월마다 $2씩 증가할 것으로 추정한다. 만약 1분기 비용이 $80로 예상된다면, 연 3%이며 분기별 복리계산하여 3년 동안의 비용의 현재가치를 구하시오.

4.41 정밀 실험 장비 제조업체 Fieldsaver Technologies는 테스트 실험실 중 하나를 개조하기 위해 $2백만을 빌렸다. 대출금은 2년간 매번 $50,000씩 증가시켜 분기별로 상환되었다. 연 12%이며 분기별 복리계산을 적용했을 때, 첫 번째 분기의 상환금 규모는 얼마인가?

4.42 Eastern Airlines는 2년 동안 고정된 가격으로 연료를 구매할 수 있는 옵션을 구매함으로써 항공기 연료 비용을 헤지했다. 연료 비용 절감액은 첫 달에 $140,000, 두 번째 달에 $141,400였으며, 2년 옵션 기간 동안 매월 1%씩 증가했다. 연 18%이며 월별 복리에서 절감한 비용의 현재가치는 얼마인가?

4.43 방폭 압력 스위치를 제조하기 위한 장비 유지보수 비용은 1년 차에는 $125,000이고 5년 차까지는 매년 3%씩 증가할 것으로 예상된다. 연 10%이며 반기마다 복리계산하면, 유지보수비용의 연 균등자금열은 얼마인가? (a) 등가계수 공식과 (b) 스프레드시트를 사용하여 해결하시오.

4.44 페어폴드 가족은 슈퍼 스키와 수상 스포츠 보트를 사기로 결정했다. 그들은 First Bank and Trust (FB&T)로부터 5년 동안 $80,000를 빌렸다. 연 6%이며 반기별 복리로 매월 상환하는 조건이다. 두 번만 상환한 후, 다른 은행에 있는 친구가 더 나은 거래를 제안했다. 자신의 은행에 이체 수수료가 없는 5년 만기 연 4.2% 반기별 복리 대출을 해주고, 나머지 원금은 FB&T에 수수료 없이 대납해 준다. 새 대출의 원금은 현재 대출의 남은 원금이 된다. 페어폴드 가족이 새로운 제안을 숙고할 때 다음 질문에 답하시오.

(a) $80,000의 기존 대출에 대한 월 지불액은 얼마인가?

(b) 기존 대출에 대한 남은 원금은 얼마인가?

(c) 그들은 처음 두 번의 지불에서 얼마나 많은 이자를 이미 지불했는가?

(d) 새로운 대출 제안을 수락하면 3개월째부터 새로운 월 지급액은 얼마인가?

(참고 : 문제 4.65는 교수자가 지정한 경우, 이 문제에 대한 스프레드시트 계산법을 요구한다.)

PP < CP일 때의 등가성

4.45 조기 은퇴 계획으로 돈을 모으기 위해 동료 환경공학자가 지금부터 1개월 후부터 매월 $1,200를 연 8%이며 반기마다 복리를 지급하는 고정이자율 계좌에 저축할 계획이다. 25년 후 이 계좌에는 얼마의 금액이 있을까?

4.46 Thaxton Mechanical Products는 필요할 때마다 부식 방지 다이어프램 펌프를 교체하기 위하여 지금부터 1개월 후에 시작하여 매월 $1,500를 적립할 예정이다. 앞으로 3년 동안은 교체할 필요가 없다. 기대 수익률인 연간 18%를 달성하면 이 회사는 얼마를 사용할 수 있을까?

4.47 사무실 건물에서 발생하는 종이와 판지를 재활용하여 얻은 수입은 지난 3년 동안 매달 평균 $3,000였다. 연 8%이며 분기별 복리계산으로 수입 자금열과 등가가 되는 현재가치는 얼마인가?

4.48 부모님이 대학 학자금의 일부를 충당하기 위해 3년 차 말에 $80,000를 마련하려면 연 12%이며 반기마다 복리로 성장하는 계좌에 매달 얼마를 예치해야 할까? 기간 간 복리는 없다고 가정한다. 또한 월별 금액을 표시하는 스프레드시트 함수를 쓰시오.

4.49 Western Refining은 나노여과식 수처리 공장에서 스케일 방지제를 주입하기 위해 MTVS 연동 펌프 모델을 구입했다. 펌프의 가격은 $1,200이다. 화학물질 비용이 하루에 $11인 경우, 월 1%의 이자율을 적용하여 월 (펌프와 화학 물질) 등가비용을 계산

하시오. 한 달은 30일, 펌프 수명은 4년이라고 가정한다.

4.50 한 엔지니어가 1년 보너스 $10,000를 연 8%이며 반기별 복리를 지급하는 계좌에 입금했다. 만약 그녀가 2월, 11월, 23월 차에 $1,000를 인출했다면, 3년 말에 계좌의 총가치는 얼마인가? 기간 간 복리 계산은 없다. (참고 : 이 자금열에 대한 추가 분석은 문제 4.66을 참조한다.)

연속복리

4.51 연 10%의 명목이자율에 해당하는 연속복리 연 실효이자율은 얼마인가? 이자 공식과 스프레드시트 함수를 사용하여 푸시오.

4.52 월 명목이자율이 2%이며 연속복리에 해당하는 6개월당 실효이자율은 얼마인가?

4.53 연 실효이자율이 12.7%이며 연속복리인 경우, 분기별 명목이자율은 얼마인가?

4.54 부식 문제와 제조 결함으로 인해 텍사스주 엘파소와 애리조나주 피닉스 사이의 휘발유 파이프라인에 세로방향의 용접 이음새에 문제가 발생했다. 압력이 설계 값의 80%로 감소했다. 압력 감소로 인해 월 $100,000 상당의 제품을 덜 납품하게 되었다면, 연 15%이며 연속복리를 적용하여 2년 후 손실된 수익의 가치는 얼마인가?

4.55 캘리포니아의 만성적인 물 부족 때문에 새로운 운동장은 인조잔디나 건초 조경을 사용해야 한다. 매달 절약되는 물의 가치가 $6,000라면, 5년 안에 투자금을 회수하기 위하여 개인 개발자는 지금 인조잔디에 얼마나 많은 돈을 쓸 수 있을까? 연 18%이며 연속복리로 사용한다. 스프레드시트 함수를 사용하시오.

4.56 Texas 화학 회사는 메틸 3기 부틸 에테르(MTBE)의 전국적인 생산 중단으로 파산을 신청해야 했다. 회사는 조직 개편 계획 단계에 있으며 새로운 에탄올 생산 시설에 $50백만을 투자할 것으로 예상하고 있다. 월 2%이며 연속복리로 3년 내로 투자금을 회수하는 데 필요한 월별 수익을 결정하시오. (a) 이자 공식과 (b) 스프레드시트 함수로 푸시오.

4.57 월 1.5%이며 연속복리로 일시불 투자의 가치가 2배로 상승하는 데 걸리는 시간은 얼마인가? (*a*) 이자 공식과 (b) 스프레드시트 함수로 푸시오.

4.58 매우 낙관적인 헤지펀드 투자자는 자신의 단일 예금 투자가 5년 후 가치가 3배로 증가할 것으로 예상한다. (a) 필요한 연속복리의 월 실효이자율은 얼마인가? (b) 그에 상응하는 연 실효이자율은 얼마인가?

변동 이자율

4.59 이자율이 1~3년 차에는 연 10%, 4~5년 차에는 연 12%로 추정되는 경우, 부드러운 침대 솔을 만드는 회사가 5년 후에 $150,000를 지출하는 대신 지금 지출할 수 있는 금액은 얼마인가?

4.60 Brady and Sons는 매출이 저조할 때 매출채권을 담보로 영업과 급여를 위해 돈을 빌린다. 회사가 현재 $300,000를 연 12%이며 월별 복리로 빌리고, 4개월 후 연 15%이며 월별 복리로 이자율이 인상되면 1년이 끝날 때 회사는 얼마를 지불해야 하는가?

4.61 현금흐름도에 표시된 음수 현금흐름에 대한 F, P, A 값을 구하시오.

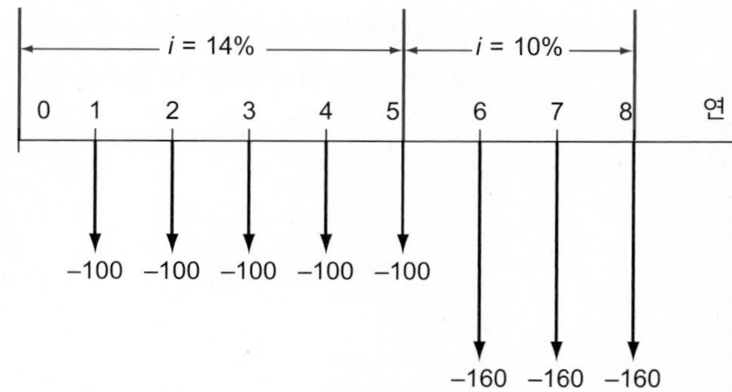

4.62 표시된 현금흐름에 대해 5년 후 미래가치를 결정하시오.

연	현금흐름, $/연	*i*의 연간 추정치
0	5,000	12%
1~4	6,000	12%
5	9,000	20%

4.63 Blue Bayou Café의 주인은 설비(냉장고, 식기세척기, 냉동고) 유지보수 계약을 보통 연간 단위로 지불한다. 만약 그가 아래의 연간 비용을 예상한다면, 1년 차부터 5년 차에 해당하는 A 값을 구하시오

연	현금흐름, $/연	i의 연간 추정치
0	0	
1~3	5,000	10%
4~5	7,000	12%

스프레드시트활용연습문제

4.64 문제 4.19에서 EFFECT 함수를 적용하여 이자율을 결정하시오.

4.65 페어폴드 가족이 구입한 배의 대출금을 분석하는 문제 4.44를 스프레드시트를 사용하여 푸시오. 스프레드시트에 소문제 (a)~(d)의 답과 함께 사용한 함수를 표시하시오.

4.66 한 엔지니어가 연간 보너스 $10,000를 연 8%이며 반기마다 복리계산하는 계좌에 예치했다. 그녀는 2, 11, 23월 차에 $1,000를 인출했다. 이제 그녀는 3년 후 계좌의 총가치를 알고 싶다. (a) 기간 간 복리가 적용되지 않는 경우와 (b) 기간 간 복리가 적용되는 경우로 구분하여 푸시오.

4.67 몇 년 전 페니는 $25,000짜리 차 구매 시 20%를 계약금으로 지불하고, $20,000는 연 6%이며 월 복리로 5년 분할(매월 $386.66씩 60회) 상환하는 방식으로 꿈에 그리던 자동차를 구입했다. 그녀는 대출 상황을 검토 중이며 몇 가지 구체적인 정보를 알고 싶다. 그녀가 다음 정보를 얻을 수 있도록 도와주시오.

(a) 현재 월별 납부액 확인

(b) 5년 동안 지불할 총금액

(c) 5년 동안 지불할 총이자와 원래 대출 금액 $20,000에 대한 그 비율

(d) 3년 말에 36회차 상환금을 미납하여 대출 계약에 따라 이자율이 연 6%에서 10%로 인상되어 월별 복리가 적용된다. 연체 직후 남은 원금을 기준으로 새로운 월 상환액을 결정하시오. 인상된 이자율로 대출금을 상환하는 데 이 인상된 금액이 필요한지 확인하시오.

(e) 페니는 현재 4년 말에 접어들었고, 12회에 걸쳐 인상된 상환금을 납부했으며, 이 대출을 완전히 없애고 싶어 한다. 페니는 48회차 상환금 납부기한이 도래할 때 남은 원금 금액을 알고 싶다. 원금 조기 상환에 대한 위약금은 없다.

사례연구

주택을 소유하는 것은 시간이 지남에 따라 순이익일까 아니면 순손실일까?

배경

윙 가족은 주택을 구입할지, 아니면 향후 10년간 임대를 계속할지 고민하고 있다. 두 고용주로부터 적어도 이 기간 동안은 새로운 곳으로 옮기지 않겠다는 확답을 받았다. 또한 자녀들이 다니는 고등학교가 대학 준비 교육에 매우 적합하고, 현재 살고 있는 동네도 모두 마음에 들어 한다.

그들은 현재 총 $40,000를 사용할 수 있으며 총 주택 지불에 대해 월 최대 $2,850까지 지불할 여유가 있다고 추정한다.

윙 가족이 집을 사지 않는다면 현재 살고 있는 집을 월 $2,700에 계속 임대할 것이다. 또한 $40,000는 연 6%의 수익률이 예상되는 투자 상품에 투자할 것이다. 또한 매년 말에 세금과 보험료를 포함하여 15년 만기 주택담보대출의 월별 상환액과 동일한 금액을 이 투자금에 추가할 것이다. 이 대안을 임차-비구입 계획이라고 한다.

정보

현재 고정금리 주택담보대출을 이용한 두 가지 자금조달 방안이 나와 있다. 자세한 내용은 아래와 같다.

계획	설명
A	연 5.25% 30년 고정금리, 계약금 10%
B	연 5.0% 15년 고정금리, 계약금 10%

기타 정보

- 주택 가격은 $330,000이다.
- 세금과 보험(T&I)은 월 $500이다.
- 선불 수수료(개시 수수료, 조사 수수료, 대리인 수수료 등)는 $3,000이다.

계약금이나 월 납입금으로 지출되지 않은 돈은 연 6%의 예상 수익률로 투자된다. 윙 가족은 10년 후에 집을 팔 계획을 갖고 있으며, 집값은 10% 인상된 가격, 즉 (모든 매각 비용을 지불한 후) $363,000로 예상하고 있다.

사례연구 문제

1. 아래는 30년 만기 고정금리 주택담보대출(계획 A)을 분석한 것이다. 저축이나 투자로 인한 수익에 대해서는 세금이 부과되지 않는다.

   15년 대출(계획 B)과 임차-비구입 계획에 대해서도 비슷한 분석을 수행한다. 이 가족은 가장 좋은 계획을 선택하기 위해 10년 후 미래가치가 가장 큰 것을 사용하기로 결정했다. 분석을 수행하고 최상의 계획을 선택하시오.

계획 A 분석 : 30년 고정금리 대출

마감 비용에 들어가는 금액 :	
계약금($330,000의 10%)	$33,000
선불 수수료(개시 수수료, 대리인 수수료, 조사비, 제출 수수료 등)	3,000
합계	$36,000

대출 금액은 $297,000이며, 월별 원금과 이자(P&I)는 30(12) = 360개월 동안 월 5.25%/12 = 0.4375%로 결정된다.

$$A = 297{,}000(A/P{,}0.4375\%{,}360)$$
$$= 297{,}000(0.005522) = \$1{,}640$$

T&I $500를 추가한 총 월 지불액은 다음과 같다.

$$\text{지불액}_A = \text{월 } \$2{,}140$$

계획 A의 미래가치는 마감 비용으로 사용할 수 있는 $40,000의 나머지 금액($F_{1A}$), 월 지급액에 사용할 수 있는 금액에서 남은 금액(F_{2A}), 10년 후 주택을 매각할 때의 주택 가치 상승분(F_{3A})의 세 가지 미래가치 요소의 합으로 계산한다. 이들은 아래와 같이 계산된다.

$$F_{1A} = (40{,}000 - 36{,}000)(F/P, 0.5\%, 120)$$
$$= \$7{,}278$$

담보대출금 상환 후 매달 투자할 수 있는 돈과 그 돈의 10년 후 미래가치는 다음과 같다.

$$2{,}850 - 2{,}140 = \$710$$
$$F_{2A} = 710(F/A, 0.5\%, 120)$$
$$= \$116{,}354$$

10년 후 주택 판매 순이익(F_{3A})은 순 판매 가격($363,000)과 대출 잔액의 차액이다.

대출 잔액

$$= 297{,}000(F/P, 0.4375\%, 120)$$
$$- 1{,}640(F/A, 0.4375\%, 120)$$
$$= 297{,}000(1.6885) - 1{,}640(157.3770)$$
$$= \$243{,}386$$

$$F_{3A} = 363{,}000 - 243{,}386 = \$119{,}614$$

계획 A의 총미래가치는

$$\boldsymbol{F_A = F_{1A} + F_{2A} + F_{3A}}$$
$$\mathbf{= 7{,}278 + 116{,}354 + 119{,}614}$$
$$\mathbf{= \$243{,}246}$$

2. 주택 구입 후 10년이 지나 주택을 판매할 때 주택 시장이 바닥을 치고 순 판매 가격이 구입 가격의 70%, 즉 $231,000에 불과하다는 점을 제외하고 모든 추정치가 동일하게 유지되는 경우 이 분석을 수행하시오.

학 습 단 계 2

기본적 분석 도구

학습단계 2 기본적 분석 도구

5장 현재가치와 미래가치를 이용한 분석

6장 연간가치 분석

7장 수익률 분석 : 하나의 프로젝트

8장 수익률 분석 : 다수의 대안

9장 비용편익분석과 공공 부문 경제성

공학적 프로젝트 또는 대안은 **제품(product)**의 제조 또는 구입, **프로세스(process)**의 개발, 특정한 결과를 가진 **서비스(service)**의 제공 등을 통하여 정형화된다. 공학 경제 분석은 초기비용, 연간 비용 및 수익, 비반복성 비용, 제품, 프로세스 또는 서비스의 추정 내용 연수 동안의 가능한 잔존가치와 같은 매개변수에 대한 현금흐름 추정치를 평가한다. 이 학습단계에서는 단계 1에서 학습한 계수, 공식 및 스프레드시트 함수를 사용하여 하나 이상의 대안을 평가하는 기본 도구와 기법을 개발하고 시연한다.

학습단계 2의 장들을 학습하면 현재가치, 미래가치, 자본화 비용, 수명주기비용, 연간가치, 수익률 또는 비용편익분석과 같이 잘 알려진 경제성 분석 기법을 사용하여 대부분의 공학적 프로젝트 제안을 평가할 수 있게 된다.

이 단계의 마무리는 상호배타적인 대안이 정의된 후, 주어진 추정치와 조건에 가장 적합한 분석을 제공하는 경제성 공학적 방법을 선택하는 데 유용한 접근 방식을 제공한다.

중요 사항 : 이 5개 장의 평가 방법은 특정 프로젝트가 경제적으로 타당한지, 또는 두 가지 이상의 대안 중에서 어떤 대안을 선택해야 하는지, 그 대안이 몇 년 동안 경제적으로 타당한지를 결정한다. 이러한 결론은 추정치가 만들어질 때와 프로젝트나 대안이 시행되는 동안 시간이 지남에 따라 추정치의 신뢰성을 기반으로 한다.

그러나 추정치는 기술 발전, 국제 경쟁, 인력 압박, 정부 명령, 법적 판단 등 여러 가지 이유로 인해 급격하게 변경될 수 있다. 추정치가 크게 변경되면 새로운 경제성 평가를 수행해야 한다. 실제로 추정치 변경으로 인해 프로젝트 또는 대안의 정당성을 매년 재평가해야 할 수도 있다. 물리적, 관리적 또는 재정적 조건으로 인해 대안 간의 신속한 이동이 불가능할 수도 있지만, 시간이 지남에 따라 현재 추정치를 사용하는 정당성은 기업 또는 사업체의 경영진과 소유주에게 좋은 경제 정보를 제공하는 역동적이고 현실적인 접근 방식이다. 필요한 경우 대체 및 유지 결정(10장)을 사용하여 이러한 분석을 수행할 수 있다.

중요 사항 : 5장부터 9장까지의 평가 방법과 함께 감가상각 및/또는 세후 분석을 고려해야 한다면, 14장 및/또는 15장은 6장 이후에 다루는 것이 바람직하다.

dima_sidelnikov/iStock/Getty Images

현재가치와 미래가치를 이용한 분석

학 습 성 과

목적 : 현재가치, 미래가치, 자본화 비용 기법을 활용하여 대안을 평가하고 선택한다.

절	주제	학습 성과
5.1	대안 수립	• 상호배타적이고 독립적인 프로젝트를 식별한다. 수익 및 비용 대안을 정의한다.
5.2	수명이 동일한 대안들의 PW	• 현재가치 분석을 사용하여 동형 수명의 대안 중 최적 대안을 선택한다.
5.3	수명이 다른 대안들의 PW	• 현재가치 분석을 사용하여 이형 수명의 대안 중 최적 대안을 선택한다.
5.4	FW 분석	• 미래가치 분석을 사용하여 최적의 대안을 선택한다.
5.5	CC 분석	• 자본화 비용 분석을 사용하여 최적의 대안을 선택한다.

미래의 돈을 현재의 동등한 가치로 환산한 현재가치(PW)는 0보다 큰 이자율에 대해 모든 *P*/*F* 계수가 1.0보다 작은 값을 갖기 때문에 미래 현금흐름보다 항상 작다. 이러한 이유로 현재가치는 흔히 할인된 현금흐름(DCF)이라고 하며, 이때의 이자율은 할인율이라고 한다. PW 외에도 자주 사용되는 다른 두 가지 용어는 현재가치(PV)와 순현재가치(NPV)이다. 지금까지는 하나의 프로젝트 또는 대안에 대해 PW를 계산했다. 이 장에서는 둘 이상의 상호배타적인 대안을 현재가치 방법으로 비교하는 기술을 다룬다. 여기에서는 **미래가치(future worth)** 와 **자본화 비용(capitalized cost)**이라는 두 가지 분석 기법을 추가로 다룬다. 자본화 비용은 기대수명이 매우 길거나 계획 기간이 긴 프로젝트에 사용된다.

경제성 분석을 구성하는 방법을 이해하기 위해 이 장에서는 독립적이고 상호배타적인 프로젝트와 수익 및 비용 대안에 대한 설명으로 시작한다.

PE

반도체 제조용 용수 사례 : 전 세계 반도체 매출의 기여도는 연간 약 $550십억으로, 이는 전 세계 GDP(국내총생산)인 약 $95조의 0.5%에 불과하다. 그러나 이 산업은 전 세계 국가가 생산하는 상품, 프로세스 및 서비스의 훨씬 더 많은 부분에 필수적이다. 이 산업은 우리가 매일 사용하는 수많은 통신, 엔터테인먼트, 교통, 컴퓨팅 장치에 사용되는 마이크로칩을 생산한다. 제조공장(fab, 팹)의 유형과 규모에 따라 이러한 초소형 집적 회로를 제조하는 데 필요한 초순수(UPW, Ultrapure Water)의 양은 500~2,000 gpm(분당 갤런)에 달할 정도로 많다. 초순수는 일반적으로 역삼투압·탈이온화 수지층 기술을 포함하는 특수 공정을 통해 얻을 수 있다. 바닷물이나 소금기 있는 지하수를 정수하여 얻은 식수는 1,000갤런당 $2~3의 비용이 들지만, 반도체 제조를 위해 현장에서 UPW를 얻으려면 1,000갤런당 $1~3의 추가 비용이 들 수 있다.

팹을 건설하는 데는 $2.5십억 이상의 비용이 들며, 이 중 약 1%인 $25백만이 폐수 및 재활용 장비를 포함하여 필수적인 UPW를 제공하는 데 사용한다.

이 업계에 새로 진입한 Angular사는 예상되는 팹에 물을 공급하기 위한 두 가지 옵션의 비용 프로파일을 추정했다. 새로운 팹을 위해 선택한 위치에서 담수화된 바닷물 또는 정수된 지하수 공급원을 선택할 수 있는 것은 다행스러운 일이다. UPW 시스템의 초기비용 추정치는 다음과 같다.

출처	해수(S)	지하수(G)
설비 초기비용, $M	20	22
연간운영비용, $M/연	0.5	0.3
잔존가치, 초기비용에 대한 %	5	10
초순수 비용, $/1,000 gal.	4	5

Angular는 UPW 시스템에 대한 몇 가지 초기 추정치를 작성했다.

UPW 장비의 수명	10년
UPW 필요량	1,500 gpm
가동시간	16시간/1작업일(연간 250 작업일수)

이 사례는 다음 절에서 사용된다.

수명이 동일한 대안들의 PW 분석(5.2절)
수명이 다른 대안들의 PW 분석(5.3절)
자본화 비용 분석(5.5절)

5.1 대안 수립 ●●●

경제적 제안을 평가하고 선택하려면 특정 기간 동안의 **현금흐름 추정치**, **가치 척도**를 계산하기 위한 수학적 기법(가능한 척도는 예제 1.2 참고), **최선의 제안을 선택하기 위한 지침**이 필요하다. 명시된 목적을 달성할 수 있는 모든 제안으로부터 대안이 만들어진다. 이 진행 과정은 그림 5-1에 자세히 설명되어 있다. 먼저 기술적, 경제적, 및/또는 법적 관점에서 실행 가능한 제안이 있는가 하면 실행 불가능한 제안도 있다. 실행 불가능한 착상은 제거하고, 나머지 실행 가능한 제안을 구체화하여 평가할 대안을 구성한다. 경제성 평가는 실행에 가장 적합한 대안을 선택하는 데 사용되는 주요 수단 중 하나이다.

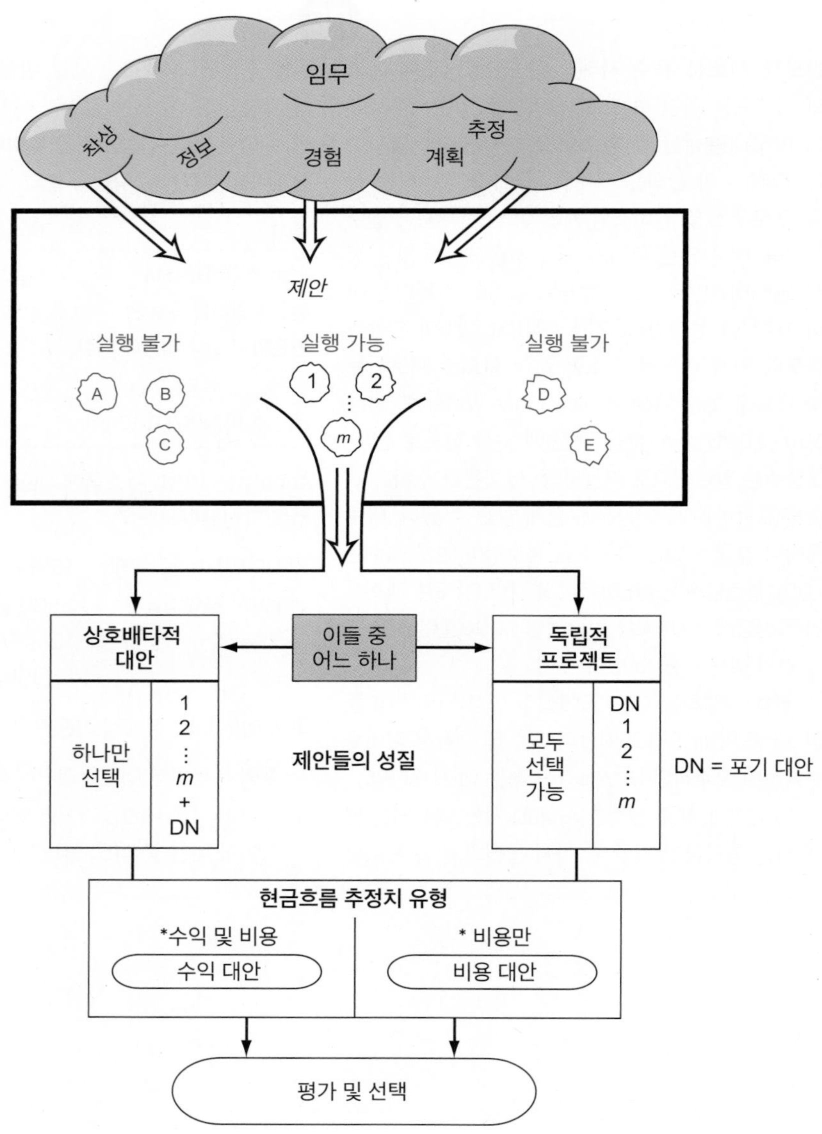

그림 5-1
제안이 선정되기 위해 경제성 평가까지 진행되는 과정

경제적 제안의 성격은 항상 두 가지 유형 중 하나이다.

> **상호배타적 대안** : 제안 중 하나만 선택할 수 있다. 용어의 편의를 위해 실행 가능한 각 제안을 대안이라고 부른다.
>
> **독립적 프로젝트** : 둘 이상의 제안을 선택할 수 있다. 실행 가능한 각 제안을 프로젝트라고 한다.

일반적으로 대안 또는 프로젝트에 대해 추정해야 하는 매개변수는 대안 설명의 1.2절에 언급되어 있다. 간단히 설명하자면, 초기비용(일반적으로 문자 P로 식별), 예상 수명(n), 실효이자율(i), 잔존가치(S) 또는 (중고품의) 보상-판매가치, 예상되는 주요 재작업 또는 최신화 비용, 유지보수 및 운영(M&O) 비용이라고도 하는 연간운영비용(AOC, Annual Operating Costs)이 포함된다.

포기(DN, Do-Nothing) 제안은 일반적으로 평가가 수행될 때 선택사항으로 이해된다.

> DN 대안 또는 프로젝트는 **현재 접근 방식을 유지하며**, 새로운 것을 시작하지 않음을 의미한다. 새로운 비용, 수익 또는 절감이 발생하지 않는다.

포기

정의된 대안 중 하나 이상을 반드시 선택해야 하는 경우에는 DN을 고려하지 않는다. 안전, 법률, 정부 또는 기타 목적을 위해 필수 기능을 설치해야 하는 경우가 여기에 해당할 수 있다.

상호배타적인(ME) 대안과 독립적인 프로젝트는 완전히 다른 방식으로 선택된다. 예를 들어, 엔지니어가 사용 가능한 여러 모델 중에서 가장 좋은 디젤 엔진을 선택해야 할 때 상호배타적인 선택이 이루어진다. 단 하나만 선택되고 나머지는 기각된다. 경제적으로 정당한 대안이 없으면 모두 거부될 수 있으며 기본적으로 DN 대안이 선택된다. 독립적인 프로젝트에 있어서는 하나, 둘 또는 그 이상의 프로젝트라도 자금이 확보되어 있다면 경제적으로 타당한 프로젝트는 모두 수용될 수 있다. 이로 인해 다음과 같이 근본적으로 다른 두 가지 평가 기준이 적용된다.

> 상호배타적인 대안은 **서로 경쟁하고** 쌍으로 비교된다.
>
> 독립적인 프로젝트는 한 번에 하나씩 평가되어 **DN 프로젝트하고만 경쟁**한다.

5장부터 9장까지의 모든 기법은 상호배타적이든 독립적이든 두 가지 유형의 제안을 평가하는 데 사용될 수 있다. 각 장에서 설명한 대로 올바르게 수행될 때, 어떤 기법이든 선택할 대안 또는 대안들은 동일하게 결정된다. 이 장에서는 현재가치, 미래가치, 자본화 비용 방법에 대해 다룬다.

독립적인 프로젝트와 상호배타적인 대안 사이의 관계를 개발하는 것은 쉽다. 독립적 프로젝트가 m개 있다고 가정하자. 0개, 1개, 2개 또는 그 이상을 선택할 수 있다. 각 프로젝트는 선택된 프로젝트의 그룹에 포함되거나 제외될 수 있으므로 총 **2^m의 상호배타적인 대안**이 있다. 이 개수에는 그림 5-1에 표시된 것처럼 DN 대안이 포함된다. 예를 들어, 엔지니어가 세 가지 디젤 엔진 모델(A, B, C)을 보유하고 있고 이 중 몇 개라도 선택할 수 있다면 $2^3 = 8$개의 대안이 있다 : DN, A, B, C, AB, AC, BC, ABC. 일반적으로, 실무에서는 예산 상한과 같은 제한이 있기 때문에 2^m 대안 중 상당수가 제거된다. 이 장과 9장에서는 예산 제한이 없는 독립적 프로젝트의 분석에 대해 설명한다. 웹챕터 W2장에서는 예산 제한이 있는 독립적 프로젝트를 다루며, 이를 자본예산책정이라고 한다.

마지막으로, 최종 선택으로 이어지는 가치 척도 계산을 시작하기 전에 현금흐름 추정치의 의미와 성격을 인식하는 것이 중요하다. 모든 금전적 추정치에 양수 또는 음수 부호를 연결하여 유출(예 : 초기비용 또는 AOC)인지, 아니면 대안으로 인해 발생하는 회수가치 또는 절감액과 같은 현금유입인지를 식별해야 한다. 또한 현금흐름 추정치는 대안이 수익 기반인지 비용 기반인지도 결정한다. 경제성 연구를 수행할 때 모든 대안 또는 프로젝트는 동일한 유형이어야 한다. 이러한 유형에 대한 정의는 다음과 같다.

수익 대안과 비용 대안

수익 : 각 대안은 비용(현금유출) 및 수익(현금유입) 추정치를 생성하며, 현금유입으로 간주되는 절감액도 있을 수 있다. 수익은 각 대안마다 변동될 수 있다.

비용 : 각 대안에는 비용 현금흐름 추정치만 있다. 수익 또는 절감액은 모든 대안에 대해 동일하다고 가정하므로 대안 선택은 수익의 추정치에 따라 달라지지 않는다.

수익 및 비용 현금흐름의 정확한 절차는 약간씩 다르지만, 9장까지 다루는 모든 기법과 지침은 두 가지 모두에 적용된다. 평가 방법론의 차이점은 각 장에서 자세히 설명한다.

5.2 동일 수명 대안의 현재가치 분석 ●●●

수명이 동일한 대안의 현재가치(PW) 비교는 간단하다. 현재가치 P가 대안의 PW로 명칭이 바뀐다. 현재가치 방법은 미래의 모든 비용과 수익을 **현재의 동일한 화폐 단위**로 변환, 즉 모든 미래의 현금흐름을 MARR이라는 특정 수익률에 따라 현재 금액(예 : 달러)으로 변환(할인)하기 때문에 실무에서 매우 널리 사용되고 있다. 따라서 어떤 대안이 가장 경제적 이점이 있는지 판단하는 것이 매우 간단하다. 필요한 조건과 평가 절차는 다음과 같다.

대안이 동일한 기간(수명) 동안 동일한 역량을 가진다면, **동등 서비스 요건**이 충족된다. 각 대안에 대해 명시된 MARR로 PW 값을 계산한다.

동등 서비스 요건

수익 대안이든 비용 대안이든 **상호배타적**(ME, Mutually Exclusive) 대안의 경우, 단일 프로젝트를 정당화하거나 여러 대안 중 하나를 선택하기 위해 다음 지침을 적용한다.

프로젝트 평가

상호배타적 대안 선택

단독 대안 : PW가 0 이상인 경우, 요구된 MARR이 충족되거나 초과되어 대안이 경제적으로 정당화된다.

둘 이상의 대안 : PW가 **수치적으로 가장 큰** 대안, 즉 음수로서 작거나 양수로서 큰 대안을 선택한다. 이는 비용 대안에서는 비용의 PW가 더 낮고, 수익 대안에서는 순현금흐름의 PW가 더 크다는 것을 나타낸다.

비용이 가장 낮거나 수익이 가장 높은 대안을 선택하기 위한 지침은 **수치적으로 가장 큰** 기준을 사용한다. 부호가 중요하기 때문에 PW 금액의 절댓값은 아니다. 아래의 선택은 두 대안 A와 B에 대하여 지침을 정확하게 적용하고 있다.

PW_A	PW_B	채택 대안
$-2,300	$-1,500	B
−500	+1,000	B
+2,500	+2,000	A
+4,800	−400	A

독립적인 프로젝트에 있어서는, 각 PW는 항상 PW=0인 DN 프로젝트와 비교하여 개별적으로 고려된다. 선택 지침은 다음과 같다.

하나 이상의 독립 프로젝트 : MARR에서 PW ≥0인 모든 프로젝트를 선택한다.

독립 프로젝트 선택

독립적인 프로젝트는 0을 초과할 수 있는 PW 값을 얻기 위해 양수 및 음수 현금흐름을 가져야만 한다. 즉, 수익 프로젝트여야 한다.

모든 PW 분석에는 PW 관계에서 i 값으로 사용하기 위해 MARR이 필요하다. 현실적인 MARR을 설정하는 데 사용되는 기준은 1장에서 소개했으며 웹챕터 W1장에서 자세히 설명한다.

예제 5.1

한 대학 연구실은 수소와 메탄올 기반의 우주 연료전지 시스템을 위해 NASA와 연구 계약을 맺고 있다. 실험실 연구 중에 동일한 서비스를 제공하는 3대의 기계에 대해 경제성을 평가해야 한다. 아래에 표시된 비용으로 현재가치 분석을 수행한다. MARR은 연간 10%이다.

	전기 구동	가스 구동	태양광 구동
초기비용, $	4,500	3,500	6,000
연간운영비용(AOC), $/연	900	700	50
잔존가치, S, $	200	350	100
수명, 연수	8	8	8

풀이

이들은 비용 대안이다. 잔존가치는 '음수' 비용으로 간주되므로 + 기호가 앞에 붙는다. (자산을 처분하는 데 비용이 드는 경우 예상 처분 비용에는 − 기호가 붙는다.) 각 기계의 PW는 $n = 8$년 동안 $i = 10\%$로 계산된다. 아래 첨자 E, G, S를 사용한다.

$$PW_E = -4{,}500 - 900(P/A{,}10\%{,}8) + 200(P/F{,}10\%{,}8) = -\$9{,}208$$

$$PW_G = -3{,}500 - 700(P/A{,}10\%{,}8) + 350(P/F{,}10\%{,}8) = -\$7{,}071$$

$$PW_S = -6{,}000 - 50(P/A{,}10\%{,}8) + 100(P/F{,}10\%{,}8) = -\$6{,}220$$

태양광 발전 기계의 비용의 PW가 가장 낮기 때문에 이 기계가 선택된다. 이 기계의 PW 값이 수치상으로는 가장 크다.

예제 5.2 반도체 제조용 용수 사례 PE

이 장 도입부에서 설명한 바와 같이, 초순수(UPW)는 반도체 산업에서 고가의 원자재이다. 해수 또는 지하수 공급원 중에서 선택할 수 있는 경우, 어떤 시스템이 다른 시스템보다 더 경제적인지 판단하는 것이 합리적이다. 연간 12%의 MARR과 현재가치 방법을 사용하여 시스템 중 하나를 선택한다.

풀이

가장 먼저 계산해야 할 중요한 사항은 연간 UPW 비용이다. 두 옵션의 비용을 계산하는 일반적인 관계식과 각 옵션의 예상 비용은 다음과 같다.

$$\textbf{UPW 비용 관계}: \frac{\$}{\text{연}} = \left(\frac{\text{비용, \$}}{1{,}000\text{갤런}}\right)\left(\frac{\text{갤런}}{\text{분}}\right)\left(\frac{\text{분}}{\text{시간}}\right)\left(\frac{\text{시간}}{\text{일}}\right)\left(\frac{\text{일}}{\text{연}}\right)$$

$$\textbf{해수}: (4/1{,}000)(1{,}500)(60)(16)(250) = \text{연간 } \$1.44\text{M}$$

$$\textbf{지하수}: (5/1{,}000)(1{,}500)(60)(16)(250) = \text{연간 } \$1.80\text{M}$$

i = 연 12%에서 PW를 계산하고 비용이 더 낮은 옵션(PW 값이 더 큰 옵션)을 선택한다. $1M의 단위로 계산하면 다음과 같다.

PW 관계 : PW = 초기비용 − AOC의 PW − UPW의 PW + 잔존가치의 PW

$$\begin{aligned} PW_S &= -20 - 0.5(P/A,12\%,10) - 1.44(P/A,12\%,10) + 0.05(20)(P/F,12\%,10) \\ &= -20 - 0.5(5.6502) - 1.44(5.6502) + 1(0.3220) \\ &= -\$30.64 \end{aligned}$$

$$\begin{aligned} PW_G &= -22 - 0.3(P/A,12\%,10) - 1.80(P/A,12\%,10) + 0.10(22)(P/F,12\%,10) \\ &= -22 - 0.3(5.6502) - 1.80(5.6502) + 2.2(0.3220) \\ &= -\$33.16 \end{aligned}$$

PW 분석에 따르면 해수 옵션이 $2.52M 더 저렴하다.

5.3 수명이 다른 대안들의 현재가치 분석

수명이 다른 상호배타적인 대안을 비교하기 위해 현재가치 방법을 사용하는 경우, 동등 서비스 요건을 반드시 충족해야 한다. 한 가지 중요한 예외를 제외하고 5.2절의 절차를 따른다.

대안들의 PW는 **동일한 햇수**(또는 기간)에 걸쳐 비교되어야 하며, 동등 서비스 요건을 충족하기 위해 동시에 종료되어야 한다.

동등 서비스 요건

현재가치 비교에는 각 대안에서 모든 미래 현금흐름의 등가 PW를 계산해야 하므로 이 요건은 필수이다. 공정한 비교를 위해서는 PW 값이 동등한 서비스와 관련된 현금흐름을 나타내야 한다. 비용 대안의 경우, 동일한 서비스를 비교하지 못하면 더 적은 기간들의 비용이 포함되기 때문에 경제적인 선택이 아니더라도 항상 수명이 짧은 상호배타적인 대안을 선호하게 된다. 동등 서비스 요건은 다음 두 가지 접근 방식 중 하나를 사용하여 충족된다.

LCM : 예상 수명의 **최소공배수**(LCM, Least Common Multiple)와 동일한 기간 동안 대안들의 PW를 비교한다.

분석기간 : 분석기간을 *n*년으로 특정하여 대안들의 PW를 비교한다. 이 접근법은 대안의 유효 수명을 반드시 고려하지는 않는다. 분석기간은 계획기간이라고도 한다.

LCM 및 분석기간

두 접근법 모두 MARR로 PW를 계산하고 동일 수명 대안의 경우와 동일한 선택 지침을 사용한다. LCM 접근법은 필요에 따라 현금흐름 추정치를 동일한 기간으로 확장한다. 예를 들어, 3년과 4년의 수명을 12년 동안 비교한다. LCM 기간 동안의 PW 값을 계산할 때, 대안의 초기비용은 각 수명주기의 초기에 재투자되고 추정된 잔존가치는 각 수명주기의 마지막에 계산된다. 또한 LCM 방법은 이어지는 수명주기에 대한 몇 가지 가정을 요구한다.

LCM 접근 방식을 사용할 때 가정하는 사항은 다음과 같다.

1. 제공되는 서비스는 LCM 전체 기간 동안 또는 그 이상에 걸쳐 요구될 것이다.
2. 선택된 대안이 LCM의 각 수명주기 동안 정확히 동일하게 반복될 수 있다.
3. 현금흐름 추정치는 각 수명주기마다 동일하다.

12장에서 설명하겠지만, 세 번째 가정은 현금흐름이 LCM 기간 동안 적용되는 인플레이션(또는 디플레이션) 비율만큼 정확히 변화할 것으로 예상되는 경우에만 유효하다. 현금흐름이 다른 비율로 변화할 것으로 예상되는 경우에는 인플레이션을 고려하는 불변가치 달러를 사용하여 PW 분석을 수행해야 한다(12장).

대안이 필요한 시간의 길이에 대한 첫 번째 가정이 불가능하다면 분석기간의 연구가 필요하다. 분석기간 접근법에서는 경제성 분석을 수행할 기간을 선택하고 해당 기간 동안 발생하는 현금흐름만 분석과 관련된 것으로 간주한다. 분석기간 이후에 발생하는 모든 현금흐름은 무시된다. 분석기간 종료 시점의 시장가치를 추정해야 한다. 특히 단기 사업 목표가 매우 중요한 경우에는 선택한 기간이 상대적으로 짧을 수 있다. 분석기간 접근법은 대체분석에 자주 사용된다(11장). 대안의 LCM에서, 예를 들어 5년이나 9년같이 비현실적인 평가 기간이 산출될 때도 유용하다.

예제 5.3

National Homebuilders사는 새로운 빗물받이 장치를 구입할 계획이다. 두 제조업체가 다음과 같은 추정치를 제시했다.

	공급사 A	공급사 B
초기비용, $	15,000	18,000
연간운영비용(AOC), $/연	3,500	3,100
잔존가치, $	1,000	2,000
수명, 연수	6	9

(a) MARR이 연간 15%인 경우, PW 비교를 기준으로 어느 공급사를 선택해야 할지 결정하시오.

(b) National Homebuilders는 5년의 기간에 걸쳐 모든 옵션을 평가하는 표준 관행을 가지고 있다. 만약 5년의 분석기간을 사용하고, 잔존가치들이 변경되지 않을 것으로 예상되는 경우 어느 공급사를 선택해야 하는가?

풀이

(a) 장비의 수명이 다르므로 LCM 18년을 기준으로 비교한다. 첫 번째 주기 이후의 수명주기의 경우, 이전 주기의 마지막 해마다 새로운 주기의 초기비용이 반복된다. 공급사 A에서는 6년 차와 12년 차이고, 공급사 B는 9년 차이다. 현금흐름도는 그림 5-2에 나와 있다. 18년 동안 15%로 PW를 계산한다.

$$\begin{aligned}PW_A &= -15{,}000 - 15{,}000(P/F,15\%,6) + 1{,}000(P/F,15\%,6)\\&\quad -15{,}000(P/F,15\%,12) + 1{,}000(P/F,15\%,12) + 1{,}000(P/F,15\%,18)\\&\quad -3{,}500(P/A,15\%,18)\\&= \$-45{,}036\end{aligned}$$

$$\begin{aligned}PW_B &= -18{,}000 - 18{,}000(P/F,15\%,9) + 2{,}000(P/F,15\%,9)\\&\quad + 2{,}000(P/F,15\%,18) - 3{,}100(P/A,15\%,18)\\&= \$-41{,}384\end{aligned}$$

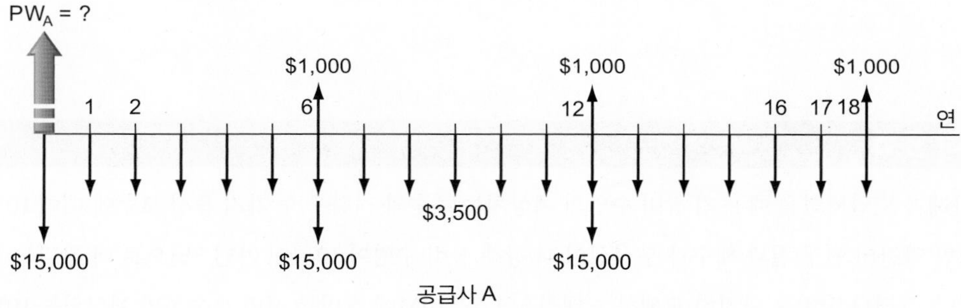

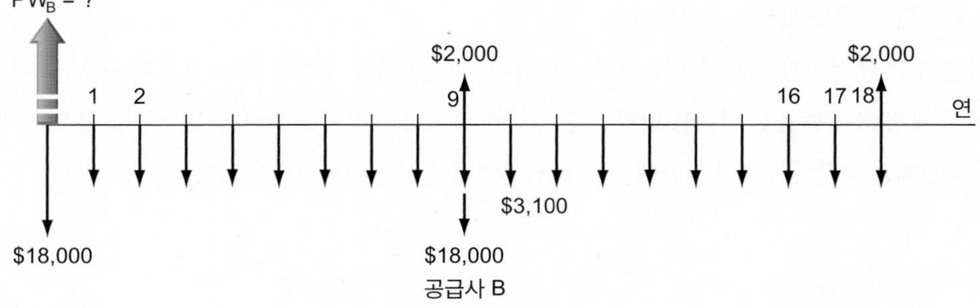

그림 5-2
예제 5.3(a)의 수명이 다른 대안들의 현금흐름도

공급사 B가 선택된 이유는 PW 측면에서 비용이 적게 들기 때문이다. 즉, PW_B 값이 PW_A보다 수치적으로 더 크기 때문이다.

(b) 5년의 분석기간 동안에는 주기를 반복할 필요가 없다. PW 분석은 다음과 같다.

$$\begin{aligned}PW_A &= -15{,}000 - 3{,}500(P/A,15\%,5) + 1{,}000(P/F,15\%,5)\\&= \$-26{,}236\end{aligned}$$

$$\begin{aligned} PW_B &= -18{,}000 - 3{,}100(P/A{,}15\%{,}5) + 2{,}000(P/F{,}15\%{,}5) \\ &= \$-27{,}397 \end{aligned}$$

이제 더 작은 PW 값을 기준으로 공급사 A가 선택된다. 이는 분석기간이 5년으로 단축되면서 경제적 결정에 변화가 생겼음을 의미한다. 이러한 상황에서는 고정 분석기간을 사용하는 표준 관행을 주의 깊게 검토하여 동등 서비스 요건을 충족하기 위해 적절한 접근 방식(즉, LCM 또는 고정 분석기간)이 사용되는지 확인해야 한다.

참고사항

LCM이 18년인 (a) 문항의 스프레드시트 해법은 모든 현금흐름을 연속된 셀에 입력하고 i = 15%에서 NPV 함수를 사용하면 쉽게 얻을 수 있다. 그러나 (b) 문항의 경우 분석기간이 5년이므로 단일 셀 PV 함수를 사용할 수 있다. 예를 들어 PW_A는 함수 = −PV(15%,5,−3500,1000) − 15000에 의해 결정된다.

예제 5.4 반도체 제조용 용수 사례 PE

이 사례가 도입되었을 때 초기 장비 수명의 예상치는 해수와 지하수 두 가지 옵션 모두에 대해 10년이었다. 하지만 약간의 연구 결과 해수가 부식성이 더 강해 장비 수명이 10년이 아닌 5년으로 더 짧다는 사실이 밝혀졌다. 그러나 장비를 완전히 교체하는 대신 5년 후 $10M에 장비를 전면 보수하면 예상되는 10년까지 수명을 연장할 수 있을 것으로 예상된다.

다른 모든 추정치가 동일하게 유지되는 상황에서 예상 사용 수명의 50% 감소와 개·보수 비용이 예제 5.2에서 결정한 해수 옵션 선택을 변경할 수 있는지 결정하는 것이 중요하다. 완전한 분석을 위해 UPW의 출처에 관계없이 장비의 예상 사용에 대해 10년 및 5년 옵션을 고려한다.

풀이

스프레드시트와 NPV 함수는 이러한 이중 분석을 빠르고 쉽게 수행할 수 있는 방법이다. 자세한 내용은 그림 5-3에 나와 있다.

10년의 LCM : 스프레드시트 상단에서 동등 서비스 요건을 충족하려면 10년간의 LCM이 필요하지만, 5년 차의 첫 번째 비용은 0년 차에 지출된 $−20M이 아니라 $−10M의 재구축 비용이다. 각 연도의 현금흐름은 연속된 셀에 입력되며, 5년 차의 $−11.94M은 지속적인 AOC 및 연간 UPW 비용인 $−1.94M에 $−10M의 재구축 비용을 더한 값이다. 스프레드시트에 표시된 NPV 함수는 연간 12%의 PW 값을 $1M 단위로 결정한다.

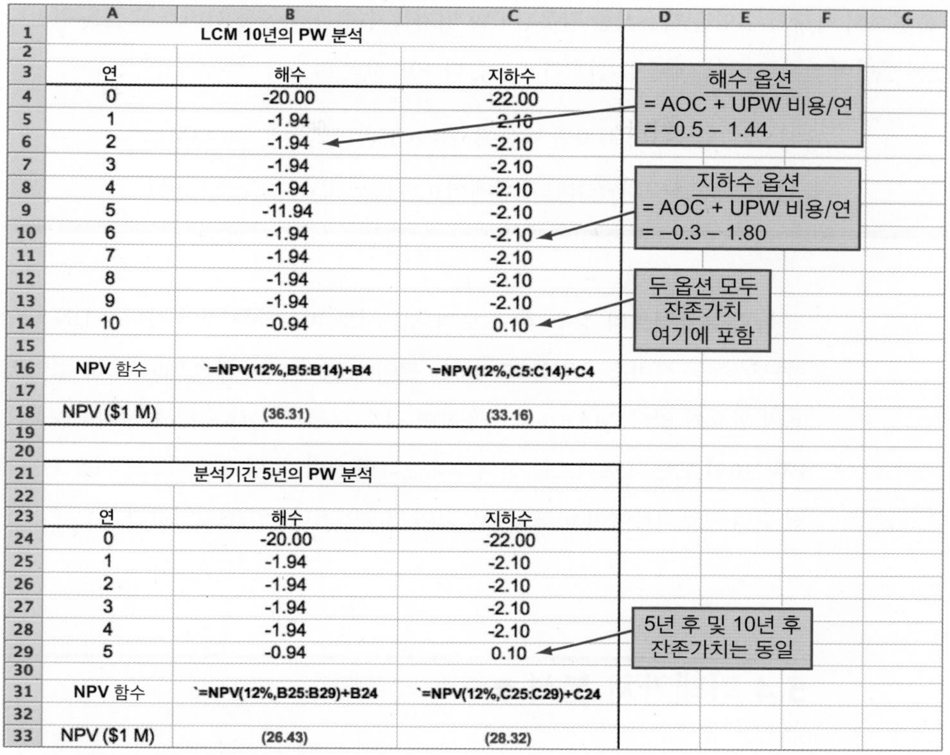

	A	B	C
1		LCM 10년의 PW 분석	
2			
3	연	해수	지하수
4	0	-20.00	-22.00
5	1	-1.94	-2.10
6	2	-1.94	-2.10
7	3	-1.94	-2.10
8	4	-1.94	-2.10
9	5	-11.94	-2.10
10	6	-1.94	-2.10
11	7	-1.94	-2.10
12	8	-1.94	-2.10
13	9	-1.94	-2.10
14	10	-0.94	0.10
15			
16	NPV 함수	`=NPV(12%,B5:B14)+B4	`=NPV(12%,C5:C14)+C4
17			
18	NPV ($1 M)	(36.31)	(33.16)
19			
20			
21		분석기간 5년의 PW 분석	
22			
23	연	해수	지하수
24	0	-20.00	-22.00
25	1	-1.94	-2.10
26	2	-1.94	-2.10
27	3	-1.94	-2.10
28	4	-1.94	-2.10
29	5	-0.94	0.10
30			
31	NPV 함수	`=NPV(12%,B25:B29)+B24	`=NPV(12%,C25:C29)+C24
32			
33	NPV ($1 M)	(26.43)	(28.32)

그림 5-3

예제 5.4의 반도체 제조용 용수에 대한 LCM 및 분석기간 접근법을 사용한 PW 분석 사례

$$PW_S = \$-36.31 \qquad PW_G = \$-33.16$$

이제 지하수 옵션이 더 저렴하며, 이 새로 추정된 수명 및 5년 후 재구축 비용으로 인해 경제적 결정이 뒤바뀌었다.

5년의 분석기간 : 그림 5-3의 하단에는 두 번째 접근 방식을 사용하여 다른 수명 대안을 평가하는 PW 분석, 즉 특정 분석기간(이 사례연구에서는 5년)이 자세히 나와 있다. 따라서 5년 이후의 모든 현금흐름은 무시된다.

연 12%의 PW 값이 해수 옵션을 선호하게 하므로 경제적 결정이 다시 역전된다.

$$PW_S = \$-26.43 \qquad PW_G = \$-28.32$$

참고사항

결정은 LCM과 분석기간 접근 방식 간에 전환되었다. 동등 서비스 요건을 충족하는 방법에 대한 결정을 고려할 때 둘 다 올바른 선택이다. 이 분석은 신뢰할 수 있는 기간에 걸쳐 ME 대안을 비교하고 평가를 수행할 때 비용, 수명 및 MARR을 가장 정확하게 추정하는 데 필요한 시간을 갖는 것이 얼마나 중요한지 보여준다.

두 옵션에서 각각의 수명을 사용하는 **잘못**된 PW 평가를 수행하면 동등 서비스 요건을 위반하게 되며, PW 값은 수명이 짧은 옵션, 즉 해수를 선호하게 만든다. PW 값은 다음과 같다.

옵션 S : 그림 5-3의 좌하단 계산에서 $n = 5$년, $PW_S = \$-26.43M$

옵션 G : 그림 5-3의 우상단 계산에서 $n = 10$년, $PW_G = \$-33.16M$

독립 프로젝트의 경우, 각 프로젝트를 서로 비교하는 것이 아니라 DN 대안과 비교하므로 동등 서비스 요건을 충족하는 것이 문제가 되지 않으므로 LCM 접근 방식을 사용할 필요가 없다. MARR을 사용하여 각 프로젝트의 각 수명 동안의 PW를 결정하고, **PW≥0인 모든 프로젝트를 선택**하기만 하면 된다. 독립 프로젝트는 비용 프로젝트가 아닌 수익 프로젝트여야 하므로 PW 값이 양수이거나 0임을 기억하라.

5.4 미래가치 분석 ●●●

대안의 미래가치(FW)는 현금흐름에서 직접 결정하거나, 설정된 MARR에서 PW 값에 F/P 계수를 곱하여 결정할 수 있다. F/P 계수의 n 값은 LCM 값 또는 지정된 분석기간이다. FW 값을 사용한 대안들의 분석은 특히 기업 주주의 미래 부를 극대화하는 것이 주요 목표인 대규모 자본 투자 결정에 적용할 수 있다.

특정 분석기간 동안의 미래가치 분석은 자산(장비, 건물 등)이 예상 수명에 도달하기 전에 어느 시점에 매각되거나 거래될 수 있는 경우 종종 활용된다. 한 기업가가 회사를 인수할 계획이며 3년 이내에 해당 회사를 거래할 것으로 예상한다고 가정하자. FW 분석은 3년 후 매각 또는 보유 여부를 결정하는 데 도움이 되는 가장 좋은 방법이다. 예제 5.5는 이러한 FW 분석의 활용을 보여준다. 발전 시설, 유료 도로, 공항 등과 같이 다년간의 투자기간이 끝나면 가동 가능 상태가 되는 프로젝트에 FW 분석을 적용하는 것도 좋은 방법이다. 이러한 프로젝트는 건설 중에 이루어진 투자 약정의 FW 값을 사용하여 분석된다.

상호배타적 대안 선택

FW 분석의 선택 지침은 PW 분석의 선택 지침과 동일하며, FW≥0은 MARR이 충족되거나 초과됨을 의미한다. 상호배타적인 대안이 둘 이상인 경우, 수치적으로 가장 큰 FW 값을 가진 대안을 선택한다.

예제 5.5

영국의 한 식품 유통 대기업은 3년 전 캐나다의 식품 매장 체인을 £75M에 인수했다. 소유권 1년 차 말에 £10M의 순손실이 발생했다. 순현금흐름은 2년 차부터 매년 산술적으로 £+5M씩 증가하고 있으며, 이러한 패턴은 당분간 지속될 것으로 예상된다. 캐나다의 체인 매입에 사용된 막대한 부채 조달로 인해 국제 이사회는 어떤 매각에서도 연간 25%의 MARR을 기대하고 있다.

(a) 이 영국의 대기업은 캐나다에 진출하고자 하는 프랑스의 회사로부터 £159.5M를 제안받았다. FW 분석을 사용하여 이 판매가격으로 MARR이 실현될 수 있는지 결정하시오.

(b) 영국의 대기업이 이 체인을 계속 소유할 경우, 5년의 소유권이 끝나는 시점에 어떤 판매가격을 얻어야 MARR을 실현할 수 있을까?

풀이

(a) 연 $i = 25\%$로 설정하고 제안가격 £159.5M를 넣어, 3년 후의 FW 관계식(FW_3)을 설정한다. 그림 5-4(a)는 £1M 단위의 현금흐름도이다.

$$FW_3 = -75(F/P,25\%,3) - 10(F/P,25\%,2) - 5(F/P,25\%,1) + 159.5$$
$$= -168.36 + 159.5 = £-8.86M$$

아니다. £159.5M의 제안이 받아들여지면 25%의 MARR은 실현되지 않는다.

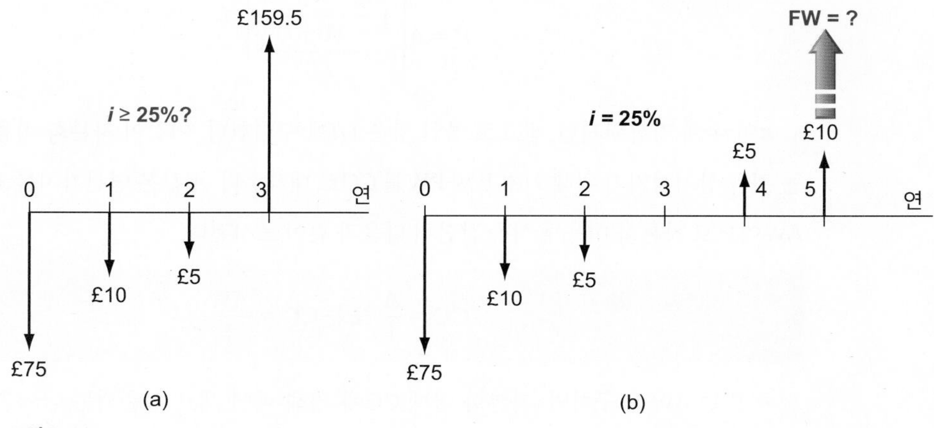

그림 5-4
예제 5.5의 현금흐름도. (a) i = ?, (b) FW = ?

(b) 지금부터 5년 후의 미래가치를 연 25%로 결정하시오. 그림 5-4(b)는 현금흐름도를 제시하고 있다. 직선기울기에는 A/G와 F/A 계수가 적용된다.

$$FW_5 = -75(F/P,25\%,5) - 10(F/A,25\%,5) + 5(A/G,25\%,5)(F/A,25\%,5)$$
$$= £-246.81M$$

MARR을 만들려면 최소 £246.81M를 제시해야 한다. 이것은 5년 전 구입 가격의 대략 3.3배에 달하는데, 이는 전부 요구되는 MARR 25%를 기준으로 한다.

5.5 자본화 비용 분석

교량, 댐, 고속도로 및 유료도로, 철도, 발전 시설(수력, 풍력 및 태양광)과 같은 많은 공공부문 프로젝트는 매우 오래된 기대 내용연수를 가지고 있다. **영구적이거나 무한한 수명**이 실효적인 계획기간이 된다. 자선 단체 및 대학을 위한 영구적인 기부금도 무한한 수명을 가지고 있다. 이러한 유형의 프로젝트 또는 기부금의 경제적 가치는 현금흐름의 현재가치를 사용하여 평가된다.

자본화 비용(CC, Capitalized Cost)은 매우 긴 수명(예 : 30년 또는 40년 이상)을 가지거나 계획기간이 매우 길거나 무한하다고 간주되는 프로젝트의 현재가치이다.

CC를 계산하는 공식은 PW 관계식 $P = A(P/A,i\%,n)$에서 도출되며, 여기서 n은 ∞ 기간이다. P/A 계수를 사용하여 P에 대한 방정식을 구하고 분자와 분모를 $(1+i)^n$으로 나누면 다음과 같이 구할 수 있다.

$$P = A\left[\frac{1 - \dfrac{1}{(1+i)^n}}{i}\right]$$

n이 ∞에 가까워지면, 괄호로 묶인 항은 $1/i$에 수렴한다. 이것이 자본화 비용 등가라는 것을 상기시키기 위해 기호 P 및 PW를 CC로 대체한다. A 값은 연간가치를 표시하는 AW이므로 자본화 비용 공식은 간단히 다음과 같이 표시된다.

$$\text{CC} = \frac{A}{i} \text{ 또는 } \text{CC} = \frac{\text{AW}}{i} \qquad [5.1]$$

A 또는 AW를 구하면, 자본화 금액 CC에 의해 매년 새로 창출되는 금액은 다음과 같다.

$$\text{AW} = \text{CC}(i) \qquad [5.2]$$

이는 무한히 많은 수의 기간에 대하여 $A = P(i)$ 계산식과 같다. 식 [5.2]는 화폐의 시간적 가치를 고려하여 설명할 수 있다. 지금 $20,000를 연 10%로 투자한다면(이것은 자본금이다), 매년 말에 영원토록 인출할 수 있는 최대 금액은 매년 적립되는 이자인 $2,000

이다. 이렇게 하면, 원래의 $20,000에 이자가 발생하여 다음 해에 추가로 $2,000가 적립된다.

자본화 비용 계산에서 현금흐름(비용, 수익, 절감액)은 일반적으로 반복(또는 주기적)하거나 비반복하는 두 가지 유형이다. $50,000의 연간운영비용과 12년마다 $40,000로 추정되는 재작업 비용은 반복 현금흐름의 예이다. 0차 연도의 초기투자 금액이나 2년 후 수수료 $500,000와 같이 미래 시점의 일회성 현금흐름 추정치는 비반복 현금흐름의 예이다.

무한한 현금흐름의 연속에 대한 CC를 결정하는 절차는 다음과 같다.

1. 모든 비반복적(일회성) 현금흐름과 모든 반복적(주기적) 현금흐름의 최소 두 주기를 보여주는 현금흐름도를 그린다.

2. 모든 비반복 금액의 PW를 구한다. 이것이 CC 값이다.

3. 모든 반복 금액의 한 수명주기를 통해 A 값을 구한다. (이 값은 6장에서 설명한 대로 이후의 모든 수명주기에서 동일한 값이다.) 이 값을 1년부터 무한대까지 발생하는 다른 모든 균등 금액(A)에 더한다. 그 결과가 총 균등 연간등가(AW)이다.

4. 3단계에서 얻은 AW를 이자율 i로 나누어 CC 값을 구한다. 이것은 식 [5.1]을 적용한 것이다.

5. 2단계와 4단계에서 얻은 CC 값을 더한다.

현금흐름도(1단계)를 그리는 것은 비반복적인 금액과 반복적인 금액을 구분하는 데 도움이 되므로 CC 계산에서 다른 것보다 더 중요하다. 5단계에서는 모든 구성 요소의 현금흐름의 현재가치를 구했으며, 총 자본화 비용은 단순히 그 합계이다.

예제 5.6

Haverty 카운티 고속 교통국(HCRTA)은 통행료를 부과하고 추적하기 위해 새로운 소프트웨어를 설치했다. 관리관은 이 소프트웨어 시스템을 구입해서 앞으로 발생할 모든 비용의 총등가를 알고 싶어 한다. 새 시스템이 무기한으로 사용될 경우, (a) 현재에 해당하는 비용인 CC 값과 (b) 이후 각 연도에 해당하는 비용인 AW 값을 구하시오.

이 시스템의 설치 비용은 $150,000이고 10년 후 추가 비용은 $50,000이다. 연간 소프트웨어 유지보수 계약 비용은 첫 4년간은 $5,000, 그 이후에는 $8,000이다. 또한 13년마다 $15,000의 주요 업그레이드 비용이 반복적으로 발생할 것으로 예상된다. 카운티 재정의 경우 i = 연 5%라고 가정한다.

풀이

(a) 이제 CC를 찾기 위한 5단계 절차가 적용된다.

1. 두 주기에 대한 현금흐름도를 그린다(그림 5-5).

2. i=5%에서 현재 \$150,000와 10년 후에 \$50,000의 비반복 비용의 PW를 구한다. 이것을 CC_1로 표시한다.

$$CC_1 = -150{,}000 - 50{,}000(P/F,5\%,10) = \$-180{,}695$$

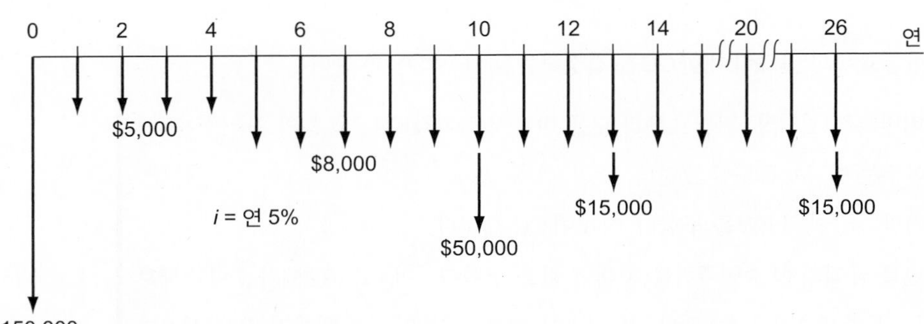

그림 5-5
예제 5.6의 두 주기의 반복 비용 및 모든 비반복 금액에 대한 현금흐름

3, 4. 첫 번째 주기인 13년 동안의 반복 비용 \$15,000를 A 값으로 변환하고, 식 [5.1]을 사용하여 연 5%에서 자본화 비용 CC_2를 구한다.

$$A = -15{,}000(A/F,5\%,13) = \$-847$$
$$CC_2 = -847/0.05 = \$-16{,}940$$

연간 소프트웨어 유지보수비 자금열 A를 CC 값으로 변환하려면 \$−5,000인 A 자금열을 다음과 같이 자본화 비용 CC_3로 바꾼다.

$$CC_3 = -5{,}000/0.05 = \$-100{,}000$$

둘째, 유지보수비 증가분 \$−3,000 자금열을 4년 말의 자본화 비용 CC_4로 변환하고, 0 시점의 PW를 구한다(현금흐름의 발생 적절 시점은 그림 5-5 참조).

$$CC_4 = \frac{-3{,}000}{0.05}(P/F,5\%,4) = \$-49{,}362$$

5. HCRTA의 총 자본화 비용 CC_T는 4개 CC 값의 합계이다.

$$CC_T = -180{,}695 - 16{,}940 - 100{,}000 - 49{,}362 = \$-346{,}997$$

(b) 식 [5.2]는 영구값 AW를 결정한다.

$$AW = Pi = CC_T(i) = \$346{,}997(0.05) = \$17{,}350$$

올바르게 해석하면, 이는 하버티 카운티 공무원들이 통행료 관리 소프트웨어를 운영하고 유지보수하기 위해 $17,350에 해당하는 금액을 영원히 투입해야 함을 의미한다.

자본화 비용을 기준으로 두 대안을 비교하려면 위의 절차를 사용하여 각 대안의 A 값과 CC_T를 구한다. 자본화 비용은 주어진 대안을 영원히 유지하기 위해 자금을 조달하고 유지하는 데 드는 총현재가치를 나타내므로, 대안들은 자동으로 동일한 기간(즉, 무한대) 동안 비교된다. 자본화 비용이 더 작은 대안이 더 경제적인 대안이라는 것을 의미한다. 이 평가는 예제 5.7에 설명되어 있다.

예제 5.7 반도체 제조용 용수 사례

PE

이 사례연구(예제 5.4)에서는 5년 후 대대적인 재구축 비용을 들여 해수 옵션의 수명을 10년으로 연장할 수 있는 단계까지 진행되었다. 이 연장은 한 번만 가능하며, 그 이후에는 새로운 수명주기가 시작된다. $1M 단위의 추정치와 PW 값(그림 5-3)은 다음과 같다.

해수: $P_S = \$-20$, $AOC_S = \$-1.94$, $n_S = 10$년, 5년 후 재구축 $= \$-10$,
$S_S = 0.05(20) = \$1.00$, $PW_S = \$-36.31$

지하수: $P_G = \$-22$, $AOC_G = \$-2.10$, $n_G = 10$년, $S_G = 0.10(22) = \$2.2$,
$PW_G = \$-33.16$

UPW(초순수) 요건이 가까운 미래에도 계속될 것이라고 가정하면, 선택된 MARR(연 12%)로 장기 옵션들의 현재가치를 알아야 한다. 지금까지 이루어진 추정치를 사용하면, 두 옵션에 대한 자본화 비용은 얼마일까?

풀이

각 옵션들의 수명 기간에 대한 등가 A 값을 구한 다음, $CC = A/i$ 관계를 사용하여 CC 값을 결정한다. 그리고 CC가 낮은 옵션을 선택한다. CC가 결정되면, 시평선(time horizon)은 무한대이므로 이 방법은 동등 서비스 요건을 만족시킨다.

해수: $A_S = PW_S(A/P,12\%,10) = -36.31(0.17698) = \$-6.43$

$CC_S = -6.43/0.12 = \$-53.58$

지하수: $A_G = PW_G(A/P,12\%,10) = -33.16(0.17698) = \$-5.87$

$CC_G = -5.87/0.12 = \$-48.91$

자본화 비용 측면에서 지하수 대안이 더 저렴하다.

참고사항

해수 수명 연장이 실행 가능한 옵션으로 간주되지 않는다면, 이 분석에서는 원래의 대안인 5년을 사용할 수 있다. 이 경우 해수 대안에 대한 $1M 단위의 등가 A 값과 CC 계산은 다음과 같다.

$$A_{S,5년} = -20(A/P,12\%,5) - 1.94 + 0.05(20)(A/F,12\%,5)$$
$$= \$-7.33$$
$$CC_{S,5년} = -7.33/0.12 = \$-61.08$$

이제 지하수 옵션의 경제적 이점이 훨씬 더 커졌다.

수명이 유한한 대안(예 : 5년)을 무기한 또는 매우 긴 수명을 가진 대안과 비교하는 경우 자본화 비용을 사용할 수 있다. 유한 수명 대안의 자본화 비용을 결정하려면 한 수명 주기에 해당하는 A 값을 계산하고 이자율로 나눈다(식 [5.1]). 이 절차는 스프레드시트를 사용하는 예제 5.8에 설명되어 있다.

예제 5.8

여러 지역의 감독관들은 포괄적인 에너지 폐기물 처리 프로그램과 연계된 100% 재활용 프로그램을 의무화했다. 목표는 2030년까지 매립지에 쓰레기를 배출하지 않는 것이다. 하나의 주에 있는 32개 지역들의 컨소시엄에 제안된 물질 분리 장비에 대한 두 가지 옵션은 아래에 설명되어 있다. 국가에서 의무화하는 프로젝트의 이자율은 연 5%이다.

계약 옵션(C) : 지금 $8M와 연간 $25,000를 내면, 최대 15개 사업장에서 분리 서비스를 제공한다. 계약 기간을 명시하지 않고 필요한 기간 동안 계약 및 서비스를 제공한다.

구매 옵션(P) : 각 사이트에서 장비를 사이트당 $275,000에 구입하고 연간운영비용(AOC)으로 약 $12,000를 지출한다. 장비의 예상 수명은 5년이며 잔존가치는 없다.

(a) 총 10개의 재활용 사업장에 대해 자본화 비용 분석을 수행하시오.

(b) 계약 옵션보다 자본화 비용이 적게 드는 최대 장비 구입 사업장 수를 결정하시오.

풀이

(a) 그림 5-6의 열 B는 해결책을 상세히 설명하고 있다. 제안된 대로 계약의 수명이 매우 길다. 따라서 $8M는 이미 자본화 비용이다. $A = \$25,000$의 연 부담금을 $i = 0.05$로 나누어 CC 값을 계산한다. 두 값을 합하면 $CC_C = \$-8.5M$가 된다.

유한 5년 매입 대안의 경우 열 B는 초기비용(사업장당 $-275,000), AOC($-12,000) 및 등가 A

값 $-755,181를 보여주며, 이 값은 PMT 함수(셀 태그)를 통해 결정된다. A를 5%의 이자율로 나누면 CC_P=$-15.1M이다.

계약자 옵션은 예상되는 10개 사업장에서 훨씬 더 경제적이다.

(b) $CC_P < CC_C$인 최대 사업장 수를 찾는 간단한 방법은 2장 예제 2.10에서 소개한 Excel의 **목표값 찾기**(Goal Seek) 도구를 사용하는 것이다(이 도구의 사용 방법에 대한 자세한 내용은 부록 A 참조). 템플릿은 그림 5-6에 사업장 수가 변경(감소)됨에 따라 두 CC 값이 같아지도록 설정되어 있다. 열 C에 표시된 결과는 5.63개 사업장에서 경제적으로 동등한 옵션을 제공한다는 것을 나타낸다. 사업장 수는 반드시 정수여야 하므로, 5개 이하의 사업장이라면 장비 구매가 경제적이고, 6개 이상의 사업장이라면 분리 서비스 계약 옵션이 경제적이다.

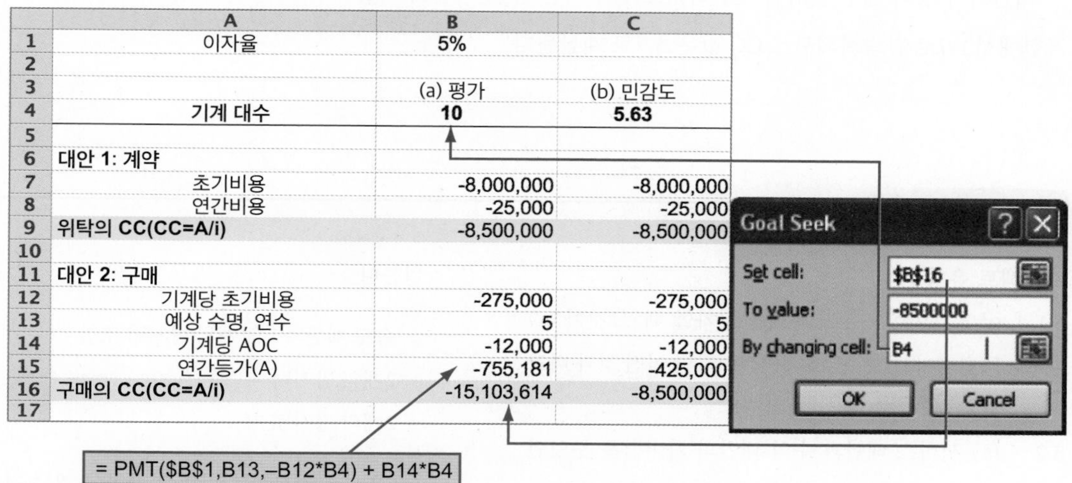

	A	B	C
1	이자율	5%	
2			
3		(a) 평가	(b) 민감도
4	**기계 대수**	**10**	**5.63**
5			
6	대안 1: 계약		
7	초기비용	-8,000,000	-8,000,000
8	연간비용	-25,000	-25,000
9	위탁의 CC(CC=A/i)	-8,500,000	-8,500,000
10			
11	대안 2: 구매		
12	기계당 초기비용	-275,000	-275,000
13	예상 수명, 연수	5	5
14	기계당 AOC	-12,000	-12,000
15	연간등가(A)	-755,181	-425,000
16	구매의 CC(CC=A/i)	-15,103,614	-8,500,000
17			

그림 5-6

(a) 10개의 재활용 사업장에 대하여, 또 (b) 대안들의 경제성을 동일하게 만드는 사업장 수를 결정하기 위하여 자본화 비용을 사용하는 예제 5.8의 스프레드시트 풀이

문제 해결에 대한 이 접근법은 나중에 살펴볼 장에서 손익분기점 분석이라고 할 것이다. 그런데 부지의 수를 결정하는 다른 방법으로는 시행착오 방법이 있다. CC 값이 구매 대안을 선호할 때까지 셀 B4에 다른 값을 입력하시오.

마지막으로, 추정치, 특히 최초 비용이나 AOC가 매년 자주 크게 변경되는 경우 새로운 PW, FW 또는 CC 분석을 수행하여 현재 사용 중인 대안이 여전히 경제적으로 타당한지 판단해야 한다. 조건상 대안의 재선정이 금지되어 있더라도 시간이 지남에 따라 경제 상황에 대한 정보를 지속적으로 파악하는 것이 중요하다. 필요한 경우 대체 및 유지 분석 방법(10장)을 사용하여 이러한 분석을 수행할 수 있다.

요약

대안을 비교하는 현재가치 방식은 모든 현금흐름을 MARR을 기준으로 현재 돈으로 환산하는 것이다. 수치적으로 더 큰(또는 가장 큰) PW 값을 가진 대안이 선택된다. 대안의 수명이 다른 경우, 동등 서비스 기간에 대해 비교해야 한다. 이는 수명의 LCM 또는 특정 분석기간에 대해 비교를 수행함으로써 해결된다. 두 가지 접근 방식 모두 동등 서비스 요건에 따라 대안을 비교한다. 분석기간을 사용하는 경우, 대안의 잔존가치는 추정 미래 시장가치를 통해 인식된다.

FW 값은 PW 값과 F/P 계수(n 값은 LCM 또는 분석기간과 같음)를 사용하여 곧잘 결정된다. FW 방법은 대규모 자본 투자가 수반되고 사업의 미래 자산이 중요하다고 간주되는 경우에 매우 적합하다.

대안의 수명이 매우 길거나 무한하다고 간주되는 경우, 자본화 비용이 비교 방법이다. P/A 계수가 $n = \infty$의 극한에서 $1/i$로 간략화되므로 CC 값은 A/i로 계산된다.

연습문제

프로젝트 유형

5.1 여러 대안이나 프로젝트를 평가할 때, 그것이 (a) 독립적이고, (b) 상호배타적이라면 어떤 것과 비교해야 하는가?

5.2 (a) 서비스 대안과 수익 대안의 차이점은 무엇인가? (b) 서비스 대안의 다른 이름은 무엇인가?

5.3 자본화 비용이라는 용어를 정의하고, 자본화 비용 평가 기법을 사용하여 분석할 수 있는 실제 사례를 제시하시오.

5.4 빠르게 성장하는 한 도시가 주민 안전에 전념하고 있다. 그러나 관통 도로의 교통량과 속도 증가는 주민들에게 염려가 된다. 그 도시 관리자는 5가지 독립적인 교통정리 방법을 제안했다.

1. 모퉁이 A에서 정지 표지
2. 모퉁이 B에서 정지 표지
3. 지점 C에서 완만한 과속방지턱
4. 지점 D에서 완만한 과속방지턱
5. 지점 E에서 속도 제한

최종 프로젝트에는 다음과 같은 조합은 허용하지 않는다.

—속도 제한과 1~2개의 방지턱 조합
—2개의 방지턱
—2개의 정지 표지

(a) 옵션을 결합하는 방법에 제한이 없는 경우, 평가할 대안들이 몇 개인지 계산하시오.
(b) 제한 사항을 사용하여 허용 가능한 대안의 수와 목록을 식별하시오.

대안 비교—동일 수명

5.5 현재가치 방법으로 프로젝트를 평가할 때, 제안이 (a) 독립적인지, (b) 상호배타적인지 어떻게 알 수 있는가?

5.6 동등 서비스 대안이라는 용어의 의미는 무엇인가?

5.7 고압 유압 호스 제조를 위한 공장 용량을 늘릴 수 있는 두 가지 대안, 즉 X와 Y를 평가하라는 요청을 받았다. 각 대안과 관련된 매개변수가 추정되었다. 연 12%의 이자율을 기준으로 현재가치를 비교했을 때 어느 것을 선택해야 하는가? 그 선택이 올바

른 이유는 무엇인가?

대안	X	Y
초기비용, $	45,000	58,000
유지비, $/연	8,000	4,000
잔존가치, $	2,000	12,000
수명, 연수	5	5

5.8 확장 고정장치를 생산하기 위해 두 가지 방법 중 하나를 사용해야 한다. 방법 A는 초기에 $80,000가 들고 3년 후에는 $15,000의 잔존가치가 있을 것이다. 이 방법의 운영비용은 연간 $30,000가 될 것이다. 방법 B는 초기비용이 $120,000, 연간 $8,000의 운영비용이 있고 3년 수명 후에는 $40,000의 잔존가치가 있을 것이다. 연간 12%의 이자율로 현재가치 분석에 기초하여 어떤 방법을 선택해야 하는가? 또한 PW 분석을 수행하기 위해 2개의 스프레드시트 함수를 작성하시오.

5.9 서해안의 한 도시는 50년 계획의 일환으로 식수를 공급하기 위해 기존 지하수가 풍부한 인근 지역으로부터 물을 가져오는 파이프라인 건설을 고려하고 있다. 현재 $122M의 비용으로 대규모 파이프라인을 건설할 수 있다. 또는 지금 $80M로 작은 파이프라인을 건설하고 20년 후 $100M를 추가로 투입해 파이프라인을 확장할 수도 있다. 양수 비용은 처음 20년 동안은 작은 파이프라인의 경우 연간 $25,000가 더 높지만 그 이후에는 거의 동일할 것이다. 두 파이프라인 모두 잔존가치가 없으며 동일한 유효 수명을 가질 것으로 예상된다. (a) 이자율이 연 6%일 때, 어떤 대안이 더 경제적인가? (b) 소규모 파이프라인 대안의 PW를 표시하는 스프레드시트 함수를 작성하시오.

5.10 Lennon Hearth Products는 프레임을 위한 두 가지 유형의 장착 브래킷이 있는 유리문 벽난로 스크린을 제조한다. L자형 브래킷은 비교적 작은 벽난로 입구에 사용되고 U자형 브래킷은 다른 모든 것에 사용된다. 회사는 제품과 함께 상자에 두 가지 유형의 브래킷을 모두 포함하고 구매자는 필요하지 않은 브래킷을 폐기한다. 나사와 다른 부품이 있는 이 두 브래킷의 비용은 $3.50이다. 벽난로 스크린의 프레임을 다시 디자인하면 하나의 범용 브래킷을 사용할 수 있으며, 만드는 데 $1.20가 든다. 그러나 초기 개조 비용($6,000)과 재고 평가절하 비용($8,000)이 즉시 발생한다. 회사가 연간 1,200개의 벽난로 유닛을 판매하는 경우, 회사가 연간 15%의 이자율을 사용하고 5년 후 투자를 회수하고 싶다고 가정할 때, 회사는 오래된 브래킷을 유지하거나 새 브래킷을 사용해야 한다. 현재가치 방법으로 평가하시오.

5.11 방폭 모터를 생산하는 Leonard사는 국제 수출 능력을 확대하기 위해 두 가지 대안을 고려하고 있다. 옵션 1은 지금 $900,000, 2년 후 $560,000의 장비 구매를 요구하며, 1년 차부터 10년 차까지 연간 M&O 비용은 $79,000이다. 옵션 2는 지금부터 10년 말까지 연간 $280,000의 비용으로 생산품 일부를 하청하는 것이다. 두 옵션 모두 유의미한 잔존가치를 갖지는 못할 것이다. 현재가치 분석을 사용하여 연간 20%의 회사 MARR에서 어떤 옵션이 더 매력적인지 확인하시오. (참고 : Leonard사가 최근에 제안한 새로운 옵션에 대한 스프레드시트 연습문제들을 확인하시오.)

5.12 Navarro & Associates가 만든 소프트웨어 패키지는 3면 지주형 타워와 3면 및 4면 자립형 타워를 분석하고 설계하는 데 사용할 수 있다. 단일 사용자 라이선스는 연간 $4,000가 든다. 사이트 라이선스는 일회성 비용으로 $15,000가 든다. 구조공학 컨설팅 회사는 두 가지 대안 중 하나를 결정해야 한다. 첫 번째로는 지금 단일 사용자 라이선스를 구입하고 향후 4년간 매년 하나씩 구입하여 5년간 서비스를 제공받는 것, 또는 두 번째로는 지금 사이트 라이선스를 구입하는 것이다. 5년 계획기간 동안 연 12%의 이자율을 사용하여 현재가치 평가를 통해 채택해야 할 전략을 결정하시오.

5.13 특정 유형의 해양 미세 조류에서 나오는 기름은 자

동차와 트럭의 운송 가능한 대체 연료 역할을 할 수 있는 바이오디젤로 전환될 수 있다. 조류를 재배하기 위하여 일렬로 늘어선 연못이 사용된다면, 건설 비용은 $13M이고 M&O 비용은 연간 $2.1M로 추정된다. 대안적으로, 조류 재배를 위하여 긴 플라스틱 튜브를 사용하면, 초기비용은 $18M로 더 높지만, 오염이 저하되므로 M&O 비용은 연간 $0.41M로 더 낮아진다. 연간 10%의 이자율과 5년의 프로젝트 기간에서 연못과 튜브 중 어떤 시스템이 더 나은가? 현재가치 분석을 사용하시오.

5.14 식품 친화적인 실리콘(요리 및 굽기 팬 코팅에 사용)을 만드는 한 회사는 표에서 보는 바와 같이 독립적인 프로젝트들을 고려하고 있으며, 이 모든 프로젝트는 10년 동안만 실행 가능하다고 본다. 회사의 MARR이 연간 15%인 경우 현재가치 분석을 기반으로 선택해야 할 프로젝트를 결정하시오. 재무적 단위는 $1,000를 적용한다.

프로젝트	A	B	C	D
초기비용, $	1,200	2,000	5,000	7,000
연간 순수입, $/연	200	400	1,100	1,300
잔존가치, $	5	6	8	7

5.15 확장 고정장치를 생산하기 위해 두 가지 방법을 사용할 수 있다. 방법 A는 초기비용이 $80,000이고 3년 후 잔존가치가 $15,000이다. 이 방법을 사용한 운영비용은 1차 연도에 $30,000가 되며 매년 $4,000씩 증가한다. 방법 B는 초기비용이 $120,000, 1차 연도에 운영비용이 $8,000가 되며 매년 $6,500씩 증가하고 3년 수명 후 잔존가치는 $40,000이다. 연간 12%의 이자율로 현재가치 분석에 기초하여 어떤 방법을 사용해야 하는가?

5.16 2020년 미국 내 생수 판매량은 1인당 총 45.2갤런에 달했다. 고품질 천연 샘물인 Evian은 1리터 병당 약 $1.50인 반면, 시수를 정수한 지역 제품은 1리터 병당 55¢에 불과하다. 평균적으로, 지역 상수도 회사는 지역 요금을 제외하고 1,000갤런당 약 $3.50에 마실 수 있는 수돗물을 제공할 수 있다. 만약 평균적인 사람이 하루에 두 병의 물을 마시거나 수돗물에서 같은 양의 물을 얻기 위해 하루에 5갤런을 쓴다면, (a) Evian과 (b) 시수를 정수한 지역 제품을 비교하여 1년 동안 1인당 마시는 수돗물의 현재가치는 얼마인가? 연 6%이며 월별 복리를 사용하고, 한 달은 30일로 계산한다.

대안 비교—다른 수명

5.17 Dexcon Technologies사는 3D 프린터용 맞춤형 베어링을 제작하기 위해 마찰(즉, 저마찰) 특성을 가진 새로운 플라스틱 필라멘트를 생산하기 위한 두 가지 대안을 평가하고 있다. 각 대안과 관련된 추정치는 아래와 같다. MARR을 연간 20%로 가정할 때 어떤 대안의 현재가치가 더 낮을까?

방법	DDM	LS
초기비용, $	164,000	370,000
운영유지비, $/연	55,000	21,000
잔존가치, $	0	30,000
수명, 연수	2	4

5.18 NASA는 호주에 있는 우주선 추적 스테이션에 사용할 두 가지 재료를 고려하고 있다. 추정치는 아래와 같다. 연 10%의 이자율을 기준으로 한 현재가치의 경제적 기준으로 어느 것을 선택해야 하는가?

방법	M	FF
초기비용, $	205,000	235,000
유지비, $/연	29,000	27,000
잔존가치, $	2,000	20,000
수명, 연수	2	4

5.19 덴마크 Bellund에 있는 Lego 그룹은 레고 장난감 구성 블록을 제조한다. 회사는 특수 목적의 레고 부품을 생산하기 위해 두 가지 방법을 고려하고 있다. 방법 1은 초기비용이 $400,000, 연간운영비가 $140,000, 수명이 3년이 될 것이다. 방법 2는 초기비용이 $600,000, 연간운영비가 $100,000, 수명이 6년이 될 것이다. 두 방법 모두에 대해 10% 잔존가치를 가정한다. Lego는 연간 15%의 MARR

을 사용한다. (a) 현재가치 분석에 기초하여 어떤 방법을 선택해야 하는가? (b) 만약 각각의 수명 추정치인 3년과 6년을 사용하여 잘못된 평가를 했다면 Lego는 옳은 경제적 결정을 내릴 것인가, 틀린 경제적 결정을 내릴 것인가? 자신의 답을 설명하시오.

5.20 i = 연 10%, 분석기간 8년을 사용한 현재가치 평가를 기준으로 두 가지 대안인 A와 B를 비교하시오.

대안	A	B
초기비용, $	15,000	28,000
연간운영비, $/연	6,000	9,000
4년 차 총점검 수리, $	—	2,000
잔존가치, $	3,000	5,000
수명, 연수	4	8

5.21 한 엔지니어가 슬러지 폐기 전에 슬러지 부피를 줄이기 위해 어떤 공정을 사용할지 결정하려고 한다. 벨트 필터 프레스(BFP)는 구매 비용이 $203,000이고 연간운영비가 $85,000이다. 벨트는 1년에 한 번 $5,500의 비용으로 교체할 수 있다. 원심분리기(Cent)는 구매 비용이 $396,000, 연간운영비가 $119,000이지만, 원심분리기에서 더 두꺼운 'cake'가 생성되기 때문에 단일 매립지로 슬러지 운반비용은 벨트 프레스보다 원심분리기가 연간 $37,000가 적게 든다. 대안 BFP와 Cent의 내용연수는 각각 5년과 10년이며, 잔존가치는 폐쇄 또는 교체 시 각 공정의 초기비용의 10%로 가정한다. 경제적인 프로세스를 선택하기 위하여 연 6%의 이자율로 PW 평가를 적용한다. (a) 수명의 LCM 기간에 대한 평가와 (b) 8년의 분석기간에 대한 평가를 적용하시오. 두 분석의 결정이 동일한가?

5.22 한 첨단 전자 회사의 제품 개발 그룹은 신제품에 대한 5가지 제안을 개발했다. 이 회사는 제품군을 확장하고자 하므로, 연 20%의 MARR에서 경제적 매력이 있는 프로젝트는 모두 수행하려고 한다. 각 프로젝트와 관련된 현금흐름(단위 : $1,000)을 추정한다. 현재가치 분석에 근거하여 회사가 수락해야 하는 프로젝트는 무엇인가?

프로젝트	A	B	C	D	E
초기투자금, $	400	510	660	820	900
운영비, $/연	100	140	280	315	450
수입, $/연	360	235	400	605	790
잔존가치, $	—	22	—	80	95
수명, 연수	3	10	5	8	4

5.23 연 10%의 이자율과 10년의 분석기간을 사용한 현재가치 분석을 기준으로 대안 C와 대안 D를 비교하시오.

대안	C	D
초기비용, $	40,000	32,000
AOC, $/연	7,000	3,000
연간 운영비 증가분, $/연	1,000	—
잔존가치, $	9,000	500
수명, 연수	10	5

5.24 당신과 동료는 크로스컨트리 오토바이 경주에 매우 관심이 많아졌고 보급형 장비를 구입하고자 한다. 당신은 대체할 만한 장비 및 용품 두 세트를 확인했다. 꾸러미 K는 초기비용이 $160,000, 분기별 운영비용이 $7,000이며, 2년 수명 후 잔존가치는 $40,000이다. 꾸러미 L은 초기비용이 $210,000이며 분기별 운영비용이 $5,000 더 낮으며 4년 수명 후 잔존가치는 $26,000로 추정된다. 연 8%의 분기별 복리에서 저렴한 현재가치 분석을 제공하는 패키지는 무엇인가?

5.25 이동형 사이버 보안 설비 운영을 위하여 첨단설비 관리자가 GAO(General Accounting Office)에 세 가지 다른 계획을 제시했다.

계획 A : 매년 초에 $1M를 지불하여 1년마다 갱신하는 계약.

계획 B : 각 $600,000씩 세 번의 지불이 필요한 2년 계약으로, 첫 번째는 즉시, 두 번째와 세 번째는 다음 두 번의 6개월 간격으로 시작할 때 지불해야 한다. 계약 2년 차에는 지불이 없다.

계획 C : 3년 계약으로 지금 $1.5M를 지불하고, 2년 후에 다시 $0.5M를 지불해야 한다.

GAO가 동일한 조건에서 계획을 갱신할 수 있다고 가정할 때, 만약 연 6%이며 반기별 복리의 현재가치 분석 기반에서 가장 좋은 계획은 무엇인가? (a) 등가계수와 (b) 스프레드시트를 사용하여 해결하시오. (힌트 : 문제를 풀기 위해 현금흐름도를 작성한다.)

5.26 이 문제는 예제 5.2와 5.4의 반도체 제조 사례 및 계산의 추정치를 기반으로 한다. 현재가치 분석을 통해 해수와 지하수 사이의 결정이 여러 번 바뀌었다. 총괄관리자는 UPW의 권장 공급원에 대한 혼란을 간과하지 않았다. 어제 당신은 지하수를 사용하는 경우의 PW_G 값인 −$33.16M보다 해수 옵션이 더 경제성을 가지는 초기비용(X_S)이 얼마인지 결정해 보라는 요청을 받았다. 관리자가 분석기간을 10년으로 설정한 이유는 팹이 들어설 건물 임대 계약서에 명시된 기간이기 때문이다. 해수 장비는 5년 후에 수리 또는 교체해야 하므로 총괄관리자는 5년 사용 후 동일한 초기비용으로 장비를 새로 구입한다고 가정하라고 말했다. Angular Enterprises가 해수 옵션에 대해 지불해야 하는 최대 초기비용은 얼마인가?

미래가치 비교

5.27 멀리 떨어진 곳에 있는 공기 추출 스테이션은 태양전지 또는 현장으로 전기선을 연결하고 기존 전력을 공급받을 수 있다. 태양전지는 설치하는 데 $12,600가 들 것이고 잔존가치 없이 4년의 유효 수명을 가질 것이다. 검사, 청소 등의 연간 비용은 $1,400일 것으로 예상된다. 새로운 전력선은 설치하는 데 $11,000가 들 것이고 전력 비용은 연간 $800가 될 것으로 예상한다. 공기 추출 프로젝트가 4년 후에 끝나기 때문에 전력선의 잔존가치는 0으로 간주된다. 연간 10%의 이자율로 미래가치 분석에 기초하여 어떤 대안을 선택해야 하는가?

5.28 오하이오주 클리블랜드의 Parker Hannifin은 CNG 연료 분사기를 제조한다. 새로운 계약을 위해 생산 라인 중 하나를 효율화하기 위해 교체 장비가 필요하지만, 예상 수명에 도달하기 전에 중고 장비에 대한 추정 시장가치로 장비를 판매할 계획이다. 예상 사용 기간 동안 연간 15%의 기업 MARR을 사용하는 미래가치 분석으로 두 가지 옵션 중 하나를 선택하시오. 또한 올바른 미래가치를 표시할 FV 스프레드시트 함수를 작성하시오.

옵션	D	E
초기비용, $	−62,000	−77,000
AOC, $/연	−15,000	−21,000
예상 시장가치, $	8,000	10,000
예상 수명, 연수	3	6

5.29 에너지부는 3년 안에 세탁기 효율을 20% 또는 35% 높이도록 의무화하는 새로운 규정을 제안하고 있다. 20% 인상의 경우 현재 세탁기 가격에 $100가 추가되고, 35% 인상의 경우 $240가 추가될 것으로 예상된다. 에너지 비용이 효율 20% 증가 시 연간 $80, 35% 증가 시 연간 $65라면 연 10%의 이자율로 미래가치를 분석했을 때 두 가지 표준 중 어느 것이 더 경제적인가? 모든 세탁기 모델의 수명은 15년이라고 가정한다.

5.30 한 전기 스위치 제조 회사가 세 가지 조립 방법 중 하나를 결정하려고 한다. 방법 A의 예상 초기비용은 $40,000, 연간운영비용(AOC)은 $9,000, 서비스 수명은 2년이다. 방법 B는 구매비용이 $80,000이고 4년의 서비스 수명 동안 AOC가 $6,000이다. 방법 C는 초기비용이 $130,000이며 8년 수명 동안 AOC는 $4,000이다. 방법 A와 B는 잔존가치가 없지만, 방법 C는 초기비용의 10%가 잔존가치이다. 연간 i=10%에서 (a) 미래가치 분석과 (b) 현재가치 분석으로 경제적인 방법을 선택하시오.

5.31 작은 규모의 석탄 지표 채굴 회사가 새로운 준설 버킷을 구입할지 임차할지를 결정하려고 한다. 구입

할 경우, 준설 버킷은 $150,000의 비용이 들고, 6년 후에 $65,000의 잔존가치를 예상한다. 대신에 회사는 매년 $20,000에 준설 버킷을 임차할 수 있으나, 임차료는 매년 초에 지불해야 한다. 준설 버킷을 확보할 경우, 가능한 경우 다른 지표 채굴 회사에 임대하여 연간 $12,000의 수입이 발생할 것으로 예상된다. 회사의 MARR이 연 15%일 때, 미래가치 분석을 기준으로 준설 버킷을 구입할지 임차할지 결정해야 한다. 두 옵션에 대한 연간 M&O 비용은 동일하다고 가정한다.

자본화 비용

5.32 도로변에 영구적으로 설치하는 역사상 표지물은 초기비용이 $78,000이고, 5년마다 한 번씩 유지보수비용으로 $3,500가 든다. 연 8%의 이자율로 자본화 비용을 결정하시오.

5.33 금문교는 (부식되는 강철과 리벳을 교체하는) 38명의 도장공들과 17명의 철공들에 의해 유지되고 있다. 만약 도장공들이 (수당 포함) 연간 평균 $120,000의 임금을 받고 철공들이 연간 $150,000를 받는다면, 연 8%의 이자율을 적용했을 때 교량 유지보수에 필요한 모든 미래 임금의 현재 자본화 비용은 얼마인가?

5.34 연 10%의 이자율로 50년간 연 $10,000씩 투자하는 것과 연 $10,000를 영원히 투자하는 것의 현재가치 차이는 얼마인가?

5.35 옐로스톤 국립공원의 Grand Loop Road의 한 구간을 업그레이드하는 비용은 $1.7M이다. 재포장 및 기타 유지보수에는 3년마다 $350,000가 들 것으로 예상된다. 연 6%의 이자율에서 이 도로의 자본화 비용은 얼마인가?

5.36 35년 전 연 10%의 이자율로 예치한 금액으로 35년째인 지금부터 연간 $10,000의 영구적인 소득을 제공하기에 충분하다면, 35년 전에 예치한 금액은 얼마인가?

5.37 25년 전 어머니가 $200,000를 투자하고, 2년 차부터 5년 차까지 매년 $25,000, 그리고 6년 차부터 매년 $40,000를 투자했다고 가정하자. 연 12%의 매우 좋은 이자율로, (a) CC 값과 (b) 추가적인 투자 없이 내년(26년 차)부터 영원히 인출할 수 있는 연금액을 계산하시오.

5.38 한 공격적인 주식 중개인이 투자자의 돈으로 연간 12%의 수익을 꾸준히 올릴 수 있다고 주장한다. 고객이 지금 $10,000, 3년 후 $30,000, 4년 후부터 5년간 매년 $8,000를 투자한다. (a) 고객이 지금부터 20년 후에 시작하여 영원히 매년 얼마의 돈을 인출할 수 있는가? (b) 연간 $8,000가 미래에도 불특정 기간 동안 계속될 것으로 예상되는 경우, 투자금에 대한 자본화 비용은 얼마인가?

5.39 미국 도시인 비버는 프로 축구팀을 유치하려고 한다. 비버시는 $250M가 소요되는 새 경기장을 건설할 계획이다. 연간 유지비는 $800,000에 달할 것으로 예상된다. 잔디는 10년마다 $950,000의 비용으로 교체해야 한다. 5년마다 페인트를 칠하는 데는 $75,000가 든다. 시에서 이 시설을 무기한 유지 관리할 것으로 예상한다면, 연 $i = 8\%$에서 예상 자본화 비용은 얼마인가?

5.40 연간 $i = 10\%$로 가정하여 세 가지 대안의 자본화 비용을 비교하시오.

대안	E	F	G
초기비용, $	−50,000	−300,000	−900,000
AOC, $/연	−30,000	−10,000	−3,000
잔존가치, $	5,000	70,000	200,000
수명, 연수	2	4	∞

5.41 이 문제는 이 장 초반에 제시된 반도체 제조 공장에 대한 추정치 및 예제 5.7의 계산값을 기반으로 한다. Angular사의 새로운 현장의 UPW(초순수) 수요는 50년이라는 오랜 기간 계속될 것으로 예상된다. 이것이 담수화 해수(S)와 정수된 지하수(G) 간의 경제적 결정의 근거로 자본화 비용을 사용한 이유이다. 이러한 자본화 비용은 $CC_S = \$-53.58M$, $CC_G = \$-48.91M$로 결정되었다. 지하수는 분명

경제적인 선택이다.

어제 Angular사 총괄관리자는 Brissa Water의 사장과 점심을 먹었는데, 이 사장은 연간 $5M의 비용으로 필요한 UPW를 향후 무기한으로 공급하겠다고 제안했다. 이 경우 계약업체에 의존해 물을 공급받아야 하지만 현장에서 UPW를 얻기 위한 장비, 처리 및 기타 비용이 많이 드는 활동이 사라지게 된다. 그 관리자는 당신에게 다른 분석에 사용된 것과 동일한 연간 12%의 MARR로 다음과 같은 조건에서 매력적으로 보이는 이 대안에 대해 평가해 달라고 요청한다.

(a) 연간 비용 $5M는 필요한 기간 일정하게 유지된다.

(b) 연간 비용은 첫해 $5M에서 시작하여 매년 2%씩 증가한다. (이 증가분은 다른 두 가지 방법의 하나로 UPW를 제공하는 비용을 초과한다.)

스프레드시트 활용 연습문제

5.42 Leonard Motors는 국제 수출 사업을 늘리기 위해 노력하고 있다. 몇 가지 대안을 고려 중이다. 앞서 문제 5.11에서 두 대안을 사용할 수 있었지만, 최근 투자 자금이 있는 잠재적인 국제 협력 회사가 새로운 대안을 제안했다.

옵션 1 : 장비 비용은 현재 $900,000와 2년 후 추가 $560,000
연간 M&O 비용 $79,000
프로젝트 수명은 10년
잔존가치는 0

옵션 2 : 지금부터 10년간 연 $280,000를 지급하는 하청 생산
연간 M&O 비용은 0
프로젝트 수명은 10년
잔존가치는 0

옵션 3 : 비용은 1년 차에 $400,000이고, 5년 차까지 매년 5%씩 증가
수입은 6년 차부터 10년 차까지 $50,000
프로젝트 수명은 10년
장비 잔존가치는 10년 후에 국제 협력사가 $100,000 지불

주식시장의 압력 때문에 Leonard사는 MARR을 현재 연 20%에서 연 15%의 분기별 복리계산으로 변경할 계획이다. PW 분석을 사용하여 세 가지 옵션 중에서 가장 좋은 것을 선택하시오.

5.43 수명이 모두 10년인 4개의 독립 프로젝트를 MARR=연 15%로 평가하려 한다. 초기비용, 연간 순수입 및 잔존가치에 대한 예비 추정치들이 작성되었다.

프로젝트	A	B	C	D
초기비용, $	1,200	2,000	5,000	7,000
연간 순수입, $/연	200	400	1,100	1,300
잔존가치, $	5	6	8	7

(a) 현재가치 분석을 사용해 각 프로젝트를 채택 또는 기각하시오. 스프레드시트에 채택/기각 결정을 내리는 논리적 IF 함수를 포함하시오.

(b) 아래와 같이 프로젝트 A와 B에 대한 예비 추정치들이 변경되었다. 동일한 스프레드시트를 사용하여 이들을 재평가하시오.

프로젝트	A	B
초기비용, $	1,000	2,200
연간 순수입, $/연	300	440
잔존가치, $	8	0

5.44 스프레드시트와 분석기간 8년을 사용하여 문제 5.20의 대안 A 또는 B를 선택하시오.

5.45 Avery's Truck Repair and Service는 18륜 트럭과 대형 도로 장비 작업을 위해 새 장비를 구입하고 유지보수하는 새로운 계약을 체결했다. 2개의 개별

공급업체가 견적서를 제출했다. 이 견적서들과 연 6%의 수익률 요건을 사용하여 더 경제적인 옵션을 찾아야 한다. 한 가지 문제는 계약이 5년, 8년 또는 10년 동안 지속될지 현재 Avery가 모른다는 것이다. 세 가지 기간 모두에 대해 추천을 하시오.

공급자	Ferguson	Halgrove
초기비용 *P*, $	203,000	396,000
M&O, $/연	90,000	82,000
잔존가치, SV	*P*의 10%	*P*의 10%
최대 수명, 연수	5	10

5.46 Hannifin CNG Fuel Dispensers사는 생산 라인 중 하나를 효율화하기 위해 교체 장비를 구입하는 새로운 계약을 하지만, 예상 수명에 도달하기 전에 중고 장비를 추정 시장가치로 판매할 수도 있다. MARR = 연 15%에서 미래가치 분석을 사용하여 더 나은 옵션을 선택하시오. 분석기간은 (a) 예상 사용 기간과 (b) 잔존가치가 중고 장비 시장 가치의 50%로 예상되는 최대 수명으로 한다. 두 계획 모두에서 선택 사항이 동일한가?

옵션	D	E
초기비용, $	62,000	77,000
AOC, $/연	15,000	21,000
예상 시장가치, $	8,000	10,000
예상 사용 기간, 연수	3	6
최대 수명, 연수	4	8

5.47 브라질 에너지회사인 Petrobras는 해양 플랫폼에 식수를 공급하기 위해 장비를 구입하여 운영하거나, 국제 유전 서비스 회사인 Manal and Associates와 장기 계약을 맺는 두 가지 대안을 찾았다. 아래 표시된 추정치에 대해 i=연 6%의 자본화 비용 분석을 사용하여 (a) Petrobras의 더 나은 경제적 선택을 결정하고, (b) Manal and Associates가 계약을 체결하는 데 성공할 수 있는 최대 연간 M&O 비용을 결정하시오.

대안	구매	계약
초기비용, $	300,000	850,000
M&O, $/연	1년 차 10,000, 이후 매년 2% 증가	10,000
잔존가치, $	70,000	—
예상 수명, 연수	8	40+

사례연구

사회보장 혜택들의 비교

배경

코듀라가 2022년 대학을 졸업하고 BAE Systems에 취직했을 때, 그녀는 사회보장을 위한 월급 공제에는 큰 관심을 두지 않았다. 그것은 은퇴 후에나 도움이 될 수 있는 '필요악'이었다. 하지만 수년간의 기여로 어떤 혜택을 얻을 수 있을 때쯤이면 이 정부 퇴직금 제도가 깨지고 사라질 것이라고 예상하기에 충분할 정도의 먼 미래 일이었다.

올해 코듀라는 BAE의 또 다른 엔지니어인 브래드와 결혼했다. 최근 두 사람은 사회보장국(Social Security Administration)으로부터 미리 설정된 나이에 은퇴하고 사회보장 혜택을 받기 시작할 경우 받을 수 있는 퇴직금에 대한 통지서를 받았다. 두 사람 모두 몇 년 일찍 은퇴하기를 희망하기 때문에 예상 퇴직연금 수령액을 자세히 살펴보고 수치를 분석하기로 결정했다.

정보

두 사람의 예상 수익이 거의 동일하다는 것을 알 수 있었는데, 이는 급여가 서로 매우 비슷하기 때문에 당연한 결과이다. 두 통지서의 수치는 약간 달랐지만 브래드와 코듀라의 비슷한 내용은 다음과 같이 요약할 수 있다.

일을 그만두고 연금 수령을 시작하면 ...

62세 은퇴 시	매월 약 $1,400 지급
67세 만기 은퇴 시	매월 약 $2,000 지급
70세 은퇴 시	매월 약 $2,480 지급

이 수치는 조기 은퇴(62세)의 경우에는 만기 은퇴보다 30% 감소, 지연 은퇴(70세)의 경우에는 만기 은퇴보다 24% 증가를 나타낸다. 모든 옵션을 고려하여 세 가지 대안 플랜을 정의했다.

A : 각자 62세에 조기 은퇴하여 30% 감액된 월 $1,400를 수령한다.

B : 각자 67세에 정년퇴직하여 전액 월 $2,000를 수령한다.

C : 각자 70세까지 퇴직을 연기하고 24% 인상된 월 $2,480를 수령한다.

물론 이 수치는 각자의 급여와 본인 및 고용주가 사회보장제도에 기여한 기간에 따라 시간이 지남에 따라 달라질 수 있다는 것을 알고 있다.

사례연구 문제

브래드와 코듀라는 동갑내기이다. 브래드는 대부분의 투자수익률이 연평균 6%라고 판단했다. 이를 이자율로 사용하면 세 가지 대안에 대한 분석이 가능하다. 그들은 다음 질문들이 궁금하지만 이번 주에는 시간이 없다. 그들을 도와줄 수 있을까? 부부가 아니라 한 번에 한 명씩만 분석해 보자. 두 배우자 모두 85세에서 멈추고 이 연령 이후에는 이용할 수 있는 모든 혜택을 무시한다.

1. 각 플랜의 85세까지 지급 총액(시간 가치를 고려하지 않은 금액)은 얼마인가?
2. 85세에서 각 플랜의 연 6% 미래가치는 얼마인가?
3. 세 가지 플랜의 미래가치 값을 하나의 스프레드시트 그래프에 표시하시오.
4. 브래드와 코듀라 모두 85세까지 산다고 가정할 때 경제적으로 최선의 플랜 조합은 무엇인가?
5. 코듀라는 브래드보다 3살 더 많고, 정년 은퇴 보

험금이 월 $2,500로 더 많으며, 67세부터 시작한다고 가정하자. 이 대안을 플랜 D라고 하자. 브래드가 67세에 $2,000의 정년 은퇴 연금을 시작한다고 가정하고, 두 배우자의 연금 계산에 대한 현재 사회보장국 규정을 온라인(www.ssa.gov)에서 검색하시오. 이 대안을 플랜 E라고 하자. 코듀라에 대한 플랜 D와 브래드에 대한 플랜 E의 미래가치를 연령이 동일한 위의 세 가지 옵션과 비교하시오.

CHAPTER 6

연간가치 분석

wda bravo/Alamy Stock Photo

학 습 성 과

목적 : 대안을 평가하고 선택하기 위하여 다양한 연간가치 기법을 활용한다.

절	주제	학습 성과
6.1	AW의 장점	• AW 값이 각 수명주기에 대해 동일함을 입증한다.
6.2	CR 및 AW	• 자본회수(CR)와 AW 금액을 계산하고 해석한다.
6.3	AW 분석	• 연간가치 분석으로 최적 대안을 선택한다.
6.4	영구 수명	• AW 분석으로 매우 긴 수명을 가진 대안을 평가한다.
6.5	LCC 분석	• AW 방법으로 수명주기비용(LCC)을 분석한다.

이 장에서는 대안 비교 도구들의 목록을 추가한다. 5장에서는 현재가치(PW) 방법과 그 동반자인 미래가치(FW) 방법을 배웠다. 여기서는 연간가치, 즉 AW 방법을 배운다. 일반적으로 AW 값을 계산하기가 쉽고, 대부분의 개인이 연간 단위의 가치 척도에 익숙하며, 그 가정들이 PW 방법과 본질적으로 동일하기 때문에 투자자들은 AW 분석을 선호한다.

연간가치는 여러 출판물에서 연간등가비용(EAC), 연간등가(AE), 연간균등등가비용(EUAC), 연간균등등가편익(EUAB) 등 다양한 명칭으로 사용되고 있다. 편익이란 수익과 절감액의 합계이다. 이 책에서 사용되는 연간동등가치(EAW) 또는 AW라는 용어는 EUAB에서 EUAC를 단순히 뺀 값이다. AW 방법에 의해 선택된 대안은 올바르게 수행되는 한, PW 방법 및 다른 모든 평가 방법에 의해 선택된 대안과 항상 동일하다.

여기서 다루는 AW 분석의 추가적인 응용은 **수명주기비용(LCC) 분석(life-cycle cost(LCC) analysis)**이다. 이 분석은 제품, 프로세스 또는 시스템이 개념 도입부터 폐지 단계까지의 기간에 걸쳐 발생시킬 모든 예상 비용을 고려한다.

6.1 연간가치 분석의 장점과 용도 ●●●

많은 경제성 공학 연구에서 PW, FW 및 수익률과 비교할 때 AW 방법이 사용하기가 더 용이하다(7장, 8장). AW 값은 프로젝트 또는 대안의 수명주기 동안 모든 추정된 수입과 지출의 동등한 균일한 연간가치이므로, AW는 연간 금액(예 : 연간 달러)에 익숙한 사람이라면 누구나 쉽게 이해할 수 있다. 지금까지 사용된 A 값과 동일한 해석을 갖는 AW 값은 n년 동안 같은 MARR이라는 조건에서 PW 및 FW 값과 경제적으로 동등하다. 세 가지 모두 다음과 같은 관계로 서로 쉽게 확인할 수 있다.

$$\mathrm{AW} = \mathrm{PW}(A/P,i,n) = \mathrm{FW}(A/F,i,n) \qquad [6.1]$$

등가계수의 n은 동등 서비스 비교를 위한 연수이다. 이것은 PW 또는 FW 분석에서 LCM 또는 특정한 분석기간이다.

모든 현금흐름 추정치를 AW 값으로 변환할 때, 이 값은 수명주기의 모든 연도 및 각 추가 수명주기에도 적용된다.

연간가치 방법은 **하나의 수명주기**에 대해서만 AW 값을 계산하면 되기 때문에 계산과 해석에 있어 주요한 이점을 제공한다. 한 수명주기에 대해 결정된 AW 값은 향후 모든 수명주기에 대한 AW가 된다. 따라서 동등 서비스 요건을 충족하기 위해 수명의 **LCM을 사용할 필요가 없다.**

동등 서비스 요건과 LCM

PW 방법과 마찬가지로 AW 방법도 세 가지 기본 가정을 이해해야 한다. 비교 대상이 되는 대안의 수명이 다른 경우 AW 방법은 다음과 같은 가정을 한다.

1. 제공되는 서비스는 적어도 대안의 수명의 LCM 동안에는 필요하다.
2. 선택한 대안은 첫 번째 수명주기와 정확히 동일한 방식으로 후속 수명주기에도 반복된다.
3. 모든 현금흐름은 모든 수명주기에서 동일한 추정치를 가진다.

실무에서는 어떤 가정도 완벽하게 들어맞지 않는다. 특정 평가에서 첫 번째와 두 번째 가정이 타당하지 않은 경우, 평가를 위해 분석기간(study period)을 설정해야 한다. 가정 1의 경우에는 기간의 길이가 무한한 미래(영구적)가 될 수도 있음을 유의해야 한다. 가정 3에서는 모든 현금흐름이 인플레이션(또는 디플레이션) 비율과 정확히 동일하게 변화한다고 가정하지만 만약 이 가정이 타당하지 않다면, 각 수명주기별로 새로운 현금흐름 추정치를 산정하고 분석기간도 새로 설정해야 한다. 명시된 분석기간에 대한 AW 분석은 6.3절에서 다룬다.

연간가치는 경제성 공학 연구를 수행하는 데 탁월한 방법일 뿐만 아니라 PW(및 FW 및 편익/비용) 분석을 적용할 수 있는 모든 상황에 활용할 수 있다. AW 방법은 특정 유형의 연구, 즉 전체 연간비용을 최소화하기 위한 자산 교체 및 보유기간 연구(둘 다 10장에서 다룸), 손익분기점 연구 및 제조 또는 구매 결정(11장), 비용/단위 또는 이익/단위 측

예제 6.1

예제 5.3에서 National Homebuilders사는 공급업체 A(6년 수명)와 공급업체 B(9년 수명)의 절단 및 마감 장비를 평가했다. PW 분석에는 18년의 LCM이 사용되었다. 지금은 공급업체 A 옵션만 고려한다. 그림 6-1은 3회 반복 수명주기 모두에 대한 현금흐름(초기비용 \$−15,000, 연간 M&O 비용 \$−3,500, 잔존가치 \$1,000)을 보여준다. $i = 15\%$에서 3회 수명주기 동안의 PW와 한 주기 AW의 동등성을 입증하시오. 예제 5.3에서 공급업체 A의 현재가치는 PW = \$−45,036로 계산되었다.

풀이

첫 번째 수명주기의 모든 현금흐름에 대해 동등한 균등치 AW 값을 계산한다.

$$AW = -15{,}000(A/P,15\%,6) + 1{,}000(A/F,15\%,6) - 3{,}500 = \$-7{,}349$$

이후의 각 수명주기에서 동일한 계산을 수행하면 AW 값은 \$−7,349이다. 이제 PW 값을 식 [6.1]에 따라 18년을 적용한다.

$$AW = -45{,}036(A/P,15\%,18) = \$-7{,}349$$

1회 수명주기의 AW 값과 18년 LCM을 기준으로 한 AW 값이 동일하다.

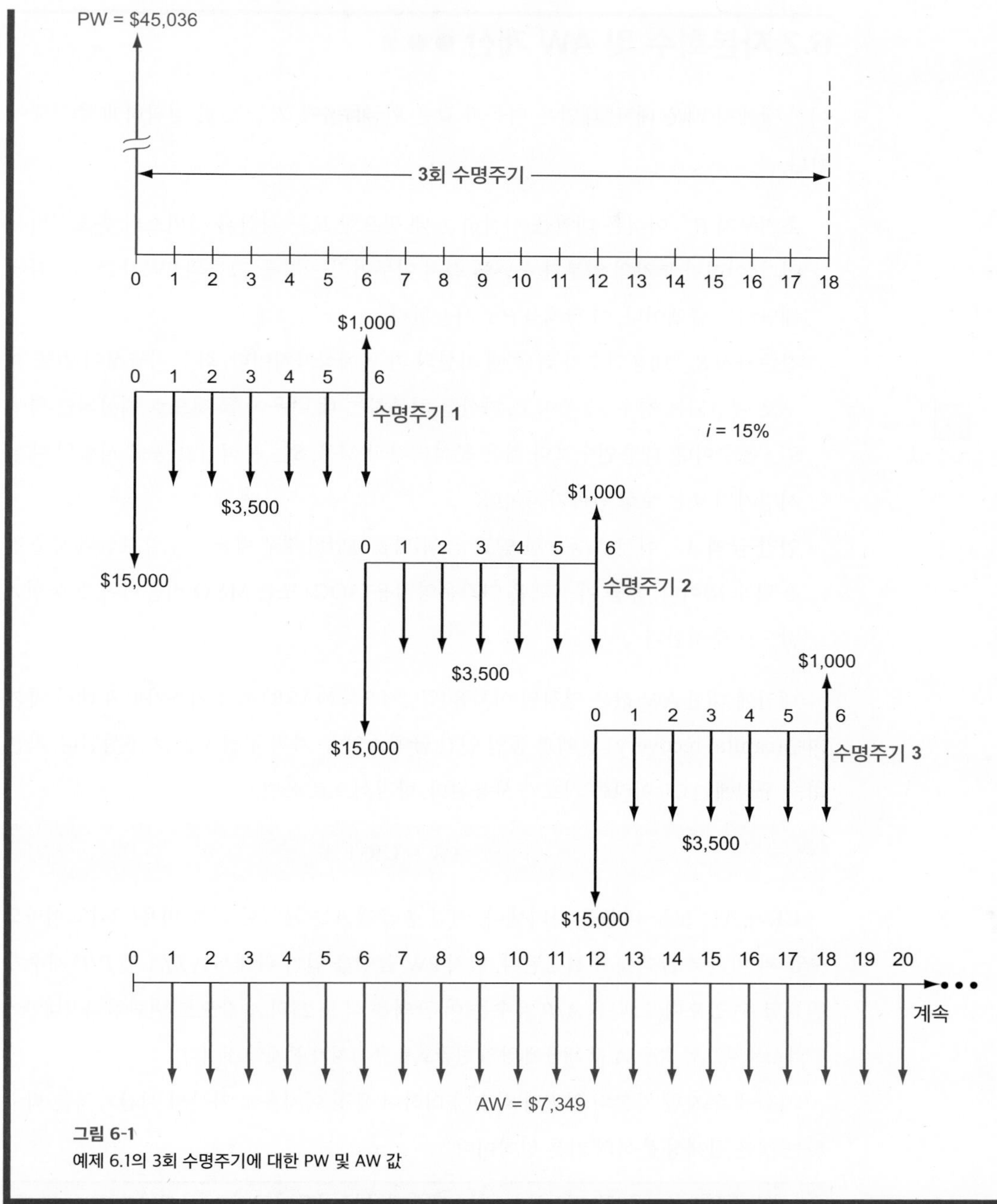

그림 6-1
예제 6.1의 3회 수명주기에 대한 PW 및 AW 값

정이 중심이 되는 생산 또는 제조 비용을 다루는 모든 연구에서 특히 유용하다.

소득세를 고려하는 경우, 일부 대기업과 금융 기관에서는 AW 방법과 약간 다른 접근 방식을 사용한다. 이를 경제적 부가가치 또는 EVA라고 한다. 15장에서 다루는 이 접근법은 한 대안이 기업에 제공하는 부의 증가 잠재력에 초점을 맞춘다. 결과 EVA 값은 세후 현금흐름의 AW 분석과 동일하다.

6.2 자본회수 및 AW 계산 ●●●

이전 장에서 배운 대로, 대안은 다음과 같은 현금흐름을 가능한 한 정확하게 추정해야 한다.

초기투자 P. 이것은 대안을 시작하는 데 필요한 모든 자산과 서비스의 총초기비용이다. 이러한 투자의 일부가 수년에 걸쳐 이루어지는 경우, 그들의 PW가 초기투자에 해당하는 금액이다. 이 금액을 P로 사용한다.

잔존/시장 가치

잔존가치 S. 내용연수가 끝날 때 자산의 최종 예상가치이다. 회수 가능성이 없을 것으로 예상되는 경우 S는 0이고, 자산을 처분하는 데 비용이 들 것으로 예상되는 경우 S는 음수이다. 내용연수보다 짧은 분석기간의 경우, S는 분석기간 종료 시점의 예상 시장가치 또는 보상 판매가치이다.

연간 금액 A. 이것은 동등한 연간 금액(비용 대안의 경우 비용만, 수익 대안의 경우 비용 및 수입)이다. 종종 이 금액은 연간운영비용(AOC) 또는 M&O 비용이며, 동등한 A 값으로 추정한다.

대안에 대한 AW 값은 명시된 이자율(일반적으로 MARR)로 초기투자 P에 대한 **자본회수**(capital recovery) 금액과 동일 연간 금액 A의 두 가지 구성 요소로 구성된다. 자본회수 구성에는 CR이라는 기호가 사용된다. 방정식으로 쓰면,

$$\text{AW} = \text{CR} + A \qquad [6.2]$$

CR과 A는 모두 비용을 나타낸다. 연간 총금액 A는 균일한 반복 비용(그리고 아마도 수입)과 비반복 금액에서 결정된다. 먼저 PW 금액을 얻기 위해서는 P/A 및 P/F 계수가 필요할 수 있으며, 그다음 A/P 계수는 이 금액을 식 [6.2]의 A 값으로 변환한다. (대안이 수익 프로젝트인 경우, A 값 계산에 양의 현금흐름 추정치가 존재할 것이다.)

자산에 투자한 자본의 양 P의 회수에 더하여 특정 이자율로 자본의 시간가치를 회수하는 것은 **경제성 분석의 기본 원칙**이다.

자본회수

자본회수(CR)는 자산, 프로세스 또는 시스템이 **초기투자금과 명시된 수익률**의 금액을 회수하기 위해 예상 수명 동안 매년 (새로운 수익으로) 벌어들여야 하는 연간동등 금액이다. 예상되는 잔존가치는 CR 계산에 포함된다.

A/P 계수를 사용하여 P를 동등한 연간 비용으로 변환한다. 자산의 내용연수가 끝날 때 어느 정도 예상되는 양의 잔존가치 S가 있다면, A/F 계수를 사용하여 자산의 동등한 연간가치를 회수한다. 이 조치는 자산의 동등한 연간 비용을 감소시킨다. 따라서 CR은

다음과 같이 계산된다.

$$\text{CR} = -P(A/P,i,n) + S(A/F,i,n) \qquad [6.3]$$

예제 6.2

Lockheed Martin은 새로운 세계 통신 시장을 개척하고자 하는 유럽 회사들로부터 더 많은 위성 발사 계약을 따내기 위해 보조 추진 로켓의 추진력을 높이고 있다. 지구 기반 추적 장비 한 대는 $13백만의 투자가 필요할 것으로 예상되는 데, 현재 $8백만이 투입되고 프로젝트 1년 차 말에 나머지 $5백만이 지출된다. 이 시스템의 연간운영비용은 첫해부터 시작하여 연간 $0.9백만으로 계속될 것이다. 추적기의 유효 수명은 8년이며 잔존가치는 $0.5백만이다. 회사 MARR이 연 12%인 경우 시스템의 CR 및 AW 값을 계산하시오.

풀이

자본회수 : 2건의 초기투자 금액에 대해 0시점의 P를 결정한 후, 식 [6.3]을 사용하여 CR을 계산한다. 단위는 $M이다.

$$P = 8 + 5(P/F,12\%,1) = \$12.46$$
$$\begin{aligned}\text{CR} &= -12.46(A/P,12\%,8) + 0.5(A/F,12\%,8)\\ &= -12.46(0.20130) + 0.5(0.08130)\\ &= \$-2.47\end{aligned}$$

이 결과에 대한 올바른 해석은 Lockheed Martin에게 매우 중요하다. 즉, 8년 동안 매년 추적기의 총순이익이 최소 $2,470,000 이상이 되어야만 초기투자금의 현재가치에 연간 12%의 요구 수익을 더한 금액을 회수할 수 있기 때문이다. 여기에는 매년 $0.9백만의 AOC는 포함되지 않았다.

연간가치 : AW를 결정하려면, 그림 6-2(a)의 현금흐름을 8년에 걸쳐 등가 AW 자금열로 변환해야 한다(그림 6-2(b)). CR = $-2.47백만은 마이너스 부호에서 알 수 있듯이 연간등가비용이므로 총 AW는 CR 값과 AOC 값을 더한 것으로 쉽게 결정된다.

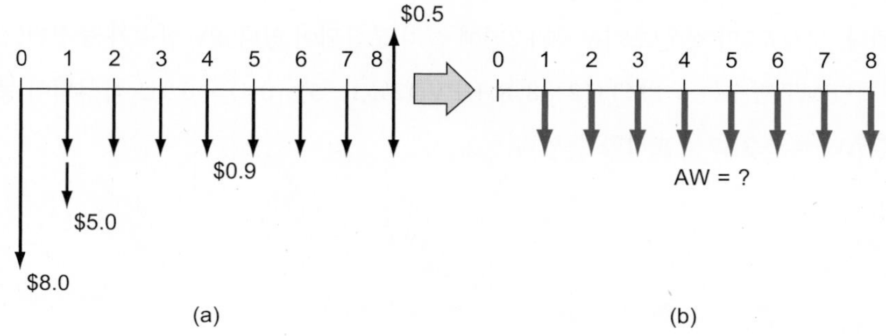

그림 6-2
예제 6.2의 (a) 위성 추적기 비용에 대한 현금흐름도와 (b) 등가 AW(단위 : $1,000,000)로 환산

$$AW = -2.47 - 0.9 = 연\ \$-3.37백만$$

비용이 인플레이션과 동일한 속도로 상승하고 이후 각 수명주기마다 동일한 비용과 서비스가 적용될 것으로 예상되는 경우, 이는 8년의 모든 미래 수명주기에 대한 AW이다.

CR을 똑같이 정확하게 결정하는 두 번째 방법이 있다. 두 방법 모두 동일한 값을 산출한다. A/P와 A/F 계수 사이에는 다음과 같은 관계가 있다.

$$(A/F,i,n) = (A/P,i,n) - i$$

두 계수 모두 CR 식 [6.3]에 존재한다. A/F 계수를 대입하면 다음과 같다.

$$\begin{aligned} CR &= -P(A/P,i,n) + S[(A/P,i,n) - i] \\ &= -[(P-S)(A/P,i,n) + S(i)] \end{aligned}$$

이 공식에는 기본적인 논리가 있다. A/P 계수를 적용하기 전에 초기투자금 P에서 S를 빼면 잔존가치가 회수될 것으로 인식한다. 이렇게 하면 연간 자산소유비용인 CR이 줄어든다. 그러나 보유기간 n년 말까지 S는 회수되지 않는다는 사실은 CR에 대한 연간 이자 $S(i)$를 부과하여 보상한다. 두 방법을 통해서 얻은 CR의 값은 일치하지만 한 방법을 일관되게 사용하는 것이 좋다. 이 책에서는 첫 번째 방법인 식 [6.3]을 사용한다.

스프레드시트로 AW 평가를 수행하려면, PMT 함수를 사용하여 CR을 결정할 수 있다. 그런 다음 연간 금액 A를 추가한다. 일반적 함수 = PMT(i%,n,P,F)는 초기투자금을 P와 잔존가치 $-S$를 추가하여 재작성된다. AW를 표시하는 전체 형식은 다음과 같다.

$$= \mathbf{PMT}(i\%,n,P,-S) + A \qquad [6.4]$$

예를 들어, 예제 6.2의 AW를 결정해 보자. 0시점에서 초기투자금은 $12.46백만이다. AW 금액(단위 : $1,000,000)에 대한 완성 함수는 = PMT(12%,8,12.46,−0.5)−0.9이다. 스프레드시트 셀에 $−3.37(백만)이라는 답이 표시된다.

3.1절에서 배운 것처럼 하나의 스프레드시트 함수가 다른 함수를 포함하여 중첩함수가 된다. 예제 6.2의 경우 초기투자가 2년에 걸쳐 분산되어 있다. PV 함수가 중첩된(진한 글씨체) PMT 함수는 = PMT(12%,8, **8 + PV(12%,1,−5)**,−0.5) − 0.9로 작성되어 동일한 값 AW = $−3.37을 표시할 수 있다.

6.3 연간가치 분석에 의한 대안 평가 ●●●

수명이 다른 **상호배타적인** 대안을 비교하기 위해 현재가치 방법을 사용하는 경우, 동등 서비스 요건을 반드시 충족해야 한다. 한 가지 중요한 예외를 제외하고 6.2절의 절차를 따른다.

프로젝트 평가

상호배타적 대안의 선정

단독 대안 : AW ≥ 0이면, 요구되는 MARR이 충족되거나 초과되고 그 대안은 경제적으로 정당화된다.

둘 이상의 대안 : **수치적으로 가장 큰** AW, 즉 덜 부정적이거나 더 긍정적인 대안을 선택한다. 이는 비용 대안에 대해서는 비용 AW가 작은 것, 수익 대안에 있어서는 순현금흐름의 AW가 큰 것을 의미한다.

6.1절의 세 가지 가정 중 하나라도 수용할 수 없는 대안에서는 분석기간 연구를 사용해야 한다. 그런 다음 분석기간의 현금흐름 추정치는 AW 금액으로 변환된다. 다음의 두 가지 예는 하나의 프로젝트와 두 가지 대안에 대한 AW 방법을 보여준다.

예제 6.3

토론토에 위치한 Heavenly Pizza의 경쟁력은 빠른 배달 서비스를 제공하는 것이다. 이 지역 대학교의 많은 학생들이 앱을 통해 주문한 음식을 배달하는 아르바이트를 하고 있다. 소프트웨어공학을 전공한 가게 주인 제리는 배달 속도와 정확성을 높이기 위해 5대의 이동형 차량탑재 시스템을 구입하여 설치할 계획이다. 이 시스템은 웹 주문 접수 소프트웨어와 On-Star 시스템을 연결하여 해당 지역의 모든 주소에 대해 위성으로 생성된 길 안내를 제공한다. 그 결과 고객에게 더 빠르고 친절한 서비스를 제공하고 더 많은 수입을 올릴 수 있을 것으로 기대된다.

각 시스템의 가격은 $4,600이고, 내용연수는 5년이며, 약 $300의 잔존가치를 가진다. 모든 시스템의 총 운영비용은 첫해에 $1,000이며, 이후에는 매년 $100씩 증가한다. MARR은 10%이다. 다음 소유자의 질문에 답하기 위해 연간가치 평가를 수행하시오. 수기 풀이와 스프레드시트를 사용하여 해를 구하시오.

(a) MARR이 연간 10%일 때 초기투자금만 회수하려면 연간 신규 순이익이 얼마나 필요한가?

(b) 제리는 5개의 시스템 모두에 대해 연간 $6,000의 순이익이 증가할 것으로 예상한다. 이 프로젝트가 그 MARR 조건에서 재정적으로 실행 가능한가?

(c) (b)의 답을 바탕으로, 이 프로젝트를 경제적으로 정당화하기 위해 Heavenly Pizza가 얼마나 많은 새로운 순이익을 가져야 하는지 결정하시오. 운영비용은 예상대로 유지한다.

수기 풀이

(a) 식 [6.3]에 의해 계산된 CR 금액은 첫 번째 질문에 대한 답이다.

$$\begin{aligned} CR &= -5[4{,}600(A/P,10\%,5)] + 5[300(A/F,10\%,5)] \\ &= -5[4{,}600(0.26380)] + 5[300(0.16380)] \\ &= \$-5{,}822 \end{aligned}$$

5개의 시스템이 초기투자금과 연 10%의 수익을 회수하려면 연간 $5,822와 동등한 신규 수익을 창출해야 한다.

(b) 그림 6-3은 5년 동안의 현금흐름을 보여준다. 연간운영비용 자금열은 예상 연간 수입 $6,000와 결합하여 초항 금액 $5,000, $G = \$-100$의 등차자금열을 형성한다. 연 $i = 10\%$에서 AW ≥ 0이면 프로젝트는 재정적으로 실행 가능하다. 식 [6.2]를 적용하며, A는 연간등가 순소득 자금열이다.

$$\begin{aligned} AW &= CR + A = -5{,}822 + 5{,}000 - 100(A/G,10\%,5) \\ &= \$-1{,}003 \end{aligned}$$

이 시스템은 연간 순소득 $6,000 수준에서는 재정적으로 정당화되지 않는다.

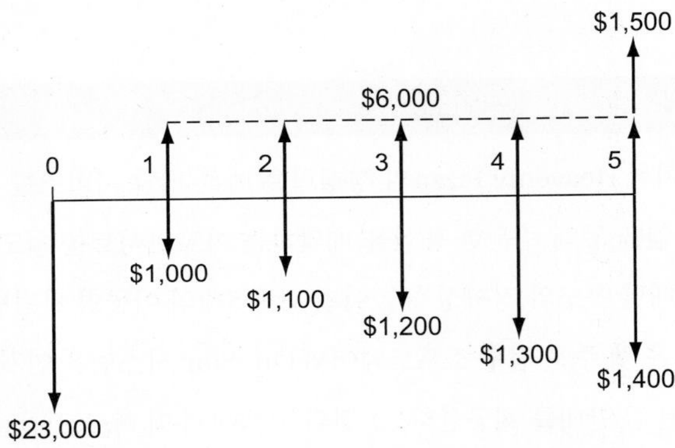

그림 6-3
예제 6.3의 AW 계산에 사용된 현금흐름도

(c) 필요한 소득을 R이라 하고, AW와 관계를 0으로 설정하여 이 시스템을 정당화할 최소 소득을 찾는다.

$$\begin{aligned} 0 &= -5{,}822 + (R - 1{,}000) - 100(A/G,10\%,5) \\ R &= -5{,}822 - 1{,}000 - 100(1.8101) \\ &= \text{연 } \$7{,}003 \end{aligned}$$

스프레드시트 풀이

그림 6-4의 스프레드시트는 수기 풀이에서 결정된 것과 동일한 값으로 Heavenly Pizza에 대해 제기된 추정치를 요약하고 질문에 답한다. 스프레드시트 함수에서 셀 참조는 예상 값의 변경을 수용하기 위해 사용

	A	B	C	D	E
1					
2	MARR	10%			
3	시스템의 개수	5			
4	비용/시스템	-4,600			
5	소득/연	$ 6,000			
6					
7		투자 및	연간	연간	
8	연도	잔존가치	비용	소득	순소득
9	0	-23,000	0	0	-23,000
10	1	0	-1,000	6,000	5,000
11	2	0	-1,100	6,000	4,900
12	3	0	-1,200	6,000	4,800
13	4	0	-1,300	6,000	4,700
14	5	1,500	-1,400	6,000	6,100
15					
16	(a) CR 값	-5,822			
17	(b) AW 값				-1,003
18					
19					
20					
21					
22					

= –PMT($B$2, 5, NPV($B$2,B10:B14)+B9)

= –PMT($B$2, 5, NPV($B$2,E10:E14)+E9)

(a)와 (b)

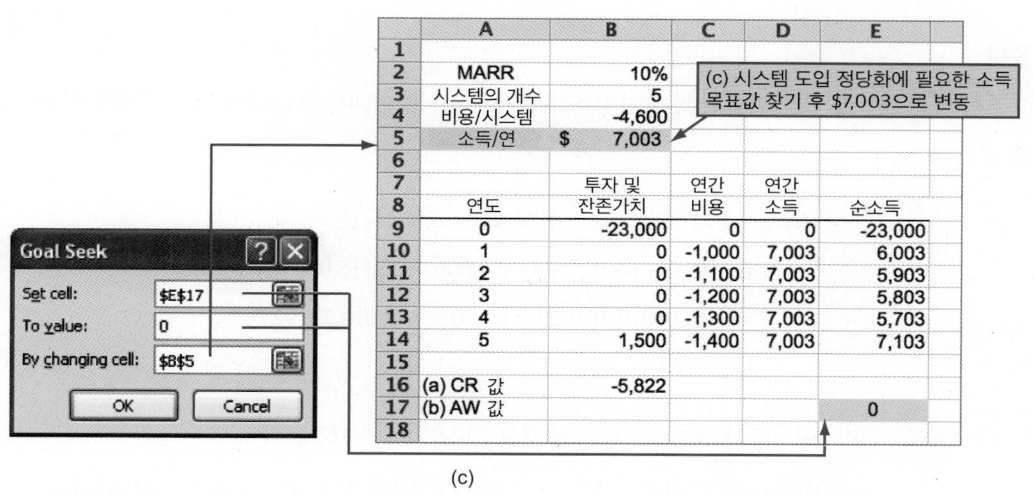

	A	B	C	D	E
1					
2	MARR	10%			
3	시스템의 개수	5			
4	비용/시스템	-4,600			
5	소득/연	$ 7,003			
6					
7		투자 및	연간	연간	
8	연도	잔존가치	비용	소득	순소득
9	0	-23,000	0	0	-23,000
10	1	0	-1,000	7,003	6,003
11	2	0	-1,100	7,003	5,903
12	3	0	-1,200	7,003	5,803
13	4	0	-1,300	7,003	5,703
14	5	1,500	-1,400	7,003	7,103
15					
16	(a) CR 값	-5,822			
17	(b) AW 값				0
18					

(c)

그림 6-4
예제 6.3의 스프레드시트 풀이. (a) 셀 B16의 자본회수, (b) 셀 E17의 AW, (c) 목표값 찾기 및 셀 B5의 결과

된다.

(a) 셀 태그에 표시된 대로 NPV 함수가 중첩된 PMT 함수를 사용하여 자본회수 CR = $-5,822가 B열에 표시된다.

(b) 연간가치 AW = $-1,003는 표시된 PMT 함수를 사용하여 E열에 표시된다. 등차자금열로 된 비용들과 예상 수입인 $6,000를 각각 열 C와 D에 추가하여 PMT 함수에 필요한 순수입을 구한다.

(c) 필요한 최소 수입은 그림 6-4의 하단에서 결정된다. 이는 목표값 찾기 도구에서 AW = 0(E열)이라는 목표를 설정하면, AW 계산식의 잔고를 0으로 맞추는 연간 소득 $7,003를 쉽게 찾을 수 있다.

예제 6.4

Healthy Food Restaurants는 노인촌, 장기요양원 등 노인복지시설에 식사를 제공하는 별도의 사업부를 구성하는 작업을 진행 중이다. 한 곳에서 식사를 준비하고 무인 트럭을 통해 도시 곳곳으로 배달하기 때문에 음식과 음료를 차갑거나 따뜻하게 유지하는 장비가 매우 중요하다. 이 부서의 총책임자인 미셸은 이동이 가능하고 사용 후 살균이 쉬운 온도유지장치 제조업체 둘 중 하나를 선택하고자 한다. 아래의 비용 견적을 사용하여 연간 8%의 MARR로 경제성이 큰 장치를 선택하시오.

	Hamilton(H)	Infinity Care(IC)
초기비용 P, \$	15,000	20,000
연간 M&O, \$/연	6,000	9,000
개보수비용, \$	0	매 4년마다 2,000
보상판매가치 S, P에 대한 %	20	40
수명, 연수	4	12

풀이

수명이 다른 대안에 가장 적합한 평가 기법은 연간가치 방식이며, 4년과 12년의 각 수명별로 연 8%의 AW를 계산한다.

$$\begin{aligned}AW_H &= P\text{의 연간등가} - \text{연 M\&O} + S\text{의 연간등가}\\ &= -15{,}000(A/P,8\%,4) - 6{,}000 + 0.2(15{,}000)(A/F,8\%,4)\\ &= -15{,}000(0.30192) - 6{,}000 + 3{,}000(0.22192)\\ &= \$-9{,}863\end{aligned}$$

$$\begin{aligned}AW_{IC} &= P\text{의 연간등가} - \text{연 M\&O} - \text{연 개보수비용} + S\text{의 연간등가}\\ &= -20{,}000(A/P,8\%,12) - 9{,}000 + 2{,}000[(P/F,8\%,4) + (P/F,8\%,8)](A/P,8\%,12)\\ &\quad + 0.4(20{,}000)(A/F,8\%,12)\\ &= -20{,}000(0.13270) - 9{,}000 - 2{,}000[0.7350 + 0.5403](0.13270) + 8{,}000(0.05270)\\ &= \$-11{,}571\end{aligned}$$

Hamilton의 장치가 연간등가 기준으로 저렴하다.

독립적 프로젝트의 선택

프로젝트들이 **독립적인** 경우 MARR로 AW를 계산한다. AW ≥ 0인 모든 프로젝트는 채택이 가능하다.

6.4 영구 투자의 AW

이 절에서는 5.5절에서 소개한 자본화 비용(CC)의 연간등가에 대해 설명한다. 홍수 조절 댐, 관개 운하, 교량 또는 기타 대규모 프로젝트와 같은 공공 부문 프로젝트를 평가하려면 경제성 분석 측면에서 무한대로 간주할 수 있을 정도로 수명이 긴 대안들을 비교해야 한다. 이러한 유형의 분석에서 초기투자의 연간가치(및 자본회수 금액)는 초기투자에 대한 영구적인 연간 이자, 즉 $A = Pi = (\text{CC})i$이다. 이것은 식 [5.2]이다.

정기적 또는 불규칙한 간격으로 반복되는 현금흐름은 기존 AW 계산과 동일하게 처리되며, **한 주기에 대해 균등한 연간 금액 A로 변환**된다. 이렇게 하면 이후의 각 수명주기에서도 자동으로 연간화된다. 식 [6.2]에서와 같이 모든 A 값을 CR 금액에 더하여 총 AW를 구하면 $\text{AW} = \text{CR} + A$가 된다.

예제 6.5

미국 간척국은 네브라스카의 농업 지역에서 주 배수로의 용량을 늘리기 위한 세 가지 제안을 고려하고 있다. 제안 A는 지난 몇 년의 운영기간 동안 쌓인 침전물과 잡초를 제거하기 위해 운하를 준설하는 것이다. 운하의 용량은 물 수요 증가로 인해 미래에 설계 정점 유량 근처에서 유지되어야 할 것이다. 간척국은 준설 장비와 부속품을 $650,000에 구입할 계획이다. 해당 장비는 $17,000의 잔존가치가 있는 10년 수명을 가질 것으로 예상된다. 연간운영비용은 총 $50,000로 추정된다. 운하 자체와 둑을 따라 잡초를 방제하기 위해 관개 시즌 동안 환경적으로 안전한 제초제가 살포될 것이다. 잡초 방제 프로그램의 연간 비용은 $120,000가 될 것으로 예상된다.

제안 B는 초기비용 $4백만을 들여 운하를 콘크리트로 연결하는 것이다. 라이닝은 영구적인 것으로 가정되지만 매년 $5,000를 들이는 약간의 유지보수가 필요할 것이다. 게다가 5년마다 $30,000로 라이닝 수리를 해야 한다.

제안 C는 다른 경로를 따라 새로운 송수관로를 건설하는 것이다. 추정치는 초기비용 $6백만, 원활한 유동을 위한 연간 유지관리비용 $3,000, 수명 50년이다.

연 5%의 이자율을 사용하여 AW를 기준으로 대안을 비교한다.

풀이

영구적인 프로젝트를 위한 투자이므로 모든 반복 비용 중 한 주기에 대한 AW를 계산한다. 제안 A와 C의 경우 식 [6.3]을 사용하여 각각 $n_\text{A} = 10$ 및 $n_\text{C} = 50$기간에 대해 CR 값을 찾는다. 제안 B의 경우 CR은 단순히 $P(i)$이다.

제안 A	
준설 장비의 CR :	
$-650{,}000(A/P{,}5\%{,}10) + 17{,}000(A/F{,}5\%{,}10)$	$ -82,824
연간 준설비용	-50,000
연간 잡초 방제비용	-120,000
	$-252,824
제안 B	
초기투자의 CR : -4,000,000(0.05)	$-200,000
연간 유지비용	-5,000
제방 수리비용 : $-30{,}000(A/F{,}5\%{,}5)$	-5,429
	$-210,429
제안 C	
송수관로의 CR : $-6{,}000{,}000(A/P{,}5\%{,}50)$	$-328,680
연간 유지비용	-3,000
	$-331,680

영구적인 해결책인 제안 B의 비용 AW가 가장 낮기 때문에 선택된다.

참고사항

제안 B의 제방 수리비에 A/F 계수를 사용하는 것을 주목하자. 제방 수리비는 0년 차가 아닌 5년 차에 시작하여 5년 간격으로 무한히 계속되므로 A/P 대신 A/F 계수를 사용한다.

제안 C의 50년 수명을 무한대로 간주하면, $n = 50$에 대한 \$−328,680 대신 CR $= P(i) =$ \$−300,000이다. 이것은 경제성 측면에서 작은 차이이다. 40년 이상의 수명을 어떻게 취급하느냐는 '해당 실무' 관행의 문제이다.

예제 6.6

매년 연말에 Bell County Utility Cooperative의 모든 조합원과 직원에게는 전년도 조합의 순이익에 따라 상여금이 지급된다. 바트는 방금 $8,530의 상여금을 받았다. 그는 이 상여금을 연 7%의 수익을 내는 연금 프로그램에 투자할 계획이다. 바트의 장기적인 계획은 아직 젊기 때문에 몇 년 후 자신의 사업을 시작할 수 있을 때 Coop 일을 그만두는 것이다. 앞으로 그의 생활비 중 일부는 올해 상여금이 Coop에 있는 동안 적립되어 만드는 수익금으로 충달할 것이다.

(a) 스프레드시트를 사용하여 그가 (퇴사하고 1년 후부터) 영원히 매년 말 인출할 수 있는 금액을 예상하시오. 그는 15년 또는 20년 더 일할 생각을 하고 있다.

(b) 바트가 매년 $3,000씩 영원히 창출하기 위하여 15년 및 20년 후에 누적해야 하는 금액을 결정하시오.

스프레드시트 풀이

(a) 그림 6-5는 현재 예치된 \$8,530에서 발생하는 연간 7%의 $n = 15$년간의 적립금에 대한 현금흐름도를 제시한다. $n = 15$년 후의 적립금은 $F_{15년후} = ?$로 표시되며, 인출 자금열은 16년 말에 시작된다. $n = 20$에 대한 현금흐름도는 적립기간이 20년이라는 점을 제외하고 이와 동일하다.

그림 6-6의 스프레드시트는 C열과 D열에 $n = 15$년 동안의 함수와 결과를 보여준다. FV 함수는 15년 후의 7%에서 적립된 총액을 \$23,535로 표시한다. 영구 인출은 이 적립금을 P 값으로 보고 다음 공식을 적용하여 결정된다.

$$A = P(i) = 23{,}535(0.07) = \text{연 } \$1{,}647$$

스프레드시트 함수 = D9*B7은 D열에서 셀 참조 형식으로 이와 동일한 계산을 수행한다.

$n = 20$년에 대한 답은 E열에 표시된다. 연간 7%의 일관된 수익률로 15년 후 바트의 영구 소득은 \$1,647, 20년을 기다리는 경우 연간 \$2,311로 추정된다.

(b) 연간 \$3,000의 영구 인출을 얻으려면 \$3,000를 처음 인출하기 1년 전에 얼마를 적립해야 하는지 결정해야 한다. 관계 $A = P(i)$에서 P를 구할 수 있다.

$$P = \frac{A}{i} = \frac{3{,}000}{0.07} = \$42{,}857$$

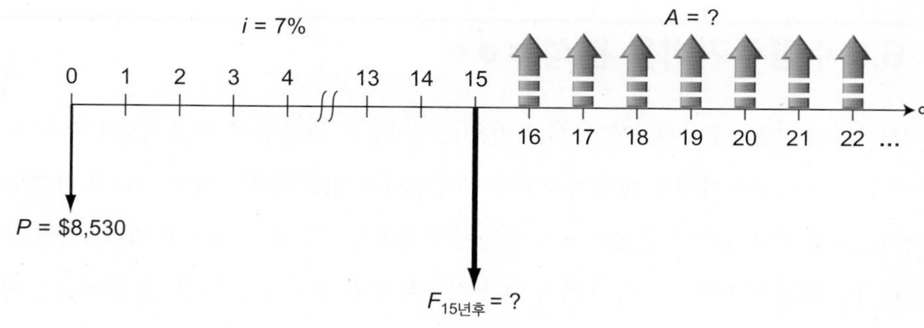

그림 6-5
예제 6.6의 15년 누적 후 시작되는 영구 자금열의 현금흐름도

	A	B	C	D	E
1					
2					
3			n = 15년에 대한 함수	연수, n	
4		추정치		15	20
5					
6					
7	이자율, 연간 %	7%			
8	오늘 저축금	\$8,530			
9	n년 후 적립금		`=-FV(B7,D4,,B8)	\$ 23,535	\$ 33,008
10	(a) 영구 인출금, 연간 \$		`=D9*B7	\$ 1,647	\$ 2,311
11					
12					
13	(b) 연 \$3,000에 대한 필요 적립금	7%	`= 3000/B13	\$ 42,857	\$ 42,857
14					
15	\$3,000에 대한 누적액	23.86	`= NPER(7%,,-8530,42857)		
16					

그림 6-6
예제 6.6의 스프레드시트 풀이

이 P 값은 바트가 목표를 달성하기 위해 모아야 하는 금액이므로 그가 Coop에서 일하는 기간과는 무관하다. 그림 6-6의 13행은 함수와 결과를 보여준다. 연도 n은 함수 = 3,000/B13에 들어가지 않는다는 점에 유의하자.

참고사항

NPER 함수를 사용하여 현재 금액인 $8,530를 연 7%로 적립하여 필요한 $42,857를 모으는 데 몇 년이 걸릴지 결정할 수 있다. 15행의 함수는 바트가 24년 조금 안 되는 동안 Coop에서 일해야 한다는 것을 보여준다.

이전 장에서 언급했듯이 P와 AOC와 같은 매개변수의 추정치에 빈번하고 중요한 변화가 매년 발생할 수 있다. 이러한 경우 현재 시행 중인 대안이 여전히 경제적으로 정당한지 여부를 판단하기 위해 새로운 AW 분석을 수행해야 한다. 설령 조건상 대안을 다시 선택하는 것이 불가능하더라도 시간이 지남에 따라 경제 상황을 계속 파악하는 것이 중요하다. 필요하다면, 대체 및 유지 분석법(11장)을 사용하여 이러한 분석을 수행할 수 있다.

6.5 수명주기비용 분석 ●●●

지금까지 설명한 PW 및 AW 분석 기법은 초기비용 P, 연간 운영 및 유지보수 비용(AOC 또는 M&O), 잔존가치 S, 예측 가능한 주기적 수리 및 업그레이드 비용, 그리고 한 대안이 다른 대안보다 유리할 수 있는 수익 추정치에 중점을 두었다. 전체 프로젝트 수명비용을 평가할 때는 일반적으로 여러 가지 추가 비용이 수반된다. 수명주기비용 분석에는 이러한 추가 추정치들이 신뢰성 있게 결정될 수 있는 범위 내에서 포함된다.

수명주기비용(LCC) 분석은 하나 이상의 프로젝트의 전체 수명주기에 대한 비용 추정치를 평가하기 위해 AW 또는 PW 방법을 활용한다. 초기 개념 단계부터 설계 및 개발 단계, 운영 단계, 단계적 폐지 및 폐기 단계에 이르기까지 **전체 수명주기**에 걸쳐 비용을 추정한다. **직접비용과 간접비용**이 가능한 범위 내에서 모두 포함되며, 대안들 간의 수익 및 절감 예상치의 차이도 포함된다.

몇몇 전형적인 LCC 적용은 군사 및 상업용 항공기, 새로운 제조 공장, 새로운 자동차 모델, 새롭고 확장된 제품군, 연방 및 주 수준의 정부 시스템에 대한 수명 분석이다. 예를 들어, 미국 국방부는 정부 계약자가 대부분의 국방 시스템에 대한 최초 제안서에 LCC

예산과 분석을 포함하도록 요구한다.

가장 일반적으로 LCC 분석에는 비용이 포함되며, 특히 하나의 대안만 평가하는 경우 AW 방법이 분석에 사용된다. 대안들 간에 예상 수익 또는 기타 편익 차이가 있는 경우 PW 분석을 사용하는 것이 좋다. 공공 부문 프로젝트들은 시민에게 정확한 추정치를 제시하기 어렵기 때문에 일반적으로 LCC 분석보다는 비용편익분석(9장)을 사용하여 평가한다. 위에서 언급한 직접비용에는 자재, 인건비, 장비, 소모품 및 제품, 프로세스 또는 시스템과 직접 관련된 기타 비용이 포함된다. 간접비용 구성 요소의 예로는 세금, 관리, 법률, 보증, 품질, 인적 자원, 보험, 소프트웨어, 구매 등이 있다. 직접비용과 간접비용에 대해서는 13장에서 자세히 설명한다.

수명주기비용 분석은 초기투자 대비 수명기간(구매 후) 비용의 상당 부분이 시스템이 운영된 후 직간접적인 운영, 유지보수 및 이와 유사한 비용으로 지출될 때 가장 효과적으로 적용된다. 예를 들어, 예상 내용연수가 5년이고 M&O 비용이 초기투자의 5~10%인 두 가지 장비 구매 대안을 평가할 때는 LCC 분석이 필요하지 않다. 하지만 Exxon-Mobil이 장거리 해상 운송이 가능한 새로운 유형과 스타일의 유조선의 설계, 건설, 운영 및 지원을 평가하고자 한다고 가정해 보겠다. 초기비용이 $100백만이고 25년 수명 동안 지원 및 운영비용이 이 금액의 25%에서 35%에 이르는 경우, LCC 분석의 논리는 프로젝트의 경제적 실행 가능성을 더 잘 이해할 수 있게 해줄 것이다.

LCC 분석의 작동 방식을 이해하려면 먼저 시스템 공학 또는 시스템 개발의 시기와 단계를 이해해야 한다. 시스템 개발 및 분석에 관한 많은 서적과 설명서가 출간돼 있다. 일반적으로 LCC 추정치는 획득, 운영, 종료/처분의 주요 시기와 각 단계로 단순화하여 분류할 수 있다.

획득 시기 : 제품 및 서비스를 제공하기 전의 모든 활동

- 요구사항 정의 단계 — 사용자/고객 요구사항 결정, 예상 시스템과 비교한 요구사항 평가, 시스템 요구사항 문서 작성 등이 포함된다.
- 예비 설계 단계 — 타당성 조사, 개념 및 초기 단계 계획이 포함되며, 여기서 최종 결정이 내려질 가능성이 높다.
- 세부 설계 단계 — 자본, 인력, 시설, 정보 시스템, 마케팅 등 자원에 대한 세부 계획을 포함하며, 경제적으로 타당한 경우 자산을 일부 인수할 수도 있다.

운영 시기 : 모든 활동이 작동하고 제품 및 서비스를 사용할 수 있다.

- 구축 및 구현 단계 — 시스템 구성 요소의 구매, 구축 및 구현, 시험, 교육, 준비 등이 포함된다.

- 사용 단계 — 시스템을 사용하여 제품과 서비스를 생성하는 단계로, 수명주기에서 가장 큰 부분을 차지한다.

종료 및 처분 시기 : 새로운 시스템으로 전환하기 위한 모든 활동, 기존 시스템의 철거/재활용/폐기 등이 포함된다.

예제 6.7

1860년대에 General Mills와 Pillsbury는 둘 다 미네소타주 쌍둥이 도시, 미니애폴리스-세인트폴에서 밀가루 사업을 시작했다. 결국 General Mills는 Pillsbury를 $10십억 이상의 현금과 주식 결합 거래로 구매했고 제품군을 통합했다. 식품 엔지니어, 식품 디자이너, 식품 안전전문가들은 소비자의 요구와 새로운 식품을 기술적으로 안전하게 생산하고 마케팅할 수 있는 합병 회사의 능력을 판단하기 위해 많은 비용 추정을 수행했다. 이 시점에서는 비용 추정치만 다루었으며 매출이나 이익은 다루지 않았다.

아래의 주요 비용 추정치들은 회사를 위한 수명 10년의 두 신제품에 대한 6개월 연구를 기반으로 작성되었다고 가정한다. 업계 MARR 18%로 LCC 분석을 사용하여 AW 기준으로 비용 규모를 결정한다. (시간은 제품-연도로 표시된다. 모든 추정치는 비용을 위한 것이므로 음수 부호는 생략한다.)

소비자 습관 연구(0년 차)	$0.5M
식품 예비설계(1년 차)	0.9M
장비/플랜트 예비설계(1년 차)	0.5M
제품 상세설계 및 테스트 마케팅(1, 2년 차)	매년 1.5M
장비/플랜트 상세설계(2년 차)	1.0M
장비 구입(1, 2년 차)	매년 $2.0M
기존 장비 업그레이드(2년 차)	1.75M
신규 장비 구매(4, 8년 차)	2.0M(4년 차) + 10%(이후 구매건)
장비 연간운영비용(AOC)(3~10년 차)	200,000(3년 차) + 4%(이후 매년)
마케팅, 2년 차	$8.0M
3~10년 차	5.0M(3년 차) − 0.2M(이후 매년)
5년 차에만	3.0M 추가
인적 자원, 신규 직원 100명, 연 2,000시간(3~10년 차) 근무	시간당 $20(3년 차) + 5%(매년)
종료 및 처분(9, 10년 차)	매년 $1.0M

풀이

LCC 분석은 관련 요소들의 수 때문에 갑자기 복잡해질 수 있다. 시기와 단계별로 PW를 계산하고, 모든 PW 값을 더한 다음 10년 동안의 AW를 구하시오. 값의 단위는 $1 백만이다.

취득 시기

요구사항 정의 : 소비자 연구

$$\text{PW} = \$0.5$$

예비설계 : 제품 및 장비

$$\text{PW} = 1.4(P/F,18\%,1) = \$1.187$$

상세설계 : 제품 및 테스트 마케팅, 장비

$$\text{PW} = 1.5(P/A,18\%,2) + 1.0(P/F,18\%,2) = \$3.067$$

운용 시기

건설 및 실행 : 장비 및 AOC

$$\text{PW} = 2.0(P/A,18\%,2) + 1.75(P/F,18\%,2) = 2.0(P/F,18\%,4) + 2.2(P/F,18\%,8)$$
$$+ 0.2\left[\frac{1-\left(\frac{1.04}{1.18}\right)^8}{0.14}\right](P/F,18\%,2) = \$6.512$$

용도 : 마케팅

$$\text{PW} = 8.0(P/F,18\%,2) + [5.0(P/A,18\%,8) - 0.2(P/G,18\%,8)](P/F,18\%,2)$$
$$+ 3.0(P/F,18\%,5) = \$20.144$$

용도 : 인적 자원 : (고용 100명)(2,000시간/연)($20/시간) = $4.0M(3년 차)

$$\text{PW} = 4.0\left[\frac{1-\left(\frac{1.05}{1.18}\right)^8}{0.13}\right](P/F,18\%,2) = \$13.412$$

종료 시기

$$\text{PW} = 1.0(P/A,18\%,2)(P/F,18\%,8) = \$0.416$$

비용의 모든 PW 합은 PW = $45.238M이다. 마지막으로 예상되는 10년 수명에 대한 AW를 결정한다.

$$\textbf{AW} = \mathbf{45.238M}(A/P,18\%,10) = \text{연 } \mathbf{\$10.066M}$$

이것은 제안된 두 제품의 출시로 예상되는 연간등가 LCC 추정치이다.

LCC에 의해 비교되는 대안들은 산출량이나 사용량이 동일하지 않은 경우가 많다. 예를 들어, 한 대안이 연간 20백만 단위를 생산하고 두 번째 대안이 연간 35백만 단위로 운영될 경우, AW 값은 '달러/생산 단위' 또는 '유로/조업시간'과 같이 생산 단위에 대한 통화 단위 기준으로 비교되어야 한다.

그림 6-7은 전체 수명주기 동안 비용이 어떻게 분배될 수 있는지에 대한 개요를 보여준다. 일반적으로 방위 시스템과 같은 일부 시스템의 경우, 운영 및 유지보수 비용은 획득 후 빠르게 상승하고 종료될 때까지 높은 수준을 유지한다.

시스템의 총 LCC는 수명주기 초기에 확정되거나 고정된다. 예비 및 상세 설계 단계에서 전체 수명주기 LCC의 75~85%가 확정되는 것은 드문 일이 아니다. 그림 6-8(a)에서 볼 수 있듯이 실제 또는 관측된 LCC(하단 곡선 *AB*)는 수명 내내 예정된 LCC를 따라

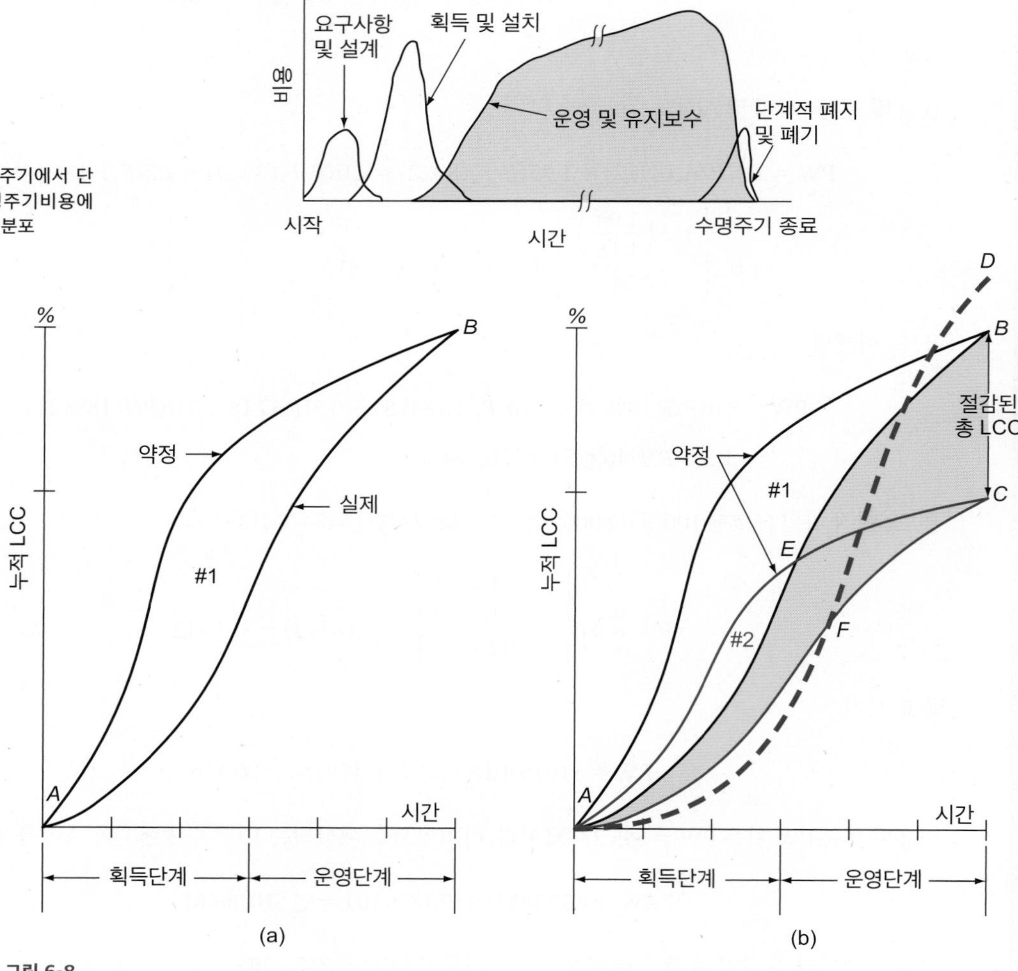

그림 6-7
하나의 수명주기에서 단계들의 수명주기비용에 대한 전형적 분포

그림 6-8
약정 및 실제 비용에 대한 LCC 형상 : (a) 설계 #1, (b) 개선된 설계 #2

간다(일부 주요 설계 결함으로 인해 설계 #1의 총 LCC가 *B* 지점 위로 증가하지 않는 한).

총 LCC를 크게 줄일 수 있는 잠재력은 주로 초기 단계에서 발생한다. 보다 효과적인 설계와 효율적인 장비는 그림 6-8(b)의 설계 #2로 포락선을 재배치할 수 있다. 이제 예정된 LCC 곡선 *AEC*는 실제 LCC 곡선 *AFC*와 마찬가지로 모든 지점에서 AB보다 낮다. 우리가 찾는 것이 바로 이 낮은 포락선 #2이다. 음영이 있는 영역은 실제 LCC의 감소를 나타낸다.

효과적인 LCC 포락선이 획득단계 초기에 구축될 수 있지만, 획득단계 및 초기 운영단계에서 비계획적인 비용 절감 조치가 도입되는 것은 드문 일이 아니다. 이러한 겉으로 보이는 '절감'은 곡선 *AFD*에서 보는 것처럼 실제로 총 LCC를 증가시킬 수 있다. 설계단계 및/또는 건설단계 초기에 경영진에 의해 종종 부과되는 이러한 유형의 임시 비용 절감은 나중에, 특히 판매 후 부분인 사용단계의 비용을 상당히 증가시킬 수 있다. 예를 들어, 저강도 콘크리트 및 강철 사용은 여러 번 구조적 고장의 원인이 되어 전체 수명 LCC를 증가시켰었다.

산업, 기업, 정부 및 컨설팅 분야의 분석가들이 LCC 접근법을 더 잘 활용할 수 있도록 오랜 기간 수많은 도구가 개발되어 왔다. 몇 가지 LCC 관련 도구 및 웹 기반 도구의 견본이 아래에 나와 있다.

- 물환경연구재단(WERF)에서 물 산업을 위해 개발한 수명주기비용 예측(LCCP). 웹 주소 : http://simple.werf.org/simple/media/LCCT/index.html.
- 국립건축과학연구소의 전체 건물설계지침 프로그램의 일환으로 건축 산업을 위해 개발된 수명주기비용 산정/평가(LCCA) 방법론 및 여러 도구. 웹 주소: https://www.wbdg.org/resources/lcca.php.
- 도로포장 설계를 위해 개발된 RealCost 소프트웨어는 연방고속도로청에서 입수할 수 있다. 웹 주소: https://www.fhwa.dot.gov/infrastructure/asstmgmt/lcca.cfm.
- 국방 및 기타 관련 산업을 위해 개발된 많은 LCC 방법론과 비용 추정 도구가 있다. 그 예로는 MAAP(국방 및 상업), MOSS(건설), COCOMO(소프트웨어 프로젝트 및 범용 분야), PRICE(국방 및 정부) 등이 있다. 추가 정보는 국방산업협회 웹사이트(www.ndia.org)와 각 비용 추정 시스템에 대한 웹사이트에서 확인할 수 있다.

요약

대안을 비교하는 연간가치 방식은 하나의 수명주기에 대해서만 AW 비교가 수행되기 때문에 현재가치 방식보다 선호되는 경우가 많다. 이는 서로 다른 수명주기의 대안을 비교할 때 뚜렷한 이점이 있다. 첫 번째 수명주기에 대한 AW는 특별한 가정하에 두 번째, 세 번째 및 그 이후의 모든 수명주기에 대한 AW가 된다. 분석기간이 지정되면 대안의 수명에 관계없이 해당 기간에 대한 AW 계산이 결정된다.

무한 수명(영구) 대안의 경우, 단순히 P에 i를 곱하여 초기비용이 연간화된다. 유한 수명 대안의 경우 한 수명주기 동안의 AW는 영구한 연간등가와 같다.

수명주기비용 분석은 운영 및 유지관리에 많은 비용이 드는 시스템에 적합하다. LCC 분석은 설계부터 운영, 폐기 단계에 이르는 모든 비용을 분석하는 데 도움이 된다.

연습문제

연간가치 및 자본회수 계산

6.1 대안의 미래가치 비교를 수행한 후, 그 대안들의 AW 값을 구하기 위해 FW 값에 얼마를 곱하면 되는가?

6.2 대안의 수명이 3년이고 3년의 수명주기 동안의 AW 값을 계산했다고 가정하자. 4년 분석기간에 대한 대안의 AW 값을 제공하라는 요청을 받았다면 대안의 3년 수명주기에 대해 계산한 AW 값이 4년 분석기간의 AW에 대한 유효한 추정치인가? 왜 또는 왜 그렇지 않은가?

6.3 퇴비화를 위해 골판지 상자를 파쇄하는 데 사용되는 기계의 초기비용이 $10,000이고, AOC가 연간 $7,000이며, 수명이 3년이고, 잔존가치는 별로 없다. 이 기계가 제공하는 서비스는 5년 동안 필요하므로 남은 2년은 재구매하여 2년 동안 보유해야 한다는 말을 들었다고 가정해 보자. 2년의 AW 값을 3년 수명주기의 AW와 동일하게 만들기 위해 2년 후에 필요한 잔존가치 S는 얼마인가? i = 연 10%라고 가정한다. 계수를 사용하여 해결하고, 지정된다면 스프레드시트와 목표값 찾기 기능을 사용하시오.

6.4 한 배달 차량의 초기비용은 $30,000, 연간운영비용은 $12,000, 6년 수명 후 잔존가치는 $4,000로 추정했다. 경기 침체로 인해 이 자동차는 2년만 보유하고 지금 중고차로 판매해야 한다.

(a) 연 10%의 이자율이 적용될 때, 2년 수명의 AW 값이 6년의 전체 수명주기의 AW 값과 같으려면 2년 중고 차량의 시장가치가 얼마가 되어야 하는가?

(b) (a)의 답을 초기비용 및 6년 후의 예상가와 비교하시오. 필요한 시장가치가 합리적이라고 생각하는가?

6.5 6.2절에서 논의한 바와 같이 투자 자본 회수에 필요한 금액과 필요한 수익을 결정하기 위해 다음 두 가지 방정식 중 하나를 적용할 수 있다.

$$CR_1 = -P(A/P,i,n) + S(A/F,i,n) \text{ 또는}$$
$$CR_2 = -[(P-S)(A/P,i,n) + S(i)]$$

초기비용이 $50,000이고 5년 수명 후 잔존가치가 $5,000인 경우, 이 식 가운데 어느 것을 사용하여 계산하더라도 자본회수가 정확히 동일함을 보이시오. 연 10%의 이자율을 사용하시오.

6.6 이자와 함께 투자 자본을 회수하는 한 가지 방법은 원금 P를 n년에 걸쳐 P/n으로 회수하고 미회수 잔액에 대한 이자도 회수하는 것이다. 회사는 새 네트워크 컨트롤러를 구입하기 위해 연 10%의 이자와 3년의 상환 기간으로 $6,000를 빌렸다고 가정해 보자. (a) 위의 방법을 사용하여 3회 지불의 각 금액을 결정하시오. (b) 각 지불 금액이 모두 동일한 경우 그 금액을 결정하시오.

6.7 Humana Hospital Corporation은 올해 Cedar Park에 있는 의료 전문 클리닉에 $750,000의 비용으로 새 MRI 기계를 설치하였다. 이 시스템은 5년 동안 사용된 후 $125,000에 판매될 것으로 예상된다. Humana는 모든 의료 진단 장비에 대해 연간 25%의 회수율 조건을 적용하고 있다. 현재 켄터키주 루이스빌에 있는 Humana Hospital Corporation의 관리직으로서 협동 학기를 보내고 있는 생명공학 전공 학생인 당신에게 예상 회수 및 수익을 실현하기 위해 매년 필요한 최소 수익을 결정하라는 요청이 주어졌다.

(a) 당신의 답은 무엇인가?

(b) AOC가 연간 $80,000로 예상되는 경우, 자본금 회수(25% 수익률) 및 연간 비용을 제공하는 데 필요한 총수익은 얼마인가?

(c) 답을 찾는 스프레드시트 함수를 작성하시오.

6.8 White Oaks Properties는 스트립 쇼핑센터와 소규모 쇼핑몰을 건설한다. 이 회사는 9년 전에 지어진 한 센터 전체의 냉장, 조리 및 HVAC 장비를 최신 모델로 교체할 계획이다. 9년 전 장비의 원래 구매 가격은 $638,000였고 운영비용은 연간 평균 $240,000였다. 회사가 현재 이 장비를 $184,000에 판매할 수 있다면 장비의 연간등가비용을 결정하시오. 이 회사의 MARR은 연간 25%이다.

6.9 2016년에 Google은 샌프란시스코만 지역에 있는 역사적인 캘리포니아 공군기지 1,000에이커를 1.16십억에 60년간 임대했다. 연간 M&O는 $6.3백만이 될 것으로 예상된다. 또한 Google은 4년 후 $2.6백만의 비용을 들여 격납고 3개를 개조할 예정이다. 1.16십억이 오직 임대의 현재가치라고 가정할 때, 연 15%의 이자율을 적용하면 60년 동안의 이 거래에 해당하는 연간등가는 얼마인가?

6.10 U.S. Steel은 오스테나이트계, 석출경화계, 듀플렉스계, 마르텐사이트계 스테인리스강 원형봉 생산을 위한 공장 증설을 고려하고 있다. 이 공장은 지금은 $13백만, 1년 후에는 $10백만의 비용이 들 것으로 예상된다. 1년 후부터 총운영비용이 연간 $1.2백만이고 공장의 예상 잔존가치가 사실상 0이라면, 이 회사가 투자금을 회수하고 연간 15%의 수익을 올리려면 1~10년 차에 매년 얼마를 벌어야 하는가?

6.11 Toro Company는 멕시코 후아레스에 있는 계약업체로부터 업무를 계속 이전하면서 텍사스주 엘파소에 있는 플라스틱 성형 공장을 확장하고 있다. 이 공장은 Toro 잔디깎이, 전지기계, 송풍제설기에 들어가는 플라스틱 부품을 만들기 위해 $1.1백만짜리 정밀 사출성형기를 구입했다. 또한 새로운 스프링클러 시스템 라인의 플라스틱 부품을 만들기 위해 $275,000를 들여 소형 플라스틱 사출성형기 3대를 구입했다. 이 공장은 확장을 위해 일부 엔지니어를 포함하여 13명을 고용할 예정이다. 각 직원의 평균 보유비용(즉, 복지비 포함)이 연간 $100,000인 경우, 5년의 분석기간 동안 새로운 시스템과 직원들의 연간가치를 결정하시오. 투자 수익률은 연 10%를 사용하고, 새 장비에 대해 25%의 잔존가치를 가정한다. 이자계수와 스프레드시트 함수를 사용하여 해결하시오.

6.12 Airodyne Wind사는 부품의 PCB 응답성과 신뢰성에 대한 공기 흐름의 영향을 평가하기 위해 수직 또는 수평으로 작동할 수 있는 풍동을 보유하고 있다. 이 회사는 여러 개의 센서 포트가 장착된 새로운 터널을 구축할 예정이다. 아래 추정치로 이 프로젝트의 연간등가비용을 계산하시오.

초기비용, $	800,000
교체비용, 2년 차, $	300,000
AOC, $/연	950,000
잔존가치, $	250,000
수명, 연수	4
이자율, %	10

대안 비교

6.13 Briggs and Stratton Commercial Division은 골프장 유지보수 장비를 위한 소형 엔진을 설계하고 제조한다. 지원 장비를 갖춘 로봇 기반 테스트 시스템은 'Always Insta-Start'라는 제목의 새로운 서명 보증 프로그램이 생산된 모든 엔진에서 실제로 작동함을 보장한다. (a) MARR = 연 10%에서 두 시스템의 연간가치를 비교하시오. 더 나은 시스템을 선택하시오. (b) 회사가 두 시스템이 무차별하다고 하려면, Push System의 잔존가치는 얼마가 되어야 하는가?

	Pull 시스템	Push 시스템
장비 초기비용, $	1,500,000	2,250,000
AOC, $/연	700,000	600,000
잔존가치, $	100,000	50,000
예상 수명, 연수	8	8

6.14 Polymer Molding사는 폭우 배수구를 제조하기 위해 두 가지 프로세스를 고려하고 있다. 계획 A는 $2백만의 비용으로 강철 금형을 만들어야 하는 기존 사출성형을 포함한다. 금형 검사, 유지 및 세척 비용은 연간 $60,000가 될 것으로 예상된다. 이 계획의 재료비는 다른 계획과 동일할 것으로 예상되므로 이 비용은 비교에 포함되지 않는다. 계획 A의 잔존가치는 초기비용의 10%가 될 것으로 예상된다. 계획 B는 가상공학 복합재로 알려진 혁신적인 공정의 사용을 포함하는데, 여기서 부유하는 금형이 금형 주변의 수압과 공정으로 들어가는 화학물질을 지속적으로 조정하는 운영 시스템을 사용한다. 부유식 금형을 만드는 초기비용은 $795,000에 불과하지만 신규 공정이기 때문에 인건비와 제품 불량률이 기존 공정보다 더 높을 것으로 예상된다. 회사는 첫해의 운영비용이 $85,000가 된 후 이후에는 연간 $46,000로 감소할 것으로 예상한다. 이 계획에서 잔존가치는 없다. 연 12%의 이자율로 3년의 분석기간 연간가치 분석을 기반으로 어떤 공정을 선택해야 하는가?

6.15 발전용 태양광 패널을 생산하는 데는 두 가지 방법을 사용할 수 있다. 방법 1은 초기비용이 $550,000, 연간 AOC가 $160,000, 3년 수명 후 잔존가치가 $125,000이다. 방법 2는 초기비용이 $830,000, AOC는 $120,000, 5년 수명 후 잔존가치는 $240,000이다. 상사로부터 3년의 계획기간에 어떤 방법이 더 나은지 결정해 달라는 요청이 있었다고 가정하자. 방법 2의 잔존가치는 3년 후가 5년 후보다 35% 더 높을 것으로 예상한다. MARR이 연 10%인 경우, 회사는 어떤 방법을 선택해야 하는가?

6.16 대학을 갓 졸업한 동생이 사장이 되고 싶다고 한다. 그는 작은 스트립 센터에 레스토랑을 열거나 특히 대도시에서 점점 인기를 얻고 있는 푸드트럭을 인수하여 운영하고 싶어 한다. 레스토랑 공간은 월 $2,200에 임대할 수 있다. 적당한 가구와 중고 장비를 포함하면 초기비용은 $26,000이다. 수입은 월 $14,100로 예상되며, 공과금, 인건비, 세금 등의 지출은 월평균 $3,700가 될 것으로 예상된다. 대체안으로, 주방을 갖춘 푸드트럭의 경우, 구매비용은 $17,900, 운영비는 월 $900이다. 수입은 월 $6,200가 될 것으로 예상된다. 5년의 계획기간 후 잔존가치가 레스토랑의 경우 초기비용의 10%, 트럭의 경우 초기비용의 35%라고 가정할 때, 연 12%의 이자율에 월 복리로 연간가치를 비교했을 때 어떤 대안이 더 낫다고 생각하는가? 또한 AW 값을 구하는 스프레드시트 함수를 사용하시오.

6.17 한 컨설팅 엔지니어링 회사가 회사 대표를 위해 두 가지 SUV 모델을 고려하고 있다. GM 모델은 초기비용이 $36,000, 운영비용이 $4,000, 3년 후 잔존가치가 $15,000이다. Ford 모델은 초기비용이

$32,000, 운영비용이 $3,100, 4년 후 재판매 가치가 $15,000이다. (a) 연 15%의 이자율이 적용된다면, 컨설팅 회사는 어느 모델을 구매해야 하는가? 연간가치 분석을 수행하시오. (b) 각 차량의 PW 값은 얼마인가?

6.18 한 국제 섬유 회사의 북미 사업부는 직선형 칼 또는 원형 칼이 장착된 원단 절단기 중에서 선택을 해야 한다. 추정치는 아래에 요약되어 있다. (a) 이자계수와 (b) 단일 셀 스프레드시트 함수를 사용하여 연 i = 10%의 연간가치 값을 기준으로 두 절단기를 비교하시오.

	원형 칼	직선형 칼
초기비용, $	250,000	170,000
AOC, $/연	31,000	35,000
2년 차 대규모 수리, $	—	26,000
잔존가치, $	40,000	10,000
수명, 연수	6	4

6.19 식기세척기 조립공정을 위해 다음과 같은 추정치를 가진 두 가지 유형의 로봇(직교와 다관절)을 고려 중이다. 연 10%의 이자율을 사용하여 연간가치 분석에 근거하여 어떤 로봇을 선택해야 하는지 결정하시오.

	직교 로봇	다관절 로봇
초기비용, $	300,000	430,000
AOC, $/연	60,000	40,000
잔존가치, $	70,000	95,000
수명, 연수	4	6

6.20 Snickers Fun Size 초콜릿바의 자동 포장 공정을 개선하기 위해 아래에 설명된 대로 2대의 기계를 고려하고 있다.

(a) AW 분석을 사용하여 연 i = 15%에서 어떤 기계를 선택해야 하는지 결정하시오.

(b) 기계 D가 선택되기를 원하고 필요한 경우 예상 수명을 연장할 의향이 있다고 가정한다. D가 선택되도록 이자계수 또는 스프레드시트를 사용하여 이 분석을 수행하시오.

	C	D
초기비용, $	40,000	65,000
연간비용, $/연	10,000	12,000
잔존가치, $	12,000	25,000
수명, 연수	3	6

6.21 정확한 공기 흐름 측정을 위해서는 측정 장치의 상류에서 최소 10 직경, 하류에서 최소 5 직경의 막힘 없는 직선 파이프가 필요하다. 한 특정 응용분야에서 물리적 제약으로 인해 파이프 배치가 손상되었기 때문에 엔지니어는 흐름 측정이 덜 정확하지만 공정관리에 충분하다는 것을 알고 L자로 굽은 관에 공기흐름 프로브를 설치하는 것을 고려하고 있다(계획 A). 이 계획은 단 2년 동안 허용 가능하며, 그 후에는 동일한 비용의 보다 정확한 흐름 측정 시스템을 사용할 수 있다. 계획 A는 연간 M&O를 $4,000로 추정하며 초기비용이 $25,000이다. 계획 B는 최근에 설계된 수중 공기흐름 프로브의 설치를 포함한다. 스테인리스스틸 프로브는 난간 위의 방수 덮개에 위치한 전송기와 함께 낙하 파이프에 설치할 수 있다. 이 시스템의 비용은 $88,000가 되지만 정밀하기 때문에 최소 6년 동안 교체할 필요가 없다. 유지보수비용은 연간 $1,400로 추정된다. 두 시스템 모두 잔존가치는 없다. (a) i = 연 12%에서 AW 비교를 기반으로 A 또는 B를 선택하시오. (b) 미래가치 분석을 사용하여 A와 B 중에서 선택하시오.

6.22 한 환경공학자가 비위험 화학폐기물을 처리하는 세 가지 방법, 즉 토지 매립, 유동층 소각, 민간 처리 계약을 평가하려고 한다. 아래의 추정치를 사용하여, 이 공학자가 연간 i = 10%에서 비용이 가장 적게 드는 방법을 결정할 수 있도록 (a) 연간가치와 (b) 현재가치 기준으로 평가하시오.

	매립	소각	위탁
초기비용, $	150,000	900,000	0
AOC, $/연	95,000	60,000	140,000
잔존가치, $	25,000	300,000	0
수명, 연수	4	6	2

6.23 Blue Whale Moving and Storage는 최근에 산티아고에 있는 창고 건물을 구입했다. 관리자는 보관된 물품의 팔레트를 시설 내외부로 이동할 수 있는 두 가지 좋은 옵션이 있다. 대안 1은 4,000파운드 용량의 전기 지게차(P = $-30,000, n = 12년, AOC = 연 $-1,000, S = $8,000) 및 개당 $10인 500개의 새 팔레트를 포함한다. 지게차 운전자의 연봉과 간접비는 $32,000로 추정된다.

대안 2는 각각 3,000파운드 용량의 전기 팔레트 이동기('walkies') 2대(각 지게차당 P = $-2,000, n = 4년, AOC = 연 $-150, 잔존가치 없음) 및 개당 $10의 팔레트 800개를 사용한다. 운전자 2명의 급여와 복지비는 연간 총 $55,000이다. 두 옵션 모두 장비를 사용 중인 현재와 2년마다 새로운 팔레트를 구입한다. (a) MARR이 연간 8%인 경우, 더 나은 대안을 선택하시오. (b) 스프레드시트 풀이로 다시 평가하시오.

6.24 상호배타적인 두 가지 대안의 추정치는 다음과 같다. 연 10%의 이자율로 연간가치 분석으로 선택하시오.

	Q	R
초기비용, $	42,000	80,000
AOC, $/연	6,000	1년 차 7,000, 이후 연 $1,000씩 증가
잔존가치, $	0	4,000
수명, 연수	2	4

6.25 한 화학공학자가 정제소에서 탱크 양식장으로 증류액을 이동하기 위해 두 가지 크기의 파이프를 고려하고 있다. 소형 파이프라인은 밸브 및 기타 부속품을 포함하여 구매비용이 저렴하지만 수두손실이 커서 분출비용이 더 높다. 소형 파이프라인의 설치비용은 $1.7백만이고 운영비용은 월 $12,000이다. 더 큰 직경의 파이프라인은 설치비용이 $2.1백만이지만 운영비용은 월 $8,000에 불과하다. 연간가치 분석을 기준으로 월 1%의 이자율을 적용했을 때 어떤 파이프 크기가 더 경제적인가? 10년 프로젝트가 끝날 때 잔존가치가 각 파이프라인의 초기비용의 10%라고 가정한다.

영구 투자

6.26 연 10%의 이자율을 적용하여 현재 $1,000,000와 3년 후 $1,000,000의 영구(1년 후부터 ∞까지) 연간등가비용을 계산하시오.

6.27 30년 후부터 영원히 매년 $80,000를 인출하려면, 지금부터 9년 차까지 은퇴 계좌에 매년 얼마를 예치해야 하는가? 계좌에서 (a) 연 10%의 관대한 이자율과 (b) 그보다 보수적인 연 4%의 이자율로 이자가 발생한다고 가정한다. 두 금액을 비교하시오.

6.28 멕시코 치아파스주에서는 초등학생의 읽기 능력 향상을 위한 프로그램에 자금을 지원하기로 결정했다. 초기비용은 현재 $300,000이고, 5년마다 $100,000씩 들여 영원히 최신화한다. 연 10%의 이자율을 적용하여 영구적인 연간등가비용을 결정하시오.

6.29 Cisco사는 엔지니어링 기획부서로부터 Cisco 이익잉여금의 일부를 사물인터넷(IoT) 환경에 유용한 차세대 스마트 그리드의 설계, 시험 및 개발에 투자하자는 제안을 받았다. 초기투자 예상액은 0년 차에 $5,000,000, 10년 차에 $2,000,000, 11년 차부터는 매년 $100,000이다. i = 연 10%일 때, 이 제안의 0년 차부터 무한대까지의 무한수명 연간등가비용을 계산하시오.

6.30 50년 동안 매년 $100,000를 투자하는 경우와 매년 $100,000를 영원히 투자하는 경우의 연간가치의 차이를 (a) 연 5%와 (b) 연 10%의 이자율로 구하시오. 그 차이를 비교하시오.

6.31 Harmony Auto Group은 수입 자동차 및 국산 자동차를 판매하고 서비스를 제공한다. 소유주는 모든 신차 보증 서비스 작업을 모든 제조사 및 연식의 차량을 다루는 사설 수리서비스 업체인 Winslow에 위탁하는 옵션을 검토하고 있다. Winslow는 5년 계약 기준 또는 10년 라이선스 계약을 제공한다. 제조업체로부터의 수익은 차량/보증 소유자에게 추가 비용이 발생하지 않고 공유될 것이다. 또는

Harmony는 가까운 미래에도 계속해서 사내에서 보증 수리 작업을 할 수 있다. Harmony 소유자가 추정한 값을 사용하여 연 10%로 연간가치 평가를 수행하여 최적의 옵션을 선택하시오. 금전적 가치는 \$백만 단위를 사용한다.

	위탁	라이선스	사내
초기비용, \$	0	2	20
연간비용, \$/연	1	0.2	4
연간수익, \$/연	2.5	1.3	8
수명, 연수	5	10	∞

6.32 지역 고속도로 유지보수와 관련된 비용은 예측 가능한 패턴을 따른다. 일반적으로 처음 3년 동안은 비용이 들지 않지만, 그 이후에는 재포장, 잡초 제거, 조명 교체, 갓길 수리 등의 유지관리가 필요하다. 주 고속도로 S102의 한 구간의 경우 이러한 비용은 3년 차에 \$6,000, 4년 차에 \$7,000, 그리고 고속도로의 예상 수명인 30년 동안 매년 \$1,000씩 증가할 것으로 예상된다.

(a) 유사한 도로로 대체된다고 가정하고, 연 8%의 이자율을 적용한 영구(1년에서 ∞년까지) 연간 등가비용을 결정하시오.

(b) 자신이 알고 있는 가장 효율적인 방법으로 스프레드시트에서 이자계수에 근거한 답을 적으시오.

6.33 ABC Beverage, LLC는 Wald-China Can Corporation으로부터 355 ml 캔을 대량으로 구매한다. 양극산화 처리된 알루미늄 표면의 마감은 브러싱 또는 비드 블라스팅이라는 기계적 마감 기술을 통해 이루어진다. Wald의 공학자들은 ABC에 공급할 더 효율적이고, 더 빠르고, 더 저렴한 기계로 대체하고 있다. 추정치와 MARR = 연 8%를 사용하여 두 대안 중 하나를 선택하시오.

브러시 대안 : P = \$-400,000, n = 10년, S = \$50,000, 비노무 AOC = 1년 차 \$−60,000, 2년 차부터 매년 \$5,000씩 감소

비드 블라스팅 대안 : P = \$−400,000, 영구적이라할 만큼 큰 n, 잔존가치 없음, 비노무 AOC = 연 \$−70,000

수명주기비용

6.34 한 국제항공우주 계약업체가 한 도시 경찰서로부터 도시 중심 도로의 교통 패턴과 혼잡도를 모니터링하기 위해 제안된 드론 감시 시스템의 수명주기비용을 추정하고 분석해 달라는 요청을 받았다. 항목의 목록에는 다음과 같은 일반적인 범주가 포함된다. 연구개발비용(R&D), 비반복 투자비용(NRI), 반복투자비용(RI), 예정 및 비예정 유지보수비용(Maint), 장비사용비용(Equip), 폐기비용(Disp). 20년 수명주기비용(단위 : \$1,000,000)을 추정했다. 연 7%의 이자율을 적용하여 연간 LCC를 계산하시오.

연	R&D	NRI	RI	Maint	Equip	Disp
0	5.5	11.1				
1	3.5					
2	2.5					
3	0.5	5.2	1.3	0.6	1.5	
4		10.5	3.1	1.4	3.6	
5		10.5	4.2	1.6	5.3	
6~10			6.5	2.7	7.8	
11~20			2.2	3.5	8.5	
18~20						2.7

6.35 한 대형 항공우주 기업의 제조 소프트웨어 엔지니어가 일상적이고 신속한 유지보수를 위한 차세대 자동화 일정 관리 시스템인 AREMSS를 설계, 구축, 시험 및 구현하는 프로젝트의 관리 책임을 맡게 되었다. 각 서비스의 처분에 대한 보고서도 현장 직원이 입력한 후 시스템에 제출하고 보관하게 된다. 이 시스템은 기존의 공군 공중급유기에 우선 적용될 예정이다. 이 시스템은 시간이 지남에 따라 다른 항공기 정비 일정에도 널리 사용될 것으로 예상된다. 완전히 구현된 후에는 개선이 필요하겠지만, 이 시스템은 최대 15,000대의 개별 항공기에 대한 전세계 스케줄러 역할을 할 것으로 예상된다. 20년 수

명 기간에 대한 최적의 비용 추정치를 다음 주에 프레젠테이션해야 하는 엔지니어는 수명주기비용 접근법을 사용하여 비용을 추정하기로 결정했다. 다음 정보를 사용하여 AREMSS 스케줄링 시스템에 대해서 연 6%로 현재 연간 LCC를 결정하시오.

	연간 비용($M)							
비용 범주	1	2	3	4	5	6	… 10	18
현장 연구	0.5							
시스템 설계	2.1	1.2	0.5					
소프트웨어 설계		0.6	0.9					
하드웨어 구매			5.1					
베타 테스트		0.1	0.2					
사용자 설명서 개발		0.1	0.1	0.2	0.2	0.06		
시스템 실행				1.3	0.7			
현장 하드웨어			0.4	6.0	2.9			
교관 훈련			0.3	2.5	2.5	0.7		
소프트웨어 업그레이드						0.6	3.0	3.7

6.36 한 중간 규모의 지자체는 향후 10년 동안 프로젝트 선정을 지원하기 위한 소프트웨어 시스템을 개발할 계획이다. 수명주기비용 접근법을 사용하여 각 대안에 대한 비용을 개발, 프로그래밍, 운영 및 지원 비용으로 분류했다. 고려 중인 세 가지 대안은 A(맞춤형 시스템), B(적응형 시스템), C(현재 시스템)로 구분된다. 연간 수명주기비용 접근 방식을 사용하여 연간 8%에서 최적 대안을 결정하시오.

대안	구성 요소	비용
A	개발	$250,000(현재)
		$150,000(1~4년 차)
	프로그래밍	$45,000(현재)
		$35,000(1년 차, 2년 차)
	운영	$50,000(1~10년 차)
	지원	$30,000(1~5년 차)
B	개발	$10,000(현재)
	프로그래밍	$45,000(현재)
		$30,000 (1~3년 차)
	운영	$80,000(1~10년 차)
	지원	$40,000(1~10년 차)
C	운영	$175,000(1~10년 차)

스프레드시트 활용연습문제

6.37 문제 6.9에서 캘리포니아 공군기지에 대한 Google의 임대 계약을 설명했다. 여기에는 다음과 같은 추정치들이 포함되었다 : P = $1.16십억, M&O = 연 $0.0063십억, 개보수비용 = 4년 차 $0.0026십억, $n = 60$년, i = 연 15%.

(a) 당신은 60년 동안 AW를 계산했다. 이제 스프레드시트 함수를 사용하여 AW, PW, 자본화 비용(CC) 및 PW와 CC의 차이를 표시하시오.

(b) Google의 CFO가 다양한 보유기간, 즉 20년에서 60년까지 10년 단위로, 또 무한대의 n 값에 대한 계약의 자본회수 분석을 수행할 수 있도록 도와주시오. 그 결과의 의미를 CFO에게 설명하시오.

6.38 (참고 : 이 문제는 경제적 질문에 답하기 위해 스프레드시트 및 관련 산점도를 작성해야 한다.) 오늘 아침에 출근했을 때 부서장이 회사의 제조 계획 부서에 MAP/TOP을 설치하는 것에 대한 분석을 수행해 달라고 요청했다. (MAP/TOP은 Boeing Computer Services에서 개발한 비즈니스 및 제조 환경 통신 통합 소프트웨어 시스템이다.) 전체 시스템은 Hi Tone 또는 Extra-S의 두 컨설턴트 그룹 중 한 곳에서 구현 및 운영하게 되며, 견적이 다소 진행되었지만, 회사가 지불하기로 동의할 초기비용(MAP/TOP 소프트웨어, 하드웨어, 구현 및 교육 비용 포함)은 아직 미정이다. 컨설턴트들의 제안에 포함된 초기비용 추정치 P의 가능한 변동은

아래에 P의 백분율로 표시되어 있다.

컨설턴트	Hi Tone	Extra-S
초기비용 추정치 P, $	500,000	750,000
P의 변동폭, %	P의 100~130%	P의 80~130%
AOC, $/연	150,000	120,000
잔존가치, $	125,000	240,000
계약 수명, 연수	3	5

(a) P의 100%에서 10%씩 증가시킬 때, AW 값과 초기비용의 가능한 변화를 산점도를 포함한 스프레드시트로 작성하시오. i = 연 10%를 사용한다.

(b) 다음 협상 조건에서 더 나은 대안을 선택하시오.

1. 회사는 Hi Tone의 경우 P의 100%, Extra-S의 경우 P의 110%에 동의한다.
2. 회사는 Hi Tone의 경우 P의 110%에 동의하고, Extra-S는 초기비용을 P의 130%까지 인상한다.
3. 회사는 두 컨설턴트 모두 P의 100%에 동의한다.
4. 회사는 Hi Tone에 대해 P의 100%에 동의하고, Extra-S는 P의 90%에 동의한다.

6.39 비위험 폐기물을 처리하는 세 가지 방법, 즉 토지매립, 유동층 소각, 민간 처리 계약이 개발되었다. AW 분석 및 i 값 대비 AW의 산점도를 사용하여, i = 6%에서 i = 24% 사이의 이자율에 대해 3% 단위로 경제적으로 가장 좋은 대안을 선택하시오. (참고 : 이는 문제 6.22의 연장이다.)

	매립	소각	위탁
초기비용, $	150,000	900,000	0
AOC, $/연	95,000	60,000	140,000
잔존가치, $	25,000	300,000	0
수명, 연수	4	6	2

6.40 제품수명주기(PLC)의 진행 단계 중 서로 다른 시기에 도입된 설계 변경으로 인한 비용 증가는 일반적으로 제품수명주기 후반에 변경이 도입될수록 급격히 증가한다. 산업마다 수치는 다르지만 비용 증가 모델은 다음과 같다.

PLC 단계	비용 승수	사례, $
개념	1	100
생산계획	3	300
시제품/시험	5	500
제조(단위당)	5~50	500~5,000
판매 및 판매후	20~100	2,000~10,000

Hamound Industries는 TGV(프랑스어로 Train à Grande Vitesse)와 같은 고속 열차에서 사용할 수 있는 연기 감지기 시스템인 모델 GR1의 개선된 버전을 설계, 개발 및 현재 판매용으로 제조하고 있다. 개념 설계단계에서 개발된 원래의 추정치는 아래에 나와 있다. 시험단계에서 주요 안전 결함이 발

quintanilla/iStock/Getty Images

견디었고, 다행히도 중대한 설계 변경이 이루어졌으며, 이는 장비의 초기비용 추정치에만 영향을 미쳤다. 이제 제조 중에 인터넷 연결 기능을 필요한 신뢰성 수준으로 제조하기 어렵게 만드는 중대한 문제가 나타났다. 이 변경은 단위당 제조비용을 5배 증가시킬 것이다. 개념단계에서 수행된 초기 경제성 분석은 i = 연 7%의 AW 값을 사용하여 매우 유망한 결과를 보여주었다. 그러나 설계 변경은 이러한 긍정적인 분석에 영향을 미쳤다. 최초 추정치와 위에 요약된 PLC 비용 승수를 사용하여 개념부터 제조까지 4단계에 대한 AW 분석을 수행하여 개선된 제품의 경제성에 무슨 일이 일어났는지 확인하시오.

장비 최초 초기비용 P, $	6,000,000
장비 AOC, $/연	300,000
제조비용, $/단위	2.75
수익, $/단위	12.75
연간 생산량	500,000
수명, 연수	10
잔존가치, $	최초 P의 10%에서 일정

사례연구

연간가치 분석 : 변화가 의사결정에 미치는 영향

배경 및 정보

조지아주 애틀랜타에서 자동차 배터리 유통업체를 운영하는 라로나는 3년 전 모든 주요 시험 장비에 서지 보호기를 인라인으로 배치하기로 결정했을 때 경제성 분석을 수행했다. 사용된 추정치와 MARR 15%의 연간가치 분석은 아래에 요약되어 있다. 두 가지 다른 제조업체의 보호기를 비교했다.

	PowrUp	Lloyd's
비용 및 설치, $	−26,000	−36,000
연간 유지관리비, $/연	−800	−300
잔존가치, $	2,000	3,000
장비 수리비 절감액, $	25,000	35,000
유효 수명, 연수	6	10

◇	A	B	C	D	E	F	G
1	MARR =	15%					
2							
3			PowrUp			Lloyd's	
4		투자	연간	수리	투자	연간	수리
5	연	및 잔존가치	유지관리	절감액	및 잔존가치	유지관리	절감액
6	0	-26,000	0	0	-36,000	0	0
7	1	0	-800	25,000	0	-300	35,000
8	2	0	-800	25,000	0	-300	35,000
9	3	0	-800	25,000	0	-300	35,000
10	4	0	-800	25,000	0	-300	35,000
11	5	0	-800	25,000	0	-300	35,000
12	6	2,000	-800	25,000	0	-300	35,000
13	7				0	-300	35,000
14	8				0	-300	35,000
15	9				0	-300	35,000
16	10				3,000	-300	35,000
17	AW 요소	-6,642	-800	25,000	-7,025	-300	35,000
18	총 AW			$ 17,558			$ 27,675

그림 6-9
사례연구의 서지 보호기 대안의 연간가치 분석

그림 6-9의 스프레드시트가 의사결정에 사용되었다. 상당히 큰 AW 값 때문에 Lloyd's가 명확한 선택이었으며, Lloyd's 보호기가 설치되었다.

작년(운영 3년 차)에 있었던 간략한 검토에 의하면 유지보수비와 수리비 절감액이 3년 전의 추정치와 달랐고, 앞으로도 같지 않을 것임이 분명해 보인다. 실제로 (분기별 점검) 유지보수 계약비용은 내년에 연간 $300에서 $1,200로 증가하고 있으며, 이후 10년 동안 매년 10%씩 증가할 것이다. 또한 지난 3년 동안의 수리비용 절감액은 라로나가 판단할 수 있는 최선의 방법으로 $35,000, $32,000, $28,000였다. 이후 절감액은 연 $2,000씩 감소할 것으로 보인다. 마지막으로, 3년 된 보호기들은 이제 시장에서 아무 가치도 없기 때문에 7년 후의 잔존가치는 $3,000가 아니라 0이다.

사례연구 문제

1. 보호기가 7년 더 사용된다고 가정할 때 새로 추정된 유지보수비와 수리비 절감 예상치를 그래프로 나타내시오.
2. 이 새로운 추정치를 사용하여 Lloyd's 보호기들의 재계산된 AW는 얼마인가? 처음 3년 동안의 초기비용과 유지관리비는 최초 추정치를 사용하시오. 이 추정치들이 3년 전에 만들어졌다면 Lloyd's가 여전히 경제적 선택이었는가?
3. 이러한 새로운 추정치에 따르면 Lloyd's 보호기의 자본회수액은 어떻게 바뀌는가?

CHAPTER 7

수익률 분석 : 하나의 프로젝트

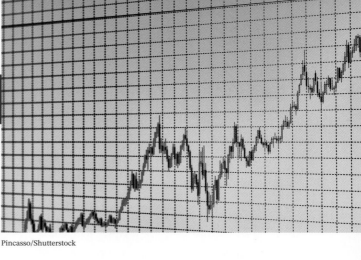

Pincasso/Shutterstock

학습 성과

목적 : 수익률의 의미를 이해하고 단일 프로젝트의 수익률(ROR) 평가를 수행한다.

절	주제	학습 성과
7.1	정의	• 수익률의 의미를 설명하고, 이해한다.
7.2	내부수익률(IROR) 계산	• PW 또는 AW 관계식을 사용하여 일련의 현금흐름의 내부수익률을 결정한다.
7.3	주의사항	• PW 및 AW 방법과 비교하여 수익률 방법을 사용할 때의 어려운 점을 설명한다.
7.4	다중수익률	• 특정한 일련의 현금흐름에 대해 가능한 수익률 값의 최대 개수와 해당 값을 결정한다.
7.5	외부수익률(EROR) 계산	• 수정된 내부수익률(MIRR) 및 투자자본수익률(ROIC) 기법을 사용하여 외부수익률을 결정한다.
7.6	채권	• 채권 투자에 대한 명목 및 실효 수익률을 계산한다.

프로젝트 또는 대안의 경제적 가치에 대해 가장 일반적으로 인용되는 척도는 수익률(ROR, Rate of Return)이다. 현금흐름 추정이 포함된 기업 엔지니어링 프로젝트든, 개인의 주식이나 채권에 대한 투자든, 수익률은 프로젝트나 투자가 경제적으로 수용 가능한지 여부를 결정하기 위해 널리 받아들여지는 방법이다. PW 또는 AW 값과 비교하여, 수익률은 이 장에서 설명하는 것처럼 일반적으로 다른 유형의 가치 척도이다. 이 장에서는 PW 또는 AW 관계식을 사용하여 수익률을 계산하는 올바른 절차와 기법을 단일 프로젝트의 현금흐름에 적용할 때 필요한 몇 가지 주의사항에 대해 설명한다.

수익률은 기술적으로 올바른 용어인 내부수익률(IROR, Internal Rate of Return) 또는 투자수익률(ROI, Return on Investment) 등 다른 이름으로도 알려져 있다. 투자수익률의 계산에 대해서는 이 장 후반부에서 논의한다.

어떤 경우에는 둘 이상의 수익률 값이 PW 또는 AW 방정식을 만족시킬 수 있다. 이 장에서는 이러한 가능성을 인식하는 방법과 **다중 값(multiple values)**을 찾는 접근 방식에 대해 설명한다. 또한 프로젝트 현금흐름과 별도로 설정된 추가 정보를 이용하여 신뢰할 수 있는 하나의 수익률 값을 얻을 수도 있다. 두 가지 기법, 즉 수정된 내부수익률(MIRR, Modified ROR)법과 투자자본수익률(ROIC, Return on Invested Capital) 방법을 다룬다.

이 장에서는 하나의 프로젝트(대안)만 고려하며, 동일한 원칙을 여러 대안에 적용하는 것은 8장에서 다룬다. 마지막으로, 채권 투자의 수익률에 대해 논의한다.

7.1 수익률 값의 해석 ●●●

대출금(borrowed money)이 있는 사람 입장에서 이자율은 미납 잔액에 적용해 마지막 대출금 상환과 동시에 총 대출금과 이자가 정확히 전액 지급되도록 하는 방식이다. **돈을 빌려주는 사람**(lender of money)의 관점에서 볼 때, 각 기간마다 대출 원금의 미회수 잔액이 있다. 이자율은 대출금 총액과 이자가 마지막 회수액과 정확히 일치하도록 하는 미회수 잔액에 대한 수익이다. 수익률은 이 두 가지 관점을 모두 설명한다.

> 수익률(ROR)은 **대출금의 미납 잔액**(unpaid balance of borrowed money)에 대해 지불되는 이자율 또는 **투자의 미회수 잔액**(unrecovered balance of an investment)에서 얻은 이자율로, 최종 지불 또는 수령 시 이자를 고려한 **잔액이 정확히 0**이 되도록 한다.

수익률

수익률은 기간당 백분율로 표시된다(예 : 연간 $i = 10\%$). 이는 양(+)의 백분율로 표시된다. 대출에 대한 이자가 실제로 차용인의 관점에서 볼 때 마이너스 수익률이라는 사실은 고려되지 않는다. i의 범위는 -100%에서 무한대까지 가능하며, 즉 $-100\% \leq i < \infty$이다. 투자 측면에서 $i = -100\%$의 수익률은 전액 손실을 의미한다.

위의 정의는 수익률이 초기 투자 금액이나 대출의 초기 원금에 달려 있다고 서술하지 않는다. 오히려 수익률은 **각 기간마다 변경되는 미회수 잔액**(unrecovered balance, which changes each time period)에 대한 것이다. 예제 7.1에서는 이러한 차이점을 보여준다.

예제 7.1

새로운 올림픽 훈련 프로그램 컨설팅 사업을 시작하기 위해 아유는 홈 오피스 장비를 구입하는 데 4년 동안 연간 $i = 10\%$로 $1,000를 대출받았다(이미 사용 가능한 다른 자금을 보충하기 위해). 대출 기관의 관점에서 볼 때 이 젊은 사업가에 대한 투자는 4년마다 $315.47에 해당하는 순현금흐름(NCF)을 창출할 것으로 예상된다.

$$A = \$1{,}000(A/P,10\%,4) = \$315.47$$

이는 미회수 잔액에 대한 연간 수익률 10%를 나타낸다. (a) 미회수 잔액에 대한 수익률(올바른 기준) 및 (b) 초기 투자금 $1,000에 대한 수익률을 사용하여 각 4년 동안의 미회수 투자 금액을 계산하시오. (c) (b)에서 초기 투자금 $1,000 전액이 최종 지불액으로 회수되지 않는 이유를 설명하시오. (d) 표 7-1에서 3년 후 미회수 잔액을 결정하시오. 이때 각 연도별 금액을 자세히 설명하기보다는 계수(factors)를 사용하시오. 또한 동일한 결과를 표시하는 단일 셀 스프레드시트 함수를 작성하시오.

풀이

(a) 표 7-1은 연초 미회수 잔액에 10% 이율을 적용하여 6열에 매년 말 원금의 미회수 잔액을 보여준다. 4년 후 총 $1,000가 회수되고 6열의 잔액은 정확히 0이 된다.

(b) 표 7-2는 10% 수익률이 항상 초기 금액 $1,000에 계산되는 경우의 미회수 잔액을 보여준다. 4년 차

표 7-1 미회수 잔액에 10% 수익률을 적용한 미회수 잔액

(1)	(2)	(3) = 0.10 × (2)	(4)	(5) = (4) − (3)	(6) = (2) + (5)
	연초	미회수 잔액에			연말
연도	미회수 잔액	대한 이자	현금흐름	회수 금액	미회수 잔액
0	—	—	$−1,000.00	—	$−1,000.00
1	$−1,000.00	$100.00	+315.47	$215.47	−784.53
2	−784.53	78.45	+315.47	237.02	−547.51
3	−547.51	54.75	+315.47	260.72	−286.79
4	−286.79	28.68	+315.47	286.79	0
		$261.88		$1,000.00	

표 7-2 초기 금액에 10% 수익률을 적용한 미회수 잔액

(1)	(2)	(3) = 0.10 × (1,000)	(4)	(5) = (4) − (3)	(6) = (2) + (5)
	연초	초기 금액에			연말
연도	미회수 잔액	대한 이자	현금흐름	회수 금액	미회수 잔액
0	—	—	$−1,000.00	—	$−1,000.00
1	$1,000.00	$100	+315.47	$215.47	−784.53
2	−784.53	100	+315.47	215.47	−569.06
3	−569.06	100	+315.47	215.47	−353.59
4	−353.59	100	+315.47	215.47	−138.12
		$400		$861.88	

(5열)에 $861.88만 회수되었으므로 4년 차 6열에는 $138.12의 미회수 잔액이 표시된다.

(c) 3열에 보이는 바와 같이, 초기 금액 $1,000를 기준으로 매년 10% 수익을 얻는다면 총 $400의 이자를 벌어야 한다. 그러나 미회수 잔액에 대한 10% 수익률을 사용하는 경우 이자는 $261.88가 되어야 한다. (a)와 표 7-1에서와 같이 미회수 잔액에 이자율을 적용하면 남은 대출금을 줄이는 데 사용할 수 있는 연간 현금흐름이 더 많아진다. 그림 7-1은 표 7-1의 수익률에 대한 올바른 해석을 보여준다. 매년 $315.47의 회수액은 2열의 미회수 잔액에 대한 10% 이자와 5열의 회수 금액을 더한 금액을 나타낸다.

(d) 상환 일정 중 특정 연도 이후의 미회수 잔액을 결정하려면 F/P 계수를 사용하여 해당 연도 말 대출 원금의 미래가치를 구하고, 지금까지(여기에서는 3년간) 지불된 모든 상환액의 미래가치에 상응하는 금액을 제거하면 된다.

예제의 $1,000에 대한 4년간 연 10% 대출에 대하여,

$$\text{3년 후 미회수 잔액} = -1{,}000(F/P,10\%,3) + 315.47(F/A,10\%,3)$$
$$= -1{,}331.00 + 1{,}044.21 = \$-286.79$$

이는 표 7-1의 열 (6)에서 3년 차에 표시된 금액과 동일하다. FV 스프레드시트 함수를 사용하여 동일한 결과를 얻을 수 있다. 이 경우 = −FV(10%,3,315.47,−1000)은 $-286.79를 표시한다. (FV 함수의 빼기 기호는 결과가 표 7-1의 부호 규칙과 일치하도록 강제한다.)

수익률은 회수되지 않은 잔액에 대한 이자율이기 때문에 표 7-1의 (a)에 대한 계산은 10% 수익률에 대한 올바른 해석을 제시한다. 명백하게 원금에만 적용되는 이자율은 명시된 것보다 더 높은 이자율을 나타낸다. 현실에서 소위 가산 이자율(add-on interest rate)은 (b)에서와 같이 원금만을 기준으로 하는 경우가 많다. 이를 할부금융 문제라고도 한다.

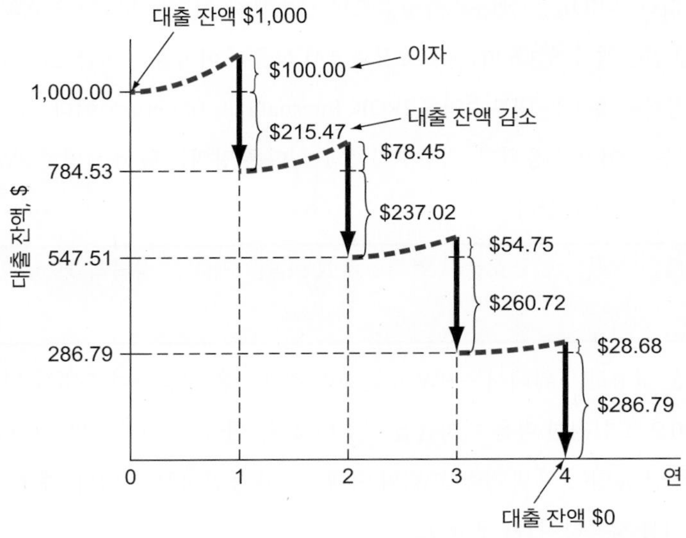

그림 7-1
표 7-1의 미회수 잔액 및 $1,000 금액에 대한 연간 수익률 10% 도표

할부금융(installment financing)은 일상 금융에서 다양한 형태로 찾아볼 수 있다. 대표적인 예로 소매점에서 주요 가전제품, 오디오 및 비디오 장비, 가구, 기타 소비재를 판매할 때 제공하는 '무이자 프로그램'을 들 수 있다. 다양한 변형이 가능하지만 대부분의 경우 프로모션이 종료될 때까지(보통 6개월~1년 이상) 구매 금액을 전액 지불하지 않으면 원래 구매일로부터 금융 수수료가 부과된다. 또한 프로그램의 작은 글씨는 구매자가 소매 회사에서 발행한 신용카드를 사용하도록 규정할 수 있는데, 이 신용카드는 일반 신용카드보다 이자율이 더 높다(예 : 연간 15%에 비해 연간 24%). 이러한 모든 유형의 프로그램에서 한 가지 공통된 주제는 시간이 지남에 따라 소비자가 더 많은 이자를 지불한다는 것이다. 일반적으로 미지급 잔액에 대한 이자라는 i의 정확한 정의는 직접적으로 적용되지 않고, i는 종종 구매자에게 재정적으로 불리하게 조작된다. 이는 4장의 신용카드 사례를 사용한 예제 4.4에서 설명하였다.

7.2 PW 또는 AW 관계식을 이용한 수익률 계산

수익률(ROR) 값은 일련의 현금흐름에 대한 PW 또는 AW 값과 비교하여 일반적으로 다른 방식으로 결정된다. 잠시 일련의 현금흐름에 대한 PW 관계식만 고려해 보자. 특정 프로젝트의 현금흐름과 독립적으로 설정된 최소요구수익률(MARR)을 사용하면 수학적 관계식에 따라 실제 통화 단위(예 : 달러 또는 유로)의 PW 값이 결정된다. 이 절과 이후 절에서 ROR 값 계산 시 현금흐름만이 PW 관계식의 균형을 맞추는 이자율을 결정하는 데 사용된다. 따라서 ROR은 상대적 측정값으로 간주될 수 있는 반면 PW와 AW는 절대적 측정값으로 간주될 수 있다. 따라서 그 결과로서 산출된 이자율은 현금흐름 자체에만 의존하므로 정확한 용어는 **내부수익률**(IROR, Internal Rate of Return)이다. 그러나 수익률(ROR)이라는 용어가 혼용된다. 내부수익률의 또 다른 정의는 앞서 설명한 PW와 AW에 대한 해석을 기반으로 한다.

수익률

> 내부수익률은 일련의 현금흐름의 현재가치 또는 연간가치를 정확히 0으로 만드는 이자율이다.

수익률을 결정하기 위해서는 PW 또는 AW 관계식을 사용하여 수익률 방정식을 세우고 이를 0으로 설정한 다음 이자율을 구한다. 또는 현금 유출(비용 및 지출) PW_O의 현재가치를 현금 유입(수익 및 저축) PW_I의 현재가치와 동일시할 수 있다. 즉, 이러한 두 관계식 중 하나를 사용하여 i를 구한다.

$$0 = \text{PW}$$

또는 $$\text{PW}_\text{O} = \text{PW}_\text{I} \qquad [7.1]$$

연간가치 접근법(annual worth approach)은 i를 구하기 위해 동일한 방식으로 AW 값을 활용한다.

$$0 = \text{AW}$$

또는 $$\text{AW}_\text{O} = \text{AW}_\text{I} \qquad [7.2]$$

이러한 방정식을 수치적으로 정확하게 만드는 i 값을 i^*라고 하며, 이는 수익률 관계식의 근의 값과 같다. 투자 프로젝트의 일련의 현금흐름이 실행 가능한지 확인하기 위해서는 i^*를 설정된 최소요구수익률(MARR)과 비교할 수 있으며, 지침은 다음과 같다.

$i^* \geq$ MARR인 경우 해당 프로젝트가 경제적으로 실행 가능한 것으로 평가한다.
$i^* <$ MARR인 경우 해당 프로젝트는 경제적으로 실행 가능하지 않는 것으로 간주한다.

프로젝트 평가

경제성 공학 계산의 목적은 명시된 $i \geq 0\%$에 대한 PW 또는 AW 기간(terms)의 등가성이다. 수익률 계산의 목적은 현금흐름이 동일해지는 이자율 i^*를 찾는 것이다. 계산 방법은 이전 장에서 이자율을 알고 있을 때의 계산과 반대이다. 예를 들어, 지금 $1,000를 입금하고 3년 후 $500, 5년 후 $1,500 지급을 약속받았다면 PW 계수와 식 [7.1]을 사용한 수익률 관계식은 다음과 같다.

$$1{,}000 = 500(P/F,i^*,3) + 1{,}500(P/F,i^*,5) \qquad [7.3]$$

등식을 올바르게 만드는 i^* 값을 결정해야 한다(그림 7-2 참조). $1,000를 식 [7.3]의 우변으로 옮기면 0 = PW의 형태로 만들 수 있다.

$$0 = -1{,}000 + 500(P/F,i^*,3) + 1{,}500(P/F,i^*,5)$$

$i^* = 16.9\%$일 때, 이 방정식을 시행착오(trial and error) 기법이나 스프레드시트 기능을 사용하여 풀 수 있다. 화폐의 시간가치를 고려했을 때 현금 유입 총액이 유출 총액보다 크면 수익률은 항상 0보다 크다. $i^* = 16.9\%$를 사용하여 그림 7-1과 유사한 그래프를 구성할 수 있다. 이 그래프는 1년 차에 $-1,000로 시작한 매년 미회수 잔액이, 3년 차의 $500 수령, 5년 차의 $1,500 수령으로 정확히 회수된다는 것을 보여준다.

이처럼 수익률 관계식이 단순히 PW 방정식을 재배치한 것이라는 점은 분명하다. 즉, 위의 이자율이 16.9%로 알려져 있고, 이를 사용하여 지금으로부터 3년 후의 PW인

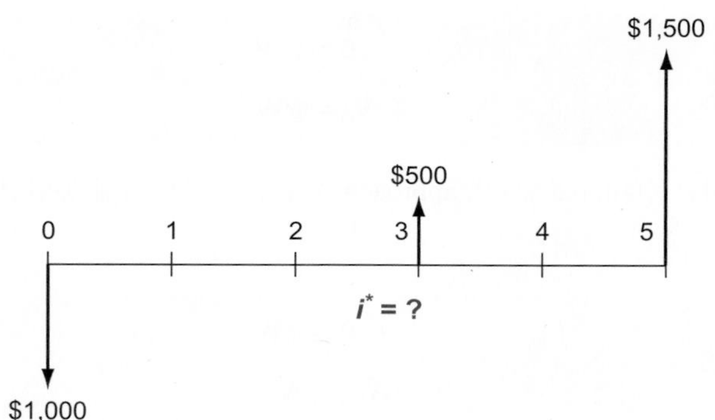

그림 7-2
*i*의 값을 결정해야 하는 현금흐름

$500, 지금으로부터 5년 후의 PW인 $1,500를 구할 경우, PW 관계식은 다음과 같다.

$$\text{PW} = 500(P/F,16.9\%,3) + 1{,}500(P/F,16.9\%,5) = \$1{,}000$$

이는 수익률 방정식과 현재가치 방정식이 정확히 동일한 방식으로 설정되어 있음을 보여준다. 유일한 차이점은 주어진 것과 구하는 것이라는 점이다.

PW 관계식을 수립한 후 i^*를 결정하는 방법에는 여러 가지가 있다. 즉, 프로그래밍 가능한 계산기를 사용하여 수기로 직접 시행착오를 통해 해결하는 방법과 스프레드시트 기능을 사용하여 해결하는 방법이다. 스프레드시트가 더 빠르지만, 시행착오를 통한 방법이 수익률 계산의 작동 방식을 이해하는 데 도움이 된다. 여기 그리고 예제 7.2에서 두 가지 방법을 요약하여 설명한다.

시행착오를 통한 i^*의 계산 PW 기반 방정식을 사용하는 일반적인 절차는 다음과 같다.

1. 현금흐름도를 그린다.
2. 수익률 방정식을 식 [7.1]의 형태로 수립한다.
3. 방정식이 균형을 이룰 때까지 시행착오를 통해 i 값을 선택한다.

i^*를 결정하기 위해 시행착오 방법을 적용하는 경우, 3단계에서 첫 번째 시행에 정답에 상당히 근접하는 것이 유리하다. 수입과 지출이 P/F 또는 P/A 같은 단일 계수(single factor)로 나타낼 수 있는 방식으로 현금흐름을 결합하면, 해당 계수 값에 대응하는 n년간의 이자율을 표에서 찾을 수 있다. 그렇다면 문제는 현금흐름을 하나의 계수 형태로 결합하는 것이다. 이는 다음 절차를 통해 수행할 수 있다.

1. 화폐의 시간가치를 무시하여 모든 지출(disbursements)을 단일 금액(P 또는 F) 또는 균일 금액(A)으로 변환한다. 예를 들어, A를 F 값으로 변환하려면 A에 연수 n을

곱하기만 하면 된다. 현금흐름의 이동을 위해 선택된 방안은 화폐의 시간가치를 무시함으로써 발생하는 오류를 최소화하는 것이어야 한다. 즉, 현금흐름의 대부분이 A이고 소량이 F인 경우 F를 A로 변환하는 것이 아니라 그 반대가 되어야 한다.

2. 모든 회수액(receipts)을 단일 또는 균일한 값으로 변환한다.
3. P/F, P/A 또는 A/F 형식이 적용되도록 지출과 회수액을 결합한 후, 이자율표를 사용하여 P/F, P/A 또는 A/F 값을 만족시키는 대략적인 이자율을 찾는다. 이렇게 얻은 이자율은 첫 번째 시행에 대한 좋은 추정치이다.

화폐의 시간가치를 무시하기 때문에 이러한 1차 시행 이자율은 실제 수익률에 대한 추정일 뿐이라는 점을 인식하는 것이 중요하다. 이와 같은 절차를 예제 7.2에서 설명한다.

스프레드시트를 이용한 i^*의 계산 일련의 동일한 현금흐름(A)이 있을 때 i^* 값을 결정하는 가장 빠른 방법은 RATE 함수를 적용하는 것이다. 이는 0년 차에 별도의 P 값을 갖고 n년 차에 별도의 F 값을 갖는 것이 허용되는 강력한 단일 셀 함수이다. 형식은 다음과 같다.

$$= \text{RATE}(n,A,P,F) \qquad [7.4]$$

현금흐름이 매년(기간마다) 달라질 때 i^*를 찾는 가장 좋은 방법은 순현금흐름을 연속된 셀($0 금액 포함)에 입력하고 모든 셀에 IRR 함수를 적용하는 것이다. 형식은 다음과 같다.

$$= \text{IRR(첫 번째 셀 주소:마지막 셀 주소, guess)} \qquad [7.5]$$

여기에서 "guess"는 IRR 함수가 i^* 찾기를 시작하는 초기 i 값이다.

민감도 분석과 i^* 값에 대한 그래픽 추정을 위한 PW 기반 절차는 다음과 같다.

1. 현금흐름도를 그린다.
2. 식 [7.1], 즉 PW = 0의 형태로 ROR 관계식을 수립한다.
3. 스프레드시트의 연속한 셀에 현금흐름을 입력한다.
4. i^*를 표시하는 IRR 함수를 작성한다.
5. NPV 함수를 사용하여 PW 그래프(PW 대 i 값)를 작성한다. 이 그래프는 PW = 0을 만족시키는 i^* 값을 보여준다.

예제 7.2

가치 흐름 매핑과 결합된 친환경 린 제조 기술을 적용하면 환경 요인에 더 중점을 두는 동시에 향후 몇 년 동안 큰 재정적 차이를 만들 수 있다. Monarch Paints의 엔지니어들은 소비자 페인트 제조 시설에서 폐수, 포장재 및 기타 고형 폐기물의 양을 줄일 수 있는 새로운 방법에 지금 당장 $2백만을 투자할 것을 경영진에게 권고하였다. 예상 절감액은 향후 10년간 매년 $150,000이며, 10년이 지난 후에는 시설 및 장비 업그레이드 비용에서 $3백만을 추가로 절감할 수 있다. 수기 및 스프레드시트 함수를 사용하여 수익률을 결정하시오.

수기 풀이

PW 방정식을 기반으로 시행착오 절차를 사용한다.

1. 그림 7-3은 현금흐름도를 보여준다.

2. 수익률 방정식에는 식 [7.1] 형식을 사용한다.

$$0 = -2{,}000{,}000 + 150{,}000(P/A,i^*,10) + 3{,}000{,}000(P/F,i^*,10) \qquad [7.6]$$

3. 추정 절차를 사용하여 첫 번째 시행에 대한 i를 결정한다. P/F 계수를 사용할 수 있도록 모든 소득은 10년 차에 단일 F로 간주한다. P/F 계수는 대부분의 현금흐름($3,000,000)이 이미 이 계수에 적합하고, 남은 돈의 시간가치를 무시함으로써 발생하는 오류가 최소화되기 때문에 선택된다. i의 첫 번째 추정치에 대해서만 $P = \$2{,}000{,}000$, $n = 10$, $F = 10(150{,}000) + 3{,}000{,}000 = \$4{,}500{,}000$로 정의한다. 그 결과로서 다음과 같은 식이 성립한다.

$$2{,}000{,}000 = 4{,}500{,}000(P/F,i^*,10)$$
$$(P/F,i^*,10) = 0.444$$

대략적으로 추정된 i^*는 8%에서 9% 사이이다. 화폐의 시간가치를 고려할 때, P/F 계수에 대한 이 대략적인 비율은 실제 가치보다 낮기 때문에 첫 번째 시행을 위한 i 값으로 9%를 사용한다.

$$0 = -2{,}000{,}000 + 150{,}000(P/A,9\%,10) + 3{,}000{,}000(P/F,9\%,10)$$
$$0 < \$229{,}879$$

결과는 양수로 나타나며, 이는 수익률이 9% 이상임을 나타낸다. $i = 11\%$로 적용하면, 다음과 같다.

$$0 = -2{,}000{,}000 + 150{,}000(P/A,11\%,10) + 3{,}000{,}000(P/F,11\%,10)$$
$$0 > \$-60{,}076$$

11%라는 금리는 너무 높음을 의미하므로 9%와 11% 사이를 선형보간한다.

$$i^* = 9.00 + \frac{229{,}879 - 0}{229{,}879 - (-60{,}076)}(2.0) = 9.00 + 1.58 = 10.58\%$$

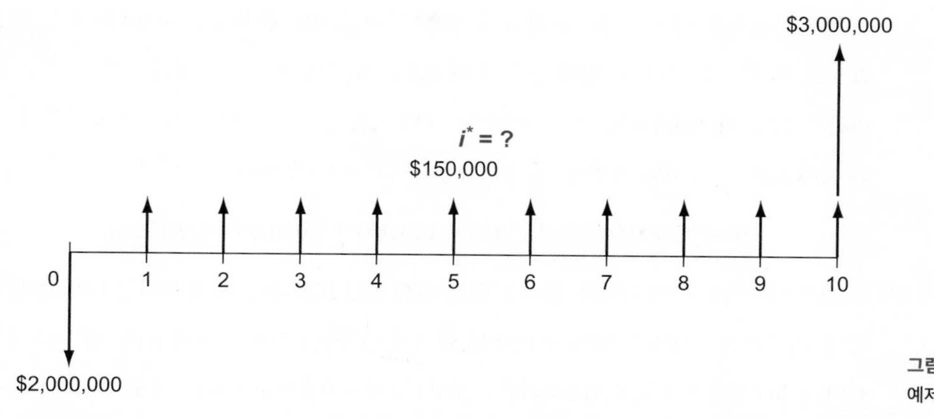

그림 7-3
예제 7.2의 현금흐름도

	A	B	C	D	E	F	G	H	I	J
1	연도	현금흐름, $	시도 i, %	PW 값, $						
2	0	-2,000,000	5.00%	1,000,000						
3	1	150,000	6.00%	779,197						
4	2	150,000	7.00%	578,585						
5	3	150,000	8.00%	396,093						
6	4	150,000	9.00%	229,881						
7	5	150,000	10.00%	78,315						
8	6	150,000	11.00%	-60,062						
9	7	150,000	12.00%	-186,547						
10	8	150,000								
11	9	150,000								
12	10	3,150,000								
13										
14	수익률	10.55%								
15										
16										
17										
18										
19										
20										
21										

= NPV(C4,$B$3:$B$12) + $B$2

= IRR(B2:B12)

i* = 10.55%
PW 값, $
1,200,000
1,000,000
800,000
600,000
400,000
200,000
0
-200,000
5.0% 6.0% 7.0% 8.0% 9.0% 10.0% 11.0% 12.0%
이자율 i, %

그림 7-4
예제 7.2의 i^*를 결정하고 PW 그래프를 작성하기 위한 스프레드시트

스프레드시트 풀이

i^*를 찾는 가장 빠른 방법은 RATE 함수(식 [7.4])를 사용하는 것이다. 입력 = RATE(10,150000, −200000,3000000)은 연간 $i^* = 10.55\%$를 표시한다. IRR 함수를 사용하는 것도 가능하며, 동일한 결과를 얻을 수 있다. 그림 7-4의 B열은 i^*를 얻기 위한 현금흐름과 = IRR(B2:B12) 함수를 보여준다.

완전한 스프레드시트 분석을 위해서는 위에서 설명한 절차를 따른다.

1. 그림 7-3은 현금흐름을 보여준다.

2. 식 [7.6]은 ROR 관계식이다.

3. 그림 7-4는 B열의 순현금흐름을 보여준다.

4. B14 셀의 IRR 함수는 $i^* = 10.55\%$를 표시한다.

5. $i^* = 10.55\%$를 도표에서 관찰하기 위해 D열에는 다양한 i 값에 대한 PW 그래프가 표시된다. NPV 함수는 분산형 차트의 PW를 계산하는 데 반복적으로 사용된다.

PW 방정식을 사용하여 i^*를 찾을 수 있는 것처럼, AW 관계식을 사용하여 i^*를 같은 값으로 결정할 수 있다. 이 방법은 연간 현금흐름이 균일할 때 선호된다. 수기로 푸는 방법은 식 [7.2]가 사용된다는 점을 제외하면 PW 기반 관계식에 대한 절차와 동일하다. 위의 예제 7.2의 경우 AW 기반 관계식을 사용하여 $i^* = 10.55\%$가 결정된다.

$$0 = -2{,}000{,}000(A/P,i^*,10) + 150{,}000 + 3{,}000{,}000(A/F,i^*,10)$$

스프레드시트로 해결하는 절차는 위에서 설명한 IRR 함수를 사용하는 방법과 동일하다. 내부적으로 IRR은 NPV = 0이 될 때까지 다양한 i 값에 대하여 NPV 함수를 계산한다. (PMT 함수는 A 값을 계산하려면 고정된 i 값이 필요하므로, PMT 함수를 활용하는 동등한 방법은 없다.)

7.3 수익률 방법 사용 시 특별 고려사항 ●●●

수익률 방법은 이 장에서 논의하는 것처럼 엔지니어링 및 비즈니스 환경에서 하나의 프로젝트를 평가할 때, 그리고 다음 장에서 설명하는 것처럼 둘 이상의 프로젝트 중에서 하나의 대안을 선택하기 위해 일반적으로 사용된다. 앞서 언급했듯이 수익률 분석은 PW 및 AW 분석과 다른 기반을 사용하여 수행된다. 즉, 현금흐름 자체가 (내부) 수익률을 결정한다. 따라서 i^*를 계산하고 실제 의미를 해석할 때 수익률 분석에서는 몇 가지 가정과 특별한 고려사항이 있다. 이에 대한 요약은 아래와 같다.

- **다중 i^* 값** : 순현금 유입과 유출 순서에 따라 수익률 방정식에 실수 근이 2개 이상 있을 수 있으며, 이로 인해 i^* 값이 2개 이상 나올 수 있다. 이러한 가능성은 7.4절에서 논의된다.
- **i^*에 재투자** : PW 방법과 AW 방법 모두 순 긍정적 투자(즉, 화폐의 시간가치를 고려한 순 긍정적 현금흐름)가 최소요구수익률(MARR)에 재투자된다고 가정한다. 그러나 수익률 방법은 i^* 금리로 재투자함을 가정한다. i^*가 최소요구수익률에 가깝지 않은 경우(예 : i^*가 최소요구수익률보다 상당히 큰 경우), 이는 비현실적인 가정이다. 이러한 경우 i^* 값은 의사결정을 위한 좋은 기준이라 할 수 없다. 이러한 상황은 7.5절에서 논의된다.
- **복수 대안 평가를 위한 다른 절차** : 수익률 방법을 올바르게 사용하여 2개 이상의 상호배타적인 대안 중에서 선택하려면 증분 분석(incremental analysis)이 필요한데, 이는 PW 및 AW 분석보다 훨씬 더 복잡하다. 8장에서 이 절차를 설명한다.

가능하다면 경제성 공학 연구 관점에서 **수익률 방법 대신 명시된 최소요구수익률(MARR)에서 AW 또는 PW 방법을 사용해야 한다.** 그러나 수익률 값이 일반적으로 사용되기 때문에 수익률 방법이 장점이 있다. 그리고 수익률 방법은 제안된 프로젝트의 수익과 현재 진행 중인 프로젝트의 수익을 쉽게 비교할 수 있다.

i^*의 정확한 값을 아는 것이 중요한 경우 최소요구수익률(MARR)에서 PW 또는 AW를 결정한 다음 선택한 대안에 대한 특정 i^*를 결정하는 것이 좋다.

예를 들어, 프로젝트가 최소요구수익률(MARR) = 15%로 평가되고 PW < 0인 경우 $i^* < 15\%$이므로 i^*를 계산할 필요가 없다. 그러나 PW가 양수이지만 0에 가까우면 정확한 i^*를 계산하고 이를 프로젝트가 재정적으로 정당하다는 결론과 함께 보고한다.

7.4 다중수익률 값 ●●●

7.2절에서는 고유한 수익률 i^*를 결정하였다. 지금까지 제시된 자금열(cash flow series)에서 순현금흐름(net cash flow)의 대수 부호는 단 한 번만 변경되었으며, 일반적으로 0년 차에 음수였던 자금열(series)이 특정 시점에 양수로 변경되었다. 이를 전형적(단순 또는 정규) 자금열(conventional (simple or regular) cash flow series)이라고 한다. 그러나 일부 자금열에서 순현금흐름은 1년마다 양수와 음수 사이를 전환하므로 부호 변화가 두 번 이상 발생한다. 이러한 형태를 비전형적(단순하지 않은 또는 불규칙) 자금열(nonconventional (nonsimple or irregular) cash flow series)이라고 한다. 표 7-3의 예에서 볼 수 있듯이, 양수 또는 음수 부호의 각 자금열은 길이가 하나 이상일 수 있다. 기대수명 말 시점에 상당한 지출이 필요한 프로젝트에서는 순현금흐름(NCF)상에서 금액과 부호의 상대적인 큰 변화가 발생할 수 있다. 원자력 발전소, 노천광산, 유정 부지, 정유소 등에는 환경 복원, 폐기물 처리 및 기타 값비싼 단계적 폐지(phase out)비용이 필요

표 7-3 6년간의 전형적 순현금흐름과 비전형적 순현금흐름의 예

자금열 유형	연도별 순현금흐름 부호							부호 변경 개수
	0	1	2	3	4	5	6	
전형적	−	+	+	+	+	+	+	1
전형적	−	−	−	+	+	+	+	1
전형적	+	+	+	+	+	−	−	1
비전형적	−	+	+	+	−	−	−	2
비전형적	+	+	−	−	−	+	+	2
비전형적	−	+	−	−	+	+	+	3

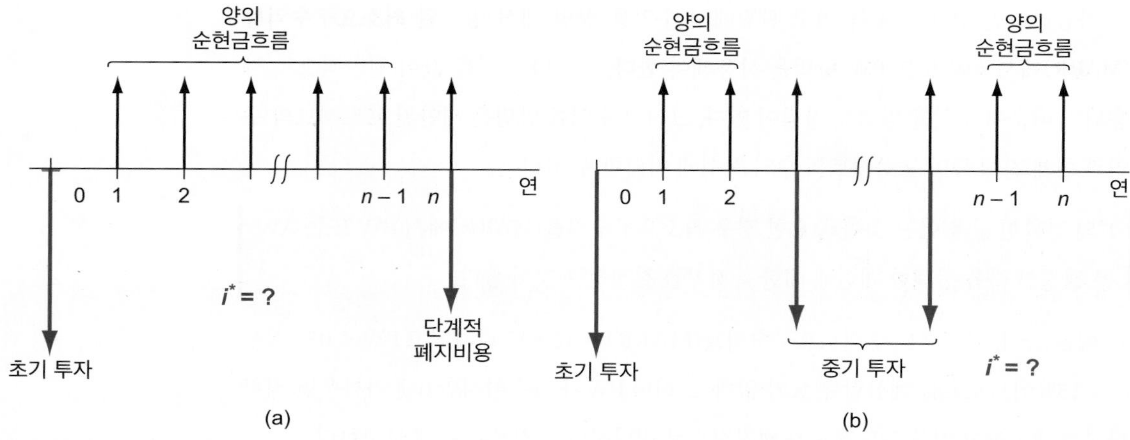

그림 7-5
(a) 대규모 복원 비용이 수반되는 프로젝트와 (b) 개선 또는 보수 비용이 수반되는 프로젝트의 일반적인 현금흐름 다이어그램

한 경우가 많다. 이 경우 현금흐름 다이어그램은 그림 7-5(a)와 유사하게 나타난다. 향후 몇 년간 대규모 개조 비용이나 업그레이드 투자가 예상되는 공장 및 시스템은 그림 7-5(b)의 패턴에서 볼 수 있듯이 수년에 걸쳐 현금흐름과 부호가 크게 변동할 수 있다.

순현금흐름에 2개 이상의 부호 변화가 있는 경우 −100%에서 양의 무한대 범위에 여러 i^* 값이 있을 수 있다. 하나의 고유한 값이 있는지 또는 실수인 여러 개의 i^* 값이 있는지 확인하기 위해 비전형적인 자금열에 대해 두 가지 검정을 순차적으로 진행할 수 있다.

검정 1 : (데카르트의) 부호 규칙((Descartes') rule of signs)에 따르면 실수 근의 총수는 항상 자금열의 부호 변화 개수보다 작거나 같다.

이 규칙은 i^*를 찾기 위해 식 [7.1] 또는 [7.2]에 의해 설정된 관계가 n차 다항식이라는 사실에서 도출된다. (허수값이나 무한대도 방정식을 만족시킬 수 있다.)

검정 2 : 노스트롬의 기준(Norstrom's criterion)이라고도 하는 **누적 현금흐름 부호 검정**(cumulative cash flow sign test)은 음수로 시작하는 일련의 누적 현금흐름에서 단 1개의 부호 변화가 있을 때 다항 관계식에 **하나의 양수 근**이 있음을 나타낸다.

노스트롬의 기준을 적용할 때 자금열의 0 값은 무시된다. 이는 하나의 양의 실수 i^* 값이 있는지 확인할 수 있는 보다 식별력 있는 검정이다. 수익률 관계식을 만족시키는 음수 근이 있을 수 있지만 이는 유용한 i^* 값이 아니다. 검정을 수행하려면 먼저 다음과 같은 누적현금흐름을 결정해야 한다.

$$S_t = \text{기간 } t \text{ 동안의 누적 현금흐름}$$

다음으로 S_0 부호를 관찰하고 자금열 $S_0, S_1, \ldots, S_n$에서 부호 변화 개수를 세어본다. $S_0 < 0$이고, 부호가 자금열에서 한 번 변경되는 경우에만 단 하나의 양의 실수 i^*가 존재한다.

이 두 가지 검정의 결과를 바탕으로 고유한 i^* 또는 복수 i^* 값에 대한 수익률 관계식은 수기로 시행착오 방법을 이용하거나, 또는 프로그래밍 가능한 계산기를 사용하거나, "guess" 옵션을 포함하는 IRR 함수를 사용하는 스프레드시트를 이용하여 풀 수 있다. 특히 스프레드시트를 사용할 때는 PW 대 i 그래프를 작성하는 것이 좋다. 예제 7.3과 7.4는 i^*에 대한 검정과 풀이 방법을 보여준다.

예제 7.3

Sept-Îles Aluminum Company는 현재 노천 채굴장에서 약 2 km 떨어진 알루미늄 제련소에 공급하기 위해 보크사이트 광산을 운영하고 있다. 향후 10년 동안 현재 사용 가능한 보크사이트의 10%를 추가로 공급할 새로운 채굴 지점이 제안되었다. 토지 임대료는 $400,000이며 초기에 지불되어야 한다. 이 계약에는 10년이 지나면 토지를 복원하고 주립공원 및 야생동물 보호구역의 일부로 개발하는 것이 명시되어 있다. 여기에는 $300,000가 소요될 것으로 예상된다. 증가된 생산 능력으로 인해 회사는 연간 $75,000의 추가 순익을 얻을 것으로 추산된다. 다음과 같은 정보를 제공하는 수익률 분석을 수행하시오.

(a) 자금열의 종류와 가능한 수익률 값의 개수

(b) 모든 i^* 값을 보여주는 PW 대 i 그래프

(c) 수익률 관계식과 스프레드시트 기능을 사용하여 결정된 실제 i^* 값

(d) 이 분석을 통해 정확한 수익률에 대해 도출할 수 있는 결론

풀이

(a) 순현금흐름은 초기 투자가 $-400,000이고, 1년 차부터 10년 차까지 연간 순현금흐름이 $75,000이며, 10년 차에 단계적 폐지비용이 $-300,000인 그림 7-5(a)와 같이 나타난다. 그림 7-6에서는 두 가지 검

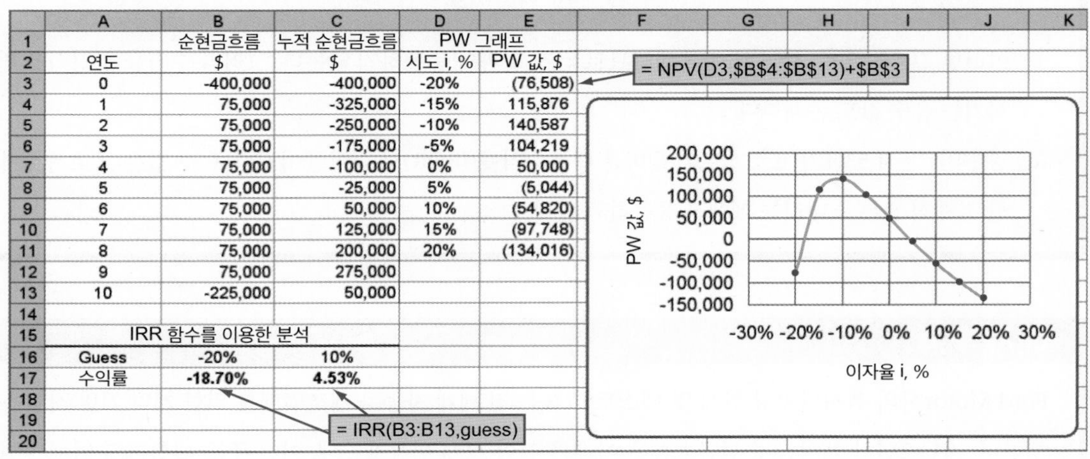

	A	B	C	D	E
1		순현금흐름	누적 순현금흐름	PW 그래프	
2	연도	$	$	시도 i, %	PW 값, $
3	0	-400,000	-400,000	-20%	(76,508)
4	1	75,000	-325,000	-15%	115,876
5	2	75,000	-250,000	-10%	140,587
6	3	75,000	-175,000	-5%	104,219
7	4	75,000	-100,000	0%	50,000
8	5	75,000	-25,000	5%	(5,044)
9	6	75,000	50,000	10%	(54,820)
10	7	75,000	125,000	15%	(97,748)
11	8	75,000	200,000	20%	(134,016)
12	9	75,000	275,000		
13	10	-225,000	50,000		
14					
15	IRR 함수를 이용한 분석				
16	Guess	-20%	10%		
17	수익률	**-18.70%**	**4.53%**		
18					
19					
20					

그림 7-6
예제 7.3에서 스프레드시트를 이용한 다중 i^* 값과 PW 그래프의 작성

정에 사용되는 고유 및 다중 i^* 값에 대한 순현금흐름(B열)과 누적 순현금흐름(C열)을 자세히 보여준다. 자금열 전체에 걸친 부호 변화를 보면 **이 자금열은 비전형적이다.**

검정 1 : NCF 자금열에서 부호가 두 번 변화한다. 이는 다항 방정식, 즉 수익률 방정식의 i^* 값에 대하여 **최대 2개의 근이 존재할 수 있음**을 의미한다.

검정 2 : 누적 NCF 자금열에는 부호 변경이 한 번 있는데, 이는 고유한 양의 근, 즉 **하나의 양의 i^* 값**이 존재함을 의미한다.

(b) 그림 7-6에서 스프레드시트의 D열과 E열은 연간 −20%에서 +20% 범위의 i 값을 사용하여 NPV 함수를 통해 PW 대 i에 대한 그래프를 그린다. 포물선 모양의 곡선이 PW = 0의 직선을 교차하는 경우가 두 번 있는데, 대략 $i_1^* = -18\%$와 $i_2^* = 5\%$일 때이다.

(c) PW 계산을 기반으로 한 수익률 방정식은 다음과 같다.

$$0 = -400{,}000 + 75{,}000(P/A,i^*\%,10) - 300{,}000(P/F,i^*\%,10) \qquad [7.7]$$

i^* 값을 수기로 계산 : 수기 풀이의 경우, 예제 7.2에서 사용된 것과 동일한 절차를 여기에서도 적용할 수 있다. 그러나 초기 i 값을 추정하는 기법은 이 경우에는 잘 작동하지 않는데, 대부분의 현금흐름이 P/F 또는 F/P 계수에 맞지 않기 때문이다. 실제로 P/F 계수를 이용하면 초기 i 값은 1.25%로 나타난다. 다양한 i 값을 사용하여 식 [7.7]을 시행착오를 통해 풀면 연간 약 4.5%의 정답에 근접할 수 있다. 이는 하나의 양의 i^* 값을 가짐을 암시한 검정 결과를 따른다.

스프레드시트 함수를 이용한 i^* 계산 : 그림 7-6에서 B열의 NCF 자금열에 대한 i^* 값을 결정하기 위해 = IRR(B3:B13,guess) 함수를 사용한다. "guess" 옵션에 다양한 값을 입력하면 IRR 함수는 여러 i^* 값(존재하는 경우)을 찾게 된다. 17행에 표시된 대로 2개의 값이 발견되었다.

$$i_1^* = -18.70\% \qquad i_2^* = +4.53\%$$

이러한 결과는 양수 값이 하나 존재하므로 검정 결과와 충돌하지 않는다. 그러나 수익률 방정식을 만족시키는 음수 값도 존재한다.

(d) 양수인 $i^* = 4.53\%$가 프로젝트의 올바른 내부수익률(IROR)로 받아들여진다. 음수 값은 프로젝트에 대한 경제적 결론을 내리는 데에는 유용하지 않다.

예제 7.4

Ford Motor사의 엔지니어링 설계 및 테스트 그룹은 전 세계 자동차 제조업체를 위한 계약 기반 작업을 수행한다. 지난 3년간 계약금 순현금흐름은 아래와 같이 크게 변동했는데, 이는 주로 대형 제조업체의 계약금 지급 능력 부족으로 인한 것이다.

연도	0	1	2	3
순현금흐름, 천 달러	+2,000	−500	−8,100	+6,800

(a) 수익률 방정식을 만족시킬 수 있는 i^* 값의 최대 개수를 결정하시오.

(b) PW 방정식을 작성하고 PW 대 i에 대한 그래프를 그려 i^* 값의 근사치를 구하시오.

(c) i^* 값은 무엇을 의미하는가?

풀이

(a) 표 7-4는 연간 현금흐름과 누적현금흐름을 보여준다. 자금열에 2개의 부호 변화가 있으므로 부호 법칙(rule of signs)에 따르면 최대 2개의 i^* 값이 존재한다. 누적현금흐름은 양수 $S_0 = +2{,}000$으로 시작하므로, 검정 2는 결론에 이르지 못한다. 종합하면 i^* 값은 최대 2개까지 찾을 수 있다.

표 7-4 예제 7.4의 현금흐름 및 누적현금흐름

연도	현금흐름(천 달러)	항 번호	누적현금흐름(천 달러)
0	+2,000	S_0	+2,000
1	−500	S_1	+1,500
2	−8,100	S_2	−6,600
3	+6,800	S_3	+200

(b) PW 관계식은 다음과 같다.

$$\text{PW} = 2{,}000 - 500(P/F,i,1) - 8{,}100(P/F,i,2) + 6{,}800(P/F,i,3)$$

PW 값은 아래와 같으며, 여러 i 값에 대한 PW 값의 그래프는 그림 7-7과 같다. 2차 다항식의 특징적인 포물선 모양이 얻어지며, PW는 대략 $i_1^* = 8\%$ 및 $i_2^* = 41\%$에서 i축을 교차한다.

i%	5	10	20	30	40	50
PW, 천 달러	+51.44	−39.55	−106.13	−82.01	−11.83	+81.85

그림 7-8의 스프레드시트에서 PW 그래프는 PW = 0에서 두 번 x축을 교차하는 PW 곡선을 보여준다. 또한 서로 다른 guess 값을 갖는 IRR 함수를 사용하여 **2개의 양수 i^* 값**에 대한 해법도 보여준다. 그 값은 다음과 같다.

$$i_1^* = 7.47\% \qquad i_2^* = 41.35\%$$

(c) 두 i^* 값이 모두 양수이므로 둘 다 자금열의 실제 수익률로 간주될 수 없다. 이러한 결과는 보다 유용한 프로젝트 수익률을 계산하기 위해 추가 정보, 즉 프로젝트 외부에 투자된 자금의 예상 수익과 프로젝트를 계속하기 위해 돈을 빌리는 데 드는 자본 비용에 대한 일부 정보가 필요함을 의미한다. 이 문제는 다음 절에서 논의되는 접근 방식을 취해야 하는 경우를 보여주는 좋은 예이다. 또는 설정된 최소요구수익률(MARR)에서 PW, AW 또는 FW 평가를 사용하여 경제적 의사결정을 내릴 수 있다.

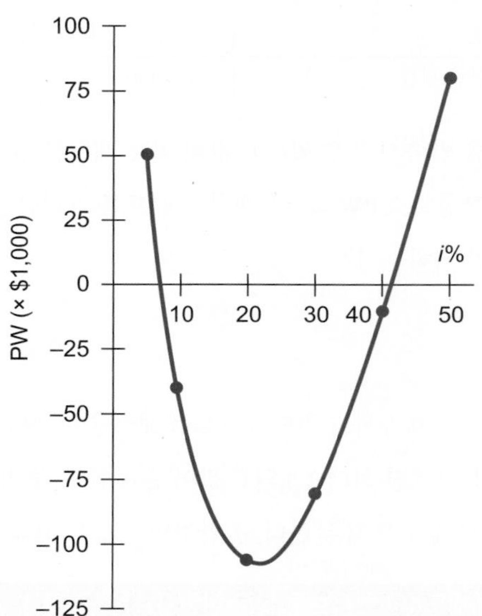

그림 7-7
예제 7.4의 다양한 이자율에서 현금흐름의 현재가치

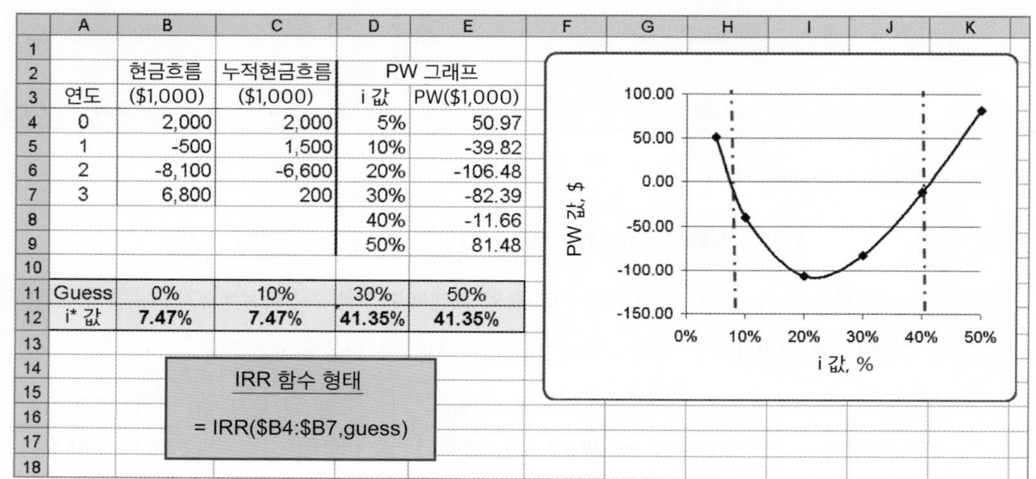

	A	B	C	D	E
1					
2		현금흐름	누적현금흐름	PW 그래프	
3	연도	($1,000)	($1,000)	i 값	PW($1,000)
4	0	2,000	2,000	5%	50.97
5	1	-500	1,500	10%	-39.82
6	2	-8,100	-6,600	20%	-106.48
7	3	6,800	200	30%	-82.39
8				40%	-11.66
9				50%	81.48
10					
11	Guess	0%	10%	30%	50%
12	i* 값	**7.47%**	**7.47%**	**41.35%**	**41.35%**

IRR 함수 형태

= IRR($B4:$B7,guess)

그림 7-8
예제 7.4의 스프레드시트 풀이

IRR 함수에 guess 옵션을 사용하지 않는 경우, 시작점은 연 10%이다. 이 함수는 PW 관계식을 만족시키는 10%에 가장 가까운 수익률을 찾는다. 다양한 guess 값을 입력하면 IRR이 −100%에서 ∞ 사이에 있는 여러 i^* 값(존재하는 경우)을 찾을 수 있다. 그 결과는 믿을 수 없거나 받아들일 수 없는 값으로 계산되어 받아들여지지 않는 경우가 많다. 계산된 값의 부호에 따라 이를 수익률로 받아들일지에 대한 몇 가지 유용한 지침을 다음과 같이 개발할 수 있다. 특정한 자금열에 대해 2개의 i^* 값이 있다고 가정한다.

결과가 다음과 같을 경우	해야 할 일
둘 다 $i^* < 0$	두 값을 모두 폐기한다.
둘 다 $i^* > 0$	두 값을 모두 폐기한다.
하나는 $i^* > 0$, 다른 하나는 $i^* < 0$	$i^* > 0$인 값을 수익률로 사용한다.

마지막 경우에 양수 i^* 값 하나를 선택하면 양의 현금흐름의 총계가 음의 현금흐름의 총계를 초과한다는 것을 가정하므로, 이는 양수 i^* 값의 가능성을 나타낸다(이것이 예제 7.3의 상황이다). 두 i^* 값이 모두 폐기되는 경우 다음 절에서 논의되는 접근 방식을 이용하여 프로젝트에 대한 하나의 수익률 값을 결정한다. 그러나 다음과 같은 주요 권장사항을 기억하여야 한다.

> 신뢰할 수 있는 경제적 타당성 측정을 위해 항상 먼저 최소요구수익률(MARR)에서 PW 또는 AW를 결정한다. PW 또는 AW가 0보다 크고 수익률이 필요한 경우, 프로젝트 현금흐름의 실제 i^*를 구한다.

이 권장사항은 수익률 방법을 사용하지 말라는 것이 아니다. 오히려 실제 i^* 값이 의사결정 과정에 필수적인 경우에만 수익률 방법을 사용하는 것을 권장하는 것이다.

7.5 다중수익률을 제거하는 기법

여기에서 개발된 기법은 다음 조건을 모두 충족할 때 사용된다.

- 최소요구수익률(MARR)에서 PW 또는 AW 값이 결정되어 의사결정을 내리는 데 사용될 수 있지만, 경제적 의사결정을 마무리하기 위해서는 수익률에 대한 정보가 필요한 것으로 간주된다.
- 현금흐름 부호 변경에 대한 두 가지 검정(데카르트의 검정과 노스트롬의 검정) 결과 다중 근(i^* 값)이 가능하다.
- PW 그래프와 IRR 함수를 사용하면, 하나 이상의 양의 i^* 값이 도출되거나, 또는 모두 음의 i^* 값이 도출된다.
- 경영진이나 엔지니어는 명확한 경제적 의사결정을 내리기 위해 신뢰할 수 있는 단일 수익률이 필요하다.

지금부터는 여러 i^* 값을 제거하는 두 가지 방법을 소개한다. 선택한 접근 방식은 평가 중인 프로젝트에 대해 가장 신뢰할 수 있는 추정치가 무엇인지에 따라 달라진다. 기억해야 할 중요한 사실은 다음과 같다.

여러 개의 유용하지 않은 i^* 값이 존재할 때 단일 수익률 값을 얻기 위한 후속 분석 결과는 비전형적인 순자금열에 대한 **내부수익률(IROR)을 결정하지 않는다.** 분석 결과 도출된 수익률은 선택한 기법을 작동시키기 위해 제공된 추가 정보의 함수이며, 정확도는 이 정보의 신뢰성에 따라 달라진다.

결과 값은 일반적으로 **외부수익률**(EROR, External Rate of Return)이라고 하며, 이러한 명칭은 이전 절까지 다룬 내부수익률(IROR)과 다르다는 점을 상기시킨다. 외부수익률을 계산하기 전 먼저 프로젝트의 **연간 순현금흐름에 대한 관점**을 식별하는 것이 가장 중요하다. 다음과 같은 관점을 취해 보자. 당신은 프로젝트 관리자이고 프로젝트는 매년 현금흐름을 생성한다고 가정하자. 어떤 해에는 양의 순현금흐름(NCF)이 생성되며 초과 자금을 좋은 수익률로 투자하고 싶다. 이것을 **투자수익률**(investment rate) i_i라고 부르며, 재투자수익률(reinvestment rate)이라고도 한다. 다른 해에는 순현금흐름(NCF)이 음수가 되며, 프로젝트를 지속하려면 외부에서 일부 자금을 빌려야 한다. 이때 지불하는 이자율은 가능한 한 낮아야 한다. 이것을 **대출이자율**(borrowing rate) i_b라고 부르며, 금융이자율(finance rate)이라고도 한다. 매년 화폐의 시간가치를 고려해야 하며, 이는 전년도 순현금흐름(NCF)의 부호에 따라 투자수익률이나 대출이자율을 활용해야 한다. 이러한 관점을 바탕으로 다중 i^* 상황을 수정하는 두 가지 접근 방식을 개괄적으로 설명할 수 있다. 각 방법은 서로 다른 추가 정보가 필요하고 현금흐름이 화폐의 시간가치 관점에서 다른 방식으로 처리되기 때문에 각 방법에 따라 계산된 수익률 값은 동일하지 않다.

외부수익률

외부수익률(EROR)은 자금열에 대하여 다음의 두 가지 상황을 고려한 연간 수익률이다. (1) 첫 번째는 한 해 동안 프로젝트에서 발생한 양의 순현금흐름에 대한 투자수익률이며, (2) 두 번째는 프로젝트의 음의 순현금흐름, 즉 연간 손실을 발생시키는 경우 프로젝트 운영을 계속하기 위해 지불해야 하는 이자율(은행 대출 금리와 같이 프로젝트와 무관하거나 외부의 이자율)이다.

수정된 내부수익률(MIRR)법 적용하기 쉬운 방법으로, 단일 외부수익률(EROR) 값을 빠르게 찾을 수 있는 스프레드시트 기능이 있다. 그러나 결과가 투자수익률과 대출이자율에 매우 민감할 수 있으므로, 투자수익률과 대출이자율을 신뢰성 있게 추정해야 한다. 결과를 식별하기 위해 기호 i'를 사용한다.

투자자본수익률(ROIC) 방법 수학적으로 더 엄격하지만 외부수익률(EROR)에 대한 보다 신뢰성 있는 추정치를 제공하며, 이 방법을 사용하기 위해서 투자수익률 i_i만 필요하다. 결과를 식별하기 위해 기호 i''를 사용한다.

이 시점에서 예제 7.1을 포함하여 7.1절의 내용을 검토하는 것이 좋다. 여기서 결정된 i' 또는 i'' 값은 이 장 앞부분에서 정의한 수익률(ROR)은 아니지만 기말 현금잔액을 0으로 만드는 개념이 사용된다.

가장 정확한 수익률에 대한 모호성을 제거하기 위한 이 두 가지 기술을 설명하기 전에 (1) 다양한 유형의 자금열(전형적 및 비전형적)과 (2) 가능한 i^* 값의 개수는 어떤 상황에서든 최상의 평가 방법을 결정하는 데 도움이 됨을 설명하고자 한다. 그림 7-9는 이에 대한 개요를 제공한다. 전형적 현금흐름 형태의 경우(왼쪽 분기), i^* 계산은 내부수익률(IROR)의 정확한 값을 제공한다. 즉, i^*는 관찰된 순현금흐름에 의해 완전히 결정된다. 이 값을 최소요구수익률(MARR)과 비교하여 프로젝트가 타당한지 여부를 확정한다.

문제는 여러 이자율이 수익률 방정식을 수학적으로 풀 수 있을 때 발생한다(오른쪽 분기). 여러 번 언급했듯이, 비전형적 현금흐름 형태에 대해 명시된 최소요구수익률(MARR)에서 PW, AW 또는 FW 평가를 사용하는 것은 경제적 타당성을 결정하는 효율적이고 올바른 방법이다. 그러나 정확하고 올바른 i^* 값이 필요한 경우 여기에 설명된 분석 방법 중 하나를 사용하면 추가로 추정해야 하는 값이 신뢰할 수 있는 경우, 단일 값이 도출된다.

수정된 수익률법

이 기법을 사용하려면 프로젝트의 순현금흐름 외부에 있는 두 가지 비율을 추정해야 한다.

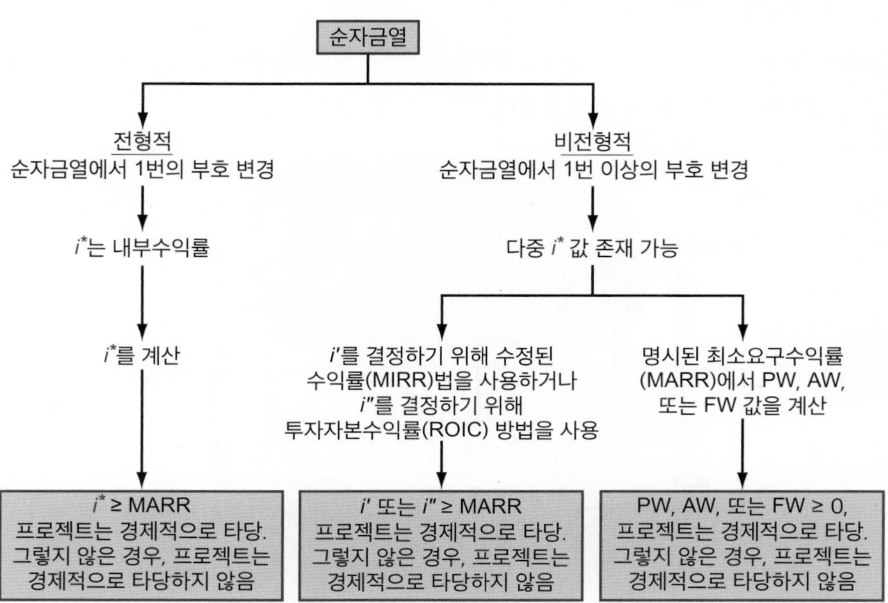

그림 7-9
다양한 유형의 순자금열과 다중 이자율 혹은 수익률 값에 대한 수익률 분석의 논리

- **투자수익률 i_i**는 프로젝트 외부에 추가 자금이 투자되는 비율이다. 이는 모든 양의 순현금흐름(NCF)에 적용된다. 이 수익률에는 최소요구수익률(MARR)이 사용되는 것이 합리적이다. 위에서 언급했듯이 이 용어는 재투자수익률이라고도 한다.
- **대출이자율 i_b**는 프로젝트에 자금을 제공하기 위해 외부에서 자금을 차입하는 이자율이다. 이는 모든 음의 연간 순현금흐름(NCF)에 적용된다. 이 비율에는 자본비용가중평균(WACC, Weighted Average Cost of Capital)을 사용할 수 있다. 이 용어는 금융이자율이라고도 한다.

모든 비율을 동일하게 만드는 것이 가능하다. 즉, $i_i = i_b = \text{MARR} = \text{WACC}$이다. 그러나 이는 회사가 동일한 이자율로 자금을 빌리고 프로젝트에 투자할 의향이 있음을 암시하므로 좋은 생각이 아니다. 이는 시간이 지나도 이익이 없다는 것을 의미하므로 이 전략을 사용하면 회사가 오래 살아남을 수 없다. 보통 MARR > WACC이므로, 일반적으로 $i_i > i_b$이다[최소요구수익률(MARR) 및 자본비용가중평균(WACC)에 대한 빠른 검토는 1.9절을 참조하고, 자본비용가중평균(WACC)에 대한 자세한 설명은 W1장을 참조하시오].

그림 7-10은 순현금흐름의 부호가 여러 번 바뀌기 때문에 여러 i^* 값을 갖는 참조 다이어그램이다. 수정된 수익률법은 다음 절차를 사용하여 단일 외부수익률 i'를 결정하고 프로젝트의 경제적 실행 가능성을 평가한다.

1. 대출이자율 i_b에서 모든 음의 순현금흐름(NCF)의 0년 차 PW 값을 결정한다(그림 7-10의 옅은 색 영역 및 결과 PW_0 값).
2. 투자수익률 i_i에서 모든 양의 순현금흐름(NCF)의 n년 차 FW 값을 결정한다(그림 7-10의 짙은 색 영역 및 결과 FW_n 값).
3. 다음 관계식을 사용하여 n년 동안 PW 값과 FW 값이 동일해지는 수정된 수익률 i'를 계산한다. 여기에서 i'는 결정된다.

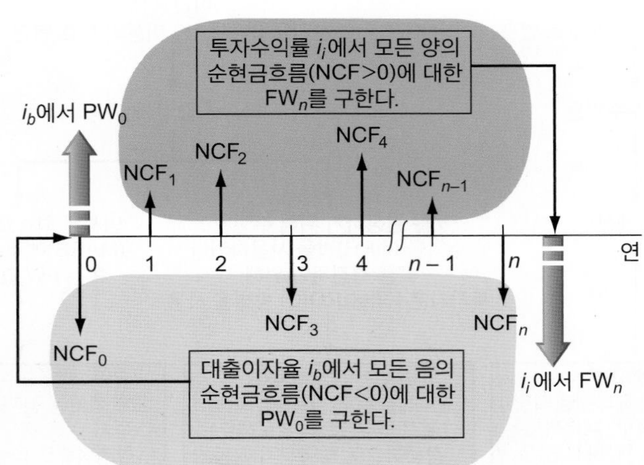

그림 7-10
수정된 수익률 i'를 결정하기 위한 전형적인 현금흐름도

$$FW_n = PW_0(F/P,i'\%,n) \quad [7.8]$$

수기로 계산하는 대신 스프레드시트를 사용하는 경우 MIRR 함수는 i'를 다음 형식으로 직접 표시한다.

$$= \text{MIRR}(\text{첫 번째 셀 주소:마지막 셀 주소}, i_b, i_i) \quad [7.9]$$

4. 경제적 의사결정을 위한 지침은 외부수익률 또는 i'를 최소요구수익률(MARR)과 비교한다.

$i' \geq$ MARR이면 해당 프로젝트는 경제적으로 타당하다.

$i' <$ MARR이면 해당 프로젝트는 경제적으로 타당하지 않다.

다른 상황에서와 마찬가지로 i' = MARR인 드문 경우에는 프로젝트의 경제적 수용 가능성에 대해 무관심하지만, 수용이 일반적인 결정이다.

예제 7.5

예제 7.4에서 Ford Motors가 경험한 현금흐름은 아래와 같이 반복된다. PW 관계식을 만족시키는 2개의 양수 i^* 값(연간 7.47%와 41.35%)이 있다. 수정된 수익률법을 사용하여 외부수익률 값을 결정하시오. 연구에 따르면 Ford의 자본비용가중평균(WACC)은 연간 8.5%이며 연간 예상 수익률이 9% 미만인 프로젝트는 일반적으로 거부된다. 본 계약사업의 특성상 초과자금이 발생할 경우 연 12%의 수익률을 얻을 것으로 예상된다.

연도	0	1	2	3
순현금흐름, 천 달러	+2,000	−500	−8,100	+6,800

스프레드시트 풀이

문제에서 주어진 정보를 사용하여 문제 해결에 필요한 비율의 추정치는 다음과 같다.

최소요구수익률(MARR) : 연 9%

투자수익률, i_i : 연 12%

대출이자율, i_b : 연 8.5%

i'를 찾는 가장 빠른 방법은 MIRR 함수를 사용하는 것이다. 그림 7-11은 i' = 9.39%/연의 결과를 보여준다. 9.39% > 최소요구수익률(MARR)이므로 이 프로젝트는 경제적으로 타당하다.

해석을 정확히 하는 것이 중요하다. 9.39%는 내부수익률(IROR)이 아니다. 이는 투자와 차입에 대한 두 가지 외부 이자율을 기반으로 하는 외부수익률(EROR)이다.

	A	B	C	D	E	F
1	연도	순현금흐름, $				
2	0	2000		대출이자율, i_b	8.5%	
3	1	-500		투자수익률, i_i	12.0%	
4	2	-8100				
5	3	6800		외부수익률 값	**9.39%**	
6						
7				= MIRR(B2:B5,E2,E3)		
8						

그림 7-11
예제 7.5의 스프레드 시트를 이용한 MIRR 함수 적용

수기 풀이

그림 7-10은 i'를 수기로 찾는 절차가 적용되므로 참고 자료로 사용할 수 있다.

1단계. $i_b = 8.5\%$에서 모든 음의 순현금흐름(NCF)의 PW_0을 찾는다.

$$PW_0 = -500(P/F,8.5\%,1) - 8{,}100(P/F,8.5\%,2)$$
$$= \$-7{,}342$$

2단계. $i_i = 12\%$에서 모든 양의 순현금흐름(NCF)의 FW_3을 찾는다.

$$FW_3 = 2{,}000(F/P,12\%,3) + 6{,}800$$
$$= \$9{,}610$$

3단계. PW와 FW가 동일해지는 비율 i'를 구한다.

$$PW_0(F/P,i',3) + FW_3 = 0$$
$$-7{,}342(1 + i')^3 + 9{,}610 = 0$$
$$i' = \left(\frac{9{,}610}{7{,}342}\right)^{1/3} - 1$$
$$= 0.939 \quad (9.39\%)$$

4단계. $i' > MARR = 9\%$이므로, 외부수익률 방법을 사용하면 프로젝트는 경제적으로 타당하다.

참고사항

MIRR 함수에서 금융이자율과 투자수익률 중 하나 또는 둘 다 생략하면, 생략된 값은 0%로 간주된다. 모든 음의 현금흐름을 0년 차에 배치하고(MIRR 방법의 1단계), 모든 양의 순현금흐름을 n년 차에 배치한 경우(2단계), 그 결과는 수익률(ROR)이 된다. 이 예제에서 함수 = MIRR(B2:B5,,)는 i' 값을 0.77%로 산출한다. 수기로 푸는 경우 1~3단계는 다음과 같다.

1단계. $PW_0 = -500 - 8{,}100 = \$-8{,}600$

2단계. $FW_3 = 2{,}000 + 6{,}800 = \$8{,}800$

3단계. $\text{PW}_0(F/P,i',3) + \text{FW}_3 = 0$

$$-8{,}600(1+i')^3 + 8{,}800 = 0$$

$$i' = (8{,}800/8{,}600)^{1/3} - 1 = 0.0077 \quad (0.77\%)$$

이는 차입 비용이 들지 않고, 프로젝트에서 발생하는 순현금흐름에 대한 수익이 없는 경우에 대한 외부수익률(EROR)이다. 결론적으로, 이 두 가지는 대부분의 프로젝트에 있어 좋은 가정은 아니다.

투자자본수익률(ROIC) 방법

이 방법을 논의하기 전에 투자자본수익률(ROIC)의 정의를 이해해야 한다.

ROIC(투자자본수익률)는 프로젝트에 투자된 자금, 즉 프로젝트 내부에 남아 있는 자금을 얼마나 효과적으로 활용하는지에 대한 수익률 척도이다. 기업의 경우 ROIC는 사업 수행에 사용되는 시설, 장비, 인력, 시스템, 프로세스 및 기타 모든 자산을 포함하여 운영에 투자된 자금을 얼마나 효과적으로 활용하는지를 나타내는 척도이다.

이 방법을 사용하려면 프로젝트에 필요하지 않은 초과 자금에 대한 투자수익률 i_i를 추정해야 한다. 기호 i''로 표시되는 투자자본수익률(ROIC)은 **순투자 절차**(net-investment procedure) 방법을 사용하여 결정된다. 여기에는 한 번에 1년씩 앞으로 나아가는 일련의 미래가치(F) 관계식을 개발하는 것이 포함된다. 프로젝트 현금흐름의 순잔액이 양수(프로젝트에서 발생한 추가 자금)인 해에는 해당 자금이 i_i의 수익률로 투자된다. 일반적으로 i_i는 최소요구수익률(MARR)과 동일하게 설정된다. 순 잔액이 음수인 경우 프로젝트가 모든 자금을 내부적으로 유지하므로 투자자본수익률(ROIC)이 사용된다. 투자자본수익률(ROIC) 방법은 다음 절차를 사용하여 단일 외부수익률 i_i를 결정하고 프로젝트의 경제적 실행가능성을 평가한다. 프로젝트 관리자 관점에서 프로젝트에서 추가 현금흐름이 발생하면 해당 현금흐름은 프로젝트 외부에 투자수익률 i_i에 따라 투자된다는 점을 기억해야 한다.

1. 각 연도 t($t = 1, 2, \ldots, n$년)에 대해 다음 관계식을 설정하여 일련의 미래가치 관계식을 수립한다.

$$F_t = F_{t-1}(1+k) + \text{NCF}_t \qquad [7.10]$$

F_t = 전년도 및 화폐의 시간가치를 기준으로 한 연도 t의 미래가치

NCF_t = 연도 t의 순현금흐름

$$k = \begin{cases} i_i & F_{t-1} > 0\text{인 경우 (추가 자금 사용 가능)} \\ i'' & F_{t-1} < 0\text{인 경우 (프로젝트가 사용 가능한 모든 자금을 사용)} \end{cases}$$

2. 지난 연도 n에 대한 미래가치 관계식을 0, 즉 $F_n = 0$으로 설정하고 i''에 대해 푼다. 산출된 i'' 값은 특정 투자수익률 i_i에 대한 투자자본수익률(ROIC)이다.

   F_t 자금열과 $F_n = 0$ 관계식에서 i''에 대한 해는 수학적으로 복잡할 수 있다. 다행히 F_n 관계식에서 미지수가 하나이고, 목표값이 0이기 때문에 스프레드시트의 목표값 찾기(Goal Seek) 도구를 이용하여 i'' 값을 찾을 수 있다. (예제 7.6에서는 수기 풀이와 스프레드시트 풀이를 모두 보여준다.)

3. 경제적 의사결정에 대한 지침은 위와 동일하다.

   ROIC $\geq$ MARR이면 해당 프로젝트는 경제적으로 타당하다.

   ROIC $<$ MARR이면 해당 프로젝트는 경제적으로 타당하지 않다.

투자자본수익률(ROIC)은 투자수익률의 선택에 따라 달라지는 외부수익률이라는 점을 기억하는 것이 중요하다. 투자자본수익률(ROIC)은 이 장 도입부에서 논의한 내부수익률과 동일하지 않으며, 다중수익률도 아니고, 이전 방법으로 구한 수정된 내부수익률(MIRR)도 아니다. 이는 프로젝트에 대한 단일 수익률을 찾는 별도의 기법이다.

예제 7.6

다시 한번 예제 7.4(아래 반복)에서 Ford Motors가 경험한 현금흐름을 사용한다. 투자자본수익률(ROIC) 방법을 사용하여 외부수익률(EROR) 값을 결정한다. 경영진은 의사결정 목적으로 연간 9%의 최소요구수익률(MARR)을 설정하며, 프로젝트에서 발생한 초과 자금은 연간 12%의 수익률을 얻을 수 있다.

연도	0	1	2	3
순현금흐름, 천 달러	+2,000	−500	−8,100	+6,800

수기 풀이

투자자본수익률(ROIC) 방법의 논리를 제공하기 위해 먼저 수기 풀이를 설명한다. 투자자본수익률(ROIC) i''를 결정하는 절차에서 연간 MARR = 9% 및 $i_i = 12\%$를 사용한다. 그림 7-12는 현금흐름을 자세히 설명하고 각 F_t가 개발됨에 따른 진행 상황을 추적한다. 식 [7.10]은 각 F_t를 개발하기 위해 적용된다.

1단계. 0년 차 : $F_0 = \$+2{,}000$

$F_0 > 0$이므로 1년 차에는 $i_i = 12\%$로 외부에 투자한다.

1년 차 : $F_1 = 2{,}000(1.12) - 500 = \$+1{,}740$

$F_1 > 0$이므로 2년 차에는 $i_i = 12\%$를 사용한다.

2년 차 : $F_2 = 1{,}740(1.12) - 8{,}100 = \$-6{,}151$

$F_2 < 0$이므로 식 [7.10]에 따라 3년 차에는 i''를 사용한다.

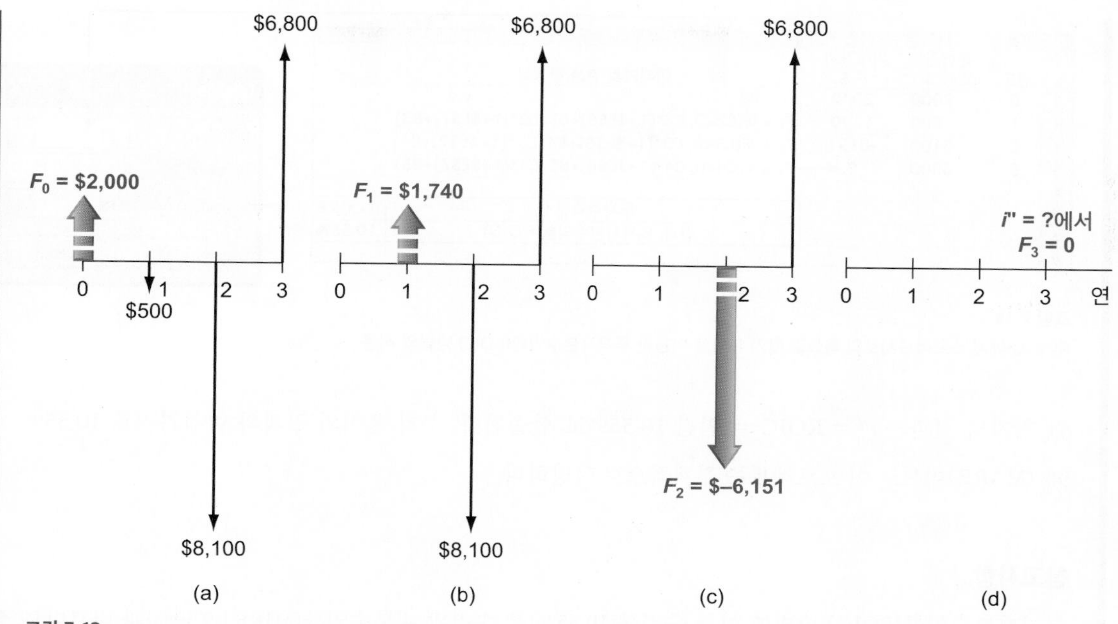

그림 7-12
연간 i_i = 12%에 대한 투자자본수익률(ROIC) 방법 적용 : (a) 원래의 현금흐름과 (b) 1년 차, (c) 2년 차, (d) 3년 차의 동등한 형태

3년 차 : $$F_3 = -6{,}151(1 + i'') + 6{,}800$$

3년 차가 마지막 해이다. 등가 순현금흐름도는 그림 7-12를 참조하라. 2단계로 이동한다.

2단계. 관계식 $F_3 = 0$을 사용하여 i'' = 투자자본수익률(ROIC)을 푼다.

$$-6{,}151(1 + i'') + 6{,}800 = 0$$

$$i'' = 6{,}800/6{,}151 - 1$$

$$= 0.1055 \quad (10.55\%)$$

3단계. 투자자본수익률(ROIC) > 최소요구수익률(MARR) = 9%이므로, 해당 프로젝트는 경제적으로 타당하다.

스프레드시트 풀이

그림 7-13은 스프레드시트 풀이를 보여준다. 미래가치 F_1~F_3의 값은 3~5행의 조건부 IF 문에 의해 결정된다. 이때 사용된 함수는 D열에서 확인할 수 있다. 각 연도에는 식 [7.10]이 적용된다. 프로젝트에서 발생한 잉여 자금이 있는 경우 $F_{t-1} > 0$이고, 투자율 i_i(셀 E7)를 사용하여 F_t를 찾는다. 예를 들어 F_1 값(셀 C3)이 $1,740 > 0이므로, 다음 연도에 대한 화폐의 시간가치는 연간 12%의 투자수익률로 계산되며, 이는 위에서 살펴본 2년 차에 대한 수기 풀이와 같다.

목표값 찾기 템플릿은 투자자본수익률(ROIC) 값(셀 E8)을 변경하여 F_3 값을 0으로 설정한다. 목표

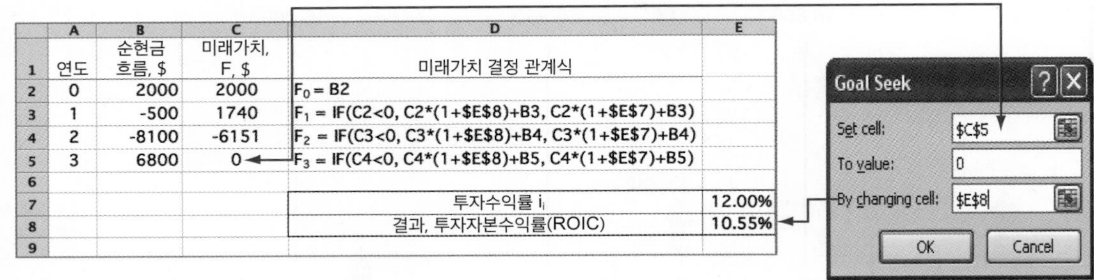

	A	B	C	D	E
1	연도	순현금 흐름, $	미래가치, F, $	미래가치 결정 관계식	
2	0	2000	2000	F0 = B2	
3	1	-500	1740	F1 = IF(C2<0, C2*(1+$E$8)+B3, C2*(1+$E$7)+B3)	
4	2	-8100	-6151	F2 = IF(C3<0, C3*(1+$E$8)+B4, C3*(1+$E$7)+B4)	
5	3	6800	0	F3 = IF(C4<0, C4*(1+$E$8)+B5, C4*(1+$E$7)+B5)	
6					
7				투자수익률 i_i	12.00%
8				결과, 투자자본수익률(ROIC)	10.55%
9					

그림 7-13
예제 7.6에서 스프레드시트의 목표값 찾기 기능을 이용한 투자자본수익률(ROIC) 방법의 적용

값 찾기의 결과는 $i'' =$ ROIC = 연간 10.55%로 산출된다. 수기 풀이의 결과와 마찬가지로 10.55% > 9%(MARR)이므로 이 프로젝트는 경제적으로 타당하다.

참고사항

투자자본수익률(ROIC) 방법에 따른 수익률(10.55%)은 수정된 내부수익률(MIRR)(9.39%)과 다르다는 점에 유의해야 한다. 또한 이 둘은 앞서 결정된 다중수익률(7.47%, 41.35%)과도 다르다. 이는 두 가지의 부호 검정 결과가 여러 개의 수익률 i^* 값이 존재함을 의미하는 경우, 수익률 값을 결정하는 서로 다른 방법들이 어떤 추가 정보가 제공되는지에 얼마나 의존적인지 보여준다. 또한 최소요구수익률(MARR) 9%는 스프레드시트 함수에서 명시적으로 사용되지 않는다. 다만 이 값은 결과로 산출된 투자자본수익률(ROIC) 값과 비교하는 데 사용된다.

지금까지 다중 i^* 값을 제거하는 두 가지 기법을 배웠다. 지금부터는 다중 i^* 값, 외부수익률 추정치 및 두 가지 기법으로 얻은 외부수익률(i' 및 i'') 간의 연관성을 살펴본다.

수정된 내부수익률(MIRR)법 대출이자율 i_b와 투자수익률 i_i가 여러 i^* 값 중 하나와 정확하게 같을 때, MIRR 함수나 수기 풀이로 구한 수익률 i'는 i^* 값과 같다. 즉, 4개의 매개변수는 모두 동일한 값을 갖는다.

$$i^* = i_b = i_i \text{인 경우, } i' = i^*$$

투자자본수익률(ROIC) 방법 마찬가지로 여러 i^* 값 중 하나와 정확하게 같을 경우, 방정식 $F_n = 0$을 목표값 찾기 도구를 사용하거나 직접 수기로 풀어 계산한 수익률 $i'' = i^*$가 된다.

마지막으로 다음 사실을 기억하는 것이 매우 중요하다.

특정 최소요구수익률(MARR)에서 PW 또는 AW 프로젝트 평가 방법을 적용하는 경우 수정된 내부수익률(MIRR)법이나 투자자본수익률(ROIC)법의 세부 사항이 필요하지 않다. 최소요구수익률(MARR)이 확정되면 사실상 i^* 값이 고정된다. 따라서 PW 또는 AW 값을 이용하여 바로 최종적인 경제적 의사결정을 내릴 수 있다.

7.6 채권투자 수익률 ●●●

오랜 시간에 걸쳐 검증된 자본 자금 조달 방법은 자기자본이 아닌 부채를 통해 자금을 조달하는 차용증(IOU)을 발행하는 것이다(1장 참조). 차용증(IOU)의 매우 일반적인 형태 중 하나는 채권(bond)으로, 기업이나 정부 기관(차입자)이 주요 프로젝트에 자금을 조달하기 위해 발행하는 장기 어음이다. 차입자는 지정된 만기일에 채권의 **액면가**(face value) V를 지불하겠다는 약속에 대한 대가로 현재 시점에 돈을 받는다. 채권은 일반적으로 $1,000, $5,000 또는 $10,000의 액면가로 발행된다. 채권이자라고도 하는 **채권배당금**(bond dividend) I는 돈을 빌린 시점과 액면가를 상환하는 시점 사이에 주기적으로 지급된다. 채권배당금은 연간 c회 지급된다. 예상 지급 주기는 일반적으로 반기별 또는 분기별이다. 이자 금액은 명시된 배당금이나 **채권이자율**(bond coupon rate) b라고 하는 이자율을 사용하여 결정된다.

$$I = \frac{(\text{액면가})(\text{채권이자율})}{\text{연간 지급 주기 수}}$$

$$I = \frac{Vb}{c} \qquad [7.11]$$

채권에는 다양한 유형이나 분류가 있다. 발행 주체, 기본 특징, 예시 명칭 또는 목적에 따른 네 가지 일반적인 분류가 표 7-5에 요약되어 있다. 예를 들어, 국채는 만기일까지 다양한 기간(단기국채는 최대 1년, 중기국채는 2~10년, 장기국채는 10~30년)과 다양한 금액($1,000와 그 이상)으로 발행된다. 미국에서 국채는 '미국 정부의 전적인 신뢰와 신용'으로 뒷받침되기 때문에 매우 안전한 채권 투자로 간주된다. 그림 1-6에서 최소요구수익률(MARR)을 설정하기 위한 최저 수준으로 표시된 안전 투자수익률은 미국채의 채권이자율이다. 회사채 발행을 통해 조달한 자금은 신제품 개발, 시설 업그레이드, 해외 시장 진출 등 사업에 활용된다.

표 7-5 채권의 분류 및 특성

분류	발행 주체	특징	예시
국채 (Treasury securities)	연방정부	• 연방정부의 믿음과 신용을 바탕으로 함	단기국채(Bills) (≤1년) 중기국채(Notes) (2~10년) 장기국채(Bonds) (10~30년)
지방채 (Municipal)	지방자치단체	• 연방세 면제 • 수령한 세금/수수료에 대해 발행됨	일반채권(General obligation) 수익채권(Revenue) 제로쿠폰채권(Zero coupon) 풋채권(Put)
담보채 또는 모기지 (Mortgage)	기업	• 특정 자산 또는 모기지로 담보됨 • 1차 대출에 대한 낮은 이자율/낮은 위험 • 상환되지 않은 경우, 압류	1차 대출(First mortgage) 2차 대출(Second mortgage) 설비신탁(Equipment trust)
사채 (Debenture)	기업	• 담보가 아닌 기업의 명성에 의해 뒷받침됨 • 채권 금리는 '변동'될 수 있음 • 더 높은 이자율과 더 높은 위험	전환사채(Convertible) 후순위채(Subordinated) 정크본드 또는 하이일드채권 (Junk or high yield)

예제 7.7

General Materials는 방금 $10백만 상당의 $10,000짜리 10년 채권을 발행하였다. 각 채권은 연간 4%의 이율로 반기마다 배당금을 지급한다. (a) 구매자가 6개월마다, 그리고 10년 후에 받게 될 금액을 결정하시오. (b) 2% 할인된 $9,800에 채권을 구입하였다고 가정한다. 배당금과 만기일 최종 지급금액은 어떻게 되는가?

풀이

(a) 식 [7.11]을 이용하여 배당금을 계산한다.

$$I = \frac{10{,}000(0.04)}{2} = \$200/6\text{개월}$$

액면가 $10,000는 10년 후에 상환된다.

(b) 액면가에서 할인된 가격으로 채권을 구매하더라도 배당금이나 최종 지급금액은 변경되지 않는다. 따라서 6개월마다 $200, 10년 후에 $10,000가 남는 것은 동일하다. 그러나 초기 투자금 $9,800에 대한 수익률은 약간 더 높아진다.

채권 투자에 대한 자금열은 전형적이며 하나의 고유한 i^*를 가진다. 이는 식 [7.1] 형태의 PW 기반 수익률 방정식, 즉 0 = PW를 풀었을 때 가장 잘 결정된다.

예제 7.8

Allied Materials는 복합재 제조 확장을 위해 $300만의 타인자본이 필요하다. 이 회사는 반기마다 배당금을 지급하는 20년 만기의 4% $1,000 채권을 $800의 할인 가격으로 소액 채권을 제공하고 있다. Allied Materials가 투자자에게 지급할 연간 명목이자율과 실효이자율(반기별 복리)은 얼마인가?

풀이

채권 매입으로 인해 구매자가 받게 되는 소득은 6개월마다 채권 배당금 $I = \$20$에 20년 후 액면가를 더한 금액이다. 수익률을 계산하기 위한 PW 기반 방정식은 다음과 같다.

$$0 = -800 + 20(P/A,i^*,40) + 1{,}000(P/F,i^*,40)$$

IRR 함수를 사용하거나 수기로 직접 풀어 반기마다 $i^* = 2.8435\%$를 얻는다. 연간 명목이자율은 i^*에 2를 곱하여 계산된다.

$$\text{연간 명목이자율 } i = (2.8435)(2) = 5.6870\%(\text{반기별 복리})$$

식 [4.5]를 사용하면 연간 실효이자율은 다음과 같다.

$$\text{연간 실효이자율 } i_a = ((1.028435)^2 - 1) \times 100\% = 5.7678\%$$

예제 7.9

게리와 메디슨은 재정적 위험을 무릅쓰고 이자 지불에 대한 채무 불이행을 겪은 회사로부터 채권을 구입하였다. 그들은 분기별로 배당금을 지불할 수 있는 8% $10,000 채권에 $4,240를 지불하였다. 채권은 구입 후 처음 3년 동안 이자를 지급하지 않았다. 다음 7년 동안은 이자가 지불되었고, 이후 채권을 $11,000에 재판매할 수 있었다면 투자에 대한 수익률은 얼마인가? 채권의 만기는 구매 후 18년 후로 예정되어 있다고 가정한다. 수기 풀이와 스프레드시트 분석을 수행하시오.

수기 풀이

4~10년 동안 받은 채권 이자는

$$I = \frac{(10{,}000)(0.08)}{4} = \text{분기당 } \$200$$

분기별 실효수익률은 분기별로 개발된 PW 방정식을 풀어서 결정할 수 있다.

$$0 = -4{,}240 + 200(P/A, \text{분기당 } i^*,28)(P/F, \text{분기당 } i^*,12) + 11{,}000(P/F, \text{분기당 } i^*,40)$$

방정식은 i^* = 분기당 4.1%에서 성립하며, 이는 분기별 복리로 계산한다고 하면 연간 실효이자율과 헷갈릴 가능성이 높음. 연간 명목수익률은 16.4%이다.

스프레드시트 풀이

모든 현금흐름을 인접한 셀에 입력하면 그림 7-14의 43행에서 = IRR(B2:B42) 함수를 사용하여 분기당 명목수익률 4.10%의 답을 표시한다(그림에서는 공간을 절약하기 위해 많은 행 항목이 숨겨져 있다). 이에 대한 연간 명목수익률은 다음과 같다.

$$i^* = 4.10\%(4) = \text{연간 } 16.4\%(\text{분기별 복리})$$

게리와 메디슨은 이번 채권 투자에서 좋은 성과를 거두었다.

	A	B
1	분기	현금흐름, $
2	0	-4,240
3	1	0
4	2	0
8	6	0
13	11	0
14	12	0
15	13	200
21	19	200
22	20	200
29	27	200
41	39	200
42	40	11,200
43	i*/qtr	4.10%

= IRR(B2:B42)

그림 7-14
예제 7.9의 채권 투자에 대한 스프레드시트 풀이

채권 투자를 고려 중이며, 이때 필요한 수익률이 명시된 경우, 수익률 i^*를 계산하는 데 사용된 것과 동일한 PW 기반 관계식을 사용하여, 해당 수익률의 실현을 보장할 수 있는 현재 채권에 대해 지불할 최대 금액을 결정할 수 있다. 명시된 수익률은 최소요구수익률(MARR)이며 PW 계산은 5장에서와 동일하게 수행된다. 예를 들어 마지막 예에서 분기별 연간 복리 8%가 최소 목표인 최소요구수익률(MARR)인 경우 PW 관계식을 사용하여 게리와 메디슨이 현재 지불해야 하는 최대 금액을 찾을 수 있다. 이 경우 P는 $8,338로 결정된다. 분기별 최소요구수익률(MARR)은 8%/4 = 2%이다.

$$0 = -P + 200(P/A,2\%,28)(P/F,2\%,12) + 11{,}000(P/F,2\%,40)$$

$$P = \$8{,}338$$

요약

자금열의 수익률은 PW 기반 또는 AW 기반 관계식을 0으로 설정하고 i^* 값을 풀어 결정된다. 수익률은 거의 모든 사람이 사용하고 이해하는 용어이다. 그러나 대부분의 사람들은 전형적인 현금흐름 형태가 아닌 다른 자금열에 대해서는 수익률을 올바르게 계산하는 데 상당한 어려움을 겪을 수 있다. 일부 자금열 유형의 경우 둘 이상의 수익률이 존재할 가능성이 있다. i^* 값의 최대 개수는 순자금열의 부호 변경 수(데카르트의 부호 법칙)와 같다. 또한 누적 순자금열이 음수로 시작하고 부호 변경이 하나만 있는 경우(노스트롬의 기준) 단일 양의 수익률을 찾을 수 있다.

i^* 값이 여러 개일 가능성이 존재하는 경우, 이 장에서 다루는 두 가지 기법 중 하나를 적용하여 비전형적(단순하지 않거나 불규칙한) 순자금열에 대한 신뢰할 수 있는 단일 수익률을 찾을 수 있다(이를 그림으로 요약한 그림 7-9 참조). 투자자본수익률(ROIC)법의 경우 초과 프로젝트 자금이 실현될 투자수익률에 대한 추가 정보가 필요한 반면, 수정된 내부수익률(MIRR)법에서는 동일한 정보와 함께, 프로젝트를 고려하는 조직의 대출이자율이 추가로 필요하다. 일반적으로 투자수익률은 최소요구수익률(MARR)과 동일하게 설정되고 대출이자율은 과거 자본비용가중평균(WACC) 이율을 따른다. 각 기법마다 수익률이 조금씩 다르지만 경제적 의사결정을 내리는 데는 신뢰할 수 있는 반면, 다중수익률은 의사결정에 유용하지 않은 경우가 많다.

정확한 수익률이 필요하지 않은 경우 최소요구수익률(MARR)의 PW 또는 AW 방법을 사용하여 경제적 타당성을 결정하는 것이 좋다.

연습문제

수익률 이해

7.1 (a) 가능한 최고 수익률(%)과 (b) 최저 수익률(%)은 무엇인가?

7.2 연간 10%의 이자율로 5년에 걸쳐 상환되는 $10,000 대출은 원금의 미회수 잔액에 이자가 부과될 때 대출금을 완전히 제거하기 위해 $2,638의 지불이 필요하다. 미회수 잔액 대신 원래 원금에 이자가 부과되는 경우 매년 동일한 $2,638를 지불하면 5년 후 대출 잔액은 얼마인가?

7.3 A to Z Mortgages가 주택담보대출을 해주었다. $10,000를 연 10%로 4년간 대출하면, 다음 각각의 경우에 4년 안에 전체 대출금을 갚기 위해 연간 지불해야 하는 금액은 얼마인가?

(a) 원래 원금 $10,000에 이자가 부과되는 경우

(b) 미회수 잔액에 이자가 부과되는 경우

(c) 두 가지 이자 기준 간 연간 지불액의 차이는 무엇인가? 대출금을 상환하려면 어떤 방법에 더 많은 돈이 필요한가?

7.4 캘리포니아주 산타클라라에 소재한 Spectra Scientific은 LED 기판 스크라이빙 및 실리콘 웨이퍼 다이싱을 위한 Q 스위치 고체 산업용 레이저를 제조한다. 회사는 연 8%의 이자로 5년 동안 상환해야 하는 $60백만의 대출을 받았다. (a) 1년 차 말에 지급이 이루어지기 직전과 (b) 첫 번째 지급 직후

원금의 미회수 잔액을 결정하시오.

7.5 한 소규모 산업 도급업자는 건설 작업 현장에 즉시 필요하지 않은 장비와 자재를 보관하기 위해 창고 건물을 구입하였다. 건물 가격은 $100,000였으며 계약자는 5년 동안 구매 자금을 조달하기로 판매자와 방금 계약을 체결하였다. 계약서에는 원금의 미회수 잔액에 대한 이자를 30년 상환 일정에 따라 매월 지급하되, 5년 차 말에 남은 원리금 잔액은 일괄 '풍선' 지불 방식으로 지급되어야 한다고 명시되어 있다. 대출 이율이 월 0.5%일 경우 풍선 지불 금액은 얼마인가?

7.6 피마자유와 같은 식물 유래 원료로부터 폴리아미드를 생산하는 데는 기존 생산 방법보다 화석 연료가 20% 덜 필요하다. Darvon Chemicals는 이 프로세스를 구현하기 위해 $6백만을 빌렸다. 대출 이율이 10년 동안 연 10%(미회수 잔액 기준)라면 2년 차 이자는 얼마인가? 또한 동일한 금액을 표시하는 스프레드시트 함수를 작성하시오.

수익률 결정

7.7 전자 장치 제조업체가 범용 진동 측정을 위한 소형 압전 가속도계 제조 장비에 $650,000를 투자하여 10년 동안 연간 수익이 $225,000이고 중고 장비 판매로 인한 10년 차 잔존가치가 $70,000일 때 수익률을 추정하시오. (a) 계수와 (b) 스프레드시트 함수를 사용하여 해결하시오.

7.8 계수와 스프레드시트를 사용하여 다음 방정식을 통해 기간별 이자율을 결정하시오.

$$0 = -40,000 + 8,000(P/A,i^*,5) + 8,000(P/F,i^*,8)$$

7.9 계수와 IRR 함수를 사용하여 아래 현금흐름에 대한 연간 i^*를 결정하시오. (참고 : 이 현금흐름의 추가 스프레드시트 작업은 문제 7.55 참조)

연도	0	1	2	3	4
현금흐름, $	0	−80,000	9,000	70,000	30,000

7.10 Camino Real 매립지는 침출수가 지하수로 이동하는 것을 방지하기 위해 플라스틱 라이너를 설치해야 했다. 매립 면적은 50,000 m^2였다. 설치된 라이너 비용은 m^2당 $8였다. 순서대로 투자금을 회수하기 위해 소유자는 픽업당 $10, 덤프트럭당 $25, 압축기 트럭당 $70의 요금으로 폐기물 하역 비용을 청구한다. 매립 면적은 4년 동안 적합하다. 연간 교통량을 픽업 2,500대, 덤프트럭 650대, 압축기 트럭 1,200대로 추산한다면 매립지 소유자는 투자에 대해 얼마의 수익을 얻을 수 있는가?

7.11 다음 자금열의 수익률을 결정하시오.

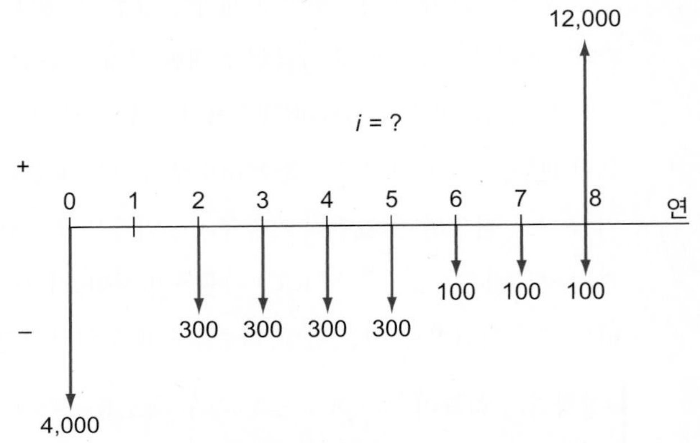

7.12 Jamison Specialties는 열악한 환경에서 사용할 수 있도록 충격과 진동에 저항하는 프로그래밍 가능한 증분 인코더를 제조한다. 5년 전 이 회사는 자동화된 품질 관리 시스템에 $650,000를 투자하여 5년 동안 연간 $105,000의 비용 절감을 기록하였다. 현재 장비의 잔존가치는 $50,000이다.

(a) 이 투자의 연간 수익률은 얼마인가?

(b) 소유자는 이 품질 개선 투자로 연간 최소 15%의 수익을 올릴 것으로 기대하였다. 15%의 목표를 달성하려면 매년 얼마만큼의 비용을 절감하여야 하는가?

7.13 7년 동안 뉴멕시코의 무보험 자동차 운전자 수는 33%에서 10%로 감소하였다. 이는 최신 컴퓨터 데이터베이스를 통해 자동차 및 트럭 책임 보험에 대한 요구사항을 주가 더 잘 감시할 수 있게 되었기 때문이다. 감소가 균일하게 매년 복리로 발생한다고 가정하면 연간 감소율은 얼마인가?

7.14 기업가가 휴대용 12볼트 공기 압축기를 생산하는

데 $150,000를 투자했다면 2년 반의 프로젝트 기간 동안 월별 수익률은 얼마인가? 월 비용은 $27,000이고 수익은 $33,000이다.

7.15 Swagelok Enterprises는 소형 피팅 및 밸브 제조업체이다. 5년 동안 한 제품 라인과 관련된 비용은 다음과 같다. 첫 번째 비용은 $30,000, 연간 비용은 $18,000이다. 연간 수익은 $27,000였고 중고 장비는 $4,000에 회수되었다. 회사는 이 제품에 대해 얼마의 수익률을 얻었는가?

7.16 한 광대역 서비스 회사는 새 장비를 위해 $2백만을 빌렸고 1년 차와 2년 차에 $200,000씩 상환하고, 3년 차 말에 일시불로 $2.2백만을 상환하여 모든 대출금을 상환하였다. 대출이자율은 얼마였는가?

7.17 Barron Chemical은 열가소성 폴리머를 사용하여 특정 RV 패널의 외관을 향상한다. 한 프로세스의 초기비용은 $130,000였으며 연간 비용은 $49,000, 1년 차 수익은 $78,000로 매년 $1,000씩 증가하였다. 8년 후 프로세스가 중단되었을 때 $23,000의 잔존가치가 실현되었다. 그 과정에서 회사는 어떤 수익률을 얻었는가? 시행착오 방법을 통해 해결하고 스프레드시트로 i^*를 확인하시오.

7.18 고속도로 중앙분리대의 강철 케이블 장벽은 교통부서 예산에 과도한 부담을 주지 않고 교통 안전을 향상할 수 있는 저렴한 방법이다. 케이블 장벽의 가격은 마일당 $44,000인 반면, 가드레일은 마일당 $72,000, 콘크리트 장벽은 마일당 $419,000이다. 더욱이 케이블 장벽은 트랙터-트레일러 굴착 장치를 걸리게 하여 동일한 방향의 차량으로 다시 튕겨 나가는 것을 방지한다. 오하이오주는 113마일의 케이블 장벽을 설치하는 데 $4.97백만을 지출하였다. 표로 정리된 계수와 스프레드시트 함수를 모두 사용하여 다음 문제에 답하시오.

(a) 케이블 장벽이 연간 총 $1.3백만의 사고를 예방한다면 이는 10년간의 분석기간 동안 얼마의 수익률을 나타내는가?

(b) 10년의 분석기간 동안 사고 예방이 연간 $1.1백만이라면 113마일의 가드레일에 대한 수익률은 얼마인가?

7.19 성공적인 사업을 시작한 대학 졸업생 알로마는 자신의 이름으로 IE 학생들에게 장학금을 제공하는 기부를 시작하고자 한다. 그녀는 매년 $10,000의 장학금을 지급하기를 원하며, 기부 의무를 이행하는 날에 첫 번째 장학금이 수여되기를 기대한다. 알로마가 $100,000를 기부할 계획이라면, 연간 $10,000 장학금을 영원히 수여하기 위해 대학은 얼마의 수익률을 실현해야 하는가?

7.20 승소한 원고는 5년 동안 월 $4,800 보상 판결을 받았다. 원고는 투자를 위해 즉시 상당한 금액의 자금이 필요하며, 피고에게 $110,000의 일시금으로 보상금을 상환할 수 있는 기회를 제공하였다. 피고가 제안을 수락하고 지금 $110,000를 지불한다면 피고가 60개월 금액을 지불하지 않음으로써 얻는 수익률은 얼마인가?

7.21 육군 연구소 과학자들은 다기능 하이브리드 복합재의 성능을 크게 향상할 것으로 기대되는 확산 강화 접착 공정을 개발하였다. NASA 엔지니어들은 새로운 공정을 사용하여 만든 복합재가 우주 탐사 프로젝트 비용을 절감할 것으로 추정한다. 이 프로젝트에 대한 현금흐름은 다음과 같이 추정된다. 연간 수익률을 결정하시오.

연도, t	비용($1,000)	절감액($1,000)
0	−210	—
1	−150	—
2~5	—	$100 + 60(t - 2)$

7.22 샌디아국립연구소에서 개발된 인듐갈륨비화물질소 합금은 전기를 생산하는 태양전지에 잠재적으로 사용될 수 있다고 한다. 새로운 물질은 수명이 더 길 것으로 예상되며, 효율은 표준 실리콘 태양전지보다 거의 2배 높은 40%에 이를 것으로 예상된다. 새로운 태양전지를 사용하면 통신위성의 수명을 10년에서 15년으로 늘릴 수 있다. 현재 $950,000의 추가 투자로 11년 차에 $450,000, 12년 차에

$500,000의 추가 수익을 올리고, 15년 차까지 수익이 매년 $50,000씩 증가한다면 실현할 수 있는 수익률은 얼마인가?

다중수익률 값

7.23 재투자율이라는 용어를 정의하고, 일련의 현금흐름에 대하여 (1) 최소요구수익률(MARR)에서 계산된 PW 값과 (2) 내부수익률(IROR) 값 i^*이 어떻게 다른지 설명하시오.

7.24 데카르트의 부호 규칙과 노스트롬의 기준과 관련된 현금흐름은 무엇인가?

7.25 다음의 순자금열을 전형적 또는 비전형적 형태로 식별하시오.

연도별 순현금흐름 부호

연도	0	1	2	3	4	5
(a)	−	−	−	−	−	+
(b)	−	−	−	+	+	−
(c)	+	+	+	+	−	−
(d)	+	−	+	−	+	−
(e)	−	−	+	+	+	+

7.26 다음의 순자금열을 전형적 또는 비전형적 형태로 식별하시오.

연도	0	1	2	3	4	5
(a)	400	300	200	100	0	−100
(b)	−50	−50	−50	40	40	40
(c)	−1,000	200	300	400	300	200
(d)	−6,000	−500	−500	−750	10,000	−2,000
(e)	50	−10	50	50	50	50

7.27 여러 대형 아파트 단지와 관련된 연간 수익(단위 : $1,000)은 0년 차, 1년 차, 2년 차, 3년 차, 4년 차, 5년 차에 각각 $0, $350, $290, $460, $150, $320이다. (1) 각 자금열이 전형적인지 비전형적인지 여부, (2) 실수 근의 최대 개수, (3) 실근이 1개 있는 경우 양의 실수 i^* 값을 구하시오. 0년 차, 1년 차, 2년 차, 3년 차, 4년 차, 5년 차의 현금흐름은 각각 다음과 같다.

(a) $−1,500, $−90, $−40, $−85, $−60, $−90

(b) $−1,500, $−450, $−300, $−400, $−125, $−400

(c) $1,500, $−450, $−300, $−500, $−200, $−400

(d) $−1,500, $−450, $−300, $−400, $−125, $−310

7.28 데카르트의 부호 규칙에 따라 다음 부호를 가지는 순자금열에서 가능한 i^* 값의 개수를 구하시오.

(a) −−−+++−+−

(b) −−−−−−+++++

(c) ++++−−−−−−+−+−−−

(d) −−++++−

7.29 자체 조임 웨지 그립은 최대 1,200파운드의 10개 사일로 테스트 용도로 설계되었다. 제품과 관련된 현금흐름은 아래에서 확인할 수 있다. 순자금열 및 누적 자금열과 "guess" 옵션이 입력되지 않은 경우 IRR 스프레드시트 함수로 표시되는 i^* 값을 결정하시오.

연도	1	2	3	4
수익	25,000	13,000	4,000	70,000
비용	−30,000	−7,000	−6,000	−12,000

7.30 직원 중 한 명이 2년 동안 박스 절단기를 제조하는 새로운 방법에 대한 현금흐름 추정치(단위 : $1,000)를 제시하였다.

분기	지출, $	수익, $
0	−20	0
1	−20	5
2	−10	10
3	−10	25
4	−10	26
5	−10	20
6	−15	17
7	−12	15
8	−15	2

(a) 부호 규칙을 적용하여 분기당 최소요구수익률(MARR) 5%에서 가능한 i^* 값의 최대 개수를 결정하시오.

(b) 노스트롬의 기준을 적용하여 양의 수익률이 하나만 있는지 확인하시오.

(c) 최소요구수익률(MARR)을 충족하는 순자금

열에 대해 양의 i^*를 결정하는 것이 가능한가? 그 이유는 무엇인가?

(참고 : 이 자금열에 대한 추가 질문은 문제 7.57에 포함되어 있다.)

7.31 Jenco Electric은 개방 루프, 인코더리스 및 폐쇄 루프 서보 구성으로 세척 가능한 가변 속도 드라이브를 제조한다. 생산 작업의 한 단계와 관련된 순현금흐름은 아래와 같다.

연도	순현금흐름, $
0	−40,000
1	32,000
2	18,000
3	−2,000
4	−1,000

(a) 부호 규칙에 따라 가능한 수익률을 결정하시오.

(b) 누적 자금열의 부호 변화를 구하시오. 이것은 무엇을 의미하는가?

(c) i^* 값을 결정하기 위해 PW 관계식을 작성하시오. IRR 함수를 사용하여 표시하시오.

7.32 Continental Fan의 최첨단 제품은 시장에 출시된 첫 5년 동안 다음과 같은 순자금열(단위 : $1,000)을 보였다. 0%에서 100% 사이의 모든 수익률 값을 찾으시오.

연도	순현금흐름, $
0	−50,000
1	+22,000
2	+38,000
3	−2,000
4	−1,000
5	+5,000

7.33 RKI Instruments는 주차장, 보일러실, 터널 등에서 일산화탄소를 모니터링하고 제어하도록 설계된 환기 컨트롤러를 제조한다. 운영 첫 3년 동안 한 공장과 관련된 순현금흐름은 다음과 같다. (a) 부호 변경에 관한 두 가지 규칙은 i^* 값과 관련하여 무엇을 나타내는가? (b) 0과 100% 사이의 모든 수익률 값을 구하시오.

연도	순현금흐름, $
0	−30,000
1	20,000
2	15,000
3	−2,000

7.34 대학교 3학년 친구가 사회학 전공 신입생이었을 때 Mike's Bike Repair Shop을 열었다. 그는 사업을 시작하는 데 소요된 $17,000 금액을 포함하여 3년간의 순현금흐름 수치를 공유하였다.

(a) 가능한 수익률의 개수를 결정하시오.

(b) 친구의 PW 대 i^*를 도식화하여 −50%와 110% 사이의 모든 i^* 값을 찾으시오. (20% 단위를 사용하시오.)

연도	순현금흐름, $
0	−17,000
1	20,000
2	−5,000
3	8,000

7.35 6축 전기 서보 구동 로봇 제조업체인 Arc-bot Technologies는 운송 부서에서 나타나는 현금흐름을 경험하였다. (a) 가능한 수익률의 개수를 결정하시오. (b) 0에서 100% 사이의 모든 i^* 값을 찾으시오.

연도	지출, $	수익, $
0	−33,000	0
1	−15,000	18,000
2	−40,000	38,000
3	−20,000	55,000
4	−13,000	12,000

7.36 비전 가이드 공작 기계 로딩 시스템 판매와 관련된 손익(단위 : $1,000) 및 그에 따른 순현금흐름 금액이 기록되었다. (a) 부호 변경 규칙을 사용하여 가능한 i^* 값 수를 결정하시오. (b) 0에서 100% 사이의 모든 i^* 값을 찾으시오. (c) 회사에 요구되는 최소요구수익률(MARR)이 연간 15%라면 3년부터 6년까지 등차(gradient)는 얼마나 작아질 수 있는가?

연도	현금흐름, $
0	−5,000
1	−10,100
2	4,500
3	6,500
4	8,500
5	10,500
6	12,500

다중수익률 값의 제거

7.37 다음 순자금열에 대해 (a) 두 가지 부호 검정을 사용하여 가능한 i^* 값의 개수를 결정하고, (b) 연간 투자수익률을 20%, 대출이자율을 10%로 하여 수정된 수익률(MIRR)법을 사용하여 외부수익률(EROR)을 구하고, (c) MIRR 함수를 사용하여 외부수익률(EROR)을 구하시오.

연도	1	2	3	4	5	6
순현금흐름, $	+4,100	−2,000	−7,000	+12,000	−700	+800

7.38 다음 현금흐름에 대해 다음을 결정하시오.

(a) 가능한 i^* 값의 개수

(b) IRR 함수에 의해 표시되는 i^* 값

(c) i_i = 연간 18%이고 i_b = 연간 10%인 경우 수정된 수익률(MIRR)법을 사용한 외부수익률

연도	0	1	2	3	4
수익, $	0	25,000	19,000	4,000	18,000
비용, $	−6,000	−30,000	−7,000	−6,000	−12,000

7.39 다음의 순자금열에 대해 (a) 두 가지 부호 변경 규칙을 적용하고, (b) 연간 15% 투자수익률에서 투자자본수익률(ROIC)법을 사용하여 외부수익률을 구하고, (c) (b)에서 구한 투자자본수익률(ROIC)이 있을 때와 없을 때 각각에 대하여 IRR 함수를 이용하여 i^*를 구하시오.

연도	순현금흐름, $
0	+48,000
1	+20,000
2	−90,000
3	+50,000
4	−10,000

7.40 생체 인식, 감시 및 위성 기술을 적용한 제품을 제조하는 회사의 새로운 광고 캠페인으로 인해 다음과 같은 현금흐름이 발생하였다. (a) 연간 투자수익률이 30%일 때 투자자본수익률(ROIC)법과 (b) 투자수익률 30%, 연간 대출이자율 10%일 때 수정된 수익률(MIRR)법을 사용하여 고유한 외부수익률 값을 계산하시오.

연도	현금흐름($1,000)
0	2,000
1	1,200
2	−4,000
3	−3,000
4	2,000

7.41 다음에 제시된 비전형적 순현금흐름에 대해 연 10%의 대출이자율과 (a) 연 15%의 투자수익률, (b) 연 30%의 투자수익률에서 수정된 수익률(MIRR)법을 사용하여 외부수익률을 결정하시오. (참고 : 이 자금열에 대한 스프레드시트 기반 분석의 자세한 내용은 문제 7.60 참조)

연도	0	1	2	3
순현금흐름, $	−7,000	+3,000	+15,000	−5,000

7.42 우주선 개발 회사인 Martian Corporation은 차세대 발사 미사일 엔진 구성을 개발할 새로운 부서를 설립하려고 한다. 수정된 수익률(MIRR)법을 직접 적용하여 0년 차에 $-50,000, 1~6년 차에 $+15,000, 7년 차에 $-8,000의 추정 순현금흐름(단위 : $1,000)에 대한 외부수익률(EROR)을 결정하시오. 이때 대출이자율은 12%, 투자수익률은 연간 25%로 가정한다. 또한 i'를 구하기 위한 MIRR 함수를 작성하시오.

7.43 경주용 자동차의 클러치 디스크를 제조하는 회사의 한 부서에 대한 연간 순현금흐름은 다음과 같다.

연도	순현금흐름($1,000)
0	−65
1	30
2	84
3	−10
4	−12

(a) 수익률 관계식에 대한 양의 근의 개수를 결정하시오.

(b) 내부수익률을 계산하시오. 음의 근이 있는가? 있다면, 이를 어떻게 처리할 것인가?

(c) 연간 15%의 투자수익률로 투자자본수익률(ROIC)법을 사용하여 외부수익률을 계산하시오(강사가 지정한 대로 직접 수기로 해결하거나 스프레드시트로 풀이).

채권

7.44 액면가가 $10,000이고 표면이자율이 연간 8%이며 반기마다 지급되는 채권에 대한 배당금 지급액과 지급 빈도는 얼마인가?

7.45 졸업 선물로 $5,000 채권을 받고 그 채권이 20년 동안 3개월마다 $75 이자를 지급한다면 채권이자율은 얼마인가?

7.46 Automation Engineering이 발행한 모기지 채권이 $8,200에 판매되고 있다. 채권의 액면가는 $10,000이고 표면이자율은 연간 8%이며 매년 지불할 수 있다. 구매자가 지금부터 5년 동안 채권을 만기까지 보유하면 실현되는 수익률은 얼마인가?

7.47 자녀의 대학 교육을 계획하고 있는 엔지니어가 제로쿠폰 회사채(즉, 배당금이 지급되지 않는 채권)를 $9,250에 구입하였다. 이 채권의 액면가는 $50,000이며 만기는 18년이다. 채권을 만기까지 보유하는 경우 투자에 대한 i^*를 결정하시오.

7.48 재니스는 5% $1,000 20년 만기 채권을 $925에 구입하였다. 그녀는 8년 동안 반기별 배당을 받았고, 16번째 배당 직후 $800에 채권을 팔았다. (a) 반기당 수익률과 (b) 연간(명목) 수익률은 얼마인가?

7.49 4년 전, 발레로는 연 10%의 채권이자율을 갖는 $5백만 규모의 사채를 발행하였으며, 이 사채는 반기마다 지불된다. 시장이자율이 하락했고 회사는 액면가의 10% 할증된 금액으로 채권을 콜(call)하였다(즉, 미리 상환하였다). 4년 전에 $5,000짜리 채권을 구입하고 4년 후 채권이 콜될 때까지 보유했던 투자자의 반기 수익률은 얼마인가?

7.50 경기침체기에는 수년 전에 발행된 채권의 이자율이 현재 발행된 채권보다 높다. 따라서 현재 낮은 이자율로 인해 액면가보다 높은 가격, 즉 프리미엄에 판매될 수 있다. 15년 전에 발행된 $50,000 채권을 $60,000에 판매하려고 한다. 채권이자율이 연간 14%이고 매년 지불되며 채권 만기가 지금으로부터 5년 후인 경우 구매자는 연간 얼마의 수익률을 얻게 되는가? 수익률 방정식을 작성하고 정답을 직접 표시할 수 있는 단일 셀 스프레드시트 함수를 사용하시오.

7.51 채권이자율이 연 8%이고 분기별로 지불되는 $10,000 모기지 채권을 $9,200에 구입하였다. 채권은 만기일까지 총 7년 동안 보유되었다. 구매자의 3개월 및 연간(명목) 수익률은 얼마인가?

7.52 한 현명한 투자자가 채권이자율이 연 8%이고 분기별로 지급되는 20년 만기 $10,000 모기지 채권에 $6,000를 지불하였다. 채권을 구입한 지 3년 후, 시장이자율이 하락하여 채권 가치가 상승하였다. 투자자가 채권을 매입한 지 3년 후 해당 채권을 $11,500에 매각하였다면, 투자자의 (a) 분기당 수익률과 (b) 연간(명목) 수익률은 얼마인가?

7.53 10년 전, 전기 및 수자원 당국인 DEWA는 연 6%의 이자율로 반기마다 지급하는 $20백만 상당의 지방채를 발행하였다. 채권의 만기는 25년이었다. 세계적인 경기침체로 인해 이자율이 크게 하락하여, 당국은 액면가에 10%의 페널티를 부과하고 채권을 조기 상환하는 것을 고려하게 되었다. 그런 다

음 DEWA는 남은 15년 동안 동일한 액면가(즉, $20 백만)로 채권을 재발행하되 연 2%의 낮은 이자율로 반기별로 지급할 것이다. 이 계획을 진행할 경우 DEWA의 반기당 수익률은 얼마인가?

스프레드시트 활용 연습문제

7.54 클로이는 방금 Haverty's에서 총 $10,000에 새 침실 가구를 구입하였다. 그녀는 20%의 계약금을 지불하였고, 특별 판촉 행사를 통해 남은 $8,000를 향후 10개월 동안 무이자로 지불, 월 $800를 총 10번 상환하기로 하였다. 계약서 하단에는 작은 글씨로 지불금 중 한 번이라도 전액(즉, $800) 지불되지 않은 경우 또는 하루 이상 연체하는 경우 남은 미지급 잔액은 36%의 연간 명목이자율(월 복리)로 이자 기반 대출로 전환되며, 위반 후 1개월부터 5개월까지의 기간 동안 전액 지불되어야 한다고 기재되어 있었다. 클로이는 처음 세 번은 제때에 전액 지불하였으나 네 번째 지불 기한이 되었을 때는 $600만 제때에 지불할 수 있었다.

(a) 클로이가 '세부 약관'에 명시된 페널티를 더 이상 내지 않기 위해 이제부터 납부해야 하는 월 균등 상환액을 계산하시오.

(b) 연간 명목이자율 페널티 이자를 포함하여 클로이가 10개월 동안 지불한 비용을 원래 비용인 $10,000와 비교하시오. 클로이가 5번의 페널티 이자를 모두 제때 전액 지불했다고 가정한다.

7.55 아래 표시된 현금흐름에 대해 연간 i^*를 결정해야 한다. 새로운 상사가 생겼으므로 철저한 분석을 수행하기로 결정하였다. 다음을 수행하시오.

(a) 스프레드시트를 사용하여 i^*를 구하시오.

(b) 스프레드시트에 다음의 2개 차트를 작성하시오. (1) 연도 대비 현금흐름을 표시하는 세로 막대형 차트와 (2) PW 값과 i 값의 범위(그중 하나는 i^*)를 표시하는 분산형 차트(힌트 : 그림 7-4를 지침으로 사용하시오).

(c) 추정 수익률이 약 25%라고 들었다. 초기 추정치와 동일한 비율로 유지되는 경우 연간 25%의 i^*를 실현하는 데 필요한 2년, 3년, 4년 동안의 현금흐름을 결정하시오.

연도	0	1	2	3	4
현금흐름, $	0	−80,000	9,000	70,000	30,000

7.56 호주의 철강 회사인 ASM International은 가공된 나사산을 정밀 용접 증착으로 교체함으로써 스테인리스강 나사산 바 비용의 40%를 절감할 수 있다고 주장한다. 미국의 락 볼트 및 그라우팅 피팅 제조업체는 이 장비를 구매할 계획이다. 이 회사의 한 기계 엔지니어는 향후 4년(16분기) 동안 추가 비용 및 절감 효과에 대해 표와 같은 추정치를 준비하였다. 비용은 일정 기간 감소하다가 장비가 노후화됨에 따라 급격히 증가한다. 일부 분기에는 절감액이 $80,000로 최고조에 달했지만 예상되는 경쟁으로 인해 비용이 감소하면서 줄어들었다. 미국의 제조업체 사장은 이 신기술의 사용 계획을 언제 수립할지 확신하지 못한다. 신기술 사용 여부에 관한 결정은 부분적으로 사용 기간이 지남에 따라 달성할 수 있는 수익률에 달려 있다. 과거에는 프로젝트를 유지하려면 연간 최소 24%의 수익을 올려야 했다.

(a) 스프레드시트를 사용하여 2년(8분기) 및 그 이상의 기간에 대한 분기별 기대수익률을 결정하시오.

(b) (a)의 결과를 도식적으로 설명하기 위해 i^* 대 분기에 대한 그래프를 작성하시오.

(c) 경제적 이익 측면에서 이 기술을 사용할 기간(연수)을 추천하시오.

분기	비용, $	절감, $
0	−350,000	—
1	−50,000	10,000
2	−40,000	20,000
3	−30,000	30,000
4	−20,000	40,000
5	−10,000	50,000
6~12	0	80,000
13	−20,000	80,000
14	−40,000	40,000
15	−60,000	20,000
16	−80,000	0

7.57 분기별 현금흐름 추정에 대해 다음을 결정하시오. (a) i^* 값 또는 값들, (b) 분기당 5%의 최소요구수익률(MARR) 달성 여부, (c) 최소요구수익률(MARR)을 충족하는 i^*를 생성하는 8분기의 최소 수익.

분기	지출, $	수익, $
0	−20	0
1	−20	5
2	−10	10
3	−10	25
4	−10	26
5	−10	20
6	−15	17
7	−12	15
8	−15	2

7.58 Charles Enterprises는 기술이 처음 등장할 당시 드론 제조 사업에 뛰어들었다. 0년부터 5년까지 순

연도	순현금흐름, $	연도	순현금흐름, $
0	−40	6	−15
1	32	7	0
2	18	8	5
3	10	9	10
4	−10	10	15
5	−8		

현금흐름(단위 : $1,000,000)은 위와 같이 등락을 보였다. 그러나 몇 년 전 Charles는 선박, 고립된 육지 지역 등 원격 위치에서 다양한 유형의 센서를 사용하여 인쇄, 조립 및 발사할 수 있는 3D 인쇄 가능한 일회용 드론을 판매하기 시작하였다. 지난 5년간 순현금흐름은 상당히 개선되었다. IRR 함수의 "guess" 옵션을 사용, 다음 질문에 답하여 주어진 순자금열에 대한 철저한 분석을 수행하시오.

(a) 0년부터 5년까지 순자금열에 대해 −100%와 +100% 사이의 모든 i^* 값을 찾으시오.

(b) 0년부터 10년까지의 모든 i^* 값을 구하시오.

(c) i^*에 대한 분석은 5년 동안 이 i^* 범위에 대한 두 가지 부호 변경 규칙의 예측을 반영하는가? 10년 동안은 어떠한가?

(d) 2개의 분산형 차트를 사용하여 0~5년 및 0~10년 동안의 i^* 대 PW를 표시하시오.

7.59 10년 전 JD와 동료들은 수년간 급여를 받고 일하던 대형 항공우주 기업을 떠나 동네 차고에서 수행한 수년간의 설계와 테스트 작업을 바탕으로 국제 재생에너지 시장에 큰 영향을 미치겠다는 포부를 가지고 JRG Solar사를 설립하였다. 또한 JRG Solar에 대한 자체 투자와 기타 투자자의 재정적 약속을 바탕으로 연간 최소 10%의 수익을 차출하기를 희망하였다. 그들은 사업을 시작하기 위해 $12백만의 자본금을 확보하는 데 성공하였다. 항상 비즈니스의 경제적 수익 측면에 가장 관심이 많았던 JD는 최근 JRG Solar의 10년 순자금열(아래에 $1,000 단위로 표시됨)을 살펴보았다. 스프레드시트를 빠르게 분석한 결과, 10년간의 내부수익률(IRR)이 연간 11.26%라는 사실을 확인하였다. 그는 이 수익에 매우 만족하였으나, 순현금흐름과 누적현금흐름(CCF) 자금열이 모두 여러 i^* 값을 가짐을 발견하였다.

연도	0	1	2	3	4	5	6	7	8	9	10
순현금흐름, $1,000	−12,000	4,000	−3,000	−7,000	15,000	1,000	4,000	−2,000	−5,000	8,000	10,000
누적현금흐름, $1,000	−12,000	−8,000	−11,000	−18,000	−3,000	−2,000	2,000	0	−5,000	3,000	13,000

JRG Solar의 10년 창업 단계 동안의 양(+)의 현금흐름에 대한 평균 투자수익률은 연평균 4%였다. 기업 이익잉여금에 대한 투자율은 매우 낮고 부호 변경에 대한 두 규칙은 수익률 방정식의 다중근을 나타내기 때문에 JD는 순자금열에 IRR 함수를 적용하여 얻은 단순한 수익률(ROR) 결과(i^* = 11.26%) 이상으로 수익률 분석 결과를 이해하고자 한다. JD를 위해 투자자본수익률(ROIC) 분석을 수행, JRG Solar 소유주가 기대했던 연간 10%의 최소요구수익률(MARR)을 실현하고 있는지 확인하시오.

7.60 [강사 참고사항 : 이 문제는 이 장에서 다룬 대부분의 수익률(ROR) 분석 기법을 사용하는 종합적인 평가를 위한 것이다. (f)를 제외하고 문제의 일부는 다른 것과 독립적으로 할당될 수 있다.] 인터넷 기반의 스포츠 보트 및 스키 장비 판매 회사인 Viking 사가 운영 첫 3년간 경험한 비전형적인 순자금열에 대해, 소유주인 줄리와 칼을 위한 철저한 수익률(ROR) 분석에는 다음이 포함된다.

(a) 수익률(ROR) 방정식에 대한 근의 개수와 성격을 결정하기 위해 부호 검정을 적용하시오.

(b) IRR 함수를 사용하여 −100%와 +100% 사이의 모든 실수 i^* 값을 구하시오.

(c) (b)에서 구한 i^*를 나타내는 PW 대 i 값의 도표를 작성하시오.

(d) 투자수익률 10%와 4~14% 범위의 다양한 대출이자율(2% 증분)에서 수정된 수익률(MIRR)법을 사용한 외부수익률(EROR) 값을 구하시오(Viking은 필요한 경우 추가 자금을 차입하는 데 드는 비용이 얼마인지 알지 못한다).

(e) 연간 투자수익률이 동일하게 10%일 때, 투자자본수익률(ROIC)법을 사용하여 외부수익률(EROR) 값을 구하시오.

(f) 분석을 시작하기 전에 소유자는 연간 최소 25%의 수익을 실현할 것으로 예상한다고 말하였다. 이 최소요구수익률(MARR)과 위의 분석 결과를 사용하여 줄리와 칼이 다중수익률(ROR), 즉 모든 i^*, i' 및 i'' 값과 이에 대한 해석을 검토하고 이해할 수 있도록 짧은 서면 요약을 작성하시오. 그들에게 최소요구수익률(MARR)을 충족하는지 알려주시오.

연도	0	1	2	3
순현금흐름, $1,000	−7,000	+3,000	+15,000	−5,000

사례연구

혁신적인 아이디어 개발 및 판매

배경

공공주택 개발 전문 기업인 Mitchell Engineering에 근무하는 엔지니어 3명은 일주일에 여러 번 함께 점심을 먹으러 다녔다. 시간이 지나면서 그들은 태양에너지 생산 아이디어를 연구하기로 결정하였다. 몇 년 동안 많은 주말 시간을 할애한 끝에 그들은 저가형의 다가구 주택과 고급형의 중간규모 제조시설에 사용할 수 있는 저비용의 확장가능한 태양에너지발전소의 프로토타입을 설계하고 개발하였다. 주거용 애플리케이션의 경우 집열기를 TV 접시 옆에 장착하고 태양을 추적하도록 프로그래밍할 수 있다. 발전기 및 추가장비는 아파트의 벽장 크기 공간이나 다세대 공급의 경우 바닥에 설치된다. 이 시스템은 지역 전력회사가 제공하는 전력을 보완하는 역할을 한다. 약 6개월간의 테스트 후에 시스템이 출시될 준비가 되었다는 결론을 내렸으며, 고층건물의 전기요금을 월간 약

40%까지 절감할 수 있다는 사실이 안정적으로 확인되었다. 이는 정부보조금으로 생활하는 저소득층 주민들이 전기요금을 직접 지불해야 하는 상황에서 희소식이었다.

정보

막대한 은행대출과 $200,000의 자기자본으로 그들은 선벨트 내 세 도시에 시범 장소를 설치할 수 있었다. 처음 4년간의 모든 비용, 대출금 상환 및 세금을 제외한 순현금흐름은 허용 가능한 정도였으며, 이는 첫해 말에는 $55,000였고 이후 매년 5%씩 증가하였다. 4년간의 소유 후, 사업상 지인에게 특허권과 현재의 가입자 기반에 대한 잠재적 구매자를 소개받았으며, 매각하는 경우 약 $500,000의 순현금인출(net cash-out)이 예상되었다. 그러나 진지한 논의 끝에 매각 제안에 대한 초기의 흥분이 바뀌었고, 세 사람은 현재로서는 매각하지 않기로 결정하였다. 그들은 한동안 사업을 유지하면서 몇 가지 개선 아이디어를 개발하고 향후 몇 년 동안 얼마나 많은 수익이 증가할 수 있는지 확인하고 싶었다.

파트너십 5년 차가 되던 다음 해에 집열기와 발전기 설계의 기반이 되는 특허를 받은 엔지니어는 파트너십 계약에 불만을 품고 나머지 두 사람을 떠나 에너지사업 분야의 국제적인 회사와 파트너십을 맺었다. 새로운 연구개발자금과 특허권을 기반으로 경쟁 디자인이 곧 시장에 출시되었고 기존의 두 개발자로부터 사업의 상당 부분을 빼앗아갔다. 순현금흐름은 5년 차에 $40,000로 떨어졌고 매년 $5,000씩 계속해서 감소하였다. 8년 차에 또 다른 매각 제의가 들어왔지만 순현금 $100,000에 불과했다. 이는 너무 큰 손실로 여겨졌기 때문에 두 소유자는 이를 받아들이지 않았다. 대신 그들은 주택 시장에서 추가 애플리케이션을 개발하기 위해 자신들이 저축한 금액 중 $200,000를 회사에 더 투입하기로 결정하였다.

이제 시스템이 공개적으로 출시된 지 12년이 되었다. 광고 및 개발이 증가함에 따라 지난 4년 동안 순현금흐름은 양의 값을 기록하였으며, 9년 차에 $5,000에서 시작하여 지금까지 매년 $5,000씩 증가하였다.

사례연구 문제

제품이 개발된 지 12년이 지난 지금, 엔지니어들은 혁신적인 아이디어에 대부분의 저축을 투자하였다. 그런데 이러한 상황에서는 항상 “언제 매각할 것인가?”라는 질문이 제기된다. 분석에 도움이 되도록 다음 사항을 결정하시오.

1. 다음 두 가지 상황에 대한 4년 차 말의 수익률
   (a) 순현금 $500,000에 사업체를 매각하는 경우
   (b) 매각하지 않는 경우
2. 다음 두 가지 상황에 대한 8년 차 말의 수익률
   (a) 순현금 $100,000에 사업체를 매각하는 경우
   (b) 매각하지 않는 경우
3. 12년 차 말의 현재 수익률
4. 12년간의 자금열을 고려하라. 여러 수익률이 존재할 수 있다는 징후가 있는가? 그렇다면 이미 개발된 스프레드시트를 사용하여 위 3번에서 결정된 값이 아닌 ±100% 범위의 수익률 값을 찾으시오.
5. 당신이 혁신적인 태양에너지 제품을 찾고 있는 많은 양의 현금을 보유한 투자자라고 가정하자. 모든 투자에 대해 연간 12%의 수익이 필요하고, 구매한 경우 추가로 12년 동안 사업을 소유할 계획이라면 이 시점(12년 말)에 사업에 대해 얼마를 제안하겠는가? 의사결정을 내리는 데 도움이 되도록 현재 순자금열이 소유 기간 동안 연간 $5,000씩 계속해서 증가한다고 가정한다. **제안할 금액에 대한 논리를 설명하시오.**

Hoo-Me/Storms Media Group/Alamy Stock Photo

CHAPTER 8

수익률 분석 : 다수의 대안

학 습 성 과

목적 : 증분수익률 분석을 바탕으로 최선의 대안을 선택한다.

절	주제	학습 성과
8.1	증분 분석	• 대안을 비교하는 수익률 방법에서 증분현금흐름 분석이 필요한 이유를 설명한다.
8.2	증분자금열	• 두 가지 대안에 대한 증분자금열(증분현금흐름 계열)을 계산한다.
8.3	Δi^*의 의미	• 증분자금열에서 결정된 증분수익률(Δi^*)의 의미를 해석한다.
8.4	PW 관계식에서 Δi^*	• PW 관계식을 바탕으로 증분수익률 분석 또는 손익분기 수익률 값을 사용하여 두 가지 대안 중 더 나은 것을 선택한다.
8.5	AW 관계식에서 Δi^*	• AW 관계식을 바탕으로 증분수익률 분석 또는 손익분기 수익률 값을 사용하여 두 가지 대안 중 더 나은 것을 선택한다.
8.6	3개 이상의 대안	• 증분수익률 분석을 사용하여 여러 대안 중에서 가장 좋은 것을 선택한다.
8.7	통합형 스프레드시트	• 상호배타적이고 독립적인 대안의 PW, AW, ROR과 증분 ROR 분석을 수행하기 위해 단일 스프레드시트를 사용한다.

이 장에서는 이전 장의 방법을 기반으로 한 수익률(ROR) 비교를 사용하여 둘 이상의 대안을 평가할 수 있는 방법을 제시한다. 올바르게 수행된 수익률 평가는 PW 및 AW 분석과 동일한 선택을 가져오지만 수익률 평가의 계산 절차는 상당히 다르다. 수익률 분석은 쌍별 비교(pairwise comparisons)에서 두 대안 간의 증분을 평가한다. 자금열이 더욱 복잡해짐에 따라 스프레드시트 함수는 계산 속도를 높이는 데 도움이 된다.

8.1 증분 분석이 필요한 이유 ●●●

둘 이상의 상호배타적인 대안을 평가할 때 경제성 공학은 경제적으로 가장 좋은 대안을 식별할 수 있다. 우리가 배운 대로 PW 및 AW 기법을 사용하여 이를 수행할 수 있으며 이는 권장되는 방법이다. 여기에서는 가장 좋은 것을 식별하기 위해 수익률(ROR)을 사용하는 절차를 제시한다.

한 회사가 연간 16%의 최소요구수익률(MARR)을 사용하고 회사의 투자 가능 금액이 $90,000이며 두 가지 대안(A와 B)이 평가되고 있다고 가정해 보자. 대안 A에는 $50,000의 투자가 필요하며 내부수익률 i_A*는 연간 35%이다. 대안 B에는 $85,000가 필요하며 연간 29%의 i_B*를 가진다. 직관적으로 더 나은 대안은 더 큰 수익(이 경우 A)을 갖는 것이라고 결론을 내릴 수 있으나, 반드시 그런 것은 아니다. A의 예상 수익은 더 높지만 초기 투자금($50,000)은 사용 가능한 총자금($90,000)보다 훨씬 적다. 남은 투자 자본은 어떻게 되는가? 투자된 자금에 대한 특정 수익률이 명시될 수 있다. 그러나 이전 장에서 배운 것처럼 일반적으로 추가 자금이 회사의 최소요구수익률(MARR)에 투자된다고 가정한다. 이 가정을 사용하여 두 가지 대체 투자의 결과를 결정하는 것이 가능하다. 대안 A를 선택하면 $50,000는 연간 35%의 수익을 얻게 된다. 남은 $40,000는 연간 16%의 최소요구수익률(MARR)로 투자된다. 그러면 이용 가능한 총자본에 대한 수익률은 가중평균이 된다. 따라서 대안 A를 선택하면,

$$\text{전체 ROR}_A = \frac{50{,}000(0.35) + 40{,}000(0.16)}{90{,}000} = 26.6\%$$

대안 B를 선택하면 $85,000는 연 29%로 투자되고, 나머지 $5,000는 연 16%의 수익을 얻게 된다. 이제 가중평균은 다음과 같다.

$$\text{전체 ROR}_B = \frac{85{,}000(0.29) + 5{,}000(0.16)}{90{,}000} = 28.3\%$$

이러한 계산은 대안 A의 i*가 더 높더라도 대안 B가 $90,000에 대해 더 나은 전체 수익률을 제공한다는 것을 보여준다. PW 또는 AW 비교를 수행할 때 연간 16%의 최소요

구수익률(MARR)을 i로 사용하면 대안 B가 선택된다.

이 간단한 예는 순위와 대안 비교를 위한 수익률 방법에 대한 다음과 같은 주요한 사실을 보여준다.

> 어떤 상황에서는 프로젝트 수익률 값이 PW 및 AW 분석과 동일한 대안 순위를 제공하지 않는다. **증분수익률 분석**(incremental ROR analysis)(아래 설명)을 수행하면 이러한 상황이 발생하지 않는다.

독립 프로젝트 선택

독립 프로젝트(independent projects)를 평가할 때는 프로젝트 간에 증분 분석(incremental analysis)이 필요하지 않다. 각 프로젝트는 다른 프로젝트와 별도로 평가되며 둘 이상을 선택할 수 있다. 따라서 유일한 비교는 각 프로젝트에 대해 아무것도 하지 않는 대안과 비교하는 것이다. 프로젝트 수익률을 사용하여 각각을 수락하거나 거부할 수 있다.

8.2 수익률 분석을 위한 증분현금흐름 계산 ●●●

증분수익률 분석을 수행하려면 대안의 전체 수명에 걸쳐 **증분자금열**(incremental cash flow)을 계산해야 한다. 등가 관계식(PW 및 AW)을 기반으로 수익률 평가는 동등 서비스(equal-service)를 가정한다.

동등 서비스 요건

> 증분수익률 방법에서는 동등 서비스 요건이 충족되어야 한다. 따라서 각 **대안 쌍별 비교에는 수명의 LCM(최소공배수)**(LCM(least common multiple) of lives for each pairwise comparison)을 사용해야 한다. PW 분석을 위한 동등 서비스에 대한 모든 가정이 증분수익률 방법에도 필요하다.

수기 풀이 또는 스프레드시트 풀이를 위한 형식은 유용하다(표 8-1). 동등한 수명의 대안(equal-life alternatives)은 n년간의 증분현금흐름을 가지는 반면, 동등하지 않은 수명의 대안(unequal-life alternatives)은 분석을 위해 수명의 최소공배수 값이 필요하다.

표 8-1 증분자금열 형식

	현금흐름		
	대안 A	대안 B	증분현금흐름
연	(1)	(2)	(3) = (2) - (1)
0			
1			
.			
.			
.			

각 수명주기가 끝나면 다음 주기의 잔존가치와 초기 투자 금액이 최소공배수 사례에 포함되어야 한다.

분석기간(study period)이 설정되면 이 기간만 평가에 사용된다. 해당 기간 외의 모든 증분현금흐름은 무시된다. 앞서 배웠듯이 분석기간, 특히 두 대안의 수명보다 짧은 기간을 사용하면 전체 수명을 고려할 때 제공되는 경제적 의사결정이 바뀔 수 있다.

단순화의 목적으로만 두 대안 중 초기 투자 금액이 더 큰 대안을 대안 *B*로 간주한다는 관례를 사용한다. 그런 다음 표 8-1의 각 연도에 대해 다음을 계산한다.

$$\text{증분현금흐름} = \text{현금흐름}_B - \text{현금흐름}_A \qquad [8.1]$$

각 대안에 대한 초기 투자 및 연간 현금흐름(잔존가치 제외)은 5장에서 식별된 유형 중 하나이다.

수입 또는 비용 중심 대안

수입 중심 (현금흐름) 대안(revenue alternative)이란 음의 현금흐름과 양의 현금흐름이 모두 있는 대안

비용 중심 (현금흐름) 대안(cost alternative)이란 모든 현금흐름 추정치가 음수인 대안

두 경우 모두 식 [8.1]은 신중하게 결정된 각 현금흐름의 부호와 함께 증분자금열을 결정하는 데 사용된다.

예제 8.1

Grand Ave. Pharmacy는 고객이 Walgreen's와 CVS 같은 대형 체인점과의 경쟁력을 유지할 수 있도록 POS(Point-of-Sale) 속도를 개선해야 한다. Grand Ave.의 소유자는 주 전역의 6개 지점에 있는 모든 스캐너와 금전 등록기 장비를 교체할 계획이다. 비용이 절감되고 기술이 향상됨에 따라 두 가지 옵션을 사용할 수 있다. 새로운 시스템의 총비용은 $21,000이다. 그러나 중고 장비는 $15,000에 구입할 수 있다. 새로운 시스템은 더욱 정교하기 때문에 연간운영비용은 $7,000가 될 것으로 예상되는 반면, 중고 시스템은 연간 $8,200가 필요할 것으로 예상된다. 예상 수명은 잔존가치가 5%인 두 시스템 모두 10년이다. 증분자금열을 표로 작성하시오.

풀이

증분현금흐름은 표 8-2에 정리되어 있다. 새로운 시스템의 초기비용이 더 크기 때문에 수행된 차감은 (신규 − 중고)이다. 10년 차의 잔존가치는 명확성을 위해 일반 현금흐름과 분리되어 있다. 지급액이 여러 해 연속 동일한 경우, 수기로 풀 때에는 1년부터 10년까지 한 번에 표를 작성한 것처럼 단일 현금흐름 목록을 작성하여 시간이 절약된다. 그러나 분석을 수행할 때 몇 년이 합쳐졌다는 점을 기억해야 한다. 스프레드시트

표 8-2 예제 8.1에 대한 증분자금열

연	현금흐름		증분현금흐름
	중고 시스템	신규 시스템	(신규 - 중고)
0	$-15,000	$-21,000	$-6,000
1~10	-8,200	-7,000	+1,200
10	+750	+1,050	+300

에는 이 접근 방식을 사용할 수 없는데, IRR 또는 NPV 함수를 사용하는 경우 각 연도의 현금흐름이 0이더라도 별도로 입력해야 하기 때문이다.

예제 8.2

단독 공급업체는 지하 유틸리티 및 볼트형 설치에 적합한 대형 변압기를 새로운 산업 단지에 공급할 수 있다. 유형 A는 초기비용이 $70,000이고 수명은 8년이다. 유형 B는 초기비용이 $95,000이고 기대 수명은 12년이다. 유형 A의 연간운영비용은 $9,000, 유형 B의 연간운영비용은 $7,000로 예상된다. 잔존가치가 유형 A와 유형 B에 대해 각각 $5,000와 $10,000인 경우, 수기 및 스프레드시트 풀이를 위한 증분자금열을 최소공배수를 사용하여 표로 작성하시오.

수기 풀이

8과 12의 최소공배수는 24년이다. 24년 동안의 증분자금열(표 8-3)에서 재투자 및 잔존가치가 유형 A의

표 8-3 예제 8.2에 대한 증분현금흐름 표

연	현금흐름		증분현금흐름
	유형 A	유형 B	(B − A)
0	$-70,000	$-95,000	$-25,000
1~7	-9,000	-7,000	+2,000
8	{ -70,000 -9,000 +5,000 }	-7,000	+67,000
9~11	-9,000	-7,000	+2,000
12	-9,000	{ -95,000 -7,000 +10,000 }	-83,000
13~15	-9,000	-7,000	+2,000
16	{ -70,000 -9,000 +5,000 }	-7,000	+67,000
17~23	-9,000	-7,000	+2,000
24	{ -9,000 +5,000 }	{ -7,000 +10,000 }	+7,000
	$-411,000	$-338,000	$+73,000

경우 8년과 16년에, 유형 B의 경우 12년에 표시된다는 점에 유의하자.

스프레드시트 풀이

그림 8-1은 24년간의 최소공배수에 대한 증분현금흐름을 보여준다. 수기로 작성한 표에서와 마찬가지로 각 중간 수명주기의 마지막 해에 재투자가 이루어진다. D열의 증분 값은 C열에서 B열을 뺀 결과이다.

마지막 행에는 확인을 위한 합계 값이 포함되어 있다. 총증분현금흐름은 D열 합계와 C29 − B29 차감 모두에서 일치해야 한다. 또한 증분 값은 부호를 세 번 변경하며 데카르트의 부호 규칙에 따라 여러 i^* 값이 있을 수 있음을 나타낸다. 이러한 가능한 딜레마는 이 장 뒷부분에서 논의된다.

	A	B	C	D	E	F	G
1				증분			
2		순현금흐름		현금흐름			
3	연도	유형 A	유형 B	(B - A)			
4	0	-70,000	-95,000	-25,000			
5	1	-9,000	-7,000	2,000			
6	2	-9,000	-7,000	2,000			
7	3	-9,000	-7,000	2,000			
8	4	-9,000	-7,000	2,000			
9	5	-9,000	-7,000	2,000			
10	6	-9,000	-7,000	2,000			
11	7	-9,000	-7,000	2,000			
12	8	-74,000	-7,000	67,000			
13	9	-9,000	-7,000	2,000			
14	10	-9,000	-7,000	2,000			
15	11	-9,000	-7,000	2,000			
16	12	-9,000	-92,000	-83,000			
17	13	-9,000	-7,000	2,000			
18	14	-9,000	-7,000	2,000			
19	15	-9,000	-7,000	2,000			
20	16	-74,000	-7,000	67,000			
21	17	-9,000	-7,000	2,000			
22	18	-9,000	-7,000	2,000			
23	19	-9,000	-7,000	2,000			
24	20	-9,000	-7,000	2,000			
25	21	-9,000	-7,000	2,000			
26	22	-9,000	-7,000	2,000			
27	23	-9,000	-7,000	2,000			
28	24	-4,000	3,000	7,000			
29	합계	-411,000	-338,000	73,000			
30							
31							

A의 새로운 수명주기 시작
= 초기비용 + 연간운영비용 + 잔존가치
= – 70,000 – 9,000 + 5,000

합계 확인
증분 열의 값(D29)은
유형 B열 값(C29)에서
유형 A열(B29) 값을
뺀 값과 같아야 한다.

그림 8-1
예제 8.2의 비동등한 수명 대안에 대한 증분현금흐름 스프레드시트 계산

8.3 추가 투자에 대한 수익률 해석

표 8-2와 8-3의 0년 차 증분현금흐름은 첫 번째 비용이 더 큰 대안을 선택할 경우 필요한 추가 투자 또는 비용을 반영한다. 이는 더 큰 투자 대안에 지출된 추가 자금에 대한 수

익률을 결정하기 위한 증분수익률 분석에서 중요하다. 대규모 투자로 인한 현금흐름 증가가 이를 정당화하지 못한다면 더 저렴한 투자를 선택해야 한다. 더 저렴하고 정당한 대안이 없다면 아무것도 하지 않는 대안(DN alternative)이 최선의 경제적 선택이다. 예제 8.1의 새로운 시스템에는 $6,000의 추가 투자가 필요하다(표 8-2). 새로운 시스템을 구입하면 10년 동안 연간 $1,200를 '절감'할 수 있으며 10년 차에는 추가로 $300를 절약할 수 있다. 중고 시스템이나 새로운 시스템을 구입하는 결정은 새로운 시스템에 추가로 투자하는 $6,000에 대한 수익성을 기준으로 내릴 수 있다. 절감액의 등가 가치가 최소요구수익률(MARR)에서의 추가 투자 등가 가치보다 큰 경우 추가 투자가 이루어져야 한다(즉, 더 큰 첫 번째 비용 제안이 수락되어야 한다). 반면, 추가 투자가 절감 효과로 정당화되지 않는 경우에는 더 낮은 투자 제안을 선택하여야 한다.

선택을 결정하는 근거는 마치 하나의 대안만 고려 중인 것과 동일하다는 점을 인식하는 것이 중요하며, 해당 대안은 증분자금열로 표시되는 대안이다. 이러한 관점에서 볼 때, 이번 투자가 최소요구수익률(MARR) 이상의 수익률을 내지 않는 한 추가 투자를 해서는 안 된다는 것은 명백하다. 이러한 추가 투자의 근거를 더욱 명확히 하기 위한 고려사항은 다음과 같다. 증분현금흐름을 통해 얻을 수 있는 수익률은 최소요구수익률(MARR)로 투자하는 것에 대한 대안이다. 8.1절에서는 대안에 투자되지 않은 초과 자금은 최소요구수익률(MARR)로 투자된 것으로 가정한다고 명시한다. 결론은 다음과 같이 분명하다.

상호배타적 대안 선택

증분현금흐름을 통해 얻을 수 있는 수익률이 최소요구수익률(MARR)과 같거나 이를 초과하는 경우 추가 투자와 관련된 대안을 선택해야 한다.

추가 투자에 대한 수익이 최소요구수익률(MARR)을 충족하거나 초과해야 할 뿐만 아니라 두 대안에 공통적인 투자 수익도 최소요구수익률(MARR)을 충족하거나 초과해야 한다. 따라서 증분수익률 분석을 수행하기 전에 각 대안에 대한 내부수익률 i^*를 결정하는 것이 좋다. 비용 대안에는 비용(음수) 현금흐름만 있고 i^*를 결정할 수 없기 때문에 이는 수익 대안에 대해서만 수행할 수 있다. 지침은 다음과 같다.

여러 수익 대안이 있는 경우 각 대안의 내부수익률(IROR)인 i^*를 계산하고 i^* < 최소요구수익률(MARR)인 모든 대안을 제거한다. 남은 대안은 점진적으로 비교한다.

예를 들어 최소요수익률(MARR) = 15%이고 두 대안의 i^* 값이 12%와 21%인 경우 12% 대안은 추가 고려사항에서 제외될 수 있다. 두 가지 대안만 있으면 두 번째 대안이 선택되는 것이 분명하다. 두 대안 모두 i^* < 최소요구수익률(MARR)이면 대안이 정당화되지 않으며 아무것도 하지 않는 대안이 경제적으로 가장 좋다. 3개 이상의 대안을 평가

하는 경우 예비 심사를 위해 각 대안에 대해 i^*를 계산하는 것이 일반적으로 가치가 있지만 필수는 아니다. 최소요수익률(MARR)을 충족할 수 없는 대안은 이 옵션을 사용하여 추가 평가에서 제거될 수 있다. 이 옵션은 스프레드시트로 분석을 수행할 때 특히 유용하다. 각 대안의 자금열에 적용된 IRR 함수는 나중에 8.6절에서 설명하는 것처럼 수용할 수 없는 대안을 신속하게 나타낼 수 있다.

두 대안 B와 A 사이의 증분자금열에 대한 수익률을 고려해 보자. i^*_{B-A}로 식별되고 아래에서 자세히 설명되는 증분수익률 값은 8.1절에 제시된 것과 같이 가중평균 계산에서 개별 대안 수익률 값과 예측 가능한 관계를 가진다. 간단히 말해서 대안 B가 A보다 초기 투자 금액이 크고 $ROR_B < ROR_A$이면 $i^*_{B-A} < ROR_B$이다. 또한 $ROR_B > ROR_A$이면 $i^*_{B-A} > ROR_B$이다.

독립 프로젝트를 평가할 때 추가 투자에 대한 비교는 없다. 수익률 값은 예산 제한이 없다는 가정하에 $i^* \geq$ 최소요구수익률(MARR)인 모든 프로젝트를 승인하는 데 사용된다. 예를 들어 최소요구수익률(MARR) = 10%라고 가정하고 수익률 값이 다음과 같은 3개의 독립적인 프로젝트를 가정하자.

독립 프로젝트 선택

$$i^*_A = 12\% \qquad i^*_B = 9\% \qquad i^*_C = 23\%$$

프로젝트 A와 C는 선택되지만, $i^*_B <$ 최소요구수익률(MARR)이기 때문에 B는 선택되지 않는다.

8.4 PW를 이용한 수익률 평가 : 증분 및 손익분기 (2개의 대안) ●●●

이 절에서는 증분수익률 방법을 통해 상호배타적인 대안 선택을 수행하는 기본 접근 방식에 대해 설명한다. 증분현금흐름에 대해 PW 기반 관계식을 수립하고 0으로 설정한다. 수기 풀이나 스프레드시트 함수를 사용하여 자금열의 내부 수익률인 Δi^*_{B-A}를 찾는다. i^*_{B-A} 앞에 Δ(델타)를 배치하면 전체 수익률 값 i^*_A 및 i^*_B와 구별된다. (대안이 2개만 있는 경우 Δi^*는 Δi^*_{B-A}를 대체할 수 있다.)

증분수익률에는 동등 서비스 비교가 필요하므로 PW 공식에는 수명의 최소공배수를 사용해야 한다. 수명이 다른 자산에 대한 PW 분석을 위한 재투자 요구사항으로 인해 증분자금열에는 여러 Δi^* 값을 나타내는 여러 부호 변경이 포함될 수 있다. 비록 부정확하기는 하지만, 실무에서는 이 표시가 대개 무시된다. 올바른 접근 방식은 7.5절의 기법 중 하나를 따르는 것이다. 이는 증분자금열에 대한 단일 외부수익률($\Delta i'$ 또는 $\Delta i''$)이 결정되고 대안 선택이 이 결과를 기반으로 한다는 것을 의미한다.

증분현금흐름 계열, 최소공배수(LCM), 다중 근, 이 세 가지 요소는 여러 대안에 대한 경제성 공학 분석에서 수익률 방법이 종종 잘못 적용되는 주요 이유이다. 앞서 언급한 바와 같이, 여러 비율이 나타날 때 수익률 방법 대신 설정된 최소요구수익률(MARR)에서 PW 또는 AW 분석을 사용하는 것이 항상 가능하며 일반적으로 권장된다.

상호배타적 대안 선택

두 가지 비용 대안에 대한 증분수익률 분석을 위한 수기 풀이 또는 스프레드시트 풀이를 위한 전체 절차는 다음과 같다.

1. 초기 투자액 또는 비용을 기준으로 오름차순으로 정렬하고, 초기 투자액 또는 비용이 더 적은 대안을 A라고 칭한다. 초기 투자액이 더 큰 대안은 표 8-1의 B열에 있다.
2. 대안에 대한 재투자를 가정하고, 연도의 최소공배수를 사용하여 현금흐름 및 증분자금열을 작성한다.
3. 필요한 경우 증분자금열 다이어그램을 그린다.
4. 증분자금열의 부호 변화 횟수를 세어 다중수익률이 존재할 수 있는지 확인한다. 필요한 경우 노스트롬(Norstrom)의 기준을 사용하여 단일 양수 근이 존재하는지 확인한다.
5. PW = 0 방정식을 세우고 Δi^*_{B-A}를 결정한다.
6. 다음과 같이 경제적으로 더 나은 대안을 선택한다.

Δi^*_{B-A} < 최소요구수익률(MARR)이면, 대안 A를 선택한다.
$\Delta i^*_{B-A} \geq$ 최소요구수익률(MARR)이면, 추가 투자가 정당하다. 대안 B를 선택한다.

Δi^*가 최소요구수익률(MARR)과 정확히 같거나 매우 가까운 경우, 비경제적인 고려사항이 '더 나은' 대안을 선택하는 데 도움이 된다.

2단계에서 수익 대안인 경우, 먼저 각 대안에 대한 i^*를 계산하여 최소요구수익률(MARR)에 비해 경제적으로 수용 가능한지 확인한다.

5단계에서 수기로 시행착오 기법을 사용하는 경우 정확한 수익률 값이 필요하지 않다면 선형 보간법을 사용하여 근사하는 대신 Δi^*_{B-A} 값의 범위를 확인하면 시간을 절약할 수 있다. 예를 들어, 최소요구수익률(MARR)이 연간 15%이고 Δi^*_{B-A}가 15~20% 범위에 있음을 확인한 경우 $\Delta i^*_{B-A} \geq$ 최소요구수익률(MARR)임을 알고 있으므로 B를 수용하는 데 정확한 값이 필요하지 않다.

스프레드시트의 IRR 함수는 일반적으로 하나의 Δi^* 값을 결정한다. 예제 7.4에 설명된 것처럼 비전형적인 자금열에 대해 −100%에서 무한 범위의 여러 근을 찾기 위해 여러 추측값을 입력할 수 있다. 그렇지 않은 경우 4단계에서 다중 근을 표시하려면 7.5절에서 설명한 외부수익률(EROR)을 찾기 위한 기술 중 하나를 적용해야 한다.

예제 8.3

유럽의 Genesis Motor Company가 경제적인 하이브리드 자동차를 생산하기 위해 영국의 오래된 조립 공장을 개조함에 따라 Genesis와 그 공급업체는 가볍고 수명이 긴 변속기를 위한 추가 공급원을 찾고 있다. 자동 변속기 부품 제조업체는 내부 기어와 그 밖에 움직이는 부품의 정밀 성형을 위해 고도로 완성된 다이스(dies)를 사용한다. 두 곳의 국제 공급업체가 필요한 다이스를 만드는 것으로 조사되었다. 아래의 단위당 추정치와 연간 12%의 최소요구수익률(MARR)을 사용하여 보다 경제적인 공급업체 입찰을 선택하시오. 수기 풀이와 스프레드시트를 이용한 풀이 모두를 보이시오.

	A	B
초기비용, $	8,000	13,000
연간 비용, $/연	3,500	1,600
잔존가치, $	0	2,000
수명, 연수	10	5

수기 풀이

모든 현금흐름은 비용이므로 이는 비용 대안이다. 위에서 설명한 절차를 사용하여 Δi^*_{B-A}를 결정한다.

1. 대안 A와 B 중 더 높은 1차 비용을 가지는 대안을 표 8-4의 2열에 위치시켜 올바르게 정렬한다.

2. 10년 동안 최소공배수의 현금흐름이 표로 작성되었다.

3. 증분자금열 다이어그램은 그림 8-2에 나와 있다.

4. 증분자금열에는 3개의 부호 변화가 있으며 이는 최대 3개의 근을 나타낸다. 누적 증분자금열에는 3개의 부호 변화가 있다. 이는 음수인 S_0 = $−5,000에서 시작하여 S_{10} = $+5,000까지 계속되며, 이는 둘 이상

표 8-4 예제 8.3에 대한 증분자금열

연도	A의 현금흐름 (1)	B의 현금흐름 (2)	증분현금흐름 (3) = (2) - (1)
0	$ −8,000	$−13,000	$−5,000
1~5	−3,500	−1,600	+1,900
5	—	+2,000 −13,000	−11,000
6~10	−3,500	−1,600	+1,900
10	—	+2,000	+2,000
	$−43,000	$−38,000	$+5,000

의 양수 근이 존재할 수 있음을 나타낸다.

5. 증분현금흐름의 PW를 기준으로 한 수익률 방정식은 다음과 같다.

$$0 = -5{,}000 + 1{,}900(P/A,\Delta i^*,10) - 11{,}000(P/F,\Delta i^*,5) + 2{,}000(P/F,\Delta i^*,10) \qquad [8.2]$$

다중 근 문제를 해결하기 위해 투자자본수익률(ROIC) 기법의 투자수익률 i_i가 시행착오를 통해 구한 Δi^*와 동일하다고 가정할 수 있다. 발견된 첫 번째 근에 대한 방정식 [8.2]의 해를 구하면 Δi^*는 12%에서 15% 사이의 값이다. 보간법을 적용하면 $\Delta i^* = 12.65\%$이다.

6. 추가 투자에 대한 수익률은 12.65%로 최소요구수익률(MARR) 12%보다 높으므로 비용이 더 높은 공급업체 B를 선택한다.

참고사항

4단계에서는 최대 3개의 i^* 값이 있음을 확인하였다. 앞의 분석에서 12.65%에서 근 중 하나를 발견하였다. 증분수익률이 12.65%라고 할 때, 양의 순현금흐름이 12.65%에 재투자된다고 가정한다. 이것이 합리적인 가정이 아닌 경우 투자자본수익률(ROIC) 또는 수정된 수익률법(7.5절)을 적용하여 최소요구수익률(MARR) = 12%와 비교할 수 있는 다른 단일 $\Delta i'$ 또는 $\Delta i''$를 찾아야 한다.

다른 두 근은 IRR 함수에서 알 수 있듯이 매우 큰 양수와 음수이다. 따라서 분석에 유용하지 않다.

스프레드시트 풀이

1~4단계는 위와 동일하다.

5. 그림 8-3에는 표 8-4의 D열에서 계산된 것과 동일한 증분 순현금흐름이 포함되어 있다. 셀 D15는 IRR 함수를 사용하여 Δi^* 값 12.65%를 표시한다.

6. 추가 투자에 대한 수익률이 최소요구수익률(MARR) 12%보다 높으므로 비용이 더 높은 공급업체 B를 선택한다.

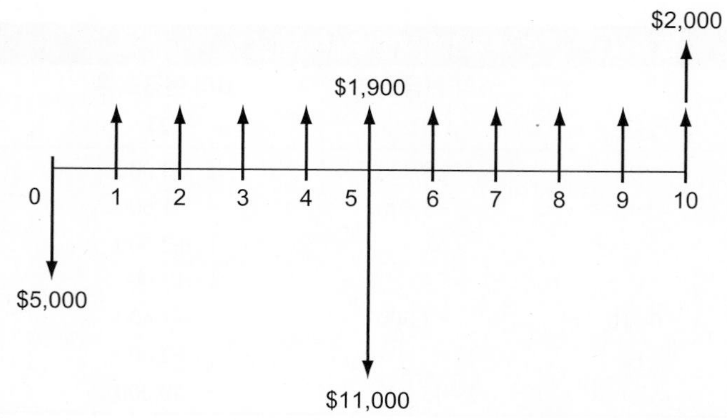

그림 8-2
예제 8.3의 증분자금열 다이어그램

	A	B	C	D	E
1					
2		공급업체 A	공급업체 B	증분	
3	연도	현금흐름, $	현금흐름, $	현금흐름, $	
4	0	-8,000	-13,000	-5,000	
5	1	-3,500	-1,600	1,900	
6	2	-3,500	-1,600	1,900	
7	3	-3,500	-1,600	1,900	
8	4	-3,500	-1,600	1,900	
9	5	-3,500	-12,600	-9,100	
10	6	-3,500	-1,600	1,900	
11	7	-3,500	-1,600	1,900	
12	8	-3,500	-1,600	1,900	
13	9	-3,500	-1,600	1,900	
14	10	-3,500	400	3,900	
15	증분 *i**			**12.65%**	
16					
17	확인:	PW @ 12%		$137.67	
18					
19					
20					

= NPV(12%,D5:D14) + D4

그림 8-3
예제 8.3의 수명의 최소공배수와 IRR 함수를 이용한 스프레드시트 풀이

참고사항

스프레드시트가 설정되면 다양한 분석을 수행할 수 있다. 예를 들어, 17행에서는 NPV 함수를 사용하여 현재가치가 최소요구수익률(MARR) = 12%에서 양수인지 확인한다. PW 대 Δi 및 PW 대 i와 같은 차트는 상황을 도식적으로 해석하는 데 도움이 된다.

증분자금열이나 실제 현금흐름에 대해 결정된 수익률은 손익분기 수익률로 해석될 수 있다.

손익분기 수익률(breakeven ROR)은 증분자금열의 PW(또는 AW) 값이 정확히 0인 증분 i^* 값, 즉 Δi^*이다. 이는 손익분기 수익률이 두 대안의 실제 현금흐름에 대한 PW(또는 AW) 값이 서로 정확히 동일해지는 i 값, 즉 i^*라고 하는 것과 같다.

손익분기 수익률

증분자금열 수익률(Δi^*)이 최소요구수익률(MARR)보다 크면 투자 규모가 더 큰 대안이 선택된다. 예를 들어, 표 8-4(및 그림 8-3의 스프레드시트)의 증분현금흐름에 대한 PW 대 Δi 그래프를 다양한 이자율에 대해 그리면 그림 8-4에 표시된 그래프가 얻어진다. 이 그래프는 12.65%에서 손익분기 Δi^*를 보여준다. 결론은 다음과 같다.

- 최소요구수익률(MARR) < 12.65%인 경우 B에 대한 추가 투자가 정당하다.
- 최소요구수익률(MARR) > 12.65%인 경우 그 반대가 된다. B에 추가 투자를 해서는 안 되며 공급업체 A가 선택된다.
- 최소요구수익률(MARR)이 정확히 12.65%이면 두 대안도 똑같이 매력적이다.

예제 8.3의 각 대안의 현금흐름(증분 아님)에 대한 PW 대 i의 손익분기점 그래프인 그

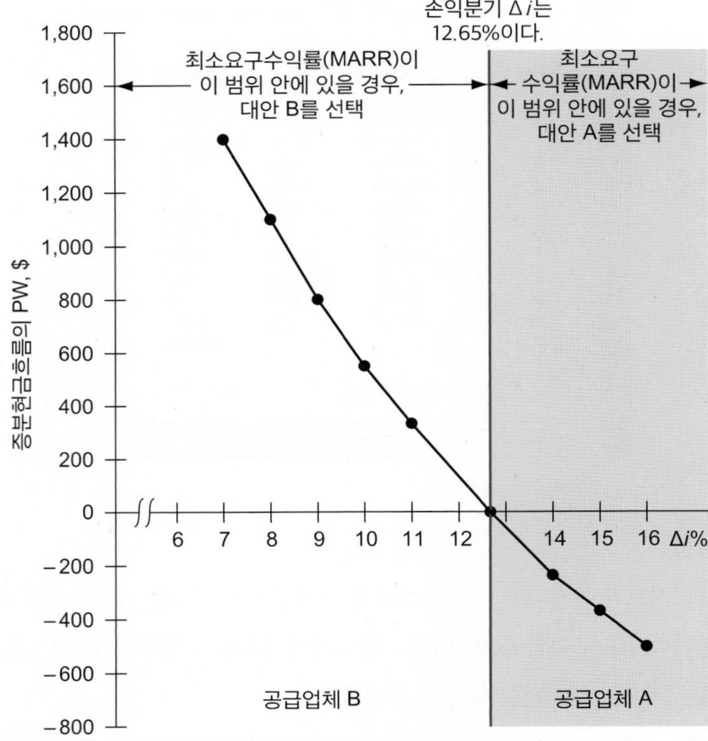

그림 8-4
예제 8.3의 다양한 Δi 값에서의 증분자금열의 현재가치 그래프

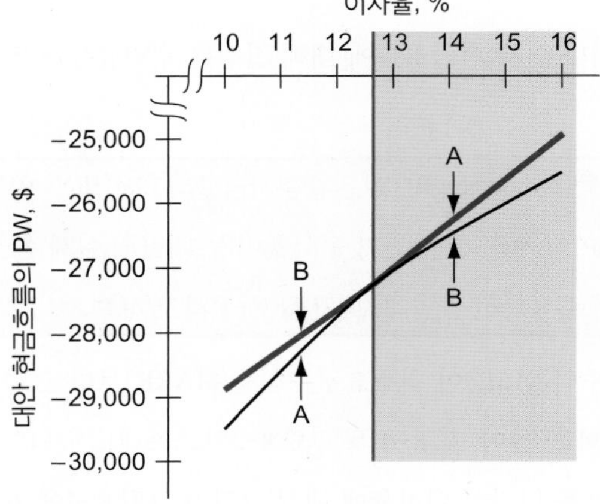

그림 8-5
예제 8.3의 현금흐름(증분자금열 아님)의 손익분기 그래프

림 8-5는 동일한 결과를 나타낸다. 모든 순현금흐름은 음수(비용 대안)이므로 PW 값은 음수이다. 이제 다음 논리를 사용하여 동일한 결론에 도달한다.

- 최소요구수익률(MARR) < 12.65%인 경우 비용 현금흐름의 PW가 더 작으므로(수치적으로 더 높음) B를 선택한다.
- 최소요구수익률(MARR) > 12.65%인 경우 비용의 PW가 더 작으므로 A를 선택한다.

- 최소요구수익률(MARR)이 정확히 12.65%인 경우 두 대안 모두 똑같이 매력적이다.

예제 8.4는 수익 대안에 대한 증분수익률 평가 및 손익분기 수익률 그래프를 보여준다. 손익분기점 분석에 대한 자세한 내용은 13장에서 다룬다.

예제 8.4

전기장을 사용하여 항공기 공기에서 감염성 질병과 오염 물질을 최대 99.9% 제거하는 상업용 항공기용 새로운 여과 시스템을 사용할 수 있다. 많은 바이러스(예 : 코로나바이러스 및 인플루엔자)와 기타 전염병 원인이 시간당 여러 번 항공기 공기를 재순환하는 시스템을 통해 전염되므로 이는 매우 중요하다. 새로운 고효율 미립자 흡수(HEPA) 여과 장비에 대한 투자 비용은 항공기당 \$100,000에서 \$150,000에 이를 수 있지만 연료, 고객 불만사항, 법적 조치 등의 비용 절감 효과도 상당할 수 있다. 스프레드시트와 연간 15% 최소요구수익률(MARR)을 사용하고 국제 운송업체에 제공한 두 공급업체에 대한 아래 추정치(단위: \$100)를 사용하여 다음을 수행한다.

- 두 가지 그래프를 그린다. 하나는 두 대안의 현금흐름에 대한 PW 대 i 값에 대한 그래프이고, 다른 하나는 PW 대 Δi에 대한 그래프이다.
- 두 그래프에서 손익분기 수익률 값을 추정하고 이 추정치를 사용하여 하나의 대안을 선택한다.

	Air Cleanser (필터 1)	Purely Heaven (필터 2)
항공기당 초기비용, \$	1,000	1,500
추정 절감액, \$/연	375	1년 차 700, 이후 연간 100씩 감소
추정 수명, 연수	5	5

스프레드시트 풀이

풀이 방법에 대한 설명은 그림 8-6을 참조한다. 정보를 제공하기 위해 그림 8-6에서 10행에는 필터 1과 필터 2의 현금흐름 및 증분자금열(필터 2 − 필터 1)에 대한 IRR 함수를 사용하여 계산된 수익률 값이 표시된다.

각 필터의 현금흐름 부호 테스트는 다중 수익률이 없음을 나타낸다. 증분자금열 부호 검정은 고유한 양수 근의 존재를 나타내지 않는다. 그러나 두 번째 비율은 매우 크고 쓸모없는 값이다. 필터 1과 필터 2의 현금흐름의 0%에서 60% 범위의 i 값에 대한 PW 값은 오른쪽에 표시된다. PW 곡선은 대략 $i^* = 17\%$에서 서로 교차하므로 수익률은 최소요구수익률(MARR) 15%를 초과한다. 따라서 고비용 필터 2(Purely Heaven)가 선택되었다.

증분자금열(G열)에 대한 PW 곡선은 그림 8-6의 왼쪽 하단에 표시되어 있다. 예상한 대로 곡선은 약 17%에서 PW = 0 선을 교차하며 이는 필터 2를 선택하는 동일한 경제적 결론을 나타낸다.

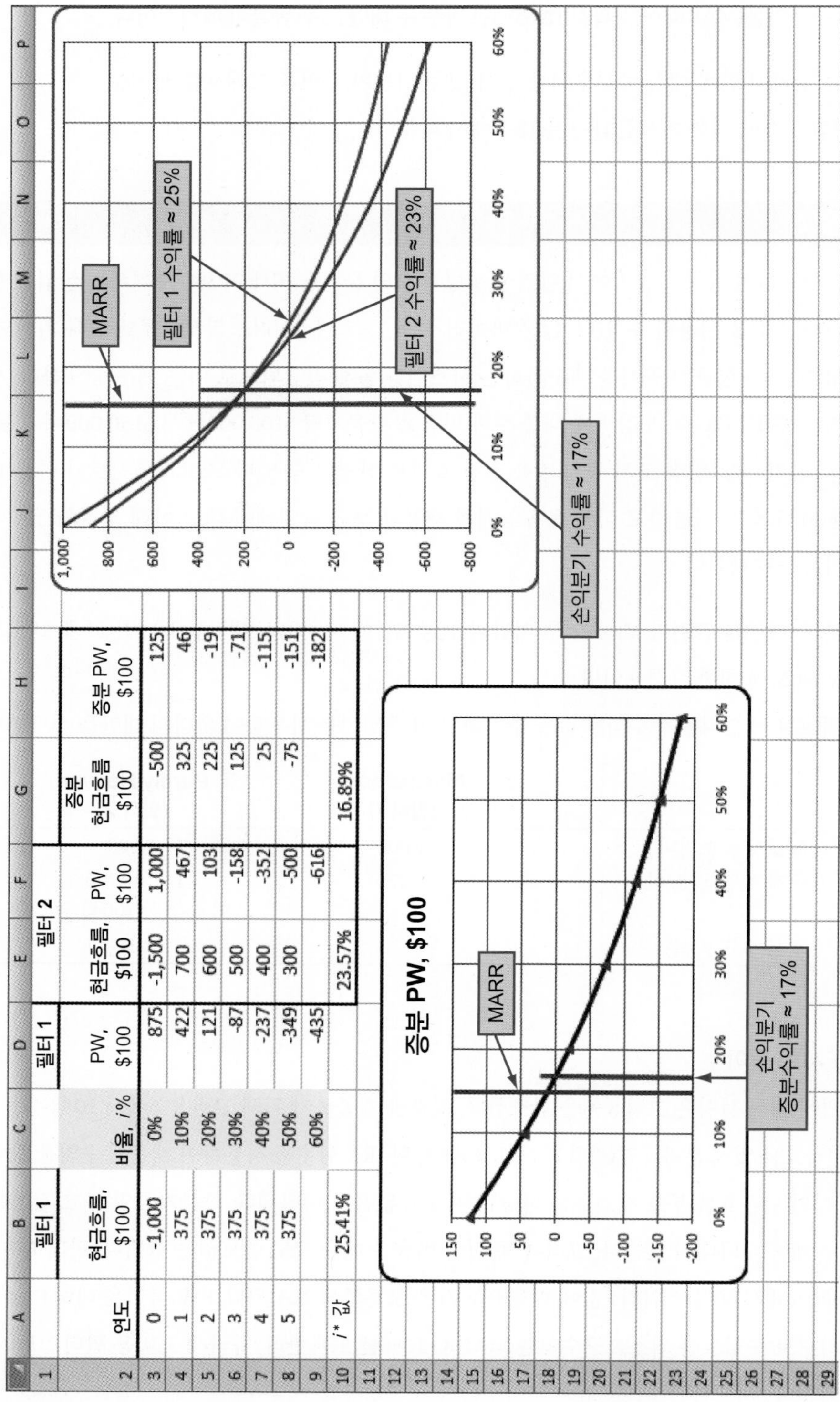

연도	필터 1 현금흐름, $100	비율, *i*%	필터 1 PW, $100	필터 2 현금흐름, $100	필터 2 PW, $100	증분 현금흐름 $100	증분 PW, $100
0	-1,000	0%	875	-1,500	1,000	-500	125
1	375	10%	422	700	467	325	46
2	375	20%	121	600	103	225	-19
3	375	30%	-87	500	-158	125	-71
4	375	40%	-237	400	-352	25	-115
5	375	50%	-349	300	-500	-75	-151
		60%	-435		-616		-182
*i** 값	25.41%			23.57%		16.89%	

그림 8-6

예제 8.4의 PW 값 대 *i* 그래프 및 PW 값 대 증분 *i* 그래프

그림 8-6은 두 가지 대안 중 하나를 선택하기 위해 i^* 값만 사용할 때 왜 수익률 방법이 잘못된 대안을 선택하게 되는지 확인할 수 있는 훌륭한 기회를 제공한다. 이를 수익률 방식의 **순위 불일치 문제**(ranking inconsistency problem)라고도 한다. 최소요구수익률(MARR)이 두 수익 대안 간의 손익분기 수익률보다 낮게 설정되면 불일치가 발생한다. 최소요구수익률(MARR)은 경제 및 시장 상황을 기반으로 설정되므로 최소요구수익률(MARR)은 특정 대안 평가와는 별도로 설정된다. 그림 8-6에서 증분 손익분기 수익률은 16.89%이고 최소요구수익률(MARR)은 15%이다. 최소요구수익률(MARR)은 손익분기 수익률보다 낮다. 따라서 증분수익률 분석 결과 필터 2가 올바르게 선택되었다. 그러나 i^* 값만 사용된 경우 필터 1의 i^*가 필터 2의 i^*를 초과하므로(25.41% > 23.57%) 필터 1이 잘못 선택된다. 이 오류는 수익률 방식에서는 대안의 수익률 값으로 재투자를 가정하는 반면, PW 및 AW 분석에서는 최소요구수익률(MARR)을 재투자 비율로 사용하기 때문에 발생한다. 결론은 간단하다.

> 수익률 방법을 사용하여 둘 이상의 대안을 평가하는 경우 **증분자금열의 현금흐름과 Δi^***를 사용하여 대안 간의 경제적 의사결정을 내린다.

8.5 AW를 사용한 수익률 평가 ●●●

수익률 방법(올바르게 수행된)에 의한 대안 비교는 수익률이 PW 기반 관계식을 사용하여 결정되는지 AW 기반 관계식을 사용하여 결정되는지 여부와 관계없이 항상 PW 및 AW 분석과 동일한 선택으로 이어진다. 그러나 AW 기반 기법의 경우 수익률 평가를 수행하는 두 가지 동등한 방법이 있다. (1) 첫 번째 방법은 PW 기반 관계식(8.4절)과 마찬가지로 대안 수명의 최소공배수에 대한 증분현금흐름을 사용하는 것이고, (2) 두 번째 방법은 각 대안의 실제 현금흐름에 대한 AW를 찾고 둘의 차이를 0으로 설정하여 Δi^* 값을 찾는 것이다. 대안 수명이 동일하다면 두 접근 방식에는 차이가 없다. 두 방법 모두 다음에 요약되어 있다.

> 수익률 방법은 등가 서비스에 대한 비교가 필요하므로 **증분현금흐름은 수명의 최소공배수를 통해 평가되어야 한다.** 6장에서 살펴본 것처럼 AW를 사용하면 실제 계산상 이점이 없을 수 있다. 이전 절에서 살펴본 것과 동일한 6단계 절차(PW 기반 계산을 위한)를 사용한다. 단, 5단계에서는 AW 기반 관계식을 수립한다.

동등 서비스 요건

위에서 언급한 두 번째 AW 기반 방법은 첫 번째 및 모든 후속 수명주기에서 등가 AW

값이 매년 동일하다는 AW 기법의 가정을 활용한다. 수명이 같든 그렇지 않든, 각 대안의 현금흐름에 대해 AW 관계식을 설정하고, 아래와 같은 관계식을 수립한 후, i^*를 구한다.

$$0 = \mathbf{AW_B} - \mathbf{AW_A} \qquad [8.3]$$

두 방법 모두에서 등가 값은 모두 AW 기준이므로 식 [8.3]의 결과인 i^*는 첫 번째 접근법을 사용하여 구한 Δi^*와 동일하다. 예제 8.5는 동등하지 않은 수명에 대한 AW 기반 관계식을 사용한 수익률 분석을 보여준다.

예제 8.5

예제 8.3의 Genesis에 대한 공급업체 A와 B의 대안을 AW 기반 증분수익률 방법과 예제 8.3과 동일한 최소요구수익률(MARR) 12%를 사용하여 비교하시오.

풀이

참고로, 예제 8.3의 증분자금열에 대한 PW 기반 수익률 관계식인 식 [8.2]를 풀면 $\Delta i^* = 12.65\%$로 공급업체 B를 선택해야 함을 보여준다.

AW 관계식의 경우 두 가지 동등한 풀이 방식이 있다. 10년의 최소공배수에 대한 증분현금흐름에 대한 AW 기반 관계식을 작성하거나 각 대안의 한 수명주기에 대한 2개의 실제 자금열에 대해 식 [8.3]을 작성하는 것이다.

증분법의 경우 AW 방정식은 표 8-4의 열 (3)으로부터 쉽게 수립된다.

$$0 = -5{,}000(A/P,\Delta i^*,10) - 11{,}000(P/F,\Delta i^*,5)(A/P,\Delta i^*,10) + 2{,}000(A/F,\Delta i^*,10) + 1{,}900$$

그림 8-3의 D열과 같이 스프레드시트에 증분현금흐름을 입력하고 = IRR(D4:D14) 함수를 사용하여 $\Delta i^* = 12.65\%$를 표시하는 것은 쉽다.

두 번째 방법은 실제 현금흐름과 A의 경우 10년, B의 경우 5년의 수명을 사용하여 수익률을 찾는다.

$$\text{AW}_\text{A} = -8{,}000(A/P,i,10) - 3{,}500$$
$$\text{AW}_\text{B} = -13{,}000(A/P,i,5) + 2{,}000(A/F,i,5) - 1{,}600$$

이제 $0 = \text{AW}_\text{B} - \text{AW}_\text{A}$를 수립한다.

$$0 = -13{,}000(A/P,i^*,5) + 2{,}000(A/F,i^*,5) + 8{,}000(A/P,i^*,10) + 1{,}900$$

이에 대한 해로 다시 $i^* = 12.65\%$를 얻는다.

참고사항

증분자금열에 대해 AW 기반 방정식을 사용한 증분수익률 분석을 수행할 때 최소공배수를 사용해야 한다는 점을 기억하는 것은 매우 중요하다.

8.6 다중(2개 이상) 대안에 대한 증분수익률 분석 ●●●

이 절에서는 증분수익률 방법을 사용하여 상호배타적인 여러 대안의 선택을 다룬다. 하나의 대안을 수락하면 다른 대안은 자동으로 배제된다. 분석은 한 번에 두 가지 대안 간의 증분자금열에 대한 PW(또는 AW) 관계를 기반으로 한다.

증분수익률 방법을 적용할 경우 전체 투자금은 최소한 최소요구수익률(MARR)을 반환해야 한다. 여러 대안의 i^* 값이 최소요구수익률(MARR)을 초과하는 경우 증분수익률 평가가 필요하다(수익 대안의 경우 $i^* \geq$ 최소요구수익률(MARR)이 하나도 없으면 아무것도 하지 않는 대안이 선택된다). 모든 대안(수익 또는 비용)에 대해 증분 투자는 별도로 정당화되어야 한다.

추가 투자에 대한 수익이 최소요구수익률(MARR)과 같거나 이를 초과하는 경우 8.1절에서 설명한 대로 가용 자금에 대한 총수익을 최대화하기 위해 추가 투자를 해야 한다.

상호배타적인 여러 대안의 수익률 분석에는 다음 기준이 사용된다.

가장 큰 투자가 필요하며,
다른 허용 가능한 대안에 대한 **추가 투자가 정당한**
하나의 대안을 선택한다.

상호배타적 대안 선택

증분수익률 방법으로 여러 대안을 평가할 때 적용해야 할 중요한 규칙은 한 대안을 증분 투자가 정당화되지 않는 대안과 절대 비교해서는 안 된다는 것이다.

여러 동등한 수명 대안에 대한 증분수익률 평가 절차는 아래에 요약되어 있다. 첫 번째 대안은 수익 현금흐름을 추정하는 경우에만 아무것도 하지 않는 것(DN: Do Nothing)과 비교되므로 2단계는 수익 대안에만 적용된다. **방어자**(defender)와 **도전자**(challenger)라는 용어는 각각 현재 선택된 대안(방어자)과 Δi^*를 기반으로 수용을 위해 도전하는 대안을 지칭한다는 점에서 역동적이다. 모든 쌍별 평가에는 방어자와 도전자가 하나씩 있다. 수기 풀이 또는 스프레드시트를 사용하여 해결하는 단계는 다음과 같다.

1. **초기 투자 금액이 가장 작은 것부터 가장 큰 것 순**으로 대안을 나열한다. 동등한 수

명 대안 각각에 대한 연간 현금흐름 추정치를 기록한다.

2. **수익 대안만 해당** : 첫 번째 대안에 대해 i^*를 계산한다. 실제로 이로 인해 아무것도 하지 않는 것이 방어자가 되고 첫 번째 대안이 도전자가 된다. $i^* <$ 최소요구수익률(MARR)이면 대안을 제거하고 다음 대안으로 이동한다. 처음으로 $i^* \geq$ 최소요구수익률(MARR)이 될 때까지 이를 반복하고 해당 대안을 방어자로 정의한다. 이제 다음 대안은 도전자이다. 3단계로 이동한다. (참고 : 스프레드시트를 이용한 풀이가 빠른 도움이 될 수 있는 지점이다. 먼저 IRR 함수를 사용하여 모든 대안에 대한 i^*를 계산하고 $i^* \geq$ 최소요구수익률(MARR)인 첫 번째 대안을 방어자로 선택한다. 방어자라는 라벨을 붙이고, 3단계로 이동한다.)
3. 다음의 관계식을 사용하여 도전자와 방어자 사이의 증분현금흐름을 결정한다.

   증분현금흐름 = 도전자 현금흐름 − 방어자 현금흐름

   수익률 관계식을 수립한다.
4. PW 또는 AW 기반 방정식을 사용하여 증분자금열에 대한 Δi^*를 계산한다. (PW가 가장 일반적으로 사용된다.)
5. $\Delta i^* \geq$ 최소요구수익률(MARR)이면 도전자가 방어자가 되고 이전 방어자는 제거된다. 반대로, $\Delta i^* <$ 최소요구수익률(MARR)이면 도전자는 제거되고 방어자는 다음 도전자와 맞서게 된다.
6. 대안이 하나만 남을 때까지 3~5단계를 반복한다. 남은 하나의 대안이 선택된 대안이다.

한 번에 두 가지 대안만 비교된다는 점에 유의해야 한다. 올바른 대안을 비교하는 것이 중요하다. 그렇지 않으면 잘못된 대안이 선택될 수 있다.

예제 8.6

Salads To-Go 레스토랑은 새로운 도시에 진출하기로 결정했다. 위치 컨설팅 회사는 네 가지 위치 옵션을 확인했다. 토목 공사, 교통 관리, 건물의 초기비용과 연간 순현금흐름 추정치는 표 8-5에 자세히 설명되어 있다. 연간 순현금흐름 부동산 비용, 인건비, 고객 수용도 등의 차이로 인해 달라질 수 있다. 최소요구수익률(MARR)이 10%인 경우 증분수익률 분석을 사용하여 경제적으로 가장 좋은 위치를 선택하시오.

표 8-5 예제 8.6의 4개 대안 위치에 대한 추정치

	A	B	C	D
초기비용, $	−200,000	−275,000	−190,000	−350,000
연간 현금흐름, $/연	+22,000	+35,000	+19,500	+42,000
수명, 연수	30	30	30	30

풀이

모든 위치의 수명은 30년이며 수익 대안이다. 위에서 설명한 절차가 적용된다.

1. 대안은 표 8-6에서 초기비용이 낮은 순서로 정렬된다.

2. 위치 C를 아무것도 하지 않는 대안과 비교한다. 수익률 관계식에는 P/A 계수만 포함된다.

$$0 = -190{,}000 + 19{,}500(P/A,i^*,30)$$

표 8-6의 1열에는 계산된 $(P/A,\Delta i^*,30)$ 인자 값 9.7436과 $\Delta i_C^* = 9.63\%$가 나와 있다. $9.63\% < 10\%$이므로 위치 C는 제거된다. 이제 비교는 A 대 아무것도 하지 않는 것(DN)이고 2열은 $\Delta i_A^* = 10.49\%$를 보여준다. 이는 아무것도 하지 않는 대안을 제거한다. 이제 방어자는 A이고 도전자는 B이다.

3. 3열의 증분현금흐름과 대안 B와 대안 A의 비교를 위한 Δi^*는 다음으로부터 결정된다.

$$\begin{aligned} 0 &= -275{,}000 - (-200{,}000) + (35{,}000 - 22{,}000)(P/A,\Delta i^*,30) \\ &= -75{,}000 + 13{,}000(P/A,\Delta i^*,30) \end{aligned}$$

4. 이자표에서 최소요구수익률(MARR)의 P/A 계수를 찾으면, $(P/A,10\%,30) = 9.4269$이다. 이제 9.4269보다 큰 P/A 값은 Δi^*가 10% 미만이므로 허용되지 않음을 나타낸다. P/A 계수는 5.7692이므로 B가 허용된다. 참고로 $\Delta i^* = 17.28\%$이다.

5. 대안 B는 점진적으로 정당화되어 (새로운 방어자) A를 제거한다.

6. D 대 B의 비교(3단계 및 4단계) 결과 PW 관계는 $0 = -75{,}000 + 7{,}000(P/A,\Delta i^*,30)$이다. P/A 값은 10.7143($\Delta i^* = 8.55\%$)이다. 위치 D는 제거되고 **대안 B만 남으며, 이것이 선택된다.**

표 8-6 예제 8.6의 4개 대안에 대한 증분수익률 계산

	C (1)	A (2)	B (3)	D (4)
초기비용, $	−190,000	−200,000	−275,000	−350,000
현금흐름, $/연	+19,500	+22,000	+35,000	+42,000
비교 대안	C vs. DN	A vs. DN	B vs. A	D vs. B
증분 비용, $	−190,000	−200,000	−75,000	−75,000
증분현금흐름, $	+19,500	+22,000	+13,000	+7,000
$(P/A,\Delta i^*,30)$ 계산 값	9.7436	9.0909	5.7692	10.7143
Δi^*,%	9.63	10.49	17.28	8.55
증분이 정당화되는가?	아니다	그렇다	그렇다	아니다
선택된 대안	아무것도 하지 않는 것(DN)	A	B	B

참고사항

대안은 항상 수용 가능한 대안과 점진적으로 비교되어야 하며, 아무것도 하지 않는 대안이 결국 수용 가능

한 유일한 대안이 될 수 있다. 이 예에서는 C가 정당화되지 않았기 때문에 위치 A는 C와 비교되지 않았다. 따라서 B 대 A의 비교에서 B가 점진적으로 정당화되었음을 나타내지 않았다면 D 대 B의 비교 대신 D 대 A 비교가 정확할 것이다.

ROR 방법을 올바르게 적용하는 것이 얼마나 중요한지 보여주기 위해 다음을 고려해 보자. 각 대안의 i^*가 처음에 계산되면 정렬된 대안의 결과는 다음과 같다.

위치	C	A	B	D
i^*, %	9.63	10.49	12.35	11.56

이제 앞서 언급한 첫 번째 기준만 적용해 보자. 즉, 최소요구수익률(MARR)이 10% 이상인 최대 규모의 투자를 한다. D 위치가 선택되었다. 그러나 위에 표시된 대로 위치 B에 $75,000를 추가로 투자해도 최소요구수익률(MARR)을 얻을 수 없기 때문에 이것은 잘못된 선택이다. 실제로는 8.55%만 벌게 된다. 이는 8.4절에서 언급한 수익률 방법의 순위 불일치 문제의 또 다른 예이다.

비용 대안의 경우 증분자금열은 두 대안의 비용 차이이다. 해결 방법에는 아무것도 하지 않는 대안이나 2단계가 없다. 따라서 가장 낮은 투자 대안은 다음으로 가장 낮은 투자(도전 대안)에 대한 초기 방어자이다. 이 절차는 스프레드시트 풀이를 이용하여 예제 8.7에 설명되어 있다.

예제 8.7

전 세계적으로 자동차 제조업체는 설계 및 제조 결함으로 인한 안전 문제로 인한 리콜을 줄이기 위해 노력하고 있다. 소비자를 위해 차량의 충돌성과 전복 안전성을 평가하는 5성급 안전 등급을 획득하기 위해서는 각 모델의 대중적 평판이 매년 향상되어야 한다. 한 주요 자동차 제조업체는 모든 SUV와 픽업트럭에 대해 별 5개 안전 등급을 달성하기 위해 8년간의 캠페인을 개발하는 중이다. 프로그램의 중요한 측면 중 하나는 현재 리콜을 반복 없이 안정적이고 빠르고 효율적으로 수행하는 것이다. 이를 위한 전략은 성능과 품질에 대한 엄격한 기준을 충족하는 하나의 딜러를 각 주요 도시에 배치하는 것이다. 캘리포니아주 로스앤젤레스에 있는 4명의 딜러가 선정을 위한 최종 경쟁을 벌이고 있다. 성공적인 리콜 수리를 수행하기 위한 각 대리점별 평균 비용 추정치는 표 8-7에 나와 있다. 마감(close-out) 가치는 8년 캠페인 동안 뛰어난 성과를 낸 딜러에게 지급될 수 있는 예상 보너스이다. 최소요구수익률(MARR) = 연간 13%와 스프레드시트 기반 수익률 분석을 사용하여 경제적으로 가장 우수한 딜러를 선택하시오.

스프레드시트 풀이

증분수익률 분석 절차를 따르시오. 그림 8-7의 스프레드시트에는 전체 솔루션이 포함되어 있다.

표 8-7 예제 8.7의 4명 딜러에 대한 비용

	1	2	3	4
초기비용, $	5,000	6,500	10,000	15,000
수리당 연평균 비용, $	3,500	3,200	3,000	1,400
마감 가치, $	+500	+900	+700	+1,000
수명, 연수	8	8	8	8

1. 대안들은 이미 초기비용이 낮은 순으로 정렬되었다.

2. 이들은 비용 대안이라 i^* 값을 계산할 수 없으므로 아무것도 하지 않는 대안(DN)과의 비교는 없다.

3. 딜러 2는 딜러 1에 대한 첫 번째 도전자이다. 딜러 2 대 딜러 1의 비교에 대한 증분현금흐름은 D열에 있다.

4. IRR 함수를 적용하면 딜러 2 대 딜러 1의 비교 결과는 $\Delta i^* = 14.57\%$가 된다.

5. 이 수익률은 최소요구수익률(MARR) = 13%를 초과한다. 딜러 2가 새로운 방어자이다(셀 D17).

비교는 E열에서 딜러 3 대 딜러 2에 대해 계속된다. 여기서 수익률은 $\Delta i^* = -18.77\%$로 음수이다. 딜러 2는 방어자로 유지된다. 마지막으로 딜러 4 대 딜러 2의 비교의 증분수익률은 13.60%로 최소요구수익률(MARR) = 13%보다 크다. 결론적으로 추가 투자가 정당하기 때문에 딜러 4를 선택한다.

	A	B	C	D	E	F
1		연도	딜러 1	딜러 2	딜러 3	딜러 4
2	초기 투자, $		-5,000	-6,500	-10,000	-15,000
3	수리당 평균 비용, $/연		-3,500	-3,200	-3,000	-1,400
4	마감 가치, $		500	900	700	1,000
5	증분 비교			2 vs. 1	3 vs. 2	4 vs. 2
6	증분 투자, $	0		-1,500	-3,500	-8,500
7	증분현금흐름, $/연	1		300	200	1,800
8		2		300	200	1,800
9		3		300	200	1,800
10		4		300	200	1,800
11		5		300	200	1,800
12		6		300	200	1,800
13		7		300	200	1,800
14		8		700	0	1,900
15	증분 $i^*(\Delta i^*)$			14.57%	-18.77%	13.60%
16	증분은 정당한가?			그렇다	아니다	그렇다
17	선택된 대안			2	2	4

= IRR(D6:D14)

그림 8-7
예제 8.7의 다중 비용 대안 중에서 선택을 위한 스프레드시트 풀이

참고사항

앞서 언급하였듯이 모든 현금흐름이 음수이기 때문에 각 비용 대안에 대해 PW 대 i 그래프를 생성하는 것은 불가능하다. 그러나 이전에 설명한 것과 동일한 방식으로 증분 자금열에 대한 PW 대 Δi 그래프를 생성하는 것은 가능하다. 곡선은 IRR 함수에 의해 결정된 Δi^* 값에서 PW = 0 선을 교차한다.

Δi^* 값을 사용하여 **수명이 동일하지 않은**(unequal lives) 상호배타적인 여러 대안 중에서 선택하려면 비교되는 두 대안의 최소공배수를 통해 증분현금흐름을 평가해야 한

다. 이는 등가 서비스 비교 원칙의 또 다른 적용이다. 다음 절의 스프레드시트 적용은 계산 방법을 보여준다.

최소요구수익률(MARR)에서 증분자금열에 대한 PW 또는 AW 분석을 활용하여 선택하는 것이 항상 가능하다. 즉, 각 쌍별 비교에 대해 Δi^*를 구하지 않고, 대신 최소요구수익률(MARR)에 대해 각 대안의 PW 또는 AW를 구한다. 그러나 증분 분석을 올바르게 수행하려면 최소공배수 연도에 대한 비교가 여전히 필요하다.

8.7 통합형 스프레드시트 분석 ●●●

스프레드시트를 작성하려는 교수와 학생을 위해 예제 8.8은 (내부) 수익률 분석, 증분수익률 분석, PW 분석 및 AW 분석 등 지금까지 배운 다양한 경제성 분석 기법을 결합한다. 이제 IRR, NPV 및 PV 함수에 숙달되었으므로 단일 스프레드시트에서 여러 대안에 대한 다양한 평가를 수행할 수 있다. 이 예에는 셀 태그가 제공되지 않는다. 또한 여러 수익률 값을 찾을 수 있는 비전형적인 자금열을 확인할 수 있으며, 상호배타적인 대안 및 독립 프로젝트 중에서 선택하는 것이 포함되어 있다.

예제 8.8

항공기 좌석에서 제공되는 기내 문자 메시지와 인터넷 연결에 대한 지속적인 개선은 많은 고객이 기대하는 서비스이다. Cathay Pacific Airlines는 향후 몇 년 내에 Boeing 737, 777, 787과 Airbus A300, A330, A350 항공기 15,000~24,000대를 교체해야 한다는 것을 알고 있다. 제조업체는 서로를 기반으로 하는 네 가지 옵션의 데이터 처리 기능을 제공하지만, 단위당 추가 비용을 지불해야 한다. 비용이 더 많이 드는 것 외에도 고급 옵션(예 : 위성 기반 플러그인 비디오 서비스)은 새로운 고급 기능으로 인해 다음 교체가 이루어지기 전까지 수명이 더 길어질 것으로 기대된다. 네 가지 옵션 모두 다양한 금액으로 연간 수익을 늘릴 것으로 예상된다. 그림 8-8의 스프레드시트의 2행부터 6행까지에는 네 가지 옵션에 대한 모든 추정치가 포함되어 있다.

(a) 최소요구수익률(MARR) = 15%를 사용하여 수익률, PW 및 AW 평가를 수행하여 경제적으로 가장 유망한 수준의 옵션을 선택하시오.

(b) 두 가지 이상의 옵션 수준을 선택할 수 있는 경우 독립적인 프로젝트로 설명된 네 가지를 고려하시오. 이때 예산 제한을 고려하지 않는 경우, 둘 이상의 옵션을 구현할 수 있을 때 최소요구수익률(MARR)이 20%로 증가하면 어떤 옵션이 허용되는가?

스프레트시트 풀이

(a) 스프레드시트(그림 8-8)는 6개 섹션으로 구분된다.

섹션 1(1, 2행) : 최소요구수익률(MARR) 값과 초기비용의 증가 순으로 정렬된 대안 이름(A~D)이다.

섹션 2(3~6행) : 각 대안에 대한 단위당 순현금흐름 추정치이다. 이들은 동등하지 않은 수명을 가진 수익 대안이다.

섹션 3(7~20행) : 여기에는 실제 및 증분현금흐름이 표시된다.

섹션 4(21, 22행) : 이들은 모두 수익 대안이므로 i^* 값은 IRR 함수에 의해 결정된다. 대안이 최소요구수익률(MARR) 테스트($i^* > 15\%$)를 통과하면, 대안은 유지되고 증분현금흐름을 결정할 수 있도록 실제 현금흐름 오른쪽에 열이 추가된다. F열과 H열은 증분 평가를 위한 공간을 만들기 위해 삽입되었다. 대안 A는 i^* 테스트를 통과하지 못하였다.

섹션 5(23~25행) : IRR 함수는 F열과 H열에 Δi^* 값을 표시한다. C와 B의 비교는 12년의 최소공배수에 걸쳐 이루어진다. $\Delta i^*_{C-B} = 19.42\% > 15\%$이므로 B를 제거한다. 대안 C는 새로운 방어자이고 D는 다음 도전자이다. 12년에 걸쳐 D와 C를 최종 비교한 결과 $\Delta i^*_{D-C} = 11.23\% < 15\%$가 되므로 D가 제거된다. 즉, 대안 C가 선택된 것이다.

섹션 6(26~28행) : 여기에는 AW 및 PW 분석이 포함된다. 각 대안의 수명에 대한 AW 값은 내장된 NPV 함수와 최소요구수익률(MARR) 15%에서 PMT 함수를 사용하여 계산된다. 또한 PV 함수를 사용하여 12년 동안의 AW 값으로부터 PW 값을 결정한다. 두 측정값 모두 예상대로 대안 C가 수치적으로 가장 큰 값을 갖는다.

	A	B	C	D	E	F	G	H
1	상호배타적 대안에 대한 최소요구수익률(MARR) = 15%				독립 프로젝트에 대한 MARR = 20%			
2	대안		A	B	C		D	
3	초기비용, $		-6,000	-7,000	-9,000		-17,000	
4	연간 현금흐름, $/연		2,000	3,000	3,000		3,500	
5	잔존가치, $		0	200	300		1,000	
6	수명, 연수	연도	3	4	6		12	
7	증분수익률 비교		실제 CF	실제 CF	실제 CF	C vs. B	실제 CF	D vs. C
8	증분 투자, $	0	-6,000	-7,000	-9,000	-2,000	-17,000	-8,000
9	증분현금흐름	1	2,000	3,000	3,000	0	3,500	500
10	최소공배수에 걸친, $/연	2	2,000	3,000	3,000	0	3,500	500
11		3	2,000	3,000	3,000	0	3,500	500
12		4		3,200	3,000	6,800	3,500	500
13		5			3,000	0	3,500	500
14		6			3,000	-8,700	3,500	9,200
15		7				0	3,500	500
16		8				6,800	3,500	500
17		9				0	3,500	500
18		10				0	3,500	500
19		11				0	3,500	500
20		12				100	4,500	1,200
21	전체 i^*		0.00%	26.32%	24.68%		17.87%	
22	유지 또는 제거?		제거	유지	유지		유지	
23	증분 i^* (Δi^*)					19.42%		11.23%
24	증분은 정당한가?					그렇다		아니다
25	선택된 대안					C		C
26	MARR = 15%에서의 AW		-628	588	656		398	
27	MARR = 15%에서의 PW		-3,403	3,188	3,557		2,159	
28	선택된 대안		아니다	아니다	그렇다		아니다	

그림 8-8

예제 8.8의 비동등한 수명의 수익 대안에 대한 수익률, PW 및 AW 방법을 이용한 스프레드시트 분석

결론 : 모든 방법에서 결과는 동일하고, 올바른 대안 C를 선택하게 된다.

(b) 각 옵션은 다른 옵션과 독립적이고 현재로서는 예산 제한이 없으므로 그림 8-8의 21 행에 있는 각 i^* 값을 최소요구수익률(MARR) = 20%와 비교한다. 이는 각 옵션과 아무것도 하지 않는 대안을 비교한 것이다. 네 가지 중에서 옵션 B와 C의 $i^* > 20\%$이므로, 둘은 허용되고, 나머지 2개는 허용되지 않는다.

참고사항

(a)에서는 C 대 B의 비교를 위해 증분자금열에 2개의 다중 근 부호 테스트를 적용해야 한다. 자금열 자체에는 3개의 부호 변화가 있으며, 누적 자금열은 음수로 시작하고 3개의 부호 변화도 있다. 따라서 최대 3개의 실수 근이 존재할 수 있다. 추가 절차(7.5절)를 사용하지 않고 IRR 함수를 셀 F23에 적용하여 $\Delta i^*_{C-B} =$ 19.42%를 얻는다. 이는 양의 현금흐름에 대한 19.42%의 투자 가정이 합리적이라는 것을 의미한다. 최소요구수익률(MARR) = 15% 또는 다른 수익률이 더 적절한 경우 투자자본수익률(ROIC) 절차를 적용하여 19.42%와 다른 단일 수익률을 결정할 수 있다. 선택한 투자율에 따라 대안 C는 B에 대해 점진적으로 정당화될 수도 있고 그렇지 않을 수도 있다. 여기서는 Δi^* 값으로 자금을 재투자하는 것이 합리적이라고 가정하므로 C가 정당화된다.

요약

현재가치법과 연간가치법이 여러 가지 중에서 가장 좋은 대안을 찾는 것처럼, 증분수익률 계산도 같은 목적으로 사용될 수 있다. 수익률 기법을 사용하여 상호배타적인 대안 중에서 선택할 때 **증분자금열**을 고려해야 한다. 증분 투자 평가는 가장 낮은 초기 투자 대안부터 시작하여 한 번에 두 가지 대안 사이에서만 수행된다. 한 번 대안이 제거되면 더 이상 고려되지 않는다.

수익률 값은 경영진에게 자연스럽게 매력적이지만 수익률 분석은 확립된 최소요구수익률(MARR)을 사용하는 PW 또는 AW 분석보다 설정하고 완료하기가 더 어려운 경우가 많다. 증분자금열에 대해 수익률 분석을 올바르게 수행하려면 주의를 기울여야 한다. 그렇지 않으면 잘못된 결과가 나올 수 있다.

독립 프로젝트를 평가할 때 예산 제한이 없는 경우 각 프로젝트의 수익률 값은 최소요구수익률(MARR)과 비교된다. 프로젝트 수에 관계없이 수락하거나 전혀 수락하지 않을 수 있다.

연습문제

증분수익률 값의 이해

8.1 대안 A와 B가 연간 15%의 최소요구수익률(MARR)에 대한 수익률 방식으로 평가되고 있다고 가정한다. 대안 B는 A보다 더 높은 초기 투자가 필

요하며 i^* 값은 연간 $i_A^* = 20\%$ 및 $i_B^* = 16\%$이다. 어떤 상황에서 대안B가 선호되는 선택인가?

8.2 Schneeberger사는 선형 모터 액추에이터의 가속도를 높이기 위해 두 가지 대안을 고려하고 있다. 대안 X에 필요한 초기 투자액은 $200,000이고 Y에 필요한 초기 투자액은 $150,000이다. 최소요구수익률(MARR) = 연간 20%이며, 총 $200,000의 투자가 가능하다. 수익률은 연간 $i_X^* = 22\%$, $i_Y^* = 25\%$이다. (a) 대안 X와 Y 사이의 투자 증가에 대한 수익률은 i_X^*보다 크거나 작은가? i_Y^*보다 크거나 작은가? (b) 예상되는 i_{X-Y}^*는 무엇인가?

8.3 증분현금흐름의 합이 음수인 경우 증분 투자의 수익률에 대해 알려진 것은 무엇인가?

8.4 증분현금흐름은 (현금흐름$_B$ − 현금흐름$_A$)로 계산된다. 여기서 B는 초기 투자 금액이 더 큰 대안을 나타낸다. B가 초기 투자 금액이 더 작은 현금흐름을 나타내도록 두 현금흐름이 전환된 경우, 증분수익률이 20%이고 최소요구수익률(MARR)이 15%인 경우 어떤 대안을 선택해야 하는가? 설명하시오.

8.5 한 식품 가공 회사는 두 가지 유형의 수분 분석기를 고려하고 있으며, 하나만 선택할 수 있다. 회사는 적외선 모델이 연간 27%의 수익률을 낼 것으로 기대하고 있다. 더 비싼 마이크로파 모델은 연간 19%의 수익률을 낼 것이다. 회사의 최소요구수익률(MARR)이 연간 19%일 때, 제공된 전체 반품률 정보만을 토대로 어떤 모델을 구매해야 하는지 결정할 수 있는가? 그 이유는 무엇인가?

8.6 대안 A의 연간 $i_A^* = 10\%$이고 대안 B의 연간 $i_B^* = 18\%$인 경우, B에 필요한 투자가 (a) A에 필요한 투자보다 큰 경우, (b) A에 필요한 투자보다 작은 경우 각각에서 A와 B 사이의 증분에 따른 수익률에 대해 알려진 것은 무엇인가?

8.7 비용 대안에 대한 수익률 분석을 수행할 때 증분 분석이 필요한 이유는 무엇인가?

8.8 처음 $30,000에서 20%, 나머지 $70,000에서 14%를 반환하는 $100,000 투자의 전체 수익률은 얼마인가?

8.9 한 소규모 건설 회사는 새 장비를 구입하기 위해 자본 개선 기금으로 $100,000를 적립해 두었다. $30,000를 연 30%로, $20,000를 연 25%로, 나머지 $50,000를 연 20%로 투자한다면 전체 $100,000에 대한 전체 수익률은 얼마인가?

8.10 Z1과 Z2 두 회사 주식에 투자할 총 $200,000를 가지고 있다고 가정하자. $200,000에 대해 요구되는 전체 수익률은 연간 26%이다.

(a) $40,000를 Z2에 투자하고 i_{Z2}^*가 연간 14%로 추정되는 경우, 연간 최소 26%를 실현하려면 i_{Z1}^*이 얼마를 초과해야 하는가?

(b) Z1 주식에서 기대되는 최고 수익이 27%라면, 전체 수익률을 연간 26%로 유지하기 위한 Z2에 대한 투자 임계값 수준을 결정하시오. 지시에 따라 수기로 해결하거나 목표값 찾기를 사용하여 해결하시오.

8.11 배터리 구동 이동성 스쿠터를 제조하는 Amigo Mobility는 $700,000를 투자했다. 회사는 다음과 같은 수익률을 낼 수 있는 세 가지 배터리 프로젝트를 고려하고 있다.

딥 사이클 = 28%
습식/침수 = 42%
리튬 이온 = 19%

프로젝트에 필요한 초기 투자액은 각각 $200,000, $100,000, $400,000이다. Amigo의 최소요구수익률(MARR)이 연간 15%이고 세 가지 프로젝트 모두에 투자한다면 회사의 수익률은 얼마나 되는가?

8.12 ZipCar 자동차 부품 매장에서 내부자 도난을 감지하고 줄이기 위한 프로젝트에 총 $50,000가 할당되었다. Y와 Z로 식별된 두 가지 대안이 고려 중이다. $50,000에 대한 전반적인 수익률은 40%가 될 것으로 예상되며, Y와 Z 사이에서 $20,000 증가분의 수익률은 연간 15%이다. Z가 더 높은 1차 비용 대안이라면 (a) Y에 필요한 투자 규모는 얼마이며, (b) Y에 대한 수익률은 얼마인가?

8.13 다음의 각 시나리오에 대해 대안을 선택하기 위해 증분수익률 분석이 필요한지 여부와 그 이유를 설명하시오. 대안 Y는 대안 X보다 더 많은 초기 투자가 필요하고 최소요구수익률(MARR)은 연간 20%라고 가정한다.

(a) X의 수익률은 연간 22%이고, Y의 수익률은 연간 20%이다.

(b) X의 수익률은 연간 19%이고 Y의 수익률은 연간 21%이다.

(c) X의 수익률은 연간 16%이고, Y의 수익률은 연간 19%이다.

(d) X의 수익률은 연간 25%이고 Y의 수익률은 23%이다.

(e) X의 수익률은 20%이고 Y의 수익률은 연간 22%이다.

8.14 아래와 같은 현금흐름이 있을 때 (a) 0년 차, (b) 3년 차, (c) 6년 차의 기계 B와 A 사이의 증분현금흐름을 결정하시오.

	A	B
초기비용, $	15,000	25,000
연간운영비용, $/연	1,600	400
잔존가치, $	3,000	6,000
수명, 연수	3	6

8.15 두 가지 대안에 대해, 최소공배수에 대한 증분자금열(Z − X)의 합은 X와 Z에 대한 개별 자금열 합계의 차이와 동일하다는 것을 증명하시오.

	X	Z
초기비용, $	40,000	95,000
연간운영비용, $/연	12,000	5,000
잔존가치, $	6,000	14,000
수명, 연수	3	6

8.16 NASA의 재사용 가능한 우주탐사차량의 특정 부품은 양극산화처리(A)되거나 분말코팅(P)될 수 있다. 각 프로세스에 대한 일부 비용은 아래 표에 나와 있다. (P−A)와 관련된 증분현금흐름 미래가치 방정식은 다음과 같다.

$$0 = -53{,}000(F/P,i^*_{\text{P-A}},5) + 21{,}000(F/A,i^*_{\text{P-A}},5) + 8{,}000$$

(a) P의 초기비용, (b) A에 대한 M&O, (c) P의 재판매 가치를 결정하시오.

	양극산화처리, A	분말코팅, P
초기비용, $	30,000	?
M&O, $/연	?	11,000
재판매 가치, $	4,000	?
수명, 연수	5	5

8.17 Lesco Chemical은 양이온성 폴리머를 제조하는 두 가지 공정을 고려하고 있다. 프로세스 A의 첫 번째 비용은 $100,000이고 연간운영비용은 $60,000이다. 프로세스 B의 초기비용은 $165,000이다. 두 프로세스 모두 4년 동안 적합하고 대안 간 증가에 따른 수익률이 25%인 경우 프로세스 B의 연간운영비용 금액은 얼마인가?

증분수익률 비교(두 가지 대안)

8.18 더 낮은 1차 비용 대안 X와 대안 Y 사이의 Δi^*를 찾기 위한 증분자금열에 대한 PW 기반 관계식이 수립되었다.

$$0 = -40{,}000 + 9{,}000(P/A,\Delta i^*,10) - 2{,}000(P/F,\Delta i^*,10)$$

X보다 Y를 선호하는 가장 높은 최소요구수익률(MARR) 값을 결정하시오. Δi^*를 표시하는 단일 셀 스프레드시트 함수를 작성하시오.

8.19 컨설팅 엔지니어링 회사의 CFO는 회사 사장을 위해 Ford Explorer 또는 Toyota 4Runner를 구매하려고 한다. 고려 중인 두 모델의 가격은 Ford의 경우 $30,900, Toyota의 경우 $36,400이다. 수명주기 비용을 고려할 때 Explorer의 연간운영비용은 4Runner보다 $600 더 높을 것으로 예상된다. 3년 후 보상 판매 가치는 Explorer의 경우 초기비용의 50%, 4Runner의 경우 60%로 추정된다. (a) 두 차량 사이의 증분수익률은 얼마인가? (b) 회사의 최

소요구수익률(MARR)이 연간 18%라면 어떤 차량을 구매해야 하는가?

8.20 EP Electric은 냉각수를 처리하는 두 가지 새로운 방법을 확인하였다. 대안 I(유입용)은 원수를 기존의 역삼투압 시스템으로 처리하여 농축 주기를 5에서 20으로 늘릴 수 있다. 이를 통해 연간 $360,000의 물 비용이 절감되고 연간 $56,000의 화학 비용도 절감된다. 초기 장비 비용은 $2.3백만이며 연간 운영비용은 $125,000이다.

대안 B(블로다운용)는 고압 해수 역삼투 시스템을 사용하여 냉각탑 블로다운수를 처리하여 증발지로 보내지는 물의 대부분을 회수한다. 이 옵션을 사용하면 연간 $270,000의 물을 절약할 수 있다. 시스템 비용은 $1.2백만이며 운영비용은 연간 $105,000이다. 두 가지 방법 중 하나를 설치해야 한다고 가정하면 연간 5%의 최소요구수익률(MARR)을 사용하는 증분수익률 값을 기반으로 어떤 방법이 선호되는지 결정하시오. 이는 일반적으로 정부 프로젝트에서 예상되는 낮은 수익이다. 두 시스템 모두 잔존가치가 없는 10년의 분석기간을 사용한다. (참고 : 이 상황에 대한 자세한 내용은 문제 8.41 참조)

8.21 Polytec Chemical사는 저가형 아크릴 페인트의 건조한 날씨 안정성을 향상하기 위해 두 가지 첨가제 중에서 결정해야 하다. 첨가제 A의 장비 및 설치 비용은 $125,000이고 연간 비용은 $55,000이다. 첨가제 B의 설치 비용은 $175,000이고 연간 비용은 $35,000이다. 회사가 페인트 제품에 대해 5년의 복구 기간과 연간 20%의 최소요구수익률(MARR)을 사용하는 경우 증분수익률 분석을 기반으로 선호되는 프로세스는 무엇인가? 그리고 Δi^*를 표시하는 함수를 작성하시오.

8.22 증폭된 압력 변환기를 제조하는 회사는 가변 속도(VS)와 이중 속도(DS) 중 하나를 선택하려고 한다. 수익률을 기준으로 비교하고 최소요구수익률(MARR) = 연간 15%인 경우 무엇을 선택해야 하는지 결정하시오.

	VS	DS
초기비용, $	250,000	225,000
연간운영비용, $/연	231,000	235,000
3년 차 정밀검사, $	—	26,000
4년 차 정밀검사, $	39,000	—
잔존가치, $	50,000	10,000
수명, 연수	6	6

8.23 공정 제어 관리자는 서로 다른 드라이브 부품을 결합하는 견고한 샤프트 커플링 생산 시 자재 처리 능력을 향상하기 위해 두 대의 로봇을 고려하고 있다. Robot X의 초기비용은 $84,000, 연간 M&O 비용은 $31,000, 잔존가치는 $40,000이며 연간 수익은 $96,000 증가한다. 로봇 Y의 초기비용은 $146,000, 연간 M&O 비용은 $28,000, 잔존가치는 $47,000이며 연간 수익은 $119,000 증가한다. 회사의 최소요구수익률(MARR)은 연간 15%이며 경제성 평가를 위해 3년의 분석기간을 사용한다. 관리자는 (a) 수익률 값을 기준으로 할 때와 (b) 증분수익률 값을 기준으로 할 때 각각 어떤 로봇을 선택해야 하는가? (c) 올바른 선택 기준은 무엇인가? 지시에 따라 수기 또는 스프레드시트로 분석을 수행하시오.

8.24 통조림 식품 가공 공장의 관리자는 두 가지 라벨링 기계 옵션을 가지고 있다. 연간 최소요구수익률(MARR)이 20%인 수익률 분석을 기반으로 (a) 어떤 모델이 경제적으로 더 나은지 결정하고, (b) 다른 모든 추정치는 동일하고 두 옵션 모두 수명이 4년인 경우 선택이 바뀌는지 결정하시오.

	105 모델	200 모델
초기비용, $	15,000	25,000
연간운영비용, $/연	1,600	400
잔존가치, $	3,000	4,000
수명, 연수	2	4

8.25 한 고형 폐기물 재활용 공장에서는 연간 10%의 최소요구수익률(MARR)을 사용하는 두 가지 유형의 저장 용기를 고려하고 있다. (a) 수익률 평가를 사용하여 무엇을 선택해야 하는지 결정하시오. (b)

최소요구수익률(MARR) = 연간 10%에서 일반 AW 방법을 사용하여 선택을 확인하시오.

	P 용기	Q 용기
초기비용, $	18,000	35,000
연간운영비용, $/연	4,000	3,600
잔존가치, $	1,000	2,700
수명, 연수	3	6

8.26 Konica Minolta는 문서 양면을 동시에 인쇄하여 대규모 상업 작업을 완료하는 데 걸리는 시간을 절반으로 줄이는 복사기를 판매할 계획이다. 더 빠른 복사기는 회사가 복사기에 사용하는 다음 롤러 중 어떤 롤러를 사용하든 관계없이 연간 $2,500,000의 수익을 증가시킬 것으로 예상된다. 화학처리된 비닐 롤러 및 섬유함침 고무 롤러와 관련된 예상 비용은 아래와 같다. 회사의 최소요구수익률(MARR)이 연간 25%라고 가정한 수익률 분석을 기반으로 어떤 롤러 유형을 선택해야 하는지 결정하시오.

	화학처리된 비닐 롤러	섬유함침 고무 롤러
초기비용, $1,000	5,000	6,500
연간 비용, $1,000/연	1,000	650
잔존가치, $1,000	100	200
수명, 연수	5	5

8.27 대안 R의 초기비용은 $100,000, 연간 M&O 비용은 $50,000, 5년 후 잔존가치는 $20,000이다. 대안 S의 초기비용은 $175,000이고 5년 후 잔존가치는 $40,000이지만 연간 M&O 비용은 알려져 있지 않다. 요구되는 증분수익률 20%를 산출하는 대안 S에 대한 M&O 비용을 결정하시오. (a) 수기로 문제를 해결하고, (b) 목표값 찾기 도구나 스프레드시트의 RATE 함수를 사용하여 문제를 해결하시오.

8.28 영구 현수교에 대한 접근을 위해 두 가지 도로 설계가 고려 중이다. Design 1A의 구축 비용은 $3백만, 유지관리비용은 연간 $100,000이다. Design 1B의 구축 비용은 $3.5백만, 유지관리비용은 연간 $40,000이다. 두 디자인 모두 영구적인 것으로 가정된다. AW 기반 수익률 방정식을 사용하여 (a) 손익분기 수익률과 (b) 연간 10%의 최소요구수익률(MARR)에서 어떤 설계가 선호되는지 결정하시오.

8.29 Suzanne의 프로젝트 엔지니어 중 한 명이 회사의 주요 조립 라인에서 인명 피해 가능성을 줄이는 화재 및 안전 시스템의 주요 업그레이드를 위하여 설치를 고려 중인 2개의 동등한 시스템에 대하여 연간 비용 및 절감액을 분석한 스프레드시트 스크린숏(아래)을 이메일로 보냈다. 그는 이메일에 다음과 같은 내용을 포함시켰다. “회사의 최소요구수익률(MARR)은 연간 20%이므로 FirstSafe(FS)에 대한 추가 투자는 손익분기 증분수익률 16.86%로는 정당화되지 않습니다. 그러나 이 경우에만 예외적으로 필요한 수익률을 16% 또는 이보다 약간 높은 수준으로 낮출 수 있다면, FirstSafe가 FireWall(FW)보다 경제적으로 허용됩니다. 게다가 FirstSafe의 기능

	A	B	C	D
1	연	증분현금흐름 (FS-FW), $1,000	ROR, %	$1,000
2	0	-9,000	5%	8,713
3	1	2,000	6%	7,521
4	2	2,000	7%	6,449
5	3	2,000	8%	5,483
6	4	2,000	9%	4,611
7	5	-1,000	10%	3,821
8	6	2,000	11%	3,105
9	7	2,060	12%	2,453
10	8	2,122	13%	1,859
11	9	2,185	14%	1,316
12	10	-1,500	15%	819
13	11	2,319	16%	363
14	12	2,388	17%	-56
15	13	2,460	18%	-442
16	14	2,534	19%	-799
17	15	2,610	20%	-1,128
18	Δi*	16.86%		

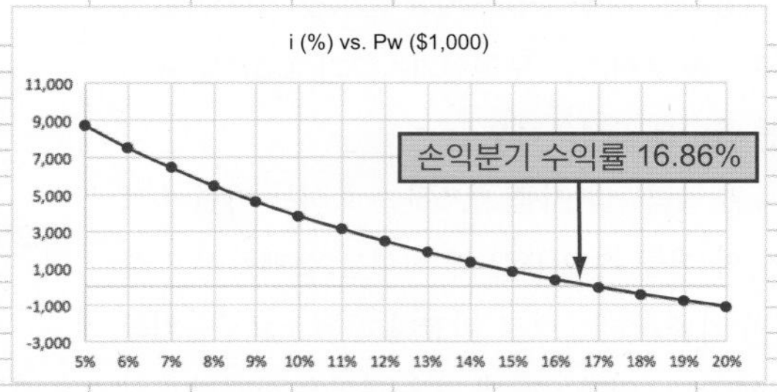

i (%) vs. Pw ($1,000)

손익분기 수익률 16.86%

이 다른 저렴한 FW 시스템의 기능보다 훨씬 더 마음에 듭니다. FirstSafe 시스템을 주문해도 될까요?"

지난 두 장에서 배운 모든 내용을 토대로 Suzanne이 이 분석을 받아들이고 FirstSafe 구매 요청에 "예"라고 응답할 것을 권하겠는가? 만족스럽지 않다면 Suzanne이 엔지니어에게 어떤 추가 정보를 요청할 것을 제안하겠는가?

다중 대안(2개 이상) 평가

8.30 제조 작업 자동화를 위해 상호배타적인 네 가지 서비스 대안을 고려 중이다. 대안을 초기 투자가 증가하는 순서대로 순위를 매긴 후 증분수익률 분석을 통해 비교하였다. 각 투자 증분에 대한 수익률은 최소요구수익률(MARR)보다 낮았다. 어떤 대안을 선택해야 하는가?

8.31 한 금속 도금 회사는 제조 현장의 액체 폐기물에서 부산물 중금속을 회수하기 위해 네 가지 방법을 고려하고 있다. 각 방법과 관련된 투자 비용과 연간 순이익이 추정되었다. 모든 방법의 수명은 8년이다. 최소요구수익률(MARR)은 연간 11%이다. AW 기반의 수익률 분석이 필요하다. (a) 방법이 독립적이라면(다른 공장에서 시행될 수 있기 때문에) 어떤 방법이 허용되는가? (b) 방법이 상호배타적이라면 어떤 방법을 선택해야 하는지 결정하시오.

방법	초기비용, $	잔존가치, $	연간 순이익, $/연
A	−30,000	+1,000	+4,000
B	−36,000	+2,000	+5,000
C	−41,000	+500	+8,000
D	−53,000	−2,000	+10,500

8.32 Old Southwest Canning Co.는 칠리 통조림 작업에 4대의 기계 중 하나를 사용할 수 있다고 결정하였다. 기계의 가격은 아래와 같으며, 모든 기계의 수명은 5년이다. 최소요구수익률(MARR)이 연간 25%인 경우 수익률 분석을 기반으로 어떤 기계를 선택해야 하는지 결정하시오.

기계	초기비용, $	연간운영비용, $
1	28,000	20,000
2	51,000	12,000
3	32,000	19,000
4	33,000	18,000

8.33 굴착/토공 사업을 시작하려는 최근 졸업생이 구매할 중고 덤프트럭의 크기를 결정하려고 한다. 적재함 크기가 커지면 새로운 수입도 늘어난다. 그러나 졸업생은 대형 트럭에 필요한 증분 지출이 정당한지 여부를 확신하지 못한다. 각 크기의 트럭과 관련된 현금흐름은 아래와 같다. 계약자는 연간 18%의 최소요구수익률(MARR)을 설정했으며 모든 트럭의 남은 경제 수명은 5년으로 예상된다. (a) 어떤 크기의 트럭을 구매해야 하는지 결정하시오. (b) 트럭 2대를 구입하려면 두 번째 트럭의 크기는 얼마여야 하는가? (참고 : 문제 8.44는 이러한 대안의 스프레드시트 풀이를 요한다.)

트럭 적재함 크기, m^3	초기 투자, $	M&O, $/연	잔존 가치, $	연간 수익, $/연
8	−30,000	−14,000	+2,000	+26,500
10	−34,000	−15,500	+2,500	+30,000
15	−38,000	−18,000	+3,000	+33,500
20	−48,000	−21,000	+3,500	+40,500
25	−57,000	−26,000	+4,600	+49,000

8.34 아래 네 가지 수익 대안에 대해 수익률 방법 결과를 사용하여 다음을 결정하시오.

(a) MARR = 연간 17%이고 제안이 독립적인 경우 어느 것을 선택할 것인가?

(b) MARR = 연간 14.5%이고 대안이 상호배타적이라면 어느 것을 선택할 것인가?

(c) MARR = 연간 10%이고 대안이 상호배타적이라면 어느 것을 선택할 것인가?

대안	초기 투자, $	전체 수익률, i*%	다음 대안과 비교할 때 Δi*% A	B	C
A	60,000	11.7	—	—	—
B	90,000	22.2	43.3	—	—
C	140,000	17.9	22.5	10.0	—
D	190,000	15.8	17.8	10.0	10.0

8.35 5개의 프로젝트를 고려하고 있으며, 모두 무기한 지속되는 것으로 간주된다. 회사의 최소요구수익률(MARR)이 연간 15%일 때 (a) 독립 프로젝트인 경우와 (b) 상호배타적인 대안인 경우 각각에서 어떤 대안을 선택해야 하는지 결정하시오.

대안	초기비용, $	연간 순이익, $	수익률, %
A	−20,000	+3,000	15.0
B	−10,000	+2,000	20.0
C	−15,000	+2,800	18.7
D	−70,000	+10,000	14.3
E	−50,000	+6,000	12.0

8.36 소규모 제조 회사는 신제품을 추가하여 사업을 확장할 수 있다. 아래 표시된 제품 중 일부 또는 전부를 추가할 수 있다. 회사가 연간 15%의 최소요구수익률(MARR)과 5년의 프로젝트 기간을 사용한다면 회사는 어떤 제품을 도입해야 하는가?

	1	2	3	4
초기비용, $	340,000	500,000	570,000	620,000
연간 비용, $/연	70,000	64,000	48,000	40,000
연간 수익, $/연	180,000	190,000	220,000	205,000

8.37 아래 네 가지 대안은 수익률 방식으로 평가된다.

(a) 제안이 독립적이라면 연간 16%의 최소요구수익률(MARR)로 어떤 제안을 선택해야 하는가?

(b) 제안이 상호배타적이라면 연간 9%의 최소요구수익률(MARR)로 어떤 제안을 선택해야 하는가?

(c) 제안이 상호배타적이라면 연간 12%의 최소요구수익률(MARR)로 어떤 제안을 선택해야 하는가?

			다음 대안과 비교할 때 Δi*%		
대안	초기 투자, $	i*%	A	B	C
A	40,000	29	—	—	—
B	75,000	15	1	—	—
C	100,000	16	7	20	—
D	200,000	14	10	13	12

8.38 약품 병입 라인의 재료 흐름 개선을 위해 네 가지 기계가 고려되었다. 엔지니어가 최고의 기계를 선택하기 위해 경제성 분석을 수행했지만 불만을 품은 직원이 그의 계산 중 일부를 보고서에서 삭제했다. 모든 기계의 수명은 10년으로 가정한다.

(a) 비교표에 누락된 값을 입력하시오.

(b) 연간 최소요구수익률(MARR) = 18%에서 최고의 기계를 단 하나만 선택하시오.

	1	2	3	4
초기비용, $	?	−60,000	−72,000	−98,000
연간 비용, $/연	−70,000	−64,000	−61,000	−58,000
연간 절감액, $/연	+80,000	+80,000	+80,000	+82,000
전체 수익률, i^*, %	18.6%	?	23.1%	20.8%
비교 기계		2 vs. 1	3 vs. 2	4 vs. 3
증분 투자, $		−16,000	?	−26,000
증분현금흐름, $/연		+6,000	+3,000	?
증분에 대한 수익률, Δi^*, %		35.7%	?	?

8.39 아래 표시된 무한 수명 대안에 대한 수익률 분석이 시작되었다.

(a) 증분수익률(Δi^*) 열의 빈칸 10개를 채우시오.

(b) 각 대안과 관련된 수익은 얼마나 되는가?

(c) 상호배타적이고 최소요구수익률(MARR)이 연간 16%인 경우 어떤 대안을 선택해야 하는가?

(d) 상호배타적이고 최소요구수익률(MARR)이 연간 11%인 경우 어떤 대안을 선택해야 하는가?

(e) 최소요구수익률(MARR) = 연간 19%에서 두 가지 최상의 대안을 선택하시오.

			다음 대안과의 비교에서 증분현금흐름에 대한 Δi*%			
대안	초기 투자, $	i*, %	E	F	G	H
E	20,000	20	—		—	—
F	30,000	35		—	—	—
G	50,000	25			—	11.7
H	80,000	20			11.7	—

스프레드시트활용연습문제

8.40 개인이 소유하고 운영하는 단일 스트림 재활용 시설인 Kleen Corp.은 Tri-County Metropolitan Area의 여러 도시와 연간 계약을 맺고 있다. Kleen Corp.은 분리 공정 초기에 종이와 유리 재료에서 플라스틱과 금속을 분리하는 새로운 센서 세트를 기존 기계에 추가하려고 한다. Green Corporation에서는 두 가지 버전의 센서 장비를 사용할 수 있다. 모델 400의 초기비용은 $70만이며 모델 1000의 초기비용은 $1백만이다. 각각 6년과 3년의 내용연수 이후 둘 다 잔존가치가 10%로 예상된다.

Kleen Corp.에서 프로젝트 엔지니어로 일하고 있다고 가정해 보자. 두 모델 모두에 대해 연간 절감액(효율성을 위해 연간 증가 없음)과 비용(연간 감소 또는 증가가 없는 연간운영비용)에 대한 1차 추정을 작성하였다.

(a) 최소요구수익률(MARR) = 연간 5%를 사용하여 수익률 분석을 수행하여 두 모델 중 하나를 회장에게 추천하시오. 회장이 연간 달러 수치를 좋아한다는 것을 알고 있으며, 회장은 다중수익률에 대한 연간 자산 금액의 도표를 보고 싶어 할 것이다.

(b) 추천을 완료하기 전에 이 두 가지 대안에 순위 불일치가 없는지 확인하시오. 순위 불일치가 없으면 문제없다. 있는 경우 추천의 논리를 제공할 준비를 하시오.

모델	항목	1	2	3	4	5	6
400	절감액, $1,000/연	180	180	180	180	180	180
	비용, $1,000/연	−40	−40	−40	−40	−40	−40
1000	절감액, $1,000/연	410	410	410			
	비용, $1,000/연	−60	−60	−60			

8.41 문제 8.20에서는 냉각수 처리의 두 가지 방법이 분석된다. 이것은 수익 대안으로, 비용 대비 연간 절감 효과를 제공한다. (a) 최소요구수익률(MARR) = 연간 5%에서 선택할 방법을 결정하기 위해 수익 대안에 대한 증분수익률 분석을 위한 전체 절차를 수행하시오. (b) 연간 8%의 최소요구수익률(MARR)이 요구된다면 어떤 대안을 추천하겠는가?

8.42 라이언은 사무실 건물에 설치될 화재 스프링클러용 두 가지 경쟁 시스템에 대한 비용 및 잔존가치 추정치를 받았다. 시스템 A의 초기비용은 $100,000, 연간 M&O 비용은 $10,000, 5년 후 잔존가치는 $20,000이다. 시스템 B의 초기비용은 $175,000, M&O 비용은 $8,000, 10년 후 잔존가치는 $40,000이다. (a) 증분현금흐름과 대안 현금흐름이라는 두 가지 상황에 대하여 PW 값을 사용하여 두 시스템 간의 손익분기 수익률 지점을 표시하시오(힌트 : 그림 8-6을 모델로 사용한다). (b) 최소요구수익률(MARR)이 이 값보다 클 경우 경제적으로 선호되는 시스템을 설명하시오.

8.43 Anode Metals의 기계 엔지니어는 5개의 동등한 프로젝트를 고려하고 있으며 그중 일부는 예상 수명이 다르다. 모든 대안에 대해 잔존가치는 없다. 회사의 최소요구수익률(MARR)이 연간 13%라고 가정하고 (a) 독립적인 경우와 (b) 상호배타적인 경우 무엇을 선택해야 하는지 결정하시오. (c) (b)에서의 선택이 올바른 이유를 설명하시오.

대안	초기비용, $	연간 순이익, $/연	수명, 연수
A	−20,000	+5,500	4
B	−10,000	+2,000	6
C	−15,000	3,800	6
D	−60,000	+11,000	12
E	−80,000	+9,000	12

8.44 스프레드시트를 사용하여 문제 8.33에서 요구되는 트럭 적재함 크기 분석을 수행하시오.

사례연구

3D 프린팅과 IIoT 기술에 대한 수익률 분석 수행

배경

Spectrum LASER Corp.에서 제조한 3D 프린터 시스템에 사용되는 소프트웨어는 현재 개발 시간을 절약하기 위해 빈 공간, 쉘 및 '나무 지지대'를 자동으로 개발할 수 있다. 여러 컴퓨터와 전 세계의 다양한 위치에서 사용할 수 있는 네트워크 인쇄가 가능하다. JIT II라고 불리는 새로운 소프트웨어는 멀리 떨어진 곳에 있는 기계들 사이에 IIoT(산업용 사물 인터넷) 유형의 연결을 허용하는 베타 테스트를 진행 중이다. 온보드 모니터링 센서가 부품이 곧 고장 날 것을 감지하거나 여러 주요 부품 중 하나를 교체할 시간이 되었음을 감지하면 JIT II 소프트웨어는 자동으로 해당 부품의 제조 코드를 로컬 유휴 상태 또는 준비 상태로 감지된 3D 프린터의 대기열에 넣는다. 회사는 이 기술을 활용하여 인간에게 화학적으로 독성이 있는 비행 중, 광산 지하, 해저, 전쟁으로 폐허가 된 지역 등 매우 다양한 열악한 환경에 적용하는 데 필요한 JIT II 소프트웨어, 3D 프린터 및 그에 수반되는 컴퓨터 장비를 설계하고 생산해야 한다고 믿는다.

정보

이 경우 상호 연결을 가능하게 하고 성공적으로 만드는 데 필요한 서버 기능을 제공할 수 있는 사용 가능한 컴퓨터를 분석한다. 연간 순현금흐름에 대한 예상 기여도를 포함한 초기비용 및 기타 매개변수 추정치는 아래에 요약되어 있다.

	서버 1	서버 2
초기비용, $	100,000	200,000
순현금흐름, $/연	35,000	1년 차 50,000, 2, 3, 4년 차에는 연간 5,000 추가(gradient) 서버를 교체하더라도 5년 동안 최대 70,000
수명, 연수	3 또는 4	5 또는 8

수명 예측은 설계 엔지니어와 제조 관리자 두 사람이 개발하였다. 그들은 프로젝트의 이 단계에서 각 시스템의 수명 예측을 모두 사용하여 모든 분석을 수행하도록 요청하였다.

사례연구 문제

스프레드시트 분석을 사용하여 다음을 결정하시오.

1. 최소요구수익률(MARR) = 12%인 경우 어떤 서버를 선택해야 하는가? PW 또는 AW 방법을 사용하여 선택하시오.
2. 증분수익률 분석을 사용하여 최소요구수익률(MARR) = 12%에서 서버를 선택하시오.
3. 경제성 분석 방법을 사용하여 수명 추정치가 5년인 서버 2와 수명 추정치가 8년인 서버 2 사이의 증분수익률 값을 스프레드시트에 표시하시오.

사례연구

신규 공학 전공 졸업생이 부모를 도울 수 있는 방법

배경

"팔아야 할지, 확장해야 할지, 임대해야 할지, 뭘 해야 할지 모르겠어. 하지만 우리가 같은 일을 몇 년 동안 계속할 수는 없을 것 같아. 내가 정말로 원하는 건 이것을 5년 더 운영한 다음 한 번에 매각하는 거야." 호세 마르티네스는 그의 아내 재니스, 아들 재킨, 그리고 새 며느리 멜라니와 함께 저녁 식탁에 둘러앉아 이렇게 말했다. 텍사스주 휴스턴 남부 외곽에서 25년 동안 소유하고 운영해 온 회사인 Gulf Coast Whole-sale Auto Parts에 대한 생각을 나누고 있었다. 이 회사는 NAPA, AutoZone, O'Reilly 및 Advance 등 해당 지역에서 운영되는 여러 전국 소매업체와 부품 공급에 대한 훌륭한 계약을 맺고 있다. 또한 Gulf Coast는 기화기, 변속기, 에어컨 압축기 등 주요 자동차 부품을 판매하는 동일한 소매업체에 서비스를 제공하는 재건축 공장을 운영하고 있다.

저녁 식사 후 집에서 재킨은 아버지를 도와 중요하고 어려운 결정을 내리기로 했다. 그의 사업을 어떻게 해야 하는가? 재킨은 작년에 텍사스의 주요 주립대학교에서 공학 학위를 취득하고 공학 경제 과정을 이수했다. Energcon Industries에서 그의 업무 중 하나는 에너지 관리 제안에 대한 기본 수익률 및 현재가치 분석을 수행하는 것이다.

정보

다음 몇 주에 걸쳐 재킨은 아버지가 가장 좋아하는 5년 후 매각 옵션을 포함하여 다섯 가지 옵션을 설명했다. 재킨은 10년 동안의 모든 추정치를 요약했다. 옵션과 견적은 호세에게 주어졌고 그는 이에 동의했다.

옵션 1 : 재건축을 제거한다. 재건축 가게 운영을 중단하고 부품 도매 판매에 집중한다. 재건축 작업을 제거하고 '모든 부품을 갖춘 주택'으로 전환하는 데 첫해에 $750,000의 비용이 들 것으로 예상된다. 전체 수익은 첫해에 $1백만으로 감소하고 이후에는 매년 4%씩 증가할 것으로 예상된다. 비용은 첫해에 $0.8백만으로 예상되며 이후 매년 6%씩 증가한다.

옵션 2 : 재건축 작업을 계약한다. 운영 계약자가 인수할 수 있도록 재건축 공장을 준비하는 데 즉시 $400,000의 비용이 든다. 비용이 5년 동안 동일하게 유지되면 연간 평균 $1.4백만이 되지만 6년에는 연간 $2백만으로 증가할 것으로 예상할 수 있다. 그리고 그 이후 호세는 계약 체결 시 수익이 첫해에 $1.4백만이 될 수 있고 10년 계약 기간 동안 매년 5%씩 증가할 수 있다고 생각한다.

옵션 3 : 현 상태를 유지하고 5년 후에 매도한다(호세가 개인적으로 가장 좋아하는 옵션). 지금은 비용이 들지 않지만, 현재의 음수 순이익 추세는 아마도 계속될 것이다. 예상 비용은 연간 $1.25백만, 연간 수익은 $1.15백만이다. 호세는 작년에 평가를 받았으며 보고서에 따르면 Gulf Coast Wholesale Auto Parts의 순 가치는 $2백만이다. 호세의 희망은 이 가격으로 5년 후에 완전히 매각하고, 새 소유자가 5년 말(판매 시점)에 연간 $500,000를 지불하고 향후 3년 동안 동일한 금액을 지불하는 거래를 하는 것이다.

옵션 4 : 트레이드아웃. 호세는 골동품 자동차 부품 사업에 종사하는 절친한 친구가 전자상거래로 '대박'을 터뜨리고 있다고 말한다. 위험 부담이 있기는 하지만 이미 잘 알고 있는 기본 비즈니스에서 완전히 새로운 부품 라인을 고려하는 것은 호세에게 매력적인 일이다. 트레이드아웃으로 인해 호세는 즉시 약 $1백만의 비용이 발생하게 된다. 10년간의 연간 지출 및 수익은 현재 사업보다 상당히 높다. 연간 비용은 $3백만, 연간 수익은 $3.5백만으로 추산된다.

옵션 5 : 임대 계약. Gulf Coast는 호세가 소유주로 남아 건물, 배송 트럭, 보험 등에 대한 비용의 일부를 부담하는 일부 턴키 회사에 임대될 수 있다. 이 옵션에 대한 첫 번째 예상 비용은 현재 사업을 준비하는 데 $1.5백만이다. 연간 비용은 $500,000만이고 수익은 10년 계약 시 연간 $1백만이다.

사례연구 문제

다음을 수행하여 재킨의 분석을 도와주시오.

1. 증분수익률 분석을 준비하기 위해 다섯 가지 옵션 모두에 대해 실제 자금열과 증분자금열($1,000 단위)을 개발하시오.
2. 모든 실제 및 증분자금열에 대해 다중수익률 가치의 가능성을 논의하시오. 0%에서 100% 사이의 여러 수익률을 찾으시오.
3. 재킨의 아버지가 선택한 옵션으로 향후 10년 동안 연간 25% 이상 수익을 올리라고 주장한다면 그는 어떻게 해야 하는가? 재킨의 아버지가 어떤 방식으로든 추천을 이해할 수 있도록 지금까지 배운 모든 경제성 분석 방법(PW, AW, ROR)을 사용하시오.
4. 다섯 가지 옵션 각각에 대해 PW 대 i의 도표를 준비하시오. 옵션 간의 손익분기 수익률을 추정하시오.
5. 옵션 3(호세가 원하는 것)이 경제적으로 가장 좋기 위해 5년부터 8년까지 매년 받아야 하는 최소 금액은 얼마인가? 이 금액을 고려할 때 위에 제시된 것과 동일한 지불 방식을 가정할 때 판매 가격은 얼마가 되어야 하는가?

MEMO

CHAPTER 9

비용편익분석과 공공 부문 경제성

dszc/E+/Getty Images

학습 성과

목적 : 공공 부문 프로젝트를 이해하고 증분 비용편익분석을 기반으로 최상의 대안을 선택한다.

절	주제	학습 성과
9.1	공공 부문	• 민간 부문과 공공 부문 프로젝트의 근본적인 차이점을 설명한다.
9.2	단일 프로젝트용 B/C	• 비용편익(B/C) 비율을 계산하고 이를 단일 프로젝트 평가에 사용한다.
9.3	증분 B/C	• 증분 B/C 비율 방법을 사용하여 두 가지 대안 중 더 나은 것을 선택한다.
9.4	3개 이상의 대안	• 증분 B/C 비율을 기반으로 여러 대안 중 가장 좋은 것을 선택한다.
9.5	서비스 프로젝트 및 CEA	• 서비스 부문 프로젝트를 설명하고 프로젝트 평가에 비용효과분석(CEA)을 사용한다.
9.6	윤리적 고려사항	• 공공 프로젝트 활동의 주요 측면을 설명하고, 윤리적 타협이 어떻게 공공 부문 프로젝트 분석에 고려될 수 있는지 설명한다.

이 전 장의 평가 방법은 일반적으로 민간 부문, 즉 영리 기업과 비영리 기업 및 기업의 대안에 적용된다. 이 장에서는 **공공 부문과 서비스 부문의 대안(public sector and service sector alternatives)**과 이들의 경제적 고려사항을 소개한다. 공공 프로젝트의 경우 소유자와 사용자(수혜자)는 정부 단위(시, 군, 주, 도 또는 국가)의 시민과 거주자이다. 정부 단위는 자본 및 운영 자금을 조달하는 메커니즘을 제공한다. 특히 주요 고속도로, 발전소, 수자원 개발, 의료 시설 등과 같은 대규모 인프라 프로젝트의 경우 공공-민간 파트너십이 점점 더 보편화되었다.

비용편익(B/C, benefit/cost) 비율은 공공 부문 평가의 경제성 분석에 객관성을 부여하여 정치 및 특수 이익의 영향을 줄인다. 여기에서는 다양한 B/C 분석 형식과 대안과 관련한 불편익에 대해 설명한다. B/C 분석에서는 PW, AW 또는 FW 값을 기반으로 하는 등가성 계산을 사용할 수 있다. 올바르게 수행된 비용편익 방법은 항상 PW, AW, FW 및 수익률 분석과 동일한 대안을 선택한다.

이 장에서는 또한 **서비스 부문 프로젝트(service sector projects)**를 소개하고 해당 프로젝트의 경제성 평가가 다른 프로젝트와 어떻게 다른지 논의한다. 마지막으로 공공 부문의 **직업윤리(professional ethics)**와 윤리적 딜레마에 대해 논의한다.

PE

수처리 시설 #3(WTF #3) 사례 : Allen Water Utilities는 지난 25년 동안 빠르게 성장하는 도시의 북부 및 북서부 지역에 공급할 새로운 식수 처리 시설 건설을 계획했다. 향후 몇 년 동안 100,000명 이상의 신규 거주자가 생길 것으로 예상되며 2040년까지 500,000명이 될 것으로 예상되어 2022~2025년 기간에 시설 개발 및 건설이 촉발되었다. 공급은 현재 Allen 전체와 주변 지역사회에 물을 공급하는 데 사용되는 넓은 표면 호수에서 공급된다. 이 프로젝트는 수처리 시설 #3(WTF3: Water Treatment Facility #3)로 명명되었으며, 처리 공장과 저수지에 도달하기 위해 약 100~125피트(약 30~38미터)의 터널링을 통해 도시 교외 지역에 설치될 2개의 대형 강철 파이프 송수관(84인치 및 48인치)에 대한 초기 자본 투자는 $540백만이다.

터널링은 지반 공학적 시추 결과 개방형 도랑 공사가 토양에 의해 지탱될 수 없다는 사실이 밝혀지고, 선택된 전송 경로를 따라 생활 영역에 도랑을 파는 것에 대중이 크게 항의하였기 때문에 선택되었다. 95에이커 부지의 처리장 건설 외에도 터널 작업 중 장비와 잔해물 제거를 위한 지하 접근성을 확보하기 위해 각 송수관을 따라 뚫린 최소 3개의 대형 수직 샤프트(직경 25~50피트)를 굴착해야 한다.

WTF3 및 송수관에 대한 결정을 내리는 데 사용된 명시된 기준은 경제성, 환경, 지역사회 영향 및 시공성이었다.

새로운 시설에는 장기적으로 큰 편익(benefit)이 있다. 그중 도시 엔지니어들이 언급한 몇 가지 이점은 다음과 같다.

- 향후 50년간 도시의 예상 물 수요를 충족할 것이다.
- 새 처리장은 현재 두 곳의 처리장보다 더 높은 곳에 위치하므로 중력 흐름으로 저장소를 보충할 수 있어 전기 펌핑을 거의 또는 전혀 사용하지 않는다.
- 다른 공장의 노후화에 따라 공급의 다양성과 신뢰성이 높아질 것이다.
- 원수 취수구 위치로 인해 보다 일관된 수질을 제공한다.
- 해당 시설에서는 이미 구입한 물 공급 장치를 사용한다. 따라서 추가 수당을 협상할 필요가 없다.

불편익(disbenefit)은 대부분 WTF3 및 전송 본선을 건설하는 동안에만 국한되어 단기적이다. 시민단체와 은퇴한 도시 엔지니어 중 일부는 다음과 같이 불편익에 대하여 언급하였다.

- 국내 다른 지역에서는 볼 수 없는 일부 멸종 위기에 처한 새, 도마뱀, 나무의 서식지가 파괴될 것이다.
- 3년 반 동안의 건설, 터널 공사, 송수관 완공 기간 동안 다량의 먼지와 연기가 주거 지역의 대기로 유입될 것이다.
- 정기적인 건설 교통 문제 외에도 공장 현장과 터널 통로에서 잔해물을 제거하기 위해 약 26,000대의 트럭을 운행하는 동안 소음 공해와 교통 혼잡이 발생할 것이다.
- 공장 및 터널 샤프트 현장의 자연 경관이 파괴될 것이다.
- 대형 트럭이 2년 반 동안 하루에 약 12시간, 주 6일 동안 약 5분 간격으로 지나가는 학교에서는 아이들의 안전이 위협받을 것이다.
- 많은 동네 거리가 시골길 폭으로 좁고 표시된 경로를 따라 동네에 단일 입출구 도로만 제공하기 때문에 긴급 상황 시 화재 및 구급차 서비스가 지연될 수 있다.
- 물은 Allen 내의 거주민에게 제공되지 않고 도시 경계 외부의 개발자에게 판매될 것이기 때문에 시설의 필요성이 입증되지 않았다.
- 새로 창출된 수익은 공장 건설을 위해 승인된 자본 자금 조달 채권을 상환하는 데 사용된다.

작년에 도시 엔지니어들은 이 대규모 공공 부문 프로젝트에 대한 비용편익분석을 수행하였다. 결과는 전혀 공개되지 않았다. 공공 및 선출직 공무원의 개입으로 인해 Allen Water Utilities의 총책임자는 위에서 언급한 기준을 사용하여 일부 결론에 의문을 제기하게 되었다.

이 사례는 이 장의 다음 주제에서 사용된다.

공공 부문 프로젝트(9.1절)
증분 B/C 분석, 두 가지 대안(9.3절)
증분 B/C 분석, 두 가지 이상의 대안(9.4절)

9.1 공공 부문 프로젝트

이전 장의 거의 모든 사례와 문제는 개인 고객, 정부 또는 다른 기업이 사용할 수 있도록 기업과 법인이 제품, 시스템 및 서비스를 개발하고 제공하는 민간 부문과 관련되어 있다[자본화 비용 분석이 적용된 5장(PW)과 6장(AW)에서 논의된 장기 수명 대안은 주목할 만한 예외이다]. 이제 우리는 정부 단위와 그들이 봉사하는 시민에 집중하는 프로젝트를 탐색할 것이다. 이를 공공 부문 프로젝트라고 한다.

> **공공 부문 프로젝트**(public sector project)는 모든 정부 수준의 시민이 사용, 자금 조달 및 소유하는 제품, 서비스 또는 시스템이다. 기본 목적은 **이익 없이 공익을 위해 시민에게 서비스를 제공하는 것**이다. 공중 보건, 형사 사법, 안전, 교통, 복지, 공익사업 등의 분야는 공공 소유이므로 경제성 평가가 필요하다.

우리가 일상적으로 또는 필요에 따라 사용하는 것 중 얼마나 많은 부분이 공공 소유이고 우리, 즉 시민에게 봉사하기 위해 자금을 조달하고 있는지 생각해 보면 놀랍다. 다음은 공공 부문의 몇 가지 예이다.

병원 및 진료소	경제 개발 프로젝트
공원 및 휴양지	컨벤션 센터
유틸리티 : 물, 전기, 가스, 하수구, 위생	스포츠 경기장
학교 : 초등, 중등, 커뮤니티 대학, 대학교	교통 : 고속도로, 교량, 수로
경찰서 및 소방서	온라인 및 인터넷 보안
법원 및 교도소	공공 주택
푸드 스탬프 및 임대료 구제 프로그램	긴급 구호
직업 훈련	규정 및 표준

민간 부문과 공공 부문 대안의 특성에는 상당한 차이가 있으며, 다음에 요약되어 있다.

특징	공공 부문	민간 부문
투자 규모	대규모	일부는 대규모, 많은 경우 중소규모

대중의 요구에 부응하기 위해 개발된 대안은 종종 수년에 걸쳐 분산될 수 있는 대규모 초기 투자를 필요로 한다. 현대의 고속도로, 대중 교통 시스템, 대학, 공항, 홍수 통제 시스템이 그 예이다.

특징	공공 부문	민간 부문
추정 수명	장기(30~50년 이상)	단기(2~25년)

공공 프로젝트의 수명이 길어지면 n에 무한대를 사용하고 연간 비용은 $A = P(i)$로 계산되는 자본화 비용 방법을 사용하게 된다. n이 커질수록, 특히 30년이 지나면 계산된 A 값의 차이는 작아진다. 예를 들어, $i = 7\%$에서는 $(A/P,7\%,30) = 0.08059$이고 $(A/P,7\%,50) = 0.07246$이기 때문에 30년과 50년에는 매우 작은 차이가 있을 것이다.

특징	공공 부문	민간 부문
추정 연간 현금흐름	이익 없음. 비용, 편익, 불편익은 추정됨	수익은 이익에 기여함. 비용은 추정됨

공공 부문 프로젝트(공공 소유라고도 함)에는 이익이 없다. 적절한 정부 기관에서 비용을 지불한다. 그리고 그것은 시민에게 이익이 된다. 공공 부문 프로젝트는 스스로 형성된 시민 그룹, 조직화되고 자금을 지원받는 특수 이익 단체 등 일부 대중 부문에서 해석한 바와 같이 바람직하지 않은 결과를 초래하는 경우가 많다. 프로젝트에 대한 대중적 논란을 일으킬 수 있는 것은 바로 이러한 결과이다. 경제성 분석에서는 이러한 결과를 추정 가능한 정도까지 금전적 측면에서 고려해야 한다(종종 민간 부문 분석에서 바람직하

지 않은 결과는 고려되지 않거나 비용으로 직접 처리될 수 있다). 공공 대안의 비용편익 경제 분석을 수행하려면 비용(초기 및 연간), 편익 및 불편익(고려되는 경우)은 화폐 단위로 최대한 정확하게 추정되어야 한다.

비용(Costs) — 프로젝트의 건설, 운영 및 유지관리를 위해 정부 기관에 지출되는 예상 비용에서 예상 잔존가치를 뺀 금액이다.

편익(Benefits) — 소유주인 대중이 경험할 수 있는 이점이다.

불편익(Disbenefits) — 대안이 실행될 경우 소유주에게 예상되는 바람직하지 않거나 부정적인 결과이다. 불편익은 대안의 간접적인 경제적 불편익일 수 있다.

공공 부문 대안에 대한 편익과 불편익의 경제적 영향을 추정하고 이에 동의하는 것은 어렵다. 예를 들어, 도시의 혼잡한 지역 주변의 짧은 우회가 권장된다고 가정한다. 현재 평균 시속 20마일로 신호등을 통과하고 평균 2개의 신호등에서 각각 평균 45초 동안 정지하는 것과 비교하여, 평균 시속 35마일로 5개의 신호등을 우회할 수 있다면 운전자는 주행 1분당 달러로 얼마나 많은 편익을 얻을 수 있는가? 편익 추정의 근거와 기준은 항상 확립하고 검증하기가 어렵다. 민간 부문의 수익 현금흐름 추정치에 비해 편익 추정치는 훨씬 더 어렵고 불확실한 평균을 기준으로 더 광범위하게 변동된다(편익에 대한 경제적 추정이 불가능하다는 점은 9.5절에서 설명하는 평가 기법을 사용하여 극복할 수 있다). 그리고 대안에서 발생하는 불편익은 추정하기가 더욱 어렵다. 실제로 평가를 수행하는 시점에는 불편익 자체가 알려지지 않았을 수도 있다.

특징	공공 부문	민간 부문
자금 조달	세금, 수수료, 채권, 민간 자금	주식, 채권, 대출, 개인 소유주

공공 부문 프로젝트에 자금을 조달하는 데 사용되는 자본은 일반적으로 세금, 채권 및 수수료를 통해 획득된다. 세금은 소유자, 즉 시민으로부터 징수된다(예 : 고속도로에 대한 연방 휘발유세는 모든 휘발유 사용자가 납부하고 의료 비용은 보험료로 충당된다). 이는 운전자를 위한 유료도로 요금과 같은 수수료의 경우에도 마찬가지이다. 미국 재무부 채권(U.S. Treasury bonds), 지방채(municipal bond issues), 공익사업 지역 채권(utility district bonds) 같은 특수 목적 채권 등의 채권이 종종 발행된다. 민간 대출 기관은 사전 자금 조달(up-front financing)을 제공할 수 있다. 또한 개인 기부자는 기부를 통해 박물관, 기념관, 공원 및 정원 지역에 자금을 제공할 수 있다.

특징	공공 부문	민간 부문
이자율	낮음	높음. 자본 비용에 기초함

공공 부문 프로젝트의 자금 조달 방식 중 다수가 저금리로 분류되기 때문에, 이자율은 사실상 민간 부문 대안보다 항상 낮다. 정부 기관은 상위 단위에서 부과하는 세금에서 면제된다. 예를 들어, 지방자치단체 프로젝트는 주세를 납부할 필요가 없다(민간 기업과 개인 시민도 세금을 낸다). 많은 대출은 매우 낮은 이율을 가지며, 연방 프로그램에서 상환 요구사항이 없는 보조금은 프로젝트 비용을 공유할 수 있다. 이로 인해 이자율은 3~7% 범위가 된다. 표준화의 측면에서 볼 때, 특정 요율을 사용하라는 지침은 서로 다른 정부 기관이 서로 다른 요율로 다양한 유형의 자금을 얻을 수 있기 때문에 유익하다. 이로 인해 동일한 유형의 프로젝트가 어떤 주나 도시에서는 거부되었지만 다른 주나 도시에서는 승인될 수 있다. 표준화된 요율은 경제적 의사결정의 일관성을 높이고 게임 능력(gamesmanship)을 저하시키는 경향이 있다.

공공 부문 평가를 위한 이자율 결정은 민간 부문 분석을 위한 최소요구수익률(MARR) 결정만큼 중요하다. 공공 부문 이자율은 i로 식별된다. 그러나 민간 부문 이자율과 구별하기 위해 다른 이름으로 불린다. 가장 일반적인 용어는 할인율(discount rate)과 사회적 할인율(social discount rate)이다.

특징	공공 부문	민간 부문
대안 선택 기준	다기준	주로 수익률 기반

다양한 범주의 사용자, 경제적 및 비경제적 이해관계, 특수한 이해관계를 가진 정치 및 시민 그룹으로 인해 공공 부문 경제성에서 여러 대안 중 하나의 대안을 선택하는 것이 훨씬 더 어렵다. PW나 수익률 같은 기준만을 토대로 대안을 선택하는 것은 거의 불가능하다. 분석에 앞서 기준과 선정 방법을 기술하고 항목화하는 것이 중요하다. 이는 평가를 수행할 때 관점을 결정하는 데 도움이 된다. 관점은 아래에서 논의된다. (비경제적 속성을 포함한 다중 기준 분석은 10장, 10.6절에서 논의되며 지금 또는 이후에 다루어질 수 있다.)

특징	공공 부문	민간 부문
평가 환경	정치적 성향	주로 경제적

시민(소유자)의 다양한 이해관계를 수용하기 위해 공공 부문 프로젝트와 관련된 공개 회의와 토론이 종종 있다. 선출된 공무원은 일반적으로 선택을 돕는다. 특히 유권자, 개발자, 환경 운동가 및 기타 사람들이 압력을 가할 때 더욱 그렇다. 선정 과정은 민간 부문 평가만큼 '깨끗'하지 않다.

공공 부문 분석의 관점은 비용, 편익, 불편익 추정이 이루어지기 전, 그리고 평가가 공식화되고 수행되기 전에 결정되어야 한다. 모든 상황에는 여러 가지 관점이 있으며, 다양한 관점에 따라 현금흐름 추정이 분류되는 방식이 바뀔 수 있다.

일반적으로 취해지는 몇 가지 관점의 예는 시민이다. 과세표준, 해당 학군의 학생 수, 일자리 창출 및 유지, 경제 발전 잠재력, 특정 산업 분야(농업, 은행, 전자 제조), 심지어 공직자의 재선[종종 선심성 사업(pork barrel 또는 pork project)이라고도 불림]도 분석의 관점이 될 수 있다. 일반적으로 분석의 관점은 프로젝트 비용을 부담하고 그 편익을 얻을 사람으로 넓게 정의되어야 한다. 일단 확립된 관점은 각 대안의 비용, 편익, 불편익 추정치를 분류하는 데 도움이 된다. 이는 예제 9.1에 설명되어 있다.

예제 9.1 수처리 시설 #3 사례 PE

이 장 도입부에 설명된 새로운 WTF3 및 관련 송수관의 위치 및 건설 상황은 최근 일부 시의회 의원과 스스로 형성된 시민단체가 제기한 질문으로 인해 심각한 수준에 도달했다. 작년에 수행된 분석을 시의회에 공개하기 전에 Allen Water Utilities의 이사는 엔지니어링 관리 컨설턴트에게 이를 검토하고 그것이 수용 가능한 분석인지, 당시와 현재의 올바른 경제적 의사결정인지 판단하도록 요청했다. 수석 컨설턴트인 조엘 라일리는 공학 경제를 학사 교육의 일부로 수강했으며 이전에 정부 부문에서 경제 연구에 참여했지만 수석 인력으로 일한 적은 없다.

배경 정보를 확인한 첫 시간 내에 조엘은 WTF3가 구축될 경우 예상되는 결과에 대한 작년의 몇 가지 초기 추정치(아래 제시)를 발견했다. 그는 연구의 관점이 정의되지 않았으며 실제로 추정치가 비용, 편익 또는 불편익으로 분류되지 않았다는 것을 깨달았다. 그는 분석의 특정 시점에서 불편익이 고려되었다고 판단했지만 그에 대한 추정치는 매우 대략적이었다.

조엘은 Allen 시민과 Allen Water Utilities 예산(budget)이라는 두 가지 관점을 정의했다. 그는 각 관점에서 각 추정치를 비용, 편익 또는 불편익으로 식별하려고 한다. 이 분류에 도움을 주시오.

경제적 차원(Economic dimension)	금전적 추정(Monetary Estimate)
1. 물 비용 : Allen 가구당 연간 10% 증가	평균 $29.7백만(1~5년, 이후 지속)
2. 채권 : $540백만에 대해 연간 3%의 부채 상환	$16.2백만(1~19년), $516.2백만(20년)
3. 토지 사용 : 샤프트 부지 및 건설 지역에 대한 공원 및 휴양지 지불	$300,000(1~4년)
4. 부동산 가치 : 가치 손실, 매매가격, 재산세	$4백만(1~5년)
5. 물 판매 : 주변 지역사회에 대한 판매 증가	$5백만(4년) + 연간 5%(5~20년)
6. M&O : 연간 유지보수 및 운영 비용	$300,000 + 연간 4% 증가(1~20년)
7. 피크 부하 구매 : 2차 공급원에서 처리수 구매 비용 절감	$500,000(5~20년)

풀이

각 관점을 식별하고 추정치를 분류한다(이 분류가 수행되는 방법은 분석을 수행하는 사람에 따라 다르다. 이 풀이는 하나의 논리적 답변만 제공한다).

관점 1 : Allen시 시민. 목표 : 가족과 이웃을 최우선 관심사로 삼아 시민의 삶의 질과 웰빙을 극대화한다.

비용 : 1, 2, 4, 6　　편익 : 5, 7　　불편익 : 3

관점 2 : Allen Water Utilities 예산. 목표 : 빠르게 증가하는 도시 서비스 수요를 충족할 수 있도록 예산의 균형과 충분한 규모를 보장한다.

비용 : 2, 3, 6　　편익 : 1, 5, 7　　불편익 : 4

시민들은 시의 예산 담당 직원과는 다른 관점에서 비용을 본다. 예를 들어, 재산 가치의 손실(항목 4)은 시민에게는 실제 비용으로 간주되지만 시 예산 관점에서는 불행한 불편익이다. 마찬가지로 Allen Water Utilities 예산은 추정 3(공원 및 레크리에이션을 위한 토지 사용에 대한 지불)을 실제 비용으로 표시한다. 그러나 시민은 이를 단순히 두 지방자치단체 예산 사이의 자금 이동으로 해석할 수 있다. 따라서 이는 실제 비용이 아니라 불편익이다.

참고사항

불편익을 포함하면 경제적 결정이 쉽게 바뀔 수 있다. 그러나 불편익과 그 금전적 추정에 대한 합의는 개발하기 어렵거나(불가능), 종종 경제성 분석에서 불편익이 제외되는 결과를 낳는다. 불행하게도 이는 일반적으로 불편익에 대한 고려를 공공 프로젝트 의사결정의 비경제적(즉, 정치적) 영역으로 이전시킨다.

최근에는 대규모 자본 투자 및 공공 부문 프로젝트에 대한 비용의 매우 부정확하고 편향된 과소평가와 이익의 과대평가로 인해 비용편익분석이 의문시되었다. Flyvbjerg와 Bester[1]는 1927년부터 2013년까지 104개국에서 2,000개가 넘는 공공 부문 프로젝트에 대한 자세한 데이터와 통계 분석을 제시하여 프로젝트 정당화를 위해 만들어진 추정치가 50~200% 범위에서 과대평가된 비용편익 비율을 가져왔다는 것을 보여준다. 비율은 프로젝트 유형에 따라 다르다(분석된 유형은 댐, 고속철도, 철도, 터널, 발전소, 건물, 교량 및 도로이다). 저자들은 비용 과소평가가 대개 기획자의 행동(planner's behavior)에 뿌리 깊은 낙관주의 때문에 발생한다고 결론 내렸다. 시장 가격, 일정, 공급망, 지질학, 인

1 B. Flyvbjerg and D. W. Bester, "The Cost-Benefit Fallacy: Why Cost-Benefit Analysis is Broken and How to Fix It." *Journal of Benefit-Cost Analysis*, 18 October 2021, pp. 1-25, doi 10.1017/bca.2021.9. (accessed 10 April 2022)

력 기술의 가용성, 프로젝트 범위 변경 및 프로젝트 복잡성과 같은 요소에 대한 현실적인 추정 없이 비용, 편익, 일정 등의 편향된 추정이 긍정적인 결과를 초래하는 것이다. 추정치의 편향을 제거하기 위해 '외부 관점(outside view)'의 사용을 크게 늘리는 것을 포함하여 비용편익분석에 대한 네 가지 제안된 개선사항이 개발되었다. 이를 다른 환경 및 국가의 대규모 공유 데이터베이스를 통해 유사한 프로젝트의 추정에 의존하는 '참조 클래스 예측(reference class forecasting)' 방법이라고 한다. 이러한 방법은 비용 및 편익 추정치의 편견을 제거하고 비용편익 비율을 더욱 믿을 수 있게 만들기 위해 점점 더 많은 국가에서 의무화되고 있다. 두 번째이자 중요한 제안은 좋은 견적자에게 보상하고 명백히 열악한 견적자에 대한 법적 조치를 허용하는 '승부의 책임(skin-in-the-game)' 요소와 함께 선택된 견적에 대한 독립적인 감사가 필요하다는 것이다.

대부분의 대규모 공공 부문 프로젝트는 공공-민간 파트너십(PPP, Public-Private Partnership)을 통해 개발된다. 파트너십은 부분적으로는 민간 부문의 효과성이 더 뛰어나고 부분적으로는 프로젝트를 설계, 건설 및 운영하는 데 상당한 비용이 들기 때문에 유리하다. 수수료, 세금, 채권 등 전통적인 수단을 사용하면 정부 단위에서 전액 자금을 조달하는 것이 불가능할 수 있다. 프로젝트의 몇 가지 예는 다음과 같다.

프로젝트	프로젝트의 몇 가지 목적
대중 교통	운송 시간 절감, 혼잡 감소, 환경 개선, 교통사고 감소
교량 및 터널	빠른 교통 흐름, 혼잡 감소, 안전성 향상
항만 및 항구	화물 용량 증대, 산업 발전 지원, 관광 확대
공항	용량 증대, 승객 안전 향상, 개발 지원
수자원	식수의 담수화 및 기수 정화, 관개 및 산업적 요구 충족, 폐수 처리 개선

이러한 합작 투자에서 공공 부문(정부)은 시민에 대한 자금 지원 및 서비스를 담당하고, 민간 부문 파트너(기업)는 아래에 설명된 대로 프로젝트의 다양한 측면을 담당한다. 정부 기관은 이익을 낼 수 없으나, 관련 기업은 합리적인 이익을 실현할 수 있다. 실제로 이익 마진은 일반적으로 프로젝트의 설계, 건설 및 운영을 규율하는 계약서에 기록된다.

전통적인 계약 방식은 고정 가격[fixed price, 전통적으로 일괄 지급(lump-sum)이라고 함]과 상환 가능한 비용[cost reimbursable, 원가 보상(cost-plus)이라고도 함]이었다. 이러한 형식에서는 정부 부처가 자금 조달과 일부 설계 요소, 나중에는 모든 운영 활동에 대한 책임을 맡는 반면 계약자는 부채, 자연 재해, 자금 부족 등 관련 위험을 공유하지 않았다. 최근에는 PPP가 대부분의 대규모 공공 프로젝트에서 선택되는 방식이 되었다. 일반적으로 이러한 계약을 **설계-시공 일괄 방식**(DB, Design-Build)이라고 하며, 계약자가 설계부터 운영까지 점점 더 많은 기능을 맡는다. 예를 들어, 다양한 유형의 PPP 계약에 대한 설명은 웹사이트 https://www.swg.com/can/insight/ppp-resources/에서 확인할 수 있다. 아래에 설명된 바와 같이 DBFMO(설계-구축-금융--유지관리-운영) 계약을 체결한 계약자에게 가장 큰 의존도가 적용된다.

> **DBFMO 계약**(DBFMO contract)은 프로젝트에 대한 턴키(turnkey) 접근 방식으로 간주된다. 계약자는 소유자(정부 단위)의 협력과 승인을 받아 모든 DBFMO 활동을 수행해야 한다. **자금 조달**(financing) 활동은 계약 회사의 프로젝트 구현을 지원하기 위해 현금흐름을 관리하는 것이다. 경우에 따라 계약자가 도움을 줄 수도 있지만 **자금 지원**(funding)(자본 자금 확보)은 채권, 상업 대출, 과세, 보조금 및 증여를 통해 정부의 책임으로 남아 있다.

자금 조달 활동이 계약업체에 의해 관리되지 않는 경우 계약은 계약 종료 시 시설 소유권이 정부 기관으로 이전되는 BOOT(Build-Own-Operate-Transfer)일 수 있다. 거의 모든 경우에 공공 프로젝트를 위한 일부 형태의 설계-시공 계획이 정부와 시민에게 다음과 같은 이점을 제공하기 때문에 이루어진다.

- 설계, 구축, 운영 단계에서 비용 및 시간 절약
- 보다 빠르고 신뢰할 수 있는(변동성이 적은) 비용 추정
- 소유자의 관리 책임 감소
- 민간 기업의 자원 할당 효과성 향상
- 민간 부문이 다루는 환경, 책임 및 안전 문제는 일반적으로 전문성이 더 뛰어남

국제 환경과 개발도상국의 많은 프로젝트는 공공-민간 파트너십을 활용한다. 물론 이 방식에는 단점도 있다. 한 가지 위험은 프로젝트에 투입된 자금 금액이 예상보다 상당히 높기 때문에 실제 건설 비용을 충당하지 못할 수도 있다는 것이다. 또 다른 위험은 운영 단계에서 시설 활용도가 낮아 민간 기업이 합리적인 이익을 실현하지 못할 수도 있다는 점이다. 이러한 문제를 방지하기 위해 원래 계약에는 정부 부처가 보증하는 특별 보조금과 대출이 포함될 수 있다. 보조금은 사용량이 특정 수준보다 낮은 경우 비용에 더해 (계약상 합의된) 이익을 포함할 수 있다. 사용된 수준은 합의된 이익 마진을 고려한 손익분기점일 수 있다.

9.2 단일 프로젝트의 비용편익분석

비용편익 비율은 공공 부문 프로젝트의 기본 분석 방법으로 활용되고 있다. B/C 분석은 공공 부문 경제에 더 큰 객관성을 도입하고 미국 의회가 1936년 홍수통제법을 승인한 것에 대한 대응으로 개발되었다. B/C 비율에는 여러 가지 변형이 있다. 그러나 근본적인 접근 방식은 동일하다. 모든 비용 및 편익 추정치는 할인율(이자율)을 적용한 공통 등가 화폐 단위(PW, AW 또는 FW)로 변환되어야 한다. 그런 다음 B/C 비율은 다음 관계식 중 하나를 사용하여 계산된다.

$$\text{B/C} = \frac{\text{편익의 PW}}{\text{비용의 PW}} = \frac{\text{편익의 AW}}{\text{비용의 AW}} = \frac{\text{편익의 FW}}{\text{비용의 FW}} \qquad [9.1]$$

현재가치와 연간가치 등가는 미래가치값(future worth value)보다 선호된다. B/C 분석의 부호 규칙은 양수 부호이다. **비용 앞에는 + 기호가 붙는다.** 잔존가치와 정부에 대한 추가 수입은 추정 시 분모인 비용에서 차감된다. 불편익은 사용된 모델에 따라 다양한 방식으로 고려된다. 가장 일반적으로 **불편익은 편익에서 차감**되어 분자에 배치된다. 다양한 형식은 아래에서 설명한다.

프로젝트 평가

결정 지침은 다음과 같이 간단하다.

B/C ≥ 1.0이면 적용된 추정치와 할인율이 경제적으로 타당한 것으로 프로젝트를 승인한다.

B/C < 1.0이면 해당 프로젝트는 경제적으로 타당하지 않다.

B/C 값이 정확히 1.0이거나 매우 가까우면 비경제적 요인이 의사결정을 내리는 데 도움이 된다.

아마도 가장 널리 사용되는 **전통적 B/C 비율**(conventional B/C ratio)은 다음과 같이 계산된다.

$$\text{B/C} = \frac{\text{편익} - \text{불편익}}{\text{비용}} = \frac{B - D}{C} \qquad [9.2]$$

식 [9.2]에서 불편익은 비용에 추가되지 않고 편익에서 차감된다. 불편익을 비용으로 간주하면 B/C 값이 상당히 달라질 수 있다. 예를 들어, 숫자 10, 8, 5를 각각 편익, 불편익, 비용의 PW를 나타내는 데 사용하는 경우 올바른 절차의 결과는 B/C = (10 − 8)/5 = 0.40이다. 분모에 불편익을 잘못 배치하면 B/C = 10/(8 + 5) = 0.77이 되며 이는 올바른 B/C 값인 0.40의 약 2배이다.

수정된 B/C 비율(modified B/C ratio)에는 일단 운영되면 프로젝트와 관련된 모든 추정치가 포함된다. 연간운영비용(AOC)과 유지관리 및 운영(M&O) 비용은 분자에 표시되며 불편익과 유사한 방식으로 처리된다. 분모에는 초기 투자금만 포함된다. 모든 금액을 PW, AW 또는 FW 조건으로 표현하면 수정된 B/C 비율은 다음과 같이 계산된다.

$$\text{수정된 B/C} = \frac{\text{편익} - \text{불편익} - \text{M\&O 비용}}{\text{초기 투자금}} \qquad [9.3]$$

잔존가치는 일반적으로 분모에 음수 비용으로 포함된다. 수정된 B/C 비율은 전통적 B/C 방법과 분명히 다른 값을 산출한다. 그러나 불편익과 마찬가지로 수정된 절차는 비율의 크기를 변경할 수 있지만 프로젝트 승인 또는 거부 결정은 변경할 수 없다. 수정된 B/C 비율에 대한 결정 지침은 전통적 B/C 비율과 동일하다.

비율을 포함하지 않는 가치의 **편익과 비용 차이**(benefit and cost difference) 측정은 편익과 비용의 PW, AW 또는 FW 간의 차이, 즉 $B-C$를 기반으로 한다. $(B-C) \geq 0$인 경우, 프로젝트가 허용된다. 이 방법은 B가 순편익(net benefits)을 나타내기 때문에 불편익을 비용으로 간주할 때 위에서 언급한 불일치를 제거할 수 있는 장점이 있다. 따라서 숫자 10, 8, 5에 대해서는 불편익을 어떻게 처리하든 관계없이 동일한 결과를 얻는다.

$$\text{편익에서 불편익 빼기} : B - C = (10 - 8) - 5 = -3$$
$$\text{비용에 불편익 더하기} : B - C = 10 - (8 + 5) = -3$$

공식을 이용하여 B/C 비율을 계산하기 전에 비용의 AW 또는 PW가 더 큰 대안이 편익의 AW 또는 PW도 더 크게 산출하는지 확인해야 한다. 비용이 더 큰 대안이 다른 대안보다 편익이 더 낮을 수 있으므로 비용이 더 큰 대안을 더는 고려할 필요가 없을 수 있다.

편익, 특히 불편익의 본질로 인해 금전적 추정이 어렵고 그 범위가 매우 넓다. 의심스러운 매개변수에 대한 **민감도 분석**(sensitivity analysis)을 광범위하게 사용하면 경제적 의사결정이 변동을 추정하는 데 얼마나 민감한지 판단하는 데 도움이 된다. 이 접근법은 정의된 프로젝트와 관련된 **경제적 및 공공 수용 위험**(economic and public acceptance risk)을 결정하는 데 도움이 된다. 또한 민감도 분석을 사용하면 공공 프로젝트를 설계(및 추진)하는 사람들(관리자, 엔지니어, 컨설턴트, 계약자 및 선출직 공무원)이 공공의 이익을 제공하기 위한 다양한 접근 방식을 거의 수용하지 않는다는 대중의 우려를 일부 완화할 수 있다. 민감도 분석 및 위험 고려에 대한 자세한 내용은 웹챕터 W3장과 W4장에서 다룬다.

예제 9.2

과거에 Afram 재단은 전 세계적으로 전쟁으로 파괴되고 빈곤에 시달리는 국가의 사람들의 생활 및 의료 조건을 개선하기 위해 많은 보조금을 수여하였다. 가난한 중앙아프리카 국가에 새로운 병원과 진료소 단지를 건설하자는 재단 이사회의 제안에 대하여 프로젝트 관리자는 몇 가지 추정치를 개발하였다. 그녀는 이것이 주요 농경지나 시민의 생활 공간에 큰 부정적인 영향을 미치지 않는 방식으로 개발되었다고 말한다.

수여 금액: 첫해(말) $20백만, 추가 3년 동안 매년 $5백만씩 감소
지방 정부는 첫해에만 자금을 지원

연간 비용: 제안된 대로 10년 동안 연간 $2백만

편익: 시민의 건강 관련 비용을 연간 $8백만 절감

불편익: 경작지 및 상업지구 철거에 연간 $0.1~0.6백만

전통적 및 수정된 B/C 방법을 사용하여 이 보조금 제안이 10년의 연구기간 동안 경제적으로 정당한지 확인하시오. 재단의 할인율은 연 6%이다.

풀이

먼저 10년 동안 각 매개변수에 대한 AW를 결정한다. 이는 백만 달러 단위로, 아래와 같다.

수여 금액: $20 - 5(A/G,6\%,4)$ = 연간 $12.864

연간 비용: 연간 $2

편익: 연간 $8

불편익: 첫 번째 분석에는 $0.6를 사용한다.

전통적 B/C 분석은 식 [9.2]를 적용한다.

$$\text{B/C} = \frac{8.0 - 0.6}{12.864 + 2.0} = 0.50$$

수정된 B/C 분석은 식 [9.3]을 사용한다.

$$\text{수정된 B/C} = \frac{8.0 - 0.6 - 2.0}{12.864} = 0.42$$

두 측정값 모두 1.0 미만이므로 이 제안은 경제적으로 타당하지 않다. 연간 $0.1백만의 낮은 불편익 추정치를 사용하는 경우 측정값은 약간 증가하지만 제안을 정당화하기에는 충분하지 않다.

공공 부문의 B/C와 **수익 대안**(revenue alternatives)인 민간 부문 프로젝트의 B/C를 직접적으로 연결하는 공식을 개발할 수 있다. 즉, 수익과 비용이 모두 추정된다. 또한 식 [9.3]의 수정된 B/C 관계식과 우리가 반복적으로 사용한 PW 방법 사이의 직접적인 대응 관계를 확인할 수 있다(다음 전개는 AW 또는 FW 값에도 적용된다). 이제 예상 수명을 통해 1년 차 프로젝트의 순현금흐름(NCF)에 집중해 보겠다. 민간 부문의 경우 프로젝트 현금흐름에 대한 PW는 다음과 같다.

$$\text{순현금흐름의 PW} = \text{수익의 PW} - \text{비용의 PW}$$

민간 부문 수익은 공공 부문 편익에서 불편익을 뺀 값($B-D$)과 거의 동일하므로 식 [9.3]의 수정된 B/C 관계는 다음과 같이 쓸 수 있다.

$$\text{수정된 B/C} = \frac{(B-D)\text{의 PW} - C\text{의 PW}}{\text{초기 투자금의 PW}}$$

이 관계식을 약간 수정하여 공공 또는 민간 부문의 수익 프로젝트를 평가하는 데 유용한 **수익성 지수**(PI, Profitability Index)를 만들 수 있다.

$$\text{PI} = \frac{\text{순현금흐름의 PW}}{\text{초기 투자금의 PW}} \qquad [9.4]$$

분모에는 첫 번째 비용(초기 투자) 항목만 포함되는 반면, 분자에는 프로젝트 수명 기간 중 1년 동안 프로젝트의 결과로 발생하는 현금흐름만 포함된다. PI 가치 척도는 투자금액(달러, 유로, 엔 등)에 대해 최대한의 이익을 얻는다는 의미를 제공한다. 즉, 처음에 투자한 금액의 PW당 PW 단위로 결과를 나타낸다 이는 '투자 대비 효과'를 나타내는 척도이다. 민간 부문 프로젝트에만 사용될 경우 불편익은 일반적으로 생략되는 반면, 공공 프로젝트에 대해서는 이 측정법의 수정된 B/C 버전에 불편익을 추정하여 포함해야 한다.

PI를 활용한 단일 프로젝트의 평가지침은 전통적 B/C 또는 수정된 B/C와 동일하다.

PI $\geq$ 1.0이면 할인율에서 경제적으로 수용 가능한 프로젝트이다.

PI $<$ 1.0이면 프로젝트가 할인율에서 경제적으로 수용 가능하지 않다.

프로젝트 평가

PI와 수정된 B/C에 대한 계산은 PI가 일반적으로 불편익 추정 없이 적용된다는 점을 제외하면 본질적으로 동일하다. PI에는 **현재가치 지수**(PWI, Present Worth Index)라는 또 다른 이름이 있다. 이는 자본 예산이 제한적일 때 독립 프로젝트 선택의 순위를 매기고 지원하는 데 자주 사용된다. 이에 대한 적용은 웹챕터 W2장 W2.5절에서 논의된다.

예제 9.3

조지아 교통국(Georgia Transportation Directorate)은 애틀랜타 교외 지역 외곽의 새로운 22.51마일 유료도로에 대한 DBFMO 계약을 사용하는 주 계약자로서 Young Construction과의 공공-민간 파트너십을 고려하고 있다. 이 설계에는 유료도로 양쪽에 4마일 길이의 상업/소매 통로 3개가 포함되어 있다. 고속도로 건설에는 마일당 평균 $3.91백만의 비용이 들며 5년이 소요될 것으로 예상된다. 할인율은 연 4%이며, 연구기간은 30년이다. (a) 조지아주 관점의 수정된 B/C 분석과 (b) 불편익이 포함되지 않은 Young Construction 관점의 수익성 지수를 사용하여 제안의 경제성을 평가하시오.

초기 투자 : 5년에 걸쳐 $88백만을 투자하며, 현재와 5년 차에는 $4백만, 1년 차부터 4년 차까지 매년 $20백만을 투자한다.

연간 M&O 비용 : 연간 $1백만이 소요되며, 30년 차를 포함해 5년마다 추가로 $3백만이 소요된다.

연간 수익/편익 : 통행료 및 소매/상업 성장을 포함한다. 첫해에 $2백만으로 시작하여 10년 차까지 매년 $0.5백만씩 지속적으로 증가하고, 20년 차까지 매년 $1백만씩 지속적으로 증가하며 그 이후에는 일정하게 유지된다.

예상되는 불편익 : 주변 지역의 사업 소득, 세금 및 재산 가치 손실을 포함한다. 1년 차에 $10백만으로 시작하여 11년 차까지 매년 $1백만씩 감소하고 그 이후에는 $0를 유지한다.

풀이

모든 추정에 대한 0년 차 PW 값은 처음에는 일반적으로 수기, 계산기 또는 스프레드시트 계산을 통해 개발되어야 한다. 30년 추정치를 스프레드시트에 입력하고 4%의 NPV 함수를 적용하면 $1백만 단위의 결과가 나온다. B/C 및 PI 측정값의 부호 규칙으로 인해 모든 값은 양수이다.

$$\text{투자의 PW} = \$79.89 \qquad \text{편익의 PW} = \$158.23$$

$$\text{PW 비용} = \$26.87 \qquad \text{불편익의 PW} = \$47.23$$

(a) 공공 프로젝트 관점에서 주정부는 식 [9.3]을 적용한다.

$$\text{수정된 B/C} = \frac{158.23 - 47.23 - 26.87}{79.89} = 1.05$$

유료도로 제안은 경제적으로 수용 가능하다. 그러나 B/C는 1.0에 매우 가깝다. 공공 부문 사업은 수익 창출이 기대되지 않기 때문에 의사결정권자들이 유료도로 프로젝트를 수용할 가능성이 높다.

(b) 민간 기업 관점에서 Young Construction은 식 [9.4]를 적용한다.

$$\text{PI} = \frac{158.23 - 26.87}{79.89} = 1.64$$

PI > 1.0이므로 이 제안은 불편익 없이 명확하게 정당화된다. 민간 프로젝트 관점에서는 연간 4%의 할인율을 적용하면 30년 동안 투자 $1당 $1.64에 해당하는 수익을 얻을 것으로 예측한다.

참고사항

이와 관련하여 발생하는 명백한 질문은 어떤 척도를 사용하는 것이 올바른지이다. 민간 프로젝트 환경에서 PI를 사용할 경우, 경제성 분석에서 불편익이 사실상 고려되지 않기 때문에 문제가 없다. 공공 프로젝트 환경에서는 일반적으로 불편익이 고려된 B/C 비율을 사용한다. 공공-민간 파트너십이 시작되면 프로젝트 전반에 걸쳐 분석 및 의사결정에 적합한 경제성 척도를 설정하는 합의가 사전에 이루어져야 한다.

9.3 증분 B/C 분석(두 가지 대안) ●●●

비용편익분석을 사용하여 상호배타적인 두 가지 대안을 비교하는 기법은 사실상 8장의 증분 수익률에 대한 기법과 거의 동일하다. $\Delta B/C$로 식별되는 증분(전통적) B/C 비율은 PW, AW 또는 FW 계산을 사용하여 결정된다. $\Delta B/C$가 1.0 이상이면 더 높은 비용의 대안이 정당화된다. 선택 규칙은 다음과 같다.

$\Delta B/C \geq 1.0$이면 추가 비용이 경제적으로 정당하므로 더 높은 비용의 대안을 선택한다.

$\Delta B/C < 1.0$이면 더 저렴한 대안을 선택한다.

상호배타적 대안 선택

올바른 증분 B/C 분석을 수행하려면 각 대안을 증분 비용이 이미 정당화된 다른 대안하고만 비교해야 한다. 증분 수익률 분석에도 동일한 규칙이 사용되었다.

증분 B/C 분석에는 8장의 증분 수익률 방법과 다른 두 가지 차원이 있다. 우리는 이미 첫 번째 차원을 알고 있는데, B/C 비율에서 모든 비용은 양의 부호를 갖는다는 것이다. 두 번째이자 훨씬 더 중요한 것은 증분 분석에 앞서 대안의 순서를 정하는 것이다.

대안은 **등가 총비용**, 즉 B/C 비율의 분모에 사용될 모든 비용 추정치의 PW 또는 AW가 **증가하는 방향으로 정렬**된다. 대안을 올바르게 정렬하지 않으면, 증분 B/C 분석에서 정당한 고비용 대안이 거부될 수 있다.

두 가지 대안 A와 B의 초기 투자 및 수명이 동일하지만 연간등가 비용이 B가 더 큰 경우 B는 A에 대해 점진적으로 정당화되어야 한다(아래 예제 9.4에 설명되어 있다). 이 규칙을 올바르게 따르지 않으면 분모에서 음의 비용 값이 나올 수 있으며, 이는 $B/C < 1$인

잘못된 결과를 만들고 실제로는 정당화되는 더 높은 비용 대안이 거부될 수 있다.

증분 수익률 방법과 마찬가지로 $\Delta B/C$는 가중평균 계산에서 개별 대안 B/C 값과 예측 가능한 관계를 갖는다. 간단히 말해서 대안 B의 총비용이 A보다 크고 $B/C_B < B/C_A$이면 $\Delta B/C < B/C_B$이다. 또한 $B/C_B > B/C_A$이면 $\Delta B/C > B/C_B$이다.

두 가지 대안에 대한 전통적 B/C 비율 분석을 올바르게 수행하려면 다음 절차를 따른다. 등가는 PW, AW 또는 FW 항으로 표현될 수 있다.

1. 두 가지 대안에 대해 등가 총비용을 결정한다.
2. 등가 총비용의 오름차순으로 대안을 정렬한다. 비용이 더 큰 대안에 대한 증분 비용(ΔC)을 계산한다. 이것이 $\Delta B/C$의 분모가 된다.
3. 두 가지 대안에 대해 추정된 등가 총편익과 불편익을 계산한다. 비용이 더 큰 대안에 대한 증분 편익(ΔB)을 계산한다. 불편익을 고려하면 이는 $\Delta(B - D)$이다.
4. 식 [9.2], $(B-D)/C$를 사용하여 ΔB/C 비율을 계산한다.
5. $\Delta B/C \geq 1.0$이면 선택하는 지침에 따라 더 높은 비용의 대안을 선택한다.

저비용 대안에 대한 B/C 비율이 결정되면 아무것도 하지 않는(DN) 대안과 비교된다. $B/C < 1.0$인 경우 DN을 선택하고 두 번째 대안과 비교해야 한다. 두 대안 모두 허용 가능한 B/C 값이 없고 대안 중 하나를 선택할 필요가 없는 경우 DN 대안을 선택해야 한다. 공공 부문 분석에서는 일반적으로 DN 대안이 현재의 상태이다.

예제 9.4

플로리다주 가든 리지는 두 명의 건축 컨설턴트로부터 시립병원의 새로운 병실 건물에 대한 설계안을 받았다. 건설 입찰을 위해 이를 공고하려면 두 가지 설계안 중 하나가 승인되어야 한다. 비용과 편익은 대부분의 범주에서 동일하지만, 시 재정 관리자는 다음 주 시의회 회의에서 어떤 설계안을 추천할지 결정하고 다가오는 공채 국민투표에 대비하여 시민들에게 제시하기 위해 아래의 구체적인 견적을 고려해야 한다고 결정하였다.

	설계안 A	설계안 B
건설 비용, $	10,000,000	15,000,000
건물 유지관리 비용, $/연	35,000	55,000
환자 본인부담금, $/연	450,000	200,000

환자 본인부담금은 일반적으로 병실에 허용되는 보험 보장 범위를 초과하여 환자가 지불하는 금액의 추정치이다. 할인율은 5%이며 건물의 수명은 30년으로 추정된다.

(a) 증분 B/C 분석을 사용하여 설계안 A 또는 B를 선택하시오.

(b) 두 가지 설계안이 공개되자 바로 인접한 도시인 포레스트 글렌에 있는 개인 소유 병원은 A 설계안의 일부 당일 수술 기능이 자사의 서비스와 중복되기 때문에 A 설계안이 시립병원의 수입을 연간 약 $500,000 감소시킬 것이라는 불만을 제기하였다. 그 후 가든 리지 상인 협회는 설계안 B가 고객들이 단기 주차를 위해 사용하는 주차장 전체를 없애기 때문에 연간 수익을 약 $400,000까지 줄일 수 있다고 주장하였다. 시 재무 관리자는 이러한 우려가 각 설계의 불편익으로 평가에 반영될 것이라고 밝혔다. B/C 분석을 다시 수행하여 불편익을 고려하지 않았을 때와 경제적 결정이 여전히 동일한지 확인하시오.

풀이

(a) 대부분의 현금흐름은 이미 연간화되어 있으므로 증분 B/C 비율은 AW 값을 사용한다. 불편익 추정치는 고려되지 않는다. 위에서 설명한 절차의 단계를 따른다.

1. 비용의 AW는 건설 비용과 유지관리 비용의 합이다.

$$AW_A = 10{,}000{,}000(A/P,5\%,30) + 35{,}000 = \$685{,}500$$

$$AW_B = 15{,}000{,}000(A/P,5\%,30) + 55{,}000 = \$1{,}030{,}750$$

2. 설계안 B는 비용의 AW가 더 크므로 점진적으로 정당화되는 대안이다. 증분 비용은

$$\Delta C = AW_B - AW_A = \text{연간 } \$345{,}250$$

3. 편익의 AW는 환자 본인부담금에서 파생되는데, 이는 공공에 대한 결과이기 때문이다. ΔB/C 분석의 편익은 추정치 자체가 아니라 설계안 B를 선택한 경우의 차이이다. 낮은 환자 본인부담금은 설계안 B의 긍정적인 편익이다.

$$\Delta B = \text{본인부담금}_A - \text{본인부담금}_B = \$450{,}000 - \$200{,}000 = \text{연간 } \$250{,}000$$

4. 증분 B/C 비율은 식 [9.2]에 의해 계산된다.

$$\Delta B/C = \frac{\$250{,}000}{\$345{,}250} = 0.72$$

5. B/C 비율이 1.0 미만으로 설계안 B와 관련된 추가 비용이 정당화되지 않음을 나타낸다. 따라서 건설 입찰을 위해 설계안 A가 선정된다.

(b) 수익 손실 추정치는 불편익으로 간주된다. 설계안 B의 불편익은 A의 불편익보다 $100,000 적기 때문에 이 양의 차이는 B의 $250,000 이익에 추가되어 $350,000의 총편익을 제공한다. 따라서 증분 B/C 비율은 아래와 같이 계산된다.

$$\Delta B/C = \frac{\$350{,}000}{\$345{,}250} = 1.01$$

증분 B/C 비율이 1보다 약간 크므로, 설계안 B가 약간 더 선호된다고 할 수 있다. 즉, 불편익을 포함하면 이전의 경제적 결정이 뒤집힌다. 이로 인해 상황이 정치적으로 더욱 어려워졌을 수도 있다. 가까운 장래에 다른 특수 이익 집단이 새로운 불편익을 주장할 것이 분명하다. 이와 유사한 경우, 9.1절에서 언급한 참조 클래스 예측 방법(외부 관점)을 사용하여 조사하면 초기 추정에 내재된 편향을 제거하는 데 도움이 될 수 있다.

다른 방법과 마찬가지로 증분 B/C 분석에는 대안의 **등가 서비스 비교**(equal-service comparison)가 필요하다. 일반적으로 공공 프로젝트의 예상 유효 수명은 길기 때문에(25년 또는 30년 이상) 대안 프로젝트의 수명은 일반적으로 동일하다. 그러나 대안의 수명이 동일하지 않은 경우 동등한 비용과 편익을 결정하기 위해 PW 또는 AW를 사용하려면 수명의 최소공배수(LCM)를 사용하여 $\Delta B/C$를 계산해야 한다. 두 가지 대안에 대한 수익률 분석과 마찬가지로 이는 프로젝트가 반복될 수 있다는 암시된 가정이 합리적인 경우 예상(증분 아님) 비용 및 편익의 AW 등가성을 사용할 수 있는 훌륭한 기회이다. 따라서 수명이 다른 대안을 비교할 때 B/C 비율에 대한 실제 비용 및 편익의 AW 기반 분석을 사용한다.

예제 9.5 수처리 시설 #3 사례 PE

컨설턴트인 조엘 라일리는 작년에 완료된 84인치 Jolleyville 변속기 주요 연구에 대한 B/C 분석 추정치 중 일부를 정리하였다. 이 송수관을 건설하기 위한 두 가지 옵션은 전체 6.8마일 거리에 대한 개방형 트렌치(OT) 또는 6.3마일의 더 짧은 경로에 대한 트렌치와 보어 터널링(TT)의 조합이었다. 새로운 WTF3에서 기존 지상 저장소로 하루 약 3억 갤런(gpd)의 처리된 물을 수송하기 위해 두 가지 옵션 중 하나를 선택해야 했다.

Allen Water Utilities의 총책임자는 정량적 및 비정량적 데이터 분석을 기반으로 개방형 트렌치 옵션 대신 트렌치-터널 조합 옵션이 선택되었다고 여러 차례 공개적으로 밝혔다. 그는 몇 달 전 내부 이메일을 통해 예상 건설 기간인 24개월과 36개월을 기준으로 연간등가 비용을 다음과 같이 명시하였다.

$$\mathrm{AW_{OT}} = \text{연간 } \$1.20\text{백만}$$
$$\mathrm{AW_{TT}} = \text{연간 } \$2.37\text{백만}$$

이 분석은 당시 개방형 트렌치 옵션이 경제적으로 더 낫다는 것을 의미한다. 송수관 계획 기간은 50년으로, 이는 합리적인 연구기간이라고 조엘은 결론지었다. 조엘이 발굴한 아래 추정치를 사용하여 올바른 증분 B/C 분석을 수행하고 결과에 대해 논하시오. 이자(할인)율은 연 3%, 연 복리로 계산되며 1마일은 5,280피트이다.

	개방형 트렌치(OT)	트렌치-터널(TT)
거리, 마일	6.8	6.3
초기비용, 피트당 $	700	2.0마일 트렌치 : 700
		4.3마일 터널 : 2,100
완료 기간, 월	24	36
건설 지원 비용, $/월	250,000	175,000
부대 비용, $/월		
환경	150,000	20,000
안전	140,000	60,000
커뮤니티 인터페이스	20,000	5,000

풀이

대안 중 하나를 선택해야 하며 건설 수명이 동일하지 않다. 이 건설 프로젝트가 향후 여러 주기로 반복될 것이라고 가정하는 것은 합리적이지 않기 때문에 각각의 완료 기간인 24개월과 36개월 또는 이 기간의 최소공배수(LCM)에 대하여 AW 분석을 수행하는 것은 올바르지 않다. 그러나 송수관은 영구 설치로 간주되므로 연구기간인 50년은 합리적인 평가 기간이다. 건설 초기비용은 0년 차의 현재가치라고 가정할 수 있지만, 다른 월별 비용의 등가 PW와 50년 AW를 결정해야 한다.

$$
\begin{aligned}
PW_{OT} &= \text{공사의 PW} + \text{공사지원비의 PW} \\
&= 700(6.8)(5{,}280) + 250{,}000(12)(P/A,3\%,2) \\
&= \$30{,}873{,}300 \\
AW_{OT} &= 30{,}873{,}300(A/P,3\%,50) \\
&= \text{연간 } \$1.20\text{백만} \\
PW_{TT} &= [700(2.0) + 2{,}100(4.3)](5{,}280) + 175{,}000(12)(P/A,3\%,3) \\
&= \$61{,}010{,}460 \\
AW_{TT} &= 61{,}010{,}460(A/P,3\%,50) \\
&= \text{연간 } \$2.37\text{백만}
\end{aligned}
$$

트렌치-터널(TT) 대안은 더 큰 등가 PW 비용을 가지므로, OT 대안에 비해 정당화되어야 한다. 증분 비용은 다음과 같다.

$$\Delta C = AW_{TT} - AW_{OT} = 2.37 - 1.20 = \text{연간 } \$1.17\text{백만}$$

부대 비용의 차이는 트렌치-터널(TT) 대안의 점진적 편익으로 정의해야 한다.

$$
\begin{aligned}
PW_{OT-anc} &= 310{,}000(12)(P/A,3\%,2) = \$7{,}118{,}220 \\
AW_{OT-anc} &= 7{,}118{,}220(A/P,3\%,50) = \text{연간 } \$276{,}685
\end{aligned}
$$

$$\text{PW}_{\text{TT-anc}} = 85{,}000(12)(P/A,3\%,3) = \$2{,}885{,}172$$

$$\text{AW}_{\text{TT-anc}} = 2{,}885{,}172(A/P,3\%,50) = \text{연간 } \$112{,}147$$

$$\Delta B = \text{AW}_{\text{OT-anc}} - \text{AW}_{\text{TT-anc}} = 276{,}685 - 112{,}147 = \text{연간 } \$164{,}538 \quad (\$0.16\text{백만})$$

TT 설계의 부대 비용이 OT 대안의 부대 비용보다 낮기 때문에 이 $0.16백만은 TT 설계의 순편익이다. 증분 B/C 비율을 계산하면 다음과 같다.

$$\Delta B/C = 0.16/1.17 = 0.14$$

$\Delta B/C \ll 1.0$이므로 트렌치-터널 옵션은 경제적으로 타당하지 않다. 이제 조엘은 정량적 및 비정량적 데이터를 기반으로 TT 옵션이 선택되었다는 총괄 관리자의 발표가 아직 발견되지 않은 비정량적 정보에 크게 의존했음이 틀림없다고 결론 내릴 수 있다.

9.4 다중(3개 이상) 대안의 증분 B/C 분석 ●●●

증분 B/C 분석을 사용하여 3개 이상의 상호배타적인 대안 중에서 하나를 선택하는 절차는 본질적으로 9.3절의 절차와 동일하다. 이 절차는 8.6절의 증분 수익률 분석 절차와도 유사하다. 선택 요령은 다음과 같다.

> 선택한 대안을 다른 정당한 대안과 비교할 때 증분 $B/C \geq 1.0$으로 정당화되는 가장 큰 비용 대안을 선택한다.

편익 추정에는 **직접편익**(direct benefits) 추정과 **사용 비용을 기반으로 한 내재 편익**(implied benefits based on usage cost) 추정의 두 가지 유형이 있다. 앞의 두 가지 예제(9.4 및 9.5)는 두 번째 유형의 내재 편익 추정을 잘 보여준다. 직접편익을 추정할 때, 수용할 수 없는 대안을 제거하기 위한 초기 선별 메커니즘으로 각 대안에 대한 B/C 비율을 먼저 계산할 수 있다. 증분 B/C 분석을 수행하려면 하나 이상의 대안이 $B/C \geq 1.0$이어야 한다. 모든 대안을 수용할 수 없는 경우 DN 대안이 선택된다(이것은 8.6절의 수익률 절차에서 '수익 대안 전용'을 위한 두 번째 단계의 접근 방식과 동일하다. 그러나 수익 대안이라는 용어는 공공 부문 프로젝트에는 적용되지 않는다).

두 가지 대안을 비교했던 이전 절에서와 마찬가지로 증분 B/C 비율에 따라 여러 대안 중에서 선택하려면 먼저 등가 총비용을 사용하여 가장 작은 대안부터 가장 큰 대안까지 정렬한다. 그런 다음 쌍별 비교가 수행된다. 또한 B/C 계산에서는 모든 비용이 양수로 간주된다는 점을 기억해야 한다. 수익률 기반 분석에서처럼 이 절차에서는 방어

(defender) 대안으로 서체 수정과 도전(challenger) 대안이라는 용어가 사용된다. 상호배타적인 복수 대안에 대한 증분 B/C 분석 절차는 다음과 같다.

1. 모든 대안에 대한 등가 총비용을 결정한다. AW, PW 또는 FW 등가를 사용한다.

2. 등가 총비용을 기준으로 대안을 가장 작은 것부터 순서대로 정렬한다.

3. 각 대안에 대해 등가 총편익(및 추정된 불편익)을 결정한다.

4. 직접편익 추정에만 해당 : 첫 번째로 정렬된 대안에 대한 B/C를 계산한다. $B/C < 1.0$이면 이를 제거한다. 각 대안을 DN과 비교하여 $B/C < 1.0$인 모든 대안을 제거한다. $B/C \geq 1.0$인 가장 낮은 비용의 대안이 방어자가 되고 다음으로 높은 비용의 대안이 다음 단계의 도전자가 된다(스프레드시트 분석의 경우 초기에 모든 대안에 대한 B/C를 결정하고 허용 가능한 대안만 유지하는 것이 쉽다).

5. 다음 관계식을 사용하여 증분 비용(ΔC)과 증분 편익(ΔB)을 계산한다.

$$\Delta C = \text{도전자 비용} - \text{방어자 비용}$$
$$\Delta B = \text{도전자 편익} - \text{방어자 편익}$$

각 대안에 대해 직접편익이 아닌 상대적인 **사용 비용**(usage costs)을 추정한다면 다음 관계식을 이용하여 ΔB를 구할 수 있다.

$$\Delta B = \text{방어자 사용 비용} - \text{도전자 사용 비용} \qquad [9.5]$$

6. 방어자와 비교하여 첫 번째 도전자의 ΔB/C를 계산한다.

$$\Delta B/C = \Delta B/\Delta C \qquad [9.6]$$

식 [9.6]에서 $\Delta B/C \geq 1.0$이면 도전자가 방어자가 되고 이전 방어자가 제거된다. 반대로, $\Delta B/C < 1.0$이면 도전자를 제거하고 방어자는 다음 도전자를 상대로 남아 있다.

7. 대안이 하나만 남을 때까지 5단계와 6단계를 반복한다. 마지막으로 남은 대안이 선택된 대안이다.

위의 모든 단계에서 ΔB를 $\Delta(B - D)$로 대체하여 점진적인 불편익을 고려할 수 있다.

예제 9.6

뉴 브라운펠스에 본사를 둔 매우 인기 있는 워터파크이자 엔터테인먼트 공원인 텍사스의 Schlitterbahn Waterparks는 텍사스 외의 4개 도시로부터 해당 지역에 공원 건설을 검토해 달라는 요청을 받았다. 모든 제안에는 다음 인센티브의 일부 버전이 포함된다.

• 즉각적인 현금 인센티브(0년 차)
• 8년간 재산세 직접 감면으로 첫해 인센티브의 10% 제공
• 8년간 판매세 환급 공유 계획
• 8년간 지역 주민 입장료(이용료) 감면

표 9-1(상단 부분)에는 초기 건설 비용의 현재가치와 예상 연간 수익을 포함하여 각 제안에 대한 추정치가 요약되어 있다. 연간 M&O 비용은 모든 지역에서 동일할 것으로 예상된다. 연간 7%의 증분 B/C 분석과 8년의 연구기간을 사용하여 어떤 제안이 경제적으로 매력적인지 이사회에 조언하시오.

풀이

이 관점은 Schlitterbahn의 관점이며, 편익은 직접 추정된 것이다. 8년에 걸쳐 AW 등가를 개발하고 위에 설명된 절차를 사용한다. 결과는 표 9-1에 제시되어 있다.

1. 총비용의 AW 및 도시 1의 예는 백만 달러 단위로 결정된다.

$$
\begin{aligned}
\text{비용의 AW} &= \text{초기비용}(A/P,7\%,8) + \text{주민 입장료 감면} \\
&= 38.5(0.16747) + 0.5 \\
&= \$6.948 \quad (\text{연간 } \$6{,}948{,}000)
\end{aligned}
$$

2. 표 9-1에서 네 가지 대안은 등가 총비용이 증가하는 순서로 올바르게 정렬되었다.

표 9-1 예제 9.6의 워터파크 제안에 대한 증분 B/C 분석

	도시 1	도시 2	도시 3	도시 4
초기비용, $백만	38.5	40.1	45.9	60.3
입장료, $/연	500,000	450,000	425,000	250,000
연간 수익, $백만/연	7.0	6.2	10.0	10.4
초기 현금 인센티브, $	250,000	350,000	500,000	800,000
재산세 감면, $/연	25,000	35,000	50,000	80,000
판매세 감면, $/연	310,000	320,000	320,000	340,000
총비용의 AW, $백만/연	6.948	7.166	8.112	10.348
총편익의 AW, $백만/연	7.377	6.614	10.454	10.954
전체 B/C	1.06	0.92	1.29	1.06
비교 대안	1 vs. DN	$B/C < 1.0$	3 vs. 1	4 vs. 3
증분 비용 ΔC, $/연	6.948		1.164	2.236
증분 편익 ΔB, $/연	7.377		3.077	0.50
$\Delta B/C$	1.06		2.64	0.22
증분은 정당한가?	그렇다	제거	그렇다	아니다
선택된 도시	1		3	3

3. 총편익의 AW와 도시 1의 예시도 백만 달러 단위로 결정된다.

$$\begin{aligned} \text{AW 편익} &= \text{수익} + \text{초기 인센티브}(A/P,7\%,8) + \text{재산세 감면} + \text{판매세 공유} \\ &= 7.0 + 0.25(0.16747) + 0.025 + 0.31 \\ &= \$7.377 \quad (\text{연간 } \$7{,}377{,}000) \end{aligned}$$

4. 편익은 직접 추정되므로(불편익은 포함되지 않음), 식 [9.1]을 사용하여 각 대안에 대한 전체 B/C를 결정한다. 도시 1의 경우,

$$B/C_1 = 7.377/6.948 = 1.06$$

도시 2는 $B/C_2 = 0.92$로 제거된다. 나머지는 우선 허용된다.

5. ΔC 및 ΔB 값은 1 대 DN 비교에 대한 실제 추정치이다.

6. 전체 B/C는 식 [9.6]을 사용하면 $\Delta B/C = 1.06$과 같다. 도시 1은 경제적으로 정당화되고 방어자가 된다.

7. 5단계와 6단계를 반복한다. 도시 2가 제거되었으므로 도시 3 대 도시 1의 비교 결과는 다음과 같다.

$$\Delta C = 8.112 - 6.948 = 1.164$$

$$\Delta B = 10.454 - 7.377 = 3.077$$

$$\Delta B/C = 3.077/1.164 = 2.64$$

도시 3이 정당화되어 도시 4에 대한 방어자가 된다. 표 9-1에서 도시 4 대 도시 3을 비교하는 경우 $\Delta B/C = 0.22$이다. 도시 4는 확실히 탈락했고, **도시 3**이 이사회에 추천할 도시다. B/C 또는 $\Delta B/C$ 요건을 충족하는 제안이 없었다면 DN 대안이 선택되었을 수 있다는 점에 유의하자.

B/C 분석을 사용하여 둘 이상의 **독립 프로젝트**를 평가하고 예산 제한이 없는 경우 증분 비교가 필요하지 않다. 유일한 비교는 아무것도 하지 않는 대안(DN)을 사용하여 각 프로젝트를 개별적으로 비교하는 것이다. 프로젝트 B/C 값이 계산되며 $B/C \geq 1.0$인 프로젝트가 수용된다.

독립 프로젝트 선택

이는 수익률 방법을 사용하여 독립 프로젝트에서 선택하는 데 사용한 절차(8장)와 동일하다. 예산 제한이 부과되면 12장에서 논의된 자본예산 절차를 적용해야 한다.

상호배타적인 대안의 수명이 너무 길어서 무한하다고 간주될 수 있는 경우 자본화 비용을 사용하여 비용 및 편익에 대한 등가 PW 또는 AW 값을 계산한다. 5.5절, 자본화 비용 분석에서 설명한 것처럼 증분 B/C 분석에서 등가 AW 값을 결정하는 데에는 관계식 $A = P(i)$가 사용된다. 예제 9.7에서는 추가적인 예제와 스프레드시트를 사용하여 이를 설명한다.

예제 9.7 수처리 시설 #3 사례

수처리 시설 #3을 위한 토지는 2015년에 $19.3백만에 처음 매입되었다. 그러나 이 사실이 알려지자 Allen 주변의 영향력 있는 사람들은 그 입지에 대해 강력하게 반대했다. 우리는 이 부지를 1번이라고 부르겠다. 시설 설계의 일부가 이미 완료되었을 때 총책임자는 이 부지는 어쨌든 최선의 선택이 아니며, 이를 매각하고 더 나은 다른 부지(2번 부지)를 $28.5백만에 매입할 것이라고 발표했다. 이는 이전에 토지 취득을 위해 책정한 예산 금액인 $22.0백만을 훨씬 초과하는 금액이었다. 알고 보니 $35.0백만에 이용할 수 있는 세 번째 부지(3번 부지)가 있었지만 심각하게 고려된 적은 없었다.

Allen Water Utilities 직원의 많은 반대 끝에 컨설턴트인 조엘은 검토 과정에서 세 가지 시설 부지 옵션에 대한 예상 비용 및 편익의 사본을 받았다. 수익, 절감액, 다른 지역사회에 대한 대량 물 권리 판매는 세 지역 모두에 대한 기본 금액의 증분으로 추산된다. WTF3 시설의 수명이 매우 길다는 가정과 연간 3%의 할인율을 사용하여 조엘이 B/C 분석을 수행하면서 발견한 내용을 결정하시오. 총책임자가 부지 2가 최고라고 결론을 내린 것이 옳았는가?

	부지 1	부지 2	부지 3
토지 비용, $백만	19.3	28.5	35.0
시설 초기비용, $백만	460.0	446.0	446.0
편익, $백만/연			
양수 비용 절감	5	3	0
지역 커뮤니티 판매	12	10	8
Allen이 추가한 수익	6	6	6
총편익, $백만/연	23	19	14

풀이

스프레드시트는 3개 이상의 대안에 대한 증분 B/C 분석을 수행할 때 매우 유용할 수 있다. 그림 9-1(a)는 $A = P(i)$ 관계식과 연간 편익을 사용하여 비용에 대한 AW 값의 예비 입력을 통한 분석을 보여준다. 그림 9-1(b)는 분석에 사용된 모든 함수를 자세히 설명한다. 논리적 IF 문은 대안 제거 및 선택에 관한 결정을 나타낸다. 백만 달러 단위로 나타내면 다음과 같다.

부지 1 : 비용의 AW = (토지 비용 + 시설 초기비용)i

= (19.3 + 460.0)(0.03)

= 연간 $14.379

편익의 AW = $23

부지 2 : 비용의 AW = $14.235 편익의 AW = $19

부지 3 : 비용의 AW = $14.430 편익의 AW = $14

	A	B	C	D
1				
2	분석의 순서	부지 2	부지 1	부지 3
3	비용의 AW, $백만/연	14.235	14.379	14.430
4	연간 편익, $백만/연	19.0	23.0	14.0
5	전체 B/C	1.33	1.60	0.97
6	수용가능성	그렇다	그렇다	아니다
7				
8	비교		1 대 2	제거
9	ΔC, $/연		0.144	
10	ΔB, $/연		4.0	
11	ΔB/C		27.78	
12	증분은 정당화되는가?		그렇다	
13	선택		부지 1	

(a)

	A	B	C	D
1				
2	분석의 순서	부지 2	부지 1	부지 3
3	비용의 AW, $백만/연	14.235	14.379	14.43
4	연간 편익, $백만/연	19	23	14
5	전체 B/C	= B4/B3	= C4/C3	= D4/D3
6	수용가능성	= IF(B5<1,"아니다","그렇다")	= IF(C5<1,"아니다","그렇다")	= IF(C5<1,"아니다","그렇다")
7				
8	비교		1 대 2	제거
9	ΔC, $/연		= C3-B3	
10	ΔB, $/연		= C4-B4	
11	ΔB/C		= C10/C9	
12	증분은 정당화되는가?		= IF(C11<1,"아니다","그렇다")	
13	선택		= IF(C12="그렇다",C2,"아니다")	

(b)

그림 9-1
WTF3 사례를 위한 증분 B/C 분석 : (a) 수치적 결과 및 (b) 분석을 위해 작성된 함수

비용 값의 AW는 서로 비슷하지만 ΔB/C 값을 결정하기 위해 증가하는 순으로 정렬하면 부지 2, 1, 3의 순서이다. 편익은 직접 추정치이다. 따라서 전체 B/C 비율은 부지 3(5행, $B/C_3 = 0.97$)이 처음부터 경제적으로 타당하지 않음을 나타낸다. 따라서 부지 3은 제거되며 나머지 부지 중 하나를 선택해야 한다. 부지 2는 DN 대안($B/C_2 = 1.33$)에 대해 정당화된다. 남은 유일한 비교는 그림 9-1의 C열에 자세히 설명된 부지 1과 2의 비교이다. **부지 1**은 $\Delta B/C = 27.78$로 확실한 승자이다.

결론적으로 조엘은 부지 1이 실제로 가장 좋으며 경제적인 관점에서 볼 때 부지 2가 더 좋다고 말한 총책임자의 판단이 잘못되었다는 것을 알게 되었다. 그러나 도입부에 나열된 원래 평가 기준인 경제성, 환경, 지역사회 영향 및 시공성을 고려하면 부지 2는 좋은 절충안으로 선택될 가능성이 높다.

참고사항

이것은 실제 상황으로, 예제에서는 이름과 값이 변경되었다. 부지 1은 처음에 WTF3를 위해 매입 및 계획되었다. 그러나 정치, 지역사회 및 환경적 스트레스 요인으로 인해 모든 것이 결정되고 완료되었을 때 부지 2로 결정이 변경되었다.

9.5 서비스 부문 프로젝트 및 비용효과성분석

미국과 유럽 및 아시아 일부 국가의 경우 GDP의 대부분은 경제의 서비스 부문에서 창출된다. 서비스 부문 프로젝트의 상당 부분은 민간 부문(기업, 기업 및 기타 영리 기관)에 의해 생성되고 이에 의존한다. 그러나 공공 부문의 많은 프로젝트는 서비스 부문 프로젝트이기도 하다.

> **서비스 부문 프로젝트**는 개인, 기업 또는 정부 단위에 서비스를 제공하는 프로세스 또는 시스템이다. 경제적 가치는 **물리적 실체**(건물, 기계, 장비)**가 아닌** 프로세스나 시스템의 **무형 자산**에 의해 주로 창출된다. 제조 및 건설 활동은 일반적으로 서비스 부문 프로젝트로 간주되지 않지만 제공되는 서비스의 주제를 지원할 수 있다.

서비스 프로젝트는 그 종류와 목적이 매우 다양하고 광범위하다. 몇 가지 예를 들면 의료 시스템, 건강 및 생명 보험, 항공 예약 시스템, 신용카드 서비스, 경찰 및 법원 시스템, 보안 프로그램, 안전 교육 프로그램 및 모든 유형의 컨설팅 프로젝트 등이 있다. 엔지니어와 기타 전문가가 수행하는 무형의 지적 작업은 서비스 부문 프로젝트의 일부인 경우가 많다.

서비스 프로젝트의 경제적 평가는 비용 및 편익 추정치가 정확하지 않고 종종 허용 가능한 오차 범위 내에 있지 않기 때문에 상당히 어렵다. 즉, 잘못된 금전적 추정으로 인해 결정에 과도한 위험이 도입될 수 있다. 예를 들어, 신호등에 적색 신호 단속 카메라를 설치하여 적색 신호를 위반하는 운전자에게 과태료를 발부하기로 한 결정을 생각해 보자. 이는 공공 및 서비스 프로젝트이지만 (경제적) 편익을 추정하기는 매우 어렵다. 관점에 따라 사고 방지, 사망 방지, 교차로 순찰에서 해방된 경찰 인력, 또는 좀 더 수익적인 관점에서는 징수된 벌금 등의 편익이 있을 수 있다. 마지막 경우를 제외한 모든 경우에서 편익에 대한 금전적 추정은 좋지 않은 추정치일 것이다. 이러한 예는 B/C 분석이 제대로 작동하지 않아 다른 형태의 분석이 필요한 경우이다.

예상할 수 있는 것처럼 서비스 및 공공 부문 프로젝트에서 추정하기 더 어려운 것은 편익이다. 이에 금전적 비용 추정과 비금전적 편익 추정을 결합한 평가 방법이 **비용효과성분석**(CEA, Cost-Effectiveness Analysis)이다. CEA 접근 방식은 프로젝트 순위를 매기고 최상의 독립 프로젝트 또는 상호배타적인 대안을 선택하는 기준으로 **비용효과성 척도**(cost-effectiveness measure) 또는 **비용효과성 비율**(CER, Cost-Effectiveness Ratio)을 활용한다. CER 비율은 다음과 같이 정의된다.

$$\text{CER} = \frac{\text{등가 총비용}}{\text{효과성 척도 총계}} = \frac{C}{E} \qquad [9.7]$$

적색 신호 카메라의 예에서 효과성 척도(편익)는 앞서 언급한 예인 사고 예방 또는 사망 예방이 될 수 있다. 비용 대 편익의 B/C 비율과 달리 CER은 총비용의 PW 또는 AW를 분자에 배치하고 효과성 척도를 분모에 배치한다(식 [9.7]의 역수 역시 가치의 척도로 사용될 수도 있지만 위에서 정의한 대로 CER을 사용하겠다). 분자에 비용이 포함되어 있으면 분모 값이 같을 때 비율 값이 작을수록 같은 수준의 효과에 대한 비용이 더 낮다는 것을 의미하므로 비율 값이 작을수록 바람직하다.

수익률 및 B/C분석과 마찬가지로 비용효과성분석은 선택에 앞서 대안의 순서(순위)를 정하고, 상호배타적인 대안 선택을 위한 증분 분석을 사용해야 한다. 비용효과성분석은 수익률 또는 BC분석과는 다른 순위 기준을 사용한다. 정렬 기준은 다음과 같다.

독립 프로젝트 : 처음에는 **CER 값**을 기준으로 프로젝트 순위를 매긴다.

상호배타적인 대안 : 처음에는 **효과성 척도**를 기준으로 대안의 순위를 매긴 다음 증분 CER 분석을 수행한다.

다시 적색 신호 카메라 공공/서비스 프로젝트로 돌아가 보자. CER이 '예방된 총사고당 비용(cost per total accidents averted)'으로 정의되고 프로젝트가 독립적인 경우 CER 값의 증가가 순위 기준이 된다. 프로젝트가 상호배타적이라면 '예방된 총사고'가 올바른 순위 기준이며 증분 분석이 필요하다.

독립적이고 상호배타적인 제안에 대한 분석 절차는 상당히 다르다. 여러 개의 (독립) 프로젝트 중에서 일부를 선택하려면 정렬이 완료된 후 b라고 하는 예산 한도가 본질적으로 필요하다. 그러나 여러 개의 (상호배타적) 대안 중에서 하나를 선택하려면 쌍별 증분 분석이 필요하며 선택은 ΔC/E 비율을 기준으로 이루어진다. 절차와 예시는 다음과 같다.

독립 프로젝트의 경우 절차는 다음과 같다.

1. 등가 총비용 C와 효과성 척도 E를 결정하고 각 프로젝트에 대한 CER 척도를 계산한다.
2. 가장 작은 CER 값부터 가장 큰 CER 값까지 프로젝트를 정렬한다.
3. 프로젝트별 누적 비용을 산정하고 예산 한도 b와 비교한다.
4. 선택 기준은 b를 초과하지 않는 범위 내에서 모든 프로젝트에 자금을 지원하는 것이다.

독립 프로젝트 선택

예제 9.8

최근 연구에 따르면 전 세계 기업은 새로운 프로세스와 제품을 위해 창의성과 혁신을 발휘할 수 있는 직원이 필요하다. 이러한 인재를 측정하는 한 가지 척도는 기업의 R&D 노력을 통해 매년 승인된 특허의 수이다. 혁신적인 사고를 위한 롤링스 재단(Rollings Foundation for Innovative Thinking)은 개인이 특허를 획득하는 데 도움을 주는 1~2개월의 전문 교육 프로그램을 운영하여 지난 5년 동안 실적을 보유하고 있으며, 해당 프로그램에 자사의 최고 R&D 인력을 등록하는 기업을 지원하기 위하여 $1 백만의 보조금을 할당하였다.

표 9-2에는 제안서를 제출한 6개 기업의 데이터가 요약되어 있다. 2열과 3열에는 각각 제안된 참여자 수와 1인당 비용이, 4열에는 프로그램 졸업생의 연간 특허 취득 실적이 제시되어 있다. 비용효과성분석을 사용하여 자금을 지원할 기업과 프로그램을 선택하시오.

표 9-2 CEA를 위한 데이터 : 특허 획득 지원 전문 교육 프로그램

프로그램 (1)	총 참여자 수 (2)	비용/인, $ (3)	5년간 실적, 특허/졸업생/연 (4)
1	50	5,000	0.5
2	35	4,500	3.1
3	57	8,000	1.9
4	24	2,500	2.1
5	12	5,500	2.9
6	87	3,800	0.6

풀이

모든 프로그램과 특허 상은 동일한 품질임을 가정한다. 제안서 중 하나를 선택하기 위하여 독립 프로젝트에 대한 절차와 b = $1 백만을 사용한다.

1. 효과성 척도 E를 연간 특허 수로 설정하고, 식 [9.7]을 사용하면, CER은 다음과 같다.

$$\text{CER} = \frac{\text{인당 프로그램 비용}}{\text{졸업생당 특허 수}} = \frac{C}{E}$$

프로그램 비용 C는 PW 값이며, E 값은 제안서에서 확인한다.

2. CER 값은 표 9-3의 5열에 오름차순으로 정렬되어 있다.

3. 프로그램당 비용(6열)과 누적 비용(7열)이 결정된다.

4. $1 백만을 초과하지 않게끔 프로그램 4, 2, 5, 3, 6(87명 중 68명)을 선택한다.

표 9-3 예제 9.8의 CER 값에 따라 정렬된 프로그램

프로그램 (1)	총 참여자 수 (2)	비용/인 C, \$ (3)	연간 특허 수 E (4)	CER, 특허당 \$ (5) = (3)/(4)	프로그램 비용, \$ (6) = (2)(3)	누적 비용, \$ (7) = Σ(6)
4	24	2,500	2.1	1,190	60,000	60,000
2	35	4,500	3.1	1,452	157,500	217,500
5	12	5,500	2.9	1,897	66,000	283,500
3	57	8,000	1.9	4,211	456,000	739,500
6	87	3,800	0.6	6,333	330,600	1,070,100
1	50	5,000	0.5	10,000	250,000	1,320,100

참고사항

독립 프로젝트 선정에 예산 한도가 설정된 것은 이번이 처음이다. 이는 흔히 자본예산이라고 하며, 이에 대해서는 12장에서 자세히 설명한다.

대안이 **상호배타적**이고 예산 제한이 없는 경우, 추가 분석 없이 효과성 척도 E가 가장 높은 대안이 선택된다. 그렇지 않으면 증분 CER 분석이 필요하며 선택한 대안에 예산 한도가 적용된다. 분석은 증분 비율 ΔC/E를 기반으로 하며, 절차는 증분 ROR 및 B/C에 적용한 것과 유사하지만 우위(dominance) 개념이 활용된다는 점이 다르다.

상호배타적 대안 선택

증분 분석에서 도전 대안이 방어 대안의 CER에 비해 향상된 증분 CER 척도 값을 제공하는 것으로 나타날 때 **우위**가 발생한다. 즉,

$$(\Delta C/E)_{\text{도전자}} < (\Delta C/E)_{\text{방어자}}$$

그렇지 않으면 우위가 존재하지 않으며 두 대안 모두 분석 대상으로 남게 된다.

상호배타적인 대안의 경우 선택 절차는 다음과 같다.

1. 효과성 척도 E가 가장 작은 것부터 가장 큰 것 순으로 대안을 정렬한다. 각 대안의 비용을 기록한다.
2. 첫 번째 대안에 대한 CER 척도 값을 계산한다. 이는 사실상 DN을 방어자로 만들고 첫 번째 대안을 도전자로 만든다. 이 CER은 다음 증분 비교를 위한 기준이 되며, 첫 번째 대안이 새로운 방어자가 된다.
3. 새로운 도전자에 대해 증분 비용(ΔC)과 효과성(ΔE) 및 증분 측정값 $\Delta C/E$를 다음 관계식을 이용하여 계산한다.

$$\Delta C/E = \frac{\text{도전자 비용} - \text{방어자 비용}}{\text{도전자 효과성} - \text{방어자 효과성}} = \frac{\Delta C}{\Delta E}$$

4. $\Delta C/E < C/E_{\text{방어자}}$이면 도전자가 방어자를 압도하고 새로운 방어자가 된다. 이전 방어자는 제거된다. 그렇지 않으면 우위가 존재하지 않으며 다음 증분 평가를 위해 두 대안이 모두 유지된다.
5. 우위 존재 : 다음 순서의 대안(도전자)과 새로운 방어자를 비교하기 위해 3단계와 4단계를 반복한다. 우위가 있는지 확인한다.

   우위 없음 : 현재 도전자가 새로운 방어자가 되고, 다음 대안이 새로운 도전자가 된다. 3단계와 4단계를 반복하여 새로운 도전자와 새로운 방어자를 비교한다. 우위가 있는지 확인한다.
6. 하나의 대안만 남거나 우위가 존재하지 않는 대안만 남을 때까지 3~5단계를 계속한다.
7. 예산 한도(또는 기타 기준)를 적용하여 남은 대안 중 어느 대안에 자금을 지원할지 결정한다.

예제 9.9

예제 9.8에서 자금 지원 대상으로 선정되지 않은 기업 중 한 곳은 50명의 R&D 인력이 혁신 및 창의성 프로그램 중 하나에 자비로 참가할 수 있도록 자금을 지원하기로 결정하였다. 한 가지 기준은 해당 프로그램 졸업생의 과거 평균 특허 건수가 연간 2.0건 이상이어야 한다는 것이다. 표 9-2의 데이터를 사용하여 가장 적합한 프로그램을 선택하시오.

표 9-4 예제 9.9의 비용효과성분석 대상인 상호배타적 대안들

프로그램 (1)	총 참여자 수 (2)	비용/인 C, $ (3)	연간 특허 수 E (4)	CER, 특허당 $ (5) = (3)/(4)	프로그램 비용, $ (6) = (2)(3)
4	50	2,500	2.1	1,190	125,000
5	50	5,500	2.9	1,897	275,000
2	50	4,500	3.1	1,452	225,000

풀이

표 9-2에서 세 가지 프로그램(2, 4, 5)은 졸업생 1인당 특허 건수가 연간 2건 이상이다. 이 중 하나의 프로그램만 선택하여야 하므로 이제 해당 프로그램은 상호배타적 대안이 된다. 증분 분석을 수행하기 위한 절차를 다음과 같이 사용한다.

1. 대안은 표 9-4의 4열의 연간 특허 증가 순으로 순위가 매겨져 있다.

2. 프로그램 4에 대한 CER 척도를 DN 대안과 비교한다.

$$C/E_4 = \frac{\text{인당 프로그램 비용}}{\text{졸업생 1인당 특허 수}} = \frac{2{,}500}{2.1} = 1{,}190$$

3. 이제 프로그램 5가 도전자이다.

$$5\text{ 대 }4\text{ 비교}: \Delta C/E = \frac{\Delta C}{\Delta E} = \frac{5{,}500 - 2{,}500}{2.9 - 2.1} = 3{,}750$$

4. $C/E_4 = 1{,}190$과 비교하면 프로그램 5를 선택하면 프로그램 4에 비해 추가 특허당 $3,750의 비용이 든다. 즉, 프로그램 5는 특허가 많을수록 더 비싸다. 그러나 $(\Delta C/E)_{5\text{대}4} > C/E_4$이기 때문에 명확한 우위는 존재하지 않는다. 따라서 두 프로그램 모두 추가 평가를 위해 유지된다.

5. 우위 없음 : 프로그램 5가 새로운 방어자가 되고, 프로그램 2가 새로운 도전자가 된다. 2 대 5 비교를 수행한다.

$$2\text{ 대 }5\text{ 비교}: \Delta C/E = \frac{\Delta C}{\Delta E} = \frac{4{,}500 - 5{,}500}{3.1 - 2.9} = -5{,}000$$

$C/E_5 = 1{,}897$과 비교하면 이 증가분은 훨씬 저렴하다. 즉, 1인당 더 적은 비용으로 더 많은 특허를 얻을 수 있다. 우위가 존재하므로, 프로그램 5를 제거하고 2와 4를 비교한다.

6. 3~5단계를 반복하여 $\Delta C/E$를 $C/E_4 = 1{,}190$과 비교한다.

$$2\text{ 대 }4\text{ 비교}: \Delta C/E = \frac{\Delta C}{\Delta E} = \frac{4{,}500 - 2{,}500}{3.1 - 2.1} = 2{,}000$$

이는 프로그램 4에 비해 프로그램 2가 우세하다는 것을 의미하지 않는다. 결론은 두 프로그램 모두 자금 지원 대상이라는 것이다. 즉, 이 경우 CEA는 단 하나의 프로그램만을 나타내지 않는다. 이는 한 대안이 다른 대안보다 비용이 낮고 효과성이 높지 않을 때 발생한다. 즉, 하나의 대안이 다른 모든 대안을 지배하지 않는다.

7. 이제 최종 결정을 내리기 위해 예산 및 기타 고려사항(아마도 비경제적)을 고려한다. 프로그램 4의 비용이 $125,000로 프로그램 2의 $225,000보다 현저히 낮다는 사실이 결정에 반영될 가능성이 높다.

비용효과성분석은 다양한 의사결정자가 여러 관점에서 대안을 평가하기 위해 경제적 측면과 비경제적 측면을 통합하는 다중 속성 의사결정의 한 형태이다. 여러 속성을 사용한 대안 분석에 대한 자세한 내용은 웹챕터 W1장을 참조하자.

9.6 공공 부문의 윤리적 고려사항

시민들은 일반적으로 지역, 국가, 국제적으로 선출된 공직자와 공무원이 공공의 이익을 위해 결정을 내리고 안전을 보장하며 공공에 대한 위험과 비용을 최소화하기를 기대한다. 무엇보다도 공직자와 공무원은 **청렴**해야 한다는 오랜 기대가 있다.

마찬가지로, 정부 부서에 고용된 엔지니어와 정부 기관의 컨설턴트로 활동하는 엔지니어에 대한 기대치도 높다. **공정성, 다양한 상황에 대한 고려, 현실적인 가정**의 사용은 엔지니어가 의사결정자에게 권고할 때 가져야 할 세 가지 기본 요소에 불과하다. 이는 공공 서비스 엔지니어가 다음을 피해야 함을 의미한다.

- 과도한 이익과 향후 계약 수주를 목표로 하는 이기적이고 종종 탐욕스러운 개인 및 고객
- 연구 결과를 타협하는 정치적으로 유리한 관점 사용
- 연구 결과에 잠재적으로 영향을 받을 수 있는 개인, 특수 이익 집단 및 하위 단체를 위해 편협하게 정의된 가정

선출 공직자와 공무원(엔지니어 및 기타 모두)이 자신의 업무에서 청렴성과 비편향성에 대한 진정한 의지를 보이지 않을 때 많은 사람들은 정부에 대해 실망하고 낙담한다.

엔지니어는 공공 부문 활동의 두 가지 주요 측면에 정기적으로 참여한다.

- **공공 정책 수립** – 공공 서비스, 행동, 공정성 및 정의를 위한 **전략을 개발**하는 것이다. 여기에는 문헌 연구, 배경 조사, 데이터 수집, 의견 제시 및 가설 검정이 포함될 수 있다. 대표적인 것이 교통 관리이다. 엔지니어들은 도로 용량, 고속도로 확장, 계획 및 구역 설정 규칙, 교통 신호 사용, 속도 제한 통로 등 교통 정책과 관련된 다양한 주제의 정책 항목에 대한 데이터 및 오랜 의사결정 알고리즘을 기반으로 거의 모든 권장사항을 제시한다. 공무원들은 이러한 조사 결과를 활용하여 대중 교통 정책을 수립한다.
- **공공 계획** – 전략을 실행하고 사람, 환경 및 재정 자원에 다양한 방식으로 영향을 미치는 **프로젝트를 개발**하는 것이다. 교통 통제 표지판, 신호, 속도 제한, 주차 제한 등의 사용 및 배치가 확립된 정책 및 현재 데이터를 기반으로 자세히 설명되는 교통 통제가 이에 해당한다(이는 사실상 시스템 엔지니어링, 즉 6.5절에서 설명한 수명 주기 단계를 적용한 것이다).

정책 입안이든 공공 계획 분야이든 엔지니어는 공공 부문과 협력할 때 윤리적 타협 가능성을 발견할 수 있다. 여기에 몇 가지 상황이 요약되어 있다.

- 기술의 사용 : 많은 공공 프로젝트에는 새로운 기술이 사용된다. 이러한 새로운 기술로 인한 공공의 위험과 안전 요인이 항상 알려진 것은 아니다. 엔지니어들은 대중이 과도한 위험에 노출되지 않도록 하면서 최신 기술을 적용하기 위해 모든 노력을 다하는 것이 일반적이며 기대되는 일이다.
- 연구 범위 : 고객은 엔지니어에게 옵션의 범위, 가정의 기반 또는 대안 솔루션의 폭을 제한하도록 압력을 가할 수 있다. 이러한 제한은 재정적인 이유, 정치적인 주제, 고객이 선호하는 옵션 또는 기타 다양한 이유에 근거할 수 있다. 공정성을 유지하기 위해 엔지니어는 향후 계약 가능성을 위태롭게 하거나, 대중의 불신을 조장하거나, 기타 부정적인 결과를 초래할 수 있더라도 완전히 편향되지 않은 분석, 보고서 및 추천을 제출할 책임이 있다.
- 공동체에 대한 부정적인 영향 : 공공 프로젝트가 특정 집단의 사람들, 환경, 기업에 부정적인 영향을 미치는 것은 불가피하다. 이러한 예상되는 영향에 대한 의도적인 침묵은 일반적으로 커뮤니티 전체에 가장 이익이 되는 프로젝트에 대한 대중의 강력한 항의의 원인이 되는 경우가 많다. 엔지니어를 위한 윤리 강령은 완전하고 공정한 분석 및 보고를 규정하고 있지만, 이러한 부정적인 영향을 (우연히) 발견한 엔지니어는 고객, 관리자 또는 공인으로부터 이를 간과하라는 압력을 받을 수 있다. 예를 들어, 계획된 도시 도로의 경로 변경은 국제 시민의 사업 구역을 효과적으로 차단할 수 있으며, 이로 인해 명백하게 예측 가능한 경제 침체를 초래할 수 있다. 교통 부서에 대한 권고안에서 이러한 결과를 고려하는 것이 분석 엔지니어의 목표여야 하지만 결과를 편향시키려는 압력은 상당히 높을 수 있다.

공공 계획 결정을 내리는 데 도움을 받기 위해 공무원과 정부 담당자는 B/C 또는 CEA 분석 결과에 일상적으로 의존한다. 앞서 논의한 바와 같이 편익, 불편익, 효과성 척도 및 비용에 대한 추정은 어렵고 부정확할 수 있지만 이러한 분석 도구는 종종 연구를 구성하는 데 가장 좋은 방법인 경우가 많다. B/C 및 CEA 분석 중에 직면할 수 있는 윤리적 문제의 몇 가지 예가 표 9-5에 요약되어 있다.

요약

비용편익 방법은 주로 공공 부문의 대안을 평가하는 데 사용된다. 상호배타적인 대안을 비교할 때 증분 등가 총비용이 경제적으로 정당화되려면 증분 B/C 비율이 1.0보다 크거나 같아야 한다. 초기비용 및 예상 편익의 PW, AW 또는 FW를 사용하여 증분 B/C 분석을 수행할 수 있다. 비용편익분석에는 다양한 형태가 있지만, 올바르게 수행하면 모든 공식은 어떤 상호배타적인 대안을 선택해야 하는지에 대한 동일한 경제적 결론을 내린다. 독립 프로젝트의 경우 증분 B/C 분석이 필요하지 않다. 예산 제한이 없다면 $B/C \geq 1.0$인 모든 프로젝트가 선택된다. 일반적으로 공공 부문 프로젝트의 편익을 정확하게 추정하는 것은 매우 어렵다. 공공 부문 프로젝트의 특징은 초기비용이 더 많이 들고, 예상 수명이 더 길며, 추가 자본 재원에 세금, 사용자 수수료 및 정부 보조금 등이 포함되며, 이자(할인)율이 더 낮다는 점에서 민간 부문과 크게 다르다.

서비스 프로젝트는 프로세스나 시스템과 관련된 물리적 항목이 아닌 주로 사용자에게 제공되는 서비스의 무형적 요소를 기반으로 경제적 가치를 창출한다. 편익을 금전적으로 추정할 수 있는 좋은 방법이 없기 때문에 B/C 분석에 의한 평가는 어려울 수 있다. 비용효과성분석(CEA)은 비용 추정과 비금전적 효과성 척도(편익)를 결합하여 증분 수익률 및 B/C 분석과 유사한 절차를 사용하여 독립적이거나 상호배타적인 프로젝트를 평가한다. 상호배타적인 대안을 비교할 때 우위의 개념이 절차에 통합된다.

1장의 직업 윤리에 대한 논의를 보완하기 위해 여기에서는 엔지니어, 선출직 공무원, 정부 컨설턴트를 위한 공공 부문에서 발생할 수 있는 몇 가지 윤리적 문제에 대해 논의했다. 이와 관련하여 몇 가지 예제를 제시했다.

표 9-5 B/C 및 CEA 분석 수행 시 몇 가지 윤리적 고려사항

연구 포함 사항	윤리적 차원	예
연구 대상	프로젝트의 영향을 받는 특정 그룹의 사람들을 선택하고 다른 그룹에 미칠 수 있는 영향을 무시하는 것이 윤리적인가?	도시민을 위한 어린이 건강관리 클리닉을 건설하지만, 교통 수단이 열악한 농어촌 가정은 방치한다.
사이버 보안 공격 가능성	기술과 비용 면에서 수용 가능한 것처럼 보이지만 경쟁 서비스 회사 또는 다른 국가에서 유지관리하는 데이터 마이닝 소프트웨어 패키지를 권장하는 것이 윤리적인가?	과거 랜섬웨어 등 사이버 공격이 외국에서 비롯된 것으로 입증된 경우 외국 기업이 개발한 AI 기반 소프트웨어 패키지를 설치한다.
결정의 영향 시기	현재 프로젝트 결정으로 인해 부정적이고 경제적인 영향을 받을 수 있는 미래 세대를 위해 지금 결정하는 것이 윤리적인가?	비용과 이자 및 인플레이션 효과를 회수하기 위해 미래 세대의 세금이 상당히 높아질 때 기업에 대한 금융 구제를 실시한다.
공동체 전체에 대한 더 큰 이익	취약한 소수 집단, 특히 경제적으로 빈곤한 집단은 불균형적으로 영향을 받을 수 있다. 영향이 예측 가능하다면 이것이 윤리적인가?	소수 집단이 예상대로 오염된 물에서 물고기를 먹는 것으로 알려진 경우 지역사회 고용에 필수적인 화학 공장이 수로를 오염시키는 것을 허용한다.
경제적 척도에만 의존	의사결정을 위해 모든 비용과 편익을 금전적 추정치로 환산한 후, 최종 결정에 비계량적 요소를 주관적으로 부과하는 것이 허용될 수 있는가?	건축 법규를 완화하면 주택 건축업자의 재무 전망을 개선할 수 있다. 그러나 화재 손실, 건축물의 폭풍 및 수해 위험 증가, 향후 재판매 가치 감소는 계획 및 구역 지정 위원회에서 새로운 구획이 승인되는 경우에만 고려된다.
추정 및 평가된 불편익 범위	B/C 연구에서 불편익을 무시하거나 일부 불편익을 추정하기 어렵다는 이유로 CEA 연구에서 간접 효과 측정을 사용하는 것이 윤리적인가?	노천 채석장 계획으로 인한 소음과 대기 오염은 해당 지역 목장주, 주민, 야생동물과 식물에 부정적인 영향을 미칠 것이지만, 효과성 측정은 다른 선거구에 미치는 영향을 추정하기 어렵기 때문에 교외 거주자만 고려한다.

연습문제

B/C 개념의 이해

9.1 공공 부문 프로젝트의 주요 목적은 무엇인가?

9.2 B/C 분석을 수행할 때, (a) 비용, 편익, 불편익 추정을 분류하는 데 일반적으로 특정한 관점을 취해야 하는 이유는 무엇인가? (b) 당신과 다른 사람 사이의 금융 거래 상황에서 식별할 수 있는 두 가지 구체적인 관점은 무엇인가? 당신의 회사와 해외 고객 사이의 금융 거래에서 식별할 수 있는 두 가지 구체적인 관점은 무엇인가?

9.3 다음 프로젝트가 주로 공공 부문인지, 민간 부문인지 식별하시오.

(a) 오하이오강을 가로지르는 다리
(b) 탄광 확장
(c) 바하 1000 레이스 팀
(d) 컨설팅 엔지니어링 회사
(e) 새로운 카운티 법원 건물
(f) 홍수 조절 사업
(g) 멸종위기종 지정
(h) 고속도로 조명(루멘 증가)
(i) 당신과 당신 배우자를 위한 남극 크루즈
(j) 농작물 살포용 비행기 구입

9.4 다음의 자금 출처가 주로 공공인지 민간인지 식별하시오

(a) 지방채
(b) 이익잉여금
(c) 판매세
(d) 자동차 면허 수수료
(e) 은행 대출
(f) 저축 계좌
(g) 엔지니어의 IRA(개인 퇴직 계좌)
(h) 주정부 어업 면허 수입
(i) 도쿄 디즈니랜드 입장료
(j) 주립 공원 입장료

9.5 공공 부문 분석을 시작하기 전에 수립한 관점이 어떻게 편익으로 분류하던 추정치를 비용으로 바꾸거나, 또는 그 반대로 바꿀 수 있는지 설명하시오.

9.6 관점(예 : 예산, 정부 단위, 시민, 사업주)을 식별하고 다음 현금흐름을 편익, 불편익 또는 비용으로 분류하시오.

(a) 새로운 담수 저수지/휴양지로 인해 창출되는 관광으로 인한 지역 사업체의 연간 소득 \$600,000
(b) 미시시피강을 가로지르는 다리 재도색에 드는 연간 \$450,000
(c) 컨테이너선 항만청에 의한 연간 유지보수비용 \$800,000
(d) 엄격한 이민법 집행으로 인한 국경 거주자 급여 \$1.6백만
(e) 도로 개선으로 인한 자동차 수리 비용 연간 \$600,000 절감
(f) 고속도로 가드레일 교체 비용 \$350,000
(g) 고속도로 통행권 구매로 인한 농부들의 수입 손실 \$1.8백만

9.7 다음 사항에 대해 주로 민간 부문 특성인지 공공 부문 특성인지 식별하시오.

(a) 대규모 투자
(b) 수익 없음
(c) 수수료로 자금 조달
(d) 최소요구수익률(MARR) 기반 선정 기준
(e) 낮은 이자율
(f) 단기 프로젝트 수명 추정
(g) 불편익

9.8 공공-민간 파트너십(PPP)의 장점 두 가지를 나열하시오.

프로젝트 B/C 값

9.9 전통적 B/C 비율에서 잔존가치는 어디에 위치하는가? 왜 그러한가? 수학적으로는 어떻게 처리되는가?

9.10 제안된 지방자치단체 프로젝트의 연간 추정 현금흐름은 연간 비용 $750,000, 연간 편익 $900,000, 연간 불편익 $225,000이다. 연 6%의 이자율로 전통적 B/C 비율을 계산하고 경제적으로 타당한지 판단하시오.

9.11 갤버스턴시와 텍사스주의 공무원들이 모래를 버리고 침식 방지 구조물을 추가하는 해변 복원 프로젝트의 시작을 축하하기 위해 모였다. 프로젝트의 초기비용은 $30백만이며 연간 유지관리비용은 $340,000로 추산된다. 복원/확장된 해변이 연간 $6.2백만을 소비하는 방문객을 유치한다면 연간 사회적 할인율이 8%일 때 전통적 B/C 비율은 얼마인가? 국가가 20년 안에 투자금을 회수하기를 원한다고 가정하자.

9.12 국립환경보호국은 중위 가구 소득의 2.5%가 안전한 식수를 위해 지불할 수 있는 합리적인 금액이라고 설정하였다. 중위 가구 소득이 연간 $45,000인 경우, B/C 비율이 1.5가 되려면 연간 의료 편익이 가구당 얼마나 되어야 하는가?

9.13 미국 남부 도시의 도심 지역 재건의 일환으로 공원 및 레크리에이션 부서는 여러 고가도로 아래 공간을 농구, 핸드볼, 미니 골프 및 테니스 코트로 개발할 계획이다. 초기비용은 $190,000, 수명은 20년, 연간 M&O 비용은 $21,000로 추정된다. 부서에서는 연간 20,000명이 이 시설을 각각 평균 2시간씩 사용할 것으로 예상하고 있다. 레크리에이션의 가치는 시간당 $1.00로 보수적으로 설정되었다. 연간 할인율이 6%일 때 해당 프로젝트의 B/C 비율은 얼마인가?

9.14 스와니 강변 홍수 조절 프로젝트의 B/C 비율은 1.3으로 계산되었다. 이익이 연간 $500,000이고 유지관리비용이 연간 $200,000일 때, 연 이자율 7%, 수명 50년을 기준으로 프로젝트의 초기비용을 결정하시오.

9.15 주 입법예산위원회는 엘파소에서 브라운스빌까지 800마일의 텍사스-멕시코 국경을 따라 카메라당 $300의 비용으로 4,000대의 감시 카메라를 추가하는 것을 승인하였다. 카메라 비용 외에도 인건비 및 기타 자원에 연간 $3.2백만이 소요될 것으로 예상된다. 마약 적발과 관련한 편익은 연간 $5.1백만으로 추산된다. 10년 프로젝트 기간 동안 연 6%의 이자율을 적용할 경우 전통적 B/C 비율은 얼마인가?

9.16 주 고속도로국은 운전자의 휘발유 및 기타 자동차 관련비용을 연간 $820,000 절약할 것으로 예상되는 우회 루프를 고려하고 있다. 그러나 지역 기업은 매년 $135,000로 추산되는 수익 손실이 발생할 것으로 예상된다. 이 루프의 비용은 $9백만이다. (a) 연 6%의 이자율과 20년의 프로젝트 기간을 사용하여 전통적 B/C 비율을 계산하시오. (b) 불편익을 고려하지 않고 전통적 B/C 비율을 계산하시오. 수익 손실을 고려할 때와 고려하지 않을 때 각각의 경우에서 프로젝트는 경제적으로 타당한가? (c) 위의 두 가지 질문에 답할 단일 셀 스프레드시트 함수를 개발하시오.

9.17 17,000가구가 거주하는 농업 기반 도시는 식수에서 비소 및 기타 유해화학물질을 제거하기 위한 처리 시스템을 설치해야 한다. 연간 비용은 가구당 연간 $150로 예상된다. 처리 시스템을 설치하면 3년마다 한 명의 생명이 구해진다고 가정한다. (a) 인간 생명의 가치가 $4.8백만이라면 B/C 비율은 얼마인가? 연 8%의 이자율을 사용하고 매 3년이 끝날 때마다 생명이 구해진다고 가정한다. (b) 이 프로젝트를 정당화하는 것은 무엇인가?

9.18 오하이오강 항해 개선을 위한 육군 공병대 프로젝트의 초기비용은 $6.5백만이고 연간 유지관리비용은 $130,000이다. 바지선과 외륜 관광 보트에 대한 편익은 연간 $820,000로 추산된다. 이 프로젝트는 영구적인 것으로 가정하고 할인율은 연간 8%이다. 군단이 프로젝트를 진행해야 하는지 결정하시오.

9.19 시카고 오헤어 공항의 보안 시스템 업그레이드를 위해 다음 추정치(단위 : $1,000)가 개발되었다. (a) 연간 10%의 할인율을 적용하여 전통적 B/C 비

율을 계산하시오. 프로젝트는 타당한가? (b) 프로젝트를 경제적으로 타당하지 않게 만드는 최소 초기비용을 결정하시오.

항목	현금흐름
초기비용, $	13,000
비용의 AW, $/연	3,800
불편익의 FW, $/20년 차	6,750
M&O 비용, $/연	400
수명, 연수	20

9.20 컨설턴트는 3개월의 작업 후에 시 소유 병원 헬기장 프로젝트의 수정된 B/C 비율이 1.7이라고 보고했다. 초기비용이 $1백만이고 연간 편익이 $150,000이라면 계산에 사용된 연간 M&O 비용은 얼마인가? 보고서에는 연간 6%의 할인율과 30년의 추정 수명이 사용되었다고 명시되어 있다.

9.21 해리스 카운티 보건부가 제안한 모기 방제 프로그램의 B/C 비율은 2.1로 보고되었다. 보고서를 작성한 사람은 건강상의 편익이 연간 $400,000로 추정되며, 연간 $25,000의 불편익이 계산에 사용되었다고 밝혔다. 그는 또한 화학 약품, 기계 및 유지관리비용과 인건비를 $150,000로 추정하였으나, 프로그램 시작에 필요한 비용(트럭, 펌프, 탱크 등)을 기재하는 것을 잊었다고 말했다. 초기비용을 10년 동안 연 8%로 상각한다면 예상 초기비용은 얼마인가?

9.22 Tomance 중앙은행의 랜섬웨어 방지 프로젝트를 위해 개발된 다음 현금흐름 추정치에 대한 B/C 비율을 계산하시오. 이 프로젝트는 연간 10% 할인율에서 정당화되는가?

항목	추정치
편익의 PW, $	4,800,000
불편익의 AW, $/연	45,000
초기비용, $	1,200,000
M&O 비용, $/연	300,000
수명, 연수	10

9.23 PPP 프로젝트에 대한 다음 데이터로부터 (a) 기존 및 (b) 연간 6% 이자율과 영구 프로젝트 기간을 사용하여 수정된 이익/비용 비율을 계산하시오.

대중	정부
편익 : 지금부터 연간 $100,000	비용 : 현재 $1.8백만 3년마다 $200,000
불편익 : 연간 $60,000	절감액 : 연간 $90,000

9.24 브라질 싱구강의 벨로 몬테 댐 단지는 설치 용량이 11,000 MW를 초과하여 세계에서 세 번째로 큰 수력 발전 댐이 될 것이다. 이 프로젝트의 사업비는 $16십억으로 예상되며, 5년간의 공사 기간을 거쳐 2019년 말 완공되면 전력 생산을 시작할 예정이다. 이 댐은 수백만 명의 사람들에게 청정에너지를 공급할 예정이지만 환경운동가들은 강력히 반대하고 있다. 이들은 댐이 건설되면 야생동물과 홍수 피해 지역에 거주하는 4만 명의 생계가 황폐화될 것이라고 주장한다.

5년의 공사 기간 동안 자금이 고르게 투입되고(즉, 연간 $3.2십억), 불편익은 이재민 1인당 $66,000, 야생동물 파괴로 인해 $1십억이 될 것이라고 가정한다. 또한 5년의 건설 기간 동안 불편익이 균등하게 발생하고 편익이 2020년부터 시작되어 무기한 지속된다고 가정한다. 연간 8%의 할인율에서 B/C 비율을 사용하여 프로젝트를 경제적으로 정당화하는 데 필요한 최소 연간 편익을 결정하시오.

9.25 미국 영공에서 아침에 하늘을 나는 상업용 항공기 수는 평균 4,000대이다. 지상에는 16,000대의 비행기가 더 있다. 항공우주 회사인 Rockwell-Collins는 날씨나 지형에 관계없이 조종사의 도움 없이도 비행기를 가장 가까운 공항에 긴급 착륙시킬 수 있는 비상 버튼 기술인 '디지털 낙하산'을 개발하였다. 이 기술은 조종사가 더 이상 비행기를 조종할 수 없거나 비상 상황에서 어떻게 해야 할지 당황하고 혼란스러워하는 경우에 적용할 수 있다. 상업용 비행기 20,000대를 개조하는 데 드는 비용이 대당 $55,000이고 비행기가 15년 동안 운항된다고 가정한다. 이 기술은 연간 평균 40명의 생명을 구할 수 있으며, 한 사람의 생명의 가치는 $4백만으로 평가

된다. 연간 8%의 이자율을 사용하여 B/C 비율을 결정하시오.

9.26 고위험 교차로에 적색 신호등 카메라를 설치하면 후방충돌사고는 증가하지만 보행자 사고를 포함한 모든 유형의 사고는 감소한다. 북서부 도시의 교통사고를 분석한 결과, 선택된 사진 개선 교차로 그룹에서 발생한 총 충돌 건수가 월 33건에서 18건으로 감소한 것으로 나타났다. 동시에 적색 신호 위반으로 인한 교통 위반 과태료 발부 건수는 월평균 1,100건으로, 위반자에게는 건당 $85의 비용이 발생하였다. 계약업체가 선택된 교차로에 기본 카메라 시스템을 설치하는 데 드는 비용은 $750,000였다. 분석을 위하여 월 0.5%의 이자율과 3년의 연구기간을 사용한다. 충돌 비용은 $41,000로 추정되며, 과태료 발부 비용은 불편익으로 간주된다.

(a) 시의 관점에서 카메라 시스템의 B/C 비율을 계산하시오.

(b) 계약업체는 시스템을 운영 및 유지보수하고, 수집된 위반 데이터를 충돌 예상 비용의 50%에 해당하는 수수료를 받고 24시간마다 경찰서에 제공할 것을 제안하였다. 계약업체의 입장에서 수익성 지수(PI)를 계산하시오.

9.27 대규모 석유 · 가스 시추 및 운영 기업인 Dickinson은 지난 6년 동안 독일의 Pepperl+Fuchs가 개발한 FOUNDATION Fieldbus H1(FF H1) 시스템의 설치 및 운영에 투자하였다. 프로젝트 엔지니어는 FF H1 시스템에서 생성된 연간 순현금흐름 증가액(ΔNCF)과 Dickinson이 이 시스템에 투자한 연간 투자액에 대한 정보를 수집하였다. 연 10%의 이자율에서 이 투자의 PI를 계산하시오. 경제적 가치가 있는 것으로 입증되었는가? (참고 : 문제 9.54에서는 스프레드시트를 사용하여 필드버스 구현을 자세히 살펴본다.)

연도	0	1	2	3	4	5	6
ΔNCF, $10,000/연	0	5	7	9	11	13	20
투자, $10,000	15	8	10	0	0	5	10

두 가지 대안 비교

9.28 X와 Y로 식별된 두 가지 대안은 B/C 방법을 사용하여 평가된다. 대안 Y는 X보다 총비용이 더 높다. 대안 X와 Y의 B/C 비율이 각각 1.2와 1.0이라면 어떤 대안을 선택해야 하는가? 그 이유는 무엇인가?

9.29 애리조나 중부 시골 마을의 홍수 피해를 줄이기 위해 두 가지 대안 중 하나를 선택해야 한다. 각 대안과 관련된 추정치를 이용할 수 있다. 20년 연구기간 동안 연간 8%의 할인율을 적용하여 B/C 분석을 수행하고 어떤 대안을 선택해야 할지 결정하시오. 분석 목적에 한하여 연구기간의 3년, 9년, 18년에 홍수 피해를 예방할 수 있다고 가정한다.

	저수지	방수로
초기비용, $	880,000	2,900,000
연간 유지보수, $/연	92,000	30,000
홍수 피해 절감, $	200,000	600,000

9.30 시 엔지니어와 경제 개발 책임자는 다목적 스포츠 경기장 건설을 위해 두 곳의 부지를 평가하고 있다. 대상지는 수도권 도심(DT)과 남서부(SW)이다. 시는 이미 DT 부지에 충분한 토지를 소유하고 있다. 그러나 주차장 부지 비용은 $1백만, 주차장 건설, 기반시설 이전, 배수 시설 비용은 $10백만이 소요될 것으로 예상된다. SW 부지는 시내에서 30 km 떨어져 있지만, 이 부지에 경기장이 들어서면 나머지 소유 토지의 가치가 극적으로 높아진다는 것을 알고 있는 개발자가 토지를 기부할 것이다.

DT 부지는 시의 중앙에 위치하고 있기 때문에 DT 부지에서 개최되는 대부분의 이벤트에 더 많은 사람들이 참석할 것이다. 이를 통해 공급업체들과 지역 상인들은 연간 $700,000에 달하는 더 많은 수익을 얻을 수 있을 것이다. 또한 평균적인 참석자들은 멀리 여행할 필요가 없으므로 연간 $400,000의 편익을 얻을 수 있다. 다른 모든 비용과 수익은 어느 부지에서나 동일할 것으로 예상된다. 시가 연간 6%의 할인율을 사용하고 다목적 스포츠 경기장을 하나의 부지에 건설할 경우 어느 부지를 선택해야 하는가? 30년의 연구기간을 사용하시오.

9.31 정부의 일급 비밀 연구 현장에서 잠재적인 지진 피해를 줄이기 위해 상대적으로 저렴한 두 가지 대안을 사용할 수 있다. 각 대안에 대한 현금흐름 추정치는 다음과 같다. 연 8%의 이자율에서 B/C 비율 방법을 사용하여 어느 것을 선택해야 하는지 결정하시오. 연구기간을 20년으로 하고 피해비용은 연구기간 중간, 즉 10년 차에 발생한다고 가정한다.

	대안 1	대안 2
초기비용, $	600,000	1,100,000
연간 유지보수, $/연	50,000	70,000
잠재 피해비용, $	950,000	250,000

9.32 한 국가 기관은 기술 직원의 기술을 업그레이드하기 위해 상호배타적인 두 가지 대안을 고려하고 있다. 대안 1은 각 클라이언트에 대한 배경 정보를 수집하는 데 필요한 시간을 줄이는 소프트웨어를 구매하는 것이다. 새 소프트웨어와 관련된 구매, 설치 및 교육에 드는 총비용은 $840,900이다. 효과성 증가로 인한 편익의 현재가치는 $1.02백만으로 예상된다.

대안 2는 직원 기술자의 성과를 향상하기 위한 멀티미디어 교육을 개발하는 것이다. 기술자 개발, 설치 및 교육에 드는 총비용은 $1,780,000이다. 훈련을 통한 성과 향상으로 인한 편익의 현재가치는 $1,850,000로 예상된다. B/C 분석을 사용하여 타당한 대안이 있다면, 해당 기관이 수행해야 하는 대안이 무엇인지 결정하시오.

9.33 농촌 주민을 위한 긴급 진료 방문 클리닉을 건설할 수 있는 두 곳의 후보지가 있다. 연 8%의 이자율을 가정한 B/C 분석을 사용하여 타당한 위치가 있다면 어느 위치가 더 나은지 결정하시오. (참고 : 이 분석에 대한 자세한 내용은 문제 9.55 참조)

	후보지 1	후보지 2
초기비용, $	1,200,000	2,000,000
연간 M&O 비용, $/연	80,000	75,000
연간 편익, $/연	520,000	580,000
연간 불편익, $/연	90,000	140,000
부지 적합성, 연수	10	20

9.34 국경 순찰대 설치를 고려 중인 위치는 연방 정부에서 비용을 다음과 같이 추정하였다. 연 6%의 이자율을 적용한 B/C 비율 방법을 사용하여 타당한 위치가 있다면, 어떤 위치를 선정할지 결정하시오.

	북쪽, N	남쪽, S
초기비용, $	1.1×10^6	2.9×10^6
연간 비용, $/연	480,000	390,000
불편익, $/연	70,000	40,000
수명, 연수	∞	∞

9.35 원격 관개 수로 현장의 모니터링 장비에 필요한 에너지를 공급하기 위해 태양열 및 기존 전력 대안을 사용할 수 있다. 각 대안과 관련된 추정치는 다음과 같이 개발되었다. B/C 방법을 사용하여 5년의 연구 기간 동안 연 7%의 이자율일 때 하나를 선택하시오. 대안 중 하나를 반드시 선택해야 한다.

	기존 대안	태양열
초기비용, $	200,000	1,300,000
연간 전력 비용, $/연	80,000	9,000
잔존가치, $	—	150,000

9.36 중간 규모 도시의 한 공공 유틸리티는 물 보존을 달성하기 위해 두 가지 현금 환급 프로그램을 고려하고 있다. 가구당 평균 $60의 비용이 소요될 것으로 예상되는 프로그램 1은 초저수세식 변기 구매 및 설치 비용의 75%를 환급해 준다(최대 $100). 이 프로그램은 5년의 평가 기간 동안 전체 가구의 물 사용량을 5% 절감할 것으로 예상된다. 이를 통해 시민들은 가구당 $1.25 정도의 편익을 받을 수 있다. 프로그램 2는 잔디를 건식(필요한 물의 양이 적은) 조경으로 교체하는 것이다. 이 프로그램은 가구당 $500의 비용이 들 것으로 예상되지만, 가구당 월평균 $8로 추정되는 상수도 비용을 절감할 수 있다. 월 0.5%의 할인율로 B/C 방법을 사용하여 타당한 프로그램이 있다면 유틸리티가 어떤 프로그램을 수행해야 하는지 결정하시오. 프로그램은 (a) 상호배타적이거나 (b) 독립적일 수 있다.

9.37 한 지역에 프로 스포츠 팀을 유치하기 위해 시, 카운

티, 건설/관리업체가 민관협력을 맺었다. 당신이 회사의 엔지니어이고 비용편익분석을 지원하고 있다고 가정하자. 주요 옵션은 돔형 경기장(DA) 또는 일반 경기장(CS)을 건설하는 것이며, 둘 중 하나는 반드시 건설될 것이다. DA 옵션은 건설 비용이 $200백만이고 유효 수명은 50년이며 M&O 비용은 첫해에 $360,000이 필요하며 이후 매년 $10,000씩 증가한다. 25년 후 리모델링 비용은 $4.8백만으로 예상된다.

CS 옵션은 건설 비용이 $50백만에 불과하고 유효 수명이 50년이며 첫해에 M&O 비용이 $175,000가 필요하며 매년 $8,000씩 증가한다. 경기장 재도장 및 표면 재포장을 위한 정기적 비용은 50년 차를 제외하고 10년마다 $100,000로 추산된다.

DA의 수익은 첫해에 CS의 수익보다 $10.9백만 더 클 것으로 예상되며, 15년까지 연간 $200,000씩 증가한다. 이후 돔에서 발생하는 추가 수익은 연간 $13.7백만으로 일정하게 유지될 것으로 예상된다. 두 구조물 모두 잔존가치가 $5백만이라고 가정하고, 연 8%의 이자율과 B/C 분석을 사용하여 어떤 구조물을 건설해야 하는지 결정하시오. 지시에 따라 수기로 풀거나 스프레드시트로 푸시오.

다중(3개 이상) 대안

9.38 X, Y, Z로 식별된 세 가지 대안이 B/C 방법으로 평가되었다. 분석가는 프로젝트 B/C 값을 0.92, 1.34, 1.29로 계산하였다. 대안은 등가 총비용이 증가하는 순서로 정렬되어 있다. 분석가는 증분 분석이 필요한지 여부를 확신하지 못하고 있다.

(a) 어떻게 생각하는가? 증분 분석이 필요하지 않다면 그 이유는 무엇인가? 필요하다면 어떤 대안을 점진적으로 비교해야 하는가?

(b) 증분 분석이 필요하지 않은 프로젝트 유형에는 어떤 것이 있는가? X, Y, Z가 모두 이런 유형의 프로젝트라면, 계산된 B/C 값에 따라 어떤 대안을 선택해야 하는가?

9.39 국방부는 희귀 금속 채굴을 위해 국립 야생동물 보호구역 내 세 곳의 장소를 고려하고 있다. 다음 표에 각 부지 A, B, C와 관련된 현금흐름이 요약되어 있다. 채굴기간은 5년으로 제한되며 금리는 연 10%이다. B/C 방법을 사용하여 타당한 곳이 있다면 어떤 부지가 허용되는지 결정하시오. 화폐 단위는 백만 달러이다. (참고 : 문제 9.56에는 이 상황에 대한 추가 분석이 포함되어 있다.)

	A	B	C
초기비용, $	50	90	200
연간 비용, $/연	3	4	6
연간 편익, $/연	20	29	61
연간 불편익, $/연	0.5	2	2.1

9.40 B/C 방법을 사용하여 상호배타적이고 직접적인 편익을 제공하는 네 가지 대안을 비교하시오. 타당한 대안이 있다면, 어떤 대안을 선택해야 하는가?

			다음 대안과 비교했을 때 ΔB/C 비율			
대안	초기 투자, $백만	B/C 비율	J	K	L	M
J	20	1.10	—			
K	25	0.96	0.40	—		
L	33	1.22	1.42	2.14	—	
M	45	0.89	0.72	0.80	0.08	—

9.41 캘리포니아주 밸리뷰시에서는 중고 타이어 폐기에 관한 다양한 제안을 고려하고 있다. 모든 제안에는 파쇄가 포함되지만 각 계획마다 편익이 다르다. 증분 B/C 분석이 시작되었으나 연구를 수행하던 엔지니어가 최근 퇴사하였다. 20년의 연구기간과 연 8%의 이자율을 사용하여 (a) 표의 증분 B/C 열의 빈칸을 채우시오. (b) 어떤 대안을 선택해야 하는가?

			다음 대안과 비교했을 때 ΔB/C 비율			
대안	비용의 PW, $백만	B/C 비율	P	Q	R	S
P	10	1.1	—	2.83		
Q	40	2.4	2.83	—		
R	50	1.4			—	
S	80	1.8				—

9.42 국립공원의 캠프장과 숙박 시설 후보 위치에 대해 표시된 정보를 바탕으로 상호배타적인 6개 프로젝트 중에서 타당한 것이 있다면, 어떤 프로젝트를 선택해야 하는지 결정하시오. 선택된 증분 B/C 비율이 포함된다. 적절한 비교가 이루어지지 않은 경우 어떤 비교가 필요한지 명시하시오.

	G	H	I	J	K	L
총비용, $	20,000	45,000	50,000	35,000	85,000	70,000
B/C 비율	1.15	0.89	1.10	1.11	0.94	1.06

대안 비교	ΔB/C
G 대 H	0.68
G 대 I	0.73
H 대 J	0.10
I 대 J	1.07
J 대 G	1.07
H 대 K	1.00
H 대 L	1.36
J 대 K	0.82
J 대 L	1.00
K 대 L	0.40
G 대 L	1.02

9.43 B/C 방법을 사용하여 상호배타적인 네 가지 대안을 비교해 달라는 요청을 받았고, 그 결과는 다음과 같다. 타당한 대안이 있다면 어떤 대안을 추천하겠는가?

대안	등가 총비용, $백만	직접 B/C 비율	다음 대안과 비교했을 때 ΔB/C 비율			
			X	Y	Z	Q
X	20	0.75	—			
Y	30	1.07	1.70	—		
Z	50	1.20	1.50	1.40	—	
Q	90	1.11	1.21	1.13	1.00	—

9.44 캘리포니아주 샌디에이고 카운티 남부와 멕시코 티후아나의 공중 보건, 환경, 공공 해변, 수질 및 경제를 보호하기 위해 미국과 멕시코의 연방 기관은 해양으로 배출되기 전에 폐수를 처리하기 위한 네 가지 대안을 개발하였다. 이 프로젝트는 티후아나강 계곡, 티후아나강 국립하구연구보호구역, 농업 및 공공 휴양에 사용되는 해안 지역, 연방 및 주에 등재된 멸종위기종의 중요 서식지로 지정된 지역에서 만성적이고 심각한 오염을 야기하는 미처리 폐수 흐름을 최소화할 것이다. 추정된 비용 및 편익에 대해 연간 6% 이자율 및 40년 프로젝트 기간의 B/C 분석을 기반으로 어떤 대안을 선택해야 하는가? 모든 금액은 백만 달러 단위이다.

	연못 시스템	플랜트 확장	고급 기본	부분 보조
자본 비용, $	58	76	2	48
M&O 비용, $/연	5.5	5.3	2.1	4.4
편익, $/연	11.1	12.0	2.7	8.3

9.45 카운티 교도소의 보안을 강화하기 위해 몇 가지 대안을 고려 중이다. 각 대안은 시설의 다른 영역에 적용되므로 경제적으로 매력적인 모든 대안이 구현될 것이다. 연이율 7%, 연구기간 10년을 적용한 B/C 분석을 바탕으로 어떤 것을 선택해야 할지 결정하시오.

	추가 카메라 (EC)	새로운 센서 (NS)	스틸 튜브 (ST)	접근 제어 (AC)
초기비용, $	38,000	87,000	99,000	61,000
M&O, $/연	49,000	64,000	42,000	38,000
편익, $/연	110,000	160,000	74,000	52,000
불편익, $/연	26,000	21,000	32,000	14,000

비용효과성분석

9.46 국경을 넘는 마약 밀수를 억제하기 위한 다양한 기법이 제안되었다. 특히 험난한 국경 지역을 따라 각 전략을 실행하는 데 드는 비용은 아래에 제시되어 있다. 이 표에는 억제, 차단, 체포를 기준으로 집계된 점수도 포함되어 있으며, 점수가 높을수록 성과가 우수함을 나타낸다. 예산이 $60백만인 경우 비용효과성분석을 기반으로 어떤 기법을 사용해야 하는지 결정하시오.

활동	비용, $백만	점수
테더 에어로스탯	3.8	8
지상군	31.4	52
울타리	18.7	12
모션 센서	9.8	7
지진 센서	8.3	5
드론	12.1	26

9.47 생산성 향상은 플라스틱 파이프 압출 공장의 새로운 소유자의 주요 목표이다. CEO는 생산성 향상 프로그램을 향한 첫 단계로 직원 사기 진작을 위한 일련의 조치를 시범적으로 시행하기로 결정하였다. 직원 자율성 강화, 유연한 근무 일정, 교육 개선, 회사 야유회, 근무 환경 개선 등 6가지 개별 전략이 실행되었다. 회사는 정기적으로 설문조사를 실시하여 직원들의 사기 변화를 측정하였다. 효과성의 척도는 자신의 직무 만족도를 '매우 높음'으로 평가한 직원 수와 '매우 낮음'으로 평가한 직원 수의 차이이다. 6개 프로그램에 대한 각 전략(A~F로 식별)의 직원당 비용과 측정 점수는 아래와 같다.

CEO는 효과성과 경제적 관점 모두에서 타당하다고 판단되는 전략을 영구적으로 구현하는 데 지출하기 위해 직원당 $60를 따로 책정하였다. 어떤 전략을 실행하는 것이 가장 좋은지 결정하시오. 지시에 따라 수기로 풀거나 스프레드시트를 사용하여 푸시오.

전략	비용/직원, $	측정 점수
A	5.20	50
B	23.40	182
C	3.75	40
D	10.80	75
E	8.65	53
F	15.10	96

9.48 금연을 돕는 방법은 여러 가지가 있지만 그 비용과 효과는 매우 다양하다. 프로그램의 효과성을 측정하는 한 가지 방법은 '등록자의 금연 비율'이다. 이 문제의 표에는 효과적인 금연 방법으로 알려진 몇 가지 기법, 각 프로그램의 대략적인 1인당 비용 및 프로그램 종료 3개월 후 금연한 사람들의 비율에 대한 과거 데이터가 제시되어 있다.

암 협회(Cancer Society)는 더 많은 사람들이 이러한 프로그램을 이용할 수 있도록 매년 암 환자들에게 비용 상쇄 기금을 제공한다. 세인트루이스에 있는 대형 클리닉은 매년 제시된 수의 환자를 치료할 수 있는 능력을 갖추고 있다. 이 클리닉이 매년 특정 수의 사람들을 치료하기 위해 암 협회에 제안서를 제출할 계획이라면, 클리닉이 제안서에서 다음을 수행하기 위해 요구해야 하는 금액을 추정하시오.

(a) 비용효과성 비율이 가장 낮은 기법에 대해 수용 능력 수준에서 프로그램을 수행한다.

(b) 가장 비용 효과적인 기술을 사용하여 연간 최대 1,100명을 치료할 수 있도록 가능한 한 많은 기법을 사용하는 프로그램을 제공한다.

기법	비용, $/등록자	금연 %	연간 수용 인원
침술	700	9	250
잠재의식 메시지	150	1	500
혐오 요법	1,700	10	200
외래환자 클리닉	2,500	39	400
입원환자 클리닉	2,800	41	550
니코틴 대체 치료제(NRT)	1,300	20	100

9.49 상호배타적인 4개의 서비스 부문 대안에 대해 연간 회수 품목의 연간 비용 및 효과성 척도 값이 수집되었다. (a) 각 대안에 대한 비용효과성 비율(CER)을 계산하고, (b) CER을 사용하여 최상의 대안을 식별하시오.

대안	비용 *C*, $/연	회수 품목/연, *E*
W	355	20
X	208	17
Y	660	41
Z	102	7

9.50 한 공대 학생이 수강 중인 경제성 공학 수업의 최종 시험까지 45분밖에 남지 않았다. 이 학생은 강사의 복습 세션을 통해 시험에 CEA 문제가 나올 것이라는 것을 알고 있기 때문에 비용효과성분석을 이

해하는 데 도움이 필요하다. 시간상 시험 전에는 한 가지 도움 방법만 사용할 수 있으므로 잘 선택해야 한다. 빠른 추정 과정을 통해 그녀는 각 방법에 몇 분이 소요될지, 그리고 최종 시험에서 몇 점을 받을 수 있을지 결정한다. 그 방법과 추정치는 다음과 같다. 가장 효과적으로 도움을 받으려면 어떤 방법을 선택해야 하는가?

도움 방법	소요 시간	획득 점수
조교(TA)	15	20
웹 슬라이드	20	10
수업 내 친구	10	5
강사	20	15

공공 부문 윤리

9.51 대부분의 선진국에서는 운전 중 문자 메시지(TWD)를 금지하는 법률이 제정되었다. 시스템 엔지니어링 컨설팅 회사인 Hambara and Associates는 월평균 위반 티켓 발부 건수를 늘리지 않는 것을 목표로 TWD에 대한 무관용 정책을 시행하는 Callaghan 경찰청의 프로젝트를 지원하는 계약을 체결하였다. 이는 경찰청장이 모든 위반 사항, 특히 TWD 위반에 티켓을 발부하는 경찰관에 대한 대중의 부정적인 태도를 잘 인식하고 있기 때문에 널리 공론화된 목표이다. Hambara에서 일하고 있으며 Callaghan 계약의 수석 프로젝트 엔지니어라고 가정해 보자. 당신은 Hambara가 프로젝트 개발 및 구현을 담당하게 되므로 즉시 이를 공공 계획 노력으로 인식하게 된다. 내일 아침 Hambara 팀의 다른 4명의 팀원과 Callaghan 경찰서에서 파견된 연락관 2명을 만날 예정이다. 이 만남에서 그들은 프로젝트에 대한 접근 방식에 대한 일반적인 개요를 볼 수 있기를 기대한다.

대중의 민감성, 경찰청장이 공표한 티켓 발부 건수를 늘리지 않겠다는 목표, 경찰서와 Hambara 팀 구성원 내에서 발생할 수 있는 윤리적 차원에 대한 우려 때문에 향후 발생할 수 있는 윤리적 고려사항을 이해하기 위한 구조가 필요하다. 미래에 일어날 수 있는 일이다. 표 9-5의 형식, 특히 가장 왼쪽 열에 제시된 차원을 사용하여 이 프로젝트의 윤리적 고려사항을 파악하시오. 이 자료는 그룹의 첫 번째 회의에서 직접 공유되지 않을 가능성이 높다.

9.52 주거용 전기 원격 검침 시스템의 설계 및 개발 단계에서 포레스트 릿지시의 프로젝트에 참여하는 두 엔지니어는 예상과 다른 점을 지적하였다. 전기/소프트웨어 엔지니어인 첫 번째 엔지니어는 시 연락 담당자가 소프트웨어 옵션에 대한 모든 정보를 제공했지만 Lorier Software의 옵션 중 하나만 논의하고 자세히 설명했다고 언급하였다. 산업 시스템 엔지니어인 두 번째 설계자는 동일한 연락 담당자가 제공한 모든 하드웨어 사양이 모두 동일한 유통업체, 즉 Delsey Enterprises에서 나온 것이라고 덧붙였다. 공교롭게도 엔지니어들이 초대받은 시 직원들을 위한 주말 가족 피크닉에서 그들은 던 델시와 수잔 로리어라는 부부를 만났다. 검토 결과, 그들은 던이라는 남자가 시 연락 담당자의 사위이고 수잔이 그의 의붓딸이라는 것을 알게 되었다. 이러한 관찰을 바탕으로 시 연락 담당자가 친척의 소프트웨어 및 하드웨어 사업체에 유리하도록 설계를 편향시키려 한다는 의심이 든다면 시스템 개발을 계속 진행하기 전에 두 엔지니어는 어떻게 해야 하는가?

9.53 자동차를 통한 교통이 도입된 이후 동유럽 얄투리아 전역의 운전자들은 도로 왼쪽으로 운전해 왔다. 최근 얄투리아 국회는 3년 이내에 우측 운전 규칙을 채택하고 전국적으로 시행하는 법안을 통과시켰다. 이는 국가의 중대한 정책 변화이며, 이를 성공적이고 안전하게 시행하려면 상당한 공공 계획과 프로젝트 개발이 필요하다. 당신이 이러한 주요 프로젝트의 대부분을 개발하고 설명하는 책임을 맡은 Halcrow Engineers의 수석 엔지니어링 컨설턴트라고 가정해 보자. 필요하다고 생각되는 프로젝트 6개를 제시하시오. 프로젝트의 이름을 명시하고 각 프로젝트에 대해 한두 문장으로 설명하시오.

스프레드시트 활용 연습문제

9.54 문제 9.27에서 분석된 FOUNDATION 필드버스 H1 설치에 대해 다음을 수행하시오(데이터는 아래에서 반복된다).

(a) 처음 6년간의 운영에 대한 PI를 구하시오.

(b) Dickinson이 7년 차에 $150,000를 추가로 투자할 계획이고 PI = 1.20이 되는 수익성 증가를 실현하고자 하는 경우, 내년에 필요한 ΔNCF를 구하시오.

연	0	1	2	3	4	5	6
ΔNCF, $10,000/연	0	5	7	9	11	13	20
투자, $10,000	15	8	10	0	0	5	10

9.55 농촌 주민들에게 서비스를 제공하기 위해 긴급 진료 방문 클리닉을 건설할 수 있는 잠재적 장소는 두 군데가 있다. 클리닉은 필수사항이 아니기 때문에 DN 대안도 하나의 옵션이며, 미래의 환자들에게 편의를 제공할 수 있다. 아래에 요약된 추정치를 사용하여 연간 8%의 할인율로 증분 B/C 분석을 수행한 결과는 다음과 같다.

총비용 증가에 따른 순위 : DN, 1, 2

위치 1 대 DN : $B/C = 1.66$ 결론 : DN 제거

위치 2 대 1 : $\Delta B/C = 0.50$ 결론 : 위치 1 선택

	위치 1	위치 2
초기비용, $	1,200,000	2,000,000
연간 M&O 비용, $/연	80,000	75,000
연간 편익, $/연	520,000	580,000
연간 불편익, $/연	90,000	140,000
부지 적합성, 연수	10	20

클리닉의 주치의인 톰슨 박사는 위치 2가 선택되기를 원했다. 그는 이제 추정치, 특히 위치 2에 대해 추정된 초기비용과 불편익에 대해 이의를 제기했다. 게다가 그는 위치 2에 B/C 비율을 직접 계산하여 1.58이라는 값을 얻었는데, 이는 위치 1에 대해 보고된 $B/C = 1.66$에 매우 근접하므로 위치 1의 선택은 한계 결정(marginal decision)이라고 주장한다. 클리닉 건설 여부와 장소를 결정해야 하는 집단을 위해 다음 질문에 답하시오.

(a) 두 위치의 B/C 비율이 보고된 대로 정확한가?

(b) 위치 2를 선택해도 여전히 경제적으로 정당할 수 있는가?

(c) 2번 위치가 더 나은 위치가 되려면 초기비용이 얼마나 더 적게 들어야 하는가?

(d) 위치 2의 초기비용을 변경할 수 없는 경우 위치 2의 편익을 늘릴 수 있는가?

(e) 불편익을 완전히 무시해도 결과는 같은가?

9.56 문제 9.39의 추정치를 사용하여 국립 야생동물 보호구역에서 희귀 금속을 채굴하는 것과 관련된 문제에 답하시오. B/C 방법, 5년간의 연구기간, 연간 10% 할인율을 사용하시오. 단위는 백만 달러이다.

	A	B	C
초기비용, $	50	90	200
연간 비용, $/연	3	4	6
연간 편익, $/연	20	29	61
연간 불편익, $/연	0.5	2	2.1

(a) 경제적으로 가장 좋은 부지는 어디인가?

(b) 부지 B를 세 가지 옵션 중 최고로 만드는 데 필요한 최소 이익 추정치는 얼마인가? $\Delta B/C$는 최소 1.01이어야 하고 다른 모든 추정치는 인용된 대로 유지된다고 가정한다.

(c) 원래 추정치에 대하여 환경적 이유로 A 부지가 제거된 경우 B 부지 또는 C 부지가 허용되는가?

9.57 아래에 설명된 4개의 독립적인 프로젝트 M, N, O, P를 고려하자. 연 5%, 연구기간 15년으로 가정한다. (a) 어떤 프로젝트가 수용 가능한지 결정하고, (b) 허용 불가한 프로젝트를 B/C 비율이 1.0 이상인 허용 가능한 프로젝트로 만들기 위한 연간 M&O 비용의 값을 구하시오. (참고 : 분석의 어딘가에 논리적 IF 함수를 활용하시오.)

	M	N	O	P
초기비용, $	38,000	87,000	99,000	61,000
M&O, $/연	49,000	64,000	42,000	38,000
편익, $/연	110,000	160,000	74,000	52,000
불편익, $/연	26,000	21,000	32,000	14,000

사례연구

교통사고 감소를 위한 고속도로 조명 대안

배경

본 사례연구에서는 고속도로 조명과 사고 감소에 대한 조명의 역할에 대하여 동일한 정보를 기준으로 비용편익분석과 비용효과성분석을 비교한다.

열악한 고속도로 조명은 야간에 교통사고가 비례적으로 더 많이 발생하는 이유 중 하나일 수 있다. 교통사고는 심각도와 가치에 따라 6가지 유형으로 분류된다. 예를 들어, 사망자가 발생한 사고의 가치는 약 $4백만이며, 대물 피해(차량 및 물품에 대한)가 발생한 사고의 가치는 $6,000이다. 조명의 영향을 측정하는 한 가지 방법은 유사한 특성을 갖는 조명이 있는 고속도로 구간과 조명이 없는 고속도로 구간의 주야간 사고율을 비교하는 것이다. 조명이 너무 낮아서 발생하는 것처럼 보이는 사고의 감소는 조명의 편익 B에 대한 금전적 추정치로 환산하거나 조명의 효과성 척도 E로 사용할 수 있다.

정보

고속도로 사고 데이터는 5년간의 연구를 통해 수집되었다. 대물 피해는 일반적으로 사고율을 기준으로 가장 큰 유형이다. 고속도로 구간에서 기록된 사고 건수는 다음과 같다.

사고 기록 건수[1]

	조명 없음		조명 있음	
사고 유형	주간	야간	주간	야간
대물 피해	379	199	2,069	839

조명이 없는 고속도로 구간과 조명이 설치된 고속도로 구간에서 대물 피해와 관련된 주간 대비 야간 사고 비율은 각각 199/379 = 0.525, 839/2,069 = 0.406이다. 이러한 결과는 조명이 유익했음을 나타낸다. 편익을 정량화하기 위해 비조명 구간의 사고 발생률을 조명 구간에 적용한다. 이를 통해 예방된 사고 건수가 산출된다. 따라서 고속도로에 신호등이 없었다면 839건이 아니라 (2,069)(0.525) = 1,086건의 사고가 발생했을 것이다. 이는 247건의 사고 건수의 차이이다. 사고당 비용이 $6,000라면 연간 순편익은 다음과 같다.

$$B = (247)(\$6{,}000) = \$1{,}482{,}000$$

예방된 사고 수에 대한 효과성 척도의 경우 E = 247이 된다.

조명 비용을 결정하기 위해 전구가 각각 2개씩 있는 67 m 간격의 중앙 기둥을 전등 기둥으로 가정한다. 전구 크기는 30,000루멘(0.4 kW)이고 설치 비용은 기둥당 $3,500이다. 이 데이터는 조명이 설치된 고속도로 87.8 km에 걸쳐 수집된 것이므로 조명 설치 비용은 다음과 같다(기둥 수는 반올림함).

$$\begin{aligned}\text{설치 비용} &= \$3{,}500\left(\frac{87.8}{0.067}\right)\\ &= 3{,}500(1{,}310)\\ &= \$4{,}585{,}000\end{aligned}$$

총 87.8/0.067 = 1,310개의 기둥이 있으며 관련 지방자치단체의 전기요금은 kWh당 $0.10로 할인된다. 따라서

1. Michael Griffin, "Comparison of the Safety of Lighting on Urban Freeways," *Public Roads*, vol. 58, pp. 8-15, 1994에 보고된 데이터 중 일부

연간 전력비용

= 1,310기둥(2전구/기둥)(0.4 kW/전구)

× (12시간/일)(365일/연)

× ($0.10/kWh)

= 연간 $459,024

데이터는 5년 동안 수집되었다. 따라서 i = 6%에서 연간 비용 C는 다음과 같다.

$$\text{총 연간 비용} = \$4{,}585{,}000(A/P,6\%,5) + 459{,}024 = \$1{,}547{,}503$$

비용편익분석이 추가 조명에 대한 결정의 기준이 되는 경우 B/C 비율은 다음과 같다.

$$B/C = \frac{1{,}482{,}000}{1{,}547{,}503} = 0.96$$

B/C < 1.0이므로 조명이 정당화되지 않는다. 더 나은 의사결정의 근거를 확보하기 위해서는 다른 범주의 사고를 고려해야 한다. 조명의 편익에 대한 금전적 추정이 정확하지 않다고 판단하여 비용효과성분석(CEA)을 적용할 경우 C/E 비율은 다음과 같다.

$$C/E = \frac{1{,}547{,}503}{247} = 6{,}265$$

이는 추가 사고 감소 제안에 대한 증분 CEA를 수행할 때 비교를 위한 기본 비율로 사용될 수 있다.

이러한 예비 B/C 및 C/E 분석을 통해 다음과 같은 네 가지 조명 옵션이 개발되었다.

W) 위에 설명된 대로 계획을 실행하여, 기둥당 $3,500의 비용으로 67 m마다 기둥을 설치한다.

X) 기둥을 2배 간격(134 m)으로 설치한다. 이렇게 하면 사고 예방 편익이 40% 감소하는 것으로 추정된다.

Y) 기둥당 $2,500의 비용으로 더 저렴한 기둥과 주변 안전 가드, 약간 낮은 루멘 전구(0.35 kW)를 설치하고, 기둥을 67 m 간격으로 배치한다. 이렇게 하면 편익이 25% 감소할 것으로 추정된다.

Z) 350 W 전구를 사용하여 기둥당 $2,500에 더 저렴한 장비를 설치하고 134 m 간격으로 배치한다. 이 계획을 통해 사고 예방 척도를 247건에서 124건으로 50% 정도 줄일 것으로 추정된다.

사례연구 문제

다음을 수행하여 조명에 대한 최종 결정을 내릴 수 있는지 확인하시오.

1. 비용편익분석을 통해 네 가지 대안을 비교하여 어느 것이 경제적으로 타당한지 판단하시오.
2. 비용효과성분석을 사용하여 네 가지 대안을 비교하시오.

이해의 관점에서 다음을 고려하시오.

3. 조명이 없는 부분에 조명을 설치하면 대물 피해를 얼마나 예방할 수 있는가?
4. 대안 Z가 B/C 비율에 의해 경제적으로 정당화되려면 조명이 설치된 부분의 주간 대비 야간 사고 비율이 얼마나 되어야 하는가?
5. B/C와 C/E의 분석 접근법에 대해 논의하시오. 이러한 유형의 상황에서 어느 쪽이 다른 쪽보다 더 적절해 보이는가? 그 이유는 무엇인가? 이와 같은 공공 프로젝트에 대한 의사결정을 내리는 데 더 나은 다른 방법을 생각할 수 있는가?

학 습 단 계 3

더 좋은 의사결정하기

학습단계 3
더 좋은 의사결정하기

10장
대체 및 유지 결정

11장
손익분기점 분석 및 투자회수기간 분석

W1장(온라인)
프로젝트 자금조달과 비경제적 속성

W2장(온라인)
예산 제약이 있는 독립 프로젝트

현실 세계에서 대부분의 평가는 새로운 자산이나 프로젝트를 단순히 경제적으로 선택하는 것 이상의 의미를 담고 있다. 학습단계 3에서는 더 나은 의사결정을 위한 정보 수집과 기법을 소개한다. 예를 들어, **비경제적 요인(noneconomic parameters)**은 다중 속성 평가를 통해 프로젝트 분석 연구에 도입할 수 있으며, 기업이나 대안 유형에 **적합한 MARR(appropriate MARR)**을 통해 경제적 의사결정을 조정하고 개선할 수 있다.

미래는 확실히 정확하지 않다. 하지만 **대체/유지 연구(replacement/retention)**, **손익분기점 분석(breakeven analysis)**, **회수기간 분석(payback analysis)**과 같은 기법은 기존 자산 및 시스템의 향후 사용에 대해 정보에 입각한 결정을 내리는 데 도움이 된다.

이 장을 완료하면 이전 장의 기본적인 대안 분석 도구를 뛰어넘을 수 있다. 이 학습 단계에서 다루는 기법들은 시간에 따라 변화하는 대상을 고려한다.

중요 사항 : 세후 분석에서 감가상각과 세금을 고려해야 하는 경우, 14장과 15장은 이 장에 앞서 또는 이 장과 함께 다루어야 한다.

CHAPTER 10

대체 및 유지 결정

Royalty-Free/Corbis; Kevin Burke/Corbis/Getty Images

학 습 성 과

목적 : 현존하는 자산, 프로세스 또는 시스템과 이를 대체할 수 있는 것 간의 대체/유지 분석을 수행한다.

절	주제	학습 성과
10.1	대체분석 기본사항	• 대체분석의 기본 접근 방식과 용어를 설명한다.
10.2	경제적 수명(ESL)	• 예상 비용과 잔존가치에 대한 총AW를 최소화하는 ESL을 구한다.
10.3	대체분석의 유형	• 분석기간이 주어진 경우와 주어지지 않은 경우, 두 접근 방식의 차이를 설명한다. 기회비용 접근법을 설명한다.
10.4	대체분석	• 분석기간이 주어지지 않았을 때 방어 대안과 도전 대안 간의 대체분석을 수행한다.
10.5	분석기간 대체분석	• 주어진 기간에 걸쳐 대체분석을 수행한다.
10.6	대체가치	• 도전 대안을 경제적으로 매력적인 대안으로 만드는 데 필요한 방어 대안의 최소 거래가치를 계산한다.

산업 실무에서 가장 일반적이고 중요한 문제 중 하나는 현재 설치된 자산, 프로세스 또는 시스템을 유지해야 하는가, 아니면 이것을 다른 것으로 대체해야 하는가이다. 이는 모든 대안이 새로운 것이었던 이전까지의 상황, 즉 9장까지 다뤘던 상황과는 다르다. "현재 설치된 시스템을 지금 대체해야 하는가, 아니면 나중에 대체해야 하는가?"라는 근본적인 질문에 대해 대체분석(대체/유지 분석이라고도 불림)이 그 답을 내줄 수 있다. 현재 사용 중인 자산의 기능이 미래에도 필요하다고 하면 이 자산은 지금 또는 언젠가는 대체될 것이 분명하다. 실제로 대체분석은 **대체 여부가 아니라 대체 시점**에 대한 질문에 답한다.

대체분석은 일반적으로 현재 유지해야 하는지 아니면 대체해야 하는지에 대한 경제적 결정을 내리기 위해 설계된다. 대체하기로 결정하면 대체분석은 완료된다. 유지하기로 결정한 경우, 유지 결정이 여전히 경제적으로 올바른지를 확인하기 위해 비용 추정치와 이 유지 결정을 주기적으로 재검토할 필요가 있다. 이 장은 초기 연도 및 후속 연도의 대체분석을 수행하는 방법에 대해 설명한다.

6장에서 처음 소개한 수명이 같지 않은 대안을 비교하는 AW 방법을 응용하여 대체분석이 수행된다. 분석기간이 주어지지 않은 대체분석에서 AW 값은 **경제적 수명(ESL, Economic Service Life)** 분석이라는 기법으로 구한다. 분석기간이 주어진 경우에 대체분석 절차는 약간 다르다.

자산의 감가상각을 고려할 경우의 대체분석은 14장에서 다룬다. 대체분석에서 세금을 고려해야 할 경우에는 15장에서 소개되는 세후 대체분석이 이용된다.

PE

가마 유지 또는 대체 사례 : B&T사는 고온 용융 세라믹과 고성능 철강을 제조해서 판매한다. 이 제품은 원자력 및 태양광 산업에서부터 특수 골프 및 테니스 장비 산업에 이르기까지 다양한 산업의 수요에 부응한다. 이를 위해서 최대 약 1,700℃까지 온도를 견디는 가마가 필요하다. B&T는 수년 동안 Harper International의 푸셔 플레이트 터널 가마를 소유해 왔으며 매우 만족하고 있다. B&T는 현재 두 해안의 공장에서 각각 한 대씩 사용 중이다. 한 대는 10년 된 가마이다. 두 번째 가마는 불과 2년 전에 구입한 것으로, 서해안의 산업에 세라믹을 공급하는 데 사용된다. 이 최신 가마는 2,800℃까지 온도를 견딘다.

지난 분기와 지지난 분기에 개최된 유지보수 회의에서 Harper의 팀장과 B&T 품질 책임자는 고온 가마를 마련해서 새로운 산업 수요에 대응하는 데 합의했다. 많은 기업이 고온 용융 산화물을 형성하는 질화물, 붕화물 및 탄화물을 필요로 하며, 이를 위해서는 가마의 온도가 3,000℃까지 올라가야 한다. 이러한 물질은 극초음속 차량, 엔진, 플라스마 아크 전극, 절삭 공구, 고온 차폐 등에 사용된다.

B&T의 고위 경영진과 재무 담당자는 현재와 미래 고객 기업이 더 높은 온도를 견디는 가마와 기타 제반사항을 요구하는 데 대응하기 위해서는 새로운 흑연 가마가 도입되어야 할 것으로 생각하고 있다. 이 장치는 운영비용이 낮고 가열 시간과 전이 및 기타 중요한 매개변수 측면에서 훨씬 효율적이다. 고객 기업은 거의 서부 해안에 입지해 있기 때문에 흑연 가마는 현재 사용 중인 2개의 가마 중 최신 가마를 대체할 것이다.

식별을 위해서 다음과 같이 표기한다.

PT는 현재 설치된 푸셔 플레이트 터널 가마(방어 대안)이다.
GH는 새로운 흑연 가마(도전 대안)이다.

관련 추정치는 백만 달러 단위로 표기된다.

	PT	GH
초기비용, $백만	2년 전에 $25	$38, 거래가치 없음
AOC, $백만/연	1년 차에 $5.2 2년 차에 $6.4	$3.4에서 시작해서 매년 10%씩 증가
수명, 연수	6(잔여기간)	12(추정치)
발열체, $백만	—	매 6년마다 $2.0

이 사례는 이 장의 다음 주제에서 사용된다.

경제적 수명(10.2절)

분석기간이 주어지지 않은 대체분석(10.4절)
분석기간이 주어진 대체분석(10.5절)
연습문제 10.18

10.1 대체분석의 기초 ●●●

대체분석은 다음과 같은 이유로 필요하다.

- **성능 저하** : 물리적 성능 저하로 인해 예상되는 수준의 신뢰성(필요할 때마다 사용할 수 있고 올바르게 작동하는 것) 또는 생산성(주어진 수준의 품질과 물량으로 작동하는 것)을 발휘할 수 없다. 이는 일반적으로 운영비용 증가, 폐기물 증가 및 재작업 비용 증가, 매출 손실, 품질 저하, 안전성 저하, 유지보수비용 증가로 이어진다.
- **변경된 요구사항** : 정확도, 속도 또는 기타 사양 등에 대한 새로운 요구사항은 기존 장비나 시스템으로는 충족할 수 없다. 완전한 대체 또는 개조/보강을 통한 개선 중에서 선택해야 하는 경우가 종종 있다.
- **진부화** : 현재 사용되는 시스템과 자산은 어느 정도 괜찮게 작동하기는 하더라도, 글로벌 경쟁이 치열해지고 기술이 급변하기 때문에 새로 출시되는 장비에 비해 생산성이 떨어지게 된다. 신제품 시장에 출시하기 위한 개발 주기가 점점 짧아지는 현상은 종종 조기 대체분석, 즉 추정 내용연수(useful life)나 ESL에 도달하기 전에 수행되는 분석을 필요로 한다.

이전 장들에서 소개되었던 용어와 밀접하게 관련된 몇 가지 용어를 사용하여 대체분석이 이루어진다.

- **방어 대안**(defender)과 **도전 대안**(challenger)은 상호배타적인 두 가지 대안이다. 방어 대안은 현재 설치되어 있는 자산이고, 도전 대안은 잠재적인 대체품이다. 대체분석은 이 두 가지 대안을 비교한다. 도전 대안은 방어 대안을 대체할 수 있는 가장 좋은 대안으로 선정되었으므로 '최선의' 도전 대안이다. (이는 앞서 증분 ROR 및 B/C 분석에 사용된 용어와 동일하지만, 이들 분석에서는 두 대안 모두 새로운 대안이었다.)
- **시장가치**(MV, Market Value)는 설치된 자산이 공개시장(또는 중고시장)에서 판매 또는 중고거래될 경우의 현재가치이다. 거래가치(trade-in value)라고도 불린다. 이 추정치는 업계에 정통한 전문 감정평가사, 재판매업자 또는 청산인으로부터 얻

잔존가치/시장가치

는다. 이전 장에서와 마찬가지로, **잔존가치**(salvage value)는 예상 수명이 끝났을 때의 추정 가치이다. 대체분석에서는 1년 말의 잔존가치를 다음 해 초의 MV로 사용한다.

- **AW 값**(AW value)은 방어 대안과 도전 대안을 비교하는 주요 척도로 사용된다. 방어 대안이나 도전 대안이 창출하는 수익이 동일하다고 가정하기 때문에 많은 경우 비용만 이용해서 비교하며, AW 대신 연간등가비용(EUAC, Equivalent Uniform Annual Cost)이라는 용어를 사용하기도 한다. (EUAC 계산 방식은 AW의 계산 방식과 정확히 동일하므로 이 책에서는 AW라는 용어를 사용한다.) 따라서 비용만 포함되는 경우 모든 AW 값은 음수가 된다. 다만, 잔존가치 또는 MV가 분석에 포함될 경우에는 유의해야 한다. 잔존가치 또는 MV는 현금 유입액이어서 양수로 다뤄야 하기 때문이다.
- 대안의 **경제적 수명**(ESL, Economic Service Life)은 가장 작은 AW 비용이 생성되는 연수이다. 대체분석에서 ESL을 구하기 위한 등가성 계산은 최선의 도전 대안에 대한 수명 n과 방어 대안에 대한 최저 비용 수명을 설정한다. 다음 절은 ESL을 찾는 방법을 설명한다.

경제적 수명

- **방어 대안 초기비용**은 방어 대안에 사용된 초기 투자자본 금액 P이다. 현재 MV는 대체분석에서 방어 대안의 P에 사용할 수 있는 올바른 추정치이다. 시간이 지나도 추정치가 정확하다면, 1년 말의 추정 잔존가치는 다음 연도 초의 MV가 된다. 공정한 MV를 반영하지 않는 거래가치 또는 회계장부에서 가져온 감가상각된 장부가치를 방어 대안의 초기비용으로 사용하는 것은 올바르지 않다. 방어 대안의 속도나 용량 등의 성능을 도전 대안의 그것과 동등하게 만들기 위해 업그레이드하거나 보완해야 하는 경우, 이 비용을 MV에 추가하여 방어 대안의 초기비용을 구한다.
- **도전 대안 초기비용**은 방어 대안을 도전 대안으로 대체할 때 회수해야 하는 자본이다. 이 금액은 거의 항상 도전 대안의 초기비용인 P와 같다.

공정한 MV에 비해 비현실적으로 높은 거래가치가 방어 대안에 매겨지는 경우, 도전 대안에 필요한 순현금흐름이 감소한다는 사실을 분석에 고려해야 한다. 도전 대안을 위한 경제성 분석에서 회수해야 하는 금액은 초기비용에서 방어 대안의 거래가치(TIV, Trade-In Value)와 MV의 차이를 뺀 금액이다. 식으로 표현하면 $P -$ (TIV $-$ MV)이다. 이 금액은 도전 대안으로 대체하기 위한 기회비용(즉, 방어 대안의 MV)과 부담비용(즉, 초기비용 − 거래가치)이 모두 포함되어 있기 때문에 기업이 실제 부담하는 비용을 나타낸다. 물론 거래가치와 MV가 동일한 경우에는 모든 계산에서 도전 대안의 P 값이 사용된다.

예를 들어, 설치된 장비의 MV가 $50,000라고 가정하자. 또한 최신 모델(도전 대안)을 $300,000에 구매할 경우 TIV가 $75,000라고 하자. 도전 대안을 채택할 경우 회수해야 하는 금액은 TIV와 MV 추정치의 차이인 $25,000를 기준으로 $275,000이다.

도전 대안 초기비용은 자산을 획득하고 설치하는 데 필요한 추정 초기 투자자본이다. 때때로 분석가나 관리자는 자산에 대한 회계장부에 표시된 대로 방어 대안에 남아 있는 미회수 자본과 동일한 금액만큼 이 초기비용을 늘리려고 시도한다. 자본회수에 대한 이러한 잘못된 처리 방식은 방어 대안이 잘 작동하고 수명이 매우 많이 남아 있지만 기술 진부화 또는 기타 이유로 인해 대체를 고려해야 할 때 가장 자주 관찰된다. 이를 통해 대체분석, 사실상 모든 경제성 분석의 두 가지 추가적인 특성인 매몰비용과 제삼자의 관점을 파악할 수 있다.

매몰비용

과거에 지출되었으나 현재 또는 미래에 회수할 수 없는 금액을 **매몰비용**(sunk cost)이라고 한다. 자산, 시스템, 프로세스의 대체 대안은 이 비용을 직접적으로 부담해서는 안 되며, 세법이나 상각충당금 등을 활용해 매몰비용을 현실적으로 처리해야 한다.

매몰비용은 자산의 장부가액(14장에서 설명한 회계 절차에 따라 구함)과 현재 MV 사이의 차액을 말한다. 매몰비용을 도전 대안의 초기비용에 추가하게 되면 실제보다 비용이 더 많이 드는 것처럼 보이게 되므로 절대로 추가해서는 안 된다. 예를 들어, 2년 전 원가가 $100,000인 자산이 회사 장부상 감가상각 가치가 $80,000라고 가정해 보자. 이 자산은 빠르게 진보하는 기술로 인해서 조기에 대체해야 한다. 대체 대안(도전 대안)의 초기비용이 $150,000이고 이 도전 대안을 구매한다면, 현재 자산에서 $80,000는 매몰비용이다. 경제성 분석의 목적상 도전 대안의 초기비용을 $230,000로 늘리거나 이 값과 $150,000 사이의 어떤 숫자로든 늘리는 것은 올바르지 않다.

두 번째 특징은 대체분석을 수행할 때 취하는 관점이다. 분석가인 당신은 회사 외부의 컨설턴트이다.

제삼자의 관점

외부인의 관점이나 컨설턴트의 관점이라고도 불리는 **제삼자의 관점**(nonowner's viewpoint)은 대체분석에서 객관성을 충분히 확보할 수 있도록 한다. 이 관점은 편견 없이 분석을 수행하며, 분석가가 방어 대안과 도전 대안 중 어느 쪽도 소유하지 않는다는 것을 의미한다. 또한 방어 대안의 MV가 마치 방어 대안의 '초기 투자자본'인 것처럼 생각하게 함으로써 방어 대안이 제공하는 서비스를 지금 구매할 수 있다고 가정한다.

이 관점은 편향적이지 않을 뿐 아니라, 대체 대안을 선택하지 않고 방어 대안을 선택했다면 방어 대안의 MV는 현금 유입의 기회를 놓친 것이기 때문에 이 관점은 옳다.

서론에서 언급했듯이 대체분석은 연간등가법을 응용한 것이다. 따라서 대체분석의 기본 가정은 AW 분석의 가정과 유사하다. 분석기간이 무제한인 경우, 즉 분석기간이 주어지지 않은 경우에 다음과 같은 가정을 사용한다.

1. 제공되는 서비스가 무기한으로 필요하다.
2. 도전 대안은 현재와 미래에 방어 대안을 대체하는 최선의 도전 대안이다. 이 도전 대안이 현재 또는 미래에 방어 대안을 대체할 경우, 연이어 여러 수명주기 동안 대체가 반복될 수 있다.
3. 방어 대안과 도전 대안의 모든 생애주기비용 추정치는 첫 번째 주기의 그것과 동일하다.

예상하는 것처럼, 이러한 가정 중 어느 것도 정확하게 옳지는 않다. 이에 대해서는 앞서 AW 방법(그리고 PW 방법)을 다룰 때 설명한 바 있다. 하나 이상의 가정에 대한 의도가 받아들여질 수 없다면, 대안에 대한 추정을 수정하고 새로운 대체분석을 수행해야 한다. 10.4절에서 설명되는 대체 절차는 이를 수행하는 방법을 설명한다. 분석기간이 특정한 기간으로 제한되는 경우, 위의 가정이 적용되지 않는다. 10.5절은 분석기간이 정해졌을 때 대체분석을 수행하는 절차에 대해 설명한다.

예제 10.1

2년 전에 Techtron은 휴스턴 선박 채널에서 운영 중인 가공 공장을 위해 하드웨어와 소프트웨어가 모두 포함된 SCADA(감독 제어 및 데이터 수집) 시스템을 $275,000에 구입했다. 구매 당시 수명은 5년이고 잔존가치는 초기비용의 20%로 추정되었다. 실제 M&O 비용은 연간 $25,000였으며, 장부가액은 $187,000이다. Techtron의 명령 및 제어 소프트웨어를 노린 교활한 악성코드 감염이 잇달아 발생했다. 또한 최근 출시된 일부 차세대 하드웨어는 일부 제품 라인에서 Techtron의 경쟁력을 크게 떨어뜨릴 수 있다. 이러한 요인을 고려할 때, 이 시스템이 내용연수까지인 향후 3년 동안 계속 사용된다면 아무런 가치가 없을 가능성이 높다.

새로운 대체 턴키 시스템인 모델 K2-A1은 초기비용 $400,000와 현재 시스템을 중고거래한 금액인 $100,000의 차인 $300,000의 순 현금으로 구입할 수 있다. 수명은 5년, 잔존가치는 주어진 초기비용의 15%인 $60,000, 연간 M&O 비용 $15,000가 새 시스템에 대한 좋은 추정치이다. 현재 시스템은 오늘 오전 감정평가를 실시해 현재 $100,000의 MV가 확인됐다. 그러나 상술한 바이러스 발생과 신형 모델 출시로 인해 MV가 $80,000 정도로 급격히 떨어질 것으로 예상하고 있다.

현재 알려진 이 값을 사용하여, 오늘 수행될 대체분석에서 방어 대안과 대체 대안의 P, M&O 비용, S, n은 무엇인지 알아내시오.

풀이

방어 대안 : 방어 대안의 초기비용으로 현재 MV인 \$100,000를 사용한다. 원가인 \$275,000, 장부가액인 \$187,000와 거래가치인 \$100,000는 오늘 수행되는 대체분석과 관련이 없다. 추정치는 다음과 같다.

초기비용	$P = \$100{,}000$
M&O 비용	$A =$ 연간 \$25,000
예상 수명	$n = 3$년
잔존가치	$S = 0$

도전 대안 : 거래가치와 MV가 동일하기 때문에 주어진 초기비용 \$400,000가 P에 사용할 수 있는 올바른 비용이다.

초기비용	$P = \$400{,}000$
M&O 비용	$A =$ 연간 \$15,000
예상 수명	$n = 5$년
잔존가치	$S = \$60{,}000$

참고사항

추정치가 바뀌는 다음 주에 대체분석이 수행된다면, 방어 대안의 초기비용은 감정사의 의견에 따라 새로운 MV인 \$80,000가 될 것이다. 도전 대안의 초기비용은 \$380,000이다. 즉, $P - (\text{TIV} - \text{MV}) = 400{,}000 - (100{,}000 - 80{,}000)$이다.

10.2 경제적 수명 ●●●

지금까지는 대안이나 자산의 추정 수명 n이 명시되어 있었다. 하지만 실제로 경제성 분석에 사용하는 최선의 수명 추정치는 처음부터 알 수 없다. 대체분석이나 새로운 대안 간의 분석을 수행할 때, 현재의 비용추정치를 사용하여 n에 대한 최선값을 구해야 한다. 최선의 수명 추정치를 경제적 수명(ESL)이라고 한다.

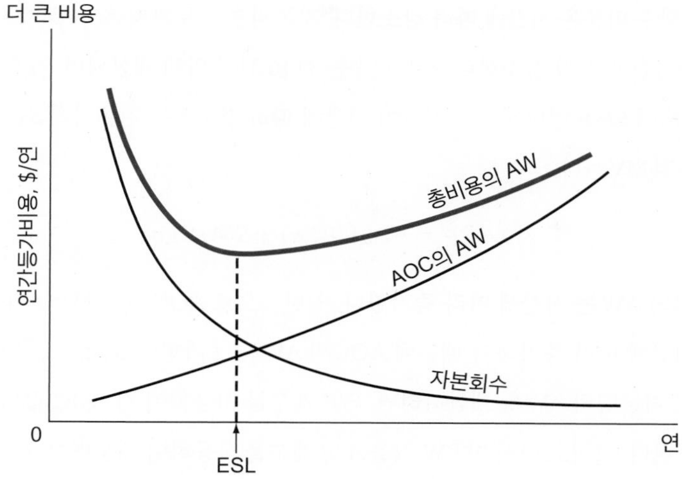

그림 10-1
비용의 AW 곡선을 이용해서 ESL을 구하는 방법

경제적 수명

경제적 수명(ESL, Economic Service Life)은 비용의 연간등가(AW)가 최소가 되도록 하는 연수(number of years) n을 말한다. 이때 어떤 자산이 필요한 서비스를 제공할 수 있는 모든 가능한 연도에 대해서 구한 비용 추정치를 사용해야 한다.

ESL은 최소비용수명(minimum cost life)이라고도 한다. 일단 ESL을 구하고 나면 이 ESL을 자산의 추정 수명으로 사용해야 한다. ESL이 n년일 때 전체 비용을 최소화하기 위해서는 n년 차에 자산을 대체해야 함을 의미한다. n 값이 미리 설정되어 있지 않으므로, 도전 대안의 ESL과 방어 대안의 ESL을 어떻게 구하는가가 대체분석을 올바르게 수행하는 데 있어서 매우 중요하다.

ESL은 자산의 사용 기간이 1년, 2년, 3년 등 자산이 유용할 것으로 간주되는 마지막 연도까지 총비용의 AW를 이용하여 구한다. 연간운용비용(AOC)의 AW와 자본회수(CR)를 합한 값이 총비용의 AW이며, 여기서 CR은 초기 투자자본과 잔존가치의 AW로 계산된다.

$$
\begin{aligned}
\text{총비용의 AW} &= \text{자본회수} - \text{연간운용비용의 AW} \\
&= \text{CR} - \text{AOC의 AW} \qquad [10.1]
\end{aligned}
$$

ESL은 총비용의 AW를 가장 작게 만드는 n 값이다(이러한 AW 값은 비용 추정값이므로, AW 값은 음수이다. 따라서 \$-200는 \$-500보다 적은 비용이다). 그림 10-1에는 총비용의 AW 곡선이 그려져 있다. 총비용의 AW에서 CR 구성 요소는 감소하는 반면 AOC 구성 요소는 증가하여 총비용의 AW는 오목한 모양을 형성한다. 두 AW 구성 요소는 다음과 같이 계산된다.

- **자본회수 비용은 시간에 따라 감소한다.** 자본회수는 투자자본의 AW로, 소유 연도가 증가함에 따라 감소한다. 자본회수는 식 [6.3]에 의해 계산되며, 아래 식에 다시 제시되어 있다. 일반적으로 시간이 지남에 따라 감소하는 잔존가치 S는 해당 연도의 추정 MV이다.

자본회수

$$\text{자본회수} = -P(A/P,i,n) + S(A/F,i,n) \qquad [10.2]$$

- **AOC의 AW는 시간에 따라 증가한다.** 일반적으로 AOC(또는 M&O 비용) 추정치는 시간에 따라 증가하기 때문에 AOC의 AW는 증가한다. 1, 2, 3, ... 연도에 대한 AOC 자금열의 AW를 계산하려면, P/F 계수를 사용하여 각 AOC 값의 현재가치를 구한다. 그러고 나서 이 PW 값을 A/P 계수를 사용하여 재분배한다.

k 연도($k = 1, 2, 3, ...$)에 대해서 총비용의 AW는 다음 식을 이용해서 구한다.

$$\text{총비용의 } \mathbf{AW}_k = -P(A/P,i,k) + S_k(A/F,i,k) - \left[\sum_{j=1}^{j=k} \text{AOC}_j\,(P/F,i,j)\right](A/P,i,k) \qquad [10.3]$$

여기서 P = 초기 투자자본 또는 현재 MV

S_k = k년의 잔존가치 또는 MV

AOC_j = j 연도의 AOC($j = 1 \sim k$)

자산이 방어 대안인 경우 현재 MV를 P로 사용하며, 미래 MV 추정값은 1, 2, 3, ... 연도의 S 값으로 대체된다. 그림 10-1에서와 같이 AW_k 수열을 그리면 ESL의 위치를 알 수 있으며, 또한 ESL의 왼쪽과 오른쪽에서 AW_k 곡선의 추세를 명확하게 알 수 있다. 여러 연도에 걸쳐서 총비용의 AW가 매우 비슷하면 이 곡선은 해당 기간에 평평한 모습을 띤다. 이 경우, ESL이 비용에 상대적으로 덜 민감하다는 것을 의미한다.

스프레드시트를 이용해서 ESL을 찾기 위해서는 PMT 함수(필요시 NPV 함수도 함께 사용함)를 매년 사용하여 해당 연도에 대해서 자본회수와 AOC의 AW를 각각 계산한다. 이들의 합은 k년에 대한 총비용의 AW이다. 각 연도 k($k = 1, 2, 3, ...$)에 대해 자본회수 및 AOC 구성 요소에 대한 PMT 함수를 적용하는 방법은 다음과 같다.

도전 대안의 자본회수 : **PMT(*i*%,years,*P*,−MV_in_year_k)**

방어 대안의 자본회수 : **PMT(*i*%,years,current_MV,−MV_in_year_k)**

AOC의 AW : **−PMT(*i*%,years,NPV(*i*%,year_1_AOC:year_k_AOC)+0)** [10.4]

스프레드시트를 사용할 때 1년 차의 PMT 함수에서는 셀 참조 방식을 사용한 후, 아래 방향으로 드래그하는 것이 편하다. 자본회수의 PMT와 AOC의 PMT 결과를 합한 마지막 열에 총비용의 AW가 표시된다. 분산형 차트 또는 꺾은선형 차트로 표를 보완하면, 그림 10-1과 같은 형태의 비용 곡선이 그래프로 표시되며 ESL을 쉽게 식별할 수 있다. 예제 10.2는 수기와 스프레드시트를 이용해서 ESL을 구하는 방법을 보여준다.

예제 10.2

3년 된 대형 운송 차량의 조기 교체를 고려하고 있다. 이 차량의 현재 MV는 $20,000이다. 향후 5년간의 추정 MV와 AOC는 표 10-1의 2열과 3열에 나열되어 있다. 이자율이 연 10%인 경우 이 방어 대안의 ESL을 구하시오. 이 트럭과 같은 중고 트럭을 주어진 MV로 구매할 수 없다고 가정한다. 수기와 스프레드시트로 풀어보시오.

수기 풀이

식 [10.3]을 사용하여 $k = 1, 2, ..., 5$에 대한 총비용의 AW_k를 계산한다. 표 10-1의 4열은 현재(j=0) 시장가치 $20,000와 10% 수익률에 대한 k연도의 자본회수를 보여준다. 5열은 k 연도에 대한 AOC의 AW를 나타낸다. 예를 들어, 식 [10.3]에 $k = 3$을 대입하여 총비용의 AW를 계산하면 다음과 같다.

$$
\begin{aligned}
\text{총비용의 } AW_3 &= -P(A/P,i,3) + MV_3(A/F,i,3) - [\text{PW of } AOC_1, AOC_2, \text{and } AOC_3](A/P,i,3) \\
&= -20{,}000(A/P,10\%,3) + 6{,}000(A/F,10\%,3) - [5{,}000(P/F,10\%,1) \\
&\quad + 6{,}500(P/F,10\%,2) + 8{,}000(P/F,10\%,3)](A/P,10\%,3) \\
&= -6{,}230 - 6{,}405 = \$-12{,}635
\end{aligned}
$$

1년부터 5년까지 각 연도에 대해 유사한 계산이 수행된다. 가장 낮은 등가비용(수치상 가장 큰 AW 값)은 $k = 3$에서 발생한다. 따라서 방어 대안의 ESL인 n은 3년이고, AW 값은 $-12,635이다. 이렇듯 ESL에서 AW는 가장 낮으며, 이 값을 최선의 AW라고 부른다. 도전 대안에도 같은 방식을 적용하여 최선의 AW를 구한 후에 이를 방어 대안의 AW와 비교하는 대체분석을 수행한다.

표 10-1 ESL 계산

연도 j (1)	MV_j, $ (2)	AOC_j, $ (3)	자본회수, $ (4)	AOC의 AW, $ (5)	총비용의 AW_k, $ (6) = (4) + (5)
1	10,000	−5,000	−12,000	−5,000	−17,000
2	8,000	−6,500	−7,714	−5,714	−13,428
3	6,000	−8,000	−6,230	−6,405	−12,635
4	2,000	−9,500	−5,878	−7,072	−12,950
5	0	−12,500	−5,276	−7,961	−13,237

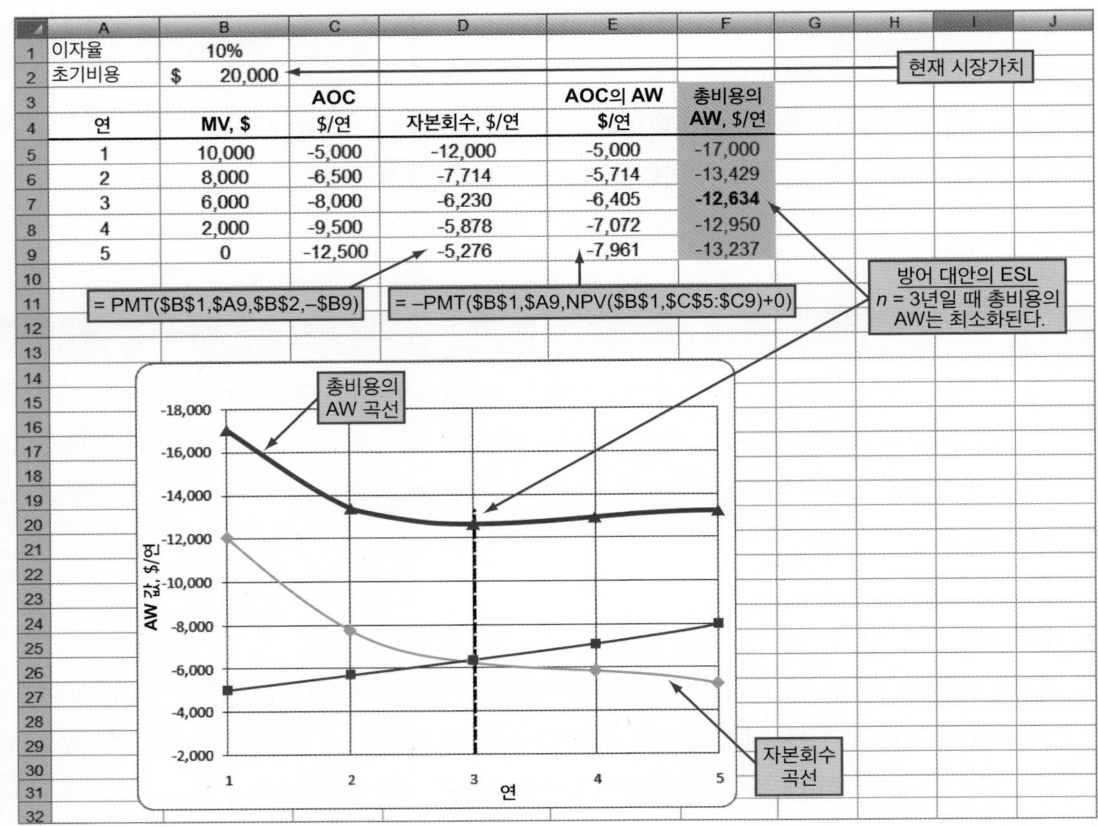

	이자율	10%				
	초기비용	$ 20,000				
	연	MV, $	AOC $/연	자본회수, $/연	AOC의 AW $/연	총비용의 AW, $/연
	1	10,000	-5,000	-12,000	-5,000	-17,000
	2	8,000	-6,500	-7,714	-5,714	-13,429
	3	6,000	-8,000	-6,230	-6,405	**-12,634**
	4	2,000	-9,500	-5,878	-7,072	-12,950
	5	0	-12,500	-5,276	-7,961	-13,237

그림 10-2
예제 10.2의 ESL을 구하고 곡선 그리기

스프레드시트 풀이

그림 10-2의 스프레드시트 이미지와 그래프는 ESL이 $n=3$년, AW = \$−12,634임을 보여준다. (이 형식은 모든 ESL 분석을 위한 템플릿이므로 추정치를 변경하고 더 많은 연도에 대한 행을 추가하기만 하면 된다.) D열과 E열의 내용은 아래에서 자세히 설명한다. PMT 함수는 식 [10.4]에 설명된 대로 형식을 적용한다. 그림에서 9번째 행에 기록된 PMT 함수는 5년 차에 대해 자본회수와 AOC의 AW를 계산하는 것을 보여주는데, 셀 참조를 이용하여 계산한다는 것을 유의해서 살펴보기 바란다. 여기에서 $ 기호가 포함된 것은 셀의 내용을 열 아래 방향으로 드래그할 때 절대참조를 위한 것이다.

- D열 : k 연도의 자본회수는 0 연도의 투자자본 \$20,000를 10%의 이자율을 이용해서 k년 등가로 전환한 값과, k 연도의 MV를 현가로 전환한 후에 다시 k년 등가로 전환한 값을 더해서 구한다. 예를 들어, 스프레드시트에 표시된 5년 차의 PMT 함수는 = PMT(10%,5,20000,−0)이므로 \$−5,276가 된다. 이런 방식을 이용해서 구한 자금열은 그림 10-2에 표시되어 있다.
- E열 : PMT 함수의 내부에서 쓰인 NPV 함수는 1년부터 k년까지 AOC의 현가를 구한다. 이 값을 이용해

서 다시 PMT는 k년 동안의 AOC에 대한 AW를 계산한다. 예를 들어, 5년 차에서 숫자로 표시되는 PMT는 = −PMT(10%,5,NPV(10%,C5:C9) + 0)이다. 0 연도의 AOC는 0이기 때문에, 이것을 PMT 함수에 넣어도 되고 안 넣어도 된다. 그래프는 AOC의 AW 곡선이며, 매년 AOC 추정치가 증가하기 때문에 AOC의 AW가 지속적으로 증가하는 것을 확인할 수 있다.

참고사항

그림 10-2의 자본회수 곡선(가운데 곡선)은 추정 MV가 매년 변하기 때문에 우리가 예상했던 모양은 아니다. 즉, 4차 연도와 3차 연도의 총비용의 AW가 매우 비슷하게 나타났다. 그러나 만약 각 연도에 대해 동일한 MV를 추정한다면, 그림 10-1과 유사한 곡선이 나타날 것이다.

위의 ESL 분석과 이전 장에서 수행한 AW 분석의 차이점은 무엇일까? 결론적으로 이야기하면, 미지의 n을 구해야 하는지 아니면 n이 고정되어 있는지의 차이이다. 이전 장까지는 특정하게 추정된 수명 n년을 가지고 이와 관련된 다른 추정치, 즉 0년 차의 초기비용, n년 차의 잔존가치, 매년 일정하거나 변화하는 AOC를 사용했다. 이전 장에서의 모든 분석에서는 이러한 추정치를 사용하여 AW를 계산했는데, 이렇게 구해진 값을 바로 n년 동안의 AW로 사용했다. 또한 이전 장까지는 모든 사례에서 연도별 MV 추정치가 없었다. 따라서 다음과 같은 결론을 내릴 수 있다.

도전 대안 또는 방어 대안에 대해 **예상 수명 n을 알고 있는** 경우 ESL을 계산할 필요가 없다. 초기비용, 현재 MV, 혹은 n년 차의 추정 잔존가치를 사용하거나 AOC 추정치를 사용하여 n년 동안의 AW를 구한다. 이 AW 값이 대체분석에 사용해야 하는 올바른 값이다.

그러나 n이 고정되어 있지 않은 경우에는 다음이 유용하다. 첫째, MV/잔존가치 자금열이 필요하다. 신규 자산이나 현재 자산에 대해 이 자금열을 추정하는 것은 어렵지 않다. 예를 들어 초기비용이 P인 자산은 매년 20%씩 MV가 손실된다고 하면, 0, 1, 2, ...의 MV 수열은 각각 P, $0.8P$, $0.64P$, ...가 된다. 연도별로 MV 자금열을 예측하는 것이 합리적이라면, 이를 AOC 추정치와 결합하여 해당 자산의 한계비용을 산출할 수 있다.

한계비용(MC, Marginal Cost)은 해당 연도에 자산을 소유하고 운영하는 데 드는 비용의 연도별 추정치이다. 한계비용을 구하는 데는 세 가지 요소가 추가된다.

- 소유 비용(MV 손실이 이 비용의 가장 좋은 추정치이다)
- 연초의 MV에 대한 포기된 이자
- 연도별 AOC

각 연도별 한계비용이 추정되면 이에 상응하는 AW 값이 계산된다. 이 구성 요소 중 처음 두 구성 요소에 대한 AW 값의 합이 자본회수액이다. 이제 세 가지 한계비용 요소에 대해 k년 동안의 AW를 구하고 이 세 AW를 합한 값은 식 [10.3]에서 계산한 k년 동안의 총비용의 AW와 같다는 것을 알 수 있다. 즉, 다음과 같은 관계가 성립한다.

$$\text{한계비용의 AW} = \text{총비용의 AW} \qquad [10.5]$$

따라서 연도별 MV 추정치가 주어졌을 때 별도로 세부적인 한계비용 분석을 수행할 필요가 없다. 예제 10.2를 통해 이 두 분석의 결과가 같은 결과를 도출한다는 것을 보여주었으며, 더 자세한 논의는 생략한다. 이제 예제 10.3을 살펴보자.

예제 10.3 가마 유지 또는 대체 사례 PE

B&T는 신흥 시장의 요구를 충족하기 위해 2년 된 가마를 새 가마로 대체할지 고민하고 있다. 현재 설치된 터널 킬른은 2년 전에 $25백만에 구입했는데, 구입할 때 수행한 ESL 분석에 따르면 예상 수명은 8년인데 최소비용수명은 3년에서 5년 사이였다. 이 분석은 총비용의 AW 비용 곡선이 2~6년에서는 평탄했기 때문에 그다지 결정적이지 않았으며, 이는 ESL이 비용 변화에 둔감하다는 것을 의미한다. 이제 $38백만의 비용이 드는 흑연 가마 모델에 대해서도 동일한 유형의 질문이 제기된다. 이 흑연 가마 모델의 ESL과 총비용의 AW는 얼마인가? B&T의 주 장비 관리자는 1년 후 MV가 $25백만으로 떨어지고, 이후 12년의 예상 수명 동안 전년도 MV의 75%를 유지할 것으로 추정했다. 이 MV 자금열과 연 이자율 $i = 15\%$를 사용하여 ESL 분석을 통해 구한 총비용의 AW 자금열과 한계비용 분석을 통해 구한 AW 자금열이 정확히 같다는 것을 보이시오.

풀이

그림 10-3은 두 가지 분석을 백만 달러 단위로 표시한 스프레드시트 스크린숏이다. MV 자금열은 $25(백만)에서 시작하여 매년 25%씩 감소하는 B열에 자세히 나와 있다. 각 분석에 대한 간략한 설명은 다음과 같다.

- ESL 분석 : 그림 10-3의 상단을 살펴보자. $k = 1, 2, ..., 12$년도에 대해 C, D, E 열에 대해 반복적으로 식 [10.4]가 적용된다. 16행에는 12년 차의 스프레드시트 함수가 자세히 나와 있다. F열의 결과는 우리가 관심을 갖고 봐야 하는 AW 자금열이다.
- 한계비용(MC) : 그림 10-3의 하단을 살펴보자. C, D, E열에는 MC 자금열을 얻기 위해 추가된 세 가지 구성 요소가 나열되어 있다. 33행은 12년 차에 적용하는 함수를 보여준다. 한계비용의 AW(G열) 자금열은 ESL 자금열(F열)과 같다는 것을 알 수 있다.

	A	B	C	D	E	F	G
1	이자율	15%	ESL 분석		초기비용, $	38.00	
2		시장	AOC	자본회수	AW의 AOC	총비용의 AW,	
3	연	가치, $	$/연	$/연	$/연	$/연	
4	1	25.00	-3.40	-18.70	-3.40	-22.10	
5	2	18.75	-3.74	-14.65	-3.56	-18.21	
6	3	14.06	-4.11	-12.59	-3.72	-16.31	
7	4	10.55	-4.53	-11.20	-3.88	-15.08	
8	5	7.91	-4.98	-10.16	-4.04	-14.21	
9	6	5.93	-7.48	-9.36	-4.43	-13.80	
10	7	4.45	-6.02	-8.73	-4.58	-13.31	두 AW 수열은 같다.
11	8	3.34	-6.63	-8.23	-4.73	-12.95	
12	9	2.50	-7.29	-7.81	-4.88	-12.69	
13	10	1.88	-8.02	-7.48	-5.03	-12.51	
14	11	1.41	-8.82	-7.20	-5.19	-12.39	
15	12	1.06	-9.70	-6.97	-5.35	-12.32	
16	12년도의 함수	'= B14*0.75	'= C14*1.1	'= PMT($B$1, $A15,$F$1,-$B15)	'= -PMT($B$1,$A15, NPV($B$1,$C$4:$C15)+0)	'= E15+D15	
17							
18	이자율	15%	한계비용 분석		현재 시장가치, $	38.00	
19		시장		각 연도의 MV에 대해		각 연도의	한계비용의 AW,
20	연	가치, $	MV 손실, $	포기된 이자, $	AOC, $	한계비용, $	$/연
21	1	25.00	-13.00	-5.70	-3.40	-22.10	-22.10
22	2	18.75	-6.25	-3.75	-3.74	-13.74	-18.21
23	3	14.06	-4.69	-2.81	-4.11	-11.61	-16.31
24	4	10.55	-3.52	-2.11	-4.53	-10.15	-15.08
25	5	7.91	-2.64	-1.58	-4.98	-9.20	-14.21
26	6	5.93	-1.98	-1.19	-7.48	-10.64	-13.80
27	7	4.45	-1.48	-0.89	-6.02	-8.40	-13.31
28	8	3.34	-1.11	-0.67	-6.63	-8.41	-12.95
29	9	2.50	-0.83	-0.50	-7.29	-8.62	-12.69
30	10	1.88	-0.63	-0.38	-8.02	-9.02	-12.51
31	11	1.41	-0.47	-0.28	-8.82	-9.57	-12.39
32	12	1.06	-0.35	-0.21	-9.70	-10.26	-12.32
33	12년도의 함수	'= B31*0.75	'= B32-B31	'= -$B$1*$B31	'= E31*1.1	'= $C32+$D32+$E32	'= -PMT($B$1,$A32, NPV($B$1,$F$21:$F32)+0)
34							

그림 10-3

예제 10.3의 ESL 분석과 한계비용 분석에 따른 연간등가 자금열 비교

두 AW 자금열은 동일하므로, 식 [10.5]가 맞다는 것을 보여준다. 따라서 ESL 분석과 한계비용 분석은 대체분석에서 동일한 정보를 제공한다. 두 분석 결과 모두 새 흑연 가마는 12년 차에서 총비용의 AW가 최소가 되며, 이 값은 $-12.32(백만)이다.

대체분석에서 사용하는 ESL과 총비용의 AW에 대해 두 가지 중요한 결론을 도출할 수 있다. 연간 MV가 얼마나 세부적으로 추정되었느냐에 따라 두 결론 중 하나를 택한다.

1. **연도별 MV 추정치가 제공되는 경우 :** 이 MV를 사용하여 ESL 분석을 수행하고 총비용의 AW를 가장 작게 만드는 n 값을 구한다. 이것이 대체분석에서 사용하는 최선의 n 및 AW 값이다.
2. **연도별 MV 추정치가 제공되지 않는 경우 :** 사용 가능한 유일한 추정치는 방어 대안의 현재 MV(잔존가치)와 n 연도의 잔존가치이다. 이 두 정보를 이용해서 n년 동안의 AW를 계산한다. 그러나 모든 정보를 충분히 사용한 ESL 분석 결과와 비교할

때 총비용의 AW를 가장 잘 나타내지 않을 수 있다는 점에서, 이 값은 '최선의' 값이 아닐 수도 있다.

분석기간이 주어지지 않은 경우에 ESL 분석이 완료되면, 즉 위에서 1항에 해당하는 경우의 분석이 완료되면, 10.3절에서 다룰 절차에 따라서 대체분석이 이루어진다. 이때 다음과 같은 값이 쓰인다.

도전 대안(C) : n_C 연도의 AW_C

방어 대안(D) : n_D 연도의 AW_D

10.3 대체분석 : 개요 및 사전 고려사항

그림 10-4는 상호배타적인 두 가지 대안, 즉 기존 대안과 도전 대안 간의 대체분석에 대한 개요를 보여준다. 모든 추정치를 얻은 후 두 가지 유형의 대체분석, 즉 분석기간(SP, Study Period)이 주어지지 않은 경우와 주어진 경우의 대체분석으로 분류한다[분석기간은 계획기간(planning horizon)이라고도 한다]. 이 둘의 차이점은 AW 값을 계산하는 기간이다. 분석기간이 주어지지 않은 경우에는 ESL을 사용한다. 분석기간이 주어진 경우에는 분석기간의 최종연도를 n으로 사용한다. ESL 연도 또는 주어진 n 값에 대해서 더 낮은 AW 값을 기준으로 도전 대안 C 또는 방어 대안 D를 선택한다. 10.4절과 10.5절에서는 두 가지 유형의 분석 절차에 대해 자세히 설명한다.

실제 분석을 수행하기 전에 고려해야 할 사항이 몇 가지 있다. 첫 번째는 C와 D에 대한 초기 투자자본, 즉 P 값이다. 위에서 설명한 것처럼, C에 대한 초기 투자자본과 D의 현재 MV를 P 값으로 삼아야 한다. 이를 **기회비용 접근법**(opportunity cost approach)이라고 부르는데, 만약 방어 대안을 선택하면 MV와 동일한 현금 유입이 사라진다는 점 때

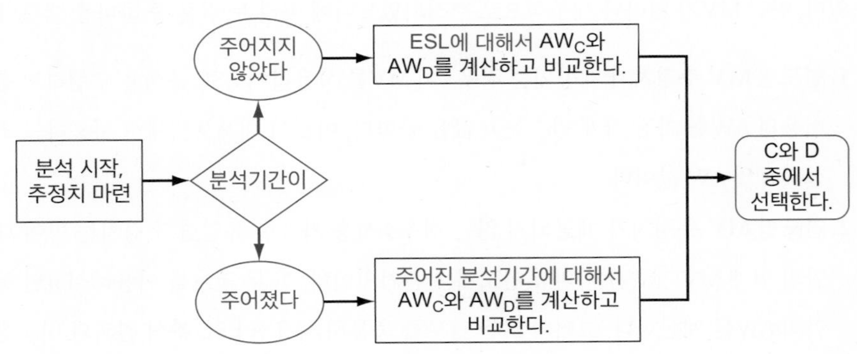

그림 10-4
두 가지 유형의 대체분석에 대한 개요

문이다. 전통적인 접근법이라고도 불리는 이 접근법을 사용하면 어떤 대체분석이든 항상 옳은 결과를 도출할 수 있다. **현금흐름 접근법**(cash flow approach)이라고 하는 두 번째 접근법은 만약 C가 선택되면 방어 대안의 MV만큼 현금 유입이 발생해서 사실상 도전 대안에 투자하는 데 필요한 자본이 즉시 줄어든다는 점을 이용한다. 현금흐름 접근법은 적어도 두 가지 이유 때문에 사용하지 말 것을 강력히 권장한다. 첫째로 동등 서비스 조건 위반 가능성이 있고, 둘째로 C에 대해서 잘못된 자본회수(CR) 값을 얻을 수 있기 때문이다. 모든 경제성 평가는 동등 서비스 대안 간에 비교해야 하므로, 현금흐름 접근법은 C와 D의 *n* 값이 같을 때에만 작동할 수 있다. 그러나 일반적으로는 대안들 간에 *n* 값이 같은 경우는 거의 없다. 실제로 ESL 분석과 대체분석 절차는 연간등가법을 통해 상호배타적이고 서로 다른 수명을 갖는 두 대안을 비교하도록 설계되어 있다. 만약 이러한 동등 서비스 위반 가능성이 현금흐름법을 사용하지 말아야 한다는 것에 동의하지 않는다면, 도전 대안을 선택했을 때 도전 대안의 초기비용이 D의 MV만큼 감소할 때 자본회수액은 어떻게 되는지 생각해 보자. 식 [10.2]에 따르면 초기비용이 줄어들게 되면 CR은 감소하게 되는데, 이에 따라 도전 대안의 CR 값이 낮아지는 것처럼 보이는 결과를 낳게 된다. 경제성 분석 자체의 관점에서는 C 또는 D에 대한 결정이 변경되지는 않더라도, C가 선택되어 실행될 경우 이런 CR 값은 신뢰할 수 없다. 결론은 간단하다.

C의 초기 투자자본과 D의 MV를 ESL 분석 및 대체분석의 초기비용으로 사용한다.

두 번째로 중요한 고려사항은 추정치의 미래 의존성, 특히 *P*, MV, AOC에 대한 의존성이다. 추정치가 변경될 것으로 예상되는 경우, 새로운 대체분석을 시작해야 한다. 추정치가 미래의 일정 시간 동안 신뢰할 수 있는 경우, 대체/유지 질문은 "지금 또는 1년 후, 아니면 2년 후 등의 시기에 대체할 것인가?"와 같이 보다 현실적으로 구성된다. PW 분석(5.5절)과 AW 분석(6.4절)에서 처음 소개되기도 했던 변화/안정 추정치는 다음 절에서 보다 자세히 논의된다.

세 번째 고려사항은 모든 대체분석의 기본 전제인데, 현재 서비스가 계속되고 있고 훌륭한 도전 대안이 있다면 미래 시점에 도전 대안이 방어 대안을 대체할 것이라는 가정이다. 끊임없이 발전하는 도전 대안에 대한 기대가 기술, 비용, 시장 변동, 계약 협상 등 일부 상황적 요소가 안정화될 때까지 방어 대안을 유지할 수 있도록 하는 강력한 동기를 부여한다. 대체분석은 가능한 도전 대안이 무엇이 있는지를 예측하는 방법은 아니다. 대체분석의 결과를 보완할 수 있도록 트렌드, 기술 진보, 경쟁 압력 등을 이해하는 것이 중요하다. 대체분석에서 도전 대안을 증강된 방어 대안(augmented defender)과 비교하는 것이 더 나은 경우가 많다. 현재 설치된 방어 대안에 새로운 기능을 추가하면 도전 대안의 선택이 더 매력적일 때까지 내용연수와 생산성을 연장할 수 있다.

마지막으로, 방어 대안을 예상 수명보다 매우 짧은 기간만 사용하고 교체해야 한다면 세금이 발생할 수 있다. 만약 세금이 분석에 포함되어야 한다면, 이 장을 마친 후에 15장 15.6절의 세후 대체분석을 살펴보길 바란다.

10.4 분석기간이 주어지지 않았을 때 대체분석수행

대체분석은 현재 사용되고 있는 방어 대안을 도전 대안이 대체할 시기를 결정한다. 지금 D를 대체하기 위해 C가 선택되고 n_C 연도 동안 유지되면 전체 분석이 종료된다. 그러나 지금 D를 유지한다면 분석은 D의 ESL인 n_D까지 연장될 수 있다. 따라서 분석기간이 주어지지 않은 경우, 그림 10-5에 제시된 논리를 따른다. 가장 일반적인 분석은 맨 위 가지(새로운 '최선의' 도전 대안이 확인될 때까지 C를 선택하고 계속 진행) 또는 맨 아래 가지(n_D 연도 동안 D를 선택하고 추정치가 변경되면 새 분석 시작)를 따른다. 이 과정에는 다음과 같은 가정이 내포되어 있다.

- 방어 대안이 제공하는 서비스에 대한 필요성은 시간 제한 없이 미래에도 계속된다.
- 방어 대안이 제공하는 서비스는 AW_D 금액으로 얻을 수 있다.

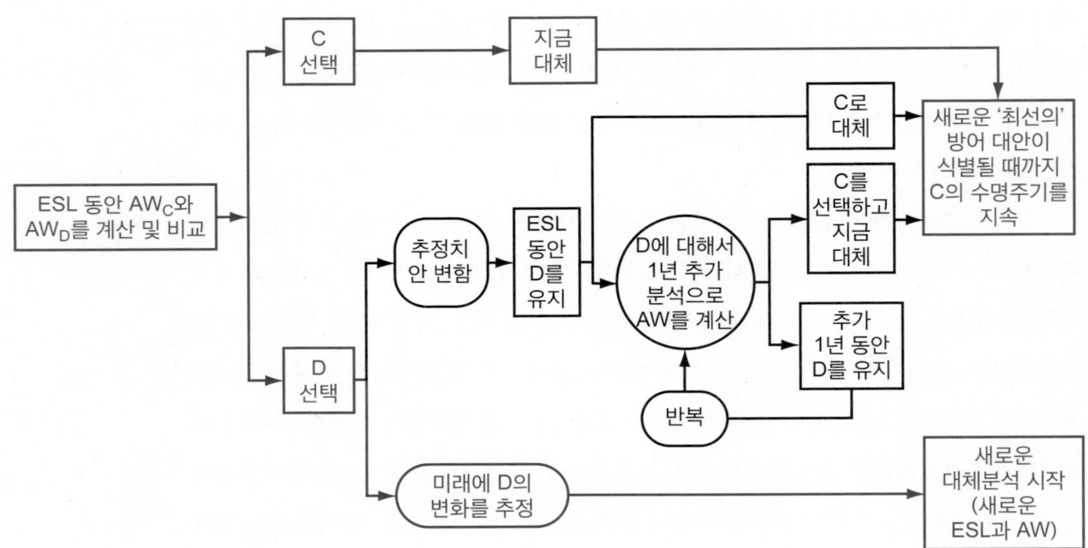

그림 10-5
분석기간이 주어지지 않은 경우의 대체분석 논리

- 일단 방어 대안이 교체되면, 도전 대안은 n_C 연도의 연속적인 수명주기 동안 또는 새로운 최선의 도전 대안이 식별되고 새로운 분석이 시작될 때까지 사용된다.

훨씬 덜 일반적이지만, D와 관련된 추정치가 n_D 연도 동안 안정적이더라도 D가 모든 n_D 연도 동안 유지될 필요는 없다. AW_D는 매년(또는 필요한 경우 수시로) AW_C와 비교되기도 한다. 그림 10-5의 중앙에 표시된 '반복 루프'에 따르면, AW_C가 AW_D보다 낮은 경우에만 C가 D를 대체한다. AW 값을 주기적으로 비교하는 이러한 접근 방식을 1년 추가 분석이라고 할 수 있다. 각각의 ESL(n_C 및 n_D)에 대한 AW 값을 사용하여 그림 10-5의 논리를 따르는 절차를 개발할 수 있다.

새로운 대체분석(분석기간이 주어지지 않음)

1. 더 나은 AW_C 또는 AW_D 값을 기준으로 도전 대안 C 또는 방어 대안 D를 선택한다. 도전 대안이 선택되면 지금 방어 대안을 교체한다. 도전 대안을 n_C 연도 동안 유지할 수 있으며, 그 이후에도 ESL 기간이 도래할 때마다 유사한 자산으로 교체할 수 있다. 그러면 대체분석은 완료된다. 방어 대안을 선택한 경우, 최대 n_D 연도까지 혹은 그 이상을 유지하도록 계획한다. 그렇지만 1년 후에는 아래 2~4단계에 따라 1년 추가 분석을 수행한다.

1년 추가 분석

2. 우선 C와 D에 대한 모든 추정치, 특히 P, MV, AOC가 여전히 현재 상태, 즉 1단계에서 사용했던 추정치가 변하지 않았는지를 확인한다. 현재가 아니라면, 즉 변했다면 3단계로 진행한다. 현재이고 n_D 연도인 경우, 방어 대안을 대체한다. 현재이지만 n_D 연도가 아닌 경우, 방어 대안을 1년 더 유지한 후 같은 단계를 반복한다. 이 단계는 여러 번 반복될 수 있다. D의 유지 기간이 ESL을 넘어 연장될 수 있는 경우, 4단계로 이동한다.

3. 추정치가 변경될 때마다 추정치를 업데이트하고 새로운 ESL 분석을 수행하여 새로운 AW_C 및 AW_D 값을 구한다. 즉, 새로운 대체분석을 시작한다.

4. C에 대한 추정치가 여전히 정확하다고 가정하고 D의 차년 AW_D를 앞서 구한 AW_C와 비교해야 한다. 추가 연도에 대해서 $AW_D \leq AW_C$인 경우, 방어 대안을 유지하고 C가 선택될 때까지 연간 평가를 반복한다. (이 논리는 그림 10-5의 아래쪽 중간 가지를 따른다.)

결론적으로, 경쟁력 있는 도전 대안이 있는 경우 매년 또는 언제든지 방어 대안의 교체 또는 유지의 타당성을 결정하기 위해 대체분석을 수행할 수 있다. 예제 10.4는 위에서 설명한 대체분석 절차를 적용하여 도전 대안과 방어 대안에 대한 ESL 분석 과정을 보여준다.

예제 10.4

2년 전 Toshiba Electronics는 자동화 조립 라인 기계에 $15백만의 자본을 투자했다. 대당 $70,000에 약 200대를 구입하여 10개 나라에 있는 공장에 배치했다. 이 장비는 특수 목적 회로 기판 조립을 준비하기 위해 부품을 분류하고 테스트하며 삽입하는 작업을 수행한다. 올해 새로운 국제 산업 표준은 각 장비에 $16,000의 비용이 드는 개조를 요구할 것이며, 이에 따라 운영비도 추가될 것으로 예상된다. 2년 전에 설치한 기계를 유지할 것인지, 만약 그게 아니라면 새로운 표준을 따라 개조된 시스템을 도전 대안으로 삼아 기존 시스템을 대체할 것인지 고민해야 한다. 미국 Toshiba의 수석 엔지니어는 경제성을 고려해야 한다는 것을 알고 있기 때문에 올해, 그리고 필요하다면 향후에도 매년 대체분석을 수행해 달라고 요청했다. 연 이자율은 10%이다. 비용 추정은 완료되었으며 다음과 같다.

도전 대안: 초기비용: $50,000
미래 MV: 매년 20%씩 감소
추정 유지 기간: 10년 이하
AOC 추정치: 1년 차 $5,000, 그 이후 매년 $2,000씩 증가

방어 대안: 현재 MV: $15,000
미래 MV: 매년 20%씩 감소
추정 유지 기간: 3년 이하
AOC 추정치: 이듬해 $4,000, 이후 매년 $4,000씩 증가
이듬해 $16,000의 개조 비용 추가

(a) 대체분석을 수행하는 데 필요한 AW 가치와 ESL을 구하시오.

(b) 지금 대체분석을 수행하시오.

(c) 이제 1년이 지나서 1년 추가 분석을 수행해야 하는 시점이 도래했다. 도전 대안은 새로운 국제 표준 기능이 내장된 전자 부품 조립 장비 시장에 크게 진출하고 있다. 방어 대안의 예상 MV는 $12,000이지만, 세계 시장에서 내년에는 $2,000, 그 이후에는 사실상 $0로 떨어질 것으로 전망된다. 또한 노후화된 장비는 유지보수비용이 더 많이 들기 때문에 예상 AOC는 차년도에 $8,000에서 $12,000로, 차차년도에는 $16,000로 상향 조정했다. 1년 추가 분석을 수행하시오.

풀이

(a) 그림 10-6에 표시된 ESL 분석의 결과에는 B열과 C열에 모든 MV 및 AOC 추정치가 포함되어 있다. 도전 대안의 $P = \$50,000$는 0 연도의 MV이기도 하다. 총비용의 AW는 도전 대안이 해당 연도 동안 가동될 경우 각 연도에 소요되는 비용이다. 예를 들어, 연도 $k = 4$에서 $\$-19,123$는 식 [10.3]을 사용하여 구

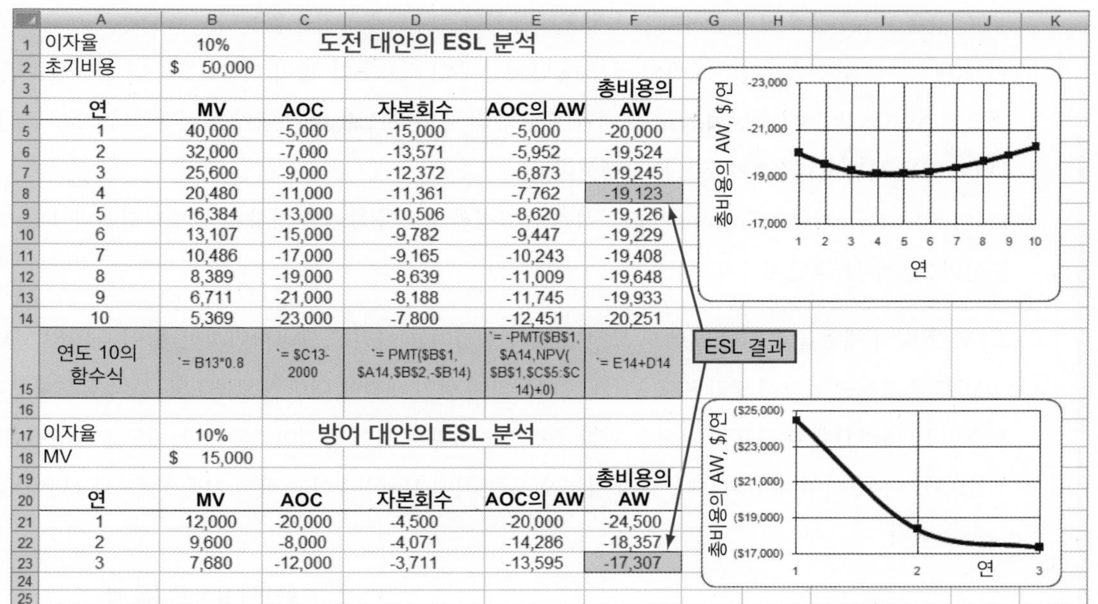

이자율	10%	도전 대안의 ESL 분석			
초기비용	$ 50,000				
연	MV	AOC	자본회수	AOC의 AW	총비용의 AW
1	40,000	-5,000	-15,000	-5,000	-20,000
2	32,000	-7,000	-13,571	-5,952	-19,524
3	25,600	-9,000	-12,372	-6,873	-19,245
4	20,480	-11,000	-11,361	-7,762	-19,123
5	16,384	-13,000	-10,506	-8,620	-19,126
6	13,107	-15,000	-9,782	-9,447	-19,229
7	10,486	-17,000	-9,165	-10,243	-19,408
8	8,389	-19,000	-8,639	-11,009	-19,648
9	6,711	-21,000	-8,188	-11,745	-19,933
10	5,369	-23,000	-7,800	-12,451	-20,251
연도 10의 함수식	`= B13*0.8	`= $C13-2000	`= PMT($B$1, $A14,$B$2,-$B14)	`= -PMT($B$1, $A14,NPV($B$1,$C$5:$C 14)+0)	`= E14+D14

이자율	10%	방어 대안의 ESL 분석			
MV	$ 15,000				
연	MV	AOC	자본회수	AOC의 AW	총비용의 AW
1	12,000	-20,000	-4,500	-20,000	-24,500
2	9,600	-8,000	-4,071	-14,286	-18,357
3	7,680	-12,000	-3,711	-13,595	-17,307

그림 10-6
예제 10.4의 도전 대안과 방어 대안의 ESL 분석

해지며, 여기서 AOC의 등차자금열에는 A/G 계수를 사용한다.

$$\begin{aligned}\text{총비용의 AW}_4 &= -50{,}000(A/P{,}10\%{,}4) + 20{,}480(A/F{,}10\%{,}4)\\ &\quad - [5{,}000 + 2{,}000(A/G{,}10\%{,}4)]\\ &= \$-19{,}123\end{aligned}$$

스프레드시트를 이용해서 ESL을 분석할 경우, F8 셀의 값은 식 [10.4]를 적용한 것과 동일하다. 이때 사용하는 함수는 다음과 같다.

$$\begin{aligned}\text{총비용의 AW}_4 &= \text{PMT}(10\%{,}4{,}50000{,}-20480) - \text{PMT}(10\%{,}4{,}\text{NPV}(10\%{,}\text{C5:C8})+0)\\ &= -11{,}361 - 7{,}762\\ &= \$\,-19{,}123\end{aligned}$$

방어 대안의 비용은 최대 유지 기간인 3년까지 동일한 방식으로 분석된다.

이 분석에서 총비용의 AW가 가장 작은 값은 다음과 같다.

$$\text{도전 대안}: \text{AW}_C = \$-19{,}123,\ n_C = 4\text{년일 때}$$

$$\text{방어 대안}: \text{AW}_D = \$-17{,}307,\ n_D = 3\text{년일 때}$$

도전 대안의 경우, 총비용의 AW(그림 10-6)는 일반적인 모양을 갖고 있으며 3년 차부터 6년 차 사이에는 비교적 평평하다. 4년 차와 5년 차의 총비용의 AW는 사실상 차이가 없다. 방어 대안의 경우, 추정된

AOC 값은 3년에 걸쳐 크게 변하며 지속적으로 증가하거나 감소하지는 않는다.

(b) 이제 대체분석을 수행하려면 절차의 첫 번째 단계만 우선 적용한다. 방어 대안을 3년 더 유지한다면 총 비용의 AW($−17,307) 측면에서 도전 대안에 비해 더 유리하므로, 방어 대안을 선택한다. 그러고 나서 1년이 지난 시점에 1년 추가 분석을 수행한다.

(c) 1년이 지난 지금, 작년에 Toshiba가 유지하기로 결정한 장비를 둘러싼 상황은 크게 달라졌다. 1년 추가 분석의 2단계부터 4단계까지 적용한다.

2. 1년간 방어 대안을 유지한 후에도 도전 대안의 추정치는 여전히 합리적이지만, 방어 대안의 MV와 AOC 추정치는 상당히 달라졌다. 3단계로 이동하여 방어 대안에 대한 새로운 ESL 분석을 수행한다.

3. 그림 10-6의 D에 대해 ESL 분석을 위한 추정치는 아래와 같이 업데이트되었다. 새로운 AW 값은 식 [10.3]을 사용하여 계산되는데, 유지 가능 연도는 최대 2년이며 이는 작년 기준 3년보다 1년이 줄어든 것이다.

연도 *k*	MV, $	AOC, $	*k*년 더 유지되었을 때 총비용의 AW, $
0	12,000	—	—
1	2,000	−12,000	−23,200
2	0	−16,000	−20,819

새로운 대체분석의 AW 및 n 값은 다음과 같다.

$$\text{도전 대안 : 변하지 않은 } AW_C = \$-19{,}123,\ n_C = 4\text{년일 때}$$
$$\text{방어 대안 : 새로운 } AW_D = \$-20{,}819,\ n_D = 2\text{년일 때}$$

이와 같이 새롭게 계산된 AW 값을 기준으로 사용하여 대체분석을 하면 도전 대안이 선택된다. 따라서 2년 후가 아닌 지금 방어 대안을 교체한다. 이 도전 대안을 4년 동안 또는 경쟁력 있는 도전 대안이 등장할 때까지 유지한다.

예제 10.5 가마 유지 또는 대체 사례 PE

B&T의 가마 대체 사례를 계속 살펴보자. 마케팅 분석 결과, 서부 해안의 사업 활동이 개선되면서 기존 가마(PT)와 새 가마(GH) 간의 수익 프로파일이 동일하고, 새 가마가 향후 몇 년 내에 새로운 수익을 가져올 가능성이 있는 것으로 나타났다. B&T의 사장은 대체분석을 할 때가 되었다고 판단했다. 수석 엔지니어로서 앞서 도전 대안에 대한 ESL 분석(예제 10.3)을 완료했다고 가정하자. GH 시스템의 경우 ESL이 예상 내용연수이다.

$$\textbf{도전 대안 : ESL } n_{GH} = 12\text{년, 연간 등가 총비용 } AW_{GH} = \$-12.32\text{백만}$$

사장은 방어 대안의 AOC를 높이면 방어 대안을 최대 6년 동안 유지할 수도 있을 것이라고 규정하면서 대체분석을 완료해 달라고 요청했다. 당신은 방어 대안(PT)에 필요한 추정치를 마련해야 한다. 방어 대안의 현재 MV는 $22백만이다. 연 15%의 이자율을 사용하여 분석하시오.

풀이

몇 가지 데이터를 수집한 결과, PT 시스템의 MV가 높아질 것이며 AOC는 매년 $1.2백만씩 계속 상승할 것으로 예상된다. 백만 달러 단위를 사용한 향후 6년간의 최선의 추정치는 다음과 같다.

연도	1	2	3	4	5	6
시장가치, $백만	22.0	22.0	22.0	20.0	18.0	18.0
AOC, 연간 $백만	5.2	6.4	7.6	8.8	10.0	11.2

스프레드시트를 이용하여 그림 10-7과 같이 분석을 수행했다. 예를 들어, 3년 동안 유지한다면 총비용의 AW(단위 : $1,000,000)는 다음과 같이 계산할 수 있다.

$$
\begin{aligned}
\text{총비용의 } AW_3 &= -22.0(A/P,15\%,3) + 22.0(A/F,15\%,3) - [5.2(P/F,15\%,1) \\
&\quad + 6.4(P/F,15\%,2) + 7.6(P/F,15\%,3)](A/P,15\%,3) \\
&= -9.63 + 6.34 - [14.36]\,(0.43798) \\
&= \text{연간 } \$-9.59
\end{aligned}
$$

시스템은 최대 6년까지 유지될 수 있지만, ESL은 1년으로 이보다 훨씬 짧다.

방어 대안 : ESL $n_{PT} = 1$년, 연간 등가 총비용 $AW_{PT} = \$-8.50$백만

대체/유지 결정을 내리려면 절차의 1단계를 적용한다. 매년 $AW_{PT} = \$-8.50$백만은 $AW = \$-12.32$백만보다 현저히 작으므로, 현재 가마를 1년만 더 유지하는 것이 좋다고 제안해야 한다. 그러고 나서 이 기간 동안 D와 C의 추정치가 변하지 않는다고 가정하고 1년 추가 분석을 또 수행해야 한다. (이는 절차의 4단계를 적용하는 것이다.)

	A	B	C	D	E	F
1			PT에 대한 ESL 분석			
2	이자율	15%			MV	$ 22.00
3						
4						총비용의
5	연	MV	AOC	자본회수	AOC의 AW	AW
6	1	22.00	-5.20	-3.30	-5.20	-8.50
7	2	22.00	-6.40	-3.30	-5.76	-9.06
8	3	22.00	-7.60	-3.30	-6.29	-9.59
9	4	20.00	-8.80	-3.70	-6.79	-10.49
10	5	18.00	-10.00	-3.89	-7.27	-11.16
11	6	18.00	-11.20	-3.76	-7.72	-11.47
12	연도 3의 함수식	22.00	-7.60	`= PMT($B$2, $A8,$F$2,-$B8)	`= -PMT($B$2,$A8, NPV($B$2,$C$6:$C8)+0)	`= D8+E8
13						

그림 10-7
예제 10.5의 방어 대안 가마 PT의 ESL 분석

참고사항

이 문제에서 2개의 최종 AW 자금열의 추세를 관찰하는 것이 중요하다. 그림 10-3에서 위쪽에 있는 F열과 그림 10-7의 F열을 비교해 보면, 현행 시스템의 총비용의 AW 최댓값(6년간 $-11.47백만)은 제안된 시스템의 총비용의 AW 최솟값(12년간 $-12.32백만)보다 여전히 낮다는 것을 알 수 있다. 이는 1년 추가 분석을 더 진행할 경우에도 경제성 기준에서 도전 대안이 선택되지 않을 것임을 시사한다. 도전 대안이 선택될 가능성을 높이기 위해서는 하나 또는 두 대안 모두에 대한 추정치가 크게 변경되어야 한다.

10.5 분석기간이 주어진 대체분석 ●●●

대체분석의 분석기간이 주어진 분석기간 또는 계획기간(예 : 6년)으로 제한되는 경우, ESL 분석은 수행되지 않는다.

도전 대안과 방어 대안의 잔여수명에 대한 AW 값은 ESL에 기반하지 않는다. AW는 분석기간 동안에만 계산된다. 분석기간 이후 이 두 대안에 발생하는 일은 대체분석에서 고려되지 않는다.

이는 분석기간 이후에는 방어 대안 또는 도전 대안이 필요하지 않다는 것을 의미한다. 사실 고정된 기간의 분석기간은 10.1절에 주어진 세 가지 가정, 즉 서비스가 무기한 미래에 필요하고, 현재 최고의 도전 대안이 있으며, 미래 수명주기 동안 추정치가 동일할 것이라는 가정에 부합하지 않는다.

정해진 분석기간 동안 대체분석을 수행할 때는 AW 값을 구하는 데 사용되는 추정치가 정확해야 한다. 이 조건은 방어 대안에 특히 중요하다. 다음 과정을 수행하는 것이 실패하면 동등 서비스 비교 요건을 위반하게 된다.

분석기간

방어 대안의 잔여수명이 **분석기간보다 짧은** 경우, 예상 잔여수명 종료일부터 분석기간 종료일까지 방어 대안의 서비스 제공 비용을 최대한 정확하게 추정하여 대체분석에 포함해야 한다.

그림 10-4의 하단에 있는 분기점의 논리를 따른다.

1. **승계 옵션 및 AW 값.** 분석기간 동안 방어 대안과 도전 대안을 사용하여 모든 실행 가능한 방법을 개발한다. 옵션은 하나만 있을 수도 있고 여러 가지가 있을 수도 있으며, 분석기간이 길어질수록 이 분석은 더 복잡해진다. 도전 대안과 방어 대안의 현금흐름에 대한 AW 값을 사용하여 각 옵션에 대한 등가 현금흐름을 구축한다.

2. 최선의 옵션 선택. 각 옵션에 대한 AW(또는 PW)는 분석기간 동안 계산된다. 비용이 가장 낮은 옵션을 선택하거나, 수입을 추정하는 경우에는 소득이 가장 높은 옵션을 선택한다.

다음 두 예제는 이 절차를 사용하는데, 방어 대안의 비용추정이 정확하게 이루어져야 한다는 점을 강조한다. 이는 예제 10.7에서와 같이 잔여수명이 분석기간보다 짧은 경우 특히 그렇다.

예제 10.6

클라우디아는 Lockheed Martin의 항공기 정비 부서에서 일하고 있다. 그녀는 미 공군과 장거리 화물기에 대한 10년간의 방위 계약을 준비 중이다. 정비 작업의 핵심 장비는 항공전자회로 진단 시스템이다. 현재 시스템은 7년 전에 구입했다. 자본회수 비용이 남아 있지 않다. 현재 MV는 $70,000, 잔존수명은 3년, 잔존가치는 $0, AOC는 $30,000로 추정되었는데, 이 추정치는 신뢰할 수 있는 것으로 알려져 있다. 이 시스템에 대한 유일한 옵션은 지금 바로 이 시스템을 대체하거나, 아니면 향후 3년 내내 현 시스템을 유지하는 것이다.

클라우디아는 좋은 도전 대안 시스템이 하나밖에 없다는 것을 알게 되었다. 이 시스템의 비용추정을 한 결과, 초기비용 = $750,000, 수명 = 10년, $S = 0$, AOC = $50,000이다.

방어 대안의 정확한 비용추정이 중요하다는 것을 깨달은 클라우디아는 만약 Lockheed Martin이 현재 시스템을 이용해서 계약을 따낸다면, 3년 후 어떤 시스템이 후속 방어 대안으로서 타당할지를 부서장에게 물었다. 부서장은 클라우디아가 도전 대안으로 선정한 바로 그 시스템이 시장에서 가장 우수하기 때문에 Lockheed Martin이 구매할 것이라고 예측했으며, 클라우디아는 이 시스템이 후속 방어 대안이라고 결론지었다.

따라서 클라우디아는 이 회사가 미 공군과의 계약을 따내기 위해서 다음과 같이 두 가지 옵션을 고려하고 있다고 해석했다. 첫 번째 옵션은 이 새로운 시스템을 바로 사용하는 것이다. 두 번째 옵션은 3년 동안에는 기존 시스템을 사용하다가 그 이후 새로운 시스템으로 대체하되, 이 새로운 시스템의 수명이 다할 때까지 사용하는 것이다. 그런데 이 두 번째 옵션에서는 이 프로젝트에서 새로운 시스템은 7년만 사용하게 되며, 나머지 잔여기간인 3년 동안에는 이 프로젝트가 아니라 다른 프로젝트에서 사용하여 자본회수를 한다. 클라우디아가 3년 후 동일한 시스템의 초기비용으로 추정한 금액은 $900,000이며, 최선의 AOC 추정치는 연간 $50,000이다.

부서장은 미 관리예산처(OMB)의 규정대로 10%의 이자율을 적용하여 경제성 분석을 수행해야 한다고 언급했다. 고정 계약 기간인 10년에 대한 대체분석을 수행하시오.

풀이

분석기간이 10년으로 고정되어 있어서 대체분석의 가정에 대한 의도가 존재하지 않는다. 즉, 방어 대안의 후속 추정치가 분석에 매우 중요하다는 것을 의미한다. 또한 대안들의 수명이 이미 설정되어 있고 연간 예상 MV가 존재하지 않기 때문에 ESL 값을 구하기 위한 분석은 불필요하다. 대체분석 절차의 첫 번째 단계는 옵션을 정의하는 것이다. 방어 대안은 현재 또는 3년 후에 대체될 것이므로 다음과 같이 두 가지 옵션뿐이다.

옵션 1 : 10년간의 도전 대안

옵션 2 : 3년간은 방어 대안, 그 후 7년간은 도전 대안(혹은 후속 방어 대안)

현금흐름도는 그림 10-8에 나와 있다. 옵션 1의 경우, 도전 대안은 10년 동안 사용된다. 식 [10.3]을 적용하되, 다음 추정치를 사용하여 AW를 계산한다.

도전 대안 : $P = \$750{,}000$ $\quad$ AOC = $50,000

$n = 10$년 $\quad$ $S = 0$

$$\text{AW}_\text{C} = -750{,}000(A/P{,}10\%{,}10) - 50{,}000 = \$-172{,}063$$

옵션 2의 비용추정은 더 복잡하다. 처음 3년 동안은 현재 시스템의 AW가 계산되어 사용된다. 여기에 향후 7년간 후속 방어 대안에 대한 자본회수가 추가된다. 그러나 이 경우, CR 금액은 전체 10년간의 수명에 걸쳐서 구해지게 된다. (특히 계약 작업의 경우, 프로젝트 간에 투자자본회수가 이동하는 것은 드문 일이 아니다.) AW 구성 요소를 AW_DC(DC는 현재 방어 대안임을 의미)와 AW_DF(**DF는 후속 방어 대안임을 의미**)로 나타내자. 최종 현금흐름은 그림 10-8(b)에 나와 있다.

현재 방어 대안 : MV = $70,000 $\quad$ AOC = $30,000

$n = 3$년 $\quad$ $S = 0$

$$\text{AW}_\text{DC} = [-70{,}000 - 30{,}000(P/A{,}10\%{,}3)](A/P{,}10\%{,}10) = \$-23{,}534$$

후속 방어 대안 : $P = \$900{,}000$, $n = 10$년은 자본회수 계산에만 사용,

4년 차부터 10년 차까지 AOC = $50,000, $S = 0$

10년 동안의 자본회수와 AW는 다음과 같다.

$$\text{CR}_\text{DF} = -900{,}000(A/P{,}10\%{,}10) = \$-146{,}475$$

$$\text{AW}_\text{DF} = (-146{,}475 - 50{,}000)(F/A{,}10\%{,}7)(A/F{,}10\%{,}10) = \$-116{,}966 \qquad [10.6]$$

옵션 2에서 방어 대안(현재 방어 대안과 후속 방어 대안 모두 고려)에 대한 총비용의 AW_D는 위의 두 연간등가를 합한 값이다.

$$\text{AW}_\text{D} = \text{AW}_\text{DC} + \text{AW}_\text{DF} = -23{,}534 - 116{,}966 = \$-140{,}500$$

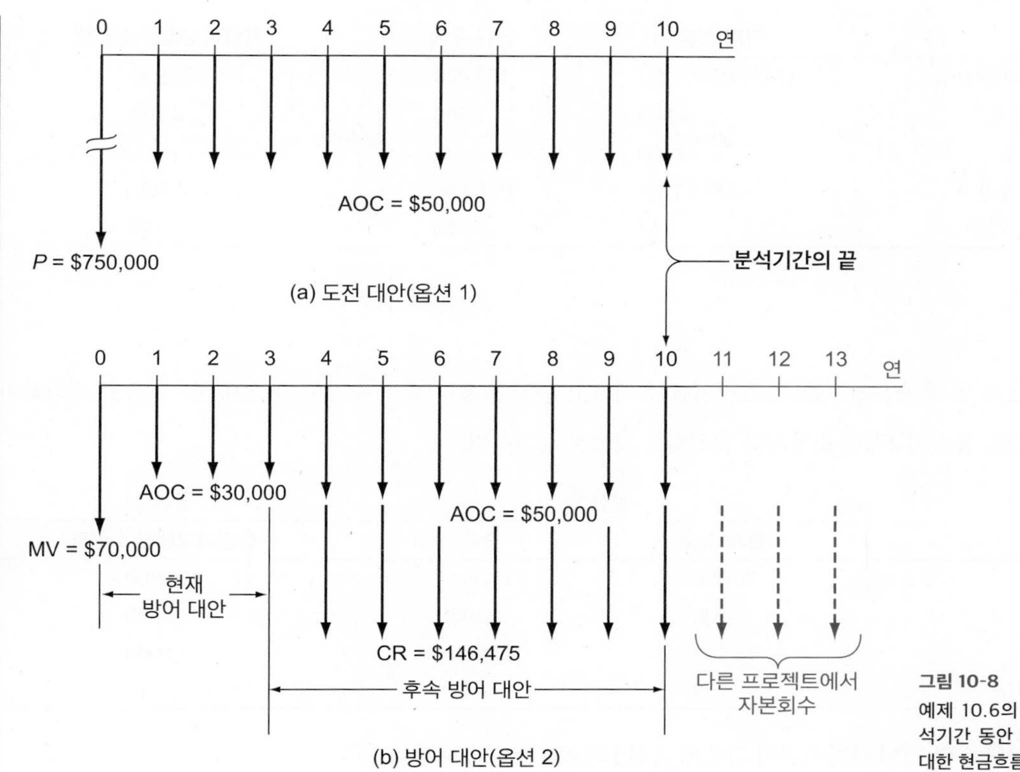

그림 10-8
예제 10.6의 10년의 분석기간 동안 대체분석에 대한 현금흐름도

옵션 2의 비용이 옵션 1에 비해 더 저렴하다($-140,500 대 $-172,063). 따라서 지금 방어 대안을 유지하고 3년 후에 새로운 시스템을 구매하여 사용하는 것이 좋은 선택이다.

참고사항

후속 방어 대안의 자본회수 비용은 11~13년 동안 아직 확인되지 않은 프로젝트에서 부담될 것이다. 이 가정을 하지 않으면, 자본회수 비용은 식 [10.6]에서 10년이 아닌 7년에 걸쳐 계산되어 CR이 $-184,869로 증가한다. 이렇게 하면 연간등가가 AW_D = $-163,357로 높아진다. 여전히 방어 대안(옵션 2)이 선택되지만, 옵션 1과의 비용 차이는 더 작아진다.

예제 10.7

3년 전에 시카고 오헤어 공항은 새 소방차를 구입했다. 항공편 증가로 인해 새로운 소방 용량(fire-fighting capacity)을 늘려야 한다. 현재와 같은 용량의 트럭을 추가로 구입하거나, 현재 구비된 소방차를 용량이 2배인 소방차로 대체할 수 있다. 추정치는 아래에 제시되어 있다. 연 이자율이 12%일 때, (a) 12년 분석기간과 (b) 9년 분석기간에 대해 두 옵션을 비교하시오.

	현재 소유	신규 구매	용량이 2배인 소방차
초기비용 P, \$	151,000(3년 전)	175,000	190,000
AOC, \$	1,500	1,500	2,500
MV, \$	70,000	—	—
잔존가치, \$	P의 10%	P의 12%	P의 10%
수명, 연수	12	12	12

풀이

옵션 1을 현재 소유하고 있는 소방차를 유지하고 동일한 용량의 새 소방차를 증차하는 것으로 정의하자. 옵션 2를 용량이 2배인 소방차로 대체하는 것으로 정의하자.

	옵션 1		옵션 2
	현재 소유	증차	용량이 2배인 소방차
P, \$	70,000	175,000	190,000
AOC, \$	1,500	1,500	2,500
S, \$	15,100	21,000	19,000
n, 연수	9	12	12

(a) 전체 수명 12년 분석기간의 경우에 옵션 1의 AW는 다음과 같다.

$$\begin{aligned} AW_1 &= \text{현재 소유하고 있는 소방차의 AW} + \text{증차한 소방차의 AW} \\ &= [-70{,}000(A/P,12\%,9) + 15{,}100(A/F,12\%,9) - 1{,}500] \\ &\quad + [-175{,}000(A/P,12\%,12) + 21{,}000(A/F,12\%,12) - 1{,}500] \\ &= -13{,}616 - 28{,}882 \\ &= \$-42{,}498 \end{aligned}$$

현재 소유하고 있는 소방차의 잔여수명 9년은 분석기간보다 3년 부족하므로, 이 계산은 본질적으로 현재 소유하고 있는 소방차가 제공하는 등가 서비스를 10~12 연도에 \$13,616에 구입할 수 있다고 가정한다.

$$\begin{aligned} AW_2 &= -190{,}000(A/P,12\%,12) + 19{,}000(A/F,12\%,12) - 2{,}500 \\ &= \$-32{,}386 \end{aligned}$$

지금 바로 용량이 2배인 소방차(옵션 2)로 교체하면 연간 \$10,112의 이득을 얻을 수 있다.

(b) 두 옵션의 AW를 계산할 때 $n = 9$를 사용한다는 점만 제외하고는 9년으로 짧아진 분석기간에 대한 분석은 (a)의 경우와 동일한 논리를 따른다. 즉, 두 가지 옵션에 대해서 이자율은 여전히 12%로 놓되, 분석기간을 9년으로 바꾸기만 하면 된다. 잔존가치는 모든 연도에 대해서 변하지 않으므로, (a)의 경우와 같이 동일하게 유지된다.

$$AW_1 = \$-46{,}539 \qquad AW_2 = \$-36{,}873$$

옵션 2가 다시 선택된다.

앞의 두 예제는 대체분석을 수행할 때 분석기간 설정에서 중요하게 고려해야 할 사항이 있음을 시사한다. 이것은 분석기간이 엄격하게 적용되어 있을 때 도전 대안의 자본회수액과 관련이 있다.

도전 대안의 수명보다 **짧은 분석기간**이 정해지면, 이 짧은 기간에 초기 투자자본과 수익을 회수하기 위해 도전 대안의 자본회수 금액이 **증가한다**. 분석기간을 지나치게 단축하면, 도전 대안의 자본회수액을 계산할 때 분석기간 종료 이후의 시간은 고려하지 않기 때문에 도전 대안에 불리한 경향이 있다.

분석기간

자본회수

도전 대안으로 교체하기 전에 방어 대안을 유지할 수 있는 기간에 대한 여러 옵션이 있는 경우, 대체분석의 첫 번째 단계에서는 실행 가능한 모든 옵션, 즉 승계 옵션과 AW 값이 포함되어야 한다. 예를 들어 분석기간이 5년이고 방어 대안이 1년, 2년, 3년 동안 유지될 경우, 각 방어 대안의 유지기간에 대한 AW 값을 구하기 위해 비용추정을 수행해야 한다. 이 경우 네 가지 옵션이 있으며, 이를 W, X, Y, Z라고 하자.

옵션	방어 대안 유지, 연	도전 대안 사용, 연
W	3	2
X	2	3
Y	1	4
Z	0	5

방어 대안 유지와 도전 대안 사용에 대한 각각의 AW 값은 각 옵션에 대한 현금흐름을 만들어낸다. 예제 10.8은 가마 유지 또는 대체 사례를 사용하여 이런 절차를 설명한다.

예제 10.8 가마 유지 또는 대체 사례

PE

이미 예제 10.5에서 방어 대안 PT와 도전 대안 GH 간의 대체분석을 완료했다. 방어 대안의 AW는 $-8.50 백만이고 도전 대안의 AW는 $-12.32 백만이므로, 방어 대안이 확실한 선택이었다. 이제 B&T의 경영진은 딜레마에 빠졌다. 현재의 터널 가마가 새로운 흑연 가마보다 훨씬 저렴하다는 것을 알고 있지만, 미래의 새로운 사업에 대한 전망을 무시해서는 안 되기 때문이다. 사장은 "현재 가마의 잔여 예상 수명을 1년 이상, 6년 이하로 유지한다고 가정할 때, 언제 새 가마를 구입하는 것이 경제적으로 가장 저렴한 시점인지 알 수 있는가?"라고 물었다. 최고 재무 책임자는 당연히 가능하다고 대답했다. 이제 (a) 사장에게 답을 주고, (b) 여기서 내린 결론에 근거하여 분석의 다음 단계를 논의하시오.

풀이

(a) 모든 정보가 이미 마련되었기 때문에 대답하기 매우 쉬운 질문이다. MARR은 연 15%, 분석기간은 6년으로 정해져 있고, 방어 대안 PT는 1년에서 6년 사이를 유지한다는 것을 알고 있다. 따라서 도전 대안 GH는 0~5년 동안 사용할 수 있다. 방어 대안에 대한 총비용의 AW는 예제 10.5(그림 10-7)에서, 도전 대안에 대한 총비용의 AW는 예제 10.3(그림 10-3)에서 구했다. 편의를 위해서 이 결과를 표 10-2에 다시 기입했다. 분석기간이 고정된 대체분석에 적용하는 절차를 사용하자.

- 1단계 : 승계 옵션 및 AW 값. 이 경우 6가지 옵션이 있다. 즉, 방어 대안은 1~6년 사이 유지되고, 도전 대안이 설치되면 0~5년 사용된다. 이 6가지 옵션에 A부터 F까지 이름을 붙이자. 그림 10-9에는 표 10-2에 기입된 수치를 이용해서 각 옵션의 AW가 기입되어 있다. 분석기간이 6년으로 고정되어 있으므로 도전 대안의 예상 수명이 12년이라는 사실은 고려하지 않는다.
- 2단계 : 최선의 옵션 선택. 그림 10-9의 J열과 K열에 6년 분석기간에 대해 각 옵션의 PW와 AW를 구한 결과가 나열되어 있다. 이 결과는 **방어 대안**을 6년 더 **유지**하는 것이 좋다는 것을 시사한다.

(b) 모든 대체분석은 가까운 미래까지 방어 대안을 유지해야 한다는 것을 시사한다. 분석을 더 진행하면, 도전 대안의 고온 가열 성능 및 운영 효율성에 기반한 매출 증대 가능성을 고려해야 한다. B&T와 관련

표 10-2 예제 10.8의 대체분석 옵션과 총비용의 AW

옵션	방어 대안 PT 유지 연수	방어 대안 PT AW, $백만/연	도전 대안 GH 유지 연수	도전 대안 GH AW, $백만/연
A	1	−8.50	5	−14.21
B	2	−9.06	4	−15.08
C	3	−9.59	3	−16.31
D	4	−10.49	2	−18.21
E	5	−11.16	1	−22.10
F	6	−11.47	0	—

	A	B	C	D	E	F	G	H	I	J	K
1		서비스 기간, 연								15%일 때 PW, $백만	6년 동안의 AW, $백만/연
2		방어 대안	도전 대안	각 옵션에 대한 AW 현금흐름, $백만/연							
3	옵션	PT	GH	1	2	3	4	5	6		
4	A	1	5	-8.50	-14.21	-14.21	-14.21	-14.21	-14.21	-48.81	-12.90
5	B	2	4	-9.06	-9.06	-15.08	-15.08	-15.08	-15.08	-47.28	-12.49
6	C	3	3	-9.59	-9.59	-9.59	-16.31	-16.31	-16.31	-46.38	-12.26
7	D	4	2	-10.49	-10.49	-10.49	-10.49	-18.21	-18.21	-46.87	-12.39
8	E	5	1	-11.16	-11.16	-11.16	-11.16	-11.16	-22.10	-46.96	-12.41
9	F	6	0	-11.47	-11.47	-11.47	-11.47	-11.47	-11.47	**-43.41**	**-11.47**
10											
11											
12											
13											

결론 : 방어 대안을 6년 내내 유지한다.

그림 10-9
예제 10.8의 6년의 분석기간에 대한 대체분석의 PW 값

한 일련의 예제에서 언급했듯이, 새로운 비즈니스 기회가 열릴 것이다. 도전 대안의 수익이 증가하면 총비용의 AW가 감소하게 될 것이고, 도전 대안의 경제성이 방어 대안보다 더 유리해질 가능성이 있다.

10.6 대체가치 ●●●

도전 대안을 경제적으로 매력적이게 만드는 데 필요한 방어 대안의 최소 MV를 아는 것이 도움이 되는 경우가 많다. 방어 대안에 대해서 이 금액 이상의 MV 또는 거래가치를 얻게 된다면, 경제적 관점에서 도전 대안을 즉시 선택해야 한다. 이를 AW_C와 AW_D 사이의 손익분기점 가치라 하며, 다른 이름으로 **대체가치**(RV, Replacement Value)라고도 한다. 방어 대안의 MV를 RV로 설정하여, $AW_C = AW_D$의 관계를 이용하여 RV를 구한다. AW_C는 알려져 있으므로 RV를 구하는 것은 쉽다. 선택을 하는 가이드라인은 다음과 같다.

실제 시장 거래가치가 **대체가치**를 **초과**하는 경우, 도전 대안이 더 나은 대안이 될 수 있으며 지금 당장 방어 대안을 교체해야 한다.

엑셀의 목적값 탐색 도구를 활용하여 방어 대안의 RV를 구한다. 목표 셀은 현재 MV이며, AW_D 값은 AW_C 금액과 같도록 강제 설정된다.

예제 10.9

Liquid Metal Products사의 분석가인 써니는 현재 장비와 제안 장비에 대해 ESL 분석과 대체분석(분석기간이 주어지지 않음)을 완료하고 다음과 같은 결과를 얻었다.

도전 대안 ESL 분석 : $n_C = 12$년, $AW_C = \$-12$백만

방어 대안 ESL 분석 : $n_D = 1$년, $AW_D = \$-8$백만

써니는 다음 날 아침 경영진에게 현재 사용하고 있는 방어 대안을 유지하자고 권고할 계획이다. C가 경제적으로 정당화되게 만들기 위한 D의 거래가치를 구할 수 있다면, 내일 아침 경영진에게 설명할 때 도움을 줄 것이라고 생각한다. 내년에도 방어 대안의 AOC와 MV 추정치는 각 $5백만과 $22백만이다. 15%의 연간 MARR하에서 수기와 스프레드시트 풀이를 사용하여 RV를 구하시오.

수기 풀이

방어 대안의 경우, 1년의 ESL하에서 초기비용 대신에 RV를 사용하여 AW_D에 관한 식을 만든다. 도전 대안의 경우, AW_C에 $-12백만을 설정한다. 그리고 $AW_D = AW_C$의 관계에서 RV에 대해 푼다. 백만 달러 단위로 이를 표기하면 다음과 같다.

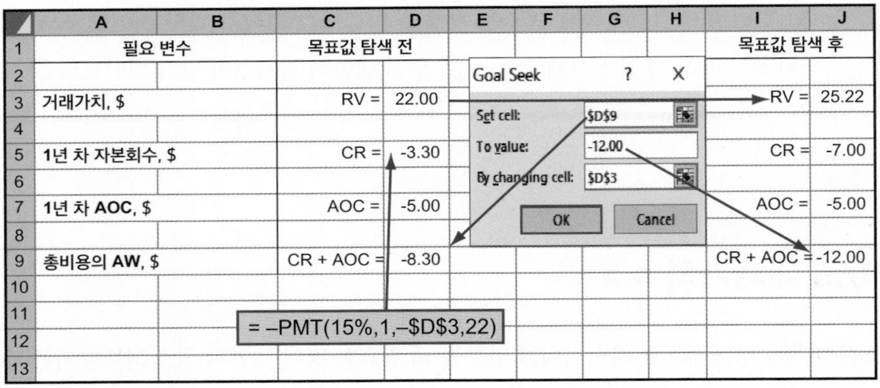

	A	B	C	D	E	F	G	H	I	J
1	필요 변수		목표값 탐색 전						목표값 탐색 후	
2										
3	거래가치, $		RV =	22.00					RV =	25.22
4										
5	1년 차 자본회수, $		CR =	-3.30					CR =	-7.00
6										
7	1년 차 AOC, $		AOC =	-5.00					AOC =	-5.00
8										
9	총비용의 AW, $		CR + AOC =	-8.30					CR + AOC =	-12.00
10										
11										
12										
13										

Goal Seek
Set cell: $D$9
To value: -12.00
By changing cell: $D$3
OK Cancel

= –PMT(15%,1,–$D$3,22)

그림 10-10
예제 10.9의 방어 대안의 RV를 구하기 위한 스프레드시트

$$-12 = -\text{RV}(A/P,15\%,1) + 22(A/F,15\%,1) - 5$$

$$1.15\text{RV} = 12 + 22.00 - 5$$

$$\text{RV} = \$25.22$$

$22백만으로 추정되는 MV보다 RV가 다소 높다. 내년에 도전 대안을 경제적으로 정당화하게 만들기 위해서는 거래가치를 높이거나 도전 대안의 초기비용을 낮추는 게 필요할 것이다.

스프레드시트 풀이

RV를 구하기 위해 내년도에 대해서 총비용의 AW를 자본회수와 AOC를 더한 값으로 둔다. 그림 10-10에는 방어 대안의 추정치가 나열되어 있다. D5 셀에는 PMT 함수를 사용하여 구한 CR이 기입되어 있으며, 총비용의 AW 추정치는 $−8.30백만으로 구해졌다. 백만 달러 단위로 목표값 탐색 도구를 사용하되, 현재 거래가치인 $22(D3 셀)를 변경하여 총비용의 AW가 $\text{AW}_\text{C} = \$-12$와 같아지도록 설정한다. $25.22인 RV는 "목표값 탐색 후" J3 셀에 반영된다. 이 값은 수기를 이용한 해와 동일하다.

요약

대체분석에서는 최고의 도전 대안을 방어 대안과 비교하는 것이 중요하다. 최선의 (경제적) 도전 대안은 분석에서 고려하는 기간 동안 비용의 AW가 가장 낮은 도전 대안이다. 방어 대안의 예상 잔여수명과 도전 대안의 예상 수명이 주어지면, 해당 연도의 AW 값이 구해지게 되고 대체분석이 진행된다. 그러나 보유 연도별로 예상 MV와 AOC를 합리적으로 추정할 수 있다면, 이러한 연도별 (한계)비용을 통해 최선의 도전 대안을 결정할 수 있다.

경제적 수명(ESL) 분석은 최적 도전 대안의 서비스 기간과 그에 따른 총비용의 AW를 구하기 위해 설계된다. 이를 통해 얻어지는 n_C와 AW_C는 대체분석에 사용된다. 방어 대안의 ESL에 대해서도 동일한 분석을 수행할 수 있다.

분석기간이 주어지지 않은 대체분석에서는 수명이 같지 않은 두 대안을 비교하는 연간등가 방법을 사용한다. AW 값이 클수록 얼마나 오랫동안 방어 대안이 유지되는지를 결정한다.

분석기간이 주어진 대체분석에서는 방어 대안의 MV와 비용추정이 가능한 한 정확해야 한다. 방어 대안의 잔여수명이 분석기간보다 짧은 경우, 서비스를 지속하기 위한 비용을 신중하게 추정하는 것이 중요하다. 방어 대안과 도전 대안을 사용하여 모든 실행 가능한 옵션을 나열하고, 각 옵션의 AW 등가 현금흐름을 구한다. 각 옵션의 AW 또는 PW 값을 사용하여 여러 옵션 중에서 최선의 옵션을 선택한다. 이 옵션은 방어 대안을 얼마나 오래 유지할지를 알려준다.

연습문제

대체의 기초

10.1 방어 대안/도전 대안의 개념에 대해 간략하게 설명하시오.

10.2 대체분석이 필요한 이유 세 가지를 나열하시오.

10.3 대체분석에서 현재 소유하고 있는 자산의 초기비용으로 어떤 수치를 사용해야 하는가? 이 값을 가장 잘 구할 수 있는 방법은 무엇인가?

10.4 엔지니어인 당신과 변호사 친구인 롭은 3년 전 소규모 사업체를 대상으로 에너지 감사를 하는 소규모 사업을 시작했다. 당시 $25,000의 비용이 들었던 장비가 조기에 노후화되어 구매 가격이 $20,000인 솔리드 스테이트 버전으로 대체해야 한다. 현재 장비의 잔존가치는 0이다. 회사 회계장부에는 장비의 장부가액이 $10,000로 표시되어 있다. (a) 솔리드 스테이트 장비를 구매할 경우, 새 장비의 비용과 기존 장비의 가치 사이의 차이를 어떻게 고려해야 하는가? (b) 파트너는 이 차액을 새 장비의 추가 비용으로 생각하여 사실상 장비의 구매 가격이 $30,000라고 생각한다. 파트너의 생각이 맞는가?

10.5 수명이 다른 자산에 대한 대체분석을 수행하려고 한다. 분석기간이 다음과 같을 때 자산의 자체 수명주기 동안의 연간등가를 비교에 사용할 수 있는가? (a) 무제한인 경우, (b) 분석기간이 자산 수명의 짝수배가 아니고 제한된 경우, (c) 분석기간이 자산 수명의 배수이면서 제한된 경우. 이 세 가지 각각에 대해 답하시오.

10.6 1년 전 $85,000에 구입한 기계의 운영비용이 예상보다 더 많이 들고 있다. 구입 당시 이 기계는 연간 유지보수비용이 $22,000, 잔존가치가 $10,000로 10년 동안 사용할 것으로 예상되었다. 하지만 지난해에는 $35,000의 유지보수비용이 들었고, 올해에는 $36,500로 올라갔는데, 이후에도 매년 $1,500씩 증가할 것으로 예상된다. 현재 MV는 $85,000-10,000k$로 추정되며, 여기서 k는 기계를 구입한 후의 연도이다. 이제 이 기계는 최대 5년 더 사용할 수 있을 것으로 추정된다. 이제 대체분석이 이루어져야 한다. 이 방어 대안의 P, n, AOC, S의 값을 구하시오.

10.7 수작업 공정을 자동화하는 장비를 설계하고 판매하는 한 엔지니어가 차고 문 개폐기 트랜스미터 제조 인건비를 크게 절감할 수 있는 기계/로봇 조합을 제안하고 있다. 이 장비의 초기비용은 $170,000, AOC는 $54,000, 최대 사용수명은 5년, 언제 대체되든 간에 $20,000의 잔존가치가 있는 것으로 추정된다. 기존 장비는 12년 전 $65,000에 구입한 것으로 AOC가 $78,000에 달한다. 현재 보유한 장비는 최대 2년 정도 더 사용할 수 있으며, 그 시간이 되면 경매를 진행하는 회사에 33%를 지불한 후에 예상

금액이 $6,000인 경매에 부쳐질 것이다. 현재 소유하고 있는 장비를 지금 교체하는 경우에도 동일한 시나리오가 적용된다. 연 20%의 이자율을 적용하여 오늘 대체분석을 실시할 때 방어 대안과 도전 대안의 P, n, S, AOC 추정치를 구하시오.

10.8 2년 전에 $40,000에 구입한 공작 기계의 MV는 $\$40{,}000-3{,}000k$의 관계로 가장 잘 설명되며, 여기서 k는 구입 시점부터의 연수이다. 이러한 유형의 자산에 대한 경험에 따르면, AOC는 $\$30{,}000+1{,}000k$의 관계로 설명할 수 있다. 이 자산의 잔존가치는 원래 예상 내용연수인 10년 후 $10,000로 추정되었다. 소유 3년째가 되는 해에 1년만 더 보유한다고 가정할 때, 대체분석을 위한 P, S, AOC의 현재 추정치를 구하시오.

10.9 Newport Corporation이 공압식 제진기를 만들기 위해 2년 전에 구입한 장비의 가격은 $90,000이다. 이 장비의 MV는 $\$90{,}000-8{,}000k$의 관계로 설명할 수 있으며, 여기서 k는 구매 시점으로부터의 연수이다. 첫 5년간의 운영비용은 연간 $65,000이며, 그 이후에는 매년 $6,300씩 증가한다. 이 자산의 잔존가치는 10년의 예상 내용연수 후 $7,000로 추정되었다. 다음 두 가지 가정에 따라 P, S, AOC의 값을 구하시오. (a) 지금 대체분석을 하고 장비를 최대 1년만 더 유지한다고 가정한다. (b) 지금부터 1년 후에 대체분석을 하고 그 후에도 장비를 최대 1년만 더 유지한다고 가정한다.

경제적 수명

10.10 현재 소유하고 있는 기계를 추가 기간 동안 보유할 경우의 AW 값은 아래 표에 나와 있다. 이 값은 자산이 유지되는 각 n 연도에 대한 AW 금액을 나타낸다. 예를 들어, 5년을 더 보유할 경우 5년 동안 각 연도의 연간등가는 $95,000이다. 미래 비용은 대체분석에서 추정한 대로 유지되고 현재 소유하고 있는 것과 같은 중고 기계를 항상 사용할 수 있다고 가정한다.

(a) MARR이 연 12%인 경우, 방어 대안의 ESL과 AW는 얼마인가?

(b) ESL이 7년이고 연간 AW_C = $−89,500인 도전 대안이 있다. 각각의 ESL 기간 동안 어느 쪽의 AW가 더 적을까?

보유 기간, 연	AW 값, $/연
1	−92,000
2	−88,000
3	−85,000
4	−89,000
5	−95,000

10.11 제시된 데이터에서 방어 대안과 도전 대안의 ESL을 구하시오. (참고 : 표의 값은 개별적인 연말 값이 아니라 AW 값이다.)

유지 연수	방어 대안의 AW, $	도전 대안의 AW, $
1	−145,000	−136,000
2	−96,429	−126,000
3	−63,317	−92,000
4	−39,321	−53,000
5	−49,570	−38,000

10.12 제시된 데이터에서 자산의 ESL을 구하시오. (참고 : 표의 값은 개별적인 값이 아니라 AW 값이다.)

유지 연수	초기비용의 AW, $	운영비용의 AW, $	잔존가치의 AW, $
1	−165,000	−36,000	99,000
2	−86,429	−36,000	38,095
3	−60,317	−42,000	18,127
4	−47,321	−43,000	6,464
5	−39,570	−48,000	3,276

10.13 한 엔지니어가 새 장비의 ESL을 구할 때 아래와 같이 계산하였으나, 2년간 유지한 후 잔존가치의 연간등가를 빠뜨렸다. ESL을 2년으로 만들기 위해 다음 값을 구하여 분석을 완료하시오. (a) 잔존가치의 최소 AW, (b) (a)에서 계산한 AW를 연 이자율 i = 10%를 이용하여 산출할 수 있는 추정 잔존가치. (참고 : 표의 값은 개별적인 값이 아니라 AW 값이다.)

유지 연수	초기비용의 AW, $	운영비용의 AW, $	잔존가치의 AW, $
1	−88,000	−45,000	50,000
2	−46,095	−46,000	?
3	−32,169	−51,000	6,042
4	−25,238	−59,000	3,232
5	−21,104	−70,000	1,638

10.14 선상 장비의 초기비용은 $600,000, 연간 비용은 $92,000, 잔존가치는 장비의 최대 내용연수인 5년 동안 매년 $150,000씩 감소하여 5년 차에 0이 된다. 회사의 MARR이 연간 10%라고 가정하자.

(a) 수기 풀이로 ESL을 구하시오.

(b) 스프레드시트를 사용하여 연간 자본회수, AOC, 총비용의 AW를 나타내는 그래프를 그린 후, ESL을 구하시오.

10.15 사출성형 시스템의 초기비용은 $180,000, AOC는 1, 2년 차에 $84,000이며 이후에는 매년 $5,000씩 증가한다. 시스템의 잔존가치는 최대 내용연수인 5년 이내에 시스템을 폐기할 경우, 시점에 관계없이 초기비용의 25%이다. 연 15%의 MARR을 사용하여 시스템의 ESL과 AW 값을 다음을 이용해 구하시오. (a) 수기 풀이, (b) 총비용의 AW와 그 구성요소를 그래프로 표시하는 스프레드시트.

10.16 병원 수술실의 대형 대기 발전기의 초기비용은 $70,000이고 최대 6년 동안 사용할 수 있다. 매년 15%씩 감소하는 잔존가치는 $S = 70{,}000(1 - 0.15)^n$으로 설명되며, 여기서 n은 구입 후 연도이다. 발전기의 운영비용은 연간 $75,000로 일정하다. 이자율이 연 12%일 때 ESL과 AW는 얼마인가?

10.17 어떤 장비의 초기비용은 $150,000, 최대 내용연수는 7년, 시장(잔존)가치는 $S = 120{,}000 - 20{,}000k$ 관계로 설명되며, 여기서 k는 구입한 후의 연수이다. 잔존가치는 0 이하로 내려갈 수 없다. AOC 수열은 $\text{AOC} = 60{,}000 + 10{,}000k$의 식을 사용하여 추정한다. 이자율은 연 15%이다. ESL을 (a) 일반 AW 계산 방법을 사용하여 수기로 구하고, (b) 연간 한계비용 추정치를 사용하여 스프레드시트로 계산하시오.

10.18 **가마 유지 또는 대체 사례** 

예제 10.3에서 $38백만으로 제시되었던 대체 가마(GH)의 MV(잔존가치)는 1년 만에 $25백만으로 하락한 후, 남은 12년의 기대수명 동안 전년도 MV의 75%를 유지했다. 또한 AOC는 12년의 수명 동안 매년 10%씩 증가할 것으로 예상되었다. 현재 가마에 대한 경험과 대체품의 고온 성능을 바탕으로 새로운 가마에 대한 추정치는 다음과 같이 바뀌었다. (1) 5년 차부터 MV가 전년도 가치의 50%만 유지되고, (2) 6년 차에 발열체 교체 비용은 $2백만이 아닌 $4백만이며, (3) 5년 차부터 AOC는 앞서 추정했던 연 10% 증가율보다 높은 연 25%의 증가율을 보일 것이다. Critical Equipment사의 매니저는 이제 중요 장비의 ESL이 앞서 계산한 12년보다 크게 감소할 것이라며 우려한다(예제 10.3).

(a) 새로운 ESL과 AW 값을 구하시오.

(b) 이러한 새로운 비용추정이 ESL과 비용추정의 총비용의 AW에 얼마나 영향을 미칠 수 있는지 백분율로 추정하시오.

대체분석 : 개요 및 분석기간이 주어지지 않음

10.19 6장에서 배운 AW 분석과 이 장에서 배운 AW 기반 대체분석의 근본적인 차이점은 무엇인가?

10.20 대체분석을 실시하여 방어 대안을 n_D년 동안 유지하기로 한 경우, 1년 후 새로운 도전 대안이 발견되면 어떻게 해야 하는지 설명하시오.

10.21 대체분석에 대한 기회비용 접근법은 무엇을 의미하는가?

10.22 현금흐름 접근법의 의미를 설명하고 대체분석에서의 한계점 두 가지를 나열하시오.

10.23 Calahan Technologies의 한 엔지니어가 공급업체와 회사 기록에서 얻은 추정치를 사용하여 현재 소유하고 있는 기계에 대해 표시된 현가 가치의 AW를 계산했다.

보유 기간, 연	비용의 AW, $/연
1	−92,000
2	−81,000
3	−87,000
4	−89,000
5	−95,000

도전 대안의 ESL은 7년이며 연간 AW는 $−86,000이다. 모든 미래 비용이 추정대로 유지되고 5년 이내에 도전 대안의 기술이 방어 대안의 기술을 확실히 대체할 것이라고 가정하자. (a) 회사는 언제 도전 대안을 구매해야 하는가? (b) 도전 대안의 AW가 연간 $−81,000인 경우, 도전 대안을 언제 구매해야 하는가?

10.24 3년 전 Witt Gas Controls는 잔존가치가 $9,000이고 내용연수가 5년으로 예상되는 장비를 $80,000에 구입했다. 수요 증가로 인해 1년 전에는 $30,000의 비용이 드는 업그레이드가 필요했다. 이제 기술 변화로 인해 장비를 3년 더 사용할 수 있도록 $25,000를 들여 다시 업그레이드해야 한다. AOC는 $48,000, 3년 후 잔존가치는 $19,000가 될 것이다. 이 장비는 AOC가 $35,000, 3년 후 잔존가치가 $21,000이며 현재 판매가가 $68,000인 새 장비로 대체될 수도 있다. 지금 교체하면 기존 장비는 $12,000에 판매될 것이다.

(a) 연간 10%의 이자율을 적용하여 방어 대안의 연간등가를 계산하시오.

(b) 3년 후 도전 대안의 AW를 구하고, 도전 대안과 방어 대안 중 하나를 선택하시오.

10.25 현재 소유하고 있는 기계는 연간 $15,000의 비용으로 적절하게 유지보수하면 3년을 더 사용할 수 있다. AOC는 $31,000이다. 3년이 지나면 약 $9,000에 판매할 수 있다. 교체 비용은 $80,000, 3년 후 잔존가치는 $10,000, AOC는 $19,000이다. 여러 공급업체에서 현재 시스템에 대해 각각 $10,000와 $20,000를 보상 판매로 제안했다. 연 이자율 i = 12%를 이용하여 대체분석을 수행하고 방어 대안을 유지할지 아니면 교체할지를 결정하시오.

10.26 2년 전 $50,000에 구입한 최첨단 디지털 영상 장비의 예상 내용연수는 5년, 잔존가치는 $5,000였다. 설치 후 성능이 저하되어 1년 전에 $20,000에 업그레이드했다. 이제 수요가 증가하여 3년 더 사용할 수 있도록 $22,000를 추가하여 다시 업그레이드해야 한다. 새로운 AOC는 $27,000이며, 3년 후에 잔존가치는 $12,000이다. 혹은 $65,000인 새 장비로 대체할 수도 있는데, 이 장비의 추정 AOC는 $14,000, 3년 후 예상 잔존가치는 $23,000이다. 지금 교체하면 기존 장비는 단, $7,000에 중고거래할 수 있다. 연 10%의 MARR을 사용하여 다음에 답하시오. (a) 회사가 지금 방어 대안을 보유할지 아니면 대체할지를 결정하시오. (b) 현재 장비에 대한 경험을 바탕으로, 이 분석을 수행하는 사람이 도전 대안을 3년이 아닌 2년만 보유할 수 있다고 가정하자. 이때 2년 동안의 AOC와 잔존가치는 기존과 동일하게 적용된다. 어떤 결정을 내릴까?

10.27 공장 관리자가 현재 소유하고 있는 장비를 언제 대체해야 하는지 결정하기 위해 비용 분석을 요청해 왔다. 관리자는 어떤 경우에도 기존 장비를 2년 이상 더 보유하지 않을 것이며, 일단 교체하면 그때부터 계약업체가 연간 $97,000의 비용으로 동일한 서비스를 제공할 것이라고 말했다. 현재 보유 중인 장비의 잔존가치는 현재 $37,000, 1년 후 $30,000, 2년 후 $19,000로 추정된다. 운영비용은 연간 $85,000로 예상된다. 연 10%의 이자율을 사용하여 방어 장비를 언제 폐기해야 하는지 결정하시오.

10.28 진동 차단 플랫폼을 제조하는 한 작은 회사는 노동 집약적인 현재의 조립 시스템(D)을 지금 당장 대체할지, 아니면 1년 후 자동화된 시스템(C)으로 대체할지 결정하려고 한다. 현재 시스템의 일부 부품은 당장 $9,000에 판매할 수 있지만 그 이후에는 쓸모가 없어질 것이다. 기존 시스템의 AOC는 $192,000이다. 시스템 C는 $320,000의 비용이 들며 4년 후 잔존가치는 $50,000이다. AOC는 $68,000이다. 연 10%의 이자율을 사용하여 대체분석을 하라는 지

시를 받는다면 어떤 시스템을 추천하겠는가?

시스템	D	C
시장가치, $	9,000	320,000
AOC, $/연	192,000	68,000
잔존가치, $	0	50,000
수명, 연수	1	4

10.29 한 섬유가공 회사는 이산화염소를 사용하는 현재의 표백 공정을 유지할지, 아니면 독자적인 옥시퓨어 공정으로 대체할지 평가하고 있다. 각 공정에 대한 관련 정보가 나열되어 있다. 연 15%의 이자율을 사용하여 대체분석을 수행하시오. 또한 결정을 내리는 데 필요한 정보를 표시하는 PMT 함수를 작성하시오.

공정	현재	옥시퓨어
6년 전 최초 비용, $	450,000	—
현재 투자비, $	—	600,000
현재 시장가치, $	25,000	—
AOC, $/연	190,000	70,000
잔여 수명, 연수	3	10
잔존가치, $	0	50,000

10.30 현재 소유하고 있는 기계의 예상 시장가치와 M&O 비용은 아래와 같다. 외부 서비스 공급업체가 기존 기계의 서비스를 연간 고정 가격으로 제공하겠다고 제안했다. 현재 소유하고 있는 기계를 지금 대체할 경우 고정 가격 계약의 비용은 연간 $33,000이다. 현재 소유한 기계가 내년 또는 그 이후에 교체되는 경우 계약 가격은 연간 $35,000이다. 연 10%의 이자율을 사용하여, 방어 대안을 외부 장비로 대체해야 하는지에 대한 여부와 그 시기를 구하시오. 방어 대안과 유사한 중고 장비를 항상 사용할 수 있지만 현재 장비를 추가로 3년 이상 보유하지 않는다고 가정한다.

유지 연수	시장가치, $	M&O 비용, $/연
0	32,000	—
1	25,000	24,000
2	14,000	25,000
3	10,000	26,000
4	8,000	—

10.31 Randall-Rico Consultants는 5년 전 콘크리트 구조물의 부식 탐지를 위한 마이크로파 신호 그래프 플로터를 $45,000에 구매했다. 최대 3년의 내용연수에 대한 시장가치와 AOC는 다음 표와 같다. 현재 이 플로터는 감정가 $8,000의 MV로 중고거래될 수 있다.

연	연말 시장가치, $	AOC, $/연
1	6,000	50,000
2	4,000	53,000
3	1,000	60,000

인터넷 기반의 새로운 디지털 기술이 적용된 대체 플로터 가격은 $125,000이고, 5년의 내용연수가 지난 후 예상 잔존가치는 구매가의 8%, AOC는 구매가의 20%이다. 연 15%의 이자율이 적용될 때, Randall-Rico가 현재 플로터를 몇 년 더 보유해야 하는지 구하시오. (문제 10.45에서 스프레드시트를 사용하여 분석을 계속한다.)

분석기간이 명시되어 있을 때 대체분석

10.32 MediCare Hospital에 있는 백업 발전기와 대체 가능한 백업 발전기의 미래 MV 및 M&O 비용 추정치는 다음과 같다. 병원장 제이미슨 씨는 향후 3년 동안의 일에만 관심이 있다고 말했다. 지금 쓰고 있는 발전기가 대체되려면 지금 당장 대치되거나, 아니면 3년 동안 그대로 유지해야 한다. 연 10%의 이자율과 3년의 분석기간을 사용하여 지금 교체하는 것이 경제적으로 유리한지 여부를 결정하시오.

	현재 사용 발전기		대체품	
연	시장가치, $	M&O 비용, $	시장가치, $	M&O 비용, $
0	40,000		80,000	
1	32,000	55,000	65,000	37,000
2	23,000	55,000	39,000	37,000
3	11,000	55,000	20,000	37,000
4			19,000	38,000
5			11,000	39,000

10.33 한 전기 회사는 냉각탑의 물을 관리하기 위해 두 가

지 옵션 중 하나를 선택해야 한다. 옵션 1은 50에이커의 토지를 향후 5년 동안 계속 임대하고 분무 관개 방식으로 물을 처리하는 것이다. 토지 소유주는 필요에 따라 파이프를 이동하고 스프레이 노즐과 밸브를 유지관리할 것이다. 이전 임대 비용은 연간 $125,000인데, 매년 6월경에 지불해야 했다. 하지만 이제 토지 소유주는 매년 연초에 $180,000를 지불하기를 요구한다.

옵션 2는 50에이커의 땅을 필요로 하지 않는데, 대부분의 물을 재활용할 수 있는 처리 시스템을 구입하는 것이다. 이 시스템의 초기비용은 $1,600,000이고 AOC는 $58,000이다. 그러나 이 회사는 옵션 1과 같이 많은 양의 보충수를 구매할 필요가 없기 때문에, 연간 $220,000를 절약할 수 있다. 5년이 지나면 이 회사는 초기비용의 30%를 받고 현지 장비 공급업체에게 장비를 되팔 수 있다.

전기 회사의 연간 MARR이 15%인 경우, 처리 시스템을 계속 임대(방어 대안)해야 하는가, 아니면 구매(도전 대안)해야 하는가?

10.34 Home Comfort 가구 제조업체의 산업 엔지니어 중 한 명이 비용 절감과 수익 증대 방안을 모색하던 중 기존 기계의 잔여 내용연수 2년 동안의 연간등가가 연간 $70,000라는 것을 확인했다. 또한 현재 사용 중인 기계와 같은 중고 기계는 더 이상 사용할 수 없지만, 방어 대안은 더 발전된 도전 대안으로 대체할 수 있다고 판단했다. AW는 2년 이하로 보유하면 $80,000, 3~4년 사이로 보유하면 $75,000, 5~10년을 보유하면 $65,000이다. 회사가 분석기간을 3년으로 지정하고 연 15%의 이자율을 사용하는 경우, (a) 회사가 기계를 대체해야 하는 시기와 (b) 향후 3년간의 AW를 구하시오.

10.35 대체분석을 수행하는 과정에서 광섬유 제조 회사의 엔지니어는 생산 라인의 비용을 절감할 수 있는 두 가지 옵션을 찾았다. 현재 소유하고 있는 로봇 X를 지금 $82,000에 판매할 수 있다. 이 로봇을 계속 보유할 경우 연간 M&O 비용은 $30,000이며, 1년, 2년, 3년 후에는 각각 $50,000, $42,000, $35,000의 잔존가치를 갖게 된다. 도전 대안인 로봇 Y의 초기 비용은 $97,000, 연간 M&O 비용은 $27,000이며, 1년, 2년, 3년 후 잔존가치는 각각 $66,000, $56,000, $42,000이다. 분석기간을 2년으로 하고 연 12%의 이자율을 적용한다면 어떤 로봇을 선택해야 할까? 수기와 스프레드시트를 이용하여 푸시오.

10.36 3년 전에 $140,000에 구입한 기계는 이제 너무 느려서 고객의 수요를 충족시키지 못한다. 지금 $79,000에 업그레이드하거나 해외의 소규모 회사에 $40,000에 판매할 수 있다. 업그레이드된 기계의 AOC는 $85,000, 3년 후 잔존가치는 $30,000가 될 것이다. 업그레이드가 완료되면 현재 소유하고 있는 기계는 3년만 더 유지한 후 다른 여러 제품 라인의 제조에 사용할 기계로 대체될 것이다. 지금으로부터 최대 8년 동안 회사에 제공될 이 대체 기계의 비용은 $220,000이다. 잔존가치는 1~5년 차에는 $50,000, 6년 차 이후에는 $20,000, 그 이후에는 $10,000가 될 것이다. 연간 예상 운영비용은 $45,000이다.

상사가 당신에게 연 이자율 15%와 3년의 분석기간을 사용하여 다음과 같은 경제성 분석을 수행할 것을 요청했다. (a) 현재 기계를 지금 교체할지, 아니면 3년 후 교체할지를 결정하시오. (b) 이것이 결정되면 향후 3년간의 AW를 구하시오. (c) AW 값을 구하기 위한 스프레드시트 함수를 작성하시오.

(d) 사무실로 돌아온 후 상사가 다음 질문을 문자로 보내며 즉시 답변을 요구한다. "안녕하세요? 이 기계를 최대 예상 수명 동안 보유할 경우 대체 기계의 연간등가는 얼마인가요? 그리고 이로 인해 매년 자본회수액이 얼마나 감소하나요?" 이에 대한 답변은 무엇이며, 이 답변을 위해 사용해야 하는 스프레드시트 함수는 무엇인가?

10.37 엔진의 마찰 손실을 줄이는 폴리머를 생산하는 오래된 공정을 대체하기 위한 2대의 최신 기계가 알려졌다. 공정 K의 초기비용은 $160,000, 운영비용

은 월 $7,000이다. 잔존가치는 1년 후 $50,000, 최대 수명인 2년 후에는 $40,000가 될 것이다.

공정 L은 초기비용 $210,000, 운영비용 월 $5,000이다. 잔존가치는 1년 후 $100,000, 2년 후 $70,000, 3년 후 $45,000, 최대 수명인 4년 후 $26,000이다. (a) 1년, (b) 2년, (c) 3년의 분석기간을 사용하여 어떤 공정이 더 나은지 판단해 달라는 요청을 받았다. 연 12%의 MARR과 월 복리를 사용하시오. (참고 : 문제 10.46에서 스프레드시트를 통해 이 분석을 계속하며, 현재 공정을 업그레이드하는 옵션이 추가된다.)

10.38 사용 중인 배달용 밴(D)을 새로운 자율주행 차량(C)으로 대체하는 경우, C의 ESL을 12년으로 가정하여 평가한 도전 대안의 추정치는 다음과 같다.

초기비용 = $138,000
내용연수 = 12년
1년 차 MV = $125,000
그 이후의 시장가치는 매년 25% 감소한다.

현재 배달 서비스의 감독관은 해임되었고, 감독관 대행은 C의 수명이 6년으로 훨씬 짧을 것으로 추정한다. 분석기간이 없는 대체분석에서는 C의 ESL이 12년으로 결론지어졌다. 이제 분석기간이 6년으로 지정되었다면, 두 기간 사이의 자본회수(CR) 금액의 변화를 구하시오. (a) 수기로 푸시오. (b) 스프레드시트의 단일 셀 함수를 사용하여 푸시오.

대체가치

10.39 Huntington Medical Center는 2년 전에 중고 MRI 스캐너를 $445,000에 구입했다. 이 스캐너의 운영비용은 연간 $272,000이며 향후 3년 이내에 언제든지 $150,000에 판매할 수 있다. 센터의 책임자는 현재 소유하고 있는 MRI 스캐너를 $2.2백만의 비용이 드는 최첨단 장비로 대체할 것을 고려하고 있다. 새 장비의 운영비용은 연간 $340,000가 들지만, 연간 $595,000에 달하는 추가 수익을 창출할 수 있을 것으로 예상된다. 새 장비는 아마도 3년 후 $800,000에 판매할 수 있을 것이다. 3년의 계획 기간 동안 두 기계의 현가가 동일해지려면 현재 소유하고 있는 스캐너가 중고 시장에서 얼마의 가치가 있어야 하는지 계산해 보라는 요청을 받았다. 센터의 연간 MARR은 20%이다.

10.40 마이크로 모션 소형 코리올리 계측기를 만드는 한 회사가 $600,000에 새 포장 시스템을 구입했다. 10년 후 잔존가치는 $28,000로 추정되었다. 현재 예상 잔여수명은 7년이며 AOC는 $27,000, 예상 잔존가치는 $40,000이다. 이 회사는 $370,000, ESL 12년, 잔존가치는 $22,000, 연간 예상 AOC는 $50,000인 시스템으로 조기 재설치를 고려하고 있다. 이 회사의 연간 MARR은 12%이다. (a) 대체품을 경제적으로 유리하게 만들기 위해 현재 필요한 최소 거래가치를 구하시오. (b) 엑셀의 목적값 탐색 도구를 사용하여 RV를 구하시오.

10.41 사라는 연 8%의 이자율을 적용하여 아래에 제시된 추정치를 이용하되, 기계 X의 AW를 기계 Y의 AW와 같게 만들도록 기계 X의 중고거래(대체) 가치를 구해야 한다. (a) 수기를 이용해서 RV를 구하시오. (b) 스프레드시트를 사용하여 RV를 계산하시오.

	기계 X	기계 Y
MV, $	?	80,000
연간 비용, $/연	60,000	1년 차에 40,000이고, 그 이후 매년 2,000씩 증가
잔존가치, $	15,000	20,000
수명, 연수	3	5

10.42 기계 A는 5년 전에 $90,000에 구입되었다. 운영비용이 예상보다 높아서 앞으로 4년만 더 사용할 예정이다. 올해 운영비용은 $40,000이며, 내용연수가 끝날 때까지 매년 $2,000씩 증가할 것이다. 도전 대안인 B 장비는 ESL인 10년이 지나면 잔존가치가 $50,000이며, 가격은 $150,000이다. 운영비용은 1년 차에는 $10,000가 예상되며, 그 이후에는 매년 $500씩 증가할 것으로 예상된다. 연 이자율이 12%라고 하자. 두 기계가 똑같이 매력적이도록 만드는

기계 A의 MV는 얼마인가? 수기와 스프레드시트를 이용하여 푸시오. (힌트 : RV 값을 주의 깊게 확인하자.)

10.43 염산은 상온에서 부식성이 매우 강한 작업 환경을 조성한다. 이러한 환경에서 작동하는 기계는 빠르게 노후화되어 1년 정도만 더 사용할 수 있으며, 그 시간이 지나면 잔존가치가 없어 폐기된다. 이 기계는 3년 전에 $88,000에 구입했으며, 향후 1년간의 운영비용은 $53,000가 될 것으로 예상된다. 좀 더 부식에 강한 도전 대안의 구매 가격은 $226,000이며, AOC는 $48,000로 예상된다. ESL인 10년이 지나면 잔존가치는 $60,000가 될 것으로 예상된다. 연 이자율 15%를 가정할 때, 이 도전 대안을 매력적으로 만드는 최소 대체가치는 얼마인가?

스프레드시트 활용 연습문제

10.44 Halcrow사는 현재 CNC 기계에 설치된 다운타임 추적 시스템을 대체하려 한다. 도전 대안 시스템의 초기비용은 $70,000이다. 첫해의 추정 AOC는 $20,000이며, 이후 매년 20%씩 증가한다. 최대 내용연수는 10년이며, 1년 후 MV는 $10,000, 이후 이 MV는 매년 10%씩 감소한다. (a) 연 이자율 8%를 가정할 때, 도전 대안의 ESL과 그에 상응하는 AW 값을 구하시오. (b) 회사가 AOC 증가율을 10%로 줄일 수 있다면 ESL과 총비용의 AW 곡선의 모양은 어떻게 될까?

10.45 문제 10.31의 Randall-Rico Consultants를 위해 실시한 대체분석 결과를 확인하기 위한 스프레드시트를 작성하시오. 그런 다음, Randall 씨가 회의에서 대체분석 결과를 통보받았을 때 제기한 아래 질문에 답하시오.

(a) 새 그래픽 플로터를 구입하고 싶다. 새 플로터를 구입하는 것과 기존 플로터를 유지하는 것이 서로 무차별해지게 만드는 새 플로터의 필수 구매 가격은 얼마인가?

(b) 구형 플로터를 (현재 ESL로) 유지하는 것과 새 플로터를 구입하는 것을 무차별하게 만드는 중고거래 가격은 얼마인가? 이것이 경제적으로 올바른 결정인가?

10.46 엔진의 마찰 손실을 줄이는 폴리머와 관련된 기존 공정이 문제 10.37에 설명되어 있다. 기존 공정 기계의 내용연수를 2년 연장할 수 있는 증설 및 업그레이드가 가능하다고 가정하자. 이 업그레이드는 현재 $50,000의 비용이 들고, 매월 $9,000씩 운영비용이 증가하며, 2년 후 잔존가치는 없다. 문제 10.37(b)에서 언급된 것과 동일한 기준, 즉 실효 월 이자율 $i = 1\%$, 분석기간 2년을 사용할 때 업그레이드(옵션 M)를 하는 것이 경제적으로 유리한가, 아니면 공정 K 또는 L을 위해 장비를 구매하는 것이 유리한가?

사례연구

ESL에 문제가 있는 펌프 시스템

배경

걸프 연안의 한 화학 처리 공장에서 새로운 펌프 시스템 장비 도입을 검토 중이다. 펌프 1대는 연안 바지선의 특수 라이닝 탱크에서 부식성이 강한 액체를 부두의 저장/예비 정제 시설로 이동시킨다. 원료 화학물질의 품질이 가변적이고 펌프 섀시와 임펠러에 가해지는 압력이 높기 때문에 매년 펌프 동작 시간을 면밀히 기록해야 한다. 안전 기록과 펌프 구성품의 열화는 이 시스템의 중요한 관리 포인트로 간주된다. 현재 계획대로라면, 누적 운영 시간이 6,000시간에 도달하면 그에 따라 재건 및 유지보수비 추정치가 증가한다.

정보

당신은 공장의 안전 엔지니어이다. 이 펌프에 대한 추정치는 다음과 같다.

초기비용 : $800,000

재건 비용 : 누적 시간 6,000시간마다 $150,000, 재작업 때마다 이전 작업보다 20%의 비용이 추가된다. 재건은 최대 3회까지 허용된다.

유지보수비 : 1년 차부녀 4년 차까지 $25,000, 첫 번째 재건 다음 해는 $40,000이며 그 이후 매년 15%씩 추가

MARR : 연 10%

잔존가치 : 화학 물질 및 고압으로 인한 열화로 인해 0으로 추정된다.

이전 로그북 자료를 기반으로 현재 추정되는 연간 동작 시간은 다음과 같다.

연	연간 동작 시간
1	500
2	1,500
3	2,000

사례연구 문제

1. 펌프의 ESL과 총비용의 AW를 구하시오. ESL과 최대 허용 재건 횟수를 비교하시오.
2. 공장 감독관이 당신에게 이러한 유형의 펌프는 일반적으로 두 번째 재건 전에 최소 비용 수명이 다하기 때문에 재건은 한 번만 계획해야 한다고 말했다. 이 펌프의 ESL을 6년으로 강제할 수 있도록 하는 이 펌프의 MV를 구하시오. 계산된 MV를 감안하여 6년의 ESL의 실용성에 대해 논하시오.
3. 라인 관리자는 펌프가 총 10,000시간 작동 후 대체될 것이므로, 6,000시간 이후에는 재건을 계획하지 말라고 말했다. 라인 관리자는 ESL을 6년으로 만들기 위한 1년 차의 기본 AOC가 얼마인지 알고 싶다. 또한 그는 이제 1년 차부터 15%의 증가율을 가정하라고 말했다. 이 기본 AOC 값은 원래 1년 차에 추정된 기본 AOC 값과 어떻게 다른가?
4. 공장 감독관과 라인 관리자의 이러한 제안에 대해 어떻게 생각하는가?

참고 : 이 사례연구에는 해 찾기 도구를 사용하는 것이 좋다.

CHAPTER 11

손익분기점 분석 및 투자회수기간 분석

Vindy Pertiwi/EyeEm/Getty Images

학습 성과

목적 : 하나의 사업 또는 두 대안 사이에서 매개변수의 손익분기점을 구하고, 투자자본을 회수하기 위한 기간을 구한다.

절	주제	학습 성과
11.1	손익분기점	• 한 사업에 대한 매개변수의 손익분기점을 구한다.
11.2	두 대안	• 매개변수의 손익분기점을 계산하고 이를 사용하여 두 가지 대안 중 하나를 선택한다.
11.3	투자회수기간	• i = 0% 및 i > 0%에서 사업의 투자회수기간을 구한다. 투자회수기간 분석을 사용할 때 주의사항을 설명한다.
11.4	스프레드시트	• 스프레드시트와 목적값 탐색 도구를 사용하여 손익분기점 및 투자회수기간 분석을 수행한다.

손익분기점 분석은 두 가지 요소를 동일하게 만드는 사업이나 대안의 매개변수 값을 구하기 위해 수행한다. 예를 들면, 수익과 비용을 동일하게 만드는 판매량을 구하는 것 등이다. 두 가지 대안에 대한 손익분기점 분석은 두 대안이 동등하게 승인 가능할 때 수행된다. 손익분기점 분석은 부품이나 서비스 등에 대한 공급원을 결정할 때, 자체생산하는 것이 나을지 아니면 외부에서 구입하는 것이 나을지를 선택하는 데 쓰인다. 이런 공급원 문제를 **자체생산 또는 외부구입 간 선택(make-or-buy decisions)**이라고 한다.

투자회수기간 분석은 자산, 프로세스 또는 시스템의 초기 투자 비용을 회수하는 데 필요한 최소 수명을 구하는 데 쓰인다. 투자회수기간은 수익이 있는 경우($i > 0\%$)와 수익이 없는 경우($i = 0\%$)로 나뉜다. 투자회수기간 분석은 최종 의사를 결정하는 데 쓰여서는 안 된다. 투자회수기간 분석은 **선별 도구(screening tool)**로 사용하거나 PW, AW 또는 기타 분석을 **보조하기 위한 정보(supplemental information)**를 얻기 위해 사용한다. 이러한 측면에 대해 이 장에서 자세히 설명한다.

손익분기점 분석과 투자회수기간 분석에서는 추정치가 특정한 값을 갖는다고 알려진 매개변수를 사용한다. 이런 추정치가 결과를 바꿀 수 있을 만큼 충분히 달라질 것으로 예상되는 경우, 다른 유형의 분석이 필요하다. 예를 들어, 관심 있는 매개변수가 특정 범위에서 변한다고 예상되는 경우, 웹챕터 W3장(민감도 분석)에서 설명하는 기법과 방법을 적용해야 한다. 또한 매개변수가 확률분포에 따라 달라질 수 있고 사업의 위험성이 우려되는 경우, 스프레드시트 기반 통계와 시뮬레이션을 사용하여 위험하에서 의사결정을 내리는 방법을 사용해야 한다. 위험하에서 의사결정을 내리는 방법은 웹챕터 W4장에서 다룬다. W3장과 W4장에서 다루는 내용은 손익분기점이나 투자회수기간의 정적 특성이 경제성 분석에 부적절할 때 매우 유용하다.

11.1 단일 사업에 대한 손익분기점 분석 ●●●

경제성 공학 변수 중 하나(P, F, A, i, n)의 추정치가 알려져 있지 않거나 추정치가 부정확하다고 판단되는 경우, PW 또는 AW를 0으로 설정하여 손익분기점을 구할 수 있다. 이러한 형태의 손익분기점 분석은 지금까지 빈번하게 사용되어 왔다. 예를 들어, 수익률 i^*를 구하고, 방어 대안의 대체가치를 구하고, 현금흐름 추정치 수열이 특정 MARR을 얻도록 하는 P, F, A 또는 잔존가치 S를 구했다. 손익분기점을 구하는 방법은 다음과 같다.

하나의 계수만 존재하거나(예 : P/A) 단일 금액만 추정되는 경우(예 : P와 F), 수기로 직접 푼다.

여러 계수가 존재하는 경우, 수기 또는 계산기를 이용해 시행착오법으로 푼다.

스프레드시트를 활용해서 현금흐름이나 기타 추정치를 셀에 입력하고 함수(PV, FV, RATE, IRR, NPV, PMT, NPER) 또는 도구(목적값 탐색 및 해 찾기)를 사용하여 푼다.

이제 **하나의 파라미터 또는 의사결정 변수에 대한 손익분기점 물량 Q_{BE}(breakeven quantity Q_{BE} for one parameter or decision variable)**를 구하는 데 집중한다. 예를 들어, 이러한 변수는 비용을 최소화하는 설계 요소이거나 특정 비율만큼 비용을 초과하는 수익을 실현하는 데 필요한 생산 수준일 수 있다.

손익분기점

손익분기점 분석은 **두 요소를 동일하게 만드는**(makes two elements equal) 매개변수 값을 찾는다. 손익분기점 Q_{BE}는 제품 수익과 비용, 또는 자재 공급과 수요, 또는 매개변수 Q와 관련된 기타 매개변수에 대해 수학적 관계를 설정하여 구한다. 손익분기점 분석은 자체생산 또는 외부구입 간 선택과 같은 평가의 기본이 된다.

매개변수 Q의 단위는 연간 생산량, 킬로그램당 비용, 월별 시간, 전체 플랜트 용량 대비 비율 등 매우 다양할 수 있다.

그림 11-1(a)는 수익 R의 다양한 형태를 보여준다. 선형 수익 관계가 일반적으로 가정되지만, 비선형 관계가 더 현실적인 경우가 많다. 물량이 많을수록 단위당 수익이 증가하는 모형(그림 11-1(a)의 곡선 1)을 만들 수 있다. 또한 물량이 많을 때 단위당 수익이 감소하는 경우가 매우 많으며, 이런 것도 곡선 2와 같이 모형화할 수 있다.

비용은 선형 또는 비선형 형태를 가질 수 있다. 비용은 일반적으로 그림 11-1(b)에 표시된 것처럼 두 가지 구성 요소, 즉 고정비용과 변동비용으로 구성된다.

고정비용(FC, Fixed Costs). 건물, 보험, 주식, 고정 간접비, 최소 수준의 인건비, 장비 자본회수, 정보 시스템 등에 소요되는 비용이다.

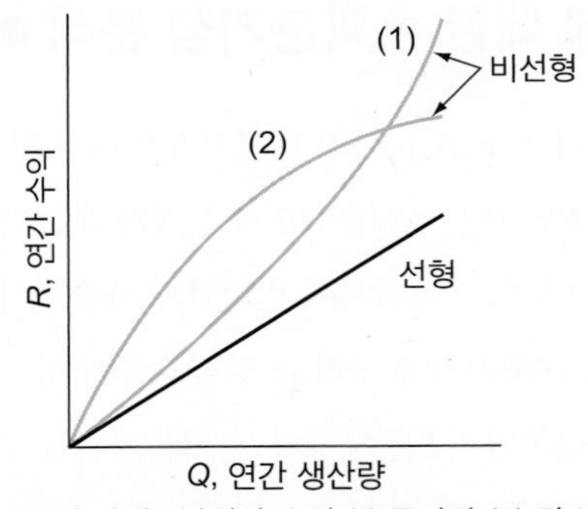

(a) 수익 관계 : 단위당 수익 (1) 증가와 (2) 감소

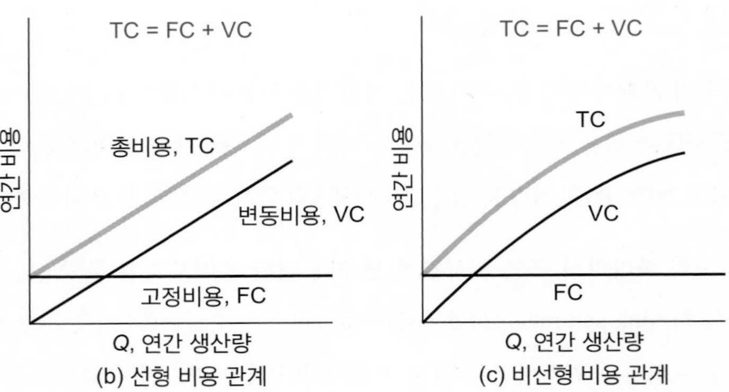

(b) 선형 비용 관계
(c) 비선형 비용 관계

그림 11-1
선형 및 비선형의 수익과 비용 관계

변동비용(VC, Variable Costs). 직접 인건비, 자재, 간접비, 계약, 마케팅, 광고, 보증 등에 소요되는 비용이다.

고정비용 요소는 변수가 어떤 값을 갖더라도 본질적으로 변하지 않는다. 그렇기 때문에 생산 수준이나 인력 규모와 같은 운영 매개변수가 변하더라도 고정비용은 변하지 않는다. 아무것도 생산되지 않아도 고정비용은 특정한 임계값 수준에서 발생한다. 물론 이러한 상황은 공장 경영진이 고정비용을 하향 조정하는 시점까지만 지속되며, 그 이후에는 고정비용은 떨어진 수준에서 결정된다. 새로운 기술을 사용한 장비 업그레이드, 첨단 정보 시스템, 인력 효율화, 비용 부담이 적은 복리후생 패키지, 특정 기능의 하도급 등을 통해 고정비를 절감할 수 있다.

변동비용은 생산 수준, 인력 규모 및 기타 매개변수에 따라 변한다. 일반적으로 더 나은 제품 설계, 제조 효율성, 자동화, 품질 및 안전 개선, 판매량 증가를 통해 변동비용을 줄일 수 있다.

FC와 VC를 더하여 **총비용 TC**(total cost)를 얻는다. 그림 11-1(b)는 고정비용 및 선형적인 변동비용과 TC와의 관계를 보여준다. 그림 11-1(c)는 물량 생산이 증가함에 따라 단위당 변동비용이 감소하는 비선형 VC와 TC 곡선의 관계를 보여준다. 그림 11-1(c)의 TC가 일반적으로 얻게 되는 형태이다.

의사결정 변수인 Q는 어떤 특정한 값을 갖기는 하지만 이 값은 아직 알려지지 않았다고 하자. 수익 R과 총비용 TC는 손익분기점 Q_{BE}에서 교차한다(그림 11-2). R과 VC가 선형 관계를 가질 경우, 물량이 많아질수록 이윤(profit)이 커진다.

수익과 총비용이 물량 Q의 선형 함수(linear functions of quantity Q)인 경우, R과 TC 관계를 서로 같게 설정하여 손익분기점에 대한 간단한 관계식을 도출할 수 있다. 즉, 손익분기점에서는 이윤이 0이라는 점을 이용하여 관계식을 도출한다. 그러면 다음 식을 얻는다.

$$R = \text{TC}$$
$$rQ = \text{FC} + vQ$$

여기서 r = 단위당 수익

v = 단위당 변동비용

위 식은 Q에 대해 쉽게 풀 수 있다. 즉, R과 TC가 Q에 대한 선형함수일 때 손익분기점 물량 $Q = Q_{BE}$는 다음과 같이 구할 수 있다.

$$Q_{\mathrm{BE}} = \frac{\mathrm{FC}}{r - v} \qquad [11.1]$$

특정한 물량 수준 Q에서의 이윤은 다음과 같다.

$$\begin{aligned} \text{이윤} &= \text{수익} - \text{총비용} \\ &= R - (\mathrm{FC} + \mathrm{VC}) \\ &= rQ - \mathrm{FC} - vQ \\ &= (r - v)Q - \mathrm{FC} \end{aligned} \qquad [11.2]$$

$Q > Q_{\mathrm{BE}}$이면 이윤이 발생하고, $Q < Q_{\mathrm{BE}}$이면 손실이 발생한다.

손익분기점 그래프는 이해하기 쉽고 다양한 방식으로 의사결정에 활용할 수 있기 때문에 중요한 도구이다. 예를 들어, 그림 11-2처럼 단위당 변동비용이 감소하면 TC 선의 기울기가 작아지게 되어 손익분기점 또한 작아진다. Q_{BE} 값이 작아질수록 특정 수익 수준에서 이윤이 더 커진다는 이점이 있다. 예제 11.1에서와 같이, VC가 고정되어 있고 생산량이 증가하는 경우에도 비슷한 분석이 가능하다.

비선형 R 또는 TC 모형을 사용하는 경우 손익분기점이 2개 이상일 수 있다. 그림 11-3은 손익분기점이 2개 있는 상황을 보여준다. **최대 이윤**(maximum profit)은 R과 TC 간의 거리가 가장 먼 Q_P에서 발생하며, 이 Q_P는 두 손익분기점 사이에 있다.

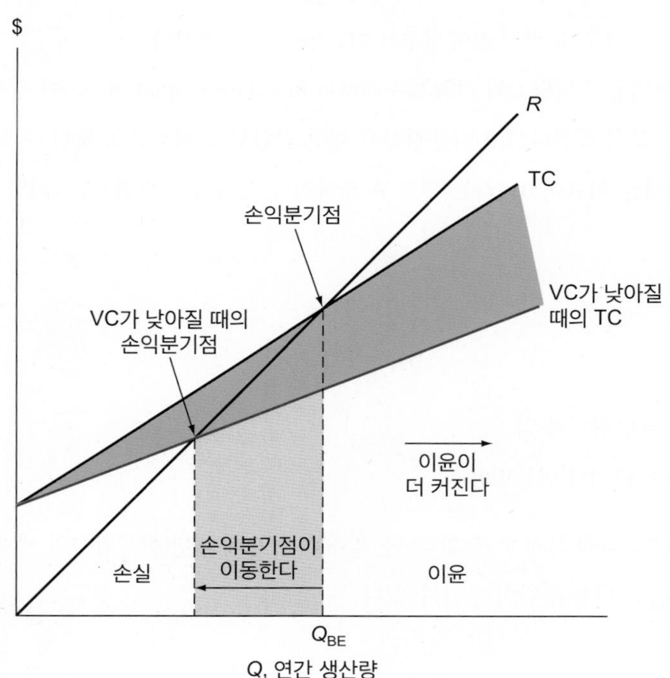

그림 11-2
단위당 변동비용이 감소할 때 손익분기점에 미치는 영향

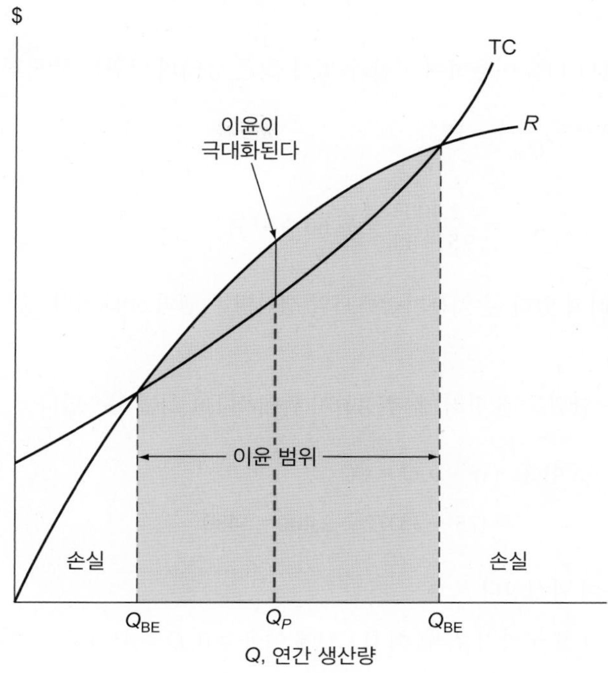

그림 11-3
비선형 분석에서 손익분기점 및 최대 이윤점

물론 선형이든 비선형이든 간에 정적인 R과 TC 관계를 이용해서는 장기간에 걸친 수익과 원가를 정확히 추정할 수 없다. 하지만 손익분기점은 계획을 수립하는 데 매우 훌륭한 도구이다.

예제 11.1

Indira Industries는 가스터빈 발전소 터빈에서 배출되는 가스를 측면 스택으로 우회시켜 소음을 줄이는 우회 댐퍼를 제조하는 업체이다. 지금까지 우회 댐퍼의 생산 수준은 월 60대였지만, 미국 산업안전보건청(OSHA)에서 소음 제한 규제가 강화되어 이번 달부터 월 72대를 생산하고 있다. 제조 시설에 대한 정보는 다음과 같다.

고정비	FC = 월 \$2.4백만
단위당 변동비용	v = \$35,000
단위당 수익	r = \$75,000

(a) 현재 손익분기점과 월 72대의 생산량을 비교하시오.

(b) 제조 시설의 현재 월 이윤을 구하시오.

(c) 고정비용은 변하지 않는다고 가정하자. 월 생산량을 대폭 줄인 45대가 손익분기점이다. 이 손익분기점을 달성하는 데 필요한 댐퍼당 수익과 변동비용의 차이는 얼마인가?

풀이

(a) 손익분기점에서 생산량은 식 [11.1]을 이용하여 구할 수 있다. 모든 금액의 단위는 천 달러이다.

$$Q_{BE} = \frac{FC}{r - v}$$

$$= \frac{2{,}400}{75 - 35} = \text{월 60개 단위}$$

그림 11-4에는 R과 TC가 그려져 있다. 손익분기점에서의 생산량은 댐퍼 60대이다. 증가한 생산량인 72대는 손익분기점보다 많다.

(b) 월 생산량 $Q = 72$대에서 이윤(단위는 천 달러)을 추정하기 위해 식 [11.2]를 사용한다.

$$\text{이윤} = (r - v)Q - FC \qquad [11.3]$$

$$= (75 - 35)72 - 2{,}400 = \$480$$

현재 한 달에 $480,000의 이윤이 발생한다.

(c) 문제에서 요구하는 차이인 $r - v$를 구하기 위해, 식 [11.3]에 이윤 = 0, $Q = 45$, FC = $2.4백만을 대입한다. 금액 단위를 천 달러로 두면 다음과 같은 식을 얻는다.

$$0 = (r - v)(45) - 2{,}400$$

$$r - v = \frac{2{,}400}{45} = \text{단위당 \$53.33}$$

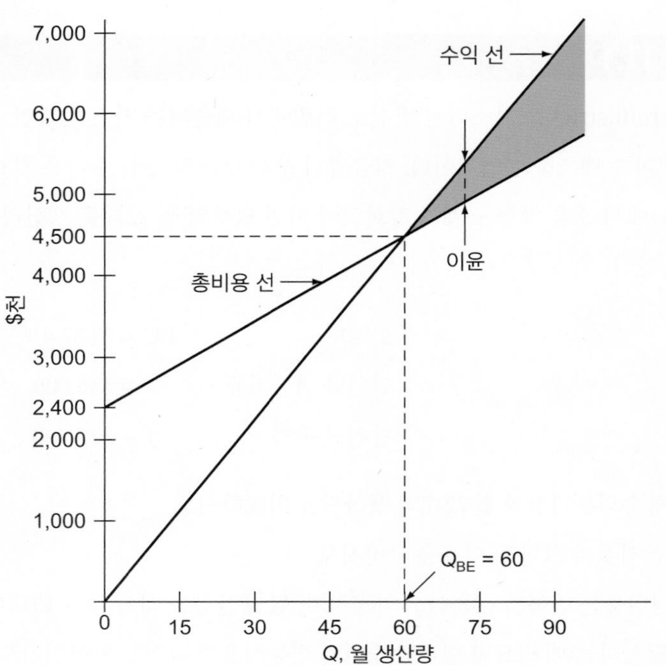

그림 11-4
예제 11.1의 손익분기점 그래프

r과 v 사이의 차이는 \$53,330여야 한다. v가 \$35,000로 유지되면 댐퍼당 수익이 \$75,000에서 \$88,330(즉, 35,000 + 53,330)로 증가해야만 월 생산량 수준인 $Q = 45$에서 손익분기점을 달성할 수 있다.

경우에 따라서는 단위당 손익분기점 분석이 더 의미 있기도 하다. Q_{BE}의 값은 여전히 식 [11.1]을 사용하여 계산된다. $R = TC$의 관계에서 양변을 모두 Q로 나눈 식을 이용하여 논의를 전개하자. 단위당 총비용, 즉 단위당 평균비용(average cost per unit) C_u는 다음과 같다.

$$C_u = \frac{TC}{Q} = \frac{FC + vQ}{Q} = \frac{FC}{Q} + v \qquad [11.4]$$

손익분기점 물량 $Q = Q_{BE}$에서 단위당 수익은 단위당 총비용과 정확히 같다. 식 [11.4]의 단위당 FC 항의 그래프를 그리면 쌍곡선 모양을 얻는다.

미지의 변수가 하나 있는 사업의 손익분기점은 수익과 총비용을 같게 놓으면 어떤 경우든 간에 이 변수를 구할 수 있다. 이는 식 [11.2]에서 이윤을 0으로 설정하는 것과 동일하다. 두 관계에 동일한 차원(예 : 생산량당 달러, 월별 마일 또는 연 생산량)을 사용하려면, 분석을 시작할 때 수익 및 총비용에 대해 올바른 관계가 얻어지도록 몇 가지 차원 분석을 수행해야 할 수도 있다.

11.2 두 대안 간의 손익분기점 분석

이제 상호배타적인 두 대안 간의 손익분기점 분석에 대해 논의하자.

손익분기점

손익분기점 분석을 통해 두 대안 사이의 공통 변수 또는 매개변수의 값을 구한다. 두 대안의 PW 또는 AW 관계를 공식화하여 손익분기점을 구한다. 다음 두 가지 요인으로 인해 선택되는 대안이 달라지기도 한다. **가변비용 곡선의 기울기**(slope of the variable cost curve)와 **손익분기점에 대한 매개변수 값**(the parameter value relative to the breakeven point).

이자율 i, 초기비용 P, AOC 또는 기타 변수가 매개변수가 될 수 있다. 우리는 이미 여러 가지 매개변수를 이용하여 대안 간의 손익분기점 분석을 수행했다. 예를 들어 증분 ROR 값(Δi^*)은 대안 간의 손익분기 수익률(breakeven rate)이다. MARR이 Δi^*보다 낮으면 더 큰 투자자본을 갖는 대안에 추가로 투자자본을 투하하는 것이 정당화된다. 10.6절에서는 방어 대안의 대체가치(RV)를 구했다. 방어 대안의 시장가치가 RV보다 크다

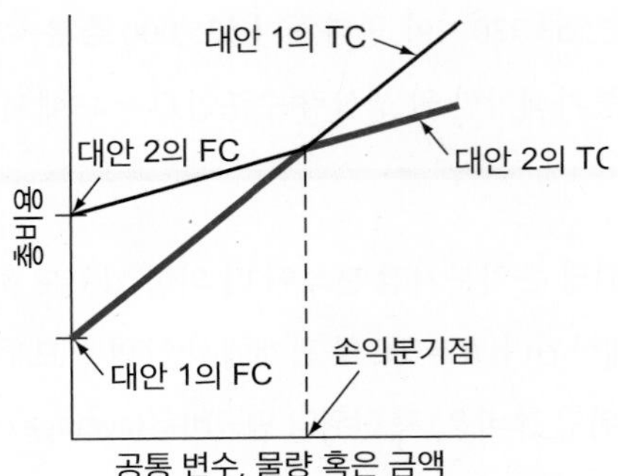

그림 11-5
선형 비용 관계를 가지는 두 대안 간의 손익분기점

면, 도전 대안을 선호하는 선택을 해야 한다.

손익분기점 분석에는 단위 가격, 운영비용, 재료비 또는 인건비와 같이 두 대안에 공통적으로 내포된 수익 또는 비용 변수가 포함되는 경우가 많다. 그림 11-5는 선형 비용 관계를 가진 두 대안에 대한 손익분기점의 개념을 보여준다. 대안 2의 고정비용은 대안 1보다 크다. 그러나 대안 2의 기울기가 대안 1에 비해 작다는 점에서 대안 2의 변동비용이 대안 1에 비해 작다. 총비용 선의 교차점이 손익분기점이고, 변동비용이 기울기를 결정한다. 따라서 공통 변수의 물량(혹은 금액)이 손익분기점보다 크면, 대안 2의 총비용이 대안 1보다 낮아져서 대안 2가 선택된다. 반대로, 예상 운영 수준(즉, 물량 혹은 금액)이 손익분기점보다 작으면 대안 1이 선호된다.

각 대안의 총비용을 그래프로 그려 손익분기점을 추정하는 대신, MARR에서 PW 또는 AW에 대한 식을 사용하여 손익분기점을 수치로 계산하는 것이 더 쉬울 수 있다. 변수가 연간 단위(yearly basis)로 표현되어 있을 때는 AW가 선호되며, 수명이 같지 않은 대안의 경우도 AW 계산이 더 간단하다. 다음 절차를 통해서 공통 변수의 손익분기점을 구하고, 총비용이 선형일 때 그 기울기를 구한다.

1. 공통 변수와 그 차원 단위를 정의한다.
2. 공통 변수의 함수로서 각 대안에 대한 PW 또는 AW를 구한다.
3. 두 대안의 PW 또는 AW를 같게 놓은 후에 공통 변수에 대해 푼다.

다음 가이드라인에 따라 두 대안 중 하나를 선택한다.

> 공통 변수의 예상 수준이 손익분기점보다 **낮으면**(below), 변동비용이 더 큰 대안(기울기가 더 큰 대안)을 선택한다.
> 이 예상 수준이 손익분기점보다 **높으면**(above) 변동비용이 더 작은 대안을 선택한다(그림 11-5에서 대안 2).

예제 11.2

Devon Products는 주로 주방과 욕실의 바닥재로 사용되는 우수한 품질의 고광택 미끄럼 방지 표면 콘크리트 석재를 생산하는 기업이다. 완전 자동화 또는 반자동 기계를 사용하여 미끄럼 방지 표면 작업을 완료한다. 완전 자동화 기계의 초기비용은 $23,000, 추정 잔존가치는 $4,000, 예상 수명은 10년이다. 이 기계를 운영하는 인건비는 시간당 $40이며, 한 사람이 이 기계를 운영한다. 예상 생산량은 시간당 8톤이다. AOC는 $3,500로 예상된다.

반자동 기계의 초기비용은 $8,000, 잔존가치는 없고, 수명은 5년, 생산량은 시간당 10톤이지만, 인건비가 시간당 $60인 작업자가 추가로 필요하다. 이 기계의 AOC는 $1,500이다. 모든 사업은 연 10%의 수익을 창출할 것으로 예상된다. 완전 자동화 기계의 높은 구매 비용을 정당화하기 위해 연간 몇 톤의 완제품 석재를 생산해야 하는가?

풀이

두 대안 사이의 손익분기점을 계산하기 위해 아래의 단계를 사용한다.

1. x를 연간 생산량(톤)이라고 하자.
2. 완전 자동 기계의 경우 연간 변동비용은 다음과 같다.

$$\text{연간 VC} = \frac{\$40}{\text{시간}}\ \frac{1\text{시간}}{8\text{톤}}\ \frac{x\text{톤}}{\text{연}} = 5x$$

   이 연간 VC는 이미 연간 금액으로 구해졌다. 따라서 총비용을 연간 금액으로 환산한 AW_{fully}는 다음과 같이 구할 수 있다.

$$AW_{fully} = -23{,}000(A/P,10\%,10) + 4{,}000(A/F,10\%,10) - 3{,}500 - 5x = \$-6{,}992 - 5x$$

   마찬가지로, 반자동 기계의 연간 변동비용과 총비용을 연간 금액으로 환산한 AW_{semi}는 다음과 같이 구할 수 있다.

$$\text{연간 VC} = \frac{\$60}{\text{시간}}\ \frac{1\text{시간}}{10\text{톤}}\ \frac{x\text{톤}}{\text{연}} = 6x$$

$$\begin{aligned} AW_{semi} &= -8{,}000(A/P,10\%,5) - 1{,}500 - 6x \\ &= \$-3{,}610 - 6x \end{aligned}$$

3. 두 비용을 같다고 두고 x에 대해 푼다.

$$\begin{aligned} AW_{fully} &= AW_{semi} \\ -6{,}992 - 5x &= -3{,}610 - 6x \\ x &= \text{연간 } 3{,}382\text{톤} \end{aligned}$$

생산량이 연간 3,382톤을 초과할 것으로 예상되는 경우, 완전 자동화 기계를 구매해야 한다. 왜냐하면 완전 자동화 기계의 VC 기울기인 5가 반자동 기계의 VC 기울기인 6보다 작기 때문이다.

손익분기점 분석 접근법은 일반적으로 **자체생산 또는 외부구입 간 선택**에 사용된다. 회사는 제품이나 서비스를 외부에서 구입하거나, 그렇지 않으면 회사 자체적으로 제작하기 때문이다. 일반적으로 외부구입을 하게 되면 고정비용은 없지만 자체제작하는 것보다는 변동비용이 더 크다. 두 비용 관계가 교차하는 지점이 자체생산 또는 외부구입 간 선택을 해야 하는 물량이다. 회사가 필요로 하는 제품이나 서비스 물량이 수치를 초과하면 외부에서 구입하지 말고 자체제작해야 한다.

예제 11.3

Guardian은 가정용 건강 관리 기기를 제조하는 기업이다. 이 회사는 자체생산 또는 외부구입 간 선택을 해야 하는 상황에 직면해 있다. 새로 설계된 리프트는 SUV의 후면이나 측면에 설치하여 휠체어를 올리고 내릴 수 있다. 어디에 설치하든 간에 리프트의 강철 암(arm)에는 동일한 디자인과 강도 사양을 갖춘 스테인리스스틸 부품이 포함되어야 한다. 세 차례 입찰을 진행한 결과, 이 부품을 해외에서 개당 $4.54에 구입하거나 자체제작할 수 있다는 결론을 내렸다. 회사 공장에서 자체제작할 경우 2대의 기계가 필요하다. 기계 A의 가격은 $18,000, 수명은 6년, 잔존가치는 $2,000로 추정된다. 기계 B의 가격은 $12,000, 수명은 4년, 잔존가치는 $−500로 추정된다. 이 $−500의 잔존가치는 반출 비용에 해당한다. 기계 A는 3년 후 $3,000의 비용이 드는 오버홀이 필요하다. 기계 A의 AOC는 $6,000, 기계 B의 AOC는 $5,000로 예상된다. 두 기계를 작동하기 위해서는 총 4명의 작업자가 필요하며, 작업자당 평균 임금은 시간당 $45이다. 하루 8시간 동안 작업자와 2대의 기계는 리프트 1,000대를 생산하기에 충분한 부품을 생산할 수 있다. 15%의 연 MARR을 사용하여 다음을 구하시오.

(a) 자체제작 옵션을 정당화하기 위해 매년 제조해야 하는 리프트의 개수를 구하시오.

(b) 이 회사는 매년 리프트 10,000개를 생산할 것으로 예상한다. 기계 A와 B에 대한 다른 모든 추정치가 문제에서 주어진 것과 같다고 가정할 때, 기계 A의 구매를 정당화할 수 있는 최대 초기 자본 투자액(구매에 최대로 쓸 수 있는 비용)을 구하시오.

풀이

(a) 손익분기점을 구하기 위해 앞서 설명한 1~3단계를 사용한다.

1. x를 연간 생산되는 리프트 수로 정의한다.

2. 자체제작을 하면, 작업자에 대한 변동비용과 기계 2대에 대한 고정비용이 발생한다.

$$\text{연간 VC} = (\text{리프트당 비용})(\text{연간 리프트 생산량})$$
$$= \frac{4\text{작업자}}{1{,}000\text{개}}\ \frac{\$45}{\text{시간}}(8\text{시간})x = 1.44x$$

기계 A와 B의 연간 고정비용을 AW 금액으로 환산하면 다음과 같다.

$$\begin{aligned} AW_A &= -18{,}000(A/P,15\%,6) + 2{,}000(A/F,15\%,6) \\ &\quad -6{,}000 - 3{,}000(P/F,15\%,3)(A/P,15\%,6) \\ AW_B &= -12{,}000(A/P,15\%,4) - 500(A/F,15\%,4) - 5{,}000 \end{aligned}$$

총비용은 AW_A, AW_B, VC를 합한 금액이다.

3. 외부구입 옵션의 연간 비용($4.54x$)과 자체제작 옵션의 연간 비용을 같게 두면 다음과 같다.

$$\begin{aligned} -4.54x &= AW_A + AW_B - VC \\ &= -18{,}000(A/P,15\%,6) + 2{,}000(A/F,15\%,6) - 6{,}000 \\ &\quad -3{,}000(P/F,15\%,3)(A/P,15\%,6) - 12{,}000(A/P,15\%,4) \\ &\quad -500(A/F,15\%,4) - 5{,}000 - 1.44x \qquad [11.5] \\ -3.10x &= -20{,}352 \\ x &= \text{연간 } 6{,}565\text{대} \end{aligned}$$

변동비용이 $1.44x$로 낮은 자체제작 옵션을 정당화하려면 매년 최소 6,565대의 리프트를 생산해야 한다.

(b) 식 [11.5]의 x에 10,000을 대입하고, 우변의 18,000 대신에 향후 결정될 기계 A의 초기비용인 P_A를 대입한다. 이를 풀면 $P_A = \$58{,}295$를 얻는다. 이는 추정 초기비용인 $18,000의 약 3배로, 연간 10,000대의 생산량이 손익분기점인 6,565대보다 훨씬 많기 때문이다.

앞의 예에서는 두 가지 대안만 다루었지만, 세 가지 이상의 대안에 대해서도 동일한 유형의 분석을 수행할 수 있다. 이렇게 하려면, 대안을 쌍으로 비교하여 각각의 손익분기점을 찾는다. 이를 통해 어떤 대안이 어느 구간에서 더 경제성이 있는지를 파악할 수 있다. 예를 들어, 그림 11-6에서 시간당 생산량이 40대 미만인 경우 대안 1을 선택해야 한다. 시간당 생산량이 40~60 사이에서는 대안 2가 더 경제적이며, 시간당 생산량이 60 이상에서는 대안 3이 선호된다.

변동비용이 비선형인 경우, 분석이 더 복잡해진다. 비용이 균일하게 증가하거나 감소하는 경우, 손익분기점을 구하기 위한 수학식을 만들어낼 수 있다.

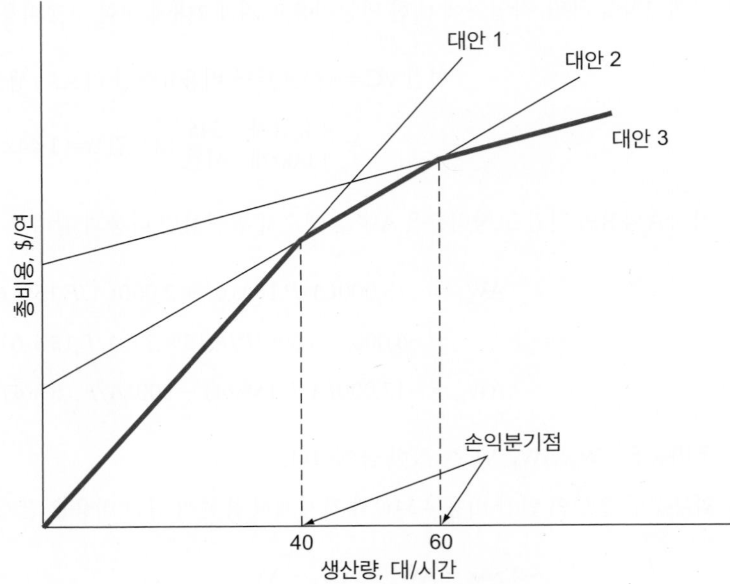

그림 11-6
세 가지 대안에 대한 손익분기점

11.3 투자회수기간 분석

투자회수기간 분석은 현가법을 다르게 사용한 기법이다. 자산이나 사업의 초기비용을 회수하는 데 필요한 기간(일반적으로 연도로 표시)을 구하는 데 사용된다. 투자회수기간은 손익분기점 분석과 연계되어 있으며, 이에 대해서는 이 절 뒷부분에서 설명한다. **투자회수기간**(payback period 또는 payout period, 짧게 payback이라고도 함)은 다음과 같이 정의된다.

투자회수기간 n_p는 수익, 저축 및 기타 편익이 **초기 투자자본과 수익률 i에서의 수익을 더한 만큼**을 완전히 회수하는 데 걸리는 예상 시간이다.
요구 수익률에 따라 두 가지의 투자회수기간 분석이 있다.
수익 없음, $i = 0\%$: 단순 투자회수기간이라고도 하며, 이자는 없이 초기 투자금만 회수하는 경우이다.
할인된 투자회수기간, $i > 0\%$: 초기 투자금을 회수하는 것과 더불어 수익(예 : 연 10%)이 실현되어야 한다는 점에서 화폐의 시간적 가치가 고려된다.

투자회수기간

모든 사업 제안에 대해서 3년 이내에 초기비용과 일부 명시된 수익을 회수해야 한다는 고위 관리자의 주장은 투자회수기간 분석을 적용해야 하는 한 예가 될 수 있다. 투자회수기간을 초기 선별 도구로 사용하면, n_p가 3년을 초과하는 제안은 실행 가능한 대안이 될 수 없다. 투자회수기간은 $i > 0\%$의 요구수익률을 사용하여 구해야 한다. 하지만 안타깝게도 실제로는 단순 투자회수기간을 너무 자주 사용해서 경제성 측면에서 제대로 의사결정을 하지 못한다. 그렇기 때문에 투자회수기간에 대한 공식이 제시된 후에는 투자회수기간 사용과 관련하여 몇 가지 주의사항이 제공된다.

자산, 사업, 계약 등에 대한 초기 투자금액을 P, 연간 순현금흐름 추정치를 NCF로 표기하자. 식 [1.5]를 사용하면 연간 NCF는 다음과 같다.

$$\text{NCF} = \text{현금 유입액} - \text{현금 유출액}$$

$i = 0\%$ 또는 $i > 0\%$에서 투자회수기간을 계산하려면 NCF 자금열의 패턴을 구한다. n_p는 일반적으로 정수가 아니므로 실제로는 n_p 다음으로 큰 정수로 올림하여 투자회수기간을 사용해야 한다는 점에 유의한다. 단순 투자회수기간 분석을 사용할지, 아니면 할인된 투자회수기간 분석을 사용할지에 따라 투자회수기간을 구하는 공식이 결정된다. $t = 1, 2, ..., n_p$에 대해 다음이 성립한다.

수익 없음, $i = 0\%$; NCF_t가 매년 변할 경우 : $0 = -P + \sum_{t=1}^{t=n_p} \text{NCF}_t$ [11.6]

수익 없음, $i = 0\%$; NCF가 매년 균등할 경우 : $n_p = \dfrac{P}{\text{NCF}}$ [11.7]

할인된 경우, $i > 0\%$; NCF_t가 매년 변할 경우 : $0 = -P + \sum_{t=1}^{t=n_p} \text{NCF}_t(P/F,i,t)$ [11.8]

할인된 경우, $i > 0\%$; NCF가 매년 균등할 경우 : $0 = -P + \text{NCF}(P/A,i,n_p)$ [11.9]

n_p년이 지나면 현금흐름은 초기 투자자본과 $i\%$의 요구 수익을 더한 만큼을 회수한다. 대안이 n_p년 이상 사용되면, 현금흐름이 동일하거나 유사하다는 조건하에 더 큰 수익이 발생한다. 추정 수명이 n_p년 미만인 경우, 투자자본과 $i\%$의 수익을 회수할 수 있는 시간이 충분하지 않다. 투자회수기간 분석은 $\boldsymbol{n_p}$년 이후의 모든 현금흐름을 무시한다는 점을 이해하는 것이 중요하다. 따라서 투자회수기간 분석은 대안을 선택하는 주요 수단으로 사용하기보다는 **초기 선별 도구**(initial screening method)나 **보조 도구**(supplemental tool)로 사용하는 것이 바람직하다. 투자회수기간을 사용할 때 주의해야 하는 이유는 다음과 같다.

- 단순 투자회수기간은 투자에 대한 요구 수익이 없기 때문에 **화폐의 시간적 가치를 무시**한다.
- 투자회수기간을 분석하는 두 방법 모두 **투자회수기간 이후에 발생하는 모든 현금흐름을 무시**한다. 이러한 현금흐름은 초기 투자에 대한 수익률을 높일 수 있다.

투자회수기간 분석은 PW, AW, ROR, B/C 같은 주요 평가 방법과는 현저히 다른 대안 평가 접근법을 활용한다. 투자회수기간 분석으로 선택된 대안은 이러한 기법으로 선택된 대안과는 다를 수 있다. 그러나 적절한 $i > 0\%$에서 수행된 할인 투자회수기간 분석을 통해 얻은 정보는 대안 수행에 수반되는 **위험**(risk)을 파악할 수 있다는 점에서 매우 유용하다. 예를 들어, 어떤 기업이 기계를 3년만 사용할 계획인데 투자회수기간이 6년이라면 해당 장비를 구입해서는 안 된다는 신호가 된다. 이 경우에도 6년 투자회수기간은 보조적인 정보로 간주되며, 완전한 경제성 분석을 대체하지는 않는다.

예제 11.4

Halliburton International의 이사회는 최근 \$18백만 규모의 해외 엔지니어링 건설 설계 계약을 승인했다. 이 서비스를 통해 연간 \$3백만의 새로운 순현금흐름이 창출될 것으로 예상된다. 계약 기간 10년 중 어느 한 당사자가 계약을 해지할 경우, 언제든지 \$3백만을 Halliburton에 상환해야 한다는 조항이 계약에 포함되어 있다. (a) $i = 15\%$인 경우 투자회수기간을 구하시오. (b) 단순 투자회수기간을 구하고 $i = 15\%$에 대한 답과 비교하시오. 이는 이사회가 경제성 측면에서 올바르게 결정을 내렸는지 확인하기 위한 초기 점검이다. 수기와 스프레드시트를 사용하여 푸시오.

수기 풀이

(a) 매년 NCF는 \$3백만이다. \$3백만의 단일 지불금(해약 가치에 해당하며 CV라고 표기)은 10년의 계약 기간 내에 언제든지 받을 수 있다. 식 [11.9]를 CV가 포함되도록 변형하면 다음과 같다.

$$0 = -P + \text{NCF}(P/A,i,n) + \text{CV}(P/F,i,n)$$

백만 달러 단위를 이용하여 위 식에 수치를 대입하면 다음과 같다.

$$0 = -18 + 3(P/A,15\%,n) + 3(P/F,15\%,n)$$

15%에서 시행착오법을 통해 투자회수기간을 찾으면 $n_p = 15.3$년이다. 10년이라는 기간 동안 이 계약을 통해 요구 수익을 달성하지 못한다.

(b) Halliburton이 \$18백만 투자에 대해 수익률을 0%로 둔 경우, 백만 달러 단위로 식 [11.6]을 쓰면 다음과 같다. 이 식으로부터 $n_p = 5$년을 구할 수 있다.

$$0 = -18 + 5(3) + 3$$

수익률이 15%일 때와 0%일 때의 투자회수기간이 크게 다르다. 15%의 경우 이 계약은 15.3년 동안 유효해야 하는 반면, 단순 투자회수기간은 5년만 있으면 된다. 화폐의 시간적 가치를 고려한다는 명백한 이유로 인해 $i > 0\%$의 경우 항상 더 긴 시간이 필요하다.

스프레드시트 풀이

함수 = NPER(15%,3,−18,3)을 입력하면 15.3년을 구할 수 있다. 수익률을 15%에서 0%로 변경하면 단순 투자회수기간이 5년으로 표시된다.

투자회수기간을 이용하여 둘 이상의 대안을 평가했을 때 한 대안이 다른 대안(들)보다 더 나은 것으로 판단되는 경우, 투자회수기간 분석의 두 번째 단점(n_p 이후의 현금흐름이 무시됨)으로 인해 경제성 측면에서 잘못된 결정을 내릴 수 있다. n_p 이후에 발생하는 현금흐름이 무시되면, 수명이 긴 자산이 더 높은 수익을 창출하는 경우에도 수명이 짧은 자산을 선호할 수 있다. 이러한 경우에는 항상 PW(또는 AW) 분석을 주요 선택 도구로 활용해야 한다. 예제 11.5에서 수명이 짧은 자산과 수명이 긴 자산을 비교하는데, 이 예제는 이러한 상황을 잘 보여준다.

예제 11.5

Square D Electric은 2대의 인공지능 기반 검사 기계 중 하나를 구매하려고 검토 중이다. 2번 기계에 내재된 신경망 소프트웨어는 1호 장비보다 더 오랜 기간 동안 순소득을 제공할 수 있을 만큼 다재다능하고 기술적으로 진보된 것으로 예상된다.

	기계 1	기계 2
초기비용, $	12,000	8,000
연간 NCF, $	3,000	1,000(연도 1~5), 3,000(연도 6~14)
최대 수명, 연수	7	14

품질 관리자는 연 15%의 수익률과 식 [11.8]과 [11.9]가 적용된 소프트웨어를 사용했는데, $i = 15\%$에서 기계 1의 투자회수기간(6.57년)이 기계 2보다 더 짧기 때문에 기계 1을 추천했다. 계산 결과는 여기에 요약되어 있다.

기계 1 : $n_p = 6.57$년으로 7년의 수명보다 짧다.

사용된 식 : $0 = -12{,}000 + 3{,}000(P/A,15\%,n_p)$

기계 2: $n_p = 9.52$년으로 14년의 수명보다 짧다.

사용된 식 : $0 = -8{,}000 + 1{,}000(P/A,15\%,5) + 3{,}000(P/A,15\%,n_p{-}5)(P/F,15\%,5)$

추천 : 기계 1을 선택한다.

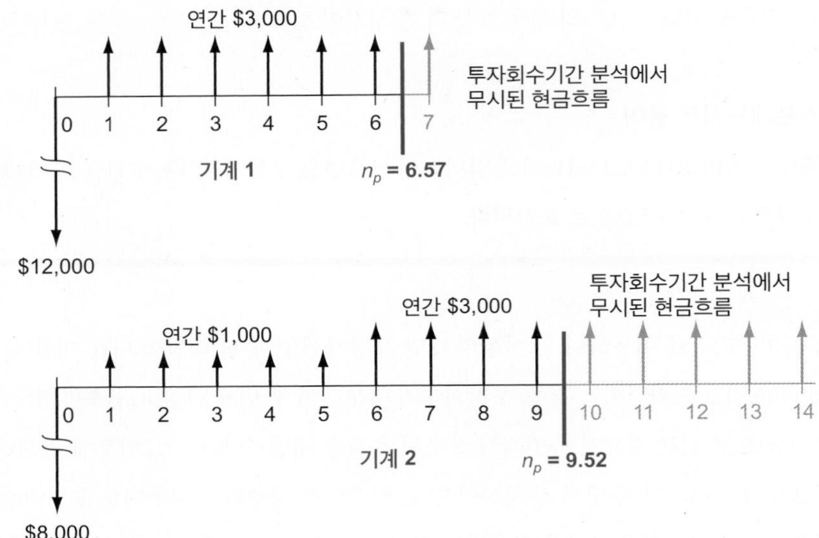

그림 11-7
예제 11.5의 투자회수기간과 무시된 순 현금흐름

이제 15%에서 PW 분석을 하여 다음에 답하시오. 두 기계를 비교하여 어떤 기계가 선호되는지를 구하고, 이 결과가 품질 관리자의 추천과 다르다면 왜 그런지 서술하시오.

풀이

각 기계에 대해 추정(최대) 수명 기간 동안 모든 연도의 순현금흐름을 고려한다. 추정(최대) 수명의 최소공배수인 14년에 걸쳐 비교한다.

$$\text{PW}_1 = -12{,}000 - 12{,}000(P/F,15\%,7) + 3{,}000(P/A,15\%,14) = \$663$$

$$\text{PW}_2 = -8{,}000 + 1{,}000(P/A,15\%,5) + 3{,}000(P/A,15\%,9)(P/F,15\%,5)$$
$$= \$2{,}470$$

15%에서 기계 2의 PW 값이 기계 1보다 수치적으로 더 크기 때문에 기계 2가 선택된다. 이 결과는 투자회수기간 분석 결과와는 정반대이다. PW 분석은 기계 2에 대해서 10년 차부터 증가한 현금흐름, 즉 $3,000를 고려한다. 각 장비의 한 수명주기가 그려진 그림 11-7에서 볼 수 있듯이 투자회수기간 분석에서는 투자회수기간에 도달한 이후에 발생할 수 있는 모든 현금흐름을 무시한다.

참고사항

이 예제는 왜 투자회수기간 분석이 초기 선별과 보조적인 위험 평가를 위해서만 사용되어야 하는지를 보여준다. 수명이 긴 대안이 수명 후반에 경제성 측면에서 더 매력적인 현금흐름을 가질 경우 투자회수기간 분석을 적용하면, 종종 수명이 짧은 대안이 더 매력적인 것처럼 보일 수 있다.

이 절을 시작하면서 언급했듯이 손익분기점 분석과 투자회수기간 분석은 서로 연계되어 있다. 손익분기점이 특정한 값으로 명시되어 있을 때, 투자회수기간을 구하기 위해 이 두 가지를 함께 사용할 수 있다. 그 반대의 경우도 가능하다. 즉, 투자회수기간이 특정한 값으로 정해져 있으면 요구 수익률 유무에 관계없이 손익분기점을 구할 수 있다. 이러한 방식으로 두 방법론을 같이 사용하면, 경제성 측면에서 더 나은 의사결정을 내릴 수 있다. 예제 11.6은 투자회수기간이 특정한 값으로 정해져 있을 때 손익분기점을 구하는 과정을 보여준다.

예제 11.6

Devon Enterprises의 수석 엔지니어인 샤니스는 어떤 제품의 수익수명(profitable life), 즉 수익을 내는 수명이 1년에서 5년 사이일 것으로 예상한다. 그녀는 투자회수기간을 1년, 2년, ..., 5년으로 설정했을 때, 각 투자회수기간 내에 투자자본을 회수하기 위한 연 판매수량(손익분기 판매수량)을 구하려고 한다. 수익률을 0으로 두어 샤니스가 구하려는 손익분기점을 찾으시오. 단, 원가 및 수익 추정치는 다음과 같다.

고정비용: 초기 투자자본은 $80,000이고 AOC는 $1,000

변동비용: 단위당 $8

수익: 첫 5년 동안은 변동비용의 2배, 그 이후에는 변동비용의 50%

수기 풀이

X_{BE}를 손익분기점 물량으로, n_p를 투자회수기간으로 두자. $n_p = 1, 2, 3, 4, 5$에 대해 X_{BE}의 값을 구해야 하기 때문에 각 투자회수기간을 대입하여 손익분기점을 구한다. 이를 위해서는 우선 FC, r, v를 구해야 하며, 각각 다음과 같다.

고정비용, FC	$\dfrac{80{,}000}{n_p} + 1{,}000$
단위당 수익, r	\$16 (1년 차부터 5년 차까지만)
단위당 변동비용, v	\$8

식 [11.2]로부터 손익분기점을 구하는 식은 다음과 같다.

$$X_{\mathrm{BE}} = \frac{80{,}000/n_p + 1{,}000}{8} \qquad [11.10]$$

n_p 값을 삽입하고 손익분기점 값인 X_{BE}를 푼다.

n_p, 투자회수기간(연)	1	2	3	4	5
X_{BE}, 연간 판매수량	10,125	5,125	3,458	2,625	2,125

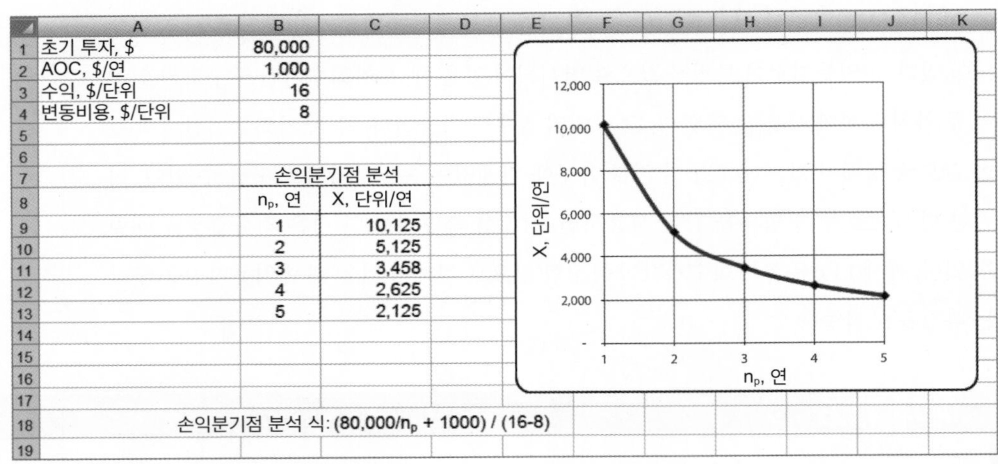

	A	B	C
1	초기 투자, $	80,000	
2	AOC, $/연	1,000	
3	수익, $/단위	16	
4	변동비용, $/단위	8	
5			
6			
7		손익분기점 분석	
8		n_p, 연	X, 단위/연
9		1	10,125
10		2	5,125
11		3	3,458
12		4	2,625
13		5	2,125
14			
15			
16			
17			
18	손익분기점 분석 식: (80,000/n_p + 1000) / (16-8)		
19			

그림 11-8

예제 11.6의 다양한 투자회수기간에 대한 손익분기 판매수량

스프레드시트 풀이

그림 11-8은 손익분기 판매수량을 구하기 위한 스프레드시트 풀이를 제시한다. C열의 9행부터 13행까지 답이 나열되도록 식 [11.10]이 해당 셀에 들어가 있으며, 손익분기점 판매수량은 수기로 푼 것과 동일하다. 예를 들어, 연간 5,125대를 판매하면 2년 안에 투자자본을 회수할 수 있다. 첨부된 차트에 그려진 것처럼 손익분기점 곡선은 빠르게 평탄해진다.

11.4 스프레드시트를 통한 손익분기점 및 투자회수기간 분석의 추가사항 ●●●

앞서 사용한 목적값 탐색 도구는 손익분기점 및 투자회수기간 분석을 수행하는 데 탁월한 도구이다. 예제 11.7과 11.8은 목적값 탐색 도구를 사용하여 손익분기점과 투자회수기간을 구하는 방법을 보여준다.

예제 11.7

나루세의 원페달(https://www.nippon.com/en/news/yjj2019081601044, 2022년 8월 26일에 입수한 기사 기준)은 자동차 운전자가 브레이크 페달을 밟으려다가 실수로 가속 페달을 밟을 가능성을 최소화하기 위해 설계되었다. 사람이 놀라거나 충격을 받거나 혹은 응급 상황에 처했을 때 자연스럽게 발을 아래로 내딛는다는 사실에 착안하여 이 디자인이 개발되었다. 이 페달 디자인에서는 발을 아래로 내리면 항상 브레이크가 작동하고 가속 페달은 작동하지 않는다. 페달 부품을 제조하기 위해서는 기계가 필요하다. 동일한 성능을 가진 두 기계에 대한 추정치는 다음과 같다.

	기계 1	기계 2
초기비용, $	80,000	110,000
NCF, $/연	25,000	22,000
잔존가치, $	2,000	3,000
수명, 연수	4	6

MARR = 10%에서 스프레드시트를 이용하여 AW를 분석한 결과가 그림 11-9에 제시되었다. 기계 1의 AW는 $193이며 기계 2의 AW는 음수이다. 따라서 기계 1을 선택하는 것이 경제성 측면에서 더 낫다. 그러나 사업 엔지니어는 자동 제어, 안전 기능 및 인체공학적 설계 측면에서 기계 2가 더 나은 선택이라는 의견을 제시했다. 여러 매개변수에 대해서 기계 2가 기계 1과 경제적으로 동등해지도록 손익분기점 분석을 실시하여 해당 매개변수들의 임계값을 구하시오. 모든 추정치가 동일할 경우, 다음 변수에 대해서 임계값을 구해야 한다. (a) 초기비용, (b) NCF, (c) 기계 2의 수명.

	A	B	C	D
1	MARR =	10%		
2		NCF, $/연		
3	연	기계 1	기계 2	
4	0	-80,000	-110,000	
5	1	25,000	22,000	
6	2	25,000	22,000	
7	3	25,000	22,000	
8	4	27,000	22,000	
9	5		22,000	
10	6		25,000	
11	AW @ MARR	193	-2,868	
12				
13	= –PMT($B$1,4,NPV($B1,B5:B8)+B4)			
14				

그림 11-9
예제 11.7의 두 기계의 AW 값

풀이

그림 11-10은 초기비용과 NCF의 손익분기점을 구하는 스프레드시트와 목적값 탐색 템플릿을 보여준다.

(a) 그림 11-10(a) : 기계 2의 AW를 $193로 강제 설정하면, 목적값 탐색 도구는 손익분기점이 $96,669라고 알려준다. 초기비용을 $110,000에서 이 비용으로 낮출 수 있다면, 기계 2는 기계 1과 경제적으로 등가이다.

(b) 그림 11-10(b) : (스프레드시트에서 초기비용을 $–110,000로 재설정하는 것을 기억하자.) 모든 NCF를 연도 1의 값과 동일하게 설정하면(함수 = $C$5 사용), 목적값 탐색 도구는 연간 $25,061의 손익분기점을 찾는다. 따라서 NCF 추정치를 현실적으로 $22,000에서 $25,061로 늘릴 수 있다면, 다시 기계 2는 기계 1과 경제적으로 등가이다.

(c) 기계 2의 수명 연장 추정치를 구하는 것은 투자회수기간을 구하는 것과 같으므로 목적값 탐색 도구

	A	B	C
1	MARR =	10%	
2		NCF, $/연	
3	연	기계 1	기계 2
4	0	-80,000	-96,669
5	1	25,000	22,000
6	2	25,000	22,000
7	3	25,000	22,000
8	4	27,000	22,000
9	5		22,000
10	6		25,000
11	AW @ MARR	193	193
12			
13			

(a) 초기비용

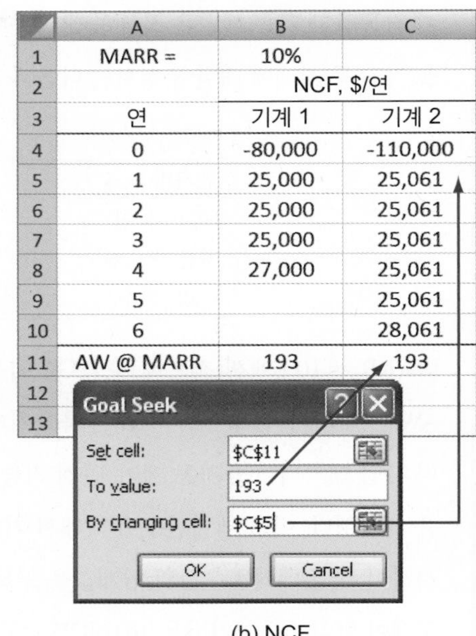

	A	B	C
1	MARR =	10%	
2		NCF, $/연	
3	연	기계 1	기계 2
4	0	-80,000	-110,000
5	1	25,000	25,061
6	2	25,000	25,061
7	3	25,000	25,061
8	4	27,000	25,061
9	5		25,061
10	6		28,061
11	AW @ MARR	193	193
12			
13			

(b) NCF

그림 11-10
예제 11.7의 (a) 초기비용과 (b) 연간 NCF에 대해 목적값 탐색 도구를 사용하여 손익분기점 찾기

는 필요하지 않다. 투자회수기간을 구하는 가장 쉬운 방법은 NPER 함수를 사용하는 것이다. 함수 = NPER(10%,22000,−110000,3000)을 입력하면 $n_p = 7.13$년이 표시된다. 따라서 추정 수명을 6년에서 7~8년 사이로 연장하고 잔존가치를 $3,000로 유지하면, 기계 1이 아닌 기계 2를 선택하게 된다.

예제 11.8

크리스와 그의 아버지는 수리가 많이 필요하기는 하지만 도심지 상업 지역에 위치한 작은 사무실 건물을 $160,000에 구입했다. 수리비, 보험료 등에 소요되는 비용의 예상치는 첫해에 $18,000이며, 이후 매년 $1,000씩 증가한다. 연간 예상 수익률이 8%라고 가정하고, 다음 경우에 대해서 투자회수기간을 구하시오. 단, 스프레드시트를 이용하시오. (a) 건물을 2년 동안 보유하고 그 이후 언제든 $290,000에 매각한다. (b) 3년 동안 보유하고 그 이후 언제든 $370,000에 매각한다.

풀이

그림 11-11은 건물을 2년 또는 3년 유지했을 때의 연간 비용(B열)과 판매 가격(각각 C열과 E열)을 보여준다. NPV 함수가 적용되어(열 D와 F) PW가 플러스에서 마이너스로 부호가 바뀌는 시점을 구한다. 이 결과는 각각의 보유 기간과 판매 가격에 대해 투자회수기간을 구할 수 있음을 보여준다. PW가 0보다 크면 8% 수익률을 초과하는 것이다.

(a) 8%에서 투자회수기간은 3년에서 4년 사이이다(D열). 정확히 3년 후에 $290,000에 건물을 매각하면 투

	A	B	C	D	E	F	G	H	I
1			2년 후 매각되는 경우		3년 후 매각되는 경우				
2	연	비용, $/연	가격, $	8%에서 PW, $	가격, $	8%에서 PW, $			
3	0	-160,000							
4	1	-18,000							
5	2	-19,000							
6	3	-20,000	290,000	21,379					
7	4	-21,000	290,000	-11,110	370,000	47,693			
8	5	-22,000	290,000	-41,872	370,000	12,575			
9	6	-23,000			370,000	-20,572			
10	7	-24,000			370,000	-51,847			
11									
12									
13									

= NPV(8%,$B$4:B7)+$B$3 – PV(8%,A7,,290000)

2년 보유 후 매각 시 투자회수기간은 3~4년 사이이다

3년 보유 후 매각 시 투자회수기간은 5~6년 사이이다

그림 11-11
예제 11.8의 투자회수기간 분석

자회수기간이 초과되지 않지만, 4년이 지나면 초과된다.

(b) 판매 가격이 $370,000인 경우 8%의 투자회수기간은 5년에서 6년 사이이다(F열). 4년 또는 5년이 지난 시점에 건물을 매각하면 투자회수기간이 초과되지 않는다. 만약 6년 후에 $370,000 이상의 금액으로 매각하면 연간 8% 이상의 수익이 발생하게 된다.

요약

한 사업의 변수에 대한 손익분기점은 연간 단위 또는 월별 시간 등의 용어로 표현할 수 있다. 손익분기점인 Q_{BE}에서는 사업을 승인하든 아니면 기각하든 이 두 가지 선택은 무차별하다. 다음 결정 가이드라인을 사용하시오.

단일 사업(그림 11-2 참조)

추정 물량이 Q_{BE}보다 큰 경우 → 사업 승인

추정 물량이 Q_{BE}보다 작은 경우 → 사업 기각

둘 이상의 대안이 있는 경우에는 공통 변수에 대한 손익분기점을 구한다. 대안을 선택하기 위해 다음 가이드라인을 사용한다.

두 가지 대안(그림 11-5 참조)

추정 수준이 손익분기점 이하인 경우 → 변동비용이 더 높은 대안(기울기가 더 큰 대안)을 선택

추정 수준이 손익분기점 이상인 경우 → 변동비용이 더 낮은 대안(기울기가 더 작은 대안)을 선택

투자회수기간 분석은 초기 투자자본과 수익률 i에서의 수익을 더한 만큼을 회수하는 데 필요한 기간을 추정한다. 이는 주로 PW 혹은 다른 척도를 이용하여 본격적으로 평가를 하기 전에 수행되며, 주로 초기 선별을 하기 위한 용도로 사용되는 보조적인 분석이다. 이 기법에는 몇 가지 단점이 있는데, 특히 $i = 0\%$의 수익률을 갖는 단순 투자회수기간 분석의 경우 더욱 그렇다.

연습문제

사업의 손익분기점 분석

11.1 Harley Motors의 고정비용은 연간 $5백만이고, 주요 제품의 단위당 수익은 $89이며 단위당 변동비용은 $45이다. 다음을 추정하시오. (a) 연간 손익분기점 물량, (b) 100,000대가 판매될 경우와 200,000대가 판매될 경우의 연간 수익.

11.2 Simplicity XP의 제조 공정은 한 달에 $40,000의 고정비용이 든다. 하루 동안 재료비와 인건비로 $3,000의 비용을 들여 하루에 총 100개의 제품을 생산할 수 있다. 회사의 MARR이 연 12%이고 월복리를 사용한다면, 매월 몇 개를 대당 $50에 판매해야 손익분기점을 맞출 수 있는가?

11.3 결혼 사진 전문 사진작가가 5년 후 잔존가치가 $2,000가 될 장비에 $48,000를 지불했다. 그는 사진을 찍고 인화하는 데 드는 비용을 하루에 $65로 추정한다. 그가 사진을 찍는 서비스의 가격을 하루에 $300로 책정한다면, 연 8%의 이자율로 손익분기점을 맞추기 위해 1년에 며칠을 일해야 하는가?

11.4 한 독립 OTR(over-the-road) 트럭 자가소유 운전자가 중고 트랙터 트레일러를 $68,000에 구입했다. 5년 더 사용한 후 장비의 잔존가치는 $36,000로 예상된다. 운영비용은 마일당 $0.50이고 기본 마일리지율(즉, 수익)은 마일당 $0.61이다.

(a) 연 10%의 이자율로 손익분기점을 맞추기 위해 트럭 자가소유 운전자는 1년에 몇 마일을 운전해야 하는가?

(b) 트럭 자가소유 운전자가 하루에 600마일을 운전하는 경우, 손익분기점에 도달하려면 연간 며칠을 일해야 하는가?

11.5 백색광 편광 간섭 측정 기능이 있는 휴대용 광섬유 측정기는 전기적으로 잡음이 많은 환경에서 온도, 압력, 피로도를 측정하는 데 유용하다. 제조와 관련된 고정비용은 연간 $800,000이다. 변동비용이 대당 $290이고 회사가 연간 4,000대를 판매한다면, 대당 판매 가격이 어느 정도여야 손익분기점을 넘길 수 있는가?

11.6 새로운 제품에 대한 원가 및 수익 예상치가 추정되었다. 손익분기점보다 20% 높은 생산량에서 추정되는 수익은 얼마인가?

고정비용 = 연간 $500,000

단위 생산 비용 = $200

단위 수익 = $250

11.7 Freeport McMoRan의 엔지니어들은 구리 제련소의 폐수에서 귀금속(니켈, 은, 금 등)을 회수하는 데 필요한 투자자본이 $150백만이 될 것으로 추정했다. 이 장비의 수명은 10년으로 예상되며, 이때 잔존가치는 없다. 현재 폐수에서 배출되는 금속의 양은 연간 12,500파운드이다. 회수된 금속의 판매 가격은 파운드당 $250가 될 것으로 예상된다. 회수 작업의 효율성은 $X^{0.5}$로 표시되며, 여기서 X는 백분율로 구해지는 효율성이다. 회사 손익분기점에서의 X의 값을 구하시오. 단, i = 연 10%라고 가정한다.

11.8 자동 블로다운 제어 밸브(보일러가 24시간에서 36시간 동안 감독 없이 작동되도록 함)를 제조하는 한 회사의 연간 고정비용은 $160,000이고 변동비용은 밸브당 $400이다. 회사가 연간 12,000개의 밸브를 판매할 것으로 예상하는 경우, 다음을 구하시오. (a) 회사의 손익분기점, (b) 연간 $400,000의 이윤을 낼 수 있는 판매 가격.

11.9 집 근처 주유소에서는 휘발유 가격이 갤런당 $2.50이다. 차량이 갤런당 30마일을 주행하고 20갤런의 연료를 채울 수 있다. 만약 멀리 떨어져 있는 주유소에서 갤런당 $2.25에 휘발유를 판다면, 경제성 측면에서 얼마나 먼(편도 기준) 주유소까지 운전해서 갈 수 있겠는가? 휘발유 비용만을 고려하여 차량 주행을 한다고 가정한다. (힌트 : 주유소까지 갔다 오는 왕복 운전을 해야 한다.)

11.10 인구 40,000명의 도시인 웰스버그에서는 연간

25,000톤의 도시 고형 폐기물(MSW)을 발생시킨다. 웰스버그에는 MSW를 매립할 수 있는 30에이커의 매립지가 있다. 매립지의 고정비가 연간 $300,000이고 운영비용이 톤당 $12인 경우, 매립지가 손익분기점을 맞추려면 MSW 톤당 얼마를 받아야 하는가?

11.11 한 금융 서비스 컨설팅 회사가 $900,000에 오피스 빌딩을 구입했다. 이 회사에는 10명의 전문 직원이 있다. 급여, 공과금, 건물 유지비 등으로 매월 $1.1백만이 지출된다. 전문가 1인당 평균 청구 요금은 시간당 $90이다. 이자율이 월 1%이고 10년 후 건물의 재판매 가치가 $1.5백만이라고 가정한다. (a) 월 $15,000의 이윤을 내려면 한 달에 몇 시간을 청구해야 하는가? (b) 전문가 1인당 한 달에 몇 시간을 청구해야 하는가? (c) 8시간 근무일이 1년에 260일이다. (b)에서 구한 전문가 1인당 근무 시간은 한 달에 사용할 수 있는 총 근무 시간의 몇 퍼센트에 해당하는가?

11.12 Bellevue 창문 제품 회사에서 일한다고 가정하자. 새로운 창문 제품에 대한 분석을 수행하던 중 유사한 제품의 제조에 대한 정보가 담긴 작년 보고서를 발견했다. 연간 생산량 = 40,000개, 판매 가격 = 대당 $70, 고정 생산 비용 = 연간 $240,000, 변동 생산 비용 = 연간 $1.7백만, 변동 판매 비용 = 연간 $96,000. 이 정보를 사용하여 다음을 구하기로 마음먹었다. (a) 연간 손익분기점 생산량, (b) 작년 회사의 이윤, (c) 연간 $1백만의 이윤을 창출할 수 있는 연간 생산량. 각 추정치는 얼마인가?

11.13 한 자동차 회사가 경제성 있는 자동차를 생산하는 공장을 레트로 스포츠카를 생산하는 공장으로 전환하는 것의 타당성 여부를 검토하고 있다. 설비 전환에 드는 초기비용은 $250백만이며, 5년 이내라면 언제든 잔존가치는 초기비용의 20%이다. 자동차 생산 비용은 $25,000이지만, 판매 가격은 $43,000가 될 것으로 예상된다. 첫해 생산 능력은 4,000대이다. 이자율이 연 12%일 때, 이 회사가 3년 안에 투자자본을 회수하기 위해서는 매년 생산량이 몇 대씩 증가해야 하는가? 3년 동안 생산 비용과 판매 가격이 일정하게 유지된다고 가정한다. (a) 수기와 (b) 스프레드시트를 사용하여 푸시오.

대안 간 손익분기점 분석

11.14 회전 성형 작업의 고정비용은 연간 $10,000이고 변동비용은 단위당 $50이다. 이 공정이 컨베이어를 통해 자동화되면 고정비용은 연간 $22,800가 될 것이지만 변동비용은 단위당 $10에 불과해질 것이다. 이 두 작업이 손익분기점을 달성하는 데 필요한 연간 생산량을 구하시오.

11.15 2차선 도로 표면은 콘크리트나 아스팔트로 마감할 수 있다. 콘크리트는 1마일당 $2.3백만(통행권, 환경 완화 또는 토양 및 현장 조건 제외)의 비용이 들며 20년 동안 지속된다. 차선, 잔디 깎기 및 겨울철 유지보수가 포함되지 않은 경우, 콘크리트 및 아스팔트 도로의 기본 유지보수비용은 각각 마일당 연평균 $486와 $774이다. 이자율은 연 8%이다. (a) 아스팔트가 10년 동안 지속될 경우 아스팔트 초기비용으로 지출할 수 있는 최대 금액은 얼마인가? (b) 예상 수명이 5년, 8년, 10년, 12년, 15년인 다양한 품질의 아스팔트를 사용할 수 있는 경우, 스프레드시트를 사용하여 아스팔트 비용의 손익분기점 곡선을 그리시오.

11.16 순수 휘발유의 에너지 밀도는 갤런당 115,600 BTU이고 에탄올의 에너지 밀도는 갤런당 75,670 BTU이다. 휘발유의 가격이 갤런당 $3.50이다. (a) 두 연료의 에너지 비용이 손익분기가 되려면 순수 에탄올의 가격은 얼마가 되어야 하는가? (b) E85(에탄올 85%, 휘발유 15%로 구성)의 에너지 비용이 순수 휘발유와 같아지게 하려면, 그 가격은 얼마가 되어야 하는가?

11.17 한 건설 회사가 중고 굴착기를 $90,000에 구입하고 하루 운영비용으로 $450를 지출할 수 있다. 장비의 수명은 5년이며 잔존가치는 없다. 대안으로 이 회

사는 하루 $800에 장비를 임대할 수 있다. 연 8%의 이자율에서 구매를 정당화하기 위해서는 회사가 장비를 연간 며칠 동안 사용해야 하는가?

11.18 공정 A의 고정비용은 연간 $160,000이고 변동비용은 단위당 $50이다. 공정 B의 경우 하루에 10개를 생산할 수 있으며 변동비용은 $200이다. 회사의 MARR이 연 10%인 경우, 연간 1,000개 생산량에서 두 대안의 연간 총비용이 동일해지게 하려면 공정 B의 연간 고정비용은 얼마여야 하는가?

11.19 낮은 교통량, 도로 포장을 원하지 않는 소유주, 속도 제한, 정치적 문제 등을 포함한 다양한 이유로 인해 시골 도로는 포장되지 않는다. 하지만 포장도로는 도로 사용자당 운영비용이 낮고 유지보수비용이 적게 든다. 워싱턴 카운티에서 카운티 엔지니어가 작성한 보고서에 따르면 자갈 도로는 3년 동안 사용할 수 있으며, 역청 도로는 10년 동안 사용할 수 있다. 자갈 도로의 건설비용은 $1,025,000이며 유지관리비용은 연간 $355,000이다. 역청 도로는 $3,525,000의 비용이 든다. i = 연 8%를 사용하여 다음에 답하시오. (a) (역청 도로의 경우) 두 도로의 연간 비용이 등가가 되도록 하는 연간 유지관리비용은 얼마인가? (b) 도로가 포장되지 않았고 자갈 도로의 연간 유지관리비용이 추정치보다 30% 더 높다. 포장도로 손익분기점이 위에서 구한 값이라고 가정할 때, 자갈 도로가 몇 년 동안 지속 사용되어야 두 도로가 손익분기점을 맞출 수 있는가? 수기 및 스프레드시트를 이용하여 이 두 질문에 답하시오.

11.20 한 토지 개발 회사가 토공 장비 구매를 고려하고 있다. 이 장비의 예상 초기비용은 $190,000, 잔존가치는 $70,000, 수명은 10년, 유지보수비는 연간 $40,000, 일 운영비용은 $260이다. 대안으로, 회사는 필요한 장비를 하루 $1,100에 임대하고 하루 $180에 운전자를 고용할 수 있다. (a) 회사의 MARR이 연 10%인 경우, 장비 구매를 정당화하기 위해 회사는 매년 며칠 동안 장비를 운영해야 하는가? (b) 손익분기점 일수에 대한 임대 제안을 받았을 때 장비 소유자는 최소 임대 기간이 연간 100일이라고 말했지만, 일일 임대비용을 더 낮추는 것을 고려할 수 있다고 말했다. 구매보다 임대를 정당화할 수 있는 하루 임대비용은 얼마인가? 장비를 구매한 경우, 손익분기점 일수 동안 사용할 것이라고 가정한다. 이 일일 임대비용을 구하기 위해 목적값 탐색 도구 또는 해 찾기 도구를 사용하시오.

11.21 미세 표면 포장(microsurfacing)은 경미한 균열이 있는 도로의 표면을 밀봉하여 물이 침투하는 것을 방지하는 포장면 복구 및 유지보수 프로그램의 일부이다. 미세 표면 포장 장비(트럭, 탱크, 밸브 등)의 연간 비용은 $109,000이며, 재료비는 평방야드당 $2.75이다. 일반 재포장에 사용되는 장비는 초기비용이 $225,000이고 수명이 15년이며 잔존가치는 없다. 일반 재포장의 변동비용은 평방야드당 $13이다. 연 8%의 이자율에서 두 가지 방법으로 손익분기점을 맞추려면 연간 몇 평방야드를 재포장해야 하는가?

11.22 냉각탑의 부피를 줄이기 위해 2개의 멤브레인 시스템을 고려 중이다. 저압 해수 역삼투압(SWRO) 시스템은 500 psi에서 작동하며 하루에 720,000갤런의 침투수를 생산한다. 일 고정비용은 $465, 일 운영비용은 $485이다. 800 psi에서 작동하는 고압 SWRO 시스템은 하루 $1,280의 비용으로 하루 950,000갤런을 생산한다. 고압 SWRO 시스템은 멤브레인이 더 적게 필요하기 때문에 고정비용은 하루 $328에 불과하다. 두 시스템이 손익분기점을 맞추기 위해 매일 몇 갤런의 물을 처리해야 하는가?

11.23 세 가지 방법을 사용해서 고온 용광로용 열 센서를 생산할 수 있다. 경제성 평가의 이자율은 연 10%이다.

방법 A : 고정비는 연간 $140,000, 부품당 생산 비용은 $62

방법 B : 고정비는 연간 $210,000, 부품당 생산 비용은 $28

방법 C : 장비의 초기비용은 $500,000, 수명은 5년, 잔존가치는 초기비용의 25%, 부품당 생산비용은 $53

(a) 가장 비용이 낮은 두 방법 사이의 연간 손익분기점 생산량을 구하시오.

(b) 세 가지 방법 각각의 연간 비용을 살펴보기 위한 스프레드시트 그래프를 작성하시오. 이 그래프에서 손익분기점 생산량(들)을 추정하시오.

(c) 방법 A와 C 사이의 손익분기점을 연간 2,000개가 되도록 하는 방법 A의 연간 고정비용을 구하시오. 단, 스프레드시트와 그래프를 사용하여 푸시오.

11.24 온라인 광고 디렉터리 서비스는 고객을 위한 광고를 자체적으로 제작할지 아니면 제작사에 비용을 지불하고 제작할지 결정해야 한다. 광고를 자체제작하려면 회사는 컴퓨터, 프린터, 데이터베이스 관리 시스템을 구입해야 하며, 예상 비용은 $42,000이다. 이 장비의 수명은 3년이며, 그 이후에는 $2,000에 판매될 예정이다. 광고를 제작하는 직원에게는 연간 $55,000가 지급된다. 또한 각 광고당 평균 비용은 $10이다. 자체제작이 아니라면, 회사는 광고당 $21의 정액 요금으로 개발을 아웃소싱할 수 있다. 이자율이 연 10%라고 가정할 때, 이 옵션이 손익분기점을 맞추려면 매년 몇 개의 광고를 만들어야 하는가?

11.25 Global Foundries(GF)의 공장 관리자인 제임스는 생산 시설의 교통 흐름을 개선하고 주차 구역을 재포장하기 위해 두 계약업체로부터 견적서를 받았다. 제안 A는 초기비용 $250,000에 새로운 연석 설치, 지반면 다짐, 포장을 한다. 주차장 표면의 예상 수명은 4년이며, 연간 유지보수 및 주차선 재도장 비용은 $3,000이다. 제안 B에 따르면 포장의 품질이 더 우수하고 예상 수명은 12년이다. 주차 구역의 연간 유지보수비용은 무시할 수 있지만 주차선은 2년마다 $5,000의 비용을 들여서 재도장해야 한다. MARR은 연 12%이다. (a) GF가 두 제안의 손익분기점을 맞추려면 제안 B에 지출할 수 있는 초기비용은 얼마인가? (b) 제안 B의 초기비용은 $700,000이다. 이제 다른 모든 추정치가 정확하다고 한다면, 제안 A의 손익분기점 초기비용은 얼마인가?

11.26 Alfred 주택 건설은 건축 현장에서 건설 잔해를 보관하고 운반하기 위해 대형 쓰레기통 5개와 운송 트럭 1대를 구매해야 할지 고민하고 있다. 전체 장비의 초기비용은 $125,000, 수명은 8년, 잔존가치는 $5,000, 일 운영비용은 $40, AOC는 $2,000로 추정된다. 또는 Alfred는 각 건설 현장에서 필요한 만큼 시로부터 동일한 서비스를 받을 수 있는데, 초기 배송비용과 일일 사용로는 현장별로 계산된다. 초기 배송비용은 대형 쓰레기통 1대당 $125이고 일일 사용료는 대형 쓰레기통 1대당 $20이다. 1년에 평균적으로 45개의 건설 현장에서 건설 잔해가 나올 것으로 추정된다. MARR이 연 12%인 경우, 장비 구매를 정당화하기 위해 연간 며칠 동안 장비를 사용해야 하는가?

11.27 프로세스 X의 고정비용은 연간 $40,000이고 변동비용은 1년 차에 단위당 $60이며, 이후에는 매년 단위당 $5씩 감소하는 것으로 추정된다. 프로세스 Y의 고정비용은 연간 $70,000이고 변동비용은 1년 차에 단위당 $10이며, 그 이후에는 매년 단위당 $1씩 증가한다. 이자율이 연 12%일 때, 두 공정이 손익분기점을 맞추려면 3년 차에 몇 개를 생산해야 하는가?

11.28 Ecology Group은 다양한 금속을 재활용하기 위한 장비를 구매하고자 한다. 기계 1의 가격은 $123,000, 수명은 10년, 연간 비용은 $5,000, 시간당 $24의 비용으로 작업자 1명이 필요하다. 기계 1은 시간당 10톤을 처리할 수 있다. 기계 2의 가격은 $70,000, 수명은 6년, 연간 비용은 $2,500이며, 시간당 $24의 비용으로 작업자 2명이 필요하다. 기계 2는 시간당 6톤을 처리할 수 있다. i = 연 7%이고 1년에 기계를 2,080시간 가동한다고 가정한다.

손익분기점에서 스크랩 물량(톤/연)을 구하고, 연간 1,500톤의 처리 수준에서 더 나은 기계를 선택하시오.

11.29 Claris Water Company는 가정용 정수기 필터를 만들어서 개당 $50에 판매한다. 최근 새로운 제조 장비의 필요성에 따라 제조/구매 분석이 수행되었다. 장비 초기비용은 $200,000이고 AOC는 $25,000이며, 이 둘의 합이 고정비용이다. Claris의 변동비용은 필터당 $20이다. 장비의 수명은 5년이고 잔존가치는 없으며 MARR은 연 6%이다. 손익분기점과 과거에 매년 5,000개의 필터를 판매했던 실적을 기반으로 하여 필터를 만들기로 결정했다.

(a) 손익분기점을 구하시오.

(b) 과거에 한 아웃소싱 업체가 필터를 개당 $30에 만들겠다고 제안했지만 사장이 너무 비싸다는 이유로 거절했다는 사실이 알려졌다. 두 옵션에 대한 손익분기점 분석을 수행하고 '구매' 결정이 올바른지 판단하시오.

(c) 두 옵션 각각에 대해서 수익 관련 식을 도출하고, 앞의 답을 검증하시오.

(d) 수익선을 그려서 위의 (b)와 (c)에 대한 답을 검증하기 위해 스프레드시트를 사용하시오.

투자회수기간 분석

11.30 경제성 분석을 수행할 때 투자회수기간 분석을 보조 분석 도구로만 사용해야 하는 이유를 서술하시오.

11.31 Darnell Enterprises는 $70,000의 비용을 들여 건물을 증축했다. 연간 추가 비용은 $1,850로 예상되지만, 추가 소득은 연간 $14,000가 될 것으로 예상된다. 이 회사가 연 10%의 이자율로 투자자본을 회수하는 데 얼마나 걸릴까? 또한 n_p를 구하는 스프레드시트 함수를 작성하시오.

11.32 밀링 모형에서 8축으로 축 제어를 포함하는 향상된 CNC 제어기가 있다. 이 제어기의 투자자본은 $245,000이다. 제어기로 벌어들이는 소득이 연간 $92,000이고 비용이 연간 $38,000이며 잔존가치가 초기비용의 15%로 추정된다. (a) 연 15%의 MARR을 사용하여, 투자자본을 회수하는 데 얼마나 걸리는지 구하시오. (b) 또한 n_p를 구하는 스프레드시트 함수를 작성하시오.

11.33 Accusoft Systems는 소상공인 점주에게 다양한 회계 기능(은행 거래, 판매 송장 등)을 추적할 수 있는 소프트웨어 패키지를 제공하고 있다. 사이트 라이선스 설치 비용은 $39,000이며 3개월마다 $6,000의 수수료가 부과된다. 당신의 회사가 이 소프트웨어 패키지를 설치하여 분기마다 $13,500를 절약할 수 있다면, 분기당 10%의 이자율을 적용했을 때 투자자본을 회수하는 데 얼마나 걸리는가?

11.34 (a) 휴대폰 앱 판매에 대한 추정치는 다음과 같다. 소득은 연간 $50,000, 비용은 연간 $15,000, 초기 투자금은 $280,000, MARR은 연 10%. 손익분기점을 맞추는 데까지 몇 년이 걸리는가? (b) 스프레드시트 기능을 사용하여 정확한 투자회수기간을 구하시오.

11.35 현재 당신이 원하는 자동차의 가격은 $42,000이다. 그 가격은 매년 $1,000씩 상승할 것으로 예상된다. 현재 투자 계좌에 $25,000가 있으며, 매년 10%의 수익을 올리고 있다. 돈을 빌리지 않고도 차를 살 수 있을 만큼의 돈을 모으는 데 몇 년이 걸리는가? (a) 시행착오를 이용해서 푸시오. (b) 스프레드시트를 사용하여 푸시오.

11.36 모기 퇴치제를 생산하는 A 공정은 초기 투자비용이 $200,000이고 연간 비용이 $50,000이다. 소득은 연간 $90,000로 예상된다. (a) i = 연 0%일 때 투자회수기간은 얼마인가? 또는 i = 연 12%일 때 투자회수기간은 얼마인가? (참고 : 가장 가까운 정수로 올림한다.) (b) 순이익, 즉 소득에서 비용을 뺀 금액이 갤런당 $10인 경우, 위에서 구한 두 투자회수기간에서 연간 손익분기점 생산량은 얼마인가?

11.37 티타늄으로 부품을 생산하기 위해 2대의 기계를 사용할 수 있다. 각 대안과 관련된 비용 및 기타 현금흐름이 추정된다. 잔존가치는 기계가 대체되는 시

기와 관계없이 일정하다. 대안의 투자회수기간이 5년 이내여야 하는 경우, 추가 분석을 위해 어떤 대안(들)을 선택해야 하는가? (a) $i = 0\%$와 (b) $i =$ 연 10%로 분석을 수행하시오.

기계	반자동	자동
초기비용, $	40,000	90,000
연간 순소득, $/연	10,000	15,000
최대 수명, 연수	10	10
잔존가치, $	0	0

11.38 다이어프램 실(seals) 제조업체가 제조 및 판매 기능에 대한 현금흐름을 확인했다. 단순 투자회수기간을 구하시오.

장비의 초기비용, $	130,000
연간 지출 비용, $/연	45,000
연간 수익, $/연	75,000

11.39 상당한 양의 황산염이 포함된 지하수를 담수화할 때 담수화 과정에서 생성되는 농축액은 때때로 장비를 힘들게 할 수 있으므로 장비의 유효수명이 불확실할 수 있다. 어떤 처리 장비의 초기비용은 $90,000이고 예상 운영비용(OC)은 월 $15,000에서 $20,000 사이이다. 각 OC 값에 대해서 $i =$ 월 0.5%로 투자금을 회수하기 위해 이 장비가 몇 개월 동안 지속 운영되어야 하는지 스프레드시트를 사용하여 구하시오. 황산칼슘 판매로 인한 소득이 월 $22,000라고 가정한다. (참고 : OC는 매달 $1,000씩 증가한다.)

11.40 특별한 고객에게 리조트 숙박 시설을 제공하려는 한 다국적 엔지니어링 컨설팅 회사는 몬태나주에 있는 침실 3개짜리 로지(lodge)를 $650,000에 매입할 것을 고려하고 있다. 이 로지는 도시 개발에서 벗어나고 싶어 하는 사람들이 입찰에 참여하면서 가치가 급격히 상승하고 있다. 회사가 유틸리티 비용으로 월평균 $500를 지출하고 로지의 시장가치가 매월 0.75%의 비율로 상승한다면, 회사가 투자한 것보다 $100,000 더 높은 가격에 이 로지를 매각하기까지 얼마나 걸리는가?

11.41 한 창틀 제조업체는 주로 미국 북부 지역에서 판매되는 3중 단열 슬라이딩 창문의 수익을 개선할 방법을 모색하고 있다. 대안 A는 TV와 라디오 마케팅을 늘리는 것이다. 현재 총 $300,000를 투자하면 연간 $60,000의 수익이 증가할 것으로 예상된다. 대안 B는 각 유리창 주변 실(seals)의 온도 유지 특성을 향상하는 인플랜트 제조 공정을 개선하기 위해 동일한 투자자본이 필요하다. 이 대안의 수익이 첫해에는 $10,000로 추정되나, 개선된 제품이 건축업자들 사이에서 입소문을 타면서 매년 $15,000씩 증가할 것으로 예상된다. MARR은 연간 8%이며 두 대안 모두 최대 예상 기간은 10년이다. (a) 투자회수기간 분석을 수행하시오. (b) 10년의 분석기간 동안 현가 분석을 수행하여 더 경제적인 대안을 선택하시오. 두 분석에서 선택한 대안이 차이가 있다면 그 이유를 서술하시오. (c) 스프레드시트를 사용하여 투자회수기간과 현가를 구하시오.

스프레드시트 활용 연습문제

11.42 벤자민은 회귀 분석을 사용하여 월별 수익(R)과 총비용(TC) 데이터에 이차 관계식을 적용하여 다음과 같은 결과를 얻었다(여기서 Q는 물량이다).

$$R = -0.008Q^2 + 32Q$$
$$\text{TC} = 0.005Q^2 + 2.2Q + 10$$

(a) R과 TC를 그림으로 나타내시오. 물량 Q_{BE}를 구하시오. 최대 이윤이 발생하는 물량 Q_p를 추정하고, 이 물량에서 이윤의 양을 추정하시오.

(b) 최대 이윤이 발생하는 물량 Q_p과 이 물량에서의 이윤을 구하기 위해, $P = R - \text{TC}$의 관계식

과 미적분을 이용할 수 있다. 식은 다음과 같다.

$$이윤 = aQ^2 + bQ + c$$

$$Q_p = -b/2a$$

$$최대\ 이윤 = -b^2/4a + c$$

Q_P의 그래픽 추정치를 확정하기 위해 위의 식을 이용하시오. (교수자가 위 관계를 도출하도록 요구할 수 있다.)

11.43 전국감자협동조합은 작년에 디스키닝(deskinning) 기계를 \$150,000에 구입했다. 첫해의 수익은 \$50,000였다. 총 예상 수명인 8년 동안 연 10%에서 투자자본을 회수하여 손익분기점을 달성하기 위해 2~8년 차의 연간등가 수익을 스프레드시트를 사용하여 추정하시오. 비용은 연간 \$42,000로 일정할 것으로 예상되며, 잔존가치는 \$10,000로 예상된다.

문제 11.44와 11.45는 다음 정보를 기반으로 한다.

Wilson Partners는 전자 제품의 원격 온도 모니터링용 열전대를 제조한다. 현재 시스템의 연간 고정비용은 \$400,000이고 변동비용은 개당 \$10이다. 윌슨은 이 제품을 개당 \$14에 판매한다. 새로 제안된 시스템은 온보드 기능을 추가하여 수익이 개당 \$16로 증가하지만 고정비용은 연간 \$600,000가 될 것이다. 새 시스템의 변동비용은 시간당 \$48를 기준으로 하며, 제품 하나를 생산하는 데 0.2시간이 소요된다.

11.44 (a) 현재 시스템과 (b) 제안된 시스템의 연간 손익분기점 물량을 구하시오.

11.45 현재 시스템과 제안된 시스템의 수익을 그래프로 그리고 손익분기점 물량을 구하시오. 추정치에 대해 의견을 말하시오.

문제 11.46~11.49는 다음 정보를 기반으로 한다.

주정부 지원 기관인 Mid-Valley Industrial Extension Service는 10개 카운티 지역의 모든 사업체와 산업체에 수질 표본추출 서비스를 제공한다. 지난달 이 회사는 회사 자체적으로 테스트와 분석을 하기 위해 필요한 모든 실험실 장비를 구입했다. 최근 한 아웃소싱 회사가 표본별로 테스트와 분석을 맡아서 수행할 수 있다고 제안해 왔다. 두 가지 옵션에 대한 데이터와 견적이 수집되었다. 정부 투자사업의 MARR은 연 5%이며, 분석기간은 8년으로 정해졌다.

자체제작 : 수명이 8년인 장비와 소모품의 초기비용은 \$125,000, AOC는 \$15,000, 연 총 급여는 \$175,000이다. 표본당 비용은 평균 \$25이다. 현재 소유하고 있는 장비와 소모품의 잔존가치는 거의 없다.

아웃소싱 : 처음 5년 동안 비용은 표본당 평균 \$100이며, 6~8년 차에는 표본당 \$125로 증가한다.

11.46 두 옵션 간의 손익분기 표본 수를 구하시오.

11.47 표본 수가 0에서 5,000까지 1,000개씩 늘어난다고 할 때, 두 가지 옵션에 대한 AW 곡선을 그리기 위해 스프레드시트를 사용하시오. 손익분기 표본 수의 추정치는 얼마인가?

11.48 서비스 책임자가 아웃소싱 업체에게 8년 동안 표본당 비용을 전반적으로 25% 절감할 것을 요청했다. 이 경우 손익분기점이 증가하는가, 아니면 감소하는가? (힌트 : 답하기 전에 이전 문제의 그래프를 주의 깊게 살펴보자.) 스프레드시트를 사용하여 직접 손익분기점을 구하시오.

11.49 이 회사가 연 총급여를 \$175,000에서 \$100,000로, 표본당 비용을 \$25에서 \$20로 줄일 수 있다고 가정하자. 아웃소싱 회사의 비용은 기간에 상관없이 표본당 \$100이다. 이렇게 하면 손익분기점은 어떻게 될까? (힌트 : 답하기 전에 이전 문제의 그래프를 주의 깊게 살펴보자.) 새로운 연간 손익분기 테스트 수를 추정하기 위해 수기와 스프레드시트를 이용하시오.

사례연구

수처리 공장의 공정 비용

배경

폭기 및 슬러지 재순환은 도시 및 산업 수처리 플랜트에서 수년간 실행되어 왔다. 폭기(aeration)는 주로 가스 또는 휘발성 화합물의 물리적 제거에 사용되는 반면, 슬러지 재순환(sludge recirculation)은 탁도 제거 및 경도 감소에 유리할 수 있다. 수처리에서 폭기 및 슬러지 재순환의 장점이 처음 인식되었을 때에는 에너지 비용이 매우 낮았기 때문에 처리장 설계 및 운영에서 이러한 고려사항은 거의 문제가 되지 않았다. 그러나 모든 지역에서 전력 비용이 크게 증가함에 따라 상당한 양의 에너지를 소비하는 모든 수처리 공정의 비용 효율성을 검토해야 할 필요성이 대두되었다. 이 분석은 폭기 및 슬러지 재순환 관행의 비용 효율성을 평가하기 위해 지방자치단체 수처리 공장에서 수행되었다.

정보

이 분석은 106 m^3/분 용량의 수처리 플랜트에서 수행되었다. 정상적인 운영 환경에서 2차 정화기의 슬러지가 폭기조(aerator)로 되돌아간 후 1차 정화기에서 제거된다. 그림 11-12는 이 프로세스의 대략적인 공정을 나타낸다.

네 가지 다른 작동 조건(대안)을 테스트했다. 슬러지 재순환의 효과를 평가하기 위해 슬러지 펌프는 껐고 폭기는 계속 진행되었다. 다음으로 슬러지 펌프를 다시 켜고 폭기 작업을 중단했다. 마지막으로 두 공정을 모두 중단했다. 테스트 기간 동안 얻은 결과를 평균하여 정상 상태인 두 공정을 모두 가동했을 때 얻은 값과 비교했다.

네 가지 운전 모드에서 얻은 결과, 슬러지 재순환과 폭기 두 가지 공정을 모두 가동했을 때 경도가 4.7% 감소했다. 슬러지만 재순환했을 때는 3.8% 감소했다. 폭기만 실시하거나 폭기와 재순환을 모두 실시하지 않았을 때는 감소량이 없었다. 탁도의 경우 재순환과 폭기를 모두 사용했을 때 28% 감소했다. 폭기나 재순환을 모두 사용하지 않았을 때는 18% 감소했다. 폭기만 사용했을 때도 18% 감소했는데, 이는 폭기만으로는 탁도 감소에 도움이 되지 않는다는 것을 의미한다. 슬러지 재순환만 사용한 경우 탁도 감소는 6%에 불과하여 슬러지 재순환만으로는 실제로 탁도가

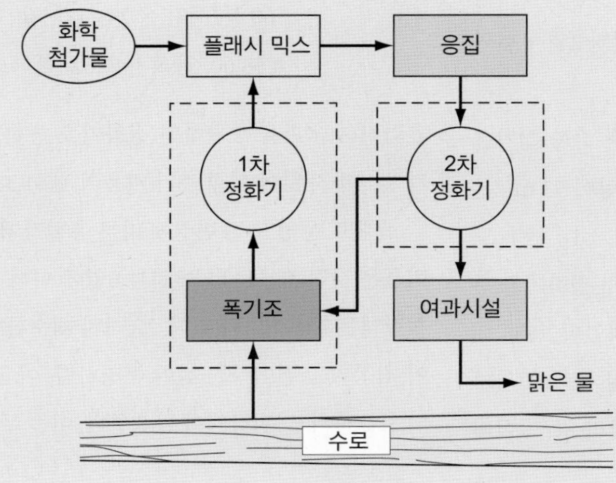

그림 11-12
수처리 공정의 개략도

증가(18%와 6%의 차이인 12%p만큼 증가)했다.

폭기 및 슬러지 재순환은 수질 처리에 유의미한 영향을 미치기 때문에(일부는 좋고 일부는 나쁨) 탁도 및 경도 감소에 대한 각 공정의 비용 효율성을 조사했다. 계산은 다음 데이터를 기반으로 한다.

폭기조 모터 = 40마력

폭기조 모터 효율 = 90%

슬러지 재순환 모터 = 5마력

재순환 펌프 효율 = 90%

전기 비용 = 9센트/kWh(지자체 할인 적용)

석회 비용 = 7.9센트/kg

필요한 석회 = mg/L · 경도당 0.62 mg/L

응고제 비용 = 16.5센트/kg

일/월 = 30.5

첫 번째 단계로 폭기 및 슬러지 재순환과 관련된 비용을 계산했다. 각각의 경우, 비용은 유량과 무관하다.

폭기 비용 :

$$40\text{마력} \times 0.75\ \text{kW/마력} \times 0.09\ \$/\text{kWh} \times 24\ \text{h/일} \div 0.90 = \$72/\text{일 혹은 } \$2{,}196/\text{월}$$

슬러지 재순환 비용 :

$$5\text{마력} \times 0.75\ \text{kW/마력} \times 0.09\ \$/\text{kWh} \times 24\ \text{h/일} \div 0.90 = \$9/\text{일 혹은 } \$275/\text{월}$$

추정치는 비용을 요약한 표 11-1의 1열과 2열에 나와 있다.

탁도 및 경도 제거와 관련된 비용은 화학 첨가물 사용량과 물 유량의 함수이다. 설계 유량이 53 m^3/분일 때 다음과 같은 계산이 이루어진다.

앞서 설명한 바와 같이, 폭기 없이 1차 정화기를 통한 탁도 감소는 폭기를 했을 때보다 적었다(28% 대 6%). 물이 응집기에 도달하면 응고제를 추가로 첨가하여 물의 탁도를 개선할 수 있다. 최악의 경우, 이러한 응고제가 탁도 감소에 비례한다고 가정하면 응고제가 22% 더 필요하다. 폭기 중단 전 응고제의 평균 사용량이 10 mg/L이므로, 물의 탁도를 개선하기 위해 추가적으로 사용하는 응고제의 비용 증가분은 다음과 같다.

$$(10 \times 0.22)\ \text{mg/L} \times 10^{-6}\ \text{kg/mg} \times 53\ \text{m}^3/\text{분} \times 1{,}000\ \text{L/m}^3 \times 0.165\ \$/\text{kg} \times 60\ \text{분/시} \times 24\text{시/일} = \$27.70/\text{일 혹은 } \$845/\text{월}$$

다른 운영 조건(즉, 폭기만 하고 폭기나 슬러지 재순환을 하지 않는 경우)에 대해서도 비슷한 계산을 하면, 표 11-1의 5열에 표시된 것처럼 두 경우에서 탁도 제거에 드는 추가 비용은 월 $469이다.

경도 변화는 연수에 필요한 석회의 양에 직접적으로 영향을 미치기 때문에 화학적 비용에 영향을 미친다. 폭기 및 슬러지 재순환을 통해 평균 경도는 12.1 mg/L(즉, 258 mg/L × 4.7%)가 감소했다. 그러나 슬러지 재순환만 실시한 경우 경도는 9.8 mg/L로 감소했으며, 폭기가 없어짐으로 인해서 2.3 mg/L가 줄어들었다. 따라서 폭기 중단으로 인해 발생한 석회 추가 비용은 다음과 같다.

$$2.3\ \text{mg/L} \times 0.62\ \text{mg/L(석회)} \times 10^{-6}\ \text{kg/mg} \times 53\ \text{m}^3/\text{분} \times 1{,}000\ \text{L/m}^3 \times 0.079\ \$/\text{kg} \times 60\ \text{분/시간} \times 24\ \text{시간/일} = \$8.60/\text{일 혹은 } \$262/\text{월}$$

슬러지 재순환을 중단하면 정화기를 통한 경도 감소가 발생하지 않아 석회 추가 비용이 월 $1,380가 된다.

플랜트 운영 조건 변경에 따른 총절감액과 총 추가 비용은 각각 표 11-1의 3열과 6열에 나와 있으며, 순절감액은 7열에 나와 있다. '슬러지 재순환만' 하는 것이 최적의 조건이라는 점이 분명하다. 이 조건에서는 월 $1,089의 순 절감액이 발생한다. 이는 두 공정을 모

표 11-1 월별 비용 요약(단위 : 달러)

조건	대안 설명	중단으로 인한 절감액			제거를 위한 추가 비용			
		폭기 (1)	재순환 (2)	총절감액 (3)=(1)+(2)	경도 (4)	탁도 (5)	총 추가 비용 (6)=(4)+(5)	순 절감액 (7)=(3)-(6)
1	슬러지 재순환 및 폭기				정상 작동 조건			
2	폭기만	—	275	275	1,380	469	1,849	−1,574
3	슬러지 재순환만	2,196	—	2,196	262	845	1,107	+1,089
4	폭기 또는 슬러지 재순환 모두 없음	2,196	275	2,471	1,380	469	1,849	+622

두 중단할 경우 월 $622의 순 절감액, 그리고 폭기만 할 경우 월 $1,574의 순 비용과 비교된다. 이 계산은 최악의 조건을 가정한 것이므로, 공장 운영 절차를 수정하여 얻을 수 있는 실제 절감액은 표시된 것보다 더 클 수 있다.

요약하면, 슬러지 재순환과 폭기를 사용한 수처리 방법은 1차 정화조에서 일부 화합물의 제거에 상당히 영향을 미칠 수 있다. 그러나 에너지 및 화학 비용이 증가함에 따라 사례별로 이러한 방법의 비용 효율성에 대해 지속적인 조사가 필요하다.

사례연구 문제

1. 현재 지자체의 전기 가격이 12센트/kWh인 경우, 폭기 중단으로 인한 월별 전기 절감액은 얼마인가?
2. 폭기 모터의 효율성이 감소하면 슬러지 재순환만 하는 공정이 더 매력적인가, 덜 매력적인가, 아니면 이전과 동일한가?
3. 석회 가격이 50% 증가한다면, 최선 대안과 차선 대안의 비용 차이가 증가하는가, 감소하는가, 아니면 동일하게 유지되는가?
4. 슬러지 재순환 펌프의 효율이 90%에서 70%로 줄어든다면 조건 3과 4 사이의 순 절감액 차이가 증가하는가, 감소하는가, 아니면 동일하게 유지되는가?
5. 처리장에서 경도 제거를 중단해야 한다면, 어떤 조건이 가장 비용 효율적인가?
6. 전기 가격이 8센트/kWh로 감소한다면, 어떤 조건이 가장 비용 효율적인가?
7. 다음 중 어느 조건의 조합이 전기 가격을 손익분기점으로 맞추는가? (a) 1과 2, (b) 1과 3, (c) 1과 4.

학 습 단 계 4

분석 마무리하기

학습단계 4
분석
마무리하기

12장
인플레이션의 영향

13장
원가추정과 간접비용

14장
감가상각

15장
세후 경제성 분석

W3장(온라인)
민감도 분석 및
단계적 의사결정

W4장(온라인)
위험하에서 의사결정

이 단계에는 하나의 프로젝트 또는 여러 대안에 대해 철저히 경제성 공학 분석을 수행할 수 있는 능력을 향상하는 주제가 포함되어 있다. 모든 유형의 분석에서 **인플레이션, 감가상각, 소득세** 및 **간접비**의 영향은 이전 장들에서 다루었던 방법론이 포괄한다. 보다 정확한 추정치를 바탕으로 대안을 선택하기 위해 현금흐름을 더 잘 예측하기 위한 **원가추정** 기법을 다룬다. 마지막 두 장에는 경제성 공학을 이용하여 의사결정을 할 때의 추가적인 방법이 수록되어 있다. 예측 가능한 범위 내에서 달라지는 매개변수를 검토하기 위해 확장된 버전의 **민감도 분석**이 개발된다. **의사결정나무** 사용법과 **실물옵션**에 대한 소개도 포함되어 있다. 마지막으로 기댓값, 확률적 분석, 스프레드시트 기반 몬테카를로 시뮬레이션을 사용하여 **확률**과 **위험** 요소를 명시적으로 고려한다.

CHAPTER 12

인플레이션의 영향

Cemile Bingol/DigitalVision Vectors/Getty Images

학 습 성 과

목적 : 경제성 공학 평가를 수행할 때 인플레이션의 영향을 고려한다.

절	주제	학습 성과
12.1	인플레이션 영향	• 인플레이션이 현재 화폐와 미래 화폐에 미치는 차이를 설명하고, 디플레이션과 그 영향에 대해서도 설명한다.
12.2	인플레이션에 따른 PW	• 인플레이션을 고려하여 현금흐름의 PW를 계산한다.
12.3	인플레이션에 따른 FW	• 미래가치에 대한 다양한 해석을 통해 실질이자율을 결정하고 인플레이션이 반영된 FW를 계산한다.
12.4	인플레이션에 따른 CR	• 인플레이션이 반영된 AW 값을 이용하여 투자자본의 자본회수를 계산한다.

이 장에서는 화폐의 시간적 가치를 계산할 때 인플레이션의 효과를 이해하고 계산하는 데 중점을 둔다. 1장 1.4절에서 간략하게 소개는 했지만, 이번 장은 더 자세한 내용을 다룬다. 인플레이션은 직장 생활과 개인 생활에서 거의 매일 마주한다. 특히 해마다 비용이 증가하는 추세라면 기업과 정부 지도자, 그리고 모든 개인에게 인플레이션은 항상 관심의 대상이다.

정부, 기업, 산업체에서는 연간 인플레이션율의 과거 추세를 면밀히 관찰하고 분석한다. 인플레이션이 중요하게 고려되어야 하는 환경과 그렇지 않은 환경에서는 경제성 공학 분석의 결과가 달라질 수 있다. 21세기 초반 20여 년 동안 인플레이션은 미국이나 대부분의 선진국에서 큰 문제가 되지 않았다. 그렇지만 2020년대 중반에는 많은 저개발 국가와 선진국에서도 심각한 경제 문제를 일으켰다. 인플레이션율은 경제의 실질 요인뿐만 아니라 지각적인 요인에도 민감하게 반응한다. 에너지 및 각종 석유 제품의 비용, 슈퍼마켓과 식당에서의 식품 공급 문제 및 비용, 이자율, 숙련된 인력의 수급 문제와 비용, 자재 및 장비 부족, 정치적 불안정성, 그리고 그 밖의 덜 구체적인 요인들 또한 장단기적으로 인플레이션율에 영향을 미친다. 일부 산업에서는 경제성 분석에 인플레이션의 영향을 통합하는 것이 필수적이다. 이 장에서는 이를 위한 기본적인 기법을 다룬다.

12.1 인플레이션(및 디플레이션)의 영향에 대한 이해

우리는 현재 $20로 구매 가능한 물량과 2015년의 $20로 구매 가능한 물량이 다르다는 것을 알고 있다. 2010년과 그 이전에는 이보다 훨씬 적은 금액으로 같은 물량을 구매할 수 있었다는 사실도 잘 알고 있다. 왜 그럴까? 이는 주로 인플레이션과 인플레이션이 화폐 구매력에 미치는 영향 때문이다.

물가가 상승하기 전에 어떤 상품이나 서비스를 구매할 수 있었던 화폐량과 물가가 상승한 후에 동일한 상품이나 서비스를 구매할 때 필요한 화폐량의 차이가 **인플레이션**(inflation)이다.

화폐 한 단위로 구매할 수 있는 상품이나 서비스의 양과 품질 측면에서 **구매력**(purchasing power)은 화폐의 가치를 측정한다. 인플레이션은 한 단위의 화폐로 **구매할 수 있는** 상품이나 서비스의 양이 **줄어든다**는 점에서 화폐의 구매력을 감소시킨다.

인플레이션

인플레이션은 화폐의 가치가 변했기 때문에, 즉 화폐 가치가 하락했기 때문에 발생한다. 화폐 가치가 하락하여 결과적으로 같은 양의 상품이나 서비스를 구입하는 데 더 많은 돈을 필요로 한다. 이것이 **인플레이션의 신호**이다. 서로 다른 기간에 발생한 화폐량을 서로 비교하려면, 동일한 구매력을 표현하기 위해 가치가 다른 화폐를 불변가치의 화폐로 변환해야 한다. 이는 모든 대안 평가의 경우와 마찬가지로 미래에 발생할 금액을 고려할 때 특히 중요하다.

기간 t_1의 화폐는 다음 식을 사용하여 다른 기간 t_2의 화폐와 동일한 가치로 변환할 수 있다.

$$\text{기간 } t_1\text{의 화폐량} = \frac{\text{기간 } t_2\text{의 화폐량}}{1 + t_1\text{과 } t_2 \text{ 사이의 인플레이션율}} \qquad [12.1]$$

달러를 통화로 사용해서 논의를 진행하자. 기간 t_1의 달러를 **불변가치 달러**(constant-value dollars) 또는 **현재 달러**(today's dollars)라고 한다. 기간 t_2의 달러는 **미래 달러**(future dollars) 혹은 **당시 현재 달러**(then-current dollars)라고 하며, 인플레이션이 고려되어야 한다. f는 기간(연도)당 인플레이션율을 나타내고 n은 t_1과 t_2 사이의 기간(연도 수)을 나타낸다고 했을 때, 식 [12.1]은 다음과 같이 변환 가능하다.

$$\text{불변가치 달러} = \frac{\text{미래 달러}}{(1+f)^n} \qquad [12.2]$$

$$\text{미래 달러} = \text{불변가치 달러}(1+f)^n \qquad [12.3]$$

마지막 두 식을 적용하면, 미래 달러를 불변가치(CV) 달러로 표현할 수 있고, 그 반대의 경우도 가능하다. 이것이 소비자물가지수(CPI)와 원가추정 지수가 결정되는 방식이며, 이 두 개념에 대해서는 13장에서 다룬다. 2022년에 치즈가 추가된 페퍼로니 피자(라지 사이즈)의 평균 가격을 사용해서 이를 살펴보자.

$10.99 2022년 3월

그 전해 동안 식품 가격의 인플레이션이 평균 5%였다면, 2021년 기준 불변가치 달러로 이 피자는 다음과 같은 비용으로 구매 가능했다.

$$\$10.99/1.05 = \$10.47 \qquad 2021\text{년 3월}$$

식 [12.3]에 따르면 2023년에는 다음과 같은 비용을 지불하고 피자를 살 수 있을 것이다.

$$\$10.99(1.05) = \$11.54 \qquad 2023\text{년 3월}$$

2023년에 $11.54를 지불하든 2021년에 $10.47를 지불하든, 두 시기에는 정확히 동일한 피자를 구매할 수 있다. 향후 9년간 인플레이션이 연평균 5%인 경우, 2021년 가격을 기준으로 하여 2030년 가격을 예측할 때 식 [12.3]을 사용한다.

$$\$10.47(1.05)^9 = \$16.24 \qquad 2030\text{년 3월}$$

이는 조리식품 가격의 인플레이션이 5%일 때 2021년 가격보다 55% 인상된 것이며,

일반적으로 과도하다고 볼 수 없다. 일부 지역에서는 물가가 연평균 25~50% 상승하는 초인플레이션이 발생할 수 있다. 연간 인플레이션이 25%인 경우 $10.99인 피자를 5년 후에는 $33.54를 지불해야 구매할 수 있으며, 이는 피자 가격이 5년 동안 205% 상승했음을 의미한다. 일상적인 단일 식품 품목의 가격이 엄청나게 상승한 것이다. 그렇기 때문에 감당할 수 없을 정도로 물가 상승이 지속되는 초인플레이션 국가에서는 통화의 가치를 100배, 1,000배로 평가절하해야 한다.

산업 또는 비즈니스 상황에 연평균 4%의 낮은 인플레이션율을 적용해 보자. 예를 들어, 초기비용이 $209,000인 장비 또는 서비스는 10년 동안 48% 증가하여 $309,000가 된다. 이는 장비의 수익 창출 능력에 수익률 요구 조건에 대한 고려를 하기 이전에도 그렇다. **인플레이션은 국가 경제에 막강한 힘을 발휘한다.**

"연간 인플레이션율이 f 퍼센트일 때, n년 동안 어떤 물건의 가격이 얼마나 상승할까?"와 같은 질문을 많이 한다. 2장의 식 [2.2]를 다시 참조하면, 단일자금의 미래가 계수 $(1+f)^n$은 모든 f와 n 값에 대해 이 질문에 답할 수 있다. 즉, 계수에서 1을 빼고 100%를 곱하면 실제 증가율을 % 단위로 구할 수 있다. 이는 $((1+f)^n - 1) \times 100\%$와 같다. 표 12-1은 다양한 f 값(맨 윗줄)과 n 값(왼쪽 열)에 따른 증가율(%)을 제시한다. 이 표의 수치를 앞의 페퍼로니 피자 예시에 적용해 보자. 만약 $n = 9$이고 $f = 5$라면 9년 동안 매년 5%의 인플레이션이 지속된다는 것을 의미하고, 이는 다시 말해 그 9년 동안 피자 가격이 55% 증가했음을 의미한다.

반대로 인플레이션이 증가하면 화폐의 구매력은 감소한다. 즉, 시간이 지날수록 같

표 12-1 동일한 인플레이션이 지속될 때 비용 증가(%)

	인플레이션율, f, 연간 %					
	3%	5%	10%	15%	20%	25%
n, 연도	비용 증가(%), $((1 + f)^n - 1) \times 100\%$					
2	6	10	21	32	44	56
3	9	16	33	52	73	95
4	13	22	46	75	107	144
5	16	28	61	101	149	205
6	19	34	77	131	199	281
7	23	41	95	166	258	377
8	27	48	114	206	330	496
9	30	55	136	252	416	645
10	34	63	159	305	519	831
15	56	108	318	714	1,441	2,742
20	81	165	573	1,537	3,734	8,574

은 금액의 돈으로는 점점 더 적은 수의 상품과 서비스를 구매하게 된다. 구매력을 구하는 식은 $(1/(1+f)^n) \times 100\%$이다. 예를 들어, $f = 5\%$/연, $n = 6$년인 경우 구매력은 $(1/(1.05)^6) \times 100\% = 74.6\%$이다. 만약 향후 6년 동안 연평균 인플레이션율이 5%로 지속된다면, 현재 $74.6의 가치를 갖는 제품을 6년 후에는 $100를 지불해야 구매할 수 있음을 의미한다. 그렇기 때문에 약 $25의 구매력이 완전히 사라지는 셈이다.

인플레이션을 이해하는 데 중요한 세 가지 요소는 실질이자율(i), 시장이자율(i_f), 인플레이션율(f)이다. 여기서 처음 2개만 이자율이다.

실질이자율 또는 무인플레이션율 i. 통화 가치의 변화(인플레이션) 효과를 제거했을 때 이자가 발생하는 속도를 의미한다. 따라서 실질이자율은 실제 구매력 증가를 나타낸다. (인플레이션의 영향을 제거한 상태에서 i를 계산하는 데 사용되는 식은 12.3절에 나와 있다.) 일반적으로 개인에게 적용되는 실질수익률은 연간 약 2.5%에서 3.5%이다. 이는 웹챕터 W1장 W1.4절에서 설명한 무위험 또는 '안전 투자' 이자율이다. 인플레이션을 반영하지 않고 MARR을 설정할 때 법인(및 많은 개인)의 실질 요구 수익률은 실질이자율 이상으로 설정된다.

인플레이션 반영 이자율 또는 시장이자율 i_f. 이름에서 알 수 있듯이 인플레이션 반영 이자율이며, 우리가 매일 듣는 이자율이다. 실질이자율 i와 인플레이션율 f의 조합으로, 인플레이션율의 변화에 따라 변동한다. 인플레이션된 이자율이라고도 한다. 인플레이션으로 인해 조정된 MARR은 인플레이션이 반영된 MARR 또는 시장 MARR이라고 불린다. 이 값을 결정하는 방법은 12.3절에서 다룬다.

인플레이션율 f. 위에서 설명한 것처럼 통화 가치의 변동률을 측정하는 척도이다.

디플레이션(deflation)은 인플레이션과 반대되는 개념으로, 디플레이션이 발생하면 화폐 단위의 구매력이 현재보다 미래에 더 커진다. 즉, 미래 어떤 시점에 현재와 같은 양의 상품이나 서비스를 구매하려고 할 때 더 적은 돈이 필요하다는 뜻이다. 디플레이션은 인플레이션보다 훨씬 덜 발생하며, 특히 국가 경제 수준에서 그렇다. 디플레이션이 발생하는 경제 상황에서는 시장이자율이 항상 실질이자율보다 낮다.

경제의 특정 부문에서는 개선된 제품이나 저렴한 기술, 혹은 자재 수입 등으로 인해 일시적으로 디플레이션이 발생할 수 있다. 만약 정상적인 상황이라면 조금 시간이 지나면 가격이 경쟁 수준으로 돌아간다. 그러나 어떤 특정한 상황에서는 단시간에 발생하는 디플레이션은 **덤핑**(dumping)을 통해 통제할 수 있다. 철강, 시멘트, 자동차 등과 같은 자재를 상대적으로 매우 저렴한 경쟁국으로부터 수입하는 것이 그 예이다. 이 경우 소비자 가격은 하락하게 되고, 국내 제조업체는 경쟁을 위해 가격을 낮출 수밖에 없다. 국내 제조업체의 재정 상태가 좋지 않으면 도산하고, 수입품이 국내 공급을 대체하기도 한다. 그러면 가격은 정상 수준으로 돌아갈 수 있으며, 경쟁이 현저히 줄어들면 시간이 지나면서 오히려 인플레이션이 발생할 수도 있다.

표면적으로는 장기간 인플레이션 발생할 때 적당한 수준의 디플레이션이 발생하는 것은 좋게 보일 수도 있다. 그러나 보다 일반적인 수준, 예를 들어 국가 수준에서 디플레이션이 발생하면 새로운 자본을 위한 자금이 부족해질 가능성이 높다. 또한 일자리 감소, 신용 하락, 대출 감소로 인해 개인과 가정이 소비할 수 있는 돈이 줄어들어 전반적으로 '긴축된' 자금 상황이 매우 많이 발생한다. 돈이 빠듯해지면 산업과 자본에 투자할 수 있는 여력이 줄어든다. 극단적인 경우에는 시간이 지남에 따라 디플레이션 소용돌이로 변해서 경제 전반을 혼란에 빠뜨리기도 한다. 이런 현상은 종종 발생하기도 하는데, 특히 1930년대 대공황 당시 미국이 그랬다. 최근 20년 동안 일본에서는 소비자 물가가 정체되고 평균 임금이 완만하게 하락하여 경미한 디플레이션으로 어려움을 겪고 있다. 그리스는 2010년대 중반에 국가 부채 위기를 겪으면서 경기가 침체했고 연금 감축이 의무화되면서 심각한 디플레이션을 겪었다. 그리고 2020년대 초에 COVID-19로 인한 봉쇄령이 시행되면서 다시 한번 심각한 디플레이션을 겪었다.

경제성 공학에서 디플레이션을 고려하여 계산하는 방식은 인플레이션의 계산 방식과 동일하다. 불변가치 달러와 미래 달러 간의 기본적인 등가성에는 식 [12.2]와 [12.3]이 사용되지만, 디플레이션이 발생할 때는 $-f$를 사용하면 된다. 예를 들어 연 디플레이션율이 2%로 추정되는 경우, 현재 $10,000로 구매할 수 있는 자산은 식 [12.3]에 의해 5년 후에 다음과 같은 비용으로 구매할 수 있다.

$$10{,}000(1-f)^n = 10{,}000(0.98)^5 = 10{,}000(0.9039) = \$9{,}039$$

12.2 인플레이션이 반영된 현가 계산법

서로 다른 시기의 통화량을 불변가치(CV)로 표현하려면 실질이자율 i를 사용해야 한다. 이 절차에 관련된 계산은 표 12-2에 나와 있으며, 여기서 인플레이션율은 연 4%이다. 2열은 현재 비용이 $5,000인 품목에 대해 향후 4년 동안의 인플레이션에 따른 증가분을 보여준다. 3열은 미래 달러 기준으로 비용을 표시하고, 4열은 식 [12.2]를 통해 불변가치 달러로 전환된 비용이다. 3열의 미래 달러를 불변가치 달러(4열)로 변환하면, 비용은 항상 처음의 비용과 동일한 $5,000가 된다. 이는 비용이 인플레이션율과 정확히 같은

표 12-2 불변가치 달러를 사용한 인플레이션 계산(f = 4%, i = 10%)

연도 n (1)	4% 인플레이션으로 인한 비용 증가, $ (2)	미래 달러 기준 비용, $ (3)	불변가치 달러로 환산한 미래 비용, $ (4) = (3)/1.04^n	실질이자율 i = 10%일 때 현가, $ (5) = (4)(P/F,10%,n)
0		5,000	5,000	5,000
1	5,000(0.04) = 200	5,200	$5{,}200/(1.04)^1 = 5{,}000$	4,545
2	5,200(0.04) = 208	5,408	$5{,}408/(1.04)^2 = 5{,}000$	4,132
3	5,408(0.04) = 216	5,624	$5{,}624/(1.04)^3 = 5{,}000$	3,757
4	5,624(0.04) = 225	5,849	$5{,}849/(1.04)^4 = 5{,}000$	3,415

속도로 증가할 때 충분히 예측 가능한 결과이다. 4년 후 품목의 실제 비용(인플레이션 달러 기준)은 $5,849가 되지만, 불변가치 달러로 계산하면 이때 비용은 여전히 $5,000이다. 연 실질이자율 $i = 10\%$일 경우, 향후 4개 연도에 각각 $5,000의 현가는 5열에 제시되어 있다.

다음과 같은 몇 가지 결론을 도출할 수 있다: $f = 4\%$일 때 현재 $5,000는 4년 후 $5,849로 인플레이션이 된다. 그리고 실질이자율이 연 10%일 때, 4년 후의 $5,000는 현재 불변가치로 환산하면 $3,415에 불과하다.

그림 12-1은 향후 4년 동안 인플레이션이 고려되었을 때 불변가치 $5,000, 4% 인플레이션을 가정했을 때의 미래 달러 비용, 그리고 인플레이션과 10% 실질이자율을 감안

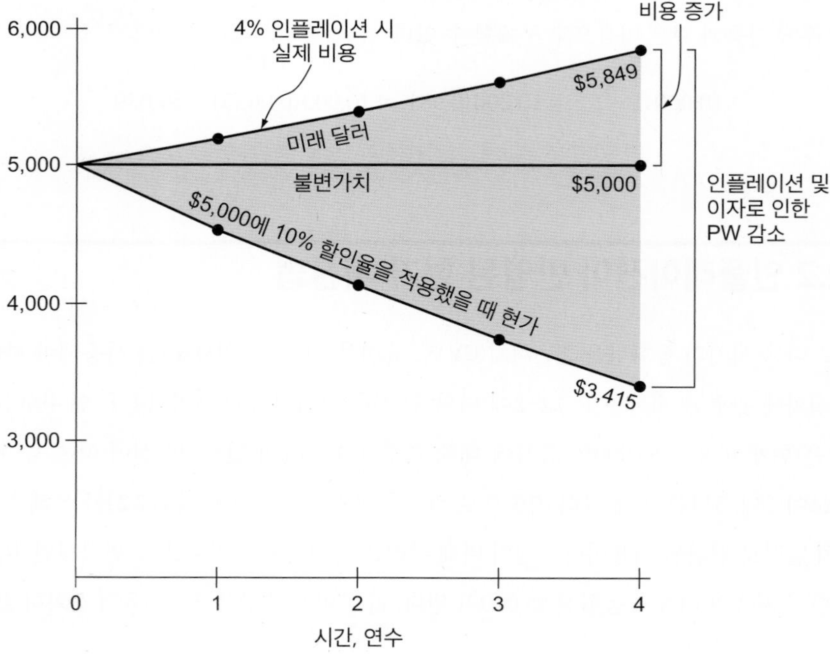

그림 12-1
불변가치 달러, 미래 달러 및 그 현가 비교

했을 때 현가를 그래프로 나타낸 것이다. 색칠된 영역에서 볼 수 있듯이, 인플레이션과 이자율의 복리 효과는 매우 크다.

현가 분석에서 인플레이션을 설명하는 덜 복잡한 대안으로는 이자 공식 자체를 인플레이션을 고려하도록 조정하는 방법이 있다. i가 실질이자율일 때, 다음과 같이 P/F 공식을 이용해서 논의를 전개하자.

$$P = F\frac{1}{(1+i)^n}$$

인플레이션이 반영된 미래 달러 금액인 F는 식 [12.2]를 사용하여 CV 달러로 변환할 수 있다.

$$\begin{aligned} P &= \frac{F}{(1+f)^n}\frac{1}{(1+i)^n} \\ &= F\frac{1}{(1+i+f+if)^n} \end{aligned} \qquad [12.4]$$

$i+f+if$ 항을 i_f로 정의하면 식은 다음과 같이 된다.

$$P = F\frac{1}{(1+i_f)^n} = F(P/F,i_f,n) \qquad [12.5]$$

앞서 설명한 것처럼 i_f는 **인플레이션 반영 이자율 또는 시장이자율**이며 다음과 같이 정의된다.

$$i_f = i + f + if \qquad [12.6]$$

여기서 i는 실질이자율이고, f는 인플레이션율이다.

실질이자율이 연 10%이고 인플레이션율이 연 4%인 경우, 식 [12.6]을 이용하면 14.4%의 시장이자율을 얻는다.

$$i_f = 0.10 + 0.04 + 0.10(0.04) = 0.144$$

표 12-3은 현재 $5,000에 대한 PW 계산에서 $i_f = 14.4\%$를 사용하여 4년 후에 미래 달러 기준 $5,849로 인플레이션하는 경우를 보여준다. 4열에 표시된 것처럼 각 연도의 현가는 표 12-2의 5열과 동일하다.

균등자금열, 직선기울기의 현금흐름, 곡선기울기의 현금흐름 등 어떤 일련의 현금흐름의 현가도 비슷하게 구할 수 있다. 즉, 현금흐름이 각각 불변가치(현재) 달러로 표현되는지, 아니면 미래 달러로 표현되는지에 따라 각각 i 또는 i_f를 P/A, P/G 또는 P/G 계수를 구하는 공식에 사용하면 된다.

표 12-3 연 14.4%의 인플레이션 반영 이자율을 사용한 현가 계산

연도, *n* (1)	미래 달러 기준 비용, $ (2)	(*P*/*F*,14.4%,*n*) (3)	PW, $ (4)=(2)(3)
0	5,000	1	5,000
1	5,200	0.8741	4,545
2	5,408	0.7641	4,132
3	5,624	0.6679	3,757
4	5,849	0.5838	3,415

자금열을 현재(불변가치) 달러로 표현할 경우, 실질이자율 i를 사용하여 할인한 값이 PW이다.
현금흐름을 미래 달러로 표현할 경우, i_f를 사용하여 PW 값을 구한다.

먼저 식 [12.2]를 사용하여 모든 미래 달러를 불변가치 달러로 변환한 다음, 실질이자율 i를 이용하여 PW를 구하는 방식이 편한 경우도 있다.

예제 12.1

자전거 타이어 판매업은 인터넷을 통한 경쟁이 특히 치열하며, 소매업체들은 국제 덤핑을 일삼는 업체들과의 경쟁에서 생존해야만 한다. 두 인터넷 소매업체인 Sprang과 Biker-U-R은 인기 타이어의 소매 가격을 분석하는 연구를 공동수행했다. 분석 결과, 초기에 타이어당 $16로 책정된 가격이 평균 $12의 비판매 가격으로 인하된 것으로 나타났다. 가격이 $16로 설정되었을 때는 향후 5년 동안 가격이 하락하지 않고 $19로 인상될 것으로 예상했다고 가정한다. 그러나 이제 장기적인 가격은 타이어당 $10로 추정되어 수익이 더 줄어들 것으로 전망된다. 이 정보를 사용하여 다음 분석을 수행하시오.

(a) 5년 동안 가격이 $16에서 $19로 인상되는 연간 인플레이션율을 결정하시오.

(b) 위에서 결정한 것과 동일한 연간 변화율을 이용하여, $12에서 가격이 계속 하락할 때 5년 후의 예상 가격을 계산하시오. 이 결과를 장기 예상 가격인 $10와 비교하시오.

(c) 두 소매업체가 어떻게든 이전과 동일한 시장 점유율을 회복할 수 있고, 인하된 가격인 $12에 동일한 인플레이션율이 적용된다고 가정하자. 이 가정하에서 5년 후의 가격을 계산하고 이를 타이어당 $16의 가격과 비교하시오.

(d) 이 인플레이션이 고려되고 인터넷 소매업체가 연 8%의 실질수익률을 기대할 경우, 경제적 등가성 계산에 사용해야 하는 시장이자율을 구하시오.

풀이

처음 3개의 세부 문항은 인플레이션만 포함하며, 투자수익률은 포함하지 않는다.

(a) 알려진 CV 값과 미래 금액을 사용하여 연간 인플레이션율 f에 대한 식 [12.2]를 푼다.

$$16 = 19(P/F,f,5) = \frac{19}{(1+f)^5}$$

$$1+f = (1.1875)^{0.2}$$

$$f = 0.035 \text{ (연 3.5\%)}$$

(b) 물가 디플레이션율이 연간 3.5%인 경우, $P = \$12$에서 5년 후의 F 값을 구한다.

$$\begin{aligned} F &= P(F/P,-3.5\%,5) = 12(1-0.035)^5 \\ &= 12(0.8368) \\ &= \$10.04 \end{aligned}$$

예상대로 5년 후에는 타이어당 가격이 $10에 가까워질 것이다.

(c) 연간 인플레이션이 3.5%일 때 향후 5년 후 가격은 다음과 같다.

$$\begin{aligned} F &= P(F/P,3.5\%,5) = 12(1.035)^5 \\ &= 12(1.1877) \\ &= \$14.25 \end{aligned}$$

5년이 지나면서 시장 점유율을 회복한 후에도 가격은 덤핑 이전 시점($14.25 대 $16)보다 상당히 낮아질 것이다.

(d) (a)에서 결정한 대로 인플레이션이 연 3.5%이고 실질수익률이 연 8%인 경우, 식 [12.6]은 연 11.78%의 시장수익률을 산출한다.

$$\begin{aligned} i_f &= 0.08 + 0.035 + (0.08)(0.035) \\ &= 0.1178 \text{ (연 11.78\%)} \end{aligned}$$

예제 12.2

배당률이 연 10%이고 반기마다 배당금이 지급되는 15년 만기 $50,000의 채권이 현재 매물로 나와 있다. 구매자의 기대 수익률은 연 8%이며 반기 복리가 적용된다. 인플레이션율은 반기마다 2.5%로 예상된다. (a) 인플레이션을 고려하지 않은 경우 채권의 현가는 얼마인가? (b) 인플레이션을 고려한 경우 채권의 현가는 얼마인가? 수기와 스프레드시트 풀이를 모두 보이시오.

수기 풀이

(a) 인플레이션이 고려되지 않았을 때 : 반기 배당금은 $I = [(50{,}000)(0.10)]/2 = \$2{,}500$이다. 6개월마다 명

목상 4%씩 30회 기간을 고려하면, 채권의 현가는 다음과 같다.

$$PW = 2{,}500(P/A{,}4\%{,}30) + 50{,}000(P/F{,}4\%{,}30) = \$58{,}645$$

(b) 인플레이션을 고려했을 때 : 인플레이션율 i_f를 사용한다.

$$i_f = 0.04 + 0.025 + (0.04)(0.025) = \text{반기당 } 0.066$$

$$\begin{aligned}PW &= 2{,}500(P/A{,}6.6\%{,}30) + 50{,}000(P/F{,}6.6\%{,}30)\\ &= 2{,}500(12.9244) + 50{,}000(0.1470)\\ &= \$39{,}660\end{aligned}$$

스프레드시트 풀이

(a)와 (b) 모두 스프레드시트의 단일 셀 함수로 풀 수 있다(그림 12-2). 인플레이션을 고려하지 않으면 PV 함수에 30기간 동안 명목이자율 4%가 적용되며, 인플레이션을 고려하면 위에서 구한 $i_f = 6.6\%$를 이자율로 적용한다.

참고사항

PW 값에서 $18,985의 차이는 6개월마다 2.5%(연 5.06%)의 인플레이션이 얼마나 커다란 영향을 미치는지 보여준다. $50,000 채권을 매입하면 15년 동안 $75,000의 배당금과 15년 차에 $50,000의 원금을 받을 수 있다. 하지만 이는 불변가치 달러로 환산하면 $39,660에 불과하다.

	A	B	C
1		함수	PW 값, $
2	(a) 인플레이션을 고려하지 않은 경우의 PW	`= PV(4%,30,-2500,-50000)	58,646
3			
4	(b) 인플레이션을 고려한 경우의 PW	`= PV(6.6%,30,-2500,-50000)	39,660
5			
6			

그림 12-2
예제 12.2의 (a) 인플레이션을 고려하지 않은 경우와 (b) 고려한 경우 채권 매입의 PW 계산

예제 12.3

자영업자인 화학 엔지니어는 중앙아메리카의 비교적 인플레이션이 높은 국가에서 일하고 있는데, 현재 Dow Chemical과 계약을 맺고 있다. 그녀는 초기비용이 $35,000이고, 1년 후부터 5년 차까지의 비용은 $7,000, 5년 이후부터는 $7,000에서 매년 12%씩 비용이 증가하는 프로젝트의 PW를 계산하고자 한다. 연간 15%의 실질이자율을 사용하여 (a) 인플레이션을 고려하지 않은 PW와 (b) 연 11%의 인플레이션율을 고려한 PW를 계산하시오.

풀이

(a) 그림 12-3에 현금흐름도가 제시되어 있다. 인플레이션이 고려되지 않은 PW는 기하급수 식인 식 [2.34]와 식 [2.35]에 $i = 15\%, g = 12\%$를 사용하여 구할 수 있다.

$$\begin{aligned} PW &= -35{,}000 - 7{,}000(P/A,15\%,4) \\ &\quad - \left\{ \frac{7{,}000\left[1 - \left(\frac{1.12}{1.15}\right)^9\right]}{0.15 - 0.12} \right\} (P/F,15\%,4) \\ &= -35{,}000 - 19{,}985 - 28{,}247 \\ &= \$-83{,}232 \end{aligned}$$

P/A 계수에서 $n = 4$인데, 연도 5의 \$7,000 비용은 식 [2.34]의 A_1 항에 해당하기 때문이다.

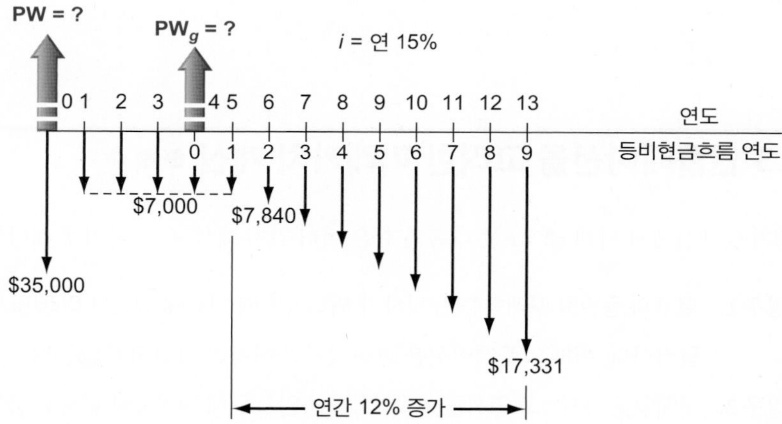

그림 12-3
예제 12.3의 현금흐름도

(b) 인플레이션을 고려하려면 식 [12.6]에 따라 인플레이션 반영 이자율을 계산하고 이를 사용하여 PW를 계산한다.

$$i_f = 0.15 + 0.11 + (0.15)(0.11) = 0.2765$$

$$\begin{aligned} PW &= -35{,}000 - 7{,}000(P/A,27.65\%,4) \\ &\quad - \left\{ \frac{7{,}000\left[1 - \left(\frac{1.12}{1.2765}\right)^9\right]}{0.2765 - 0.12} \right\} (P/F,27.65\%,4) \\ &= -35{,}000 - 7{,}000(2.2545) - 30{,}945(0.3766) \\ &= \$-62{,}436 \end{aligned}$$

참고사항

이 결과는 인플레이션이 높은 국가에서 대출 상환액을 협상할 때 가능하면 미래 달러(인플레이션된 달러)를 사용하여 상환하는 것이 대출자에게 경제적으로 유리하다는 것을 보여준다. 인플레이션이 고려되면 (인플레이션된) 미래 달러의 현가는 현저히 낮아진다. 그리고 인플레이션율이 높을수록, P/F 및 P/A 계수의 크기가 감소하기 때문에 할인이 더 커진다.

위의 예제 12.2와 12.3은 "지금 구매하고 나중에 지불한다"는 철학이 맞다는 것을 잘 설명하고 있다. 그러나 부채에 시달리는 회사나 개인은 언젠가 부채 원금과 발생 이자를 인플레이션된 달러로 갚아야 할 것이다. 그 시점에 현금을 쉽게 구할 수 없다면 부채를 상환할 수 없다. 예를 들어 회사가 신제품 출시에 실패하거나, 아니면 경제가 심각하게 침체되거나 개인의 급여가 깎일 경우 이런 일이 발생한다. 장기적으로 볼 때, 지금 구매하고 나중에 갚는 이런 방식은 현재와 미래의 재정을 건전하게 만드는 것과 동반되어야 한다.

12.3 인플레이션을 고려한 미래가치 계산 ●●●

미래가치 계산에서 미래 금액 F는 다음과 같은 여러 가지 해석 중 한 가지에 해당한다.

경우 1. 현재와 동일한 구매력을 유지하기 위해 n번째 기간에 필요한 미래(당시 현재) 달러이다. 이때 인플레이션은 고려되지만 이자는 고려되지 않는다.

경우 2. 구매력을 유지하고 명시된 실질이자율을 얻기 위해 시간 n에 필요한 금액이다.

경우 3. n시간까지 누적된 실제 금액의 구매력인데, 이는 불변가치(CV) 금액으로 환산된다.

어떤 해석을 의도하느냐에 따라 F 값은 아래와 같이 다르게 계산된다. 각 경우를 예로 들어 설명한다.

경우 1 : 미래 필요 금액, 이자 없음 이 첫 번째 경우는 인플레이션이 발생하면 가격이 상승한다는 것에 기반한다. 간단히 말해, 미래 달러의 가치가 낮아지므로 더 많은 금액이 필요하다. 이 경우 이자율은 고려되지 않고 인플레이션만 고려된다. 예를 들어, 누군가 "소형 SUV의 현재 가격이 $20,000이고 매년 6%의 인플레이션율에 맞추어 가격이 상승한다면 5년 후 가격은 얼마가 되겠는가?"라고 묻는 상황이다. (답은 $26,765이다.) 이자율은 고려되지 않고 인플레이션만 고려된다. 미래 비용을 구하려면 F/P 계수에서 이자율을 f로 교체하여 대입하거나, 이자율을 f로 하는 FV 스프레드시트 함수 = FV(f%,A,P)를 사용하면 된다.

$$F = P(1+f)^n = P(F/P,f,n) \qquad [12.7]$$

예를 들어 현재 $1,000인 물품이 있다고 하자. 인플레이션율이 연간 4%라고 가정할 때 7년 후 이 물품을 구매하는 데 필요한 미래 금액은 다음과 같다.

$$F = 1{,}000(F/P, 4\%, 7) = \$1{,}316$$

경우 2 : 인플레이션과 실질이자 MARR이 설정되었을 때 적용되는 경우이다. 구매력을 유지하고 이자를 얻으려면 물가 상승(경우 1)과 화폐의 시간적 가치를 모두 고려해야 한다. 자본의 증가를 따라가기 위해서는 펀드가 실질이자율 i에 인플레이션율 f를 더한 이상의 속도로 증가해야 한다. 예를 들어 인플레이션율이 4%이고 실질이자율이 5.77%일 때 (인플레이션이 반영된) 시장이자율 i_f를 사용해서 계산해야 한다. 위에서 고려한 것과 동일한 금액인 $1,000의 경우 다음과 같다.

$$i_f = 0.0577 + 0.04 + 0.0577(0.04) = 0.10$$
$$F = 1{,}000(F/P, 10\%, 7) = \$1{,}948$$

이 계산에 따르면 실질수익률이 연 5.77%, 인플레이션이 연 4%일 때, 7년 후의 $1,948는 현재 $1,000와 등가이다.

경우 3 : 불변가치 달러, 구매력을 기준으로 살펴봄 미래 달러의 구매력은 먼저 시장수익률 i_f를 사용하여 F를 계산한 다음 이 미래 금액을 $(1+f)^n$으로 나누어 디플레이션하면 구할 수 있다.

$$F = \frac{P(1+i_f)^n}{(1+f)^n} = \frac{P(F/P,i_f,n)}{(1+f)^n} \qquad [12.8]$$

이 관계는 사실상 인플레이션으로 인해 미래 구매 시점의 $1에 대한 구매력은 현재 $1의 구매력보다 낮다는 사실에 기반하며, 이는 구매력 손실 비율로 구할 수 있다. 예를 들어, 현재 $1,000에 시장수익률 연 10%와 인플레이션율 연 4%를 적용하면 7년 후에 구매력은 상승하지만 이 구매력은 단지 $1,481에 그친다.

$$F = \frac{1{,}000(F/P, 10\%, 7)}{(1.04)^7} = \frac{\$1{,}948}{1.3159} = \$1{,}481$$

이는 실제로 10%로 누적되는 $1,948(경우 2)보다 $467(또는 24%)가 적은 금액이다. 따라서 7년 동안 4%의 인플레이션은 화폐의 구매력을 24% 감소시킨다는 결론을 내릴 수 있다.

또한 경우 3에서는 실질이자율을 계산하고 이를 F/P 계수에 대입한 후에 구매력 감소를 보정하면 현재 구매력이 축적된 미래의 화폐량을 구할 수 있다. 이 **실질이자율**(real interest rate)은 식 [12.6]의 i이다.

$$\begin{aligned} i_f &= i + f + if \\ &= i(1+f) + f \end{aligned}$$

$$i = \frac{i_f - f}{1+f} \qquad [12.9]$$

실질이자율 i는 현재의 달러가 동일한 구매력을 가진 미래의 달러로 확대되는 속도를 나타낸다. 인플레이션율이 시장이자율보다 크면 실질이자율은 마이너스가 된다. 이 이자율은 인플레이션의 영향을 제거해야 할 때의 투자(예 : 예금 또는 머니 마켓 펀드)의 미래가치를 계산하는 데 적합하다. 식 [12.9]를 이용하여 현재 $1,000의 7년 후의 미래가치는 다음과 같이 구할 수 있다.

$$i = \frac{0.10 - 0.04}{1 + 0.04} = 0.0577 \quad (5.77\%)$$

$$F = 1{,}000(F/P, 5.77\%, 7) = \$1{,}481$$

연 10%의 시장이자율은 연 4% 인플레이션의 침식 효과로 인해 연 6% 미만의 실질이자율로 감소했다.

표 12-4에는 다양한 가정에 대해서 F의 등가성 공식에 사용된 이자율이 요약되어 있다. 이 절에서 다룬 계산을 통해 다음을 확인할 수 있다.

- 시장이자율이 연 10%일 때 현재 $1,000는 7년 후 $1,948로 누적된다.
- $f = 4\%$/연일 때, $1,948는 현재 달러로 $1,481의 구매력을 갖게 된다.
- 현재 비용이 $1,000인 품목에 연 4%의 인플레이션율을 적용하면 7년 후 비용은 $1,316가 된다.
- 실질이자율 5.77%와 인플레이션율 4%를 동시에 고려하면 미래 달러 $1,948가 현재 달러 $1,000와 동등한 가치가 된다.

대부분의 기업은 인플레이션율, 자본비용보다 높은 수익률, 약 2.5~3.5%의 안전투자 수익률보다 훨씬 높은 수익률을 더해서 MARR을 설정하고, 이 MARR에서 대안을 평가한다. 따라서 경우 2(인플레이션에 실질이자율을 더한 경우)에서는, 일반적으로 MARR은 시장수익률인 i_f 보다 높을 것이다. 기호 MARR_f를 인플레이션이 반영된 MARR 또는 시장 MARR로 정의하며, 이는 i_f를 구하는 방식과 유사하게 계산된다.

표 12-4 다양한 미래가치 해석을 위한 계산 방법

원하는 미래 가치	계산 방법	P = \$1,000, n = 7, i_f = 10%, f = 4%일 때 예시
경우 1 : 동일 구매력에 필요한 금액	등가성 공식에서 i 대신 f를 사용	$F = 1{,}000(F/P,4\%,7)$
경우 2 : 구매력을 유지하고 수익을 얻기 위한 미래 달러	i_f를 계산하여 등가성 공식에 사용	$F = 1{,}000(F/P,10\%,7)$
경우 3 : 불변가치 달러로 환산한 누적 달러의 구매력	등가성 공식에서 i_f를 사용하고 $(1+f)^n$으로 나누거나, 실질 i를 사용	$F = \dfrac{1{,}000(F/P,10\%,7)}{(1.04)^7}$ 또는 $F = 1{,}000(F/P,5.77\%,7)$

$$\text{MARR}_f = i + f + i(f) \qquad [12.10]$$

여기서 사용한 실질수익률 i는 자본비용 대비 기업에 필요한 수익률이다. 이제 미래가치 F, 즉 FW는 다음과 같이 계산된다.

$$F = P(1 + \text{MARR}_f)^n = P(F/P,\text{MARR}_f,n)$$

예를 들어, 어떤 회사의 자본비용가중평균(WACC)이 연간 10%이고 프로젝트의 수익률이 WACC보다 연간 8% 높아야 하는 경우, 실제 수익률은 $i = 18\%$이다. 인플레이션이 반영된 MARR은 연간 인플레이션율을 포함하여 계산한다. 예를 들어 연간 인플레이션율이 4%일 때, 식 [12.10]에서 얻은 변화율(속도)에 따라 이 프로젝트의 PW, AW 또는 FW가 결정된다.

$$\text{MARR}_f = 0.18 + 0.04 + 0.18(0.04) = 0.2272\ (22.72\%)$$

예제 12.4

Renewable Energy Systems사(RESI)는 서부 텍사스 농장 중 한 곳에서 풍력발전 운영에 사용되는 장비를 지금 업그레이드할지 아니면 나중에 업그레이드할지 결정하려고 한다. RESI가 플랜 A를 선택하면 지금 \$200,000에 업그레이드를 구매할 수 있다. 그러나 회사가 플랜 I를 선택하면 3년 동안 구매가 연기되는데, 이 3년 후에는 업그레이드 비용이 \$300,000로 상승할 것으로 예상된다. RESI의 소유주는 연간 12%의 실질 MARR을 기대하는 야심 찬 목표를 가지고 있다. 업계의 인플레이션율은 연평균 3%이다. 경제적 관점에서만 볼 때 다음 두 가지 경우에 대해서 이 회사가 업그레이드를 지금 구매해야 할지 아니면 나중에 구매해야 할지를 결정하시오. (a) 인플레이션을 고려하지 않았을 경우와 (b) 인플레이션을 고려했을 경우.

풀이

(a) 인플레이션을 고려하지 않음 : 연간 실질이자율 또는 MARR은 $i = 12\%$이다. 플랜 I의 3년 후 비용은 \$300,000이다. 3년 후 플랜 A의 FW 값을 계산하고 더 낮은 비용이 드는 대안을 선택한다.

$$FW_A = -200{,}000(F/P,12\%,3) = \$-280{,}986$$
$$FW_I = \$-300{,}000$$

플랜 A(지금 구매)를 선택한다.

(b) 인플레이션을 고려함 : 이것은 경우 2에 해당한다. 실질 금리(12%)와 3%의 인플레이션을 고려해야 한다. 먼저 식 [12.10]에 따라 인플레이션이 반영된 MARR을 계산한다.

$$MARR_f = 0.12 + 0.03 + 0.12(0.03) = 0.1536$$

$MARR_f$를 사용하여 미래 달러로 플랜 A의 FW 값을 계산한다.

$$FW_A = -200{,}000(F/P,15.36\%,3) = \$-307{,}040$$
$$FW_I = \$-300{,}000$$

이제 미래 비용이 더 적게 드는 플랜 I(나중에 구매)가 선택되었다. 연간 3%의 인플레이션율로 인해 미래가가 \$280,986에서 \$307,040로 9.3% 상승했다. 이는 연간 3%의 인상률을 3년 동안 적용하면 $((1.03)^3 - 1) \times 100\% = 9.3\%$가 되는 것과 동일하다. 12.1절 표 12-1을 다시 참조하면, 3년 동안 3%의 인플레이션이 발생하면 비용이 9%(정수로 반올림) 증가한다는 것을 확인할 수 있다.

대부분의 국가는 연 2~8% 범위의 인플레이션율을 보이지만, 정치적인 불안정/혼란/내란, 정부의 과잉 지출, 국제 무역 수지 악화 등을 보이는 국가에서는 **초인플레이션**(hyperinflation) 문제가 발생한다. 초인플레이션이 발생하면 한 달에 10%에서 20%의 매우 높은 물가 상승률을 보이기도 한다. 이러한 경우 정부는 인플레이션을 낮추기 위해 국내 통화 대신 다른 국가의 통화를 사용하기도 하고, 은행과 기업을 통제하며, 자본 유출입을 통제하는 등 과감한 조치를 취하기도 한다.

초인플레이션 환경에서는 다음 달, 다음 주 또는 다음 날에 상품과 서비스 비용이 훨씬 더 높아지기 때문에 사람들은 일반적으로 모든 돈을 즉시 소비한다. 초인플레이션이 기업에 미치는 악영향을 이해하기 위해 월 10%의 인플레이션율(명목 인플레이션율이 연 120%)을 사용하여 예제 12.4(b)를 다시 풀어볼 수 있다(이때 인플레이션의 복리 효과는 고려하지 않음). FW_A 금액이 급증하기 때문에 플랜 I가 확실한 선택이다. 물론 이러한 환경에서는 플랜 I의 3년 후 구매 가격인 \$300,000가 보장되지 않을 것이 분명하므로 전체 경제성 분석은 신뢰할 수 없다. 초인플레이션을 겪는 국가에서는 추정된 미래 가치를 전혀 신뢰할 수 없고 자본의 미래 가용성이 불확실하기 때문에 전통적인 경제성 공학 방법론으로는 올바른 의사결정을 내리기가 매우 어렵다.

12.4 인플레이션이 반영된 자본회수 계산

AW 분석에 사용되는 자본회수(CR) 계산에서 인플레이션을 포함하는 것은 특히 중요한데, 이는 현재의 자본이 미래의 인플레이션된 통화로 회수되어야 하기 때문이다. 미래 달러는 현재 달러보다 구매력이 낮기 때문에 현재 투자자본을 회수하려면 더 많은 달러가 필요할 것이 분명하다. 이는 A/P 공식에서 인플레이션 반영 이자율을 사용해야 함을 시사한다. 예를 들어, 인플레이션율이 연 8%일 때 **오늘 $1,000**를 실질이자율 연 10%로 **투자**했다면, 향후 5년 동안 매년 회수해야 하는 금액은 다음과 같이 계산된다.

$$A = 1{,}000(A/P{,}18.8\%{,}5) = \$325.59$$

반면, 시간이 지남에 따라 달러의 가치가 감소한다는 것은 투자자가 (인플레이션된) 미래 달러를 축적하기 위해 현재 (가치가 높은) 달러를 더 적게 쓸 수 있다는 것을 의미한다. 이는 A/F 공식에서 더 낮은 A 값을 생성하기 위해 더 높은 이자율, 즉 i_f 이자율을 사용해야 함을 시사한다. **5년 후** 미래 달러로 환산한 (인플레이션이 반영된) $\boldsymbol{F = \$1{,}000}$의 연간등가는 다음과 같다.

$$A = 1{,}000(A/F{,}18.8\%{,}5) = \$137.59$$

한편 실질 $i = 10\%$(인플레이션을 반영하지 않음)에서 $F = \$1{,}000$를 적립하기 위한 연간등가는 $1{,}000(A/F,\ 10\%,\ 5) = \$163.80$이다. F가 미래의 알려진 비용인 경우, 인플레이션의 레버리지 효과로 인해 연간 유효 지불액이 줄어들도록 가능한 한 긴 시간에 걸쳐 균일하게 분산된 지불이 이루어져야 한다(여기서는 $137.59 대 $163.80).

예제 12.5

시장이자율이 연 10%, 인플레이션율이 연 8%일 때 현재 $680.58와 같은 구매력을 가진 돈을 5년 동안 모으기 위해 필요한 연간 예금액은 얼마인가?

풀이

먼저, 현재 $680.58에 등가이면서 5년 후까지 인플레이션이 적용된 미래 달러를 구한다. 이는 경우 1에 해당하며, 식 [12.7]이 적용된다.

$$F = (\text{현재 구매력})(1+f)^5 = 680.58(1.08)^5 = \$1,000$$

연간 예치금의 실제 금액은 시장이자율 10%를 사용하여 계산된다. 주어진 F에 대해 A가 계산되는 경우 2에 해당한다.

$$A = 1,000(A/F,10\%,5) = \$163.80$$

참고사항

식 [12.9]를 사용하여 계산한 실질이자율은 i = 1.85%이다. 이 계산을 쉽게 설명하자면, 실질이자율이 1.85%일 때 인플레이션율이 0이라면, 현재 $680.58와 동일한 구매력을 가진 미래의 금액은 당연히 $680.58이다. 그렇다면 이 미래 금액을 5년 동안 모으는 데 필요한 연간 금액은 $A = 680.58(A/F, 1.85\%, 5)$ = $131.17이다. 이는 위에서 $f = 8\%$로 계산한 $163.80보다 $32.63 낮은 금액이다. 이 차이는 인플레이션 기간 동안 현재 예치된 금액이 기간이 끝날 때 돌려받는 금액보다 더 많은 구매력을 갖기 때문이다. 구매력 차이를 만회하기 위해서는 더 많은 금액이 필요하다. 즉, 연간 $f = 8\%$에서 등가 구매력을 유지하려면 연간 $32.63가 추가로 필요하다.

여기서 설명하는 논리는 인플레이션이 상승하는 기간에 왜 채권자(신용카드 회사, 모기지 회사, 은행)가 시장이자율을 더 높이려는 경향을 갖는지에 대한 이유를 설명한다. 사람들은 물가가 더 오르기 전에 여분의 돈을 사용하여 추가 물품을 구매하기 때문에 부채를 상환할 때마다 상환액이 작아지는 경향이 있다. 또한 대출 기관은 미래에 예상되는 대부금 비용 상승을 충당하기 위해 미래에 더 많은 돈을 보유해야 한다. 이 모든 것이 인플레이션 인상의 소용돌이 효과 때문이다. 이 사이클을 끊는 것은 개인 차원에서는 어렵고, 국가 차원에서는 훨씬 더 어렵다.

요약

이자율과 같이 계산식에 사용되는 인플레이션은 화폐의 시간적 가치 감소로 인해 동일한 제품 또는 서비스의 비용이 시간이 지남에 따라 증가하는 것을 의미한다. 경제성 공학 계산에서 인플레이션을 고려하는 방법에는 현재(불변가치) 달러 기준과 미래 달러 기준 등 여러 가지가 있다. 몇 가지 중요한 관계는 다음과 같다.

인플레이션 반영 이자율 : $i_f = i + f + if$

실질이자율 : $i = (i_f - f)/(1+f)$

인플레이션을 고려한 미래 금액의 PW : $P = F(P/F,i_f,n)$

동일한 구매력을 가진 현가의 불변가치 달러로 환산한 미래가치 : $F = P(F/P,i,n)$

현재 금액에 인플레이션만을 고려한 미래 금액 : $F = P(F/P,f,n)$

현재 금액에 인플레이션과 이자를 고려한 미래 금액 : $F = P(F/P,i_f,n)$

미래 금액의 연간등가 : $A = F(A/F,i_f,n)$

미래 달러로 환산한 현가의 연간등가 : $A = P(A/P,i_f,n)$

초인플레이션은 매우 높은 f 값을 의미한다. 비용이 너무 빠르게 증가하여 더 많은 현금 유입이 통화 가치 하락을 상쇄할 수 없기 때문에 가용 자금이 즉시 소진된다. 초인플레이션이 오랜 기간 지속될 경우 국가 재정에 재앙을 초래할 수 있다.

연습문제

인플레이션 조정

12.1 인플레이션된 통화 1단위(예 : $1)를 불변가치 통화로 어떻게 변환하는가?

12.2 3D 프린터의 가격이 정확히 인플레이션율만큼 상승했다고 가정할 때, 10년 전보다 현재 프린터 가격이 정확히 2배로 올랐다면 인플레이션율은 얼마인가?

12.3 인플레이션 기간에 (a) 인플레이션된 달러와 '당시 현재' 미래 달러의 차이점은 무엇이며, (b) '당시 현재' 미래 달러와 불변가치 미래 달러의 차이점은 무엇인가?

12.4 10년 후의 얼마의 미래 달러가 현재 $10,000와 동일한 구매력을 가지게 되는가? 시장이자율은 연 12%, 인플레이션율은 연 7%라고 가정한다.

12.5 연간 $i_f = 15\%$이고 $f = 5\%$일 때, 30년 후에 $1,000,000와 같은 현재 구매력을 갖는 금액은 얼마인가?

12.6 파이프 파손, 수격 및 제품 교반을 줄이기 위해 프랑스의 한 화학 회사는 내화학성 맥동 댐퍼를 여러 개 설치할 계획이다. 현재 댐퍼의 비용은 106,000유로이지만, 이 화학 회사는 양방향 포트-투-플랜트 제품 파이프라인에 대한 허가가 승인될 때까지 기다려야 한다. 허가 승인 절차는 환경영향평가서 작성에 필요한 시간 때문에 최소 2년이 소요될 것으로 예상된다. 해외 경쟁이 치열하기 때문에 제조업체는 매년 3%의 인플레이션율만큼만 가격을 인상할 계획이다. 2년 후 댐퍼의 비용을 (a) 당시 현재 유로와 (b) 불변가치 유로로 구하시오.

12.7 특수 고속도로 설계 소프트웨어 패키지의 임대비용은 1, 2, 3년 차 각각에 대해 $13,000(미래 달러)로 추정된다. (a) 각 미래 원가추정의 현재(0년) CV 금액을 연간 6%의 인플레이션율로 계산하시오. (b) 연간 3%, 6%, 8%의 인플레이션율에 대한 스프레드시트와 그래프를 작성하되, 현재 CV를 표시하시오.

12.8 수년 동안 대학 비용(수업료, 수수료, 숙식비 포함) 인상률은 인플레이션율보다 높았으며, 연평균 5~8%에 달했다. College Board의 대학 가격 동향에 따르면, 2015년 기준 4년제 공립대학에 다니는 학생의 평균 총비용은 $19,548, 4년제 사립대학에 다니는 학생은 $43,921였다. 교과서, 학용품, 교통비 및 기타 비용으로 연간 $4,000가 추가된다고 가정한다. 연간 인플레이션율 7%를 사용하여, (a) 고등학교 2학년 학생이 4년제 공립 대학교 신입생(3년 후)이 되었을 때, 수업료, 수수료, 숙식비로 지출할 것으로 예상되는 금액과 (b) 교과서, 학용품 등

이 연간 7%씩 증가한다면 해당 대학교에서 2학년 일 때 써야 하는 총 예상 비용을 구하시오.

12.9 연방 차원의 Pell Grant 프로그램은 가난한 대학생에게 재정 지원을 제공한다. 보조금은 인플레이션의 영향을 부분적으로 상쇄하기 위해 매년 인상된다. 2015년부터 2022년까지 최대 총지원금은 $5,730에서 $6,495로 인상되었다. (a) 이 7년 동안 연간 인상률은 얼마인가? (b) 2027년까지 최대 지원금이 매년 1.5%씩 증가한다고 가정할 때 2027년의 최대 지원금은 얼마인가?

12.10 NACE의 2021년 겨울 급여 설문조사(www.naceweb.org)에 따르면 석유공학과 졸업생의 초봉 중앙값이 $82,500로 가장 높았다. 다른 공과대학 학과 졸업생의 평균 초봉 중앙값은 $69,925였다. 석유공학과 졸업생의 초봉이 향후 10년간 동일하게 유지된다고 가정할 때, 다른 공과대학 학과 졸업생이 석유공학과 졸업생과 동일한 초봉을 받으려면 연간 몇 퍼센트의 인상이 필요한가?

12.11 영국의 한 생명보험 회사는 피보험자가 65세에 도달하면 현금으로 500,000파운드의 보험금을 지급한다. 피보험자는 지금으로부터 27년 후 65세가 된다. (a) 인플레이션이 연 3%로 일정하다고 가정할 때, CV 구매력을 기준으로 500,000파운드의 현금 가치를 구하시오. (b) 이 답을 찾기 위한 스프레드시트 단일 셀 함수를 작성하시오. (c) 현재 환율을 사용하여 구한 값을 미국 달러와 유로로 변환하시오.

12.12 현재 65세인 한 엔지니어는 40년 전부터 은퇴 계획을 세우기 시작했다. 당시 그는 은퇴할 때 $1백만이면 남은 여생을 호화롭게 살기에 충분하다고 생각했다. 40년 동안의 인플레이션율이 연평균 4%라고 가정한다. (a) 65세 때 그가 가진 $1백만의 CV 구매력은 얼마인가? (힌트 : 그가 40년 전에 시작한 날을 기준 연도로 사용하시오.) (b) 현재 65세의 나이에 $1백만과 같은 CV 구매력을 가지려면 40년 동안 얼마나 많은 미래 달러를 모아야 하는가?

12.13 카말은 최고급 낚시 장비의 연간 인플레이션율(아래 표시)을 오랫동안 추적했다. 10년 전에는 $1,000의 비용이 들어서 구매하지 못했지만, 그동안에도 역시나 최고급 장비가 비싸서 구입할 수 없었다. (a) 현재 이 낚시 장비의 가격을 구하시오. (b) 10년 동안 연평균 인플레이션율이 5%라면 가격 추정 결과는 이와 동일한지 살펴보고, 그 이유를 서술하시오.

연도	연간 인플레이션율
1, 3, 5, 7, 9	10%
2, 4, 6, 8, 10	0%

12.14 노동통계국 웹사이트(www.bls.gov)에는 소비자물가지수 인플레이션 계산기가 있으며, 평균 CPI를 사용하여 특정 기간에 대해 화폐의 구매력을 살펴볼 수 있다. CPI 지수 값은 1913년부터 매년 계산되어 왔다. 계산기에 따르면 1913년 $1백만은 2021년에는 $27,096,950와 동일한 구매력을 갖게 된다. 이 108년 동안의 평균 인플레이션율은 얼마였는가?

12.15 Bank of England에는 영국 물가지수를 사용하여 1750년 이후 상품과 서비스의 가격이 어떻게 변했는지 보여주는 인플레이션 계산기 웹사이트가 있다. 이 웹사이트에 따르면 1920년에 1만 파운드였던 물건이 1940년에는 7,984파운드였다. 20세기 초중반의 20년간 연평균 인플레이션율은 얼마였는가?

12.16 전 세계적인 팬데믹으로 인해 2020년에는 이산화탄소(CO_2) 배출량이 감소했지만, 2021년부터 다시 증가하기 시작했다. 국제에너지기구는 2021년 CO_2 배출량을 36기가톤으로 보고했다. (a) 향후 6년간 CO_2 배출량이 매년 2.5%의 비율로 증가한다면, 2027년에는 몇 기가톤이 배출되는가? (b) 사상 최고치인 2014년 36.9기가톤과 2027년 예상량 사이의 총증가율(%)은 얼마인가?

12.17 2022년에 정년퇴임한 미국 사람이 월 최대 $3,345의 사회보장 연금을 받았다. (a) 향후 3년간의 생

활비 조정(COLA)이 각각 1.5%, 2.1%, 2.7%인 경우 2025년의 월 급여를 결정하시오. (b) 연간 인플레이션율이 3%로 균일하다고 가정하고, 위의 3년간의 생활비 조정을 사용하여 2025년 월 연금액의 구매력이 현가 기준으로 더 큰지 작은지를 결정하시오.

12.18 초인플레이션 기간에는 단기간에 물가가 급격히 상승한다. 역사상 최악의 초인플레이션 사례 중 하나로 꼽히는 2008년 짐바브웨에서는 물가가 매일 2배씩 상승했다. 이러한 물가상승률이 1주일 동안만 지속된다면, 주초에 $1.25였던 프랑스 바게트의 7일 후 가격은 얼마인가?

인플레이션을 고려한 현가 계산

12.19 제이크는 수년 동안 "지금 구매하고 나중에 지불한다"는 자금 관리 철학을 실천해 왔다. 예를 들어, 그는 3년 전에 연 7% 이자율로 6년(72개월) 대출로 자동차를 구입했다. 그는 매년 더 높은 이자율(작년 7.5%, 올해 8.5%)로 대출을 재융자하고 있다. 직장에서 심각한 불황이 예상되는 가운데, 그는 어제 상사로부터 향후 2~4년간 급여가 25% 삭감될 것이라는 말을 들었다. 제이크가 다시 한번 자동차 대출을 재융자하려고 하자, 은행 대출 담당자는 제이크의 여러 대출 신청으로 인해 신용 등급이 크게 낮아졌으며 향후 6개월 내에 현재 대출을 갚아야 신용 등급을 회복할 수 있다고 말했다. 제이크의 재정 상태와 신용 등급을 개선하기 위해 어떻게 하면 좋을지 몇 가지 예를 들어 설명하시오.

12.20 α-β사는 뉴욕증권거래소에서 주식을 거래하는 샌디에이고의 하이테크 회사로, MARR을 연 25%로 사용하고 있다. 최고재무책임자(CFO)가 회사가 향후 3년 동안 투자에 대해 연간 20%의 실질 투자 수익률을 기대한다고 말했다면, 그 기간 동안 회사가 예상하는 연간 인플레이션율은 얼마인가?

12.21 소규모 생명공학 회사인 Cellgene Biometrics는 신규 투자를 평가할 때 연 40%의 MARR을 사용한다. 인플레이션율이 연 9%인 경우, 이 회사가 낙관적인 MARR 목표를 실현할 경우 실제 수익률은 얼마나 되는가?

12.22 하이테크 인큐베이터 회사의 신임 CEO는 최소 3년 동안 연도별 40%의 성장률을 약속하여 벤처 캐피털리스트들을 유치하고자 한다. 따라서 회사의 MARR을 40%로 설정했다. 이 ROR은 실제로 실현되었지만 CEO가 연 8%의 인플레이션율을 고려하지 않았다면 실제 성장률은 얼마인가?

12.23 연간 인플레이션율이 연 7%이고 실질이자율이 연 4%일 때 인플레이션 반영 이자율을 계산하시오.

12.24 소매 슈퍼마켓 기업은 낮은 ROR로 운영되기 때문에 연 3% 정도의 시장 MARR을 사용하는 것이 일반적이다. 연간 인플레이션율이 연 4%일 때 연간 3%의 시장이자율이 내포하는 실질이자율은 얼마인가? 답을 설명하시오.

12.25 현재 초기비용이 $150,000, 연간운용비용이 $60,000, 5년 후 잔존가치가 초기비용의 20%인 토목 장비의 현가를 구하시오(이 값은 미래 달러로 추정됨). 이자율은 연 10%이고 인플레이션은 연평균 7%라고 가정한다. (a) 인플레이션을 고려하지 않은 경우와 (b) 고려한 경우 각각에 대해 수기와 스프레드시트로 푸시오.

12.26 다음 미래 현금흐름 중 일부는 당시 현재(미래) 달러로, 나머지는 CV 달러로 표현했다. 이자율은 연 10%, 인플레이션율은 연 6%를 사용한다. (a) 현가를 구하시오. (b) 스프레드시트의 NPV 함수를 이용하여 모든 현금흐름을 미래 달러로 표현하고 PW 값을 구하시오.

연도	현금흐름, $	표현 방식
0	16,000	CV
3	40,000	당시 현재
4	12,000	당시 현재
7	26,000	CV

12.27 회사에서 다음 표와 같은 순현금흐름(NCF)이 예상되는 새로운 제품 라인을 고려하고 있다. 이 표의

값은 매년 5%씩 인플레이션이 적용된 미래 달러로 표시되어 있다. 공장 관리자는 현가가 어떻게 계산되는지 잘 모르겠다며, 4년의 분석기간 동안 (1) 회사의 시장이자율인 연 20%를 사용하는 방법과 (2) 추정치를 모두 CV 달러로 환산하고 회사의 실질이자율을 사용하는 두 가지 방법으로 해달라는 요청을 해왔다. 두 가지 방법 모두 동일한 답이 나올 것이라고 말했지만 그는 계산을 보여달라고 했다. 방법 (1)과 방법 (2)의 현가는 얼마인가? 수기와 스프레드시트로 푸시오.

연도	0	1	2	3	4
NCF, $1,000	−10,000	2,000	5,000	5,000	5,000

12.28 한 지역의 인프라 건설/유지보수 계약업체는 새로운 소형 수평방향 천공(HDD) 장비를 지금 구입할지, 아니면 대형 파이프라인 계약에 새 장비가 필요해질 때인 2년 후까지 기다렸다가 구입할지를 결정해야 한다. HDD 장비에는 혁신적인 파이프로더 설계와 기동성 있는 차대 시스템이 포함될 것이다. 시스템 비용은 지금 구매하면 $68,000, 2년 후 구매하면 $81,000로 추산된다. $i = 10\%$/연, $f = 5\%$/연일 때, (a) 인플레이션을 고려하지 않은 경우와 (b) 인플레이션을 고려한 경우에 대해 계약업체가 언제 HDD를 구매하는 것이 나을지 구하시오.

12.29 프로젝트 매니저인 조앤이 실질이자율 연 10%, 인플레이션율 연 3%를 사용하여 (a) 인플레이션을 고려하지 않은 경우와 (b) 인플레이션을 고려한 경우 각각에 대해서 PW 값을 기준으로 대안 A와 B를 평가해 달라고 요청해 왔다. 올바른 PW 값을 표시하는 스프레드시트 함수를 작성하시오. (c) 조앤은 대안 A가 선택되기를 분명히 원한다. 인플레이션이 연간 3%로 일정하다면, 대안 A와 B의 PW가 같아지도록 하는 A의 연간 실질수익률은 얼마여야 하는가? 인플레이션을 고려했을 때 요구 수익률은 얼마인가?

기계	A	B
초기비용, $	31,000	48,000
AOC, $/연	28,000	19,000
잔존가치, $	5,000	7,000
수명, 연수	5	5

12.30 인플레이션을 고려했을 때, 자본화 비용을 기준으로 아래 대안을 비교하시오. $i = 12\%$/연, $f = 3\%$/연을 사용한다.

대안	X	Y
초기비용, $	18,500,000	9,000,000
연간운영비용, $/연	25,000	10,000
잔존가치, $	105,000	82,000
수명, 연수	∞	10

12.31 한 할아버지는 외손녀가 25세가 되었을 때 잘살게 해주고 싶다는 계획을 세우고 있다. 그는 손녀가 일하지 않고도 편안하게 살 수 있을 만큼 충분한 돈을 가질 수 있도록 손녀의 두 번째 생일인 지금 일시불을 예치할 계획이다. 그는 손녀가 현재 $2백만과 같은 구매력을 가질 수 있는 금액을 갖기를 원한다. 만약 그가 지금 돈을 투자해 연평균 8%의 시장이자율을 얻을 수 있고 향후 인플레이션이 연평균 4%라면 얼마를 예치해야 하는가?

12.32 한 의사가 멀리 떨어져 있는 정유 공장에서 의료 서비스를 제공하기 위해 중간 규모의 정유 회사와 계약을 맺고 있다. 의사는 정유소 간 총 이동 시간을 줄이기 위해 전용기 구입을 고려하고 있다. 이 의사는 지금 $1.1백만에 중고 리어젯 31A를 구매하거나 3년 후에 새로 출시될 초경량 제트기(VLJ)를 구매할 수 있다. VLJ의 비용은 $2.1백만이며, 3년 후 비행기가 인도될 때 지불해야 한다. 의사는 당신에게 지금 중고 리어젯을 구매할지, 아니면 VLJ가 출시될 때까지 기다릴지를 결정할 수 있도록 VLJ의 현가를 구해 달라고 요청해 왔다. MARR은 연 15%이고 인플레이션율은 연 3%로 예상된다. (a) 인플레이션을 고려한 VLJ의 현가는 얼마인가? (b) 어떤 비행기를 구매해야 하는가?

12.33 Westco Refining에 발을 들여놓으려는 IWS (Industrial Water Services)의 한 영업사원이 $2.5 백만에 전기 투석 장비를 제안했다. 이는 경쟁사인 AG Enterprises의 영업사원이 제시한 가격보다 $800,000 더 높은 금액이다. 하지만 IWS는 Westco가 2년 보증이 만료될 때까지 장비 구매 비용을 지불할 필요가 없다고 말했다. IWS는 또한 지금부터 2년 뒤에 $100,000에 2년 연장 보증을 판매한다고도 한다. Westco가 연장 보증을 원한다면, Westco의 실질 요구 수익률인 연 15%와 인플레이션율 연 3.5%를 사용하여 어떤 제안이 더 나은지 판단하시오.

12.34 회사가 한 하이테크 서비스 회사에 소프트웨어 패키지를 판매하려고 한다. 이 서비스 회사는 결제 방법으로 (1) 지금 $450,000를 지불하거나, (2) 5년 후 $1.1백만을 지불하거나, (3) 지금 $200,000를 지불하고 2년 후 $400,000를 지불하는 세 가지 방법 중 하나를 선택하겠다고 제안했다. 당신은 연간 10%의 실질수익률을 얻고 싶으며, 전문 소프트웨어 시장의 인플레이션율은 연간 6%이다. (a) 인플레이션을 고려하여 PW 분석을 하고, 어떤 제안을 수락해야 할지 결정하시오. (b) 세 가지 방법 모두 동일한 PW 값을 갖는 시장수익률을 찾으시오.

미래 가치 및 인플레이션 관련 기타 계산

12.35 회사 부지와 사무실에 대한 출입을 통제하기 위해 보안 회사와 계약을 체결했다. 계약 금액은 첫해에 $140,000인데, 그 이후부터는 $140,000에 전년도 인플레이션율만큼 누적 인상된 금액을 더해 총 5년까지 갱신할 수 있는 계약이었다. 상사는 인플레이션율이 향후 3년은 3%, 마지막 연도는 5%라고 가정하여 계약 마지막 연도(5년 차)의 예상 비용을 계산해 달라고 요청해 왔다. 계약 마지막 연도의 예상 비용을 구하시오.

12.36 한 공장 관리자가 엔진 조립 라인 자동화를 위한 새 장비 구매 승인을 지금 받을지, 아니면 향후 3년 이내 어떤 특정 시점에 받을지 확신이 서지 않아 한다. 그는 승인을 받을 때마다 자금을 확보하기 위해 향후 3년 동안 각 장비에 소요될 것으로 예상되는 비용을 알려달라고 요청했다. 현재 장비의 비용은 $300,000이고, MARR은 연 15%이다. (a) 매년 4%의 인플레이션율만큼만 비용이 증가한다면 1, 2, 3년 차 말의 비용은 얼마인가? (b) 이는 12.3절의 설명 중 어떤 경우에 해당하는가?

12.37 아들의 대학 진학을 계획 중인 한 엔지니어는 부업으로 컨설팅 일을 하며 돈을 벌 때마다 별도의 고위험 중개 계좌에 예금을 넣었다. 예치금과 그 시기는 다음과 같다.

연도	예치금, $
0	5,000
3	8,000
4	9,000
7	15,000
11	16,000
17	20,000

(a) 계좌가 매년 15%씩 증가하고 전체 기간 동안 인플레이션이 연평균 3%였다면, 17년 마지막 입금 직후 0년 차 CV 달러 기준으로 계좌에 있는 돈의 구매력은 얼마인가?

(b) 계좌의 실제 수익이 연 6%이고 인플레이션이 연 4%로 예상보다 높았다면 스프레드시트를 사용하여 구매력을 다시 계산하시오. 구매력을 17년 동안 예치된 총금액과 비교하시오.

12.38 5년 전 교통량이 적은 주거 지역에 원형 교차로(roundabout)를 건설하는 데 드는 비용은 $625,000였다. 거의 동일한 설계의 또 다른 원형 교차로를 설계하는 토목 엔지니어는 현재 원가를 $740,000로 추정했다. 비용이 5년 동안 인플레이션율만큼만 증가했을 경우, 연도별 인플레이션율을 구하시오.

12.39 한 엔지니어가 시장이자율이 연 10%이고 인플레이션율이 연 5%일 때 계좌에 $10,000를 예치했다. 이 계좌에는 5년 동안 입출금이 없었다.

(a) 계좌에 얼마의 돈이 남게 되는가?

(b) 현재 달러 기준으로 구매력은 얼마인가?

(c) 계좌의 실제 수익률은 얼마인가?

12.40 시장, 기술, 노동 가용성에 민감한 재료와 같이 비용 및 가격 상승 요인은 실질이자율 i, 인플레이션율 f, 기하학적 비율로 증가하는 증가율 g(일반적으로 기계 노후화에 따른 유지 및 수리 비용 증가가 그 원인)를 사용하여 개별적으로 고려할 수 있다. 미래 금액은 다음 식을 사용하여 현재 추정치를 기반으로 계산된다.

$$F = P(1+i)^n(1+f)^n(1+g)^n$$
$$= P[(1+i)(1+f)(1+g)]^n$$

현재 전자 부품을 제조하는 데 드는 비용은 연간 $145,000이다. 연평균 i, f, g의 값이 각각 8%, 4%, 3%라고 가정할 때, 다음 시기의 미래 등가 비용을 구하시오. (a) 3년 후와 (b) 8년 후.

12.41 노벨상은 다이너마이트 발명가인 알프레드 노벨의 유언에 따라 1900년에 설립된 민간 기관인 노벨 재단에서 관리한다. 노벨의 유언에는 다음과 같이 명시되어 있다. "나의 유언집행인이 안전 자산에 자본을 투자하여 기금을 구성하고, 그 이자는 매년 전년도 동안 인류에게 가장 큰 혜택을 준 사람들에게 상금의 형태로 분배한다." 유언장에는 물리학, 화학, 평화, 생리학/의학, 문학 분야에서 상이 수여될 것이라고 명시되어 있다. 각 수상자는 금메달과 상장 외에도 그해 재단의 소득에 따라 상당한 액수의 상금을 받게 된다. 1901년에 최초의 노벨상 수상자에게는 $150,000의 상금이 수여되었다. 1996년의 상금은 $653,000였고, 2021년에는 $1.14백만이었다.

(a) 1996년과 2021년 사이의 상금 증가가 전적으로 인플레이션 때문이라면, 이 25년 동안의 연도별 평균 인플레이션율은 얼마였는가?

(b) 2021년부터 2027년까지 재단은 5% 수익률인 상품에 투자를 하고 동기간 동안 인플레이션율이 연평균 3%인 경우, 2027년 수상자는 얼마를 받게 되는가?

12.42 적당한 나이에 은퇴하고 하와이로 이주하기 위해 한 엔지니어는 인플레이션율이 연 4%일 때 연 10%의 실질수익률을 약속하는 투자회사에 자신의 계좌를 신탁할 계획이다. 현재 계좌에는 $422,000가 들어가 있고 15년 후 은퇴를 원한다. 은퇴 시점까지 실질수익률이 연 10%가 되도록 하려면 은퇴 시점에 계좌에 얼마(당시 달러 기준)가 있어야 하는가? 답을 찾는 단일 셀 스프레드시트 함수를 작성하시오.

12.43 한 해외 서비스 회사가 현재 비용이 $96,000인 장비를 구매하려고 한다. 인플레이션이 우려된다. 이 장비의 제조업체는 연간 1%에서 8% 사이일 것으로 예상되는 인플레이션율에 따라 판매 가격을 정확히 인상할 계획이다. 지금부터 3년 후 장비의 구매 비용이 얼마가 될지 그래프를 이용하여 설명하시오. 이때 (a) CV와 (b) 미래 달러의 기준을 사용하시오.

12.44 방금 20년 후에 $1.8백만이 지급되는 보험에 자본을 투자했는데, 그만큼 오래 산다면 20년 후에 $1.8백만이 지급될 것이다. 20년 동안 시장이자율이 연 8%이고 인플레이션율이 연 3.8%로 유지된다면, 그 금액의 현재 달러 기준의 구매력은 얼마나 되는가?

12.45 오늘날 최고급 3D 프린터의 가격은 $40,000이다. 제조업체는 연간 5%의 실질수익률을 실현하기 위해 가격을 인상할 계획이다. 연간 인플레이션이 4%인 상황에서 3년 후 이 프린터의 가격은 CV 달러 기준으로 얼마가 되는가?

12.46 경영을 잘하는 기업은 사업 과정에서 불가피하게 발생하는 비상사태에 대비해 자금을 따로 마련해 둔다. 멕시코시티의 한 상업용 고형 폐기물 재활용/처리 회사는 세후 소득의 0.5%를 이러한 계좌에 적립하고 있다. (a) 세후 소득이 평균 $15.2백만이고 인플레이션과 시장이자율이 각각 연 5%, 연 9%일 경우, 7년 후 이 회사는 얼마를 갖게 되는가? (b) 그 금액의 구매력을 현재 달러로 환산하면 얼마인가?

12.47 한 회사가 파트너십에 $1백만을 투자하고 4년 후 총 $2.5백만을 보장받도록 제안받았다. 회사 정책에 따라 MARR은 항상 실질 자본비용보다 높은 4%로 설정된다. 현재 자본에 대해 지급되는 실질이자율은 연 10%이며, 4년 동안의 인플레이션율은 연평균 3%로 예상된다. (a) 이 투자는 경제적으로 타당한가? (b) 이 결정이 자본에 대한 실질이자율에 어떤 변화를 가져올 것인가?

인플레이션에 따른 자본회수

12.48 Aquatech Microsystems는 유틸리티 시스템 간의 상호 운용성을 달성하기 위해 통신 프로토콜에 $183,000를 지출했다. 이 회사는 이러한 투자에 연 15%의 실질이자율과 5년의 회수 기간을 적용했다.
(a) 인플레이션율이 연간 6%일 때, 이 지출의 연간 등가를 미래 달러로 환산하면 얼마인가?
(b) 올바른 AW 값을 표시하는 단일 셀 스프레드시트 함수를 작성하시오.

12.49 한 DSL 회사가 $40백만의 장비 투자자본을 투자했는데, 10년 안에 회수할 수 있을 것으로 예상한다. 이 회사의 연간 12%의 실질수익률에 기반하여 MARR을 설정했다. 인플레이션이 연간 7%라면, 이 회사가 기대치를 충족하기 위해 매년 얼마를 벌어야 하는가? (a) 불변가치 달러와 (b) 미래 달러로 구하시오.

12.50 유럽에 위치한 어떤 소 유전공학 연구소는 연구 장비에 대한 대규모 지출을 계획하고 있다. 이 연구소는 지금부터 4년 후 장비를 구입하기 위해 CV 기준으로 $5백만이 필요하다. 인플레이션율은 연간 5%로 안정적이다. (a) 구매력이 유지된다면 장비를 구입할 때 향후 얼마가 필요할까? (b) 4년 뒤에 (a)에서 계산한 금액이 적립되어 있기 위해서 연 10%의 시장이자율을 얻는 펀드에 매년 예치해야 하는 금액은 얼마인가? (c) 정확한 연간 예치금을 구하기 위한 단일 셀 스프레드시트 함수를 작성하시오.

12.51 은퇴를 계획하기 위해 매년 $12,000씩 20년간 401k 투자 상품 계좌에 적립하고 있다. (a) 인플레이션율이 연평균 2.8%이고 연 10%의 실질수익률을 원한다면, 마지막 입금 1년 후부터 10년 동안 매년 얼마를 인출할 수 있는가? (b) 스프레드시트를 이용하여 10년 동안 연간 인출 금액을 구하기 위한 단일 셀 함수를 작성하시오.

12.52 현재 총액이 $750,000이다. 시장이자율이 연 10%이고 인플레이션율이 연 5%이다. 1~5년 차의 연간 등가(당시 현재 달러 기준)는 얼마인가?

12.53 최근 졸업한 한 기계공학도는 예기치 않은 비상 상황이 발생했을 때 비용을 지불하기 위한 안전망으로 예비 자금을 마련하고자 한다. 그의 목표는 향후 3년 동안 $45,000를 모으는 것이지만, 그 금액이 현재 $45,000와 동일한 구매력을 가져야 한다는 단서를 달았다. 투자자금의 예상 시장수익률이 연 8%이고 인플레이션이 연평균 2%인 경우, 그의 목표를 달성하는 데 필요한 연간 금액을 구하시오.

12.54 한 다국적 보안 소프트웨어 회사가 현재 달러로 $50백만 달러가 소요되는 해외 확장을 3년 후에 할 계획을 갖고 있다. 유럽 경제의 호조로 인해 이 비용은 향후 3년 동안 매년 15%씩 증가할 것으로 예상된다. 인플레이션율을 연 4%로 가정하고, 3년 후 필요한 금액을 확보하기 위해 연 10%의 시장이자율을 얻는 펀드에 불입해야 하는 연간 예치금은 얼마인가? 또한 연간 예치금을 직접 표시하는 스프레드시트 함수를 작성하시오.

12.55 (a) 현재 소득이 $50,000이고 이후 소득은 매년 $5,000인 경우, 1부터 ∞까지의 연도에 대해 미래 달러로 영구 연간등가를 계산하시오. 이때 시장이자율은 연 8%이고 인플레이션은 연평균 4%라고 가정한다. 그리고 모든 금액은 미래 달러로 표시한다. (b) 금액이 CV 달러로 표시되었다면, 연간등가는 미래 달러로 얼마인가?

12.56 칩 제조 작업을 위해서 아래 표에 제시된 2대의 기계에 대해 구매를 고려하고 있다. MARR은 연간 12%의 실질수익률이고 인플레이션율은 연간 7%

라고 가정한다. 연간등가를 기준으로 어떤 기계를 선택해야 하는지를 알아보고자 한다. 모든 추정치가 (a) 불변가치 달러로 표시된 경우와 (b) 미래 가치 달러로 표시된 경우에 대해 어떤 기계를 선택해야 하는가? 수기로도 구해 보고 스프레드시트를 이용해서도 구해 보시오.

기계	A	B
초기비용, $	150,000	1,025,000
연간운영비용, $/연	70,000	5,000
잔존가치, $	40,000	200,000
수명, 연수	5	∞

사례연구

개인 투자자본 전략과 인플레이션의 영향

배경

개인 투자는 기업 주식(기업 활동에 따른 주식 가치 상승과 배당 수익에 의존)과 고정수입투자(매수자에게 배당금을 지급하고 만기 시 일정 금액을 보장하는 채권)가 어느 정도 균형을 이루어야 한다. 일반적으로 주식 투자는 채권보다 위험이 높다. 그러나 시간이 지남에 따라 시장가치가 상승하고 대부분의 기업은 주주에게 배당금을 지급하기 때문에 주식이 채권보다 더 높은 수익률을 창출한다. '상승장' 기간에는 채권보다 주식이 훨씬 선호된다. (상승장과 약세장에 대한 설명은 1.11절을 다시 참조)

인플레이션이 적당히 높으면 채권은 시장 성장 잠재력이 없기 때문에 주식에 비해 수익률이 낮다. 또한 대부분의 채권의 경우 시간이 지나더라도 배당금에 인플레이션이 반영되는 조정 과정이 없기 때문에 인플레이션으로 인해 미래에는 배당금의 가치가 낮아진다. 그러나 채권 구매자는 꾸준히 소득을 얻을 수 있으며, 만기 시 채권 액면가 전액이 구매자에게 반환되기 때문에 투자자의 투자 원금은 보존된다.

정보

라바론은 여행과 휴가를 위해 예측 가능한 자금 흐름을 원하는 엔지니어이다. 그의 은퇴 포트폴리오에는 주식은 들어 있지만 채권은 들어 있지 않다. 그는 수익률이 낮은 저축 계좌에 총 $50,000의 자금을 모았으며, 비은퇴 프로그램인 '네스트 에그'를 통해 장기적으로 수익을 개선하고자 한다. 그는 $50,000를 두 가지 형태의 투자로 나누지는 않되, 주식이나 채권 중에서 추가 매수하기로 했다. 현재 시점에서 그가 할 수 있는 최선의 추정치를 바탕으로 두 가지 선택 사항이 있다고 설명했다. 그는 연방 및 주 소득세의 영향은 두 가지 형태의 투자자본에 대해 동일할 것이라고 가정한다.

주식 매입 : 뮤추얼 펀드를 통해 매입한 주식은 연 2%의 배당금을 지급하고 연 5%의 가치 상승을 기대할 수 있다.

채권 매입 : 채권을 구입하면 연 5%의 예측 가능한 소득과 12년 후 만기일에 $50,000의 채권 액면가를 받을 수 있다.

사례연구 문제

라바론이 제시한 분석에는 다음과 같은 질문이 있다. **각 투자 전략**에 대해 답변하시오.

1. 12년 후 전체 수익률은 얼마인가?
2. 그가 다섯 번째 연도 배당 직후 주식이나 채권을 매도하기로 결정했다면, 7%의 실질수익률을 실현하기 위한 최소 매도 가격은 얼마인가? 4% 인플레이션율을 반영하여 계산하시오.
3. 미래에 자금이 필요한 경우(예 : 다섯 번째 배당금 지급 직후), 원래 가격의 구매력을 유지하는 금액을 회수하는 데만 관심이 있다면 미래 달러로 환산된 최소 판매 가격은 얼마인가?
4. 3번 질문의 후속 질문이다. 라바론이 5년 후 매도 가격을 결정하기 위한 계산에서 각 배당금의 미래 구매력을 제거(상쇄)하려는 경우, 구매 후 5년의 판매 가격(미래 달러 기준)은 어떻게 되는가?
5. 라바론은 주식 또는 채권을 12년, 즉 채권이 만기될 때까지 보유할 계획이다. 그러나 연 7%의 실질수익률을 달성해서 연 4%의 인플레이션을 보전하고자 한다. 이 수익을 실현하기 위해 12년 후에 주식을 팔거나 지금 채권을 매수해야 하는 금액은 얼마인가? 주식과 채권이 매매되는 방식에 대한 지식을 바탕으로 보았을 때 이 금액은 합리적인가?

CHAPTER 13

원가추정과 간접비용 배분

Andrew Brookes/Image Source/Getty Images; Rawpixel.com/Shutterstock

학습 성과

목적 : 다양한 방법으로 원가를 추정한다. 전통적인 방법과 활동기준원가법을 살펴본다.

절	주제	학습 성과
13.1	추정 방법과 정확도	• 상향식과 하향식 원가추정 방법을 설명한다. 정확한 추정과 정밀한 추정의 차이를 학습한다.
13.2	단위비용법	• 단위비용법을 이용하여 예비원가를 추정한다.
13.3	원가지수	• 원가지수를 이용하여 자료로부터 현재 및 미래 비용을 추정한다.
13.4	원가용량	• 원가-용량법을 이용하여 부품, 시스템 및 설비 비용을 추정한다.
13.5	요인추정법	• 요인추정법을 이용하여 설비 총비용을 추정한다.
13.6	간접비용비율	• 전통적인 간접비용비율을 이용하여 간접비용을 배분한다.
13.7	ABC 배분	• 활동기준원가법(ABC)을 이용하여 간접비용을 배분한다.
13.8	윤리와 이익	• 편향된 추정이 어떤 윤리적 딜레마를 발생시키는지 알아본다.

이제까지는 원가 및 수익 현금흐름이 주어졌거나 알고 있다고 가정했지만, 현실에서는 직접 추정해야 한다. 이 장에서는 원가추정에 무엇이 포함되며 어떤 원가추정법이 적용되는지를 알아본다. **원가추정(cost estimation)**은 프로젝트의 전 과정에서 중요하지만 특히 프로젝트 구상, 예비 설계, 세부 설계 및 경제 분석 단계에서 더 중요하다. 민간 및 공공 부문 프로젝트 개발 시 경영, 엔지니어링, 건설, 생산, 품질, 재무, 안전, 환경, 법률, 마케팅 등 다양한 부서의 담당자들이 모두 원가와 수익을 따지게 된다. 엔지니어링 실무에서 원가추정은 수익추정에 비해 훨씬 많은 관심을 받는다. 따라서 이 장에서는 원가를 주제로 다룬다.

인건비나 자재 비용과 같은 직접비용과 달리 간접비용은 특정 부서, 장비 또는 공정 라인별로 살펴보기 어렵다. 따라서 일반관리, 안전, 운영 및 행정, 구매, 품질 등의 기능에 따른 **간접비용 배분(allocation of indirect costs)** 작업은 합리적인 근거를 필요로 한다. 이 장에서는 전통적 배분법과 활동기준원가법(ABC, Activity-Based Costing)을 소개한다.

13.1 원가추정은 어떻게 이루어지는가 ●●●

원가추정은 산업, 비즈니스, 정부 수준은 물론 개인의 삶에 이르기까지 모든 과정의 초기 단계에서 수행되는 주요 활동이다. 대부분의 원가추정은 하나의 프로젝트 혹은 시스템을 대상으로 이루어지지만, 이들이 여러 개 조합된 경우 또한 매우 흔하다. **프로젝트**(project)에는 보통 건물, 다리, 제조 공장 또는 해상 시추 플랫폼과 같은 물리적 항목이 포함된다. 한편, **시스템**(system)은 보통 프로세스, 서비스, 소프트웨어 및 기타 비물리적 항목을 포함하는 운영 설계이다. 시스템의 예로는 구매 주문 시스템, 소프트웨어 패키지, 인터넷 기반 원격 제어 시스템, 의료 서비스 제공 시스템 등이 있다. 많은 경우, 프로젝트 역시 비물리적인 주요 요소를 포함할 것이므로 물리적인 요소와 비물리적인 요소 모두 원가추정이 필요하다. 예를 들어 컴퓨터 네트워크 시스템을 생각해 보자. 컴퓨터 하드웨어와 유선 및 무선 커넥터 비용만을 고려해서는 운영 시스템을 완성할 수 없다. 소프트웨어, 인력, 유지보수비용의 추정 역시 중요하다.

지금까지 예제, 연습문제, 사례연구에서 대부분의 현금흐름 추정치는 주어지거나 알고 있다고 가정하였다. 실무에서는 프로젝트 평가나 대안 비교 이전 단계에서 비용과 수익 현금흐름을 추정해야 한다. 우리가 원가추정에 주목하는 이유는 비용(원가)이 경제 분석을 위한 주요 추정치이기 때문이다. 엔지니어가 활용하는 수익 추정치는 보통 마케팅, 영업, 기타 부서에서 만들어지고 평가 대상인 모든 대안에서 같은 값으로 가정되는 경우가 많다.

비용은 **직접비용**(direct costs)과 **간접비용**(indirect costs)으로 구성된다. 일반적으로 직접비용을 어느 정도 세부적으로 추정한 다음 표준 요율과 요소(요인)를 사용하여 간

직접비용/간접비용

접비용을 추가하게 된다. 그러나 많은 산업에서 제조 및 조립 환경을 포함하는 직접비용은 전체 제품 원가에서 차지하는 비중이 작아진 반면, 간접비용의 비중은 훨씬 커졌다. 그에 따라 산업 현장에서는 어느 정도 수준의 간접비용 추정 역시 요구되고 있다. 간접비용 배분에 대해서는 이 장 뒷부분에서 자세히 소개할 예정이며, 우선 여기서는 주로 직접비용을 다룬다.

원가추정은 복잡한 활동이기 때문에, 다음과 같은 질문들로 논의를 구성해 볼 수 있다.

- 반드시 추정되어야 하는 원가 요소는 무엇인가?
- 원가추정을 위해 어떤 전략을 사용할 것인가?
- 추정은 얼마나 정확해야 하는가?
- 어떤 추정법을 사용할 것인가?

추정 대상 비용 생물여과 장비나 산업용 로봇과 같은 단일 장비를 중심으로 진행되는 프로젝트의 원가 구성요소는 신제품의 제조 및 테스트 라인 같은 완전 시스템의 원가 구성요소보다 훨씬 간단하고 적다. 따라서 원가추정 작업에 얼마나 많은 내용이 포함될지 미리 아는 것이 중요하다. 원가 구성요소의 예로는 초기비용 *P*와 연간운영비용(AOC)이 있으며, AOC는 장비의 M&O(유지보수 및 운영)비용이라고도 한다. 각 원가 구성요소는 여러 원가 요소를 포함할 수 있다. 다음은 초기비용 및 AOC 구성요소의 예시이다.

초기비용 구성요소 *P*:

요소(원가요소): 장비 비용(온보드 소프트웨어 포함)
배송 요금
설치 비용
보험 적용범위
장비 사용자의 초기 교육훈련비

배송된 장비 비용(delivered-equipment cost)은 맨 위쪽 두 요소의 합이며, **설치된 장비 비용**(installed-equipment cost)은 거기에 세 번째 요소를 더한 것이다.

AOC 구성요소(연간 등가비용 A의 일부분):

요소(원가요소): 운용 인력의 직접 노무비(인건비)
직접 재료비
유지보수비(일별, 주기별, 수리비용 등)
재작업 및 재건축 비용

장비 비용과 같은 일부 요소는 높은 정확도로 결정할 수 있지만, 유지보수비 같은 다른 요소는 추정하기 어렵다. 전체 시스템의 원가를 추정해야 하는 경우 원가 구성요소와 원가요소의 수는 수백 개에 이를 것이므로 추정 작업의 우선순위를 정해야 한다.

익숙한 프로젝트(주택, 사무실 건물, 고속도로, 화학 공장)의 경우 표준 원가추정 소프트웨어 패키지를 사용할 수 있다. 예를 들어, 건설교통부 고속도로 담당 부서는 소프트웨어를 사용하여 원가 구성요소(교량, 포장도로, 절토 및 매립지)를 불러오고 프로그램에 내장된 오래된 관계식을 이용하여 원가를 추정한다. 그러고 나서 해당 프로젝트의 예외적인 부분을 추정에 추가하면 된다. 그러나 대부분의 비즈니스나 산업, 공공 부문 프로젝트에는 이와 같이 '준비된' 소프트웨어 패키지가 존재하지 않는다.

원가추정 전략 많은 산업과 공공 부문의 원가추정에 있어서, 전통적으로 **상향식 전략**(bottom-up strategy) 혹은 엔지니어링 추정 접근법이 적용되었다. 이 접근법을 간단하게 표현한 그림 13-1의 왼쪽 부분을 참조하라. 과정은 다음과 같다. 원가 구성요소와 원가요소를 식별하고, 원가요소를 추정하고, 추정치를 합산하여 총직접비용을 얻는다. 다음으로 간접비용과 일반적으로 총비용의 일정 퍼센트로 표현하는 이익률을 더하여 가격을 결정한다.

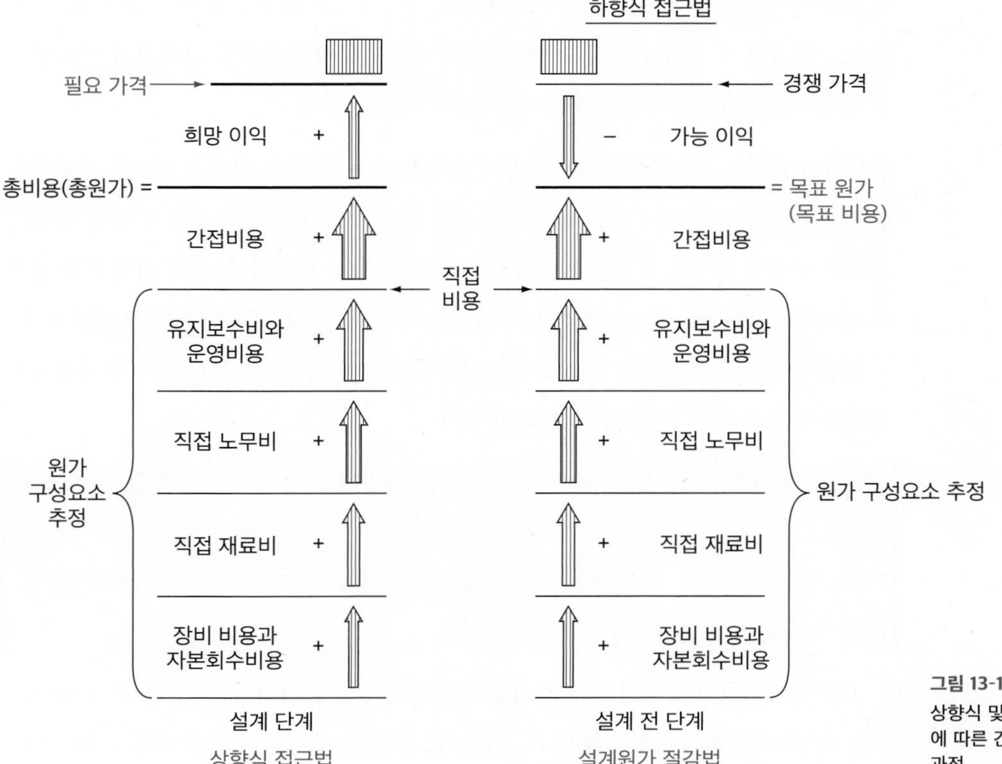

그림 13-1
상향식 및 하향식 접근법에 따른 간략한 원가추정 과정

> **상향식 접근법**(bottom-up-approach)은 필요한 가격을 산출 변수(output variable)로, 원가추정치를 입력 변수로 한다. 이 방식은 경쟁이 제품 또는 서비스 가격 책정의 주요 요인이 아니고 원가추정을 위한 시간과 비용이 충분할 때 효과적이다.

그림 13-1의 우측 부분은 단순화된 **설계원가 절감**(design-to-cost) 혹은 **하향식 전략**(top-down strategy)의 과정이다. 경쟁력 있는 가격에 맞추어 목표 비용을 설정한다.

> **설계원가 절감** 또는 **하향식 전략**에서는 경쟁 가격이 입력 변수, 원가추정치가 출력 변수가 된다. 이 방식은 혁신, 새로운 설계 아이디어, 제조 공정 개선 및 효율성 장려에 유용하다. 이는 가치 공학 및 부가가치 시스템 공학의 필수 요소들이다.

두 번째 전략은 가격 추정 활동의 정확성에 더 중점을 둔다. 목표 원가는 현실적이어야 하며, 그렇지 않으면 설계 및 엔지니어링 직원에게 부정적일 수 있다. 설계원가 절감 전략은 신제품 또는 개선 제품 설계의 초기에 가장 적합하다. 세부 설계와 구체적인 장비 옵션은 모르지만, 가격 추정치가 여러 구성요소에 대한 목표 원가를 설정하는 데 도움을 준다.

일반적으로는 이 두 가지 철학을 조합하여 사용한다. 그러나 추정 작업의 시작 단계부터 어떤 전략을 강조할 것인지 아는 것이 좋다. 역사적으로 서구 엔지니어링 문화, 특히 북미에서는 상향식 접근법이 우세했으며, 동양에서는 설계원가 절감법이 기본적인 것으로 여겨진다. 그러나 엔지니어링 설계의 글로벌화와 국제적인 경쟁력 추구로 인해 전 세계적으로 설계원가 절감법의 채택이 가속화되고 있다.

추정치의 정확도 원가추정치가 완벽히 정확할 수는 없지만, 경제적 검토를 뒷받침할 수 있을 정도로는 합리적이고 정확해야 한다. 프로젝트가 예비 설계에서 상세 설계로, 그리고 경제성 평가로 진행됨에 따라 더 높은 정확도가 요구된다. 예비 설계 단계 전후의 원가추정치는 프로젝트 예산의 입력값으로 사용하기 좋은 '1차' 추정치로 여겨진다.

높은 정확도의 추정치를 얻는 것은 원가추정에 있어 아주 중요하다. 하나의 추정치는 정확해야 하고, 여러 추정치는 정밀해야 한다.

> 하나의 **정확한 추정치**(accurate estimate)를 제공하는 방법은 올바른 값을 목표로 한다.
> 여러 추정치를 얻을 수 있는 경우, **정밀한 추정치**(precise estimate)는 서로 가깝게 모여 있는 군집의 중심점이다.

예를 들어 5명의 학생이 농구 경기를 관람하고 있다고 하자. 모두 같은 팀의 최종 점수를 예상하여 5개의 추정치를 얻고 그 평균을 구한다. 이 평균이 실제 최종 점수와 아주 가깝다면, 그것은 정확한 것이다. 평균이 실제 점수에 매우 가깝고, 5개의 샘플이 서로 밀집되어 있으면 추정치는 정밀하면서 정확하다. 정확도의 척도는 실제 값과 샘플 평균의 차이이다. 정밀도는 추정치의 표준편차 혹은 샘플의 최댓값과 최솟값의 차이인 범위를 통해 측정한다. 정확도와 정밀도의 척도를 결합하는 경우, 정확도의 평가 기준은 추정오차라고 불리는 백분율 오차로 다음 식과 같다.

$$\text{추정오차} = \left(\frac{\text{추정치}}{\text{실측치}} - 1\right) \times 100\%$$

양(+)의 오차는 실제 값에 비해 과대추정된 경우이며, 음(−)의 오차는 반대로 과소추정을 의미한다. 짐작할 수 있듯이, 전문 실무 및 비즈니스의 세계에서는 실제 비용 대비 원가 과소추정을 더 흔히 볼 수 있다.

평균값이 108, 표준편차가 10.5인 5개의 추정치(98, 102, 105, 110, 125)를 생각해 보자. 실제 경기 스코어가 101점이라면, 7점만큼 과대추정된 것이다. 이때 샘플 평균의 백분율 오차는 약 7% 과대추정이 된다.

$$\text{추정오차} = \left(\frac{108}{101} - 1\right) \times 100\% = 6.9\%$$

프로젝트의 실제 비용을 알기는 어렵다. 프로젝트가 개발되는 과정에서 비용을 증가시키는 예기치 못한 사건이 많이 발생한다. 예를 들어 엔지니어링 변경, 정부 규제, 작업 정지, 기상 상황, 법정 소송 등과 같은 일들이 일어날 수 있다. 그러나 오차의 계산은 미래 유사한 프로젝트의 원가추정에 큰 도움이 된다.

초기 및 개념 설계 단계의 추정치를 **규모 추정치**(order-of-magnitude)라고 하며 일반적으로 실제 비용의 ±20% 이내의 범위이다. 세부 설계 단계에서 원가추정치는 사업 추진 여부 결정을 위한 경제성 평가를 지원할 수 있을 정도로 정확해야 한다. 모든 프로젝트 환경에는 고유한 특성이 있지만, 세부 설계 단계에서는 실제 비용의 ±5% 범위를 기대한다. 그림 13-2는 건물 건설 원가에 대한 일반적인 추정 정확도 범위와 추정에 소요된 시간을 나타낸다. 당연한 말이지만, 추정 정확도와 시간 및 노력 사이에서 균형을 찾을 필요가 있다.

원가추정 기법 전문가 의견이나 유사한 시설과의 비교는 훌륭한 추정치가 된다. 단위 비용법과 원가지수를 사용하면 과거 원가를 기반으로 인플레이션을 고려한 현재의 추정치를 산출할 수 있다. 비용-용량 방정식이나 요인법은 예비 설계 단계에서 적용되는 간단한 수학적 기법으로, **원가추정관계식**(CER, Cost Estimating Relationship)이라 한다. 여러 산업 분야의 핸드북이나 책자에는 더 많은 방법이 소개되어 있다.

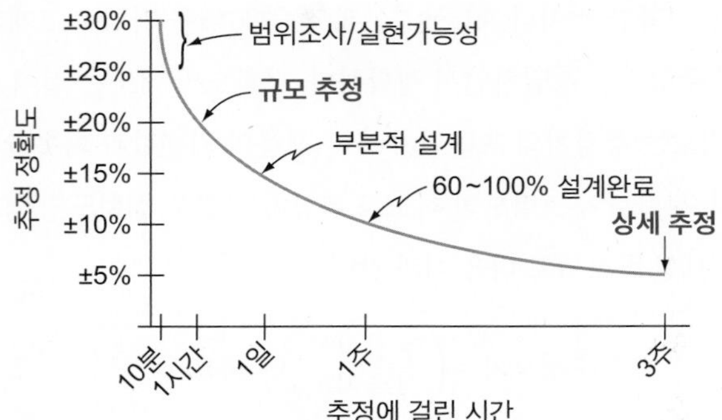

그림 13-2
건물 건설 원가추정 소요 시간에 따른 추정 정확도 특성 곡선

전문적인 원가추정은 대부분 추정 대상의 위치, 제품, 공정에 따른 원가지수 및 요율을 제공하는 최신 데이터베이스에 연결된 소프트웨어 패키지를 이용하여 이루어진다. 각각의 특정 산업 분야를 위해 별도로 개발된 다양한 추정, 원가 추적, 원가 규정 소프트웨어 시스템들이 존재한다. 기업은 보통 시기와 프로젝트에 관계없이 일관성을 유지할 수 있도록 한두 가지 정도의 패키지를 선택하여 표준화한다.

13.2 단위비용법

단위비용법(unit method)은 사실상 모든 분야에 적용 가능하고 널리 사용되는 예비 추정 기법이다. 총 추정 원가 C_T는 단위 N에 단위비용계수 u를 곱하여 구한다.

$$C_T = u \times N \quad [13.1]$$

단위비용계수는 비용, 면적 및 인플레이션의 변화를 자주 반영하여 최신 상태를 유지해야 한다. 단위비용은 면적, 유형 등 여러 요인에 따라 크게 달라진다. 몇 가지 단위비용과 단위비용계수의 예는 다음과 같다.

차량 운용 총평균비용(60 ₵/mi 혹은 36 ₵/km)

교외 지역 광섬유 매설 비용($30,000/mi)

주차 빌딩 내 주차 공간 건설 비용($19,000/자리)

시내 지역 고속도로 건설비용($11백만/mi)

주거 지역 주택 건설비용($275/ft^2)

단위비용법을 통한 원가추정은 간단하다. 주택건설비용이 $275/ft^{2}이므로, 식 [13.1]을 적용하면 2,400 ft^{2}의 주택에 대한 예비 원가추정치는 $660,000이다. 같은 방법으로

200 km 주행거리에 필요한 비용은 킬로미터당 36 ¢를 적용하면 $72이다.

프로젝트나 시스템에 여러 구성요소가 있는 경우, 각 구성요소의 단위비용계수에 필요한 자원의 수량을 곱한 후 합산하여 총비용 C_T를 구한다. 예제 13.1을 보자.

예제 13.1

Dynamic Castings사의 직원 저스티나는 개선된 원심주조 방식으로 매립형 가스관 1,500섹션을 제조할 때의 총원가를 예비 추정하라고 지시받았다. 하청업체가 부식과 열 손상을 줄이는 에폭시 코팅 적용 시 섹션당 $65의 추가 비용이 발생한다. 예비 추정 단계에서는 ±20%의 오차범위가 허용되기 때문에 단위비용법으로 충분할 것으로 생각된다. 다음에 나와 있는 필요 자원 정보와 단위비용계수 추정치를 사용하여 저스티나의 업무를 도우시오.

자재: 3,000 t(톤) 소요, $45.9/t

기계 및 공구: 1,500시간 소요, $120/h

공장의 직접 노무비:

주조 및 후처리: 3,000시간 소요, $55/h

마감 및 배송: 1,200시간 소요, $45/h

간접 노무비: 400시간 소요, $75/h

에폭시 코팅: $65/섹션

풀이

식 [13.1]을 위 6개 항목에 각각 적용하여 결과를 합하면 약 $664,200의 총원가추정치를 얻는다. 다음 표 13-1에서 상세 내용을 참고하자.

표 13-1 예제 13.1의 여러 자원 항목의 단위비용계수를 이용한 총원가추정

자원	수량 N	단위비용계수 u, $	원가추정치, $u \times N$, $
재료	3,000톤	45.9/톤	137,700
기계 및 공구	1,500시간	120/시간	180,000
노무비 - 주조 및 후처리	3,000시간	55/시간	165,000
노무비 - 마감 및 배송	1,200시간	45/시간	54,000
노무비 - 간접	400시간	75/시간	30,000
에폭시 코팅	1,500섹션	65/섹션	97,500
총원가추정치			**664,200**

13.3 원가지수 ●●●

이 절은 원가지수를 이용한 원가추정을 설명한다. 지수란 관측치를 통해 얻은 비율이나 값을 의미하며 지표나 척도로 사용된다. 예비 원가추정은 종종 원가지수를 활용하여 구한다.

원가지수(cost index)는 과거 대비 현재 비용의 비율이다. 이 값은 **차원이 없으며 시간에 따른 상대적인 비용의 변화를 측정**한다. 지수가 기술 변화에 민감하기 때문에 지수를 결정하는 데 쓰이는 요소들의 질과 양이 시간에 따라 일정하게 유지되지 못하고 '지수 상향(index creep)'을 발생시킨다. 따라서 지수를 제때 업데이트하는 것은 매우 중요하다.

소비자물가지수(CPI, Consumer Price Index)는 잘 알려진 지수로 '평범한' 소비자가 구매해야 하는 많은 품목의 과거와 현재 비용의 관계를 보여준다. 여기에는 임대료, 식료품, 교통비, 서비스 등의 항목이 포함된다. 다른 지수들은 엔지니어링과 더 밀접한 장비, 상품, 서비스의 비용을 추적하여 만들어진다. 표 13-2에 몇 가지 일반적인 지수를 정리하였다.

원가지수를 이용하여 $t = 0$ 시점(기준)으로부터 또 다른 시점 t로 원가를 업데이트하는 일반식은 다음과 같다.

$$C_t = C_0\left(\frac{I_t}{I_0}\right) \qquad [13.2]$$

여기서 C_t = 현재시점 t의 원가추정치
C_0 = 과거시점 t_0의 원가
I_t = 시점 t의 원가지수
I_0 = 시점 t_0의 원가지수

장비와 재료 관련 지수는 여러 요소에 가중치를 할당하여 구하게 되는데, 가끔씩은 요소가 더 기본 항목으로 세분화되기도 한다. 예를 들어 화학 공학 플랜트 원가지수(CEPCI, Chemical Engineering Plant Cost Index)는 화학 플랜트의 장비, 기계, 지원 요소의 비용을 기반으로 하는데, 이들은 공정 기계, 관, 밸브, 펌프, 압축기 등으로 더 세분화될 수 있다. 더 나아가 이 하위 요소들은 압력관, 검은색 관, 아연도금관처럼 더 기본적인 항목으로 세분화할 수도 있다. 표 13-3에 연방준비은행 경제데이터(FRED, Federal Reserve Economic Data)가 제공하는 CEPCI와 다른 세 가지 원가지수의 일부를 예시로 나열하였다. FRED 지수는 소비(CPI 포함), 제조업, 석유, 생산성, 장비, 건설, 고용 등 다

표 13-2 원가지수의 종류와 출처

지수 종류	출처
종합 가격	
소비자물가지수(CPI)	노동통계국(한국 – 통계청)
생산자물가지수(PPI)	노동통계국(한국 – 통계청)
건설	
종합 화학 플랜트	화학 공학
장비, 기계, 지원	
건설 노무비	
건물	
엔지니어링 및 감독	
종합 엔지니어링 뉴스 기록	엔지니어링 뉴스 기록(ENR)
건설	(www.construction.com)
건물	
일반 노무비	
기술자 노무비	
재료	
연방준비은행 경제데이터(FRED) 지수	연방준비은행 경제데이터
소비자물가지수(CPI) – 다중 지수	(https://fred.stlouisfed.org)
생산자물가지수(PPI) – 산업별	
건설	
주택가격	
수입물가지수	
장비	
Marshall and Swift(M&S) 원가지수 – 종합	Marshall & Swift/Boeckh
M&S – 건설산업	CoreLogic(www.corelogic.com)
노무비	
산업별 작업자-시간당 산출량	노동통계국

수의 지수를 포함하는 포괄적인 구성으로 이루어져 있다. 표에 보이듯이 지수들의 기준 시점은 서로 매우 다르다.

몇몇 지수의 과거와 현재 값은 인터넷에서 구할 수 있다. 예를 들면 FRED 지수는 https://fred.stlouisfed.org에서 무료로 제공된다. 한편 화학 공학 플랜트 원가지수는 www.chemengonline.com/pci-home에서 유료로 제공된다. 표 13-2의 ENR 건설 원가지수는 여러 ENR 원가지수들과 원가추정 시스템을 포함하는 건설 분야 자원 시리즈를 종합적으로 다룬다. 많은 엔지니어링 전문가들이 www.eng-tips.com에서 원가추정을 포함한 다양한 주제에 대해 '기술 채팅방' 형식으로 논의한다.

표 13-3 연도별 원가지수 예시

연도	FRED 소비자물가지수 (1982-1984=100)	FRED 산업생산: 총지수(INDPRO) (2017=100)	화학 공학 플랜트 원가지수(CEPCI) (1957-1959=100)	FRED 펌프, 압축기, 장비 지수 (1982.12.=100)
2013	233.0	99.3	567.3	235.2
2014	236.7	102.3	576.1	240.5
2015	237.0	100.9	556.8	244.8
2016	240.0	98.7	541.7	247.0
2017	245.1	100.0	567.5	251.5
2018	251.1	103.2	603.1	259.9
2019	255.7	102.3	607.5	266.4
2020	258.8	94.9	596.2	269.8
2021	280.13	101.7	708.0	291.7
2022(추정치)	296.28	104.8	833.3	326.8

예제 13.2

주요 제조 업그레이드 프로젝트의 타당성 평가를 위해 담당 엔지니어는 해당 작업을 위한 로봇기술 숙련 노무비를 추정하려고 한다. 5년 전 비슷한 복잡도와 규모를 가진 프로젝트가 숙련공 노무비에 $360,000가 들었다는 것을 확인하였다. 그때의 ENR 숙련 노무비 지수는 3,496이었고, 올해는 5,127이다. 숙련 노무비를 구하시오.

풀이

기준 시점 t_0는 5년 전이다. 식 [13.2]를 사용하면, 현재 원가추정치는 다음과 같다.

$$C_r = 360{,}000\left(\frac{5{,}127}{3{,}496}\right)$$
$$= \$527{,}952$$

제조업이나 서비스업은 원가지수표를 구하기가 어렵다. 원가지수는 지역, 제품과 서비스 유형 등 여러 요인에 따라 달라진다. 예를 들어 제조 시스템 원가추정 시 하청되는 부품, 선택된 재료, 노무비 등 중요한 항목들의 원가지수를 직접 개발해야 하는 경우가 자주 있다. 원가지수 개발을 위해서는 그 품목의 정해진 수량과 품질에 대한 실제 비용이 여러 시점별로 필요하다. **기준 시점**(base period)은 원가지수를 기준값 100(혹은 1)으로 정의한 시점이다. 각 연도(기간) 지수는 비용을 기준 시점의 비용으로 나누고 100(또는 1)을 곱한 값이다. 미래 지수는 단순 외삽법으로 구하거나 시계열 분석 등 정교한 수학적 방법을 사용하여 예측한다.

예제 13.3

Alamo Pictures 소유주인 션은 서부 개척시대에 대한 실화 기반 다큐멘터리를 제작하여 메일과 온라인을 통해 다수의 할인점에서 판매하고 있다. 그는 새로운 영역으로의 확장을 위해 그 종류의 영화를 제작하는 데 포함되는 세 가지 주요 노무비의 원가추정을 하려고 한다. Alamo Pictures 재무본부장은 지난 7년간 연 평균 시간당 비용을 산출하였다(표 13-4).

표 13-4 예제 13.3의 세 가지 서비스에 대한 평균 시간당 비용

서비스 유형	서비스 비용, 시간당 평균 $						
	2016	2017	2018	2019	2020	2021	2022
그래픽	50	56	67	67	70	78	90
스턴트맨	50	55	58	70	87	83	85
배우	80	80	90	90	80	75	85

(a) 2019년을 기준 연도로, 기준값을 1.00으로 두고 연도별 원가지수를 구하시오. 각 지수의 연도별 추이가 어떤지 설명하시오.

(b) 션은 2025년이 다가옴에 따라 향후 몇 년간 제작할 다큐멘터리들이 그래픽 서비스를 많이 활용할 것으로 예상하고 있는데, 그래픽 서비스는 가장 급격하게 증가하는 원가 구성요소이다. 2021년에는 그래픽 서비스의 비용이 시간당 $78였다. 분석을 위해 2021년에서 2022년까지의 증가 추세가 지속된다는 최악의 시나리오를 가정하고 2025년에 필요한 시간당 비용을 계산하시오.

풀이

(a) 각 유형의 서비스에 대해 2019년을 기준으로 $t = 2017, 2018, \ldots$에 대해 I_t/I_0를 계산한 결과를 표 13.5에 나타내었다. 세 지수의 추이를 살펴보면,

그래픽 노무비 지수: 모든 해에 일정하게 상승, 2018~2019년은 동결

스턴트맨 노무비 지수: 오르락내리락함, 전체적으로는 상승

배우 노무비 지수: 2018년과 2019년이 다른 해보다 높고 다른 해에는 비교적 낮고 안정적

표 13-5 예제 13.3의 2014년을 기준연도로 한 지수값

서비스 유형	지수, I_t/I_0						
	2016	2017	2018	2019	2020	2021	2022
그래픽	0.75	0.84	1.00	1.00	1.04	1.16	1.34
스턴트맨	0.71	0.79	0.83	1.00	1.24	1.19	1.21
배우	0.89	0.89	1.00	1.00	0.89	0.83	0.94

(b) 2021년 지수는 1.16이고 2022년의 증가분은 0.18이다. 추세가 지속될 경우 2025년의 지수는 $1.34 + 3(0.18) = 1.88$이 된다. 식 [13.2]를 이용하면 이 최악의 시나리오를 기반으로 한 2025년의 원가추정치

를 구할 수 있다.

$$C_{2025} = C_{2021}(I_{2025}/I_{2021}) = 78(1.88/1.16) = 78(1.62) = \$126/h$$

13.4 원가추정관계식 : 원가-용량 방정식 ●●●

공장, 장비, 건설에 대한 설계변수(속도, 무게, 추진력, 물리적 크기 등)는 설계 초기 단계에서 결정된다. **원가추정관계식**(CER, Cost-Estimating Relationship)은 이 변수들을 바탕으로 비용을 예측한다. 따라서 CER은 과거 비용을 기반으로 하는 원가계수법과는 다르다.

가장 널리 사용되는 CER 모형은 **원가-용량 방정식**(cost-capacity equation)이다. 이름에서 알 수 있듯이, 이 방정식은 부품이나 시스템 혹은 공장의 원가를 용량과 연관시킨다. 거듭제곱 법칙(power law) 혹은 크기 조정 모형(sizing model)이라고도 부른다. 많은 원가-용량 방정식이 로그-로그 그래프에서 직선으로 표현되기 때문에 일반적인 형태는 다음과 같다.

$$C_2 = C_1\left(\frac{Q_2}{Q_1}\right)^x \qquad [13.3]$$

여기서 C_1 = 용량 Q_1일 때의 원가
C_2 = 용량 Q_2일 때의 원가
x = 관계지수(correlate component), 지수값

여러 구성요소나 시스템 혹은 전체 플랜트에 대한 지수값은 화학 엔지니어를 위한 플랜트 설계 및 경제학(Plant Design and Economics for Chemical Engineers), 화학 공학 예비 플랜트 설계(Preliminary Plant Design in Chemical Engineering), 화학 공학 엔지니어 핸드북(Chemical Engineers' Handbook), 기술 저널, 미국 환경보호국, 해당 분야 전문기관 또는 무역 전담 조직, 컨설팅 회사, 핸드북 및 장비 회사 등 여러 출처에서 얻을 수 있다. 표 13-6은 다양한 단위에 대한 일반적인 지수값의 일부이다. 특정 단위의 지수값을 모를 때는 일반적으로 $x = 0.6$으로 둔다. 실제로 화학 처리 산업에서는 식 [13.3]이 6/10 모델로 불린다.

원가-용량 방정식의 지수값 x는 일반적으로 $0 < x \leq 1$의 범위를 갖는다.
$x < 1$이면, 규모의 경제가 적용된다. 더 클수록 비용에 이점이 있다.

표 13-6 원가-용량 방정식 지수값 예시

부품/시스템/플랜트	크기 범위	지수값
활성 슬러지 플랜트	1~100 MGD	0.84
호기성 소화조	0.2~40 MGD	0.14
송풍기	1,000~7,000 ft/분	0.46
원심분리기	40~60 in	0.71
염소 플랜트	3,000~350,000톤/연	0.44
침전기(정화기)	0.1~100 MGD	0.98
압축기, 왕복운동기(항공운수)	5~300 hp	0.90
압축기	200~2,100 hp	0.32
사이클론 분리기	20~8,000 ft^3/분	0.64
건조기	15~400 ft^2	0.71
모래 필터	0.5~200 MGD	0.82
열 교환기	500~3,000 ft^2	0.55
수소 플랜트	500~20,000 scfd	0.56
실험실	0.05~50 MGD	1.02
호기성 라군	0.05~20 MGD	1.13
다람쥐 케이지 모터(농형 모터)	440 V	0.69
원심펌프	10~200 hp	0.69
반응기(리액터)	50~4,000 gal	0.74
슬러지 건조대(건조상)	0.04~5 MGD	1.35
안정지	0.01~0.2 MGD	0.14
스테인리스 탱크	100~2,000 gal	0.67

주: MGD = 1백만 갤런/일, in = 인치, hp = 마력, scfd = 표준 입방피트/일, V = 볼트, gal = 갤런

$x = 1$이면, 비용이 규모에 선형 비례한다.

$x > 1$이면, 선형 관계에 비해 규모가 커질수록 더 많은 비용이 드는 규모의 비경제가 존재한다.

식 [13.2]의 원가지수의 시간 조정치(I_t/I_0)와 원가-용량 방정식을 결합하면 시간에 따라 변화하는 원가를 매우 효과적으로 추정할 수 있다. 식 [13.3]에 원가지수를 포함시켜서 시점 t와 용량 Q_2에 대한 원가를 두 독립항의 곱으로 계산한다.

$$C_{2,t} = (\text{시점 0에서의 용량 수준 2 원가}) \times (\text{시간조정 원가지수})$$
$$= \left[C_{1,0}\left(\frac{Q_2}{Q_1}\right)^x\right]\left(\frac{I_t}{I_0}\right)$$

이 식은 일반적으로 시간 첨자를 생략하고 다음과 같이 표현한다.

$$C_2 = C_1\left(\frac{Q_2}{Q_1}\right)^x\left(\frac{I_t}{I_0}\right) \qquad [13.4]$$

다음 예제에 이 관계식의 활용법이 제시되어 있다.

예제 13.4

2014년에 유량 0.5 MGD(1백만 갤런/일)인 호기성 소화조의 설계와 건설 총비용으로 $1.7백만이 들었다. 유량 4.0 MGD인 장비의 현재 원가를 추정하시오. 표 13-6을 보면, 0.2~40 MGD의 범위에 대한 지수값은 0.14이다. 2014년의 원가지수는 131이었으며, 올해는 280이다.

풀이

식 [13.3]을 통해 2014년 시점의 더 큰 용량에 대한 원가를 추정할 수 있다. 그러나 오늘의 화폐 가치를 고려하여 업데이트되어야 한다. 식 [13.4]는 두 가지 과정을 한 번에 수행한다. 추정 원가는 다음과 같다.

$$C_2 = 1{,}700{,}000\left(\frac{4.0}{0.5}\right)^{0.14}\left(\frac{280}{131}\right)$$
$$= 1{,}700{,}000(1.338)(2.137) = \$4.861\text{백만}$$

13.5 원가추정관계식 : 요인법 ●●●

공정 플랜트 예비원가 추정에 널리 쓰이는 또 다른 방식은 **요인법**(factor method)이다. 앞서 소개된 방법들이 장비나 공정의 주요 부품 원가나 총 플랜트 원가를 추정하는 데 쓰일 수 있다면, 요인법은 **총 플랜트 원가**(total plant costs)의 추정에 특화되었다. 이 방법은 주요 장비들의 원가에 특정 요인값을 곱하면 총 플랜트 원가에 대한 신뢰할 만한 추정치를 얻을 수 있다는 전제에 기반한다. 주요 장비들의 원가는 쉽게 입수할 수 있기 때문에 적절한 요인들만 알고 있다면 빠른 추정이 가능하다. 이 요인들은 이 방법을 처음 제안한 한스 랭(Hans J. Lang)의 이름을 따서 랭 요인(Lang factor)이라고도 부른다.

요인법의 가장 간단한 형태는 단위비용법과 같다.

$$C_T = hC_E \qquad [13.5]$$

여기서 C_T = 총 플랜트 원가
h = 총 원가 요인 혹은 개별 원가 요인
C_E = 주요 장비의 총원가

h는 총 원가 요인의 단일값일 수도 있지만, 보통 현실적으로는 그림 13-1의 원가추정법처럼 건설비, 유지보수비, 직접 노무비, 재료비, 간접비와 같은 개별 원가 구성요소(원가 요인)들의 합으로 구한다.

랭은 자신의 제안에서 몇 가지 플랜트 타입에 대해 직접원가 요인과 간접원가 요인이 단일 총 원가 요인으로 결합될 수 있음을 보인 바 있다. 예를 들어 고체 공정 플랜트(연탄 등)들은 3.10의 요인값을 가지고, 콩 공정과 같이 고체-유체 공정 플랜트의 경우에는 요인값이 3.63이며, 증류탑과 같은 유체 공정 플랜트는 요인값이 4.74에 달한다. 이 요인값들은 총 플랜트 설치 원가가 주요 장비의 초기비용의 몇 배라는 것을 보여준다.

직접비용/간접비용

예제 13.5

Valero Petroleum의 엔지니어는 텍사스에 있는 유체 공정 플랜트의 확장에 $8.08백만의 비용이 드는 배송 장비가 필요하다는 사실을 알게 되었다. 이 유형의 플랜트에 대한 총 원가 요인값이 4.74일 경우, 해당 플랜트의 총원가를 추정하시오.

풀이

식 [13.5]를 이용하면 간단히 추정할 수 있다.

$$C_T = 4.74(8{,}080{,}000) = \$38.3\text{백만}$$

초기 제안 이후의 개선을 통해 요인법에 개별적인 직접 및 간접원가 요인이 개발되었다. 13.1절에 논의된 직접원가(직접비용)는 각 상품, 기능, 공정별로 구체적인 식별이 가능하다. 간접원가(간접비용)는 종합적인 목표에 기여하기 때문에, 하나의 기능에 직접적으로 연결되기보다는 몇 가지 요인이나 요소로 나뉜다. 일반관리, 컴퓨터 서비스, 품질, 안전, 세금, 보안, 기타 지원 기능 등이 간접원가에 해당된다. 직접 및 간접원가 요인값들은 13.1절에 논의된 대로, 때로는 배송 장비 원가에 대해 때로는 설치 장비 원가에 대해 개발된다. 이 책에서는 모든 원가 요인은 따로 명시되지 않는 한 배송 장비에 적용된다고 가정한다.

간접원가의 경우, 많은 요인이 총직접원가에 적용되는 반면 몇몇 요인은 장비 원가에만 적용되기도 한다. 장비 원가에만 적용되는 경우, 가장 간단한 절차는 직접원가 요인과 간접원가 요인을 더한 후 배송 장비 원가 계산을 위한 곱셈을 하는 것이다. 총 원가 요인값 h는 다음과 같이 쓸 수 있다.

$$h = 1 + \sum_{i=1}^{n} f_i \qquad [13.6]$$

여기서 f_i = 각 원가 요인(원가 구성요소)의 요인값

i = 간접원가를 포함하는 원가 요인의 목록 번호

만약 간접원가 요인이 총직접원가에 적용되는 경우, 직접원가 요인만 더해서 h를 구하게 된다. 따라서 식 [13.5]는 다음과 같이 바뀐다.

$$C_T = \left[C_E\left(1 + \sum_{i=1}^{n} f_i\right)\right](1 + f_I) \qquad [13.7]$$

여기서 f_I = 간접원가 요인

f_i = 직접원가 요인만 포함된 원가 요인 값

다음 예제 13.6과 13.7을 통해 위 두 가지 경우를 이해해 보자.

예제 13.6

소규모 화학 공정 플랜트의 배송 장비 원가가 $2백만으로 예상된다. 직접원가 요인값이 1.61이고 간접원가 요인값이 0.25일 때, 총 플랜트 원가를 결정하시오.

풀이

모든 요인값이 배송 장비 원가에만 적용되기 때문에, 식 [13.6]처럼 값을 모두 더해서 총 원가 요인값 h를 계산해야 한다.

$$h = 1 + 1.61 + 0.25 = 2.86$$

총 플랜트 원가는

$$C_T = 2.86(2{,}000{,}000) = \$5{,}720{,}000$$

예제 13.7

싱가포르항의 새로운 컨테이너 하역 크레인의 배송 장비 원가가 $3,875,000로 예상된다. 트랙, 콘크리트, 강철, 소음 저감, 지지대 등의 설치에 대한 원가 요인값은 0.49이다. 건설 요인값은 0.53, 간접원가 요인값은 0.21이다. (a) 배송 장비의 원가에 모든 원가 요인값을 적용하는 경우와 (b) 총직접원가에 간접원가 요인값을 적용하는 경우에 대해 총원가를 계산하시오.

풀이

(a) 장비 원가는 $3,875,000이다. 직접 및 간접원가 요인이 모두 장비 원가에만 적용되기 때문에, 식 [13.6]에 따라 총 원가 요인값은 다음과 같이 구한다.

$$h = 1 + 0.49 + 0.53 + 0.21 = 2.23$$

총원가는

$$C_T = 2.23(3{,}875{,}000) = \$8.641\text{백만}$$

(b) 이 경우 총직접원가를 먼저 구하고 식 [13.7]을 적용하여 총원가를 추정한다.

$$h = 1 + \sum_{i=1}^{n} f_i = 1 + 0.49 + 0.53 = 2.02$$

$$C_T = [3{,}875{,}000(2.02)](1.21) = \$9.471\text{백만}$$

참고사항

간접원가가 장비 원가에만 적용되는 경우(a) 더 낮은 추정 원가가 도출된다는 것에 주목하자. 이러한 결과는 원가 요인값을 사용하기 전에 정확히 어디에 적용될지 결정하는 것의 중요성을 보여준다.

13.6 간접비용비율과 배분 : 전통적 방법

상품의 생산이나 서비스 제공 시 발생한 비용은 **원가 회계 시스템**(cost accounting system)에 의해 추적되고 할당된다. 일반적으로 제조업에서는 매출원가 계산서(부록 B 참조)가 이 시스템의 최종 결과물이 된다. 원가 회계 시스템에서는 **원가 부서**(cost centers)를 사용하여 재료비, 인건비, 간접비(경상비 또는 공장 경비라고도 부름)를 합산한다. 한 부서 또는 공정 라인에서 발생한 모든 비용은 원가 부서의 명칭(예: 부서 3X)에 따라 수집된다. 직접 재료비와 직접 노무비는 일반적으로 원가 부서에 직접 할당할 수 있으므로 시스템에서는 이 비용들만 식별하고 추적하면 된다. 물론 이 작업은 쉬운 일이 아니며, 추적 시스템의 비용 때문에 모든 직접비용 데이터를 원하는 세부 수준까지 수집하지 못할 수 있다.

원가 회계에서 가장 중요하고 어려운 작업 중 하나는 **간접비용**을 부서, 프로세스 및 제품 라인에 개별적으로 할당해야 할 때 발생한다.

표 13-7 간접비용 배분 기준 예시

비용 범주	가능한 배분 기준
세금	점유 면적
열, 조명(빛)	면적, 사용량, 열원(광원) 수
전력	면적, 직접 노동시간, 마력시(hph), 기계 운전시간
구매, 입고	재료비, 주문 수, 제품 수
인력, 기계 공작실	직접 노동시간, 직접 노무비
건물 유지보수	점유 면적, 직접 노무비
소프트웨어	접속 횟수
품질관리	검사 수

간접비용

간접비용(IDC, Indirect Cost)은 재산세, 서비스 및 유지보수 부서, 일부 엔지니어링 활동을 포함한 인건비, 법률, 품질, 감독, 구매, 유틸리티, 소프트웨어 개발 등과 관련된 비용이다. 이러한 비용은 모두 사용 원가 부서에 할당되어야 한다. 이 데이터들을 아주 상세히 수집하는 것은 비용이 많이 들고 불가능한 경우가 많다. 따라서 합리적인 기준으로 비용을 배분하기 위한 할당 방식이 활용된다.

표 13-7에 가능한 배분 기준 목록이 나와 있다. 역사적으로 보통 사용되는 기준은 직접 노무비, 직접 노동시간, 기계 운전 시간, 제품 수, 직원 수, 공간 및 직접 재료이다.

전통적으로, 대부분의 할당은 다음 관계식에 따라 계산된 간접비용비율을 활용하여 이루어진다. 이 비율은 IDC 비율 혹은 경상비 비율이라고도 한다.

$$\text{간접비용비율} = \frac{\text{추정된 총간접비용}}{\text{추정된 기준 수준}} \qquad [13.8]$$

간접비용은 원가 부서에 배분된 수량으로 추정된다. 예를 들어, 어느 본부에 2개의 생산 부서가 있다고 하면 한 부서에 배분되는 총간접비용은 식 [13.8]의 분자가 된다. 예제 13.8은 원가 부서가 기계 혹은 기계가공 부서일 때의 배분을 보여준다.

예제 13.8

BestWay의 미용 제품 관리자는 미용 로션 공정에 있는 로션 혼합 센터의 세 기계에 대한 연간 $150,000의 간접비용을 위한 배분 비율을 결정하려고 한다. 세 기계에 대한 다음 정보는 지난해의 예산을 통해 구한 것이다. 수량이 각 기계에 동등하게 배분되어 있다고 할 때 배분 비율을 구하시오.

비용 원천	배분 기준	추정 활동 수준
기계 1	직접 노무비	연간 $100,000
기계 2	직접 노동시간	연간 2,000시간
기계 3	직접 재료비	연간 $250,000

풀이

식 [13.8]을 각 기계당 $50,000에 적용하면, 연간 비율은 다음과 같다.

$$\text{기계 1 비율} = \frac{\text{간접예산}}{\text{직접 노무비}} = \frac{50{,}000}{100{,}000} = \$0.50/\text{직접 노무비 }\$1$$

$$\text{기계 2 비율} = \frac{\text{간접예산}}{\text{직접 노동시간}} = \frac{50{,}000}{2{,}000} = \$25/\text{직접 노동 1시간}$$

$$\text{기계 3 비율} = \frac{\text{간접예산}}{\text{재료 비용}} = \frac{50{,}000}{250{,}000} = \$0.20/\text{직접 재료비 }\$1$$

이제 올해의 실제 직접 노무비, 직접 노동시간, 재료비가 결정되면 이를 배분 비율에 곱해서 제품 원가에 더해주면 된다. 예를 들어 기계 1에서 사용된 직접 노무비에 0.5를 곱하여 구한 간접비용이 원가에 포함된다.

같은 배분 기준이 간접비용을 여러 원가 부서에 분배하는 데 사용될 경우, **일괄 비율**(blanket rate)을 결정할 수 있다. 예를 들어, 직접 재료비용이 배분 단위로 4개의 공정 라인에 적용될 경우, 일괄 비율은 다음과 같다.

$$\text{간접비용비율} = \frac{\text{총간접비용}}{\text{총 직접 재료비용}}$$

만약 네 공정 라인에 대해 간접비용 $500,000와 재료비용 $3백만이 추정되었다면, 일괄 간접비율은 500,000/3,000,000 = $0.167/재료비용 $1다. 일괄 비율은 계산과 적용이 더 쉽지만, 각 원가 부서에서 이루어지는 활동 종류의 차이점을 고려하지 못한다.

대부분의 경우, 각 기계 장비나 공정들이 최종 상품에 가치를 더하는 과정은 서로 다른 단위당 혹은 단위 시간당 비율로 이루어진다. 예를 들어, 경기계는 더 비싼 중기계에 비해 시간당 기여가 작을 것이다. 특히 통합 제조 시스템과 같은 첨단 기술 공정이 비자동화 마감 장비와 같은 전통적 방법과 함께 사용되는 경우 더욱 그렇다. 이러한 경우에는 간접비용이 정확하게 배분되지 못할 수 있으므로 일괄 비율 사용은 추천되지 않는다. 가치 기여가 낮은 기계가 간접비용을 지나치게 누적하게 된다. 앞서 설명되고 예제 13.8에서 보인 대로 기계, 활동 등에 따라 다른 기준을 적용하는 접근 방식을 사용해야 한다. 적절한 개별 기준을 사용하는 것을 흔히 **생산시간율법**(productive hour rate method)이라고 부르는데, 원가 비율이 균등한 일괄 비율이 아니고 부가가치에 따라 결정된다는 뜻이다. 간접비용의 배분에 보통 두 가지 이상의 기준을 사용해야 한다는 인식이 확산되면서, 다음 절에 있는 활동기준원가법을 사용하게 되었다.

일정 기간(월, 분기 또는 연도)이 지나면 간접비용비율을 적용해 결정한 간접비용 청구를 직접비용(직접원가)에 더한다. 그 결과로 총 생산 원가를 얻고 이를 매출원가 또는 **공**

장 원가(factory cost)라 한다. 이 비용은 모두 원가 부서별로 합산된다.

총간접비용 예산이 정확하다면 해당 기간의 모든 원가 부서에 청구된 간접비용과 같아야 한다. 그러나 예산 책정은 늘 약간의 오차가 있기 때문에, 실제 경비에 비해 과대 또는 과소 배분의 **배분 편차**(allocation variance)가 발생한다. 간접비용 추정에 대한 경험이 풍부한 경우 회계 기간 말의 편차를 줄일 수 있다.

예제 13.9

예제 13.8에서 구한 BestWay의 간접비용비율을 이용하여 몇몇 관리 인력들이 이번 달 간접비용 배분의 편차를 알아보고자 한다. 표 13-8의 실제 비용과 시간 데이터를 이용하여 계산하시오.

풀이

우선, 간접비용을 구하기 위해 예제 13.8의 비율을 적용한다.

기계 1 간접비용 = (노무비)(비율) = 2,500(0.50) = $1,250

기계 2 간접비용 = (노동시간)(비율) = 450(25.00) = $11,250

기계 3 간접비용 = (재료비)(비율) = 10,550(0.20) = $2,110

총간접비용 = $14,610

연간 간접비용 예산이 $150,000이므로, 월별 예산은 1/12로 구한다.

$$\text{월별 예산} = \frac{150{,}000}{12} = \$12{,}500$$

따라서 총간접비용에 대한 배분 편차는

$$\text{편차} = 12{,}500 - 14{,}610 = \$-2{,}110$$

이 결과는 실제 청구된 것이 배분된 예산보다 크기 때문에 과소 배분이다. 1년 중 단 한 달에 대한 이 분석이 비율의 검토, 연간 간접비용 예산의 증대, 세 기계에 대한 연간 간접비용 예산의 재분배를 촉구할 수 있다.

표 13-8 간접비용 배분을 위한 실제 월별 데이터

비용 원천	기계 번호	실제 비용, $	실제 시간
재료	1	3,800	
	3	10,550	
노무비	1	2,500	650
	2	3,200	450
	3	2,800	720

간접원가(간접비용)가 추정되면, 현재 사업과 제안된 사업을 비교하는 경제적 분석이 가능하다. 다음 예제 13.10에 이러한 내용이 담겨 있다.

예제 13.10

HealthRite는 주로 당뇨병 환자들이 쓰는 혈당 측정기의 플라스틱 덮개를 지난 5년간 연간 $2.2백만에 구입해 왔다. 이 부품의 자체제작이 제안되었다. 관련된 세 부서의 연간 간접비용비율, 예상 재료비, 인건비 및 시간이 표 13-9에 나와 있다. 배분 시간은 1년 동안 유리병을 생산하는 데 필요한 시간이다.

구매할 장비에 대한 추정은 다음과 같다: 초기비용 $2백만, 잔존가치는 $50,000, 수명은 10년이다. 자체제작 대안에 대한 경제적 분석을 시장 이자율 15%를 최소요구수익률로 가정하여 수행하시오.

풀이

덮개 부품이 자체제작될 경우, AOC(연간운영비용)는 직접 노무비, 직접 재료비, 그리고 간접비용의 합이다. 표 13-9를 이용하여 IDC(간접비용) 배분을 계산한다.

$$
\begin{aligned}
\text{부서 A:} &\quad 25{,}000(10) = \$250{,}000 \\
\text{부서 B:} &\quad 25{,}000(5) = 125{,}000 \\
\text{부서 C:} &\quad 10{,}000(15) = 150{,}000 \\
&\quad \$525{,}000
\end{aligned}
$$

$$\text{AOC} = 500{,}000 + 300{,}000 + 525{,}000 = \$1{,}325{,}000$$

대안의 연간등가는

$$
\begin{aligned}
\text{AW}_{\text{자체제작}} &= -P(A/P,i,n) + S(A/F,i,n) - \text{AOC} \\
&= -2{,}000{,}000(A/P,15\%,10) + 50{,}000(A/F,15\%,10) - 1{,}325{,}000 \\
&= \$-1{,}721{,}037
\end{aligned}
$$

현재 유리병 구입가격의 연간등가는

$$\text{AW}_{\text{구입}} = \$-2{,}200{,}000$$

표 13-9 예제 13.10의 생산 원가 추정치

부서	간접비용(IDC) 기준, 시간	시간당 비율, $	배분된 시간	직접 재료비, $	직접 노무비, $
A	노무비	10	25,000	200,000	200,000
B	기계	5	25,000	50,000	200,000
C	노무비	15	10,000	50,000	100,000
				300,000	500,000

10년의 기대수명에 대해 최소요구수익률 15%를 적용하였을 때, AW가 더 낮으므로 자체제작이 더 저렴하다.

13.7 활동기준원가법 ●●●

자동화, AI 기반 시스템 등 소프트웨어, 정보 기술, 제조 기술이 발전함에 따라 제품 제조 및 서비스 제공에 필요한 직접 노동시간은 상당히 감소하였다. 한때는 최종 제품 원가의 35%에서 45%까지 차지하던 제조업 인건비의 비중이 이제는 5%에서 30%로 낮아졌다. 그러나 간접비용의 제조 원가 비중은 35%에서 65% 혹은 그 이상을 차지하고 있다. 간접비용의 배분에 직접 노동시간과 같은 기준을 사용하는 것은 자동화 및 첨단 기술 환경에서는 충분히 정확하지 않다. 이러한 변화는 식 [13.8]이나 이 식의 다른 형태에 의존하는 전통적인 비용 배분 방법을 대체 혹은 보완하기 위한 방법의 개발을 이끌었다. 또한 기존의 전통적인 기준과는 다른 배분 기준들이 활용되고 있다.

전통적인 IDC 비율 배분에서는 수익에 큰 몫을 차지하는 제품이었더라도 간접비용 배분이 더 정확히 이루어지면 오히려 손실로 나타날 수 있다. 다양한 제품을 보유하면서 일부 제품은 소량생산된 경우, 전통적인 배분 방식에 따르면 소량생산 품목에는 간접비용이 과소 배분되는 경향이 나타날 수 있다. 이렇게 되면 실제로는 손해를 보는데도 수익성이 있다고 나타날 수 있다.

경상비가 높은 산업에 더 나은 배분 방식은 **활동기준원가법**(ABC, Activity-Based Costing)이다. 이 방법은 원가 부서, 활동, 원가 동인을 다음과 같이 식별한다.

원가 부서: 기업의 최종 제품 또는 서비스를 원가 부서 또는 원가 풀이라고 한다. 이들은 배분된 간접비용을 받는다.

활동: 이들은 보통 원가 부서에 분배되는 간접비용을 생성하는 지원 부서(구매, 품질, IT, 유지보수, 엔지니어링, 감독)이다.

원가 동인: 일반적으로 양(볼륨) 단위로 표현되며, 공유 자원의 소비를 이끈다. 예로는 구매 주문 건수, 엔지니어링 변경 주문 비용, 기계 설정 건수, 안전 위반 건수 등이 있다.

기업에게 ABC의 적용은 간단하고 저렴한 작업이 아니다. 이 과정은 몇 가지 단계를 포함한다.

1. 각 활동과 총비용을 식별한다.
2. 원가 동인과 그 사용량을 식별한다.
3. 간접비용비율을 각 활동별로 계산한다.

$$\text{ABC 간접비용비율} = \frac{\text{총 활동 비용}}{\text{원가 동인의 총사용량}} \qquad [13.9]$$

4. 각 활동에 대해 원가 부서에 간접비용을 배분하는 데 비율을 이용한다.

두 유형의 산업용 레이저(원가 부서)를 생산하는 회사가 3개의 주요 지원 부서(활동, 위의 1단계)를 가지고 있다고 가정하자. 예를 들어 구매 부서에서 발생하는 비용의 배분은 레이저 생산을 지원하기 위한 구매 주문 건수(2단계)를 기준으로 한다. 구매 주문당 달러로 표현되는 ABC 비율(3단계)이 두 레이저 제품에 간접비용을 배분하는 데 사용된다(4단계).

예제 13.11

어느 다국적 항공우주 기업은 유럽 사업부에 제조 및 관리 지원 비용을 배분하는 데 전통적인 방법을 사용한다. 그러나 출장비와 같은 비용은 프랑스, 이탈리아, 독일, 스페인에 있는 공장 직원 수를 기준으로 배분되었다.

이 회사 대표는 몇몇 제품 라인이 다른 제품보다 훨씬 더 많은 출장을 발생시킨다는 사실을 발견했다. 그 후 각 공장의 주요 제품 라인에 출장비를 더 정확히 배분하기 위해 ABC 시스템이 선택되었다.

(a) 우선, 측정된 총 출장 비용 $500,000를 각 공장의 인력 규모를 기준으로 전통적 방식에 따라 배분하는 것이 충분하다고 가정한다. 총직원 29,100명이 다음과 같이 분포해 있다고 할 때, $500,000를 배분하시오.

프랑스 파리 공장	12,500명
이탈리아 피렌체 공장	8,600명
독일 함부르크 공장	4,200명
스페인 바르셀로나 공장	3,800명

(b) 이제 이 기업의 경영진이 공장 위치나 인력 규모가 아니라 생산 라인에 따른 출장비를 알고 싶다고 하자. ABC 방법은 출장 비용을 주요 생산 라인에 배분할 것이다. 연간 공장 지원 예산에 따르면 출장에 다음과 같은 비율이 지출되었다.

파리	$2백만의 5%
피렌체	$500,000의 15%

함부르크	$1 백만의 17.5%
바르셀로나	$500,000의 30%

더 나아가, 연구 결과 1년에 총 500회의 여행 바우처가 4개 공장의 주요 5개 생산 라인 관리자에 의해 처리되었다는 것이 밝혀졌다. 그 수량과 분포는 다음과 같다.

파리	생산 라인 – 1, 2; 바우처 수 – 50개(라인 1), 25개(라인 2)
피렌체	생산 라인 – 1, 3, 5; 바우처 수 – 80개(라인 1), 30개(라인 3), 30개(라인 5)
함부르크	생산 라인 – 1, 2, 4; 바우처 수 – 100개(라인 1), 25개(라인 2), 20개(라인 4)
바르셀로나	생산 라인 – 5; 바우처 수 – 140개(라인 5)

ABC 방법으로 각 생산 라인이 각 공장의 출장 비용을 얼마나 발생시켰는지를 구하시오.

풀이

(a) 이 경우, 식 [13.8]은 직원에 대한 일괄 비율을 적용한다.

$$\text{간접비용비율} = \frac{\text{출장 예산}}{\text{총 직원 수}} = \frac{\$500{,}000}{29{,}100} = \$17.1821/\text{명}$$

이 전통적 기준 비율을 직원 규모와 곱해서 공장별 배분을 얻는다.

파리	$17.1821(12,500) = $214,777
피렌체	$147,766
함부르크	$72,165
바르셀로나	$65,292

(b) ABC 방법은 적용에 더 많은 노력이 필요하고, 기준이 다르게 적용되기 때문에 공장별 배분량도 (a)와 달라지게 된다. 출장비를 5개 제품 라인에 배분하기 위해 4단계 절차를 사용한다.

Step 1. 배분되어야 할 총비용은 각 공장의 지원 예산에서 출장비에 할당된 비율(퍼센트)을 이용하여 구한다. 예산에 대한 퍼센트 데이터를 이용하면 다음과 같이 계산할 수 있다.

$$0.05(2{,}000{,}000) + \cdots + 0.30(500{,}000) = \$500{,}000$$

Step 2. 원가 동인은 각 공장의 생산 라인별 책임자인 경영진에게 제출된 여행 바우처의 숫자이다. 배분은 공장이 아니라 제품(라인)에 직접 이루어진다. 그러나 우리가 각 공장에 어떤 생산 라인이 있는지 알고 있기 때문에 출장비의 공장별 배분도 구할 수 있다.

Step 3. 식 [13.9]를 이용하여 ABC 배분 비율을 구한다.

$$\text{ABC 배분 비율} = \frac{\text{총 출장 비용}}{\text{총 바우처 수}} = \frac{\$500{,}000}{500} = \$1{,}000/\text{바우처}$$

표 13-10 예제 13.11의 출장비의 ABC 배분($1,000단위)

	생산 라인별 여행 바우처					합계	
	1	2	3	4	5	바우처	배분 금액, $1,000
파리	50	25				75	75
피렌체	80		30		30	140	140
함부르크	100	25		20		145	145
바르셀로나					140	140	140
총배분	$230	$50	$30	$20	$170	500	500

Step 4. 표 13-10에 바우처와 생산 라인 및 도시별 배분 결과를 요약하였다. ABC 분석에 따르면 제품 1($230,000)과 제품 5($170,000)가 출장 비용을 많이 발생시킨다. 표에서 공장별 총 비용(가장 우측 열)을 (a)의 결과와 비교하면 배분 결과에서 뚜렷한 차이를 확인할 수 있다. 특히 파리($75,000 대 $214,777), 함부르크, 바르셀로나에서 차이가 크다. 비교 결과는 공장이 아닌 생산 라인이 출장 필요를 발생시킨다는 대표의 생각을 증명해 주고 있다.

참고사항

지난 몇 년간 제품 1이 함부르크 공장에서는 소량생산되었다고 가정하자. 전통적 방법의 결과(a)와 비교할 때 ABC 분석의 결과는 흥미로운 사실을 밝혀준다. ABC 분석에서, 함부르크는 총 $145,000의 출장 비용 중 $100,000를 제품 1로 배분받았다. 인력 규모에 따른 전통적 방법에서는 함부르크 공장이 겨우 $72,165를 배분받았는데, 이는 더 정확한 ABC 분석 결과의 50% 정도밖에 되지 않는다. 이러한 사실은 경영진이 함부르크 공장의 제조 로트 규모를 검사할 필요가 있다는 것을 의미한다. 이 필요성은 특히 한 제품이 여러 공장에서 생산될 때 더욱 커지며, 다른 공장 역시 살펴볼 필요가 있다.

일부 ABC 방식 지지자들은 기존 IDC 비율을 버리고 ABC만 사용하는 것을 추천한다. 그러나 ABC는 완전한 원가 시스템이 아니므로, 이는 좋은 접근법이 아니다. ABC 방법은 원가 통제에 도움이 되는 정보들을 제공하지만, 전통적 방식은 비용 할당 및 원가 추정을 강조한다. 전통적 방법이 직접 노무비와 같이 식별 가능한 직접적 근거가 있는 비용을 할당하는 등의 방식으로 두 시스템은 함께 잘 작동할 수 있다. ABC 분석은 기존 비용 배분 시스템보다 훨씬 더 많은 비용과 시간이 소요되지만, 많은 경우 경영 의사결정의 경제적 영향을 이해하고 특정 유형의 간접비용을 통제하는 데 도움이 된다.

13.8 원가추정과 윤리적 관례 ●●●

비용, 수익, 현금흐름, 수익률 및 기타 여러 매개변수의 미래에 대한 추정은 모든 유형의 경제 분석에 있어 일상적인 작업이다. 공공 기관, 민간 기업, 비영리 기업 모두 이러한 추정치를 기반으로 경제적 의사결정을 내리는데, 대부분 내부 직원이나 계약된 외부 컨설턴트에 의해 이루어진다. 이때 편견, 정확성 부족, 속임수, 이익 또는 기타 동기가 개입될 가능성은 항상 존재한다. 1.3절에서 논의된 개인적 도덕성과 직업 윤리 강령 준수는 개인이 업무에서 공정한 분석 및 결정을 내릴 수 있도록 하는 지침이 된다.

앞서 보았던 NSPE 엔지니어 윤리 강령(부록 C)의 맨 앞부분에는 6개의 기본 규범이 있다. 그중 추정 진실성과 밀접하게 관련된 것은 제5강 "기만적인 행위를 피하라"이다. 개인적 이득이나 편애를 위해 실험 샘플, 이전 비용 데이터 또는 설문조사 결과를 왜곡하는 것은 비윤리적인 행동의 예이다. 모든 유형의 추정치는 다음과 같은 관례에 근거해야 한다.

- 현재 상황을 대표하는 다양한 상황에서 수집한 건전한 정보를 바탕으로 추정한다.
- 통계 샘플링, 예산 요소 구축, 제안서나 신청서 등의 결론 도출 시 공인된 이론과 기법을 사용한다.
- 컨설턴트나 계약 업무자로서 추정 및 최종 문서를 전달하는 과정에서 개인적 관계와 업무 관계를 분리한다.

이 장 마지막의 두 번째 사례연구는 계약 업무를 위해 추정치 및 제안서를 작성할 때 발생할 수 있는 몇 가지 윤리적 문제에 대한 예를 보여준다.

요약

원가추정치는 완벽하게 엄밀할 필요는 없으나, 경제성 공학 접근법에 따른 철저한 경제 분석을 뒷받침할 수 있을 만큼은 정확해야 한다. 상향식 전략과 하향식 전략이 있으며, 각 전략은 가격과 원가추정치를 다루는 방식이 다르다.

원가는 동일한 품목에 대한 두 시점의 원가 비율인 원가지수를 통해 업데이트할 수 있다. 소비자물가지수(CPI)는 자주 인용되는 원가지수의 예이다. 원가추정은 원가추정관계식이라는 다양한 모델을 통해서도 가능하며, 그중 두 가지 모델은 다음과 같다.

원가-용량 방정식 – 장비, 재료, 건설에 대한 설계 변수로부터 원가를 추정하는 데 적절함

요인법 – 총 플랜트 원가 추정에 적절함

전통적 간접비용 배분은 기계, 부서, 제품 라인 등에 대해 결정된 비율을 사용한다. 기준은 보통 직접 노무비, 직접 재료비, 직접 노동시간이다. 자동화 및 정보 기술의 발전에 따라 다양한 간접비 배분 방법이 개발되었는데, 활동기준원가법(ABC) 방식은 기존 방법을 보완하는 훌륭한 방법이다. ABC 방법은 구매 주문, 검사, 기계 설정, 재작업 등이 품질, 구매, 회계, 유지보수 등의 부서 및 기능에서 비용 누적을 유발한다는 근거에 따라 간접비용을 배분한다. 또한 ABC 방법의 적용 과정에서 회사나 공장에서 간접비가 어떻게 누적되는지에 대한 이해도가 높아지는 이점도 함께 얻는다.

연습문제

원가추정의 이해

13.1 다음의 추정치 종류를 가장 정확한 것부터 순서대로 나열하시오: 부분적 설계, 60~100% 설계완료, 규모 추정, 범위조사/실현가능성, 상세 추정.

13.2 화학 공장 장비의 부품에 대해 다음의 원가요소를 초기비용(FC, First Cost) 요소와 연간운영비용(AOC, Annual Operation Cost) 요소로 나누시오: 임대료, 직접 노무비, 장비 정비비용, 경상비, 보급품, 보험비용, 장비비용, 관리비용, 설치비용, 배송요금, 급여 직원, 정기 안전 훈련.

13.3 제품이나 서비스에 있어 경쟁이 지배적인 요인일 때, 가장 좋은 원가추정 전략은 무엇인가?

13.4 다음을 수행하는 데 있어 실제 원가(A)와 추정 원가(E) 중 어느 것을 사용하는 것이 좋을지 쓰시오: 세금 계산, 가격 입찰, 보너스 지급, 이익 및 손실 계산, 판매량 예측, 가격 설정, 제안서 평가, 자원 배분, 생산 계획, 목표 설정.

13.5 상향식과 하향식 원가추정 전략의 입력 변수와 출력 변수를 쓰시오.

13.6 다음을 직접비용(D)과 간접비용(I)으로 나누시오: 프로젝트 직원, 관리비, 회계감사 및 법무비용, 임대비용, 원재료, 장비 훈련/교육, 프로젝트 보급품, 노무비, 관리 직원, 사무용품비, 품질보증, IT 부서, 정기적 유지보수, 공용 소프트웨어.

13.7 자동차 소유에 따른 다음 비용을 직접비용(D)과 간접비용(I)으로 나누시오. 직접비용은 주행 거리에 직접적으로 기인하는 것으로 가정한다. (a) 번호판, (b) 운전면허, (c) 가솔린, (d) 고속도로 통행료, (e) 엔진오일 교환, (f) 사고 수리, (g) 유류세, (h) 월 대출금 상환, (i) 연간 정기 검사, (j) 주차장 임대료.

13.8 프로젝트 초기 개념 설계 단계의 원가추정을 무엇이라 하는가? 그 추정치는 실제 값에 대략 어느 정도 근접하는가?

단위비용법

13.9 50,000 ft^2 규모 비행기 격납고의 예비원가를 추정해야 한다. (a) 초기 단위 추정치는 \$98.23/ft^2였다. 격납고의 원가를 추정하시오. (b) 예산 한도가 \$4백만으로 주어졌다. 다음 두 가지 분석을 수행하시오. 초기 추정된 단위비용을 이용하여 예산이 허용하는 최대 크기를 구하고, 50,000 ft^2을 예산 내에서 유지하기 위한 최대 단위비용을 구하시오.

13.10 땅에 지름 4인치 나사송곳 구멍을 파는 비용이 1피트 길이당 \$18.85이지만, 케이스가 있는 경우 비용은 \$69.18/피트다. 570 피트 거리에 대해 케이스가 있는 4인치 구멍을 뚫는 경우 추정 원가는 얼마인가?

13.11 30,000 ft^2 아파트 건물에 대한 원가추정치의 저가, 중가, 고가가 각각 \$3,111,750, \$3,457,500, \$4,321,875이다. (a) 중가 추정치의 제곱피트당 비용은 얼마인가? (b) 저가 기준 고가의 가격 상승 비

율은 퍼센트로 얼마인가?

13.12 다음 추정치를 이용하여 주택(부지 구입부터 가구 구입까지)의 총원가를 추정하시오.

비용 데이터	주택 데이터
부지 구입 = \$2.50/ft^2	부지 크기 = 100 × 150 ft
주거 가능 공간 구성 = \$125/ft^2	주택 크기 = 50 × 46, 75%가 주거공간
가구 구입 = \$3,000/방	방 개수 = 6

13.13 콘크리트를 타설하는 작업조는 시간당 \$26.70를 받는 1명의 현장감독과, \$29.30를 받는 1명의 시멘트 마감공, \$24.45를 받는 5명의 작업자와 \$33.95를 받는 장비 오퍼레이터로 구성된다. 이런 구성의 작업조 C20는 하루 8시간 동안 165 입방야드의 콘크리트를 타설할 수 있다. 다음을 구하시오: (a) C20 작업조의 일별 원가, (b) C20 작업조 기준 1 입방야드 콘크리트 타설 비용, (c) 550 입방야드 콘크리트 타설 비용.

13.14 국방부는 지역 원가 요인(ACFs, Area Cost Factors)을 사용하여 여러 지역의 건설 비용 차이를 보정하고자 한다. 하와이 와이아나에의 ACF는 2.19이고 앨라배마 무디의 ACF는 0.83이다. 무디 지역 냉동 창고의 원가가 \$1,350,000일 때 와이아나에에 있는 비슷한 창고의 원가는 얼마쯤 되겠는가?

13.15 한 지역이나 국가의 기름 유출 정화비용은 특정 지역의 평균 비용에 기름 종류(경질유, 중질유, 연료 오일 등), 유출 규모(<34톤, 34~340톤 등), 지역 유형(연안, 근해, 항구 내), 정화 방법(유화제, 소각, 수작업), 해안선 오일링 정도(0~1 km, 2~5 km 등)에 따른 '수정 요인'값을 적용하여 추정한다. 평균 비용이 \$23.02/리터이고, 미국 어느 지역에 대한 수정 요인값이 1.32(기름 종류), 0.65(유출 규모), 1.28(지역 유형), 0.25(정화 방법), 1.53(해안선 오일링)일 때, 리터당 정화비용을 추정하시오.

13.16 두 사람이 대학 캠퍼스에 130,000 제곱피트의 신규 건물 건축 초기 원가추정치를 도출하였다. A는 일반 목적의 단위비용 추정치 \$180/ft^{2}를 적용하였다. B는 면적 추정치를 사용하고 표에 나타난 요인값을 사용하여 좀 더 구체적인 추정을 시도하였다. (a) 두 사람의 추정치는 얼마겠는가? (b) 추정치의 차이는 몇 퍼센트인가? (작은 값 기준)

사용 목적	면적, %	ft^{2}당 비용, \$
교실	30	125
실험실	40	185
사무실	30	110
실험실 기자재	25	150
기타 기자재	75	25

원가지수

13.17 FRED 장비 원가지수가 240.5일 때 두 부품을 함께 당기는 조절식 볼록(ball-lock) 핀 제조에 필요한 장비 원가가 \$185,000였다. 지수값이 291.7이었던 2021년의 유사한 시스템 예상 원가는 얼마인가?

13.18 FRED CPI 지수(표 13-3)는 여러 해의 가정용품 가격을 예측하는 데 사용할 수 있다. 2017년에 샌디와 말콤은 콤보 세탁기와 건조기를 \$1,800에 구입했다. 지금은 2023년이고 콤보 시스템에 심각한 고장이 발생하여 즉시 교체해야 한다고 가정하자. CPI 지수가 2019년에서 2020년까지의 변화와 동일하게 선형적으로 계속 변화한다면, 2023년의 비슷한 콤보 세탁기와 건조기 원가를 추정하시오.

13.19 AB Jackson Industries는 2013년에 \$87,200로 압축기와 펌프 시스템을 설치했다. FRED 장비 원가지수를 적용할 때, 지수값이 284.8이라면 유사한 시스템의 추정 원가는 얼마인가?

13.20 2014년, 국방부 차관실은 중요한 국제 국방 건설 원가지수의 변화를 당시 3,423에서 2021년에는 4,098로 예측하였다. 2021년 실제 값이 5,167이었다면, (a) 2014년과 2021년 사이의 실제 건설 원가 인플레이션 비율은 얼마였는가? (b) 예상과 실제 인플레이션율 간의 비율은 얼마인가?

13.21 원가지수가 1,457.4일 때 장비 한 부분의 원가가 $67,900였다. 같은 대상의 원가가 $83,400로 추정되었을 때의 원가지수값을 계산하시오.

13.22 화학 공학지(CE)의 CEPCI 편집자가 플랜트 원가지수를 업데이트하여 2014년 기준 현재의 576.1에서 100으로 변경하는 경우, 2019년과 2020년의 CEPCI 값을 구하시오. (힌트: 표 13-3을 기준으로 할 것)

13.23 한 컨설팅 엔지니어링 회사가 40 MW급 첨단 복합사이클 천연가스 화력 발전소 예비원가 추정을 준비하고 있다. 이 회사는 2012년에 유사한 프로젝트로 총원가(건설 및 장비)를 $809.2백만으로 추정한 바 있다. 이제 건설 원가지수를 이용하여 원가를 업데이트하려고 한다. 건설 원가를 총원가의 25%로 가정하고, 2012년의 지수값이 8,570인 경우, 지수가 9,845인 2024년에 대해 비슷한 규모의 플랜트 건설 원가를 추정하시오.

13.24 Marshall and Swift(M&S) 장비 원가지수는 1926년을 기준값 100으로 한다. 1926년부터 지수값이 1,490.2였던 2023년까지의 연평균(복리) 증가율을 구하시오.

13.25 대형 상업 프로젝트 전문 건설 회사를 소유한 어느 엔지니어는 지난 2년간 분기당 2%로 재료비용이 증가했다는 사실을 발견했다. 그 2년 동안의 원가지수를 생성하여 시작점을 100으로 한다면, 마지막 지수값은 얼마가 되겠는가? 소수점 이하 두 자리까지 표시하시오.

13.26 2012년 기준, 다양한 건물(병원, 학교, 은행, 요양원 등)의 총 프로젝트 건설 원가를 조사한 평균값은 $13,136,431였다. 이 중 기계 및 전기 부문은 각각 $2,511,893와 $1,585,384이다. 2023년의 총 프로젝트 원가가 $15,700,000로 증가한다면, (a) 비중이 2012년과 같은 경우와 (b) 2012년 대비 비중이 20% 증가한 경우에 기계 부문의 원가는 얼마인가?

13.27 사중극자 질량 분석기의 현재 구입 가격은 $85,000이다. 광물 분석 실험실의 소유주는 장비 원가가 향후 10년간 특수 실험실 장비 원가지수에 따라 증가할 것으로 예상하고 있다. (a) 특수 장비 인플레이션이 향후 3년간 연 2%, 그 이후 연 5%로 추정된다면, 10년 후 질량 분석기의 가격은 얼마인가? (b) 현재 원가지수가 1,203인 경우, 예상되는 인플레이션에 따르면 10년 후 지수는 얼마가 되겠는가?

13.28 2015년 Total Petroleum의 엔지니어 라샤는 비록 지난 몇 년간 유가 변동성이 매우 컸음에도 불구하고, 원유 생산과 정제 제품 위주의 회사 주식에 투자하기로 하였다. 라샤는 웹에서 글로벌 원유지수(GCO 지수)와 대표적인 두 유종인 브렌트유(B-E)와 서부 텍사스산 중질유(WTI)의 연도별 가격($/배럴, 매년 12월 기준)을 찾았다. 세 데이터의 2008년부터 2015년까지의 값이 아래 표에 정리되어 있다. GCO 지수의 기준값은 2005년 100포인트이다.

연도	GCO 지수	B-E, $/배럴	WTI, $/배럴
2008	105.1	35.82	44.60
2009	141.9	77.91	79.39
2010	160.6	93.23	91.38
2011	194.4	108.09	98.83
2012	192.3	110.80	91.83
2013	196.8	109.95	98.17
2014	140.2	62.16	53.45
2015	79.3	36.61	37.13

원가지수 방정식을 이용하여 다음 물음에 답하시오.

(a) B-E와 WTI의 2008년부터 2015년까지의 가격을 예측하시오.

(b) 2008년에서 2015년까지 B-E의 예측 가격과 실제 가격을 비교하는 꺾은선 그래프를 그리시오.

(c) 2008년에서 2015년까지 WTI의 예측 가격과 실제 가격을 비교하는 꺾은선 그래프를 그리시오.

(d) 두 유종 중 원가지수가 좀 더 가깝게 추적한 것은 어느 쪽인가?

(e) 2015년에 B-E 주식 100주, WTI 주식 200주를 매수하였다. 만약 라샤가 2023년에 300주 모두를 주당 $72에 팔았다면, 8년간의 수익률은 얼마인가? 스프레드시트를 사용하여 푸시오.

원가-용량 방정식과 요인법

13.29 원가추정에 있어서 원가추정관계식(CER)과 원가지수법의 근본적인 차이는 무엇인가?

13.30 매일 2백만 갤런의 식수에서 트리할로메탄을 에어스트리핑 정화하는 유인통풍식 냉각탑의 원가가 $153,200인 경우, 하루 0.75백만 갤런 용량의 냉각탑에 대한 원가를 추정하시오. 원가-용량 방정식의 지수값은 0.58이다.

13.31 만일 어느 펌프의 용량이 비슷한 종류의 대형 펌프의 절반이고, 원가도 절반이라면, 원가-용량 방정식의 지수값은 얼마인가?

13.32 최근 구입한 고품질 250마력 압축기의 원가가 $14,000이다. 600마력 압축기의 기대 원가는 얼마겠는가?

13.33 일 생산량 6,000개 규모의 제조 공정의 설치 원가가 $550,000이다. 일 생산량 100,000개 플랜트의 원가가 $3백만일 때, 원가-용량 방정식의 지수값은 얼마가 되겠는가?

13.34 분당 60,000 ft^3의 용량을 가진 멀티튜브 사이클론 시스템의 예상 원가가 $450,000이다. (a) 원가-용량 방정식에 분당 35,000 ft^3 시스템의 실제 원가 $200,000가 적용된 경우, 지수값은 얼마인가? (b) 두 시스템 원가에 대해 규모의 경제 측면에서 어떤 결론을 내릴 수 있는가?

13.35 600 MW 발전소의 보일러 연도가스 탈황 시스템 건설 원가 추정치가 $250백만이다. 추정 기준으로 활용된 작은 발전소의 유사한 시스템 원가가 $55백만이고 원가-용량 방정식의 지수가 0.67이라면, 더 작은 발전소의 규모는 얼마인가?

13.36 반도체 제조 수처리 여과 플랜트의 순 연간운영비용(AOC)은 $1.5백만으로 추정되었다. 이 추정치는 1 MGD(일간 백만 갤런) 규모 플랜트의 연간 비용 $200,000를 기준으로 한 것이다. 원가-용량 방정식의 지수는 0.80이다. (a) 추정 대상이 된 큰 공장의 규모는 얼마인가? (b) 앞 질문을 풀기 위한 스프레드시트를 작성하시오. (c) 플랜트 관리자가 AOC를 $1백만으로 제한할 경우, 스프레드시트를 사용하여 가능한 최대 플랜트 규모(MGD)를 결정하시오.

13.37 화학 처리 펌프의 2024년 기준 원가를 추정하시오. 단, 2018년 기준 1/4 크기인 펌프의 원가가 $60,000였다. 원가-용량 방정식의 지수는 0.24이다. FRED 펌프 지수를 이용하여 원가를 업데이트하시오. 해당 지수의 2024년 추정치는 300.0이다.

13.38 1,000마력 증기 터빈 공기 압축기의 2024년 원가를 추정하시오. 단, 2005년 기준 200마력 압축기의 원가가 $160,000였다. 원가-용량 방정식의 지수값은 0.35이고, FRED 장비 원가지수는 해당 기간 35% 증가하였다.

13.39 베인 혹은 열선 풍속계 측정을 위한 소형 풍동의 원가가 2011년 기준 $3,750였고, 이때 Marshall and Swift(M&S) 장비 원가 지수값이 1,490.2였다. True-Tech Instruments가 풍동 원가가 2023년에 두 배인 $10,200가 될 것으로 예상했다면, 적용된 장비 원가 지수값은 얼마인가? 원가-용량 방정식 지수는 0.89이다.

13.40 열악한 환경에서 광물 제품을 제조하는 장비의 원가가 $2.3백만이다. 이 종류의 시설에 대한 총 원가 요인값이 2.25일 때, 전체 플랜트 원가 추정치는 얼마인가?

13.41 정유 산업에 수소를 공급하기 위한 생산 플랜트의 총원가가 $55.4백만으로 추정된다. 장비 원가의 예상치는 $17.8백만이다. (a) 이 플랜트 유형의 총 원가 요인값은 얼마인가? (b) 그 원가 요인에는 무엇이 포함되었는가?

13.42 Western Refining의 화학 엔지니어가 디젤 연료 탈황 시스템의 총원가를 $2.3백만으로 추정했다.

직접원가 요인이 1.55이고 간접원가 요인이 0.43이면, 총 장비 원가는 얼마인가? 두 요인을 모두 적용하여 구하시오.

13.43 완비된 CNC 가공 시스템의 배송된 장비 원가가 $1.6백만이다. 직접원가 요인이 1.52이고 간접원가 요인이 0.31이다. 간접원가 요인이 (a) 배송된 장비의 원가에만 적용되는 경우와 (b) 총직접원가에 적용되는 경우에 대해 각각 총 플랜트 원가를 추정하시오.

13.44 Douwalla's Import Company가 2015년에 대규모 확장 공사를 진행하면서 배송된 장비 원가가 $1.75백만에 달하는 새로운 가공 라인을 개발하였다. 올해 이사회는 새로운 시장으로 확장하기 위해 같은 가공 라인의 최신 버전을 구축하려고 한다. 건설 원가 요인 0.20, 설치 원가 요인 0.50, 장비에 적용되는 간접원가 요인이 0.25로 주어지고, 총 플랜트 원가 지수가 해당 기간 동안 2,509에서 3,713으로 상승한 경우, 원가를 추정하시오.

13.45 니콜은 시사이드에 있는 정유 공장의 계약직 엔지니어다. 그녀는 에틸렌 라인의 새 장비에 대한 $430,000의 원가추정을 검토하였다. 장비 자체는 건설 원가 요인값 0.30과 설치 원가 요인값 0.30을 이용해서 $250,000로 추정되었다. 간접원가 요인은 알 수 없지만, 다른 현장에서 간접원가가 상당히 커서 라인의 장비 원가를 증가시키고 있다고 알려져 있다. (a) 간접원가 요인이 0.30인 경우, 현재 추정 원가가 이 값과 비슷한 요인을 사용하고 있는지 확인하시오. (b) 간접원가 요인이 0.30인 경우의 원가추정치를 구하시오.

간접비용비율과 배분

13.46 한 회사가 직접 노동시간당 비용을 기준으로 보험 비용을 배분한다. 올해 해당 간접비용 요소에 대한 예산 책정 규모는 $36,000이다. 부서 A, B, C의 연간 직접 노동시간이 각각 2,000, 8,000, 5,000시간일 때, 각 부서에 보험 비용을 배분하시오.

13.47 어느 도시 거리 유지보수 담당자가 연간 $1.2백만의 IDC 예산을 3개 부서에 배분하려 한다. 관련된 올해 실측 자료는 다음과 같다.

	올해 자료	
부서	이동 거리(마일)	직접 노동시간
북구	275,000	38,000
남구	247,000	31,000
중구	395,000	55,500

담당자는 배분법을 적용할 생각이며, 다음과 같은 작년 정보를 토대로 올해의 비율을 결정하려고 한다.

부서	이동 거리 (마일)	직접 노동시간	기준	작년 간접비 배분 금액, $
북구	350,000	40,000	이동 거리	300,000
남구	200,000	20,000	노동시간	200,000
중구	500,000	64,000	노동시간	450,000

(a) 올해 각 부서의 배분 비율을 구하시오.

(b) 비율을 이용하여 올해의 총예산을 배분하시오. 올해의 예산 중 몇 퍼센트를 배분하게 되는가?

13.48 어느 회사에는 10개의 스테이션으로 구성된 공정 부서가 있다. 이 중 3개 스테이션의 용도와 특성 때문에 이들은 간접비용 배분에 있어 별도의 원가 부서로 취급된다. 나머지 7개의 스테이션은 CC190이라는 하나의 원가 부서로 묶어서 다룬다. 모든 스테이션에 대해 배분 기준으로 작업시간이 사용된다. 총 $250,000가 내년에 공정 부서에 배분될 예정이다. 올해 수집된 데이터를 바탕으로 내년의 각 원가 부서 간접비용비율을 결정하시오.

원가 부서	간접비 배분 금액	작업 시간
CC100	$25,000	800
CC110	$50,000	200
CC120	$75,000	1,200
CC190	$100,000	1,600

13.49 Williams 주식회사에서는 모든 간접비용이 회계 부서에 의해 배분된다. 한 부서 관리자가 자기 부서의 지난 3개월간 배분 비율과 실제 청구 금액 자료를 얻어서 이번 달과 다음 달(5월과 6월)에 대해 추

정하였다. 배분 기준은 알려져 있지 않으며, 회사 회계사도 알려줄 의향이 없다. 그러나 회계사는 해당 부서 관리자에게 배분율이 매달 감소하는 것은 좋은 신호이기 때문에 걱정하지 말라는 말을 해주었다.

월	간접비용		
	배분 비율	배분 금액	청구 금액
2월	$1.40	$2,800	$2,600
3월	$1.33	$3,400	$3,800
4월	$1.37	$3,500	$3,500
5월	$1.03	$3,600	
6월	$0.92	$6,000	

평가 진행 중에 해당 부서와 회계 부서에 대한 추가 정보가 다음과 같이 수집되었다.

월	직접 노동		재료비,	부서 공간,
	시간	비용, $	$	ft^2
2월	640	2,560	5,400	2,000
3월	640	2,560	4,600	2,000
4월	640	2,560	5,700	3,500
5월	640	2,720	6,300	3,500
6월	800	3,320	6,500	3,500

(a) 각 달에 사용된 배분 기준을 구하시오.

(b) 배분 비율의 감소에 대해 회계사가 한 말의 의미를 해석해 보시오.

13.50 기계 부품 사업부 관리자가 당신에게 올해 $3.9백만 규모의 주요 자동차 하위 조립 단위의 구매 혹은 자체제작 결정에 대한 추천을 요청하였다. 현재는 외부로부터 구매하고 있으며, 이 비용은 매년 $300,000씩 증가할 것으로 예상된다. 관리자는 자체제작(대안 제작) 평가 시 직접비용과 간접비용을 모두 포함하기를 원한다. 새 장비의 가격은 $3백만, 잔존가치는 $0.5백만, 수명은 6년이다. 재료비, 노무비, 기타 직접비용은 연 $1.5백만으로 추정된다. 일반적인 간접비용, 기준, 예상 사용량은 아래에 정리되어 있다. 6년의 기간에 대해 MARR = 12%/연으로 AW 평가를 수행하시오. 직접 계산 및 스프레드시트 해답을 모두 작성할 것.

부서	기준	비율	예상 사용량
X	직접 노무비	$2.40/$	$450,000
Y	재료비	$0.50/$	$850,000
Z	검사 횟수	$20/1회	$4,500

ABC 방법(활동기준원가법)

13.51 CarryALL은 개인과 중소기업 대상의 소형 화물 트레일러 제조 및 판매 업체이다. 1990년 설립된 이래로 이 회사는 세 곳의 제조 공장에 단위당 직접 재료비를 기준으로 간접비용(IDC)을 배분하고 있다. 각 공장에서 제조되는 트레일러의 모델과 크기는 서로 다르다. CFO인 주드는 자동화 및 재료의 발전을 고려하여 트레일러 완성에 걸리는 평균 작업시간인 단위당 제작 시간을 새로운 기준으로 할 것을 계획하였다. 주드는 우선 새 기술과 재료가 도입되기 전에 제작 시간 기준을 사용한 올해 배분은 얼마일지 파악하고자 한다. 아래에 평균 비용과 시간이 나와 있다. 이 데이터와 명시된 기준을 사용하여 올해 배분 비율과 $1백만의 IDC에 대한 배분 금액을 구하시오.

공장	뉴욕	버지니아	테네시	합계
직접 재료비, $/1대	20,000	12,700	18,600	51,300
이전 1대당 제작 시간, 작업 시간	400	415	580	1,395
새로운 1대당 제작 시간, 작업 시간	425	355	480	1,260

13.52 캘리포니아 어느 도시의 상수도 및 담수화 유틸리티는 현재 각 펌프 스테이션의 펌프 수를 기준으로 유지보수 작업자 비용을 펌프 스테이션에 배분하고 있다. 지난 상반기 이사회에서 일부 스테이션에 오래된 펌프가 있어 더 많은 유지보수가 필요하기 때문에 서비스 직원이 각 스테이션을 방문하는 횟수로 배분 기준을 변경하자는 제안이 나왔다. 해당 스테이션에 대한 정보는 아래와 같다. 간접비용 예산이 펌프당 $20,000일 때, (a) 서비스 출장 횟수를 기준으로 각 스테이션에 예산을 배분하고, (b)

펌프 수를 기준으로 한 예전의 배분 금액을 구하고, 새 배분과 유의미한 차이가 있는지를 설명하시오.

스테이션	펌프 수	연간 서비스 방문 수
실버스터	5	190
로렐	7	55
7번가	3	38
스파이스우드	4	104

문제 13.53부터 13.55까지 아래의 내용을 사용하여 푸시오.

Jet Green 항공사는 전통적으로 수화물의 파손 및 분실에 따른 간접비용을 연간 운행 편수를 기준으로 세 곳의 허브에 배분하였다. 작년에는 $667,500가 다음과 같이 배분되었다.

허브 공항	운행 편수	배분 비율	배분 금액
HUA	55,000	$6/편	$330,000
DFW	20,833	$9/편	$187,500
SAT	15,000	$10/편	$150,000

항공사의 수화물 관리 책임자는 운행 편수가 아닌 수화물 수송량을 기준으로 하자고 제안하였다. 이는 위탁 수화물 요금이 높아짐에 따라 메이저 허브 공항에서 처리하는 수화물 숫자가 크게 달라졌다는 사실을 고려할 때 더 나은 방법이기 때문이다. 올해 처리한 수화물의 수는 HUA가 2,490,000개, DFW가 1,582,400개, SAT가 763,500개이다.

13.53 제안된 수화물 수송량 기준에서 (a) 활동과 (b) 원가 동인이 무엇인지 쓰시오.

13.54 작년의 총금액 $667,500를 수화물 수송량 기준으로 각 허브에 배분하기 위한 IDC 배분 비율을 0.1센트 단위의 정확도로 구하시오.

13.55 두 기준에 따른 각 허브의 배분 금액 차이는 몇 퍼센트인가?

13.56 지금까지 Travel Club은 광고 비용을 유럽의 각 리조트 지점에 지점별 예산 규모를 기준으로 배분해 왔다. 올해 4개 지점의 예산과 $1백만의 광고비에 대한 배분 금액을 반올림하여 나타낸 결과가 다음 표에 나와 있다.

	지점			
	1	2	3	4
예산, $	2백만	3백만	4백만	1백만
배분, $	200,000	300,000	400,000	100,000

(a) 새 기준으로 ABC 방법이 적용되는 경우의 배분 금액을 구하시오. 활동은 각 리조트의 광고부서로 정의한다. 원가 동인은 올해의 투숙객 수이다.

	지점			
	1	2	3	4
투숙객	3,500	4,000	8,000	1,000

(b) 역시 ABC 방법을 적용하되, 원가 동인을 투숙객-숙박일(밤) 수로 한다. 각 지점의 평균 숙박일수는 다음과 같다.

	지점			
	1	2	3	4
평균 숙박일수	3.0	2.5	1.25	4.75

(c) 위 두 방법에 따른 광고비 배분을 보고 논평하시오.

(d) ABC 접근법이 좀 더 현실적인 배분을 할 수 있도록 하는 또 다른 원가 동인을 찾아보시오.

사례연구

의료 장비 제조 원가의 간접비용 분석

배경

최근 휴대용 살균 장치 PS6가 시장에 출시되었다. 이 기기는 이산화질소(NO_2) 가스를 살균제로 사용한다. 이 장치는 간호사와 의사가 중앙 구역으로 직접 가거나 배송을 받아야 하는 재사용 기구 중 일부를 멸균하여 병상 바로 옆에서 사용할 수 있도록 한다. PS6는 또한 일반 병실의 화상 및 중증 상처 환자가 필요한 때에 기구를 사용할 수 있게 한다.

PS6는 두 가지 모델이 있다. 표준 버전은 $10.75에 판매되며, 맞춤형 트레이와 배터리 백업 시스템이 포함된 프리미엄 버전은 $29.75이다. 이 제품은 병원, 회복실, 요양원 등에 연간 약 100만 대 수준으로 판매되고 있다.

정보

제조업체 Health Care Services는 그동안 다른 제품 라인에 대해서는 직접 생산 시간을 기준으로 한 간접비용 배분 시스템을 사용해 왔으며, PS6의 가격을 책정할 때도 같은 방법을 썼다. 하지만 간접비용 분석을 수행하고 판매 가격을 책정했던 어니가 더 이상 회사에서 일하지 않아 자세한 분석 결과를 확인할 수 없다. 이메일과 통화를 통해 어니는 현재 가격이 2년 전에 결정된 총 제조 원가보다 약 10% 높게 책정되었으며, 디자인 부서 파일에 일부 기록이 남아 있다고 말해주었다. 이 파일을 검색한 결과 표 13-11에 표시된 제조 및 비용 정보를 확인할 수 있었다. 이 기록과 다른 기록들을 보았을 때, 어니가 직접 노동시간을 기반으로 한 전통적인 간접비용 분석을 사용하여 표준 모델의 경우 개당 $9.73, 프리미엄 모델의 경우 개당 $27.07로 총 제조 원가를 추정했음이 분명해 보인다.

작년에 경영진은 전체 공장의 간접비 배분 방식을 ABC 시스템으로 적용하기로 결정하였다. 작년 PS6 라인에 대해 수집한 비용과 매출 수치는 정확하다. 의료 서비스 제조 운영에서 5가지 활동과 그 원가 동인을 식별하였으며(표 13-12), 각 모델별 수치 역시 표에 요약되어 있다.

앞으로는 총원가와 그에 따른 가격을 결정하기 위해 ABC 방법이 사용된다. 생산 관리자의 첫인상은 새로운 시스템이 적용되었을 때, PS6의 간접비용이 PS6의 표준 모델과 프리미엄 모델이 판매되었던 지난 몇 년간의 다른 제품의 간접비용과 거의 같을 것이라는 점이다. 예상대로라면 표준 모델이 간접비용의 약 1/3을, 프리미엄 모델이 나머지 2/3를 받을 것이다. 기본적으로 생산 관리자가 프리미엄 버전을 생산하지 않으려는 두 가지 이유가 있다. 회사 입장에서 수익성이 낮고, 제조에 필요한 시간과 작업이 훨씬 많다.

사례연구 문제

1. 전통적인 간접비용 배분을 수행하고 어니의 원가 및 가격 추정치를 검증하시오.
2. ABC 방법을 적용하여 두 모델(표준, 프리미엄)의 간접비용 배분 금액과 총원가를 추정하시오.
3. 가격과 판매량이 내년에도 같고(표준 모델 75만 개, 프리미엄 모델 25만 개) 다른 비용들이 그대로일 때, ABC 방법을 적용한 경우와 전통적인 간접비용 배분을 적용한 경우의 PS6 수익을 비교하시오.
4. Health Care Services사가 ABC 방법을 적용하고 원가 대비 10%의 이윤폭을 가져가려고 할 때 내년 가격 설정은 얼마로 해야 하는가? 판매량 예측이 그대로라면 PS6의 총순수익은 얼마인가?

표 13-11 PS6의 직접비용 및 간접비용 분석을 위한 과거 자료

PS6 직접비용(DC) 산정

모델	직접 노무비, $/제품[1]	직접 재료비, $/제품	직접 노동시간, 시간/제품	총 직접 노동시간
표준	5.00	2.50	0.25	187,500
프리미엄	10.00	3.75	0.50	125,000

PS6 간접비용(IDC) 산정

모델	직접 노동시간, 시간/제품	IDC 배분 비율	IDC 배분 금액, $	연간 판매량
표준	0.25	1/3	1.67백만	750,000
프리미엄	0.50	2/3	3.33백만	250,000

[1]평균 직접 노무비 비율은 $20/시간이다.

표 13-12 ABC 기반 간접비용 배분을 위한 PS6의 활동, 원가 동인, 수치

활동	원가 동인	연간 수치	실제 비용, $/연
품질	검사	20,000 검사	800,000
구매	구매 주문	40,000 주문	1,200,000
스케줄링	주문 변경	1,000 주문	800,000
생산 설정	설정	5,000 설정	1,000,000
기계 가동	기계 가동 시간	10,000 시간	1,200,000

원가 동인	당해 연도 수치	
	표준	프리미엄
검사	8,000	12,000
구매 주문	30,000	10,000
주문 변경	400	600
설정	1,500	3,500
기계 가동 시간	7,000	3,000

5. 위의 결과를 토대로, 생산 관리자의 ABC 적용 후 간접비용 배분 예상(1/3이 표준 모델, 2/3가 프리미엄 모델)에 대해 논하고 PS6 프리미엄 모델을 생산하지 않을 두 가지 근거를 찾아보시오.

사례연구

기만 행위는 문제를 일으킬 수 있다

배경

석탄의 지표 채굴은 채굴 대상 재료 위쪽의 하부 지층에서 토양과 퇴적물을 제거하는 작업이다. 법에 따르면 이러한 유형의 채굴 활동으로 인해 교란된 토지를 채굴 전 혹은 그 이상의 생산 능력으로 되돌려야 한다.

토양의 생산 능력은 토양의 조직구조(모래, 미사, 점토 함량) 및 화학적 특성(예: pH)과 직접적인 상관관계가 있다. 이를 위해 채굴 회사는 채굴 활동으로 교란될 지역에 대해 다양한 토양을 샘플링해야 한다. 샘플링의 목적은 채굴 전에 토양의 조직 및 화학적 구성을 특성화하는 기준선을 설정하는 것이다. 낮은 pH(<5)의 토양은 낮은 비옥도를 의미한다. 석탄 등의 천연 자원이 제거되면 구덩이를 퇴적물로 다시 채우고 지표에 길을 내서 채굴 전 배수로를 재설치한다. pH 기준을 충족하기 위해서는 pH가 낮은 광산 토양 면적이 pH가 낮은 미채굴 토양 면적을 초과해서는 안 된다.

정보

Yucatan 광산 회사(가명)는 채굴 활동으로 600에이커를 교란할 계획이었다. 600에이커 내 다양한 토양 종류들은 채굴 활동이 이루어질 지역 토양조사서에 나와 있었다. 채굴에 앞서 회사는 각 토양 유형별로 10개의 장소에서 토양 샘플을 채취하여 pH를 비롯한 여러 매개변수에 대한 분석을 의뢰하였다. 데이터 평가 결과, 교란 예정 지역 면적(180에이커)의 30%가 4.0~4.9 사이의 pH 값을 나타냈다. 채굴 신청은 주 정부 광업 및 복구부의 승인을 받았다.

6년 후, 450에이커가 채굴되었고 지형 표면은 평평해져 채굴 전 경사가 다시 형성되었다. 평탄화된 450에이커 중 175에이커는 pH값이 4.0~4.9였다. Yucatan사의 대표는 첫 번째 토양 기준이 편향되어 있다고 보고, 채굴되지 않은 나머지 150에이커에서 새로이 샘플링하여 수정된 토양 기준을 제출할 것이라고 밝혔다.

기존 토양 기준을 보강하기 위해 추가적인 토양 분석을 수행하라는 요청이 승인되었다. 회사는 새 기준 개발을 위해 신속히 컨설턴트를 고용하였고, 이후 Yucatan사는 컨설턴트의 최종 보고서를 광업 및 복구부에 제출했다. 이 수정된 채광 전 토양 기준에 따르면 채광 전 pH 값이 4.0~4.9 사이인 토양이 전체의 45%였다. 이전 샘플과 새 샘플의 비교 결과는 다음과 같다.

	면적 크기 및 비율	
토양 기준	**기존 토양 기준**	**수정된 토양 기준**
pH: 4.0~4.9	30% 180에이커	45% 270에이커

기존 토양 기준과 수정된 토양 기준의 대략적인 통계 검토는 엇갈리는 결과를 보여주었다. 이 예비 결과와 저생산성 토양의 면적 비율이 크게 증가했다는 사실을 바탕으로, 수정된 기준 샘플에 대한 심층 분석이 수행되었다. 제출된 새 샘플 패키지에는 Yucatan 컨설턴트의 편지가 포함되어 있었다. 편지에서는 컨설턴트가 Yucatan의 경영진에게 100개의 개별 토양 샘플을 채취하여 분석했으며, 가장 낮은 pH 값을 가진 30개의 샘플 데이터를 사용하여 수정된 토양 기준을 개발했다는 내용을 알리고 있었다.

주 광업 및 복구부 직원은 Yucatan사의 정화 작업량을 줄이기 위해 수정된 토양 pH 샘플 데이터가 신중하게 '선별'되었다고 결론지었다. 일주일 만에 Yucatan사는 수정된 토양 기준은 낮은 pH 위주로 왜곡하는 기법을 사용하여 개발되었기 때문에 수정된 토양 기준에 대한 추가 검토를 진행할 수 없다고 통보 받았다. 또한 Yucatan 광산 회사가 이 답변에 동의하지 않을 경우, 법률 담당자에게 분쟁 사건으로 접수될 것임을 알렸다.

며칠이 지나지 않아 Yucatan사 대표는 회사가 새로운 신청서를 철회한다고 답장하였다.

사례연구 문제

1. 여러분이 주 정부 광업 및 복구부 담당자이고, 새 샘플과 기존 샘플 간의 차이를 알게 되었다고 가정하자. 이 상황에서 직원에게 어떤 지시를 할 것인가?
2. 이와 같은 기만 행위 사례가 지난 몇 년간 수차례 있었다고 하자. 이러한 비윤리적 행위를 식별하기 위해 어떤 종류의 '감사' 절차를 적용해야 하겠는가?
3. Yucatan사는 분명히 기존 샘플과 새 샘플이 모두 전체 채굴 대상 지역에 대해 랜덤하게 분포되었다고 주장했을 것이다. 만약 pH가 가장 낮은 30개의 샘플이 새로운 기준을 세우는 데 사용되었다면, 실험계획법 표준에 따라 샘플들이 여전히 랜덤하다고 볼 수 있는가? 그렇다면 혹은 그렇지 않다면 이유는 무엇인가?
4. 여러분과 Yucatan의 대표가 오랫동안 아는 사이라고 하자. 골프도 몇 번 같이 치러 다니고, 아이들도 학교 축구팀에서 함께 어울리며, 가족들 역시 같은 동네 수영 클럽 회원이다. 이번 사건이 여러분의 가족과 Yucatan사 대표 가족과의 관계에 어떤 영향을 미치겠는가? 어떻게 이 상황에 대처하겠는가?
5. 원칙과 관행의 측면에서 (위 사례와 같은) 지원 절차가 전문 영역에서 비윤리적인 행위로 간주되기 이전에 데이터 교체나 편향 유발이 어느 정도는 허용된다고 보는가? 그러한 한계 지점은 어떻게 정의할 수 있는가?

텍사스주 환경기준위원회(Texas Commision on Environmental Quality) 소속 전문 지구과학자이자 기술사인 폴 아스케나시(Paul Askenasy) 박사 제공

CHAPTER 14

감가상각

Robert Lloyd-Ashton/Alamy Stock Photo

학 습 성 과

목적 : 감가상각 혹은 감가상각 방법을 사용하여 자산 또는 천연자원에 대한 자본 투자의 장부가를 감소시킨다.

절	주제	학습 성과
14.1	용어	• 감가상각의 기초 용어를 정의하고 사용한다.
14.2	정액법	• 정액법(SL) 감가상각을 적용한다.
14.3	정률법	• 정률법(DB)과 두배 정률법(DDB)을 적용한다.
14.4	MACRS	• 미국 기업들의 세금 감가상각을 위해 수정 가속원가회수법(MACRS)을 적용한다.
14.5	내용연수	• MACRS를 위한 내용연수를 선택한다.
14.6	고갈법	• 고갈(감모상각)을 설명한다. 생산량비례법(비용고갈법) 및 정률고갈법을 적용한다.
14장 부록		
14A.1	전통적 방법	• 연수합산 감가상각법(SYD) 및 생산량비례법(UOP)을 적용한다.
14A.2	전환	• 전통적 감가상각 방법 간의 전환 및 MACRS에서 전환이 어떻게 이루어지는지 설명한다.
14A.3	MACRS와 전환	• 고전적 방법과 MACRS 규칙 간의 전환을 이용하여 MACRS 비율을 계산한다.

대부분의 기업은 장비, 컴퓨터, 차량, 건물, 기계 등 유형자산에 자본금을 투자한다. 이러한 자본 투자는 보통 감가상각을 통해 기업 회계장부상에서 회수된다. 감가상각 금액은 **실제 현금흐름은 아니지만**, 자산의 장부상 감가상각 과정은 노후, 마모, 노후화로 인한 자산의 가치 감소를 설명해 준다. 세후 경제성 평가에서는 자산의 상태가 양호하더라도 시간이 지남에 따라 가치가 감소한다는 사실을 고려한다. 이 장에서는 감가상각의 유형, 용어, 고전적 방법에 대한 소개와 더불어 미국 세제 표준인 수정 가속원가회수법(MACRS)을 다룬다. 다른 나라에서는 일반적으로 세금 계산 시 고전적 방법을 쓴다.

경제성 공학에서 감가상각이 왜 중요한가? 감가상각은 모든 선진국에서 **세금 공제(tax-allowed deduction)** 대상이다. 다음의 일반적인 관계식을 통해 소득세를 감소시키게 된다.

$$세금 = (소득 - 공제액)(세율)$$

소득세는 15장에서 자세히 다룬다.

이 장의 끝에서는 석유, 가스, 광물, 광석, 목재와 같은 천연자원에 대한 자본 투자를 회수하는 두 가지 **고갈법(감모상각법, depletion)**을 소개한다.

이 장 부록에서는 역사적으로 유용한 두 가지 감가상각 방법인 연수합산 감가상각법과 생산량비례법에 대해 설명한다. 또한 기존 감가상각 방법 간 **전환(switching)** 절차를 통해 정액법 및 정률법에서 MACRS 감가상각률을 도출하는 자세한 방법도 소개한다.

14.1 감가상각 용어 ●●●

감가상각의 유형과 개념을 정의한다. 대부분의 내용이 기업뿐 아니라 감가상각 자산을 소유한 개인에게도 적용된다.

> **감가상각**(depreciation)은 유형자산의 가치 감소를 표현하는 회계 방식(비현금)이다. 감가상각에 사용되는 방법은 소유자에게 자산의 가치가 감소함을 설명하고, 거기에 투자된 자본금의 가치 감소를 표현하는 방식이다. 연간 감가상각 금액은 **실제 현금흐름이 아니고**, 보유 기간의 자산의 실제 사용 패턴을 정확히 반영하지도 않는다.

상각(amortization)이라는 용어가 감가상각과 혼용되어 쓰이기도 하지만, 엄연히 다르다. 감가상각은 유형자산에 적용되는 반면 상각은 대출, 모기지, 특허, 상표, 영업권 등 무형의 가치 감소를 반영하는 데 사용된다. 감가상각을 식별하기 위해 자본회수라는 용어를 사용하기도 하는데, 이는 5장에서 배운 것과는 다른 의미이다. 감가상각이라는 용어는 이 책 전체에서 사용된다.

이 장에서 다루는 감가상각 방법들의 사용 목적은 크게 두 가지이다.

장부 감가상각(book depreciation) 법인 및 사업체가 내부 재무 회계를 위해 사용하며 자산 또는 부동산의 수명에 따른 가치를 추적한다.

세금 감가상각(tax depreciation) 법인 및 사업체가 정부(국가, 주, 지방 등)의 세법에 따른 납부 세액을 결정하기 위해 사용한다. 감가상각 자체는 현금흐름이 아니지만, 연간 법인세 계산 시 세금 감가상각 금액이 공제 항목이기 때문에 실제 현금흐름이 달라진다.

이러한 두 목적을 위해 같은 공식을 적용할 때도 있고 아닐 때도 있다. 장부 감가상각은 자산의 사용 패턴과 예상 내용연수에 따른 자산 투자의 감소를 나타낸다. 장부 감가상각에 사용되는 국제적으로 통용되는 고전적 방법에는 직선법, 정률법, 연수합산 감가상각법 등이 있다. 세금 감가상각 금액은 세후 경제성 공학에서 중요하고, 국가마다 다르다.

> 대부분의 산업국가에서는 연간 **세금 감가상각이 세금 공제 대상**이다. 즉, 매년 납부 세액 계산 시 소득에서 차감된다. 그러나 세금 감가상각 금액은 각 나라 정부가 승인한 방법을 사용해야 한다.

세금 감가상각은 나라마다 다르게 계산된다. 예를 들어 캐나다에서는 자산의 특정 계층을 구성하는 기업의 모든 유형자산들의 감가상각되지 않은 가치를 기준으로 계산되는 CCA(capital cost allowance, 자본비용충당금)가 이에 해당하지만, 미국에서는 각 자산에 대해 개별적으로 감가상각이 이루어진다.

세금 감가상각이 가능한 경우, 일반적으로 첫해 감가상각이 이후보다 더 큰 **가속법**(accelerated method)에 따라 계산된다. 미국에서는 이 방법을 MACRS라고 하며 이 장 후반에서 다룬다. 사실상 가속법은 소득세 부담의 일부를 자산 수명 후반부로 이연시키지만 총 세금 부담을 줄이지는 않는다.

감가상각에 사용되는 일반적인 용어에 대한 설명은 다음과 같다.

초기비용 P 혹은 **미조정 기준가 B**는 자산의 구매 가격, 배송 및 설치 요금, 자산 사용 준비를 위한 기타 감가상각 가능한 직접비용을 포함한 자산의 인도 및 설치 원가이다. 미조정 기준가 또는 간단히 기준가라는 용어는 자산이 새것일 때 사용되며, 조정 기준가는 감가상각이 일부 부과된 후에 사용된다. 초기비용에 감가상각 가능 비용이 더해지지 않은 경우 기준가는 초기비용, 즉 $P = B$가 된다.

장부가(장부가치) $\mathbf{BV_t}$는 현재까지 감가상각 청구 총액을 기준가에서 차감한 후 남은 자본 투자를 나타낸다. 장부가는 매년 말 $t(t = 1, 2, ..., n)$에 결정되며, 연말 기준 규칙과 일치한다.

내용연수 $\boldsymbol{n}$은 자산의 감가상각 수명을 연 단위로 나타낸 값이다. 장부 감가상각과 세금 감가상각에 대해 서로 다른 n 값이 적용되는 경우가 많다. 이 두 값 모두 자산의 생산 수명 추정치와 다를 수 있다.

시장가치 MV는 대체 분석에서도 사용되며, 자산이 시장에서 판매될 경우 추정되는 금액이다. 감가상각법의 구조로 인해 장부가치는 시장가치와 상당히 다를 수 있다. 예를 들어, 상업용 건물은 시장가치가 상승하는 경향이 있지만 감가상각이 반영되면 장부가는 감소한다. 그러나 반대로 컴퓨터 서버처럼 급격한 기술 발전으로 인해 장부가보다 시장가치가 훨씬 낮아지는 경우도 있다.

잔존가치 *S*는 자산의 유효수명 종료 시 시장가치 혹은 중고판매가 예상치이다. 예상 금액 또는 최초 비용의 백분율로 표시되는 잔존가치는 해체 및 반출 비용을 고려하면 양수, 0, 음수가 될 수 있다.

감가상각률 혹은 **회수율 d_t**는 매년 초기비용 대비 감가상각되는 금액의 비율이다. 이 비율이 매년 동일한 경우 정액 감가상각률 d가 되고, 내용연수의 각 연도별로 달라질 수도 있다.

유형자산은 동산이라고도 하며 감가상각이 허용되는 자산의 두 가지 유형 중 하나다. 이러한 자산은 사업을 수행하는 데 사용되어 소득을 창출하는 물리적 소유물이다. 차량, 제조 장비, 자재 취급 장치, 컴퓨터 및 네트워킹 장비, 통신 장비, 사무용 가구, 정제 공정 장비, 건설 자산 등 대부분의 제조 및 서비스 산업 자산이 여기에 해당된다.

무형자산은 기업이나 비즈니스에 가치가 있는 비물리적 자산이다. 예로는 특허, 저작권, 지적 재산, 소프트웨어, 영업권 등이 있다. 이런 자산의 내용연수가 유한한 경우, 감가상각이 아닌 고갈(감모상각)로 처리되며 정액법과 같이 감가상각 자산에 적용되

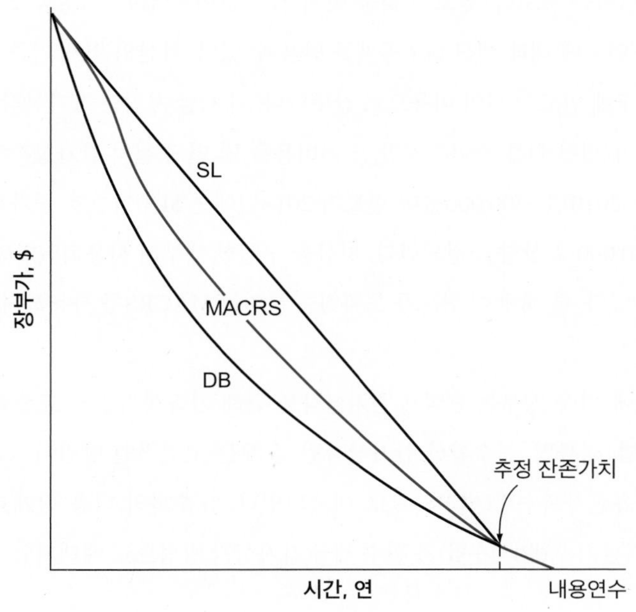

그림 14-1
여러 감가상각 방법별 장부가치 곡선

는 것과 동일한 기본 모델을 사용한다.

부동산에는 부동산과 모든 개선물(사무실 건물, 제조 구조물, 테스트 시설, 창고, 아파트 및 기타 구조물)이 포함된다. 토지 자체는 부동산으로 간주되지만 감가상각 대상은 아니다.

반기 규칙은 실제 시기와 관계없이 자산의 사용이나 처분이 그해의 중간쯤에 이루어지는 것으로 가정하는 것이다. 이 규칙은 본 교재와 미국에서 승인된 대부분의 세금 감가상각 방법에 적용된다. 분기 및 월 기준 규칙도 있다. 연도 말에 자산을 처분하는 경우 이론적으로는 반년에 대해서만 감가상각이 이루어진다. 보통 경제성 공학 평가에서는 이렇게 상세하게 다루지 않으며, 예제와 연습문제도 간략화된 기준을 따른다.

언급한 바와 같이, 유형자산의 감가상각을 위한 여러 모델이 있다. 정액법(SL)은 오랫동안 국제적으로 널리 사용되고 있다. 그림 14-1의 장부가 곡선에서 볼 수 있듯 정률법(DB)과 같은 가속 모델은 정액법보다 장부가액을 0(또는 잔존가치)을 향해 더 빠르게 감소시킨다.

각 방법(정액법, 정률법, MACRS, 연수합산 감가상각법)에 대해 연간 감가상각액을 계산해 주는 스프레드시트 함수가 있다. 각 방법이 설명될 때마다 함수와 사용법이 소개된다.

당연히 한 나라의 감가상각 법령에는 많은 규칙과 예외가 존재한다. 미국에 있는 중소기업이 경제 분석을 수행하는 경우 중요한 것은 섹션 179 공제이다. 이는 수년 동안 해마다 달라지는 경제적 인센티브로, 기업이 회사에서 직접 사용하는 장비(유형자산)에 투자하도록 장려하는 제도다. 별도의 맞춤 설계 기능 없이 구입된 '기성품' 소프트웨어는 설치 및 사용 연도에 대해 섹션 179 공제를 받을 수 있다. 자산의 전체 기준가를 일정 금액 이하까지 구매 연도의 사업 비용으로 간주한다. 이 세금 처리는 감가상각과 마찬가지로 연방 소득세(법인세)를 줄여주지만, 초기비용을 몇 년에 걸쳐 감가상각하는 대신 사용할 수 있다. 2010년 $500,000였던 한도가 2018년에는 $1 백만으로 증가했으며, 2022년에는 $1,080,000로 상향 조정되었다. 자산을 구입한 해부터 사용되었다면, 매년 공제가 적용될 수 있다. 한 해에 이 한도를 초과하는 투자는 MACRS를 사용하여 감가상각해야 한다.

1980년대에 미국 정부는 연방세 감가상각을 위해 가속상각법을 표준화했다. 1981년에는 정액법, 정률법, 연수합산 감가상각법 등 모든 고전적인 방법이 공제 대상에서 제외되고 가속원가회수법(ACRS)으로 대체되었다. 표준화의 다음 단계로 1986년에 MACRS(수정된 가속원가회수법)가 필수 세금 감가상각 방법으로 채택되었다. 현재 미국법은 다음과 같다.

> **세금 감가상각**은 MACRS를 사용하여 계산해야 하며, **장부 감가상각**은 전통적 방법 또는 MACRS를 사용할 수 있다.

MACRS에는 약간 변형된 정액법과 정률법이 내재되어 있지만, 연간 감가상각을 공제 대상에 포함하려면 이 두 가지 방법을 직접 적용할 수는 없다. 많은 미국 기업이 여전히 고전적 방법을 장부 작성에 사용하는 이유는 이 방법들이 자산의 사용 패턴이 자산에 남아 있는 투자 자본을 반영하는 방식을 잘 보여주기 때문이다. 다른 대부분의 국가에서는 여전히 세금 또는 장부상 목적으로 고전적인 정액법과 정률법을 인정한다. 정액법과 정률법은 여전히 중요하므로 MACRS에 앞서 다룰 예정이다. 부록 14A.1에서는 또 다른 두 가지 전통적 감가상각 방법을 소개한다.

미국과 여러 나라에서는 세법 개정이 자주 이루어지며 감가상각 규정도 수시로 변경된다. 감가상각 및 세법에 대한 자세한 내용은 다음을 참조하라. 미국 재무부 국세청(IRS)의 웹사이트 www.irs.gov에서 관련 간행물을 다운로드할 수 있다. 간행물 946, 자산 감가상각 방법(How to Depreciate Property)이 특히 이 장에 대한 내용이며, MACRS 및 대부분의 법인세 감가상각법에 대해 다루고 있다.

14.2 정액법(SL) ●●●

정액법(SL, Straight Line)은 장부가가 **시간에 대해 일정하게 선형**(직선)으로 감소한다는 뜻이다. 감가상각률 d_t는 내용연수 n의 매년 t에 대해 동일$(1/n)$하다.

정액법 감가상각은 모든 감가상각 모델을 비교하는 표준으로 간주된다. 장부 감가상각의 경우, 정액법은 일정 기간 동안 꾸준히 사용되는 모든 자산에 대해 장부가를 훌륭하게 표현한다. 앞서 언급했듯이 세금 감가상각의 경우 미국에서는 정액법이 직접적으로 사용되지는 않지만, 대부분의 나라에서는 보통 세금 목적으로도 사용되고 있다. 그러나 미국 MACRS 방법에는 일반 MACRS에서 규정하는 것보다 더 큰 n 값을 갖는 정액법 버전이 포함되어 있다(14.5절 참조).

연간 정액 감가상각 금액은 초기비용에서 잔존가치를 뺀 값에 d_t를 곱하여 구한다.

$$D_t = (B - S)d_t = \frac{B - S}{n} \qquad [14.1]$$

여기서 t = 각 연도$(t = 1, 2, ..., n)$

D_t = 연도별 감가상각 금액

B = 초기비용 혹은 미조정 기준가

S = 추정(예상) 잔존가치

n = 내용연수

d_t = 감가상각률 $= 1/n$

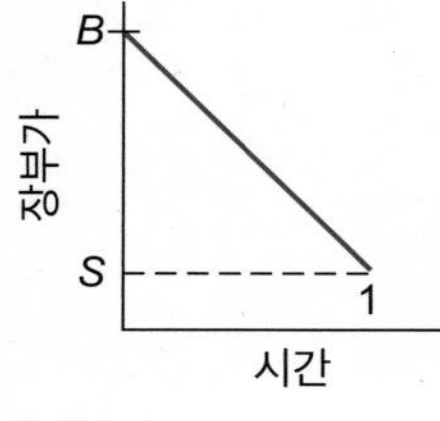

자산이 매년 같은 금액만큼 감가상각되므로, t년 후의 장부가 BV_t는 초기비용 B에서 연간 감가상각 금액에 t를 곱한 값을 빼준 금액이다.

$$\mathrm{BV}_t = B - tD_t \qquad [14.2]$$

앞서 d_t를 특정 해 t의 감가상각률로 정의하였다. 그러나 정액법에서는 모든 해의 감가상각률이 다음과 같다.

$$d = d_t = \frac{1}{n} \qquad [14.3]$$

연간 감가상각 금액 D_t를 출력하는 스프레드시트 함수의 형식은 다음과 같다.

$$= \mathrm{SLN}(B,S,n) \qquad [14.4]$$

예제 14.1

자산의 초기비용이 \$50,000이고 5년 후 예상 잔존가치가 \$10,000인 경우, (a) 연간 감가상각을 계산하고, (b) 정액법으로 매년 장부가를 계산하고 그래프로 그리시오.

풀이

(a) 식 [14.1]을 사용하면 5년간의 매년 감가상액 금액을 구할 수 있다.

$$D_t = \frac{B-S}{n} = \frac{\$50{,}000 - \$10{,}000}{5} = \$8{,}000$$

혹은 스프레드시트 함수로 = SLN(50000,10000,5)를 입력하면 같은 값을 얻는다.

(b) 각 연도 t의 장부가는 식 [14.2]를 사용하여 계산한다. BV_t 값은 그림 14-2에 나타내었다. 예를 들어 1년 차와 5년 차의 경우는 다음과 같다.

$$\mathrm{BV}_1 = 50{,}000 - 1(8{,}000) = \$42{,}000$$

$$\mathrm{BV}_5 = 50{,}000 - 5(8{,}000) = \$10{,}000 = S$$

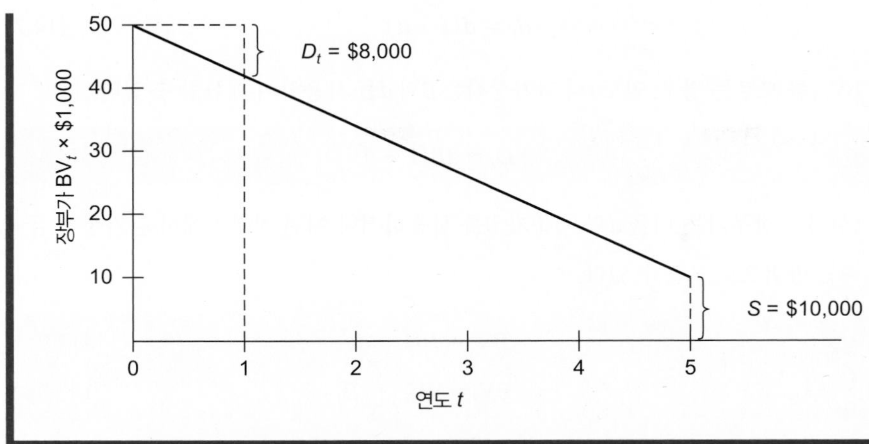

그림 14-2
예제 14.1의 정액법에 따른 장부가

14.3 정률법(DB)과 두배 정률법(DDB) ●●●

정률법(DB, Declining Balance)은 일반적으로 장부 감가상각에 적용된다. 정액법과 마찬가지로 정률법도 MACRS 방법에 포함되어 있지만, 정률법 자체는 미국의 연간 소득 공제를 위한 세금 감가상각액 결정에 사용할 수 없다. 다른 나라에서는 정률법이 장부 감가상각과 세금 감가상각에 일상적으로 사용되고 있다.

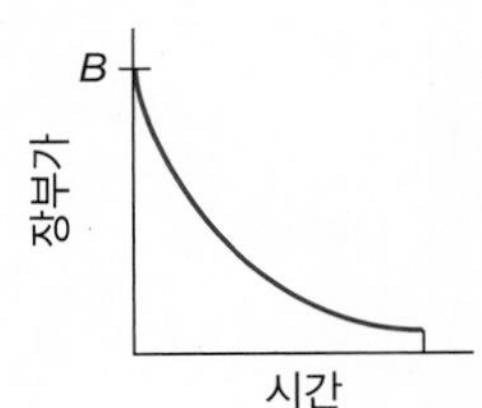

정률법은 고정 비율법 또는 균등 비율법이라고도 한다. 정률법은 연초 장부가에 고정(균일) 비율 d를 곱하여 연간 감가상각 금액을 구하기 때문에 자산 가치의 상각을 가속화한다. $d = 0.1$이면 매년 장부가의 10%가 사라진다. 따라서 감가상각 금액이 매년 감소하게 된다.

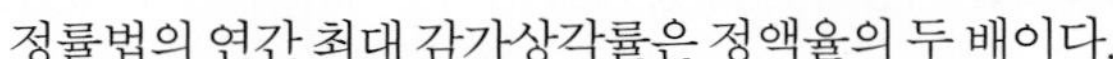
정률법의 연간 최대 감가상각률은 정액율의 두 배이다.

$$d_{max} = \frac{2}{n} \qquad [14.5]$$

이 경우의 정률법을 두배 정률법(DDB, Double Declining Balance)이라고 한다. n = 10년인 경우 두배 정률법의 비율은 2/10 = 0.2가 되므로 매년 장부가의 20%가 제거된다. 정률법에 일반적으로 사용되는 또 다른 비율은 정액법의 150%인 $d = 1.5/n$이다.

연도 t의 감가상각은 전년도 말의 장부가에 고정 비율 d를 곱한 값으로 구한다.

$$D_t = d(BV_{t-1}) \qquad [14.6]$$

기준가 B에 대한 각 연도 t의 실제 감가상각률은 다음과 같다.

$$d_t = d(1-d)^{t-1} \quad [14.7]$$

BV_{t-1}를 모르는 경우, 연도 t의 감가상각은 B와 d를 사용하여 계산할 수 있다.

$$D_t = dB(1-d)^{t-1} \quad [14.8]$$

t시점의 장부가는 비율 d와 기준가 B를 사용하거나 이전 장부가에서 감가상각 금액을 빼는 방법으로 구할 수 있다.

$$BV_t = B(1-d)^t \quad [14.9]$$

$$BV_t = BV_{t-1} - D_t \quad [14.10]$$

정률법에서는 장부가가 항상 일정 비율로 감소하기 때문에, 절대 0이 되지 않는다는 점을 주목하자. n년 후의 **내재 잔존가치**(implied salvage value) BV_n는 다음과 같다.

$$\text{내재 } S = BV_n = B(1-d)^n \quad [14.11]$$

자산의 잔존가치가 추정되는 경우, 이 추정 S 값은 정률법 혹은 두배 정률법에서 연간 감가상각을 계산하는 데 사용되지 않는다. 그러나 내재 $S <$ 추정 S인 경우, 장부가가 추정 잔존가치 이하가 되면 감가상각을 중단한다. 대부분의 경우, 추정 S는 0에서 내재 S 사이에 있다. (이 지침은 세금 감가상각 목적으로 정률법을 사용하는 경우 중요하다.)

고정 감가상각률 d가 명시되지 않은 경우, 추정 $S > 0$이면 추정 S 값을 사용하여 내재 감가상각률을 결정할 수 있다. d의 범위는 $0 < d < 2/n$이다.

$$\text{내재 } d = 1 - \left(\frac{S}{B}\right)^{1/n} \quad [14.12]$$

스프레드시트 함수 DB와 DDB를 이용하면 특정 해의 감가상각을 구할 수 있다. 이 함수는 감가상각 금액 D_t가 t에 따라 바뀌기 때문에, 이전 결과를 다음 셀에 입력값으로 적용하면서 이어진다. 두배 정률법의 경우 형식이 다음과 같다.

$$= \text{DDB}(B,S,n,t,d) \quad [14.13]$$

d는 1과 2 사이의 숫자인 감가상각률이며, 생략하면 2로 가정한다. $d = 1.5$로 입력하면 DDB 함수는 150% 정률법의 감가상각법 금액을 나타낸다. DDB 함수는 장부가가 내재 잔존가치 S와 같아지는 시점을 자동으로 확인한다. 이 경우 추가 감가상각이 청구되지 않는다. (전체 감가상각이 청구되도록 하려면 0과 식 [14.11]의 내재 S 값 사이의 S를 입력해야 한다.) $d = 1$은 정액법의 감가상각률 $1/n$과 동일하지만, 정률법은 전년도 장부가에 일정 비율을 곱해 감가상각되므로 식 [14.1]의 정액법과는 완전히 다른 결과를 얻는다.

스프레드시트 DB 함수의 형식은 = DB(B,S,n,t)이다. 이 함수를 사용할 때는 주의해야 한다. 고정 비율 d는 DB 함수에 입력되지 않으며, d는 식 [14.12]와 같이 계산된다. 또한 d의 유효 자릿수는 세 자리이기 때문에 반올림 오류로 장부가가 추정 잔존가치보다 낮아질 수 있다. 따라서 감가상각률을 아는 경우, 항상 DDB 함수를 사용하는 것이 정확한 결과를 얻을 수 있다. 예제 14.2와 14.3은 정률법 및 두배 정률법 감가상각과 스프레드시트 함수에 대한 것이다.

예제 14.2

SONAR 애플리케이션을 위해 수중 전자 음향 변환기를 구입하였다. 이 장비는 예상 수명 12년에 걸쳐 감가상각된다. 초기비용은 $25,000이며 초기비용의 10%를 잔존가치로 추정한다. (a) 1년 차와 4년 차의 감가상각 및 장부가를 계산하시오. 계산을 위한 스프레드시트 함수 형식을 작성하시오. (b) 12년 후의 내재 잔존가치를 계산하시오.

풀이

(a) DDB 고정 감가상각률은 $d = 2/n = 2/12 = 0.1667$/연이다. 식 [14.8], [14.9]를 사용하면 다음을 얻는다.

1년: $$D_1 = (0.1667)(25{,}000)(1 - 0.1667)^{1-1} = \$4{,}167$$
$$\text{BV}_1 = 25{,}000(1 - 0.1667)^1 = \$20{,}833$$

4년: $$D_4 = (0.1667)(25{,}000)(1 - 0.1667)^{4-1} = \$2{,}411$$
$$\text{BV}_4 = 25{,}000(1 - 0.1667)^4 = \$12{,}054$$

추정 잔존가치는 $S = 0.1(25{,}000) = \$2{,}500$이다. D_1과 D_4에 대한 스프레드시트 함수는 = DDB(25000, 2500,12,1)과 = DDB(25000,2500,12,4)이다.

(b) 식 [14.11]로부터, 12년 후의 내재 잔존가치는 다음과 같다.

$$\text{내재 } S = 25{,}000(1 - 0.1667)^{12} = \$2{,}803$$

예상 $S = \$2{,}500$가 $2,803보다 작으므로 자산의 예상 수명 12년에 도달해도 감가상각이 완전히 이루어지지 않게 된다.

예제 14.3

Myers Industries는 최근 본사 건물에 직원과 고객을 위한 $80,000 규모의 중앙집중식 식수 여과 시스템을 설치했다. 이 장치의 예상 수명은 10년이고 잔존가치는 $10,000이다. 정률법과 두배 정률법을 사용하여 각 해의 감가상각과 장부가를 구하고 비교하시오. 직접 계산과 스프레드시트를 모두 활용하시오.

수기 풀이

내재 감가상각률은 식 [14.12]로 구할 수 있다.

$$d = 1 - \left(\frac{10{,}000}{80{,}000}\right)^{1/10} = 0.1877$$

$0.1877 < 2/n = 0.2$, 즉 정액법 감가상각률의 두 배를 넘지 않는다. 표 14-1은 식 [14.6]을 사용한 D_t 값과 식 [14.10]의 BV_t 값을 소수점 아래에서 반올림하여 표시한 것이다. 예를 들어, $t = 2$의 DB 결과는 다음과 같다.

$$D_2 = d(BV_1) = 0.1877(64{,}984) = \$12{,}197$$

$$BV_2 = 64{,}984 - 12{,}197 = \$52{,}787$$

금액을 반올림하기 때문에, 10년째의 감가상각은 $2,312로 계산된다. 그러나 $BV_{10} = S = \$10{,}000$를 맞춰주기 위해 $2,318를 공제할 수 있다. $d = 0.2$인 두배 정률법도 마찬가지의 과정으로 계산된다.

표 14-1 예제 14.3의 정률법과 두배 정률법의 D_t와 BV_t 값

	정률법, $		두배 정률법, $	
연도 t	D_t	BV_t	D_t	BV_t
0	–	80,000	–	80,000
1	15,016	64,984	16,000	64,000
2	12,197	52,787	12,800	51,200
3	9,908	42,879	10,240	40,960
4	8,048	34,831	8,192	32,768
5	6,538	28,293	6,554	26,214
6	5,311	22,982	5,243	20,972
7	4,314	18,668	4,194	16,777
8	3,504	15,164	3,355	13,422
9	2,846	12,318	2,684	10,737
10	2,318	10,000	737	10,000

스프레드시트 풀이

그림 14-3의 스프레드시트에 정률법 및 두배 정률법 결과가 나타나 있다. 차트는 각 연도의 장부가이다. 고정 비율은 정률법은 0.1877, 두배 정률법은 0.2로 비슷하기 때문에 두 방법의 연간 감가상각 및 장부가의 곡선이 거의 일치한다.

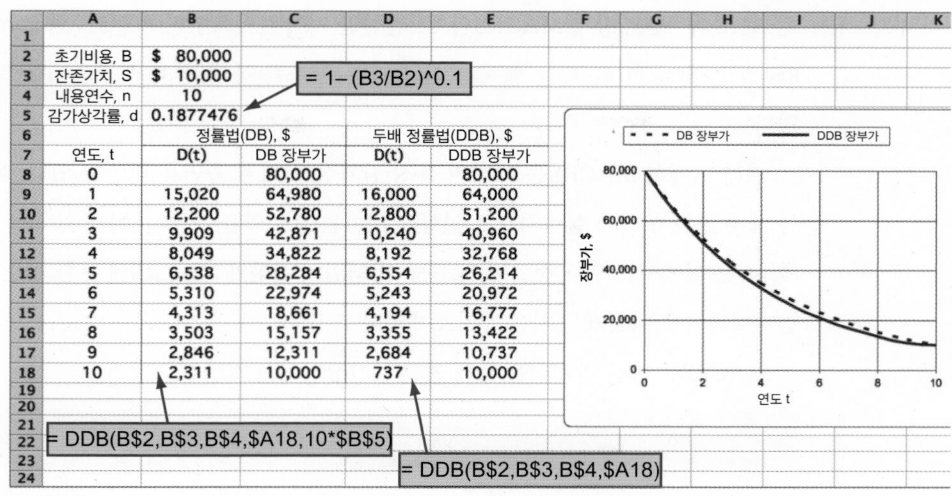

	A	B	C	D	E
1					
2	초기비용, B	$ 80,000			
3	잔존가치, S	$ 10,000			
4	내용연수, n	10			
5	감가상각률, d	0.1877476			
6		정률법(DB), $		두배 정률법(DDB), $	
7	연도, t	D(t)	DB 장부가	D(t)	DDB 장부가
8	0		80,000		80,000
9	1	15,020	64,980	16,000	64,000
10	2	12,200	52,780	12,800	51,200
11	3	9,909	42,871	10,240	40,960
12	4	8,049	34,822	8,192	32,768
13	5	6,538	28,284	6,554	26,214
14	6	5,310	22,974	5,243	20,972
15	7	4,313	18,661	4,194	16,777
16	8	3,503	15,157	3,355	13,422
17	9	2,846	12,311	2,684	10,737
18	10	2,311	10,000	737	10,000

그림 14-3
예제 14.3의 DB와 DDB 함수를 사용하여 구한 연간 감가상각 금액 및 장부가

감가상각률(셀 B5)은 식 [14.12]로 계산된다. 연간 감가상각을 구하기 위해 B열과 D열 모두에 DDB 함수가 사용되었다는 것에 유의해야 한다. 앞서 언급했듯 DB 함수는 식 [14.12]에 따라 내재 비율을 자동으로 계산하고 이를 유효 숫자 세 자리로 유지한다. 따라서 B열에 DB를 적용할 경우, 고정 비율은 0.188이 될 것이다. 이 경우 8, 9, 10년의 D_t와 BV_t는 다음과 같이 바뀐다.

t	D_t, $	BV_t, $
8	3,501	15,120
9	2,842	12,277
10	2,308	9,969

또한 주목할 만한 점은 DB 함수가 내재 비율을 사용하면서 장부가가 추정 잔존가치에서 멈출 수 있도록 확인하는 절차가 없다는 것이다. 따라서 위 표에서처럼 BV_{10}가 $S = \$10{,}000$보다 약간 낮아진다. 그러나 DDB 함수는 그림 14-3의 셀 E17 및 E18에 표시된 것처럼, 연간 감가상각의 계산에 DB 함수와는 다른 관계식을 이용하기 때문에 추정 잔존가치에 맞추어 감가상각을 중지한다.

14.4 수정 가속원가회수법(MACRS) ●●●

수정 가속원가회수법(MACRS, Modified Accelerated Cost Recovery System)은 1980년대 이후 모든 감가상각 자산에 대한 **미국의 필수 세금 감가상각 방법**(U.S. required tax depreciation method)이다. 이 방법에는 가속화된 DB 및 DDB 방법을 활용하는 법정 감가상각률이 정의되어 있다. 기업은 장부 감가상각에 고전적인 방법을 자유롭게 적용할 수 있다. 개발 당시 MACRS와 그 전신인 가속원가회수법(ACRS, Accelerated Cost Recovery System)은 세금 혜택과 신규 자본 투자를 통해 경제 성장을 도모하고자 하였다.

여러 면에서 MACRS는 세법의 특정 감가상각 회계 측면을 다루고 있다. 이 절에서는 세후 경제 분석에 실질적으로 영향을 미치는 요소만을 다룬다. 이 장의 부록 14A.2절과 14A.3절에서는 두배 정률법, 정률법, 정액법이 어떻게 MACRS에 포함되며, MACRS 감가상각률을 어떻게 구하는지를 소개한다.

MACRS는 다음 관계식을 통해 연간 감가상각액을 결정한다.

$$D_t = d_t B \qquad [14.14]$$

이때 감가상각률 d_t는 표 형식으로 제공된다. 다른 방법과 마찬가지로, t년도의 장부가액은 전년도 장부가에서 감가상각액을 차감하여 구한다.

$$\text{BV}_t = \text{BV}_{t-1} - D_t \qquad [14.15]$$

혹은 초기비용이나 미조정 기준가에서 총 감가상각 금액을 빼서 구할 수도 있다.

$$\text{BV}_t = \text{미조정 기준가} - \text{누적 감가상각액} = B - \sum_{j=1}^{j=t} D_j \qquad [14.16]$$

MACRS는 감가상각의 의사결정과 계산을 표준화하고 간소화하였다.

기준가 B(또는 초기비용 P)는 완전히 감가상각된다. 즉, 잔존가치는 항상 0($S = \$0$)으로 가정한다.

내용연수는 특정 값으로 표준화되어 있다:

유형자산(예: 장비 또는 차량)의 경우, $n = 3, 5, 7, 10, 15, 20$년

부동산(예: 임대 부동산 또는 건축물)의 경우, $n = 27.5, 39$년

기존 DDB, DB, SL 방식 간 전환을 포함하는 감가상각률을 통해 빠른 상각 속도를 만든다.

허용된 MACRS 내용연수를 결정하는 방법은 14.5절에서 소개한다. 식 [14.14]에 사용되는 $n = 3, 5, 7, 10, 15, 20$에 대한 MACRS 동산(personal property) 감가상각률(d_t 값)은 표 14-2에 정리되어 있다. 이 감가상각률은 아래에 설명된 대로 반기(중간 연도) 규칙을 따르며, 다른 시간 규칙을 따르는 감가상각률도 사용 가능하다.

MACRS 감가상각률은 두배 정률법($d = 2/n$)을 포함하며 내용연수 동안 동산 감가상각의 고유한 구성요소로서 정액법으로 전환된다. MACRS 감가상각률은 두배 정률법의 감가상각률 또는 150% 정률법 감가상각률로 시작하여 정액법이 더 빠른 상각을 제공하

표 14-2 기준가 B에 대한 MACRS 감가상각률 d_t

연도	각 MACRS 내용연수별 감가상각률(%)					
	$n = 3$	$n = 5$	$n = 7$	$n = 10$	$n = 15$	$n = 20$
1	33.33	20.00	14.29	10.00	5.00	3.75
2	44.45	32.00	24.49	18.00	9.50	7.22
3	14.81	19.20	17.49	14.40	8.55	6.68
4	7.41	11.52	12.49	11.52	7.70	6.18
5		11.52	8.93	9.22	6.93	5.71
6		5.76	8.92	7.37	6.23	5.29
7			8.93	6.55	5.90	4.89
8			4.46	6.55	5.90	4.52
9				6.56	5.91	4.46
10				6.55	5.90	4.46
11				3.28	5.91	4.46
12					5.90	4.46
13					5.91	4.46
14					5.90	4.46
15					5.91	4.46
16					2.95	4.46
17~20						4.46
21						2.23

는 경우 전환된다.

부동산의 경우 MACRS는 $n = 39$에 대해 내용연수 동안 정액법을 적용한다. 연간 감가상각률은 $d = 1/39 = 0.02564$이다. 그러나 MACRS는 1년 차와 40년 차에 부분 연도 회수를 강제한다. MACRS 부동산 감가상각률은 다음과 같다.

1년	$100d_1 = 1.391\%$
2~39년	$100d_t = 2.564\%$
40년	$100d_{40} = 1.177\%$

주거용 임대 부동산에만 적용되는 내용연수 27.5년의 부동산도 이와 비슷한 방식으로 정액법을 적용한다.

표 14-2의 모든 MACRS 감가상각률이 명시된 내용연수보다 1년 더 많이 기입되어 있다는 것에 주목하자. 이는 MACRS에서 **반기 규칙**(half-year convention)을 적용하기 때문이다. 이 규칙은 모든 자산이 설치되는 과세 연도의 중간 시점에 사용되기 시작한다는 의미이다. 따라서 세금을 위해서는 첫해 정률법 감가상각의 50%만 적용된다. 이로 인해 가속 감가상각의 혜택이 조금 줄어들게 되고, $n + 1$년 차에 또 반년 감가상각을 적

용해야 한다.

MACRS 감가상각을 위한 스프레드시트 함수는 없다. 그러나 고전적 감가상각법 간 전환 시기를 결정하는 데 사용되는 가변 정률법(VDB, Variable Declining Balance) 함수를 조정하면 연도별 MACRS 감가상각액을 구할 수 있다. (VDB 함수는 이 책의 부록 A와 이 장 부록 14A.2절에 자세히 설명되어 있다.) VDB 함수 기반의 MACRS 감가상각 입력 형식은 다음과 같이 MAX 및 MIN 함수가 필요하다.

$$\text{VDB}(\text{B},0,n,\text{MAX}(0,t-1.5),\text{MIN}(n,t-0.5),d) \qquad [14.17]$$

여기서 B = 미조정 기준가

0 = 잔존가치 $S = 0$

n = 내용연수

$$d = \begin{cases} 2 & \text{MACRS } n = 3, 5, 7, 10\text{인 경우} \\ 1.5 & \text{MACRS } n = 15, 20\text{인 경우} \end{cases}$$

MAX와 MIN은 MACRS 반기 규칙에 따라 첫해는 감가상각액의 절반만 청구하고, 마지막 해 청구액의 절반은 $n + 1$년으로 이월되도록 한다.

예제 14.4

전기 생산 및 배전 협동조합 PEERCOOP은 가정 및 산업 고객을 위해 24시간 언제나 안정적이고 균형 잡힌 전력 흐름을 유지하는 AI 기반 시스템을 설치했다. 이 시스템의 유형자산 구성요소는 감가상각 대상이다. 이 장비의 미조정 기준가는 B = \$400,000이고, 수명은 3년, 잔존가치는 B의 5%이다. 수석 엔지니어는 재무 책임자에게 (1) 공장에서 사용하는 내부 장부 감가상각 및 장부가 방식인 DDB 방법과 (2) 필수적인 MACRS 세금 감가상각 및 그 장부가 간의 차이에 대한 분석을 요청했다. 수명이 짧지만 고가인 이 자산을 2년 사용한 후의 차이에 특히 관심을 갖고 있다. 수기 계산 및 스프레드시트를 이용하여 다음을 구하시오.

(a) 2년 후 총감가상각액이 더 큰 방법은 어느 쪽인지 결정하시오.

(b) 2년 후와 내용연수 종료 시점의 각 방법에 따른 장부가를 구하시오.

수기 풀이

기준가가 B = \$400,000이고 예상 잔존가치는 S = 0.05(400,000) = \$20,000이다. n = 3에 대한 MACRS 비율은 표 14-2에 나와 있고, 두배 정률법(DDB)의 감가상각률은 $d_{max} = 2/3 = 0.6667$이다. 표 14-3에 감가상각 및 장부가를 계산하였다. DDB의 3년 차 감가상각은 \$44,444(0.6667) = \$29,629이지만, $BV_3 <$ \$20,000가 된다. 따라서 \$24,444만 감가상각된다.

표 14-3 예제 14.4에 대한 MACRS와 DDB 방법 비교

		MACRS		DDB	
연도	**감가상각률**	**세금 감가상각, $**	**장부가, $**	**장부 감가상각, $**	**장부가, $**
0			400,000		400,000
1	0.3333	133,320	266,680	266,667	133,333
2	0.4445	177,800	88,880	88,889	44,444
3	0.1481	59,240	29,640	24,444	20,000
4	0.0741	29,640	0		

(a) 표 14-3으로부터 2년간의 누적 감가상각은

MACRS: $D_1 + D_2 = \$133,320 + \$177,800 = \$311,120$

DDB: $D_1 + D_2 = \$266,667 + \$88,889 = \$355,556$

DDB 감가상각이 더 크다. (미국에서는 세금 목적으로는 DDB를 선택할 수 없다는 점을 기억하라.)

(b) 2년 후 DDB의 장부가는 $44,444로 MACRS 장부가 $88,880의 50%이다. 내용연수 종료 시(내장된 반기 규칙에 따라 MACRS의 경우 4년, DDB의 경우 3년) MACRS 장부가는 $BV_4 = 0$이고 DDB는 $BV_3 = \$20,000$이다. MACRS는 추정 잔존가치에 관계없이 항상 초기비용 전부를 감가상각하기 때문에 이러한 문제가 발생한다. 이는 MACRS 방법의 세금 감가상각 이점이다(15.4절에서 설명하는 바와 같이 자산이 MACRS 감가상각 장부가 이상으로 처분되지 않는 한).

스프레드시트 풀이

그림 14-4에 VDB 함수(열 B)를 (MACRS 감가상각률 대신) 사용하여 MACRS 감가상각을 수행하고, 열 D에 DDB 함수를 적용한 스프레드시트 결과를 나타내었다.

(a) 2년의 누적 감가상각 값은 다음과 같다.

MACRS(셀 B6 + B7): $\$133,333 + \$177,778 = \$311,111$

DDB(셀 D6+ D7): $\$266,667 + \$88,889 = \$355,556$

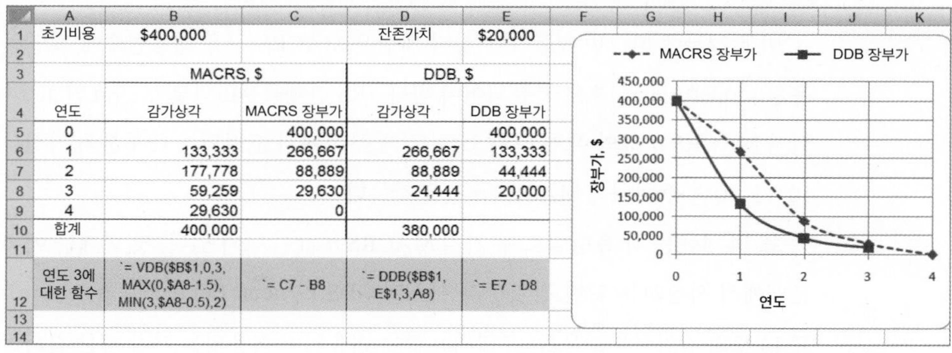

그림 14-4
예제 14.4에 대한 MACRS와 DDB 감가상각 및 장부가 결과 스크린숏

(b) 2년 후의 장부가는 다음과 같다.

MACRS(셀 C7): $88,889

DDB(셀 E7): $44,444

장부가는 그림 14-4에 묘사되어 있다. MACRS는 4년 차에 0이 되는 반면, DDB는 3년 차 $20,000에서 멈춘다.

참고사항

이 장과 이후에서 감가상각 문제를 풀 때 사용할 스프레드시트 템플릿을 준비해 두는 것이 좋다. 그림 14-4의 형식과 함수는 MACRS 및 DDB 적용에 좋은 템플릿이다.

MACRS는 감가상각 계산을 간소화하지만 기업이 선택할 수 있는 방법의 유연성도 크게 줄인다. 일반적으로 감가상각이 포함된 경제적 비교는 MACRS 대신 고전적인 정액법을 적용하면 최종 결정을 변경하지 않고 더 신속하게 수행할 수 있다.

14.5 MACRS 내용연수 결정 ●●●

자산의 예상 유효수명은 연 단위로 추정되며 대안 평가 및 감가상각 계산에서 n으로 사용된다. 장부 감가상각의 경우 n은 예상 유효수명이 되어야 한다. 그러나 감가상각이 소득 공제 대상으로 청구되는 경우 n 값은 더 작아져야 한다. 세금 목적으로 수명 및 내용연수를 결정하는 데 도움이 되는 표가 있다.

> 예상 유효수명보다 **짧은** 내용연수의 이점은 초기에 더 많은 기준가 B를 감가상각하는 가속 감가상각법을 통해 발휘된다.

미국 정부에 따르면 모든 감가상각 자산은 MACRS 허용 내용연수에 해당하는 **자산 유형**(property class)으로 분류되어야 한다. IRS 간행물 946의 일부 자료인 표 14-4에 자산과 MACRS n 값의 예가 나와 있다. 경제 분석에서 고려되는 대부분의 자산은 3, 5, 7, 10, 15, 20년 중 하나의 MACRS n 값을 갖는다.

표 14-4에는 각 유형별로 두 가지 MACRS n 값이 나와 있다. 첫 번째는 예제와 연습문제에서 사용하는 **일반 감가상각 시스템**(GDS, General Depreciation System) 값이다. 표 14-2의 감가상각률은 GDS 열의 n 값에 대응되며 허용되는 가장 빠른 감가상각을 도출한다. 감가상각률로는 두배 정률법 또는 정액법으로의 전환을 포함하는 150% 정률법

표 14-4	다양한 자산에 대한 MACRS 내용연수 예시	
	MACRS n 값, 연수	
자산 설명(동산 및 부동산)	**GDS**	**ADS 범위**
특수 제조 및 취급 장치, 트랙터, 경주마	3	3~5
컴퓨터 및 주변기기, 석유 및 가스 시추 장비, 건설 자산, 자동차, 트럭, 버스, 화물 컨테이너, 일부 제조 장비	5	6~9.5
사무용 가구, 일부 제조 장비, 철도 차량, 엔진, 선로, 농업 기계, 석유 및 천연가스 장비, **다른 유형에 속하지 않는 모든 자산**	7	10~15
수상 운송, 석유 정제, 농산물 가공, 내구재 제조, 조선용 장비	10	15~19
토지 개선, 부두, 도로, 배수, 교량, 조경, 파이프라인, 원자력 생산 장비, 전화 배급	15	20~24
도시 하수도, 농장 건물, 전화 교환 건물, 전력 생산 장비(증기 및 유압), 수도 시설	20	25~50
주거용 임대 부동산(주택, 이동식 주택)	27.5	40
토지에 부속된 비주거용 부동산이지만 토지 자체는 아닌 경우	39	40

을 사용한다. 명시된 유형에 속하지 않는 모든 자산은 GDS에 따라 자동으로 7년의 내용연수가 할당된다.

표 14-4의 맨 우측 열에는 **대안 감가상각 시스템**(ADS, Alternative Depreciation System) 내용연수 범위가 적혀 있다. 이 대체 방법을 사용하면 GDS보다 더 긴 기간 정액법 감가상각이 가능하다. 반기 규칙이 적용되며, 일반 MACRS와 마찬가지로 모든 잔존가치가 무시된다. ADS의 사용은 일반적으로는 회사의 선택이지만, 일부 특별한 자산 상황에서는 필수적이다. ADS는 감가상각이 오래 걸리고 정액법이 요구되기 때문에(따라서 가속 감가상각의 이점이 제거됨) 일반적으로 경제성 분석의 옵션으로 고려되지 않는다. 그러나 운영 및 자산 소유의 첫해에 가속 감가상각의 세금 혜택이 필요하지 않은 신생 기업에서는 이 정액법을 선택하기도 한다. ADS를 선택하면 d_t 비율표를 활용할 수 있다.

14.6 고갈법 ●●●

지금까지 대체 가능한 모든 자산, 시설, 장비에 대한 감가상각을 다루었다. 이제는 대체 불가능한 천연자원에 대해 감가상각에 대응되는 개념인 고갈(감모상각)의 차례이다.

고갈(depletion)은 **천연자원**이 회수, 제거, 벌채될 때 감소하는 가치를 표현하는 장부상 방법(비현금)이다. 장부 또는 세금 목적의 두 고갈 방법은 광산, 우물, 채석장, 지열 매장지, 산림 등의 자원 최초 비용 또는 추정 수량에 대한 가치 상각에 쓰인다.

고갈 방법에는 비용고갈법(생산량비례법)과 정률고갈법의 두 가지가 있다. 고갈에 대한 미국 세제의 세부 사항은 IRS 간행물 535, 사업 비용에서 확인할 수 있다.

비용고갈법 요인고갈법이라고도 하는 비용고갈법(cost depletion)은 감가상각처럼 시간이 아닌 활동 수준이나 사용량을 기준으로 한다. 비용고갈법은 대부분의 천연자원 유형에 적용될 수 있으며 목재 생산에는 반드시 이 방법이 적용되어야 한다. 비용고갈계수 CD_t는 t 시점에 채굴 가능한 자원용량 추정치에 대한 자원 초기비용의 비율이다.

$$CD_t = \frac{\text{초기비용}}{\text{자원용량}} \qquad [14.18]$$

연간 고갈 금액은 연간 사용량 또는 크기에 CD_t를 곱한 값이다. 총비용고갈은 자원의 초기비용을 초과할 수 없다. 몇 년 후 자산 용량이 재추정되는 경우, 고갈되지 않은 양과 새로운 용량 추정치를 기준으로 새로운 비용고갈계수가 정해진다.

정률고갈법 이것은 천연자원에 적용되는 특별한 방법이다. 자원으로 인한 **총소득**(gross income) 중 명시된 일정 비율이 회사 과세대상 소득의 50%를 초과하지 않는 한 매년 고갈 가능하다. 연도 t의 고갈 금액은 다음과 같다.

$$\begin{aligned} \text{정률고갈금액}_t &= \text{정률고갈비율} \times \text{자산의 총소득} \\ &= PD \times GI_t \end{aligned} \qquad [14.19]$$

정률고갈법(percentage depletion)에 따르면 아무 제한 없이 총 고갈 금액이 초기비용을 초과할 수 있다. 미국에서는 목재 생산업체나 주요 석유 및 가스 생산업체가 이 고갈 방법을 사용할 수는 없지만, 소규모 독립 석유 또는 가스 생산업체와 로열티 소유자는 가능하다.

세법에 따른 몇 가지 일반 천연 퇴적물의 연간 고갈비율은 다음과 같다.

천연 퇴적물	정률고갈비율, PD, %
유황, 우라늄, 납, 니켈, 아연 및 기타 광석과 광물	22
금, 은, 구리, 철광석 및 일부 오일 셰일	15
석유 및 천연 가스 유정(다양한 종류)	15~22
석탄, 갈탄, 염화나트륨	10
자갈, 모래, 점토, 약간의 돌	5
대부분의 기타 광물, 금속 광석	14

예제 14.5

Canfor Timber는 개인 소유의 산림 지역에 있는 건축용 목재 벌목 권리를 $700,000에 매입하였다. 약 350백만 보드피트의 목재를 수확할 수 있다.

(a) 15백만 및 22백만 보드피트가 벌목된 처음 2년 동안의 고갈 금액을 구하시오.

(b) 산불로 인해 2년 후 회수 가능한 총보드피트가 권리 구매 시점에 비해 감소하여 300백만 보드피트가 된 것으로 재추정되었다. 3년 차 이후의 새로운 비용고갈계수 값을 계산하시오.

풀이

(a) 식 [14.18]을 이용하여 백만 보드피트당 금액의 비율인 CD_t 값을 구한다.

$$\mathrm{CD}_t = \frac{700{,}000}{350} = \$2{,}000/\text{백만 보드피트}$$

연간 벌목량을 CD_t에 곱하여 1년 차 고갈 $30,000와 2년 차 고갈 $44,000를 구한다. $700,000가 모두 고갈될 때까지 반복된다.

(b) 2년 후, $74,000가 고갈되었다. 새로운 CD_t는 남은 투자금 $700,000 − $74,000 = $626,000를 기준으로 계산한다. 또한 300백만 보드피트의 재추정치를 이용하면, 300 − 15 − 22 = 263백만 보드피트가 남는다. 이제 비용고갈계수 값은 다음과 같다.

$$\mathrm{CD}_t = \frac{626{,}000}{263} = \$2{,}380/\text{백만 보드피트}$$

참고사항

위 내용은 산불로 비용고갈계수가 19% 증가한 결과이다. 대형 산불과 같은 자연재해는 원자재 가용성 감소부터 최종 소비자 비용에 이르기까지 공급망의 모든 요소에 영향을 미친다.

예제 14.6

$10백만에 구입한 금광의 예상 총소득은 1년에서 5년까지는 매년 $5.0백만, 5년 이후에는 연간 $3.0백만으로 예상된다. 고갈 금액이 과세대상 소득의 50%를 초과하지 않는다고 가정하자. 광산의 연간 고갈 금액을 계산하시오. $i = 0\%$일 때 초기 투자금 회수에 얼마나 걸리겠는가?

풀이

금에 대한 정률고갈비율은 PD = 0.15이다. 고갈 금액을 구하면 다음과 같다.

1년에서 5년: 0.15($5.0백만) = $750,000

그 이후: 0.15($3.0백만) = $450,000

5년 동안 총 $3.75백만이 고갈되고, 남은 $6.25백만은 연 $450,000씩 고갈된다. 총연수를 구하면,

$$5 + \frac{\$6.25\text{백만}}{\$450{,}000} = 5 + 13.9 = 18.9\text{년이다.}$$

따라서 투자에 대한 이자율이나 인플레이션이 없다면 초기 투자는 19년 후에 완전히 고갈된다.

대부분의 천연자원 고갈에서, 세법에 따라 매년 두 가지 고갈 금액 중 더 큰 금액을 청구할 수 있다. 이는 정률고갈법이 과세 소득의 50%를 초과하지 않는 한 허용된다. 따라서 두 가지 고갈 금액을 모두 계산하여 더 큰 것을 선택하는 것이 좋다. 연도 $t(t = 1, 2, \ldots)$에 대해 다음의 용어를 정의한다.

$$\text{CDA}_t = \text{비용고갈법 금액}$$
$$\text{PDA}_t = \text{정률고갈법 금액}$$
$$\text{TI}_t = \text{과세대상 소득}$$

연도 t의 세법상 고갈 금액의 가이드라인은 다음과 같다.

$$\text{고갈 금액} = \begin{cases} \max\,[\text{CDA}_t, \text{PDA}_t] & \text{PDA}_t \le 0.5\text{TI}_t\text{인 경우} \\ \max\,[\text{CDA}_t, 0.5\text{TI}_t] & \text{PDA}_t > 0.5\text{TI}_t\text{인 경우} \end{cases}$$

예를 들어, 중간 규모 채석장 소유주가 1년에 대해 다음을 계산한다고 하자.

$$\text{TI} = \$500{,}000 \qquad \text{CDA} = \$275{,}000 \qquad \text{PDA} = \$280{,}000$$

TI의 50%는 $250,000이므로 PDA가 더 커서 허용되지 않는다. 세금 목적으로는 위 가이드라인에 따라 TI의 50%보다 큰 $275,000의 비용고갈법을 사용해야 한다.

요약

감가상각 방법은 회사 내부 기록(장부 감가상각) 또는 소득세 목적(세금 감가상각)에 따라 다르게 결정된다. 미국에서는 세금 감가상각에 MACRS 방법만 허용된다. 많은 나라에서는 세금 감가상각과 장부 감가상각 모두에 정액법과 정률법이 적용된다. 감가상각은 직접적으로 현금흐름을 발생시키지 않으며, 다만 유형자산에 대한 자본 투자를 회수하는 장부 방식이다. 연간 감가상각 금액은 소득공제가 가능하므로 실제 현금흐름이 바뀔 수 있다.

정액법, 정률법, MACRS법에 대한 요점을 아래에 요약하였다. 각 방법 간의 관계는 표 14-5에 정리되어 있다.

정액법(SL)

- 자본 투자금액을 n년 동안 선형적 감가상각한다.
- 추정 잔존가치를 항상 계산에 고려한다.
- 고전적이며 비가속적인 감가상각 모델이다.

정률법(DB)

- 이 방법은 정액법에 비해 감가상각이 가속된다.
- 장부가가 매년 일정 비율로 감소한다.
- 가장 많이 사용되는 감가상각률은 SL 비율의 두 배이며, 이 경우를 두배 정률법(DDB)이라고 한다.
- 추정 잔존가치보다 낮을 수도 있는 내재 잔존가치 개념이 있다.
- 미국에서는 세금 목적으로 승인되는 감가상각 방법이 아니며, 주로 장부 감가상각 목적으로 쓰인다.

수정 가속원가회수법(MACRS)

- 미국에서 유일하게 승인된 세금 감가상각 방법이다.
- 이 방법은 DDB 또는 DB에서 SL 감가상각으로 자동 전환된다.
- 항상 0까지 감가상각된다. 즉 $S = 0$으로 가정한다.
- 내용연수는 자산 분류에 따라 정해진다.
- 감가상각률이 표로 제시되어 있다.
- 반기 규칙으로 인해 실제 감가상각 기간은 1년 더 길어진다.
- MACRS 정액법 감가상각도 선택 가능하지만, 일반 MACRS보다 내용연수가 더 길어진다.

비용고갈법 및 정률고갈법은 천연자원에 대한 투자 회수에 사용한다. 연간 비용고갈계수가 채굴된 자원의 양에 적용된다. 비용고갈법으로는 초기 투자 이상을 회수할 수 없다. 초기 투자금 이상을 회수할 수 있는 정률고갈법은 매년 총소득의 일정 비율만큼의 투자 가치를 감소시킨다.

표 14-5 감가상각 방법 간 관계

방법	MACRS	SL	DDB
고정 감가상각률 d	정의되지 않음	$\frac{1}{n}$	$\frac{2}{n}$
연간 감가상각률 d_t	표 14-2	$\frac{1}{n}$	$d(1-d)^{t-1}$
연간 감가상각 D_t	d_tB	$\frac{B-S}{n}$	$d(\text{BV}_{t-1})$
장부가 BV_t	$\text{BV}_{t-1} - D_t$	$B - tD_t$	$B(1-d)^t$

14장 부록

14A.1 연수합산 감가상각법(SYD)과 생산량비례법(UOP)

연수합산 감가상각법(SYD, Sum-of-Years-Digits)은 내용연수 20년의 첫 25% 동안 초기비용의 40% 이상을 상각할 수 있는 최초의 가속 감가상각 기법이지만, 감가상각 속도는 DDB나 MACRS만큼 빠르지는 않다. 이 방법은 다중 자산 계정의 장부 감가상각(그룹 및 복합 감가상각)에 대한 경제성 공학 분석에 사용될 수 있다.

이 방법은 1부터 내용연수까지의 연수를 합산하는 것으로 시작된다. 특정 연도의 감가상각률은 자산의 기준가에서 잔존가치를 뺀 금액에 내용연수의 남은 연수와 연수합산(SUM)의 비율을 곱하여 구한다.

$$D_t = \frac{\text{남은 내용연수}}{\text{연수합산}}(\text{기준가} - \text{잔존가치}) = \frac{n-t+1}{\text{SUM}}(B-S) \quad [14\text{A}.1]$$

여기서 SUM은 숫자 1부터 n까지의 합이다.

$$\text{SUM} = \sum_{j=1}^{j=n} j = \frac{n(n+1)}{2}$$

연도 t의 장부가는 다음과 같이 계산한다.

$$\text{BV}_t = \text{B} - \frac{t(n-t/2+0.5)}{\text{SUM}}(B-S) \quad [14\text{A}.2]$$

감가상각률은 매년 감소하며 식 [14A.1]의 왼쪽 부분과 같다.

$$d_t = \frac{n-t+1}{\text{SUM}} \quad [14\text{A}.3]$$

SYD 스프레드시트 함수는 연도 t의 감가상각을 출력하며 함수 형식은 다음과 같다.

$$= \text{SYD}(B,S,n,t)$$

예제 14A.1

$B = \$25{,}000$, $S = \$4{,}000$, 내용연수 8년인 전기 광학장비에 대한 2년 차 SYD 감가상각률을 구하시오.

풀이

연수합산 값은 36이고, 식 [14A.1]에 따라 두 번째 해의 감가상각 금액은 다음과 같다.

$$D_2 = \frac{7}{36}(21{,}000) = \$4{,}083$$

SYD 함수는 = SYD(25000,4000,8,2)이다.

그림 14A-1은 지금까지 배운 네 가지 감가상각 방법을 사용하여 $S = \$10{,}000$, $n =$ 10년인 $80,000짜리 자산의 장부가를 그래프로 나타낸 것이다. MACRS, DDB, SYD 곡선은 1년과 9~11년을 빼면 거의 비슷하다.

자산의 내용연수 동안 생산할 총 단위 수 또는 사용 시간이 추정되어 있는 경우, 유용한 감가상각 방법은 **생산량비례법**(UOP, Unit-of-Production)이다. 장비의 가치 감소가 시간이 아닌 사용량을 기준으로 하는 경우 UOP 방법을 적용할 수 있다. 어느 업체가 일련의 고속도로 계약을 체결하고 모든 계약에 공통으로 사용하기 위해 토목 장비를 구매한다고 가정하자. 장비 사용량(예: 시간 단위)이 수년에 걸쳐 크게 증가하거나 감소하는 경우, UOP 방법이 장부 감가상각에 이상적이다. 연도 t의 UOP 감가상각 금액은 다음과 같이 계산된다.

$$D_t = \frac{t\text{년의 실사용량}}{\text{총 수명 사용량}}(\text{기준가} - \text{잔존가치}) \qquad [14A.4]$$

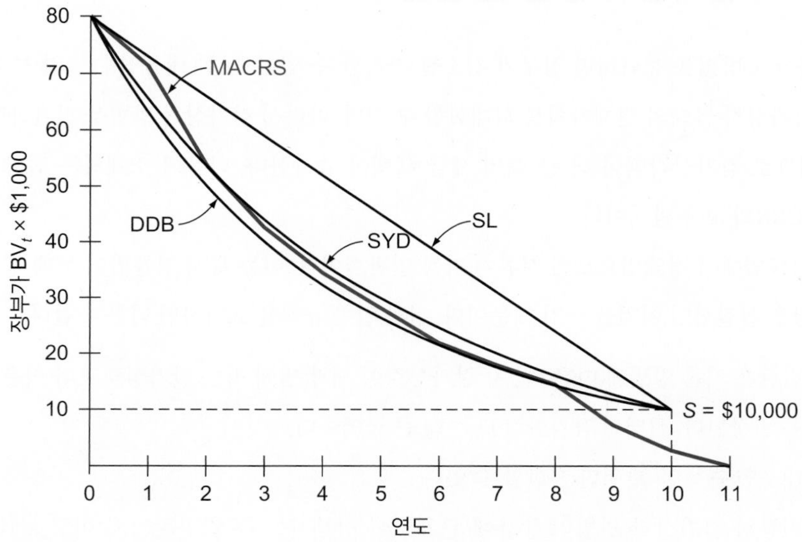

그림 14A-1
SL, SYD, DDB, MACRS 감가상각법에 따른 장부가 비교

예제 14A.2

Zachry Contractors는 샌안토니오의 IH-10 고속도로에서 작업하기 위해 10년 동안 사용할 $80,000짜리 믹서를 구입하였다. 이 믹서는 10년 후 잔존가치가 거의 없고, 장비가 처리할 총자재량은 2백만 m^3로 추정된다. 표 14A-1의 연간 실제 사용량을 이용하여 생산량비례법에 따른 연간 감가상각액을 구하시오.

풀이

매년 실제 사용량을 식 [14A.4]의 분자에 대입하면 예상 총 수명 기간의 재료량(2백만 m^3)에 따른 연간 감가상각액을 구할 수 있다. 표 14A-1은 10년간의 연간 및 누적 감가상각액을 보여준다. 2백만 m^3가 처리된 후에도 믹서를 계속 사용하는 경우 더 이상의 감가상각은 허용되지 않는다.

표 14A-1 예제 14A.2의 생산량비례법 감가상각

연도 t	실제 사용량, 1,000 m^3	연간 감가상각 D_t, $	누적 감가상각, $
1	400	16,000	16,000
2~8	200	8,000	72,000
9~10	100	4,000	80,000
합계	2,000	80,000	

14A.2 감가상각 방법 간 전환

감가상각 방법을 전환하면 장부가 감소를 가속할 수 있다. 또한 내용연수 동안 누적 및 총 감가상각 금액의 현재가치를 최대화할 수 있다. 따라서 감가상각 방법을 전환하면 일반적으로 감가상각액이 더 큰 해의 세금 혜택이 증가한다. 다음에 소개하는 접근법은 MACRS의 고유 방식이다.

정률법에서 정액법으로의 전환이 가장 일반적이다. 이는 특히 정률법이 두배 정률법인 경우 실질적인 이익을 주기 때문이다. 전환 일반 규칙을 요약하면 다음과 같다.

1. 전환은 기존 방법에 따른 t년 차 감가상각이 새 방법에 따른 감가상각보다 작은 경우 권장된다. 선택된 감가상각 D_t는 더 큰 금액이다.
2. 내용연수 동안 한 번만 전환할 수 있다.
3. 전통적 감가상각 방법의 종류에 관계없이 장부가는 추정 잔존가치 이하로 내려갈 수 없다. 정률법에서 전환하는 경우, 새 방법의 감가상각 계산에는 정률법의 내재 잔존가치가 아니라 추정 잔존가치가 사용된다. 모든 경우, $S = 0$으로 가정한다. (MACRS에는 이미 전환이 포함되어 있으므로 이 내용이 적용되지 않는다.)

> 4. 감가상각되지 않은 금액, BV_t를 새로운 조정된 기준가로 사용하여 다음 전환 결정을 위한 더 큰 D_t 선택에 활용한다.

모든 상황에서 기준은 총감가상각의 현재가치 PW_D를 최대화하는 것이다. 현재가치를 최대로 만드는 감가상각 방법의 조합이 최적 전환 전략이 된다.

$$\mathbf{PW}_D = \sum_{t=1}^{t=n} D_t(P/F,i,t) \qquad [14A.5]$$

이 논리는 자산 내용연수 초기의 세금 부담을 최소화하려는 것이다.

두배 정률법과 같은 빠른 상각 방식에서 정액법으로 전환하는 것이 가장 유리하다. 이 전환은 식 [14.11]에 의해 계산된 내재 잔존가치가 구매 시점에서 추정된 잔존가치를 초과하는 경우(아래 식의 경우), 확실히 이익을 가져다준다.

$$\mathrm{BV}_n = B(1-d)^n > \text{추정된 } S \qquad [14A.6]$$

위 규칙 3에 의해 S가 0이라고 가정하였고, BV_n는 0보다 크기 때문에, 정률법의 경우 정액법으로 전환하는 것이 항상 유리하다. d와 n의 값에 따라 내용연수 후반 또는 마지막 해에 전환하는 것이 가장 좋을 수 있으며, 이는 두배 정률법에 포함된 내재 잔존가치를 제거한다.

두배 정률법에서 정액법으로 전환하는 절차는 다음과 같다.

1. 각 연도 t에 대해 두 방법의 감가상각 금액을 계산한다.

   두배 정률법의 경우: $$D_{\mathrm{DDB}} = d(\mathrm{BV}_{t-1}) \qquad [14A.7]$$

   정액법의 경우: $$D_{\mathrm{SL}} = \frac{\mathrm{BV}_{t-1}}{n-t+1} \qquad [14A.8]$$

2. 더 큰 감가상각을 선택한다. 각 해의 감가상각 금액은 다음과 같다.

$$D_t = \max[D_{\mathrm{DDB}}, D_{\mathrm{SL}}] \qquad [14A.9]$$

3. 필요한 경우 식 [14A.5]를 이용하여 총감가상각의 현재가치를 구한다.

일반적으로 재정적으로는 유리하지 않은 경우라도, 특정 시점에 전환이 이루어질 것이라고 명시하는 것은 허용된다(예: 10년 내용연수 중 7년째에 DDB에서 SL로 의무적으로 전환하는 경우). 이 접근법은 일반적으로 사용되지 않지만, 전환 기법은 모든 감가상각 방법에 대해 잘 작동한다.

스프레드시트를 사용하여 전환하려면 먼저 감가상각 방법 전환 규칙을 이해하고 정률법에서 정액법으로 전환하는 절차를 연습하자. 규칙을 이해한 후에는 스프레드시트 함수 VDB(가변 정률법)를 이용하여 수월하고 빠르게 전환할 수 있다. 이 함수는 정률법에서 정액법으로 전환 시 한 해 혹은 여러 해의 감가상각 금액을 계산해 준다. 형식은 다음과 같다.

$$= \text{VDB}(B,S,n,\text{start\_}t,\text{end\_}t,d,\text{no\_switch}) \quad [14A.10]$$

부록 A에 모든 필드가 자세히 설명되어 있지만, DDB와 SL에 따른 D_t 값을 구하는 경우 다음과 같이 입력하면 된다.

start_t는 연도 $(t-1)$
end_t는 연도 t
d는 선택사항이며, 두배 정률법의 경우 DDB 함수에서처럼 2로 가정된다.
no_switch는 선택사항인 논리값이다.
FALSE 혹은 생략된 경우 – 유리해지는 경우 SL로 전환
TRUE – DDB나 DB가 사용되고 SL로 전환되지 않는다.

no_switch에 TRUE를 입력하면 VDB 함수가 DDB 함수와 동일한 감가상각 금액을 출력한다. 이에 대해서 예제 14A.3d에서 설명한다. 눈치챘겠지만, VDB는 연간 MACRS 감가상각을 계산하는 데 사용했던 함수다.

예제 14A.3

Outback Steakhouse 본사는 예상 내용연수가 8년이고 세금 감가상각 내용연수가 5년인 $100,000의 온라인 문서 이미징 시스템을 구입했다. (a) 정액법, (b) 두배 정률법, (c) 두배 정률법에서 정액법으로의 전환에 대한 총감가상각의 현재가치를 비교하시오. (d) 스프레드시트를 사용하여 두배 정률법에서 정액법으로의 전환을 수행하고 장부가를 그래프로 나타내시오. 이자율은 연 $i = 15\%$이다.

풀이

MACRS 방법은 이 풀이에 포함되지 않는다.
(a) 식 [14.1]을 통해 정액법 감가상각 금액을 구한다.

$$D_t = \frac{100{,}000 - 0}{5} = \$20{,}000$$

D_t는 항상 같으므로 P/A 계수로 P/F를 대체하여 PW_D를 계산한다.

$$\text{PW}_D = 20{,}000(P/A,15\%,5) = 20{,}000(3.3522) = \$67{,}044$$

(b) 두배 정률법의 경우 $d = 2/5 = 0.40$이다. 결과는 표 14A-2에 정리되어 있다. $\text{PW}_D = \$69{,}915$이므로 정

액법의 \$67,044보다 크다. 예상대로, 두배 정률법으로 감가상각을 가속하면 PW_D가 커진다.

(c) 두배 정률법에서 정액법으로의 전환 절차를 사용한다.

1. 식 [14A.8]의 D_{SL} 값과 비교하기 위해 표 14A-2의 두배 정률법 D_t 값을 표 14A-3에 다시 표시하였다. BV_{t-1}가 달라지기 때문에 D_{SL}도 매년 달라진다. 1년 차만 $D_{SL} = \$20,000$로 (a)에서 계산한 것과 같다. 예를 들어 2년 차와 4년 차의 D_{SL}를 계산하면, $t = 2$의 경우 두배 정률법에 따라 $BV_1 = \$60,000$이고

$$D_{SL} = \frac{60,000 - 0}{5 - 2 + 1} = \$15,000$$

$t = 4$인 경우, 두배 정률법에 따라 $BV_3 = \$21,600$이고

$$D_{SL} = \frac{21,600 - 0}{5 - 4 + 1} = \$10,800$$

2. '더 큰 D_t' 열을 보면 4년 차에 $D_4 = \$10,800$의 값으로 전환되었다는 것이다. 5년 차 $D_{SL} = \$12,960$는 전환이 5년 차에 발생한 경우에만 적용된다. 총감가상각액은 전환 시 \$100,000이며, 두배 정률법의 경우는 \$92,224이다.

3. 전환 시 $PW_D = \$73,943$로 정액법 및 두배 정률법보다 크다.

표 14A-2 예제 14A.3b의 두배 정률법 감가상각과 현재가치 계산

연도 t	D_t, \$	BV_t, \$	$(P/F,15\%,t)$	D_t의 현재가치, \$
0		100,000		
1	40,000	60,000	0.8696	34,784
2	24,000	36,000	0.7561	18,146
3	14,400	21,600	0.6575	9,468
4	8,640	12,960	0.5718	4,940
5	5,184	7,776	0.4972	2,577
합계	92,224			69,915

표 14A-3 예제 14A.3c의 두배 정률법에서 정액법으로 전환한 경우의 감가상각과 현재가치

연도 t	두배 정률법, \$ D_{DDB}	두배 정률법, \$ BV_t	정액법 D_{SL}, \$	더 큰 D_t, \$	P/F 계수 값	D_t의 현재가치, \$
0	–	100,000				
1	40,000	60,000	20,000	40,000	0.8696	34,784
2	24,000	36,000	15,000	24,000	0.7561	18,146
3	14,400	21,600	12,000	14,400	0.6575	9,468
4*	8,640	12,960	10,800	10,800	0.5718	6,175
5	5,184	7,776	12,960	10,800	0.4972	5,370
합계	92,224			100,000		73,943

*두배 정률법에서 정액법으로 전환한 해를 나타낸다.

스프레드시트 풀이

(d) 그림 14A-2에서 열 D는 4년 차에 두배 정률법에서 정액법으로의 전환을 결정하기 위한 VDB 함수 입력이다. VDB 함수 끝 부분의 "2,FALSE" 항목은 선택사항이다(VDB 함수 설명 참조). TRUE를 입력하면 정률법이 내용연수 내내 유지되고 연간 감가상각 금액은 B열과 동일하게 된다. 그림 14A-2의 그래프는 감가상각 방법 간의 또 다른 차이점을 보여준다. 두배 정률법에서 5년 차 최종 장부가는 BV_5 = $7,776이지만, 정액법으로 전환하면 장부가치가 0으로 감소한다.

NPV 함수는 감가상각의 PW를 계산한다(9행). 이 결과는 위 (b)와 (c) 내용과 일치한다. DDB에서 SL로 전환하는 경우의 PW_D 값이 더 크다.

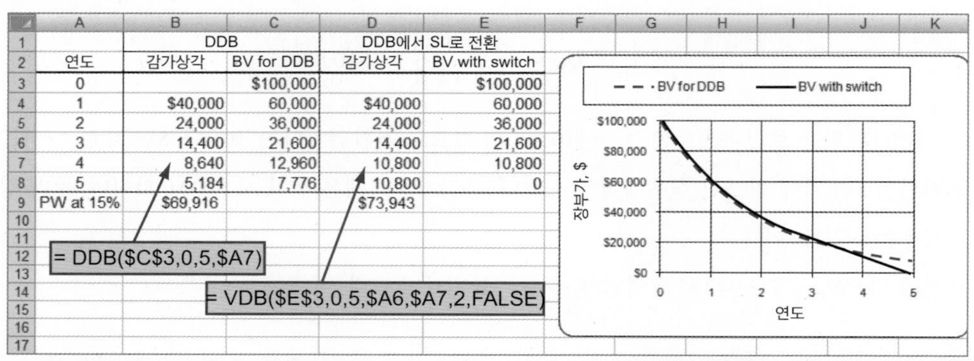

	A	B	C	D	E
1		DDB		DDB에서 SL로 전환	
2	연도	감가상각	BV for DDB	감가상각	BV with switch
3	0		$100,000		$100,000
4	1	$40,000	60,000	$40,000	60,000
5	2	24,000	36,000	24,000	36,000
6	3	14,400	21,600	14,400	21,600
7	4	8,640	12,960	10,800	10,800
8	5	5,184	7,776	10,800	0
9	PW at 15%	$69,916		$73,943	

그림 14A-2
예제 14A.3의 VDB 함수를 이용한 DDB-SL 전환 감가상각

MACRS에서는 두배 정률법이 반기 규칙을 따르고 정액법으로 전환될 때, 3, 5, 7, 10년의 내용연수가 적용된다. 일반적으로 내용연수의 마지막 1~3년에 이루어지는 정액법으로의 전환 시 남은 기준가는 $n + 1$년에 상각되어 장부가를 0으로 만든다. 보통 전환 후에도 정액법 적용 감가상각액의 50%가 남아 있다. 내용연수가 15년 혹은 20년인 경우, 반기 규칙과 정액법 전환이 적용된 150% 정률법이 사용된다.

감가상각의 현재가치 PW_D는 항상 어떤 방법이 가장 유리한지를 보여준다. GDS 내용연수(표 14-4)에 대한 MACRS 감가상각률만 두배 정률법에서 정액법으로의 전환을 사용한다. 대안적 감가상각 시스템(ADS)의 MACRS 비율은 내용연수가 더 길고, 전체 내용연수 동안 SL 모델을 적용한다.

예제 14A.4

예제 14A.3의 (c)와 (d)에서 DDB-SL 전환이 $100,000, $n = 5$년 자산에 적용되어, $i = 15\%$일 때 PW_D = $73,943를 얻었다. MACRS를 사용하여 동일한 자산을 5년 내용연수 동안 감가상각하고 PW_D 값을 비교하시오.

풀이

표 14A-4에 표 14-2의 감가상각률을 사용한 감가상각, 장부가, 감가상각 현재가치의 계산을 요약하였다. 네 가지 방법에 대한 PW_D 값은 다음과 같다.

DDB-SL 전환	$73,943
두배 정률법(DDB)	$69,916
MACRS	$69,016
정액법(SL)	$67,044

MACRS가 약간 덜 가속화된 감가상각을 보여주었다. 이는 어느 정도는 반기 규칙이 두배 정률법의 첫해 감가상각의 50%(기준가의 20%)를 미루었기 때문이다. 또한 MACRS 내용연수가 6년으로 늘어나는 것도 PW_D 감소를 유발한다.

표 14A-4 예제 14A.4의 MACRS 감가상각 및 장부가

t	d_t	D_t, \$	BV_t, \$
0	–	–	100,000
1	0.20	20,000	80,000
2	0.32	32,000	48,000
3	0.192	19,200	28,800
4	0.1152	11,520	17,280
5	0.1152	11,520	5,760
6	0.0576	5,760	0
	1.000	100,000	

$$PW_D = \sum_{t=1}^{t=6} D_t(P/F,15\%,t) = \$69,016$$

14A.3 MACRS 감가상각률 결정

MACRS의 감가상각률은 3년에서 20년까지의 모든 GDS 내용연수에 대해 정률법에서 정액법으로의 전환을 반영한다. 첫해에 MACRS 감가상각률을 계산하기 위해 일부 조정이 이루어졌다. 이러한 조정은 다양하며, 일반적으로 경제성 분석에서는 자세히 다루지 않는다. 반기 규칙은 항상 적용되며, n년도에 남은 장부가는 $n+1$년에 상각된다. 모든 MACRS 일정에 대해 $S = 0$을 가정한다.

n 값에 따라 정률법 감가상각률이 달라지기 때문에 다음 요약을 사용하여 D_t와 BV_t 값을 구할 수 있다. D_{DB}와 D_{SL}는 각각 정률법 및 정액법에 따른 감가상각 금액이다.

n = 3, 5, 7, 10인 경우 반기 규칙에 따라 두배 정률법을 사용하고, $D_{SL} \geq D_{DB}$인 시점 t에 정액법으로 전환한다. 14A.2절의 전환 규칙을 사용하고, 반기 규칙을 고려하여 D_{SL}를 계산할 때 반년 기간을 하나 추가한다. 연간 감가상각률은 다음과 같다.

$$d_1 = \begin{cases} \dfrac{1}{n} & t = 1 \\ \dfrac{2}{n} & t = 2,3,\ldots \end{cases} \qquad [14A.11]$$

반기 규칙을 허용하여 조정 기준가에 적용하여 구한 각 연도 t의 감가상각 금액은 다음과 같다.

$$D_{DB} = d_t(\text{BV}_{t-1}) \qquad [14A.12]$$

$$D_{SL} = \begin{cases} \dfrac{1}{2}\left(\dfrac{1}{n}\right)B & t = 1 \\ \dfrac{\text{BV}_{t-1}}{n - t + 1.5} & t = 2,3,\ldots,n \end{cases} \qquad [14A.13]$$

정액법으로 전환 후(보통 내용연수의 마지막 1~3년) n년에 남아 있는 장부가는 $n+1$년에 제거된다.

n = 15 및 20인 경우 반기 규칙에 따라 150% 정률법을 사용하고 $D_{SL} \geq D_{DB}$일 때 정액법으로 전환한다. 정액법이 더 유리해질 때까지는 식 [14A.7]의 형식으로 연간 정률법 감가상각 금액을 구한다.

$$D_{DB} = d_t(\text{BV}_{t-1})$$

이때

$$d_1 = \begin{cases} \dfrac{0.75}{n} & t = 1 \\ \dfrac{1.50}{n} & t = 2,3,\ldots \end{cases} \qquad [14A.14]$$

예제 14A.5

MACRS 내용연수 5년인 작업 현장 제어용 무선 추적 시스템을 $10,000에 구입했다. (a) 식 [14A.11]부터 [14A.13]을 사용하여 연간 감가상각과 장부가를 구하시오. (b) 연간 감가상각률을 구하고 이를 표 14-2의 $n = 5$의 MACRS 감가상각률과 비교하시오.

풀이

(a) $n = 5$와 반기 규칙하에 두배 정률법에서 정액법으로의 전환 절차를 사용하여 표 14A-5의 결과를 얻는다. 정액법으로 전환은 다음 계산처럼 두 방법의 감가상각이 동일해지는 4년 차에 발생한다.

$$D_{\mathrm{DB}} = 0.4(2{,}880) = \$1{,}152$$

$$D_{\mathrm{SL}} = \frac{2{,}880}{5 - 4 + 1.5} = \$1{,}152$$

1년 차 정액법 감가상각액 $1,000는 식 [14A.13]의 첫 번째 관계식에 포함된 반기 규칙을 적용한 결과이다. 또한 6년 차의 정액법 감가상각액 $576 역시 반기 규칙 때문이다.

(b) 실제 감가상각률은 '더 큰 D_t' 열 값을 초기비용 $10,000로 나누어 구한다. 아래 감가상각률은 표 14-2와 동일하다.

t	1	2	3	4	5	6
d_t	0.20	0.32	0.192	0.1152	0.1152	0.0576

표 14A-5 예제 14A.5의 n=5의 MACRS 감가상각률을 계산하기 위한 감각상각 금액

	DDB				
연도 t	d_t	D_{DB}, $	SL D_{SL}, $	더 큰 D_t, $	BV_t, $
0	–	–	–	–	10,000
1	0.2	2,000	1,000	2,000	8,000
2	0.4	3,200	1,777	3,200	4,800
3	0.4	1,920	1,371	1,920	2,880
4	0.4	1,152	1,152	1,152	1,728
5	0.4	691	1,152	1,152	576
6	–	–	576	576	0
				10,000	

위 전환 논리를 사용하여 각 MACRS 비율을 구하는 것보다 표 14-2의 감가상각률 또는 VDB 스프레드시트 함수를 쓰는 것이 확실히 더 쉽다. 하지만 관심이 있는 학생들을 위해 MACRS 감가상각률의 논리를 설명하고자 한다. 연간 MACRS 비율은 정률법에 감가상각률을 사용하여 도출된다. 아래 첨자 DB와 SL이 연도 t와 함께 쓰인다. 첫해 $t = 1$의 경우

$$d_{\mathrm{DB},1} = \frac{1}{n} \quad \text{혹은} \quad d_{\mathrm{SL},1} = \frac{1}{2}\left(\frac{1}{n}\right)$$

합계를 위해 d에 첨자 $i(i = 1, 2, \ldots, t)$를 적용한다. 이제 $t = 2, 3, \ldots, n$에 대한 감가상각은 다음과 같다.

$$d_{\mathrm{DB},t} = d\left(1 - \sum_{i=1}^{i=t-1} d_i\right) \qquad [14A.15]$$

$$d_{SL,t} = \frac{\left(1 - \sum_{i=1}^{i=t-1} d_i\right)}{n - t + 1.5} \qquad [14A.16]$$

또한 $n + 1$년에는 MACRS 감가상각률은 직전 연도 n의 정액법 감가상각률의 절반이다.

$$d_{SL,n+1} = 0.5(d_{SL,n}) \qquad [14A.17]$$

정률법 및 정액법 감가상각률을 매년 비교하여 어느 것이 더 큰지 보고 언제 정액법으로 전환할지를 결정한다.

예제 14A.6

내용연수가 3년일 때 표 14-2의 MACRS 감가상각률을 확인하시오. 표의 감가상각률(%)은 33.33, 44.45, 14.81, 7.41이다.

풀이

$n = 3$의 두배 정률법의 고정 감가상각률은 $d = 2/3 = 0.6667$이다. 첫해에 반기 규칙을 적용하고 식 [14A.15]부터 [14A.17]까지를 쓰면 다음과 같은 결과를 얻는다.

d_1: $d_{DB,1} = 0.5d = 0.5(0.6667) = 0.3333$

d_2: 누적 감가상각률은 0.3333이다.

$$d_{DB,2} = 0.6667(1 - 0.3333) = 0.4445 \text{ (더 큰 값)}$$

$$d_{SL,2} = \frac{1 - 0.3333}{3 - 2 + 1.5} = 0.2267$$

d_3: 누적 감가상각률은 $0.3333 + 0.4445 = 0.7778$

$$d_{DB,3} = 0.6667(1 - 0.7778) = 0.1481$$

$$d_{SL,2} = \frac{1 - 0.7778}{3 - 3 + 1.5} = 0.1481$$

두 값이 같으므로 정액법으로 전환한다.

d_4: 지난 기간 정액법 감가상각률의 절반이다.

$$d_4 = 0.5(d_{SL,3}) = 0.5(0.1481) = 0.0741$$

연습문제

감가상각의 기초

14.1 세금 감가상각은 소득세에 어떤 영향을 미치는가?

14.2 자산의 미조정 기준가와 조정 기준가란 무엇인가?

14.3 (a) 장부가와 시장가의 차이를 서술하시오. (b) 두 가치가 크게 달라지는 조건을 설명하시오.

14.4 감가상각 자산에 대한 세 가지 수명(내용연수)이 있다. 각각의 명칭을 쓰고 바르게 사용하는 방법을 설명하시오.

14.5 Cyber Manufacturing은 육안으로 볼 수 없는 곳에서의 작업을 위해 완전한 비디오 보어스코프 시스템을 구입했다. 구입가는 $18,000, 배송비는 $300, 설치비는 $1,200, 세금 감가상각 기간은 7년, 예상 내용연수는 10년, 회수 가치는 0, 연간 운영비는 $45,000이다. 세금 감가상각 목적으로 감가상각을 할 때 B, S, n의 값은 얼마인가?

14.6 어느 에너지 생산 회사는 새로운 가스 터빈 장비의 인수를 위한 다음 정보를 가지고 있다.

구매 가격 = $780,000
대양 횡단 운송 및 배송 비용 = $4,300
설치 비용(기술자 1명, 4일간 $1,600/일)
= $6,400
세금 내용연수 = 15년
장부 감가상각 내용연수 = 10년
잔존가치 = 구매 가격의 10%
운영비용(기술자 포함) = 연간 $185,000

부서 관리자가 회계 담당자에게 세무 회계 프로그램에 적절한 데이터를 입력해 달라고 요청하였다. 세금 목적의 자산 감가상각을 위한 B, n, S 입력값은 얼마인가?

14.7 Jobe Concrete Products는 3년 전에 새 모래 선별기를 생산에 투입했다. 설치 비용은 $100,000, 수명은 5년, 예상 잔존가치는 $20,000이다. 3년간의 장부 감가상각액은 $40,000, $24,000, $14,000였다. (a) 2년 후의 장부가를 구하시오. (b) 현재 선별기의 시장가가 $20,000라면, 현재 장부가와 시장가의 차이를 계산하시오. (c) 3년 차까지 감가상각된 미조정 기준가의 총비율을 구하시오.

14.8 Quantum Electronic Services는 네트워크 컴퓨터 시스템에 P = $40,000를 지불하였다. 세금 및 장부 감가상각 계정을 모두 작성하고 있다. 연간 세금 회수 비율은 전년도 장부가(BV)를 기준으로 하지만, 장부 감가상각률은 초기비용(P)을 기준으로 한다. 아래의 감가상각률을 사용하여 (a) 연간 감가상각과 (b) 각 방법에 대한 장부가를 계산하시오.

보유 기간	1	2	3	4
세금 감가상각률, BV의 %	40	40	40	40
장부 감가상각률, P의 %	25	25	25	25

세금 감가상각: D_t = 세금 감가상각률 × BV_{t-1}
장부 감가상각: D_t = 장부 감가상각률 × P

14.9 미 국세청 웹사이트(www.irs.gov)를 방문하여 간행물 946, 자산 감가상각 방법(How to Depreciate Property)을 참조하여 감가상각 및 MACRS에 대한 다음 질문에 답하시오.

(a) IRS에 따른 감가상각의 정의는 무엇인가?
(b) 잔존가치라는 용어를 어떻게 설명할 수 있는가?
(c) MACRS 내의 두 가지 감가상각 시스템은 무엇이며, 두 시스템 간의 주요 차이점은 무엇인가?
(d) MACRS로 감가상각할 수 없는 자산에는 어떤 것이 있는가?
(e) 감가상각의 시작과 종료 시점은 언제인가?
(f) 섹션 179 공제란 무엇인가?

정액법

14.10 내용연수가 5년이고 정액법 감가상각이 적용되는 자산의 각 해 감가상각률 d_t은 얼마인가?

14.11 Goodson Healthcare는 $300,000에 새 초음파 영상 장치를 구입하고, 이 유닛의 이동을 위해 트럭 본체와 섀시를 $100,000로 추가 구입하였다. 유

닛-트럭 시스템은 하나의 자산으로 감가상각된다. 기능 수명은 8년이며, 잔존가치는 사용 연수와 관계없이 영상 유닛 구매 가격의 10%로 추정된다. 정액법을 사용하여 잔존가치, 연간 감가상각액, 4년 사용 후의 장부가를 구하시오.

14.12 구입가가 $12,000인 공조 장비의 수명은 7년, 잔존가치는 $2,000이다.

(a) 연도별 정액법 감가상각 금액을 계산하시오.

(b) 스프레드시트 함수를 써서 연간 감가상각액을 계산하시오.

(c) 3년 후 장부가치를 구하시오.

(d) 감가상각률을 구하시오.

(e) 스프레드시트를 사용하여 연도별 감가상각 누적액과 장부가를 출력하시오.

14.13 펄스 도플러 주입식 유량계를 제조하는 회사가 장부 감가상각 목적으로 정액법을 채택하였다. 새로 취득한 장비의 초기비용은 $170,000이고 수명은 3년이며 잔존가치는 $20,000이다. 2년 차의 감가상각 금액과 장부가를 구하시오.

14.14 Kobi Technologies는 $27,500의 자산을 정액법을 사용하여 4년간 장부 감가상각하려고 한다. 2년 후의 장부가액이 $65,000일 때, 자산의 (a) 잔존가치와 (b) 초기비용을 구하시오.

14.15 Photon Environmental의 보유 자산은 5년 동안 정액법으로 감가상각되었으며, 장부가는 2년 차에 $296,000, 3년 차에 $224,000가 되었다. (a) 계산에 사용된 잔존가치와 (b) 미조정 기준가가 얼마인지 계산하시오.

14.16 Bzybee Consultants가 최근 인수한 특수 목적 디지털화 시스템의 내용연수가 4년이고 $B = \$50,000$이다. (a) 시스템의 잔존가치가 $5,000일 때 3년 후 누적 감가상각액은 얼마인가? (b) 남은 총감가상각액은 얼마가 되는가?

14.17 Bristol-Myers-Squibb는 2010년에 태블릿 성형기를 $750,000에 구입했다. 회사는 이 기계를 10년간 사용한 후 $50,000에 판매할 계획이었지만, 급속한 기술 발전으로 인해 노후화되어 불과 6년 만인 2016년에 퇴역시킬 예정이다.

(a) 자산의 조기 퇴역 시 남은 자본 투자 금액을 구하시오.

(b) 6년 후 자산을 $175,000에 매각하는 경우, 정액법 감가상각에 따른 자본 투자 손실을 구하시오.

(c) 신기술 기계의 예상 원가가 $260,000라면, 현재 보유한 기계의 장부 가치와 새 기계의 초기비용을 똑같이 맞추기 위해서 몇 년 더 감가상각해야 하는가?

정률법

14.18 캐나다 매니토바의 새로운 고속도로 건설을 위해 Halcrow Yolles사가 구매한 장비의 가격은 $500,000이다. 예상 수명인 5년 후의 추정 잔존가치는 $50,000이다. 현재 허용되는 다양한 감가상각 방법을 고려하고 있다. 두배 정률법, 150% 정률법, 정액법을 사용한 2년간의 감가상각을 계산하시오. (a) 수기와 (b) 스프레드시트 함수를 사용하여 푸시오.

14.19 로봇 피킹 라인의 셀 설계 최적화를 위한 소프트웨어 및 하드웨어의 설치 비용은 $78,000이며 5년 후 잔존가치는 없다. 2년 차와 4년 차에 대해 두배 정률법 장부 감가상각을 적용하여 (a) 감가상각액과 (b) 장부가를 계산하시오.

14.20 유출 방지 팔레트를 만드는 데 사용되는 기계의 3년 차 장부가가 $25,000인 경우, 이 기계의 초기비용을 구하시오. 기계의 수명은 5년이며 두배 정률법이 적용되었다.

14.21 자산을 5년 동안 두배 정률법으로 장부 감가상각하고 추정 잔존가치가 초기비용의 25%일 때, 감가상각 후 잔존가치에 도달하는 데 얼마나 걸리겠는가?

14.22 자산의 잔존가치가 0이고 두배 정률법으로 감가상각되는 경우, 5년 후 자산의 초기비용 대비 몇 퍼센트가 남는가?

14.23 비디오 녹화 시스템을 3년 전에 $40,000에 구입했다. 5년의 내용연수와 두배 정률법으로 기준가를 감가상각하였다. 올해 이 시스템을 중고가 $4,000에 팔아서 새 제품으로 교체할 예정이다. 장부가와 중고 판매가의 차이는 얼마인가?

14.24 General Food Stores에서 구형 바코드를 대체하는 96비트 제품 코드를 판독하기 위한 새 장비를 막 구입했다. 시범용으로 우선 1,000대를 구매할 예정이다. (세금이 아닌) 장부 목적 감가상각을 위해, 총 투자 $50,000는 4년에 걸쳐 잔존가치 없이 정액법, 1.75% 정률법, 두배 정률법의 세 방법 중 하나를 적용하여 상각된다. 방금 구입한 리더기의 내용연수 4년이 끝나기 전에 다시 신기술 리더기를 구입해야 할 경우 감가상각 손실을 최소화하기 위해 2년 후에 누적 감가상각액을 최대로 하는 것이 목표이다. 이미 두배 정률법이 정답이라는 것을 알고 있지만, 직장 상사에게 그래프로 보고해야 한다. 스프레드시트를 활용하여 작성하시오.

MACRS 감가상각 및 내용연수

14.25 MACRS 감가상각 방법에 대해 (a) 동산에 대한 6가지 표준화 내용연수, (b) 부동산에 대한 두 가지 내용연수, (c) 동산에 대해 가정된 잔존가치, (d) 명시된 GDS 등급에 속하지 않는 자산에 대한 기본 내용연수를 설명하시오.

14.26 (a) 반기 규칙이 무엇인가? (b) MACRS 감가상각률 표를 어디서에서 찾을 수 있는가? 그 표의 효과(쓸모)는 무엇인가?

14.27 Del Norte Brick은 텍사스, 뉴멕시코, 멕시코의 경계 근처에 위치하고 있다. 리오그란데강을 가로지르는 작은 다리 덕분에 회사 부지에 대한 접근성이 개선되었다. 이 다리의 비용은 $770,000였다. MACRS 방식에 따라 3년 차의 감가상각 및 장부가를 결정하시오. (표 14-4의 n 참조)

14.28 $400,000 자동 조립로봇의 감가상각 기간은 5년이고 잔존가치는 $100,000이다. 1년 차, 2년 차, 3년 차의 MACRS 감가상각률은 각각 20.00%, 32.00%, 19.20%로 주어졌다. 3, 5, 6년 후의 장부가는 얼마인가?

14.29 회사 보고서에 따르면 3년 전에 구입한 $140,000 자산의 현재 MACRS 장부가가 자산 기준가의 57.6%라고 한다. (a) 사용된 내용연수를 구하시오. (b) VDB 스프레드시트 함수를 사용하여 내년 감가상각액을 계산하시오.

14.30 스테퍼 드라이브를 제조하는 공장 관리자는 MACRS와 DDB(두배 정률법)가 모두 가속 감가상각 방법이라는 것을 알고 있지만, 초기비용이 $300,000, 수명이 5년, 잔존가치가 $60,000인 장비에 대해 어느 방법이 첫 3년 동안 더 빠른 상각을 하는지 알고 싶어졌다. (a) 직접 계산을 통해 어떤 방법이 더 낮은 장부가를 산출하고 그 금액이 얼마인지 구하시오. (b) 스프레드시트에 전체 감가상각 스케줄을 작성하시오. (c) 스프레드시트 결과를 사용하여, 4년 차와 5년 차의 DDB 감가상각 금액에 어떤 일이 일어났는지 설명하시오.

14.31 일리노이주 세인트 찰스에 있는 Bison Gear and Engineering은 식품 서비스 장비, 공장 자동화, 대체 에너지 시스템 및 기타 특수 기계 애플리케이션에 적합한 센서리스 및 브러시리스 DC 기어 모터를 제조한다. 이 회사는 2년 전에 내용연수가 5년인 자산을 구입했다. 3년 차의 MACRS 감가상각은 $14,592로 계산되었다. (a) 자산의 초기비용은 얼마인가? (b) 자산의 전체 MACRS 감가상각 스케줄을 만들고 첫해와 이듬해의 감가상각을 계산하시오.

14.32 Fairfield Properties는 n = 39년으로 MACRS 방법에 따라 감가상각되는 부동산을 가지고 있다. 그들은 $3.4백만으로 구입한 아파트 단지를 10년 보유 후 그때의 장부가보다 50% 더 높은 가격에 매각하기를 희망한다. 위 아파트 단지의 예상 판매가와 지불한 가격을 비교하시오.

14.33 Blackwater Spring and Metal은 미국과 말레이시

아 공장에서 동일한 컴퓨터 스프링 성형 기계를 사용한다. 초기비용은 $750,000이고 n = 10년 후 S = $150,000이다. 미국에서는 n = 5년의 MACRS 감가상각이 적용되고 말레이시아에서는 n = 10년의 표준 정액법이 적용된다. (a) 장비가 6년 후에 $100,000에 판매되는 경우, 각 방법에 따른 감가상각의 과대 또는 과소 금액을 계산하시오. (b) 스프레드시트를 사용하여 두 방법의 장부가를 하나의 그래프로 그리시오.

14.34 광섬유 케이블 제조 회사의 공장 관리자는 여러 유형의 장비에 대해 MACRS와 같은 가속 상각 방법보다 정액법으로 선형적으로 감가상각할 때 잔존 투자금액을 더 가까이 추정할 수 있음을 알고 있다. 따라서 그는 세금 목적의 장부(MACRS)와 장비 관리 목적의 장부(SL) 두 가지를 작성하고 있다. 초기비용 $80,000, 잔존가치는 초기비용의 25%이고 감가상각 기간이 5년인 장비의 3년 후 두 방법의 장부가 차이를 구하시오. 어느 방법의 장부가가 얼마나 더 낮은가?

14.35 Youngblood 조선소는 최근 드라이도킹된 선박 수리를 위한 자본 장비를 $1백만에 구입하였다. 5년 사용 후에는 어느 시점에서나 추정 잔존가치가 $150,000이다. 다음 감가상각 방법에 따른 3년 차의 감가상각과 장부가를 비교하시오.

(a) 10년의 내용연수가 허용되는 GDS MACRS 방법
(b) 내용연수 15년의 두배 정률법
(c) MACRS의 대안인 ADS 정액법, 내용연수는 15년

고갈

14.36 감가상각과 고갈(감모상각)의 차이점은 무엇인가?

14.37 WTA사가 3년 전 총 $2.1백만에 은 채굴 권리를 구입했을 때 향후 10년간 약 350,000온스를 채굴할 예정이었다. 지금까지 총 175,000온스가 채굴되어 판매되었다. (a) 3년 동안 허용된 총 고갈 비용은 얼마인가? (b) 새 조사에 따르면 광맥에 약 100,000온스만 남은 것으로 추정된다. 내년에 적용되는 비용고갈계수는 얼마인가?

14.38 아래 표는 개인 소유의 소규모 탄광 회사의 판매 실적을 요약한 것이다. 탄광의 연간 고갈비율을 결정하시오. 회사의 과세대상 소득은 매년 $140,000라고 가정한다.

연도	판매량, 톤	판매가격, $/톤
1	34,300	9.82
2	50,100	10.50
3	71,900	11.23

14.39 SA 산림 자원은 추정치 200백만 보드피트의 목재를 벌채할 수 있는 산림 지역을 $500,000에 매입하였다. 회사는 이 목재를 보드피트당 $0.10에 판매할 예정이다. 벌목 전에 환경영향평가서를 작성해야 하기 때문에 내년에는 목재 판매가 이루어지지 않는다. 그러나 2년부터 10년까지 회사는 연간 20백만 보드피트를 획득할 것으로 보고 있다. 인플레이션율은 8%이고 회사의 MARR은 10%이다. 비용고갈법을 사용하여 1, 2년 차의 고갈 금액을 계산하시오.

14.40 독립 석유 및 가스 프로덕션 업체인 Carrolton Oil and Gas는 총수입의 20%에 해당하는 고갈 충당금을 사용하도록 승인받았다. 작년에 수평 방향 시추 유정에 대해 $700,000를 상각하였다. 작년 채굴량 전체의 1%에 달하고 납품된 제품 가격이 배럴당 평균 $40인 경우 추정 총매장량을 배럴 단위로 계산하시오.

14.41 Ederly Quarry는 주거용 및 상업용 건물 건설에 쓰이는 다양한 절단 석회석을 판매한다. 최근 채석장 확장에 $2.9백만을 투자하여 매장량을 약 10만 톤 늘렸다. (a) 소유주인 존 에덜리의 예측을 사용하여 향후 5년간의 비용고갈 충당금을 추정하시오. (b) 5년 동안의 비용고갈이 법에 의해 제한되는 부분이 있는가? 그렇다면 왜 그런가?

연도	1	2	3	4	5
수량, 톤(1,000)	10	9	15	15	18
가격, $/톤	75	70	70	75	85

14.42 지난 10년 동안 Am-Mex Coal은 100톤당 $2,500의 비용고갈계수를 사용하여 펜실베이니아 무연탄 광산에 대한 $35백만의 투자를 상각해 왔다. 지금까지 고갈 총액은 $24.8백만이다. 광산 재평가를 위한 새로운 연구에 따르면 판매 가능한 석탄 매장량이 80만 톤 이하인 것으로 나타났다. 예상 생산량이 72,000톤이고 예상 총소득이 $6.125백만에서 $8.50백만 사이인 경우 내년도 고갈비율과 고갈 금액을 계산하시오.

부록연습문제

연수합산 감가상각법(SYD)

14A.1 유럽의 한 제조회사는 초기비용이 12,000유로, 예상 회수 가치가 2,000유로, 내용연수가 8년인 새 장비를 보유하고 있다. SYD 방법을 사용하여 연간 감가상각과 장부가 표를 작성하시오. 수기와 스프레드시트를 써서 푸시오.

14A.2 어느 땅 고르는 장비의 초기비용은 $150,000, 예상 수명은 10년이다. 잔존가치는 초기비용의 10%가 될 것으로 예상하고 있다. (a) 수기 풀이와 (b) 스프레드시트를 활용하여 연수합산 감가상각법을 적용하고 2년 차와 7년 차의 감가상각금액 및 장부가를 계산하시오.

14A.3 B = $400,000, n = 6년이고 $S = B$의 15%로 추정되는 새 포장 재활용 기계에 대해 SYD 방법을 사용하여 (a) 3년 후 장부가와 (b) 4년 차의 감가상각률 및 감가상각액을 구하시오.

생산량비례법

14A.4 자동차 충돌 시뮬레이션에 사용되는 로봇의 비용이 $70,000이고, 잔존가치가 없으며, 제조사에 따르면 예상 테스트 횟수가 10,000건 미만으로 추정된다. Volvo사는 연간 테스트 충돌 횟수를 예측할 수 없어서 로봇을 생산량비례법으로 감가상각하기로 결정하였다. 첫 3년의 테스트 횟수가 연간 3,810회, 2,720회, 5,390회인 경우, 연간 감가상각 및 장부가를 구하시오.

14A.5 Pedernales 전기 협동조합은 12개 도시 사무소 간 물품 운송 택배 차량으로 하이브리드 자동차를 구입했다. 차량 가격은 $35,000였고 5년 동안 보유하고 있다. 다른 식으로 말하자면, 100,000마일 동안 사용 중이다. 잔존가치는 없다. 5년 동안의 두배 정률법이 적용되었다. 카풀 관리자는 생산량비례법이 초기비용을 더 빠르게 감가상각하기 때문에 선호하고 있다. 아래 적힌 실제 연간 주행거리를 사용하여 두 감가상각 방법에 따른 장부가를 그래프로 그리시오. 어느 방법이 $35,000를 먼저 상각하였는가? 수기 혹은 스프레드시트 풀이를 작성하시오

연도	1	2	3	4	5
주행거리, 1,000마일	15	22	16	18	25

전환 방법

14A.6 어느 자산의 초기비용이 $45,000이고, 내용연수가 5년, 잔존가치는 $3,000라고 하자. 두배 정률법에서 정액법으로의 전환 절차에 따라 감가상각 금액의 현재가치를 i = 18%/연으로 계산하시오.

14A.7 B = $45,000, S = $3,000, 내용연수 n = 5년, i = 18%/연에 대하여, DDB에서 SL로의 전환 절차(위 문제 14A.6의 결과를 활용할 것)와 MACRS를 감가상각 방법으로 사용할 때 감가상각의 현재가치를 최대로 하는 문제를 스프레드시트를 이용하여 푸시오. MACRS가 미국에서 규정된 감가상각 방법이라는 점을 고려하여 계산 결과를 논하시오.

14A.8 Hempstead 산업은 밀링 기계를 보유 중인데, B = \$110,000, n = 10년, S = \$10,000이다. 첫 5년은 175%의 정률법을, 후반 5년은 고전적인 정액법으로 전환하는 방식을 적용하여 감가상각 스케줄을 도출하고 연 이자율 12%에 대해 감가상각의 현재가치를 계산하시오. 스프레드시트를 이용해 계산 결과와 그래프를 제시하시오.

14A.9 Reliant 전력은 대형 이동식 건물을 건설하였다. 건물의 초기비용은 \$255,000이고 25년 후 추정 잔존가치는 \$50,000이다. (a) DDB에서 SL로 전환해야 하는가? (b) DB에서 SL로의 전환이 유리해지는 균일 감가상각률은 얼마인가? 이 감가상각률은 DDB의 감가상각률 $2/n$와 비교하여 어떤가?

MACRS 감가상각률

14A.10 표 14-2의 내용연수 5년 기준의 MACRS 감가상각률을 검증하시오. 첫해에는 DDB로 시작하고 감가상각률이 더 높아질 수 있을 때 SL로 전환한다. B = \$1, S = 0을 적용하여 수기와 스프레드시트로 푸시오.

14A.11 3년 전 구입된 비디오 녹화 시스템의 가격이 \$30,000였다. 기준가의 상각을 위해 5년의 내용연수로 MACRS 감가상각 방법을 적용하였다. 이 시스템은 만기 전에 중고가격 \$5,000로 교체될 예정이다. 전환 규칙을 사용하여 3년 후 장부가와 중고가격의 차액을 구하고 MACRS 감가상각액을 계산하시오.

14A.12 식 [14A.11]부터 [14A.13]까지의 계산식을 사용하여 B = \$50,000, 내용연수 7년에 대한 연도별 MACRS 감가상각액을 구하시오.

14A.13 3년 MACRS의 감가상각률은 33.33%, 44.45%, 14.81%, 7.41%이다. (a) 여기에 대응되는 반기 규칙이 적용되는 대안 MACRS 정액 ADS 방법의 감가상각률은 얼마인가? (b) B = \$80,000, i = 15%/연일 때 두 가지 방법의 PW_D를 비교하시오.

MEMO

좌상단: Chones/Shutterstock; 좌하단: Nana_studio/Shutterstock; 우: Vector Tradition/Shutterstock

CHAPTER 15

세후 경제성 분석

학 습 성 과

목적 : 세금 규정, 소득세, 감가상각을 고려한 세후 경제성 평가를 수행해 본다.

절	주제	학습 성과
15.1	용어와 세율	• 법인 및 개인 소득세를 위한 세금 관련 용어와 공식을 알고, 고정세율과 한계세율 표를 사용한다.
15.2	세전현금흐름과 세후현금흐름	• 세전 및 세후 현금흐름을 계산한다.
15.3	세금과 감가상각	• 가속 감가상각방법과 짧은 내용연수에 따른 세금 혜택을 보인다.
15.4	감가상각 환입(DR)	• 자본이득과 자본손실을 이해하고 DR이 세금에 미치는 영향을 계산한다.
15.5	세후 분석	• 세후 PW, AW, ROR 분석을 통해 프로젝트나 대안을 평가한다.
15.6	세후 대체분석	• 세후 대체분석을 통해 방어 대안과 도전 대안을 평가한다.
15.7	확장 세후 분석	• 스프레드시트를 사용하여 감가상각, 법인세, 부채조달, 실효이자율, 최소요구수익률, 인플레이션을 고려한 세후 평가를 수행한다.
15.8	경제적 부가가치 분석	• 세후 경제적 부가가치 분석을 통해 대안을 평가하고 세후현금흐름 분석과 비교한다.
15.9	미국 외 나라들의 세금	• 국제 환경에서의 감가상각과 세율에 대한 기본 규칙을 이해한다.
15.10	부가가치세(VAT)	• 제조품에 대한 부가가치세의 적용 및 계산을 살펴본다.

이 장에서는 기업의 세후 경제성 분석과 관련된 세금 용어, 세율 및 세금 계산식을 다룬다. 세전현금흐름(CFBT)에서 **세후현금흐름(CFAT, Cash Flow After Taxes)**으로 바꾸는 과정은 최종 판단이 바뀔 수도 있는 세금 효과에 대한 고려를 포함하며, 프로젝트 기간 내 현금흐름에 세금이 미치는 영향을 추정한다. 또한 법인세와의 유사성과 차이점을 이해하기 위해 개인세도 논의한다.

주요 세금 영향을 고려하여 세후 PW, AW, ROR에 따른 상호 배타적인 대안의 비교 방법을 소개한다. **대체분석(replacement studies)**에서는 방어 대안이 대체되는 시점의 세금 효과가 고려된다. 또한 대안의 세후 **경제적 부가가치(economic value added)**는 연간등가 분석으로 다룬다. 사용되는 방법들은 이전에 배운 그대로이지만, 세금 효과가 고려된다는 차이가 있다.

모든 경우에 세후 분석은 이전보다 많은 계산을 요구한다. 수기 풀이 및 스프레드시트 사용 시 세후현금흐름 표 작성에 사용할 수 있는 템플릿이 있다. 미국 연방세에 대한 추가 정보(세법 및 최신화된 세율)는 국세청 간행물과 IRS 웹사이트(www.irs.gov)를 통해 확인할 수 있다. 간행물 542 *법인세*, 544 *자산의 판매 및 기타 처분*, 17 *당신의 연방 소득세(개인)*가 특히 이 장과 관련된 내용이다. 이 장의 마지막에는 미국 외의 국가들의 세금 관련 사항의 차이점들을 소개한다.

15.1 법인세 및 개인 소득세 관계식 ●●●

정부 및 지자체는 거주민들을 위한 재화와 서비스 제공을 위한 예산 마련 목적으로 법인과 개인에게 여러 종류의 세금을 부과한다. 법인세의 예로는 수익에 대한 소득세, 수입품에 대한 관세, 상품 및 서비스에 대한 부가가치세, 양도소득세 등이 있다.

개인 역시 임금에 대한 연간 소득세, 구매에 대한 판매세(역주: 한국의 부가세에 해당한다), 호텔에 머물 때 내는 숙박세, 부동산 재산세, 고속도로 통행료, 유류세 등 다양한 세금을 부과받는다. 미국에는 세금 재단(www.taxfoundation.org)이 발표하는 세금 해방일이 있다. 이것은 매년 시작부터 언제까지 일해야 연방, 주, 지방 세금을 모두 낼 수 있을 만큼의 임금을 받는지를 예측한 것이다. 주와 해에 따라 다르지만, 이 날짜는 보통 생각보다 늦다. 1900년(오래전 옛날)에는 1월 22일, 2000년에는 5월 1일, 2016년에는 4월 24일, 2022년과 2023년에는 4월 18일로 추정되었다. 즉, 오늘날 한 사람의 1년 소득의 1/3이 세금 납부에 쓰인다는 뜻이다.

법인세와 개인세는 세율과 공제 항목은 다르지만 용어, 기본 관계식 및 계산 방법은 거의 같다. 이어지는 세 하위 절에서 용어, 법인세, 개인세에 대해 설명한다.

용어와 기본 관계식

법인세를 포함한 분석을 수행함에 있어서는 두 가지 관점이 있다. 재무 연구(financial study) 관점은 기업 전체의 관점이며 세금 구조와 세법이 수익성에 어떤 영향을 미치는가 하는 것이다. 세후 경제성 공학 분석(after-tax engineering economy evaluation)은 프로젝트 관점이며 관련 세금 규정 및 공제가 프로젝트에 대한 경제적 결정에 어떤 영향을 미치는가를 다룬다. 여기서는 경제성 공학 관점을 택한다.

> 법인 **소득세**(income tax)(법인세)는 연방(또는 하위) 정부에 납부해야 하는 과세 소득에 대한 납부액(세금)이다. 세금은 **실제 현금흐름**(real cash flows)이지만, 법인 세금 계산은 감가상각 같은 비현금 요소도 포함한다. 법인세는 일반적으로 분기별로 납부하여 해당 연도 마지막 납부액은 연간 세금 환급과 함께 납부된다.

미국은 재무부 산하 기관인 국세청(IRS)이 세금을 징수하고 세법을 집행한다. 웹사이트 www.irs.gov에서는 이 장에서 참조하는 세법, 세율, 간행물 등의 정보를 제공하고 있다. 모든 국가 정부에는 세금 징수 및 집행을 위한 기관이 있으며 때로는 주나 지방에도 있다.

특정 상황에서는 더 복잡한 경우도 있지만, 소득세 계산의 기준이 되는 두 기본 관계식이 있다. 첫 번째는 실제 현금흐름만 포함하는 것이다.

$$\text{순영업이익} = \text{총매출} - \text{영업비용}$$

두 번째 식은 실제 현금흐름에 더해 감가상각 같은 비현금 공제를 포함한다.

$$\text{과세대상 소득} = \text{총수입(총매출)} - \text{운영비용} - \text{감가상각}$$

이제 이 용어들과 관계식(주로 법인의 경우)을 살펴보자. 각 항목은 연 단위로 계산되므로 아래 첨자 t($t = 1, 2, \ldots$)로 시점을 표시하지만 단순화를 위해 t를 생략한다.

총수익(GR, Gross Revenue)은 일정 기간(보통 1년) 동안 모든 판매로부터 실현된, 공제 전의 총금액이다. 이 값은 기업이 상품과 서비스를 판매할 수 있는 능력이지 이익 창출 능력이 아니다. GR은 회사의 손익계산서에 보고된다. (부록 B의 회계 보고서 내용 참고)

매출원가(COGS, Cost of Goods Sold)에는 판매 제품의 제조나 서비스 제공과 관련된 직접비용(직접 노무비, 직접 재료비, 부품 구매 비용, 포장 비용, 생산 관련 간접비)이 포함된다. (부록 B의 매출원가 명세서 샘플 참고)

총소득(GI, Gross Income) 혹은 **총이익**(gross profit)은 GR에서 COGS를 빼서 구한다. 총소득은 세전 순이익(net profit)으로, 인건비와 재료비 등을 이용해 상품과 서비스를 만들어내고 이익을 창출하는 효율성을 표현한다. 이 용어는 세후 분석에서 계속 등장한다.

운영비용(OE, OPEX, Operating Expense)은 비즈니스 거래 비용 중에서 COGS에 포함되지 않는 모든 비용이다. 이 비용은 법인의 세금공제 대상이다. 세후 경제성 평가에서는 AOC(annual operating cost, 연간운영비용) 및 M&O(O&M, operating and maintenance, 운영 및 유지보수) 비용이 여기에 해당된다. 감가상각은 운영비용이 아니기 때문에 포함되지 않는다.

순영업이익(NOI, Net Operating Income)은 흔히 **EBIT**(earnings before interest and income taxes, 이자 및 세금 차감 전 순수익)라고도 하며 총소득과 운영비용의 차이이다.

$$\text{NOI} = \text{EBIT} = \text{GI} - \text{OE} \qquad [15.1]$$

과세대상 소득(TI, Taxable Income)은 세금의 기준이 되는 소득의 크기이다. 법인은 과세대상 소득 계산 시 순영업이익에서 **감가상각**, 고갈, 감모상각, 기타 공제액을 **제외**할 수 있다. 이 책에서는 경제성 평가를 위한 과세대상 소득을 다음과 같이 정의한다.

$$\text{TI} = \text{총수입} - \text{운영비용} - \text{감가상각} = \text{GI} - \text{OE} - \text{D} \qquad [15.2]$$

시간에 따라 세부적인 차이와 해석 변화가 있지만, NOI와 TI의 본질적인 차이는 감가상각과 같은 세법에 따른 공제이다. (경제성 공학의 프로젝트 관점을 따르기 위해 이 책에서는 세후 평가에 기본적으로 TI 관계식을 사용한다.)

세율(T, tax rate)은 일반적으로 고정세율 혹은 누진세율이다. 고정세율(flat rate)은 TI의 크기에 관계없이 TI에 대한 백분율로 표현한 비율이다. 누진세율(graduated rate)은 TI 수준에 따라 증가한다. 즉 TI가 커질수록 더 높은 세율이 적용된다. 한계세율(marginal rate)은 마지막 $1의 소득에 적용되는 세율이다. 미국의 경우 법인은 고정세율로 개인은 누진세율로 과세한다. 두 시스템을 모두 아래에 소개한다. 일반 소득세 관계식은 다음과 같다.

$$\text{소득세} = \text{적용 세율} \times \text{과세대상 소득} = (T)(\text{TI}) \qquad [15.3]$$

평균 세율(average tax rate)은 법인이나 개인이 납부한 세금의 과세대상 소득 대비 비율을 분수 혹은 백분율로 표현한 것이다. 연방 고정세율을 적용하는 경우, 평균 세율은 다른 세금(주, 지방 등) 때문에 고정세율보다 높아진다. 누진세율이 적용되는 경우, 평균 세율은 최고 한계세율보다 낮다. 이 부분은 추후 개인 납세자의 경우를 통해 살펴볼 것이다. 평균 세금 관계식은 다음과 같다.

$$\text{평균 세율} = \frac{\text{총 세금 납부액}}{\text{과세대상 소득}} = \frac{\text{세금}}{\text{TI}} \qquad [15.4]$$

실효세율(T_e, effective tax rate)은 모든 세금(연방, 주, 지역, 국가 간 등)을 고려한 경제성 분석에서 편의상 사용하는 단일 세율이다. T_e는 법인의 경우 보통 25%에서 40%의 범위를 갖는다. 법인의 연방 소득세를 계산할 때 주 세금은 공제 가능하므로 실효세율은 다음과 같이 계산된다.

$$T_e = \text{주 세율} + (1 - \text{주 세율})(\text{연방 세율}) \qquad [15.5]$$

$$\text{세금} = (T_e)(\text{TI}) \qquad [15.6]$$

세후 순영업이익(NOPAT, Net Operating Profit After Taxes)은 매년 과세대상 소득에서 세금을 뺀 금액이다. 기본적으로 NOPAT는 한 해 동안 기업의 자본투자 결과로 남은 금액을 나타내며, 핵심 운영활동에 따른 기업의 성과 지표이다. NOPAT는 T 또는 T_e를 적용해서 다음과 같이 구한다.

$$\text{NOPAT} = \text{TI} - \text{세금} = \text{TI} - (T)(\text{TI}) = \text{TI}(1 - T) \qquad [15.7]$$

법인 과세

법인세율은 일상적으로는 단일 프로젝트의 세후 분석에 쓰이지만, 개별 프로젝트가 아닌 법인 전체에 적용되는 것이다. 과세연도 2018년 이후 미국에서 법인세 누진세율을 과세대상 소득의 21%인 고정세율로 변경하는 법이 통과되어 세금이 인하되고 다른 나라 세율과 비교하여 국제 경쟁력이 강화되었다(국제 세율에 대한 논의는 15.8절 참조). 법인세율은 시간에 따라 변화하지만, 나중에 설명하듯이 개인세율보다는 안정적이다. 미국은 물론 모든 나라에서 세율은 언제나 정치적 논쟁의 대상이며 특히 예산이나 인플레이션 압박이 있을 때는 더 그렇다. 예제 15.1에서 여러 조건하에서의 법인세를 다룬다.

예제 15.1

REI사는 소매점과 온라인에서 아웃도어 장비와 스포츠 용품을 판매한다. 작년에 REI는 법인세로 6%의 고정세율을 적용하는 오클라호마주의 매출에 대해 아래와 같이 신고했다.

총소득	\$19.9백만
운영비용	\$8.6백만
감가상각 및 기타 공제	\$1.8백만

(a) TI의 21%로 연방 고정세율을 적용하여 정확한 주 및 연방 세금과 합계를 구하시오. 주 세금은 연방에서는 공제 가능하다고 가정한다.

(b) 총소득 GI와 과세대상 소득 TI에서 연방세가 차지하는 비율은 얼마인가?

(c) REI의 오클라호마주 실효세율 T_e를 구하시오. T_e를 사용하여 총세금을 추정하고 (a)와 비교하시오.

(d) 2018년 전에는 REI가 누진세율에 따라 연방세를 납부해야 했으며, 한계세율은 TI의 $335,000 초과분에 대해 34%이고, 이하 구간의 TI에 대한 기본 세금액을 더하여 구한다. 따라서 관계식은 $113,900 + 0.34(TI의 $335,000 초과분)가 된다. 이때의 연방 세금을 계산하고 21%의 고정세율 적용 시 몇 퍼센트나 변화했는지 구하시오.

풀이

(a) 식 [15.2]로 TI를 구하고 6%의 주 세율과 21%의 연방 세율을 적용하면 된다.

$$\text{오클라호마 TI} = GI - OE - D = \$19.9\text{백만} - \$8.6\text{백만} - \$1.8\text{백만} = \$9.5\text{백만}$$

$$\text{오클라호마 세금} = T(TI) = 0.06(9{,}500{,}000) = \$570{,}000$$

$$\text{연방 TI} = GI - OE - D - \text{주 세금} = 9{,}500{,}000 - 570{,}000 = \$8{,}930{,}000$$

$$\text{연방 세금} = T(TI) = 0.21(8{,}930{,}000) = \$1{,}875{,}300$$

$$\text{총 연방 및 주 세금} = 1{,}875{,}300 + 570{,}000 = \$2{,}445{,}300 \qquad [15.8]$$

(b) 연방 세금의 GI 내 비중 $= 1{,}875{,}300/19{,}900{,}000 \times 100\% = 9.4\%$

연방 세금의 TI 내 비중 $= 1{,}875{,}300/8{,}930{,}000 \times 100\% = 21.0\%$

예상대로 연방 세금에 투입되는 과세대상 소득의 비율은 21%이며, 이는 식 [15.4]에 정의된 평균 세율과 같다. 공제 금액이 증가하면 연방 세금의 GI 비중은 낮아지며, 이 문제에서는 10% 미만이 되었다.

(c) T_e 값 25.7%는 식 [15.5]로 구한다. 이 값은 세후 경제성 평가에 적용하는 단일가치 세율이다.

$$T_e = 0.06 + (1 - 0.06)(0.21) = 0.257 \quad (25.7\%)$$

식 [15.8]에 따르면 총 세금 청구는 $2,445,300이다. T_e를 사용하면 예상 총세금은 0.257(8,930,000) = $2,295,010가 되어, 약 $150,000 혹은 6.1%만큼 과소 추정이 된다.

(d) 누진세율 적용 시 세금 $= 113{,}900 + 0.34(8{,}930{,}000 - 335{,}000) = \$3{,}036{,}200$

21%의 고정세율 적용 시 연방 세금이 $1,875,300가 되어 누진세율 대비 38.2% 감소했다. 이 커다란 차이는 누진세율이 적용되는 TI 구간 $335,000~10,000,000이 매우 넓었기 때문이다. 34%의 한계세율로 인해 세금이 크게 증가했다. REI사는 의심의 여지 없이 고정세율을 더 좋아할 것이다.

개인 연방 소득세

미국에 거주하는 모든 사람은 연방 개인 소득세율의 해석과 IRS 규정에 따라 연도별 세금이 계산되는 방식을 이해할 필요가 있다. 바로 위에 나온 법인세 식과 비교하면서 시작하자. 개인 납세자의 총소득(GI)은 법인의 총수입(GR)에 대응되며, 모든 급여 및 투자 수익 같은 기타 소득의 합이다. 개인의 과세대상 소득(TI)도 법인의 TI에서 운영비용(OE)과 마찬가지로 대부분의 생활비나 업무비는 공제 대상이 아니다. 개인에게는 매출원가(COGS)가 없으며, OE는 인적공제와 표준공제로 대체된다. 인적공제(personal exemptions)는 납세자 본인, 배우자, 자녀, 개인이 주로 책임지는 그 외 부양가족이다. 인적공제는 현행 IRS 공제에서 지정된 금액만큼 TI를 줄인다. 표준공제(standard deduction)는 각 해의 기준에 따라 TI를 감소시킨다. 예를 들어, 2022년의 표준공제액은 부부는 $25,900, 독신자는 $12,950이다. 납세자가 자신의 적격 비용이 이 금액을 넘어선다는 것을 보여줄 수 있다면, 공제를 항목별로 하는 것이 좋다.

인적공제와 표준공제 금액은 매년 인플레이션을 고려하여 조정된다. 그러나 현행법에서는 인적공제 대신 더 큰 표준공제를 적용할 수 있다. 개인에 대한 이러한 공제는 미의회 IRS의 결정에 따라 매년 달라진다.

개인 납세자의 경우 기본적인 관계식은 다음과 같다.

$$\text{GI} = \text{급여} + \text{임금} + \text{이자 및 배당금} + \text{기타 소득}$$

$$\text{TI} = \text{GI} - \text{인적공제} - \text{표준 또는 항목별 공제}$$

$$\text{세금} = (T)(\text{TI})$$

개인세율은 TI에 따라 누진 적용된다. 한계세율은 보통 10%에서 37%의 범위이지만, 더 큰 TI에 대한 최고 한계세율이 최근 인상되었으며 이러한 추세는 지속될 것으로 보인다. 한계세율이 정해지면 해마다 인플레이션과 여러 요인을 고려하여 TI 수준이 조정된다. 이 과정을 **물가연동**(indexing)이라고 하며 '세율 등급의 점진적 상승(bracket creep)'이라고도 불린다. 앞서 언급했듯 개인 세금은 누진세율 기반이기 때문에 식 [15.4]의 평균 세율은 최고 한계세율보다 낮다.

개인에 대한 세율은 법인세율보다 훨씬 더 자주 변경된다. 표 15-1에는 네 가지 기본 납세자 신분 중 두 가지에 대한 세율 예시가 정리되어 있다. 네 가지 신분은 다음과 같다.

독신(미혼, 이혼 또는 법적으로 별거 중)

부부 합산 신고

부부 개별 신고

세대주 신고

현재 기준은 www.irs.gov의 간행물 17, 당신의 연방 소득세(개인)에서 확인할 수 있다. 현재 세율 스케줄은 간행물 17의 뒷부분에 신고 지위별로 요약되어 있다.

이해를 위해 성인 2명과 자녀 2명으로 구성된 아마데우스 가족을 가정하자. 납세자

표 15-1 개인 연방 세율 예시: 납세자 신분 (a) 독신, (b) 부부 합산(2022년 세율)

한계세율	과세대상 소득 구간	해당 구간 세금 부과	초과분 기준값
10%	$0~$10,275	$0 + 10%	$0
12%	$10,276~$41,775	$1,027.50 + 12%	$10,275
22%	$41,776~$89,075	$4,807.50 + 22%	$41,775
24%	$89,076~$170,050	$15,213.50 + 24%	$89,075
32%	$170,051~$215,950	$34,647.50 + 32%	$170,050
35%	$215,951~$539,900	$49,335.50 + 35%	$215,950
37%	$539,901~	$162,718.00 + 37%	$539,900
(a) 개인 납세자 신분: 독신			
10%	$0~$20,550	$0 + 10%	$0
12%	$20,551~$83,550	$2,055 + 12%	$20,550
22%	$83,551~$178,150	$9,615 + 22%	$83,550
24%	$178,151~$340,100	$30,427 + 24%	$178,150
32%	$340,101~$431,900	$69,295 + 32%	$340,100
35%	$431,901~$647,850	$98,671 + 35%	$431,900
37%	$647,851~	$174,253.50 + 37%	$647,850
(b) 기혼 납세자 신분: 부부 합산 신고			

출처: Internal Revenue Service, Publication 17—*Your Federal Income Tax*(개인용)

신분은 부부 합산 신고로 가정한다. 올해 GI가 $227,000였다면 2022년 표준공제 적용 시 TI = 227,000 − 0 − 25,900 = $201,100이다. (불행하게도 2022년의 인적공제는 0이었다.) 따라서 표 15-1(b)에 따라 24% 한계세율 구간에 해당한다. 표의 세금 계산을 따르면 해당 연도의 세금은 다음과 같다.

$$\begin{aligned}\text{아마데우스 가족의 세금} &= 30{,}427 + 0.24(201{,}100 - 178{,}150)\\ &= 30{,}427 + 5{,}508\\ &= \$35{,}935\end{aligned}$$

이 금액은 GI의 16% 또는 TI의 18%(정수로 반올림)에 해당한다. TI에 대한 비중은 최고 한계세율 24%보다 상당히 낮다는 점을 주목하라.

15.2 세후현금흐름 계산 ●●●

앞에서 순현금흐름(NCF)이라는 용어를 매년의 실제 현금흐름에 대한 최선의 추정치로 정의하였다. NCF는 현금 유입액에서 현금 유출액을 뺀 값으로 계산된다. 그러고 나서 연간 NCF 금액을 이용해 PW, AW, ROR, B/C 방법의 대안 평가를 수행하였다. 이제는 감가상각과 세금이 현금흐름에 미치는 영향을 고려해야 하기 때문에 용어를 확장할 필요가 있다. NCF는 **세전현금흐름**(CFBT, Cash Flow Before Tax)이라는 용어로 대체하고, **세후현금흐름**(CFAT, Cash Flow After Tax)이라는 새로운 용어도 도입한다.

CFBT와 CFAT는 **실제 현금흐름**(actual cash flows)으로, 대안으로 인해 기업으로 들어오거나 기업에서 나갈 것으로 예상되는 현금흐름이다. 다음 몇몇 절에 나오는 세금 규정을 사용하여 수기 풀이 및 스프레드시트로 세전현금흐름을 세후현금흐름으로 어떻게 전환하는지 아래에서 소개한다. 세후현금흐름 추정치가 만들어지면 앞에서 배운 것과 동일한 방법과 선택 기준을 통해 경제성 평가를 수행하게 된다. 다만 분석이 세후현금흐름에 대해 이루어진다는 점이 다르다.

우리는 순영업이익(NOI)은 자본 자산의 매입이나 매각을 포함하지 않는다는 것을 배웠다. 그러나 연간 CFBT 추정치는 해당 연도의 초기 자본투자와 잔존가치를 포함해야 한다. NOI로부터 총소득과 운영비용의 정의를 가져오면, CFBT는 다음과 같이 쓸 수 있다.

$$\begin{aligned}\text{CFBT} &= \text{총수입} - \text{운영비용} - \text{초기 투자} + \text{잔존가치}\\ &= \text{GI} - \text{OE} - P + S\end{aligned} \qquad [15.9]$$

앞 장과 같이 P는 초기 투자금(0년)이고 S는 n년째의 예상 잔존가치이다. 따라서 CFBT에는 0년에만 P가 포함되고 n년에만 S 값이 나타난다. 모든 세금이 추정되면 연간 세후현금흐름은 다음과 같은 간단한 식이 된다.

$$\text{CFAT} = \text{CFBT} - \text{세금} \qquad [15.10]$$

이때 세금은 $(T)(\text{TI})$ 또는 $(T_e)(\text{TI})$로 구한다.

식 [15.2]를 보면 TI를 구할 때 감가상각 D가 고려된다는 것을 알 수 있다. 소득세 계산과 CFAT 추정에서 감가상각의 서로 다른 역할을 이해하는 것은 중요하다.

감가상각은 운영비용이 아니며 비현금흐름이다. 감가상각은 소득세 계산 시에만 공제가 가능하며, 세후현금흐름에는 직접적으로 나타나지 않는다. 따라서 세후 경제성 공학 연구는 실제 현금흐름 추정치, 즉 감가상각을 비용(음의 현금흐름)으로 포함하지 않은 연간 CFAT를 기반으로 해야 한다.

따라서 TI 식을 사용하여 CFAT를 표현하는 경우 감가상각은 TI 구성의 바깥으로는 사용되지 않아야 한다. 이제 식 [15.2], [15.6], [15.9], [15.10]을 결합하면 다음을 얻는다.

$$\text{CFAT} = \text{GI} - \text{OE} - P + S - (\text{GI} - \text{OE} - D)(T_e) \qquad [15.11]$$

표 15-2 CFAT 계산을 위한 열 제목 제안

연도	총소득 GI	운영비용 OE	투자와 잔존가치 *P*, *S*	CFBT	감가상각 *D*	과세대상 소득 TI	세금	CFAT
	(1)	(2)	(3)	(4)= (1)+(2)+(3)	(5)	(6)= (1)+(2)−(5)	(7)= T_e(6)	(8)= (4)−(7)

표 15-2에 수기 풀이 또는 스프레드시트로 CFBT와 CFAT를 계산할 때 도움이 되는 열 이름과 형식이 제시되어 있다. 식은 열 번호를 이용해서 표현되어 있고, 소득세 계산에 적용되는 실효세율 T_e가 사용되었다. 표와 스프레드시트에서 운영비용 OE와 초기 투자 *P*는 음의 부호이다.

어느 해의 감가상각 금액이 (GI−OE)보다 크면 **TI 값이 음수**가 될 수 있다. 이 부분은 운영 손실에 소급세법과 전진세법을 적용한 세후 분석에서 구체적으로 고려된다. 경제성 공학 연구에서는 이 정도로 세부적인 내용은 다루지 않는다. 오히려 음의 소득세를 **해당 연도의 세금 절감액**으로 간주한다. 마이너스 세금이 기업의 다른 소득으로 인한 세금을 상쇄할 것으로 가정하는 것이다.

예제 15.2

Wilson Security는 남미 두 나라의 국경선에 기업 및 정부 인력을 위한 추가 보안을 제공하는 계약을 체결했다. Wilson사는 이 6년짜리 계약을 위해 감청 및 탐지 장비를 구매할 계획이다. 이 장비의 가격은 $550,000이며 6년 후 재판매 가치는 $150,000로 예상된다. 계약서의 인센티브 조항에 따라 Wilson사는 이 장비가 계약의 수익을 연 $200,000씩 증가시킬 것으로 기대하고 있으며, 반대로 추가 유지보수비용(M&O)은 $90,000가 필요하다. MACRS 감가상각은 5년간의 회수를 허용하고 있으며, 실효 법인세율은 35%이다. CFBT와 CFAT를 표와 그래프로 나타내시오.

풀이

그림 15-1의 스프레드시트에 표 15-2의 형식에 따른 세전 및 세후 현금흐름이 나타나 있다. 6년 차의 함수는 11행에 자세히 설명되어 있다. 논의 및 계산 예시는 다음과 같다.

CFBT: 운영비용 OE와 초기 투자 *P*는 음의 현금흐름으로 표시된다. $150,000의 잔존가치(재판매)는 6년 차 양의 현금흐름이 된다. CFBT는 식 [15.9]로 구한다. 예를 들어, 6년에 장비가 판매된 것에 대한 11행의 함수는 다음과 같은 계산이다.

$$\text{CFBT}_6 = 200{,}000 - 90{,}000 + 150{,}000 = \$260{,}000$$

CFAT: 열 F는 VDB 함수를 이용해 구한 6년간의 MACRS 감가상각이며 $550,000의 투자금 모두를 상각한다. 예를 들어, 4년 차 과세대상 소득, 세금, CFAT는 다음과 같이 계산된다.

$$\text{TI}_4 = \text{GI} - \text{OE} - D = 200{,}000 - 90{,}000 - 63{,}360 = \$46{,}640$$

$$\text{세금}_4 = (0.35)(\text{TI}) = (0.35)(46{,}640) = \$16{,}324$$

$$\text{CFAT}_4 = \text{GI} - \text{OE} - \text{세금} = 200{,}000 - 90{,}000 - 16{,}324 = \$93{,}676$$

2년 차에는 MACRS 감가상각 금액이 TI를 마이너스($-66,000)로 만든다. 위에서 설명한 대로 2년 차 마이너스 세금($-23,100)은 세금 절감으로 간주되므로 CFAT가 $133,100로 증가한다.

참고사항

MACRS는 잔존가치 $S=0$으로 감가상각한다. MACRS는 자산을 0으로 감가상각했는데, 자산이 0보다 높은 가격으로 팔린 경우인 '감가상각 환입'에 의한 세금 영향을 뒷부분에서 다룬다

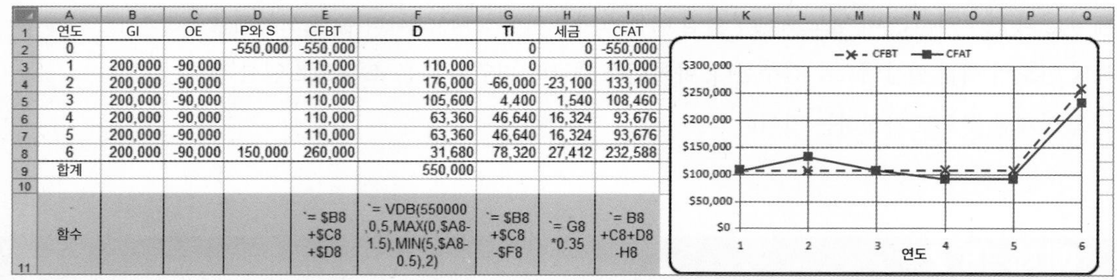

	A	B	C	D	E	F	G	H	I
1	연도	GI	OE	P와 S	CFBT	D	TI	세금	CFAT
2	0			-550,000	-550,000		0	0	-550,000
3	1	200,000	-90,000		110,000	110,000	0	0	110,000
4	2	200,000	-90,000		110,000	176,000	-66,000	-23,100	133,100
5	3	200,000	-90,000		110,000	105,600	4,400	1,540	108,460
6	4	200,000	-90,000		110,000	63,360	46,640	16,324	93,676
7	5	200,000	-90,000		110,000	63,360	46,640	16,324	93,676
8	6	200,000	-90,000	150,000	260,000	31,680	78,320	27,412	232,588
9	합계					550,000			
10									
11	함수				`= $B8 +$C8 +$D8	`= VDB(550000,0,5,MAX(0,$A8-1.5),MIN(5,$A8-0.5),2)	`= $B8 +$C8 -$F8	`= G8 *0.35	`= B8 +C8+D8 -H8

그림 15-1

예제 15.2의 MACRS 감가상각과 $T_e=35\%$를 적용한 CFBT와 CFAT 계산

15.3 감가상각법과 내용연수가 세금에 미치는 영향

같은 기간의 내용연수에 대해 정액법 대비 가속 감가상각법이 법인에게 세금 측면에서 유리한 이유를 이해하는 것은 중요하다. 내용연수 초기에 감가상각률이 높을수록 과세대상 소득이 더 많이 감소하기 때문에 세금이 더 적어진다. **세금의 현재가치 최소화**(minimizing the present worth of taxes)라는 기준을 통해 세금 효과를 입증할 것이다. 즉, 내용연수 n에 대해 세금의 **최소** 현재가치를 도출하는 감가상각률을 선택해야 한다.

$$\text{PW}_{\text{tax}} = \sum_{t=1}^{t=n} (\text{연도 } t\text{의 세금})(P/F,i,t) \qquad [15.12]$$

이는 총감가상각 금액 PW_D의 현재가치 최대화와 같다.

어떤 두 감가상각법을 비교한다고 해보자. 다음과 같이 가정한다. (1) 고정된 단일 세율이 있고, (2) CFBT가 연간 감가상각액보다 크고, (3) 두 감가상각 방법이 장부가를 같은 잔존가치까지 감소시키고, (4) 같은 내용연수를 사용한다. 이러한 가정이 만족되면 다음 명제는 참이다.

> 납부한 총세금은 감가상각 방법에 관계없이 **동일**하다.
> 가속 감가상각 방법의 세금 현재가치가 더 **작다**.

14장에서 배운 대로 MACRS는 미국 규정에 따른 세금 감가상각 방법이며, 유일한 다른 대안은 내용연수를 연장한 MACRS 정액법이다. MACRS의 가속 상각은 덜 가속된 방법에 비해 항상 더 작은 PW_{tax}를 만든다. 대부분의 다른 나라들처럼 두배 정률법(DDB)이 MACRS에 포함되지 않고 직접 감가상각에 적용된다고 해도 DDB는 MACRS보다는 결과가 좋지 않을 것이다. DDB는 장부가를 0으로 감소시키지 않기 때문이다. 이 내용은 예제 15.3에서 살펴볼 수 있다.

예제 15.3

광섬유 제조 라인에 도입하려는 $50,000의 새 기계에 대한 세후 분석을 진행 중이다. 이 기계의 CFBT는 $20,000로 추정된다. 내용연수 5년, 세금 현재가치 기준, 실효세율 35%, 연간 수익률 8%를 적용하여 고전적 정액법, 일반 두배 정률법, MACRS 감가상각 방법을 비교하시오. MACRS의 반기 규칙을 지켜 비교하기 위해 6년 차를 사용하라.

풀이

표 15-3에 각 감가상각 방법에 따른 연간 감가상각 금액, 과세대상 소득, 세금이 요약되어 있다. 고전적 정액법의 경우 $n = 5, D_t = 5$년간 $10,000, $D_6 = 0$이다(3열). CFBT $20,000는 6년 차에 전액 35%로 과세된다.

고전적 DDB 감가상각률 $d = 2/n = 0.40$을 5년 동안 적용한다. 내재 잔존가치는 $50,000 − 46,112 = $3,888이므로 $50,000가 모두 소득공제 대상이 되지 않는다. 고전적 DDB에 따른 세금은 고전적 정액법보다 $3,888(0.35) = $1,361만큼 크다.

MACRS는 표 14-2의 감가상각률에 따라 6년 동안 $50,000를 상각한다. 총세금은 정액법과 같은 $24,500이다.

연도별 세금(열 5, 8, 11) 누적액이 그림 15-2에 나타나 있다. 그래프의 형태, 특히 MACRS는 1년 이후, DDB는 1~4년에 정액법보다 누적 세금이 낮은 것에 주목하라. 정액법의 이러한 높은 세금값은 PW_{tax}도 더 크게 만든다. 표 15-3 아래쪽의 PW_{tax} 값은 식 [15.12]를 사용해 구한 것이다. MACRS PW_{tax}가 $18,162로 가장 작다.

표 15-3 감가상각법에 따른 세금과 세금 현재가치 비교

		고전적 정액법			고전적 두배 정률법			MACRS		
(1)	(2)	(3)	(4)	(5)= 0.35(4)	(6)	(7)	(8)= 0.35(7)	(9)	(10)	(11)= 0.35(10)
연도 t	CFBT, $	D_t, $	TI, $	세금, $	D_t, $	TI, $	세금, $	D_t, $	TI, $	세금, $
1	+20,000	10,000	10,000	3,500	20,000	0	0	10,000	10,000	3,500
2	+20,000	10,000	10,000	3,500	12,000	8,000	2,800	16,000	4,000	1,400
3	+20,000	10,000	10,000	3,500	7,200	12,800	4,480	9,600	10,400	3,640
4	+20,000	10,000	10,000	3,500	4,320	15,680	5,488	5,760	14,240	4,984
5	+20,000	10,000	10,000	3,500	2,592	17,408	6,093	5,760	14,240	4,984
6	+20,000	0	20,000	7,000	0	20,000	7,000	2,880	17,120	5,992
총액		50,000		24,500	46,112		25,681*	50,000		24,500
PW_{tax}				18,386			18,549			18,162

*감가상각되지 못한 $3,888의 내재 잔존가치 때문에 다른 방법보다 크게 나타난다.

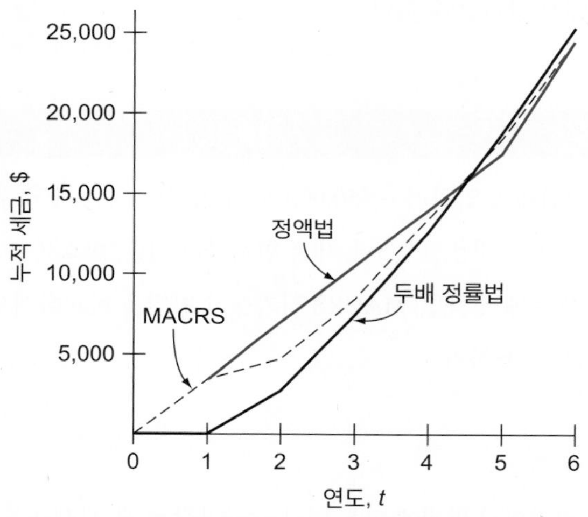

그림 15-2
예제 15.3의 6년 동안 서로 다른 감가상각 방법에 따른 누적 세금

내용연수에 따른 세금의 비교는 이 절 맨 앞부분의 가정 (4)만 다음으로 바꾸면 된다. 같은 감가상각법을 사용한다. PW_{tax} 최소화 기준을 사용하면 내용연수가 짧을수록 세금 측면에서 유리하다는 것을 확인할 수 있다. 비교 결과는 다음을 알려준다.

> 총 납부 세금은 모든 n 값에 대해 **같다.**
> 세금 현재가치는 n 값이 작을수록 **작아진다.**

이것이 바로 기업이 소득세 목적으로 허용되는 범위에서 가장 짧은 MACRS 내용연수를 사용하려고 하는 이유이다. 예제 15.4는 고전적 정액법을 이용해서 위 명제가 참임을 보여주며, MACRS나 다른 감가상각법에 대해서도 마찬가지로 성립한다.

예제 15.4

멕시코에 본사를 둔 다각화 제조업체 Grupo Grande Maquinaría는 베를린과 두바이에서 운용 중인 감가상각 자산의 기록을 병행 관리 중이다. 이는 다국적 기업에서 흔한 방식이다. 기록 한쪽은 기업용으로, 자산의 예상 유효 수명을 반영한다. 두 번째 세트는 감가상각, 세금과 같은 부분을 위해 외국 정부에 제출하는 용도이다.

이 회사는 예상 유효 수명이 9년인 자산을 $90,000에 매입했지만 독일과 UAE 세법은 더 짧은 5년의 내용연수만 허용한다. 순영업이익(NOI)이 연 $30,000이고, 35%의 실효세율이 적용되며, 투자한 금액의 세후수익률이 연 5%이고, 고전적 정액법을 적용하는 경우 더 작은 n이 세금 측면에서 유리하다는 것을 보이시오. 잔존가치의 영향은 무시한다.

풀이

식 [15.2]~[15.3]을 사용하여 TI와 세금을 구하고, 두 가지 n에 대해 식 [15.12]로 세금의 현재가치를 계산한다.

유효 수명 $n = 9$년의 경우

$$D = \frac{90{,}000}{9} = \$10{,}000$$

$$\text{TI} = 30{,}000 - 10{,}000 = \$20{,}000/\text{연}$$

$$\text{세금} = (0.35)(20{,}000) = \$7{,}000/\text{연}$$

$$\text{PW}_{\text{tax}} = 7{,}000(P/A,5\%,9) = \$49{,}755$$

$$\text{총 누적 세금} = (7{,}000)(9) = \$63{,}000$$

내용연수 $n = 5$년의 경우

비교를 위해 기간은 9년으로 하지만 감가상각은 5년 동안만 이루어진다.

$$D_t = \begin{cases} \dfrac{90{,}000}{5} = \$18{,}000 & t = 1 \sim 5 \\ 0 & t = 6 \sim 9 \end{cases}$$

$$\text{세금} = \begin{cases} (0.35)(30{,}000 - 18{,}000) = \$4{,}200 & t = 1 \sim 5 \\ (0.35)(30{,}000) = \$10{,}500 & t = 6 \sim 9 \end{cases}$$

$$\text{PW}_{\text{tax}} = 4{,}200(P/A,5\%,5) + 10{,}500(P/A,5\%,4)(P/F,5\%,5) = \$47{,}356$$

$$\text{총 누적 세금} = 4{,}200(5) + 10{,}500(4) = \$63{,}000$$

두 경우 모두 총 $63,000의 세금을 납부한다. 그러나 $n = 5$의 더 빠른 감가상각이 세금의 현재가치 기준 약 $2,400(49,755 − 47,356)를 절약할 수 있다.

15.4 감가상각 환입 및 자본이득(손실)

이 절의 경제적 관심사는 대규모 투자로 얻은 감가상각 자산을 내용연수 전후에 처분할 때 세금에 미치는 영향이다. 그 외의 경우에서는 운영 중이거나 미래에 구매할 감가상각 대상 자산의 경제성 분석에서 이 절의 내용을 고려하지 않는다. 대규모 투자 자산의 세후 경제성 분석에서는 세금 효과를 고려해야 한다. 핵심은 처분(매각이나 보상판매) 시점에서 당시 장부가나 초기비용(감가상각 용어로는 미조정 기준가 B) 대비 판매가격(또는 잔존가치나 시장가)의 크기이다. 이와 관련된 세 가지 세금 용어가 있다.

감가상각 환입(DR, Depreciation Recapture)은 **경상 이익**(ordinary gain)이라고도 하며 감가상각 자산이 현재의 장부가 BV_t보다 높은 가격에 판매될 때 발생한다. 그림 15-3에 계산 과정이 설명되어 있다.

$$\text{감가상각 환입} = \text{판매가} - \text{장부가}$$

$$\mathbf{DR} = \mathbf{SP}_2 - \mathbf{BV}_t \qquad [15.13]$$

감가상각 환입액은 세후 분석에서 흔히 등장한다. 미국에서는 MACRS 내용연수 이후 자산 처분 시 DR의 예상값이 항상 추정 잔존가치가 된다. 이는 MACRS가 모든 자산을 n+1년 후에 0으로 감가상각하기 때문이다. DR은 자산 처분 연도의 경상 과세대상 소득으로 처리된다.

자본이득(CG, Capital Gain)은 판매가격이 (미조정)기준가 B를 초과할 때 발생한다 (그림 15-3 참조).

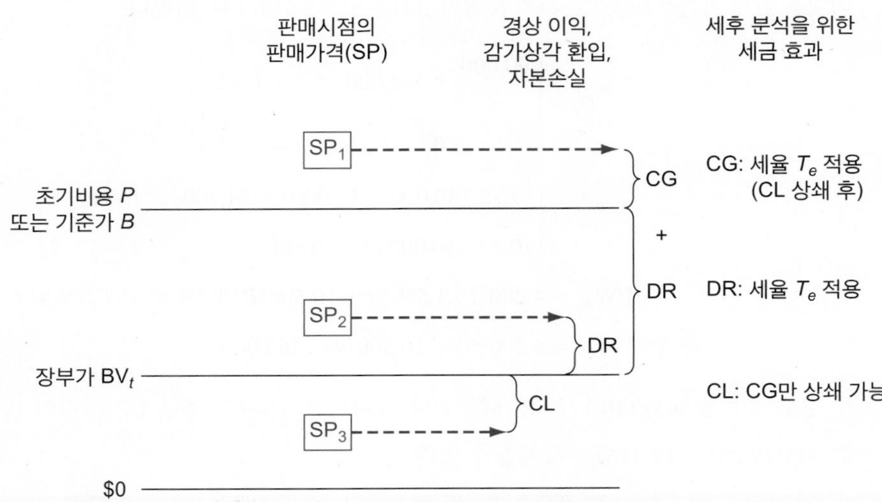

그림 15-3
감가상각 환입(DR) 및 자본이득(손실)에 대한 계산과 세금 처리 방식 요약

$$\text{자본이득} = \text{판매가} - \text{기준가}$$

$$\text{CG} = \text{SP}_1 - B \qquad [15.14]$$

미래의 자본이득은 예측이 어렵기 때문에 세후 경제성 분석에서는 보통 자세히 다루지 않는다. 예외적인 경우는 역사적으로 가치가 상승하는 자산인 건물이나 토지이다. 판매가격이 B를 초과하는 경우 TI는 그림 15-3에서 볼 수 있듯이 자본이득에 감가상각 환입을 더한 것이다. 이제 DR은 감가상각의 총액, 즉 $B - \text{BV}$가 된다.

자본손실(CL, Capital Loss)은 감가상각 자산을 현재 장부가보다 낮은 가격으로 처분할 때 발생한다. 그림 15-3에 따라 다음과 같이 정리할 수 있다.

$$\text{자본손실} = \text{장부가} - \text{판매가}$$

$$\text{CL} = \text{BV}_t - \text{SP}_3 \qquad [15.15]$$

경제성 분석에서는 특정 대안에 대해 그 값을 추정할 수 없기 때문에 보통 자본손실을 고려하지 않는다. 그러나 세후 대체분석에서는 방어 대안을 '희생' 가격으로 거래해야 하는 경우 자본손실을 고려해야 한다. 경제성 연구 측면에서는 대체가 일어나는 해에 세금 절감 효과가 발생하고, 실효세율로 세금 절감액을 추정한다. 이 절감액은 과세 대상이 되는 다른 수익 창출 자산에 의해 상쇄될 것으로 가정한다.

기업 자본이득과 자본손실은 경제성 평가에 포함된다는 사실 외에도 알아둘 만한 이유가 있다.

- 미국 세법에서는 자본이득을 장기(1년 이상 보유한 자산) 또는 단기로 정의한다.
- 자본이득은 감가상각이나 고갈이 이루어지지 않는 자산에 대해서도 발생한다. 투자(주식, 채권), 예술품, 보석, 토지 등의 자산의 판매 시점에는 자본이득이라는 용어를 쓰는 것이 정확하다. 감가상각 자산의 판매가격이 원가(기준가)보다 높은 경우는 **경상 이익**이라는 용어로 지칭한다. 두 경우 모두 법인세는 경상 소득으로 과세한다. 말하자면, 감가상각 자산의 기대 경상 이익을 보통 자본이득으로 분류하며, 이는 경제적 판단을 바꾸지 않는다.
- 자본이득은 법인의 일반 세율에 따라 경상 과세대상 소득으로 과세된다.
- 자본손실은 당해 자본이득 최대치까지만 자본이득을 상계할 수 있다. 따라서 소득세를 직접 감소시키지는 않는다. 이때 사용되는 용어는 순자본이득(손실)이다.
- 자본손실이 자본이득을 초과하면 기업은 초과분에 대해 소급세법과 전진세법을 활용할 수 있다. 이는 경제성 분석 엔지니어에게는 아니지만 재무나 세무 담당자에게는 의미 있는 일이다.

- 자산 처분 시의 세금 처리는 IRS 규정인 섹션 1231 거래에 따른다.
- 분석에서 자본이득 및 손실을 고려해야 하는 경우 IRS 간행물 544, 자산의 판매 및 기타 처분을 참고하는 것이 좋다.
- 이상의 규칙은 법인에 대한 것이며, 개인의 자산 처분 관련 세금 규정 및 세율은 이와 다르다.

여기 나온 세 가지 소득 및 세금 요소를 식 [15.2]에 합치면 과세대상 소득은 다음과 같이 바뀐다.

$$\begin{aligned} \text{TI} &= \text{총소득} - \text{운영비용} - \text{감가상각} + \text{감가상각 환입} \\ &\quad + \text{순자본이득} - \text{순자본손실} \\ &= \text{GI} - \text{OE} - D + \text{DR} + \text{CG} - \text{CL} \end{aligned} \qquad [15.16]$$

재무적 분석 말고 이 책의 관점인 경제성 공학의 측면에서 볼 때, 감가상각 환입(즉, 경상 이익)이 세후 평가의 주요 고려 대상이다. 자본이득이나 손실은 문제 특성상 반드시 계산에 포함되어야 하는 경우에만 그렇게 한다.

예제 15.5

의료 영상 및 모델링 회사 Biotech는 운동선수 골밀도를 연구하는 생명공학자와 기계공학자 팀을 위한 골세포 분석 시스템을 구매해야 한다. NBA와 맺은 3년 계약의 특성상 연 $100,000의 추가적인 총소득(GI)이 발생한다. 실효세율은 35%이다. 두 대안에 대한 추정치가 아래에 요약되어 있다.

	분석기 1	분석기 2
기준가 *B*, $	150,000	225,000
운영비용, $/연	30,000	10,000
MACRS 내용연수, 연수	5	5

다음 문제를 수기 풀이와 스프레드시트로 푸시오.

(a) 세금을 몹시 신경 쓰는 Biotech 사장은 계약 기간 3년 동안 발생하는 총세금의 최소화라는 기준을 사용하려고 한다. 어느 분석기를 구매해야 하는가?

(b) 3년이 지나 분석기를 판매하려고 한다. 동일한 총세금 기준을 적용했을 때 어느 분석기가 더 유리한가? 판매가격은 분석기 1의 경우 $130,000, 분석기 2의 경우 $225,000이다.

수기 풀이

(a) 상세한 세금 계산은 표 15-4에 정리되어 있다. 우선 연간 MACRS 감가상각 금액이 계산된다. 식

표 15-4 예제 15.5(a)의 두 대안의 총세금 비교

연도	총소득 GI, $	운영비용 OE, $	기준가 *B*, $	MACRS 감가상각 *D*, $	장부가 BV, $	과세대상 소득 TI, $	세금 0.35TI, $
				분석기 1			
0			150,000		150,000		
1	100,000	30,000		30,000	120,000	40,000	14,000
2	100,000	30,000		48,000	72,000	22,000	7,700
3	100,000	30,000		28,800	43,200	41,200	14,420
							36,120
				분석기 2			
0			225,000		225,000		
1	100,000	10,000		45,000	180,000	45,000	15,750
2	100,000	10,000		72,000	108,000	18,000	6,300
3	100,000	10,000		43,200	64,800	46,800	16,380
							38,430

[15.2], TI = GI − OE − *D*로 TI를 구하고 연 35%의 세율을 적용한다. 돈의 시간 가치를 고려하지 않고 3년의 세금을 합산한다.

분석기 1 세금 합계: \$36,120　　　분석기 2 세금 합계: \$38,430

두 합계가 거의 비슷하지만 총세금이 \$2,310 적은 분석기 1의 승리이다.

(b) 분석기를 3년 사용 후 판매할 경우, 35% 세율로 과세되는 감가상각 환입(DR)이 발생한다. 이 값은 3년차 세금에 추가된다. 각 기기별로 식 [15.13], SP − BV_3에 따라 DR을 구하고 식 [15.16], TI = GI − OE − *D* + DR를 사용하여 TI를 얻는다. 다시 3년간의 총세금을 구해서 합계가 더 작은 분석기를 선택한다.

분석기 1:　DR = 130,000 − 43,200 = \$86,800

3년 차 TI = 100,000 − 30,000 − 28,800 + 86,800 = \$128,000

3년 차 세금 = (0.35)(128,000) = \$44,800

총세금 = 14,000 + 7,700 + 44,800 = \$66,500

분석기 2:　DR = 225,000 − 64,800 = \$160,200

3년 차 TI = 100,000 − 10,000 − 43,200 + 160,200 = \$207,000

3년 차 세금 = (0.35)(207,000) = \$72,450

총세금 = 15,750 + 6,300 + 72,450 = \$94,500

총세금 측면에서 분석기 1이 꽤 유리하다(\$94,500 대 \$66,500).

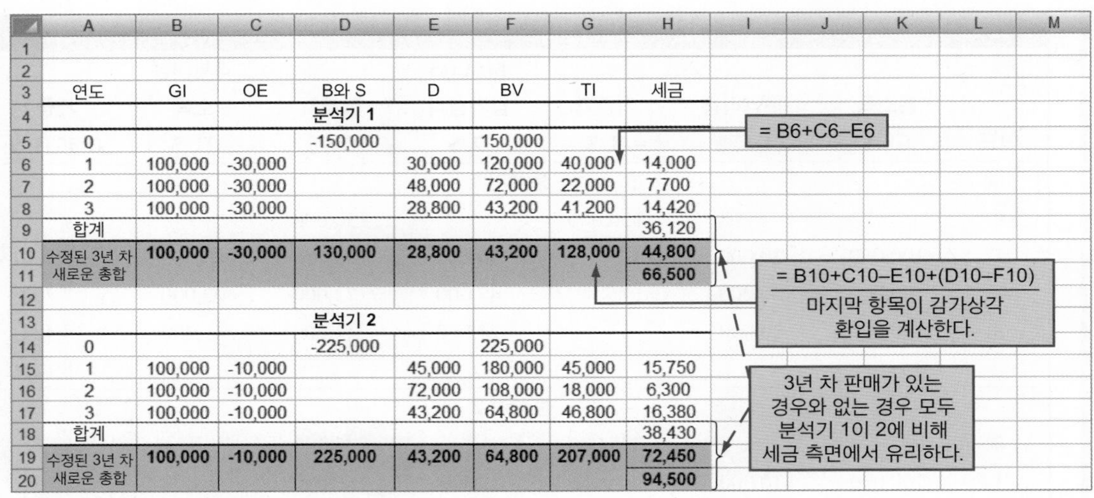

	A	B	C	D	E	F	G	H
1								
2								
3	연도	GI	OE	B와 S	D	BV	TI	세금
4				분석기 1				
5	0			-150,000		150,000		
6	1	100,000	-30,000		30,000	120,000	40,000	14,000
7	2	100,000	-30,000		48,000	72,000	22,000	7,700
8	3	100,000	-30,000		28,800	43,200	41,200	14,420
9	합계							36,120
10	수정된 3년 차	100,000	-30,000	130,000	28,800	43,200	128,000	44,800
11	새로운 총합							66,500
12								
13				분석기 2				
14	0			-225,000		225,000		
15	1	100,000	-10,000		45,000	180,000	45,000	15,750
16	2	100,000	-10,000		72,000	108,000	18,000	6,300
17	3	100,000	-10,000		43,200	64,800	46,800	16,380
18	합계							38,430
19	수정된 3년 차	100,000	-10,000	225,000	43,200	64,800	207,000	72,450
20	새로운 총합							94,500

그림 15-4
예제 15.5의 감가상각 환입이 총세금에 미치는 영향

스프레드시트 풀이

(a) 그림 15-4의 5~9행은 분석기 1에 대한 수기 풀이와 같은 내용이고, 총세금 $36,120가 표시되어 있다. 마찬가지로 분석기 2에 대한 14~18행의 결과 세금 합계가 $38,430가 되며, 따라서 회사가 세금만 고려했을 때 분석기 1을 선택해야 한다.

(b) 분석기 1에 대한 3년 차 항목인 10행을 수정하여 판매가격 $130,000, 업데이트된 TI $128,000, 3년간 세금 총액 $66,500를 얻었다. 3년 차의 TI에는 DR = 판매가 − 장부가 = SP − BV_3, 셀 식으로는 마지막 항목 (D10−F10)을 통해 감가상각 환입이 반영되어 있다. 분석기 2(19행)에 대해서도 같은 방식으로 업데이트하면 총세금이 $94,500가 나오므로 분석기 1이 3년간 세금 측면에서 훨씬 이익이다.

참고사항

이 분석에서는 앞서 대안 평가와 달리 화폐의 시간 가치를 고려하지 않는다는 것을 주목해야 한다. 다음 15.5절에서는 결정된 MARR이 적용된 PW, AW, ROR 분석을 통해 CFAT 기반 세후 의사결정을 다룬다.

15.5 세후 경제성 평가 ●●●

세후 MARR은 시장 이자율, 법인 실효세율, 자본비용가중평균(WACC)을 사용하여 결정한다. CFAT 추정치로부터 세후 MARR 기준의 PW, AW를 계산한다. 양수와 음수 CFAT 값이 섞여 있을 때, PW 또는 AW<0이면 (수익률이) MARR에 도달하지 못했다는 뜻이다. 단일 프로젝트나 상호 배타적인 대안들의 분석은 5장과 6장의 논리를 그대로 적

용한다. 가이드라인을 다음과 같이 정리할 수 있다.

상호 배타적 대안의 선택

> 단일 프로젝트. PW 또는 AW > 0이면 세후 MARR 이상이기 때문에 프로젝트는 재정적으로 실행 가능한 상태이다.
> 둘 이상의 대안. 가장 좋은(가장 큰) PW나 AW 값의 대안을 선택한다.

비용 CFAT만 있는 경우 운영비용과 감가상각으로 인한 세후 절감액을 계산한다. 각 절감액을 플러스로 표시하고 위 가이드라인을 따르면 된다.

동등 서비스

동등 서비스 가정에 따르면 대안 기간들의 최소공배수(LCM)에 대해 PW 분석을 해야 한다. 이는 세전, 세후를 막론하고 모든 분석에 적용되는 조건이다.

세후 평가에서 CFAT 값이 보통 해마다 달라지기 때문에 수기 풀이보다는 스프레드시트가 훨씬 빠른 분석이 가능하다.

AW 분석: 단일 수명주기에 대해 NPV 함수를 내장한 PMT 함수를 사용한다. 입력 형식은 다음과 같고, NPV 함수에 쓰이는 CFAT 값은 이탤릭체로 표시되어 있다.

$$= -\text{PMT}(\text{MARR}, n, NPV(MARR, year\_1 : year\_n) + year\_0) \qquad [15.17]$$

PW 분석: 먼저 PMT를 계산하고, LCM 기간에 대해 PV 함수를 적용한다. (Excel에 LCM 함수가 있다.) PMT 결과 셀을 A 값으로 입력하면 된다. 입력 형식은 다음과 같다.

$$= -\text{PV}(\text{MARR}, \text{LCM\_years}, PMT\_result\_cell) \qquad [15.18]$$

예제 15.6

마카일라는 공장 건물 내벽을 설계 중이다. 어떤 지점은 벽을 통한 소음 전달을 줄이는 것이 중요한 문제이다. 철망 위 치장 벽토(S)와 벽돌(B)의 두 가지 시공 옵션의 소음 절감은 약 33데시벨로 거의 같다. 이 시공을 통해 인접한 사무 공간의 소음 감쇠 비용을 줄일 수 있다. 마카일라는 두 디자인에 대한 초기비용과 연도별 세후 절감액을 추정했다. (a) 연 7%의 세후 MARR을 적용하여 CFAT로부터 어느 대안이 경제적으로 더 나은지 결정하시오. (b) 스프레드시트를 사용하여 대안을 선택하고 두 대안이 서로 동등해지는 초기비용을 계산하시오.

계획 S		계획 B	
연도	CFAT, $	연도	CFAT, $
0	−28,800	0	−50,000
1~6	5,400	1	14,200
7~10	2,040	2	13,300
10	2,792	3	12,400
		4	11,500
		5	10,600

수기 풀이

(a) AW와 PW 분석을 모두 해보자. 각 계획(대안)의 수명 동안의 CFAT를 사용해서 AW 식을 만들고, 더 큰 값을 선택한다.

$$AW_S = [-28{,}800 + 5{,}400(P/A,7\%,6) + 2{,}040(P/A,7\%,4)(P/F,7\%,6) + 2{,}792(P/F,7\%,10)](A/P,7\%,10)$$
$$= \$422$$
$$AW_B = [-50{,}000 + 14{,}200(P/F,7\%,1) + \cdots + 10{,}600(P/F,7\%,5)](A/P,7\%,5)$$
$$= \$327$$

두 대안 모두 경제성이 있다. AW_S가 더 크므로 계획 S를 선택한다.

PW 분석의 경우 LCM은 10년이다. 10년에 대해 AW 값과 P/A 계수를 적용하면 철망 위 치장 벽토, 즉 계획 S를 선택하게 된다.

$$PW_S = AW_S(P/A,7\%,10) = 422(7.0236) = \$2{,}964$$
$$PW_B = AW_B(P/A,7\%,10) = 327(7.0236) = \$2{,}297$$

(a)

	A	B	C	D
1		CFAT, $		
2	연도	계획 S	계획 B	
3	0	-28,800	-50,000	
4	1	5,400	14,200	
5	2	5,400	13,300	
6	3	5,400	12,400	
7	4	5,400	11,500	
8	5	5,400	10,600	
9	6	5,400		
10	7	2,040		
11	8	2,040		
12	9	2,040		
13	10	4,832		
14	AW @ 7%	422	327	
15	10년의 PW	2,963	2,297	
16				
17				
18				
19				

= –PMT(7%,5,NPV(7%,C4:C8)+C3)

= –PV(7%,10,$C$14)

(b)

	A	B	C
1		CFAT, $	
2	연도	계획 S	계획 B
3	0	-28,800	-49,611
4	1	5,400	14,200
5	2	5,400	13,300
6	3	5,400	12,400
7	4	5,400	11,500
8	5	5,400	10,600
9	6	5,400	
10	7	2,040	
11	8	2,040	
12	9	2,040	
13	10	4,832	
14	AW @ 7%	422	422
15	10년의 PW	2,963	2,964

Goal Seek

Set cell: $C$14

To value: 422

By changing cell: $C$3

OK Cancel

그림 15-5

예제 15.6의 (a) 세후 AW 및 PW 분석과 (b) 목표값 찾기로 구한 손익분기점의 초기비용

스프레드시트 풀이

(b) 그림 15-5(a)의 14행은 식 [15.17]의 PMT 함수 사용법으로 구한 AW 값이고, 15행은 식 [15.18]의 PV 함수 사용법으로 얻은 10년의 PW이다. 근소한 차이로 계획 S가 선택되었다.

그림 15-5(b)는 B 대안의 초기비용값($-49,611)을 바꿔서 두 대안의 AW를 같아지게 하는 목표값 찾기 템플릿이다. 이는 초기비용의 원래 추정치 $-50,000보다 약간 작다.

참고사항

PMT와 PV 함수 사용 시 PW와 AW가 음수가 된다는 것에 유의해야 한다. 따라서 함수 앞에 있는 마이너스를 생략하면 AW와 PW의 부호가 반대로 되어 대안들의 수익률이 세후 MARR에 미치지 못하는, 다른 말로는 경제성이 없는 것처럼 나타날 수 있다. 이 예제에서도 그런 문제가 생길 수 있다.

ROR 방법을 활용하려면 7장(단일 프로젝트)과 8장(둘 이상의 대안)의 절차를 그대로 CFAT에 적용하면 된다. 프로젝트의 수익률 i^* 또는 두 대안 사이의 증분 CFAT에 대한 Δi^*를 추정하기 위한 PW, AW의 관계식을 만든다. CFAT에 대해서도 마찬가지로 여러 근이 존재할 수 있다. 단일 프로젝트의 경우, PW나 AW를 0으로 두고 i^*에 대해 푼다.

현재가치: $0 = \sum_{t=1}^{t=n} \text{CFAT}_t\,(P/F,i^*,t)$ [15.19]

연간등가: $0 = \sum_{t=1}^{t=n} \text{CFAT}_t\,(P/F,i^*,t)(A/P,i^*,n)$ [15.20]

만약 $i^* \geq$ 세후 MARR이면 프로젝트는 경제적으로 타당하다.

프로젝트 평가

대부분의 경우, CFAT의 i^*를 구하는 데 있어서 스프레드시트가 더 빠르다. 다음과 같은 형식의 IRR 함수를 이용한다.

= IRR(year_0_CFAT:year_n_CFAT) [15.21]

세후 ROR은 분석에 중요하지만 세후 분석의 자세한 내용은 필요하지 않은 경우, 근사 관계식을 통해 세전 ROR(또는 MARR)을 실효세율 T_e로 조정하여 구할 수도 있다.

$$\text{세전 ROR} = \frac{\text{세후 ROR}}{1 - T_e} \quad [15.22]$$

예를 들어, 어느 회사의 실효세율이 40%이고 세금을 고려한 경제성 분석을 위해 보통 연 12%의 세후 MARR을 사용하고 있다고 하자. 세부적인 세후 분석 없이 세금의 효과를 근사적으로 알아보기 위해 세전 MARR을 다음과 같이 추정할 수 있다.

$$세전\ MARR = \frac{0.12}{1-0.40} = 20\%/연$$

그러나 만일 의사결정이 프로젝트의 경제적 타당성에 관한 것이고, 계산된 PW나 AW 값이 0에 가까운 경우, 구체적인 세후 분석이 수행되어야 한다.

예제 15.7

홍콩의 한 광섬유 제조 회사는 수명이 5년이고 연간 NOI가 $20,000이며 1년부터 5년까지 연 감가상각이 $10,000인 기계에 $50,000를 썼다. 이 회사의 T_e가 30%일 때 (a) 세후 ROR을 구하시오. (b) 세전 ROR의 근삿값을 구하고 실제 세전 ROR과 비교하시오.

풀이

(a) 0년의 CFAT는 $-50,000이다. 1~5년에 자본 매입 또는 매각이 없으므로 NOI = CFBT이다. (식 [15.1], [15.9] 참조) CFAT는 다음과 같이 계산된다.

$$TI = NOI - D = 20{,}000 - 10{,}000 = \$10{,}000$$
$$세금 = T_e(TI) = 0.3(10{,}000) = \$3{,}000$$
$$CFAT = CFBT - 세금 = 20{,}000 - 3{,}000 = \$17{,}000$$

1년부터 5년까지의 CFAT는 동일하므로 식 [15.19]의 P/A 계수를 사용할 수 있다.

$$0 = -50{,}000 + 17{,}000(P/A,i^*,5)$$
$$(P/A,i^*,5) = 2.9412$$

계수표 값에 선형 보간법을 적용하면 세후 수익률 $i^* = 20.78\%$/연이다. 또한 = RATE(5,17000,−50000) 함수를 사용하면 i^* 값으로 20.76%를 얻는다.

(b) 세전 ROR 추정을 위해 $i^* = 20.76\%$와 식 [15.22]를 사용한다.

$$세전\ ROR = \frac{0.2076}{1-0.30} = 0.2966 \quad (29.66\%)$$

5년 동안 CFBT = $20,000를 적용한 실제 세전 i^*는 함수 = RATE(5,20000,−50000) 혹은 다음 식을 이용하여 구하면 28.65%이다.

$$0 = -50{,}000 + 20{,}000(P/A,i^*,5)$$

세전 분석에 29.66%의 MARR을 적용하더라도 세금 효과가 아주 조금 과대평가될 뿐이다.

둘 이상의 대안에 대해 수익률 평가를 수기 풀이하는 경우, PW나 AW 관계식을 바탕으로 두 대안 간의 증분 CFAT를 구한 후 증분 수익률 Δi^*를 계산한다. 스프레드시트로는 증분 CFAT 값에 IRR 함수를 적용하면 된다. ROR 방법을 이용한 상호 배타적 대안의 선택에 적용되는 식과 절차는 8장(8.4절부터 8.6절까지)과 동일하다. 이 절을 진행하기 전에 8장의 해당 부분을 복습하고 이해해야 하며, 이를 통해 몇 가지 중요한 사실을 되새길 수 있다.

선택 가이드라인: 주어진 MARR에 대한 증분 ROR 평가 기본 규칙은 다음과 같다.

> 또 다른 타당한 대안 대비 추가 투자분이 타당하다면, 이를 만족시키는 대안 중 초기 투자가 가장 큰 대안을 선택한다.

증분 ROR: 반드시 증분 분석을 수행해야 한다. 항상 올바른 대안을 알려주는 PW나 AW 방법과 달리 보통 i^* 값은 바른 대안 선택으로 이어지지 않는다.

동등 서비스 요건: 증분 ROR 분석에서 대안들은 동일 기간에 대해 평가되어야 한다. 두 대안의 증분 현금흐름의 PW 또는 AW를 구하기 위해서는 대안 수명들의 LCM을 구해야 한다. (8.5절에 언급된 유일한 예외는 증분이 아닌 실제 현금흐름으로 AW 분석을 수행할 때이며, 이 경우 각각의 대안 수명이 아닌 단일 수명주기 분석이 채택된다.)

수입 중심 및 비용 중심 대안: 수입 중심 대안(양수 및 음수 현금흐름)은 비용 중심 대안(비용 뿐인 현금흐름)과 다르게 다루어진다. 수입 중심 대안의 경우, 전체 i^*로 초기 선별이 가능하다. $i^* <$ MARR인 대안은 평가에서 제외한다. 비용 중심 대안의 i^*는 구할 수 없으므로 모든 대안을 포함한 증분 분석이 필요하다.

CFAT가 구성되면 LCM 기간에 대한 각 대안의 PW 관계식을 이용하여 i^*에 대한 PW 그래프를 그려 **손익분기점 ROR**(breakeven ROR)을 구할 수 있다. 세후 MARR이 손익분기점 ROR보다 크면 추가 투자는 타당하지 않다.

손익분기점 ROR

다음 예제에서는 증분 ROR 분석과 PW 대 Δi^*의 손익분기점 ROR 그래프를 이용하여 CFAT 문제를 푼다.

예제 15.8

예제 15.6에서 마카일라는 소음 저감용 벽체 내부 재료의 CFAT를 추정했다. 계획 S는 철망 위 치장 벽토로 시공하는 것이고 계획 B는 벽돌을 사용하는 것이다. 그림 15-5(a)는 10년에 대한 PW 분석과 여러 수명에 따른 AW 분석을 모두 보여준다. 계획 S가 선택되었다. 이 분석 결과를 복습하고, (a) 세후 MARR을 연간 7%로 가정하여 ROR 평가를 수행하고, (b) 손익분기점 ROR을 결정하기 위해 PW 대 Δi 그래프를 그리시오.

스프레드시트 풀이

(a) 증분 ROR 분석을 위한 LCM은 10년이며, 계획 B는 정당화되어야만 하는 추가 투자가 필요하다. 두 대안의 증분 ROR 분석은 8.4절의 절차를 따른다. 그림 15-6에 각 대안에 대한 예상 CFAT와 증분 CFAT가 표시되어 있다. 수입 중심 대안이므로 두 대안이 모두 최소 7%의 MARR을 달성하는지 확인하기 위해 전체 i^*를 먼저 계산한다. 14행은 계획 S와 B에 대한 계산값이 9.49%와 8.05%임을 보여준다. IRR 함수(셀 E14)가 증분 CFAT에 적용되어 $\Delta i^* = 6.35\%$를 얻는다. 이는 MARR보다 낮기 때문에 벽돌 벽에 대한 추가 투자는 정당화되지 않는다. PW 및 AW 방식과 동일하게 계획 S가 선택된다.

(b) NPV 함수로 다양한 i 값에 대해 증분 CFAT의 PW를 구하여 그래프를 그릴 수 있다. 그래프는 손익분기점 Δi^*가 6.35%에서 발생한다는 것을 나타내며, 이는 IRR 함수가 찾은 것과 같다. 세후 MARR이 6.35%를 초과하는 경우(예: MARR = 7%)에는 계획 B에 대한 추가 투자가 정당화되지 않는다.

참고사항

계획 B와 세후 증분 현금흐름이 모두 세 번의 부호 변화를 보인다는 점에 주의하라. 누적 계열값도 세 번의 부호 변화를 겪는다(Norstrom 기준). 따라서 다수의 i^*와 Δi^* 값이 존재할 수 있다. IRR 함수의 "guess" 옵션을 사용하면 각 CFAT 계열에 대해 정상적인 수익률 범위의 실수해만 찾아준다.

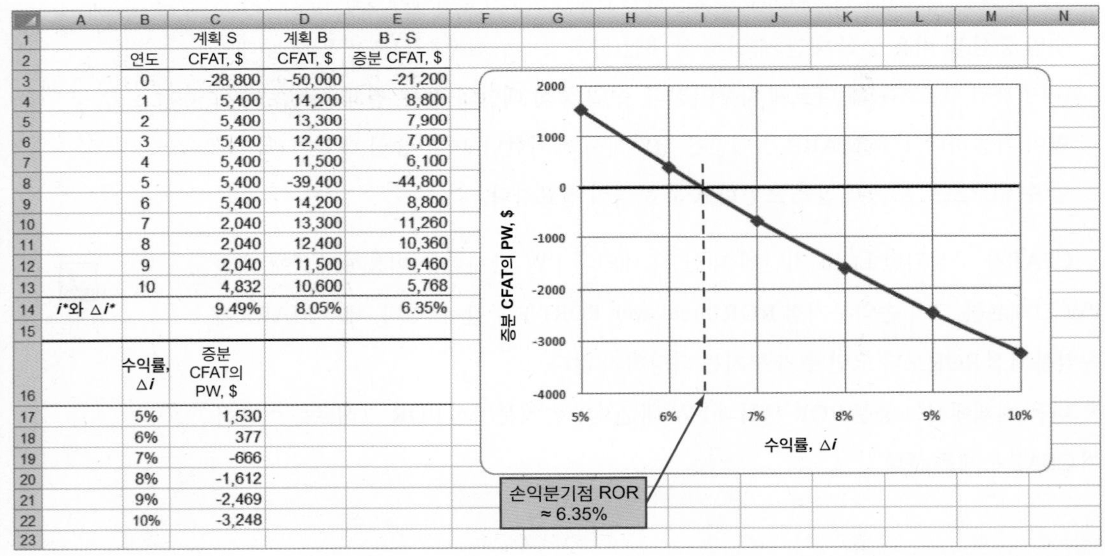

	A	B	C	D	E
1			계획 S	계획 B	B - S
2		연도	CFAT, $	CFAT, $	증분 CFAT, $
3		0	-28,800	-50,000	-21,200
4		1	5,400	14,200	8,800
5		2	5,400	13,300	7,900
6		3	5,400	12,400	7,000
7		4	5,400	11,500	6,100
8		5	5,400	-39,400	-44,800
9		6	5,400	14,200	8,800
10		7	2,040	13,300	11,260
11		8	2,040	12,400	10,360
12		9	2,040	11,500	9,460
13		10	4,832	10,600	5,768
14	i^*와 Δi^*		9.49%	8.05%	6.35%
15					
16		수익률, Δi	증분 CFAT의 PW, $		
17		5%	1,530		
18		6%	377		
19		7%	-666		
20		8%	-1,612		
21		9%	-2,469		
22		10%	-3,248		
23					

그림 15-6
예제 15.8의 CFAT의 증분 분석과 손익분기점 ROR

예제 15.9

예제 15.5에서는 NBA와의 새로운 3년 계약을 근거로 두 대의 골세포 분석기 구입을 위한 세후 분석을 다루었다. 3년간의 총세금을 기준으로 분석기 1이 선택되었다. 전체 풀이는 표 15-4(수기)와 그림 15-4(스프레드시트)에 정리되어 있다.

두 분석기가 예제 15.5의 예상 금액(분석기 1의 경우 \$130,000, 분석기 2의 경우 \$225,000)대로 3년 후에 판매된다고 가정하여 스프레드시트로 세후 ROR 평가를 수행하시오. 세후 MARR은 연 10%이고 $T_e = 35\%$이다.

스프레드시트 풀이

참고로, 수기 풀이로 해도 느리지만 같은 결과를 얻는다. 그림 15-7은 그림 15-4의 스프레드시트를 업데이트하여 3년 차에 분석기 판매를 포함한 버전이다. CFAT(열 I)는 CFAT = CFBT − 세금 관계식으로 계산되고, 과세대상 소득은 식 [15.16]을 사용하며 DR을 포함한다. 예를 들어 분석기 2가 $S = \$225{,}000$로 판매되는 3년째의 CFAT 계산은 다음과 같다.

$$\text{CFAT}_3 = \text{CFBT} - (\text{TI})(T_e) = \text{GI} - \text{OE} - P + S - (\text{GI} - \text{OE} - D + \text{DR})(T_e)$$

감가상각 환입 DR은 판매 시점에 받은 금액이 3년 차 장부가액을 초과하는 양이다. 3년 차 장부가액(F14)을 사용하면,

$$\text{DR} = \text{판매가격} - \text{BV}_3 = 225{,}000 - 64{,}800 = \$160{,}200$$

	A	B	C	D	E	F	G	H	I	J	K
1	연도	GI	B와 S	B와 S	D	BV	TI	세금	CFAT		
2					분석기 1						
3	0			-150,000		150,000			-150,000		
4	1	100,000	-30,000		30,000	120,000	40,000	14,000	56,000		
5	2	100,000	-30,000		48,000	72,000	22,000	7,700	62,300		
6	3	100,000	-30,000	130,000	28,800	43,200	128,000	44,800	155,200		
7	i*								30.2%		
8	PW at 10%								\$69,001		
9										증분	
10					분석기 2					CFAT	
11	0			-225,000		225,000			-225,000	-75,000	
12	1	100,000	-10,000		45,000	180,000	45,000	15,750	74,250	18,250	
13	2	100,000	-10,000		72,000	108,000	18,000	6,300	83,700	21,400	
14	3	100,000	-10,000	225,000	43,200	64,800	207,000	72,450	242,550	87,350	
15	i*								27.9%		
16	PW at 10%								\$93,905		
17	증분 i*									23.6%	
18											
19											
20											
21											
22											

그림 15-7
예제 15.9의 감가상각 환입(DR)을 고려한 CFAT의 증분 ROR 분석

이제 분석기 2의 3년 차 CFAT는 다음과 같이 계산할 수 있다.

$$\text{CFAT}_3 = 100{,}000 - 10{,}000 + 0 + 225{,}000 - (100{,}000 - 10{,}000 - 43{,}200 + 160{,}200)(0.35)$$
$$= 315{,}000 - 207{,}000(0.35) = \$242{,}550$$

그림 15-7의 14행 셀 계산식도 이와 같은 내용이다. 열 J에 세후 증분 ROR 분석을 위한 증분 CFAT가 계산된다.

두 분석기는 수익 대안이므로 전체 i^*(셀 I7 및 I15)은 두 CFAT 자금열이 모두 선택 가능하다는 것을 의미한다. $\Delta i^* = 23.6\%$(셀 J17) 역시 MARR = 10%를 초과하므로 **분석기 2**가 선택된다. 이 결정은 ROR 방법 가이드라인에 따른 것이다. 증분이 정당화되는 가장 큰 투자가 필요한 대안을 선택한다.

참고사항

8.4절 마지막에서 ROR 방법의 순위 불일치로 인해 전체 i^* 기준으로 대안을 선택하는 것의 오류를 설명한 바 있다. 이 경우에는 증분 ROR을 사용해야 한다. 이 예제에서도 마찬가지이다. 더 큰 i^* 대안을 우선하면, 분석기 1이 잘못 선택된다. Δi^*가 MARR을 초과하면 더 큰 투자(이 경우 분석기 2)가 올바르게 선택된다. 검증을 위해 각 대안에 대해 10%를 적용하여 PW를 계산하였다(열 I). 다시 한번, 분석기 2가 더 큰 PW인 $93,905로 선택된다.

15.6 세후 대체분석 ●●●

현재 설치되어 있는 자산(방어자)이 대체될지를 따져보는 경우, 세금 효과가 대체분석 결정에 영향을 미칠 수 있다. 세금이 포함되어도 최종 결정은 달라지지 않을 수 있지만, 방어 대안과 도전 대안의 세전 AW 차이는 세후 AW 차이와 크게 달라질 수 있다. 대체 연도의 세금 고려사항은 다음과 같다.

> 방어 대안을 희생 가격으로 거래하는 것이 필요한 경우, **감가상각 환입** 또는 큰 **자본 손실**로 인한 세금 절감이 가능하다. 또한 세후 대체분석에서는 세전 분석에서 고려하지 않은 세금공제 **감가상각** 및 **운영비용**도 고려 대상이다.

실효세율 T_e이 TI로부터 연간 세금(또는 절세액)을 추정하는 데 사용된다. 이때 10장의 세전 대체분석과 동일한 절차를 따르지만 CFAT 추정값을 사용한다. 분석 진행 전에 절차를 완전히 이해할 필요가 있다. 특히 10.3절과 10.5절을 주의 깊게 살펴보는 것이 좋다.

예제 15.10은 고전적인 SL(정액법) 감가상각의 단순 가정에 따른 세후 대체분석의 수기 풀이를 보여준다. 예제 15.11은 스프레드시트로 같은 문제를 다루지만, MACRS 감가상각이 포함되어 있다. 이를 통해 두 감가상각 방법 간 AW 값의 차이를 확인할 수 있다.

예제 15.10

Midcontinent Power Authority는 3년 전 $600,000에 배기가스 제어 장비를 구입했다. 경영진은 이 장비가 현재 기술적으로나 법적으로 구식이라는 사실을 알게 되어 새로운 장비를 찾아보았다. 현재 장비의 보상 판매가 $400,000의 시장가치가 있을 때, (a) 세전 MARR 10%/연을 사용하시오. (b) 세후 연 7%의 MARR을 적용하고, 실효세율이 34%라고 가정하자. 단순화를 위해 두 대안 모두 $S = 0$인 고전적인 정액법 감가상각을 사용하시오.

	방어 대안	도전 대안
시장가치, $	400,000	
초기비용, $		−1,000,000
연간 비용, $/연	−100,000	−15,000
내용연수, 연수	8(원래)	5

풀이

ESL(경제적 서비스 수명) 분석 결과 최적 수명값이 방어 대안은 추가 5년, 도전 대안은 총 5년으로 결정되었다고 가정하자.

(a) 세전 대체분석을 위해 AW를 구한다. 방어 대안 AW를 위한 초기비용은 시장가 $P_D = \$-400{,}000$가 된다.

$$\text{AW}_\text{D} = -400{,}000(A/P,10\%,5) - 100{,}000 = \$-205{,}520$$
$$\text{AW}_\text{C} = -1{,}000{,}000(A/P,10\%,5) - 15{,}000 = \$-278{,}800$$

10.3절의 대체분석 절차 1단계를 적용하여 더 나은 AW 값을 선택한다. 방어 대안이 남은 5년 동안 유지될 것이다. 방어 대안은 도전 대안에 비해 연간 비용이 $73,280 더 낮다. 상세 풀이는 표 15-5의 왼쪽 절반에 정리되어 있으며 세후 분석과 비교해 볼 수 있다.

(b) 세후 대체분석의 경우, 방어 대안의 소득세 외의 세금 효과는 없다. 연간 SL 감가상각은 $75,000이며, 3년 전 장비 구입 시 결정되었다.

$$D_t = 600{,}000/8 = \$75{,}000 \qquad t = 1\text{~}8\text{년}$$

표 17-5는 TI와 세율 34%에 대한 세금을 구한 결과를 보여준다. 음수로 표현되었으므로 세금은 실제로는 연간 $59,500의 세금 절감을 의미한다(세금 절감과 관련해서 경제성 분석에서는 절감을 상쇄할 수 있는 다른 과세대상 소득이 존재할 것으로 가정한다는 것을 기억하라). 비용만 추정되므로 초기 연간 CFBT도

표 15-5 예제 15.10의 세전 및 세후 대체분석

		세전 분석			세후 분석			
방어 대안		비용			감가상각		세금*	
연식	연도	OE, $	*P*와 *S*, $	CFBT, $	*D*, $	TI, $	0.34TI, $	CFAT, $
				방어 대안				
3	0		−400,000	−400,000				−400,000
4	1	−100,000		−100,000	75,000	−175,000	−59,500	−40,500
5	2	−100,000		−100,000	75,000	−175,000	−59,500	−40,500
6	3	−100,000		−100,000	75,000	−175,000	−59,500	−40,500
7	4	−100,000		−100,000	75,000	−175,000	−59,500	−40,500
8	5	−100,000	0	−100,000	75,000	−175,000	−59,500	−40,500
AW(10%)				−205,520	AW(7%)			−138,056
				도전 대안				
	0		−1,000,000	−1,000,000		+25,000†	8,500	−1,008,500
	1	−15,000		−15,000	200,000	−215,000	−73,100	+58,100
	2	−15,000		−15,000	200,000	−215,000	−73,100	+58,100
	3	−15,000		−15,000	200,000	−215,000	−73,100	+58,100
	4	−15,000		−15,000	200,000	−215,000	−73,100	+58,100
	5	−15,000	0	−15,000	200,000	−215,000‡	−73,100	+58,100
AW(10%)				−278,800	AW(7%)			−187,863

* 음수는 해당 연도의 세금 절감액을 의미한다.
† 방어 대안 보상 판매 시 감가상각 환입.
‡ 도전 대안이 실제로 실현한 수익이 S=0이고 세금이 없다고 가정한다.

음수이지만 $59,500의 세금 절감으로 인해 더 낮아졌다. 연간 7% 기준 CFAT 및 AW는 다음과 같다.

$$\text{CFAT} = \text{CFBT} - 세금 = -100{,}000 - (-59{,}500) = \$-40{,}500$$

$$\text{AW}_\text{D} = -400{,}000(A/P,7\%,5) - 40{,}500 = \$-138{,}056$$

도전 대안의 경우, 보상 판매 금액 $400,000가 현재 장부가액보다 크기 때문에 대체 시 감가상각 환입이 발생한다. 표 15-5에 도전 대안 0년 차에 $8,500의 세금을 구하는 과정인 다음 계산이 포함되어 있다.

방어 대안 장부가치, 3년 차: $\quad BV_3 = 600{,}000 - 3(75{,}000) = \$375{,}000$

감가상각 환입: $\quad DR_3 = TI = 400{,}000 - 375{,}000 = \$25{,}000$

보상 판매 세금, 0년 차: $\quad 세금 = 0.34(25{,}000) = \$8{,}500$

SL 감가상각은 연간 $1,000,000/5 = $200,000이다. 따라서 다음과 같이 세금 절감 및 CFAT가 발생한다.

$$세금 = (-15{,}000 - 200{,}000)(0.34) = \$-73{,}100$$

$$\text{CFAT} = \text{CFBT} - 세금 = -15{,}000 - (-73{,}100) = \$+58{,}100$$

5년째에 도전 대안이 $0에 판매되고 감가상각 환입은 없다고 가정한다. 세후 MARR 7%에서 도전 대안의 AW는 다음과 같다.

$$AW_C = -1{,}008{,}500(A/P{,}7\%{,}5) + 58{,}100 = \$-187{,}863$$

이번에도 방어 대안이 선택되었지만 연간 혜택은 세전 $73,280에서 세후 $49,807로 감소했다.

결론: 두 분석 모두 현재 대안을 5년 더 유지한다. 더 나아가 1년 후나 다른 도전 대안이 추가되면 두 대안의 추정치를 다시 평가해야 한다. 현금흐름 추정치가 크게 변경되면 다시 대체분석을 수행한다.

참고사항

시장가치(보상 판매)가 현재 방어 대안의 장부가치 $375,000보다 적었다면 0년 차에 감가상각 환입 대신 자본손실이 발생한다. 그 결과 세금 절감은 도전 대안의 CFAT(CFAT가 음수인 경우에는 비용 감소)를 감소시킨다. 예를 들어 보상 판매 금액이 $350,000인 경우 0년에 TI는 $350,000 − 375,000 = $−25,000이고 세금 절감액은 $−8,500가 된다. 그러면 CFAT는 $−1,000,000 − (−8,500) = $−991,500가 된다.

예제 15.11

예제 15.10(b)의 세후 대체분석을 다시 수행하되 방어 대안은 7년 MACRS 감가상각을, 도전 대안은 5년 MACRS 감가상각을 적용하시오. 두 자산은 5년 후에 장부가액으로 판매된다고 가정한다. 분석 결과가 기존 SL 감가상각 가정과 크게 다른지 살펴보시오. 14.1절에서 언급했듯, 단순화를 위해 판매 시점의 5년 차 감가상각의 감소를 무시한다.

스프레드시트 풀이

그림 15-8은 전체 분석 결과를 보여준다. MACRS는 SL 감가상각보다 더 많은 계산이 필요하지만 스프레드시트를 사용하면 비교적 쉽게 할 수 있다. 이번에도 방어 대안이 유지되는 것으로 선택되지만, 상대적 혜택은 연간 $44,142가 되었다. 이는 기존 SL 감가상각을 사용한 $49,807 이익이나 방어 대안의 세전 이익 $73,280와 비교되는 값이다. 따라서 세금과 MACRS는 방어 대안의 경제적 이점을 감소시키기는 했어도 유지 결정을 바꿀 만큼은 아니다.

SL 감가상각과 MACRS 감가상각의 결과에는 몇 가지 차이점이 있다. 도전 대안 0년 차에 감가상각 환입액이 발생하는데, 이는 3년 차 장부가액보다 큰 $400,000의 보상 판매로 인한 것이다. 이 금액 $137,620(셀 G18)는 일반 과세대상 소득으로 간주된다. DR 및 관련 세금 계산은 다음과 같다.

BV_3 = 초기비용 − 3년간 MACRS 감가상각

= 4년부터 8년까지의 총 MACRS 감가상각 = $262,380 (셀 F11)

	A	B	C	D	E	F	G	H	I	J
1	MARR =	7%								
2	구입가격 =	$ 600,000			방어 대안 세후 MACRS 분석					
3	방어 대안		기준가 B &	(비용)	MACRS					
4	연식	연도	잔존가치 S[1]	CFBT	감가상각률	감가상각	TI	세금 절감	CFAT	
5	3	0	-400,000						-400,000	
6	4	1		-100,000	0.1249	74,940	-174,940	-59,480	-40,520	
7	5	2		-100,000	0.0893	53,580	-153,580	-52,217	-47,783	
8	6	3		-100,000	0.0892	53,520	-153,520	-52,197	-47,803	
9	7	4		-100,000	0.0893	53,580	-153,580	-52,217	-47,783	
10	8	5	0	-100,000	0.0446	26,760	-126,760	-43,098	-56,902	
11	합계					262,380				
12	[1]방어자산은 5년 차(연식으로 8년째)에 장부가인 0에 팔릴 것으로 가정한다.							AW at 7%	-$145,273	
13	장부가 $600,000는 8년 동안 모두 상각되며, 세금 효과는 없다.									
14										
15	구입가격 =	$1,000,000			도전 대안 세후 MACRS 분석					
16	도전 대안		기준가 B &	(비용)	MACRS			세금 혹은		
17	연식	연도	잔존가치 S[1]	CFBT	감가상각률	감가상각	TI[2]	세금 절감	CFAT	
18	0	0	-1,000,000				137,620	46,791	-1,046,791	
19	1	1		-15,000	0.2000	200,000	-215,000	-73,100	58,100	
20	2	2		-15,000	0.3200	320,000	-335,000	-113,900	98,900	
21	3	3		-15,000	0.1920	192,000	-207,000	-70,380	55,380	
22	4	4		-15,000	0.1152	115,200	-130,200	-44,268	29,268	
23	5	5	57,600	-15,000	0.1152	115,200	-130,200	-44,268	86,868	
24	합계					942,400				
25	[1]도전 대안은 5년 차에 정확히 장부가인							AW at 7%	-$189,415	
26	BV = 1,000,000 – 942,400 = $57,600에 팔릴 것으로									
27	가정한다. 세금 효과는 없지만 5년 차의 CFAT가 증한다.									
28	[2]0년 차의 과세대상 소득 $137,620는 방어자산 거래에 따른 감가상각 환									
29	입이다. DR = B(기준가) – 현재 장부가격 = 400,000 – 262,380.									

감가상각 환입
= – C5 – F11

도전 대안 판매가격
= B15 – F24

그림 15-8

예제 15.11의 감가상각 환입과 MACRS 감가상각을 포함한 세후 대체분석

$$\text{DR} = \text{TI}_0 = \text{보상 판매 금액} - \text{BV}_3$$

$$= 400{,}000 - 262{,}380 = \$137{,}620 \qquad (\text{셀 G18})$$

$$\text{세금} = (0.34)(137{,}620) = \$46{,}791 \qquad (\text{셀 H18})$$

셀 수식과 테이블 주석을 참고하여 이 과정을 이해해 보시오.

도전 대안이 5년 후 장부가액으로 매각된다는 가정은 플러스 현금흐름을 의미한다. $57,600(C23) 항목은 누락된 6년 차 MACRS 감가상각이 1,000,000(0.0576) = $57,600라는 것을 반영한다. 스프레드시트 식 = B15 − F24가 F24의 누적 감가상각액을 사용하여 위 값을 계산한 것이다. [주: 5년 후 잔존가치 $S = 0$이 예상되는 경우 $57,600의 자본손실이 발생한다. 이는 5년 차에 57,600(0.34) = $19,584의 추가 절세 효과를 의미한다. 반대로, 잔존가치가 장부가액을 초과하는 경우 감가상각 회수 및 관련 세금을 고려해야 한다.]

15.7 세금, 부채 조달, 감가상각, 인플레이션을 고려한 스프레드시트 분석 ●●●

감가상각, 법인세, 인플레이션, 부채 조달이 포함된 세후 분석을 위한 스프레드시트 템플릿은 프로젝트와 대안에 대한 확장된 평가에 매우 유용하다.

아래 예제에서 볼 수 있듯이 템플릿에는 매개변수 추정, 계산, 분석, 결론의 네 가지 절이 있다. 세금 분석 전반에 걸쳐 앞서 사용한 마이너스 세금이 회사 다른 부서의 과세 대상 소득을 상쇄할 것이라는 가정이 그대로 유지된다. 모든 매개변수 추정치, 기타 정보 및 현금흐름을 입력한 후 목표값 찾기를 적용하여 인플레이션 조정 수익률 i_f^*을 결정한다. 결론 절에서 IF 논리 함수는 인플레이션을 고려한 경우와 고려하지 않은 경우의 결정을 선택하고 '합격' 또는 '불합격'을 표시한다.

12장 인플레이션의 영향에서 설명한 바와 같이, 전문직 종사자나 개인 재정의 경제적 결정에서 인플레이션 포함(시장) 수익률(i_f^*)을 기준으로 할 것인가 아니면 투자에 대한 실질수익률(i^*)을 기준으로 할 것인가 하는 딜레마가 있다. 인플레이션 포함 수익률은 일상적인 활동에서 일반적으로 사용되지만, 인플레이션의 '끔찍한 머리'는 실제(실질) 수익률을 크게 감소시킬 수 있다. 다음 예제(그리고 장 마지막에 있는 몇 가지 문제)는 보다 강건한 세후 분석을 수행할 때 인플레이션이 어떤 차이를 가져오는지 보여준다.

예제 15.12

감사의 글: 원본 스프레드시트는 캔자스대학교 화학 · 석유공학 명예교수 Marylee Z. Southard 박사 제공

MegaDrug 제약회사에서 추가적인 품질 보증 테스트를 구현하기 위한 주요 업그레이드 프로젝트를 검토하면서, 제안된 프로젝트를 평가해 달라는 요청을 해왔다. 평가에는 새로운 자본 장비 및 소프트웨어에 대한 부채 조달을 포함한 세후 분석이 필요하다. 인플레이션 요소도 포함될 수 있다. 세후 WACC는 7%이며 경영진은 WACC보다 3% 높은 투자 수익을 목표로 설정하였다.

(a) 아래의 추정치와 기타 정보를 사용하여 세후 분석을 수행하여 i^*(인플레이션 및 실질 모두)를 계산하고 업그레이드가 경제적으로 타당한지 결정하시오.

(b) 인플레이션을 고려하지 않고, 대출이 없는 상황에서 고정세율 21%, 세후 MARR을 연간 18%로 높인 경우에 대해 다시 평가하시오.

자산	감가상각	재정	평가
초기비용: $800,000	방법: MACRS	대출금: $400,000	MARR: 10%
사용수명: 10년	내용연수: 3년	기간: 5년	인플레이션율: 3.30%
잔존가치: $100,000		이자율: 4%	실효세율: 28%
		복리기간: 월	

스프레드시트 풀이

그림 15.9의 템플릿은 매개변수, 계산, 분석, 결론의 네 가지 부분으로 되어 있다. (이 예제를 기반으로 직접 작성할 것) 대출금 계산은 1장 표 1.1의 계획 4: 이자와 원금을 동일한 금액으로 상환의 논리를 따른다. 이 금액은 대출의 실효이자율에 따른 AW 값이다. 매개변수가 바뀌면 나머지 세 절에도 반영된다. 몇 가지 핵심 함수를 아래에 설명하였다.

절	결괏값	셀(열) 위치	예시 함수/설명
매개변수	대출 실효이자율	B6	= ((1+(B4/B5))^B5) − 1
	인플레이션율	I2	인플레이션이 없는 경우 0%, 인플레이션 효과 2년부터 시작
	$MARR_f$	I4	= I2 + I3 + I2*I3
계산	2년 차의 f에 따른 순이익	D	= (B13 − C13)*(1 + I$2)^(A13−1)
	감가상각 방법	E, F	방법, 연도, 함수 변경 필요
	2년 차의 남은 대출	G13	= G12 − J13
	대출 지불(AW)	H13	= −PMT(B$6, B$3, B$2), 연수는 정확해야 함
	이자(남은 대출에 대한)	I13	= $B$6*G12
	지불된 대출 원금	J13	= H13 − I13
분석	2년 차 CFBT(GI−E−대출+S)	E29	= D13 − B29 − H13 + C29
	2년 차 TI(소득−D−이자+S)	F29	= D13 − F13 − I13 + C29
	2년 차 CFAT(CFBT−세금)	H29	= E29 − G29
	$MARR_f$에 따른 연도별 PW	I29	= −PV(I$4,A29,,H29)
	i_f^*에 따른 연도별 PW	J29	= −PV($H$43,A29,,H29)
결론	입력된 인플레이션율	C42&43	0%, =$I$2
	i^* 결괏값, 인플레이션 없음	D42	= (D43 − C$43)/(1 + C$43)
	i_f^* 결괏값, 인플레이션 있음	D43	= $H$43 (i_f^* 계산된 셀)
	MARR	E42&43	I3, I4 입력값 재사용
	합격/불합격 결정	F43	= IF($D$43>= $E$43,“합격”,“불합격”)
	i_f^* 결괏값	H43	목표값 찾기로 ‘i_f^*에 따른 PW 합계(열 J)’가 0이 되도록 설정하여 계산

(a) 인플레이션이 3.30%(셀 I2)이고 셀 I3의 MARR 10%를 이용하면 $MARR_f$ = 13.63%(셀 I4)이다. 총 수입 및 지출에 대한 현금흐름 추정치를 계산 절(B열 및 C열) 각 연도에 대해 입력한다. (주: 필요한 경우 스프레드시트에 행을 추가할 것) 셀 I38에 \$5,356의 플러스 PW가 나타나고, 인플레이션된 금액 기준으로 분석한 결과는 업그레이드가 경제적으로 타당하다고 판단한다.

"계산된 i_f^*, %"(셀 H43)를 어떤 값으로 초기화한다($MARR_f$ = 13.63%도 초깃값으로 적절하다). 이제 목표값 찾기를 사용해 셀 J38을 0.00으로 설정하고 H43을 변경시키면 i_f^* = 13.88%를 얻게 된다. 인플레이션 효과를 제외하면, 식 [14.9]에 따른 셀 계산식 = (D\$43−C\$43)/(1+C\$43)에 의해 셀 D42에 실질이자율 i^*, 10.24%가 출력된다.

(b) 매개변수 절에 대출 금액 \$0, f = 0%, MARR = 18%, 세율 = 21%를 입력한다. 스프레드시트는 그림 15.10을 보면, 셀 I38에 MARR = 18%로 계산된 PW \$−256,670가 출력되므로 이 구매는 확실히 타당하지 않다. 목표값 찾기를 사용하여 셀 J38의 총 PW를 0.00으로 설정하고 셀 H43을 변경하면, i_f^* = 8.57%를 얻는다. $i_f^* < 18\%$이므로 업그레이드는 불합격임을 확인할 수 있다.

	A	B	C	D	E	F	G	H	I	J	K
1	매개변수										
2	대출금, $	400,000			초기비용, $	800,000		인플레이션율	3.30%	1년 후부터	
3	대출기간, 연	5			감가상각법	MACRS		MARR	10.00%		
4	대출 명목이자율 *i*	4%	/연		내용연수, 연	3		**$MARR_f$**	13.63%		
5	대출 복리빈도(월)	12	회/연		프로젝트 수명, 연	10		실효세율	28%		
6	대출 실효이자율 *i*	4.07%	/연		잔존가치, $	100,000					
7											
8	계산										
9		총소득	비용	순수익	**MACRS**	감가상각,	남은 대출	지불금액	대출 지불		
10	연도	$	(AOC), $	$	감가상각률	$	$	$	이자, $	원금, $	
11	0						400,000				
12	1	360,000	260,000	100,000	0.3333	266,640	326,259	90,038	16,297	73,741	
13	2	330,000	240,000	92,970	0.4445	355,600	249,513	90,038	13,292	76,746	
14	3	300,000	220,000	85,367	0.1481	118,480	169,640	90,038	10,166	79,873	
15	4	300,000	200,000	110,230	0.0741	59,280	86,513	90,038	6,911	83,127	
16	5	300,000	180,000	136,641		0	0	90,038	3,525	86,513	
17	6	300,000	160,000	164,676		0	0				
18	7	300,000	140,000	194,411		0	0				
19	8	300,000	140,000	200,827		0	0				
20	9	300,000	140,000	207,454		0	0				
21	10	300,000	140,000	214,300		0	0				
22					1.0000	800,000		450,191	50,191	400,000	
23											
24	분석										
25		자본 투자				과세대상 소득	소득세		**PW @**	**PW @**	
26	연도	**비용, $**	**잔존가치, $**		**CFBT, $**	$	$	**CFAT, $**	**$MARR_f$, $**	**i_f^*, $**	
27	0	400,000			-400,000			-400,000	-400,000	-400,000	
28	1				9,962	-182,937	-51,222	61,184	53,845	53,726	
29	2				2,932	-275,922	-77,258	80,190	62,106	61,832	
30	3				-4,671	-43,278	-12,118	7,447	5,076	5,042	
31	4				20,192	44,039	12,331	7,861	4,715	4,674	
32	5				46,603	133,117	37,273	9,331	4,925	4,871	
33	6				164,676	164,676	46,109	118,567	55,081	54,355	
34	7				194,411	194,411	54,435	139,976	57,227	56,347	
35	8				200,827	200,827	56,232	144,595	52,025	51,112	
36	9				207,454	207,454	58,087	149,367	47,295	46,362	
37	10		100,000		314,300	314,300	88,004	226,296	63,059	61,679	
38	합계								5,356	0	
39											
40	결론										
41	인플레이션		***f*, %**	**i_f^*, %**	**MARR, %**	의사결정		계산결과			
42	인플레이션 고려하지 않음		0	10.24%	10.00%	합격		i_f^*, %			
43	인플레이션 고려		3.30%	13.88%	13.63%	합격		13.88%			
44											

해찾기를 이용하여 PW합계를 0.00으로 하는 i_f^*를 찾는다.

그림 15-9

예제 15.12(a)의 대출, 인플레이션, 감가상각, 세금이 포함된 경제성 평가의 템플릿과 예시

	A	B	C	D	E	F	G	H	I	J	K
1	매개변수										
2	대출금, $	0			초기비용, $	8,00,000		인플레이션율	0.00%	1년 후부터	
3	대출기간, 연	5			감가상각법	MACRS		MARR	18.00%		
4	대출 명목이자율 *i*	4%	/연		내용연수, 연	3		**$MARR_f$**	18.00%		
5	대출 복리빈도(월)	12	회/연		프로젝트 수명, 연	10		실효세율	21%		
6	대출 실효이자율 *i*	4.07%	/연		잔존가치, $	1,00,000					
7											
8	계산										
9		총소득	비용	순수익	**MACRS**	감가상각	남은 대출	지불금액	대출 지불		
10	연도	**$**	**(AOC), $**	**$**	감가상각률	**$**	**$**	**$**	**이자, $**	**원금, $**	
11	0						0				
12	1	360,000	260,000	100,000	0.3333	266,640	0	0	0	0	
13	2	330,000	240,000	90,000	0.4445	355,600	0	0	0	0	
14	3	300,000	220,000	80,000	0.1481	118,480	0	0	0	0	
15	4	300,000	200,000	100,000	0.0741	59,280	0	0	0	0	
16	5	300,000	180,000	120,000		0	0	0	0	0	
17	6	300,000	160,000	140,000		0	0				
18	7	300,000	140,000	160,000		0	0				
19	8	300,000	140,000	160,000		0	0				
20	9	300,000	140,000	160,000		0	0				
21	10	300,000	140,000	160,000		0	0				
22					1.0000	800,000		0	0	0	
23											
24	분석										
25		자본 투자				과세대상 소득	소득세		**PW @**	**PW @**	
26	연도	**비용, $**	**잔존가치, $**		**CFBT, $**	**$**	**$**	**CFAT, $**	**$MARR_f$, $**	**i_f^*, $**	
27	0	800,000			-800,000			-800,000	-800,000	-800,000	
28	1				100,000	-166,640	-34,994	134,994	114,402	124,334	
29	2				90,000	-265,600	-55,776	145,776	104,694	123,661	
30	3				80,000	-38,480	-8,081	88,081	53,609	68,818	
31	4				100,000	40,720	8,551	91,449	47,168	65,807	
32	5				120,000	120,000	25,200	94,800	41,438	62,832	
33	6				140,000	140,000	29,400	110,600	40,970	67,515	
34	7				160,000	160,000	33,600	126,400	39,680	71,066	
35	8				160,000	160,000	33,600	126,400	33,627	65,454	
36	9				160,000	160,000	33,600	126,400	28,498	60,285	
37	10		100,000		260,000	260,000	54,600	205,400	39,245	90,227	
38	합계								-256,670	0	
39											
40	결론										
41	**인플레이션**		***f*, %**	**i_f^*, %**	**MARR, %**			계산결과	해찾기를 이용하여		
42	인플레이션 고려하지 않음		0	8.57%	18.00%	의사결정		**i_f^*, %**	PW합계를 0.00으로		
43	인플레이션 고려		0.00%	8.57%	18.00%	합격		8.57%	하는 i_f*를 찾는다.		
44						합격					

그림 15-10

예제 15.12(b)의 부채 조달 및 인플레이션을 고려하지 않은 세후 평가의 템플릿과 예시

15.8 세후 부가가치 분석 ●●●

개인이나 회사가 어떤 품목에 대해 더 많은 비용을 지불할 의향이 있다면, 그 품목의 이전 버전에서 일부 가공을 거쳐 현재 구매자에게 더 가치 있는 것으로 만들었다는 뜻이다. 이것이 바로 부가가치이다.

부가가치

부가가치(value added)는 소비자, 소유자, 투자자, 구매자의 관점에서 제품이나 서비스의 **가치가 추가**(added worth)되었음을 나타내는 용어이다. 제품이나 서비스에서 일반적으로 여러 배로 부가가치 창출이 이루어진다.

높은 레버리지의 부가가치 활동의 예로, 농장에서 재배되어 파운드당 몇 센트에 판매되는 양파가 있다. 일반 소비자는 매장에서 양파를 파운드당 50센트에서 $1.25까지 구매할 수도 있다. 그러나 양파를 자르고 특수 반죽으로 코팅한 후 뜨거운 기름에 튀기면 양파링으로 파운드당 몇 달러에 판매할 수도 있다. 따라서 소비자 입장에서는 땅속의 생

양파가 레스토랑이나 패스트푸드점에서 판매되는 양파링으로 가공되는 과정에서 많은 부가가치가 발생하게 된 것이다.

부가가치 측정은 세전 AW 분석과 함께 간략하게 다루었다(6.1절). 세후 부가가치 분석을 수행할 때는 이 장에서 앞서 소개한 CFAT 분석과는 접근 방식이 다소 달라지며, 이는 다음과 같다.

> 경제적 부가가치 추정치의 AW가 CFAT 추정치의 AW와 동일하기 때문에 부가가치 방식과 CFAT 방식에서의 결정은 일치한다.

부가가치 분석은 식 [15.4]의 세후 순영업이익(NOPAT)부터 시작되며, 여기에는 1년부터 n년까지의 감가상각이 TI $=$ GI $-$ OE $-$ D로 포함된다. 이는 감가상각만 특별히 제거되어 0~n년 동안의 실제 현금흐름만 사용되는 CFAT와 다른 점이다.

경제적 부가가치(EVA, Economic Value Added)라는 용어는 대안이 기업의 수익에 추가하는 금전적 가치를 나타낸다(EVA라는 용어는 Stern Value Management사의 고유 상표이다. www.sternvaluemanagement.com). 1990년대에 도입된 이 기법은 특히 주주 관점에서 기업의 경제적 가치를 높이는 능력을 평가하는 수단으로 인기 있다.

> 연간 EVA는 해당 연도의 **투자 자본 비용**(cost of invested capital)을 제거한 후 기업 장부에 남은 NOPAT의 금액이다. 즉, EVA는 세후 **순이익**에 대한 프로젝트의 **기여**를 나타낸다.

투자 자본 비용은 세후 수익률(일반적으로 MARR 값)에 해당 연도 자산의 장부가를 곱한 값이다. 이는 자산에 투자된 현재 자본의 크기로 인해 발생하는 이자이다. (세금 및 장부 감가상각 방법을 서로 다르게 적용하는 경우, 여기서는 장부 감가상각 값이 기업의 관점에서 자산에 투자된 잔여 자본을 더 정확히 나타내므로 장부 감가상각 값을 사용한다.) 계산하면 다음과 같다.

$$\begin{aligned}\text{EVA} &= \text{NOPAT} - \text{투자 자본 비용} \\ &= \text{NOPAT} - (\text{세후 이자율})(t-1\text{의 장부 가치}) \\ &= \text{TI}(1 - T_e) - (i)(\text{BV}_{t-1}) \end{aligned} \qquad [15.23]$$

TI와 장부가치는 모두 감가상각을 고려하기 때문에 EVA는 실제 현금흐름과 비현금 흐름을 섞어서 기업에 기여하는 예상 재무 가치를 계산하는 가치 척도이다. 이 재무 가치는 기업의 공개 문서(대차대조표, 손익계산서, 주식 보고서 등)에 사용되는 금액이다. 기업은 주주 및 기타 소유주에게 가능한 최대의 가치를 제시하기를 원하므로 재무적 관점에서 볼 때 EVA 방법이 AW 방법보다 더 매력적인 경우가 많다.

EVA 분석 결과는 일련의 연간 EVA 추정치이다. 둘 이상의 대안은 EVA의 AW를 계산하여 AW 값이 더 큰 대안을 선택한다. 하나의 프로젝트만 평가하는 경우 AW > 0은 세후 MARR이 초과되었으므로 해당 프로젝트가 부가가치를 생성한다는 것을 의미한다.

Sullivan과 Needy[1]는 EVA의 AW와 CFAT의 AW 금액이 동일하다는 것을 보였다. 따라서 두 방법 중 하나를 사용하여 의사결정을 할 수 있다. 연간 EVA 추정치는 대안에 의해 창출되는 기업의 부가가치를 나타내며, 연간 CFAT 추정치는 현금이 들어오고 나가는 것을 보여준다. 이 비교는 예제 15.12에서 다루었다.

예제 15.13

Biotechnics Engineering사는 암 환자 진단 서비스 분야의 매출 증가에 대한 기대를 바탕으로 새로운 첨단 장비 투자를 위한 두 가지 상호 배타적 계획을 수립하였다. 추정치는 아래에 요약되어 있다. (a) 고전적 정액법 감가상각, 세후 MARR 12%, 실효세율 40%를 사용하여 두 가지 세후 연간등가 분석 EVA와 CFAT를 수행하시오. (b) 두 분석 결과의 근본적인 차이점을 설명하시오.

	플랜 A	플랜 B
초기 투자, $	−500,000	−1,200,000
총수입 − 비용, $	170,000/연	첫해에 600,000이고 이후 매년 100,000씩 감소
기대수명, 연수	4	4
잔존가치	없음	없음

스프레드시트 풀이

(a) 그림 15-11의 스프레드시트와 함수 셀(22행)을 참조하시오.

EVA 평가: EVA 평가에 필요한 모든 정보는 B~G열에서 계산된다. H열의 세후 순영업이익(NOPAT)은 식 [15.7], TI − 세금에 의해 계산된다. 장부가치(E열)는 식 [15.23]의 두 번째 항, 즉 $i(BV_{t-1})$를 사용하여 I열의 투자 자본 비용을 구하는 데 사용되며, i는 12%의 세후 MARR이다. 이는 해당 연도 초기에 장부에 반영된 현재 투자된 자본에 대한 세후 연 12%의 이자 금액을 나타낸다. EVA 추정치는 1년 차부터 4년 차까지의 열 H와 I의 합계이다. NOPAT와 투자 자본 비용이 1~n년 차에 대해 계산되므로 0년에는 EVA 추정치가 없다는 것에 주의하라. 마지막으로, EVA의 AW가 큰 플랜 B가 선택되었으며, 플랜 A는 12%의 수익을 내지 못한다는 것을 알 수 있다.

CFAT 평가: 22행(플랜 B의 3년 차)에 표시된 것처럼 CFAT 추정치(K열)는 (GI − OE) − P − 세금으로 계산된다. CFAT의 AW 역시 플랜 B가 더 낫다는 결론을 내리고 플랜 A는 세후 MARR 12%(K10)의

1 W. G. Sullivan and K. L. Needy, "Determination of Economic Value Added for a Proposed Investment in New Manufacturing." *The Engineering Economist*, vol. 45, no. 2 (2000), pp. 166-181.

	A	B	C	D	E	F	G	H	I	J	K
1						계획 A					
2									EVA 분석		CFAT 분석
3			투자금액 P	SL	장부가	과세대상			자본투자		
4	연도	GI - OE	(기준가 B)	감가상각	BV	소득, TI	세금	NOPAT	비용	EVA	CFAT
5	0		-500,000		500,000						-500,000
6	1	170,000		125,000	375,000	45,000	18,000	27,000	-60,000	-33,000	152,000
7	2	170,000		125,000	250,000	45,000	18,000	27,000	-45,000	-18,000	152,000
8	3	170,000		125,000	125,000	45,000	18,000	27,000	-30,000	-3,000	152,000
9	4	170,000		125,000	0	45,000	18,000	27,000	-15,000	12,000	152,000
10	**AW 값**									**-$12,617**	**-$12,617**
11						계획 B					
12									EVA 분석		CFAT 분석
13			투자금액 P	SL	장부가	과세대상			자본투자		
14	연도	GI - OE	(기준가 B)	감가상각	BV	소득, TI	세금	NOPAT	비용	EVA	CFAT
15	0		-1,200,000		1,200,000						-1,200,000
16	1	600,000		300,000	900,000	300,000	120,000	180,000	-144,000	36,000	480,000
17	2	500,000		300,000	600,000	200,000	80,000	120,000	-108,000	12,000	420,000
18	3	400,000		300,000	300,000	100,000	40,000	60,000	-72,000	-12,000	360,000
19	4	300,000		300,000	0	0	0	0	-36,000	-36,000	300,000
20	**AW 값**									**$3,388**	**$3,388**
21											
22	계획 B, 3년 차의 함수식			= -$C$15/4	= E17-D18	= B18-D18	= F18*0.4	= F18-G18	= -0.12*E17	= H18+I18	= B18+C18-G18

그림 15-11
예제 15.13의 EVA와 CFAT 분석을 통한 두 플랜 비교

수익을 내지 못한다.

(b) 열 J와 K의 EVA와 CFAT의 근본적인 차이점은 무엇인가? AW 값 자체는 수치적으로 동일하므로 시간 가치의 관점에서 보면 분명히 같다. 이 질문에 답하기 위해 CFAT 추정치가 연간 \$152,000로 일정한 플랜 A를 생각해 보자. 1년부터 4년까지 EVA 추정치 \$−12,617에 대한 AW를 얻기 위해 초기 투자금 \$500,000에 12%의 A/P 계수를 사용하여 4년 동안 분배한다. 즉, 1년 차부터 4년 차까지의 각 현금 유입액에 대해 \$500,000$(A/P,12\%,4)$ = \$164,617에 해당하는 금액이 '청구'되어 사실상 연간 CFAT가 이 청구액만큼 감소하게 된다.

$$\text{CFAT} - (\text{초기 투자})(A/P,12\%,4) = 152{,}000 - 500{,}000(A/P,12\%,4)$$

$$152{,}000 - 164{,}617 = \$-12{,}617 = \text{EVA의 AW}$$

이 값은 두 계열 모두의 AW로, 두 방법이 경제적으로 동등하다는 것을 보여준다. 그러나 EVA 방법은 기업 가치에 대한 대안의 연도별 기여도를 나타내는 반면, CFAT 방법은 기업의 실제 현금흐름을 추정한다. 그렇기 때문에 기업 경영진 입장에서는 현금흐름 방법보다 EVA 방법이 더 매력적인 경우가 많다.

참고사항

$P(A/P,i,n)$ = \$500,000$(A/P,12\%,4)$는 예상 잔존가치를 0으로 가정할 때 식 [6.3]의 자본회수와 정확히 같다. 따라서 EVA의 투자 자본 비용은 6장에서 설명한 자본회수와 동일하다. 이는 AW 방법이 EVA 평가와 경제적으로 동등한 이유를 더욱 명확히 보여준다.

15.9 국제 프로젝트에 대한 세후 분석 ●●●

국제 환경에서의 법인 기반 세후 분석을 수행하기 전에 알아야 할 주요 사항은 감가상각, 사업 비용, 자본 자산 평가 등 세금공제와 식 [15.6]의 세금 = (T_e)(TI)에 필요한 실효세율에 대한 것이다. 14장에서 논의한 바와 같이, 전 세계 대부분의 정부는 연간 세금공제 감가상각액 계산을 위해 약간의 변형이 있는 정액법(SL)과 정률법(DB)의 사용을 인정한다. 비용 공제는 국가마다 크게 다르다. 그중 일부를 아래에 요약하였다.

캐나다

감가상각: 감가상각은 공제 대상이며 일반적으로 DB를 사용하지만 SL도 가능하다. 소유 첫해에는 반기 규칙에 해당하는 금액이 적용된다. 연간 세금공제 가능 금액을 자본비용공제(CCA, Capital Cost Allowance)라 한다. 미국 시스템에서는 회수율이 표준화되어 있으므로 감가상각 금액이 반드시 자산의 내용연수를 반영하지는 않는다.

클래스 및 CCA 비율: 자산 클래스가 정의되고 클래스별로 연간 감가상각률이 특정된다. 특정 클래스의 자산이 함께 그룹화되고 개별 자산이 아닌 전체 클래스별로 연간 CCA가 결정되기 때문에 구체적인 내용연수(수명)가 명시되지 않는다. 약 44개의 클래스가 있으며, CCA 비율은 건물(클래스 1)의 경우 연 4%(25년 만기 자산에 해당)에서 애플리케이션 소프트웨어, 도자기, 금형 등(클래스 12)의 경우 100%(1년 만기)까지 다양하다. 대부분의 비율은 연 10%에서 30% 범위이다.

비용: 사업 비용은 TI 계산 시 공제 가능하다. 자본 투자와 관련된 비용은 CCA를 통해 처리되므로 공제되지 않는다.

인터넷: 자세한 내용은 캐나다 국세청 웹사이트(www.canada.ca/en/revenue-agency.html)에서 양식과 간행물을 검색하면 확인할 수 있다.

중국(PRC)

감가상각: 공식적으로는 SL이 세금 감가상각의 주요 방법이지만, 특정 산업에 사용되는 자산은 중국 세무 당국의 승인을 받으면 가속 상각 또는 SYD(연도별 합계) 감가상각을 활용할 수 있다. 해당되는 산업과 자산은 시간이 지남에 따라 변경될 수 있으며, 현재 수혜 산업은 전자 장비, 신기술, 석유 탐사 등의 분야이다.

내용연수: 3년(전자 장비)에서 10년(항공기, 기계 및 기타 생산 장비)이나 20년(건축)까지 다양한 표준화 내용연수가 공표된다. 단축된 기간은 승인될 수 있지만, 최소 내용연수는 현행 세법에서 정의한 정상 기간의 60% 미만일 수 없다.

비용: 사업 비용은 몇 가지 제한사항과 특별 인센티브를 통해 공제할 수 있다. 예를 들

어 광고비 공제(해당 연도 매출액의 15%)에는 제한이 있다. 예를 들어 신기술 및 신제품 R&D 활동에 대해서는 실제 비용의 150%를 공제할 수 있는 등 인센티브가 관대하게 적용되는 경우도 있다.

인터넷: 중국과 기타 여러 국가에 대한 요약 정보는 www.worldwide-tax.com에서 확인할 수 있다.

멕시코

감가상각: TI 계산 시 전액 공제 가능하다. SL 방법은 각 해의 인플레이션 지수를 고려하여 적용된다. 일부 자산 유형의 경우 초기비용의 일정 비율을 즉시 공제할 수 있다. (이는 미국의 섹션 179 공제와 거의 동일하다.)

클래스 및 비율: 자산이 유형별로 구별되지만 일부 국가처럼 구체적으로 정의되어 있지는 않다. 주요 클래스들은 식별되며, 연간 감가상각률은 건물의 경우 5%(20년 수명에 해당)에서 환경 기계의 경우 100%까지 다양하다. 대부분의 비율은 연간 10%에서 30% 사이이다.

소득세: 소득세는 멕시코에서 사업을 지속하여 얻은 수입의 이익에 대해 부과된다. 대부분의 사업 비용은 공제 가능하다. 기업 소득은 연방 차원으로 한 번만 과세되며 주정부 세금은 부과되지 않는다.

순자산 세금(TNA, Tax on Net Assets): 특정 조건에서는 멕시코에 있는 자산 평균 가치의 1.8%에 해당하는 세금을 소득세와 함께 매년 납부해야 한다.

인터넷: 가장 좋은 정보는 멕시코 주재 국제 기업을 지원하는 회사들의 웹사이트를 통해서 얻을 수 있다. 한 예로 PricewaterhouseCoopers(https://taxsummaries.pwc.com/mexico/corporate/taxes-on-corporate-income)가 있다.

실효세율은 국가마다 상당히 다르다. 일부 국가는 연방 차원에서만 세금을 부과하는 반면, 다른 국가에서는 여러 수준의 정부(연방, 주나 도, 현, 카운티, 시)에서 세금을 부과한다. 다양한 선진국의 국제 기업에 대한 평균 세율은 표 15-6에 요약되어 있다. 여기에는 각 국가 내에서 보고된 모든 정부 수준의 소득세가 포함되지만, 특정 정부에서 다른 유형의 세금을 부과할 수도 있다. 이러한 평균 세율은 세제 개편에 따라 해마다 달라지지만, 대부분의 기업이 과세대상 소득의 약 15%에서 32%의 실효세율을 적용받는 것으로 추정된다. 국제 세율을 면밀히 살펴보면 지난 10년 동안 세율이 크게 감소하였다. 실제로 표 15-6에 언급된 KPMG 보고서에 따르면 TI에 대한 전 세계 평균 법인세율은 32.7%(1999년)에서 25.5%(2009년), 23.7%(2015년)로 감소했으며, 최근에는 23.6%(2021년)로 평준화되었다. 이는 국가 간 투자 및 사업 확장을 장려하고 지난 수년

표 15-6 국제 기업 평균 세율 요약(2021년)

TI에 부과되는 총세율, %	해당 국가
30에서 32 미만	호주, 독일, 일본
28에서 30 미만	인도, 멕시코, 뉴질랜드, 파키스탄, 남아프리카 공화국
24에서 28 미만	캐나다, 중국, 프랑스, 대한민국, 스페인, 미국
20에서 24 미만	아이슬란드, 러시아, 사우디아라비아, 대만, 터키
15에서 20 미만	홍콩, 아일랜드, 싱가포르, 스위스, 아랍에미리트 연합, 영국, 베트남

출처: KPMG's *Tax Rates Online, Corporate Tax Rates 2021*(www.kpmg.com/taxrates)(접속일 2022년 1월 10일)

간의 경기 침체를 완화하는 데 도움이 되었다.

2018년 미국에서 법인에 대한 연방 고정세율 21%가 도입되었다. 이로 인해 미국의 평균 법인세 총세율은 40%가 넘는 수준에서 약 27%로 낮아졌다. 결과적으로 미국은 세계에서 가장 높은 세율 범위에서 중간 수준의 과세 범위로 이동했다.

정부가 추가 세수를 창출할 수 있는 주요 방법 중 하나는 직접세(즉, TI에 대한 세금)에서 상품과 서비스에 대한 **간접세**(indirect taxes)로 전환하는 것이다. 이러한 세금은 일반적으로 **부가가치세**(VAT, Value-Added Tax), 상품 및 서비스세(GST, Goods and Services Tax), 외국으로부터 수입되는 제품에 대한 세금이다. 법인세율이 감소함에 따라 전체적으로 간접세율이 증가했다. 이는 21세기 초반 20년 동안 특히 두드러진 일이다. 그러나 전 세계적인 경제 침체가 경험되면서 각국 정부는 법인에 과세하는 방식에 더욱 신중을 기하고 있으며, 일반 세율(표 15-6 참조)과 간접세율 간의 합리적인 균형을 유지하고 있다. 이제 대표적인 간접세 제도인 부가가치세 제도를 다음 절에 소개한다.

15.10 부가가치세 ●●●

부가가치세(VAT)는 일부 국가의 특정 품목의 부가가치세율이 90%까지 치솟는다는 점 때문에 농담조로 스테로이드 맞은 판매세라고도 불리며, GST(상품 및 서비스세)라고도 한다.

부가가치세는 간접세, 즉 사람이나 법인이 아닌 상품과 서비스에 부과하는 세금이다. 부가가치세는 (1) 부과 시기와 (2) 납부 주체라는 두 가지 측면에서 판매세와 다르다(아래 설명 참조). 특정 비율(예: 10%)이 상품 가격에 추가되어 구매자가 지불하는 요금이 된다. 그런 다음 판매자는 이 10%의 부가가치세를 과세 기관(일반적으로 정부 기관)에 송금한다. 이 10%의 부가가치세 프로세스는 상품이 재판매될 때마다 계속 진행되며, 그래서 부가가치라는 용어가 쓰인다.

부가가치세는 전 세계에서 일반적으로 사용된다. 일부 국가에서는 법인세 또는 개인 소득세 대신 부가가치세가 사용되기도 한다. 미국에는 아직 부가가치세 제도가 없다. 사실 미국은 부가가치세 제도가 없는 유일한 주요 선진국이지만, 다른 형태의 간접세는 자유롭게 사용하고 있다. 그러나 가까운 장래에 미국에도 VAT/GST 제도가 필요해질 것이라는 증거가 늘고 있지만, 정치적 불협화음도 만만치 않다.

판매세(sales tax)는 미국 정부, 거의 모든 주 및 많은 지역 단체에서 사용한다. 판매세는 상품과 서비스가 최종 사용자 또는 소비자에게 전달되는 시점에 상품과 서비스에 부과된다. 즉, 기업은 원자재, 미가공 상품 또는 최종 사용자에게 최종 판매될 구매 품목에 대해서는 판매세를 납부하지 않으며 최종 사용자만 판매세를 납부하게 된다. 기업은 자신이 최종 사용자가 되는 품목에 대해서는 판매세를 납부한다. 여러 정부 수준에서 부과하는 총판매세율은 5%에서 11%까지 다양하며, 특정 품목은 더 높기도 하다. 예를 들어, Home Depot가 Whirlpool Corporation으로부터 전자레인지를 구매하는 경우, Home Depot는 판매세를 납부할 Home Depot 고객에게 판매할 것이므로 전자레인지에 대한 판매세를 납부하지 않는다. 반면, Home Depot가 자사 매장 중 한 곳에서 상품을 싣고 내리기 위해 Caterpillar사로부터 지게차를 구매하는 경우, 최종 사용자는 Home Depot이므로 지게차에 대한 판매세는 Home Depot가 납부한다. 따라서 판매세는 **최종 사용자**가 상품이나 서비스를 구매할 때 **한 번만 납부**한다. 판매세는 판매자가 징수하여 과세 기관에 송금할 책임이 있다.

반면 **부가가치세**(**VAT**)는 구매자가 법인, 사업자, 최종 사용자인 것에 관계없이 구매 시점마다 구매자에게 부과된다. 판매자는 징수한 부가가치세를 과세 기관에 송금한다. 이후 구매자가 상품을 다른 구매자에게 재판매하는 경우(있는 그대로 또는 수정된 상태로) 판매자가 또 다른 VAT를 징수한다. 이제 이 두 번째 판매자는 징수한 총세금에서 이미 납부한 부가가치세 금액을 뺀 금액을 과세 기관에 송금한다.

예를 들어 미국 정부가 10%의 부가가치세를 부과한다고 가정하자. 부가가치세의 부과 방식은 다음과 같다.

미네소타주 배빗에 있는 Northshore 광업 회사가 Westfall Steel에 \$100,000 상당의 철광석을 판매한다. Northshore는 부가가치세를 가격의 일부로 하는 방식으로 $\$110{,}000 = \$100{,}000 + 0.1 \times \$100{,}000$를 Westfall Steel로부터 받는다. Northshore

는 부가가치세 $10,000를 미국 재무부에 송금한다.

Westfall Steel은 철광석으로 만든 모든 철강을 Whirlpool에 $300,000에 판매하고, Westfall은 Whirlpool로부터 $330,000를 받은 후 미국 재무부에 $20,000, 즉 Whirlpool로부터 부가세로 받은 $30,000에서 Northshore 광업에 세금으로 납부한 $10,000를 뺀 금액을 송금한다.

Whirlpool은 이 철강을 사용하여 전자레인지를 만들어 Home Depot, Lowe's 등의 소매업체에 $700,000에 판매한다. Whirlpool은 $770,000를 징수한 후 미국 재무부에 $40,000, 즉 소매업체로부터 세금으로 징수한 $70,000에서 Westfall Steel에 부가가치세로 납부한 $30,000를 뺀 금액을 송금한다.

이 회계 처리 기간 동안 Whirlpool이 오븐을 만들기 위해 기계, 도구 또는 기타 품목을 구매하고 해당 품목에 대한 세금을 납부한 경우, Whirlpool이 미국 재무부에 송금하기 전에 징수한 부가가치세에서 이 납부 세금도 공제된다. 예를 들어 Whirlpool이 오븐용으로 구매한 온도 조절기에 대해 $5,000의 세금을 납부한 경우 Whirlpool이 미국 재무부에 송금하는 금액은 $35,000가 된다(즉, 소매업체로부터 징수한 $70,000에서 Westfall Steel에 세금으로 납부한 $30,000를 뺀 금액에서 온도 조절기에 대한 세금으로 납부한 $5,000를 뺀 금액).

소매업체는 냉장고를 $950,000에 판매하고 최종 사용자, 즉 소비자로부터 $95,000의 세금을 징수한다. 소매업체는 미국 재무부에 $25,000를 송금한다(즉, 징수한 $95,000에서 이전에 납부한 $70,000를 뺀 금액).

이 과정을 통해 미국 재무부는 Northshore에서 $10,000, Westfall Steel에서 $20,000, Whirlpool에서 $35,000, 온도조절장치 공급업체에서 $5,000, 소매업체에서 $25,000 등 총 $95,000를 받았다. 이는 최종 판매가격 $950,000의 10%에 해당하는 금액이다. 이 부가가치세는 여러 회사에서 여러 차례에 걸쳐 재무부에 입금되었다.

회사가 나중에 다른 사업자나 최종 사용자에게 판매할 상품이나 서비스를 생산하기 위해 구매하는 자재나 품목에 대해 지불하는 세금을 매입 부가가치세라고 하며, 회사는 제품 판매에서 부가가치세를 징수할 때 이를 회수할 수 있다. 기업이 징수하는 세금을 매출 부가가치세라고 하며, 기업이 납부한 매입 부가가치세액을 뺀 금액이 과세 기관에 전달된다. 따라서 기업은 판매세와 마찬가지로 자체적으로 세금을 부담하지 않는다.

부가가치세는 몇 가지 측면에서 판매세 또는 법인 소득세와 다르다. 그중 몇 가지를 정리하면 다음과 같다.

- 부가가치세는 생산이나 과세대상 소득이 아닌 소비에 대한 세금이다.
- 최종 사용자가 모든 부가가치세를 지불하지만, 부가가치세는 구매 시 상품 가격에 추가되어 영수증에 표시되는 판매세만큼 명확하지 않다. 따라서 부가세 과세 주체는 소비자의 저항을 덜 받는다.
- 부가가치세는 일반적으로 판매세보다 상당히 높은 편이며, 2021년 유럽 평균 부가가치세율은 19.9%, 전 세계 평균은 15.5%이다.
- 한 국가에서 부가가치세 제도가 시작되면 세율은 낮게 시작하지만 점점 상승하여 보통 7%에서 22% 범위에서 정착한다.
- 부가가치세는 본질적으로 '판매세'이지만 제품 판매 시점이 아닌 제품 개발 과정의 각 단계마다 부과된다.
- 여러 법인이 세금 신고와 납부를 회피하는 일이 한 법인의 경우보다 어렵기 때문에 부가가치세는 세금 탈루가 적다.
- 부가가치세율은 국가마다, 카테고리마다 다르다. 예를 들어 일부 국가에서는 음식의 경우 부가세율이 0%인 반면, 일부 국가의 항공권에는 32%(오스트리아)~53%(벨기에) 범위의 높은 부가세가 부과되기도 한다.

예제 15.14

Tata Motors는 인도의 주요 자동차 제조업체이다. 트럭, 엔진 및 차축, 상용차, 유틸리티 차량, 승용차 등 다양한 운송 관련 제품을 전문적으로 제조하는 3개의 제조 부서가 있다. 이 회사는 인도 정부 부가가치세 세법의 각기 다른 섹션에 해당하는 제품을 구매하고 있어 제품마다 부가가치세율이 다르다. 특정 회계기간에 Tata는 4개의 서로 다른 공급업체(공급업체 A, B, C, D)로부터 각각 $1.5백만, $3.8백만, $1.1백만, $900,000의 송장을 받았다. Tata가 구매한 제품에는 각각 4%, 4%, 12.5%, 22%의 부가가치세율이 적용되었다.

(a) Tata가 공급업체에 지불한 총부가가치세는 얼마인가?

(b) Tata의 제품에 12.5%의 부가가치세율이 적용된다고 가정하자. 이 기간 동안 Tata의 매출이 $9.2백만이었다면 인도 재무부는 Tata로부터 얼마의 부가가치세를 받았는가?

풀이

(a) X를 부가가치세가 추가되기 전의 제품 가격이라 하자. X를 구한 다음 구매 금액에서 빼서 각 공급업체가 부과한 부가가치세를 계산한다. 표 15-7은 Tata가 4개 공급업체에 지불한 부가가치세를 보여준다. 예를 들어 공급업체 A에 대한 계산 과정은 다음과 같다.

표 15-7 예제 15.14의 부가가치세 계산

공급업체	구매금액, $	부가가치세율, %	VAT 전 가격, X, $	VAT, $
A	1,500,000	4.0	1,442,308	57,692
B	3,800,000	4.0	3,653,846	146,154
C	1,100,000	12.5	977,778	122,222
D	900,000	22.0	737,705	162,295
합계				488,363

$$X + 0.04X = 1{,}500{,}000$$
$$1.04X = 1{,}500{,}000$$
$$X = \$1{,}442{,}308$$
$$VAT_A = 1{,}500{,}000 - 1{,}442{,}308 = \$57{,}692$$
$$\text{총부가가치세 납부액} = 57{,}692 + 146{,}154 + 122{,}222 + 162{,}295$$
$$= \$488{,}363$$

(b) $\text{Tata로부터 받은 총액} = \text{총부가가치세} - \text{공급업체에 지불한 부가가치세}$

$$= 9{,}200{,}000(0.125) - 488{,}363$$
$$= \$661{,}637$$

요약

세후 분석은 일반적으로 한 대안을 다른 대안으로 선택하는 결정을 바꾸지 않지만, 세금의 금전적 영향을 훨씬 더 명확하게 추정할 수 있다. 하나 이상의 대안에 대한 세후 PW, AW, ROR 평가는 이전 장과 정확히 동일한 절차를 사용하여 CFAT에 대해 수행된다.

미국 법인의 소득세율은 고정세율로 설정되어 있으며, 개인은 과세대상 소득이 높을수록 더 높은 소득세율을 납부하는 누진세율로 과세된다. 일반적으로 단일 실효세율(T_e)이 세후 경제성 분석에 적용된다. 법인세는 감가상각 및 운영비용과 같은 세금공제 항목으로 인해 감소한다. 감가상각은 비현금흐름이므로, 감가상각은 TI 계산에서만 고려하고 CFBT 및 CFAT 계산에서는 직접 고려되지 않는다는 점에 주의해야 한다. 따라서 연도별 주요 일반 세후현금흐름 관계식은 다음과 같다.

$$\text{NOI} = \text{총소득} - \text{운영비용}$$
$$\text{TI} = \text{총소득} - \text{운영비용} - \text{감가상각} + \text{감가상각 환입}$$
$$\text{CFBT} = \text{총소득} - \text{운영비용} - \text{초기 투자금} + \text{잔존가치}$$
$$\text{CFAT} = \text{CFBT} - \text{세금} = \text{CFBT} - (T_e)(\text{TI})$$

기업의 재무 가치에 대한 대안의 추정 기여가 경제적 척도인 경우, 경제적 부가가치(EVA)를 구해야 한다. CFAT와 달리 EVA에는 감가상각 효과가 포함된다. CFAT와 EVA는 화폐의 시간 가치를 고려하면 자본 투자의 연간 비용을 서로 다르게 해석하지만 동등하게 다루기 때문에 두 방식으로 구한 연간등가는 수치상 동일해진다.

대체분석에서는 방어 대안이 도전 대안으로 대체될 때 발생할 수 있는 감가상각 환입의 세금 효과가 세후 분석에서 고려된다. 10장의 대체분석 절차가 적용되며, 세금 분석은 대체 혹은 유지 결정을 번복할 수 없지만 세금 효과로 인해 한 대안의 다른 대안 대비 경제적 이점의 크기가 상당히 감소할 수 있다.

지난 몇 년간 국제 법인세율은 안정적으로 유지되었지만 부가가치세(VAT)와 같은 간접세는 증가했다. 부가가치세의 메커니즘을 설명하고 판매세와 비교하였다. 현재 미국은 예외적으로 부가가치세 제도가 없다.

연습문제

용어 및 기본 세금 계산

15.1 다음 약어가 무엇을 의미하는지 설명하시오: NOI, GI, T_e, NOPAT, TI, GR, OE, EBIT.

15.2 과세대상 소득이 $250,000인 독신 개인에 대해 다음을 계산하시오. (a) 한계세율, (b) 총세금, (c) 평균 세율.

15.3 아래에 설명된 각 사건에 대해 총소득, 감가상각, 운영비용, 과세대상 소득, 소득세 또는 세후 순영업이익 중 가장 적합한 세금 관련 용어를 선택하시오.

(a) 한 기업의 연간 손익계산서의 세후 순이익을 $−1,750,000로 공시하였다.

(b) 현재 장부가액 $120,000인 자산이 새로운 공정 라인에 투입되어 올해 매출이 $200,000 증가했다.

(c) 기계의 연간 상각액이 $21,000이다.

(d) 지난 한 해 동안 품질 보증 장비를 유지관리하는 데 드는 비용이 $75,000였다.

(e) 한 슈퍼마켓은 작년에 복권 판매로 $24,000를 벌었다. 복권을 소지한 개인에게 지급된 당첨금을 기준으로 매장 관리자에게 $250의 리베이트가 지급되었다.

(f) 장부가가 $8,000인 자산이 $8,450에 폐기 후 매각되었다.

(g) 지난 한 해 매출 원가는 $3,680,200이다.

(h) 이번 분기에 일반의약품 소프트웨어 시스템으로 $420,000의 세전 순이익이 발생할 것으로 예상된다.

15.4 순영업이익이 $51.3백만이고 운영비용이 $23.6백만인 경우 (a) 총소득과 (b) 이자 및 세금 차감 전 순수익은 얼마인가?

15.5 총소득이 $36.7백만, 이자 및 세금 차감 전 순수익이 $21.4백만, 감가상각이 $9.5백만인 회사의 과세대상 소득을 계산하시오.

15.6 연방 고정세율이 21%이고 주 세율이 7%인 법인의 단일 실효세율을 구하시오.

15.7 노어와 가족은 부부 합산 신고로 연간 연방세금 신고서를 제출했으며, 새로운 컨설팅 사업에서 일한 첫해에 총 $55,000의 세금을 납부하였다. (a) 과세대상 소득은 얼마인가? (b) 평균 세율은 얼마인가?

15.8 Helical Products는 고장 난 스프링이 계속 작동할 수 있도록 탄성 중복 요소가 포함된 가공 스프링을 제작한다. 이 회사의 GI는 $450,000이고 OE는 $230,000, 감가상각은 $48,000이다. (a) 실효세율이 28%인 경우 이 회사가 납부해야 할 세금은 얼마인가? (b) GI와 감가상각이 올해와 같지만 비용 절감과 가격 인상으로 인해 비용이 $180,000에서

$300,000까지 달라질 수 있는 경우 스프레드시트를 사용하여 내년의 예상 세금을 구하시오. 선형인가, 비선형인가?

15.9 Harrison Engineering의 3D 이미징 사업부의 최근 연례 보고서에 따르면 GI = $4.9백만, OE = $2.1백만, D = $1.4백만이다. 평균 연방 세율이 21%이고 주/지방 세율이 총 9.8%인 경우, (a) 총소득세와 (b) 연방정부가 소득세에서 가져가는 금액의 GI 대비 비율을 추정하시오.

15.10 각각 미국과 호주에서 운영되는 ABC와 XYZ라는 두 회사의 연간 세금 신고서는 다음과 같다.

회사	ABC	XYZ
총수입, $	1,500,000	820,000
이자수입, $	31,000	25,000
운영비용, $	754,000	591,000
감가상각, $	148,000	18,000

(a) 미국 고정세율 21%와 호주 실효세율 32%를 사용하여 정확한 연방 소득세를 계산하시오.

(b) 각 회사의 연방 소득세 납부액의 판매 수익 대비 비율을 구하시오.

15.11 Borsberry Medical은 일본에서 상당한 규모의 사업을 운영하며 연간 ¥6.5백만의 총수입을 신고하였다. 허용되는 감가상각비와 운영비는 총 ¥4.1백만이고 통합 현 세율은 7.6%이다. (a) 일본 연방 평균 세율인 34%를 사용하여 소득세를 추정하시오. (b) Borsberry의 사장은 세후 총 ¥2백만이 남기를 원한다. 실효세율과 감가상각이 일정하다면, 이 목표를 실현하기 위한 법인세 절감액은 얼마인가?

15.12 독신으로 세금 신고하는 클로드는 작년에 $80,000의 TI를 신고했다. 주 소득세율이 6%인 경우, (a) 평균 연방 세율, (b) 전체 실효세율, (c) 실효세율에 따라 납부해야 할 총세금, (d) 주 및 연방 정부에 납부한 총세금을 구하시오. 이 총세액과 비교했을 때 (c)의 실효세율을 사용하여 결정된 세금은 얼마나 과소 또는 과대 추정되었는가?

15.13 C. F. Jordon Management Services는 기업 수익에 대한 주 소득세율이 연간 6%인 북부에서 지난 26년 동안 운영해 왔다. C. F. Jordon은 평균 23%의 연방세를 납부하고 $7백만의 과세대상 소득을 신고한다. 이 회사는 과도한 인건비 인상으로 인해 총세금 부담을 줄이려 다른 주로 이전하고자 한다. 새로운 주에서는 회사 유치를 위해 처음 몇 년 동안 세금공제나 무이자 보조금을 제공할 의향이 있다. 회사 엔지니어로서 다음을 구하시오.

(a) C. F. Jordon의 실효세율

(b) 전체 연 실효세율을 10% 낮추기 위한 지방 세율

(c) C. F. Jordon이 이전하여 실효세율을 연간 22%로 낮추기 위해 새 주가 재정적으로 해야 할 일

15.14 존슨 부부는 두 자녀를 두었으며, 둘 다 결혼하여 현재 각자의 가족을 이루었다. 이를 가족 A와 가족 B라고 하자. 두 가족 모두 미국 소득세를 부부 합산 신고로 신고한다. 어느 해에 대해 각 가족의 정보는 다음과 같다. 주 세금의 영향을 무시하고 IRS 간행물 17, 당신의 연방 소득세(개인)(www.irs.gov)의 최신 세율과 스프레드시트를 사용하여 각 가족에 대해 다음을 구하시오.

(a) TI 대비 연방 세금 납부액의 비율

(b) 총소득(급여, 배당금 및 기타) 대비 연방 세금 납부액의 비율

가족	A	B
급여, $1,000	65	290
배당, $1,000	8	58
기타 소득, $1,000	0	14
공제	5	3
소득공제, $1,000	12	25

공제는 인당(성인 또는 자녀) $4,000이다. 가족 A는 표준공제, 가족 B는 항목별 공제를 사용한다.

15.15 엔지니어인 조이스와 빈센트는 결혼하여 18년 동안 세 자녀를 키웠고, 첫째가 이제 대학에 진학했다. 조이스는 어린 자녀를 키우기 위해 몇 년 동안 파트타임으로 일했고, 빈센트는 10학년 때 실직하여 새로운 경력을 시작해야 하는 등 재정적으로 좋

은 시절과 나쁜 시절을 겪었다.

두 사람은 18년 동안의 세금 신고서 기본 정보를 정리하였다. 부부는 수년 동안 총소득의 몇 퍼센트가 연방 세금으로 납부되었는지 궁금하다. 최신 IRS 간행물 17(www.irs.gov)의 부부 합산 신고에 대한 세율을 적용하여 스프레드시트로 연도별 세금을 계산하고 GI의 비율을 표현하시오.

각 개인(성인 또는 자녀)에 대해 다음과 같이 인적공제가 된다고 가정한다: 1~8세 \$3,500, 9~14세 \$4,000, 15~18세 \$0. (표의 모든 금액은 \$1,000 단위)

	급여			기타	인적	항목별
연도	조이스	빈센트	배당	소득	공제	공제
1	69	61	5	–	2	8
2	71	65	6	–	2	10
3	75	72	6	5	2	10
4	80	78	7	10	2	11
5	25	79	7	12	4	11
6	25	83	7	10	4	11
7	25	85	8	8	4	12
8	27	90	8	5	4	12
9	28	92	8	–	4	14
10	30	0	4	–	5	10
11	70	20	4	–	5	10
12	80	20	5	–	5	8
13	90	20	5	–	5	8
14	95	60	6	–	5	10
15	100	62	10	–	5	18
16	105	65	15	–	5	21
17	107	70	20	–	5	24
18	110	75	15	–	5	28

세전현금흐름과 세후현금흐름

15.16 다음 중 세전현금흐름 CFBT 계산에 포함되지 않는 항목은 무엇인가? 자산의 수명, 운영비용, 잔존가치, 감가상각, 초기 투자, 총소득, 세율.

15.17 세후현금흐름(CFAT)과 세후 순영업이익(NOPAT)의 기본적인 차이점은 무엇인가?

15.18 과세대상 소득이 \$120,000, 감가상각이 \$133,350, 실효세율이 35%인 회사의 CFAT를 구하시오.

15.19 PSK Engineering의 CFAT가 \$750,000이고 감가상각이 \$400,000이며 T_e가 26%인 경우 CFBT는 얼마인가?

15.20 CFAT가 \$2.5백만, 비용이 \$900,000, 감가상각이 \$900,000, 실효세율이 26.4%일 때 Lopez사의 총소득을 구하시오.

15.21 다음 표에서 CFBT, *D*, TI, 세금, CFAT의 누락된 값을 입력하시오. 감가상각은 3년 MACRS 방법을 기준으로 하며 T_e는 35%이다. (a) 수기 풀이와 (b) 스프레드시트를 사용하여 푸시오.

연도	GI	OE	*P*와 *S*	CFBT	*D*	TI	세금	CFAT
0			−1,900	−1,900	0	0	0	−1,900
1	800	−100	0	700	633	67	23	677
2	950	−150	0	–	–	−45	–	816
3	600	−200	0	400	281	–	42	–
4	300	−250	700	750	–	−91	−32	782

15.22 캘리포니아 몬터레이의 Sierra Instruments는 표준 가스 유량 교정기를 제조하는 장비에 4년 전 \$200,000를 지출했다. 장비는 3년의 내용연수로 MACRS 감가상각되었다. 4년 차 GI는 \$100,000, OE는 \$50,000, T_e는 40%이다. 자산이 다음과 같이 처분된 경우 CFAT를 수기 풀이와 스프레드시트로 구하시오(매각으로 인한 세금 효과는 무시한다).

(a) 4년 말에 잔존가치 없이 폐기된다.

(b) 4년 말에 \$20,000에 판매된다.

(c) 4년 말에 \$20,000에 판매되었지만, 3년의 내용연수 동안 SL 감가상각이 적용되었다.

15.23 4년 전 Harcourt-Banks의 한 부서에서 3년의 내용연수를 사용하여 MACRS 방법으로 감가상각한 자산을 구입하였다. 2년째의 총소득이 \$48백만이고 감가상각이 \$8.2백만, 운영비용이 \$28백만인 경우, 연방 세율 21%와 주 세율 6.5%를 사용하여 (a) CFAT, (b) 총수입에서 세금의 비율, (c) 해당 연도의 세후 순영업이익을 계산하시오.

15.24 의과학 연구기관인 Advanced Anatomists사는 자유 전자 레이저의 새로운 X선 기술을 기반으로 단백질에 집중하는 상업적 벤처를 고려하고 있다. 필

요한 막대한 투자금을 회수하기 위해 매년 \$2.5백만의 CFAT가 필요하다. 특혜에 따른 평균 연방 세율은 20%로 예상되지만, 주 과세 당국은 TI에 8%의 세금을 부과한다. 3년 동안 공제 가능한 비용과 감가상각은 첫해에 총 \$1.3백만으로 추정되며, 이후 매년 \$500,000씩 증가한다. 이 중 50%는 운영비용이고 50%는 감가상각 금액이다. 매년 필요한 총소득은 얼마인가?

15.25 엘리아스는 액체 의약품 포장 클린룸에서 공기 중 미립자 물질을 정전기적으로 제거하는 방법들에 대한 세후 평가를 하려고 한다. n = 3년, 연구 기간 5년, 세후 MARR = 연 7%, T_e = 34%를 스프레드시트에 적용하여 AW_A = \$−2,176, AW_B = \$3,545라는 결과를 얻었다. 장비 잔존가치의 세금 효과는 무시했다. 방법 B가 더 나은 방법으로 선택되었다.

이제 더 나은 방법을 선택하기 위해 n = 5년의 고전적 SL 감가상각을 사용한다. MACRS를 사용하여 내린 결정과 다른 결과가 나왔는가? 수기 풀이 후 스프레드시트를 사용하여 답을 확인하시오.

방법	A	B
초기비용, \$	100,000	150,000
잔존가치, \$	10,000	20,000
절감액, \$/연	35,000	45,000
AOC, \$/연	15,000	6,000
기대수명, 연수	5	5

세금에 대한 감가상각 효과

15.26 법인세를 계산할 때 세금 PW를 최소화하는 것이 감가상각 PW를 최대화하는 것과 같은 이유를 설명하시오.

15.27 소형 철도 차량 제조 관련 장비의 초기비용은 \$180,000이고 5년 수명이 끝난 후 예상 잔존가치는 \$30,000이다. 2년 차 수익은 \$620,000, 운영비용은 \$98,000이다. 회사의 실효세율이 36%인 경우, 감가상각 방법을 MACRS에서 정액법으로 바꿀 경우 2년 차 납부 세액의 차이는 얼마인가? 2년 차의 MACRS 감가상각률은 32%이다.

15.28 Vibrations Dynamics사는 리소그래피 기반의 진동 감지 장비를 사용하여 세계 주요 도시의 지하철, 철도 및 자동차 교통으로 인한 건물 기초의 진동을 측정한다. 스프레드시트를 사용하여 (a) 연간 세금 곡선을 그리고 (b) 두 가지 감가상각 방법에 따라 연구기간 8년 동안 i = 8%/연으로 총세금과 PW_{tax} 값을 계산하시오: n = 6년의 SL과 n = 8년의 DDB. 총세금과 PW_{tax} 결괏값을 해석하시오. (주: 잔존가치와 관련된 세금 효과는 무시한다.) 추정치는 다음과 같다.

P = \$200,000, B = \$280,000, S = P의 20%, CFBT = 연간 \$100,000, T_e = 30%

15.29 6년의 분석 기간 동안 다음 방법 중 어떤 감가상각 방법이 연 10%로 구한 세금의 PW가 더 낮은지 구하시오. P = \$100, S = 0, GI−OE = \$50, T_e = 30%이다. 스프레드시트를 통해 답을 확인하시오.

I. n = 4년 정액법

II. n = 5년 MACRS

III. n = 6년 DDB

15.30 비즈니스 부전공 중인 EE 학생 히브라는 엔지니어링 관리 및 재무 과목에서 감가상각에 대해 공부하고 있다. 두 수업의 과제는 내용연수가 짧을수록 총세금은 동일하지만 감가상각의 시간 가치에 따른 세금 이점이 있다는 것을 입증하는 것이다. 6년의 분석 기간에 대한 자산 추정치를 사용하여 이 학생을 도우시오. P = \$65,000, S = \$5,000, GI = \$32,000/연, AOC = \$10,000/연, SL 감가상각법, i = 연 12%, T_e = 31%이다. (a) 내용연수 3년과 6년을 사용하여 비교하시오. (b) 스프레드시트 풀이를 만드시오. (c) 스프레드시트 함수 도전을 위해 3년 및 6년 분석에 대한 세금 PW를 계산하는 단일 셀 함수를 작성하시오.

15.31 초기비용이 \$20,000이고 잔존가치가 없으며 내용연수가 3년인 자산에 대해 40%의 실효세율을 사용하여 아래 표의 마지막 네 열을 채우시오. (a) 정액

법 감가상각과 (b) MACRS 감가상각을 사용한다.

	추정치, $1,000						
연도	GI	*P*	OE	*D*	TI	세금	CFAT
0	–	−20	–	–	–	–	−20
1	8	–	−2	–	–	–	–
2	15	–	−4	–	–	–	–
3	12	0	−3	–	–	–	–
4	10	0	−5	–	–	–	–

15.32 초기비용이 $9,000인 자산이 5년 MACRS 회수를 사용하여 감가상각된다. CFBT는 자산을 보유하는 첫 4년간은 $10,000, 그 이후는 $5,000로 추정된다. 실효세율은 40%이며, 현금은 연간 10%의 가치가 있다. 현재가치 달러로 환산하면 내용연수 동안 자산에서 발생한 현금흐름 중 세금으로 인해 손실되는 금액은 얼마인가?

15.33 32%의 실효세율을 사용하여 최근 샌프란시스코의 카운티 시영 Zendra 병원의 신기술 MRI 기계(초기비용 $30,000)의 세 가지 매개변수 CFAT, NOPAT, 세금의 PW(i = 연간 6%)를 결정하시오. 두 가지 감가상각 시나리오 (1) 일률 상각 연간 $6,000, (2) 1~4년 차에 각각 $6,000, $9,600, $5,760, $3,456의 가속 감가상각에 대해 분석하시오. 다음 중 어느 것이 더 나은 감가상각 방법인가? (a) 총 NOPAT 기준과 (b) 세금의 PW 기준.

	추정치, $1,000							
연도	GI	OE	*P*	*D*	TI	세금	CFAT	NOPAT
0	–	–	−30	–	–	–	−30	–
1	8	−2	–	–	–	–	–	–
2	15	−4	–	–	–	–	–	–
3	12	−3	–	–	–	–	–	–
4	10	−5	–	–	–	–	–	–

감가상각 환입 및 자본이득(손실)

15.34 어떤 종류의 대안 평가에서 보유 자산의 예상 자본손실(CL)이 세후 분석에 포함되어야 하는가? 그 이유는 무엇인가?

15.35 B = $120,000인 현물 기계가 3년 동안 MACRS에 의해 감가상각되었다. 이 기계는 2년 말에 회사가 기계 사용이 필요한 품목을 수입하기로 결정했을 때 $60,000에 판매되었다. 2년 차에 GI = $1.4백만, OE = $500,000, T_e = 35%인 경우 2년 차의 세금부담을 구하시오.

15.36 지난달 풍력발전소 설계 및 엔지니어링 전문 HighPower사는 최소 5년 동안 사용할 물리 시뮬레이션 장비에 $400,000의 자본 투자를 한 후 초기비용의 약 25%에 매각했다. 세법에 따라 이 자산은 3년의 내용연수로 MACRS 감가상각이 적용된다. 연방 세율이 21%이고 주 세율이 6.5%인 경우, 매각으로 인해 5년 차 TI 및 세금은 얼마나 달라지는가?

15.37 아래에 설명된 각 이벤트에 의해 발생한 DR, CG 또는 CL을 계산하시오. T_e = 30%인 경우의 결과를 사용하여 소득세 효과를 계산한다.

(a) 8년 전에 $2.6백만에 구입한 '상업용 A' 구역의 토지가 15%의 수익을 보고 이제 막 매각되었다.

(b) $155,000에 구입한 토공 장비가 내용연수 5년의 MACRS로 감가상각되었다. 5년 말에 $10,000로 매각되었다.

(c) 내용연수 7년인 MACRS 감가상각 자산이 8년 후 초기비용 $150,000의 20%에 해당하는 금액으로 매각되었다.

15.38 구입 비용이 $300,000인 터치 감지 조립 로봇의 감가상각 수명은 5년이고 3년 전에 구입했을 때 예상 잔존가치는 $50,000였다. 회사가 3년 후에 로봇을 $80,000에 판매한 경우 MACRS 감가상각으로 DR, CG 또는 CL을 구하시오.

15.39 3년 전 $240,000에 나노튜브 성형기를 구입했고, 얼마 전 $285,000에 매각하였다. 이 자산은 n = 5년의 MACRS 방법으로 감가상각되었으며 현재 장부가는 $69,120이다. (a) CG 및 DR을 계산하고, (b) T_e = 28%에 대한 연간 세금을 출력하는 스프레드시트를 준비하시오. 자산의 3년 동안의 매년 GI = $100,500, OE = $50,000로 가정한다.

15.40 몇 년 전 Health4All이라는 회사는 다른 회사로부터 토지, 건물, 감가상각 자산 2개를 매입했다. 이 자산들은 모두 최근에 처분되었다. 다음 정보를 사용하여 자본이득, 자본손실 또는 감가상각 환입의 존재 여부와 금액을 구하시오.

자산	구입가격, $	내용연수, 연수	현재 장부가, $	판매가격, $
토지	200,000	–		245,000
건물	800,000	27.5	300,000	255,000
자산 1	50,500	3	15,500	18,500
자산 2	10,000	3	5,000	10,000

15.41 Freeman Engineering은 새로운 GPS/GIS 시스템과 함께 사용할 특수 장비에 $28,500를 지불했다. 이 장비는 MACRS 감가상각을 통해 내용연수 3년에 걸쳐 감가상각되었다. 이 회사는 2년 후 업그레이드된 시스템을 구입하면서 이 장비를 $5,000에 판매하였다. (a) 이 장비의 자산 매각에 따른 감가상각 환입 또는 자본손실을 계산하시오. (b) 이 금액에 어떤 세금 효과가 발생하는가?

15.42 토머스는 3년이 지난 $1백만짜리 DNA 분석 및 모델링 시스템에 대한 분석을 완료했는데, DynaScope Enterprises사는 이를 1년 더 보유하거나 지금 폐기하려고 한다. 그의 표($1,000 단위)에는 내년 말 판매가격(SP) $100,000, 감가상각비(SL), 총세금 비율($T_e = 52\%$), 세후 MARR(PW) 연 5%에 따른 분석 결과가 자세히 나와 있다. 토머스는 PW>0이므로 추가 보유를 추천한다. 그가 올바른 추천을 했는지 분석을 비판적으로 확인하시오.

연도	CFBT	SP	SL 감가상각	TI	세금	CFAT
0	−1,000					−1,000
1	275		250	25	13	262
2	275		250	25	13	262
3	275		250	25	13	262
4	275	100	250	25	13	362
5% PW						11.3

세후 경제성 평가

15.43 초기비용이 $750,000, 3년 후 잔존가치가 초기비용의 25%, 연간 (GI−OE)가 $260,000인 프로젝트에 대해 세율 T_e가 37%일 때 (a) 세전 ROR과 (b) 대략적인 세후 ROR을 계산하시오.

15.44 세후 수익률이 연 9%이고 주 세율이 6%인 경우 필요한 세전 수익률을 구하시오. 유효 연방 세율은 25%이다.

15.45 주식 투자로 세후 연간 8%의 수익을 올린 한 엔지니어는 회계사로부터 세전 연간 수익률이 12%라는 말을 들었다. 회계사는 과세대상 소득의 몇 퍼센트가 세금으로 지불될 것으로 가정하고 있는가?

15.46 세전 ROR이 24%인 프로젝트의 세후 ROR을 추정하시오. 회사가 35% 과세 구간에 속하고 잔존가치가 $27,000인 자산에 대해 MACRS 감가상각을 사용했다고 가정한다.

15.47 Midland Oil & Gas사의 한 사업부의 과세 연도 TI는 $8.95백만이다. 이 회사가 사업을 운영하는 모든 주의 주 세율 평균이 5%이고 연방 고정세율이 적용되는 경우, 세전 수익률이 연간 22% 이상이어야만 정당화되는 프로젝트에 필요한 세후 ROR을 구하시오. 연방 고정세율은 TI의 21%라고 가정한다.

15.48 초고층 빌딩의 기초 타설 계약을 따냈을 때, JJ and Sons사는 기초에 콘크리트를 주입하는 데 필요한 두 가지 장비 중 하나를 선택해야 했다. 견적은 아래와 같다. 두 장비의 내용연수는 모두 7년으로 추정되지만, MACRS 감가상각은 5년의 내용연수에 걸쳐 이루어진다. 실효세율은 25%이고 세후 MARR은 연 10%이다. 당신에게 기계를 추천해 달라고 요청했다. (a) 스프레드시트로 세후 PW 분석을 수행하고, (b) CFAT 곡선을 그리시오.

장비	CreteHelper(CH)	Hoister(H)
초기비용, $	50,000	40,000
잔존가치, $	4,000	3,000
CFBT, $/연	10,000	8,500
수명, 연수	7	7

15.49 유럽의 한 사탕 제조 공장 관리자는 친환경적이면서 특정 성분의 안전성을 보장하는 새로운 방사선 조사 시스템을 선택해야 한다. 사용 가능한 두 가지 대안에 대한 추정치는 다음과 같다.

시스템	A	B
초기비용, $	150,000	85,000
CFBT, $/연	60,000	20,000
수명, 연수	3	5

이 회사는 35% 과세 구간에 속하며 세후 MARR이 연간 6%인 대체 비교를 위해 고전적 정액 감가상각을 가정한다. 감가상각 계산 시 잔존가치는 0이 사용되지만, 시스템 B는 5년 후에 초기비용의 약 10%를 받고 매각할 수 있다. 시스템 A는 예상 잔존가치가 없다. 수기 풀이로 AW 분석을 수행하여 어느 것이 더 경제적인지 결정하시오.

15.50 Debco사에서 $78,000에 구매한 공정 제어 장비는 예상 수명 10년 중 첫해에 $26,080의 CFBT를 발생시켰다. 이 값이 10년 동안 유지될 경우 연 31.2%의 수익률이 된다. 그러나 기업 재무 담당자는 첫해 CFAT가 $18,000에 불과하며 이후 연 $1,000씩 감소할 것으로 예상했다. 연간 12%의 세후 수익을 실현하려면 장비를 몇 년 동안 유지해야 하는가?

15.51 아래의 두 가지 대안에 대해 (a) 수기 풀이와 (b) 스프레드시트를 사용하여 PW 기반 평가를 수행하시오. 세후 MARR은 연간 8%, MACRS 감가상각이 적용되며 $T_e = 40\%$이다. 첫 3년의 (GI − OE)가 추정되었으며, 각 자산이 매각되는 4년 차에는 0이다.

대안	X	Y
초기비용, $	8,000	13,000
4년 차의 잔존가치, $	0	2,000
GI-OE, $/연	3,500	5,000
내용연수, 연수	3	3

15.52 엘리아스는 액체 의약품 포장에 사용되는 클린룸의 공기 중 미립자 물질을 정전기로 제거하는 동등한 방법에 대한 세후 평가를 수행하고자 한다. 두 가지 대안이 가능하지만, 이 방법들이 허용되지 않는 경우 다른 대안을 찾을 수 있다. n = 3년, 분석 기간 5년, 세후 MARR = 연 7%, T_e = 34%를 이용하여 스프레드시트로 $AW_G = \$-2{,}176$, $AW_H = \$3{,}545$라는 결과를 얻었다. 장비가 회수될 때의 세금 효과는 무시되었다. 따라서 MACRS 감가상각의 경우 방법 H가 더 낫다.

동일한 대안의 평가에 n = 5년의 전통적인 SL 감가상각을 사용한다. MACRS를 사용하여 내린 결정과 다른 결과인가?

방법	G	H
초기비용, $	100,000	150,000
잔존가치, $	10,000	20,000
절감액, $/연	35,000	45,000
AOC, $/연	15,000	6,000
기대수명, 연수	5	5

15.53 호주 시드니의 AAA 트럭킹 운송사는 세전 MARR = 연 14%, 세후 MARR = 연 7%, T_e = 50%를 사용한다. 두 가지 새로운 스프레이 기계 옵션은 다음과 같은 추정치를 가지며 매년 동일한 GI를 산출한다.

기계	A	B
초기비용, $	15,000	22,000
잔존가치, $	3,000	5,000
AOC, $/연	3,000	1,500
기대수명, 연수	10	10

설명된 방법 또는 안내에 따라 다음 조건에서 A 또는 B를 선택하시오.

(a) 스프레드시트 함수를 사용한 세전 PW 분석

(b) 수기 풀이로 10년 수명에 걸쳐 전통적인 SL 감가상각을 사용한 세후 PW 분석

(c) 내용연수 5년의 MACRS 감가상각법으로 세후 PW 분석. 단, 10년 보유 후 예상 잔존가치로 판매한다고 가정한다.

세후 대체분석

15.54 방어 대안과 도전 대안 간의 세후 대체분석에서는 방어자를 매각할 때 자본이득(CG) 또는 손실(CL)이 발생할 수 있다. (a) 이득 또는 손실은 어떻게 계산되며, (b) 분석의 AW 값에 어떤 영향을 미치

는가?

15.55 다중 효과 태양 전지 제조 공장의 방어 대안은 $130,000의 시장가치를 가지고 있으며 예상 연간 운영비용이 $70,000이며, 3년 후 잔존가치가 없다. 향후 3년간 감가상각 금액은 $69,960, $49,960, $35,720이다. 실효세율이 35%이고 세후 MARR이 연간 12%인 경우, 수명이 3년인 도전 대안과 방어 대안을 비교하기 위해 PW 식에 사용할 수 있는 2년 차의 세후현금흐름(CFAT)을 계산하시오.

15.56 2년 된 사출성형기를 예상 수명인 5년 동안 계속 사용할 예정이었지만, 새로운 도전 대안이 더 효율적이고 운영비용이 더 낮다고 약속해 왔다. 지금 이 방어 대안을 교체하는 것이 경제적으로 더 유리할지, 아니면 원래 계획대로 3년 더 유지하는 것이 더 유리할지 판단해 달라는 요청을 받았다. 이 방어 대안의 최초 비용은 $300,000였지만 현재 시장가치는 $100,000에 불과하다. 연간 $120,000의 청구 비용이 발생하고 예상 잔존가치는 없다. 이 문제에 대한 계산을 단순화하기 위해 SL 감가상각이 연간 $60,000로 부과되고 향후 3년 동안 그대로 지속된다고 가정한다.

도전 대안의 가격은 $420,000이고, 수명은 3년, 잔존가치는 없다. 청구 비용은 연간 $30,000이며 감가상각은 연간 $140,000이다(단순화를 위해 SL 감가상각만 사용). T_e를 35%, 세후 MARR을 연간 15%로 가정한다. (a)부터 (c)까지는 수기로 푸시오.

(a) 도전 대안과 방어 대안의 0년 차 CFAT를 계산하시오. (힌트: DR, CG 또는 CL이 있을 수 있다.)

(b) 도전 대안 및 방어 대안의 1~3년 차 CFAT를 계산하시오.

(c) AW 기반 평가를 실시하여 방어 대안을 3년 더 유지해야 하는지 아니면 지금 교체해야 하는지 결정하시오.

(d) 스프레드시트를 사용하여 AW 기반 평가를 수행하시오.

15.57 아래 정보를 이용하여 세후 MARR 연 12%, T_e 35%, 분석 기간 4년으로 PW 기반 세후 대체분석을 수행하시오. 모든 금액은 $1,000 단위이다. 자산이 원래의 잔존가치 예상대로 거래될 것으로 가정한다. 수익이 추정되지 않으므로 모든 세금은 음수이며 각 대안의 절감액으로 간주한다. 수기 풀이와 스프레드시트를 사용하여 푸시오.

	방어 대안	도전 대안
초기비용, $	45	24
구매 시 예측한 잔존가치, $	5	0
시장가치, $	35	–
OE, $/연	7	8
감가상각 방법	SL	MACRS
내용연수, 연수	8	3
유효수명, 연수	8	5
보유연수	3	–

15.58 피트의 트럭 수리점의 대형 트럭 엔진 점검 장비는 8년 동안 사용한 후 교체가 필요한 것으로 평가되었다. 피트의 회계사는 세후 MARR 연간 8%, T_e 30%, 현재 시장가치 $25,000를 사용하여 AW = $2,100를 계산하였다. 새 장비의 가격은 $75,000이고, 10년 내용연수 동안 SL 감가상각을 사용하며, 예상 잔존가치는 $15,000이고, 예상 CFBT는 연간 $15,000이다. 피트는 엔지니어인 아들 라몬에게 새 장비가 현재 보유하고 있는 장비를 대체해야 하는지 판단해 달라고 부탁했다. 회계사로부터 라몬은 현재 장비가 구입 당시 $20,000였고 몇 년 전 장부상 가치가 $0였다는 사실을 알게 되었다. 라몬이 아버지의 질문에 답할 수 있도록 도우시오.

15.59 Needco Supplies-Canada의 직원인 스텔라 니들손은 필기 용지를 건조하는 현재 공정을 유지할지 아니면 새로운 친환경 공정을 도입할지 결정해야 한다는 요청을 받았다. 두 공정에 대한 추정치 또는 실제 값이 아래에 요약되어 있다. 그녀는 연간 10%의 이자율과 32%의 법인 실효세율(연방 및 주정부)을 적용하여 세후 대체분석을 통해 새로운 공정을 선택해야 한다는 경제적인 결론을 내렸다. 그녀의

판단은 옳은가? 근거는 무엇인가? (주: 캐나다 세법에서는 반기 규칙을 쓰지 않는다. 화폐 단위는 캐나다 달러이다.)

	현 공정	새 공정
7년 전의 초기비용, $	450,000	–
초기비용, $	–	700,000
남은 수명, 연수	5	10
현 시장가치, $	50,000	–
OE, $/연	160,000	150,000
미래 잔존가치, $	0	50,000
감가상각 방법	SL	SL

15.60 캘리포니아주 로스앤젤레스의 도시 엔지니어는 5년 전에 설치된 시스템(방어 대안)과 아래 설명된 도전 대안의 세후 대체분석을 통해 항만 당국의 영리 공공사업 프로젝트를 분석하고 있다. 모든 값은 $1,000 단위이다. 실효 주 세율 6%가 적용되고 연방 세금은 부과되지 않는다. 시 정부의 세후 수익률은 6%이다. 잔존가치는 추정값대로 발생한다고 가정하고, 고전적 SL 감가상각을 사용한다.

	방어 대안	도전 대안
초기비용, $	28,000	15,000
OE, $/연	1,200	1,500
잔존가치 추정치, $	2,000	3,000
시장가치, $	15,000	–
수명, 연수	10	8

(a) 수기 풀이로 AW 분석을 수행하시오.

(b) 스프레드시트로 평가를 수행하시오.

(c) 세전 대체분석이 연 $i = 12\%$로 수행되면 결정이 달라지는가? AW 값을 출력하는 스프레드시트 함수를 작성하시오.

15.61 몇 년 전에 설치된 원자력 안전장치가 MACRS로 초기비용 $200,000에서 $0로 감가상각이 이루어졌다. 이 장치는 중고 장비 시장에서 대략 $15,000로 매각될 수 있고, 아니면 5년 더 사용하기 위해 $9,000의 업그레이드 비용과 연간 $6,000의 OE를 지불해야 한다. 업그레이드 투자는 3년에 걸쳐 감가상각되며 잔존가치는 없다. 도전 대안은 초기비용 $40,000, $n = 5$년, $S = 0$의 신기술 장비로 교체하는 것이다. 새 장비는 연간 $7,000의 운영비용이 발생한다.

(a) 분석 기간 5년, 실효세율 40%, 세후 MARR 연 12%, 고전적 정액 감가상각(반기 규칙 없음)을 사용하여 세후 AW 대체분석을 수행하시오.

(b) 도전 대안이 5년 후 $2,000에서 $4,000 사이의 금액으로 판매 가능하다면 도전 대안의 AW는 더 비싸지는가 아니면 그 반대인가? 이유는 무엇인가?

확장 세후 분석

15.62 Ford사는 1년 후 F-150 라이트닝 프로 완전 전기 픽업트럭의 생산량을 늘릴 계획이다. 예제 15.12의 템플릿을 사용하여 운전석 모듈의 반자동 용접, 체결, 조립에 대한 제안을 경제적으로 분석하여 채택 혹은 거부하시오.

(a) 아래 정보를 사용하시오.

(b) (a)의 인플레이션율을 0%에서 연간 4.5%로 변경하고 대출 금액을 $400,000로 줄이고, 나머지 매개변수는 그대로 둔다. (1) 이제 결론은 어떻게 되는가? 인플레이션율 4.5%의 효과는 무엇인가? (2) 실질수익률(i^*)은 얼마이고, (3) 경제적 의사결정에 미치는 영향은 무엇인가?

자산	감가상각	자금 조달	평가
초기비용: $1,500,000	방법: SL	대출금: $500,000	MARR: 12%
사용수명: 8년	내용연수: 8년	기간: 6년	인플레이션율: 0%
잔존가치: $150,000		이자율: 4%	실효세율: 21%
GI: $500,000/연		복리기간: 연	
AOC: $200,000/연			

15.63 베토의 딸 아드리에나는 2년 전 공대를 졸업했다. 그녀는 지금 $55,000의 차를 구입할 계획을 가지고 있으며, 8년 후 $5,000에 중고판매가 가능할 것으로 예상한다. 급여, 지출, 투자수익, 세율 추정치는 아래와 같다.

급여: 지금 $100,000, 다음 해부터 연 2%씩 상승할 것으로 예상

지출: 지금 $80,000, 다음 해부터 연 5%씩 상승할 것으로 예상

투자: 투자 운용사가 연 10%의 수익률을 예상

실효 소득세율: 연 24%

세금 감가상각: 개인 소유재산은 해당되지 않음

가정: 대출 이자는 과세대상 소득을 감소시킴

아드리에나는 월복리 5%/연으로 $45,000를 대출받거나, $55,000 전액을 투자 포트폴리오에서 지불할 수 있다. 그녀는 어느 것이 경제적으로 타당한지 알아보기 위해 네 가지 대안을 정리하였다. 예제 15.12의 템플릿을 사용하여 4개의 분석을 수행하고 아래의 질문에 답하시오.

시나리오 1: $45,000의 대출을 받음, 인플레이션은 고려하지 않음

시나리오 2: $45,000의 대출을 받음, 연 4% 인플레이션 고려

시나리오 3: 대출 없이 전액 지불, 인플레이션은 고려하지 않음

시나리오 4: 대출 없이 전액 지불, 연 4% 인플레이션 고려

(a) 어느 시나리오가 경제적으로 타당한가? 하나라도 있는가?

(b) 각 시나리오에 대하여 인플레이션이 고려된 경우와 그렇지 않은 경우의 실질수익률 i_f^*를 구하시오. 4%의 인플레이션율이 고려될 때(시나리오 2, 4), 8년 기간에 대해 실질수익률의 변화는 몇 퍼센트인가?

(c) (b)의 결과를 이용하여 대출을 받았는데 인플레이션율이 0%에서 4%로 바뀐 경우 실질수익률(i^*) 변화를 구하시오. 지금까지 배운 내용을 토대로 볼 때 왜 이것이 옳은 변화인가?

경제적 부가가치

15.64 (a) 기업의 수익과 관련하여 경제적 부가가치(EVA)라는 용어는 무엇을 의미하는가? (b) 공기업 투자자가 프로젝트에 대해 CFAT 추정치보다 EVA 추정치를 선호하는 이유는 무엇인가?

15.65 초기비용이 $300,000인 자산이 5년의 내용연수를 사용하여 MACRS 방법으로 감가상각된다. 세후 순영업이익이 $70,000이고 회사의 세후 MARR이 연 15%일 때 2년 차의 경제적 부가가치를 계산하시오. 1년 차와 2년 차의 MACRS 감가상각률은 20%와 32%이다.

15.66 완제품 송풍기 및 기타 물처리 부품을 제조하는 Analogy사의 주요 제품 라인 신규 장비에 대한 2년 차 EVA 분석 수행 결과 EVA가 $28,000로 계산되었다. Analogy사의 세후 수익률은 연 14%이며, T_e는 35%이다. 새 장비의 초기비용은 $550,000이며 3년 내용연수를 사용하여 MACRS로 감가상각되었다. CEO는 GI가 $500,000라는 것을 알고 있었으므로 장비와 관련된 2년 차의 운영비용(OE)을 계산해 줄 것을 요청하였다.

15.67 Cardenas and Moreno Engineering은 남부 여러 도시를 위한 대규모 홍수 제어 프로그램을 평가하고 있다. 그중 하나는 루이지애나주 뉴올리언스 해안에 허리케인을 대비하는 영구적인 폭풍 해일 방지 시설 건설에 사용할 특수목적 운송 선박 크레인을 위한 4년짜리 프로젝트이다. $P = \$300,000$, $S = 0$, $n = 3$년으로 추정되었다. 3년 MACRS 감가상각이 지정되었다. GI와 OE는 4년 동안 각각 $200,000와 $80,000로 추정되며, $T_e = 35\%$, 세후 MARR은 연 5%이다. CFAT가 아래에 계산되어 있다. CFAT와 EVA의 AW 값을 계산하시오. 두 값은 같아야 한다.

연도	GI, $	OE, $	*P*, $	감가상각, $	TI, $	세금, $	CFAT, $
0	–	–	−300,000	–	–	–	−300,000
1	200,000	−80,000		99,990	20,010	7,003	112,997
2	200,000	−80,000		133,350	−13,350	−4,673	124,673
3	200,000	−80,000		44,430	75,570	26,450	93,551
4	200,000	−80,000		22,230	97,770	34,220	85,781

15.68 Triple Play Innovators Corporation(TPIC)은 곧

북미 고객에게 IPTV 서비스를 제공할 계획이다. 하드웨어 및 소프트웨어를 위한 두 가지 대체 공급업체에 대해 EVA의 AW 분석을 수행하시오. T_e = 30%, 세후 MARR = 8%, 분석 기간 8년, SL 감가상각(단순화를 위해 반기 규칙 및 MACRS 생략)을 사용한다. 스프레드시트를 사용하시오.

공급자	홍콩	베트남
초기비용, $	4.2백만	3.6백만
내용연수, 연수	8	5
잔존가치, $	0	0
GI−OE, $/연	1,500,000(1년 차), 매년 300,000씩 증가(8년 차까지)	

15.69 FreeBird Software사는 여러 대형 제조 기업과 파트너십을 맺고 소비자 및 산업용 제품에 Java 파생 소프트웨어를 제공하고 있다. 이러한 애플리케이션을 관리하기 위한 새로운 법인을 설립할 예정이다. 주요 프로젝트 중 하나는 음식을 저장하고 조리하는 상업용 및 산업용 기기에 Java를 사용하는 것이다. 총 수입 및 지출은 6년의 예상 수명 동안 아래 식과 같을 것으로 예상된다. t = 1~6년 동안,

$$\text{연간 GI} = 2{,}800{,}000 - 100{,}000t$$

$$\text{연간 OE} = 950{,}000 + 50{,}000t$$

신설 법인은 T_e = 35%, 세후 MARR = 연 12%이며, 자본 투자 $3백만을 1년과 6년 차만 반기 규칙으로 정액 감가상각하는 5년 MACRS로 감가상각한다. 스프레드시트를 사용하여 (a) 이 프로젝트가 새 법인에 기여하는 연간 경제적 기여와 (b) 이 기여의 연간등가를 구하시오. (c) 기여의 AW가 $400,000를 초과하는 세후 MARR은 얼마인가?

부가가치세(VAT)

15.70 판매세와 부가가치세의 주요 차이점은 무엇인가?

15.71 덴마크에서는 몇 가지 예외를 제외하고 25%의 세율이 적용된다. 공급업체 A가 공급업체 B에게 원자재를 $60,000에 부가세를 더한 가격으로 판매하고, B가 공급업체 C에게 $130,000에 부가세를 더한 가격으로 제품을 판매하며, C가 최종 사용자에게 $250,000에 부가세를 더한 가격으로 개선된 제품을 판매한다고 하자. (a) 업체 B가 징수하는 세액은 얼마인가? (b) 업체 B가 덴마크 재무부에 납부하는 세금은 얼마인가? (c) 재무부에서 징수하는 총세금은 얼마인가?

다음 내용을 읽고 15.72~15.77번 문제를 푸시오.

다양한 전자 제품을 제조하는 인도의 Ajinkya Electronic Systems는 다양한 공급업체(전선, 다이오드, LED 디스플레이, 플라스틱 부품 등)로부터 상품과 서비스를 구매한다. 아래 표는 각 공급업체와 관련된 부가가치세 세율이다. 또한 이전 회계 기간에 Ajinkya사가 각 공급업체로부터 구매(세전)한 금액($1,000 단위)도 표시되어 있다. Ajinkya사의 최종 사용자에 대한 매출이 $9.2백만이고 Ajinkya사의 제품에 15%의 부가세가 부과된다고 가정하자.

공급업체	부가가치세율, %	Ajinkya사의 구입액, $1,000
A	4.0	350
B	12.5	870
C	12.5	620
D	21.3	90
E	32.6	50

15.72 공급업체 C는 얼마나 많은 부가가치세를 징수했는가?

15.73 Ajinkya사는 공급업체 A로부터의 구매로 징수한 세금에서 얼마의 세금을 보관했는가?

15.74 Ajinkya사가 공급업체에 지불한 총부가가치세 금액은 얼마인가?

15.75 상품 및 서비스 구매 시 Ajinkya사가 지불하는 평균 부가가치세율은 얼마인가?

15.76 Ajinkya사가 인도 재무부에 납부한 부가가치세 금액은 얼마인가?

15.77 인도 재무부가 Ajinkya사와 Ajinkya사의 공급업체로부터 징수한 부가가치세의 총액은 얼마인가?

사례연구

비즈니스 확장을 위한 세후 분석

배경

찰스는 항상 실무형 인재였다. 대학을 졸업한 지 2년 만에 그는 자신의 사업을 시작했으며, 약 20년이 지난 지금 그 사업은 크게 성장하였다. 그는 복합대도시권에서 상업용 및 주거용 금속 및 석재 울타리를 전문으로 하는 Pro-Fence사를 소유 및 운영하고 있다. 한동안 찰스는 새로운 지역으로 사업을 확장해야겠다고 생각했고, 그 대상 지역은 북쪽으로 약 500마일 떨어진 빅토리아라는 또 다른 대도시 지역이었다.

Pro-Fence사는 찰스 개인 소유이므로 이러한 확장을 위한 자금 조달 방법에 대한 질문은 과거나 지금이나 여전히 큰 도전이다. Victoria Bank는 이미 최대 $2백만의 대출을 제안했기 때문에 부채 자금 조달은 문제없을 것이다. Pro-Fence사의 유보 이익에서 자본을 조달하는 것도 가능하지만, 너무 많은 자금을 조달하면 현재 비즈니스가 위태로워질 수 있으며, 특히 확장이 경제적으로 성공하지 못하고 Pro-Fence사가 상환해야 할 많은 대출금에 묶일 경우 그렇다.

찰스의 오랜 친구인 당신이 필요한 이유가 바로 이것이다. 찰스는 당신이 경제적인 감각을 갖추었으며 부채 및 주식 금융은 물론 경제 분석의 기초를 익혔다는 것을 알고 있다. 찰스는 Pro-Fence사의 자금과 차입 자금 간의 균형에 대해 조언해 주기를 바란다. 당신은 가능한 한 그를 돕기로 하였다.

정보

찰스가 수집한 몇 가지 정보를 당신에게 공유하였다. 그의 회계사와 Victoria의 비즈니스 기회에 대한 소규모 시장 조사를 통해 얻은 다음의 일반화된 추정치는 합리적으로 판단된다.

초기 자본 투자 = $1.5백만

연간 총소득 = $700,000

연간 운영비용 = $100,000

Pro-Fence사의 유효 소득세율 = 35%

$1.5백만 투자 전액에 대해 5년 MACRS 감가상각법 적용

Victoria Bank의 대출 조건은 초기 대출 원금에 대한 연 6%의 단리이다. 상환은 이자와 원금을 함께 5회 균등 분할 상환하는 방식이다. 찰스는 이것이 자신이 원하는 최상의 대출 조건은 아니지만, 분석의 부채 부분에 대한 기준으로 삼기에 적절한 최악의 시나리오라고 여긴다. 다양한 D-E 조합을 분석할 필요가 있다. 찰스와 당신은 다음과 같은 가능한 옵션을 만들었다.

부채 조달		주식(지분) 조달	
비율, %	대출 규모, $	비율, %	투자 규모, $
0		100	1,500,000
50	750,000	50	750,000
70	1,050,000	30	450,000
90	1,350,000	10	150,000

사례연구 문제

1. 각 자금 조달 옵션에 대해 스프레드시트 분석을 수행하여 6년 동안의 총 CFAT와 현재가치, MACRS 감가상각의 이점을 완전히 실현하는 데 걸리는 시간을 산출하시오. 세후 수익률은 10%로 예상된다. Pro-Fence사에 가장 적합한 자금 조달 옵션은 무엇인가? (힌트: 스프레드시트의 샘플 열 제목은 연도, GI−OE, 대출 이자, 대출 원리금, 지분 투자, 감가상각률, 감가상각, 장부가액, TI, 세금, CFAT로 한다.)
2. D-E 비율의 변화에 따른 6년 동안의 CFAT의 변

화를 관찰하시오. 화폐의 시간 가치를 무시할 경우, 자기자본이 10% 증가할 때마다 CFAT의 합계는 얼마만큼씩 변화하는가?

3. 찰스는 자기자본 비율이 증가함에 따라 CFAT 총액과 PW 값이 반대로 변하는 것을 발견했다. 그는 왜 이런 현상이 발생하는지 알고 싶다. 찰스에게 이 현상을 어떻게 설명해야 하는가?

4. 부채와 자기자본의 50대 50 분할을 결정한 찰스는 새로운 Victoria 지점이 회사의 경제적 가치에 어떤 추가적인 기여를 할 수 있는지 알고 싶다. 가장 좋은 방법은 무엇인가?

부록 A

스프레드시트와 Microsoft Excel® 사용하기

This appendix explains the layout of a spreadsheet and the use of Microsoft Excel® (hereafter called Excel) functions in engineering economy. Refer to the Excel help system for your particular computer and version of Excel. Some commands and entries may differ slightly from your version.

A.1 Introduction to Using Excel ● ● ●

Enter a Formula or Use an Excel Function

The **= sign is required** to perform any formula or function computation in a cell. The formulas and functions on the worksheet can be displayed by simultaneously pressing Ctrl and `. The symbol ` is usually in the upper left of the keyboard with the ~ (tilde) symbol. Pressing Ctrl+` a second time hides the formulas and functions.

1. Open Excel and a blank spreadsheet.
2. Move to cell C3. (Move the pointer to C3 and left-click.)
3. Type = –PV(5%,12,8) and <Enter>. This function will calculate the present value of 12 payments of $8 at a 5% per year interest rate. The display of $70.91 maintains the same plus sign as the entry of 8 due to the placement of the minus sign before the operator PV.

Another example: To calculate the future value of 12 payments of $8 at 6% per year interest, do the following:

1. Move to cell B3, and type INTEREST.
2. Move to cell C3, and type 6%.
3. Move to cell B4, and type PAYMENT.
4. Move to cell C4, and type 8 (to represent the size of each payment).
5. Move to cell B5, and type NUMBER OF PAYMENTS.
6. Move to cell C5, and type 12 (to represent the number of payments).
7. Move to cell B7, and type FUTURE VALUE.
8. Move to cell C7, and type = –FV(C3,C5,C4) and hit <Enter>. The answer will appear in cell C7 with the sign maintained as a plus.

To edit the values in cells

1. Move to cell C3 and type 5% (the previous value will be replaced).
2. The value in cell C7 will update.

Cell References in Formulas and Functions

If a cell reference is used in lieu of a specific number, it is possible to change the number once and perform sensitivity analysis on any variable that is referenced by the cell number, such as C5. This approach defines the referenced cell as a **global variable** for the worksheet. There are two types of cell references—relative and absolute.

Relative References If a cell reference is entered, for example, A1, into a formula or function that is copied or dragged into another cell, the reference is changed relative to the movement of the original cell. If the formula in C5 is = A1 and it is copied into cell C6, the formula is changed to = A2. This feature is used when dragging a function through several cells, and the source entries must change with the column or row.

Absolute References If adjusting cell references is not desired, place a **$ sign** in front of the part of the cell reference that is not to be adjusted—the column, row, or both.

For example, = $A$1 will retain the formula when it is moved anywhere on the worksheet. Similarly, = $A1 will retain the column A, but the relative reference on 1 will adjust the row number upon movement around the worksheet.

Absolute references are used in engineering economy for sensitivity analysis of parameters such as MARR, first cost, and annual cash flows. In these cases, a change in the absolute-reference cell entry can help determine the sensitivity of a result, such as ROR, PW, or AW.

Print the Spreadsheet

First define the portion (or all) of the spreadsheet to be printed.

1. Move the pointer to the top left cell of your spreadsheet.
2. Hold down the left-click button. (Do not release the left-click button.)
3. Drag the mouse to the lower right corner of your spreadsheet or to wherever you want to stop printing.
4. Release the left-click button. (It is ready to print.)
5. Left-click the FILE button (see Figure A–1, upper left).
6. Move the pointer down to select Print and left-click on Print when the screen appears. Note the number of copies can be adjusted to the right of Print.

Depending on your computer environment, you may have to select a network printer and queue your printout through a server. The Settings commands allow a variety of printing options. Additional options are available by left-clicking on the Page Setup tab at the bottom of the Settings table.

Save the Spreadsheet

You can save your spreadsheet at any time during or after completing your work. It is recommended that you save your work regularly.

1. Left-click the FILE button.
2. To save the spreadsheet the first time, left-click the Save As option. Decide where to save your file, for example, in Documents, on a USB flash, on the cloud, etc.
3. Type a file name, for example, Prob 7.9, and left-click the Save button.

To save the spreadsheet after it has been saved the first time, that is, a file name has been assigned to it, left-click the Office button, move the pointer down, and left-click on Save.

Create a Scatter Chart

This chart is one of the most commonly used in scientific analysis, including engineering economy. It plots pairs of data and can place multiple series of entries on the *Y* axis. This chart is especially useful for results such as the PW versus *i* graph, where *i* is on the *X* axis and the *Y* axis displays the results of the NPV function for the alternatives.

1. Open Excel.
2. Enter the following headings and numbers in columns A, B, and C, respectively. See Figure A–1 for details.
   Column A, cell A1 through A8: Rate, %; 4, 5, 6, 7, 8, 9, 10.
   Column B, cell B1 through B8: CF, A, $; 40, 50, 65, 72, 81, 80, 100.
   Column C, cell C1 through C8: CF, B, $; 100, 70, 65, 50, 20, 15, –15.
3. Move the mouse to A1, left-click, and hold while dragging to cell C8. All cells will be highlighted, including the title cell for each column.
4. If not all the columns for the chart are adjacent to one another, first press and hold the Control key on the keyboard during the entirety of step 3. After dragging over one column of data, momentarily release the left-click, then move to the top of the next (nonadjacent) column of the chart. Do not release the Control key until all columns to be plotted have been highlighted.
5. Left-click on the Insert button on the toolbar.
6. On the Charts section of the ribbon, select a type of scatter (X,Y) chart. The graph appears with a legend for the cash flows of A and B. There are several types of scatter charts available. Figure A–1 presents two of them.

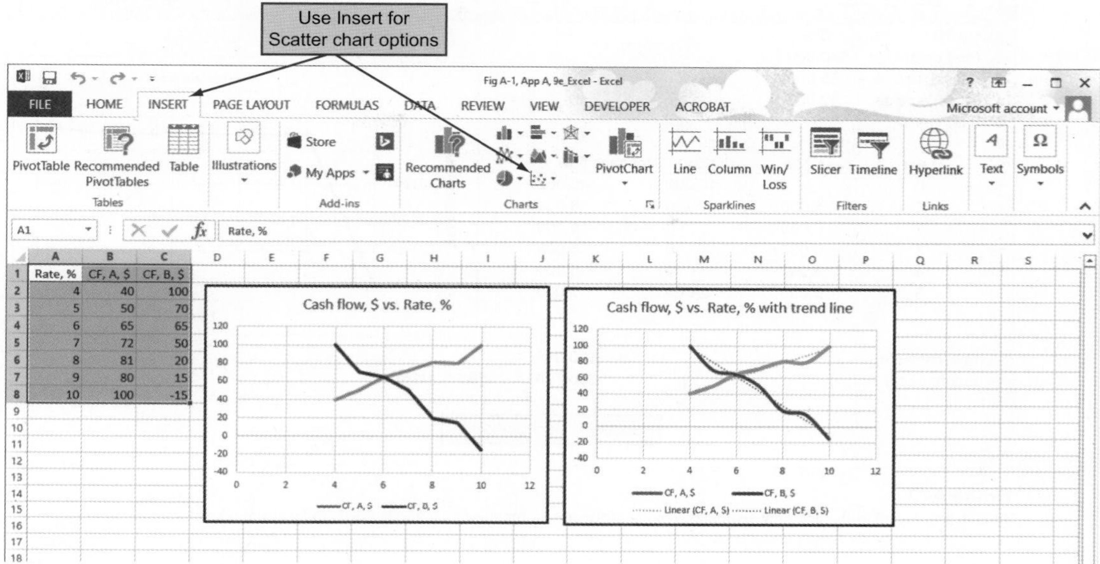

Figure A–1

Scatter charts for data entries and location of commonly used buttons.

Now a large number of styling effects can be introduced for axis titles, legend, data series, etc. Note that only the bottom row of each column's title can be highlighted. If titles are not highlighted, the data sets are generically identified as series 1, series 2, etc. on the legend.

Obtain Help While Using Excel

1. To get general help information, while Excel is open, left-click on the "?" (upper right).
2. Enter a topic or phrase. For example, if you want to know more about how to use a function, e.g., COUNTIF, enter the function name and Excel Help will appear with one or more options, or show "We didn't find anything."
3. Select the appropriate matching words. You can browse through the options by left-clicking on any item.

A.2 Organization (Layout) of the Spreadsheet ● ● ●

A spreadsheet can be used in several ways to obtain answers to numerical questions. The first is as a rapid solution tool, often with the entry of only a few numbers or one predefined function. For example, to find the future worth in a single-cell operation, move the pointer to any cell and enter = FV(8%,5,−2500). The display of $14,666.50 is the 8% future worth at the end of year 5 of five equal payments of $2500 each.

A second use is more formal; it presents data, solutions, graphs, and tables developed on the spreadsheet and ready for presentation to others. Some fundamental guidelines in spreadsheet organization are presented here. A sample layout is presented in Figure A–2. As solutions become more complex, organization of the spreadsheet becomes increasingly important, especially for presentation to an audience via PowerPoint or similar software.

Cluster the data and the answers. It is advisable to organize the given or estimated data in the top left of the spreadsheet. A very brief label should be used to identify the data, for example, MARR = in cell A1 and the value, 12%, in cell B1. Then B1 can be the referenced cell for all entries requiring the MARR. Additionally, it may be worthwhile to cluster the answers into one area and frame it. Often, the answers are best placed at the bottom or top of the column of entries used in the formula or predefined function.

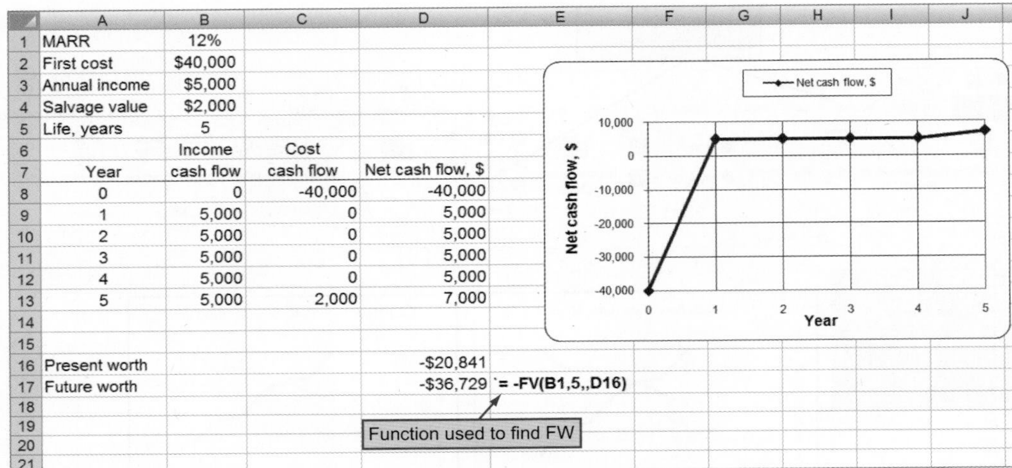

	A	B	C	D	E
1	MARR	12%			
2	First cost	$40,000			
3	Annual income	$5,000			
4	Salvage value	$2,000			
5	Life, years	5			
6		Income	Cost		
7	Year	cash flow	cash flow	Net cash flow, $	
8	0	0	-40,000	-40,000	
9	1	5,000	0	5,000	
10	2	5,000	0	5,000	
11	3	5,000	0	5,000	
12	4	5,000	0	5,000	
13	5	5,000	2,000	7,000	
14					
15					
16	Present worth			-$20,841	
17	Future worth			-$36,729	= -FV(B1,5,,D16)
18					
19					
20					
21					

Figure A–2
Spreadsheet layout with cash flow estimates, results of functions, function formula detailed, and a scatter chart.

Enter titles for columns and rows. Each column or row should be labeled so its entries are clear to the reader. It is very easy to select from the wrong column or row when no brief title is present at the head of the data.

Enter revenue (income) and cost cash flows separately. When there are both revenue and cost cash flows involved, it is strongly recommended that the cash flow estimates for revenue (usually positive) and first cost, salvage value, and annual costs (usually negative, with salvage a positive number) be entered into two adjacent columns. Then a formula combining them in a third column displays the net cash flow. There are two immediate advantages to this practice: fewer errors are made when performing the summation and subtraction mentally, and changes for sensitivity analysis are more easily made.

Use cell references. The use of absolute and relative cell references is a must when any changes in entries are expected. For example, suppose the MARR is entered in cell B1 and three separate references are made to the MARR in functions on the spreadsheet. The absolute cell reference entry $B$1 in the three functions allows the MARR to be changed one time, not three.

Obtain a final answer through summing and embedding. When the formulas and functions are kept relatively simple, the final answer can be obtained using the SUM function. For example, if the present worth (PW) values of two columns of cash flows are determined separately, then the total PW is the SUM of the subtotals. This practice is especially useful when the cash flow series are complex.

Prepare for a chart. If a chart (graph) will be developed, plan ahead by leaving sufficient room on the right of the data and answers. Charts can be placed on the same worksheet or on a separate worksheet. Placement on the same worksheet is recommended, especially when the results of sensitivity analysis are plotted.

A.3 Spreadsheet Functions Important to Engineering Economy (Alphabetical Order)

AVERAGE

Calculates the average (arithmetic mean) of a range of cell entries (numbers or cell references) or specified numbers. There are two formats.

= AVERAGE(first_cell:last_cell)
= AVERAGE(number1,number2,...)

first_cell	First cell of a series (column or row) for which the average will be calculated.
last_cell	Last cell in the series used to calculate the average.
number	A listing of the numbers used to calculate the average. No more than 255 entries are allowed.

Example Saten has taken 100 decibel readings in a rock crushing building when employees are present with hearing protection for readings above 85 decibels. The average of the readings, entered into cells A1 through A100, is needed.

Entry in any open cell: = AVERAGE(A1:A100)

COUNTIF and COUNTIFS

These two functions count the number of cells within a given range of cells that meet a single criterion (COUNTIF) or multiple criteria (COUNTIFS). The arguments can be numbers, letters, words, or arrays.

= COUNTIF(range,criteria)

range	Series of cells to count. The range can be rows or columns.
criteria	Statement of criteria to count a cell. Example criterion: a specific value ("25"), a limit (">=25"), a text string ("peaches"), contents of a specific cell (D9), or using a specific cell as a limit ("<"&D9). The ampersand symbol (&) is necessary in the last example, placed immediately in front of the cell referenced.

= COUNTIFS(range1,criteria1, range2, criteria2,...)

range1	First range of cells to be evaluated against criteria1. Subsequent ranges need not be the same cells or adjacent to range1; but, they must contain the same number of cells as range1. Up to 127 ranges can be identified for one COUNTIFS function.
criteria1	Each criterion is in the form of a number, expression, cell reference, or text. Examples are the same as those for the COUNTIF function. If the criteria address a particular cell, add the ampersand (&) symbol as shown above.

These two functions, especially COUNTIFS, have several variations for the arguments depending upon the multiple criteria. Check COUNTIFS in Excel Help for additional directions.

Example David sampled 150 *monthly* car insurance premiums for under-25-year-old males in Cincinnati, Ohio. He wants to determine how many premiums are $100 or more. The premium values are entered into cells A1 through A150 of a spreadsheet.

Cells meeting a single criterion: = COUNTIF(A1:A150,">=100")

David wants to perform further analysis by determining the number of premiums that are between $80 and $120 per month, inclusive of these amounts.

Cells meeting multiple criteria: = COUNTIFS(A1:A150,">=80", A1:A150,"<=120")

Finally, David wants to know the number of premiums that are within one standard deviation, s, of the average. The lower and upper bounds are calculated and displayed in cells B2 and B6, respectively. Note the use of the & symbol prior to the referenced cell in the criteria.

Cells within 1s of average: = COUNTIFS(A1:A150,">="&B2, A1:A150,"<="&B6)

DB (Declining Balance)

Calculates the depreciation amount for an asset for a specified period n using the declining balance method. The depreciation rate d used in the computation is determined from asset values S (salvage value) and B (basis or first cost) as $d = 1 - (S/B)^{1/n}$. This is Equation [16.12]. Three-decimal-place accuracy is used for d.

= DB(cost, salvage, life, period, month)

cost	First cost or basis of the asset.
salvage	Salvage value.
life	Depreciation life (recovery period).
period	The period, year, for which the depreciation is to be calculated.
month	(optional entry) If this entry is omitted, a full year is assumed for the first year.

Example A new machine costs \$100,000 and is expected to last 10 years. At the end of 10 years, the salvage value of the machine is \$50,000. What is the depreciation of the machine in the first year and the fifth year?

Depreciation for the first year: = DB(100000,50000,10,1)

Depreciation for the fifth year: = DB(100000,50000,10,5)

Note that a comma is not inserted in numbers with four or more digits (> 999) as this will display an error message or an incorrect answer. Because of the manner in which the DB function determines the fixed percentage d and the accuracy of the computations, it is **recommended that the DDB function (below) be used** for all declining balance depreciation rates. Simply use the optional factor entry for rates other than $d = 2/n$.

DDB (Double Declining Balance)

Calculates the depreciation of an asset for a specified period n using the double declining balance method. A factor can also be entered for some other declining balance depreciation method by specifying a factor value in the function.

= DDB(cost, salvage, life, period, factor)

cost	First cost or basis of the asset.
salvage	Salvage value of the asset.
life	Depreciation life.
period	The period, a year, for which the depreciation is to be calculated.
factor	(optional entry) If this entry is omitted, the function will use a double declining method with two times the straight line rate. If, for example, the entry is 1.5, the 150% declining balance method will be used.

Example A new machine costs \$200,000 and is expected to last 10 years. The salvage value is \$10,000. Calculate the depreciation of the machine for the first and the eighth years. Finally, calculate the depreciation for the fifth year using the 175% declining balance method.

Depreciation for the first year: = DDB(200000,10000,10,1)

Depreciation for the eighth year: = DDB(200000,10000,10,8)

Depreciation for the fifth year using 175% DB: = DDB(200000,10000,10,5,1.75)

EFFECT (Effective Interest Rate)

Calculates the effective annual interest rate for a stated nominal annual rate and a given number of compounding periods per year. Excel uses Equation [4.7] to calculate the effective rate.

= EFFECT(nominal, npery)

nominal	Nominal interest rate for the year.
npery	Number of times interest is compounded per year.

Example Claudia has applied for a \$10,000 loan. The bank officer told her that the interest rate is 8% per year and that interest is compounded monthly to conveniently match her monthly payments. What effective annual rate will Claudia pay?

Effective annual rate: = EFFECT(8%,12)

EFFECT can also be used to find **effective rates other than annually.** Enter the nominal rate for the time period of the required effective rate; npery is the number of times compounding occurs during the time period of the effective rate.

Example Interest is stated as 3.5% per quarter with quarterly compounding. Find the effective semiannual rate.

The 6-month nominal rate is 7%, and compounding is two times per 6 months.

Effective semiannual rate: = EFFECT(7%,2)

FV (Future Value)

Calculates the future value (worth) based on periodic payments at a specific interest rate.

= FV(rate, nper, pmt, pv, type)

rate	Interest rate per compounding period.
nper	Number of compounding periods.
pmt	Constant payment amount.
pv	The present value amount. If pv is not specified, the function will assume it to be 0.
type	(optional entry) Either 0 or 1. A 0 represents payments made at the end of the period, and 1 represents payments at the beginning of the period. If omitted, 0 is assumed.

Example Jung wants to start a savings account that can be increased as desired. She will deposit $12,000 to start the account and plans to add $500 to the account at the beginning of each month for the next 24 months. The bank pays 0.25% per month. How much will be in Jung's account at the end of 24 months? (Note: Enter a minus sign to retain a positive sign on the answer.)

Future value in 24 months: = –FV(0.25%,24,500,12000,1)

IF (IF Logical Function)

Determines which of two entries is entered into a cell based on the outcome of a logical check on the outcome of another cell. The logical test can be a function or a simple value check, but it must use an equality or inequality sense. If the response is a text string, place it between quote marks (" "). The responses can themselves be IF functions. Up to seven IF functions can be nested for very complex logical tests.

= IF(logical_test,value_if_true,value_if_false)

logical_test	Any worksheet function can be used here, including a mathematical operation.
value_if_true	Result if the logical_test argument is true.
value_if_false	Result if the logical_test argument is false.

Example The entry in cell B4 should be "selected" if the PW value in cell B3 is greater than or equal to zero and "rejected" if PW < 0.

Entry in cell B4: = IF(B3>=0,"selected","rejected")

Example The entry in cell C5 should be "selected" if the PW value in cell C4 is greater than or equal to zero, "rejected" if PW < 0, and "fantastic" if PW ≥ 200.

Entry in cell C5: = IF(C4<0,"rejected", IF(C4>=200,"fantastic","selected"))

INT (Integer)

Rounds any number *down* to the nearest integer. Minus values are rounded to the next lower negative integer.

= INT(numbers)

numbers	A series of real numbers, cell reference range or functions resulting in a real number.

Example Anjali is using a Monte Carlo-based simulation to determine the PW value for a sample of size 30 randomly-generated cash flows contained in cells G5 through G35. Determine the integer value of the present worth at a MARR of 15% per year.

Entry to display integer amount of PW: = INT(NPV(15%,G6:G35) + G5)

IPMT (Interest Payment)

Calculates the interest accrued for a given period *n* based on constant periodic payments and interest rate. A minus sign preceding the function name will maintain the same sign for the response.

= IPMT(rate, per, nper, pv, fv, type)

rate	Interest rate per compounding period.
per	Period for which interest is to be calculated.
nper	Number of compounding periods.
pv	Present value. If pv is not specified, the function will assume it to be 0.
fv	Future value. If fv is omitted, the function will assume it to be 0. The fv can also be considered a cash balance after the last payment is made.
type	(optional entry) Either 0 or 1. A 0 represents payments made at the end of the period, and 1 represents payments made at the beginning of the period. If omitted, 0 is assumed.

Example Calculate the interest due in the 10th month for a 48-month, $20,000 loan. The interest rate is 0.25% per month.

Interest due: = IPMT(0.25%,10,48,20000)

IRR (Internal Rate of Return)

Calculates the internal rate of return between –100% and infinity for a series of cash flows at regular periods.

= IRR(values, guess)

values	A set of numbers in a spreadsheet column (or row) for which the rate of return is calculated. The set of numbers must consist of at least *one* positive and *one* negative number. Negative numbers denote a payment made or cash outflow, and positive numbers denote income or cash inflow.
guess	(optional entry) To reduce the number of iterations, a *guessed rate of return* can be entered. In most cases, a guess is not required, and a 10% rate of return is initially assumed. If the #NUM! error appears, try using different values for guess. Inputting different guess values makes it possible to determine the multiple roots for the rate of return equation of a nonconventional (nonsimple) cash flow series.

Example John wants to start a printing business. He will need $25,000 in capital and anticipates that the business will generate the following revenue during the first 5 years. Calculate his rate of return after 3 years and after 5 years.

Year 1	$5,000
Year 2	$7,500
Year 3	$8,000
Year 4	$10,000
Year 5	$15,000

Set up an array in cells A1 (−25000) through A6 (containing the five cash flows).

Note that any years with a zero cash flow must have a zero entered to ensure that the year value is correctly maintained for computation purposes.

Internal rate of return after 3 years: = IRR(A1:A4).

Internal rate of return after 5 years; guess value specified as 5%: = IRR(A1:A6,5%).

MIRR (Modified Internal Rate of Return)

Calculates the modified internal rate of return for a series of cash flows and reinvestment of income and interest at a stated rate.

= MIRR(values, finance_rate, reinvest_rate)

values	Refers to an array of cells in the spreadsheet. Negative numbers represent payments, and positive numbers represent income. The series of payments and income must occur at regular periods and must contain at least *one* positive number and *one* negative number.
finance_rate	Interest rate on funds borrowed from external sources (i_b in Equation [7.9]).
reinvest_rate	Interest rate for reinvestment on positive cash flows (i_i in Equation [7.9]). (This is not the same reinvestment rate on the net investments when the cash flow series is nonconventional. See Section 7.5 for comments.)

Example Jane opened a computer repair business 4 years ago. When she started the business, Jane borrowed $50,000 from a bank at 12% per year. Since then, the business has yielded $10,000 the first year, $15,000 the second year, $18,000 the third year, and $21,000 the fourth year. Jane reinvests her profits, earning 8% per year. What is the modified rate of return after 3 years and after 4 years?

In cell A1, type −50000.

In cell A2, type 10000.

In cell A3, type 15000.

In cell A4, type 18000.

In cell A5, type 21000.

MIRR after 3 years: = MIRR(A1:A4,12%,8%).

MIRR after 4 years: = MIRR(A1:A5,12%,8%).

NOMINAL (Nominal Interest Rate)

Calculates the nominal **annual** interest rate for a stated effective **annual** rate and a given number of compounding periods per year. *This function is designed to display only nominal annual rates.*

= NOMINAL(effective, npery)

effective	Effective interest rate for the year.
npery	Number of times that interest is compounded per year.

Example Last year, a corporate stock earned an effective return of 12.55% per year. Calculate the nominal annual rate, if interest is compounded quarterly and compounded continuously.

Nominal annual rate, quarterly compounding: = NOMINAL(12.55%,4)

Nominal annual rate, continuous compounding: = NOMINAL(12.55%,100000)

NORMINV (random numbers—normal distribution)

Returns a random number from a normal probability distribution with a specified mean and standard deviation.

= NORMINV(RAND(), μ, σ)

μ	Population mean of the normal distribution
σ	Population standard deviation of the normal distribution

Example Devon is developing a simulation for a PW analysis of two competing alternatives. A random sample of 100 for each alternative is needed. Alternative A has an AOC estimate that is normally distributed with a mean of $25,000 per year and a standard deviation of $4000. The alternative B estimate for AOC is $38,000 per year with a variance of $250,000, also normally distributed. Write the functions to display random numbers for each alternative.

Alternative A random number generator: = NORMINV(RAND(),25000,4000)

Alternative B random number generator: = NORMINV(RAND(),38000,500)

NPER (Number of Periods)

Calculates the number of periods for the present worth of an investment to equal the future value specified, based on uniform regular payments and a stated interest rate.

= NPER(rate, pmt, pv, fv, type)

rate	Interest rate per compounding period.
pmt	Amount paid during each compounding period.
pv	Present value (lump-sum amount).
fv	(optional entry) Future value or cash balance after the last payment. If fv is omitted, the function will assume a value of 0.
type	(optional entry) Enter 0 if payments are due at the end of the compounding period and 1 if payments are due at the beginning of the period. If omitted, 0 is assumed.

Example Wohali, a Cherokee Nation council member, plans to open a savings account that pays 0.25% per month. His initial deposit is $3000, and he plans to deposit $250 at the beginning of every month. How many payments does Wohali have to make to accumulate $25,000 to do home renovations?

Number of payments: = NPER(0.25%,−250,−3000,25000,1)

NPV (Net Present Value)

Calculates the net present value of a series of future cash flows at a stated interest rate.

= NPV(rate, series)

rate	Interest rate per compounding period.
series	Series of costs and incomes set up in a range of cells.

Example Arevik is considering buying a sports store for $100,000 and hopes to receive the following net income during the next 6 years of business: $25,000, $40,000, $42,000, $44,000, $48,000, $50,000. The interest rate is 8% per year.

In cells A1 through A7, enter −100000, followed by the six annual incomes.

Present value: = NPV(8%,A2:A7) + A1

The cell A1 value is already a present value. *Any year with a zero cash flow must have a 0 entered to ensure a correct result.*

PMT (Payments)

Calculates equivalent periodic amounts based on present value and/or future value at a constant interest rate.

= PMT(rate, nper, pv, fv, type)

rate	Interest rate per compounding period.
nper	Total number of periods.
pv	Present value.
fv	Future value.
type	(optional entry) Enter 0 for payments due at the end of the compounding period and 1 if payment is due at the start of the compounding period. If omitted, 0 is assumed.

Example Jim plans to take a $35,000 loan to buy a new car. The interest rate is 3% per year. He wants to pay the loan off in 5 years (60 months). What are his monthly payments?

Monthly payments: = PMT(3%/12,60,35000)

PPMT (Principal Payment)

Calculates the amount paid on the principal based on uniform payments at a specified interest rate.

= PPMT(rate, per, nper, pv, fv, type)

rate	Interest rate per compounding period.
per	Period for which the payment on the principal is required.
nper	Total number of periods.
pv	Present value.
fv	Future value.
type	(optional entry) Enter 0 for payments that are due at the end of the compounding period and 1 if payments are due at the start of the compounding period. If omitted, 0 is assumed.

Example Jovita is planning to invest $10,000 in equipment, which is expected to last 10 years with no salvage value. The interest rate is 5%. What is the principal payment at the end of year 4 and year 8?

Principal payment, end of year 4: = PPMT(5%,4,10,−10000)
Principal payment, end of year 8: = PPMT(5%,8,10,−10000)

PV (Present Value)

Calculates the present value of a future series of equal cash flows and a single lump sum in the last period at a constant interest rate.

= PV(rate, nper, pmt, fv, type)

rate	Interest rate per compounding period.
nper	Total number of periods.
pmt	Cash flow at regular intervals. Negative numbers represent payments (cash outflows), and positive numbers represent income.
fv	Future value or cash balance at the end of the last period.
type	(optional entry) Enter 0 if payments are due at the end of the compounding period and 1 if payments are due at the start of each compounding period. If omitted, 0 is assumed.

There are two primary differences between the PV function and the NPV function: PV allows for end or beginning of period cash flows, and PV requires that all amounts have the same value, whereas they may vary for the NPV function.

Example Jose is considering leasing a car for $600 a month for 3 years (36 months). After the 36-month lease, he can purchase the car for $26,000. Using an interest rate of 4% per year, find the present value of this option.

Present value: = PV(4%/12,36,−600,−26000)

RAND (Random Number)

Returns an evenly distributed number that is (1) ≥ 0 and < 1; (2) ≥ 0 and < 100; or (3) between two specified numbers.

= RAND()	**for range 0 to 1**
= RAND()*100	**for range 0 to 100**
= RAND()*(b−a)+a	**for range a to b**

a = minimum integer to be generated
b = maximum integer to be generated

The Excel function RANDBETWEEN(a,b) may also be used to obtain a random number between two values. The result is always an integer regardless of the values of *a* and *b* entered as the bounds.

Example Grace needs to generate random numbers between 5 and 10 with 3 digits after the decimal. Write the RAND function. Here a = 5 and b = 10.

Random number generator: = RAND()*5 + 5

Example Randi wants to generate random numbers between the limits of −10 and 25. Write the spreadsheet function. The minimum and maximum values are $a = -10$ and $b = 25$. The term $b - a = 25 - (-10) = 35$.

Random number generator: = RAND()*35 − 10

RATE (Interest Rate)

Calculates the interest rate per compounding period for a series of payments or incomes.

= RATE(nper, pmt, pv, fv, type, guess)

nper	Total number of periods.
pmt	Payment amount made each compounding period.
pv	Present value.
fv	Future value (not including the pmt amount).
type	(optional entry) Enter 0 for payments due at the end of the compounding period and 1 if payments are due at the start of each compounding period. If omitted, 0 is assumed.
guess	(optional entry) To minimize computing time, include a guessed interest rate. If a value of guess is not specified, the function will assume a rate of 10%. This function usually converges to a solution if the rate is between 0% and 100%.

Example Alysha wants to start an investment account with a nationwide brokerage firm. She will make an initial deposit of $5000 to open the account and plans to deposit $100 at the beginning of each month. She plans to do this for the next 3 years (36 months). At the end of 3 years, she wants to have at least $50,000. What is the minimum interest required to achieve this result?

Interest rate: = RATE(36,−100,−5000,50000,1)

SLN (Straight Line Depreciation)

Calculates the straight line depreciation of an asset for a given year.

= SLN(cost, salvage, life)

cost	First cost or basis of the asset.
salvage	Salvage value.
life	Depreciation life.

Example Maria, president of Model First, Inc., purchased a top-of-the-line 3D printing system for $100,000. The system has an allowed depreciation life of 8 years and an estimated salvage value of $15,000. What is the depreciation each year?

Depreciation: = SLN(100000,15000,8)

STDEV (Standard Deviation)

Estimates the sample standard deviation (variation about the average) using a denominator of $(n-1)$. There are two formats.

= STDEV(first_cell:last_cell)

= STDEV(number1,number2,...)

first_cell	First cell of a series (column or row) for which the standard deviation will be calculated.
last_cell	Last cell in the series used to calculate the standard deviation.
number	A listing of the numbers used to calculate the standard deviation. No more than 255 entries are allowed.

Example Jin, a forensic scientist, tested 25 vials of blood that may contain an addictive substance. The substance measurements are entered into cells A1 to A25 of a spreadsheet. He wishes to know the standard deviation of the sample.

Standard deviation value: = STDEV(A1:A25)

SYD (Sum-of-Years-Digits Depreciation)

Calculates the sum-of-years-digits depreciation of an asset for a given year.

= SYD(cost, salvage, life, period)

cost	First cost or basis of the asset.
salvage	Salvage value.
life	Depreciation life.
period	The year for which the depreciation is sought.

Example Jack bought equipment for $100,000 that has a depreciation life of 10 years. The salvage value is $10,000. What is the depreciation for year 1 and year 9?

Depreciation for year 1: = SYD(100000,10000,10,1)

Depreciation for year 9: = SYD(100000,10000,10,9)

VDB (Variable Declining Balance)

Calculates the depreciation using the declining balance method with a switch to straight line depreciation in the year in which straight line has a larger depreciation amount. This function automatically implements the switch from DB to SL depreciation, unless specifically instructed to not switch.

= VDB (cost, salvage, life, start_period, end_period, factor, no_switch)

cost	First cost of the asset.
salvage	Salvage value.
life	Depreciation life.
start_period	First period for depreciation to be calculated.
end_period	Last period for depreciation to be calculated.
factor	(optional entry) If omitted, the function will use the double declining rate of $2/n$, or twice the straight line rate. Other entries define the declining balance method, for example, 1.5 for 150% declining balance.

no_switch (optional entry) If omitted or entered as FALSE, the function will switch from declining balance to straight line depreciation when the latter is greater than DB depreciation. If entered as TRUE, the function will not switch to SL depreciation at any time during the depreciation life.

Example Newly purchased equipment with a first cost of $300,000 has a depreciable life of 10 years with no salvage value. Calculate the 175% declining balance depreciation for the first year and the ninth year if switching to SL depreciation is acceptable and if switching is not permitted.

Depreciation for first year, with switching: = VDB(300000,0,10,0,1,1.75)

Depreciation for ninth year, with switching: = VDB(300000,0,10,8,9,1.75)

Depreciation for first year, no switching: = VDB(300000,0,10,0,1,1.75,TRUE)

Depreciation for ninth year, no switching: = VDB(300000,0,10,8,9,1.75,TRUE)

VDB (for MACRS Depreciation)

The VDB function can be adapted to generate the MACRS annual depreciation amount, when the start_period and end_period are replaced with the MAX and MIN functions, respectively. A 0 is always entered for the salvage value, since MACRS depreciates to zero. As above, the factor option should be entered if other than DDB rates start the MACRS depreciation. The VDB format is

= VDB(cost,0,life,MAX(0,t−1.5),MIN(life,t−0.5),factor)

Example Determine the MACRS depreciation for year 4 for a $350,000 asset that has a 20% salvage value and a MACRS recovery period of 3 years. D_4 = $25,926 is the display.

Depreciation for year 4: = VDB(350000,0,3,MAX(0,4−1.5),MIN(3,4−0.5),2)

Example Find the MACRS depreciation in year 16 for a $350,000 asset with a recovery period of $n = 15$ years. The optional factor 1.5 is required here, since MACRS starts with 150% DB for $n = 15$-year and 20-year recovery periods. D_{16} = $10,334.

Depreciation for year 16: = VDB(350000,0,15,MAX(0,16−1.5),MIN(15,16−0.5),1.5)

Other Functions

There are numerous additional financial functions available on Excel, as well as engineering, mathematics, trigonometry, statistics, data and time, logical, and information functions. These can be viewed by clicking the Formulas tab on the toolbar.

A.4 Goal Seek—A Tool for Breakeven and Sensitivity Analysis ● ● ●

Goal Seek is found on the Excel toolbar labeled Data, followed by What-if Analysis. This tool changes the value in a specific cell based on a numerical value in another (changing) cell as input by the user. It is a good tool for **sensitivity analysis, breakeven analysis,** and **"what if?" questions** when no constraint relations or inequalities are needed. The initial Goal Seek template is pictured in Figure A–3. One of the cells (set or changing cell) must contain an equation or spreadsheet function that uses the other cell to determine a numeric value. Only a single cell can be identified as the changing cell; however, this limitation can be avoided by using equations rather than specific numerical inputs in any additional cells also to be changed. This is demonstrated below.

Example A new asset will cost $25,000, generate an annual cash flow of $6000 over its 5-year life, and have an estimated $500 salvage value. The rate of return using the IRR function is 6.94%. Determine the annual cash flow necessary to raise the return to 10% per year.

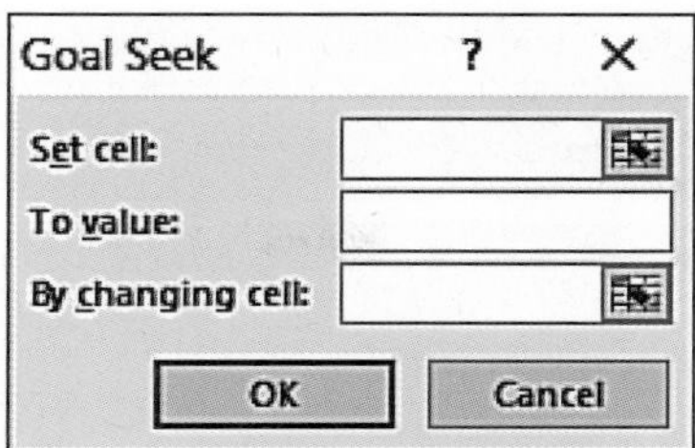

Figure A–3
Goal Seek template used to specify a cell, a value, and the changing cell.

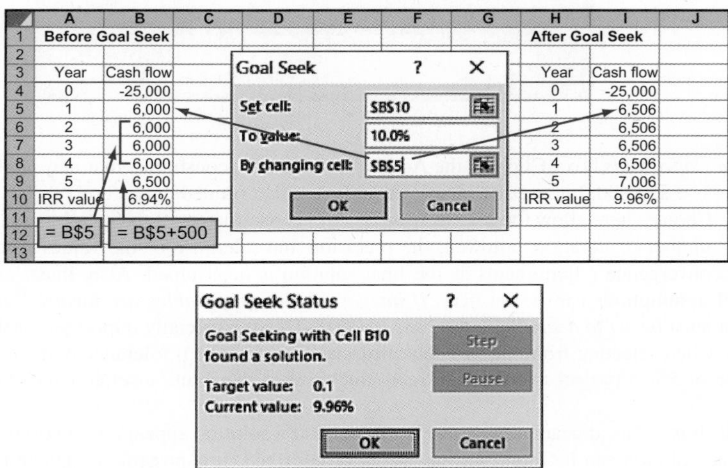

Figure A–4
Use of Goal Seek to determine an annual cash flow to increase the rate of return.

Figure A–4 (top left) shows the cash flows and return displayed using the function = IRR(B4:B9) prior to the use of Goal Seek. Note that the initial $6000 is input in cell B5, but other years' cash flows are input as equations that refer to B5. The $500 salvage is added for the last year. This format allows Goal Seek to change only cell B5 while making the other cash flows have the same value. The tool finds the required cash flow of $6506 to approximate the 10% per year return. The Goal Seek Status inset indicates that a solution is found. Clicking OK saves all changed cells; clicking Cancel returns to the original values.

A.5 Solver—An Optimizing Tool for Capital Budgeting, Breakeven, and Sensitivity Analysis ● ● ●

Solver is a powerful spreadsheet tool to change the value in multiple (one or more) cells based on the value in a specific (target) cell. It is excellent when solving a **capital budgeting problem** to select from independent projects where budget constraints are present. (Section 12.4 details this application.) The initial Solver template is shown in Figure A–5.

Set Objective box. Enter a cell reference or name. The target cell itself must contain a formula or function. The value in the cell can be maximized (Max), minimized (Min), or restricted to a specified value (Value Of).

By Changing Variable Cells box. Enter the cell reference for each cell to be adjusted, using commas between nonadjacent cells. Each cell must be directly or indirectly related to the target cell. Solver proposes a value for the changing cell based on input provided about the target cell. The Guess button will list all possible changing cells related to the target cell.

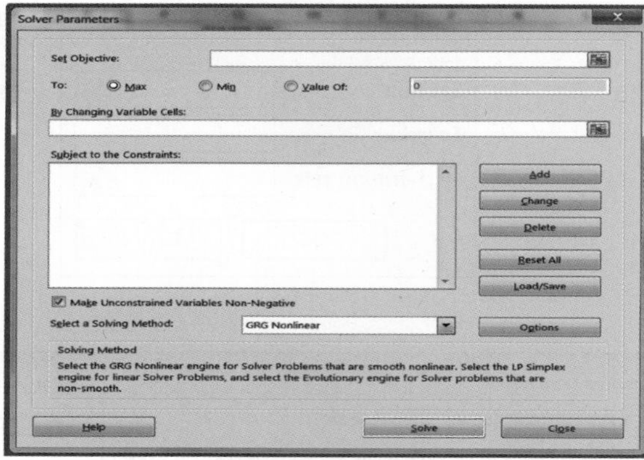

Figure A–5
Solver template used to specify optimization in a target cell, multiple changing cells, and constraint relations.

Subject to the Constraints box. Click on the Add box to enter any constraints that may apply, for example, $C$1 < $50,000. Integer and binary variables are determined in this box.

Options box. Choices here allow the user to specify various parameters of the solution: maximum time and number of iterations allowed, the precision and tolerance of the values determined, and the convergence requirements as the final solution is determined. Also, linear and nonlinear model assumptions can be set here. *If integer or binary variables are involved, the tolerance option must be set to a small number, say, 0.0001.* This is especially important for the binary variables when selecting from independent projects (Chapter 12). If tolerance remains at the default value of 5%, a project may be incorrectly included in the solution set at a very low level.

Solver Results box. This appears after Solve is clicked and a solution appears. It is possible, of course, that no solution can be found for the scenario described. It is possible to update the spreadsheet by clicking Keep Solver Solution, or return to the original entries using Restore Original Values.

A.6 Error Messages ● ● ●

If Excel is unable to complete a formula or function computation, an error message is displayed. Some of the common messages are:

#DIV/0!	Requires division by zero.
#N/A	Refers to a value that is not available.
#NAME?	Uses a name that Excel doesn't recognize.
#NULL!	Specifies an invalid intersection of two areas.
#NUM!	Uses a number incorrectly.
#REF!	Refers to a cell that is not valid.
#VALUE!	Uses an invalid argument or operand.
#####	Produces a result, or includes a constant numeric value, that is too large to fit in the cell. Widen the column.

부록 B

회계 보고서와 사업비

This appendix provides a fundamental description of financial statements. The documents discussed here will assist in understanding basic financial statements and in gathering information useful in an engineering economy study.

B.1 The Balance Sheet ● ● ●

The fiscal year and the tax year are defined identically for a corporation or an individual—12 months in length. The fiscal year (FY) is commonly not the calendar year (CY) for a corporation. The U.S. government uses October through September as its FY. For example, October 2023 through September 2024 is FY2024. The fiscal or tax year is always the calendar year for an individual.

At the end of each fiscal year, a company publishes a **balance sheet.** A sample balance sheet for S&B, Inc. is presented in Table B–1. This is an yearly presentation of the state of the firm at a particular time, for example, August 31, 2024; however, a balance sheet is also usually prepared quarterly and monthly. Three main categories are used.

Assets. This section is a summary of all resources owned by or owed to the company. There are two main classes of assets. *Current assets* represent shorter-lived working capital (cash, accounts receivable, etc.), which is more easily converted to cash, usually within 1 year. Longer-lived assets are referred to as *fixed assets* (land, buildings, etc.). Conversion of these holdings to cash in a short time would require a substantial corporate reorientation.

Liabilities. This section is a summary of all *financial obligations* (debts, mortgages, loans, bonds, etc.) of a corporation.

Net worth. Also called *owner's equity,* this section provides a summary of the financial value of ownership, including stocks issued and earnings retained by the corporation.

TABLE B–1 Sample Balance Sheet

S&B Incorporated
Balance Sheet
August 31, 2024

Assets		Liabilities	
Current			
Cash	$10,500	Accounts payable	$19,700
Accounts receivable	18,700	Dividends payable	7,000
Interest accrued receivable	500	Long-term notes payable	16,000
Inventories	52,000	Bonds payable	20,000
Total current assets	$81,700	Total liabilities	$62,700
		Net Worth	
Fixed			
Land	$25,000	Common stock	$275,000
Building and equipment	438,000	Preferred stock	100,000
Less: Depreciation		Retained earnings	25,000
allowance $82,000	356,000		
Total fixed assets	381,000	Total net worth	400,000
Total assets	$462,700	Total liabilities and net worth	$462,700

The balance sheet is constructed using the relation

Assets = liabilities + net worth

In Table B–1, each major category is further divided into standard subcategories. For example, current assets is comprised of cash, accounts receivable, etc. Each subdivision has a specific interpretation, such as accounts receivable, which represents all money owed to the company by its customers.

B.2 Income Statement and Cost of Goods Sold Statement ● ● ●

A second important financial statement is the **income statement** (Table B–2). The income statement summarizes the profits or losses of the corporation for a stated period of time. Income statements always accompany balance sheets. The major categories of an income statement are

Revenues. This includes all *sales and interest revenue* that the company has received in the immediate past accounting period.

Expenses. This is a summary of *all expenses* (operating and others, including taxes) for the period. Some expense amounts are itemized in other statements, for example, cost of goods sold.

The final result of an income statement is the net operating profit after taxes (NOPAT), the amount used in Chapter 17, Sections 17.1 and 17.7. The income statement, published at the same time as the balance sheet, uses the basic equation

Assets = liabilities + net worth

The **cost of goods sold** is an important accounting term. It represents the net cost of producing the product marketed by the firm. Cost of goods sold may also be called *factory cost*. A statement of the cost of goods sold, such as that shown in Table B–3, is useful in determining exactly how much it costs to make a particular product over a stated time period, usually a year. The total of the cost of goods sold statement is entered as an expense item on the income statement. This total is determined using the relations

Cost of goods sold = prime cost + indirect cost

Prime cost = direct materials + direct labor **[B.1]**

Indirect costs include all indirect costs (IDC) charged to a product, process, or cost center. Indirect cost allocation methods are discussed in Chapter 15.

TABLE B–2 Sample Income Statement

S&B Incorporated Income Statement Year Ended August 31, 2024		
Revenues		
Sales	$505,000	
Interest revenue	3,500	
Total revenues		$508,500
Expenses		
Cost of goods sold (from Table B–3)	$290,000	
Selling	28,000	
Administrative	35,000	
Other	12,000	
Total expenses		365,000
Income before taxes		143,500
Taxes for year		64,575
Net operating profit after taxes (NOPAT)		$78,925

TABLE B–3 Sample Cost of Goods Sold Statement

S&B Incorporated Statement of Cost of Goods Sold Year Ended August 31, 2024		
Materials		
Inventory September 1, 2023	$ 54,000	
Purchases during year	174,500	
Total	$228,500	
Less: Inventory August 31, 2024	50,000	
Cost of materials		$178,500
Direct labor		110,000
Prime cost		288,500
Indirect costs		7,000
Factory cost		295,500
Less: Increase in finished goods inventory during year		5,500
Cost of goods sold (into Table B–2)		$290,000

B.3 Business Ratios ● ● ●

Accountants, financial analysts, and engineering economists frequently utilize business ratio analysis to evaluate the financial health (status) of a company over time and in relation to industry norms. Because engineers who perform economic analyses must continually communicate with others, engineers should have a basic understanding of several ratios. For comparison purposes, it is necessary to compute the ratios for several companies in the same industry. Industrywide median ratio values are published annually by firms such as Dun and Bradstreet in *Industry Norms and Key Business Ratios*. The ratios are commonly classified according to their role in measuring the corporation.

Liquidity ratios. Assess ability to meet need for cash in the short term. The current and quick ratios measure liquidity.

Solvency ratios. Assess ability to meet long-term financial obligations. An important solvency measure is the debt-to-equity ratio.

Efficiency ratios. Measure management's ability to use and control assets.

Profitability ratios. Evaluate the ability to earn a return for the owners of the corporation.

Numerical data for several important ratios are discussed here and are extracted from the S&B balance sheet and income statement, Tables B–1 and B–2.

Current Ratio This ratio is utilized to analyze the company's working capital condition. It is defined as

$$\text{Current ratio} = \frac{\text{current assets}}{\text{current liabilities}}$$

Current liabilities include all short-term debts, such as accounts and dividends payable. Note that only balance sheet data are utilized in the current ratio; that is, no association with revenues or expenses is made. For the balance sheet of Table B–1, current liabilities amount to \$19,700 + \$7000 = \$26,700 and

$$\text{Current ratio} = \frac{81{,}700}{26{,}700} = 3.06$$

Since current liabilities are those debts payable in the next year, the current ratio value of 3.06 means that the current assets would cover short-term debts approximately three times. Current ratio values of 2 to 3 are common.

The current ratio assumes that the working capital invested in inventory can be converted to cash quite rapidly. Often, however, a better idea of a company's *immediate* financial position can be obtained by using the acid test ratio.

Acid Test Ratio (Quick Ratio* or *Liquidity Ratio) This ratio is

$$\text{Acid test ratio} = \frac{\text{quick assets}}{\text{current liabilities}}$$
$$= \frac{\text{current assets} - \text{inventories}}{\text{current liabilities}}$$

It is meaningful for the emergency situation when the firm must cover short-term debts using its readily convertible assets. For S&B,

$$\text{Acid test ratio} = \frac{81{,}700 - 52{,}000}{26{,}700} = 1.11$$

Comparison of this and the current ratio shows that approximately two times the current debt of the company is invested in inventories. However, an acid test ratio of approximately 1.0 is generally regarded as a strong current position, regardless of the amount of assets in inventories.

Debt-to-Equity Ratio This ratio is a measure of financial strength and of the ability to repay longer-term obligations. It is defined as

$$\text{Debt-to-Equity ratio} = \frac{\text{total liabilities}}{\text{total net worth}}$$

Remember that another term for net worth is owner's equity. For S&B,

$$\text{Debt-to-equity ratio} = \frac{62{,}700}{400{,}000} = 0.157$$

S&B is 15.7% creditor-owned and 84.3% stockholder-owned. A debt-to-equity ratio in the range of 1.0 to 1.5 usually indicates a sound financial condition, with little fear of forced reorganization because of unpaid liabilities. Ratios of 3.0, 4.0, and above indicate a large reliance on borrowed funds. On the other hand, a company with virtually no debts, that is, one with a very low debt-to-equity ratio, may not have a promising future because of its inexperience in dealing with short-term and long-term debt financing. S&B, Inc. is in this situation with a very low ratio of 0.157.

Return on Sales Ratio This often quoted ratio indicates the profit margin for the company. It is defined as

$$\text{Return on sales} = \frac{\text{net profit}}{\text{net sales}}(100\%)$$

Net profit is the after-tax value from the income statement. This ratio measures profit earned per sales dollar and indicates how well the corporation can sustain adverse conditions over time, such as falling prices, rising costs, and declining sales. For S&B,

$$\text{Return on sales} = \frac{78{,}925}{505{,}000}(100\%) = 15.6\%$$

Corporations may point to small return on sales ratios, say, 2.5% to 4.0%, as indications of sagging economic conditions. In truth, for a relatively large-volume, high-turnover business, an income ratio of 3% is quite healthy. Of course, a steadily decreasing ratio indicates rising company expenses, which absorb net profit after taxes.

Return on Assets Ratio This is the key indicator of profitability since it evaluates the ability of the corporation to transfer assets into operating profit. The definition and value for S&B are

$$\text{Return on assets} = \frac{\text{net profit}}{\text{total assets}}(100\%)$$
$$= \frac{78{,}925}{462{,}700}(100\%) = 17.1\%$$

Efficient use of assets indicates that the company should earn a high return, while low returns usually accompany lower values of this ratio compared to the industry group ratios.

Inventory Turnover Ratio Two different ratios are used here. They both indicate the number of times the average inventory value passes through the operations of the company. If turnover of inventory to *net sales* is desired, the formula is

$$\text{Net sales to inventory} = \frac{\text{net sales}}{\text{average inventory}}$$

where average inventory is the figure recorded in the balance sheet. For S&B this ratio is

$$\text{Net sales to inventory} = \frac{505{,}000}{52{,}000} = 9.71$$

This means that the average value of the inventory has been sold 9.71 times during the year. Values of this ratio vary greatly from one industry to another.

If inventory turnover is related to *cost of goods sold,* the ratio to use is

$$\text{Cost of goods sold to inventory} = \frac{\text{cost of goods sold}}{\text{average inventory}}$$

Now, average inventory is computed as the average of the beginning and ending inventory values in the statement of cost of goods sold. This ratio is commonly used as a measure of the inventory turnover rate in manufacturing companies. It varies with industries, but management likes to see it remain relatively constant as business increases. For S&B, using the values in Table B–3,

$$\text{Cost of goods sold to inventory} = \frac{290{,}000}{\frac{1}{2}(54{,}000 + 50{,}000)} = 5.58$$

There are, of course, many other ratios to use in various circumstances; however, the ones presented here are commonly used by accountants, economic analysts, and investment managers.

EXAMPLE B.1

Recent annual values of several business ratios or percentages are presented below for five corporations in different industry sectors. Compare the corresponding S&B, Inc. values with these norms, and comment on differences and similarities.

Ratio or Percentage	Ford Motor Company	Southwest Airlines	Caterpillar, Inc.	Amazon.com, Inc.	IBM, Inc.
Type of business	Motor vehicle manufacturing	Commercial airline service	Construction machinery manufacturing	Electronic shopping	Computer peripheral equipment
NAICS*	441110	481111	333120	454110	334118
Current Ratio	1.20	1.97	1.46	1.14	0.88
Quick Ratio	1.07	1.91	0.99	0.91	0.83
Debt-to-Equity Ratio	2.84	0.99	1.58	0.35	2.37
Return on Assets, %	6.97	2.66	7.96	8.98	4.02

*NAICS (North American Industry Classification System) are codes for industry sectors.
SOURCE: https://www.macrotrends.net/stocks/charts/VIEW/view/financial-ratios (Accessed August 2022)

Solution

It is not correct to compare ratios for one company with indexes in different industries, that is, with indexes for different NAICS codes. So the comparison below is for illustration purposes only. The corresponding values for S&B are:

$$\begin{aligned}\text{Current ratio} &= 3.06\\ \text{Quick ratio} &= 1.11\\ \text{Debt-to-equity ratio} &= 0.157\\ \text{Return on assets} &= 17.1\%\end{aligned}$$

S&B has a *current ratio* significantly larger than all five of these industries, since 3.06 indicates that S&B can cover its short-term liabilities three times with cash and liquid assets compared with 1.97 (Southwest) and much less in other companies, such as IBM at 0.88. S&B has a *debt-to-equity ratio* (0.157) that is considerably lower than the average of the five industry types. The same ratio for other companies, like Ford (2.84) and IBM (2.37), indicate a much heavier reliance on debt financing. *Return on assets,* which is a measure of the ability to turn assets into a profit, is higher at S&B (17.1%) than any of the other industries; indicating a good ability for S&B to produce an annual net profit.

To make a fair comparison of S&B ratios with other similar industry values, it is necessary to have norm values *for its industry type* as well as ratio values for other corporations *in the same NAICS category* and about the same size in total assets. Corporate assets are classified in categories by $100,000 units, such as 100 to 250, 1001 to 5000, over 250,000, etc.

부록 C

공학자 윤리 강령

Source: National Society of Professional Engineers (www.nspe.org) (Accessed 11 April 2022).

NSPE® NATIONAL SOCIETY OF PROFESSIONAL ENGINEERS

Code of Ethics for Engineers

Preamble

Engineering is an important and learned profession. As members of this profession, engineers are expected to exhibit the highest standards of honesty and integrity. Engineering has a direct and vital impact on the quality of life for all people. Accordingly, the services provided by engineers require honesty, impartiality, fairness, and equity, and must be dedicated to the protection of the public health, safety, and welfare. Engineers must perform under a standard of professional behavior that requires adherence to the highest principles of ethical conduct.

I. Fundamental Canons

Engineers, in the fulfillment of their professional duties, shall:

1. Hold paramount the safety, health, and welfare of the public.
2. Perform services only in areas of their competence.
3. Issue public statements only in an objective and truthful manner.
4. Act for each employer or client as faithful agents or trustees.
5. Avoid deceptive acts.
6. Conduct themselves honorably, responsibly, ethically, and lawfully so as to enhance the honor, reputation, and usefulness of the profession.

II. Rules of Practice

1. **Engineers shall hold paramount the safety, health, and welfare of the public.**
   a. If engineers' judgment is overruled under circumstances that endanger life or property, they shall notify their employer or client and such other authority as may be appropriate.
   b. Engineers shall approve only those engineering documents that are in conformity with applicable standards.
   c. Engineers shall not reveal facts, data, or information without the prior consent of the client or employer except as authorized or required by law or this Code.
   d. Engineers shall not permit the use of their name or associate in business ventures with any person or firm that they believe is engaged in fraudulent or dishonest enterprise.
   e. Engineers shall not aid or abet the unlawful practice of engineering by a person or firm.
   f. Engineers having knowledge of any alleged violation of this Code shall report thereon to appropriate professional bodies and, when relevant, also to public authorities, and cooperate with the proper authorities in furnishing such information or assistance as may be required.
2. **Engineers shall perform services only in the areas of their competence.**
   a. Engineers shall undertake assignments only when qualified by education or experience in the specific technical fields involved.
   b. Engineers shall not affix their signatures to any plans or documents dealing with subject matter in which they lack competence, nor to any plan or document not prepared under their direction and control.
   c. Engineers may accept assignments and assume responsibility for coordination of an entire project and sign and seal the engineering documents for the entire project, provided that each technical segment is signed and sealed only by the qualified engineers who prepared the segment.
3. **Engineers shall issue public statements only in an objective and truthful manner.**
   a. Engineers shall be objective and truthful in professional reports, statements, or testimony. They shall include all relevant and pertinent information in such reports, statements, or testimony, which should bear the date indicating when it was current.
   b. Engineers may express publicly technical opinions that are founded upon knowledge of the facts and competence in the subject matter.
   c. Engineers shall issue no statements, criticisms, or arguments on technical matters that are inspired or paid for by interested parties, unless they have prefaced their comments by explicitly identifying the interested parties on whose behalf they are speaking, and by revealing the existence of any interest the engineers may have in the matters.
4. **Engineers shall act for each employer or client as faithful agents or trustees.**
   a. Engineers shall disclose all known or potential conflicts of interest that could influence or appear to influence their judgment or the quality of their services.
   b. Engineers shall not accept compensation, financial or otherwise, from more than one party for services on the same project, or for services pertaining to the same project, unless the circumstances are fully disclosed and agreed to by all interested parties.
   c. Engineers shall not solicit or accept financial or other valuable consideration, directly or indirectly, from outside agents in connection with the work for which they are responsible.
   d. Engineers in public service as members, advisors, or employees of a governmental or quasi-governmental body or department shall not participate in decisions with respect to services solicited or provided by them or their organizations in private or public engineering practice.
   e. Engineers shall not solicit or accept a contract from a governmental body on which a principal or officer of their organization serves as a member.
5. **Engineers shall avoid deceptive acts.**
   a. Engineers shall not falsify their qualifications or permit misrepresentation of their or their associates' qualifications. They shall not misrepresent or exaggerate their responsibility in or for the subject matter of prior assignments. Brochures or other presentations incident to the solicitation of employment shall not misrepresent pertinent facts concerning employers, employees, associates, joint venturers, or past accomplishments.
   b. Engineers shall not offer, give, solicit, or receive, either directly or indirectly, any contribution to influence the award of a contract by public authority, or which may be reasonably construed by the public as having the effect or intent of influencing the awarding of a contract. They shall not offer any gift or other valuable consideration in order to secure work. They shall not pay a commission, percentage, or brokerage fee in order to secure work, except to a bona fide employee or bona fide established commercial or marketing agencies retained by them.

III. Professional Obligations

1. **Engineers shall be guided in all their relations by the highest standards of honesty and integrity.**
   a. Engineers shall acknowledge their errors and shall not distort or alter the facts.
   b. Engineers shall advise their clients or employers when they believe a project will not be successful.
   c. Engineers shall not accept outside employment to the detriment of their regular work or interest. Before accepting any outside engineering employment, they will notify their employers.
   d. Engineers shall not attempt to attract an engineer from another employer by false or misleading pretenses.
   e. Engineers shall not promote their own interest at the expense of the dignity and integrity of the profession.
   f. Engineers shall treat all persons with dignity, respect, fairness, and without discrimination.
2. **Engineers shall at all times strive to serve the public interest.**
   a. Engineers are encouraged to participate in civic affairs; career guidance for youths; and work for the advancement of the safety, health, and well-being of their community.
   b. Engineers shall not complete, sign, or seal plans and/or specifications that are not in conformity with applicable engineering standards. If the client or employer insists on such unprofessional conduct, they shall notify the proper authorities and withdraw from further service on the project.
   c. Engineers are encouraged to extend public knowledge and appreciation of engineering and its achievements.
   d. Engineers are encouraged to adhere to the principles of sustainable development[1] in order to protect the environment for future generations.
   e. Engineers shall continue their professional development throughout their careers and should keep current in their specialty fields by engaging in professional practice, participating in continuing education courses, reading in the technical literature, and attending professional meetings and seminar.

1420 KING STREET, ALEXANDRIA, VIRGINIA 22314-2794 • 888-285-NSPE (6773) • LEGAL@NSPE.ORG • WWW.NSPE.ORG • PUBLICATION DATE AS REVISED JULY 2019 • PUBLICATION #1102

3. **Engineers shall avoid all conduct or practice that deceives the public.**
   a. Engineers shall avoid the use of statements containing a material misrepresentation of fact or omitting a material fact.
   b. Consistent with the foregoing, engineers may advertise for recruitment of personnel.
   c. Consistent with the foregoing, engineers may prepare articles for the lay or technical press, but such articles shall not imply credit to the author for work performed by others.
4. **Engineers shall not disclose, without consent, confidential information concerning the business affairs or technical processes of any present or former client or employer, or public body on which they serve.**
   a. Engineers shall not, without the consent of all interested parties, promote or arrange for new employment or practice in connection with a specific project for which the engineer has gained particular and specialized knowledge.
   b. Engineers shall not, without the consent of all interested parties, participate in or represent an adversary interest in connection with a specific project or proceeding in which the engineer has gained particular specialized knowledge on behalf of a former client or employer.
5. **Engineers shall not be influenced in their professional duties by conflicting interests.**
   a. Engineers shall not accept financial or other considerations, including free engineering designs, from material or equipment suppliers for specifying their product.
   b. Engineers shall not accept commissions or allowances, directly or indirectly, from contractors or other parties dealing with clients or employers of the engineer in connection with work for which the engineer is responsible.
6. **Engineers shall not attempt to obtain employment or advancement or professional engagements by untruthfully criticizing other engineers, or by other improper or questionable methods.**
   a. Engineers shall not request, propose, or accept a commission on a contingent basis under circumstances in which their judgment may be compromised.
   b. Engineers in salaried positions shall accept part-time engineering work only to the extent consistent with policies of the employer and in accordance with ethical considerations.
   c. Engineers shall not, without consent, use equipment, supplies, laboratory, or office facilities of an employer to carry on outside private practice.
7. **Engineers shall not attempt to injure, maliciously or falsely, directly or indirectly, the professional reputation, prospects, practice, or employment of other engineers. Engineers who believe others are guilty of unethical or illegal practice shall present such information to the proper authority for action.**
   a. Engineers in private practice shall not review the work of another engineer for the same client, except with the knowledge of such engineer, or unless the connection of such engineer with the work has been terminated.
   b. Engineers in governmental, industrial, or educational employ are entitled to review and evaluate the work of other engineers when so required by their employment duties.
   c. Engineers in sales or industrial employ are entitled to make engineering comparisons of represented products with products of other suppliers.
8. **Engineers shall accept personal responsibility for their professional activities, provided, however, that engineers may seek indemnification for services arising out of their practice for other than gross negligence, where the engineer's interests cannot otherwise be protected.**
   a. Engineers shall conform with state registration laws in the practice of engineering.
   b. Engineers shall not use association with a nonengineer, a corporation, or partnership as a "cloak" for unethical acts.
9. **Engineers shall give credit for engineering work to those to whom credit is due, and will recognize the proprietary interests of others.**
   a. Engineers shall, whenever possible, name the person or persons who may be individually responsible for designs, inventions, writings, or other accomplishments.
   b. Engineers using designs supplied by a client recognize that the designs remain the property of the client and may not be duplicated by the engineer for others without express permission.
   c. Engineers, before undertaking work for others in connection with which the engineer may make improvements, plans, designs, inventions, or other records that may justify copyrights or patents, should enter into a positive agreement regarding ownership.
   d. Engineers' designs, data, records, and notes referring exclusively to an employer's work are the employer's property. The employer should indemnify the engineer for use of the information for any purpose other than the original purpose.

Footnote 1 "Sustainable development" is the challenge of meeting human needs for natural resources, industrial products, energy, food, transportation, shelter, and effective waste management while conserving and protecting environmental quality and the natural resource base essential for future development.

"By order of the United States District Court for the District of Columbia, former Section 11(c) of the NSPE Code of Ethics prohibiting competitive bidding, and all policy statements, opinions, rulings or other guidelines interpreting its scope, have been rescinded as unlawfully interfering with the legal right of engineers, protected under the antitrust laws, to provide price information to prospective clients; accordingly, nothing contained in the NSPE Code of Ethics, policy statements, opinions, rulings or other guidelines prohibits the submission of price quotations or competitive bids for engineering services at any time or in any amount."

Statement by NSPE Executive Committee

In order to correct misunderstandings which have been indicated in some instances since the issuance of the Supreme Court decision and the entry of the Final Judgment, it is noted that in its decision of April 25, 1978, the Supreme Court of the United States declared: "The Sherman Act does not require competitive bidding."

It is further noted that as made clear in the Supreme Court decision:

1. Engineers and firms may individually refuse to bid for engineering services.
2. Clients are not required to seek bids for engineering services.
3. Federal, state, and local laws governing procedures to procure engineering services are not affected, and remain in full force and effect.
4. State societies and local chapters are free to actively and aggressively seek legislation for professional selection and negotiation procedures by public agencies.
5. State registration board rules of professional conduct, including rules prohibiting competitive bidding for engineering services, are not affected and remain in full force and effect. State registration boards with authority to adopt rules of professional conduct may adopt rules governing procedures to obtain engineering services.
6. As noted by the Supreme Court, "nothing in the judgment prevents NSPE and its members from attempting to influence governmental action . . ."

Note: In regard to the question of application of the Code to corporations vis-a-vis real persons, business form or type should not negate nor influence conformance of individuals to the Code. The Code deals with professional services, which services must be performed by real persons. Real persons in turn establish and implement policies within business structures. The Code is clearly written to apply to the Engineer, and it is incumbent on members of NSPE to endeavor to live up to its provisions. This applies to all pertinent sections of the Code.

1420 KING STREET, ALEXANDRIA, VIRGINIA 22314-2794 • 888-285-NSPE (6773) • LEGAL@NSPE.ORG • WWW.NSPE.ORG • PUBLICATION DATE AS REVISED JULY 2019 • PUBLICATION #1102

부록 D

용어해설

D.1 Important Concepts and Guidelines ● ● ●

Title

The following elements of engineering economy are identified throughout the text in the margin by this checkmark and a title below it. The numbers in parentheses indicate chapters where the concept or guideline is introduced or essential to obtaining a correct solution.

Time Value of Money It is a fact that money *makes* money. This concept explains the change in the amount of money *over time* for both owned and borrowed funds. (1)

Economic Equivalence A combination of time value of money and interest rate that makes different sums of money at different times have *equal economic value*. (1)

Cash Flow The flow of money into and out of a company, project, or activity. *Revenues are cash inflows* and carry a positive (+) sign; *expenses are outflows* and carry a negative (−) sign. If only costs are involved, the − sign may be omitted, for example, benefit/cost (B/C) analysis. (1, 9)

End-of-Period Convention To simplify calculations, cash flows (revenues and costs) are assumed to occur at the *end of a time period*. An interest period or fiscal period is commonly 1 *year*. A half-year (midyear) convention is often used in depreciation calculations. (1, 16)

Cost of Capital The interest rate incurred to obtain capital investment funds. The cost of capital is usually a *weighted average* that involves the cost of debt capital (loans, bonds, and mortgages) and equity capital (stocks and retained earnings). This cost is called the *weighted average cost of capital* or WACC. (1, 10)

Minimum Attractive Rate of Return (MARR) A reasonable rate of return established for the evaluation of an economic alternative. Also called the *hurdle rate,* MARR is based on the cost of capital, market trend, risk, etc. The inequality ROR ≥ MARR > WACC is correct for an economically viable project. (1, 10)

Opportunity Cost A forgone opportunity caused by the inability to pursue a project. Numerically, it is the *largest rate of return* of all the projects not funded due to the lack of capital funds. Stated differently, it is the ROR of the first project rejected because of unavailability of funds. (1, 10)

Nominal or Effective Interest Rate (r or i) A nominal interest rate *does not include any compounding;* for example, 1% per month is the same as nominal 12% per year. Effective interest rate is the actual rate over a period of time because *compounding is imputed;* for example, 1% per month, compounded monthly, is an effective 12.683% per year. Inflation or deflation is not considered. (4)

Placement of Present Worth (P; PW) In applying the $(P/A,i\%,n)$ factor, P or PW is always located *one interest period (year) prior to the first A amount*. The A or AW is a series of equal, end-of-period cash flows for n consecutive periods, expressed as money per time (say, \$/year; €/year). (2, 3)

Placement of Future Worth (F; FW) In applying the $(F/A,i\%,n)$ factor, F or FW is always located at the *end of the last interest period (year) of the A series*. (2, 3)

Placement of Arithmetic or Geometric Gradient Present Worth (P_G; P_g) The $(P/G,i\%,n)$ factor for an *arithmetic gradient* finds the P_G of only the gradient series *2 years prior* to the first appearance of the constant gradient G. The base amount A is treated separately from the gradient series.

The $(P/A,g,i,n)$ factor for a *geometric gradient* determines P_g for the gradient and initial amount A_1 *two years prior* to the appearance of the first gradient amount. The initial amount A_1 *is* included in the value of P_g. (2, 3)

Equal-Service Requirement Identical capacity of all alternatives operating over the *same amount of time* is mandated by the equal-service requirement. Estimated costs and revenues for equal service must be evaluated. PW analysis requires evaluation over the same number of years (periods) using the LCM (least common multiple) of lives or over a stated study period. AW analysis is performed over one life cycle. Further, equal service assumes that all costs and revenues rise and fall in accordance with the overall rate of inflation or deflation over the total time period of the evaluation. (5, 6, 8)

LCM or Study Period To select from mutually exclusive alternatives under the equal-service requirement for PW computations, the *LCM of lives with repurchase(s)* as necessary defines the study period. For a stated study period (planning horizon), evaluate cash flows *only over this period*, neglecting any beyond this time; estimated market values at termination of the study period are the salvage values. (5, 6, 11)

Salvage/Market Value Expected trade-in, market, or scrap value at the *end of the estimated life* or the *study period*. In a replacement study, the defender's estimated market value at the end of a year is considered its "first cost" at the beginning of the next year. MACRS depreciation always reduces the book value to a salvage of zero. (5, 6, 11, 16)

Do Nothing The DN alternative is always an option, unless one of the defined alternatives *must* be selected. DN is status quo; it generates *no new costs, revenues, or savings*. (5)

Revenue or Cost Alternative Revenue alternatives have *costs and revenues* estimated; savings are considered negative costs and carry a + sign. Incremental evaluation requires comparison with DN for revenue alternatives. Cost alternatives have *only costs* estimated; revenues and savings are assumed equal between alternatives. Incremental evaluation of cost alternatives does not require comparison with the DN alternative. (5, 8)

Rate of Return An interest rate that equates a PW or AW relation to *zero*. Also defined as the rate on the unpaid balance of borrowed money, or rate earned on the unrecovered balance of an investment such that the *last cash flow brings the balance exactly to zero*. (7, 8)

Project Evaluation *For a specified* MARR, determine a measure of worth for the net cash flow series over the life or study period. Guidelines for a *single project* to be economically justified at the MARR (or discount rate) are as follows. (5, 6, 7, 9, 17)

Present worth: If PW ≥ 0 **Annual worth:** If AW ≥ 0

Future worth: If FW ≥ 0 **Rate of return:** If $i^* \geq$ MARR

Benefit/cost: If B/C ≥ 1.0 **Profitability index:** If PI ≥ 1.0

ME Alternative Selection For mutually exclusive (select only one) alternatives, compare *two alternatives* at a time by determining a measure of worth for the incremental (Δ) cash flow series over the life or study period, adhering to the equal-service requirement. (5, 6, 8, 9, 10, 17)

Present worth or annual worth: Find PW or AW values at MARR; *select numerically largest* (least negative or most positive).

Rate of return: Order by *initial cost,* perform pairwise Δi^* comparison; if $\Delta i^* \geq$ MARR, select *larger first cost* alternative; continue until only one remains.

Benefit/cost: Order by *total equivalent cost,* perform pairwise $\Delta B/C$ comparison; if $\Delta B/C \geq 1.0$, select *larger cost* alternative; continue until only one remains.

Cost-effectiveness ratio: For service sector alternatives; order by *effectiveness measure;* perform pairwise $\Delta C/E$ comparison using *dominance;* select from nondominated alternatives without exceeding budget.

Independent Project Selection No comparison between projects is necessary; only against DN. Calculate a measure of worth and select using the guidelines below. (5, 6, 8, 9, 12)

Present worth or annual worth: Find PW or AW at MARR; select all projects with PW or AW ≥ 0.

Rate of return: No incremental comparison; select all projects with overall $i^* \geq$ MARR.

Benefit/cost: No incremental comparison; select all projects with overall $B/C \geq 1.0$.

Cost-effectiveness ratio: For service sector projects; no incremental comparison; order by CER and select projects to not exceed budget.

When a capital budget limit is defined, independent projects are selected using the *capital budgeting process* based on PW values. The Solver spreadsheet tool is useful here.

Capital Recovery CR is the equivalent annual amount an asset or system must earn to *recover the initial investment plus a stated rate of return.* Numerically, it is the AW value of the initial investment at a stated rate of return. The salvage value is considered in CR calculations. (6, 11)

Economic Service Life The ESL is the number of years *n* at which the *total AW of costs,* including salvage and AOC, is at its *minimum,* considering all the years the asset may provide service. (11)

Sunk Cost Capital (money) that is lost and cannot be recovered. Sunk costs are not included when making decisions about the future. They should be handled using tax laws and write-off allowances, not the economic study. (11)

Inflation and Purchasing Power Expressed as a percentage per time (% per year), it is an *increase* in the amount of money required to purchase the *same amount* of goods or services *over time*. Inflation occurs when the value of a currency decreases. Economic evaluations are performed using either a market (inflation-adjusted) interest rate or an inflation-free rate (constant-value terms). Purchasing power (buying power) is the *decrease* in the amount of goods and services that the same amount of money will buy over time. As inflation increases, purchasing power decreases. (1, 14)

Breakeven For a single project, the value of a parameter that makes *two elements equal,* for example, sales necessary to equate revenues and costs. For two alternatives, breakeven is the value of a common variable at which the two are equally acceptable. Breakeven analysis is fundamental to make-buy decisions, replacement studies, payback analysis, sensitivity analysis, breakeven ROR analysis, and many others. The Goal Seek spreadsheet tool is useful in breakeven analysis. (8, 13)

Payback Period Amount of time *n* before *recovery of the initial capital investment* is expected. Payback with $i > 0$ or simple payback at $i = 0$ is useful for preliminary or screening analysis to determine if a full PW, AW, or ROR analysis is needed. (13)

Direct/Indirect Costs Direct costs are primarily human labor, machines, and materials associated with a product, process, system, or service. Indirect costs, which include support functions, utilities, management, legal, taxes, and similar expenses, are more difficult to associate with a specific product or process. (15)

Value Added Activities that have added worth to a product or service from the perspective of a consumer, owner, or investor who is willing to pay more for an enhanced value. (17)

Sensitivity Analysis Determination of how a measure of worth is affected by changes in estimated values of a parameter over a stated range. Parameters may be any cost factor, revenue, life, salvage value, inflation rate, etc. (18)

Risk Variation from an expected, desirable, or predicted value that may be detrimental to the product, process, or system. Risk represents an *absence of or deviation from certainty*. Probability estimates of variation (values) help evaluate risk using sampling, statistics and simulation. Spreadsheet-based simulation using Monte Carlo sampling is very helpful in evaluating risk. (10, 18, 19)

Decision Tree Constructed in the shape of a tree with branches that represent alternatives; each branch has a probability associated with it. Each final branch has an outcome with an estimated economic value. The tree is solved using a staged evaluation technique called the *rollback* process involving the outcome value and probabilities at each branch. The route through the branches with the best measure of worth, for example, PW, AW, B/C, determines the selected solution path. (18)

Real Options Analysis An analysis that evaluates the economic consequences of *delaying the funding of a decision* until later by purchasing an option now. Future costs must be estimated now, and risk is an important part of the analysis. The evaluation can usually be performed using a decision tree. (19)

D.2 Symbols and Terms

This section identifies and defines the common terms and their symbols used throughout the text. The numbers in parentheses indicate sections where the term is introduced and used in various applications.

Term	Symbol	Description
Annual amount or worth	A or AW	Equivalent uniform annual worth of all cash inflows and outflows over the estimated life (1.5, 6.1).
Annual operating cost	AOC	Estimated annual costs to maintain and support an alternative (1.3).
Benefit/cost ratio	B/C	Ratio of a project's benefits to costs expressed in PW, AW, or FW terms (9.2).
Book value	BV	Remaining capital investment in an asset after depreciation is accounted for (16.1).
Breakeven point	Q_{BE}	Quantity at which revenues and costs are equal, or two alternatives are equivalent (13.1).
Capital budget	b	Amount of money available for capital investment projects (12.1).
Capital recovery	CR or A	Equivalent annual cost of owning an asset plus the required return on the initial investment (6.2).
Capitalized cost	CC or P	Present worth of an alternative that will last forever (or a long time) (5.5).
Cash flow	CF	Actual cash amounts that are receipts (inflow) and disbursements (outflow) (1.6).
Cash flow before or after taxes	CFBT or CFAT	Cash flow amount before relevant taxes or after taxes are applied (17.2).
Compounding frequency	m	Number of times interest is compounded per period (year) (4.1).
Cost-effectiveness ratio	CER	Ratio of equivalent cost to effectiveness measure to evaluate service sector projects (9.5).
Cost estimating relationships	C_2 or C_T	Relations that use design variables and changing costs over time to estimate current and future costs (15.3–4).
Cost of capital	WACC	Interest rate paid for the use of capital funds; includes both debt and equity funds. When debt and equity funds are involved, it is the weighted average cost of capital (1.9, 10.2).

Term	Symbol	Description
Debt-equity mix	D-E	Percentages of debt and equity investment capital used by a corporation (10.2).
Depreciation	D	Reduction in the value of assets using specific models and rules; there are book and tax depreciation methods (16.1).
Depreciation rate	d_t	Annual rate for reducing the value of assets using different depreciation methods (16.1).
Discount rate	i	Interest rate used to evaluate public sector projects (9.1, 9.2).
Economic service life	ESL or n	Number of years at which the AW of costs is a minimum (11.2).
Effectiveness measure	E	A nonmonetary measure used in the cost-effectiveness ratio for service sector projects (9.5).
Expected value (average)	$\bar{X}$, μ, or $E(X)$	Long-run expected average if a random variable is sampled many times (18.3, 19.4).
Expenses, operating	OE	All corporate costs incurred in transacting business (17.1).
External rate of return	EROR	Unique ROR value determined using additional information when multiple IROR values are present for a cash flow series (7.5).
First cost	P	Total initial cost—purchase, construction, setup, etc. (1.2, 16.1, various chapters)
Future amount or worth	F or FW	Amount at some future date considering time value of money (1.5, 5.4).
Gradient, arithmetic	G	Uniform change (+ or −) in cash flow each time period (2.5).
Gradient, geometric	g	Constant rate of change (+ or −) each time period (2.6).
Gross income	GI	Income from all sources for corporations or individuals (17.1).
Inflation rate	f	Rate that reflects changes in the value of a currency over time. As the inflation rate rises, the purchasing power of money decreases over time (14.1).
Interest	I	Amount earned or paid over time based on an initial amount and interest rate (1.4).
Interest rate	i or r	Interest expressed as a percentage of the original amount per time period; nominal (r) and effective (i) rates (1.4, 4.1).
Interest rate, inflation-adjusted	i_f	Interest rate adjusted to take inflation into account (14.1).
Internal rate of return	IROR	ROR value based on the cash flows themselves. Mathematically, there may be more than one IROR (7.2).
Life (estimated)	n	Number of years or periods over which an alternative or asset will be used; commonly, the evaluation time (1.5).
Life-cycle cost	LCC	Evaluation of costs for a system over all stages: from feasibility to design to phase-out (6.5).
Measure of worth	Varies	Value, such as PW, AW, i^*, used to judge economic viability (1.1, various chapters).
Minimum attractive rate of return	MARR	Minimum value of the rate of return for an alternative to be financially viable (1.9, 10.1).
Modified ROR	i' or MIRR	Unique ROR when the investment rate i_i and external borrowing rate i_b are applied to multiple-rate cash flows (7.5).
Net cash flow	NCF	Resulting actual amount of cash that flows in or out during a time period (1.6).
Net operating income	NOI	Difference between gross income and operating expenses (17.1).

Term	Symbol	Description
Net operating profit after taxes	NOPAT	Amount remaining after taxes are removed from taxable income (17.1).
Net present value	NPV	Another name for the present worth, PW.
Payback period	n_p	Number of years to recover the initial investment and a stated rate of return (13.3).
Present amount or worth	*P* or PW	Amount of money at the current time or a time denoted as *present* (1.5, 5.2).
Probability distribution	*P*(*X*)	Distribution of probability over different values of a variable (19.2).
Profitability index	PI	Ratio of PW of net cash flows to initial investment used for revenue projects; rewritten modified *B*/*C* ratio (9.2, 12.5).
Random variable	*X*	Parameter or characteristic that can take on any one of several values; discrete and continuous (19.2).
Rate of return	*i** or ROR	Compound interest rate on unpaid or unrecovered balances such that the final amount results in a zero balance. Also called IROR (7.1).
Recovery period	*n*	Number of years to completely depreciate an asset (16.1).
Return on invested capital	*i″* or ROIC	Unique ROR when the investment rate i_i is applied to multiple-rate cash flows (7.5).
Salvage/market value	*S* or MV	Expected trade-in or market value when an asset is traded or disposed of (6.2, 11.1, 16.1).
Standard deviation	*s* or σ	Measure of dispersion or spread about the expected value or average (19.4).
Study period	*n*	Specified number of years over which an evaluation takes place (5.3, 11.5).
Taxable income	TI	Amount upon which corporate and individual income taxes are based (17.1).
Tax rate	*T*	Decimal rate, flat or graduated, used to calculate corporate or individual taxes (17.1).
Tax rate, effective	T_e	Single-figure tax rate incorporating several rates and bases (17.1).
Time	*t*	Indicator for a time period (1.7).
Unadjusted basis	*B*	Depreciable amount of first cost, delivery, and installation costs of an asset (18.1).
Value added	EVA	Economic value added reflects net operating profit after taxes (NOPAT) after removing cost of invested capital during the year (17.7).
Value-added tax	VAT	An indirect consumption tax collected at each stage of the production/distribution process; different from a sales tax paid by end user at purchase time (17.9).
Weighted average cost of capital	WACC	Average cost of capital taking into account the fraction of debt and equity funding and the cost of each type of capital (1.9, 10.2).

참고문헌

Textbooks on Engineering Economy and Related Topics ● ● ●

Blank, L. T., and A. Tarquin: *Basics of Engineering Economy,* 3rd ed., McGraw Hill, New York, 2021.

Eschenbach, T. G.: *Engineering Economy: Applying Theory to Practice,* 3rd ed., Oxford University Press, New York, 2010.

Eschenbach, T. G., N. A. Lewis, J. C. Hartman, and L. E. Bussey: *The Economic Analysis of Industrial Projects,* 3rd ed., Oxford University Press, New York, 2016.

Fraser, N. M., E. M. Jewkes, and M. Pirnia: *Engineering Economics: Financial Decision Making for Engineers,* 6th ed., Pearson Education Canada, North York, ON, 2017.

Hartman, J. C.: *Engineering Economy and the Decision-Making Process,* Pearson Prentice Hall, Upper Saddle River, NJ, 2007.

Newnan, D. G., T. G. Eschenbach, J. P. Lavelle, and N. Lewis: *Engineering Economic Analysis,* 14th ed., Oxford University Press, New York, 2020.

Ostwald, P. F., and T. S. McLaren: *Cost Analysis and Estimating for Engineering and Management,* Pearson Prentice Hall, Upper Saddle River, NJ, 2004.

Park, C. S.: *Contemporary Engineering Economics,* 6th global edition, Pearson, Upper Saddle River, NJ, 2016.

Park, C. S.: *Fundamentals of Engineering Economics,* 4th ed., Pearson, Upper Saddle River, NJ, 2019.

Peurifoy, R. L., and G. D. Oberlender: *Estimating Construction Costs,* 6th ed., McGraw Hill, New York, 2014.

Sullivan, W. G., E. M. Wicks, and C. P. Koelling: *Engineering Economy,* 17th ed., Pearson, Upper Saddle River, NJ, 2019.

Thuesen, G. J., and W. J. Fabrycky: *Engineering Economy,* 9th ed., Pearson Prentice Hall, Upper Saddle River, NJ, 2001.

White, J. A., K. E. Case, and D. B. Pratt: *Principles of Engineering Economic Analysis,* 6th ed., John Wiley & Sons, New York, 2012.

White, J. A., K. S. Grasman, K. E. Case, K. L. Needy, and D. B. Pratt: *Fundamentals of Engineering Economic Analysis,* 2nd ed., John Wiley and Sons, New York, 2021.

Materials on Engineering Ethics ● ● ●

Fleddermann, C. B.: *Engineering Ethics,* 4th ed., Pearson, Upper Saddle River, NJ, 2011.

Harris, C. E., M. S. Pritchard, R. James, E. Englehardt, and M. J. Rabins: *Engineering Ethics: Concepts and Cases,* 6th ed., Cengage Learning, Boston, MA, 2019.

Martin, M. W., and R. Schinzinger: *Introduction to Engineering Ethics*, 2nd ed., McGraw Hill, New York, 2010.

McGinn, R.: *The Ethical Engineer: Contemporary Concepts and Cases,* 1st ed., Wiley-Blackwell, Hoboken, NJ, 2018.

Selected Websites (Accessed April 2022) ● ● ●

Construction cost index: www.enr.com

The Economist: www.economist.com

The Engineering Economist: www.tandfonline.com/journals/utee

Microsoft Excel: www.microsoft.com/en-us/microsoft-365/excel

Plant cost index: www.chemengonline.com/pci-home

U.S. Internal Revenue Service: www.irs.gov

U.S. Government Publications (Available at www.irs.gov) ● ● ●

Corporations, Publication 542, Internal Revenue Service, GPO, Washington, DC, annually.

Sales and Other Dispositions of Assets, Publication 544, Internal Revenue Service, GPO, Washington, DC, annually.

Your Federal Income Tax, Publication 17, Internal Revenue Service, GPO, Washington, DC, annually.

0.25%	TABLE 1 Discrete Cash Flow: Compound Interest Factors							0.25%
	Single Payments		Uniform Series Payments				Arithmetic Gradients	
n	Compound Amount F/P	Present Worth P/F	Sinking Fund A/F	Compound Amount F/A	Capital Recovery A/P	Present Worth P/A	Gradient Present Worth P/G	Gradient Uniform Series A/G
1	1.0025	0.9975	1.00000	1.0000	1.00250	0.9975		
2	1.0050	0.9950	0.49938	2.0025	0.50188	1.9925	0.9950	0.4994
3	1.0075	0.9925	0.33250	3.0075	0.33500	2.9851	2.9801	0.9983
4	1.0100	0.9901	0.24906	4.0150	0.25156	3.9751	5.9503	1.4969
5	1.0126	0.9876	0.19900	5.0251	0.20150	4.9627	9.9007	1.9950
6	1.0151	0.9851	0.16563	6.0376	0.16813	5.9478	14.8263	2.4927
7	1.0176	0.9827	0.14179	7.0527	0.14429	6.9305	20.7223	2.9900
8	1.0202	0.9802	0.12391	8.0704	0.12641	7.9107	27.5839	3.4869
9	1.0227	0.9778	0.11000	9.0905	0.11250	8.8885	35.4061	3.9834
10	1.0253	0.9753	0.09888	10.1133	0.10138	9.8639	44.1842	4.4794
11	1.0278	0.9729	0.08978	11.1385	0.09228	10.8368	53.9133	4.9750
12	1.0304	0.9705	0.08219	12.1664	0.08469	11.8073	64.5886	5.4702
13	1.0330	0.9681	0.07578	13.1968	0.07828	12.7753	76.2053	5.9650
14	1.0356	0.9656	0.07028	14.2298	0.07278	13.7410	88.7587	6.4594
15	1.0382	0.9632	0.06551	15.2654	0.06801	14.7042	102.2441	6.9534
16	1.0408	0.9608	0.06134	16.3035	0.06384	15.6650	116.6567	7.4469
17	1.0434	0.9584	0.05766	17.3443	0.06016	16.6235	131.9917	7.9401
18	1.0460	0.9561	0.05438	18.3876	0.05688	17.5795	148.2446	8.4328
19	1.0486	0.9537	0.05146	19.4336	0.05396	18.5332	165.4106	8.9251
20	1.0512	0.9513	0.04882	20.4822	0.05132	19.4845	183.4851	9.4170
21	1.0538	0.9489	0.04644	21.5334	0.04894	20.4334	202.4634	9.9085
22	1.0565	0.9466	0.04427	22.5872	0.04677	21.3800	222.3410	10.3995
23	1.0591	0.9442	0.04229	23.6437	0.04479	22.3241	243.1131	10.8901
24	1.0618	0.9418	0.04048	24.7028	0.04298	23.2660	264.7753	11.3804
25	1.0644	0.9395	0.03881	25.7646	0.04131	24.2055	287.3230	11.8702
26	1.0671	0.9371	0.03727	26.8290	0.03977	25.1426	310.7516	12.3596
27	1.0697	0.9348	0.03585	27.8961	0.03835	26.0774	335.0566	12.8485
28	1.0724	0.9325	0.03452	28.9658	0.03702	27.0099	360.2334	13.3371
29	1.0751	0.9301	0.03329	30.0382	0.03579	27.9400	386.2776	13.8252
30	1.0778	0.9278	0.03214	31.1133	0.03464	28.8679	413.1847	14.3130
36	1.0941	0.9140	0.02658	37.6206	0.02908	34.3865	592.4988	17.2306
40	1.1050	0.9050	0.02380	42.0132	0.02630	38.0199	728.7399	19.1673
48	1.1273	0.8871	0.01963	50.9312	0.02213	45.1787	1040.06	23.0209
50	1.1330	0.8826	0.01880	53.1887	0.02130	46.9462	1125.78	23.9802
52	1.1386	0.8782	0.01803	55.4575	0.02053	48.7048	1214.59	24.9377
55	1.1472	0.8717	0.01698	58.8819	0.01948	51.3264	1353.53	26.3710
60	1.1616	0.8609	0.01547	64.6467	0.01797	55.6524	1600.08	28.7514
72	1.1969	0.8355	0.01269	78.7794	0.01519	65.8169	2265.56	34.4221
75	1.2059	0.8292	0.01214	82.3792	0.01464	68.3108	2447.61	35.8305
84	1.2334	0.8108	0.01071	93.3419	0.01321	75.6813	3029.76	40.0331
90	1.2520	0.7987	0.00992	100.7885	0.01242	80.5038	3446.87	42.8162
96	1.2709	0.7869	0.00923	108.3474	0.01173	85.2546	3886.28	45.5844
100	1.2836	0.7790	0.00881	113.4500	0.01131	88.3825	4191.24	47.4216
108	1.3095	0.7636	0.00808	123.8093	0.01058	94.5453	4829.01	51.0762
120	1.3494	0.7411	0.00716	139.7414	0.00966	103.5618	5852.11	56.5084
132	1.3904	0.7192	0.00640	156.1582	0.00890	112.3121	6950.01	61.8813
144	1.4327	0.6980	0.00578	173.0743	0.00828	120.8041	8117.41	67.1949
240	1.8208	0.5492	0.00305	328.3020	0.00555	180.3109	19,399	107.5863
360	2.4568	0.4070	0.00172	582.7369	0.00422	237.1894	36,264	152.8902
480	3.3151	0.3016	0.00108	926.0595	0.00358	279.3418	53,821	192.6699

0.5%	TABLE 2 Discrete Cash Flow: Compound Interest Factors							0.5%
	Single Payments		Uniform Series Payments				Arithmetic Gradients	
n	Compound Amount F/P	Present Worth P/F	Sinking Fund A/F	Compound Amount F/A	Capital Recovery A/P	Present Worth P/A	Gradient Present Worth P/G	Gradient Uniform Series A/G
1	1.0050	0.9950	1.00000	1.0000	1.00500	0.9950		
2	1.0100	0.9901	0.49875	2.0050	0.50375	1.9851	0.9901	0.4988
3	1.0151	0.9851	0.33167	3.0150	0.33667	2.9702	2.9604	0.9967
4	1.0202	0.9802	0.24813	4.0301	0.25313	3.9505	5.9011	1.4938
5	1.0253	0.9754	0.19801	5.0503	0.20301	4.9259	9.8026	1.9900
6	1.0304	0.9705	0.16460	6.0755	0.16960	5.8964	14.6552	2.4855
7	1.0355	0.9657	0.14073	7.1059	0.14573	6.8621	20.4493	2.9801
8	1.0407	0.9609	0.12283	8.1414	0.12783	7.8230	27.1755	3.4738
9	1.0459	0.9561	0.10891	9.1821	0.11391	8.7791	34.8244	3.9668
10	1.0511	0.9513	0.09777	10.2280	0.10277	9.7304	43.3865	4.4589
11	1.0564	0.9466	0.08866	11.2792	0.09366	10.6770	52.8526	4.9501
12	1.0617	0.9419	0.08107	12.3356	0.08607	11.6189	63.2136	5.4406
13	1.0670	0.9372	0.07464	13.3972	0.07964	12.5562	74.4602	5.9302
14	1.0723	0.9326	0.06914	14.4642	0.07414	13.4887	86.5835	6.4190
15	1.0777	0.9279	0.06436	15.5365	0.06936	14.4166	99.5743	6.9069
16	1.0831	0.9233	0.06019	16.6142	0.06519	15.3399	113.4238	7.3940
17	1.0885	0.9187	0.05651	17.6973	0.06151	16.2586	128.1231	7.8803
18	1.0939	0.9141	0.05323	18.7858	0.05823	17.1728	143.6634	8.3658
19	1.0994	0.9096	0.05030	19.8797	0.05530	18.0824	160.0360	8.8504
20	1.1049	0.9051	0.04767	20.9791	0.05267	18.9874	177.2322	9.3342
21	1.1104	0.9006	0.04528	22.0840	0.05028	19.8880	195.2434	9.8172
22	1.1160	0.8961	0.04311	23.1944	0.04811	20.7841	214.0611	10.2993
23	1.1216	0.8916	0.04113	24.3104	0.04613	21.6757	233.6768	10.7806
24	1.1272	0.8872	0.03932	25.4320	0.04432	22.5629	254.0820	11.2611
25	1.1328	0.8828	0.03765	26.5591	0.04265	23.4456	275.2686	11.7407
26	1.1385	0.8784	0.03611	27.6919	0.04111	24.3240	297.2281	12.2195
27	1.1442	0.8740	0.03469	28.8304	0.03969	25.1980	319.9523	12.6975
28	1.1499	0.8697	0.03336	29.9745	0.03836	26.0677	343.4332	13.1747
29	1.1556	0.8653	0.03213	31.1244	0.03713	26.9330	367.6625	13.6510
30	1.1614	0.8610	0.03098	32.2800	0.03598	27.7941	392.6324	14.1265
36	1.1967	0.8356	0.02542	39.3361	0.03042	32.8710	557.5598	16.9621
40	1.2208	0.8191	0.02265	44.1588	0.02765	36.1722	681.3347	18.8359
48	1.2705	0.7871	0.01849	54.0978	0.02349	42.5803	959.9188	22.5437
50	1.2832	0.7793	0.01765	56.6452	0.02265	44.1428	1035.70	23.4624
52	1.2961	0.7716	0.01689	59.2180	0.02189	45.6897	1113.82	24.3778
55	1.3156	0.7601	0.01584	63.1258	0.02084	47.9814	1235.27	25.7447
60	1.3489	0.7414	0.01433	69.7700	0.01933	51.7256	1448.65	28.0064
72	1.4320	0.6983	0.01157	86.4089	0.01657	60.3395	2012.35	33.3504
75	1.4536	0.6879	0.01102	90.7265	0.01602	62.4136	2163.75	34.6679
84	1.5204	0.6577	0.00961	104.0739	0.01461	68.4530	2640.66	38.5763
90	1.5666	0.6383	0.00883	113.3109	0.01383	72.3313	2976.08	41.1451
96	1.6141	0.6195	0.00814	122.8285	0.01314	76.0952	3324.18	43.6845
100	1.6467	0.6073	0.00773	129.3337	0.01273	78.5426	3562.79	45.3613
108	1.7137	0.5835	0.00701	142.7399	0.01201	83.2934	4054.37	48.6758
120	1.8194	0.5496	0.00610	163.8793	0.01110	90.0735	4823.51	53.5508
132	1.9316	0.5177	0.00537	186.3226	0.01037	96.4596	5624.59	58.3103
144	2.0508	0.4876	0.00476	210.1502	0.00976	102.4747	6451.31	62.9551
240	3.3102	0.3021	0.00216	462.0409	0.00716	139.5808	13,416	96.1131
360	6.0226	0.1660	0.00100	1004.52	0.00600	166.7916	21,403	128.3236
480	10.9575	0.0913	0.00050	1991.49	0.00550	181.7476	27,588	151.7949

0.75% TABLE 3 Discrete Cash Flow: Compound Interest Factors 0.75%

	Single Payments		Uniform Series Payments				Arithmetic Gradients	
n	Compound Amount *F/P*	Present Worth *P/F*	Sinking Fund *A/F*	Compound Amount *F/A*	Capital Recovery *A/P*	Present Worth *P/A*	Gradient Present Worth *P/G*	Gradient Uniform Series *A/G*
1	1.0075	0.9926	1.00000	1.0000	1.00750	0.9926		
2	1.0151	0.9852	0.49813	2.0075	0.50563	1.9777	0.9852	0.4981
3	1.0227	0.9778	0.33085	3.0226	0.33835	2.9556	2.9408	0.9950
4	1.0303	0.9706	0.24721	4.0452	0.25471	3.9261	5.8525	1.4907
5	1.0381	0.9633	0.19702	5.0756	0.20452	4.8894	9.7058	1.9851
6	1.0459	0.9562	0.16357	6.1136	0.17107	5.8456	14.4866	2.4782
7	1.0537	0.9490	0.13967	7.1595	0.14717	6.7946	20.1808	2.9701
8	1.0616	0.9420	0.12176	8.2132	0.12926	7.7366	26.7747	3.4608
9	1.0696	0.9350	0.10782	9.2748	0.11532	8.6716	34.2544	3.9502
10	1.0776	0.9280	0.09667	10.3443	0.10417	9.5996	42.6064	4.4384
11	1.0857	0.9211	0.08755	11.4219	0.09505	10.5207	51.8174	4.9253
12	1.0938	0.9142	0.07995	12.5076	0.08745	11.4349	61.8740	5.4110
13	1.1020	0.9074	0.07352	13.6014	0.08102	12.3423	72.7632	5.8954
14	1.1103	0.9007	0.06801	14.7034	0.07551	13.2430	84.4720	6.3786
15	1.1186	0.8940	0.06324	15.8137	0.07074	14.1370	96.9876	6.8606
16	1.1270	0.8873	0.05906	16.9323	0.06656	15.0243	110.2973	7.3413
17	1.1354	0.8807	0.05537	18.0593	0.06287	15.9050	124.3887	7.8207
18	1.1440	0.8742	0.05210	19.1947	0.05960	16.7792	139.2494	8.2989
19	1.1525	0.8676	0.04917	20.3387	0.05667	17.6468	154.8671	8.7759
20	1.1612	0.8612	0.04653	21.4912	0.05403	18.5080	171.2297	9.2516
21	1.1699	0.8548	0.04415	22.6524	0.05165	19.3628	188.3253	9.7261
22	1.1787	0.8484	0.04198	23.8223	0.04948	20.2112	206.1420	10.1994
23	1.1875	0.8421	0.04000	25.0010	0.04750	21.0533	224.6682	10.6714
24	1.1964	0.8358	0.03818	26.1885	0.04568	21.8891	243.8923	11.1422
25	1.2054	0.8296	0.03652	27.3849	0.04402	22.7188	263.8029	11.6117
26	1.2144	0.8234	0.03498	28.5903	0.04248	23.5422	284.3888	12.0800
27	1.2235	0.8173	0.03355	29.8047	0.04105	24.3595	305.6387	12.5470
28	1.2327	0.8112	0.03223	31.0282	0.03973	25.1707	327.5416	13.0128
29	1.2420	0.8052	0.03100	32.2609	0.03850	25.9759	350.0867	13.4774
30	1.2513	0.7992	0.02985	33.5029	0.03735	26.7751	373.2631	13.9407
36	1.3086	0.7641	0.02430	41.1527	0.03180	31.4468	524.9924	16.6946
40	1.3483	0.7416	0.02153	46.4465	0.02903	34.4469	637.4693	18.5058
48	1.4314	0.6986	0.01739	57.5207	0.02489	40.1848	886.8404	22.0691
50	1.4530	0.6883	0.01656	60.3943	0.02406	41.5664	953.8486	22.9476
52	1.4748	0.6780	0.01580	63.3111	0.02330	42.9276	1022.59	23.8211
55	1.5083	0.6630	0.01476	67.7688	0.02226	44.9316	1128.79	25.1223
60	1.5657	0.6387	0.01326	75.4241	0.02076	48.1734	1313.52	27.2665
72	1.7126	0.5839	0.01053	95.0070	0.01803	55.4768	1791.25	32.2882
75	1.7514	0.5710	0.00998	100.1833	0.01748	57.2027	1917.22	33.5163
84	1.8732	0.5338	0.00859	116.4269	0.01609	62.1540	2308.13	37.1357
90	1.9591	0.5104	0.00782	127.8790	0.01532	65.2746	2578.00	39.4946
96	2.0489	0.4881	0.00715	139.8562	0.01465	68.2584	2853.94	41.8107
100	2.1111	0.4737	0.00675	148.1445	0.01425	70.1746	3040.75	43.3311
108	2.2411	0.4462	0.00604	165.4832	0.01354	73.8394	3419.90	46.3154
120	2.4514	0.4079	0.00517	193.5143	0.01267	78.9417	3998.56	50.6521
132	2.6813	0.3730	0.00446	224.1748	0.01196	83.6064	4583.57	54.8232
144	2.9328	0.3410	0.00388	257.7116	0.01138	87.8711	5169.58	58.8314
240	6.0092	0.1664	0.00150	667.8869	0.00900	111.1450	9494.12	85.4210
360	14.7306	0.0679	0.00055	1830.74	0.00805	124.2819	13,312	107.1145
480	36.1099	0.0277	0.00021	4681.32	0.00771	129.6409	15,513	119.6620

1%	TABLE 4 Discrete Cash Flow: Compound Interest Factors							1%
	Single Payments		Uniform Series Payments				Arithmetic Gradients	
n	Compound Amount F/P	Present Worth P/F	Sinking Fund A/F	Compound Amount F/A	Capital Recovery A/P	Present Worth P/A	Gradient Present Worth P/G	Gradient Uniform Series A/G
1	1.0100	0.9901	1.00000	1.0000	1.01000	0.9901		
2	1.0201	0.9803	0.49751	2.0100	0.50751	1.9704	0.9803	0.4975
3	1.0303	0.9706	0.33002	3.0301	0.34002	2.9410	2.9215	0.9934
4	1.0406	0.9610	0.24628	4.0604	0.25628	3.9020	5.8044	1.4876
5	1.0510	0.9515	0.19604	5.1010	0.20604	4.8534	9.6103	1.9801
6	1.0615	0.9420	0.16255	6.1520	0.17255	5.7955	14.3205	2.4710
7	1.0721	0.9327	0.13863	7.2135	0.14863	6.7282	19.9168	2.9602
8	1.0829	0.9235	0.12069	8.2857	0.13069	7.6517	26.3812	3.4478
9	1.0937	0.9143	0.10674	9.3685	0.11674	8.5660	33.6959	3.9337
10	1.1046	0.9053	0.09558	10.4622	0.10558	9.4713	41.8435	4.4179
11	1.1157	0.8963	0.08645	11.5668	0.09645	10.3676	50.8067	4.9005
12	1.1268	0.8874	0.07885	12.6825	0.08885	11.2551	60.5687	5.3815
13	1.1381	0.8787	0.07241	13.8093	0.08241	12.1337	71.1126	5.8607
14	1.1495	0.8700	0.06690	14.9474	0.07690	13.0037	82.4221	6.3384
15	1.1610	0.8613	0.06212	16.0969	0.07212	13.8651	94.4810	6.8143
16	1.1726	0.8528	0.05794	17.2579	0.06794	14.7179	107.2734	7.2886
17	1.1843	0.8444	0.05426	18.4304	0.06426	15.5623	120.7834	7.7613
18	1.1961	0.8360	0.05098	19.6147	0.06098	16.3983	134.9957	8.2323
19	1.2081	0.8277	0.04805	20.8109	0.05805	17.2260	149.8950	8.7017
20	1.2202	0.8195	0.04542	22.0190	0.05542	18.0456	165.4664	9.1694
21	1.2324	0.8114	0.04303	23.2392	0.05303	18.8570	181.6950	9.6354
22	1.2447	0.8034	0.04086	24.4716	0.05086	19.6604	198.5663	10.0998
23	1.2572	0.7954	0.03889	25.7163	0.04889	20.4558	216.0660	10.5626
24	1.2697	0.7876	0.03707	26.9735	0.04707	21.2434	234.1800	11.0237
25	1.2824	0.7798	0.03541	28.2432	0.04541	22.0232	252.8945	11.4831
26	1.2953	0.7720	0.03387	29.5256	0.04387	22.7952	272.1957	11.9409
27	1.3082	0.7644	0.03245	30.8209	0.04245	23.5596	292.0702	12.3971
28	1.3213	0.7568	0.03112	32.1291	0.04112	24.3164	312.5047	12.8516
29	1.3345	0.7493	0.02990	33.4504	0.03990	25.0658	333.4863	13.3044
30	1.3478	0.7419	0.02875	34.7849	0.03875	25.8077	355.0021	13.7557
36	1.4308	0.6989	0.02321	43.0769	0.03321	30.1075	494.6207	16.4285
40	1.4889	0.6717	0.02046	48.8864	0.03046	32.8347	596.8561	18.1776
48	1.6122	0.6203	0.01633	61.2226	0.02633	37.9740	820.1460	21.5976
50	1.6446	0.6080	0.01551	64.4632	0.02551	39.1961	879.4176	22.4363
52	1.6777	0.5961	0.01476	67.7689	0.02476	40.3942	939.9175	23.2686
55	1.7285	0.5785	0.01373	72.8525	0.02373	42.1472	1032.81	24.5049
60	1.8167	0.5504	0.01224	81.6697	0.02224	44.9550	1192.81	26.5333
72	2.0471	0.4885	0.00955	104.7099	0.01955	51.1504	1597.87	31.2386
75	2.1091	0.4741	0.00902	110.9128	0.01902	52.5871	1702.73	32.3793
84	2.3067	0.4335	0.00765	130.6723	0.01765	56.6485	2023.32	35.7170
90	2.4486	0.4084	0.00690	144.8633	0.01690	59.1609	2240.57	37.8724
96	2.5993	0.3847	0.00625	159.9273	0.01625	61.5277	2459.43	39.9727
100	2.7048	0.3697	0.00587	170.4814	0.01587	63.0289	2605.78	41.3426
108	2.9289	0.3414	0.00518	192.8926	0.01518	65.8578	2898.42	44.0103
120	3.3004	0.3030	0.00435	230.0387	0.01435	69.7005	3334.11	47.8349
132	3.7190	0.2689	0.00368	271.8959	0.01368	73.1108	3761.69	51.4520
144	4.1906	0.2386	0.00313	319.0616	0.01313	76.1372	4177.47	54.8676
240	10.8926	0.0918	0.00101	989.2554	0.01101	90.8194	6878.60	75.7393
360	35.9496	0.0278	0.00029	3494.96	0.01029	97.2183	8720.43	89.6995
480	118.6477	0.0084	0.00008	11,765	0.01008	99.1572	9511.16	95.9200

1.25% TABLE 5 Discrete Cash Flow: Compound Interest Factors 1.25%

	Single Payments		Uniform Series Payments				Arithmetic Gradients	
n	Compound Amount *F/P*	Present Worth *P/F*	Sinking Fund *A/F*	Compound Amount *F/A*	Capital Recovery *A/P*	Present Worth *P/A*	Gradient Present Worth *P/G*	Gradient Uniform Series *A/G*
1	1.0125	0.9877	1.00000	1.0000	1.01250	0.9877		
2	1.0252	0.9755	0.49680	2.0125	0.50939	1.9631	0.9755	0.4969
3	1.0380	0.9634	0.32920	3.0377	0.34170	2.9265	2.9023	0.9917
4	1.0509	0.9515	0.24536	4.0756	0.25786	3.8781	5.7569	1.4845
5	1.0641	0.9398	0.19506	5.1266	0.20756	4.8178	9.5160	1.9752
6	1.0774	0.9282	0.16153	6.1907	0.17403	5.7460	14.1569	2.4638
7	1.0909	0.9167	0.13759	7.2680	0.15009	6.6627	19.6571	2.9503
8	1.1045	0.9054	0.11963	8.3589	0.13213	7.5681	25.9949	3.4348
9	1.1183	0.8942	0.10567	9.4634	0.11817	8.4623	33.1487	3.9172
10	1.1323	0.8832	0.09450	10.5817	0.10700	9.3455	41.0973	4.3975
11	1.1464	0.8723	0.08537	11.7139	0.09787	10.2178	49.8201	4.8758
12	1.1608	0.8615	0.07776	12.8604	0.09026	11.0793	59.2967	5.3520
13	1.1753	0.8509	0.07132	14.0211	0.08382	11.9302	69.5072	5.8262
14	1.1900	0.8404	0.06581	15.1964	0.07831	12.7706	80.4320	6.2982
15	1.2048	0.8300	0.06103	16.3863	0.07353	13.6005	92.0519	6.7682
16	1.2199	0.8197	0.05685	17.5912	0.06935	14.4203	104.3481	7.2362
17	1.2351	0.8096	0.05316	18.8111	0.06566	15.2299	117.3021	7.7021
18	1.2506	0.7996	0.04988	20.0462	0.06238	16.0295	130.8958	8.1659
19	1.2662	0.7898	0.04696	21.2968	0.05946	16.8193	145.1115	8.6277
20	1.2820	0.7800	0.04432	22.5630	0.05682	17.5993	159.9316	9.0874
21	1.2981	0.7704	0.04194	23.8450	0.05444	18.3697	175.3392	9.5450
22	1.3143	0.7609	0.03977	25.1431	0.05227	19.1306	191.3174	10.0006
23	1.3307	0.7515	0.03780	26.4574	0.05030	19.8820	207.8499	10.4542
24	1.3474	0.7422	0.03599	27.7881	0.04849	20.6242	224.9204	10.9056
25	1.3642	0.7330	0.03432	29.1354	0.04682	21.3573	242.5132	11.3551
26	1.3812	0.7240	0.03279	30.4996	0.04529	22.0813	260.6128	11.8024
27	1.3985	0.7150	0.03137	31.8809	0.04387	22.7963	279.2040	12.2478
28	1.4160	0.7062	0.03005	33.2794	0.04255	23.5025	298.2719	12.6911
29	1.4337	0.6975	0.02882	34.6954	0.04132	24.2000	317.8019	13.1323
30	1.4516	0.6889	0.02768	36.1291	0.04018	24.8889	337.7797	13.5715
36	1.5639	0.6394	0.02217	45.1155	0.03467	28.8473	466.2830	16.1639
40	1.6436	0.6084	0.01942	51.4896	0.03192	31.3269	559.2320	17.8515
48	1.8154	0.5509	0.01533	65.2284	0.02783	35.9315	759.2296	21.1299
50	1.8610	0.5373	0.01452	68.8818	0.02702	37.0129	811.6738	21.9295
52	1.9078	0.5242	0.01377	72.6271	0.02627	38.0677	864.9409	22.7211
55	1.9803	0.5050	0.01275	78.4225	0.02525	39.6017	946.2277	23.8936
60	2.1072	0.4746	0.01129	88.5745	0.02379	42.0346	1084.84	25.8083
72	2.4459	0.4088	0.00865	115.6736	0.02115	47.2925	1428.46	30.2047
75	2.5388	0.3939	0.00812	123.1035	0.02062	48.4890	1515.79	31.2605
84	2.8391	0.3522	0.00680	147.1290	0.01930	51.8222	1778.84	34.3258
90	3.0588	0.3269	0.00607	164.7050	0.01857	53.8461	1953.83	36.2855
96	3.2955	0.3034	0.00545	183.6411	0.01795	55.7246	2127.52	38.1793
100	3.4634	0.2887	0.00507	197.0723	0.01757	56.9013	2242.24	39.4058
108	3.8253	0.2614	0.00442	226.0226	0.01692	59.0865	2468.26	41.7737
120	4.4402	0.2252	0.00363	275.2171	0.01613	61.9828	2796.57	45.1184
132	5.1540	0.1940	0.00301	332.3198	0.01551	64.4781	3109.35	48.2234
144	5.9825	0.1672	0.00251	398.6021	0.01501	66.6277	3404.61	51.0990
240	19.7155	0.0507	0.00067	1497.24	0.01317	75.9423	5101.53	67.1764
360	87.5410	0.0114	0.00014	6923.28	0.01264	79.0861	5997.90	75.8401
480	388.7007	0.0026	0.00003	31,016	0.01253	79.7942	6284.74	78.7619

1.5% TABLE 6 Discrete Cash Flow: Compound Interest Factors **1.5%**

	Single Payments		Uniform Series Payments				Arithmetic Gradients	
n	Compound Amount *F/P*	Present Worth *P/F*	Sinking Fund *A/F*	Compound Amount *F/A*	Capital Recovery *A/P*	Present Worth *P/A*	Gradient Present Worth *P/G*	Gradient Uniform Series *A/G*
1	1.0150	0.9852	1.00000	1.0000	1.01500	0.9852		
2	1.0302	0.9707	0.49628	2.0150	0.51128	1.9559	0.9707	0.4963
3	1.0457	0.9563	0.32838	3.0452	0.34338	2.9122	2.8833	0.9901
4	1.0614	0.9422	0.24444	4.0909	0.25944	3.8544	5.7098	1.4814
5	1.0773	0.9283	0.19409	5.1523	0.20909	4.7826	9.4229	1.9702
6	1.0934	0.9145	0.16053	6.2296	0.17553	5.6972	13.9956	2.4566
7	1.1098	0.9010	0.13656	7.3230	0.15156	6.5982	19.4018	2.9405
8	1.1265	0.8877	0.11858	8.4328	0.13358	7.4859	25.6157	3.4219
9	1.1434	0.8746	0.10461	9.5593	0.11961	8.3605	32.6125	3.9008
10	1.1605	0.8617	0.09343	10.7027	0.10843	9.2222	40.3675	4.3772
11	1.1779	0.8489	0.08429	11.8633	0.09929	10.0711	48.8568	4.8512
12	1.1956	0.8364	0.07668	13.0412	0.09168	10.9075	58.0571	5.3227
13	1.2136	0.8240	0.07024	14.2368	0.08524	11.7315	67.9454	5.7917
14	1.2318	0.8118	0.06472	15.4504	0.07972	12.5434	78.4994	6.2582
15	1.2502	0.7999	0.05994	16.6821	0.07494	13.3432	89.6974	6.7223
16	1.2690	0.7880	0.05577	17.9324	0.07077	14.1313	101.5178	7.1839
17	1.2880	0.7764	0.05208	19.2014	0.06708	14.9076	113.9400	7.6431
18	1.3073	0.7649	0.04881	20.4894	0.06381	15.6726	126.9435	8.0997
19	1.3270	0.7536	0.04588	21.7967	0.06088	16.4262	140.5084	8.5539
20	1.3469	0.7425	0.04325	23.1237	0.05825	17.1686	154.6154	9.0057
21	1.3671	0.7315	0.04087	24.4705	0.05587	17.9001	169.2453	9.4550
22	1.3876	0.7207	0.03870	25.8376	0.05370	18.6208	184.3798	9.9018
23	1.4084	0.7100	0.03673	27.2251	0.05173	19.3309	200.0006	10.3462
24	1.4295	0.6995	0.03492	28.6335	0.04992	20.0304	216.0901	10.7881
25	1.4509	0.6892	0.03326	30.0630	0.04826	20.7196	232.6310	11.2276
26	1.4727	0.6790	0.03173	31.5140	0.04673	21.3986	249.6065	11.6646
27	1.4948	0.6690	0.03032	32.9867	0.04532	22.0676	267.0002	12.0992
28	1.5172	0.6591	0.02900	34.4815	0.04400	22.7267	284.7958	12.5313
29	1.5400	0.6494	0.02778	35.9987	0.04278	23.3761	302.9779	12.9610
30	1.5631	0.6398	0.02664	37.5387	0.04164	24.0158	321.5310	13.3883
36	1.7091	0.5851	0.02115	47.2760	0.03615	27.6607	439.8303	15.9009
40	1.8140	0.5513	0.01843	54.2679	0.03343	29.9158	524.3568	17.5277
48	2.0435	0.4894	0.01437	69.5652	0.02937	34.0426	703.5462	20.6667
50	2.1052	0.4750	0.01357	73.6828	0.02857	34.9997	749.9636	21.4277
52	2.1689	0.4611	0.01283	77.9249	0.02783	35.9287	796.8774	22.1794
55	2.2679	0.4409	0.01183	84.5296	0.02683	37.2715	868.0285	23.2894
60	2.4432	0.4093	0.01039	96.2147	0.02539	39.3803	988.1674	25.0930
72	2.9212	0.3423	0.00781	128.0772	0.02281	43.8447	1279.79	29.1893
75	3.0546	0.3274	0.00730	136.9728	0.02230	44.8416	1352.56	30.1631
84	3.4926	0.2863	0.00602	166.1726	0.02102	47.5786	1568.51	32.9668
90	3.8189	0.2619	0.00532	187.9299	0.02032	49.2099	1709.54	34.7399
96	4.1758	0.2395	0.00472	211.7202	0.01972	50.7017	1847.47	36.4381
100	4.4320	0.2256	0.00437	228.8030	0.01937	51.6247	1937.45	37.5295
108	4.9927	0.2003	0.00376	266.1778	0.01876	53.3137	2112.13	39.6171
120	5.9693	0.1675	0.00302	331.2882	0.01802	55.4985	2359.71	42.5185
132	7.1370	0.1401	0.00244	409.1354	0.01744	57.3257	2588.71	45.1579
144	8.5332	0.1172	0.00199	502.2109	0.01699	58.8540	2798.58	47.5512
240	35.6328	0.0281	0.00043	2308.85	0.01543	64.7957	3870.69	59.7368
360	212.7038	0.0047	0.00007	14,114	0.01507	66.3532	4310.72	64.9662
480	1269.70	0.0008	0.00001	84,580	0.01501	66.6142	4415.74	66.2883

2% TABLE 7 Discrete Cash Flow: Compound Interest Factors 2%

	Single Payments		Uniform Series Payments				Arithmetic Gradients	
n	Compound Amount F/P	Present Worth P/F	Sinking Fund A/F	Compound Amount F/A	Capital Recovery A/P	Present Worth P/A	Gradient Present Worth P/G	Gradient Uniform Series A/G
1	1.0200	0.9804	1.00000	1.0000	1.02000	0.9804		
2	1.0404	0.9612	0.49505	2.0200	0.51505	1.9416	0.9612	0.4950
3	1.0612	0.9423	0.32675	3.0604	0.34675	2.8839	2.8458	0.9868
4	1.0824	0.9238	0.24262	4.1216	0.26262	3.8077	5.6173	1.4752
5	1.1041	0.9057	0.19216	5.2040	0.21216	4.7135	9.2403	1.9604
6	1.1262	0.8880	0.15853	6.3081	0.17853	5.6014	13.6801	2.4423
7	1.1487	0.8706	0.13451	7.4343	0.15451	6.4720	18.9035	2.9208
8	1.1717	0.8535	0.11651	8.5830	0.13651	7.3255	24.8779	3.3961
9	1.1951	0.8368	0.10252	9.7546	0.12252	8.1622	31.5720	3.8681
10	1.2190	0.8203	0.09133	10.9497	0.11133	8.9826	38.9551	4.3367
11	1.2434	0.8043	0.08218	12.1687	0.10218	9.7868	46.9977	4.8021
12	1.2682	0.7885	0.07456	13.4121	0.09456	10.5753	55.6712	5.2642
13	1.2936	0.7730	0.06812	14.6803	0.08812	11.3484	64.9475	5.7231
14	1.3195	0.7579	0.06260	15.9739	0.08260	12.1062	74.7999	6.1786
15	1.3459	0.7430	0.05783	17.2934	0.07783	12.8493	85.2021	6.6309
16	1.3728	0.7284	0.05365	18.6393	0.07365	13.5777	96.1288	7.0799
17	1.4002	0.7142	0.04997	20.0121	0.06997	14.2919	107.5554	7.5256
18	1.4282	0.7002	0.04670	21.4123	0.06670	14.9920	119.4581	7.9681
19	1.4568	0.6864	0.04378	22.8406	0.06378	15.6785	131.8139	8.4073
20	1.4859	0.6730	0.04116	24.2974	0.06116	16.3514	144.6003	8.8433
21	1.5157	0.6598	0.03878	25.7833	0.05878	17.0112	157.7959	9.2760
22	1.5460	0.6468	0.03663	27.2990	0.05663	17.6580	171.3795	9.7055
23	1.5769	0.6342	0.03467	28.8450	0.05467	18.2922	185.3309	10.1317
24	1.6084	0.6217	0.03287	30.4219	0.05287	18.9139	199.6305	10.5547
25	1.6406	0.6095	0.03122	32.0303	0.05122	19.5235	214.2592	10.9745
26	1.6734	0.5976	0.02970	33.6709	0.04970	20.1210	229.1987	11.3910
27	1.7069	0.5859	0.02829	35.3443	0.04829	20.7069	244.4311	11.8043
28	1.7410	0.5744	0.02699	37.0512	0.04699	21.2813	259.9392	12.2145
29	1.7758	0.5631	0.02578	38.7922	0.04578	21.8444	275.7064	12.6214
30	1.8114	0.5521	0.02465	40.5681	0.04465	22.3965	291.7164	13.0251
36	2.0399	0.4902	0.01923	51.9944	0.03923	25.4888	392.0405	15.3809
40	2.2080	0.4529	0.01656	60.4020	0.03656	27.3555	461.9931	16.8885
48	2.5871	0.3865	0.01260	79.3535	0.03260	30.6731	605.9657	19.7556
50	2.6916	0.3715	0.01182	84.5794	0.03182	31.4236	642.3606	20.4420
52	2.8003	0.3571	0.01111	90.0164	0.03111	32.1449	678.7849	21.1164
55	2.9717	0.3365	0.01014	98.5865	0.03014	33.1748	733.3527	22.1057
60	3.2810	0.3048	0.00877	114.0515	0.02877	34.7609	823.6975	23.6961
72	4.1611	0.2403	0.00633	158.0570	0.02633	37.9841	1034.06	27.2234
75	4.4158	0.2265	0.00586	170.7918	0.02586	38.6771	1084.64	28.0434
84	5.2773	0.1895	0.00468	213.8666	0.02468	40.5255	1230.42	30.3616
90	5.9431	0.1683	0.00405	247.1567	0.02405	41.5869	1322.17	31.7929
96	6.6929	0.1494	0.00351	284.6467	0.02351	42.5294	1409.30	33.1370
100	7.2446	0.1380	0.00320	312.2323	0.02320	43.0984	1464.75	33.9863
108	8.4883	0.1178	0.00267	374.4129	0.02267	44.1095	1569.30	35.5774
120	10.7652	0.0929	0.00205	488.2582	0.02205	45.3554	1710.42	37.7114
132	13.6528	0.0732	0.00158	632.6415	0.02158	46.3378	1833.47	39.5676
144	17.3151	0.0578	0.00123	815.7545	0.02123	47.1123	1939.79	41.1738
240	115.8887	0.0086	0.00017	5744.44	0.02017	49.5686	2374.88	47.9110
360	1247.56	0.0008	0.00002	62,328	0.02002	49.9599	2482.57	49.7112
480	13,430	0.0001			0.02000	49.9963	2498.03	49.9643

3%	TABLE 8 Discrete Cash Flow: Compound Interest Factors							3%
	Single Payments		Uniform Series Payments				Arithmetic Gradients	
n	Compound Amount F/P	Present Worth P/F	Sinking Fund A/F	Compound Amount F/A	Capital Recovery A/P	Present Worth P/A	Gradient Present Worth P/G	Gradient Uniform Series A/G
1	1.0300	0.9709	1.00000	1.0000	1.03000	0.9709		
2	1.0609	0.9426	0.49261	2.0300	0.52261	1.9135	0.9426	0.4926
3	1.0927	0.9151	0.32353	3.0909	0.35353	2.8286	2.7729	0.9803
4	1.1255	0.8885	0.23903	4.1836	0.26903	3.7171	5.4383	1.4631
5	1.1593	0.8626	0.18835	5.3091	0.21835	4.5797	8.8888	1.9409
6	1.1941	0.8375	0.15460	6.4684	0.18460	5.4172	13.0762	2.4138
7	1.2299	0.8131	0.13051	7.6625	0.16051	6.2303	17.9547	2.8819
8	1.2668	0.7894	0.11246	8.8923	0.14246	7.0197	23.4806	3.3450
9	1.3048	0.7664	0.09843	10.1591	0.12843	7.7861	29.6119	3.8032
10	1.3439	0.7441	0.08723	11.4639	0.11723	8.5302	36.3088	4.2565
11	1.3842	0.7224	0.07808	12.8078	0.10808	9.2526	43.5330	4.7049
12	1.4258	0.7014	0.07046	14.1920	0.10046	9.9540	51.2482	5.1485
13	1.4685	0.6810	0.06403	15.6178	0.09403	10.6350	59.4196	5.5872
14	1.5126	0.6611	0.05853	17.0863	0.08853	11.2961	68.0141	6.0210
15	1.5580	0.6419	0.05377	18.5989	0.08377	11.9379	77.0002	6.4500
16	1.6047	0.6232	0.04961	20.1569	0.07961	12.5611	86.3477	6.8742
17	1.6528	0.6050	0.04595	21.7616	0.07595	13.1661	96.0280	7.2936
18	1.7024	0.5874	0.04271	23.4144	0.07271	13.7535	106.0137	7.7081
19	1.7535	0.5703	0.03981	25.1169	0.06981	14.3238	116.2788	8.1179
20	1.8061	0.5537	0.03722	26.8704	0.06722	14.8775	126.7987	8.5229
21	1.8603	0.5375	0.03487	28.6765	0.06487	15.4150	137.5496	8.9231
22	1.9161	0.5219	0.03275	30.5368	0.06275	15.9369	148.5094	9.3186
23	1.9736	0.5067	0.03081	32.4529	0.06081	16.4436	159.6566	9.7093
24	2.0328	0.4919	0.02905	34.4265	0.05905	16.9355	170.9711	10.0954
25	2.0938	0.4776	0.02743	36.4593	0.05743	17.4131	182.4336	10.4768
26	2.1566	0.4637	0.02594	38.5530	0.05594	17.8768	194.0260	10.8535
27	2.2213	0.4502	0.02456	40.7096	0.05456	18.3270	205.7309	11.2255
28	2.2879	0.4371	0.02329	42.9309	0.05329	18.7641	217.5320	11.5930
29	2.3566	0.4243	0.02211	45.2189	0.05211	19.1885	229.4137	11.9558
30	2.4273	0.4120	0.02102	47.5754	0.05102	19.6004	241.3613	12.3141
31	2.5001	0.4000	0.02000	50.0027	0.05000	20.0004	253.3609	12.6678
32	2.5751	0.3883	0.01905	52.5028	0.04905	20.3888	265.3993	13.0169
33	2.6523	0.3770	0.01816	55.0778	0.04816	20.7658	277.4642	13.3616
34	2.7319	0.3660	0.01732	57.7302	0.04732	21.1318	289.5437	13.7018
35	2.8139	0.3554	0.01654	60.4621	0.04654	21.4872	301.6267	14.0375
40	3.2620	0.3066	0.01326	75.4013	0.04326	23.1148	361.7499	15.6502
45	3.7816	0.2644	0.01079	92.7199	0.04079	24.5187	420.6325	17.1556
50	4.3839	0.2281	0.00887	112.7969	0.03887	25.7298	477.4803	18.5575
55	5.0821	0.1968	0.00735	136.0716	0.03735	26.7744	531.7411	19.8600
60	5.8916	0.1697	0.00613	163.0534	0.03613	27.6756	583.0526	21.0674
65	6.8300	0.1464	0.00515	194.3328	0.03515	28.4529	631.2010	22.1841
70	7.9178	0.1263	0.00434	230.5941	0.03434	29.1234	676.0869	23.2145
75	9.1789	0.1089	0.00367	272.6309	0.03367	29.7018	717.6978	24.1634
80	10.6409	0.0940	0.00311	321.3630	0.03311	30.2008	756.0865	25.0353
84	11.9764	0.0835	0.00273	365.8805	0.03273	30.5501	784.5434	25.6806
85	12.3357	0.0811	0.00265	377.8570	0.03265	30.6312	791.3529	25.8349
90	14.3005	0.0699	0.00226	443.3489	0.03226	31.0024	823.6302	26.5667
96	17.0755	0.0586	0.00187	535.8502	0.03187	31.3812	858.6377	27.3615
108	24.3456	0.0411	0.00129	778.1863	0.03129	31.9642	917.6013	28.7072
120	34.7110	0.0288	0.00089	1123.70	0.03089	32.3730	963.8635	29.7737

4% TABLE 9 Discrete Cash Flow: Compound Interest Factors 4%

	Single Payments		Uniform Series Payments				Arithmetic Gradients	
n	Compound Amount *F/P*	Present Worth *P/F*	Sinking Fund *A/F*	Compound Amount *F/A*	Capital Recovery *A/P*	Present Worth *P/A*	Gradient Present Worth *P/G*	Gradient Uniform Series *A/G*
1	1.0400	0.9615	1.00000	1.0000	1.04000	0.9615		
2	1.0816	0.9246	0.49020	2.0400	0.53020	1.8861	0.9246	0.4902
3	1.1249	0.8890	0.32035	3.1216	0.36035	2.7751	2.7025	0.9739
4	1.1699	0.8548	0.23549	4.2465	0.27549	3.6299	5.2670	1.4510
5	1.2167	0.8219	0.18463	5.4163	0.22463	4.4518	8.5547	1.9216
6	1.2653	0.7903	0.15076	6.6330	0.19076	5.2421	12.5062	2.3857
7	1.3159	0.7599	0.12661	7.8983	0.16661	6.0021	17.0657	2.8433
8	1.3686	0.7307	0.10853	9.2142	0.14853	6.7327	22.1806	3.2944
9	1.4233	0.7026	0.09449	10.5828	0.13449	7.4353	27.8013	3.7391
10	1.4802	0.6756	0.08329	12.0061	0.12329	8.1109	33.8814	4.1773
11	1.5395	0.6496	0.07415	13.4864	0.11415	8.7605	40.3772	4.6090
12	1.6010	0.6246	0.06655	15.0258	0.10655	9.3851	47.2477	5.0343
13	1.6651	0.6006	0.06014	16.6268	0.10014	9.9856	54.4546	5.4533
14	1.7317	0.5775	0.05467	18.2919	0.09467	10.5631	61.9618	5.8659
15	1.8009	0.5553	0.04994	20.0236	0.08994	11.1184	69.7355	6.2721
16	1.8730	0.5339	0.04582	21.8245	0.08582	11.6523	77.7441	6.6720
17	1.9479	0.5134	0.04220	23.6975	0.08220	12.1657	85.9581	7.0656
18	2.0258	0.4936	0.03899	25.6454	0.07899	12.6593	94.3498	7.4530
19	2.1068	0.4746	0.03614	27.6712	0.07614	13.1339	102.8933	7.8342
20	2.1911	0.4564	0.03358	29.7781	0.07358	13.5903	111.5647	8.2091
21	2.2788	0.4388	0.03128	31.9692	0.07128	14.0292	120.3414	8.5779
22	2.3699	0.4220	0.02920	34.2480	0.06920	14.4511	129.2024	8.9407
23	2.4647	0.4057	0.02731	36.6179	0.06731	14.8568	138.1284	9.2973
24	2.5633	0.3901	0.02559	39.0826	0.06559	15.2470	147.1012	9.6479
25	2.6658	0.3751	0.02401	41.6459	0.06401	15.6221	156.1040	9.9925
26	2.7725	0.3607	0.02257	44.3117	0.06257	15.9828	165.1212	10.3312
27	2.8834	0.3468	0.02124	47.0842	0.06124	16.3296	174.1385	10.6640
28	2.9987	0.3335	0.02001	49.9676	0.06001	16.6631	183.1424	10.9909
29	3.1187	0.3207	0.01888	52.9663	0.05888	16.9837	192.1206	11.3120
30	3.2434	0.3083	0.01783	56.0849	0.05783	17.2920	201.0618	11.6274
31	3.3731	0.2965	0.01686	59.3283	0.05686	17.5885	209.9556	11.9371
32	3.5081	0.2851	0.01595	62.7015	0.05595	17.8736	218.7924	12.2411
33	3.6484	0.2741	0.01510	66.2095	0.05510	18.1476	227.5634	12.5396
34	3.7943	0.2636	0.01431	69.8579	0.05431	18.4112	236.2607	12.8324
35	3.9461	0.2534	0.01358	73.6522	0.05358	18.6646	244.8768	13.1198
40	4.8010	0.2083	0.01052	95.0255	0.05052	19.7928	286.5303	14.4765
45	5.8412	0.1712	0.00826	121.0294	0.04826	20.7200	325.4028	15.7047
50	7.1067	0.1407	0.00655	152.6671	0.04655	21.4822	361.1638	16.8122
55	8.6464	0.1157	0.00523	191.1592	0.04523	22.1086	393.6890	17.8070
60	10.5196	0.0951	0.00420	237.9907	0.04420	22.6235	422.9966	18.6972
65	12.7987	0.0781	0.00339	294.9684	0.04339	23.0467	449.2014	19.4909
70	15.5716	0.0642	0.00275	364.2905	0.04275	23.3945	472.4789	20.1961
75	18.9453	0.0528	0.00223	448.6314	0.04223	23.6804	493.0408	20.8206
80	23.0498	0.0434	0.00181	551.2450	0.04181	23.9154	511.1161	21.3718
85	28.0436	0.0357	0.00148	676.0901	0.04148	24.1085	526.9384	21.8569
90	34.1193	0.0293	0.00121	827.9833	0.04121	24.2673	540.7369	22.2826
96	43.1718	0.0232	0.00095	1054.30	0.04095	24.4209	554.9312	22.7236
108	69.1195	0.0145	0.00059	1702.99	0.04059	24.6383	576.8949	23.4146
120	110.6626	0.0090	0.00036	2741.56	0.04036	24.7741	592.2428	23.9057
144	283.6618	0.0035	0.00014	7066.55	0.04014	24.9119	610.1055	24.4906

5%	TABLE 10 Discrete Cash Flow: Compound Interest Factors							5%
	Single Payments		Uniform Series Payments				Arithmetic Gradients	
n	Compound Amount *F/P*	Present Worth *P/F*	Sinking Fund *A/F*	Compound Amount *F/A*	Capital Recovery *A/P*	Present Worth *P/A*	Gradient Present Worth *P/G*	Gradient Uniform Series *A/G*
1	1.0500	0.9524	1.00000	1.0000	1.05000	0.9524		
2	1.1025	0.9070	0.48780	2.0500	0.53780	1.8594	0.9070	0.4878
3	1.1576	0.8638	0.31721	3.1525	0.36721	2.7232	2.6347	0.9675
4	1.2155	0.8227	0.23201	4.3101	0.28201	3.5460	5.1028	1.4391
5	1.2763	0.7835	0.18097	5.5256	0.23097	4.3295	8.2369	1.9025
6	1.3401	0.7462	0.14702	6.8019	0.19702	5.0757	11.9680	2.3579
7	1.4071	0.7107	0.12282	8.1420	0.17282	5.7864	16.2321	2.8052
8	1.4775	0.6768	0.10472	9.5491	0.15472	6.4632	20.9700	3.2445
9	1.5513	0.6446	0.09069	11.0266	0.14069	7.1078	26.1268	3.6758
10	1.6289	0.6139	0.07950	12.5779	0.12950	7.7217	31.6520	4.0991
11	1.7103	0.5847	0.07039	14.2068	0.12039	8.3064	37.4988	4.5144
12	1.7959	0.5568	0.06283	15.9171	0.11283	8.8633	43.6241	4.9219
13	1.8856	0.5303	0.05646	17.7130	0.10646	9.3936	49.9879	5.3215
14	1.9799	0.5051	0.05102	19.5986	0.10102	9.8986	56.5538	5.7133
15	2.0789	0.4810	0.04634	21.5786	0.09634	10.3797	63.2880	6.0973
16	2.1829	0.4581	0.04227	23.6575	0.09227	10.8378	70.1597	6.4736
17	2.2920	0.4363	0.03870	25.8404	0.08870	11.2741	77.1405	6.8423
18	2.4066	0.4155	0.03555	28.1324	0.08555	11.6896	84.2043	7.2034
19	2.5270	0.3957	0.03275	30.5390	0.08275	12.0853	91.3275	7.5569
20	2.6533	0.3769	0.03024	33.0660	0.08024	12.4622	98.4884	7.9030
21	2.7860	0.3589	0.02800	35.7193	0.07800	12.8212	105.6673	8.2416
22	2.9253	0.3418	0.02597	38.5052	0.07597	13.1630	112.8461	8.5730
23	3.0715	0.3256	0.02414	41.4305	0.07414	13.4886	120.0087	8.8971
24	3.2251	0.3101	0.02247	44.5020	0.07247	13.7986	127.1402	9.2140
25	3.3864	0.2953	0.02095	47.7271	0.07095	14.0939	134.2275	9.5238
26	3.5557	0.2812	0.01956	51.1135	0.06956	14.3752	141.2585	9.8266
27	3.7335	0.2678	0.01829	54.6691	0.06829	14.6430	148.2226	10.1224
28	3.9201	0.2551	0.01712	58.4026	0.06712	14.8981	155.1101	10.4114
29	4.1161	0.2429	0.01605	62.3227	0.06605	15.1411	161.9126	10.6936
30	4.3219	0.2314	0.01505	66.4388	0.06505	15.3725	168.6226	10.9691
31	4.5380	0.2204	0.01413	70.7608	0.06413	15.5928	175.2333	11.2381
32	4.7649	0.2099	0.01328	75.2988	0.06328	15.8027	181.7392	11.5005
33	5.0032	0.1999	0.01249	80.0638	0.06249	16.0025	188.1351	11.7566
34	5.2533	0.1904	0.01176	85.0670	0.06176	16.1929	194.4168	12.0063
35	5.5160	0.1813	0.01107	90.3203	0.06107	16.3742	200.5807	12.2498
40	7.0400	0.1420	0.00828	120.7998	0.05828	17.1591	229.5452	13.3775
45	8.9850	0.1113	0.00626	159.7002	0.05626	17.7741	255.3145	14.3644
50	11.4674	0.0872	0.00478	209.3480	0.05478	18.2559	277.9148	15.2233
55	14.6356	0.0683	0.00367	272.7126	0.05367	18.6335	297.5104	15.9664
60	18.6792	0.0535	0.00283	353.5837	0.05283	18.9293	314.3432	16.6062
65	23.8399	0.0419	0.00219	456.7980	0.05219	19.1611	328.6910	17.1541
70	30.4264	0.0329	0.00170	588.5285	0.05170	19.3427	340.8409	17.6212
75	38.8327	0.0258	0.00132	756.6537	0.05132	19.4850	351.0721	18.0176
80	49.5614	0.0202	0.00103	971.2288	0.05103	19.5965	359.6460	18.3526
85	63.2544	0.0158	0.00080	1245.09	0.05080	19.6838	366.8007	18.6346
90	80.7304	0.0124	0.00063	1594.61	0.05063	19.7523	372.7488	18.8712
95	103.0347	0.0097	0.00049	2040.69	0.05049	19.8059	377.6774	19.0689
96	108.1864	0.0092	0.00047	2143.73	0.05047	19.8151	378.5555	19.1044
98	119.2755	0.0084	0.00042	2365.51	0.05042	19.8323	380.2139	19.1714
100	131.5013	0.0076	0.00038	2610.03	0.05038	19.8479	381.7492	19.2337

6% TABLE 11 Discrete Cash Flow: Compound Interest Factors 6%

	Single Payments		Uniform Series Payments				Arithmetic Gradients	
n	Compound Amount F/P	Present Worth P/F	Sinking Fund A/F	Compound Amount F/A	Capital Recovery A/P	Present Worth P/A	Gradient Present Worth P/G	Gradient Uniform Series A/G
1	1.0600	0.9434	1.00000	1.0000	1.06000	0.9434		
2	1.1236	0.8900	0.48544	2.0600	0.54544	1.8334	0.8900	0.4854
3	1.1910	0.8396	0.31411	3.1836	0.37411	2.6730	2.5692	0.9612
4	1.2625	0.7921	0.22859	4.3746	0.28859	3.4651	4.9455	1.4272
5	1.3382	0.7473	0.17740	5.6371	0.23740	4.2124	7.9345	1.8836
6	1.4185	0.7050	0.14336	6.9753	0.20336	4.9173	11.4594	2.3304
7	1.5036	0.6651	0.11914	8.3938	0.17914	5.5824	15.4497	2.7676
8	1.5938	0.6274	0.10104	9.8975	0.16104	6.2098	19.8416	3.1952
9	1.6895	0.5919	0.08702	11.4913	0.14702	6.8017	24.5768	3.6133
10	1.7908	0.5584	0.07587	13.1808	0.13587	7.3601	29.6023	4.0220
11	1.8983	0.5268	0.06679	14.9716	0.12679	7.8869	34.8702	4.4213
12	2.0122	0.4970	0.05928	16.8699	0.11928	8.3838	40.3369	4.8113
13	2.1329	0.4688	0.05296	18.8821	0.11296	8.8527	45.9629	5.1920
14	2.2609	0.4423	0.04758	21.0151	0.10758	9.2950	51.7128	5.5635
15	2.3966	0.4173	0.04296	23.2760	0.10296	9.7122	57.5546	5.9260
16	2.5404	0.3936	0.03895	25.6725	0.09895	10.1059	63.4592	6.2794
17	2.6928	0.3714	0.03544	28.2129	0.09544	10.4773	69.4011	6.6240
18	2.8543	0.3503	0.03236	30.9057	0.09236	10.8276	75.3569	6.9597
19	3.0256	0.3305	0.02962	33.7600	0.08962	11.1581	81.3062	7.2867
20	3.2071	0.3118	0.02718	36.7856	0.08718	11.4699	87.2304	7.6051
21	3.3996	0.2942	0.02500	39.9927	0.08500	11.7641	93.1136	7.9151
22	3.6035	0.2775	0.02305	43.3923	0.08305	12.0416	98.9412	8.2166
23	3.8197	0.2618	0.02128	46.9958	0.08128	12.3034	104.7007	8.5099
24	4.0489	0.2470	0.01968	50.8156	0.07968	12.5504	110.3812	8.7951
25	4.2919	0.2330	0.01823	54.8645	0.07823	12.7834	115.9732	9.0722
26	4.5494	0.2198	0.01690	59.1564	0.07690	13.0032	121.4684	9.3414
27	4.8223	0.2074	0.01570	63.7058	0.07570	13.2105	126.8600	9.6029
28	5.1117	0.1956	0.01459	68.5281	0.07459	13.4062	132.1420	9.8568
29	5.4184	0.1846	0.01358	73.6398	0.07358	13.5907	137.3096	10.1032
30	5.7435	0.1741	0.01265	79.0582	0.07265	13.7648	142.3588	10.3422
31	6.0881	0.1643	0.01179	84.8017	0.07179	13.9291	147.2864	10.5740
32	6.4534	0.1550	0.01100	90.8898	0.07100	14.0840	152.0901	10.7988
33	6.8406	0.1462	0.01027	97.3432	0.07027	14.2302	156.7681	11.0166
34	7.2510	0.1379	0.00960	104.1838	0.06960	14.3681	161.3192	11.2276
35	7.6861	0.1301	0.00897	111.4348	0.06897	14.4982	165.7427	11.4319
40	10.2857	0.0972	0.00646	154.7620	0.06646	15.0463	185.9568	12.3590
45	13.7646	0.0727	0.00470	212.7435	0.06470	15.4558	203.1096	13.1413
50	18.4202	0.0543	0.00344	290.3359	0.06344	15.7619	217.4574	13.7964
55	24.6503	0.0406	0.00254	394.1720	0.06254	15.9905	229.3222	14.3411
60	32.9877	0.0303	0.00188	533.1282	0.06188	16.1614	239.0428	14.7909
65	44.1450	0.0227	0.00139	719.0829	0.06139	16.2891	246.9450	15.1601
70	59.0759	0.0169	0.00103	967.9322	0.06103	16.3845	253.3271	15.4613
75	79.0569	0.0126	0.00077	1300.95	0.06077	16.4558	258.4527	15.7058
80	105.7960	0.0095	0.00057	1746.60	0.06057	16.5091	262.5493	15.9033
85	141.5789	0.0071	0.00043	2342.98	0.06043	16.5489	265.8096	16.0620
90	189.4645	0.0053	0.00032	3141.08	0.06032	16.5787	268.3946	16.1891
95	253.5463	0.0039	0.00024	4209.10	0.06024	16.6009	270.4375	16.2905
96	268.7590	0.0037	0.00022	4462.65	0.06022	16.6047	270.7909	16.3081
98	301.9776	0.0033	0.00020	5016.29	0.06020	16.6115	271.4491	16.3411
100	339.3021	0.0029	0.00018	5638.37	0.06018	16.6175	272.0471	16.3711

7%	TABLE 12 Discrete Cash Flow: Compound Interest Factors							7%
	Single Payments		Uniform Series Payments				Arithmetic Gradients	
n	Compound Amount F/P	Present Worth P/F	Sinking Fund A/F	Compound Amount F/A	Capital Recovery A/P	Present Worth P/A	Gradient Present Worth P/G	Gradient Uniform Series A/G
1	1.0700	0.9346	1.00000	1.0000	1.07000	0.9346		
2	1.1449	0.8734	0.48309	2.0700	0.55309	1.8080	0.8734	0.4831
3	1.2250	0.8163	0.31105	3.2149	0.38105	2.6243	2.5060	0.9549
4	1.3108	0.7629	0.22523	4.4399	0.29523	3.3872	4.7947	1.4155
5	1.4026	0.7130	0.17389	5.7507	0.24389	4.1002	7.6467	1.8650
6	1.5007	0.6663	0.13980	7.1533	0.20980	4.7665	10.9784	2.3032
7	1.6058	0.6227	0.11555	8.6540	0.18555	5.3893	14.7149	2.7304
8	1.7182	0.5820	0.09747	10.2598	0.16747	5.9713	18.7889	3.1465
9	1.8385	0.5439	0.08349	11.9780	0.15349	6.5152	23.1404	3.5517
10	1.9672	0.5083	0.07238	13.8164	0.14238	7.0236	27.7156	3.9461
11	2.1049	0.4751	0.06336	15.7836	0.13336	7.4987	32.4665	4.3296
12	2.2522	0.4440	0.05590	17.8885	0.12590	7.9427	37.3506	4.7025
13	2.4098	0.4150	0.04965	20.1406	0.11965	8.3577	42.3302	5.0648
14	2.5785	0.3878	0.04434	22.5505	0.11434	8.7455	47.3718	5.4167
15	2.7590	0.3624	0.03979	25.1290	0.10979	9.1079	52.4461	5.7583
16	2.9522	0.3387	0.03586	27.8881	0.10586	9.4466	57.5271	6.0897
17	3.1588	0.3166	0.03243	30.8402	0.10243	9.7632	62.5923	6.4110
18	3.3799	0.2959	0.02941	33.9990	0.09941	10.0591	67.6219	6.7225
19	3.6165	0.2765	0.02675	37.3790	0.09675	10.3356	72.5991	7.0242
20	3.8697	0.2584	0.02439	40.9955	0.09439	10.5940	77.5091	7.3163
21	4.1406	0.2415	0.02229	44.8652	0.09229	10.8355	82.3393	7.5990
22	4.4304	0.2257	0.02041	49.0057	0.09041	11.0612	87.0793	7.8725
23	4.7405	0.2109	0.01871	53.4361	0.08871	11.2722	91.7201	8.1369
24	5.0724	0.1971	0.01719	58.1767	0.08719	11.4693	96.2545	8.3923
25	5.4274	0.1842	0.01581	63.2490	0.08581	11.6536	100.6765	8.6391
26	5.8074	0.1722	0.01456	68.6765	0.08456	11.8258	104.9814	8.8773
27	6.2139	0.1609	0.01343	74.4838	0.08343	11.9867	109.1656	9.1072
28	6.6488	0.1504	0.01239	80.6977	0.08239	12.1371	113.2264	9.3289
29	7.1143	0.1406	0.01145	87.3465	0.08145	12.2777	117.1622	9.5427
30	7.6123	0.1314	0.01059	94.4608	0.08059	12.4090	120.9718	9.7487
31	8.1451	0.1228	0.00980	102.0730	0.07980	12.5318	124.6550	9.9471
32	8.7153	0.1147	0.00907	110.2182	0.07907	12.6466	128.2120	10.1381
33	9.3253	0.1072	0.00841	118.9334	0.07841	12.7538	131.6435	10.3219
34	9.9781	0.1002	0.00780	128.2588	0.07780	12.8540	134.9507	10.4987
35	10.6766	0.0937	0.00723	138.2369	0.07723	12.9477	138.1353	10.6687
40	14.9745	0.0668	0.00501	199.6351	0.07501	13.3317	152.2928	11.4233
45	21.0025	0.0476	0.00350	285.7493	0.07350	13.6055	163.7559	12.0360
50	29.4570	0.0339	0.00246	406.5289	0.07246	13.8007	172.9051	12.5287
55	41.3150	0.0242	0.00174	575.9286	0.07174	13.9399	180.1243	12.9215
60	57.9464	0.0173	0.00123	813.5204	0.07123	14.0392	185.7677	13.2321
65	81.2729	0.0123	0.00087	1146.76	0.07087	14.1099	190.1452	13.4760
70	113.9894	0.0088	0.00062	1614.13	0.07062	14.1604	193.5185	13.6662
75	159.8760	0.0063	0.00044	2269.66	0.07044	14.1964	196.1035	13.8136
80	224.2344	0.0045	0.00031	3189.06	0.07031	14.2220	198.0748	13.9273
85	314.5003	0.0032	0.00022	4478.58	0.07022	14.2403	199.5717	14.0146
90	441.1030	0.0023	0.00016	6287.19	0.07016	14.2533	200.7042	14.0812
95	618.6697	0.0016	0.00011	8823.85	0.07011	14.2626	201.5581	14.1319
96	661.9766	0.0015	0.00011	9442.52	0.07011	14.2641	201.7016	14.1405
98	757.8970	0.0013	0.00009	10,813	0.07009	14.2669	201.9651	14.1562
100	867.7163	0.0012	0.00008	12,382	0.07008	14.2693	202.2001	14.1703

8% TABLE 13 Discrete Cash Flow: Compound Interest Factors 8%

	Single Payments		Uniform Series Payments				Arithmetic Gradients	
n	Compound Amount *F/P*	Present Worth *P/F*	Sinking Fund *A/F*	Compound Amount *F/A*	Capital Recovery *A/P*	Present Worth *P/A*	Gradient Present Worth *P/G*	Gradient Uniform Series *A/G*
1	1.0800	0.9259	1.00000	1.0000	1.08000	0.9259		
2	1.1664	0.8573	0.48077	2.0800	0.56077	1.7833	0.8573	0.4808
3	1.2597	0.7938	0.30803	3.2464	0.38803	2.5771	2.4450	0.9487
4	1.3605	0.7350	0.22192	4.5061	0.30192	3.3121	4.6501	1.4040
5	1.4693	0.6806	0.17046	5.8666	0.25046	3.9927	7.3724	1.8465
6	1.5869	0.6302	0.13632	7.3359	0.21632	4.6229	10.5233	2.2763
7	1.7138	0.5835	0.11207	8.9228	0.19207	5.2064	14.0242	2.6937
8	1.8509	0.5403	0.09401	10.6366	0.17401	5.7466	17.8061	3.0985
9	1.9990	0.5002	0.08008	12.4876	0.16008	6.2469	21.8081	3.4910
10	2.1589	0.4632	0.06903	14.4866	0.14903	6.7101	25.9768	3.8713
11	2.3316	0.4289	0.06008	16.6455	0.14008	7.1390	30.2657	4.2395
12	2.5182	0.3971	0.05270	18.9771	0.13270	7.5361	34.6339	4.5957
13	2.7196	0.3677	0.04652	21.4953	0.12652	7.9038	39.0463	4.9402
14	2.9372	0.3405	0.04130	24.2149	0.12130	8.2442	43.4723	5.2731
15	3.1722	0.3152	0.03683	27.1521	0.11683	8.5595	47.8857	5.5945
16	3.4259	0.2919	0.03298	30.3243	0.11298	8.8514	52.2640	5.9046
17	3.7000	0.2703	0.02963	33.7502	0.10963	9.1216	56.5883	6.2037
18	3.9960	0.2502	0.02670	37.4502	0.10670	9.3719	60.8426	6.4920
19	4.3157	0.2317	0.02413	41.4463	0.10413	9.6036	65.0134	6.7697
20	4.6610	0.2145	0.02185	45.7620	0.10185	9.8181	69.0898	7.0369
21	5.0338	0.1987	0.01983	50.4229	0.09983	10.0168	73.0629	7.2940
22	5.4365	0.1839	0.01803	55.4568	0.09803	10.2007	76.9257	7.5412
23	5.8715	0.1703	0.01642	60.8933	0.09642	10.3711	80.6726	7.7786
24	6.3412	0.1577	0.01498	66.7648	0.09498	10.5288	84.2997	8.0066
25	6.8485	0.1460	0.01368	73.1059	0.09368	10.6748	87.8041	8.2254
26	7.3964	0.1352	0.01251	79.9544	0.09251	10.8100	91.1842	8.4352
27	7.9881	0.1252	0.01145	87.3508	0.09145	10.9352	94.4390	8.6363
28	8.6271	0.1159	0.01049	95.3388	0.09049	11.0511	97.5687	8.8289
29	9.3173	0.1073	0.00962	103.9659	0.08962	11.1584	100.5738	9.0133
30	10.0627	0.0994	0.00883	113.2832	0.08883	11.2578	103.4558	9.1897
31	10.8677	0.0920	0.00811	123.3459	0.08811	11.3498	106.2163	9.3584
32	11.7371	0.0852	0.00745	134.2135	0.08745	11.4350	108.8575	9.5197
33	12.6760	0.0789	0.00685	145.9506	0.08685	11.5139	111.3819	9.6737
34	13.6901	0.0730	0.00630	158.6267	0.08630	11.5869	113.7924	9.8208
35	14.7853	0.0676	0.00580	172.3168	0.08580	11.6546	116.0920	9.9611
40	21.7245	0.0460	0.00386	259.0565	0.08386	11.9246	126.0422	10.5699
45	31.9204	0.0313	0.00259	386.5056	0.08259	12.1084	133.7331	11.0447
50	46.9016	0.0213	0.00174	573.7702	0.08174	12.2335	139.5928	11.4107
55	68.9139	0.0145	0.00118	848.9232	0.08118	12.3186	144.0065	11.6902
60	101.2571	0.0099	0.00080	1253.21	0.08080	12.3766	147.3000	11.9015
65	148.7798	0.0067	0.00054	1847.25	0.08054	12.4160	149.7387	12.0602
70	218.6064	0.0046	0.00037	2720.08	0.08037	12.4428	151.5326	12.1783
75	321.2045	0.0031	0.00025	4002.56	0.08025	12.4611	152.8448	12.2658
80	471.9548	0.0021	0.00017	5886.94	0.08017	12.4735	153.8001	12.3301
85	693.4565	0.0014	0.00012	8655.71	0.08012	12.4820	154.4925	12.3772
90	1018.92	0.0010	0.00008	12,724	0.08008	12.4877	154.9925	12.4116
95	1497.12	0.0007	0.00005	18,702	0.08005	12.4917	155.3524	12.4365
96	1616.89	0.0006	0.00005	20,199	0.08005	12.4923	155.4112	12.4406
98	1885.94	0.0005	0.00004	23,562	0.08004	12.4934	155.5176	12.4480
100	2199.76	0.0005	0.00004	27,485	0.08004	12.4943	155.6107	12.4545

9% TABLE 14 Discrete Cash Flow: Compound Interest Factors 9%

	Single Payments		Uniform Series Payments				Arithmetic Gradients	
n	Compound Amount F/P	Present Worth P/F	Sinking Fund A/F	Compound Amount F/A	Capital Recovery A/P	Present Worth P/A	Gradient Present Worth P/G	Gradient Uniform Series A/G
1	1.0900	0.9174	1.00000	1.0000	1.09000	0.9174		
2	1.1881	0.8417	0.47847	2.0900	0.56847	1.7591	0.8417	0.4785
3	1.2950	0.7722	0.30505	3.2781	0.39505	2.5313	2.3860	0.9426
4	1.4116	0.7084	0.21867	4.5731	0.30867	3.2397	4.5113	1.3925
5	1.5386	0.6499	0.16709	5.9847	0.25709	3.8897	7.1110	1.8282
6	1.6771	0.5963	0.13292	7.5233	0.22292	4.4859	10.0924	2.2498
7	1.8280	0.5470	0.10869	9.2004	0.19869	5.0330	13.3746	2.6574
8	1.9926	0.5019	0.09067	11.0285	0.18067	5.5348	16.8877	3.0512
9	2.1719	0.4604	0.07680	13.0210	0.16680	5.9952	20.5711	3.4312
10	2.3674	0.4224	0.06582	15.1929	0.15582	6.4177	24.3728	3.7978
11	2.5804	0.3875	0.05695	17.5603	0.14695	6.8052	28.2481	4.1510
12	2.8127	0.3555	0.04965	20.1407	0.13965	7.1607	32.1590	4.4910
13	3.0658	0.3262	0.04357	22.9534	0.13357	7.4869	36.0731	4.8182
14	3.3417	0.2992	0.03843	26.0192	0.12843	7.7862	39.9633	5.1326
15	3.6425	0.2745	0.03406	29.3609	0.12406	8.0607	43.8069	5.4346
16	3.9703	0.2519	0.03030	33.0034	0.12030	8.3126	47.5849	5.7245
17	4.3276	0.2311	0.02705	36.9737	0.11705	8.5436	51.2821	6.0024
18	4.7171	0.2120	0.02421	41.3013	0.11421	8.7556	54.8860	6.2687
19	5.1417	0.1945	0.02173	46.0185	0.11173	8.9501	58.3868	6.5236
20	5.6044	0.1784	0.01955	51.1601	0.10955	9.1285	61.7770	6.7674
21	6.1088	0.1637	0.01762	56.7645	0.10762	9.2922	65.0509	7.0006
22	6.6586	0.1502	0.01590	62.8733	0.10590	9.4424	68.2048	7.2232
23	7.2579	0.1378	0.01438	69.5319	0.10438	9.5802	71.2359	7.4357
24	7.9111	0.1264	0.01302	76.7898	0.10302	9.7066	74.1433	7.6384
25	8.6231	0.1160	0.01181	84.7009	0.10181	9.8226	76.9265	7.8316
26	9.3992	0.1064	0.01072	93.3240	0.10072	9.9290	79.5863	8.0156
27	10.2451	0.0976	0.00973	102.7231	0.09973	10.0266	82.1241	8.1906
28	11.1671	0.0895	0.00885	112.9682	0.09885	10.1161	84.5419	8.3571
29	12.1722	0.0822	0.00806	124.1354	0.09806	10.1983	86.8422	8.5154
30	13.2677	0.0754	0.00734	136.3075	0.09734	10.2737	89.0280	8.6657
31	14.4618	0.0691	0.00669	149.5752	0.09669	10.3428	91.1024	8.8083
32	15.7633	0.0634	0.00610	164.0370	0.09610	10.4062	93.0690	8.9436
33	17.1820	0.0582	0.00556	179.8003	0.09556	10.4644	94.9314	9.0718
34	18.7284	0.0534	0.00508	196.9823	0.09508	10.5178	96.6935	9.1933
35	20.4140	0.0490	0.00464	215.7108	0.09464	10.5668	98.3590	9.3083
40	31.4094	0.0318	0.00296	337.8824	0.09296	10.7574	105.3762	9.7957
45	48.3273	0.0207	0.00190	525.8587	0.09190	10.8812	110.5561	10.1603
50	74.3575	0.0134	0.00123	815.0836	0.09123	10.9617	114.3251	10.4295
55	114.4083	0.0087	0.00079	1260.09	0.09079	11.0140	117.0362	10.6261
60	176.0313	0.0057	0.00051	1944.79	0.09051	11.0480	118.9683	10.7683
65	270.8460	0.0037	0.00033	2998.29	0.09033	11.0701	120.3344	10.8702
70	416.7301	0.0024	0.00022	4619.22	0.09022	11.0844	121.2942	10.9427
75	641.1909	0.0016	0.00014	7113.23	0.09014	11.0938	121.9646	10.9940
80	986.5517	0.0010	0.00009	10,951	0.09009	11.0998	122.4306	11.0299
85	1517.93	0.0007	0.00006	16,855	0.09006	11.1038	122.7533	11.0551
90	2335.53	0.0004	0.00004	25,939	0.09004	11.1064	122.9758	11.0726
95	3593.50	0.0003	0.00003	39,917	0.09003	11.1080	123.1287	11.0847
96	3916.91	0.0003	0.00002	43,510	0.09002	11.1083	123.1529	11.0866
98	4653.68	0.0002	0.00002	51,696	0.09002	11.1087	123.1963	11.0900
100	5529.04	0.0002	0.00002	61,423	0.09002	11.1091	123.2335	11.0930

10%	TABLE 15 Discrete Cash Flow: Compound Interest Factors							10%
	Single Payments		**Uniform Series Payments**				**Arithmetic Gradients**	
n	**Compound Amount** ***F/P***	**Present Worth** ***P/F***	**Sinking Fund** ***A/F***	**Compound Amount** ***F/A***	**Capital Recovery** ***A/P***	**Present Worth** ***P/A***	**Gradient Present Worth** ***P/G***	**Gradient Uniform Series** ***A/G***
1	1.1000	0.9091	1.00000	1.0000	1.10000	0.9091		
2	1.2100	0.8264	0.47619	2.1000	0.57619	1.7355	0.8264	0.4762
3	1.3310	0.7513	0.30211	3.3100	0.40211	2.4869	2.3291	0.9366
4	1.4641	0.6830	0.21547	4.6410	0.31547	3.1699	4.3781	1.3812
5	1.6105	0.6209	0.16380	6.1051	0.26380	3.7908	6.8618	1.8101
6	1.7716	0.5645	0.12961	7.7156	0.22961	4.3553	9.6842	2.2236
7	1.9487	0.5132	0.10541	9.4872	0.20541	4.8684	12.7631	2.6216
8	2.1436	0.4665	0.08744	11.4359	0.18744	5.3349	16.0287	3.0045
9	2.3579	0.4241	0.07364	13.5795	0.17364	5.7590	19.4215	3.3724
10	2.5937	0.3855	0.06275	15.9374	0.16275	6.1446	22.8913	3.7255
11	2.8531	0.3505	0.05396	18.5312	0.15396	6.4951	26.3963	4.0641
12	3.1384	0.3186	0.04676	21.3843	0.14676	6.8137	29.9012	4.3884
13	3.4523	0.2897	0.04078	24.5227	0.14078	7.1034	33.3772	4.6988
14	3.7975	0.2633	0.03575	27.9750	0.13575	7.3667	36.8005	4.9955
15	4.1772	0.2394	0.03147	31.7725	0.13147	7.6061	40.1520	5.2789
16	4.5950	0.2176	0.02782	35.9497	0.12782	7.8237	43.4164	5.5493
17	5.0545	0.1978	0.02466	40.5447	0.12466	8.0216	46.5819	5.8071
18	5.5599	0.1799	0.02193	45.5992	0.12193	8.2014	49.6395	6.0526
19	6.1159	0.1635	0.01955	51.1591	0.11955	8.3649	52.5827	6.2861
20	6.7275	0.1486	0.01746	57.2750	0.11746	8.5136	55.4069	6.5081
21	7.4002	0.1351	0.01562	64.0025	0.11562	8.6487	58.1095	6.7189
22	8.1403	0.1228	0.01401	71.4027	0.11401	8.7715	60.6893	6.9189
23	8.9543	0.1117	0.01257	79.5430	0.11257	8.8832	63.1462	7.1085
24	9.8497	0.1015	0.01130	88.4973	0.11130	8.9847	65.4813	7.2881
25	10.8347	0.0923	0.01017	98.3471	0.11017	9.0770	67.6964	7.4580
26	11.9182	0.0839	0.00916	109.1818	0.10916	9.1609	69.7940	7.6186
27	13.1100	0.0763	0.00826	121.0999	0.10826	9.2372	71.7773	7.7704
28	14.4210	0.0693	0.00745	134.2099	0.10745	9.3066	73.6495	7.9137
29	15.8631	0.0630	0.00673	148.6309	0.10673	9.3696	75.4146	8.0489
30	17.4494	0.0573	0.00608	164.4940	0.10608	9.4269	77.0766	8.1762
31	19.1943	0.0521	0.00550	181.9434	0.10550	9.4790	78.6395	8.2962
32	21.1138	0.0474	0.00497	201.1378	0.10497	9.5264	80.1078	8.4091
33	23.2252	0.0431	0.00450	222.2515	0.10450	9.5694	81.4856	8.5152
34	25.5477	0.0391	0.00407	245.4767	0.10407	9.6086	82.7773	8.6149
35	28.1024	0.0356	0.00369	271.0244	0.10369	9.6442	83.9872	8.7086
40	45.2593	0.0221	0.00226	442.5926	0.10226	9.7791	88.9525	9.0962
45	72.8905	0.0137	0.00139	718.9048	0.10139	9.8628	92.4544	9.3740
50	117.3909	0.0085	0.00086	1163.91	0.10086	9.9148	94.8889	9.5704
55	189.0591	0.0053	0.00053	1880.59	0.10053	9.9471	96.5619	9.7075
60	304.4816	0.0033	0.00033	3034.82	0.10033	9.9672	97.7010	9.8023
65	490.3707	0.0020	0.00020	4893.71	0.10020	9.9796	98.4705	9.8672
70	789.7470	0.0013	0.00013	7887.47	0.10013	9.9873	98.9870	9.9113
75	1271.90	0.0008	0.00008	12,709	0.10008	9.9921	99.3317	9.9410
80	2048.40	0.0005	0.00005	20,474	0.10005	9.9951	99.5606	9.9609
85	3298.97	0.0003	0.00003	32,980	0.10003	9.9970	99.7120	9.9742
90	5313.02	0.0002	0.00002	53,120	0.10002	9.9981	99.8118	9.9831
95	8556.68	0.0001	0.00001	85,557	0.10001	9.9988	99.8773	9.9889
96	9412.34	0.0001	0.00001	94,113	0.10001	9.9989	99.8874	9.9898
98	11,389	0.0001	0.00001		0.10001	9.9991	99.9052	9.9914
100	13,781	0.0001	0.00001		0.10001	9.9993	99.9202	9.9927

11%	TABLE 16 Discrete Cash Flow: Compound Interest Factors							11%
	Single Payments		Uniform Series Payments				Arithmetic Gradients	
n	Compound Amount F/P	Present Worth P/F	Sinking Fund A/F	Compound Amount F/A	Capital Recovery A/P	Present Worth P/A	Gradient Present Worth P/G	Gradient Uniform Series A/G
1	1.1100	0.9009	1.00000	1.0000	1.11000	0.9009		
2	1.2321	0.8116	0.47393	2.1100	0.58393	1.7125	0.8116	0.4739
3	1.3676	0.7312	0.29921	3.3421	0.40921	2.4437	2.2740	0.9306
4	1.5181	0.6587	0.21233	4.7097	0.32233	3.1024	4.2502	1.3700
5	1.6851	0.5935	0.16057	6.2278	0.27057	3.6959	6.6240	1.7923
6	1.8704	0.5346	0.12638	7.9129	0.23638	4.2305	9.2972	2.1976
7	2.0762	0.4817	0.10222	9.7833	0.21222	4.7122	12.1872	2.5863
8	2.3045	0.4339	0.08432	11.8594	0.19432	5.1461	15.2246	2.9585
9	2.5580	0.3909	0.07060	14.1640	0.18060	5.5370	18.3520	3.3144
10	2.8394	0.3522	0.05980	16.7220	0.16980	5.8892	21.5217	3.6544
11	3.1518	0.3173	0.05112	19.5614	0.16112	6.2065	24.6945	3.9788
12	3.4985	0.2858	0.04403	22.7132	0.15403	6.4924	27.8388	4.2879
13	3.8833	0.2575	0.03815	26.2116	0.14815	6.7499	30.9290	4.5822
14	4.3104	0.2320	0.03323	30.0949	0.14323	6.9819	33.9449	4.8619
15	4.7846	0.2090	0.02907	34.4054	0.13907	7.1909	36.8709	5.1275
16	5.3109	0.1883	0.02552	39.1899	0.13552	7.3792	39.6953	5.3794
17	5.8951	0.1696	0.02247	44.5008	0.13247	7.5488	42.4095	5.6180
18	6.5436	0.1528	0.01984	50.3959	0.12984	7.7016	45.0074	5.8439
19	7.2633	0.1377	0.01756	56.9395	0.12756	7.8393	47.4856	6.0574
20	8.0623	0.1240	0.01558	64.2028	0.12558	7.9633	49.8423	6.2590
21	8.9492	0.1117	0.01384	72.2651	0.12384	8.0751	52.0771	6.4491
22	9.9336	0.1007	0.01231	81.2143	0.12231	8.1757	54.1912	6.6283
23	11.0263	0.0907	0.01097	91.1479	0.12097	8.2664	56.1864	6.7969
24	12.2392	0.0817	0.00979	102.1742	0.11979	8.3481	58.0656	6.9555
25	13.5855	0.0736	0.00874	114.4133	0.11874	8.4217	59.8322	7.1045
26	15.0799	0.0663	0.00781	127.9988	0.11781	8.4881	61.4900	7.2443
27	16.7386	0.0597	0.00699	143.0786	0.11699	8.5478	63.0433	7.3754
28	18.5799	0.0538	0.00626	159.8173	0.11626	8.6016	64.4965	7.4982
29	20.6237	0.0485	0.00561	178.3972	0.11561	8.6501	65.8542	7.6131
30	22.8923	0.0437	0.00502	199.0209	0.11502	8.6938	67.1210	7.7206
31	25.4104	0.0394	0.00451	221.9132	0.11451	8.7331	68.3016	7.8210
32	28.2056	0.0355	0.00404	247.3236	0.11404	8.7686	69.4007	7.9147
33	31.3082	0.0319	0.00363	275.5292	0.11363	8.8005	70.4228	8.0021
34	34.7521	0.0288	0.00326	306.8374	0.11326	8.8293	71.3724	8.0836
35	38.5749	0.0259	0.00293	341.5896	0.11293	8.8552	72.2538	8.1594
40	65.0009	0.0154	0.00172	581.8261	0.11172	8.9511	75.7789	8.4659
45	109.5302	0.0091	0.00101	986.6386	0.11101	9.0079	78.1551	8.6763
50	184.5648	0.0054	0.00060	1668.77	0.11060	9.0417	79.7341	8.8185
55	311.0025	0.0032	0.00035	2818.20	0.11035	9.0617	80.7712	8.9135
60	524.0572	0.0019	0.00021	4755.07	0.11021	9.0736	81.4461	8.9762
65	883.0669	0.0011	0.00012	8018.79	0.11012	9.0806	81.8819	9.0172
70	1488.02	0.0007	0.00007	13,518	0.11007	9.0848	82.1614	9.0438
75	2507.40	0.0004	0.00004	22,785	0.11004	9.0873	82.3397	9.0610
80	4225.11	0.0002	0.00003	38,401	0.11003	9.0888	82.4529	9.0720
85	7119.56	0.0001	0.00002	64,714	0.11002	9.0896	82.5245	9.0790

12% TABLE 17 Discrete Cash Flow: Compound Interest Factors **12%**

	Single Payments		Uniform Series Payments				Arithmetic Gradients	
n	Compound Amount F/P	Present Worth P/F	Sinking Fund A/F	Compound Amount F/A	Capital Recovery A/P	Present Worth P/A	Gradient Present Worth P/G	Gradient Uniform Series A/G
1	1.1200	0.8929	1.00000	1.0000	1.12000	0.8929		
2	1.2544	0.7972	0.47170	2.1200	0.59170	1.6901	0.7972	0.4717
3	1.4049	0.7118	0.29635	3.3744	0.41635	2.4018	2.2208	0.9246
4	1.5735	0.6355	0.20923	4.7793	0.32923	3.0373	4.1273	1.3589
5	1.7623	0.5674	0.15741	6.3528	0.27741	3.6048	6.3970	1.7746
6	1.9738	0.5066	0.12323	8.1152	0.24323	4.1114	8.9302	2.1720
7	2.2107	0.4523	0.09912	10.0890	0.21912	4.5638	11.6443	2.5512
8	2.4760	0.4039	0.08130	12.2997	0.20130	4.9676	14.4714	2.9131
9	2.7731	0.3606	0.06768	14.7757	0.18768	5.3282	17.3563	3.2574
10	3.1058	0.3220	0.05698	17.5487	0.17698	5.6502	20.2541	3.5847
11	3.4785	0.2875	0.04842	20.6546	0.16842	5.9377	23.1288	3.8953
12	3.8960	0.2567	0.04144	24.1331	0.16144	6.1944	25.9523	4.1897
13	4.3635	0.2292	0.03568	28.0291	0.15568	6.4235	28.7024	4.4683
14	4.8871	0.2046	0.03087	32.3926	0.15087	6.6282	31.3624	4.7317
15	5.4736	0.1827	0.02682	37.2797	0.14682	6.8109	33.9202	4.9803
16	6.1304	0.1631	0.02339	42.7533	0.14339	6.9740	36.3670	5.2147
17	6.8660	0.1456	0.02046	48.8837	0.14046	7.1196	38.6973	5.4353
18	7.6900	0.1300	0.01794	55.7497	0.13794	7.2497	40.9080	5.6427
19	8.6128	0.1161	0.01576	63.4397	0.13576	7.3658	42.9979	5.8375
20	9.6463	0.1037	0.01388	72.0524	0.13388	7.4694	44.9676	6.0202
21	10.8038	0.0926	0.01224	81.6987	0.13224	7.5620	46.8188	6.1913
22	12.1003	0.0826	0.01081	92.5026	0.13081	7.6446	48.5543	6.3514
23	13.5523	0.0738	0.00956	104.6029	0.12956	7.7184	50.1776	6.5010
24	15.1786	0.0659	0.00846	118.1552	0.12846	7.7843	51.6929	6.6406
25	17.0001	0.0588	0.00750	133.3339	0.12750	7.8431	53.1046	6.7708
26	19.0401	0.0525	0.00665	150.3339	0.12665	7.8957	54.4177	6.8921
27	21.3249	0.0469	0.00590	169.3740	0.12590	7.9426	55.6369	7.0049
28	23.8839	0.0419	0.00524	190.6989	0.12524	7.9844	56.7674	7.1098
29	26.7499	0.0374	0.00466	214.5828	0.12466	8.0218	57.8141	7.2071
30	29.9599	0.0334	0.00414	241.3327	0.12414	8.0552	58.7821	7.2974
31	33.5551	0.0298	0.00369	271.2926	0.12369	8.0850	59.6761	7.3811
32	37.5817	0.0266	0.00328	304.8477	0.12328	8.1116	60.5010	7.4586
33	42.0915	0.0238	0.00292	342.4294	0.12292	8.1354	61.2612	7.5302
34	47.1425	0.0212	0.00260	384.5210	0.12260	8.1566	61.9612	7.5965
35	52.7996	0.0189	0.00232	431.6635	0.12232	8.1755	62.6052	7.6577
40	93.0510	0.0107	0.00130	767.0914	0.12130	8.2438	65.1159	7.8988
45	163.9876	0.0061	0.0074	1358.23	0.12074	8.2825	66.7342	8.0572
50	289.0022	0.0035	0.00042	2400.02	0.12042	8.3045	67.7624	8.1597
55	509.3206	0.0020	0.00024	4236.01	0.12024	8.3170	68.4082	8.2251
60	897.5969	0.0011	0.00013	7471.64	0.12013	8.3240	68.8100	8.2664
65	1581.87	0.0006	0.00008	13,174	0.12008	8.3281	69.0581	8.2922
70	2787.80	0.0004	0.00004	23,223	0.12004	8.3303	69.2103	8.3082
75	4913.06	0.0002	0.00002	40,934	0.12002	8.3316	69.3031	8.3181
80	8658.48	0.0001	0.00001	72,146	0.12001	8.3324	69.3594	8.3241
85	15,259	0.0001	0.00001		0.12001	8.3328	69.3935	8.3278

14% TABLE 18 Discrete Cash Flow: Compound Interest Factors 14%

	Single Payments		Uniform Series Payments				Arithmetic Gradients	
n	Compound Amount F/P	Present Worth P/F	Sinking Fund A/F	Compound Amount F/A	Capital Recovery A/P	Present Worth P/A	Gradient Present Worth P/G	Gradient Uniform Series A/G
1	1.1400	0.8772	1.00000	1.0000	1.14000	0.8772		
2	1.2996	0.7695	0.46729	2.1400	0.60729	1.6467	0.7695	0.4673
3	1.4815	0.6750	0.29073	3.4396	0.43073	2.3216	2.1194	0.9129
4	1.6890	0.5921	0.20320	4.9211	0.34320	2.9137	3.8957	1.3370
5	1.9254	0.5194	0.15128	6.6101	0.29128	3.4331	5.9731	1.7399
6	2.1950	0.4556	0.11716	8.5355	0.25716	3.8887	8.2511	2.1218
7	2.5023	0.3996	0.09319	10.7305	0.23319	4.2883	10.6489	2.4832
8	2.8526	0.3506	0.07557	13.2328	0.21557	4.6389	13.1028	2.8246
9	3.2519	0.3075	0.06217	16.0853	0.20217	4.9464	15.5629	3.1463
10	3.7072	0.2697	0.05171	19.3373	0.19171	5.2161	17.9906	3.4490
11	4.2262	0.2366	0.04339	23.0445	0.18339	5.4527	20.3567	3.7333
12	4.8179	0.2076	0.03667	27.2707	0.17667	5.6603	22.6399	3.9998
13	5.4924	0.1821	0.03116	32.0887	0.17116	5.8424	24.8247	4.2491
14	6.2613	0.1597	0.02661	37.5811	0.16661	6.0021	26.9009	4.4819
15	7.1379	0.1401	0.02281	43.8424	0.16281	6.1422	28.8623	4.6990
16	8.1372	0.1229	0.01962	50.9804	0.15962	6.2651	30.7057	4.9011
17	9.2765	0.1078	0.01692	59.1176	0.15692	6.3729	32.4305	5.0888
18	10.5752	0.0946	0.01462	68.3941	0.15462	6.4674	34.0380	5.2630
19	12.0557	0.0829	0.01266	78.9692	0.15266	6.5504	35.5311	5.4243
20	13.7435	0.0728	0.01099	91.0249	0.15099	6.6231	36.9135	5.5734
21	15.6676	0.0638	0.00954	104.7684	0.14954	6.6870	38.1901	5.7111
22	17.8610	0.0560	0.00830	120.4360	0.14830	6.7429	39.3658	5.8381
23	20.3616	0.0491	0.00723	138.2970	0.14723	6.7921	40.4463	5.9549
24	23.2122	0.0431	0.00630	158.6586	0.14630	6.8351	41.4371	6.0624
25	26.4619	0.0378	0.00550	181.8708	0.14550	6.8729	42.3441	6.1610
26	30.1666	0.0331	0.00480	208.3327	0.14480	6.9061	43.1728	6.2514
27	34.3899	0.0291	0.00419	238.4993	0.14419	6.9352	43.9289	6.3342
28	39.2045	0.0255	0.00366	272.8892	0.14366	6.9607	44.6176	6.4100
29	44.6931	0.0224	0.00320	312.0937	0.14320	6.9830	45.2441	6.4791
30	50.9502	0.0196	0.00280	356.7868	0.14280	7.0027	45.8132	6.5423
31	58.0832	0.0172	0.00245	407.7370	0.14245	7.0199	46.3297	6.5998
32	66.2148	0.0151	0.00215	465.8202	0.14215	7.0350	46.7979	6.6522
33	75.4849	0.0132	0.00188	532.0350	0.14188	7.0482	47.2218	6.6998
34	86.0528	0.0116	0.00165	607.5199	0.14165	7.0599	47.6053	6.7431
35	98.1002	0.0102	0.00144	693.5727	0.14144	7.0700	47.9519	6.7824
40	188.8835	0.0053	0.00075	1342.03	0.14075	7.1050	49.2376	6.9300
45	363.6791	0.0027	0.00039	2590.56	0.14039	7.1232	49.9963	7.0188
50	700.2330	0.0014	0.00020	4994.52	0.14020	7.1327	50.4375	7.0714
55	1348.24	0.0007	0.00010	9623.13	0.14010	7.1376	50.6912	7.1020
60	2595.92	0.0004	0.00005	18,535	0.14005	7.1401	50.8357	7.1197
65	4998.22	0.0002	0.00003	35,694	0.14003	7.1414	50.9173	7.1298
70	9623.64	0.0001	0.00001	68,733	0.14001	7.1421	50.9632	7.1356
75	18,530	0.0001	0.00001		0.14001	7.1425	50.9887	7.1388
80	35,677				0.14000	7.1427	51.0030	7.1406
85	68,693				0.14000	7.1428	51.0108	7.1416

15% TABLE 19 Discrete Cash Flow: Compound Interest Factors 15%

	Single Payments		Uniform Series Payments				Arithmetic Gradients	
n	Compound Amount F/P	Present Worth P/F	Sinking Fund A/F	Compound Amount F/A	Capital Recovery A/P	Present Worth P/A	Gradient Present Worth P/G	Gradient Uniform Series A/G
1	1.1500	0.8696	1.00000	1.0000	1.15000	0.8696		
2	1.3225	0.7561	0.46512	2.1500	0.61512	1.6257	0.7561	0.4651
3	1.5209	0.6575	0.28798	3.4725	0.43798	2.2832	2.0712	0.9071
4	1.7490	0.5718	0.20027	4.9934	0.35027	2.8550	3.7864	1.3263
5	2.0114	0.4972	0.14832	6.7424	0.29832	3.3522	5.7751	1.7228
6	2.3131	0.4323	0.11424	8.7537	0.26424	3.7845	7.9368	2.0972
7	2.6600	0.3759	0.09036	11.0668	0.24036	4.1604	10.1924	2.4498
8	3.0590	0.3269	0.07285	13.7268	0.22285	4.4873	12.4807	2.7813
9	3.5179	0.2843	0.05957	16.7858	0.20957	4.7716	14.7548	3.0922
10	4.0456	0.2472	0.04925	20.3037	0.19925	5.0188	16.9795	3.3832
11	4.6524	0.2149	0.04107	24.3493	0.19107	5.2337	19.1289	3.6549
12	5.3503	0.1869	0.03448	29.0017	0.18448	5.4206	21.1849	3.9082
13	6.1528	0.1625	0.02911	34.3519	0.17911	5.5831	23.1352	4.1438
14	7.0757	0.1413	0.02469	40.5047	0.17469	5.7245	24.9725	4.3624
15	8.1371	0.1229	0.02102	47.5804	0.17102	5.8474	26.6930	4.5650
16	9.3576	0.1069	0.01795	55.7175	0.16795	5.9542	28.2960	4.7522
17	10.7613	0.0929	0.01537	65.0751	0.16537	6.0472	29.7828	4.9251
18	12.3755	0.0808	0.01319	75.8364	0.16319	6.1280	31.1565	5.0843
19	14.2318	0.0703	0.01134	88.2118	0.16134	6.1982	32.4213	5.2307
20	16.3665	0.0611	0.00976	102.4436	0.15976	6.2593	33.5822	5.3651
21	18.8215	0.0531	0.00842	118.8101	0.15842	6.3125	34.6448	5.4883
22	21.6447	0.0462	0.00727	137.6316	0.15727	6.3587	35.6150	5.6010
23	24.8915	0.0402	0.00628	159.2764	0.15628	6.3988	36.4988	5.7040
24	28.6252	0.0349	0.00543	184.1678	0.15543	6.4338	37.3023	5.7979
25	32.9190	0.0304	0.00470	212.7930	0.15470	6.4641	38.0314	5.8834
26	37.8568	0.0264	0.00407	245.7120	0.15407	6.4906	38.6918	5.9612
27	43.5353	0.0230	0.00353	283.5688	0.15353	6.5135	39.2890	6.0319
28	50.0656	0.0200	0.00306	327.1041	0.15306	6.5335	39.8283	6.0960
29	57.5755	0.0174	0.00265	377.1697	0.15265	6.5509	40.3146	6.1541
30	66.2118	0.0151	0.00230	434.7451	0.15230	6.5660	40.7526	6.2066
31	76.1435	0.0131	0.00200	500.9569	0.15200	6.5791	41.1466	6.2541
32	87.5651	0.0114	0.00173	577.1005	0.15173	6.5905	41.5006	6.2970
33	100.6998	0.0099	0.00150	664.6655	0.15150	6.6005	41.8184	6.3357
34	115.8048	0.0086	0.00131	765.3654	0.15131	6.6091	42.1033	6.3705
35	133.1755	0.0075	0.00113	881.1702	0.15113	6.6166	42.3586	6.4019
40	267.8635	0.0037	0.00056	1779.09	0.15056	6.6418	43.2830	6.5168
45	538.7693	0.0019	0.00028	3585.13	0.15028	6.6543	43.8051	6.5830
50	1083.66	0.0009	0.00014	7217.72	0.15014	6.6605	44.0958	6.6205
55	2179.62	0.0005	0.00007	14,524	0.15007	6.6636	44.2558	6.6414
60	4384.00	0.0002	0.00003	29,220	0.15003	6.6651	44.3431	6.6530
65	8817.79	0.0001	0.00002	58,779	0.15002	6.6659	44.3903	6.6593
70	17,736	0.0001	0.00001		0.15001	6.6663	44.4156	6.6627
75	35,673				0.15000	6.6665	44.4292	6.6646
80	71,751				0.15000	6.6666	44.4364	6.6656
85					0.15000	6.6666	44.4402	6.6661

16%	TABLE 20 Discrete Cash Flow: Compound Interest Factors							16%
	Single Payments		Uniform Series Payments				Arithmetic Gradients	
n	Compound Amount F/P	Present Worth P/F	Sinking Fund A/F	Compound Amount F/A	Capital Recovery A/P	Present Worth P/A	Gradient Present Worth P/G	Gradient Uniform Series A/G
1	1.1600	0.8621	1.00000	1.0000	1.16000	0.8621		
2	1.3456	0.7432	0.46296	2.1600	0.62296	1.6052	0.7432	0.4630
3	1.5609	0.6407	0.28526	3.5056	0.44526	2.2459	2.0245	0.9014
4	1.8106	0.5523	0.19738	5.0665	0.35738	2.7982	3.6814	1.3156
5	2.1003	0.4761	0.14541	6.8771	0.30541	3.2743	5.5858	1.7060
6	2.4364	0.4104	0.11139	8.9775	0.27139	3.6847	7.6380	2.0729
7	2.8262	0.3538	0.08761	11.4139	0.24761	4.0386	9.7610	2.4169
8	3.2784	0.3050	0.07022	14.2401	0.23022	4.3436	11.8962	2.7388
9	3.8030	0.2630	0.05708	17.5185	0.21708	4.6065	13.9998	3.0391
10	4.4114	0.2267	0.04690	21.3215	0.20690	4.8332	16.0399	3.3187
11	5.1173	0.1954	0.03886	25.7329	0.19886	5.0286	17.9941	3.5783
12	5.9360	0.1685	0.03241	30.8502	0.19241	5.1971	19.8472	3.8189
13	6.8858	0.1452	0.02718	36.7862	0.18718	5.3423	21.5899	4.0413
14	7.9875	0.1252	0.02290	43.6720	0.18290	5.4675	23.2175	4.2464
15	9.2655	0.1079	0.01936	51.6595	0.17936	5.5755	24.7284	4.4352
16	10.7480	0.0930	0.01641	60.9250	0.17641	5.6685	26.1241	4.6086
17	12.4677	0.0802	0.01395	71.6730	0.17395	5.7487	27.4074	4.7676
18	14.4625	0.0691	0.01188	84.1407	0.17188	5.8178	28.5828	4.9130
19	16.7765	0.0596	0.01014	98.6032	0.17014	5.8775	29.6557	5.0457
20	19.4608	0.0514	0.00867	115.3797	0.16867	5.9288	30.6321	5.1666
22	26.1864	0.0382	0.00635	157.4150	0.16635	6.0113	32.3200	5.3765
24	35.2364	0.0284	0.00467	213.9776	0.16467	6.0726	33.6970	5.5490
26	47.4141	0.0211	0.00345	290.0883	0.16345	6.1182	34.8114	5.6898
28	63.8004	0.0157	0.00255	392.5028	0.16255	6.1520	35.7073	5.8041
30	85.8499	0.0116	0.00189	530.3117	0.16189	6.1772	36.4234	5.8964
32	115.5196	0.0087	0.00140	715.7475	0.16140	6.1959	36.9930	5.9706
34	155.4432	0.0064	0.00104	965.2698	0.16104	6.2098	37.4441	6.0299
35	180.3141	0.0055	0.00089	1120.71	0.16089	6.2153	37.6327	6.0548
36	209.1643	0.0048	0.00077	1301.03	0.16077	6.2201	37.8000	6.0771
38	281.4515	0.0036	0.00057	1752.82	0.16057	6.2278	38.0799	6.1145
40	378.7212	0.0026	0.00042	2360.76	0.16042	6.2335	38.2992	6.1441
45	795.4438	0.0013	0.00020	4965.27	0.16020	6.2421	38.6598	6.1934
50	1670.70	0.0006	0.00010	10,436	0.16010	6.2463	38.8521	6.2201
55	3509.05	0.0003	0.00005	21,925	0.16005	6.2482	38.9534	6.2343
60	7370.20	0.0001	0.00002	46,058	0.16002	6.2492	39.0063	6.2419

18%	TABLE 21 Discrete Cash Flow: Compound Interest Factors							18%
	Single Payments		Uniform Series Payments				Arithmetic Gradients	
n	Compound Amount F/P	Present Worth P/F	Sinking Fund A/F	Compound Amount F/A	Capital Recovery A/P	Present Worth P/A	Gradient Present Worth P/G	Gradient Uniform Series A/G
1	1.1800	0.8475	1.00000	1.0000	1.18000	0.8475		
2	1.3924	0.7182	0.45872	2.1800	0.63872	1.5656	0.7182	0.4587
3	1.6430	0.6086	0.27992	3.5724	0.45992	2.1743	1.9354	0.8902
4	1.9388	0.5158	0.19174	5.2154	0.37174	2.6901	3.4828	1.2947
5	2.2878	0.4371	0.13978	7.1542	0.31978	3.1272	5.2312	1.6728
6	2.6996	0.3704	0.10591	9.4420	0.28591	3.4976	7.0834	2.0252
7	3.1855	0.3139	0.08236	12.1415	0.26236	3.8115	8.9670	2.3526
8	3.7589	0.2660	0.06524	15.3270	0.24524	4.0776	10.8292	2.6558
9	4.4355	0.2255	0.05239	19.0859	0.23239	4.3030	12.6329	2.9358
10	5.2338	0.1911	0.04251	23.5213	0.22251	4.4941	14.3525	3.1936
11	6.1759	0.1619	0.03478	28.7551	0.21478	4.6560	15.9716	3.4303
12	7.2876	0.1372	0.02863	34.9311	0.20863	4.7932	17.4811	3.6470
13	8.5994	0.1163	0.02369	42.2187	0.20369	4.9095	18.8765	3.8449
14	10.1472	0.0985	0.01968	50.8180	0.19968	5.0081	20.1576	4.0250
15	11.9737	0.0835	0.01640	60.9653	0.19640	5.0916	21.3269	4.1887
16	14.1290	0.0708	0.01371	72.9390	0.19371	5.1624	22.3885	4.3369
17	16.6722	0.0600	0.01149	87.0680	0.19149	5.2223	23.3482	4.4708
18	19.6733	0.0508	0.00964	103.7403	0.18964	5.2732	24.2123	4.5916
19	23.2144	0.0431	0.00810	123.4135	0.18810	5.3162	24.9877	4.7003
20	27.3930	0.0365	0.00682	146.6280	0.18682	5.3527	25.6813	4.7978
22	38.1421	0.0262	0.00485	206.3448	0.18485	5.4099	26.8506	4.9632
24	53.1090	0.0188	0.00345	289.4945	0.18345	5.4509	27.7725	5.0950
26	73.9490	0.0135	0.00247	405.2721	0.18247	5.4804	28.4935	5.1991
28	102.9666	0.0097	0.00177	566.4809	0.18177	5.5016	29.0537	5.2810
30	143.3706	0.0070	0.00126	790.9480	0.18126	5.5168	29.4864	5.3448
32	199.6293	0.0050	0.00091	1103.50	0.18091	5.5277	29.8191	5.3945
34	277.9638	0.0036	0.00065	1538.69	0.18065	5.5356	30.0736	5.4328
35	327.9973	0.0030	0.00055	1816.65	0.18055	5.5386	30.1773	5.4485
36	387.0368	0.0026	0.00047	2144.65	0.18047	5.5412	30.2677	5.4623
38	538.9100	0.0019	0.00033	2988.39	0.18033	5.5452	30.4152	5.4849
40	750.3783	0.0013	0.00024	4163.21	0.18024	5.5482	30.5269	5.5022
45	1716.68	0.0006	0.00010	9531.58	0.18010	5.5523	30.7006	5.5293
50	3927.36	0.0003	0.00005	21,813	0.18005	5.5541	30.7856	5.5428
55	8984.84	0.0001	0.00002	49,910	0.18002	5.5549	30.8268	5.5494
60	20,555			114,190	0.18001	5.5553	30.8465	5.5526

20% TABLE 22 Discrete Cash Flow: Compound Interest Factors 20%

	Single Payments		Uniform Series Payments				Arithmetic Gradients	
n	Compound Amount F/P	Present Worth P/F	Sinking Fund A/F	Compound Amount F/A	Capital Recovery A/P	Present Worth P/A	Gradient Present Worth P/G	Gradient Uniform Series A/G
1	1.2000	0.8333	1.00000	1.0000	1.20000	0.8333		
2	1.4400	0.6944	0.45455	2.2000	0.65455	1.5278	0.6944	0.4545
3	1.7280	0.5787	0.27473	3.6400	0.47473	2.1065	1.8519	0.8791
4	2.0736	0.4823	0.18629	5.3680	0.38629	2.5887	3.2986	1.2742
5	2.4883	0.4019	0.13438	7.4416	0.33438	2.9906	4.9061	1.6405
6	2.9860	0.3349	0.10071	9.9299	0.30071	3.3255	6.5806	1.9788
7	3.5832	0.2791	0.07742	12.9159	0.27742	3.6046	8.2551	2.2902
8	4.2998	0.2326	0.06061	16.4991	0.26061	3.8372	9.8831	2.5756
9	5.1598	0.1938	0.04808	20.7989	0.24808	4.0310	11.4335	2.8364
10	6.1917	0.1615	0.03852	25.9587	0.23852	4.1925	12.8871	3.0739
11	7.4301	0.1346	0.03110	32.1504	0.23110	4.3271	14.2330	3.2893
12	8.9161	0.1122	0.02526	39.5805	0.22526	4.4392	15.4667	3.4841
13	10.6993	0.0935	0.02062	48.4966	0.22062	4.5327	16.5883	3.6597
14	12.8392	0.0779	0.01689	59.1959	0.21689	4.6106	17.6008	3.8175
15	15.4070	0.0649	0.01388	72.0351	0.21388	4.6755	18.5095	3.9588
16	18.4884	0.0541	0.01144	87.4421	0.21144	4.7296	19.3208	4.0851
17	22.1861	0.0451	0.00944	105.9306	0.20944	4.7746	20.0419	4.1976
18	26.6233	0.0376	0.00781	128.1167	0.20781	4.8122	20.6805	4.2975
19	31.9480	0.0313	0.00646	154.7400	0.20646	4.8435	21.2439	4.3861
20	38.3376	0.0261	0.00536	186.6880	0.20536	4.8696	21.7395	4.4643
22	55.2061	0.0181	0.00369	271.0307	0.20369	4.9094	22.5546	4.5941
24	79.4968	0.0126	0.00255	392.4842	0.20255	4.9371	23.1760	4.6943
26	114.4755	0.0087	0.00176	567.3773	0.20176	4.9563	23.6460	4.7709
28	164.8447	0.0061	0.00122	819.2233	0.20122	4.9697	23.9991	4.8291
30	237.3763	0.0042	0.00085	1181.88	0.20085	4.9789	24.2628	4.8731
32	341.8219	0.0029	0.00059	1704.11	0.20059	4.9854	24.4588	4.9061
34	492.2235	0.0020	0.00041	2456.12	0.20041	4.9898	24.6038	4.9308
35	590.6682	0.0017	0.00034	2948.34	0.20034	4.9915	24.6614	4.9406
36	708.8019	0.0014	0.00028	3539.01	0.20028	4.9929	24.7108	4.9491
38	1020.67	0.0010	0.00020	5098.37	0.20020	4.9951	24.7894	4.9627
40	1469.77	0.0007	0.00014	7343.86	0.20014	4.9966	24.8469	4.9728
45	3657.26	0.0003	0.00005	18,281	0.20005	4.9986	24.9316	4.9877
50	9100.44	0.0001	0.00002	45,497	0.20002	4.9995	24.9698	4.9945
55	22,645		0.00001		0.20001	4.9998	24.9868	4.9976

22% TABLE 23 Discrete Cash Flow: Compound Interest Factors 22%

	Single Payments		Uniform Series Payments				Arithmetic Gradients	
n	Compound Amount F/P	Present Worth P/F	Sinking Fund A/F	Compound Amount F/A	Capital Recovery A/P	Present Worth P/A	Gradient Present Worth P/G	Gradient Uniform Series A/G
1	1.2200	0.8197	1.00000	1.0000	1.22000	0.8197		
2	1.4884	0.6719	0.45045	2.2200	0.67045	1.4915	0.6719	0.4505
3	1.8158	0.5507	0.26966	3.7084	0.48966	2.0422	1.7733	0.8683
4	2.2153	0.4514	0.18102	5.5242	0.40102	2.4936	3.1275	1.2542
5	2.7027	0.3700	0.12921	7.7396	0.34921	2.8636	4.6075	1.6090
6	3.2973	0.3033	0.09576	10.4423	0.31576	3.1669	6.1239	1.9337
7	4.0227	0.2486	0.07278	13.7396	0.29278	3.4155	7.6154	2.2297
8	4.9077	0.2038	0.05630	17.7623	0.27630	3.6193	9.0417	2.4982
9	5.9874	0.1670	0.04411	22.6700	0.26411	3.7863	10.3779	2.7409
10	7.3046	0.1369	0.03489	28.6574	0.25489	3.9232	11.6100	2.9593
11	8.9117	0.1122	0.02781	35.9620	0.24781	4.0354	12.7321	3.1551
12	10.8722	0.0920	0.02228	44.8737	0.24228	4.1274	13.7438	3.3299
13	13.2641	0.0754	0.01794	55.7459	0.23794	4.2028	14.6485	3.4855
14	16.1822	0.0618	0.01449	69.0100	0.23449	4.2646	15.4519	3.6233
15	19.7423	0.0507	0.01174	85.1922	0.23174	4.3152	16.1610	3.7451
16	24.0856	0.0415	0.00953	104.9345	0.22953	4.3567	16.7838	3.8524
17	29.3844	0.0340	0.00775	129.0201	0.22775	4.3908	17.3283	3.9465
18	35.8490	0.0279	0.00631	158.4045	0.22631	4.4187	17.8025	4.0289
19	43.7358	0.0229	0.00515	194.2535	0.22515	4.4415	18.2141	4.1009
20	53.3576	0.0187	0.00420	237.9893	0.22420	4.4603	18.5702	4.1635
22	79.4175	0.0126	0.00281	356.4432	0.22281	4.4882	19.1418	4.2649
24	118.2050	0.0085	0.00188	532.7501	0.22188	4.5070	19.5635	4.3407
26	175.9364	0.0057	0.00126	795.1653	0.22126	4.5196	19.8720	4.3968
28	261.8637	0.0038	0.00084	1185.74	0.22084	4.5281	20.0962	4.4381
30	389.7579	0.0026	0.00057	1767.08	0.22057	4.5338	20.2583	4.4683
32	580.1156	0.0017	0.00038	2632.34	0.22038	4.5376	20.3748	4.4902
34	863.4441	0.0012	0.00026	3920.20	0.22026	4.5402	20.4582	4.5060
35	1053.40	0.0009	0.00021	4783.64	0.22021	4.5411	20.4905	4.5122
36	1285.15	0.0008	0.00017	5837.05	0.22017	4.5419	20.5178	4.5174
38	1912.82	0.0005	0.00012	8690.08	0.22012	4.5431	20.5601	4.5256
40	2847.04	0.0004	0.00008	12,937	0.22008	4.5439	20.5900	4.5314
45	7694.71	0.0001	0.00003	34,971	0.22003	4.5449	20.6319	4.5396
50	20,797		0.00001	94,525	0.22001	4.5452	20.6492	4.5431
55	56,207				0.22000	4.5454	20.6563	4.5445

24%	TABLE 24 Discrete Cash Flow: Compound Interest Factors							24%
	Single Payments		Uniform Series Payments				Arithmetic Gradients	
n	Compound Amount *F/P*	Present Worth *P/F*	Sinking Fund *A/F*	Compound Amount *F/A*	Capital Recovery *A/P*	Present Worth *P/A*	Gradient Present Worth *P/G*	Gradient Uniform Series *A/G*
1	1.2400	0.8065	1.00000	1.0000	1.24000	0.8065		
2	1.5376	0.6504	0.44643	2.2400	0.68643	1.4568	0.6504	0.4464
3	1.9066	0.5245	0.26472	3.7776	0.50472	1.9813	1.6993	0.8577
4	2.3642	0.4230	0.17593	5.6842	0.41593	2.4043	2.9683	1.2346
5	2.9316	0.3411	0.12425	8.0484	0.36425	2.7454	4.3327	1.5782
6	3.6352	0.2751	0.09107	10.9801	0.33107	3.0205	5.7081	1.8898
7	4.5077	0.2218	0.06842	14.6153	0.30842	3.2423	7.0392	2.1710
8	5.5895	0.1789	0.05229	19.1229	0.29229	3.4212	8.2915	2.4236
9	6.9310	0.1443	0.04047	24.7125	0.28047	3.5655	9.4458	2.6492
10	8.5944	0.1164	0.03160	31.6434	0.27160	3.6819	10.4930	2.8499
11	10.6571	0.0938	0.02485	40.2379	0.26485	3.7757	11.4313	3.0276
12	13.2148	0.0757	0.01965	50.8950	0.25965	3.8514	12.2637	3.1843
13	16.3863	0.0610	0.01560	64.1097	0.25560	3.9124	12.9960	3.3218
14	20.3191	0.0492	0.01242	80.4961	0.25242	3.9616	13.6358	3.4420
15	25.1956	0.0397	0.00992	100.8151	0.24992	4.0013	14.1915	3.5467
16	31.2426	0.0320	0.00794	126.0108	0.24794	4.0333	14.6716	3.6376
17	38.7408	0.0258	0.00636	157.2534	0.24636	4.0591	15.0846	3.7162
18	48.0386	0.0208	0.00510	195.9942	0.24510	4.0799	15.4385	3.7840
19	59.5679	0.0168	0.00410	244.0328	0.24410	4.0967	15.7406	3.8423
20	73.8641	0.0135	0.00329	303.6006	0.24329	4.1103	15.9979	3.8922
22	113.5735	0.0088	0.00213	469.0563	0.24213	4.1300	16.4011	3.9712
24	174.6306	0.0057	0.00138	723.4610	0.24138	4.1428	16.6891	4.0284
26	268.5121	0.0037	0.00090	1114.63	0.24090	4.1511	16.8930	4.0695
28	412.8642	0.0024	0.00058	1716.10	0.24058	4.1566	17.0365	4.0987
30	634.8199	0.0016	0.00038	2640.92	0.24038	4.1601	17.1369	4.1193
32	976.0991	0.0010	0.00025	4062.91	0.24025	4.1624	17.2067	4.1338
34	1500.85	0.0007	0.00016	6249.38	0.24016	4.1639	17.2552	4.1440
35	1861.05	0.0005	0.00013	7750.23	0.24013	4.1664	17.2734	4.1479
36	2307.71	0.0004	0.00010	9611.28	0.24010	4.1649	17.2886	4.1511
38	3548.33	0.0003	0.00007	14,781	0.24007	4.1655	17.3116	4.1560
40	5455.91	0.0002	0.00004	22,729	0.24004	4.1659	17.3274	4.1593
45	15,995	0.0001	0.00002	66,640	0.24002	4.1664	17.3483	4.1639
50	46,890		0.00001		0.24001	4.1666	17.3563	4.1653
55					0.24000	4.1666	17.3593	4.1663

25%	TABLE 25 Discrete Cash Flow: Compound Interest Factors							25%
	Single Payments		Uniform Series Payments				Arithmetic Gradients	
n	Compound Amount F/P	Present Worth P/F	Sinking Fund A/F	Compound Amount F/A	Capital Recovery A/P	Present Worth P/A	Gradient Present Worth P/G	Gradient Uniform Series A/G
1	1.2500	0.8000	1.00000	1.0000	1.25000	0.8000		
2	1.5625	0.6400	0.44444	2.2500	0.69444	1.4400	0.6400	0.4444
3	1.9531	0.5120	0.26230	3.8125	0.51230	1.9520	1.6640	0.8525
4	2.4414	0.4096	0.17344	5.7656	0.42344	2.3616	2.8928	1.2249
5	3.0518	0.3277	0.12185	8.2070	0.37185	2.6893	4.2035	1.5631
6	3.8147	0.2621	0.08882	11.2588	0.33882	2.9514	5.5142	1.8683
7	4.7684	0.2097	0.06634	15.0735	0.31634	3.1611	6.7725	2.1424
8	5.9605	0.1678	0.05040	19.8419	0.30040	3.3289	7.9469	2.3872
9	7.4506	0.1342	0.03876	25.8023	0.28876	3.4631	9.0207	2.6048
10	9.3132	0.1074	0.03007	33.2529	0.28007	3.5705	9.9870	2.7971
11	11.6415	0.0859	0.02349	42.5661	0.27349	3.6564	10.8460	2.9663
12	14.5519	0.0687	0.01845	54.2077	0.26845	3.7251	11.6020	3.1145
13	18.1899	0.0550	0.01454	68.7596	0.26454	3.7801	12.2617	3.2437
14	22.7374	0.0440	0.01150	86.9495	0.26150	3.8241	12.8334	3.3559
15	28.4217	0.0352	0.00912	109.6868	0.25912	3.8593	13.3260	3.4530
16	35.5271	0.0281	0.00724	138.1085	0.25724	3.8874	13.7482	3.5366
17	44.4089	0.0225	0.00576	173.6357	0.25576	3.9099	14.1085	3.6084
18	55.5112	0.0180	0.00459	218.0446	0.25459	3.9279	14.4147	3.6698
19	69.3889	0.0144	0.00366	273.5558	0.25366	3.9424	14.6741	3.7222
20	86.7362	0.0115	0.00292	342.9447	0.25292	3.9539	14.8932	3.7667
22	135.5253	0.0074	0.00186	538.1011	0.25186	3.9705	15.2326	3.8365
24	211.7582	0.0047	0.00119	843.0329	0.25119	3.9811	15.4711	3.8861
26	330.8722	0.0030	0.00076	1319.49	0.25076	3.9879	15.6373	3.9212
28	516.9879	0.0019	0.00048	2063.95	0.25048	3.9923	15.7524	3.9457
30	807.7936	0.0012	0.00031	3227.17	0.25031	3.9950	15.8316	3.9628
32	1262.18	0.0008	0.00020	5044.71	0.25020	3.9968	15.8859	3.9746
34	1972.15	0.0005	0.00013	7884.61	0.25013	3.9980	15.9229	3.9828
35	2465.19	0.0004	0.00010	9856.76	.025010	3.9984	15.9367	3.9858
36	3081.49	0.0003	0.00008	12,322	0.25008	3.9987	15.9481	3.9883
38	4814.82	0.0002	0.00005	19,255	0.25005	3.9992	15.9651	3.9921
40	7523.16	0.0001	0.00003	30,089	0.25003	3.9995	15.9766	3.9947
45	22,959		0.00001	91,831	0.25001	3.9998	15.9915	3.9980
50	70,065				0.25000	3.9999	15.9969	3.9993
55					0.25000	4.0000	15.9989	3.9997

30% TABLE 26 Discrete Cash Flow: Compound Interest Factors 30%

	Single Payments		Uniform Series Payments				Arithmetic Gradients	
n	Compound Amount F/P	Present Worth P/F	Sinking Fund A/F	Compound Amount F/A	Capital Recovery A/P	Present Worth P/A	Gradient Present Worth P/G	Gradient Uniform Series A/G
1	1.3000	0.7692	1.00000	1.0000	1.30000	0.7692		
2	1.6900	0.5917	0.43478	2.3000	0.73478	1.3609	0.5917	0.4348
3	2.1970	0.4552	0.25063	3.9900	0.55063	1.8161	1.5020	0.8271
4	2.8561	0.3501	0.16163	6.1870	0.46163	2.1662	2.5524	1.1783
5	3.7129	0.2693	0.11058	9.0431	0.41058	2.4356	3.6297	1.4903
6	4.8268	0.2072	0.07839	12.7560	0.37839	2.6427	4.6656	1.7654
7	6.2749	0.1594	0.05687	17.5828	0.35687	2.8021	5.6218	2.0063
8	8.1573	0.1226	0.04192	23.8577	0.34192	2.9247	6.4800	2.2156
9	10.6045	0.0943	0.03124	32.0150	0.33124	3.0190	7.2343	2.3963
10	13.7858	0.0725	0.02346	42.6195	0.32346	3.0915	7.8872	2.5512
11	17.9216	0.0558	0.01773	56.4053	0.31773	3.1473	8.4452	2.6833
12	23.2981	0.0429	0.01345	74.3270	0.31345	3.1903	8.9173	2.7952
13	30.2875	0.0330	0.01024	97.6250	0.31024	3.2233	9.3135	2.8895
14	39.3738	0.0254	0.00782	127.9125	0.30782	3.2487	9.6437	2.9685
15	51.1859	0.0195	0.00598	167.2863	0.30598	3.2682	9.9172	3.0344
16	66.5417	0.0150	0.00458	218.4722	0.30458	3.2832	10.1426	3.0892
17	86.5042	0.0116	0.00351	285.0139	0.30351	3.2948	10.3276	3.1345
18	112.4554	0.0089	0.00269	371.5180	0.30269	3.3037	10.4788	3.1718
19	146.1920	0.0068	0.00207	483.9734	0.30207	3.3105	10.6019	3.2025
20	190.0496	0.0053	0.00159	630.1655	0.30159	3.3158	10.7019	3.2275
22	321.1839	0.0031	0.00094	1067.28	0.30094	3.3230	10.8482	3.2646
24	542.8008	0.0018	0.00055	1806.00	0.30055	3.3272	10.9433	3.2890
25	705.6410	0.0014	0.00043	2348.80	0.30043	3.3286	10.9773	3.2979
26	917.3333	0.0011	0.00033	3054.44	0.30033	3.3297	11.0045	3.3050
28	1550.29	0.0006	0.00019	5164.31	0.30019	3.3312	11.0437	3.3153
30	2620.00	0.0004	0.00011	8729.99	0.30011	3.3321	11.0687	3.3219
32	4427.79	0.0002	0.00007	14,756	0.30007	3.3326	11.0845	3.3261
34	7482.97	0.0001	0.00004	24,940	0.30004	3.3329	11.0945	3.3288
35	9727.86	0.0001	0.00003	32,423	0.30003	3.3330	11.0980	3.3297

35%	TABLE 27 Discrete Cash Flow: Compound Interest Factors							35%
	Single Payments		Uniform Series Payments				Arithmetic Gradients	
n	Compound Amount F/P	Present Worth P/F	Sinking Fund A/F	Compound Amount F/A	Capital Recovery A/P	Present Worth P/A	Gradient Present Worth P/G	Gradient Uniform Series A/G
1	1.3500	0.7407	1.00000	1.0000	1.35000	0.7407		
2	1.8225	0.5487	0.42553	2.3500	0.77553	1.2894	0.5487	0.4255
3	2.4604	0.4064	0.23966	4.1725	0.58966	1.6959	1.3616	0.8029
4	3.3215	0.3011	0.15076	6.6329	0.50076	1.9969	2.2648	1.1341
5	4.4840	0.2230	0.10046	9.9544	0.45046	2.2200	3.1568	1.4220
6	6.0534	0.1652	0.06926	14.4384	0.41926	2.3852	3.9828	1.6698
7	8.1722	0.1224	0.04880	20.4919	0.39880	2.5075	4.7170	1.8811
8	11.0324	0.0906	0.03489	28.6640	0.38489	2.5982	5.3515	2.0597
9	14.8937	0.0671	0.02519	39.6964	0.37519	2.6653	5.8886	2.2094
10	20.1066	0.0497	0.01832	54.5902	0.36832	2.7150	6.3363	2.3338
11	27.1439	0.0368	0.01339	74.6967	0.36339	2.7519	6.7047	2.4364
12	36.6442	0.0273	0.00982	101.8406	0.35982	2.7792	7.0049	2.5205
13	49.4697	0.0202	0.00722	138.4848	0.35722	2.7994	7.2474	2.5889
14	66.7841	0.0150	0.00532	187.9544	0.35532	2.8144	7.4421	2.6443
15	90.1585	0.0111	0.00393	254.7385	0.35393	2.8255	7.5974	2.6889
16	121.7139	0.0082	0.00290	344.8970	0.35290	2.8337	7.7206	2.7246
17	164.3138	0.0061	0.00214	466.6109	0.35214	2.8398	7.8180	2.7530
18	221.8236	0.0045	0.00158	630.9247	0.35158	2.8443	7.8946	2.7756
19	299.4619	0.0033	0.00117	852.7483	0.35117	2.8476	7.9547	2.7935
20	404.2736	0.0025	0.00087	1152.21	0.35087	2.8501	8.0017	2.8075
22	736.7886	0.0014	0.00048	2102.25	0.35048	2.8533	8.0669	2.8272
24	1342.80	0.0007	0.00026	3833.71	0.35026	2.8550	8.1061	2.8393
25	1812.78	0.0006	0.00019	5176.50	0.35019	2.8556	8.1194	2.8433
26	2447.25	0.0004	0.00014	6989.28	0.35014	2.8560	8.1296	2.8465
28	4460.11	0.0002	0.00008	12,740	0.35008	2.8565	8.1435	2.8509
30	8128.55	0.0001	0.00004	23,222	0.35004	2.8568	8.1517	2.8535
32	14,814	0.0001	0.00002	42,324	0.35002	2.8569	8.1565	2.8550
34	26,999		0.00001	77,137	0.35001	2.8570	8.1594	2.8559
35	36,449		0.00001		0.35001	2.8571	8.1603	2.8562

40%	TABLE 28 Discrete Cash Flow: Compound Interest Factors							40%
	Single Payments		**Uniform Series Payments**				**Arithmetic Gradients**	
n	Compound Amount *F/P*	Present Worth *P/F*	Sinking Fund *A/F*	Compound Amount *F/A*	Capital Recovery *A/P*	Present Worth *P/A*	Gradient Present Worth *P/G*	Gradient Uniform Series *A/G*
1	1.4000	0.7143	1.00000	1.0000	1.40000	0.7143		
2	1.9600	0.5102	0.41667	2.4000	0.81667	1.2245	0.5102	0.4167
3	2.7440	0.3644	0.22936	4.3600	0.62936	1.5889	1.2391	0.7798
4	3.8416	0.2603	0.14077	7.1040	0.54077	1.8492	2.0200	1.0923
5	5.3782	0.1859	0.09136	10.9456	0.49136	2.0352	2.7637	1.3580
6	7.5295	0.1328	0.06126	16.3238	0.46126	2.1680	3.4278	1.5811
7	10.5414	0.0949	0.04192	23.8534	0.44192	2.2628	3.9970	1.7664
8	14.7579	0.0678	0.02907	34.3947	0.42907	2.3306	4.4713	1.9185
9	20.6610	0.0484	0.02034	49.1526	0.42034	2.3790	4.8585	2.0422
10	28.9255	0.0346	0.01432	69.8137	0.41432	2.4136	5.1696	2.1419
11	40.4957	0.0247	0.01013	98.7391	0.41013	2.4383	5.4166	2.2215
12	56.6939	0.0176	0.00718	139.2348	0.40718	2.4559	5.6106	2.2845
13	79.3715	0.0126	0.00510	195.9287	0.40510	2.4685	5.7618	2.3341
14	111.1201	0.0090	0.00363	275.3002	0.40363	2.4775	5.8788	2.3729
15	155.5681	0.0064	0.00259	386.4202	0.40259	2.4839	5.9688	2.4030
16	217.7953	0.0046	0.00185	541.9883	0.40185	2.4885	6.0376	2.4262
17	304.9135	0.0033	0.00132	759.7837	0.40132	2.4918	6.0901	2.4441
18	426.8789	0.0023	0.00094	1064.70	0.40094	2.4941	6.1299	2.4577
19	597.6304	0.0017	0.00067	1491.58	0.40067	2.4958	6.1601	2.4682
20	836.6826	0.0012	0.00048	2089.21	0.40048	2.4970	6.1828	2.4761
22	1639.90	0.0006	0.00024	4097.24	0.40024	2.4985	6.2127	2.4866
24	3214.20	0.0003	0.00012	8033.00	0.40012	2.4992	6.2294	2.4925
25	4499.88	0.0002	0.00009	11,247	0.40009	2.4994	6.2347	2.4944
26	6299.83	0.0002	0.00006	15,747	0.40006	2.4996	6.2387	2.4959
28	12,348	0.0001	0.00003	30,867	0.40003	2.4998	6.2438	2.4977
30	24,201		0.00002	60,501	0.40002	2.4999	6.2466	2.4988
32	47,435		0.00001		0.40001	2.4999	6.2482	2.4993
34	92,972				0.40000	2.5000	6.2490	2.4996
35					0.40000	2.5000	6.2493	2.4997

50%	TABLE 29 Discrete Cash Flow: Compound Interest Factors							50%
	Single Payments		Uniform Series Payments				Arithmetic Gradients	
n	Compound Amount F/P	Present Worth P/F	Sinking Fund A/F	Compound Amount F/A	Capital Recovery A/P	Present Worth P/A	Gradient Present Worth P/G	Gradient Uniform Series A/G
1	1.5000	0.6667	1.00000	1.0000	1.50000	0.6667		
2	2.2500	0.4444	0.40000	2.5000	0.90000	1.1111	0.4444	0.4000
3	3.3750	0.2963	0.21053	4.7500	0.71053	1.4074	1.0370	0.7368
4	5.0625	0.1975	0.12308	8.1250	0.62308	1.6049	1.6296	1.0154
5	7.5938	0.1317	0.07583	13.1875	0.57583	1.7366	2.1564	1.2417
6	11.3906	0.0878	0.04812	20.7813	0.54812	1.8244	2.5953	1.4226
7	17.0859	0.0585	0.03108	32.1719	0.53108	1.8829	2.9465	1.5648
8	25.6289	0.0390	0.02030	49.2578	0.52030	1.9220	3.2196	1.6752
9	38.4434	0.0260	0.01335	74.8867	0.51335	1.9480	3.4277	1.7596
10	57.6650	0.0173	0.00882	113.3301	0.50882	1.9653	3.5838	1.8235
11	86.4976	0.0116	0.00585	170.9951	0.50585	1.9769	3.6994	1.8713
12	129.7463	0.0077	0.00388	257.4927	0.50388	1.9846	3.7842	1.9068
13	194.6195	0.0051	0.00258	387.2390	0.50258	1.9897	3.8459	1.9329
14	291.9293	0.0034	0.00172	581.8585	0.50172	1.9931	3.8904	1.9519
15	437.8939	0.0023	0.00114	873.7878	0.50114	1.9954	3.9224	1.9657
16	656.8408	0.0015	0.00076	1311.68	0.50076	1.9970	3.9452	1.9756
17	985.2613	0.0010	0.00051	1968.52	0.50051	1.9980	3.9614	1.9827
18	1477.89	0.0007	0.00034	2953.78	0.50034	1.9986	3.9729	1.9878
19	2216.84	0.0005	0.00023	4431.68	0.50023	1.9991	3.9811	1.9914
20	3325.26	0.0003	0.00015	6648.51	0.50015	1.9994	3.9868	1.9940
22	7481.83	0.0001	0.00007	14,962	0.50007	1.9997	3.9936	1.9971
24	16,834	0.0001	0.00003	33,666	0.50003	1.9999	3.9969	1.9986
25	25,251		0.00002	50,500	0.50002	1.9999	3.9979	1.9990
26	37,877		0.00001	75,752	0.50001	1.9999	3.9985	1.9993
28	85,223		0.00001		0.50001	2.0000	3.9993	1.9997
30					0.50000	2.0000	3.9997	1.9998
32					0.50000	2.0000	3.9998	1.9999
34					0.50000	2.0000	3.9999	2.0000
35					0.50000	2.0000	3.9999	2.0000

찾아보기